böhlau

Untergang oder Rettung der Donaumonarchie?

Politische Dokumente zu Kaiser und König Karl I. (IV.)
aus internationalen Archiven

Herausgegeben und bearbeitet von
Elisabeth Kovács
unter Mitwirkung von
Pál Arato SJ (†), Franz Pichorner und Lotte Wewalka

Band 2

BÖHLAU VERLAG WIEN · KÖLN · WEIMAR

Gedruckt mit Unterstützung durch

Bundesministerium für Bildung, Wissenschaft und Kultur

Orden vom Goldenen Vlies

Die Deutsche Bibliothek – CIP-Einheitsaufnahme

Ein Titeldatensatz für diese Publikation ist
bei Der Deutschen Bibliothek erhältlich

ISBN 3-205-77238-5

© 2004 by Böhlau Verlag Ges. m. b. H. und Co. KG, Wien · Köln · Weimar
http://www.boehlau.at

Gedruckt auf umweltfreundlichem, chlor- und säurefreiem Papier

Druck: Ferdinand Berger & Söhne, 3580 Horn

„Ich war immer der Ansicht, daß, wenn das österreichisch-ungarische Kaiserreich noch 30 Jahre hätte überleben können und hat ja immerhin hunderte von Jahren vorher überlebt, daß es eine der modernsten Strukturen in Europa hätte werden können. Denn von manchen Gesichtspunkten aus war das die beste Lösung für Mitteleuropa.

Man hätte mehr Autonomie geben müssen, nicht nur Ungarn, sondern sicher den Tschechen und vielleicht anderen Teilen der Bevölkerung.

Aber das war ja nicht gegen das Fundamentalkonzept des österreichischen Staates, und eine solche Gruppierung in Europa hätte viele Möglichkeiten.“

Henry Kissinger
(Interview für den ORF, 27. 01. 1993)

INHALT

III. Der Kaiser – Regierungszeit (1916–1918/19)

IV. Der Kaiser im Asyl (1919–1921)

V. DER KAISER IM EXIL (1921–22)

Einführung

Als die Kongregation für Heiligsprechungen (Congregatio pro Causis Sanctorum) in Rom das seit 1952 laufende Verfahren zur Beatification des letzten Kaisers von Österreich und Königs von Ungarn wiederaufnahm, bildete sie 1986/87 eine internationale Historikerkommission, um die Stagnation in der biographischen Forschung zu Karl von Österreich zu überwinden. Seine Biographie sollte mit neuem Material korrigiert und auf dem damaligen Forschungsstand präsentiert werden. Die von acht internationalen kirchlichen Gerichtshöfen erstellten Zeugenprotokolle hatten das bis dahin von Forschung und Popularwissenschaft tradierte Kaiserbild in vielen Details als verfälscht und unwahr entlarvt. Die Herausgeberin, Mitglied dieser Historikerkommission, wurde nach Abschluß ihrer Gutachten vom damaligen Postulator des Beatifikationsprozesses, Prälat Univ.-Prof. DDr. Winfried Schulz († 1995), ersucht, alle Zeugenprotokolle zu prüfen, ihren Wert als historische Quelle zu bestimmen und ihre wissenschaftliche Bedeutung festzustellen. Ein Unternehmen, das wegen der Fülle der neuen Informationen, die das Prozeßmaterial enthält, umfangreiche Forschungen in vatikanischen und anderen internationalen Archiven forderte. Bei der wissenschaftlichen Kontrolle der Zeugenaussagen kamen auch die Nachlaßpapiere Kaiser Karls ans Licht, die Kaiserin Zita in beglaubigten Kopien dem kirchlichen Gerichtshof als Belege für ihre eigenen Aussagen vorgelegt hatte, die ihrem Protokoll aber nur selektiert angefügt waren.

Nach Abschluß ihres letzten Gutachtens hatte die Herausgeberin die Möglichkeit, diese unbekannten Dokumente noch genauer zu erforschen, sie wissenschaftlich kritisch zu bearbeiten, mit anderen Archivalien zu ergänzen, zu kommentieren und eine österreichische Dokumentenausgabe zum Ersten Weltkrieg, die bis heute fehlt, vorzubereiten. Die Schwierigkeit dieser Arbeit war nicht zu unterschätzen, nachdem es sich um Dokumente des letzten Herrschers aus dem Vielvölkerstaat Österreich-Ungarn handelt, dessen Außen- und Friedenspolitik international war. Die in sechs verschiedenen europäischen Sprachen vorliegenden Papiere sollten einwandfrei verifiziert und präsentiert werden. Dank glücklicher Umstände stellte sich mir neben meinen sprachlich gebildeten Mitarbeitern, Dr. Franz Pichorner (jetzt Kunsthistorisches Museum, Wien, Generaldirektion) und Dr. Lotte Wewalka, P. Pál Arató SJ (Gregoriana Rom, † 1993) mit seinen historischen Kenntnissen, polyglotten Begabungen und Ausbildungen freundschaftlich und sehr selbstlos zur Verfügung. Nach seinem Tod übernahmen es der damalige Direktor des Institutum Historicum Societatis Jesu in Rom, P. Prof. László Szilas SJ, und sein Mitarbeiter, P. Mario Colpo SJ (†1998), die Korrekturen, die P. Arató nicht mehr hatte vollenden können, abzuschließen. Englische, französische und einige noch hinzugekommene ungarische Texte wurden von sogenannten „native speakers", von Zsuzsanne Becker, Weidling bei Klosterneuburg, und Elisabeth de Gelsey, Wien – Pöcking (ungarisch), Jean Charles de le Court, Brüssel (französisch), und Mag. Joshua M. Stein, New York – Wien (englisch), kontrolliert. Recherchen in internationalen Archiven führten außer mir Dr. Pichorner (in London, Paris, Bern, Klattau, z. T. in Wien und in Graz) und Mag. Stein (in Washington und New York) durch, P. Arató brachte Dokumente aus dem Primatialarchiv von Esztergom.

Ich bin neben meinen ausgezeichneten Mitarbeitern und den schon genannten römischen Jesuitenpatres den besonderen Förderern dieser Arbeit, dem Generalrelator der Heiligsprechungskongregation, P. Prof. Dr. Ambrosius Eszer OP (Vatikan), und dem ehemaligen Postulator der Causa Caroli a (e) domo Austrie, Prälat Univ.-Prof. DDr. Winfried Schulz † (Regensburg – Rom), für Verständnis, freundschaftliches, kollegiales Entgegenkommen und für großzügige Hilfe zu besonderem Dank verpflichtet.

Ich habe auch
Dr. Otto von Habsburg, Pöcking, Bundesrepublik Deutschland
Kardinalstaatssekretär Angelo Sodano, Vatikan
Kardinal Erzbischof Achille Silvestrini, Vatikan
Lady Sheila de Bellaigue, Windsor Castle, Großbritannien
Miss Anne Crawford, Public Record Office, London, Großbritannien

für die Druckerlaubnisse,

dem Bundesministerium für Wissenschaft und Forschung
Regina von Habsburg, Pöcking, Bundesrepublik Deutschland
Karl von Habsburg, Salzburg
der Hochschuljubiläumsstiftung der Stadt Wien
der Kaiser-Karl-Gebetsliga für den Völkerfrieden, Wien
der Österreichischen Forschungsgemeinschaft, Wien

für Finanzierungshilfen zu danken.

Mein Dank für wissenschaftliche Beratung und Hilfe geht an:
P. Josef Alt SVD, München, Bundesrepublik Deutschland
Archiv des Schlosses Artstetten
Hofrat Dr. Leopold Auer, Haus-, Hof- und Statsarchiv, Wien
Dr. Johannes Bauer, Wien
Bayerisches Kapuzinerarchiv St. Joseph, München, Bundesrepublik Deutschland
Direktor Dr. Margit Beke, Esztergom – Budapest, Ungarn

Univ.-Prof. Dr. Wolfdieter Bihl, Wien

Dr. Franz von Boroviczény, Wien

Dr. Hans Brettner-Metzler (†), Haus-, Hof- und Statsarchiv, Wien

Monsignore Marcello Camisassa, Vatikan, jetzt Turin

P. Prof. Dr. Marcel Chappin SJ, Gregoriana und Archiv des päpstlichen Staatssekretariats, Rom – Vatikan

Dr. Jean-Pierre Claus, Brüssel, Belgien

Graf Franz Czernin-Chudenitz (†), Wien

Dr. Martin Czernin, Wien

Dr. Klaus Demus, Kunsthistorisches Museum, Wien, i. R.

Hofrat Dr. Franz Dirnberger (†), Haus-, Hof- und Staatsarchiv, Wien

Hofrat Dr. Ilse Dosoudil und den Beamten der Universitätsbibliothek, Wien

Gräfin Dr. Walburga Douglas, geb. von Habsburg, Dunker-Ekensholm, Schweden

Dr. Johannes Eidlitz (†), Wien

Graf Kasimir Esterházy, Schloß Ering, Bundesrepublik Deutschland

Dr. Annemarie Fenzel, Diözesanarchiv Wien

Dr. François Fejtö, Paris, Frankreich

Dr. William Godsey, jr. Wien

Prof. Dr. Ch. Graf, Bundesarchiv der Schweizerischen Eidgenossenschaft, Schweiz

Dr. Maria Habacher, Archiv der Kaiser-Karl-Gebetsliga, St. Pölten

Dr. Lorenz von Habsburg, Brüssel, Belgien

Gutsverwaltung Herberstein, St. Johann bei Herberstein

P. Dr. Robert Hörger, OCist, Stift Zwettl

Clemens Höslinger, Wien

Dipl-Kfm. Dr. Martin Hubner, Wien

Dr. Maria Keippert, Archiv des Auswärtigen Amtes, Bonn

Hofrat Dr. Georg Johannes Kugler, Kunsthistorisches Museum, Wien, i. R.

Dr. John Leslie (†), Bristol, Großbritannien

Dr. Pierre Landuyt, Waterloo, Belgien

Dr. Louis Pierre La Roche, Wien

Prinzessin Elisabeth Liechtenstein, geb. von Habsburg (†), Schloß Waldstein, Steiermark

Prof. Dr. Stanislaw Litak, Lublin, Polen

P. Dr. Joseph Metzler OMI, Vatikan – Bad Wörishofen, Bundesrepublik Deutschland

Alexander Freiherr Mittag von Lenkheym (†), Wien

Dr. Wolfgang Müller, München, Bundesrepublik Deutschland

Dr. Gernot P. Obersteiner, Steirmärkisches Landesarchiv, Graz

Ing. Robert Pap, Payerbach-Reichenau

Dipl.-Ing. Graf Alexander Pachta-Reyhofen, Geffier des Ordens vom Golde-
nen Vlies, Wien
Dr. Franz Reisner, Sopron, Ungarn
Dr. Robert Rill, Kriegsarchiv, Wien
Dr. Ernst Ritter von Rutkowski, Kriegsarchiv, Wien, i.R.
Prof. Dr. Jan Roegiers, Leuven, Belgien
P. Matthias Schager SVD (†), St. Gabriel bei Mödling
Fürst Alexander Schönburg-Hartenstein, Wien
Archiv der Schottenabtei, Wien
Dir. Dr. Karl Schütz, Kunsthistorisches Museum, Wien
Schwarzenbergische Archive, Murau
P. Stephan Sommer Occist (†) , Stift Lilienfeld, NÖ
Hofrat Dr. Elisabeth Springer, Haus-, Hof- und Staatsarchiv, Wien
Christoph Tepperberg, Haus-, Hof- und Staatsarchiv, Wien
P. Gottfried Undesser OFMCap, Wien
Monsignore Franz Joseph Waitz (†), Innsbruck
Dr. Peter Wiesflecker, Steiermärkisches Landesarchiv, Graz
Monsignore Friedrich Zainar, Reichenau an der Rax

Wien, im September 2004   Elisabeth Kovács

EDITIONSGRUNDSÄTZE

1. Dokumente aus dem Processus beatificationis servi Dei Caroli a domo Austrie

Die mit AOS (= Acta ordinaria Scriptorum Causae Servi Dei Caroli a Domo Austrie) bezeichneten Texte sind dem Schriftenprozeß entnommen. Es sind Papiere aus dem Nachlaß Kaiser und König Karls, die Kaiserin und Königin Zita aus ihrem Privatarchiv (heute PAH = Privatarchiv Habsburg) als Belege für ihre Aussagen in beglaubigten Kopien vorgelegt hatte. Ihre Numerierung folgt dem Elenchus (= Index Omnium Scriptorum Exhibitorum Causa Beatificationis et Canonizationis Servi Dei Caroli a (e) Domo Austriaca Vindobonensis).

Dokumente des Schriftenprozesses, die den Zeugenaussagen angeschlossen wurden, sind mit TS (= Transsumpta Processus Ordinarii Servi Caroli a (e) Domo Austrie) bezeichnet und nach deren Paginierung zitiert.

Bei den abschriftlich vorgelegten, notariell beglaubigten Dokumenten waren Schreibfehler festzustellen, die aus der schwierigen Lesbarkeit der Handschriften oder aus der Unkenntnis der Fremdsprachen resultierten. Sie wurden entweder stillschweigend korrigiert oder mit sic! ausgewiesen.

Das Testament des Kaisers (Nr. 246) stammt aus einem ungeordneten Photokopienbestand im Referat für Selig- und Heiligsprechung der Erzdiözese Wien. Es handelte sich um Material, das Kaiserin und Königin Zita vorgelegt hatte und das in den Schriftenprozeß nicht aufgenommen worden war.

Die Editoren hatten die Möglichkeit, an einem Wochenende das für die Forschung gesperrte Privatarchiv Habsburg (PAH) zu besichtigen. Sie konnten einen Teil der hier publizierten Dokumente mit den Originalen vergleichen und feststellen, daß die beglaubigten Kopien bis auf die erwähnten Schreibfehler den Vorlagen entsprechen. Dies bestätigen auch jene Gegenstücke, die in Ausfertigung in vatikanischen Archiven, im Archiv von Windsor Castle und im Bundesarchiv in Bern aufbewahrt sind.

2. Aufbau der Edition

Die Dokumente sind chronologisch gereiht und fortlaufend numeriert. Die Titelzeile hält Absender, Empfänger und Hinweise auf den Quellentypus fest. Sämtliche Titulaturen entsprechen der historischen Situation. Papiere rein ungarischer Relevanz nennen anstatt Kaiser und König Karl nur König Karl IV. Orts- und Datumsangabe des Schriftstückes sind rechtsbündig angeordnet, fehlende Orts- und/oder Datumsangaben sind nach Möglichkeit in

eckiger Klammer rekonstruiert. Deutsche Ortsnamen wurden beibehalten
und in runder Klammer mit dem heutigen Ortsnamen kombiniert. Linksbün-
dig finden sich die Provenienzangaben (Archiv, Bestand, Signatur, Folierung)
und die aktenkundliche Typisierung des Dokumentes (Ausfertigung, Konzept,
beglaubigte Kopie, Druck). Vermerke am Dokument sind als Anmerkung zitiert (z. B. Vermerk von Kaiserin und Königin Zita). Die Kopfregesten bieten
eine übersichtliche Inhaltsangabe mit allen notwendigen Informationen. Sie
sind, wie die Fußnoten, nach den Regeln der alten Rechtschreibung verfaßt.

3. Zu den Texten

Fremdsprachige Texte sind grundsätzlich normalisiert wiedergegeben, deutsche Texte in historischer Orthographie der Originaldokumente. Die unter-
schiedliche Schreibung von Personen- und Ortsnamen wurde beibehalten,
ihre korrekte Form findet sich in Regest, Fußnoten und Register. Stilistische
Unebenheiten und Unklarheiten, gegebenenfalls mit sic! ausgewiesen, wurden vorsichtig und mit Angabe der Auslassungen (...) korrigiert. Schreibfehler in den beglaubigten Kopien konnten entweder mit Hilfe von Gegenstücken
aus anderen Archiven exakt oder sinngemäß in runder Klammer verbessert
werden. Die von Kaiser Karl häufig verwendeten Austriazismen (z. B. Gekraxel, roglig, Laufereien etc.) sind im Textkommentar erklärt. Offensichtliche
orthographische bzw. Tippfehler wurden stillschweigend korrigiert. Notwendige Ergänzungen oder Kürzungen im Dokument sind mit eckigen Klammern
[...] bezeichnet. In der Vorlage häufig wiederkehrende Abkürzungen wurden
beibehalten (z. B. AOK, FML etc.), Abkürzungs- und Siglenverzeichnis bieten
die Auflösung. Die Interpunktion entspricht den heute geltenden Regeln.

4. Zu den Anmerkungen

Textkritische Anmerkungen, mit Buchstaben bezeichnet, beziehen sich auf
Randvermerke, sprachliche Eigenarten (z. B. Austriazismen), Ergänzungen,
Auslassungen, Hervorhebungen und Unterstreichungen. Bei Dokument Nr.
237 („Tagebuchaufzeichnungen Seiner K. u. K. Apostolischen Majestät über
die Osterreise nach Ungarn in 1921"), dessen Text zerrissen und unvollständig publiziert, bearbeitet und wiederholt veröffentlicht wurde, sind die entsprechenden Stellen und Passagen ausgewiesen.

Im Sachkommentar, durch arabische Zahlen gekennzeichnet, sind Personen und ihre jeweilige Funktion bei der Entstehung des Dokumentes festgehalten. Um Überfrachtungen zu vermeiden, sind ihre Lebensdaten, soweit sie
eruierbar waren, im Personenregister angeführt. Ausgewiesen sind auch hi-

storische Vorgänge oder Dokumente, die im Schriftstück genannt oder zitiert sind. In seltenen Fällen oder bei nur einmaliger Nennung sind bibliographische Hinweise vollständig, sonst mit Kurztitel angegeben.

5. Zu den Verzeichnissen

Das Provenienzverzeichnis verdeutlicht die Schwerpunkte des Dokumentenmaterials. Bibliographie, Personen- und Sachregister ermöglichen eine effiziente und rasche Orientierung.

Abkürzungs- und Siglenverzeichnis

AA = Auswärtiges Amt
ACCS = Archivum Congregationis pro causis Sanctorum
ADB = Allgemeine Deutsche Biographie
a. D. = außer Dienst
ADÖ = Außenpolitische Dokumente der Republik Österreich
AdR = Archiv der Republik, Wien
AE = Archivio della Segreteria di Stato (ehemals Archivio del consiglio per gli Affari Ecclesiastici Straordinari), Vatikan
AGL = Archiv der Gebetsliga, St. Pölten
AOK = Armeeoberkommando
AOS = Acta Ordinaria Scriptorum Causae Caroli a Domo Austria(e)
AÖG = Archiv für Österreichische Geschichte
A.S.V.= Archivio Segreto Vaticano, Vatikan
Aufl. = Auflage
AVA = Allgemeines Verwaltungsarchiv, Wien
AZ = Arbeiter-Zeitung
BAR = Schweizerisches Bundesarchiv, Bern
Bd. = Band
Bde. = Bände
BIKO = Bischofskonferenz
BKA = Bayerisches Kapuzinerarchiv, München
DAS = Diözesanarchiv, Salzburg
DASP = Diözesanarchiv, St. Pölten
DAW = Diözesanarchiv, Wien
DBA = Deutsches Bundesarchiv, Koblenz
DBFP = Documents of British Foreign Policy
DD = Documents Diplomatiques concernant les tentatives de restauration des Habsbourg
DDD = Documents Diplomatiques relatifs au dethrônement des Habsbourg
DDI = Documenti Diplomatici Italiani
DDS = Documents Diplomatiques Suisses
d. R. = der Reserve
dän. = dänisch
DOHL = Deutsche Oberste Heeresleitung
dtsch. = deutsch
EB = Erzbischof
Eh. = Erzherzog
Ehn. = Erzherzogin
eidgenöss. = eidgenössisch

engl. = Englisch
FA = Familienarchiv
Fasz. = Faszikel
FB = Fürstbischof
FEB = Fürsterzbischof
FM = Feldmarschall
FML = Feldmarschall-Leutnant
FO = Foreign Office
fol. = Folio
Frh. = Freiherr
frz. = französisch
FZM = Feldzeugmeister
GASM = Generaladjutantur Seiner Majestät
GdI = General der Infanterie
GdK = General der Kavallerie
geb. = geborene
Gf. = Graf
Gfn. = Gräfin
HHStA = Haus-, Hof- und Staatsarchiv, Wien
HR = Husarenregiment
HZ = Historische Zeitschrift
Hrsg. =Herausgeber
Hzg. = Herzog
Hzgn. = Herzogin
KA = Kriegsarchiv, Wien
Kbrig. = Kavallerie-Brigade
Kg. = König
Kgn. = Königin
k.k.= kaiserlich-königlich
k.u.k.= kaiserlich und königlich
KTD = Kavallerietruppendivision
KUL = Katholische Universität, Löwen
LIR = Landwehrinfanterieregiment
LITD = Landwehrinfanterietruppendivision
Min. = Minister
Minpräsdt. = Ministerpräsident
MIÖG = Mitteilungen des Instituts für Österreichische Geschichtsforschung
MKSM = Militärkanzlei Seiner Majestät
Msgr. = Monsignore
MöAH = Mitglied des Österreichischen Abgeordnetenhauses
MöHH = Mitglied des Österreichischen Herrenhauses
MÖSTA = Mitteilungen des Österreichischen Staatsarchivs

mschr. = maschinschriftlich
NDB = Neue Deutsche Biographie
NFP = Neue Freie Presse
NL = Nachlaß
Nr. = Nummer
Nrn. = Nummern
NR = Nationalrat
OMeA = Obersthofmeisteramtsakten
österr.-ung. = österreichisch-ungarisch
ÖUlK = Österreich-Ungarns letzter Krieg
PA = Politisches Archiv
PA AA = Politisches Archiv des Auswärtigen Amtes, Bonn
PAMAE = Archive du Ministère pour les Affaires étrangères, Paris
PD = Papers and Documents
phil. Diss. = philosophische Dissertation
port. = portugiesisch
PRO = Public Record Office, London
Prz. = Prinz
Przn. = Prinzessin
RA = Royal Archives, Schloß Windsor
REZL = Református Egyház Zsinati Levéltára, Budapest
RHE = Revue d'Histoire Ecclésiastique
röm. = römisch
rumän. = rumänisch
serb. = serbisch
slaw. = slawisch
slow. = slowenisch
S. M. = Seine Majestät (Sa Majesté)
span. = spanisch
StLA = Steiermärkisches Landesarchiv, Graz
TB = Tagebuch
Tom. = Tomus
TS = Transsumpta Processus Ordinarii Causae Servi Dei Caroli a Domo
    Austria (e)
tschech. = tschechisch
ung. = ungarisch
v. = von
V.A.R. = Vôtre Altesse Royale
verh. = verheiratet
vgl. = vergleiche
WStLA = Wiener Stadt- und Landesarchiv

I. Der Erzherzog (1887–1914)

1.
FML Erzherzog Otto an Georg Graf Wallis

Schönau, 1904 September 22

TS 2798–2800, beglaubigte Kopie.
Druck: Brook-Shepherd, The Last Habsburg, London 1968, 331–332.

Eh. Carl soll nach seinem 18. Geburtstag für seine zukünftige Stellung militärisch und politisch vorbereitet werden. Er soll die militärische Laufbahn von Grund auf in einer Infanteriegarnison beginnen und daneben eine allgemeine Universitätsausbildung mit juridischen, geschichtlichen und staatswissenschaftlichen Studien in Prag oder Innsbruck absolvieren.

Da ich durch mein Leiden[1] vielleicht noch längere Zeit verhindert bin, mit Ihnen[2] einmal eingehend über die nächste Erziehungszeit meines Sohnes Carl Rücksprache zu halten, will ich Ihnen meine Pläne, die ich mit der Erzherzogin[3] vereint ausgedacht habe, mitteilen.

Wenn Carl 18 Jahre alt geworden, würde er in eine Garnison kommen, wo er sowohl den militärischen Dienst ausüben, sowie auch eine allgemeine Universitätsbildung sich aneignen müßte. Der Herr, der ihn in diesen zwei Jahren vor seiner Großjährigkeit begleiten würde, wäre nach außen hin quasi sein Kammervorsteher, unter vier Augen noch immer sein Mentor, welcher ihn auf alles aufmerksam machen muß. Da meine Frau sowohl wie ich das vollste Vertrauen zu Ihnen haben, würden wir gerne sehen, wenn Sie diese Stelle bei unserem Sohne auch für diese zwei Jahre beibehalten würden. Doch so wie wir Sie jetzt schon ein Jahr vorher fragen, ob Sie diesen von uns bestimmten Plan annehmen, so müssen wir Sie auch bitten, sich ganz klar und bestimmt auszusprechen, ob Ihre Gesundheit es zulassen wird, diesen Dienst auch wirklich die vollen zwei Jahre durchführen zu können.

Ein zweiter Herr wird auf keinen Fall unserem Sohne Carl zugeteilt werden. Doch muß ich dabei bemerken, daß eben diese Zwischenzeit von 18 bis zu 20 Jahren auch nach und nach freiere Bewegung und selbständigeres Auftreten unseres Sohnes mit sich bringen soll; daher auch viele Stunden des Tages,

---

1 Vgl. zu Eh. Otto: Viktor Eisenmenger, Erzherzog Franz Ferdinand, Zürich 1930, 168–171.
2 Georg Graf Wallis war ab 1894 der Erzieher von Eh. Carl.
3 Maria Josepha Prinzessin von Sachsen, Ehn. von Österreich, 1886 Ehe mit Otto, Eh. von Österreich.

z. B. vormittags beim Regiment, nachmittags bei einem eventuellen juristischen Vortrag von seinem Mentor bzw. Kammervorsteher, zum „Freisein" erübrigt werden.

Als Garnisonsort würde ich Seiner Majestät[4] entweder Prag oder Innsbruck vorschlagen, die zwei einzig möglichen Garnisonen, wo auch eine Universität ist und wo man hoffentlich einen oder den anderen verlässlichen Professor findet.

Unser Sohn Carl, der, so Gott will, bestimmt ist, einst Kaiser zu werden, muß unbedingt erst gründlich die Infanteriewaffe, unsere Hauptwaffe, kennen lernen. (Wie meine Brüder[5] und ich; wir fingen alle bei der Fußtruppe an!)

Der richtige Verkehr mit dem Offizierskorps, das unauffällige Hintanhalten von nicht besonderen Elementen im Offizierskorps ist und bleibt Aufgabe des Erziehers, vereint mit dem betreffenden Regiments-Commandanten und mit den Stabsoffizieren, und kann dies leicht überwacht werden. Ihre einst vorgebrachte Idee, Carl könnte sich nach seiner Großjährigkeit noch immer für sich in allen möglichen Fächern weiter ausbilden, kann ich nicht teilen; denn das kann sein, kann auch nicht sein.

Ich halte es für unsere Pflicht, solange unser Sohn minderjährig ist, ihn soviel, als er für sein späteres Leben braucht (und dies ist viel!), studieren zu lassen. Ist er einmal definitiv großjährig und beim Regiment, weiter studieren, wenn nicht, so hat er wenigstens genug inne, um sich in allen seinen künftigen militärischen und staatlichen Lagen und Stellungen zurecht zu finden. Daher muß er in den letzten zwei Jahren neben dem militärischen Dienst noch juridische[6], geschichtliche, staatswissenschaftliche Studien gründlich durchmachen, wozu in der Garnison der Nachmittag verwendet werden kann. Bei der Infanterie ist der Hauptdienst vormittags; ich will nicht damit gesagt haben, daß er nur vormittags Offizier, nachmittags Studiosus sei; es kann ja auch einmal ein Übungsmarsch, ein Schießen etc. etc. nachmittags sein: dieser Tag ist dann eben nur militärisch verbracht. Prag hat den Vorteil, daß der gesellschaftliche Umgang bei Carl sehr gut gepflegt werden kann, er könnte sich angewöhnen, einige kleine Diners zu geben etc. Innsbruck hat wieder den Vorteil in militärischer Hinsicht, indem das Tyroler Kaiserregiment sehr schön und Carl selbst so gerne in Tirol ist! Und dann Eh. Eugen[7] als Erster in der Garnison, was für Carls Charakter ganz gut wäre. Natürlich

---

4   Franz Joseph I., Kaiser von Österreich und Apostolischer König von Ungarn, 02.12.1848–
    21.11.1916.
5   Franz Ferdinand, Eh. von Österreich–Este, Thronfolger; Ferdinand Karl, Eh. von Österreich.
6   Vgl. zum juridischen Studienplan: TS, 2801–2809; Polzer–Hoditz, 63–65.
7   Eugen, Eh. von Österreich, 27.04.1901 GdK; Kommandant des XIV. Korps und Landesvertei-
    digungskommandant von Tirol und Vorarlberg, ab 17.10.1908 Generaltruppeninspektor.

müßte die Garnisonswahl noch sehr überdacht werden und ist hiezu noch genügend Zeit und muß einst die Allerhöchste Willensmeinung erbeten werden.

Mein ganzes Schreiben soll Ihnen nur zeigen, was wir in Hauptzügen mit unserem Sohne in seinen letzten zwei Erziehungsjahren beginnen wollen, und wir müssen vor allem anderen Ihren klaren decidierten Ausspruch wissen und die Versicherung haben, ob Sie den nach unserem bestimmten Plan durchzuführenden Dienst allein und mit Ihrer Gesundheit vereinbarend leisten können und wollen. Unseres vollen Vertrauens seien Sie stets versichert!

Von den Grundzügen unseres Entschlusses würde nichts geändert und vom nächsten Herbst an diese Erziehungsmethode durchgeführt werden!

2a)
Erzherzog Carl Franz Joseph an
Prinzessin Zita von Bourbon von Parma

London, 1911 Juni 20

AOS, Tom. II, Index 755, beglaubigte Kopie.

Bericht von der Reise zur Krönung König Georgs V. von Großbritannien und Irland nach London.

Mein Brief von heute wird etwas blödsinnig sein. Denn ich bin sehr müde und einen Kopf habe ich wie ein Wasserfaß. Heute morgens fuhr ich um 9 h 50 mittels eines Missionstransportzuges bis Calais. Es fuhren der türkische Thronfolger[1], der Kronprinz von Serbien[2], der Großfürst Boris von Rußland[3], der Herzog von Aosta[4], die französische Mission, der Kronprinz von Dänemark[5] und der Kronprinz von Griechenland[6] im selben Waggon mit uns. Xavier[7] war noch auf der Bahn und unterhielt sich glänzend über die vielen Ausländer, der Türk war am komischesten, der hatte zirka 20 Suiten, das muß eine Freude sein. Als wir abgefahren waren, machte ich dem Türk in seinem

---

1   Mohammed (Mehmed), türkischer Thronfolger, Bruder Mehmeds V., als Sultan Mohammed (Mehmed) VI., 1918–1922.
2   Alexander Karageorgiewitsch (Karadjordjević), Kronprinz von Serbien.
3   Boris Wladimirowitsch Großfürst von Rußland, Neffe Zar Alexanders III.
4   Prinz Emanuel Philibert (Emanuele Filiberto), Herzog von Aosta.
5   Christian, Kronprinz von Dänemark.
6   Konstantin, Kronprinz von Griechenland.
7   Xavier, Prinz von Bourbon von Parma.

Waggon einen Besuch. Der Kerl war dumm, kann nicht Französisch und stinkt nach allen Parfums der Welt, daß ich die Handschuhe, mit denen ich ihm die Hand gab, wegwarf. Hierauf ließ sich mir der Kronprinz Alexander von Serbien vorstellen, der noch unglaublich nett ist. Hierauf lernte ich den Herzog von Aosta kennen, der echte Reale mit rotem Hemd, gelbe und schwarze Schuhe; er war sehr herablassend, das vertrage ich nicht, daher die Conversation sehr flau. Hierauf lernte ich seine Frau[8] kennen, die auch äußerst gnädig war, dann noch den Griechen und eine griechische Prinzessin, deren Namen mir unbekannt. Wir speisten alle in einem Waggonrestaurant an getrennten Tischen. Ich hatte mit Lobkowicz[9] meinen Tisch gerade zwischen dem Serben und Aosta.

Um 1 h kamen wir in Calais an, wo wir uns auf die königliche Jacht „Alexandra" einschifften, das Wetter war regnerisch, die See nicht sehr bewegt, wir wackelten nur sehr wenig. Ich aß die roten Pillen, die wirkten Wunder.

Wir zogen uns an Bord um in Gehrock; außer den früheren Herrschaften waren jetzt hinzugekommen:

Boris von Bulgarien[10], der Infant von Spanien, ein bayerischer Prinz[11], Prinz Rupprecht von Bayern[12], meine k.u.k. Mission, bestehend aus Fürst Schönburg[13], Graf Esterházy[14] und Lobkowicz, dann Regimentsdeputation Oberst Kratky[15], Hauptmann Schmutzer[16] etc. Der erste, der mich anfiel, war Boris. Er gratulierte mir, wir sprachen kurz zusammen. Hierauf lernte ich Rupprecht von Bayern kennen, der mir die größten Komplimente über Dich machte, zum Schluß den Spanier.

Endlich um 2½ Uhr landeten wir in England, unser Botschafter, Graf Mensdorff[17], empfing mich in Dover und die englischen Herren Lord Herrschel[18], Oberst Fergusson[19] und Oberstleutnant Russell[20]. Wir fuhren in einem

---

8 Hélène, Herzogin von Aosta, geb. von Orléans, Tochter des Grafen von Paris.

9 Zdenko Prinz Lobkowicz, seit 18.08.1907 Kammervorsteher Eh. Carl Franz Josephs; dann Generaladjutant Kaiser Karls.

10 Boris, Kronprinz von Bulgarien, Sohn Ferdinands I.

11 Ferdinand Maria, Prinz von Bayern, Infant von Spanien (Don Fernando).

12 Rupprecht, Kronprinz von Bayern.

13 Aloys, vierter Fürst von Schönburg-Hartenstein.

14 Paul Graf Esterházy zu Galántha.

15 Ludwig oder Karl Kratky.

16 Vermutlich Karl Schmutzer.

17 Albert Graf Mensdorff-Pouilly-Dietrichstein, 28.04.1904–13.08.1914 letzter k.u.k. Botschafter in London vor dem Ersten Weltkrieg. Vgl. Jenicek, Albert Graf Mensdorff-Pouilly-Dietrichstein.

18 Lord Richard Herrschel.

19 Vermutlich Sir Charles Fergusson.

20 Eardley Russell, Oberstleutnant, Ehrenkavalier von Eh. Carl während des Londoner Aufenthaltes.

Riesenbahnzug mit zirka 30 Waggons (ich war im vierten) nach London, wo uns der Herzog von Connaught[21] erwartete.

Am Bahnhof war ein fürchterliches Gedränge. Heute abend ist Familiendinner und Ball, darüber morgen.

Die Stadt Brandeis war am 14. uns zu Ehren beflaggt. – Nun muß ich Schluß machen, sonst komme ich noch zu spät zum Dinner.

Ich sende Dir tausend Küsse und alles alles Liebe, träume immer noch von dem schönen Pianore in dem großen London.

2b)*

London, 1911 Juni 20

AOS, Tom. II, Index 756, beglaubigte Kopie.

Bericht vom Aufenthalt in London anläßlich der Krönung König Georgs V. von Großbritannien und Irland.

Also ich werde jetzt weiter in meinem Bericht fortfahren. Gestern war die große Familienabfütterung bei Hof mit Escarpins und schwarzen Strümpfen. Ich saß rechts von der Königin[22], neben der Großherzogin von Dänemark, Kronprinzessin[23].

Das Essen war schauderhaft langweilig, nachher mußten die Suiten vor den Majestäten defilieren, jeder Missionschef stellte die seinigen vor. Nach dieser Ramasuri[a] war ein sogenannter Ball beim Herzog von Sutherland[24], in Wirklichkeit ein Gedränge und Gepuffe. Die Zufahrt zum Palais war so verstopft, daß wir zu einer Distanz von sonst ein paar Minuten mit dem Wagen eine Stunde brauchten. Hierauf war im Saal eine unendliche Foule[b]. Um 12 Uhr hätte das Souper sein sollen, ich sollte die japanische Prinzessin Fushimi[25] führen, die war wieder nicht zum Auftreiben, endlich um $^3/_4$ 1 Uhr

---

* Vermerk: dieser und die nächsten drei Briefe sind adressiert an: Son Altesse Royale, Madame la Princesse Zita de Bourbon-Parme, ROME, Hotel Regina.

a Umgangssprachlich: Trubel, großes Durcheinander.

b Französisch: Gedränge.

21 Arthur William, Duke of Connaught and Strathearn, Earl of Sussex, 3. Sohn von Königin Victoria.

22 Mary, Königin von Großbritannien und Irland 1910–1936, geb. Fürstin von Teck.

23 Alexandrine, Großherzogin von Dänemark, geb. Herzogin zu Mecklenburg-Schwerin.

24 Herzog von Sutherland Cromartie Leveson-Gower.

25 Teiko, Prinzessin Fushimi, Tochter des Prinzen Sadanaru Fushimi, verheiratet seit 1900 mit Yamanouchi Toyokage. Die Familie Fushimi zählt zu den japanischen „Prinzen von Geblüt".

ging ich allein zum Souper, die Fushimi war mit ihrem Mann hineingegangen. Dann saß ich zu meinem Zorn auf einem falschen Platz neben dem Serben. Schauderhaft, dabei war eine Hitze zum Schlagtreffen. Brummig ging ich nach Hause.

Heute früh besichtigte ich die National Galerie und die St. Pauls Abbaye [sic]. Halb zwei Uhr war Lunch bei unserem Botschafter, hierauf Empfang unserer Colonie in der Botschaft, lauter Juden.

Nachmittags Hydepark und Regentpark zu Wagen; in letzterem waren wir im zoologischen Garten. Dort sehr komisch, einige Wallrösser [sic], die, wenn sie gefüttert wurden, von einem Felsen in den Teich sprangen.

Es ist hier wirklich nicht eine Minute zum Verschnaufen. Die Zeit zum Briefschreiben muß ich mir immer stehlen.

Nun Adieu. Gute Unterhaltung in Rom. Vergiß nicht, auch für uns zwei zu beten.

2c)

London, 1911 Juni 21

AOS, Tom. II, Index 757, beglaubigte Kopie.

Bericht über seinen Besuch in der Benediktinerinnenabtei Sainte Cécile de So-lesmes, in Ryde, Insel Wight, und vom Hofball in London anläßlich der Krö-nung Georgs V. von Großbritannien und Irland.

Ich habe Dir zwar heute schon einmal geschrieben,[26] aber ich tue es noch einmal.

Ich muß Dir immer und immer sagen, wie sehr mich der heutige Besuch in Ryde gefreut hat. Die Putzi[27] war hinter dem großen Gitter und sah dahinter so freundlich, so riesig glücklich aus, daß jeder sie eigentlich beneiden müßte. (Ich werde auch so glücklich sein, wenn ich Dich wiedersehe.) Sie war zu mir, obwohl ich sie ja eigentlich wenig gekannt habe, so wie eine Schwester zu einem Bruder, so lustig, so heiter. Sie hat sich riesig über unser Glück gefreut. Ich kann es nur wiederholen, ich war ganz entzückt von ihr.

Gestern abends war ein großer Fraß bei Hof zu 500 Gedecken, ich saß wieder neben der Griechin[28].

---

26 Nicht vorhanden.

27 Adelheid, Prinzessin von Bourbon von Parma, seit 1907 Benediktinerin (= Mère Marie Benedicte OSB), Abtei S. Cécile de Solemnes, Isle of Wight; Schwester Prinzessin Zitas.

28 Vermutlich Kronprinzessin Sophie von Griechenland, Tochter des deutschen Kaisers Friedrich III., Gemahlin Konstantins von Griechenland.

Abends war noch ein großer öffentlicher Ball, wo wir von Logen aus zusahen. Es war für ein Shakespearetheater arrangiert und alles in Toiletten aus der Zeit. Eigentlich ein schönes Bild, nur ärgerte mich, daß zum Beispiel katholische Bischöfe in vollem Ornat tanzten oder kostümierte Klosterfrauen sich gar nicht sehr geistlich benahmen. Die Kostüme waren schon großartig, alle sehr kunst- und stylgerecht. Gegen 12 Uhr zogen die handelnden Personen aller Shakespearschen Dramen ein und tanzten Quadrille. Um 1 Uhr waren wir wieder zu Hause. Heute ist Dinner bei Connaught.

Nun genug der trockenen Erzählung. Ich kann nicht sagen, wie mich dieses London anödet, ewig grauer, grauslicher Himmel, das fortgesetzte Surren der Elektrischen, das Pfeifen der Automobile (nicht wie unsere schöne Sirene in Pianore), das Schreien der Menschen, anstatt des schönen südlichen Himmels und der Ruhe in Pianore und die Hauptsache: wo Du bist. Du gehst mir so ab, daß mir eigentlich etwas von mir selbst fehlt, eben das Glück.

Dein Brief Nr. 1, den ich gestern bekam, war für mich eine große Freude. Ich gab ihn Putzi zu lesen, sie lachte wahnsinnig über die Pillengeschichte. Also weißt Du, das hätte ich nicht für möglich gehalten, daß Du mir außer allem anderen so wenig Geschmack zutraust, daß ich für die Connaught[29] schwärme. Die ist ja ein ausgemachtes Scheusal und so dummes Aussehen hat sie, wie die Kronprinzessin Danilo von Montenegro[30]. Nun Schatz, mit der Sache habt's Ihr Euch, die Cicca[31] und Du, geschnitten[a].

Ich lasse die Mama[32] umarmen und Hände küssen, alle Geschwister grüßen, Käse, Kuchen. Dir besonders
liebe Zita alles Gute, […].

---

a   Umgangssprachlich: geirrt.

29 Luise, Herzogin von Connaught, geb. Prinzessin von Preußen.

30 Jutta (Miliza), Kronprinzessin von Montenegro.

31 Cicca = Franziska, Prinzessin von Bourbon von Parma, seit 1913 Benediktinerin (= Mère Scholastique OSB), Abtei S. Cécile de Solemnes, Isle of Wight, Schwester von Prinzessin Zita.

32 Maria Antonia von Braganza, Herzogin von Parma.

2d)

London, 1911 Juni 22

AOS, Tom. II, Index 758, beglaubigte Kopie.

Bericht von der Krönung Georgs V. von Großbritannien und Irland in der Westminster Abbey.

Ich bin heute müde und hin[a]. Die Krönung hat von 8 h ¹/₂ früh bis 3 h ¹/₂ nachmittags gedauert.

Die Sache war ja wunderschön, aber doch gar nicht so, wie ich es mir gedacht habe.

Ich habe so viel davon gehört, daß mich die Wirklichkeit eigentlich enttäuscht hat. Wir fuhren vom Buckinghampalace im großen Galawagen, das deutsche Kronprinzenpaar[33], der türkische Kronprinz und ich. Mit dem Türken war so eine Hetz[b], wir haben ihm Cognac zu trinken gegeben, und das ist ja gegen den Islam.

Zuerst hat er sich geweigert und wie wir ihm versichert haben, daß es niemand sieht, hat er es mit größtem Behagen getrunken. In der Kirche, die übrigens ein wunderschöner gotischer Bau ist (Du wirst ja die Westminsterabbey kennen), mußten wir lange auf das Königspaar warten. Hierauf waren zirka zwei Stunden oder noch länger Ceremonien, von denen wir eigentlich nicht viel sahen. Gegen 3 Uhr fuhren wir wieder zurück. Damit Du besser orientiert bist, sende ich Dir das Programm und eine illustrierte Zeitung, die sehr lustige Bilder von der Krönung hat.

Heute abend ist noch ein Dinner bei unserer Botschaft. Dieses London ist etwas schreckliches, nun bin ich drei Tage zu meinem Unglück da, und immer derselbe graue Himmel und Regen. Heute wandern ja meine Gedanken fort von Pianore nach Rom, in die ewige Stadt, die ich leider nicht kenne und in die ich vielleicht auch nie kommen werde, und am Montag geht es ja wieder zurück nach Pianore, wie ich eben den Moment aus Deinem lieben Telegramm, für das ich Dich vielmals umarme, erfuhr. Ich schrieb gestern auch der Schwiegermama nach Rom, nicht viel Neues, aber für mich war dieser Brief ein wirkliches Bedürfnis. Ich freue mich schon immer so auf Nachricht von Dir, daß ich es gar nicht erwarten kann, das sind die einzigen Lichtblicke des ganzen Tages.

Früher war ich berühmt schreibfaul, jetzt aber ist mir das Schreiben an Dich die größte Unterhaltung. Ich beneide diesen Brief, daß er zu Dir nach

---

a Umgangssprachlich: erschöpft.
b Umgangssprachlich: Vergnügen.

33 Wilhelm und Cecilie, deutsches Kronprinzenpaar.

Rom kann, wenn man dürfte, wie man immer wollte, wäre ich auch längst nicht mehr in London. [...].

2e)

London, 1911 Juni 23

AOS, Tom. II, Index 759, beglaubigte Kopie.

Bericht von den gesellschaftlichen Ereignissen anläßlich der Krönung König Georgs V. von Großbritannien und Irland.

Das Bild von der „Reichspost" ist also schon wirklich nicht schmeichelhaft. Ich danke Dir vielmals für Deinen lieben Brief, der mich wie immer wahnsinnig gefreut hat. Ich hätte Dir aber eigentlich unter Deinem Inkognitonamen nach Rom schreiben sollen, aber ich habe ihn erst heute durch Dein liebes Telegramm erfahren, aber klar ist es mir auch noch nicht, ob das Gala, Sala oder Lala heißen soll. Da ich Dir so wie so schon zweimal ohne Inkognito geschrieben habe, wird es das drittemal auch nichts machen. Heute war der Umzug des Königs in der Stadt, wir waren auf einer Tribüne, alle Ausländer und die minderjährigen Prinzen des Hauses[34].

Es war ein farbenprächtiges Bild. Es war ein Spalier von Soldaten, durch das der König fuhr; vor ihm ritten und marschierten Teile aller Truppen, englische und coloniale, die Inder waren besonders prächtig. Zu Mittag lunchte ich mit den Herren von S.M. Schiff „Radetzky" hier in Belgrave Square. Nachmittags waren wir in Olympia bei der Horseshow, so eine Art Concours Hyppique. Zuerst ritten Buben und Mädels auf Ponnies, dann war das eigentliche Preisspringen. Das Ganze spielt sich in einer Art großer gedeckter Hall ab, wo eine große Reitschule ist und amphitheatralisch aufsteigend, die Logen sind. Das Preisspringen war direkt scheußlich, daß es einem Cavalleristen den Magen umdreht, die Sprünge sind kolossal hoch, bis zu 1 Meter 31 cm, aber es ist gar kein Anlauf und das Pferd muß fortgesetzt verrissen werden. Dabei sitzen die Leute oben wie die Affen.

Heute abend Dinner bei Sir Edward Grey[35], Minister des Äußeren. Ich kann diese großen Fraße schon gar nicht mehr leiden. Morgen ist die große Naval revue, der Clou[a] der ganzen Geschichte.

---

a   Frz.: Glanzpunkt.

34 Albert, Herzog von York; George Edward, Herzog von Kent; Edward, Herzog von Windsor; Henry William Herzog von Gloucester.
35 Sir Edward Grey, Viscount of Fallodon, 1906–1916 britischer Außenminister.

Nun genug davon. Ich muß Dir mein besonderes Lob aussprechen, daß Du
so fleißig schreibst, ich bin damit sehr zufrieden, bekomme jeden Tag meinen
Brief, ich bin doch auch nicht schreibfaul, nicht wahr?

Die deutsche Kronprinzessin, die übrigens sehr nett ist, erkundigt sich je-
desmal, wie es Dir geht und wie oft wir uns schreiben. Ich werde bei nächster
Gelegenheit ihr sagen, Du hättest mir geschrieben, Du würdest mit größter
Freude von mir erfahren haben, daß sie sich so für uns interessiert und daß
Du sie unbekannterweise grüßen läßt und Dich freuen würdest, sie bald ken-
nen zu lernen. Das macht sich gut und kostet nichts. [...]

2f)

London, 1911 Juni 26

AOS, Tom. II, Index 761, beglaubigte Kopie.

*Bericht von den gesellschaftlichen Ereignissen anläßlich der Krönung König
Georgs V. von Großbritannien und Irland.*

Ich danke Dir vielmals für Deinen so lieben Brief. Daß Du etwas unwohl
warst, tut mir riesig leid, wie ich aber aus Deinem Brief ersehe, bist Du nun
wieder wohl. Daß ich mich mit dem Schreiben überanstrenge, brauchst Du
nicht besorgt zu sein, ich finde immer ein paar Minuten im Tage, um Dir zu
schreiben. Das ist ja immer mein größtes Vergnügen, auf das ich mich den
ganzen Tag freue.

Es tut mir riesig leid, daß die dumme, blöde Politik uns verhindert, zusammen zum Heiligen Vater[36] zu gehen, ich würde so gerne hingehen und den
Heiligen Vater sehen. Es muß das erhebend sein, den Vater der ganzen katholischen Welt vor sich zu haben und von ihm angesprochen zu werden und
seinen Segen zu erhalten. Leider kann man aber nichts machen. Du bist Vi-
cefirmpatin von der Isabella[37], wer ist die eigentliche Firmpatin? In Gedanken bin ich immerfort bei Euch. Für Dein liebes Telegramm, das ich gestern
abend erhielt, umarme ich Dich vielmals. Gestern war eine Art Rasttag.

Ich war nachmittag in Windsor, von dem ich eigentlich enttäuscht war, ich
hatte mir mehr erwartet. Es regnete auch in Strömen. Hierauf war ich in
Richmond bei den Portugiesen[38], die Königin[39] war riesig freundlich, küßte

---

36 Pius X., Papst 1903–1914.
37 Isabella, Prinzessin von Bourbon von Parma.
38 Emanuel II. (Manoel), König von Portugal 1908–1910; seit 1910 im englischen Exil.
39 Auguste Viktoria von Hohenzollern-Sigmaringen, Königin von Portugal.

mich auf beide Wangen (was mich weniger freute), fragte mich nach allem aus, ließ schließlich die Mama grüßen und dem Kaiser alles mögliche sagen, was ich schon längst vergessen habe.

Abends war ein Diner auf unserer Botschaft, ich saß zwischen der Herzogin von Marlborough[40] und der Herzogin von Teck[41], ich konversierte ganz gut englisch. Hierauf war eine Musik, eine wienerische, die spielte großartig Wiener Lieder. Hierauf wurde getanzt, ich habe natürlich nicht einen Schritt getanzt, bin mit den Müttern auf der Mutterbank gesessen. Nun muß ich aber leider schließen, denn heute ist noch ein sehr anstrengender Tag. [...].

---

40 Consuelo, Herzogin von Marlborough, geb. Vanderbilt.
41 Alice, Herzogin von Teck, Enkelin von Königin Victoria.

II. Der Thronfolger (1914–1916)

3.
„Kriegserinnerungen Kaiser Karls"
Kriegsjahr 1914

o. O., 1914 Oktober 13–Dezember 24

AOS, Tom. 1, Index 692, beglaubigte Kopie, unfoliiert.

Druck: bearbeitet und teilweise gekürzt, in: Feigl, Kaiser Karl (1984), 104–119; ders. (1987) 52–66.

Reflexionen von Erzherzog Carl Franz Joseph über die militärische Führung Österreich-Ungarns, über Versuche, den Eintritt Rumäniens in den Ersten Weltkrieg zu vermeiden, zum polnisch-ruthenischen Nationalitätenkonflikt, über deutsche Kriegsziele, zur inneren Reform der österreichisch-ungarischen Monarchie und über die Befriedung des Nationalitätenproblems.

[I.]

General der Infanterie Freiherr von Conrad sehr genial, jedoch verlangt oft zu viel von den Truppen, will immer alles zu schnell haben, bedenkt hiebei nicht Friktionen, die sich immer ergeben. Keine Personenkenntnis, will gerne Generale wegen irgend einer Kleinigkeit absetzen, erzeugt hiedurch Unruhe, bei einer Division binnen fünf Tagen drei Kommandanten, in vielen Sachen zu persönlich, unterschätzt die Wirkung gut verfaßter Kommuniqués und den Wert der Stimmung im Hinterland.[1]

Oberst Baron Mor-Merkl[2] sehr gescheiter, sehr distinguierter Offizier, sehr impulsiv und tatkräftig. Tut hier im Oberkommando sehr viel Gutes. Ich glaubte zuerst, er habe etwas „ein böses Maul", habe aber erkannt, daß alles, was er über die Leute Ungünstiges sagte, gestimmt hat. Jetzt im Ernstfalle

---

1 Franz Frh. (Graf) Conrad von Hötzendorf, 1906–1911; 1912–27.02.1917 (Absetzung) Chef des k.u.k. Generalstabes. Vgl. die ambivalenten Verhaltensweisen Conrads gegenüber dem Thronfolger Eh. Carl, gesellschaftlich unterlegen, militärisch arrogant, in: Conrad, Dienstzeit 6, 1000 (Register); Pantenius, Der Angriffsgedanke, 256–266; vgl. auch Hoyer, Kaiser Karl, 2–31.

2 Franz Frh. Mor-Merkl zu Sunnegg und Morberg, Oberst, Flügeladjutant Eh. Friedrichs; 1917 GM. Vgl. zu ihm auch bei Rauchensteiner, 296 und StLA, TB Herberstein, 1914, 3–4, 113.

gibt es keine persönlichen Rücksichten. Hat wesentlich zur Besserung der Kommuniqués [beigetragen].

Oberstleutnant von Lorx[3], sehr vornehmer Offizier, äußerst selten eigene Meinung. Stabsarzt Dr. Biehl[4], ausgezeichneter Laryngologe, sonst aber ziemlich undezidiert und schwankend in seinen fachlichen Urteilen. Spielt sich gerne als rauher Kriegsmann und Mordskerl auf, hält andere würdige Leute gerne für Drückeberger, wenn sie nach seiner Ansicht gesund sind, in Wirklichkeit für den schweren Frontdienst zu schwach. Militärkurat Gaal[5], sehr achtbarer Mann, hat als Ungar, glaube ich, durch die Schule schon seinen geistlichen Beruf etwas laxer auffassen gelernt, er kann nichts dafür. Sehr verschlossen, spricht wenig. Oberst Baron Mor-Merkl hat den guten Onkel[6] gänzlich in der Gewalt, wirkt aber hiebei nur Gutes. Verbessert manche impulsive Unüberlegtheiten des Chefs durch seinen Einfluß auf den Onkel. Hat wesentlich dazu beigetragen, die Kommuniqués zu erweitern. Ist hauptsächlich der Betreiber des Sturzes des Generals der Infanterie Auffenberg[7], der wirklich als Jud gehandelt hat. Mor hatte sehr recht. General der Infanterie Auffenberg hatte seinen angeblichen „Sieg bei Zamosc" oder Tomaszów riesig aufgebauscht.[8] Die Russen waren nur zurückgewichen. So geschah es, daß, als Auffenberg sich an der zweiten Schlacht bei Lemberg beteiligte, die „geschlagenen" Russen in seiner Flanke auftauchten und so das Schicksal der Schlacht besiegelt war. Auf dem Rückmarsch floh er bis Lancut, weil er, wie er selbst sich einem hohen General gegenüber äußerte, nicht gerne in russische Gefangenschaft käme und als Sehenswürdigkeit in Petersburg gezeigt würde. Die Wirkung dieser Flucht auf die Armee kann man sich ausmalen, wo ja die Armee aus dem siegreichen Vorgehen heraus rückbeordert wurde.[9] Der Sturz Brudermanns[10], den man vielleicht auch Oberst Mor in die Schuhe schiebt, ist das Werk des Chefs. Sehr richtig, Brudermann, großer Gentleman,

---

3 Viktor Lorx von Ruszkin, 01.05.1914 Oberstleutnant im Generalstab; bei Kriegsbeginn Flügeladjutant Eh. Friedrichs. Vgl. auch StLA, TB Herberstein, 1914, 3–4.

4 Carl Biehl, Stabsarzt, Hausarzt bei Eh. Albrecht, vgl. StLA, TB Herberstein, 1914, 3–4.

5 Ludwig Gaal, seit 01.01.1902 ungarischer Militärkurat. Vgl. StLA, TB Herberstein, 1914, 3–4, 102.

6 Friedrich Eh. von Österreich, 31.07.1914–02.12.1916 k.u.k. Armeeoberkommandant; 1911 GdI.

7 Moritz Ritter von Auffenberg-Komarów, 1910 GdI, am 29.09.1914 als Kommandant der 4. Armee enthoben. Vgl. J. Ullreich, Moritz von Auffenberg-Komarów. Leben und Wirken 1911–1918, Wien (phil. Diss.) 1961; Conrad, Dienstzeit 4, 881–885; Auffenberg-Komarów; Österreichs Höhe, 388–404.

8 06.–07.9.1914. Vgl. ÖUlK 1, 279–280.

9 2. Schlacht von Lemberg: 08.–12.09.1914. Vgl. ÖUlK 1, 308–313, 318–320; Auffenberg-Komarów, Österreichs Höhe, 358–371; Broucek, Glaise 1, 302–305.

10 Rudolf Ritter von Brudermann, 1907 GdK, 28.07.–03.09.1914 Kommandant der 3. Armee, nach der Schlacht von Lemberg am 06.09.1914 enthoben. Vgl. Conrad, Private Aufzeichnungen, 241, 247–248.

aber kein Heerführer. Setzte seine Divisionen in der ersten Schlacht bei Lemberg[11] einzeln an, und sie wurden auch einzeln von den Russen geworfen. Hatte Wunsch des AOK nicht erfüllt, das alle sechs Divisionen auf den Höhen Przemyslany haben wollte. Nach der Schlacht so niedergeschlagene Stimmung, die sich auf die ganze Armee übertrug. Boroevic[12] mischte die Armee in drei Tagen so auf, daß sie wieder frischen Mutes vorwärts ging. Oberst Mor hat auch die Gabe der Rede, kann alles sehr gut erklären. Auffenberg soll nach dem „Siege" bei Zamosc alles den Zeitungen telegraphiert haben, auch sogar vor dem eigentlichen „Erfolg", soll getrachtet haben, Dankls wirklich großartigen Sieg bei Krasnik[13] als seinen eigenen darzustellen, soll auf „Hausse" auf der Börse gespielt haben (unverbürgt). Ordre, Contreordre, Désordre. Chef des Generalstabes an einem Tage an eine Armee vier verschieden lautende [Befehle] für den Ort der Retablierung gegeben, also außer Kontakt mit dem Feinde.

II. Armee: Sztropkó, Bartfeld Bártfa [heute: Bardejóv], Jaslo, Sztropkó [heute: Strovkov][14] Alle Korpskommandanten und Divisionäre der Armee Auffenberg hatten kein Vertrauen mehr in ihn, Auffenberg, da ein Befehl den andern jagte.

Armeeoberkommandant Eh. Friedrich sehr ruhig, sehr liebenswürdig, selten eine eigene taktische Meinung; großer Unterschied Dankl – Auffenberg, Dankl Bescheidenheit selber, alles seine Untergebenen gemacht, Auffenberg nur ich, ich. Dankl wirklich großer Sieger, Auffenberg nur ein Maulmacher. Beim Rückzug der Armee Dankl Truppen sehr viel Ordnung, Trains sehr verfahren (schlechte Kommunikationen). Rückzug Auffenberg nach der Schlacht bei Lemberg durch Haltung des Armeekommandos kein günstiger, zuerst von den Russen hart bedrängt, Truppen ohne Nahrung, plünderten in Przemysl, bis Truppen der III. Armee sie daran hinderten.[15]

Verhältnis Armeeoberkommandant und Chef ein gutes, da Armeeoberkommandant in richtiger Würdigung der Fähigkeiten des Chefs ihm in taktischen Sachen gar nichts darein redet. In anderen, nicht taktischen Sachen, herrscht auch der Chef und nicht immer in günstiger Weise, hierin der Ar-

---

11 Zu den Ereignissen der verlorenen ersten Schlacht bei Lemberg (26.–30.08.1914) vgl. Conrad, Dienstzeit 4, 620–621, 635, 642, 649, 668–670, 672.

12 Svetozar Boroević von Bojna, 1913 GdI, seit 06.10.1914 Kommandant der 3. Armee, 1916 GO, 1918 FM. Vgl. zu ihm Eduard F. Hoffmann, Feldmarschall Svetozar Boroević von Bojna. Österreich-Ungarns Kriegsfront an den Flüssen Isonzo und Piave, Wien (phil. Diss.) 1985; zuletzt: Ernest Bauer, Der Löwe vom Isonzo, Feldmarschall Svetozar Boroević de Bojna, Graz 1985.

13 Viktor Frh. (Graf) Dankl von Krasnik, 1912 GdK, 1916 GO, 1914 Kommandant der 1. Armee an der russischen Front; zum Sieg Dankls bei Krasnik 23.–25.08.1914, vgl. ÖUIK 1, 178–184.

14 Vgl. Conrad, Dienstzeit 6, Anlage 27; ders., Dienstzeit 4, 804, 822–823, 840; ÖUIK 1, 347.

15 Vgl. ÖUIK 1, 319.

meekommandant zu schwach.[16] General der Kavallerie Giesl[17], der Vertreter
des Ministeriums des Äußeren, richtete z. B. neulich eine Note an das Oberkommando im Auftrag des Grafen Berchtold[18] (der Auftrag war aber im Texte
nicht ganz deutlich ausgesprochen), worin er unsere ungenügenden Kommuniqués bespricht, deren Wirkung auf das Ausland und die Stimmung im
Inlande, und bittet, hier Abhilfe zu schaffen. Die Note war in nicht ganz
gehörigem Tone gehalten. Der Chef, furchtbar aufgebracht, unterbreitet Armeeoberkommandanten eine Antwort, worin dem General der Kavallerie das
Ungehörige seiner Note vorgeworfen und ihm gesagt wurde, das Oberkommando bittet sich so einen Ton aus und er soll einen mit solchen Sachen in
Ruhe lassen. Oberkommandant unterschreibt. Giesl, über diese Note sehr
aufgebracht, geht zu Oberkommandant und sagt ihm, er müsse das dem
Berchtold melden und seine Stellung sei hier unhaltbar. Oberkommandant

---

16 Vgl. dazu StLA, TB Herberstein, 1914, Juli–August: „[…] Die Ernennung Eh. Friedrichs zum
    Armeeoberkommandanten war […] vorauszusehen gewesen, denn abgesehen davon, daß
    Seine Majestät schon aus Prestige-Rücksichten unbedingt einen Erzherzog als Armeeober-
    kommandanten haben wollte, war Eh. Friedrich infolge seiner langjährigen aktiven militäri-
    schen Dienstzeit und seiner Verwendungen auf hohen verantwortungsvollen Posten nicht zu
    übergehen. Ein weiterer, sehr gewichtiger Grund bestand darin, daß der eher passive und
    leicht einzuschüchternde Charakter des hohen Herrn die sichere Gewähr eines guten Aus-
    kommens mit dem Chef des Generalstabes GdI Freiherrn Conrad von Hötzendorf zu bieten
    schien. Conrad war schon jetzt beim Kriegsausbruch nicht unberechtigterweise der Held des
    Tages. Jedermann glaubte an seine Feldherrntugenden, und er selbst sowie seine engere Um-
    gebung waren am meisten davon überzeugt, daß er der einzige Mann sei, der „das Oberkom-
    mando führen" könne, während der tatsächliche Oberkommandant Eh. Friedrich mehr oder
    weniger als „Null" betrachtet wurde. Die rücksichtslose Gewaltnatur Conrads nützte auch
    schon jetzt, unterstützt von seinen engeren Mitarbeitern, die Schwäche seines hohen Vorge-
    setzten weidlich aus, indem er dem Erzherzog nur sehr wenig Einblick in die so wichtigen Vor-
    arbeiten gewährte. Statt daß der Erzherzog in diesen Tagen der größten Bedeutung durch
    Conrad über alles orientiert und um seine Stellungnahme gebeten worden wäre, ließ der hohe
    Herr es geschehen, daß Conrad überhaupt nicht zum Vortrag zu ihm kam, sondern daß er, der
    Armeeoberkommandant, nur täglich auf sehr kurze Zeit zu Conrad, dem Chef des General-
    stabes, „zugelassen" wurde. Und so mußte es dazu kommen, daß diese sehr eingebildete und
    wichtigtuende engere Umgebung Conrads im AOK schon damals „den Friedrich" als vollkom-
    mene bedeutungslose „Null" betrachtete. Die beiden Flügeladjutanten des Erzherzogs, Oberst
    Baron Mor-Merkl und Oberstleutnant von Lorx, litten sehr unter diesen Zuständen, […] weil
    wieder der Erzherzog sie aus bloßer Eifersucht und Wichtigtuerei fast gar nicht ins Vertrauen
    zog und sie auch deshalb nicht als Bindeglieder mit dem AOK verwenden wollte. Die Haupt-
    ursache der eben geschilderten Situation war natürlich der hohe Herr selbst, der sich nach
    der einen Seite nichts zu sagen traute, dies aber nach der anderen Seite möglichst zu verber-
    gen suchte."
17 Wladimir Frh. Giesl von Gieslingen, 1914 GdK, 1913–1914 k.u.k. Gesandter in Belgrad; Vertre-
    ter des Ministeriums des Äußern beim AOK. Vgl. zu ihm Conrad, Dienstzeit 4, 670–674; Rau-
    chensteiner, 129–132.
18 Leopold Graf Berchtold von und zu Ungarschitz, Frättnig und Pullitz, 17.02.1912–13.01.1915
    k.u.k. Minister des Äußern und Vorsitzender des Gemeinsamen Ministerrates.

hatte Angst, daß Berchtold zu Seiner Majestät laufen würde und Seine Majestät auf ihn und Chef (den Seine Majestät als Stratege hochschätzt, aber seine
schlechten Eigenschaften kennt) sehr böse wäre. Beim Alter Seiner Majestät
wollte dies Oberkommandant vermeiden. Daher, wie machen, ohne sich selbst
eine Blöße zu geben. Onkel beriet sich mit Oberst Mor und meiner Wenigkeit.
Ich riet, Giesl solle ein zweites Schriftstück mit geziemenderen Ausdrücken
und mit genauem Hinweis auf den Befehl Berchtolds verfassen, wodurch das
erstere ungültig werde. Mor sagte, Giesl hätte zuerst mündlich mit Chef und
Oberkommandant sprechen sollen, denn hierauf brauche er ein schriftliches
Dokument, um nachzuweisen, daß er dem Befehl Berchtolds gehorcht habe.
Mor ging zu Giesl, der sagte ihm, er hätte zwei Briefe von Berchtold erhalten,
worin der Befehl an ihn gegeben wird, das Oberkommando auf die ungünstige
Wirkung einzelner Kommuniqués und überhaupt auf die schlechte Berichter-
stattung aufmerksam zu machen.

Den ersten Brief, den Giesl erhielt, brachte er zum Chef, wurde aber dort
hinausgeworfen, hierauf ergriff er den Weg einer schriftlichen Note an das
Oberkommando, weil er sonst nicht gehört worden wäre. Bei obgenanntem
Besuch beschimpfte der Chef Giesl, daß er ohne seine Kenntnis beim Armeeoberkommando gewesen wäre (er war vielleicht dreimal in politischen Angelegenheiten). Man sieht daraus, daß der Chef gerne allein verfügt und nicht
einsieht und einsehen will, wie wichtig eine gute Berichterstattung ist. Zum
Schutze des Chefs sei gesagt, daß Giesl ein ekelhafter Plauscher[a] ist, so gar
nichts von einem Offizier hat. Er sprach z. B. in meiner Gegenwart vor mehreren Herren über die Lemberger Gegend als Neurußland. Er wollte immer
alles wissen, sekkierte die Leute bis aufs Blut und machte immer unkontrol-
lierbare chiffrierte Berichte ans Ministerium des Äußeren, bis ihm Seine Majestät das Chiffrieren verboten hat. Ich mußte selbst einmal bei einer Anwesenheit in Wien dem Kaiser sagen, daß Giesl ein ekelhafter Plauscher sei.

Giesl bildet sich ein, als Vertreter des Ministeriums nicht dem Oberkommando untergeordnet zu sein, dies ist nicht richtig, da jeder Offizier im
Kriegsfall dem Oberkommando untersteht. Ob dieser unangenehmen Eigenschaften schneiden ihn die Herren beim Essen, die Deutschen verachten ihn.
Er hat gesagt, er hält es nicht länger aus, wird es aber bestimmt aushalten.
Seine rechte Hand und zugleich sein böser Geist soll – nach Angabe der Herren – Sektionsrat Wiesner[19] sein, der auch hier im Oberkommando ist. Der
hat auch die fragliche Note verfaßt. Fürst Kinsky[20], der als ehemaliger Bot-

---

a Umgangssprachlich: Schwätzer.

19 Friedrich von Wiesner, 03.08.1914–1917 als Ministerialsekretär im Ministerium des Äußern
    dem AOK zugeteilt.

20 Franz Gf. Kinsky, seit 1903 im Ministerium des Äußern; 1913 Ministerialsekretär; 16.08.1914
    dem AOK zugeteilt; ab 02.02.1915 an der k.u.k Botschaft in Berlin.

schaftsrat auch hier bei den Diplomaten war, ist wegen Wiesner weg und ist als Rittmeister Ordonanzoffizier bei irgendeiner Armee geworden. Wiesner wurde ihm scheinbar als Rangjüngerer vorgezogen und machte verschiedene Arbeiten, die eigentlich die Sache des Kinsky gewesen wären. Kinsky war nämlich zwei Tage in Wien, und als er zurückkehrte, hatte Wiesner Kinskys Sachen interimistisch geführt, und so blieben Kinskys Arbeiten in Wiesners Händen. Wiesner ist Sachverständiger in Völkerrecht, jetzt recht überflüssig. Am Abend beim Rapport, als Oberkommandant dem Chef die Äußerungen Giesls dem Mor gegenüber sagte und ihn bat, die Sache friedlich beizulegen und mit Giesl zu sprechen, brauste der Chef auf, bekam einen roten Kopf, Oberkommandant sagte ihm, er solle Rücksicht auf Seine Majestät nehmen, da sagte er: „Seine Majestät soll sehen, wie diese Leute sind." Den nächsten Tag wurde die Sache beigelegt, indem Giesl in einem Brief um Entschuldigung bat und die beiden Briefe Berchtolds beilegte. Der Chef ist aber noch immer nicht beruhigt. Der Armeeoberkommandant ist ja auch der Ansicht von uns allen, daß die Kommuniqués schlecht sind, läßt sich aber zuerst durch den Impuls des Chefs aufhetzen und ist dann, wenn er das Unrecht eingesehen hat, zu nachsichtig und zu gut, um dem Chef energisch entgegenzutreten, wie es der verstorbene Onkel Franz[21] gemacht hätte. Was Onkel Franzi dem Chef zu viel den Herrn gezeigt hat, zeigt ihm Onkel Fritz zu wenig. Bei der hohen Berühmtheit und Intelligenz des Chefs halte ich das jetzige für das bessere, einem großen Mann muß man manches durch die Finger sehen, ich glaube jedoch, daß man dem Chef mit Vernunftgründen, die seiner Intelligenz entsprechen, auf manche seiner großen Fehler aufmerksam machen könnte, aber dies geschieht nicht. Der Chef ist kein Politiker, sondern nur Soldat.[22]

Rumänien

Rumänien wurde dadurch, daß wir den Bukarester Frieden[23] nicht gleich zugunsten Bulgariens bestätigen wollten, gegen uns verschnupft[a]. Damals waren wir sogar für kurze Zeit mit Deutschland überworfen. Eine Ungeschicklichkeit unsererseits leugnen natürlich die Diplomaten. Onkel Franzi war immer für Rumänien und gegen Bulgarien. Nun kommt die Hauptdummheit, die russophile Propaganda beginnt in Rumänien, da erklärt sich das rumäni-

---

a Umgangssprachlich: verstimmt.

21 Thronfolger Franz Ferdinand Eh. von Österreich-Este, vgl. Nr. 1.

22 Zur Divergenz von Diplomatie und Militär vgl. Conrad, Persönliche Aufzeichnungen, 223–225, 256–268.

23 Der Friede von Bukarest (10.08.1913) beendete den 2. Balkankrieg (03.07.–10.08.1913) zwischen Bulgarien und dem rumänisch-serbisch-griechischen Angriffsbündnis.

sche Blatt „Adverul" [sic]²⁴ bereit, für 20.000 Kronen in Österreichs Sinn zu
schreiben. („Adverul" ist die größte Zeitung.) Berchtold wies die Sache zurück
mit dem sehr gentlemanliken Ausspruch: Wir schmieren niemanden, wir wollen eine offene Politik. Folge: den nächsten Tag erhielt die Zeitung von Rußland 100.000 Kronen.

Nun kam der Krieg. In allen früheren Krisen hatten wir auf die bestimmte
aktive Mithilfe Rumäniens gerechnet. So fehlten uns jetzt, als Rumänien neutral blieb, 20 Divisionen. Das spürten wir. Die Diplomatie arbeitete natürlich
viel zu spät! Das Oberkommando war ganz betrübt. Da gab ich dem Onkel die
Idee, daß, wenn ich hinunterfahren würde nach Wien, den Kaiser auf die dringendste Notwendigkeit der Mithilfe Rumäniens aufmerksam machen und ihn
bitten würde, einen Erzherzog (Egi²⁵ in erster, Karl Stephan²⁶ in zweiter Linie) mit einem Handschreiben nach Rumänien zu schicken, doch noch die
Möglichkeit einer günstigen Lösung der Sache wäre, und man nichts unversucht gelassen hätte. Die Sache war umso dringender, als eine russische Mission unterwegs war, welche den Rumänen die Bukowina, eventuell sogar
Bessarabien versprach. Man meinte später, ich sollte nach Rumänien, Onkel
war sehr begeistert davon, der Chef glaubte nicht ganz an den Erfolg der Aktion. Der Kaiser wurde vom Armeeoberkommando gebeten, ob ich fahren
dürfe, es wurde bewilligt und ich fuhr²⁷.

Als ich in Wien ankam, war Seine Majestät sehr erregt, weil er glaubte,
man hätte mich, weil die politische Lage unsicher wäre, zurückgeschickt. Als
er den wahren Grund hörte, war er sehr erfreut. Er glaubte nicht, daß eine
Entsendung eines Erzherzogs jetzt etwas nützen würde, wo ja doch die Diplomaten ohne Erfolg am Werke wären, auch die deutschen. Er versprach aber,
mit Berchtold zu reden, die Antwort fiel negativ aus, und die Sache war gescheitert.

Kaum war ich zurückgekehrt, als folgendes Telegramm unseres Gesandten,
Grafen Czernin²⁸, beim Oberkommando eintraf. Wenn wir Suczawa in der Bukowina, wo ein Nationalheiliger der Rumänen begraben liegt, an Rumänien
abtreten würden und wir in Siebenbürgen den dortigen Rumänen gewisse Zugeständnisse (rumänische Schulen, teilweise Rumänisch als Verkehrssprache

---

24 Adeverul (Die Wahrheit), sozialdemokratische Zeitschrift. Vgl. Publicatiile Periodice Române-
sti (Ziare, Gazete, Reviste), Tom. II, Catalog Alfabetic: 1907–1918, Supplimt: 1790–1906, Bu-
curesti 1969, 6. (Dank freundlicher Mitteilung der Kommission für Historische Pressedokumentation der Österreichischen Akademie der Wissenschaften.)
25 Eugen Eh. von Österreich, vgl. Nr. 1.
26 Karl Stephan Eh. von Österreich, 1912 k.u.k. Admiral.
27 Eh. Carl fuhr am 01.09.1914 per Auto nach Wien und kehrte am 03.09. ins AOK zurück. Vgl.
Hantsch, Berchtold 2, 673–674; Conrad, Dienstzeit 4, 611, 645–646.
28 Ottokar Graf Czernin von und zu Chudenitz, 25.05.1913–27.08.1916 k. u. k. Gesandter in Bukarest.

mit den Behörden) machen würden, Rumänien zu einer aktiven Mitwirkung
bereit wäre. Der Chef telegraphierte an Berchtold, die Sache anzunehmen, ich
bewog das Armeeoberkommando, an Seine Majestät zu telegraphieren im selben Sinn.[29] Als ich ein paar Tage darauf wegen militärischer Orientierung bei
Seiner Majestät war, erklärte er mir, an eine Abtretung Suczawas sei nicht
zu denken, denn sonst würden die Italiener auch gewissen Forderungen wegen Südtirol geltend machen, und er könne auch nicht so ohne weiters ein
Stück der Monarchie hergeben, wegen des Prinzips nicht. Ein einflußreicher
Herr, Exzellenz Bolfras[30], sagte mir, wenn wir Suczawa hergeben, wollen die
Leute immer mehr haben. Ich muß sagen, ich bin auch der Ansicht, daß ein
Monarch sich nur unter dem äußersten Zwang der Verhältnisse entschließen
kann, ein Stück seines Landes herzugeben. Das Armeeoberkommando war
natürlich aus militärischen Gründen dafür, die zweite Schlacht bei Lemberg
gegen zahlreiche Übermacht war damals gerade im Gange, und da hätten uns
die 20 rumänischen Divisionen sehr genützt. Wer in der Sache damals recht
gehabt, wird die Geschichte weisen. Ich mußte als Soldat den Armeekommandanten zu der Bitte an Seine Majestät, die Bedingungen anzunehmen, raten, damit einerseits Seine Majestät auch die militärische Stimme hört (deren es jetzt in Wien keine gibt) und zweitens den Oberkommandierenden
nicht der Vorwurf treffen könne, er habe etwas unterlassen, was zum Siege
hätte führen können. Später habe ich dann gehört, die Rumänen hätten nur
zwei Korps gegen Rußland aufstellen wollen, alles übrige gegen Bulgarien,
zum Schluß wären sie selber schwankend geworden, ob sie selbst unter den
oben erwähnten Bedingungen mitgegangen wären. Bei einem Bericht des
Oberkommandos war noch gesagt, man sollte die Abtretung Suczawas nur
dann ihnen versprechen, nachdem sie uns Hilfe geleistet hätten und das
ganze vorläufig geheim halten wegen unserer Öffentlichkeit. Durch unsere
mangelhaften und schlecht stilisierten Kommuniqués wurde in Rumänien der
Glaube erweckt, Österreich sei zusammengebrochen und durch die erlogenen
russischen Siegesnachrichten noch weiter verstärkt. Es drohten die Russophilen gänzlich die Oberhand zu gewinnen.

Man sprach von Abdankungsabsichten des Königs, eventuell soll sogar die
Frage einer Absetzung der Dynastie geplant gewesen sein, da der alte König[31]
erklärt hatte, er und seine ganze Dynastie würden niemals gegen Österreich
das Schwert ziehen. Man munkelte von der Proklamation der Republik und
Untreue des Heeres gegen den König. Da wurde auf einmal in Rumänien der
Plan eines sogenannten friedlichen Einmarsches in Siebenbürgen lanciert.

---

29 ÖUlK 1, 312; Conrad, Dienstzeit 4, 723–725.

30 Arthur Frh. Bolfras, Generaladjutant und Chef der kaiserlichen Militärkanzlei, 1898 FZM,
   1908 GdI, 1916 GO.

31 Karl (Karol), 1881–10.10.1914 König von Rumänien.

Wie der König sich dazu verhielt, ist unbekannt. Ich weiß auch gar nicht, wie man sich diesen friedlichen Einmarsch in ein fremdes Land, wo die Rumänen dann ohne Gegengewalt nicht zurückgegangen wären, vorgestellt hat. Ich glaube, man wollte damit dem König die Pille eines Krieges gegen uns versüßen.[32] In Wien war Kronrat.[33] Auf das hin wurde beschlossen, den „friedlichen Einmarsch" als casus belli zu betrachten, hievon wurde auch Rumänien verständigt. Oberkommando erhielt Telegramme von Seiner Majestät, daß eventuell die Möglichkeit eines Konfliktes mit Rumänien bestünde, es möge ein Kommandant für Siebenbürgen bestimmt werden (Excellenz Pflanzer[34]), und im Falle eines „friedlichen Einmarsches" solle derselbe mit allen verfügbaren, allerdings geringen Kräften verhindert werden. Im Moment ihres größten Triumphes trafen die russophilen Rumänen zwei harte Schläge, erstens unser erneuerter Vormarsch in Galizien, und zweitens, daß die Türkei und Bulgarien erklärten, daß sie den Vormarsch Rumäniens gegen uns als casus belli betrachten würden. Der Kronrat in Rumänien, der sich mit der ganzen Sache hätte definitiv beschäftigen sollen, wurde abgesagt, „da infolge der Neutralität Rumäniens kein Grund zu einem Kronrat vorliege", obwohl alle Zeitungen diesen Kronrat schon immer pompös angezeigt hatten und immer nur die Krankheit des Königs als Grund der Verschiebung angegeben hatten. Rumänien bleibt also neutral, die Parteigänger von uns haben doch die Oberhand gewonnen, und ein Mitgehen Rumäniens mit uns ist immer nicht ganz ausgeschlossen. Man sieht, man vermag sehr viel, wenn man nur für sich Stimmung macht durch die Presse, da wir endlich Rumänien gegenüber unseren Vormarsch gebührend angezeigt haben, und zweitens durch den rollenden Rubel resp. Francs oder Krone. Am Balkan ist niemand unbestechlich, selbst Ministerpräsidenten nicht. Es ist doch besser, man zahlt etwas und erspart sich einen neuen Krieg und erhöht sein Prestige. Endlich sieht man dies am Ballhausplatz auch ein.

Eben erfahre ich, daß die Sache mit Giesl zum Abschluß gekommen ist. Oberst Mor ging zum Oberst Metzger[35], Chef der Operationsabteilung, und sagte ihm, der ein Freund des Chefs ist, der Chef möge keine so unüberlegten Handlungen begehen, nicht sich so von seinem Temperament hinreißen lassen, sonst wäre der Oberkommandant auf ihn böse, und dies müßte man jetzt unter jeder Bedingung vermeiden. Der Oberst Metzger sagte dies dem Chef auf so geschickte Art, daß er alles einsah. Ich habe das ja gesagt: „C'est le ton qui fait la musique." Der Kaiser schätzt den Chef sehr als Stratege, „vom

---

32 Vgl. Hantsch, Berchtold 2, 674–676.
33 Vgl. Komjáthy, Protokolle, 177–184.
34 Carl Frh. von Pflanzer-Baltin, 1912 GdK, 1914 Chef der Landesverteidigung in der Bukowina und Kommandant der 7. Armee, 1916 GO.
35 Josef Metzger, Oberst, 1910 Chef der Operationsabteilung des Generalstabes und Stellvertreter Conrads 1910–1917.

Kommißdienst habe der Chef keine Ahnung", sagte mir neulich der Kaiser.
Was Seine Majestät dem Chef besonders während des jetzigen Krieges vor-
wirft und was mir der Kaiser auch zweimal hier zu sagen befahl, ist das fortgesetzte Absetzen von Generalen, weil dem Chef die Gabe der Menschenkenntnis fehlt. Dies erzeugt Unruhe in der Truppe, man weiß ja schon, was
im Frieden der Wechsel eines Regimentskommandanten für ein Regiment ist,
jetzt umsomehr im Kriege. Der Friedenskommandant kennt jeden seiner Offiziere und weiß, wie er jeden nach seiner Fähigkeit am besten verwendet,
und jetzt kommt im Krieg ein Wildfremder daher, der die Truppe und den die
Truppe nicht kennt. So wie im Frieden die Stabilität der unteren Kommandanten bis zum Regimentskommandanten für die Ausbildung wichtiger ist als
Wechsel in höheren Kommandos, so ist gerade während der Operationen im
Kriege das umgekehrte der Fall. Im Kriege spielen ein oder zwei Bataillone
keine Rolle, jedoch eine Division schon eine sehr große. Dieses Prinzip wurde
nicht immer ganz eingehalten. Während des Krieges wechselten der Kommandant des II. Korps Schemua[36], weil er sein Korps angeblich nicht fest genug führte, etwas passiv war und Peter Ferdinand[37] in der Schlacht bei Komarów[38] den größeren Teil seines Korps führen ließ, anstatt selbst zu führen.
Soll auch daran schuld gewesen sein, daß die Schlacht bei Komarów nicht ein
Sedan wurde, wie sich Auffenberg geträumt hatte (Theresienkreuzritter).
Dann soll er auch an dem Zurückdrängen der Gruppe Josef Ferdinand[39] in der
zweiten Schlacht bei Lemberg schuld gewesen sein.

Nachdem sich Seine Majestät wegen der Absetzung der Generale so ungnä-
dig ausgedrückt hatte, erließ Fritz einen Befehl an die unterstehenden Armeen und Korpskommandanten (das Oberkommando kann ja nur einen General über Antrag seiner Vorgesetzten, die ihn zu beobachten Gelegenheit
haben, absetzen), sie mögen bei den Absetzungsanträgen rigorosest prüfen,
ob die Absetzung wirklich nach ihrem besten Wissen und Gewissen unbedingt
notwendig sei. Wenn die äußerste Konsequenz zu vermeiden ist, lieber vermeiden. Eines schönen Tages telephoniert ein Herr von der Armee Auffenberg
hieher, der Korpskommandant Schemua wird zur Absetzung beantragt. Wir
alle waren wütend über diese leichtsinnige Behandlung einer so wichtigen Sache und wegen dieser offenkundigen Nichtbefolgung eines Befehles. Auffen-

---

36 Blasius Schemua, 1911–1912 Chef des Generalstabes, 1913 GdI, seit 14.02.1914 Kommandant
   des II. Korps und Kommandierender General in Wien, 24.09.1914 Kommandant der Donaulinie, 23.03.1915 pensioniert.
37 Peter Ferdinand Eh. von Österreich, 1917 GdI.
38 Schlacht bei Komarów, 26.08.-01.09.1914, vgl. Auffenberg-Komarów, Österreichs Höhe,
   289–322; Broucek, Glaise 1, 303–304.
39 Josef Ferdinand Eh. von Österreich, 1914 GdI, 1916 GO, seit 29.09.1914 Kommandant der IV.
   Armee. Die Gruppe Eh. Josef Ferdinand bestand aus der 3. und 8. Infanterie-Division und aus
   der 41. Honvéd-Infanterie-Division.

berg wurde verhalten, sich schriftlich zu äußern. Er äußerte sich dahin, Schemua wäre aus obgenannten Gründen als Korpskommandant abzusetzen, sollte jedoch irgend ein Kommando im Hinterland erhalten [...].

Es wurde für Schemua extra das Oberkommando der Donaulinie kreiert und der Antrag Auffenbergs über Betreiben des Chefs mit nicht großer Lust des Armeeoberkommandos Seiner Majestät vorgelegt und Allerhöchst telegraphisch bestätigt.[40] Kaum war das Telegramm Seiner Majestät angelangt, als Auffenberg dem Oberkommando schreibt, er zieht seinen Antrag wieder zurück. Und so was nennt sich Offizier. Es wurde ihm geantwortet, es ginge nicht mehr, worauf er nochmals bat, doch seinen Antrag zurückziehen zu dürfen. Natürlich keine Antwort mehr des Oberkommandos. Seine Majestät ist dem Schemua gewogen und haßt den Auffenberg, weil er als Kriegsminister[41] angeblich Geld- und Lieferungsschweinereien [sic] gemacht hat. Er wurde zwar vom Ehrenrat freigesprochen.[42]

Auffenberg ist eine Kreatur des Belvederes, weil er die Ungarn haßte, wurde er Kriegsminister; war unmöglich. Es wurde auch im Belvedere eingesehen, aber um dennoch halbwegs recht zu behalten, wurde er Armeeinspektor. Und jetzt führt er sich so auf, man sieht doch, wie so eine Doppelregierung schlecht ist. Paar Tage nach der Affaire fiel auch Auffenberg, weil der Nachbar-Armeekommandant, General der Infanterie Boroevic, dem Armeeoberkommando die Flucht Auffenberg nach Lancut, die Stimmung und die Verhältnisse bei der Armee meldete. Es war ja bei der IV. Armee (Auffenberg) so alles in Unordnung, daß einige von den Leuten, wie sie die Russen drängten, von Przemysl bis nach Bielitz, ja sogar Teschen liefen, wo sie erst wieder eingefangen wurden. Die Divisionäre und Korpskommandanten meldeten, daß sie kein Vertrauen mehr in das Armeekommando hätten. Nun kamen Schemua und Auffenberg beide in Wien an, Schemua ging zum Auffenberg und bat ihn um Aufklärung wegen seiner Absetzung. Auf das hin sagte Auffenberg, er solle „die Sache gehen lassen als alte gute Freunde". Schemua schwieg, erst bis ihm die Sache verdächtig vorkam, bat er Seine Majestät um Audienz und Untersuchung. Audienz erhält er. Es ist also möglich, daß Schemua wieder Korpskommandant wird, der Chef ist dagegen. Der Chef ist nämlich ein persönlicher Freund Auffenbergs, mit dem er Schulkamerad war, und wollte nie die Absetzung Auffenbergs haben. Schemua ist hingegen sein Feind (Schemua war eine Zeitlang Chef, als Conrad wegen Aehrenthal[43] abgesetzt wurde, jedoch nach einem Jahr wieder Chef wurde). Wenn nicht Oberst Mor gewesen

---

40 Vgl. zur Angelegenheit Schemua bei Conrad, Dienstzeit 4, 821, 823–824, 828; sehr unvollständig bei Rauchensteiner, 163.

41 Moritz Ritter von Auffenberg war vom 24.09.1911 bis 12.12.1912 Kriegsminister (enthoben).

42 Vgl. Broucek, Glaise 1, 319–320.

43 Aloys Graf Lexa von Aehrenthal, 1899–1906 k.u.k. Botschafter in St. Petersburg; 24.10.1906–17.02.1912 Minister des Äußern.

wäre, wäre die Absetzung Auffenbergs nicht durchgedrungen. Der Chef
wollte, als der Fall Auffenbergs schon beschlossen war, noch einmal zurück,
aber es ging nicht mehr.[44] Ein Glück für die Armee.

Alles, was hier geschrieben ist, ist nicht chronologisch, sondern der Fall
Schemua ist der Zeit nach der letzte eines Korps-Kommandanten. Herren des
II. Korps sagen aus (natürlich ältere Herren), daß Schemua etwas wenig ex-
peditif und etwas gealtert ist! Vederemo. Man wird ja sehen, was die Untersuchung bringen wird. Ich glaube aber, daß Schemua bis auf seine Passivität
doch ein großartiger General ist. Der Chef sagte dem Oberst Mor, als er alles
wegen Auffenberg endlich eingesehen hatte: „Warum haben Sie mir das nicht
früher gesagt?" Kommandant des I. Korps ist jetzt Feldmarschalleutnant
Kirchbach[45], bisher Divisionär in Bozen, hat das Renomée eines falschen
Kerls. Ob's wahr ist, weiß ich nicht.

Das VI. Korps hat einen neuen Kommandanten, da Boroević Armeekommandant wurde. Feldmarschalleutnant Arz[46] aus dem Kriegsministerium ist
mir unbekannt. VII. Korps Meixner[47] wackelt sehr wegen des verunglückten
Angriffes auf Rohatyn[48], wo er mit fünf unserigen Divisionen nicht zwei russische werfen konnte. VIII. Korps Giesl[49]. Ist ein sehr braver Mann und großer
Kavalier, der lange Flügeladjutant bei Seiner Majestät war, jedoch kein Feld-
herr und zu weich ist. Der Anfang seines Unglücks datiert von der Affaire
Redl[50] her. Redl war sein Generalstabschef. Vom Belvedere wurde ihm damals
große Sorglosigkeit und Unachtsamkeit vorgeworfen. Ich glaube, Seine Majestät rettete ihn damals. Ich glaube, so etwas kann jedem Menschen geschehen,
man kann doch einem Oberst vom Generalstab nicht mißtrauen und ihn überall kontrollieren. Bis jetzt war man in Österreich doch das nicht gewohnt. Die
Sache ging so weit, daß, als Kaiser Wilhelm[51] heuer in Konopischt war[52], Giesl

---

44 Vgl. zur Absetzung Auffenbergs bei Conrad, Dienstzeit 4, 881–885 und Conrad, Dienstzeit 6,
   65–67; Auffenberg-Komarów, Österreichs Höhe, 397–404; Broucek, Glaise 1, 303–304.
45 Karl Frh. von Kirchbach auf Lauterbach, 1914 GdK, 30.07.1914 Kommandant des I. Korps, 1916
   GO. Vgl. zu ihm auch Conrad, Dienstzeit 4, 848.
46 Arthur Frh. Arz von Straußenburg, 03.09.1914 Kommandant der XV. ID, 07.10.1914 Kommandant
   des VI. Korps, 1915 GdI, 01.03.1917 Chef des Generalstabes; 1918 GO, 01.12.1918 pensioniert.
47 Hugo Meixner von Zweienstamm, 1913 GdI, 24.01.1914 Kommandant des VII. Korps und kommandierender General in Przemyśl, 03.04.1915 enthoben.
48 28.–29.08.1914. Vgl. ÖUlK 1, 218.
49 Artur Frh. Giesl von Gieslingen, 1912 GdK, vgl. ÖUlK 1, 128, 134.
50 Alfred Redl, seit 01.05.1912 Oberst im Generalstab; 14.10.1912 Generalstabschef des Prager
   Korps und früher Offizier des Nachrichtendienstes der k.u.k. Armee; wurde Ende Mai 1913
   als Spion entlarvt und zum Selbstmord veranlaßt.
51 Wilhelm II., deutscher Kaiser 1888–1918.
52 Eh. Franz Ferdinand empfing am 12.06.1914 den deutschen Kaiser in Schloß Konopischt. Vgl.
   Rudolf Kiszling, Eh. Franz Ferdinand von Österreich-Este, Graz 1953, 277–280.

nicht eingeladen wurde, obwohl dies dem Onkel Franz nahegelegt wurde, nur wegen der Affaire Redl. Onkel Franz konnte ja leider schwer jemandem irgendeine Nachlässigkeit verzeihen!

Nun kam der Krieg. Giesl hatte zwei Divisionen unter sich, die Prager Landwehrdivision und die 9. Prager Heeresdivision (seine 3. Division ist beim XVII. Korps heroben). Es begann der Angriff gegen die Serben im allgemeinen auf Valjewo[53], die zwei Divisionen nebeneinander. Die Prager Landwehrdivision war auswaggoniert worden und gleich auf das Gefechtsfeld gegangen, ohne Proviant und ohne Train. Fünf Tage lang hatten sie nichts zu essen und zu trinken, und in diesem Zustande kamen sie im Gebirge an und lagerten dort, die Vorhut der Division zirka 2000 [Mann] vor der Haupttruppe. Es war eine stockfinstere Nacht. Den Serben gelang es, zwischen der Vorhut und dem Gros sich heranzuschleichen. Als sie in der Nähe waren, schrien sie auf böhmisch: Wir sind die Truppen der 9. Nachbardivision, was die Landwehr auch glaubte, da sie nichts sahen. Als die Serben auf ein paar Schritte heran waren, eröffneten sie ein mörderisches Feuer. Eine Panik war die Folge, alles flüchtete in ungeheurer Hast, leider sogar auch Offiziere, nach rückwärts. Teile liefen bis zu 20 km zurück. Nur ein Regiment, das Pilsener, hielt den Gegner auf und zwang ihn auch zum Rückzug. Den nächsten Tag machte das brave Pilsner Regiment, das natürlich nach dieser Affaire zurückgezogen wurde, einen neuerlichen Angriff mit einigen, mittlerweile raillierten Teilen der Division auf das Gebirge, drang aber nicht durch und mußte zurück. Die 9. Division kam durch das Versagen der Landwehr auch in eine unangenehme Situation und mußte auch zurück. Durch die Rückwärtsbewegung des VIII. Korps mußte auch das XIII. Korps zurück, und so entstand das Fehlschlagen der ersten Operation gegen Valjewo. Über die Landwehrdivision wurde das Standrecht wegen Feigheit verhängt. Es wurde eine Kommission zur Untersuchung vom Landesverteidigungsministerium entsendet. Es kam heraus, daß die Sache gar nicht so arg wäre, nur wurden einige Leute wegen Feigheit bestraft. Das ist überhaupt eine Unglücksdivision. Als sie wieder beisammen war, und die 2. Operation begann, verstümmelten sich wieder viele Leute selbst, es wurde wieder das Standrecht verhängt. Man ließ Maschinengewehre hinter die Front aufstellen und brachte die Leute vorwärts mit der Drohung, jeden, der zurückgeht, niederschießen zu lassen. Erzherzog Carl ließ in einer Schlacht, ich glaube Wagram, Kanonen hinter die Front auffahren mit derselben Drohung[54]. Jetzt in allerletzter Zeit war die Division wieder tapfer, und es wurde das Standrecht aufgehoben. Diese Debandade der Landwehrdivision wurde dem Giesl als Mitschuldigen in die Schuhe ge-

---

53 Kampf gegen Serben bei Valjewo: 13.–19.08.1914, vgl. Rauchensteiner, 129–130.
54 Schlacht bei Wagram 05.–06.07.1809.

schoben, da er angeblich nicht gut disponiert hatte und mit den Truppen zu weich gewesen wäre. Feldmarschalleutnant Scheuchenstuel[55], bei dem ich voriges Jahr Schiedsrichter war und der bis dahin Kommandant der 9. Division war, ist Korpskommandant. Beim IX. Korps wurde General der Infanterie Hortstein[56] [...] des Kommandos enthoben. Er soll bei Sabac zu früh zurückgegangen sein, also eigentlich Feigheit. Das ist aber nicht wahr. Er kommandierte damals ein zusammengewürfeltes Zeug, eine Division seines eigenen Korps und eine des IV. Korps. Das ist eben diese verflixte[a] Gruppenbildung, die auch Seine Majestät dem Conrad umso übelnimmt, wo sich Offizier und Kommandant gar nicht kennen. Seine Flucht war, daß er über die Save hinüber die verlorengegangene telephonische Verbindung mit dem Armeekommando suchte, jedoch gleich wieder zurückkehrte. Ob er diese Gruppe gut oder schlecht geführt hat, weiß ich nicht. Er kam nach Galizien mit seinem Korps herauf, und vor der Schlacht bei Tomaszów [06.–07.09.1914] im Angesicht des Gegners wurde er plötzlich abgesetzt. Ich muß sagen, ich bewundere den Mut dieser Leute, daß sie sich in dem Falle nicht niederknallen oder vorwärts in die ersten Reihen laufen, bis sie eine mitleidige Kugel trifft. Letzteres würde ich als Katholik machen. Der ihn zur Absetzung beantragt hat, ist General der Kavallerie Tersztyánsky[57], ein kompletter Narr. Kommandant des IX. Korps ist jetzt General der Infanterie Friedl[58], Divisionär in Leitmeritz. General der Kavallerie Kolossváry[59] des XI. Korps, ein entsetzlicher Jammerpepi[b], ist gänzlich mit den Nerven fertig, krank. Es ist ein Glück für ihn, ich fürchte, sonst hätte auch ihn das Schicksal erreicht. Sein Nachfolger Feldmarschalleutnant Ljubičić.[60]

Beim XII. Korps General der Infanterie Kövess[61]auch ziemlich wackelig, wird von bösen Menschen die Generalscocotte genannt, weil er glattrasiert und so zierlich ist. Dem Oberstleutnant Zeidler[62] soll es auch recht schlecht mit Gesundheit, d. h. Nerven, gehen. Beim XIV. Korps übernahm Feldmar-

---

a Umgangssprachlich: ärgerlich.
b Umgangssprachlich: ein weinerlicher Mensch.

55 Viktor Graf Scheuchenstuel, seit 13.09.1914 Kommandant des VIII. Korps, 1915 GdI, 1917 GO.
56 Lothar Edler von Hortstein, 1911 GdI, Kommandant des IX. Korps, Angriff auf Šabac 18.08.1914, vgl. ÖUlK 1, 128.
57 Karl Tersztyánszky von Nádas, 1913 GdK, 1916 GO, seit 22.05.1915 Kommandant der Balkanstreitkräfte.
58 Johann Frh. von Friedel, 1914 GdI, vgl. ÖUlK 1, 76, 821 (Register).
59 Desiderius Kolossváry de Kolosvár, 1912 GdK, seit 23.10.1911 Kommandant des XI. Korps; 10.10.1914 enthoben.
60 Stephan Frh. von Ljubičić, 1914 FZM, 1. Armee, X. Korps, vgl. ÖUlK 1, 70.
61 Hermann Kövess von Kövessháza, 1911 GdI, ab 20.09.1915 Kommandant der 3. Armee, Feldzug gegen Serbien, 1916 GO, 1917 FM.
62 Alfred von Zeidler, Oberstleutnant.

schalleutnant Roth[63], der früher in Neustadt war, das Korpskommando, da Josef Ferdinand Armeekommandant wurde.

Beim XVII. Korps wurde General der Kavallerie, Graf Huyn[64], abgesetzt. Wir sahen den Huyn das erstemal, als er das Korps gerade übernommen und aufgestellt hatte, in Radymno. Er machte ein bitterböses Gesicht. Ich glaube das XVII. Korps, das nur aus zwei Divisionen, davon eine Landwehr, bestand, war für einen Grafen Huyn zu gering.[65] De facto verlor dieser große Maulmacher[a] im Gefechte dermaßen den Kopf, daß der Generalstabschef sagte, er wäre, wenn Huyn nicht abgelöst worden wäre, gezwungen gewesen, denselben zu erschießen. Er hatte immerfort Angst vor Kosaken, ließ ewig alarmieren, und als ihm der Armeekommandant bei einer Aktion drei Divisionen unterstellen wollte, bat er selbst um seine Ablösung. Jetzt redet er natürlich in Wien. Er muß aber doch in Pension gehen.

[...] Feldmarschalleutnant Mayr[66] trank während eines feindlichen Überfalles Milch, ließ sich trotz der Nähe des Feindes hierin nicht stören. Ungenügende Sicherung. Nachfolger, General Loserth[67], schon längere Zeit in Pension gewesen, ein fragliches Genie! Feldmarschalleutnant Froreich[68] [...], erschoß sich, als durch eine falsche Meldung irregeleitet, die Division verschanzte Infanterie angriff und natürlich dezimiert wurde. General Zaremba[69] verlor gänzlich den Kopf, ließ einen großen Teil seiner Artillerie im Sumpfe stecken und bekam Hiebe. Nachfolger General Berndt.[70]

Von Infanteriedivisionären: Feldmarschalleutnant Kraus Elislago[71], ein

---

a Umgangssprachlich: Großsprecher.

63 Josef Frh. Roth von Limanowa-Lapanów, FML, seit 30.09.1914 Kommandant des XIV. Korps; 1915 GdI, 1918 GO.

64 Karl Graf Huyn, 1914 GdK, seit 01.08.1914 Kommandant des XVII. Korps, 1917 GO. Vgl. Conrad, Dienstzeit 4, 671; 673, 706.

65 Vgl. ÖUlK 1, 76.

66 Viktor Mayr, FML, 10. Kavalleriedivision.

67 Gustav Loserth, GM, 4. Kavalleriebrigade.

68 Ernst von Froreich-Szabó, FML, vgl. ÖUlK 1, 165. Vgl. auch StLA, TB Herberstein, 1914 08 21: „[...] Die Honvéd Kavallerie-Truppen Division Budapest hatte eine glänzende Attacke geritten und gegen Übermacht einen schönen Erfolg errungen, dann aber war FML Froreich unvorsichtig genug gewesen, in einem Ort zu füttern, abzukochen und zu nächtigen, ohne die nötigen Sicherheitsvorkehrungen zu treffen, was zur Folge hatte, daß der zum Teil wieder gesammelte Gegner einen nächtlichen Überfall durchführte, bei welchem die KTD schwere Verluste erlitt und nahezu ganz zersprengt wurde. FML Froreich habe hierbei selbst den Tod gefunden (Selbstmord?). Für die frühere gelungene Attacke hätte er vielleicht einen hohen Orden bekommen." Vgl. dazu exemplarisch: Elisabeth Malleier, Die Kriegsneurose in der Wiener Psychiatrie und Psychoanalyse, in: Wiener Geschichtsblätter 49 (1994), 206–220.

69 Edmund Ritter von Zaremba, FML, 3. Armee, 4. Kavalleriedivision.

70 Otto Ritter von Berndt, GM 12.08.1914; Führung der 4. Kavalleriedivision 29.08.1917.

71 Heinrich Krauss von Elislago, 1913 FML; August 1914 Kommandant der 22. LITD, Flügeladjutant von Eh. Franz Ferdinand, 1917 GdI; vgl. Conrad, Dienstzeit 4, 669; Broucek, Glaise 1, 157.

leuchtendes Vorbild eines jeden Generalstäblers und Wolkenschiebers[a], ehemals Chef der Militärkanzlei des Onkel Franzi, führte seine Division so genial, daß er ohne Artillerievorbereitung in den Infanteriekampf trat und durch feindliche Artillerie fast aufgerieben wurde.

Feldmarschalleutnant Wodniansky[72], nach Aussage des Obersten Bardolff[73], ein gänzlich unfähiger, energieloser Mensch, der nur das tat, was ihm sein Generalstabschef einflüsterte, erschoß sich und der Generalstabschef kurze Zeit darauf. Die Geschichte ist ganz interessant. In Russisch-Polen hatte die Division einen vom Feind besetzten Wald gestürmt, und der Feind war geflohen. Nun kam eine sehr merkwürdige Tatsache zum Vorschein, die sogenannte Krise der Begeisterung, wie sie Bardolff nennt. Alle fingen an, mit den Kappen zu schwenken, alle Trommeln trommelten, alle Signale wurden geblasen, was vor dem Feind streng verboten ist, die Leute riefen „Eljen". Oberst Bardolff ritt zum Nachbarbrigadier, ich glaube auch ein großer Schwachmatikus[b], und sagte ihm: „Wird jetzt der Feind verfolgt oder wenigstens beobachtet?", was jener bejahte. Aber de facto geschah nichts. Wie bei einer Übung wurde von dort abgezogen und ein Lagerplatz auf einem Hügel bezogen. Den nächsten Tag früh mußte dispositionsgemäß wieder in die Tiefe an dem eroberten Wald vorbei, über eine Brücke gegangen werden. Als die ersten Truppen über die Brücke kamen, eröffneten die Russen, die natürlicherweise wieder zum Wald zurückgekehrt waren, ein mörderisches Feuer, und die Division kam in die berühmte „rue de cac"[c]. In diesem Moment erschossen sich der Divisionär und der Generalstabschef[74]. Es gibt verschiedene interessante psychologische Momente im Laufe eines Krieges, es gibt Krisen, wo niemand mehr vorwärts will, es gibt Krisen, wo man doppelt umfaßt wird, aber eine Krise der Begeisterung hat es noch selten gegeben. Diese Division ist auch sonst noch interessant wegen der zahllosen Kommandanten, die sie hatte. Nach dem Tode Wodnianskys übernahm der rangälteste Brigadier das Kommando. Kurz darauf kam Feldmarschalleutnant Arz aus dem Kriegsmi-

---

a Umgangssprachlich: Illusionist.
b Umgangssprachlich: schwach im Kopf sein.
c Umgangssprachlich: ausweglose Situation.

72 Friedrich Frh. Wodniansky von Wildenfeld, FML, VI. Korps, 15. ID, vgl. Conrad, Dienstzeit 4, 577; Bardolff, Soldat im alten Österreich, 208–209.

73 Carl Frh. von Bardolff, Obst, 1.12.1911–1914 Vorstand der Militärkanzlei von Eh. Franz Ferdinand; 3.8.1914 Kommandant der 29. IBrig.; 27.09.1914 Generalstabschef der 2. Armee, FML. Vgl. seine Memoiren bis 1918: Soldat im alten Österreich. Erinnerungen aus meinem Leben, Jena 1938.

74 Friedrich Frh. Wodniansky von Wildenfeld, FML, Kommandant der 15. ID und Major im Generalstabskorps, Alexander Graf Christalnigg, vgl. Arz, Zur Geschichte des großen Krieges, 23–24; Conrad, Dienstzeit 4, 577; ÖUlK 1, 200.

nisterium, der wurde nach zwei Tagen Korpskommandant[75]. Ihm folgte wieder der Brigadier, dann kam General Schenk[76] (aus Wien), der bisher Etappenkommandant der Armee gewesen war. Nach zwei Tagen berief die Armee den General Schenk, und der Brigadier kam wieder an seine Stelle. Zwei Tage darauf kam wieder General Schenk zurück. Also binnen acht Tagen sechsmaliger Kommandowechsel. Das ist ein Unglück. Man bildet sich ein, man kann die Generale im Krieg so herumschmeißen[a] wie im Frieden.

Feldmarschalleutnant Daempf[77]: Das ist eine traurige Geschichte. Der Divisionär verließ seine Division vor Lemberg und ging nach Lemberg hinein <u>speisen</u>. Mittlerweile trat die Division ins <u>Gefecht,</u> der Generalstabschef [Oberst August Martinek] befahl alles. Der Divisionär wurde enthoben und ist wahrscheinlich in gerichtlicher Untersuchung. Der Generalstabschef wurde auch enthoben, konnte sich aber rechtfertigen. Feldmarschalleutnant Graf Zedtwitz[78] soll Unsinn bei Šabac gemacht haben, ist überhaupt ein aufgeregter Mensch. Er wollte sich, glaube ich, nach seiner Enthebung erschießen, tat es aber doch nicht. De facto ist die Division, die schon in recht schlechtem Zustand war, durch Feldmarschalleutnant Krauss[79], Kriegsschulkommandanten, so weit in kürzester Zeit gehoben worden, daß sie den Untergang der Timokdivision bewirkte.

Von Brigadieren wurde auch eine Masse enthoben. Einige, darunter der berühmte General Wasserthal[80], waren erkrankt, General Georgi[81], der jüngere Bruder des Landesverteidigungsministers[82], wurde enthoben, weil er sich gegen Willen des Armeekommandanten der Division Eh. Peter Ferdinand unterstellt hat. Elie[83], der bei der Division Eh. Peter Ferdinand ist, sagt, daß der Armeekommandant ihn nur aus Zorn wegen der Unterstellung enthoben hat. Das glaube ich nicht. Boroević tut so etwas nicht. Ich glaube, daß Georgi etwas langsam war. Sein Nachfolger wurde General Fürst Schönburg[84], der, seitdem er Oberstleutnant des Generalstabes und Militärattaché in Berlin

a Umgangssprachlich: herumwerfen.

75 Vgl. Conrad, Dienstzeit 4, 636; Arz, Zur Geschichte des großen Krieges, 24.

76 Alfred Edler von Schenk, 1918 GdI, 13.5.1918 Militärkommandant in Zagreb.

77 Heinrich Daempf, FML, vgl. Conrad, Dienstzeit 4, 648.

78 Alfred Graf Zedtwitz, FML, 29. ID.

79 Alfred Krauss, FML, vgl. dazu Conrad, Dienstzeit 4, 729.

80 Konstantin Wasserthal Ritter von Zuccari, 1914 GM.

81 Franz von Georgi, 1908 GM, seit 09.06.1914 Präsident des Obersten Landwehrgerichtshofes, 1915 GdI; vgl. Conrad, Dienstzeit 4, 680.

82 Friedrich von Georgi, 1911 GdI, 1916 GO; 01.12.1907–26.06.1917 Minister für Landesverteidigung.

83 Elie = Elias Prinz von Bourbon von Parma.

84 Aloys Fürst Schönburg-Hartenstein, 1916 GdK, 1918 GO, vgl. Nr. 2 und Conrad, Dienstzeit 4, 680.

war, nicht mehr aktiv gedient hatte. Er führt so brillant, daß er für eine Allerhöchste Auszeichnung eingegeben ist.

Excellenz Marterer[85] von der Militärkanzlei war während meiner zweiten Anwesenheit in Wien hier und konnte hier erschöpfend die Gründe der zahlreichen Enthebungen erfahren, die er dann Seiner Majestät darlegte und die erst dann Seine Majestät würdigte.

Merkwürdig ist das Verhältnis zum Grafen Tisza[86]. Oberst Baron Mor verehrt ihn, aber kennt ihn nicht. Oberstleutnant Lorx, ein Ungar, ist natürlich auch sehr für ihn. Tisza macht dem Oberkommando einen Anstand nach dem anderen. Die militärischen Kommanden in den einzelnen ungarischen Städten verhafteten und hängen seiner Ansicht auch manche Leute, die entweder wenig oder gar nicht verdächtig sind. Ein militärischer Kommandant wurde von Seiner Majestät über Tiszas Klage Knall und Fall abgesetzt.

Die Hauptsachen spielen sich immer in Kroatien ab. Zur Erklärung sei folgendes gesagt: In Kroatien leben zwei Völker, die kaisertreuen österreichisch gesinnten antimagyarischen Kroaten und die von Ungarn gehätschelten Serben. Die Bestrebung der ungarischen Politik in Kroatien, auch Tiszas, war die, die gemäßigten konzilianteren Kroaten und die Serben zu einer Regierungspartei zusammenzubringen, und es wurden ihnen auch verschiedene kleinere nationale Zugeständnisse gemacht. Im Lande mißtraute man all den Sendlingen aus Budapest und auch dem Banus Szkerlecz[87], der ein geborener Kroate ist. Die alte kaisertreue österreichisch gesinnte Altkroatische Partei heißt Frankpartei nach ihrem Führer Frank[88]. Als natürlich der Krieg ausbrach, glaubten die Militärbehörden mehr dem Urteil der Frankmänner, die natürlich alle Serben anzeigten, als den zur Milde gegen die Serben geneigten ungarischen Lokalbehörden. Daher diese Differenzen. Tisza nimmt natürlich Partei für die ungarischen Behörden, nennt das Übergriffe des Militärs und bittet, alle Verhaftungen etc. durch die Zivilbehörden vollführen zu lassen. Es ist ja da oft schwer, Mensch zu sein. Die Militärbehörden haben Unüberlegtheiten gemacht, aber man weiß auch, wie nachgiebig und energielos die politischen Behörden aus Angst sind. Neuester Zeit regt sich auch Stürgkh[89], der mit allem nachgehumpelt kommt. Er sagt jetzt, die Ruthenen wären ja nicht so schlecht, das weiß ich auch. Aber er soll sich an die Brust klopfen und sagen: „Pater peccavi". Diese polnische Sauwirtschaft[a] hat ja die

---

a Umgangssprachlich: Mißwirtschaft.

85 Ferdinand Frh. von Marterer, 1914 FML, 1917 GdI. Vgl. Lorenz, Aus dem Kriegstagebuch des Generaladjutanten Frh. von Marterer, 483–504.
86 Stephan (István) Graf Tisza de Borosjenő et Szeged, 1903–1905 und 1913–15.06.1917 ungarischer Ministerpräsident.
87 Johann (János) Skerlecz Frh. von Lomnicza, Banus von Kroatien.
88 Ivo Frank, Advokat, Führer der kroatischen reinen Rechtspartei.
89 Karl Graf Stürgkh, 02.11.1911–21.10.1916 (ermordet) k. k. Ministerpräsident.

Ruthenen direkt ins feindliche Lager gedrängt. Tisza behauptet auch immer, die ungarländischen Ruthenen sind brav. Ja, sie sind es, aber die Herren Magyaren kommen zu spät darauf, wie sie sie selbst durch ihre nationale Intoleranz den russischen Emissären in die Hände gespielt haben. Das finde ich großartig, echt österreichischer Bürokratismus. Jetzt soll die Armee im Felde (zuerst war von den an den Armeeraum angrenzenden Landesteilen, als ich von teilweisen Unüberlegtheiten der Militärbehörden sprach, die Rede, der abgesetzte Kommandant war der Militärkommandant von Temesvar) die Ruthenen schonen, die auf das eigene Militär schießen, Zeichen dem Gegner machen, ihn herbeilocken, um Unsere zu überfallen usw., und vielleicht auf eine zivile Kommission warten, die beim Kanonendonner die Hosen voll hat[a] und dann womöglich aus Angst und wegen ihrer eigenen Schuldenlast freispricht! Das gibt's nicht, so was kann man nicht verlangen, jetzt gibt's nur das Faustrecht. Die Sühne für das ruthenische Volk sollen nach dem Krieg die am Galgen baumelnden polnischen Staatsbeamten sein. Das Heer muß die Verräter totschießen, und zwar auf der Stelle. Ein Divisionär erzählte mir, der Auditor war so ängstlich mit allen Aburteilungen, daß er ihn zum Train gab als Trainkommandant. Der Auditor fragte ihn, warum er zum Train komme, worauf der General ihm antwortete: „Beim Train geschehen manchmal auch strafbare Handlungen", und ließ die Verräter ohne Prozeß erschießen. Die Leute haben sich ja schandvoll benommen, kaum ist ein Bataillon irgendwo gestanden, gleich haben sie ein Feuer angezündet, und sofort sind die russischen Shrapnells [sic] eingefallen. Sie haben nach der siegreichen Schlacht bei Mármarossziget [Máramaros-Sziget][90] die zersprengten Kosaken über die einsamen Bergwege zurückgeführt und die russischen Kanonen versteckt. Unsere Leute sind draufgekommen und haben dieselben Ruthenen gezwungen, das Versteck der Kanonen zu zeigen, und dann hat man sie aufgehängt.

Beim Pfarrer von Mikolajow hat man eine telephonische Verbindung zu den Kosaken gefunden. Die Priester sind die ärgsten, dann die Intelligenz, Arzt, Apotheker etc. (wie überall), und das dumme Volk läuft den Geistlichen und der Intelligenz nach.

Armes ruthenisches Volk, ich habe es eigentlich so gerne, es tut mir so leid.

Eines muß man sagen, der Krieg war von unseren Feinden gut vorbereitet, durch den Rubel in Galizien und durch ihr kolossales Kundschaftswesen. Bei einem gefangenen General hat man gefunden eine Liste der Kundschafter in Galizien, und da war ein k.k. Bezirkshauptmann darunter. Tisza ist ein bedeutender Mann, wäre ein großartiger Minister des Äußeren jetzt für den Friedensschluß, denn der gute Berchtold wird hiezu nicht taugen. Für ge-

---

b Umgangssprachlich: die körperliche Beherrschung verlieren.

90 Schlacht von Mármaros-Sziget (Máramaros-Sziget), 02.10.1914, vgl. ÖUlK 1, 348; Conrad, Dienstzeit 4, 869–870.

wöhnliche Zeiten ist er vielleicht zu gewagt in seiner Politik! Berchtold ist ein
Ehrenmann, ein guter Rennstallbesitzer, hat schöne Krägen, wie wenn er einen Ladstock geschluckt hätte, aber ein schlechter Minister des Äußern.

Lorx, ein Ungar, sagt mir, Tisza wäre zu chauvinistisch als Minister des
Äußeren, ein Grund mehr, um ihn nur für Friedensschluß zu behalten, denn
da kann er keine einseitige ungarische Politik betreiben, denn in dem Falle
kann nur, was Österreich nützt, Ungarn frommen. Im Frieden kann ein chauvinistischer Minister des Äußeren viel schaden. In der ganzen vox populi[a] ist
Tisza Minister des Äußern, weil er doch der gescheiteste Staatsmann der
Monarchie ist. Stürgkh ist ein Hascherl[b]! Z. B. in Krakau wird polnisches <u>Geld</u>
geprägt, ist ein „polnisches Kriegsministerium". Dies wurde ihm vom Oberkommando angezeigt. Nach drei Wochen die Erledigung mit, ich weiß nicht
wie vielen, Stempeln, natürlich werden die Leute bestraft. Es ist ja dies eine
Auflehnung gegen die Hoheitsrechte des Staates, aber alles nur recht vorsichtig wegen der Herren Polen. Da hätte Tisza anders dreingehaut[c]. Zwei
G'schichteln[d] vom Berchtold: Der Krieg war ausgebrochen, die Pferde Seiner
Exzellenz, des Ministers des Äußern, liefen weiter auf der Rennbahn in Kottingbrunn, bis die Leute so sehr geschimpft haben, daß er es aufgegeben hat.
Wenn er es schon nicht anders machen kann, warum läßt er sie nicht unter
einem Pseudonym laufen. Der Bub Seiner Exzellenz ist, glaube ich, 18 oder 19
Jahre alt.[91] Er muß also heuer einrücken. Der Alte druckt ihm heraus[e], daß er
nicht zum Termin Mitte September, wie alle anderen Freiwilligen zu ihren
Kadres kommen, einrücken muß, sondern der Lausbub wird unabgerichtet,
durch Kriegsministerialerlaß hierher als Offiziersdiener zum General der Kavallerie Giesl, dem Vertreter des Ministeriums des Äußern, kommandiert, damit der hohe Herr nicht abgerichtet werden muß und dann nicht in den Kugelregen muß. Onkel Fritz war empört und Oberst Mor schäumend vor Wut.
Mit Recht, habe ich gesagt. Der Sohn des Ministers des Äußern muß geradeso
dienen wie der Herr Zipfelhuber. Wenn er sich drückt, macht das einen
empörenden Eindruck. Zweitens, wenn der junge Bursch so wenig Blut in den
Adern hat, daß es ihn freut, hinter der Front herumzunockerln[f], so soll ihn der
Teufel holen. Drittens, jeder Bursch drängt sich an die Front, sogar Nichtösterreicher, siehe Felix[92]. Der Alte muß sich immer den Vorwurf gefallen las-

---

a Öffentliche Meinung.
b Umgangssprachlich: ein bedauernswerter Mensch; ein Mensch ohne Durchsetzungsvermögen.
c Umgangssprachlich: zugeschlagen.
d Umgangssprachlich: kleine Geschichten.
e Umgangssprachlich: ermöglicht es ihm.
f Umgangssprachlich: sich drücken.

91 Alois (Louis) Graf Berchtold von und zu Ungarschitz, Frättnig und Pullitz.
92 Felix Prinz von Bourbon von Parma.

sen, daß er seine Stellung zugunsten seines Sohnes ausnützt. Dann frage ich, ist es für einen Grafen Berchtold nobel genug, Offiziersdiener zu sein und Stiefel zu putzen? Der junge Mann wurde zum Stabszug nach Bielitz und von dort zum Kader seines Regimentes zur Abrichtung geschickt. Als Giesl mit Graf Fery Kinsky zum Vortrag beim Minister des Äußern in Wien waren, noch bevor der Jüngling heraufgekommen war, bat der Minister den Fery Kinsky, den Sprößling heraufzubegleiten, weil er sonst verlorengegangen wäre. Kinsky mußte noch in Wien bleiben, obwohl Giesl schon heraufgefahren war, und chaperonierte[a] den Jungen wie eine Comtesse herauf. Das Kriegsministerium erhielt auch eine Nase[b], weil es nicht berechtigt ist, uns jemanden ohne unsere Erlaubnis heraufzusenden.

Als ich wegen der rumänischen Geschichte in Wien war, wurde Oberstleutnant Lorx nach Pest zum Grafen Tisza gesendet mit der Bitte, die Bemühungen des Oberkommandos wegen Anschlusses Rumäniens zu unterstützen, was auch bereitwilligst zugesagt wurde. Das war auch ein Werk von Oberst Mor. Nach einiger Zeit, nachdem wir schon in Neusandez (Nowy Sacz)[93] waren und ich schon von der zweiten Fahrt nach Wien[94] zurückgekehrt war, erhielt das Oberkommando vom Grafen Tisza ein Telegramm, in dem er bat, er möchte über unsere militärische Lage und über den Termin des Beginns der zweiten, jetzt stattfindenden Offensive aufgeklärt werden, denn sonst wäre seine rumänische Mission unmöglich. Erstens wollte er es wissen, um den Rumänen durchblicken zu lassen, daß unser Heer keineswegs, wie es die Tripple-Entente bei den Neutralen ausgestreut hatte, gänzlich geschlagen sei, sondern, gerade im Gegenteil, sich zu einer neuen Offensive rüste. Zweitens, um im eigenen Lande allen blöden Gerüchten über Niederlagen entgegenzutreten, natürlich beides ohne Zeit- und Ortsangabe, so daß nichts Militärisches verraten wird. Oberstleutnant Lorx wurde wieder nach Pest gesendet, um Tisza persönlich zu orientieren und zu bitten, nichts Militärisches zu verraten.[95] Tisza eröffnete ihm folgendes: Die Stimmung in Rumänien ist sehr gegen uns (wie bereits früher beschrieben). Ich habe aber folgendes mit dem rumänisch-ungarischen Metropoliten[96], der selbst ein Rumäne, ein großer Patriot und bei meinen verschiedenen mißglückten Ausgleichsversuchen mit unseren Rumänen in den vergangenen Jahren mich sehr unterstützt hat, aus-

---

a Umgangssprachlich: als Anstandsdame begleiten.
b Umgangssprachlich: wurde getadelt.

93 Das AOK übersiedelte am 03.09.1914 von Przemysl nach Neusandez (Nowy Sacz) und von dort am 09.11.1914 nach Teschen.
94 Vgl. zur Reise Eh. Carls nach Wien (12.–13.09.1914) und zu seiner Rückkehr am 22.09., in: Conrad, Dienstzeit 4, 729; 834–835.
95 Zu Tisza und Lorx vgl. bei Conrad, Dienstzeit 4, 790, 857–858.
96 Johann (Jan) Metianu, 1899–1916 EB von Hermannstadt und Metropolit der orthodoxen Rumänen in Ungarn und Siebenbürgen.

gemacht: Falls Rumänien neutral bleibt, anständig wird, schreibe ich in den Zeitungen einen offenen Brief an ihn folgenden Inhaltes: „Ich habe schon mehrere Jahre hindurch mit den Rumänen Ausgleichsverhandlungen gepflogen. Niemals war es möglich, die Interessen des ungarischen Staates mit den Wünschen der Rumänen in Einklang zu bringen.

Nun kam das bewegte Jahr 1914. Wie ein Mann stand das ganze Volk hinter seinem Könige. Das rumänische Volk in Ungarn, treu seinen Traditionen, gab gerne seine Söhne für das gemeinsame Vaterland hin, und die braven Rumänen kämpfen Schulter an Schulter mit den Ungarn und verrichten wahre Wunder an Tapferkeit! Große Momente erheischen auch allgemeine Versöhnung und Verbrüderung. Daher gebe ich Euch die von Euch gewünschten nationalen, mit dem ungarischen Staatsgedanken vereinbarlichen Konzessionen." (Nun folgt die Aufzählung derselben, siehe ‚Rumänien'). Auf diesen Brief hin hätte mir der Metropolit für diesen Akt Allerhöchster Gnade gedankt und mich gebeten, diesen Dank auch an den Stufen des Thrones niederzulegen. Dies hätte seiner Ansicht nach viel Eindruck in Rumänien gemacht, ob es dazu kam oder kommen wird, weiß ich nicht, aber ich glaube, man kann erst dann die Rumänen „anständig" nennen, wenn sie wenigstens im Falle diese Konzession gemacht wird, wirklich mitgehen, was ich sehr bezweifle, da König Karol gestorben ist und König Ferdinand[97] sehr unter dem Einflusse seiner Frau steht; diese ist zwar dem Namen nach Deutsche, Coburgerin, doch sehr unter englischem Einfluß[98]. Sie war früher auch Russophilin, aber seit der verunglückten Verlobung ihres Sohnes mit einer russischen Großfürstin hat dieses Land bei ihr abgekocht[a]. Graf Tisza weiß in diesem Brief so gut die staatliche Autorität bei den Konzessionen zu wahren! Tisza erhält seit dieser Zeit jeden Tag Bericht über die Lage, Stürgkh nicht, weil er sich nicht darum kümmert.

Ich finde es aber doch nicht richtig, wenn Tisza durch die Berichte die ungarische öffentliche Meinung beruhigen kann und Stürgkh nicht. Gleichheit für beide. Ich habe das auch erwähnt. Feldmarschalleutnant Marterer wurde, nachdem er hier gewesen war, wegen der abgesetzten Generale, zu Botschafter Hohenlohe[99] nach Berlin entsendet, um den Botschafter über die militärische Situation, die er hier erfahren hatte, zu orientieren, damit Hohenlohe dann mit diesen Nachrichten ins deutsche Hauptquartier fahren könnte. Es war dem Hohenlohe freigestellt, wenn er es für notwendig fände, auch Feld-

---

a   Umgangssprachlich: erledigt sein.

97   Ferdinand I. von Hohenzollern-Sigmaringen, König von Rumänien, 28.09.1914–20.07.1927.

98   Maria, Tochter von Herzog Alfred von Sachsen-Coburg-Gotha, Herzog von Edinburgh.

99   Gottfried Prinz zu Hohenlohe-Waldenburg-Schillingsfürst, 04.08.1914–22.11.1918 k.u.k. Botschafter in Berlin.

marschalleutnant Marterer[100] ins deutsche Hauptquartier mitzunehmen. Im stillen hoffte man in Wien, daß er es nicht tun werde, da er als ehemaliger Generalstäbler doch die Situation allein erfassen müßte. Er nahm ihn aber doch mit. Ich glaube im stillen, Marterer hat es sich sehr gewünscht, denn Hohenlohe war anerkannt ein guter Soldat gewesen. Die Sache fiel aber schief aus[a]. Die Orientierung, die Marterer brachte, war längst durch die Tatsachen überholt und erzeugte eher Verschnupfung[b] bei den Deutschen, denn zur Zeit, wo Marterer hier war, waren gerade kleine Differenzen in bezug auf die neuen Operationen [entstanden] – denn unser Chef wollte, daß die Deutschen südlich der Weichsel gehen sollten, sie wollten nördlich der Weichsel –, die aber mittlerweile durch das Nachgeben unseres Chefs mit dem deutschen Chef[101] geregelt worden waren. Marterer beging einen furchtbaren Unsinn. Er erzählte den Deutschen das rumänische Anerbieten wegen der Abtretung Suczawas. Hohenlohe, sehr korrekterweise, negierte, irgend eine Verständigung noch Ermächtigung zu haben. Ich habe den Kaiser nie so bös' gesehen, als er von dieser Plauscherei[c] Marterers hörte. Natürlich bestürmten uns seit der Zeit die Deutschen, wir sollen Suczawa hergeben, damit wir Rumänien gewinnen, natürlich damit sie weniger gegen Rußland aufstellen können und freien Rücken gegen Frankreich haben. Die Deutschen sind in dem überhaupt großartig. Wir sollen Suczawa abtreten und Trentino an Italien, um Rumänien und Italien für uns zu gewinnen. Sie wollen nichts abtreten und nur die Glorie in Frankreich haben. Sie sekkieren uns mit all dem furchtbar. Überhaupt muß ich sagen, daß der „Deutschenrappel"[d] bei uns furchtbar zunimmt. Alles machen die Deutschen, alles können die Deutschen, und unsere brave Armee, die Rußland so lang allein gegen eine furchtbare Übermacht aufgehalten hat, [...] würdigen nur die Deutschen und unsere Leute gar nicht. Das muß eine Mißstimmung bei unserer Armee, die mehr als die Deutschen geleistet hat, hervorrufen. Daran ist unser Pessimismus und die schlechte Berichterstattung schuld. In allen Wiener Theatern werden nur deutsche Freiheitsstücke aufgeführt und keine österreichischen.[102]

---

a   Umgangssprachlich: unglücklich ausfallen.
b   Umgangssprachlich: Verärgerung.
c   Umgangssprachlich: ein Geheimnis preisgeben.
d   Umgangssprachlich: „Rappel": Anfall von Verrücktheit.

100 Vgl. zu Marterer auch bei Conrad, Dienstzeit 4, 793, 795, 800, 809, 814.
101 Erich von Falkenhayn, 14.09.1914–29.08.1916 Chef des Generalstabes des Deutschen Feldheeres; 2. Oberste Heeresleitung. Vgl. zu Falkenhayn und Conrad zuletzt: Afflerbach, Falkenhayn, 249–258.
102 Vgl. dazu StLA, TB Herberstein, 1914 11. 27: Wir ärgerten uns sehr über die ganz kindischen, sinnlosen und deplacierten Bemerkungen des Eh. Karl, der zu uns gekommen war, um sein Licht leuchten zu lassen und dabei fort über die „Preußen" und speziell über Hindenburg in sehr derber Weise schimpfte. Wir, Mor und ich Herberstein, sprachen aber unsere ganz ge-

Jetzt haben sie uns den Hindenburg[103], der in Ostpreußen einen leichten
Sieg bei Tannenberg[104] erfocht, mit neun Divisionen hergeschickt[105]. Aber immer sind die Russen noch um 20 Divisionen überlegen. Die Deutschen übersehen in ihrem Eigendünkel und Franzosenhaß die Gefahr, die von Rußland
droht, denn die russische Grenze ist näher an Berlin als die französische! Ich
bin natürlich der Ansicht, daß man die Deutschen, unsere einzigen Bundesgenossen, nicht vor den Kopf stoßen darf. Der Chef schimpft immer über die
Deutschen, daß sie uns nicht zu Hilfe kommen, und das manchmal zu laut.
Hohenlohe ist ein sehr gescheiter Mann, man hält hier sehr viel auf sein Urteil (Schwiegersohn[106]). Ich habe alle seine Berichte an seinen Schwiegervater
gelesen, manches hat er sehr richtig beurteilt, z. B. daß die Russen mit den
Hauptkräften über Lemberg vorgehen werden, da sie bei Kiew ihre besten
Truppen hätten. Das war noch, bevor wir von Wien wegfuhren. Einige waren
der Ansicht, daß sie mehr von Norden her kommen würden, aber seine Meinung war die richtige.

Anderes war wieder meiner Ansicht nach schlecht: Z. B. die zu große Ge-
ringschätzung der russischen Armee, nur einige Korps gut, die anderen
schlecht, schlechte Verproviantierung etc., man überzeugte sich aber, daß alle
russischen Truppen ebenbürtig waren und daß ihr Nachschub überall ge-
klappt hat! Noch etwas! Als wir bei den Deutschen Schritte unternahmen, um
möglichst viele deutsche Divisionen gegen Rußland zu bekommen, äußerte er
sich: Wir könnten nicht mit der gewollten Energie in Deutschland auftreten,
da wir die Deutschen mehr brauchten als sie uns. Das glaube ich nicht, umgekehrt ist auch gefahren[a]. Das waren überhaupt gräßliche Kämpfe, bis wir
überhaupt erreichten, daß die ganze Armee Hindenburg mit uns kooperiert
hat, sie wollten zuerst nur wenige Divisionen uns geben. Noch ein kleiner Unsinn des Berchtold: Vor Kriegsausbruch wurde zwischen unserem Chef und
dem deutschen ausgemacht, daß die Deutschen von Ostpreußen aus gegen
Süden, etwa auf Kielce[107] Warschau operieren würden. Dies geschah nun
nicht, da sie mehr in östliche Richtung operierten, von den Russen Schläge be-

---

a   Umgangssprachlich.

genteilige Ansicht rückhaltlos aus: daß es kein Jahr 1866 mehr gebe, daß wir uns auch wirklich und ehrlich über jeden verdienten und selbst unverdienten deutschen Erfolg zu freuen
haben etc. Er wurde auch gleich still und war über unsere offen ausgesprochene Mißbilligung
eher betreten.

103 Paul Anton Hans Ludwig von Beneckendorf und Hindenburg, Generalfeldmarschall, 1914
Oberbefehlshaber Ost (8. Armee).

104 Sieg Hindenburgs bei Tannenberg, 27.–29.08.1914.

105 Vgl. zur Abkommandierung Hindenburgs bei Conrad, Dienstzeit 4, 793–799, 824.

106 Hohenlohe war seit 1908 mit Henriette Ehn. von Österreich, Tochter von Eh. Friedrich und
Ehn. Isabella, geb. Prinzessin von Croy, verheiratet.

107 Ab 01.10.1914 Sitz der DOHL, vgl. Hutten-Czapski 2, 163–164.

kamen und ganz Ostpreußen von den Russen überschwemmt wurde. Nun wurde der preußische General[108] abgesetzt und Hindenburg, der schon sechs Jahre in Pension war, zum Kommandanten ernannt. Er erhielt den Befehl des deutschen Kaisers, zuerst die Provinz Ostpreußen vom Gegner zu säubern, da dies die Allerhöchste Lieblingsprovinz sein soll und dort auch große kaiserliche Jagden sind. Grund natürlich, nur ein „on dit". Gemäß dieses Befehles wurden die Russen bei Tannenberg geschlagen und wurden aus Ostpreußen hinausgedrängt[109]: da erließ Berchtold eine ziemlich gespitzelte[a] Note nach Berlin[110], warum der ursprüngliche Operationsplan, gegen Kielce vorzugehen, aufgegeben wurde. Das ist ein Unsinn, denn erstens geht es ihn nichts an, da die ganze Sache eine Besprechung zwischen den Chefs war, zweitens konnten die Deutschen wahrscheinlich nicht und wollten zuerst lieber ihr Land schützen, was ihnen nicht übelzunehmen ist. Die Deutschen waren über die ganze Sache etwas beleidigt, und ihre spätere Bockbeinigkeit[b] wegen der Kooperation ist vielleicht auch darauf zurückzuführen. Das Verfassen dieser Note hat, glaube ich, Hohenlohe angeregt.

II.

1914 Dezember 24

Was die Bevölkerung Polen und Ruthenen anbelangt, möchte ich hier einiges sagen. Die Polen scheiden sich in unsere galizischen Polen und in die Polen aus dem Royaume (Russisch-Polen), aber alle haben nur eine Idee, das ist das alte polnische Königreich wiederherzustellen, durch wessen Mithilfe, ist ihnen einerlei. Die wenigen Polen in Deutschland haben auch diese Tendenz, aber sie waren bis jetzt so unterdrückt, daß sie diese Ansicht kaum laut sagen konnten und ihr ganzes Volkstum durch die fortschreitende Germanisierung riesig litt. Jetzt, seit Ausbruch des Krieges, sind alle antipolnischen Gesetze in Deutschland aufgehoben worden, und der Verein „Ostmark", dessen staatlicher geschützter Zweck die Germanisierung der Polen ist, wurde aufgelöst. Jetzt, anläßlich des Krieges, glauben die Polen ihren alten Traum verwirklicht zu sehen und das Zünglein an der Waage zu sein. Sie wollen ihr Ziel

---

a   Umgangssprachlich: spitze.
b   Umgangssprachlich: störrisch.

108 GO Max von Prittwitz-Gaffron verliert am 19. und 20.08.1914 in der Schlacht von Tannenberg, die Hindenburg am 22.08.1914 gewinnt. Vgl. Conrad, Dienstzeit 4, 607, 625.
109 Vgl. Conrad, Dienstzeit 4, 427.
110 Vgl. diese Note Berchtolds, Wien, 1914 09.08, in: Conrad, Dienstzeit 4, 681–682. Dazu auch Rauchensteiner, 165.

erreichen durch den jeweiligen Sieger, ob Österreicher oder Russe. Unsere Polen zäumen die Sache folgendermaßen auf: Rußland wird nach ihrer Ansicht verlieren. Nun wird Russisch-Polen an Österreich fallen. Da wird die ganze „Polakei" (Russisch-Polen und Galizien) eine Art Kleinstaat, dessen Gouverneur ein Erzherzog wäre. Dieser Kleinstaat hätte dieselbe Stellung der diesseitigen Reichshälfte gegenüber wie Ungarn zu Österreich, also Dualismus.

Dieser Kleinstaat und die diesseitige Reichshälfte würden jedoch Ungarn gegenüber ein Ganzes bilden, so wie jetzt Österreich-Ungarn dem Auslande gegenüber. Es würde also Österreich, der eine der jetzigen dualistischen Staaten, selbst wieder ein dualistischer Staat sein. So würde also der Kleinstaat ein eigenes Parlament haben, das alle Gesetze macht, wie der Reichsrat in Wien, nur für gewisse gemeinsame Angelegenheiten Österreich-Ungarn gegenüber würde das polnische Parlament Vertreter in den Wiener Reichsrat schicken, also wie die jetzigen Delegationen. Ein Unsinn und ein Chaos! Man kennt sich jetzt schon in unseren Verhältnissen nicht aus, wie erst dann! Großfürst Nikolaus Nikolajewitsch[111], der gegnerische Oberkommandant, hat bei seinem Einmarsch in Galizien einen nicht gesetzlichen, nicht vom Czar unterschriebenen Aufruf an die Polen erlassen, worin er ihnen alle Freiheiten verspricht, sie slawische Brüder nennt und sie begrüßt als treueste Untertanen Rußlands. Jeder Slawe ist Panslawist, und auf den Lockvogel des „slawischen Bruders" hörten die russischen Polen und dankten in einer großen Huldigungsschrift dem Großfürsten für seine Güte, versprachen, einträchtig mit dem russischen Volke vorzugehen, und baten den Großfürsten, ihre Loyalitätsgefühle an den Stufen des Thrones zu verdolmetschen. Diese Huldigungsadresse[112], die von allen russisch-polnischen Parteien unterfertigt war, trug auch die Unterschrift von Vertretern sehr bekannter Namen, deren Verwandte hier in Österreich wohnen und die sonst immer nur die gute Behandlung der Polen in Österreich gelobt und über die entsetzliche Unterdrückung in Rußland lamentiert haben, wie Radziwill, Zamoyski und viele andere. Kaum waren die Russen in Galizien drinnen, und als sie bei uns die polnischen Legionäre sahen, wurde erklärt, der ganze Erlaß des Großfürsten Armeeoberkommandanten sei ungültig und werde zurückgenommen. Sehr schlau von den Russen. Nun schlug die Stimmung in Russisch-Polen teilweise zu unserem Gunsten um, und einige wenige Leute, Freischärler, nicht polnische Legionäre, zogen gegen Rußland, aber das ist gar nichts. Wir haben uns, wie man sagt, eine Schlange am eigenen Busen genährt, und das sind die polnischen Legionäre[113].

---

111 Vgl. den Aufruf an die Polen vom 14.08.1914 durch Nikolaus Nikolajewitsch, Großfürst von Rußland, in: Hutten-Czapski 2, 228–229 und 239.
112 Vgl. die Unterschriften unter dieser Huldigungsadresse, in: Hutten-Czapski 2, 228–229.
113 Vgl. dazu Heinz Lemke, Deutschland und die polnischen Legionen im Herbst 1914, in: Jahr-

Präsident des Polenklubs Leo[114], Exzellenz, Geheimer Rat von Profession,
ein Mann, der sich aus dunklen Sachen Geld verdient, hat schon im Jahre
1912–1913 anläßlich der Krise die polnischen Legionen gegründet. Es sind dies
Freiwillige, junge Leute, die wirklich sehr stramm exerzieren, Felddienst-
übungen machen etc., die während der Krise 1912/13 bewaffnet wurden und
im Grenzsicherungsdienst Gutes leisteten. Sie sind aber bestimmt, den Rahmen für die spätere polnische Armee zu bilden. Dies sagten sie ganz offiziell.
Man wußte es und tat diesen hochverräterischen Umtrieben keinen Einhalt.
Als die Krise 1912/13 vorbei war, hatten natürlich alle Legionäre Waffen. Da
stiegen zu spät den Leuten in Wien die Grausbirnen[a] auf, und es kam der Befehl, die Legionäre zu entwaffnen, was auch geschah. Ich bin überhaupt nicht
für das Bewaffnen des Volkes, außer zur Abwehr eines Feindes von außen,
denn bei irgendeiner kleinen Reibung im Frieden ist gleich große Revolution
mit Schießerei da. Aus demselben Grunde bin ich auch nicht sehr für die
„Jungschützen" eingenommen, Buben, die da schießen lernen und ein Gewehr
bekommen. Was anderes ist es in Tirol, wo das Volk an und für sich ruhig und
besonnen ist und das Schießen dem Tiroler durch Jahrhunderte zur zweiten
Natur geworden ist. Nun kam der Krieg, und nolens volens, „damit nicht die
herrlichen Polen vor den Kopf gestoßen werden", wurden die Legionäre wieder bewaffnet. Wir haben so für den Landsturm zu wenig Gewehre, so daß
wir, glaube ich, 100.000 Stück Mausergewehre samt Patronen (da unsere Patronen hiezu nicht paßten) von den Deutschen ausliehen und alle Bestellun-
gen an Gewehren, die fremde Staaten bei den Steyrerwerken gemacht hatten,
saisiert[b] wurden. So haben wir beim Landsturm zwanzigerlei Systeme mit immer anderen Patronen, und die Herren Legionäre haben unsere modernen
Gewehre, die sie bei Gelegenheit, wie z. B. in Saybusch, verkauften. In Saybusch [Zywiec poln.] wollten sie einfach Pferde requirieren und wollten zwölf
Paar vom Onkel Karl Stephan[115] wegnehmen. Ich sage folgendes: Sind die Legionäre kräftig und stark genug, um Kriegsdienst zu leisten, so sollen sie einfach in die Armee eingeteilt werden, sind sie aber zu schwach, so nützen sie
auch nichts. Das Oberkommando mußte sich mit Widerwillen in die Sache
hineinfinden, befahl aber erstens, daß die Legionäre nicht einen polnischen
Eid, sondern unseren Landsturmeid leisten müßten, sonst würden sie entwaffnet, zweitens, daß sie unter Kommando eines österreichischen, vom Ober-

---

a   Umgangssprachlich: Angst.

b   Frz.: beschlagnahmt.

      buch für die Geschichte der UdSSR und der volksdemokratischen Länder Europas 3 (1959)
      223–246.

114 Juliusz Leo, MöAH (polnisch-fortschrittlich), 1912–30.01.1915 Obmann des Polenklubs; vgl.
      Hutten-Czapski, 182, 251; Conrad, Dienstzeit 4, 206–208, 211–212.

115 Eh. Karl Stephan besaß bei Saybusch (Zywiec) große Güter.

kommando zu bestimmenden Generals stehen, und daß sie zwar ihre Regiments- und Bataillonskommandanten wählen, daß aber dieselben vom Landesverteidigungsministerium bestätigt werden.

Die Dienstsprache ist die polnische. Sie gliedern sich in Infanterie (vier bis sechs Bataillone) und Kavallerie (ein bis zwei Eskadronen), sie wollten auch Artillerie haben, aber von unserer sowieso geringen Artillerie konnten wir ihnen keine Kanonen geben. Sie sind sehr verschieden, manche Abteilungen recht tapfer, in der Aufklärung geschickt, besonders die bei der Armeegruppe Kummer[116] und die bei Mármaros [Máramaros-Sziget], andere wieder sehr undiszipliniert.

Die Ukrainer Ruthenen stellten auch 4000 Mann Infanterie-Legionäre auf. Davon wollten über 3000 nicht den Landsturmeid leisten, 1000 leisteten ihn, die 3000 kehrten nachhause zurück. Ein klägliches Resultat. Ich muß überhaupt sagen, daß der Wert dieser paar Bataillone vom militärischen Standpunkt aus fast null ist, denn was sind fünf Bataillone für ein Millionenheer im Vergleich zu dem großen politischen Schaden, den sie bedeuten? Das ist ja der große Kreppschaden[a] bei uns, daß sich die Politik und der Militarismus immer in den Haaren liegen. Im Frieden wird dem Heer jeder Heller streitig gemacht aus Politik, im Krieg soll das Heer alles das gutmachen, was die Politik im Frieden verbrochen hat, und was dem Heer durch die blöde Politik an Soldaten und Kriegsmaterial abgeht, darüber schweigt die Öffentlichkeit und schimpft aufs Militär, daß es nicht genügend leistet. Weil Politik und Militär nicht harmonieren, entstehen solche Blödsinne wie die polnischen Legionen. Z. B. Conrad von Hötzendorf hatte vor drei Jahren Seiner Majestät ein Projekt[117] vorgelegt, wonach wir heute 14 Divisionen und ebensoviel Gebirgsbrigaden mehr hätten, ohne daß die Blutsteuer zu empfindlich geworden wäre. Mit der Reform, wegen budgetären Schwierigkeiten abgelehnt, wären wir heute weit in Rußland drinnen, und heute kostet uns der Krieg schon tausend und tausendmal mehr. „Si vis pacem, para bellum." Ein großes und starkes Heer ist das sicherste Unterpfand des Friedens. Beispiel: Österreich gibt für Staatsbeamte und -diener (ihre Gehalte) 700 Millionen jährlich aus und fürs Militär 400 Millionen. Das ist doch kein Verhältnis! Deutschland weiß genau, warum es soviel [für] sein Heer ausgibt, und wir verschwenden das Geld auf Gehalte von nichtstuenden Staatsbeamten, die irgendein Abgeordneter protegiert. Bei uns ist ja alles so kleinlich, die Volksvertreter, um ihre 10 fl täglich besorgt, halten Reden, ob auf einem Pissoir in Nordböhmen „zde" oder

---

a   Umgangssprachlich: Schaden im Getriebe.

116 Heinrich Frh. Kummer von Falkenfeld, 1910 GdK, 1914 Armeegruppenkommandant; vgl. zur polnischen Armeegruppe Kummer, Conrad, Dienstzeit 4, 436.

117 Über Conrads Reformvorstellungen 1911 vgl. Conrad, Dienstzeit 2, 111–157 und 436–471, hier besonders 111f.

„hier" steht, aber ob die Armee, das Prestige des Staates, zugrunde geht, ist ihnen wurscht[a].

Manche sind aber auch so dumm, daß sie das alles nicht verstehen! Wer muß diese Dummheit büßen? Unsere Soldaten, die Jugend des Volkes, denn bekanntlich, ein starkes Heer hat immer weniger Verluste als ein schwächeres, und die Früchte der todesmutigen Tapferkeit ohne Stärke sind gering. Diese Mistviecher[b] von Abgeordneten sollte man in die vordersten Linien legen, damit sie sehen, wie es ist, wenn ein Mann mit zweien kämpfen muß.

In Deutschland, dessen blinder Verehrer ich gewiß nicht bin, wird für das Heer sogar von den Sozialdemokraten alles bewilligt. Was ist aber der Hauptgrund aller dieser Sachen bei uns?

Kaiser Wilhelm spricht mit allen Leuten über die Notwendigkeit eines starken und gut ausgerüsteten Heeres und einer großen Marine für Deutschlands Zukunft, hebt durch Wort und Tat die Industrie und den Handel, was natürlich mit der militärischen Stärke Hand in Hand geht, zieht Leute aus diesen Kreisen zu seiner Beratung heran, belobt Zivilisten, die etwas für das Heer getan haben, durch Telegramme etc. – und bei uns? Zwei Nebengründe sind noch: Das ist die angeborene Gleichgültigkeit des Österreichers, „es wird so nicht zum Krieg kommen", was der Deutsche nie sagen wird, zweitens, daß die meisten Minister aus Popularitäts- und Opportunitätsgründen, um am Ruder zu bleiben[c], selbst die dringendsten militärischen Forderungen zurückstellen oder reduzieren und auf X Jahre im Budget verteilen. Noch ein gewaltiger Grund der militärischen Übelstände ist der, daß wir in der auswärtigen Politik kein bestimmtes Ziel haben, sondern immer nur herumlavieren, daher geringes Interesse für Marine, Heer, Handel etc.

Die Deutschen wollen seit Jahrzehnten Frankreich endgültig schlagen. Kaiser Wilhelm hat in Deutschland das Interesse für Marokko geweckt, hat Kolonien errichtet, neue Handelswege eröffnet, bei alldem muß man mit der Eventualität eines Krieges rechnen, daher die durch den jetzigen Kaiser geschaffene Flotte und das starke Heer. Bei uns ist durch die unglückselige Zweiregierung bei Seiner Majestät alles gegen Rußland, die Südslawen und eher italienfreundlich, beim Belvedere italienfeindlich und für Rußland, südslawenfreundlich. Daher Resultat: Österreich rüstet wie [ein] Igel gegen alle Staaten und würde, wenn ihm Deutschland untreu würde, in eine große „rue de cac"[d] kommen. Profitieren kann Österreich bei keinem Kriege etwas von Rußland, als größtes Unglück noch mehr Polaken durch Russisch-Polen. Von Italien kann Österreich auch nichts wollen, Geld kann man von beiden auch

---

a   Umgangssprachlich: gleichgültig.
b   Umgangssprachlich: Rinder.
c   Umgangssprachlich: an der Macht zu bleiben.
d   Umgangssprachlich: Ausweglosigkeit.

keines kriegen. Bei den Südslawen ist es etwas anderes. Ich glaube nämlich
fest an das südslawische Reich, das ist [...] Banat, Kroatien, Slawonien, Bosnien und Herzegowina. Königreich Serbien, Montenegro und einige Teile Albaniens, die sich teilweise unter Österreichs Führung als dritter Staat der
Monarchie vereinigen, teilweise als Halbstaaten, wie Württemberg, mit der
Monarchie verbunden werden. Das ist Österreichs Zukunft und sollte der
Leitstern unserer Politik sein.

Unsere Zukunft liegt im Slawentum, denn die Germanen werden immer
mehr zurückgedrängt, und die Slawen vermehren sich wie Kaninchen. Der
jetzige Krieg ist ja ein Krieg der Vorherrschaft im Slawentum und am Balkan.
Ich werde [...] meine Theorie begründen:

Wir waren von alten Zeiten her immer die Schirmherren der Südslawen,
siehe Militärgrenze, das waren ja lauter Serben und brave Österreicher, ein
Zehntel unserer bravsten Offiziere ist ja heute noch serbisch. Die braven
Kroaten opferten im Jahre 1848 unter Banus Jellacich [Jellačić][118] ihr Blut
freiwillig gegen Ungarn. Da kam der unglückselige Ausgleich im Jahre 1867.
Die Südslawen, Kroaten und Serben kamen vielfach unter magyarische Herrschaft, wurden dort geknechtet und unterdrückt. Folge war natürlich, daß sie,
die früher kaisertreu waren, teilweise unzufrieden wurden und über die
Grenze schielten. Die Südslawen Kroatiens und Slawoniens waren allerdings
selbst daran schuld, denn sie wurden im Jahre [18]67 gefragt, ob sie zu Ungarn kommen wollten, ließen sich durch Versprechungen der Ungarn betören,
dennoch den Anschluß an Ungarn zu suchen. Mit dem Königreich Serbien
verband uns unter der Regierung der Obrenowitch[119] große Freundschaft, serbische Offiziere wurden bei uns abgerichtet. Ich sah noch, wie ich Leutnant
war, bei Manövern serbische Offiziere. Nach der Ermordung des letzten Obrenowitch kam die von der russophilen Königsmörderpartei gänzlich abhän-
gige Dynastie Karageorgiewitch [Karadjordjević][120] dran. Wir machten noch
dazu einen großen Plutzer[a], indem wir den Handel Serbiens durch verschiedene Schikanen furchtbar störten. Da entstand die großserbische Staatsidee,
alle Serben unter eine serbische Regierung zu vereinigen. Es kam die Annexion Bosniens und der Herzegowina, und damit sahen die Serben die Verwirklichung ihrer Ideen zunichte gemacht. Rußland war damals noch durch
den japanischen Krieg geschwächt und in Umbewaffnung begriffen. Serbiens

---

a   Umgangssprachlich: Fehler.

118 Josef Jellačić von Buzim, Banus der Kroaten, schlägt am 30.10.1848 die ungarischen Truppen
      bei Schwechat.
119 Alexander I. Obrenovich, König der Serben, 1889–1903 (ermordet).
120 Serbische Dynastie: 1903–1918 Peter I., König der Serben; 1918–1921 König der Serben, Kroa-
      ten und Slowenen.

Armee war [...] noch sehr klein und eher asiatisch. Daher schluckten die Serben damals die bittere Pille hinunter.

Was die antiösterreichische Politik Rußlands anbelangt, so können wir nur „mea culpa" sagen, denn im Jahre [18]48, als wir überall Revolution hatten, waren es die Russen, die uns damals die ungarische Revolution niederwarfen, und zum Danke dafür stellten wir im Krimkriege [1854] an unserer Grenze Truppen wider Rußland auf. Man sieht also, Österreich kann nur durch eine vernünftige Südslawen-Politik im guten Einvernehmen, wenn nicht im Bündnis mit Rußland nach diesem Kriege prosperieren. Ich sehe ja die großen Schwierigkeiten, auf die die Südslawenpolitik bei den jetzt so braven und loyalen Ungarn stoßen wird, aber die Hindernisse lassen sich durch viel Schöntun den Ungarn vis-à-vis vielleicht doch beseitigen. Österreich, dieses große Völkerkonglomerat, ist ja so schwer zu regieren, und was am schwersten ist, ist infolge der verschiedenen politischen Interessen der einzelnen Völker, ein großes, gemeinsames Ziel zu haben. Aber wir müssen es haben, wollen wir im europäischen Konzert eine Rolle spielen.

Was das anzustrebende Dreikaiserbündnis[121] anbelangt, werden die Russen, wenn sie gehaut[a] werden, sehr gerne einem Plan zur reinlichen Scheidung der Interessensphären auf dem Balkan: hier österreichisch, hier russisch, zustimmen. Dieser Plan, von Seiner Majestät entworfen, liegt seit vielen Jahren im Schreibtisch des Czaren, er soll ihn wieder herausgeben. Ich dächte, Serbien, Bulgarien, Rumänien, Albanien und Montenegro und der Handelsweg nach Saloniki, unsere Interessensphäre; Griechenland, Türkei mit Konstantinopel, Dardanellen russische Sphäre. Damit wäre ihr größter Wunsch erfüllt, nämlich Konstantinopel. Rußland ist immer ein treuer Bundesgenosse, besser als das wankelmütige Italien. Denn wenn wir eine wirkliche Südslawenpolitik betreiben wollen, kommt es mit den Italienern bestimmt wegen der Vorherrschaft in der Adria zum Krieg, und da ist es uns sehr wichtig, wenn Rußland zumindest ruhig ist. Wenn Rußland und wir, die einzig wirklich berechtigten Mächte am Balkan, einig sind, dann können wir auch die übrigen Großmächte, die dort etwas suchen wollen, hinausdrücken. Das einzige Hindernis bei der ganzen Sache sind die panslawistischen Ideen Rußlands. Wenn wir aber nicht direkt gegen die Idee eines südslawischen Reiches unter Österreich ankämpfen und die Unterdrückung der Slawen durch die Ungarn geringer wird, werden sich die panslawistischen Aspirationen auch verringern oder vielleicht sogar ganz aufhören. Man kann natürlich dagegen sagen, die Südslawen oder Serbokroaten werden nur unter einer ausgesprochen südslawischen Herrschaft sein wollen, denn das nationalistische

---

a   Umgangssprachlich: geschlagen.

121 Kaiser Karl griff diesen Gedanken beim gemeinsamen Ministerrat in Baden am 12.01.1917 wieder auf. Vgl. Komjáthy, Protokolle, 448.

Prinzip ist momentan die Triebfeder aller Völker. Ich sage dagegen, wir müssen trachten, das rein nationalistische Prinzip zu bekämpfen, dabei aber innerhalb Österreichs, jeder Nation ihre größtmöglichste, noch mit der Einheit des Reiches vereinbarliche nationale Selbständigkeit gewähren. Da aber die Slawen das prädominierende Element der Zahl nach sind und immer mehr zunehmen, müssen wir unser Hauptaugenmerk auf die Slawen richten. Wir könnten ja auch eine andere Politik machen, die wäre aber blöd. Das wäre, in Ungarn alles magyarisieren, die Slawen unterdrücken und in Österreich alles germanisieren. Folge: Auseinanderflattern beider Reichshälften, in Ungarn eine kleinliche Krämerpolitik, die nicht über Keckemet und Szegedin hinausgeht, in Österreich kommt man gänzlich unter deutschen Einfluß, wie die Kleinkönige, also unmöglich. Eine großdeutsche Politik war möglich, als wir noch die erste Stelle in Deutschland innehatten, aber seit 1866 sind die Preußen so mächtig, daß wir diese Politik begraben müssen. Mit einer Polenpolitik ist auch nichts anzufangen, da wir uns sofort mit Deutschland, unserem einzigen Freund, verfeinden. Es darf nie zu „Großpolen" kommen, und da werden doch immer unsere Polen wenigstens aus Opportunitätsgründen, da es ihnen bei uns doch besser als in Deutschland und Rußland geht, uns treu bleiben. Den Ruthenen ist großes Unrecht geschehen. Sie werden jetzt sehr stutzig sein. Man muß sie gut behandeln, aber eine große ukrainische Politik kann man auch nicht machen[122], denn erstens, was machen wir mit den ukrainischen unwirtlichen Steppen gegen Kiew zu, und hauptsächlich verderben wir es uns wieder mit Rußland, da Ukrainer und Russen Feinde sind. Böhmen sind fast rings von Deutschen umschlossen, [die] jetzige russophile Bewegung, durch einige Schreier hervorgerufen, muß energisch unterdrückt werden und ist nicht tief im Volke eingewurzelt, die Vernünftigeren wollen ja selbst nicht unter russische „Knut"[a].

Krönung des Kaisers in Böhmen wäre unerläßlich, da der größte Wunsch der Böhmen. Sonst müßte aber Böhmen Provinz wie bisher bleiben, nur könnte man einen ständigen Landsmannminister und eine böhmische Leibgarde konzedieren. Man könnte meinen, daß unsere Nordslawen, wenn mit den Südslawen eine Art Trialismus bestünde, auch selbständig, vielleicht als nordslawischer Bestandteil Österreichs einen Quatralismus bilden würden. Ich glaube es nicht. Nord- und Südslawen sind sich in allem sehr unähnlich, verstehen sich nicht einmal, nur der Panslawismus, der hoffentlich nach dem

---

a   Umgangssprachlich: Unterdrückung.

122 Vgl. dazu das Pro-Memoria des ruth. Patriarchen Andreas Gf. Szeptyckyi, EB von Lemberg, vom 15.08.1914 zur militärischen, juridischen und kirchlichen Organisation der russischen Ukraine, ediert von Ambrogio Eszer OP, Der Diener Gottes Metropolit Andrej Szeptyckyi und der Plan eines katholischen Patriarchates Ukraine, in: Jahrbuch der Gebetsliga 1991, 5–28 (Edition: 25–28).

Kriege und nach Niederlagen Rußlands sehr abnehmen wird und den wir bekämpfen müssen, einigt sie noch. Dann besteht eigentlich in dem staatsrechtlichen Verhältnisse Kroatiens und Slawoniens (kroatische Kommandosprache bei den Honvéds aus Kroatien und Slawonien, eigene Art Minister, Sektionschef für Unterricht, Kultus etc., ein eigener Banus, der höher als ein gewöhnlicher Statthalter ist) zu Ungarn schon eine Art Trialismus. Weiters sind die Nordslawen durch die Deutschen in zwei Teile zerrissen, Polen und Böhmen, dann würden die Ruthenen niemals mit den Polen gehen. Die Sache des Südslawischen Reiches ist also eigentlich von langer Hand her angebahnt. Natürlich wäre ein Einheitsstaat wie Frankreich das Ideal, aber bei unserem Nationalitätenkonglomerat ist dies ausgeschlossen. Das größte Sorgenkind sind für uns die Rumänen, das Königreich ist stark und mächtig geworden, und unwillkürlich schielen unsere Rumänen über die Grenze. Da gibt es nur ein Mittel, mit dem Königreich wie bisher weiter gute Freundschaft zu halten und mit ihm Handel und Verbindungen jeder Art anzuknüpfen, um es, wie man sagt, in der Tasche zu haben, daher auch, wie früher erwähnt, den russischen Einfluß von ihm fernzuhalten und unsere Rumänen sehr gut zu behandeln. An eine italienische Politik ist überhaupt nicht zu denken, da Italien ein nationaler Einheitsstaat ist. Daher bleibt auch nur die südslawische Politik übrig, denn die Südslawen waren austrophil und sind erst serbophil geworden. Die Polen hingegen waren nie austrophil, sondern immer nur polnisch, und ich hoffe, daß die Südslawen austrophil werden, wenn einmal das Mörderhaus Karageorgiewitch [Karadjordjević] zertrümmert sein wird.

Wenn ich von Südslawen rede, meine ich hiebei die Serbo-Kroaten und nicht die Bulgaren, die ein geschlossenes Königreich bilden, und alle Serbo-Kroaten müssen unter unsere Herrschaft kommen, denn schon heute ist der weitaus überwiegende Teil von ihnen österreichisch und bildet die Stütze unserer Seemacht. Ich glaube, daß, wenn wir den Russen den Einfluß in Konstantinopel und in den Dardanellen wahren, sie nichts gegen unsere südslawischen Pläne hätten, und wir haben für immer festen Fuß am Balkan gefaßt und den Weg nach Saloniki offen. Natürlich begehen wir hiedurch eine Gemeinheit, indem wir die Türken, die jetzt unsere Freunde sind, an Rußland ausliefern. Aber was will man tun?

Ohne kleine Gemeinheiten kann man heutzutage keine großzügige Politik führen, und wenn die Türken aus Europa einmal draußen sind, ist auch [kein] großer Schaden.

Zwischen Deutschland und uns denke ich mir die Sache folgendermaßen. Deutschland: Oberherrschaft Westeuropa, wir: Osteuropa. Wir werden wahrscheinlich von Frankreich und England Kolonien erhalten. Nun wirft sich die Frage auf, und man müßte sich dies ernstlich überlegen, ob wir Kolonien nehmen sollen, oder ob wir alle Kolonien Deutschland überlassen sollen, und

Deutschland überläßt uns seinen gesamten Handel am Balkan, da der Balkan ja doch unser vitalstes Interesse ist, schon allein wegen der großen Nähe und dadurch riesige Vereinfachung des Handels.Was die sehr akute Frage anbelangt, ob nach einem glücklichen Feldzuge mit Rußland Teile von Russisch-Polen von uns genommen werden sollen, oder zu einem Pufferstaat vereinigt werden sollen, antworte ich kategorisch „nein".

Gründe: Erstens, wenn wir Russisch-Polen einfach annektieren, kriegen wir noch mehr Polen im Reichsrate, und die polnische Wirtschaft wird noch größer, und es tritt naturgemäß ein Triagonismus mit Deutschland ein, denn Deutschland ist mit polnischen Provinzen saturiert, wird doch als nationaler Einheitsstaat die Polen unterdrücken, die preußischen Polen werden zu uns herüberschielen, zum allerpolnischesten Lande, und die Mißstimmung ist fertig. Zweitens, wenn der polnische Nationalstaat gegründet wird, sogar, nach deutscher Meinung, [mit] einem Bruder Zitas[123] als Herrscher, der ein sogenannter Pufferstaat wäre, streben natürlich alle Polen, ob Deutsche oder Österreicher, zu diesem Königreich hin, und Deutschland, und besonders wir, haben die Verhältnisse in unseren russischen Grenzprovinzen ärger als vor dem Kriege oder müssen sogar noch Teile unserer jetzigen Provinzen an den Pufferstaat abtreten. Die Russen würden sich sehr darüber freuen, den Pufferstaat auf ihre Seite [zu] kriegen und dann als große Protektoren der Polen gegen uns auftreten. Ich bin ja überzeugt, daß der eventuelle Bruder Zitas gewiß nichts gegen uns unternehmen würde, aber wenn die Familien weiter auseinandergingen, würden sich die späteren Nachkommen schon gänzlich als Polen fühlen.

Drittens, wenn der Traum unserer Polen, die polnische Reichshälfte Österreichs, entstünde (siehe vorne Kapitel II), wären dieselben Anstände wie bei der Annexion.

Resultat: Russisch-Polen soll russisch bleiben aus allen oben erwähnten Gründen, und dann würden, wenn Rußland zu dem Dreierbündnis veranlaßt werden soll, unsere geringen Landesansprüche sehr zu unseren Gunsten bei den Russen sprechen. Die Deutschen sind sehr für den Pufferstaat eingenommen, wir offiziell für Annexion gewisser Teile Russisch-Polens. In diesem Sinne waren bereits Aussprachen Bethmann-Hollweg[124] mit Berchtold. Bei dem Oberkommando war ein Hauptmann Flatau[125] eingeteilt, der selbst ein Pole ist. Sein Bruder ist Polizeipräsident in Krakau, der sagte mir, kein Pole denkt wirklich österreichisch. Fast alle Parteien Galiziens wollen die Vereini-

---

123 Gedacht wurde an Sixtus Prinz von Bourbon von Parma.
124 Theobald von Bethmann Hollweg, 14.07.1909–14.07.1917 deutscher Reichskanzler und preußischer Ministerpräsident.
125 Georg Flatau, Hauptmann, ehemals Bezirksrichter in Tarnów.

gung aller Polen durch Österreich erreichen, aber eine Partei, die Allpolen, bei der Excellenz Glabinski[126] gewesener Minister ist und die ziemlich zahlreich ist, ist russophil, d. h. will Vereinigung Polens durch Rußland erreichen. Flatau ist, glaube ich, ein sehr objektiver Kenner Galiziens, der vielleicht später zu etwas zu brauchen wäre.

Leider setzt jetzt, wie in Frankreich nach dem Jahre 1870, bei uns die dumme Angst vor Spionen ein. Es waren ja bei Beginn des serbischen Krieges zwei Scheusäler, ein k.u.k. Major und ein Oberleutnant, die sehr stark in Spionageverdacht gestanden sind und verhaftet wurden. Was man herausbekommen hat, weiß ich nicht. Jetzt war es immer sehr merkwürdig, daß die Russen immer jeder Bewegung von uns die genau dazu passende Gegenbewegung entgegengestellt haben, also Verdacht auf Spione. Da wurden zwei Hauptleute, so, wie wenn am südlichen Kriegsschauplatz ein Abgang gewesen wäre, hinuntertransferiert, sie wissen heute noch nichts, da von unten aus diesem Grunde wirklich ahnungslose Herren herauftransferiert wurden. Gründe: Weil der eine ein Freund Redls war, aber natürlich nichts von seinen verräterischen Umtrieben wußte, nach der Entdeckung Redls konnte er sich bei Untersuchung glänzend rechtfertigen. Der zweite war unser Spionageoffizier, daher verdächtig. Natürlich sind beide Herren vollkommen unschuldig, aber gesetzt den Fall, sie sind Gauner, so können sie in Serbien, das gänzlich unter russischem Einfluß steht, gerade so weiter spionieren. Ähnlich erging es einem Telegraphenoffizier, der angeblich Leitungen zu den Russen gelegt haben soll. Er ist natürlich auch unschuldig, kam aber unglückseligerweise auf den Verdacht, den man gegen ihn hegte, darauf und bittet um gerichtliche Untersuchung. Seine Wohnung in Klosterneuburg wurde auch untersucht, man fand natürlich nichts.

In eine ähnliche Geschichte, wie der Pontius ins Credo, kam auch der arme Flatau. Man schickte ihn in einer geheimen Mission nach Tarnów, dort sah ihn Excellenz Brudermann und sagte, wie könne man einem solchen Menschen trauen, der in Tarnów, wo er Bezirksrichter war, so unangenehm aufgefallen ist und dessen Bruder, Polizeipräsident von Krakau, ein russischer Jude ist. Es wurde alles geheim untersucht und erkannt, daß seine Mißliebigkeit in Tarnów auf das böse Gerede seiner Herren Kollegen zurückzuführen ist und sein Bruder niemals Russe war. Dann wurde er nochmals von der 4. Armee verdächtigt und seine Entfernung vom Oberkommando gebeten. Dieser Bitte wurde willfahren, und obwohl nach Meinung aller unschuldig, mußte er als Dolmetsch zu irgend einer Truppendivision in die Karpaten. Kurze Zeit später kam er doch wieder zur II. Armee.

---

126 Stanisław Głabinski, 1902–1918 Abgeordneter im galizischen Landtag und MöAH, 1911 Eisenbahnminister, 1918 polnischer Außenminister.

Da ereignete sich etwas sehr Merkwürdiges. Der Chef unseres Spionage-wesens, Nachrichtenabteilung genannt, ist ein Oberst Hranilowic[127], soll „aal-glatt" sein nach Aussage seiner „guten Freunde". Mir wurde eines schönen Ta-ges erzählt, Flatau soll, weil ich im Auftrage des O[nkel] F[ritz] mit ihm über polnische Verhältnisse gesprochen hatte, von Hranilowic aus Eifersucht ent-fernt worden sein. Ich schickte Oberst Mor zu Hranilowic, um Aufklärung in dieser Sache zu erhalten. Er erzählte ihm etwas Ähnliches von ungerechtfer-tigtem Spionageverdacht, wie ich schon oben erwähnte. Flatau wurde aber gleichzeitig, als der Hranilowic merkte, daß ich mich für ihn interessiere, wie-der auf den Ehrenplatz gebracht, als Spionageoffizier bei der II. Armee. Es mag das Ganze ein zufälliges Zusammentreffen von Umständen gewesen sein, und Flatau wäre sowieso wieder in Ehren aufgenommen worden, aber es gibt zu denken. Kurze Zeit darauf empfing ich Hranilowić, und er meldete mir den Sachverhalt der „Spionage" des Flatau genau so, wie ich oben erwähnt, er-klärte mir nur, daß er jetzt Flatau wieder, da er von seiner Unschuld gänzlich überzeugt sei und immer gewesen wäre, bei der II. Armee als Kundschaftsof-fizier eingeteilt hätte.

Was die Ruthenen[128] anbelangt, so sind sie, meiner bestimmtesten Über-zeugung nach, an den ganzen Verrätereien, die zugunsten Rußlands statt-gefunden haben, nur zum geringen Teil schuldig. Erstens wirft man alle Ruthenen in einen Topf und unterscheidet nicht zwischen den wirklich schwarzgelben, kaisertreuen Ukrainern, den Tirolern des Ostens, die weitaus die überwiegende Mehrzahl des ruthenischen Volkes ausmachen, und den so-genannten Russophilen, die von der „polnischen" Statthalterei unterstützt wurden, um dann auf Grund ihrer antidynastischen Bestrebungen das ganze ruthenische Volk noch mehr zu knechten, und schließlich durch die Staatsau-torität zu polonisieren. Zweitens war die Herrschaft der kaiserlichen polni-schen Beamten eine derart schlechte und korrupte und bis ins Mark hinein ruthenenfeindliche, daß es niemand wundernehmen darf, daß jene armen un-terdrückten Bauern für Geld, den rollenden Rubel, zu Reichsverrätern wur-den, ohne eigentlich zu wissen, daß sie durch den Kampf gegen das polnische Beamtentum auch einen Kampf gegen Kaiser und Reich führten.

Ich bin vollkommen überzeugt, daß viele Bauern, die durch die polnische Verwaltung jeder Schulbildung beraubt wurden, nicht recht im Anfange wuß-ten, daß die Russen unsere Feinde sind, und unser Kaiser heißt bei ihnen ge-radeso Czar wie der russische.

---

127 Oskar von Hranilović-Czvetassin, seit 01.05.1913 Oberst im Generalstab, 09.05.1914 im Evi-denzbüro des Generalstabes; 1917 GM.

128 Vgl. zu den Ruthenen, Wolfdieter Bihl, Die Ruthenen, in: Die Habsburgermonarchie III/1, 555–584, besonders 570–573.

Der beste Beweis hiefür ist, daß die ruthenischen Regimenter mit einer großen Bravour und altösterreichischen Begeisterung kämpften, während ihre Väter aus Unwissenheit verrieten. Natürlich ist, wie eigentlich bei jedem unserer Völker, ein Teil der Halbintelligenz ein großes Gesindel, und geradeso weiß ein Teil der intelligenten Führer der Russophilen, was sie wollen. Nämlich durch den Schutz Rußlands zu höherem Einfluß zu gelangen. Ein weiterer Beweis für die Schurkereien dieser russophilen, halbintelligenten Kreise und der polnischen Beamten ist der, daß ein Bauer, der immer konservativ ist, der eine von ihm gänzlich getrennte Religion (die Russen orthodox, die Ruthenen griechisch-katholisch) hat, und einer seinem eigenen Volksstamme feindlichen Nation angehört (alte Feindschaft zwischen Kleinrussen und Großrussen), höchstens zugunsten eines Feindes handeln wird, wenn ihm dies die Halbintelligenz (Lehrer, Popen etc.) in einem anderen Lichte darstellt.

Die polnischen Behörden behandelten die Ruthenen als Tiere. Kein Wunder, wenn dann durch den Rubel angelockt und durch seine eigene Intelligenz belogen, der Bauer Verrat übt und dafür anstatt der wirklich Schuldigen hingerichtet wird. Alle Ruthenen baten immer wieder: Nur nicht die polnische Verwaltung, keine ruthenische verlangten sie, eine deutsche, böhmische, oder was immer für eine wäre ihnen recht gewesen. Ein alter ruthenischer Bischof von Przemysl[129] erklärte mir unter Tränen, er fürchte, daß Seine Majestät von dem loyalen Volke der Ruthenen glauben könnte, es sei unpatriotisch. Er bitte, man solle die schlechten Elemente hinrichten, sie würden nichts anderes verdienen, aber der wahre Ruthene wäre kaisertreu bis zum letzten Atemzuge. Ich versicherte ihm, der Kaiser sei hievon überzeugt, worauf er glücklich und zufrieden war. Man hat im Anfange des Krieges viel zu viele, auch kaisertreue ukrainische Ruthenen durch das Militär, das aber durch die polnischen Behörden informiert war, verhaftet und dieselben in Untersuchungshaft schmachten lassen. Die Ruthenen baten um ihre Untersuchung und darum, daß die Schuldigen bestraft, die Unschuldigen aber freigelassen würden. Inwieweit dieser Bitte willfahren wurde, weiß ich nicht, aber ungerecht war sie jedenfalls nicht.

Ich bin und bleibe ein Verehrer der kaisertreuen Ruthenen. Ich habe dieses Volk während meines mehrmonatlichen Aufenthaltes in Ostgalizien[130] kennen- und lieben gelernt. Der Ruthene ist treu und ohne Falsch und nur durch die „polnische Sauwirtschaft" in ein falsches Fahrwasser gebracht. Wir brauchen nach dem Krieg ein Bündnis anstatt mit dem unsicheren Italien mit dem etwas gedemütigten Rußland. Das Dreikaiserbündnis wäre eine so starke Macht, daß es ganz Europa beherrschen würde. Wir sind einerseits ein deut-

---

129 Vermutlich Konstantin Czechowycz, griech.-kath. und ruthen. B von Przemyśl, Seit 1905 MöHH.

130 Aufenthalt in Ostgalizien, Juli bis August 1912, vgl. Lorenz, Kaiser Karl, 109–110.

sches Land der Kultur und ein halbslawisches der Bewohner nach. Daher wäre ein Bündnis allein mit Deutschland gefahrvoll, da wir sonst leicht ein größeres Bayern würden, wenigstens mit unseren deutschen Provinzen, und die slawischen Provinzen, darüber mißmutig, entweder germanisiert oder mit Rußland liebäugeln würden. Dasselbe, jedoch im slawischen Sinne, wäre im Falle eines alleinigen Bündnisses mit Rußland. Dieser zweite wäre vielleicht in einer gewissen Beziehung der schlimmere Fall, da sich der Slave mehr vermehrt als der Deutsche und daher letzteren immer mehr zurückdrängt. Daher ist das Dreikaiserbündnis für das innere Gleichgewicht der Monarchie von höchster Wichtigkeit. Ein Bündnis Deutschland – Frankreich und wir hätte für uns keinen Nutzen, da Frankreich militärisch kolossal geschwächt ist und wir keine direkte Verbindung und Beziehung mit Frankreich haben.

Ein Bündnis zwischen den zwei Kaiserreichen und England wäre auch unmöglich, da nur ein ganz geschwächtes England Deutschlands Freundschaft suchen würde und ein schwaches England uns nichts nützt. Daher Dreikaiserbündnis. Deutschland wird sehr schnell allen Antagonismus gegen Rußland vergessen, denn sein Feind ist England, und wie wir alle Reibungsflächen mit Rußland aufheben könnten, habe ich bereits gesagt. Das Dreikaiserbündnis wird den Vorteil haben, daß sich die pangermanischen und panslawischen Aspirationen in allem das Gleichgewicht halten werden, das ist Österreichs größtes Glück. Dies alles ist geschrieben vor Durchlesen der Friedensbedingungen des Ministeriums des Äußeren und der Broschüre[131] des Baron Andrian[132].

---

131 Vgl. Leopold von Andrian zu Werburg, Die Frage österreichischen Gebietserwerbes im Nordosten im Falle eines glücklichen Krieges der Zentralmächte gegen Rußland, o. O., o. D. 1914. Verfaßt im Auftrag Graf Berchtolds. Gedrucktes Exemplar, in: HHStA, PA I, 496, Liasse XLVII, 1a–c; ebd., PA I, 523. Veröffentlicht bei Wolfdieter Bihl, Zu den österreichisch–ungarischen Kriegszielen 1914, in: Jahrbuch für Geschichte Osteuropas 16 (1968), 512–530. Nach Hekele, 138–139, verfaßte Andrian im Zusammenhang mit dem Ministerrat für gemeinsame Angelegenheiten vom 31.10.1914 ein zweites Memorandum: „Übersicht der für den Friedensschluß in Erwägung zu ziehenden Lösungsmodalitäten der gegenwärtigen Krise". Vgl. dazu auch Leopold von Andrian, Das erniedrigte und erhöhte Polen, in: Österreichische Rundschau 17 (1921), 892–910 und 981–994.

132 Leopold Frh. von Andrian zu Werburg, 1908–April 1910 Legationssekretär in Athen; April 1910–Februar 1911 im Außenministerium; 17.02.1911–06.08.1914 österreichischer Generalkonsul in Warschau; 02.1915–16.12.1915 Vertreter des Außenministeriums beim Armee-Etappenkommando; 16.12.1915–01.1917 Vertreter des Außenministeriums in Warschau; 04.1918–11. 1918 Generalintendant der Hoftheater. Ursula Prutsch/Klaus Zeyringer (Hrsg.), Leopold von Andrian (1875–1951). Korrespondenzen, Notizen, Essays, Berichte, Wien/Köln/Weimar 2003 (= Veröff. d. Kommf. f. Neuere Geschichte Österr., 97)

4.

Erzherzog Carl Franz Joseph an Major Maximilian Frölich
(von Frölichsthal)

Olmütz, 1914 Oktober [vor dem 29.]

BKA München, X 151, 561, 57/6.

Instruktionen über die Ausbildung seines Bruders Eh. Max zum Reiteroffizier und über seine Kriegsverwendung.

Verzeihen Sie die schlechte Schrift und daß ich mit Bleistift schreibe, aber ich bin gerade auf der Bahn am Wege zum Kriegsschauplatze. Mein Bruder Eh. Max kommt zu Ihnen zum Cadre nach Olmütz. Ich freue mich so, daß Seine Majestät die Gnade hatte, ihn in das Regiment zu geben, dessen Inhaber mein armer Vater[1] war und in dem ich auch als Leutnant war[2].

Ich bitte Sie nun um folgendes: Eh. Max ist ein vollkommener Rekrut, der alles erst lernen muß in einer ziemlich kurzen Zeit. Spannen Sie ihn recht ein, lassen Sie ihn alle Dienste machen, Löhnung auszahlen, aufpacken, visitieren etc. Wenn tunlich, bitte teilen Sie ihn irgendwo ein, wo er eine kleine Abteilung unter sich hat, für die er <u>allein</u> verantwortlich ist. Denn nur durch Fehler lernt man und durch alleiniges Anschauen profitiert er nicht viel.

Seien Sie mit ihm <u>streng</u> und <u>bitte</u> für ihn keine Extrawürschte[a]. Im kleinen Dienste wird er gewiß auch von alten Wachtmeistern viel lernen können. Ich bitte, daß er möglichst immer mit den Herren ißt und auch dort wohnt, wo die anderen Herren wohnen. Seine Kriegsbestimmung dürfte Ordonnanzoffizier sein! Ich bin überzeugt, daß er unter Ihrer sachkundigen Leitung ein schneidiger, braver, pflichtgetreuer Reiteroffizier wird[3].

---

a   Umgangssprachlich „Ausnahmen".

1   K. u. K. Ulanenregiment „Erzherzog Otto" Nr. 1.
2   Vgl. KA, Militärische Qualifikationen Eh. Carl Franz Josephs: 28.10. (01.11.) 1903–03.09. (01.10.) 1905.
3   Zum Ergebnis dieser Ausbildung, vgl. AOS, Tom. II, Index 1534 und 1547: [Index 1534, 1916 08.21]:
    Ich habe Angst wegen Max; ich habe Dich [Ehn. Zita] neulich schon gefragt wegen der Lunge, der Magerkeit, das öftere Fieber und dann ist die ganze Sache in der Familie. Ich möchte so gerne mit Bamberger [Dr. Eugen Bamberger, Primararzt der „Rudolf-Stiftung" in Wien] sprechen, ich fürchte, er sagt der Mama nicht Alles. [Index 1547, 02.09.1916]:
    Heute kommt Max, ich hoffe, daß es mir mit Gottes Hilfe gelingen wird, ihn von seinem gewiß sehr lobenswerten Vorhaben, zum Regiment einzurücken, abzubringen. Ich sprach mit dem Oberstabsarzt Vlcek [Dr. Johann Vlcek, Garnisonschefarzt] über die Sache, ließ ihm auch den Brief Bambergers lesen, er meint, die Karpathen wären auch nichts, nachdem sie staubig und

Verzeihen Sie, daß ich Sie durch diesen Brief belästigt habe, aber was ich
schrieb, sind nur jene kavalleristischen Lehren, die mir als junger Leutnant
mein armer Vater zur Truppe mitgab.

5.

Erzherzogin Zita an Gaetano Kardinal Bisleti

Wien, 1915 Jänner

AOS, Tom. I, Index 454, beglaubigte Kopie[1].

*Gemeinsam mit Eh. Carl Franz Joseph dankt Ehn. Zita dem Kardinal für
seine Weihnachtswünsche vom 25. Dezember 1914. Sie erhoffen die Rückkehr
des Friedens, der auf einer gerechten und stabilen Basis, nicht aber auf einem
intolerablen Zustand abgeschlossen werden soll.*

Carlo ed io abbiamo molto gradito gli augurii che l'Eminenza Vostra[2] ebbe la
bontà di inviarci mediante la Sua del 25 decorso e che, ringraziandola di cuore. Le ricambiamo in quelli di un ottimo proseguimento. Particolamente poi
siamo riconoscenti all' Eminenza Vostra della preghiera quotidiana promes-
saci nel Santo Sacrificio della Messa.

Non ho mancato di porgere a Sua Maestà l'Imperatore gli augurii di Vostra
Eminenza[3] e n'ebbi incarico di trasmetterle l'impressione del Suo alto gradimento in uno co' Suoi ringranziamenti e saluti.

---

rauh wären! Ich hatte eine Idee, aber für die wäre, glaube ich, Freund Max nicht sehr zu haben. Das wäre, ihn zu irgend einem höheren Kommando einzuteilen und ihm dort irgend einen vernünftigen Generalstäbler zuteilen zu lassen, mit dem er militärisch etwas Ordentli-
ches lernen würde. Später könnte man ihn dann wirklich, sei es als Verbindungsoffizier oder
etwas Ähnliches verwenden, denn so, wie er jetzt militärisch ausgebildet ist, wird er bei jedem
Kommando nur herumlungern können. Im Hinterland fortgesetzt [tatenlos herumsitzen] wäre
für ihn auch nicht gut. Vederemo! Vgl. auch KA, Militärische Qualifikationen von Eh. Maximilian Eugen Ludwig, 28.09.1914–01.12.1918.

1   Vermerk: Die Briefe von Ehn. (Kaiserin) Zita an Kardinal Gaetano Bisleti wurden im Auftrag
    und im Einverständnis von Eh. (Kaiser und König) Carl geschrieben.
2   Gaetano Marchese Bisleti, Kurienkardinal 1911, traute Eh.-Thronfolger Karl und Prinzessin
    Zita am 21.10.1911 in Schloß Schwarzau (NÖ).
3   Vgl. TS 2982, beglaubigte Kopie: Kardinal Gaetano Bisleti an Eh. Carl, Rom, 1914 Dezember
    25: Ardisco poi di pregare Vostra Altezza Imperiale e Reale di un grande favore. Sua Maestà
    l'Imperatore-Re ha dispensato, e da parecchi anni, i Cardinali dalle lettere di auguri, ed io vo-
    glio essere deferente all'augusto desderio. Però confesso che nelle attuali circostanze a me
    riesce troppo duro il tacere. Mi permetto quindi di rivolgermi a Vostra Altezza Imperiale e

Non posso che associarmi pienamente ai voti che Vostra Eminenza mi esprime per il ritorno della pace tra i popoli e certamente non saranno state innalzate invano tante preghiere che la Santa Chiesa, a cominciare da' suo augusto Capo e da' suoi Principi, a tale scopo il santo giorno di Natale hanno rivolto all'Altissimo.

Ma la pace invocata deve essere basata su patti giusti e stabili, che non consentano il ritorno all'intollerabile stato di cose che ha occasionato questa terribile guerra. Ho il piacere di poter dare all'Eminenza Vostra buone nuove di mia Madre[4] che può considerarsi convalescente della grave malattia subita. Essa e noi tutti Le siamo tanto grati delle preghiere colle quali anche l'Eminenza Vostra ha interceduto dal Signore la sua guarigione. Codeste frequenti prove del cordiale interessamento di Vostra Eminenza alla nostra famiglia trovano l'eco la più affettuosa nei nostri cuori.

In tali sentimenti mi è caro di confermare all'Eminenza Vostra la nostra deferente amicizia.

6.
Abbé Antoine Travers an Papst Benedikt XV.

o. O., o. D. [Rom, Anfang 1915][1]

A.S.V., SSt 244, D 2, fol. 45–47, Prot. 4391, Ausfertigung.
Druck: Feigl, Zita, 212.

Bitte um Audienz für die Prinzen Sixtus und Xavier von Bourbon von Parma und um die Beförderung seines beigefügten Briefes an Ehn. Zita.

Très Saint Père !
Prosterné humblement aux pieds de Votre Sainteté[2], j'ose Lui présenter la prière que j'ai été chargé d'exprimer à Votre Auguste Personne de la part de Leurs Altesses Royales les Princes Sixte et Xavier de Bourbon[3]. Leurs Altes-

---

Reale perchè si degni di esprimere a Sua Maestà i miei sentimenti, dei quali non potrei avere migliore interprete: Vostra Altezza Imperiale e Reale conosce bene come io pensi e senta.
4   Herzogin Maria Antonia von Parma, vgl. Nr. 2c.

1   Nach Amiguet, La vie du Prince Sixte, 104: 02.01.1915; dort auch Communiqué an den Papst; nach Amiguet, 107 hatte der Papst am 30.01.1915 dem Prinzen geantwortet, es sei augenblicklich inopportun, eine solche Demarche zu machen. Die Papstaudienz von Prinz Sixtus war am 23.03.1915. Es ist fraglich, ob der dort veröffentlichte Text original, auszugsweise oder redigiert überliefert ist.
2   Papst Benedikt XV. 1914–1922.
3   Sixtus und Xavier von Bourbon von Parma, Brüder von Ehn. Zita.

ses Royales les Princes Sixte et Xavier de Bourbon désirant vivement, au début du règne de Votre Sainteté, mettre à Ses pieds l'Hommage de Leur filiale vénération, m'ont envoyé à Rome pour voir si, dans les circonstances présentes, Elles pourraient remplir ce désir et obtenir de Votre Sainteté la faveur d'une audience.

Mais les Princes se rendent compte qu'il pourrait être difficile à Votre Sainteté de Leur accorder cette faveur au milieu des événements actuels.

Ces Princes sont les frères de Son Altesse Impériale et Royale l'Archiduchesse Zita et partant, beaux-frères de l'archiduc Charles, Héritier d'Autriche.

De plus, Princes de Bourbon, ces Princes ne pouvaient prendre-part à une guerre contre la France, par de Leur race et de Leur Histoire. Ils ont donc quitté l'Autriche au début de la guerre et, n'ayant pu être incorporés dans l'armée française, ils ont pris du service dans la croix rouge. C'est ainsi que le Prince Sixte, près de Calais, en se portant sur la ligue du feu, a failli perdre la vie dans un accident d'automobile. Grâce à Dieu, après avoir été soigné à l'Hôpital militaire belge, entouré de la sollicitude de Son Auguste Cousine Sa Majesté la Reine des Belges[4] qui vint souvent le voir, le Prince est en ce moment rétabli.

Son Altesse Royale le Prince Sixte voudrait aussi confier à Votre Sainteté une démarche qu'il vient de faire auprès de Son Auguste Sœur, l'Archiduchesse Zita.

Très aimé d'elle et de l'Archiduc, témoin et confident de Leurs pensées et de Leurs sentiments jusqu'à la veille de la déclaration de la guerre, le Prince n'avait pu jusqu'à présent trouver un moyen de correspondre avec eux. Mais suivant de près les événements, informé à des sources immédiates qu'il croit sérieuses, le Prince, anxieux des dangers que courent ceux qu'il aime, a voulu en faire part à Son Auguste sœur. Ayant fait parvenir une lettre destinée à Son Auguste sœur. Il souhaiterait que Votre Sainteté daignât en prendre connaissance.

Le Prince s'adresse à Votre Sainteté, comme un fils s'adresse à son Père. Il ne s'est pas dissimulé l'extrême délicatesse de Sa confidence. Mais il a pensé que Votre Sainteté daignerait malgré tout l'accueillir avec la plus indulgente et la plus paternelle bonté, confidence que le Prince ne peut faire à aucune autre personne en ce monde.

Il n'a pu entrer jamais dans la pensée du Prince de solliciter de Votre Sainteté une expression quelconque d'approbation ou de non approbation d'une semblable démarche. Le fils seul peut confier ses secrets à son Père.

Le Prince a daigné me charger de la très délicate mission de porter à Votre Sainteté l'expression de ses désirs.

Gouverneur du Prince durant le cours de ses études à l'université de Paris, je sais par une constante expérience , combien le Prince met de droiture et de sérieux dans ses entreprises pour n'avoir pas rempli les yeux presque fermés, le grand Honneur de Le servir encore une fois.

---

4   Elisabeth, Herzogin in Bayern, seit 1900 Königin der Belgier.

Baisant les pieds sacrés de Votre Sainteté et implorant sa bénédiction, je suis de Votre Sainteté Le très humble et très obéissant serviteur et fils Abbé Antoine Travers[5]

7.
Prinz Sixtus von Bourbon von Parma an Erzherzogin Zita

o. O., o. D. [1915 Jänner 02][1]

A.S.V., SSt 244, D. 2, fol. 48–52, Prot. 4391, Kopie.

Analyse der Weltlage vor Eintritt Italiens und Rumäniens in den Ersten Welt-krieg. Österreich-Ungarn soll sofort mit Hilfe des Papstes Separatfrieden mit den Ententemächten schließen und sich vom Deutschen Reich trennen.

Il y a bien longtemps que j'ai voulu t'écrire sur les événements présents. Mais le moment actuel me semble si critique que je ne puis plus tarder à te com-muniquer mes observations et mes anxiétés. Tu sais combien je suis attaché à l'Autriche et je souffrirais de ses revers. Je songe à vous avec anxiété. S'il n'avait pas été question de la France j'aurais été tenté de marcher avec vous, avec Charles que j'aime tant, d'abord pour lui-même, puis pour toi et pour l'Autriche qui fut si accueillante pour nous, où je compte tant de souvenirs.

Mais comme le disait Charles lui même: Bourbons, nous sommes français[2]. Et ainsi il ne nous est pas permis de combattre contre la terre et la race d'où nous sortons et d'où nous tenons depuis de si longs siècles notre sang et notre

---

5   Antoine Travers, Erzieher von Prinz Sixtus, vgl. über ihn Amiguet, 44.

1   Datum nach Amiguet, 104.
2   Vgl. Vyškov (Wischau), Bezirksmuseum, Nachlaß Alois Musil: Prinz Sixtus an Alois Musil, o. O. [1913 März]: Meine Gefühle kennen Sie und meine Ideen auch. Ich werde stets mit größ-ter Liebe an Österreich hängen, mit Freuden im Bereiche meiner Stellung dafür wirken. Und ganz besonders, wenn einmal Z[ita] und C[arl] F[ranz] J[oseph] dort sein werden, wohin sie berufen sind. Aber ich bin und bleibe ein Bourbon. Für meine Geburt ist Gott allein verant-wortlich, dafür kann ich nichts. Stets werde ich einen guten Theil des Jahres in Österreich bleiben und während denen [sic] nach Kräften Z[ita] und C[arl] helfen, Gutes in jedem Sinne zu wirken. Aber meine Freiheit kann ich nicht verlieren und meine 56 französischen Herr-scher als Ahnen nie vergessen! Aber nicht aus dummen (!) Hochmuth! Dafür kennen Sie mich doch zu gut!
So allein, unabhängig, kann ich wirken; nicht aber als pseudo archidux 2. Klasse! Dafür kann ich nichts! –
Und glauben Sie mir, ich kenne das höchste Milieu sehr gut. Es wäre ausgeschlossen, es gibt dafür einen typischen Präzedenzfall, den ich leider nicht schreiben kann. – Wohl aber kann ein ehrlicher, gerader outsider dort eingreifen, wo es Not thut.

gloire. Durant mon séjour en France, j'ai tout fait pour maintenir la sympathie des Français pour l'Autriche, laquelle persiste en dépit des événements présents. Mais, maintenant, il me semble que mon devoir est de te parler à coeur ouvert pour te renseigner et renseigner surtout Charles sur la grave position de l'Autriche, telle qu'elle apparaît surtout dans les pays neutres. Ce faisant, j'indiquerai assez quels intérêts catholiques sont en jeu. Je fais table rase de tous les précédents, causes et débuts de la guerre, pour en venir directement à la position actuelle de l'Autriche envisagée réellement telle qu'elle est, selon les faits tels qu'ils sont.

La menace de l'invasion russe a sans doute obligé l'Autriche à mettre en œuvre, pour l'arrêter, toutes ses ressources et ses forces entières.

Combien de temps ces ressources et ces forces pourront-elles durer?

Secondement, l'intervention de l'Italie et de la Roumanie est imminente. En Italie on a dépensé un milliard pour lesbesoins de l'armée. Un million d'hommes sont prêts à partir au premier signal, et l'opinion publique s'animant de plus en plus en faveur de la guerre, le gouvernement, le voudrait-il, ne pourra plus bientôt la refréner. En Roumanie, les conditions sont identiques[3].

Quant à la situation de l'Allemagne, elle n'est pas aussi brillante que la presse allemande se plaît à le dire avec trop d'insistance. J'ai pu me rendre assez bien compte de ce qui se passe entre les Français et les Anglais. Même en admettant que les Alliés n'aboutissent pas à une victoire éclatante, il est certain d'ores et déjà que la paix ne sera pas dictée par l'Allemagne. Comment l'orgueil du peuple Allemand pourra-t-il se contenter d'une paix pour laquelle il faudra nécessairement faire des sacrifices? En laissant les Alliés se partager les dépouilles de la Turquie? Mais les Alliés, jugeant déjà la Turquie perdue, ne se contenteront pas d'un partage oriental – opération, d'ailleurs, toujours coûteuse –; ils exigeront des compensations continentales: Alsace, Lorraine, Belgique indépendante … c'est alors que nécessairement les Allemands tâcheront de conclure la paix au détriment de l'Autriche, soit directement, par des cessions de territoires à la Russie, à la Serbie, à la Roumanie et à l'Italie; soit indirectement, par des échanges compensateurs. L'idée que les Allemands se font de l'Autriche se fait nettement jour dans ce qu'ils disent dans les pays neutres. Je ne rapporterai que le mot authentique de M[onsieur] de Flotow[4], ambassadeur au Quirinal: « nous traînons un cadavre avec nous». Les choses se présentent de cette sorte, comment donc pourrez-vous éviter un morcellement? Vous ne pouvez écarter ce danger que par une paix séparée. Je

---

3   Vgl. dazu Nrn. 2; 9; Riegelmann, 393–394; Hantsch, Berchtold 2, 676–707; über die antiöster-
    reichische Kriegshetze in Rumänien vgl. PAMAE, Paix séparée 103, fol. 17, Bukarest, 1915 Jän-
    ner 01, Blondel an das frz. Außenministerium und fol. 19, Paris, 1915 Jänner 03, Delcassé an
    Paléologue.
4   Hans von Flotow, 1913–24.05.1915 deutscher Botschafter in Rom (Quirinal).

sais bien qu'on dit la Russie implacable. Mais l'Angleterre dont l'intérêt exige le maintien de l'Autriche et, peut-être, la France même, ne seraient pas aussi hostiles à une paix séparée. Or, pour arriver à lier conversation avec ces puissances, l'unique intermédiaire possible me paraît être le Vatican. Il se trouve être à la fois l'ami de l'Autriche et de l'Angleterre, de plus, seule puissance indépendante et désintéressée qui revendique avant tout des intérêts moraux et religieux, il s'emploiera certainement non seulement à préparer une paix générale mais aussi à assurer le maintien des grands Etats Catholiques.

La vieille affection des Papes pour l'Empereur et la famille impériale n'inclinerait-elle pas Benoît XV à tenter une pareille solution? Il semble que la voie directe partant du nonce aboutirait par l'entremise du Pape, chez le plénipotentiaire Anglais auprès du Vatican. Cette intervention me semble non seulement possible, mais la seule possible. La bonne volonté de la France se fera sûrement jour pourvu que l'affaire soit menée habilement. Aucun état neutre n'est capable d'intervenir efficacement pour la paix, car non seulement la plupart d'entre eux, surtout les Amériques, sont favorables à la Triple Alliance à cause de la violation de la Belgique, mais encore ils se soucieront peu de se créer des difficultés soit avec les uns, soit avec les autres en vue d'aboutir à la paix. Seul, étant au dessus de tous, le Pape, dont c'est la mission divine, pourra travailler utilement au rétablissement de la paix.

Je le repète, il s'agit d'une paix séparée pour l'Autriche, l'autre est désormais impossible. Le danger pour l'Autriche est imminent. Les tractations hongroises n'ont pour but que de conserver une Hongrie forte, fut-ce même aux dépens de l'Autriche. Cela paraît en ce moment évident à tout le monde. Je crains seulement que l'Autriche, trop confiante dans les promesses hongroises et allemandes, ne se laisse encore bercer de quelques illusions. Peut-être ne donne-t-elle pas assez d'attention aux menées des Deutsch-Nationalen, dont les sentiments anticatholiques et de loyalisme toujours douteux pour l'Autriche et sa maison impériale peuvent être à un moment donné un élément de trouble intérieur et sur lesquels il ne faudrait pas fermer les yeux. Quant à l'espoir enfin de s'en tirer en se procurant de nouveaux alliés, les déclarations de Guenadieff [sic][5] et sa Mission à Rome semblent porter peu de promesses pour l'avenir de l'Autriche en Bulgarie. Il ne m'est pas possible de ne pas voir les faits et de ne pas en voir les conséquences.

Quoi qu'il en soit de vos espérances, je songe à l'héritage de Charles, et je n'aime point entendre répéter, comme on le fait trop souvent ces temps-ci, le mot méchant de Napoléon[6] « que l'Autriche est toujours en retard d'une année,

---

5 Nikola Genadiev, Führer der volksliberalen Partei; Genadiev hielt sich ab 16.01.1915 in Rom auf, um Aufschluß über die Balkanpolitik des Kabinetts Salandra zu erhalten. Vgl. Wolfgang-Uwe Friedrich, Bulgarien und die Mächte 1913–1915, Stuttgart 1985, 169–170.

6 Napoleon I. (Bonaparte), 1804–1815 Kaiser der Franzosen.

d'une armée, et d'une idée ». Je vous aime trop, toi et Charles, pour me taire. Rappelez-vous qu'une victoire diplomatique est: « glorieuse à l'envie des victoires ». Les armées autrichiennes ont remporté de brillants succès et vos ennemis les Russes ont parlé avec plus d'estime de vos soldats que vos amis les Allemands.

Il faut surtout assurer la fin d'une guerre, établir solidement l'existence et l'indépendance d'un grand pays, et la chance du jeu ne permet pas d'hésiter sur l'instant où il faut abattre l'atout qu'on possède.

La minute qu'on a laissé passer ne revient plus.

Je n'ignore aucune des grosses difficultés intérieures qui peuvent s'opposer à la réalisation de démarches semblables, mais l'existence de l'Autriche et la puissance indépendante et souveraine de sa maison sont en question. Victorieuse ou vaincue, il est à craindre que l'Autriche ne devienne vassale de la maison de Prusse.

Pour moi, je me réjouirai d'avoir rempli mon devoir de Bourbon à l'égard de la France, et, en t'écrivant ainsi, de frère et d'ami de Charles et de son pays que j'aime comme une seconde patrie.

Au revoir, ma chère Zita. Je t'embrasse de tout cœur avec Charles.

Ton frère qui t'aime tendrement,

Sixte.

J'ajoute à ma lettre cette coupure des « Débats »[7] que je viens de lire après avoir écrit ma lettre. Elle traduit assez bien mes propres pensées.

---

7 Vgl. den Zeitungsausschnitt als Beilage zu diesem Brief: Il est impossible en effet que l'on ne se soit pas aperçu à Vienne et à Pest du double jeu de l'Allemagne pour qui l'Autriche-Hongrie est à la fois une alliée et une proie: une alliée en cas de succès de l'entreprise commune, une proie à partager en cas d'échec. Dans l'entourage de François-Joseph, on doit même commencer à s'apercevoir qu'une victoire allemande, après la ruine du prestige militaire austro-hongrois en Galicie et en Serbie, entraînerait fatalement l'assujettissement de fait de la monarchie dualiste en Europe et sa subordination en Orient à l'empire germanique. En conséquence de toute façon, l'intérêt de l'Autriche-Hongrie lui commande de liquider le plus tôt possible une entreprise dont la continuation menace son existence même. La question est de savoir si elle est encore en état de parler d'égale à égale à son alliée. Elle a commis une faute irréparable en engageant avec sa vielle rivale une guerre commune. Le souvenir de la guerre des duchés aurait du pourtant la retenir. Il est dans les traditions invétérées de la Prusse – l'Allemagne prussifiée se confond avec la Prusse – de se servir de ses alliés et de les dépouiller ensuite.

8.
Der französische Botschafter in Bern, Paul Beau,
an das französische Außenministerium

Bern, 1915 Jänner 11

PAMAE, Paix séparée 103, fol. 69, dechiffriertes Telegramm, Duplikat.

Eine Abordnung aus dem österreichisch-galizischen Hochadel, beunruhigt durch die separatistische Bewegung in Ungarn, reist am 2. Jänner 1915 nach Rom, um Papst Benedikt XV. zur Intervention bei Kaiser Franz Joseph zu bitten. Es sei an der Zeit, die Donaumonarchie zu retten.

Dans les milieux austro-hongrois de Lausanne[1], on se montre consterné du mouvement séparatiste hongrois[2] que l'on considère comme pouvant aboutir à bref délai, si les ouvertures de paix faites officieusement à Paris, Londres et Pétersbourg ne sont pas accueillies.

On ne se fait guère d'illusion à cet égard et l'on ne fonde plus d'espoir que sur la députation austro-polonaise, partie de Oracevie pour Rome le 02 janvier dernier. Cette députation, qui a à sa tête le Comte Tarnowski[3], assisté du Prince Sulkowski[4], du Prince Paul Sapieha[5] et du Comte Plater[6] va demander à Benoît XV d'intervenir auprès de l'Empereur François Joseph pendant qu'il peut être temps encore d'essayer de sauver la monarchie dualiste[7].

---

1 Vgl. PAMAE, Paix séparée 103, fol. 12–13: Galizische Adlige im Salon der Prinzessin de Rohan in Ouchy bei Lausanne, Hotel Royal, versuchen, vom finanziellen Gesichtspunkt österreichisch-französische Friedensgespräche zu führen.

2 Vgl. PAMAE, Paix séparée 103, fol. 20–61: Über die Versuche ungarischer Aristokraten vor einem rumänischen Kriegseintritt die Integrität des ungarischen Territoriums zu wahren und mit den Alliierten Friedensgespräche zu führen. Sie wollen durch die Trennung von Österreich einen Separatfrieden abschließen.

3 Johann Zdzislaw Graf Tarnowski von Tarnów, galizischer Landtagsabgeordneter, MöHH.

4 Alfred Prinz Sulkowski, Herr von Grodówice, Berezów und Tarnowka.

5 Paul Prinz Sapieha-Kodenski, MöHH.

6 Johann Baptist Graf von dem Broele, genannt Plater, Herr auf Groß-Glockendorf im österreichischen Teil Schlesiens.

7 Vgl. dazu Stanislaw Sierpowski, Benedetto XV e la questione polacca, in: Rumi, 216: Bischof Adam Sapieha machte in der Weihnachtsnacht vom 25.12.1914 innerhalb der katholischen Welt einen Friedensaufruf. Benedikt XV. steuerte für diese Aktion aus seiner Privatkassa 25.000.- österreichische Kronen bei. Vgl. auch DBA Koblenz, NL Erzberger, 97/34 I 1915, Adresse an den Papst über religiöse Erneuerung in Deutschland nach Kriegsausbruch und Gefahr eines Zerfalls der Monarchie.

9.

Kardinalstaatssekretär Pietro Gasparri an den Apostolischen Nuntius in Wien, Msgr. Raffaele Scapinelli di Leguigno

Vatikan, 1915 Jänner 12

A.S.V., SSt Rubrik 244, Fasz. 28, Prot. 2580, fol. 4r–5v, Konzept[a].

Es ist fast sicher, daß Italien seine Neutralität im Krieg aufgeben wird, die Kriegsvorbereitungen sind, entgegen den Mitteilungen an den österreichischen Botschafter beim italienischen König, bis ins Detail abgeschlossen. Der Kriegseintritt Italiens, das ein Bündnis mit Rumänien schließen wird, bedroht die Existenz der österreichisch-ungarischen Monarchie. Aus Sorge um die Kirche in der einzigen katholischen Großmacht und um des Friedens in Italien willen soll der Nuntius Kaiser Franz Joseph motivieren, an Italien Konzessionen zu machen und sich aus dem Krieg zurückzuziehen. Das ist seine unverzichtbare Liebespflicht für die Gesamtmonarchie und liegt im Interesse des Heiligen Stuhles.

La viva sollecitudine, con cui il Santo Padre[1] segue le vicende dell'immane guerra attuale, in special modo nei riguardi di cotesto Impero Austro-Ungarico, lo ha mosso ad affidare, in quest'ora quanto altra mai grave, allo sperimentato zelo ed alla ben nota abilità della Signoria Vostra Illustrissima e Reverendissima[2] un delicato ed importantissimo incarico nella sicurezza che ella saprà perfettamente eseguirlo ed in tal guisa pienamente corrispondere alla sua sovrana fiducia.

  Si ritiene ormai quasi certo che l'Italia, uscendo dalla neutralità mantenuta finora, entrerà fra breve essa pure nel conflitto, per muovere alla conquista di quei territori, soggetti presentemente alla corona degli Absburgo, cui da lungo tempo aspira. Non sembra piô possibile su questo punto illusione alcuna, e si può senza esitazione affermare che chi giudicasse altrimenti la situazione o non credesse il pericolo di tale intervento serio ed imminente, si troverebbe indubbiamente nell' errore. La preparazione alla guerra, condotta già da vari mesi con ogni cura ed alacrità, è ora completa fino nei più particulari dettagli; anzi consta alla Santa Sede in modo indiscutibile che un agente ufficioso rumeno è venuto testé a Roma allo scopo di stabilire una intesa per un'azione concorde dell' Italia e della Rumenia. Non ignora bensì la Santa Sede che l'at-

---

a   Handschrift von Unterstaatssekretär Eugenio Pacelli.

1   Papst Benedikt XV.
2   Raffaele Scapinelli di Leguigno, 27.01.1912–14.09.1916 Apostolischer Nuntius in Wien.

tuale Ministero ha dato a questa ambasciata austro-ungarica[3] presso il Re Vittorio Emanuele[4] ripetute assicurazione di neutralità; ma – oltre che infine verrebbe anch'esso, sia pure a malincuore, irresistitilmente sospinto dalle numerose e potenti pressioni le quali sul medesimo incessantemente si esercitano – secondo recenti notizie giunte alla Santa Sede, si è già cominciato a delineare negli ambienti parlamentari un movimento diretto a rovesciare il gabinetto Salandra[5] per sostituirlo con un altro a base radicule, che avrebbe come primo e principale punto del suo programma la guerra.

Sarebbe inutile ed inopportuno il voler qui discutere e qualificare una simigliante condotta di coloro che reggono i destini dell'Italia verso lo Stato alleato; quel che importa, ponendosi dinanzi ai dolorosi, quanto incontrovertibili, fatti suaccennati, è di considerare il gravissimo pericolo cui andrebbe senza dubbio incontro la Monarchia Austro-Ungarica, ove intendesse resistere, nel momento attuale, colle armi all'avanzata degl'italiani.

Essendo, invero, gli eserciti austro-ungarici impegnati nel tener fronte alla formidabile e crescente pressione delle forze russe assai superiori per numero, a-come pure di quelle serbe-a, non potrebbero al certo, massime se attaccati contemporaneamente anche dalla Rumania, sostenere con probabilità di esito favorevole l'urto delle nuove, fresche ed ingenti milizie italiane; che anzi qualora dovesse a tale scopo distrarsi una notevole parte delle truppe operanti in Galizia, assai piu facile si renderebbe alla Russia un decisivo successo, né sarebbe infondato il pensare che tutto ciò segnerebbe la fine di cotesto Impero.

Ora il Santo Padre, avendo sommamente a cuore l'esistenza della Monarchia Austro-Ungarica, così per il particolare affetto ond'è animato verso di essa e verso il suo augusto e venerando sovrano, come pure per l'evidente ed altissimo interesse che ha la Chiesa stessa alla conservazione dell'unica grande potenza cattolica e della pace in Italia, è venuto nella determinazione di aprire, per mezzo della Signoria Vostra, a Sua Maestà l'Imperatore l'animo suo e di consigliarlo vivamente ad evitare ad ogni costo la guerra coll' Italia facendo le opportune concessioni.

Sul modo e sulla portata delle medesime la Santa Sede lascia naturalmente all' Austria di deliberare. Si ritiene tuttavia conveniente di manifestare una proposta avanzata da persona competente e bene al corrente della situazione. Secondo essa, dovrebbe l'Austria senza indugio entrare con questa in negoziati, permetterle in base ad essi, quasi come a custode contro la possibile invasione slava d'occupare i vari territori alla cui conquista l'Italia stessa mira,

---

a–a . Am linken Rand ergänzt.

3   Kajetan Baron Mérey von Kapos-Mére, 04.03.1910–23.05.1915 k.u.k. Botschafter in Rom (Quirinal).

4   Viktor Emanuel (Vittorio Emanuele) III., 1900–1946 König von Italien.

5   Antonio Salandra, 21.03.–31.10.1914 und 05.11.1914–12.06.1916 italienischer Ministerpräsident.

e cederglieli poi al termine della guerra, quasi a titolo di compenso (per salvare così il decoro dell' Impero), in misura maggiore o minore, da convenirsi nelle anzidette trattative, a seconda dell'esito finale della guerra medesima, mentre la rimanente porzione tornerebbe in possesso dell' Austria. E' ben doloroso per il Santo Padre di dare tali consigli, e non vi si sarebbe certo risolto, se non vi si sentisse obbligato da un imprescindibile dovere di carità verso cotesta Monarchia e di tutela per gl'interessi della Santa Sede.

Vostra Signoria chiederà subito un'udienza alla prelodata Maestà Sua Imperiale e Reale per esporre le suddetti considerazioni ed indurla ad accettare il paterno suggerimento di Sua Santità, dichiarandole espressamente, fin dal principio della conversazione, che ella parla a nome e per speciale incarico dell'Augusto Pontefice ªˉunicamente mosso, come è stato detto, dall'amore per la Monarchia Austro-Ungarica e dall'interesse della Chiesaˉª. Frattanto, in attesa di conoscere da lei con sollecitudine l'esito dell'udienza sovrana, passo a confermarmi coi sensi della più distinta stima.

10.
Kaiser Franz Joseph I. an Papst Benedikt XV.

Wien, 1915 Jänner 20

A.S.V., SSt. 244, B 1a, Prot. 2.598, fol. 46-47, Ausfertigung;
Druck und Übersetzung des Entwurfes: Engel-Janosi, 378–379.

Kaiser Franz Joseph I. dankt Papst Benedikt XV. für sein väterliches Interesse, das er ihm mit dem Besuch des Apostolischen Nuntius erwiesen hat. Der Nuntius wird dem Papst die Gedanken des Kaisers mitteilen. Wiederholung von Neujahrswünschen.

Nella grave lotta impopstami a tutela dei sacri diritti dei miei popoli, mi riuscirono di particolare conforto le affettuose parole di paterno interessamento che la Santità Vostra ha degnato rivolgermi, percui mi affetto di esprimerLe la mia più profonda gratitudine in uno ai sensi d'inalterabile venerazione e stima che nutro per la Sua Sacra Persona.

Animato da questi sentimenti ho ricevuto con vivissima soddisfazione il rappresentante della Santità Vostra presso di me, Monsignore Rafaele Scapinelli di Leguigno,[1] nel quale è riposta la piena fiducia di Vostra Santità e che perciò gode anche tutta la mia speciale considerazione.

---

a–a Am linken Rand eingefügt.

1 Vgl. Nr. 9. Der Nuntius wurde am 15.01. vom Kaiser in Audienz empfangen. Seine Mission be-

Egli ha ottemperato fedelmente all'incarico affidatogli benignamente da Vostra Santità rendendosi interprete degli intendimenti della Santità Vostra riguardo a certi oggetti di rilevo.

Intimamente persuaso del benevole interessamento addimostratomi in questo incontro da Vostra Santità ho pregato il prelodato Nunzio di communicare alla Vostra Santità l'espressione del mio pensiero, ciò che senza dubbio egli avrà diggià fatto.

Nel mentre concambio di tutto cuore gli affetuosi auguri per l´anno nuovo rinnovatimi per incarico di Vostra Santità, innalzo fervide preci al Cielo perchè voglia conservareLe in copias le sue grazie e La ringrazio sentitamente per l' impartitami Benedizione Apostolica.

In pari tempo prego la Santità Vostra di voler benignamente scusare se non mi è dato di vergare di proprio pugno questo scritto e mi rassegno

di Vostra Santità

l'ossequiosissimo figlio

Francisco Giuseppe

---

stand „im Grunde in der Anregung einer Zedierung des Trentinos behufs Erreichung der dauernden Neutralität Italiens. Der Nuntius, welcher sich seines Auftrages mit großer Gewandtheit und südländischer Geschmeidigkeit entledigte, hob die bedrängte Lage hervor, in welche der Heilige Stuhl durch einen Konflikt Österreich-Ungarns und Italiens geraten würde und betonte das lebhafte Interesse des Heiligen Vaters an dem Bestande Österreich-Ungarns als der letzten katholischen Großmacht. Seine k.u.k. Apostolische Majestät Allerhöchstwelche sich gegenüber dem Nuntius während der Audienz in gnädigster Weise zu verhalten geruhten, sind bei aller Würdigung der selbstlosen Motive, welche Seiner Heiligkeit vorgeschwebt hätten, auf jene Anregung nicht eingegangen." (Burián an Schönburg-Hartenstein)
Dazu die Antwort, die Schönburg-Hartenstein dem Papst am 30.01.1915 zu geben hatte: Er habe vorzubringen, daß sich Wien des großen Ernstes der Situation bewußt war. „Von dieser Erkenntnis aber bis zu dem Entschluß, den drohenden Sturm durch ein so gefährliches-um nicht zu sagen: selbstmörderisches-Radikalmittel zu beschwören, wie die Abtretung von Gebietsteilen der Monarchie wäre, sei ein weiter Weg, den zu gehen uns niemand zumuten könne." Anlaß und Zweck dieses Krieges seien gewesen, die Integrität der Monarchie gegen äußere Feinde zu schützen. Österreich-Ungarn sei es seiner Vergangenheit schuldig, Verfechter des Legitimitätsprinzipes zu bleiben.
Nachdem der Papst den Brief gelesen hatte, nahm er sofort das Gespräch über die Zession des Trentino auf. Der Botschafter verwies seiner Instruktion gemäß auf das Prinzip der Legitimität, für das die Donaumonarchie stets eingetreten wäre. Benedikt XV. widersprach nicht. Es fiele ihm nicht ein, Kaiser Franz Joseph Ratschläge erteilen zu wollen; „aber schließlich müsse doch zugegeben werden, daß alles besser wäre als eine Kriegserklärung Italiens und dadurch die Vermehrung unserer vielen Feinde durch eine weitere Großmacht." Von zwei Übeln müsse man äußerstenfalls immer das geringere wählen. Über die Motive seiner Intervention sprechend, gestand der Papst „mit absoluter Offenheit", daß, wenn Italien in den Krieg einträte, „auch die äußere Lage des Vatikans eine ganz verzweifelte wäre".Vgl. dazu Engel-Janosi, Österreich und der Vatikan 2, 210–214.

11.
Der französische Botschafter in St. Petersburg, Maurice Paléologue, an das französische Außenministerium

St. Peterburg, 1915 Jänner 25

PAMAE, Paix séparée 103, fol. 70.

Russische Beurteilung ungarischer Tendenzen, sich von Österreich zu lösen und einen Separatfrieden zu schließen; sie können „einen heilsamen Einfluß auf die Unentschlossenheit der Neutralen", nämlich Rumänien und Italien, ausüben, um in den Krieg einzutreten.

Secret[a]

Un membre important de l'opposition hongroise a fait récemment des ouvertures au Gouvernement britannique en vue de connaître les conditions auxquelles la Hongrie pourrait conclure une paix séparée; il admettait même que la Hongrie ne conserverait plus désormais avec l'Autriche que des liens d'union personnelle.

Sir Edward Grey[1] a consulté le Gouvernement russe sur la réponse que comporte ces ouvertures.

Voici l'opinion de M. Sazonoff[2] :

« Il serait difficile aux trois puissances alliées de s'entendre avec la Hongrie pour la conclusion d'une paix séparée. La Hongrie n'est, en effet, intéressée à se détacher de l'Autriche que pour sauvegarder l'intégrité de son territoire. Or, c'est précisément ce que les trois puissances ne peuvent lui offrir tant par suite des promesses faites à la Roumanie que de l'obligation qui s'impose à la Russie de prendre en consigne les aspirations nationales des Slaves nécessaires à la domination hongroise. Il ne faudrait pas trop décourager cependant les tentatives de rapprochement qui se manifestent en Hongrie, ces tentatives pouvant opérer une influence salutaire sur les indécisions des neutres. Il conviendrait donc de répondre au membre de l'opposition hongroise[3] que les trois puissances alliées sont favorables à l'indépendance du peuple hongrois et que

---

a Vermerk.

1 Vgl. Nr. 2.

2 Sergei D. Sazonov, 21.11.1910–23.07.1916 russischer Außenminister.

3 Vgl. zu den ungarischen Separatfriedenstendenzen in PAMAE, Paix séparée 103, fol. 20–61, F. E. de Gerando an Delcassé, Paris 01 1915; Paix séparée 103, fol. 68, Belgrad, 1915.01.09, Tisserand an das Außenministerium: Es konstituiert sich in Budapest ein Komitee für eine Unabhängigkeitsbewegung, an der sich einige Mitglieder der Hocharistokratie beteiligen.

s'il réussit à se détacher de l'Autriche, elles prêteront une oreille bienveillante aux propositions dont les saisirait le Gouvernement de Budapest. »
Paléologue[4]

12.
Anonymer Bericht über den Einfluß des Großorients von Rom auf ital. Kriegspropaganda gegen die österr.-ung. Monarchie

o. O. [Rom?], 1915 Februar 01

A.S.V., SSt 244, E 1, Fasz. 114, fol. 36–37, Prot. 4339, maschinschriftlich.

Ein der Aufsicht des Großmeisters, Ettore Ferrari, direkt unterstelltes Geheimkomitee, das am Sitz des Groß-Orients konstituiert wurde, mit diesem jedoch nicht ident ist, hat den Kontakt mit Lokalorganisationen der Kriegsparteien aufzunehmen. Die Leiter und Redner dieser Veranstaltungen haben, soweit sie Logenmitglieder sind, dafür zu sorgen, daß diese Kundgebungen antimonarchistisch und antiösterreichisch ablaufen.

1. Vor einigen Tagen ist am Sitze des Großorients ein Geheimkomitee[1] konstituiert worden, das der direkten Aufsicht des Großmeisters Ettore Ferrari[2] unterstellt und beauftragt ist, die zur Veranstaltung einer großen, über das ganze Land sich erstreckenden Kundgebung zu Gunsten der Intervention und gegen Österreich notwendigen Schritte einzuleiten.[3]

2. Die Loge als solche, das heißt kollektiv, beteiligt sich an dieser Kundgebung nicht, gemäß des vom Großorient in seinem jüngsten Rundschreiben zum Antrag Silva-Ellero[4] eingenommenen, ablehnenden Standpunktes.

3. Sämtlichen Logen ist der Befehl zugegangen, unverzüglich mit den Lokalorganisationen der Kriegsparteien ins Benehmen zu treten, geeignete Redner zu stellen und über den Vollzug baldigst zu berichten.

---

4 Maurice Paléologue, 12.01.1914–04.06.1917 französischer Botschafter in St. Petersburg. Dieses Gespräch nicht in Paléologues Memoiren „La Russie des Tsars pendant la grande guerre", Bd. 1, Paris 1921. Vgl. Nrn. 15, 16.

1 Vgl. Wichtl/Schneider, 210–212.
2 Ettore Ferrari, Bildhauer, Großmeister der Großloge von Rom. Vgl. dazu auch Bastgen, Die Römische Frage 3/2, 6–7.
3 A.S.V., SSt 244, E 1, Fasz. 114, Prot. 4339, fol. 34–35: frz. Resümee mit den Namen Gustavo Cauti, Rosario Bentivegna, Prof. Beneducci, Giovanni Lerda, Gino Bandini, die demnächst alle Versammlungen und Demonstrationen in ganz Italien zugunsten des Krieges gegen Österreich-Ungarn vorbereiten sollen.
4 Nicht verifizierbar.

4. Sowohl der Leiter der Veranstaltungen als die Redner haben, soweit sie
der Loge angehören, dafür Sorge zu tragen, daß die Kundgebungen einen
nach Möglichkeit antimonarchischen Charakter tragen.

5. Sämtlichen ehemals der Loge angehörigen, mit Rücksicht auf die neuere
Dienstvorschrift ausgetretenen Offizieren ist ein persönliches Schreiben des
Großmeisters zugegangen, in dem sie ersucht werden, unter ihren Kamera-
den nach Kräften Stimmung für den Krieg gegen Österreich zu machen.

6. Bei Ricciotti Garibaldi[5] finden seit einigen Tagen Versammlungen statt,
an denen die führenden Männer der republikanischen Partei (Chiesa[6] an der
Spitze) teilnehmen. Es ist beschlossen worden, das Resultat der Kundgebung
der massoneria abzuwarten und im gegebenen Augenblicke, im Einverständnis mit der französischen Regierung, die Garibaldiner [sic] aus Frankreich
zurückzuziehen. Sie sollen als Kadres für ein garibaldianisches Freikorps dienen, das gegen Österreich aufgestellt werden soll und dem das Trentino als
Operationsfeld zugedacht sein dürfte. Es ist ermittelt worden, daß der Herd
der gegen die österreichische Herrschaft im Trentino betriebenen Pressehetze
in Verona zu suchen ist. Ein aus Wien zu Beginn des Krieges ausgewiesener
Korrespondent des Corriere della Sera leitet dort ein wohlorganisiertes Bureau. Er heißt Caburi[7] und steht in engster finanzieller Verbindung mit der
Loge. Es sind Schritte eingeleitet, den Mann anzukaufen.

---

5 Nicht verifizierbar.
6 Eugenio Chiesa, republikanischer Politiker, Mitglied der Loge „Propaganda Massonica" in
   Rom, Stuhlmeister der Pariser Loge „Italia" und Mitglied der „Nuova Italia" (beide Grand Loge
   de France).
7 Franco Caburi, ital. Journalist, Korrespondent von Corriere della Sera und Giornale d'Italia;
   aus Österreich im August 1914 ausgewiesen. Vgl. Dizionario Biografico degli Italiani 15 (1972)
   739–740.

13.
Cölestin Schwaighofer von Deggendorf OFM Cap an das päpstliche Staatssekretariat

Rom, 1915 März 16

A.S.V., SSt 244, D 2, Fasz. 90, Prot. 4338, maschinschriftliche Ausfertigung, unsigniert[a].

Bericht über seine im Auftrag des Papstes durchgeführte Reise nach Wien, über den dortigen Aufenthalt vom 13.–14. Februar und vom 6.–8. März 1915, um zu versuchen, den Eintritt Italiens in den Ersten Weltkrieg zu verhindern.
Der Kronrat, an dem auch der Thronfolger Eh. Carl Franz Joseph teilnahm, beschloß am 8. März 1915, Italien Konzessionen anzubieten, wozu Kaiser Franz Joseph „vehementissime lacrimatus" zustimmte.

1. Relatio haec innititur iis, quae substravi ultimis Februarii h. a. diebus.

Ubi contexui, quae 13/14 Februarii Vindobonae aggessi selectis grandis ponderis vel etiam celsissimae conditionis hominibus, secreti servandi promissione antea reddita, – (inter alia:) de periculis ex nefandis Massonicorum decretis Austriae instantibus – de damnis, quae ex eiusdem Imperii laceratione rei s. Romano-catholicae exorirentur, – de Sanctissimi Domini pro Austriae salute paterna sollicitudine, quam in audientia 19. Januarii benignissime concessa animadverti, de necessitate, ut, quicunque aliqua efficientia pollent, influxum praebeant ad insinuandas actiones inter Gubernium Austriacum et Italicum de iis, quae ultimo loco nominati Regnineutralitatem acquirere possint, non posthabito cogitatu de concessione quadam territoriali, habito respectu situationis gravitatis nec non possibilitatis, per Italiae neutralitatem capta victoria compensationem sibi procurare.

2. Quae omnia post meum discessum, ut supplicavi, per Celsissimas Archiducis-Haereditarii propinquas auxiliante similiter instructo doctissimo R. P. Andlau S.J.[1], in libelli formam redacta praelibato Archiduci tradita sunt. Ipse talem rapportum gratiose recepit remque animo et menti mandavit.

3. Interim in comitia regni confoederativi germanici deputatus („Reichstagsabgeordneter") Erzberger[2] ex Roma Berolinium redux eos, qui relationes Germanicas erga exteras nationes regunt, confortavit ad novos conatus susci-

---

a   Vermerk: Del P. Celestino de Deggendorf importante.

1   Karl Graf Andlau SJ, Provinzial der österreichischen Ordensprovinz; Vertrauter Kaiser Karls.
2   Matthias Erzberger, 1903–1918 Mitglied des Deutschen Reichstages; Führer der deutschen Zentrumspartei, 1919–1920 Reichsfinanzminister. Vgl. Heinrich Lutz, Zu Erzbergers 2. Römi-

piendos, quibus Austria quodammodo obcaecata instimuletur ad tractationes, quae Italiae neutralitatem tutam reddere valeant. Idem de fide et patria optime meritus vir ex Vindobona sibi accersivit nobilem virum Gessmann[3], ministrum caesareum emeritum constitutum inter factionis „Christianae-Socialis" primores, eique situationis ambiguitatem diserte inculcavit. Qui Vindobonam reversus Eminentissimum illius urbis Archiepiscopum Dom. Cardinalem[4] adivit, ut eum de auditis certiorem faceret, eumque iam satis instructum reperit.

Statimque Purpuratus Archipraesul R. P. Andlau in consilium adscivit. Qui simul agitantibus Archiducis-Haereditarii piis, Sanctae Sedi vere filialiter subjectis Necessariis novam iam supra commemoratarum rerum relationem urgentiorem elucubravit eaque Archiduci intimata est.

4. Sic res deprehendi, cum ex supplicatione secretarii exterorum status confoederativi germanici de Jagow[5], per legatum Borussicum ad Sanctam Sedem de Muehlberg[6] translata, permissionem pergendi apostolicam nactus, die 6. Martii Vindobonam iterum ingressus sum.

5. Nulla mora interposita conveni Archiducissam Mariam Theresiam[7] – Ducissam de Parma[8] – et Eminentissimum Dom. Archiepiscopum Cardinalem.

His et per dies insequentes multis aliis auctoritate vel officiali vel sociali praeditis, moestissimo animo (recurrens ad illam peramplam facultatem, quae passim seraphici ordinis alumnis tribuitur: nudatam fandi veritatem, repudiato omni fuco) prophetizavi pericula confestim imminentia tum Imperio, tum Ecclesiae, tum forsitan ipsi Sanctae Sedi, neutralitate Italiae destructa. Adiunxi priore tempore enuntiatis novas experientias (de decreto Massonico quoad „mobilisationem civilem", de consequentiis ex Hellesponti oppugnatione proventuris et de aliis, quibus per benevolos diplomaticos initiatus fui.) Usus fui (inspiratorem celans) eis momentis pro Ecclesia in hodierno situ datis, quae die 3. Martii legatus germanicus princeps de Buelov[9] me edocuit, quique, ut talia Vindobonae proferam, humanissime a me petiit.

---

scher Reise (Ostern 1915), in: RQ 57 (1962) 268–286; Krexner, Piffl, 139–142; Funder, Vom Gestern ins Heute, 524–528; Erzberger, Erlebnisse, 21–41, 49–50.

3   Albert Geßmann, 1911 ÖAH, 1891–1908 Arbeitsminister, 1907–1908 deutscher Landsmann-minister.

4   Friedrich Gustav Piffl, 1913–1932 (Fürst-)Erzbischof von Wien; 1914 Kardinal.

5   Gottlieb von Jagow, 1909–1913 deutscher Botschafter in Rom (Quirinal); 1913–1916 Staatssekretär des Auswärtigen Amtes.

6   Otto von Mühlberg, ab 1908 preußischer Gesandter beim Päpstlichen Stuhl.

7   Maria Theresia Ehn. von Österreich, geb. Infantin von Portugal, dritte Gemahlin von Eh. Karl Ludwig. Vgl. Norbert Nemec, Erzherzogin Maria Theresia, geb. Prinzessin von Braganza, Wien (phil. Dipl.) 1995.

8   Vgl. Nr. 2c.

9   Bernhard Fürst von Bülow, 1900–1909 deutscher Reichskanzler und preußischer Ministerpräsident, deutscher ao. Botschafter in Rom (Quirinal) 1914–24.05.1915.

Obtestatus sum: „Velint perpendere, quanta vi premat principium philosophicum, de malo minore semper eligendo"! Conspirent omnes, ut fiant omnia, quae ad interitum arcendum consulenda videantur!

Abstineant, ne Gubernio fortasse tandem aliquando talia comprehensuro ideoque de concessionibus pensitaturo concitationibus complicationes inducant!

6. Objectae sunt mihi a diversis oppositiones variae, nonnunquam acerrimo modo, ex quibus hic haec rumino: Prae se tulerunt -quidam ecstasim patrioticam causis rationabilibus intactilem,- alii excessum religiosum, damnum imperii Austriaci propter eius, ut aiunt, cum fide, pietate et utilitate ecclesiastica intimam conjunctionem impossibile judicantem, – alii optimismum obstinatum – omnes aversionem gravem contra omnem ab exteris praesumptam pressionem. Accusaverunt legatum principem de Buelov: esse et semper fuisse adversarium Austriacorum, – tractasse Imperatore Francisco Josefo inscio de concessionibus Austriae insinuandis: – inde deduxerunt Imperatoris quoad concessiones faciendas taedium. Quod tamen alii appellaverunt ceteroquin summe colendi Imperatoris ‚pertinaciam senilem'.

7. Quae inter turbulenta, non semper facile redarguenda iudicia resplenduit Propinquarum Archiducis in solio successuri necnon Eminentissimi Domini Cardinalis tranquilla prudentia. Qui praelaudatus Princeps ecclesiasticus iam die 7. Martii haec mihi manifestavit: „Multum ultimis diebus laboravimus. Dixi etiam Nuntio Apostolico:[10] ‚in hoc rerum discrimine suscipi debet minus malum, id est: concessiones Italiae offerre'. Facta est his diebus conferentia apud ministrum exterorum, Lib. Bar. de Burián[11], – et ultimo capitanei variarum factionum ad ministrum praesidentem Com. de Stuerk [sic][12] convenerunt."

Et alia occasione Eminentissimus locutus est: „Poteris Romam reversus Beatissimo Patri nuntiare, me omnia in hac re fecisse, quae peragere potui."

8. Convocatum fuit ex mandato Caesareo: ‚Supremum Imperiale Consilium' („Kron-Rath")[13] pro die 7. Martii. Iussus fuerat Archidux Haereditarius ad exercitum se conferre. Optime informatus de gravitate situationis etiam quoad momenta ecclesiastica, porro de Sanctissimi Domini sollicitudine, iam doluit de concurrendi ad Supremum Consilium impossibilitate. Ecce! Ex inopinato Sessio procrastinatur ad diem 8. Martii. Archidux repente ex castris revocatur. Praeter usum ad Supremum Consilium invitatur. Eidem interest

---

10 Vgl. Nr. 9.

11 Stephan (István) Graf Burián von Rajecz, 13.01.1915–22.12.1916 k.u.k. Außenminister. Vgl. seine Memoiren: Drei Jahre. Aus der Zeit meiner Amtsführung im Kriege, Berlin 1923.

12 Vgl. Nr. 3.

13 Vgl. Komjáthy, Protokolle, 215–233 (Nr.10); vgl. auch Engel-Janosi, Österreich und der Vatikan 2, 190–247, bes. 220.

simul cum Ministris regni, cum Praeposito Tabularii („Cabinettschef")[14] S.M.A., et cum Summo exercituum Duce, Lib. Bar. de Hoetzendorf[15]. (Hic iam ante consessum confessus erat, se sentire, si ad hostes Italia et tunc forte etiam Romania accesserint, fore, ut res in praeceps dentur.) Attamen remanebit semper dubium, numne non victoriosum restitisset Imperatoris versus concessiones permittendas odium sine Archiducis-Haereditarii ad illud Consilium interventu. Auditis vocatorum sententiis Imperator vehementissime lacrimatus consensum, ut concessiones promittantur, praestat.

9. Legatus Italiae ad Imperatorem Austriacum, cuius Tubularium iam per plures dies remansit clausum, quique diutius declinavit conversationem cum Ministerio Exterorum Austriaco, illuc illa ipsa die 8. Martii invitatur statimque post ipsius reditum in eius domo mutatio quaedam rerum animadvertitur.

10. Conventus hic descriptus Supremi Consilii secretum reipublicae officiale habitum est nullamque eius notitiam ephemerides adhibuerunt.

Attamen iam in vesperis diei, qua habitus est, multoque magis die insequente urbs rumoribus diversissimi generis de quibusdam concessionibus Italiae constitutis repleta est.

Hariolati sunt ut aristocratici in nobilibus circulis ita negotiatores in suis tabernis. Et unde ista divulgatio? Censetur famam exiisse ex domo Nobilis Feminae „Schratt"[16], quae, ut publice notum est, maxima Imperatoris amicitia gaudet. In cuius domicilio eadem 8. Martii die, ut persaepe, ad refectionem (Thee) convenerant magni ponderis homines.

11. Quam cito et quomodo, quae Vindobonae evenerunt, alibi percepta sint, hisce comprobatur:

Pridie Sessionis Supremi Consilii (7. Martii) discretis informationibus munitus utensque circumlocutionibus inter initiatos constitutis Monachium telegramma misi: „Venditionis spes data est".

Ipsa decisionis die (8. Martii) post meridiem ex Ministerio Exterorum Bavarico indicationem accepi hanc: „Venditio in tuto collocata iudicari potest."

Brevi post ex Berolinio vir egregius Erzberger indictam iam in Vindobonam profectionem renuntiavit: propter situationis meliorationem tale iter „putans superfluum".

---

14 Es handelt sich um den Kabinettschef des k.u.k. Ministers des Äußern, Legationsrat Ludwig Alexander Graf Hoyos; vgl. Fellner, Die „Mission Hoyos", in: ders., Vom Dreibund zum Völkerbund, 112–141.

15 Vgl. Nr. 3.

16 Katharina Schratt von Ittebe, Hofschauspielerin und Vertraute des Kaisers. Vgl. ihre Korrespondenz mit Kaiser Franz Joseph, in: Jean de Bourgoing (Hrsg.), Briefe Kaiser Franz Josephs an Frau Katharina Schratt, Wien 1949; Brigitte Hamann (Hrsg.), Meine liebe gute Freundin. Die Briefe Kaiser Franz Josephs an Katharina Schratt aus dem Besitz der Österreichischen Nationalbibliothek, Wien 1992.

12. Quod tamen non approbo. Nam circumspiciendo censere cogor: haud-
dum venisse secure respirare tempus reputato Massoneriae Internationalis
praepotentis furore et astutia pro novarum difficultatum praeparatione, – atque spectato, quomodo sit proprium optimae genti Austriacae, res recto com-
modius, ne dicam temere, tractare vel dilatare.

13. Quapropter necessarium putari potest, ne inauguratae tractationes subito dilabantur et proximo iam tempore labefactiones fatales ut rei publicae ita
S. Ecclesiae superveniant: providere, ut praeter diplomaticos multis ex partibus retentos, Vindobonae his diebus quidam fide dignissimi, etsi paucissimi,
discretione eminentes, invigilent, validos modeste adeant, prudenter audiant,
ingenua libertate arguant et obsecrent. Quique semper in medio ponant illud
momentum, quod pro Austria, linguis quidem dispertita, sed generatim Fide
sancta unita, priore relatione gravissimum adduxi, et ultimo Vindobonae
agens pro conventionis impetratione medium praecipuum expertus sum: „Situationis ad rem S. Romano-Catholicam pertinentiam.“

14. Velim concludendo apponere, inventa esse Vindobonae vestigia non ob-
scura Massoneriae Italicae relationum ad Austro-Hungaricam, quae digna vi-
debuntur sollerte ampliore inquisitione et particulari relatione.

15. Quae omnia hic retuli, ut ex fide dignissimis fontibus hausi, et post con-
scientiosam deliberationem reddenda ratus sum, cum sint multa alia quae li-
teris vix possint mandari.

14.
Prinz Sixtus von Bourbon von Parma an Papst Benedikt XV.

o. O. [Rom?], 1915 März 23

Druck: Amiguet, 107–110.

*Entwurf einer Note vor seiner Papstaudienz am 23. März 1915. Über die deut-
sche Politik, Österreich-Ungarn zu integrieren, und über den französischen Katholizismus, der wider Willen in den Krieg hineingezogen wurde.*

C'est avec une profonde émotion – [...] – et une très vive reconnaissance que
j'ai reçu laréponse de Votre Sainteté à la démarche que j'osais faire auprès
d'Elle, pour lui demander une audience [...][1] Ma lettre m'avait été inspirée par
la constante pensée des événements qui déchirent l'Europe. J'ai vu, de mes
yeux, l'image douloureuse des désastres que cause cette guerre. J'ai vécu au
milieu de souffrances que rien ne peut décrire, mais que surmonte et embel-
lit l'héroïsme de la France et de la Belgique.

---

1 Vgl. Nr. 6, Anm. 1.

Je ne doute pas de la victoire des Alliés. Mais, apprenant en même temps ce qui se passait en Autriche et quels redoutables dangers se formaient autour d'elle, il m'apparaissait que les pays les plus catholiques de l'Europe, la Belgique, la France et l'Autriche, seraient, en fin de compte, les victimes les plus blessées de cette guerre. En même temps, je suivais avec une attention passionnée les efforts de Votre Sainteté pour orienter l'Europe vers la paix. Puisque Votre Sainteté daigne accueillir, avec la plus extrême bonté, une confidence filiale, qu'Elle daigne me permettre encore de Lui exprimer toute l'étendue de ma pensée.

Il est à craindre qu'une tentative actuelle reste sans résultat, comme me l'a dit Votre Sainteté. L'Empereur François-Joseph se résoudrait-il même à l'entreprise habile et honorable d'une paix pour son Empire, il ne le pourrait peut-être pas ![2] Car l'opinion publique en Autriche-Hongrie paraît soustraite à la volonté du Souverain. Mais quelle sera la situation plus tard?

L'Allemagne a voulu cette guerre. Les textes diplomatiques, les aveux, les « corsi et recorsi » des explications de cette puissance montrent, avec évidence, qu'elle a été longuement préméditée par elle. Elle s'est préparée dans toutes les directions et dans toutes les disciplines de son action! Et, pour ce qui regarde l'attitude de l'Allemagne à l'égard de l'Autriche, elle peut proclamer sa bonne foi et sa fidélité à l'égard de son alliée, comme elle affirmait, jadis, sa volonté de rester loyale au pacte, consenti et signé par elle, qui garantissait l'indépendance et la neutralité de la Belgique. Les faits contredisent constamment ce que l'Allemagne affirme.

Ce qui se passe actuellement en Autriche ne confirme pas les rumeurs selon lesquelles l'Allemagne gouverne son alliée, qu'elle commande à ses armées, désigne ses ministres, surveille sa police. Mais, ce qui est certain, c'est qu'elle dispose d'une grande partie de son opinion publique! Voilà l'obstacle à toute entreprise de paix. L'Allemagne a formé, de longue main, en Autriche, des complices. Les Allemands-Nationaux, partisans de la fusion de l'Autriche avec l'Allemagne, n'ont cessé, depuis plus de trente ans, d'organiser leur propagande, d'envahir particulièrement les Universités, l'Administration de la Banque Autrichienne. Les Allemands-Nationaux sont la grande force anti-autrichienne et anti-catholique: ce sont eux qui ont poussé le cri de guerre: « Los von Rom! » L'Allemagne peut affirmer sa fidélité à l'Autriche en lui prêtant main-forte, en l'assistant de sa puissance militaire; un jour, elle enchaînera l'Autriche-Hongrie à son propre destin et à ses visées.

Je voudrais que Votre Sainteté daignât m'entendre encore, car, maintenant, je Lui parlerai de la France.

---

2   Vgl. Nrn. 8, 11, 15, 16.

Mon frère Xavier[3] et moi, nous avons passé en France le début de la guerre. Notre devoir de Bourbon était là. Je venais d'ailleurs, juste avant la guerre, de définir, dans une thèse de doctorat[4], les raisons de ce devoir. Les Bourbons, en effet, ont toujours appartenu à la France! Il ne nous était pas permis, en dépit de la situation politique de la République Française, en dépit même de certaines lois édictées contre nous, de nous soustraire à la loi et à la tradition de notre race et de notre famille. Nous aimons la France, pour elle-même.

Elle est restée héroïque dans la lutte pour sa foi. Je me demande quel pays aurait pu soutenir, comme elle, une guerre religieuse aussi perfide, aussi constante et garder aussi pure sa fidélité à la doctrine et à la discipline catholiques romaines? J'ai assisté, avec admiration, durant sept ans, à cette lutte. La France catholique a pu sembler vaincue dans cette guerre intérieure; en vérité, elle ne l'a pas été. La vitalité de sa foi se manifeste depuis la « Séparation » dans la masse de sa jeunesse qui, de plus en plus, s'oriente vers les plus nobles traditions de son histoire religieuse. L'intelligence des Français est essentiellement romaine et, quoique rien ne soit plus indépendant que l'esprit français, il ne peut s'incliner devant l'hérésie. C'est pourquoi, Très Saint-Père, une sorte de scandale douloureux soulève, en ce moment, l'indignation des catholiques français. Leurs ennemis ont proclamé, contre la France, une sorte de guerre sainte! Les agresseurs de la Belgique et de la France osent, en effet, se présenter comme les défenseurs de Dieu contre ses ennemis. Pour un peu, ce serait presque au nom de Dieu qu'ils auraient violé la neutralité belge, ravagé les cités et incendié les cathédrales. Les Français qui combattent et meurent uniquement pour la défense de leur sol envahi et de la Belgique, se révoltent également contre le fait que les autorités religieuses, et la presse catholique de certains pays neutres, osent travestir, par le moyen d'un mensonge, le but et les intentions de leur guerre de défense. Ces campagnes sont ressenties douloureusement par les catholiques français.

Je suis infiniment reconnaissant à Votre Auguste Personne d'avoir daigné entendre la confidence du plus soumis de ses fils[5].

---

3 Vgl. Nr. 2.
4 Le Traité d'Utrecht et les lois fondamentales du royaume, Paris 1914 (chez Edouard Champion). Vgl. dazu Amiguet, 63–76.
5 Über die französisch-vatikanischen Beziehungen vgl. bei Avro Manhattan, Der Vatikan und das 20. Jahrhundert, Berlin 1960, 282–288; Jacques Gadille, Trennung von Staat und Kirche in Frankreich, in: Handbuch der Kirchengeschichte VI/2, 527–538.

15.
Der französische Botschafter in St. Petersburg,
Maurice Paléologue, an den französische Außenminister,
Théophile Delcassé.

St. Petersburg, 1915 März 28 und 30

PAMAE, Paix séparée 103, fol. 72,73, 2 Telegramme in Fortsetzung.

Über einen inoffiziellen Separatfriedensversuch Kaiser Franz Josephs I. von
Österreich bei Zar Nikolaus II. von Rußland.

a–Secret; pour le Ministre des Affaires Étrangères[1] seul.⁻ᵃ

[fol. 72], März 28.

L'Empereur de Russie[2] a communiqué à M. Sazonoff[3] une lettre que lui a fait
parvenir « un haut personnage de l'aristocratie autrichienne » (M. Sazonoff ne
s'est pas cru autorisé à me révéler son nom).

L'auteur de cette lettre affirme que l'Empereur d'Autriche est désireux de
se réconcilier avec la Russie. S'exprimant à titre personnel il suggère à l'Empereur de Russie d'envoyer en Suisse une personne de confiance qui se ren-
contrerait avec un émissaire de l'Empereur d'Autriche (mot passé) leur permettrait peut-être de s'entendre sur les bases d'une paix honorable.

L'Empereur de Russie ne donnera pas suite à cette suggestion. Il estime
qu'une négociation même officieuse avec l'Autriche serait prématurée; car la
Russie est résolue à exiger pour le moins la cession de la Galicie et de la Bosnie-Herzégovine[4]. Or il n'est pas vraisemblable que l'Empereur François-Joseph soit dès à présent résigné à céder cette dernière province. La lettre en
question ne constitue pas moins un indice intéressant.

[fol. 73r] März 30:

J'ai intérrogé discrètement M. Sazonoff sur le « haut personnage » qui a écrit à
l'Empereur de Russie. Voici le résumé de sa réponse:

---

a–a Vermerke.

1 Théophile Pierre Delcassé, 26.8.1914–13.10.1915 frz. Außenminister.
2 Vgl. Nr. 3.
3 Vgl. Nr. 11.
4 Am 22. und 23. März 1915 konnte die österreichisch-ungarische Armee unter GdI Hermann
   von Kusmanek die Festung Przemyśl gegenüber dem russischen Ansturm nicht mehr halten.

« Ce personnage est connu de l'Empereur Nicolas; il a donc pu se croire autorisé à lui écrire directement. Il est en relations confiantes et fréquentes avec l'Empereur François-Joseph; on est donc fondé à croire que ses assertions et sa suggestion lui été ont dictées par son souverain. »

Sur l'identité du personnage M. Sazonoff a gardé un secret absolu. Entre diverses hypothèses deux noms me sont venus à l'esprit:

I. Le Comte Berchtold[5] qui pendant son Ambassade à Pétrograd était assez apprécié de l'Empereur Nicolas;

2. Le Prince Godefroy de Hohenlohe[6] qui est marié à une archiduchesse d'Autriche et que l'Empereur François-Joseph avait pensé à désigner comme successeur du Comte Berchtold à Pétrograd[7].

16.
Mitteilung über beginnende Friedensverhandlungen zwischen Österreich-Ungarn und Rußland

Paris, 1915 April 10

PAMAE, Paix séparée 103, fol. 74.

Der russische Außenminister Sergei Sazonov sei erst dann zu Friedensverhandlungen mit Österreich-Ungarn bereit, sobald präzise Vorschläge gemacht würden.

L'Autriche aurait fait directement à la Russie des ouvertures pour la paix[1].

Monsieur Sazonow[2] aurait répondu qu'il ne pourrait entamer des négociations sans avoir des propositions plus précises.

---

5   Vgl. Nr. 3.

6   Vgl. Nr. 3. Vgl. dazu auch Maurice Paléologue, La Russie des Tsars 1, 334–335, worin er bestätigt, daß der Brief von Prinz Gottfried Hohenlohe-Schillingsfürst geschrieben wurde. Auszüge aus den Telegrammen. Dazu auch Conrad von Hötzendorf, Private Aufzeichnungen, 223–225.

7   Vgl. dazu auch Zechlin, Österreich-Ungarn und die Bemühungen um einen russischen Sonderfrieden 1915, 163–183.

1   Im Vertrag von London vom 26. April 1915 wurden die Bedingungen für den Kriegseintritt Italiens in den 1. Weltkrieg mit Großbritannien, Frankreich und Rußland festgelegt. Sämtliche Separatfriedensversuche Österreich-Ungarns wurden später immer mit Hinweis auf den Vertrag von London abgewiesen. Vertragstext: Czernin, Im Weltkriege, 377–380 (Anhang 1); vgl. auch Riccardi, Alleati non amici, 19–27.

2   Vgl. Nrn. 11 und 15.

Les Bulgares projeteraient d'occuper prochainement par un coup de main la section du chemin de fer de Kouleli-Bourgas jusqu'à Dimotika y compris ces bourgades et les districts adjacents[3].

17.
Anonyme Mitteilung
« Point de vue franc-maçonnique vis-à-vis de l'Autriche-Hongrie »

o. O., 1915 Mai 28

TS 2860–2861, beglaubigte Kopie.

Die Regierungen Englands und Frankreichs sind nicht daran interessiert, das Haus Habsburg zu vernichten. Ihre grundsätzliche Beschuldigung ist die Verletzung des Völkerrechts, die sie Deutschland vorwerfen. Aber die französische Regierung und bis zu einem gewissen Punkt auch die englische tragen dem Schwur der Freimaurer Rechnung, das Haus Habsburg zu vernichten, wie ehemals das Haus Bourbon. Aufteilungspläne der Monarchie nach der militärischen Niederlage, Friedensbedingungen für Deutschland: für deutsche Gebietsabtretungen an Belgien, Frankreich und Rußland. Anschluß Deutsch-Österreichs an Deutschland. Ungarn soll seine völlige Unabhängigkeit proklamieren, frei seine Verfassung und seine Dynastie wählen.

[a]–Les gouvernements anglais et français n'ont pas d'intérêt dominant à baisser la Maison de Habsbourg avec laquelle il ne sont nulle part, dans le monde, en compétition directe, contre laquelle leurs troupes, dans cette Guerre, n'ont combattu que très accidentellement, et à laquelle il n'ont pas à reprocher les soi-disant violations systématiques du droit des gens qui constituent le principal chef d'accusation de ces deux gouvernements contre l'Allemagne.

Mais le gouvernement français, et jusqu'à un certain point, le gouvernement anglais, ont à tenir compte des volontés de l'organisation franc-maçonnique, qui a juré la perte de la maison de Habsbourg, comme jadis celle de la maison de Bourbon.

Au cours des derniers conciliabules maçonniques qui ont eu lieu à Berne, à Genève, à Paris et à Rome, conciliabules qui ont précédé de peu l'intervention

---

3   Vgl. Paléologue, La Russie des Tsars 1, 346–347; Zechlin, Österreich-Ungarn und die Bemühungen um einen russischen Sonderfrieden 1915, 163–183.

a–a Resümee von Nr. 19.

de l'Italie et <u>auxquels des franc-maçons allemands ont participé, la dépossession</u> totale de la monarchie austro-hongroise a été envisagée. La manière de voir à laquelle se sont ralliés s'est ralliée la plupart des franc-maçons haut gradés ayant participé à ces entrevues, est la suivante.

1. La défaite de l'Autriche-Hongrie sur les champs de bataille devrait, selon toute vraisemblance précéder celle de l'Allemagne; chacun des envahisseurs se garantirait immédiatement, conformément au plan de partage convenu. (la Galicie et une partie de la Bukovine à la Russie; la reste de la Bukovine, la Transylvanie et le Banat de Temesvar à la Roumanie; la Bosnie-Herzegovine et une partie de la Dalmatie aux Serbo-Monténégrins; le reste de la Dalmatie, l'Istrie et le Trentin à l'Italie[1]. En plus, une autonomie équivalant à l'indépendance au Sud en faveur de la Croatie, et au Nord, un nouvel état slave composé de la Bohême, de la Moravie, de la Slovaquie et de la Silésie autrichienne).

2. La paix serait ensuite offerte à l'Allemagne aux conditions suivantes: cession à la Belgique d'Aix-la-Chapelle et d'une bande de territoires dite « Vallonie allemande » (Saint-Vith, Malmédy, etc.);
cession à la France de l'Alsace-Lorraine et du Palatinat;
cession à la Russie de la Posanie et des districts polonais en Silésie et en Prusse Orientale;

3. Titre d'indemnité pour ces sacrifices territoriaux:
l'organisation franc-maçonique,
qui désire ménager l'Allemagne, verrait de bon oeil cette dernière s'annexer le Tyrol et le Vorarlberg, la Haute et la Basse Autriche, et d'une manière générale toutes les terres de la Couronne Autrichienne, où prédomine la langue allemande;

4. La Hongrie, à titre de dédommagement pour les sacrifices qui lui seraient imposés, verrait proclamer sa complète indépendance et choisirait librement sa constitution et, s'il y a lieu, sa dynastie.[−a]

---

1 Vgl. DBA, NL Erzberger 97/13, 1914 09 06: Zirkularschreiben des Grand' Oriente d'Italie, daß Italien aus seiner Neutralität bald austreten wird.

18.
Über den zunehmenden Einfluß der französischen Freimaurer auf die europäische Politik

Paris, 1915 [Jahresmitte]

A.S.V., Spogli Benedetto XV., Note sur les Ligues Antimaçonniques Françaises, maschinschriftlich.

Analyse der Taktik der französischen Freimaurer-Oboedienzen. Die Revolutionen in der Türkei und in Portugal wurden von den Hochgraden der französischen Freimaurer vorbereitet.

L'importance, au point de vue international, du rôle joué par la Franc-Maçonnerie française, est allée constamment en augmentant au cours de ces dix dernières années. Non seulement le Grand Orient de France, la Grande Loge Ecossaise de France, le Rite Martiniste français et d'autres obédiences maçonniques encore se sont de plus en plus préoccupés de la politique européenne, mais encore ils ont pris les mesures nécessaires pour influencer efficacement celle-ci.

Dans ce but, les obédiences maçonniques françaises ont constitué, principalement à Paris, des Loges spéciales où les étrangers à tendances libérales et révolutionnaires, résidant dans la capitale, ont été attirés en grand nombre et dans lesquelles les travaux maçonniques se sont tenus dans la langue de leur pays d'origine: c'est ainsi que des Loges comme la Loge Goethe travaillant en langue allemande, Dante Alighieri travaillant en langue italienne et jusqu'à des Loges travaillant en langue turque, ont été crées à Paris avec le concours de Frères français connaissant la langue du pays intéressé et délégués à cet effet par leurs supérieurs maçonniques.

D'autre part, par le moyen des intelligences ainsi nouées en pays étrangers, des Loges travaillant en français et rattachées aux obédiences maçonniques françaises étaient creés en Angleterre, en Italie, en Turquie, en Russie, au Portugal, en Espagne, et même en Allemagne.

Le résultat de cette nouvelle tactique des Francs-Maçons français a été une augmentation considérable de leur influence à l'étranger: c'est dans les hautes sphères maçonniques de Paris qu'ont été préparées les révolutions successives de la Turquie[1] et du Portugal[2]. De multiples documents télégraphiques

---

1   Revolution in der Türkei: 1908/09 Sturz von Sultan Abdul Hamid II. bei seinem Versuch, die Jungtürken zu stürzen.
2   03.04.1910 Erhebung in Lissabon (Lisboa), zwingt König Emanuel (Manoel) II. zur Abdankung, Ausrufung der Republik, Absetzung des Hauses Braganza-Coburg.

ou manuscrits en font foi et les intéressés n'ont pas hésité à l'avouer publiquement. Ce sont ces sphères maçonniques qui réagissent violemment, à l'heure actuelle, sur les milieux espagnols et italiens. En Russie, où le Rite Martiniste a plus particulièrement travaillé, son action a contribué à rendre le catholicisme plus suspect que jamais aux autorités impériales.

En Angleterre même, la Maçonnerie anglo-saxonne, assez tolérante jusqu'ici en matière religieuse, commence à subir l'influence des excitations de la Maçonnerie française.

Pour toutes ces raisons, il n'est pas de point plus intéressant que Paris pour la surveillance des menées maçonniques dans le monde entier. C'est là une conviction qui s'impose dès lors à tout étranger en France qui désire combattre l'influence maçonnique dans son propre pays.:

Cette surveillance des menées de l'adversaire est exercée de longue date en France par différentes organisations antimaçonniques; mais les difficultés qui se présentent pour un catholique étranger désireux de s'y intéresser, résident précisément dans la multiplicité de ces organisations: elles sont au nombre de quatre et l'on ne tarde pas à se rendre compte que les rapports n'ont pas toujours été excellents entre elles.

L'impossibilité d'arriver à les unir en une seule organisation ayant été démontrée à maintes reprises par l'échec des tentatives faites dans ce sens, un choix s'impose entre elles et les considérations qui paraissent devoir présider à ce choix sont évidemment tirées de l'importance respective de ces ligues antimaçonniques[3], de l'activité de leur action dans le passé et dans le présent et des garanties que présentent les personnalités composant leur état major. Nous allons étudier successivement ces diverses ligues[4].

---

3 Vgl. zur „Ligue antimaçonnique" zuletzt bei A. A. Mola, La Ligue antimaçonnique et son influence politique et culturelle aux confins des XIXe et XXe siècles, in: Problemes d'Histoire des Religions 4 (1993) 39–55.
4 Vgl. dazu auch aus dem Rundschreiben des Großmeisters Ferrari vom 06.09.1914, in: Bastgen, Die Römische Frage 3/2, 8–12.

19.
Pläne der Freimaurer für die österreichisch-ungarische Monarchie im April–Mai 1915

[Paris, 1915 September]

A.S.V., Spogli Benedetto XV, Note sur la Situation diplomatique, maschinschriftlich.

Im April und Mai 1915 fanden verschiedene wichtige geheime Beratungen, an denen deutsche und ungarische Freimaurer teilnahmen, statt. Dabei wurde die Eventualität einer totalen Vernichtung der österreichisch-ungarischen Monarchie ins Auge gefaßt. Möglichkeiten des Bureau Antimaçonnique International, diesen Plänen entgegenzuarbeiten.

Note sur la situation diplomatique:[1]
Bien que le Bureau Antimaçonnique International[2] soit institué exclusivement pour promouvoir, dans tous les pays, l'organisation de Ligues analogues à la Ligue Française Antimaçonnique, et pour coordonner leur action, la gravité des événements dont l'Europe est le théâtre depuis quinze mois a amené la plupart de ses membres à échanger des vues sur les différentes éventualités qui peuvent se produire.

Au premier rang de ces éventualités figure celle d'une défaite de l'Autriche-Hongrie qui a été particulièrement éprouvée par la guerre et qui n'a pas constamment trouvé chez son alliée allemande le concours désintéressé qu'elle était en droit d'attendre. Cette défaite deviendrait probable si l'entrée en li-

---

1 Vgl. Nr. 17.
2 Dazu TS 3555–3556 [Xavier]:
   Unter Marschall Petain wurden im Jahr 1943 die Freimaurertempel geschlossen, ihre Archive beschlagnahmt und geöffnet. In der Groß-Orient-Loge in Paris befand sich ein Band mit dem Protokoll-Wortlaut der Sitzung von 1917 und deren Aufträgen und Berichten: In diesen war jeder Schritt der damaligen geheimen Versuche von Kaiser Karl, um den Frieden anzubahnen, genau aufgezeichnet, sowie die genauen Befehle der Loge von Paris in Verbindung mit anderen Logen, um auf jeden Preis diese Verhandlungen von Kaiser Karl zu sprengen, bis zum Falle Briands und der Ernennung Ribots, der den Auftrag der französisch-italienischen Logen zur Ausführung brachte. Nicht genug damit, war die Vernichtung des Kaisers, der katholischen österreichisch-ungarischen Monarchie, ihre Zersprengung und Zerstückelung bis in alle Einzelheiten ausgearbeitet. Die diesem Protokoll beigefügte geographische Karte zeigt genau die Grenzen, die dann tatsächlich bei den Friedensverträgen für die Nachfolgestaaten Österreich-Ungarns festgelegt wurden.
   Diese Dokumente aus dem Jahr 1917 befanden sich in den Händen des von Marschall Petain ernannten Kommissions-Präsidenten, (…) Das Archiv ist 1945 der Groß-Orient-Loge zurückgestellt worden.
   Vgl. auch Wichtl/Schneider, 210–234; Kovács, Krönung und Dethronisation, 413–414, Anm. 42.

gne, toujours possible, de la Roumanie, jetait dans la balance le poids d'une armée fraîche de 800.000 hommes.

Opinions maçonniques à ce sujet:

Il est à la connaissance du Bureau Antimaçonnique International que d'importants conciliabules auxquels participaient des francs-maçons allemands et hongrois, ont eu lieu en avril et mai 1915 à Berne, à Genève et à Paris.

Dans ces conciliabules qui ont précédé de peu l'intervention de l'Italie, l'éventualité de la dépossession totale de la monarchie austro-hongroise a été envisagée.

C'est depuis longtemps un principe adopté par les Loges du monde entier que la dynastie de Habsbourg, représentant une force traditionnellement catholique, doit être anéantie en tant que maison régnante, comme le fut jadis et pour les mêmes raisons la maison de Bourbon. Dans les entrevues de Berne, de Genève et de Paris, les franc-maçons haut gradés qui ont participé aux délibérations se sont, à la presque unanimité, ralliés à cette manière de voir. Ils ont en outre envisagé de la manière suivante les bases d'un traité de paix générale pour le cas où les puissances alliées mettraient définitivement en échec les empires centraux sans cependant venir à bout de l'armée allemande:

1. La monarchie austro-hongroise serait amputée: de la Galicie et d'une partie de la Bukovine au profit des Russes; du reste de la Bukovine, de la Transylvanie et du Banat de Temesvar au profit des Roumains; de la Bosnie-Herzégovine et d'une partie de la Dalmatie au profit de la Serbie; du reste de la Dalmatie, de l'Istrie et du Trentin au profit de l'Italie.

2. Des stipulations d'autonomie équivalant à l'indépendance seraient faites, au sud en faveur de la Croatie, au nord en faveur d'un nouvel état slave composé de la Bohême, de la Moravie, de la Slovaquie et de la Silésie autrichienne.

3. La Hongrie serait rendue maîtresse de ses destinées et de sa dynastie, but depuis longtemps poursuivi par la franc-maçonnerie hongroise.

4. Le surplus des états autrichiens, où la langue allemande se trouverait dès lors en prédominance marquée, serait offert à l'Allemangne a titre d'indemnité pour les sacrifices territoriaux qui lui seraient imposés en Alsace-Lorraine et en Pologne prussienne. Au besoin, la maison de Habsbourg serait maintenue à la tête de ce lambeau d'empire mais dans une situation de vassalité vis-à-vis de l'Empereur d'Allemagne, situation analogue à celle du roi de Saxe ou du roi de Bavière. Une union douanière[3] serait le premier acte de cette absorption.

---

3 Vgl. Nr. 47.

(Il est inutile de souligner que plusieurs hommes politiques et journaux allemands ont commencé, précisément vers le mois de mai 1915, une campagne[4] en vue de l'établissement d'une union douanière entre l'Allemagne et l'Autriche, tandis que l'idée de « l'annexion de l'Archiduché d'Autriche » était envisagée publiquement, dans les mêmes milieux, en cas de revers graves de la monarchie austro-hongroise.)

Point de vue du Bureau Antimaçonnique International:

Le Bureau Antimaçonnique International estime que ces connivences secrètes, ayant pour but de consommer le reste de la dernière grande puissance officiellement catholique, méritent d'être prises en considération.

Sur le terrain religieux, il estime qu'un tel démembrement priverait le catholicisme d'un des derniers points d'appui qu'il possède dans le monde.

Sur le terrain national, les membres français du Bureau Antimaçonnique International estiment que leur pays n'a d'autre différend avec l'Autriche-Hongrie que celui résultant de l'alliance qui existe entre les deux empires centraux. En conséquence, les membres du Bureau Antimaçonnique International ont été amenés à examiner les moyens qui pourraient être employés pour éviter l'abaissement de la dynastie de Habsbourg. Ils estiment que la seule

---

4 Vgl. dazu Bihl, Deutsche Quellen, 147–148: Brief Delbrücks an Jagow, Berlin, 1915 September 29: Der Gedanke, zwischen Deutschland und Österreich-Ungarn eine Zollunion (mit gemeinsamem Außentarif) zu schließen, hat nur wenig Befürworter, namentlich solche aus Bayern und Württemberg gefunden, und selbst diese waren der Meinung, daß eine Zollunion zur Zeit unerreichbar sei. Mehrfach, insbesondere von Vertretern der Bankwelt, gelangt die Ansicht zum Ausdruck, die Zollunion sei ein ungeeignetes Mittel für den Zusammenschluß der mitteleuropäischen Staaten und für die Durchsetzung unserer Forderungen nach dem Orient und der Türkei. Hiernach steht fest, daß nach Ansicht der ganz überwiegenden Mehrheit der Ausschußmitglieder eine Zollunion mit Österreich-Ungarn als Forderung der Gegenwart nicht in Frage kommen kann. Von gewichtiger landwirtschaftlicher Seite und unterstützt auch aus Kreisen der Industrie wurden eingehende Vorschläge bezüglich des Abschlusses eines Zollbundes auf der Grundlage einer Zollbevorzugung und eines Schutz- und Trutzbundes gemacht. Der Vorzug eines solchen Zollbundes würde im Gegensatz zu einer Zollunion darin bestehen, daß die einzelnen Glieder in der Gestaltung ihres autonomen Tarifs wie im Abschluß von Handelsverträgen selbständig bleiben würden, während die Möglichkeit offen gelassen wäre, daß andere Staaten sich dem Bunde anschließen. Das letztere wurde von anderer Seite als tatsächlich nach Lage der Verhältnisse ausgeschlossen bezeichnet: es wurde ferner gegen den Zollbund insbesondere die Befürchtung ausgesprochen, daß er uns den Abschluß von Handelsverträgen mit den Staaten außerhalb des Zollbundes erschwere, wenn nicht unmöglich mache und daß er uns in Zollkonflikte verwickeln werde. Einigkeit bestand jedenfalls darüber, daß ein solcher Zollbund keinesfalls beim Friedensschluß gebildet werden kann, schon mit Rücksicht darauf, daß die Handelsverträge mit den neutralen Staaten und mit Österreich-Ungarn erst Ende 1916 kündbar sind.

manière pour cette illustre maison d'éviter le malheur qui la menace consiste à séparer sa cause de celle de la maison de Hohenzollern avant que celle-ci ait achevé de réduire la monarchie austro-hongroise à une subordination complète.

La maison de Hohenzollern leur paraît avoir donné à son alliée des causes de mécontentement suffisantes pour amener une rupture:

1. en favorisant aussi longtemps en Autriche le développement d'un parti pangermaniste à la fois nettement antidynastique et anticatholique;

2. en entretenant des intrigues suspectes avec les éléments séparatistes magyars;

3. en laissant annoncer publiquement par des personnages semi officiels l'intention d'annexer « l'Archiduché d'Autriche » en cas de démembrement de la monarchie;

4. en jetant, de propos délibéré, dans la guerre actuelle le gouvernement autrichien, alors que celui-ci négociait jusqu'à la dernière minute à Saint-Petersbourg et à Paris;

5. en dépossédant en quelque sorte de leur autorité le gouvernement et l'état major austro-hongrois partout où les troupes allemandes ont été amenées à collaborer avec celles de la monarchie.

Conséquences d'une rupture austro-allemande:

Il n'est pas téméraire de dire que les chances qu'a l'Allemagne de soutenir longtemps la guerre actuelle reposent tout entières sur la disposition d'esprit qu'elle prête à la monarchie austro-hongroise de sacrifier ses derniers soldats pour réaliser les rêves de domination mondiale de la maison de Hohenzollern. En admettant l'hypothèse d'après laquelle la maison d'Autriche, reprenant sa politique de 1813 à l'égard de Napoléon, offrirait à l'empire allemand sa médiation pour faire la paix, et se déclarerait contre lui en cas de refus, il est évident que la situation des armées allemandes deviendrait presque aussitÊt intenable. Se trouvant faire de ce chef l'économie de plusieurs mois de guerre, de plusieurs centaines de vies humaines et de plusieurs dizaines de milliards de francs, les puissances alliées ne pourraient refuser de tenir compte à l'Autriche-Hongrie du rôle décisif qu'elle aurait joué dans la pacification de l'Europe. Il va sans dire que des conventions diplomatiques secrètes devraient régler avant la rupture austro-allemande la question des compensations à accorder à l'Autriche-Hongrie en échange des sacrifices territoriaux que lui demanderaient l'Italie, la Russie, la Roumanie et la Serbie.

Les compensations necessaires:

L'Unité allemande – forgée en 1866 sur le champ de bataille de Koeniggratz et imposée par la Prusse aux autres états allemands – ne devrait pas survivre aux événements actuels. Il dépend de l'Autriche de retrouver dans son naufrage, presque sans coup férir, la plus grande partie de ce qu'elle perdit alors. En admettant, en effet, que l'Alsace-Lorraine et la Palatinat fassent retour à la France, que le Hanovre et les provinces du Rhin inférieur constituent un Etat indépendant, que la Prusse et les Etats du Nord suivent leur destin particulier, il apparaît comme parfaitement légitime que les royaumes de Bavière, de Wurtemberg et de Saxe (auquel on rendrait les provinces ravies par la Prusse), que les Etats de Hesse-Cassel, de Saxe-Cobourg-Gotha, de Saxe-Weimar-Eisenach, de Saxe-Meiningen, de Reuss, etc., fassent retour à l'unité autrichienne. Le Grand Duché de Bade servirait d'Etat tampon entre la France et la nouvelle frontière de la monarchie.

La domination historique de la maison d'Autriche sur ces pays y a laissé des souvenirs qui ne sont pas complètement effacés; leur population, purement allemande et en grande partie catholique, ne créerait pas les mêmes difficultés que les populations slaves et latines auxquelles il faudrait renoncer; enfin, la substitution à la brutalité prussienne de la souplesse autrichienne permettrait d'accorder aux dynasties locales les égards et l'autonomie dont elles ont été privées depuis un demi siècle et qu'elles regrettent en secret.

Par ce retour aux sources de sa puissance historique, l'Autriche-Hongrie, loin de sortir diminuée de cette guerre, verrait sa force et ses ressources accrues et deviendrait un état d'une grande cohésion ethnique et religieuse.

Attitude des gouvernements alliés

Pourvu que la fin de la guerre en fut hâtée comme il est certain, le gouvernement français ne ferait pas d'opposition sérieuse à un tel projet. Il est, en effet, grandement préoccupé par les conséquences financières d'une prolongation du conflit et vise avant tout à éviter les difficultés qui résulteraient à l'intérieur d'une reprise de la lutte des classes. L'avantage d'une prompte et heureuse paix l'emporterait certainement, en la circonstance, sur son état d'esprit anticatholique et lui ferait admettre ce retour de puissance de la maison d'Autriche. Des paroles significatives ont été prononcées dans ce sens depuis quelques semaines par des hommes politiques de toutes nuances, depuis M. Paul Deschanel[5] jusqu'à M. Ferdinand Buisson[6].

---

5   Paul Deschanel, 1912–1920 Präsident der französischen Abgeordnetenkammer.
6   Ferdinand Buisson, Vertreter der extremen Linken.

Le gouvernement anglais qui poursuit surtout le but de détruire la puissance militaire allemande serait assez facilement rallié; les éléments conservateurs, qui vont devenir plus nombreux encore dans le ministère, seraient certainement disposés à acheter à ce prix un résultat immédiat; les éléments travaillistes seraient impressionnés, de leur côté, par ce fait que l'établissement de la conscription deviendrait inutile.

La Russie même, certaine d'échapper au voisinage immédiat d'une Prusse puissante, prendrait son parti de la reconstitution du Saint Empire Romain Germanique, orienté vers d'autres régions.

Il n'y a guère de difficultés sérieuses à prévoir que du côté de l'Italie qui ne se soucie point de conserver à sa porte une Autriche puissante. Mais les obstacles de ce côté pourraient n'être pas insurmontables.

Conclusions

Le Bureau Antimaçonnique International, bien que n'ayant en son pouvoir que des moyens officieux de réalisation, serait disposé à travailler dans le sens des éventualités énoncées plus haut, s'il supposait que son sentiment sur ces matières n'est pas désapprouvé par le Saint Siège Apostolique.

20.
Front-Briefe von Erzherzog Carl Franz Joseph an Erzherzogin Zita

o. O., 1916 April bis November

AOS, Tom. II, Index 1423–1566, beglaubigte Kopien.

Kriegseindrücke, politisch-militärische Nachrichten, politische Konzepte.

o. O. [Aquaviva], 1916 April 04

Index 1423

[...]

Heute war der schwerwiegendste Tag meines Lebens: der große Angriffsbefehl für das XX. Korps[1], es ist ein großer Entschluß, 40.000 Menschen gegen den

---

1 Bei Rauchensteiner: 04. April 1916, 336, 340. Beginn der Südtirol-Offensive: 15. Mai 1916, ebd., 339.

Feind richtig anzusetzen, und wenn man selbst an der Front ist, kann man erst ermessen, was so ein Befehl bedeutet.

Und für <u>mich</u> in meiner Stellung noch doppelt mehr, denn wenn der zukünftige Herrscher viele Tausende umsonst opfert; man soll aber nicht Pessimist sein, ich habe viel gebetet und Gott wird uns helfen. Ich habe natürlich heute riesig viel zu tun. Beiliegend sende ich Dir einige Photographien. [...][2] Versperre diesen Brief <u>sofort!</u>

o. O. [Aquaviva], 1916 Mai [?]

Index 1470

[...] Die Großmama[3] schickte mir eine lange Sache wegen des Papstes. Ich glaube, daß die Sache sehr gut wäre, nur habe ich halt hier für das Studium dieser wichtigen Sache keine Zeit und auch niemanden, der mit mir darüber sprechen könnte. Eines ist jedenfalls <u>falsch,</u> eine Abtretung nach § 14[4] gibt es nicht, und Seine Majestät kann kein Land austauschen und keines abtreten ohne Zustimmung des Parlamentes. „<u>Staatsgrundgesetz</u>“!

Ich weiß nicht, was ich tun soll, weiß Piffl etwas von der Sache?[5] [...].[6]

o. O. [Chodorów], 1916 Juli 08[7]

Index 1525

[...] Auf dem rechten Flügel geht es nicht gut vorwärts, in der Mitte wurden wir bei Tlumacz zurückgedrückt und fürchte sehr, daß Stanislau kaum zu halten sein wird. Diesmal wurden aber die Deutschen durchbrochen, und die böhmische Landwehr schlug alle Angriffe ab. Es gibt auch in jeder noch so traurigen Lage komische Momente, mein Monokelmann Seeckt[8] läßt seine

2 Vgl. auch ÖUlK 5, 3; Werkmann, Deutschland als Verbündeter, 17–22.
3 Vgl. Nr. 10.
4 § 14 = der Notstandsartikel der österr. Verfassung; Brauneder/Lachmayer, 183–185; Liebmann, Papst – Fürst von Liechtenstein, 93–108.
5 Vgl. dazu Liebmann, Papst – Fürst von Liechtenstein, 96–104.
6 Vgl. auch Werkmann, Deutschland als Verbündeter, 18–20.
7 Vgl. KA, NL Brougier, Tagebuch, fol. 69r. Die Versetzung Eh. Carls nach Chodorów erfolgte am 01. Juli 1916.
8 Hans von Seeckt, seit 01.07.1916 Generalstabschef in der Heeresgruppe Eh. Carl. Vgl. dazu KA, NL Brougier, Konzepte, fol. 187r: Aus dem 1. Bericht von Eh. Carl an Bolfras vom 05.07.1916 aus Chodorów: „GM Seeckt ist ein sehr netter, gebildeter Offizier, mit dem das Auslangen zu finden nicht schwer sein wird.“ Vgl. dazu auch Werkmann, Deutschland als Verbündeter,

sonst so hoch getragene Nase sinken, sie verstehen alle nicht, daß <u>deutsche</u> <u>Truppen</u> durchbrochen werden können und die verschimpften tschechischen Truppen halten. Ich war gestern zuerst in Stanislau, besah dort das Jägerbataillon Nr. 27, fuhr dann, da die Schlacht begonnen hatte, nach Bohorodczany bei Tyśmienica, wo man vom Garten des Schlosses, wo der Korpskommandant wohnt, die ganze Front beobachten kann. Es war sehr starkes Trommelfeuer. Hierauf fuhr ich zum Kommando des 1. Korps, GdK Kirchbach[9], der die 7. Armee an Stelle Pflanzers[10] erhalten soll, und zum Schluß nach Nadwórna, wo ich mit dem Kommandanten des 8. Korps Fzm. Benigni in Müldenberg[11] sprach. Hierauf zurück per Bahn nach Hause.

Vorgestern war also Conrad[12] da. Wir haben ausgemacht, daß <u>Pflanzer</u> die zehnte Armee in Kärnten bekommt. Sonst noch als Kommandant der Truppen gegen Rumänien General der Infanterie Arz[13], an seiner Stelle als Kommandant des VI. Korps FML Fabiny[14], der unten Divisionär unter mir war, dadurch erhält FML Verdross[15] die 8te Infanterie Truppen Division, die Kaiserjägerdivision, wodurch sein Lebenstraum erfüllt ist.

Conrad sieht gut aus. Nagy[16] erhält 7ner Dragoner als Regimentskommandant. Das ist Alles, was ich weiß. [...]

o. O. [Chodorów], 1916 Juli 20[17]

Index 1512

[...] Der Spaziergang mit Gruber[18] war ungefähr drei Stunden lang und war dringend notwendig, da ich im Allgemeinen vor Arbeit niemals hinausge-

---

23–24, 58–61; ÖUlK 4, 649–650; Zur Beurteilung Eh. Carls durch Seeckt vgl. Meier-Welcker, Seeckt, 87–89, 100–112, 119–123.

9 Vgl. Nr. 3.

10 Vgl. Nr. 3. Dazu auch KA, NL Brougier, Konzepte, fol. 188v–189r aus dem 1. Bericht Eh. Carls an Bolfras vom 05.07.1916: „Zwischen Seeckt und Pflanzer, der trotz seiner guten militärischen Eigenschaften ein rechter Schlüffel ist, ging es, soviel ich den Eindruck habe, nicht gut und ich glaube, daß die jetzige Lösung beiden Teilen willkommen war."

11 Siegmund Ritter von Benigni in Mueldenberg, Feldzeugmeister, Kommandant des 8. Korps.

12 Vgl. Nr. 3; das Ergebnis nicht verifizierbar. Vgl. KA, NL Brougier, Tagebuch, fol. 68v–69v, Konzepte, fol. 186r–193r und 194r–198v.

13 Vgl. Nr. 3. Arz war seit 01.09.1915 GdI.

14 Ludwig von Fabini, FML; Kommandant des 8. ITD (Kaiserjägerdivision); GdI seit 03.03.1918.

15 Ignaz Verdross Edler von Drossberg, seit 01.11.1915 FML, seit 09.08.1916 Kommandant der 8. ITD (Kaiserjägerdivision).

16 Adalbert Nagy Frh. von Töbör-Éthe.

17 Vgl. KA, NL Brougier, Tagebuch, fol. 76v.

18 Hans Gruber (Grueber), Oblt., im Stab von Eh. Carl. Vgl. Briefe Grubers an Eh. Carl vom 16.06.1914 und vom 10.08.1914, in: HHStA, NL Schager-Eckartsau, fol. 280r–v und 282r–v. Auch Broucek, Glaise 1, 132, 395, 486.

kommen bin, es war dies der erste und letzte Spaziergang, seit dem ich in Galizien bin.

Ich wollte Dir immer schon schreiben, mir geht es mit den Nerven niederträchtig schlecht. Ich bin hier in einer so schwierigen Lage mit diesem deutschen Generalstabschef[19]! Ich kann nur wenig essen, ich habe im Moment einen riesigen Hunger und kaum fange ich richtig an, so kann ich nicht mehr und wird mir leicht schlecht.

Das Automobilfahren macht mich so müde, überhaupt jedes bißl Anstrengung. Neulich beim Kavallerie Korps[20] glaubte ich, es würde kaum mehr gehen. Ich hatte damals zwei Tage vorher etwas nicht Gutes gegessen und den Tag konnte ich vor laute Übelsein kaum stehen, dabei immer große Besprechungen, wobei man alle fünf Sinne kolossal beisammen haben muß. Wenn ich nicht einsehen würde, daß ich wegen unseres Prestiges den Deutschen vis-à-vis aushalten muß, würde ich lieber heute als morgen wenigstens für zehn Tage ausspannen.

Es war schon im Süden unten die letzte Zeit, das Zurückgehen, die Kontroversen mit Bozen[21], aber das ging alles noch. Hier dann, anstatt wie mir versprochen, eine Offensive, eine ganz zerrüttete, schwer geschlagene Armee, wo man jeden Tag zittern müßte, bis wohin sie noch zurücklaufen werden, dann die ganzen Schwierigkeiten des ganz deutschen Kommandos, wo man das Gefühl hat, daß man jederzeit von deutschen Spitzeln umgeben ist. Es ist schrecklich, bitte in unser beiderseitigem Interesse und im Interesse des Landes, sage über all dies, auch über meine Zustände niemandem etwas, ich will und muß mit Gottes Hilfe aushalten.[22]

---

19 Hans von Seeckt. Vgl. seine Sicht Eh. Carls zur selben Zeit, in: Meier-Welcker, Seeckt, 88–89: 5.7.1916: „Der erste Eindruck war wirklich ein sehr angenehmer; er ist unendlich natürlich und wenn es mir gelingt, sein Vertrauen zu gewinnen, so ist wohl an einem guten Auskommen nicht zu zweifeln. Natürlich unendlich viel österreichische Herren mit ihm und bei ihm, alles liebenswürdige Leute, die sich kaum zur Arbeit drängen."
    12.07.1916: „Der Erzherzog ist wirklich sehr nett und unser gegenseitiges Zutrauen wächst. Gesunde Ansichten, sehr ausgesprochen deutsch gesinnt und noch ohne jede erkennbare Neigung zu Polen und Tschechen, wovon ihn wohl der wenig geschätzte verstorbene Onkel abbrachte, der gerade nach der Seite neigte. Er hat etwas entschieden Gesundes im Wesen und Urteil und fängt an, unglaublich offen zu werden in diesem. Natürlich wird schon eifrig politisiert und namentlich in der Polenfrage fanden wir uns. Ich kann nur sagen, daß ihm unser Herr Reichskanzler Theobald Bethmann Hollweg nicht imponiert, aber das zu tun, ist wohl auch nicht die Absicht dieses Philosophen, der wohl auch noch fertig bringen wird, uns mit Österreich auseinander zu regieren."
20 Vgl. KA, NL Brougier, Konzepte, fol. 214r–216r: Bericht von Eh. Carl an Bolfras vom 21.07.1916.
21 Bozen, Sitz des Heeresgruppenkommandos Tirol.
22 Über den Zustand der Armee und über den Versuch Eh. Carls durch eine Intervention Tiszas bei Kaiser Franz Joseph im AOK eine Änderung durchzusetzen: vgl. KA, NL Brougier, Konzepte, fol. 186r–208v, 214r–216v: Vier sehr kritische und nüchterne Berichte von Eh. Carl an Bolfras vom 05., 08., 13., 21., 07. 1916; ebd., fol. 209r–213v, Schreiben Eh. Carls an Eh. Fried-

o. O. [Chodorów], o. D.

Index 1480

[...] Das ist sehr unangenehm und sehr betrüblich diese vielen <u>Gefangenen</u> und auch noch 89 Geschütze.[23]

Damit sind alle unsere Bemühungen und glänzenden Erfolge hier paralisiert, aber der liebe Herrgott wird schon wissen, warum er das tut. Natürlich, man soll und muß Gottvertrauen haben, aber ganz die Hände in den Schoß legen, wäre Unsinn, ich glaube, daß, wenn man schon alle Verantwortlichen wegjagt, man auch nicht zögern sollte, in Teschen[24] die <u>Consequenzen</u> zu ziehen! [...]

Ich sehne mich so nach Kinderstube und all dem sorglosen Glück. Wie ich heute gehört habe von den Geschwistern, daß sie im Heu gespielt haben, ist mir ganz traurig geworden, so einen Tag Sorglosigkeit, was gäbe ich darum. Korpskommandant sein ist schön, aber wenn man fort um jeden dieser Helden zittert, jeder vom Korps steht mir nah, und den ganzen Tag denke ich nur, wie man bei Erreichung des Zweckes möglichst viel Soldaten schonen kann! Die Sorgen sind unendlich groß, aber manchmal hat man auch schöne erhebende und rührende Momente, wenn man sieht, wie diese braven Leute an mir hängen, wenn ich einem ein gutes Wort sage, ist er glücklich! [...].

[Chodorów], 1916 Juli 25[25]

Index 1496

[...]

Vor allen Dingen, was ich Dir nicht telephonieren konnte.

Hier im engeren Kriegsgebiet ist die Ernte sehr günstig und gehört der Kriegsgetreidegesellschaft. Nun hat der „müde Lord"[26] proponiert, man solle dieses Getreide hier deponieren für die Armee, anstatt daß es ins Hinterland kommt und von dort aus wieder an die Armee zurückgeführt wird. Da soll Sieghart[27] gedroht haben, wenn das Getreide nicht nach dem Hinterland ge-

---

rich vom 19.07.1916. Dazu auch Werkmann, Deutschland als Verbündeter, 41–42; Hantsch, Berchtold 2, 735–739.

23 Vgl. KA, NL Brougier, Konzepte, fol. 201r: Bericht Eh. Carls an Bolfras, 13.07.1916: „Weniger entzückt ist die Südarmee über die Leistungen des XIII. Korps, welches laut des russischen Communiqués bei einem der ersten russischen Angriffe 330 Offiziere und über 9000 Mann an Gefangenen verloren haben soll."

24 Teschen – Standort des österr.-ung. AOK.

25 Vgl. KA, NL Brougier, Tagebuch, fol. 79v.

26 Es ist unklar, wen er meint.

27 Rudolf Sieghart (früher Singer) 1910–16 und 1919–28 Präsident der Bodenkreditanstalt. Vgl.

bracht, werde er keine Kriegsanleihe zeichnen. Wenn es wahr ist, ist die Sache unglaublich, eine Schw[einerei].

o. O. [Chodorów, Monasterzyska?], 1916 Juli 31[28]

Index 1520

[...]

Heute ist es an der Front ruhiger, obwohl noch da und dort, besonders in der Gegend von Monasterzyska heftig, aber bis jetzt Gott Lob erfolgreich gekämpft wird. [...]

Was die Sache der Brüder[29] anbelangt, so mußt Du in Wien besser wissen, ob von der Sache noch immer die Rede ist. Wenn die Gerede noch immer nicht verstummt sind, was ich zu meinem größten Bedauern aus dem gestrigen Telephon ersehen habe, dann wäre es gut, die Sache zu veröffentlichen, nur muß ich es früher wissen, denn sonst streicht es die militärische Zensur. Ich möchte Dir nur eines sagen, in den österreichischen Blättern ist niemals ein Wort über diese Sache gestanden; wenn es nun plötzlich auftaucht, werden alle Leute stutzig werden und werden den Zusammenhang nicht erkennen und die ganze Sache, wie alles, was offiziell kommt, nicht: glauben, und es werden noch ärgere Gerüchte entstehen.

Der Artikel stammt aus dem „Temps", und zwar nur in den militärischen Ausschnitten aus der Auslandspresse [...], die nie veröffentlicht werden. Ich habe [das] Kriegsüberwachungsamt fragen lassen, ob dieser Artikel, der natürlich von diesem Amte in der Auslandspresse gelesen wurde, auch in irgendeiner österreichischen Zeitung erschienen ist. Falls die Nachricht offiziell herausgegeben würde, müßte man Seine Majestät fragen. Was das dritte, nämlich die Hetzereien gegen Dich anbelangen, so sind sie in Anbetracht dessen, daß zwei der Brüder[30] im Krieg auf unserer Seite ihre Gesundheit verdorben haben, so lächerlich, und es kann nur die Sache von wenigen übelgesinnten Menschen ausgehen, und gegen Lästermäuler ist es so schwer, sich zu schützen. Übrigens wird so viel erzählt, getratscht und als vollkommen wahr ausposaunt, daß man bei all diesen Erzählungen furchtbar vorsichtig sein muß.

Sieghart, Die letzten Jahrzehnte, 177–193; Alfred Ableitinger, Rudolf Sieghart (1866–1934) und seine Tätigkeit im Ministerratspräsidium, Graz (phil. Diss.) 1964; Allmayer-Beck, Beck, 326 (Register).

28 Vgl. KA, NL Brougier, Tagebuch, fol. 82r.

29 Es handelt sich um verleumderisch Gerüchte über die Brüder von Ehn. Zita. Vgl. Nr. 3.

30 Auf österreichischer Seite kämpften Elias, Felix und René von Bourbon von Parma, Sixtus und Xavier waren beim belgischen Roten Kreuz, später bei der belgischen Armee.

Dich verehren aber auch alle gutgesinnten Österreicher, davon kannst Du überzeugt sein. [...].

o. O. [Chodorów], 1916 August 04[31]

Index 1522

[...]

Heute ist das Wetter abscheulicher denn je. Ich war gestern über Mármaros-Sziget [Mára-Maros-Sziget], Ruszpolyána auf dem Berge Kobila, von wo ich das Gefecht der Deutschen und unserer Truppen um die „Baba Ludowa" beobachtete. Ich kam gerade zur richtigen Zeit, das Trommelfeuer war gerade am stärksten, nach ein paar Minuten setzte es aus, und unser Angriff begann. Man sah, wie sich die Truppen vorarbeiteten, die russische Artillerie schoß wenig. Dann verschwanden unsere Truppen hinter der Höhe. Die „Baba Ludowa" war <u>genommen</u>.

Das ganze dauerte ³/₄ Stunden. Hiezu fuhr ich 12 Stunden mit der Bahn, zwei Stunden mit dem Auto und ritt fast vier Stunden. Zurück drei und ein[ein]halb Stunden zu Fuß, dann wieder dasselbe an Auto und Bahn. Es war ziemlich anstrengend, aber interessant.

Die Gegend ist herrlich, fast wie in den Alpen, der Standpunkt, wo ich war, ist über 1500 Meter hoch. Wir hatten gestern zwei kleine Erfolge, erstens die „Baba Ludowa", zweitens einige Höhen bei Kirlibaba, man ist dem lieben Herrgott für jede Kleinigkeit dankbar. Eine große Rolle spielt das Ganze nicht, aber vielleicht ist mit Gottes Hilfe ein Anfang gemacht.

Auf dem Rückwege bei Királyháza war ein deutsches Ba[taill]on, die mir kolossal zuriefen: Hurra! Ich sprach mit den Offizieren, und beim Wegfahren sang die Mannschaft „Die Wacht am Rhein". Tempora mutantur, jetzt wird man schon als Huldigung mit der „Wacht am Rhein" empfangen. [...]

o. O. [Chodorów], 1916 August 04

Index 1521

Beiliegend sende ich Dir 1. meine Gage im Betrag von 14.569 K[ronen] (11 H[eller]).

2. Kommuniqués betreffend militärische Kommandoregelung und unser Verhältnis zu Rumänien. Was die Kommandoverhältnisse anbelangt, ist die

---

31 Vgl. KA, NL Brougier, Tagebuch, fol. 83v–84r; ÖUlK 5, 156.

ganze Sache noch nicht geklärt. Samstag soll Conrad herkommen, der wird mir dann alles sagen.

Was die polnische Sache[32] betrifft, so steht man momentan auf dem Standpunkte, daß jetzt bei der doch ungünstigen militärischen Lage man kaum damit rechnen kann, von Rußland, das so ungeheure Menschenreserven hat, einen Teil seines Gebietes, nämlich Russisch-Polen zu erhalten.

Auch ein geschlagenes Rußland kann Krieg führen bis in die Unendlichkeit, da es immer 100 Millionen Menschen mehr hat wie wir. Die Entente hat 442 Divisionen gegen 221 der <u>Mittelmächte</u> in Europa (Türken und Bulgaren eingerechnet). Dann kommt immer das Schreckgespenst des Eingreifens Rumäniens. Nun ist aber Rußland siegreich, und wir haben schon sehr wenig Menschen, ungefähr noch 700.000, das reicht bis März 1917, dann müssen wir aber mangels an Menschen Frieden schließen. Ich glaube, nüchtern berechnet – auf Wunder Gottes kann man bei Berechnungen nicht zählen –, daß wir den Feldzug sehr ehrenhaft abschließen, wenn wir nur Teile Ostgaliziens (Tarnopoler Kreis, den die Russen seit Kriegsbeginn haben) verlieren – an Ländererwerb gar nicht zu denken. Ich glaube – außer Gott wirkt ein Wunder für die gerechte Sache – daß im Großen und Ganzen der Feldzug am status quo enden wird. Daher halte ich es nicht für klug, den Polen jetzt irgend etwas zu versprechen, denn wenn man nach <u>menschlicher Voraussicht</u> überzeugt ist, daß man Polen bei Rußland wird lassen müssen, ist es auch Pflicht, ihnen keine Hoffnungen zu machen. Über die Polenfrage darf weder die Existenz der Monarchie bedroht sein, noch dürfen wir wegen ihr einen eventuellen Frieden ausschlagen, der uns vielleicht anstatt der Polensache Vorteile am Balkan bringt. Unser Ziel und das Ziel des Krieges ist die Herrschaft am Balkan. Wenn natürlich durch Gottes Hilfe, was aber nach <u>menschlicher Berechnung</u> ausgeschlossen ist, wir dennoch einen Teil Polens bekommen, dann kann man den Staat kreieren, wie wir ihn seinerzeit besprachen (Secundogenitur ohne Succession). Bei den Deutschen liegt die Sache ganz anders. Ihnen sind die Polen ganz wurscht[a], sie versprechen ihnen heute das Blaue vom Himmel herunter, um sie morgen beim Friedensschluß kalt lächelnd zu betrügen. Die Deutschen als nationaler Einheitsstaat, die nur eine verschwindende Menge Polen haben, können dies tun, wir aber, die durch unser buntes Nationalitätengefüge leider sehr auf die Polen angewiesen sind, können unsere Polen nicht betrügen und ihnen sagen, wir werden den polnischen Staat herstellen, wenn das nicht möglich ist. Rußland wird doch nicht als unbesiegte Großmacht einen Teil seines Landes hergeben, lieber wird es Serbien oder Montenegro opfern. Die Andeutungen wegen Krakau und Posen sind eine Gemeinheit und dabei sehr dumm, denn erstens werden die Deutschen <u>niemals</u>

---

a Umgangssprachlich: gleichgültig.

32 Vgl. Henryk Batowski, Die Polen, in: Die Habsburgermonarchie 3/1, 551–552.

Posen, auch wenn ein Pufferstaat entsteht, hergeben, dazu sind sie viel zu große Egoisten, zweitens, wenn sie den Polen Andeutungen wegen Krakau machen, werden sie in dem weit wahrscheinlicheren Falle, daß Kongreßpolen durch Rußland aus Opportunitätsgründen nationale Autonomie erhält, erreichen, daß die polnische Irredenta noch größer wird, was sich natürlich in noch erhöhterem Maße in Posen fühlbar machen wird. Ich weiß, daß die Deutschen nicht mit der Möglichkeit der Errichtung Polens rechnen, ihre ganzen[a] Versprechungen sind nur eine Spiegelfechterei.

Ich bin ganz desperat. Bei den neuerlichen Kämpfen hat die 21. böhmische LITD gänzlich versagt, nur das brave Egerländer Landwehrregiment hat sich sehr brav gehalten[33]. Landwehrregiment Pola ist scheinbar ganz durchgegangen, natürlich mehr Feigheit! Auch ein Ba[taill]on 96 (Karlstadt, Kroatien) hat sich nicht ausgezeichnet.

Heute bekomme ich über alles genauen Bericht.

Die anschließenden deutschen Bataillone haben gehalten und die Sache repariert. Wie schwer ist da meine Stellung gegenüber den Deutschen. [...] Ich glaube, die einzige Möglichkeit wäre, daß Burián ihnen erklärt, wir wären gewillt, Galizien unter jeder Bedingung zu verteidigen und bei uns zu behalten. Ob das opportun wäre? Man erzählt zwar in Wien viel über Abtretungen in Galizien, aber das sind natürlich vorläufig Hirngespinste. [...]

o. O. [Chodorów], 1916 August 06[34]

Index 1524

[...]

Heute kommt der Chef[35]. Große verantwortungsreiche Besprechungen. Es soll Generaloberst Pflanzer abgeschossen werden; nachdem ich ihm aber doch nicht schaden will, wird er hoffentlich eine andere Armee erhalten[36]. Ich fahre heute in der Nacht mit der Bahn in die Gegend von Stanislau, dort die stark hergenommene 30. Division[37] besehen. Das Wetter ist abscheulich, es regnet alle fünf Finger lang. Gruber ist noch immer nicht ganz wohl, er hat einen alten Darmkatarrh, der jetzt wieder rezitiv wurde.

---

a Umgangssprachlich: alle.

33 Vgl. ÖUlK 5, 152, 154.
34 Vgl. KA, NL Brougier, Tagebuch, fol. 85r.
35 Franz Conrad von Hötzendorf, 1906–27.2.1917 Chef des k.u.k.Generalstabes; vgl. ÖUlK 5, 177.
36 Vgl. ÖUlK 5, 390–391.
37 Zur 30. k.u.k. Infanteriedivision des II. Korps, vgl. ÖUlK 5, 157–158, 181.

Ich freue mich schon so, Dich bald wieder zu sehen. Ich hoffe, daß bis zum 20. August etwas ruhigere Zeiten eintreten werden, damit ich viel mit Dir sein kann. Denn wenn ich so viel zu tun habe wie jetzt, hättest Du wenig davon. Jetzt hat glücklich das AOK gar nichts mehr zu sagen, mir darf es nichts sagen, ohne vorher das große Hauptquartier zu fragen, und Hindenburg[38] schon gar nicht. Im Süden sollte noch Alles der Onkel Egi[39] kommandieren, dann könnte man Teschen mitsamt dem Weltweisen[40] nach Hause senden. Das AOK darf ohne Erlaubnis der Deutschen nicht einmal ein Bataillon von unserer Front zur Südfront abschieben.

Das LIR von Pola ist nicht weggelaufen[41], wie man am Anfang gemeint hat, sondern zwei Bataillone haben sich sogar sehr gut geschlagen, ein Bataillon weniger, die Italiener sind halt weniger verläßlich, aber mehr aus paura[a].

Das Husarenregiment Nr. 11, wo man erzählt hat, daß es die Russen ohne Gegenwehr überrannt hätten, wurde überhaupt nicht angegriffen, der Durchbruch scheint entweder am Flügel des den Husaren benachbarten österreichischen Bataillons oder bei den Deutschen selbst geschehen zu sein. Letzteres wäre auch nicht <u>unmöglich</u>!!!

Bei der böhmischen Landwehr ist die Sache noch nicht ganz geklärt. Man sieht wieder, wie man sich auf Meldungen der höheren Kommandanten, die nie an die Front gehen, verlassen kann![42]

o. O. [Chodorów, Užgorod?], 1916 August 09[43]

Index 1526

Es geht die ganze Sache nicht gut, die Deutschen sind durchbrochen worden und die Sache ist noch nicht zum Stillstand gelangt. Noch haben wir Stanislau [Ivano-Frankisvsk], jedoch wie lange?

Gestern wurde Stanislau über meinen Befehl evakuiert. Wir stehen in der Linie Uzin – Stanislau – Nadwórna. Wie lange das gehalten wird, weiß nur der liebe Herrgott und der Russe, denn wenn die Russen angreifen, laufen unsere und jetzt speziell diese Trümmer der Deutschen davon. Unsere Truppen

---

a   ital.: Angst.

38 Vgl. Nr. 3; KA, NL Brougier, Tagebuch, fol. 83v : Seeckt fuhr am 03.08. früh nach Lemberg zu Hindenburg.
39 Egi = Eh. Eugen, 1915 Kommandant an der Südfront gegen Italien; 1916/17 Kommandant der Heeresgruppe Tirol. Vgl. auch Nr. 1.
40 Weltweiser = Eh. Friedrich Hzg. von Teschen, k.u.k. Armeekommandant 31.07.1914–02.12.1916, vgl. Nr. 3.
41 Es kann sich um LStIR Nr. 5 (3) handeln, vgl. S. 129.
42 Vgl. dazu Rauchensteiner, 365.
43 Vgl. KA, NL Brougier, Tagebuch, fol. 86r–v.

haben sich, besonders die böhmische Landwehr und die 5. mährisch-schlesische Division, glänzend gehalten. Alle Angriffe abgewiesen, sie mußten natürlich infolge der Echecs der Deutschen heute nacht ohne gegnerischen Einfluß zurück. Das Wetter ist sehr kalt und unfreundlich.[44]

Man muß halt viel beten, laß auch den Otto[45] beten, das Gebet der Kinder nützt am meisten.

o. O. [Chodorów], 1916 August 11[46]

Index 1528

Die Sache steht hier nicht sehr gut. Stanislau ist bereits geräumt. Die Südarmee geht auch um 25 km zurück.[47]

Das berühmte AOK hat mich da in eine schöne Sauce hineingesetzt[a], ich werde ihm aber das immer dankbar anerkennen!

Morgen kommt Leopold Salvator[48] her. Ich ließ ihn kommen. Das Wetter ist leider schön, was für den Angreifer, den Russen, immer günstig und demgemäß für den Verteidiger schlecht ist. Ich verliere jetzt den mir schon lange attachierten Oberst Waldstätten[49], er wird Armeegeneralstabschef der 3. Armee, nachdem der frühere GM Konopicky[50] gänzlich fertig ist. Er bekam immer Weinkrämpfe. Alles Kriegspsychosen![51]

Ich muß jetzt schließen, denn die Türken kommen wirklich.[52]

---

a Umgangssprachlich: in einer schwierigen Lage sein.

44 Vgl. ÖUlK 5, 182–185.

45 Otto Eh. von Österreich, Kronprinz.

46 Vgl. KA, NL Brougier, Tagebuch, fol. 87r–v.

47 Vgl. KA, NL Brougier, Konzepte, fol. 218, Bericht von Eh. Carl an Bolfras vom 11.8.1916; Werkmann, Deutschland als Verbündeter, 61.

48 Leopold Salvator Eh. von Österreich, Generalinspektor der Österreichischen Artillerie, vgl. KA, NL Brougier, 88r; ebd., Konzepte, fol. 221v, Bericht Eh. Carls an Bolfras vom 11. August 1916: „Ich bin so froh, daß der Generalartillerie-Inspektor morgen herkommt, damit er auch einmal sehen kann, wie vieles bei der Artillerie nicht stimmt. Damals im Süden sah er nur Schönes."

49 Alfred Frh. von Waldstätten, seit 10.08.1916 Generalstabschef der 3. Armee.

50 Theodor Konopicky, seit 01.11.1914 GM; seit 15.09.1914 Generalstabschef der 3. Armee, März 1917 Generalstabschef an der Südwestfront; 01.11.1917 FML.

51 Vgl. ÖUlK 5, 201; KA, NL Brougier, Konzepte, fol. 220.

52 Vgl. dazu Rauchensteiner, 365; KA, NL Brougier, Tagebuch, fol. 87v–88r; Konzepte Eh. Carls, fol. 217r–221v, Bericht Eh. Carls an Bolfras vom 11.08.1916.

o. O. [Chodorów], 1916 August 12
Index 1529

Momentan ist Ruhe an der Front, hoffentlich nicht die Ruhe vor dem Gewit-
ter, denn halten werden die Truppen bestimmt wieder nicht. Das Wetter ist
heute unfreundlich, vielleicht ist das besser! Wenn die Russen zehn Tage uns
in Ruhe ließen, wäre die Hauptsache gewonnen. Wenn die Wenn und Aber
nicht wär', wär' der Affe gar ein Bär.

[Chodorów], 1916 August 14
Index 1531

An der Front ist Ruhe. Ich glaube, daß meine Leidenszeit hier in Chodorów
bald um sein wird. Ich habe es Dir nie gesagt, aber mit diesem sonst wirklich
sehr netten deutschen Chef[53] ist die Sache auf die Dauer vom österreichischen
Prinzip aus unmöglich. Ich bin das Sprachrohr der Deutschen bei unseren
Truppen, natürlich legen unsere Leute, wenn etwas von der Heeresgruppe
kommt, gleich die Ohren zurück. Jedes kleine Gespräch, jeder kurze Befehl
geht natürlich nicht bei mir durch, dabei hughesieren[a] die Deutschen fort mit
Mézières[54]. Was, weiß ich natürlich nicht, hoffe aber von dem sehr anständigen Chef, daß es nichts gegen unsere Interessen ist. Es ist gräßlich, wenn man
nicht der Herr im Haus ist. Der deutsche Chef untersteht Mézières, ich Teschen, dabei hat Teschen gar keinen Einfluß, und ich bekomme eigentlich alle
Befehle von Mézières.

---

a Hughesieren = bestimmte Art des Telegraphierens.

53 Hans von Seeckt, vgl. oben und bei Werkmann, Deutschland als Verbündeter, 56–64.

54 Mézières, an der Maas gelegen, Sitz des deutschen Hauptquartiers. Teschen, Sitz des AOK.
   Vgl. StLA, TB Herberstein, 1916 August 18: „Eh. Karl ist unglücklich in seiner jetzigen Verwendung, denn der Großteil seiner Heeresgruppe ist sukzessive zum Löcherstopfen verwendet worden und er ist empört über das AOK, das ihm einen deutschen Generalstabschef bei-
   gegeben hat. Eh. Karl liebt die Deutschen nicht und Alfred Frh. von Waldstätten tut das
   Möglichste, ihn darin zu bestärken! Gleich nach meiner Ankunft meldete ich mich beim Erzherzog, der froh war, Jemanden zu sehen, dem er sein Leid klagen konnte. Und ich mußte ihm
   in mancher Hinsicht recht geben: Die Offensive gegen Italien, in welcher er sein Edelweißkorps erfolgreich geführt hatte, mußte aufgehalten werden, ohne daß sich der Erfolg ausge-
   wirkt hatte, jetzt wurde er heraufbeordert, um das Kommando über drei Armeen zu übernehmen, diese sind aber zum größten Teil bereits anderweitig in Verwendung und überdies muß
   er sich die Bevormundung durch einen deutschen Generalstabschef gefallen lassen.
   Deshalb hat er mich heraufkommen lassen, um mir das alles zu sagen und mich zu bitten,
   dem AOK einen mündlichen Bericht darüber zu erstatten. Ich tat natürlich mein Möglichstes,
   um ihn etwas zu beruhigen, aber der antideutsche Waldstätten-Einfluß hat sich bereits so
   stark bemerkbar gemacht, daß ich den Erzherzog, besonders was den deutschen Generalstabschef anbelangt, absolut nicht beruhigen konnte!"

Ich will und muß auch hie und da einmal nach Wien fahren, um mich wieder zu orientieren und vor allem mit Seiner Majestät zu sprechen. Dies dürfte alles eintreten, bis sich hier die Sache stabilisiert hat. Ich hoffe, man ist so vernünftig, dies einzusehen. Vielleicht könnten dann Egi und ich tauschen, ich übernehme die ganze Südwestfront und er dann hier diese sehr unangenehme Front. Wenn Egi hier sich mit den Deutschen herumrauft, ist dies einerlei, bei mir könnte dies für die Zukunft Konsequenzen haben!

Ich muß aber nochmals wiederholen, Seeckt ist ein sehr anständiger Mensch. Wann das alles möglich sein wird und wie, das wird die Zukunft zeigen!

o. O. [Chodorów], 1916 August 15

Index 1532

Ich kann Dir heute nur kurz schreiben, da ich hinausfahre, einen deutschen General[55] zu beruhigen, der so halb und halb „kaltgestellt" wird, vielleicht fahre ich auch noch zum XIII. Korps. Es geht am Tartarenpaß wieder nicht gut, wir wurden durchbrochen und gingen auf den Paß zurück. Nun muß ich aber schließen, da die Messe beginnt[56].

o. O. [Chodorów], 1916 August 18

Index 1533

Hier an der Front ist nichts Neues, es bereitet sich aber wieder etwas vor. Jetzt gehen wir zur Kaiser-Messe. Gott segne unseren Allergnädigsten Herrn[57]! Das Wetter ist wieder sehr schön und warm. Ich habe wahnsinnig zu tun! Von in der Frühe bis fast gegen Mitternacht[58]!

o. O. [Chodorów], 1916 August 23

Index 1535

Was ich Dir gestern nicht telephonieren konnte: Ich habe für den Frieden gesprochen mit Berchtold[59], der mir versprach, davon Burián wissen zu lassen.

---

55 Richard von Kraewel.
56 Die Messe fand um 9 Uhr im Schreibzimmer von Eh. Carl statt. Vgl. KA, NL Brougier, Tagebuch, fol. 89v; ÖUlK 5, 199–202.
57 Vgl. das handschriftliche Konzept der Tischrede Eh. Carls anläßlich des Geburtstages von Kaiser Franz Joseph am 18.08.1916, in: KA, NL Brougier, Konzepte, fol. 165–167.
58 Vgl. KA, NL Brougier, Tagebuch, fol. 91r.
59 Vgl. dazu Hantsch, Berchtold 2, 780–781.

Denn ich konnte nicht länger zuschauen, wie die Leute sich immer noch kein
Programm für den Frieden machen konnten, sie wissen nicht, was sie wollen

a) im Falle, daß es mit Gottes Hilfe siegreich ausgeht,
b) im Falle der partie remise,
c) im Falle, daß es nicht gut ausgeht.

Man muß das mit den verschiedenen Bundesgenossen einmal ausmachen. Ich
will und darf kein Pessimist sein, mit Gottes Hilfe wird ja alles gut gehen,
aber man darf nicht den lieben Herrgott einen guten Mann sein lassen, und
die gebratenen Tauben fliegen einem doch nicht in den Mund. Hier an der
Front ist vorläufig nichts Neues. Man glaubt an einen russischen Angriff bei
Stanislau, aber ich glaube, mit Gottes Hilfe wird man ihn abschlagen, denn
wir haben genug Reserven[60].

o. O. [Chodorów], 1916 September 01

Index 1538

Ich war gestern zuerst in Kalusz beim Armeekommando, dort sprach ich
außer dem Armeekommandaten den GM Schwer[61], Kommandant der 6. KD.
Dieser erzählte mir, er hätte bei dem großen Debacle der Deutsch[en] am 08.
August in Stanislau ein ganzes deutsches Bataillon, geführt von einem Arzt,
dem sich zwei österreichische Schwadronen angeschlossen hatten, nur dadurch mit dem Revolver angehalten, daß er das Auto quer über die Straße gestellt hat. Die Österreicher erinnerten sich sofort ihrer Pflicht, nur die Deutschen wollten nicht Raison annehmen, sie hatten aber auch gar keine
Offiziere. Dies spielte sich 30 km hinter der damaligen Front ab. GM Schwer
führte die ganze Gesellschaft in eine Stellung, nach kurzer Zeit waren die
Deutschen wieder durchgebrannt und zu den Fahrküchen gelaufen, um dort
zu menagieren. Der General fing sie wieder ein, auf das hin fanden sie, sie
müßten jetzt menagieren. Schwer sagte ihnen das zu, aber die Fahrküchen
mußten als Wegweiser bis in die Stellung zurückfahren, und dort erst bekamen sie Menage. So etwas kann jedem passieren, ist auch schon jedem passiert, aber die Deutschen sollten nicht immer so großsprecherisch sein und
immer behaupten, sie müßten uns herausreißen. Der deutsche Bataillons-
kommandant bat Schwer hoch und teuer, die Sache zu verschweigen, aber
dem Armeekommando und mir meldete er es doch. Du mußt halt nichts davon sagen! Von Kalusz fuhr ich nach Rosulna, wo ich einige Generale sprach.

---

60 Vgl. KA, NL Brougier, Tagebuch, fol. 93v–95r.
61 Otto Schwer Edler von Schwertenegg, GM.

Die Gegend ist dort wunderschön, sogar Enzian. Das 13. und 6. Korps wurden durchbrochen, aber es wird eine wenig weiter rückwärts gelegene Stellung gehalten. Beim 9. Korps war ein ganz kleiner Einbruch. Nun muß ich aber schließen.[62]

o. O. [Chodorów], 1916 September 03

Index 1539

An der Front geht es wieder lebhafter zu, heute ist wieder die Mitte der Südarmee, das berühmte Korps Hofmann[63], durchbrochen. Dafür geht es bei der 7. Armee sehr gut. Alle Angriffe sind abgewiesen. So gibt's fort „des hauts et des bas"[64].

Bei Rumänien ist nicht viel neues, ich glaube, daß das Armeeoberkommando über die Sache Rumänien stolpern wird, ich meine der Tisza[65] wird es allerhöchsten Ortes beantragen. Ich habe keine Anzeichen dafür. Es ist so <u>Gefühlssache</u>.

Die ungarische Presse wettert furchtbar gegen die Kommuniqués, wo immer gesagt wird, die Rumänen können sich nur rühmen, einige unbefestigte Städte eingenommen zu haben. Dazu meinen die Ungarn, daß die Rumänen ganz recht haben, wenn sie sich rühmen, in drei Tagen zwei große Kulturstädte, Kronstadt und Hermannstadt, eingenommen zu haben. Es geht schon Alles drunter und drüber.

Ich vergaß Dir zu schreiben, neulich am Stryj, wie ich Teile der Honvedkavalleriedi[visi]on beim Abfahren nach Siebenbürgen verabschiedet habe, brachen alle Leute, nachdem ich mit jedem gesprochen habe, in nicht enden wollende Eljenrufe aus, und die Offiziere haben mich gehoben, wie damals in Pest zu Anfang des Krieges. Die Leute sind zu rührend. Natürlich begeistert der Krieg gegen Rumänien jeden Ungarn[66].

o. O. [Chodorów], 1916 September 06

Index 1541

Es geht leider bei den Deutschen gar nicht gut, die deutsche 105 Di[visi]on, die bereits vom Dauerlauf bei Stanislau bekannt ist, wurde durchbrochen, dabei

---

62 Vgl. KA, NL Brougier, Tagebuch, fol. 86r, 97v–98r; ÖUlK 5, 372.
63 Peter Hofmann, FML, vgl. dazu ÖUlK 5,374–375; Bardolff, Soldat im alten Österreich, 264 (mit Karte).
64 Vgl. KA, NL Brougier, Tagebuch, fol 97v–99r.
65 Stefan (István) Graf Tisza, 1913 bis 15.06.1917 ungarischer Ministerpräsident.
66 Vgl. KA, NL Brougier, Tagebuch, fol. 97r.

unsere 12. (Krakauer) ID auch mitgerissen, und der ganze rechte Flügel der Südarmee mußte hinter die Narajówka zurückgenommen werden. Natürlich mußte dadurch der linke Flügel der 3. Armee im Einklang zurückgenommen werden, damit ist der Besitz von Kalusz sehr fraglich[67]. In den Karpaten verloren die Deutschen die Höhe Skoruszny an der Czornahora und Höhen südlich Sarata. Unsere braven alten Landstürmer und die 8. KD wiesen zwischen Kirlibaba und Dornawatra mit einem bayrischen Regiment zusammen alle Angriffe ab. Man muß nur sagen, daß der letzt erwähnte Gegner halb so stark ist wie die bei den Deutschen. Das Wetter ist schön und warm. Jetzt kann ich natürlich nicht nach Wien kommen, weil die Lage zu unsicher ist; bis sich die Sache wieder etwas konsolidiert, komme ich. Mit Gottes Hilfe wird wieder alles gut gehen[68].

Chodorów, 1916 September 09

Index 1544

Eben war Enver Pascha[69] hier. Er macht einen sehr europäischen Eindruck und spricht vollkommen deutsch. Er hatte neun Personen mit. Alle Leut' in Österreich und Ungarn wünschen, daß ich zurückkehre, damit die Wand der alten Herzen, Bolfras, Paar, Montenuovo etc.[70], durchbrochen werde. Ob es die Leute erreichen, weiß ich nicht.

Chodorów, 1916 September 10

Index 1545

Heute ist eine Riesenhetz.[a] Ich fahre heute abend nach Maramaros-Sziget [Mára-Maros-Sziget], von dort nach Felsö–Visso–Borsa, Prislopsattel, dann gegen Kirlibaba. Am Dienstag nach Körösmezö. Am Mittwoch Taracz-Tal gegen Pantyrpaß. Am Donnerstag früh wieder in Chodorów. Courier geht Sonntag und Montag nach Maramaros-Sziget [Mára-Maros-Sziget]. Nun muß ich schließen. An der Front Ruhe[71].

---

a Umgangssprachlich: Riesenhetzerei = eine große Jagd

67 Vgl. ÖUlK 5, 373, 392–394.

68 Vgl. KA; NL Brougier, Tagebuch, fol. 100v; ÖUlK 5, 372.

69 Enver Pascha, türkischer General, 1914–1918 türkischer Kriegsminister, 1918 Flucht aus der Türkei; vgl. dazu auch KA, NL Brougier, Tagebuch, fol. 102r und Nr. 213.

70 Arthur Bolfras Frh. von, Generaladjutant Kaiser Franz Josephs I. und Chef der Kabinettskanzlei; Eduard Graf Paar, Erster Generaladjutant Kaiser Franz Josephs I. und GO; Alfred II. Fürst von Montenuovo, Obersthofmeister Kaiser Franz Josephs I.

71 Vgl. KA, NL Brougier, Tagebuch, fol. 102v; ÖUlK 5, 389, 396.

Auf der Fahrt, 1916 September 13

Index 1549

Ich war vorgestern auf dem Prislopsattel und bei Kirlibaba, gestern in Körösmezö und nördlich Bruszura beim Pantyrpaß (250 km Auto) und heute auf dem Kobila. Ich sprach überall mit den Kommandanten, sie sind alle sehr zuversichtlich. Ich freue mich schon sehr auf das morgige Telephon. Morgen soll der „Weltweise" [FM Eh. Friedrich] kommen, der kann sich freuen, was der zu hören bekommt von mir. Ich glaube, ich habe heute 18 Punkte, lauter Gravamina, herausgebracht. Alle Blödsinne, die das Armeeoberkommando bei Zusammenstellung dieses Kommandos gemacht hat, werden ihm aufgetischt. Ich bin heute sehr geladen! Bei uns ist [a]–Hopfen und Malz[–a] verloren, die ganze Sache stinkt von A bis Z[72].

o. O. [Chodorów], 1916 September 17

Index 1551

Es ging gestern nicht besonders gut. Die Russen haben bei Lipnica Dolna und Swistelniki die deutsche 1. Reservedivision auf circa 2–3 km zurückgedrängt und gleichzeitig den rechten Flügel des XV. ottomanischen Korps. Ich glaube und hoffe, daß mit Gottes Hilfe wieder Alles hergestellt sein wird[73]. Ferdinand[74] war sehr freundlich, und in den ganzen zwei Tagen war kein Mißklang, worüber ich sehr froh bin. Boris[75] ist ein sehr netter junger Mann. Am ersten Tag, Freitag, war abends Souper bei mir. Gestern früh fuhren wir in die Gegend von Rosulna, wo man von einer Höhe aus einen sehr guten Überblick über Stellungen, die Ebene von Bohorodczany und die Karpatenstellungen bis in die Gegend des Pantyrpasses hat. Dort verlieh mir Ferdinand den Orden der Tapferkeit (pro hrabrost) II. Klasse. Ferdinand sprach sehr lange mit GO Kövess[76], den er sehr gut von Belgrad aus kannte, dann dessen Generalstabschef GM Konopitzki[77]. Der Oberst seines Regiments, 11er Husaren[78], den wir von Skole aus in der Nacht per Auto kommen ließen, wurde sehr lange angesprochen und erhielt einen Orden und mehrere Orden zur Verteilung an Offiziere und Mannschaft. Nach der Besichtigung frühstückten wir mit Ther-

---

a–a Umgangssprachlich.

72 Vgl. KA; NL Brougier, Tagebuch, fol. 104r–v.
73 Vgl. ÖUlK 5, 413; KA, NL Brougier,Tagebuch, 105r–v.
74 Ferdinand I. von Sachsen-Coburg, König (Zar) der Bulgaren 1908–1918 (Abdankung).
75 Boris, Kronprinz von Bulgarien.
76 Hermann Kövess von Kövessháza, 1916 GO, vgl. Nr. 3.
77 Theodor Konopicky, GM.
78 Kommandant des 11. Husarenregiments, Oberst Graf Alberti.

mophoren in einem Walde und fuhren dann bei strömendem Regen nach
Hause. Es war gerade der Moment der Besichtigung der einzig schöne im
ganzen Tage. Abends war ein exquisites Souper im bulgarischen Hofzug und
um 11 Uhr nachts fuhren wir weg. Ich habe dem Weltweisen [FM Eh. Fried-
rich] ordentlich die Meinung gesagt, daß sie ganz kopflos arbeiten, daß die
ganze Sache Seeckt ein aufgelegter, nicht nur politischer, sondern hauptsächlich ein schwerer militärischer Fehler war. Politisch deshalb, weil die Deutschen nach dem Krieg bei Allem immer das hervorheben werden, daß ich einen deutschen Generalstabschef hatte.

o. O. [Chodorów], 1916 September 18

Index 1552

Wir haben gestern einen recht schönen kleinen Sieg durch Gottes Hilfe errungen. 3000 Gefangene, 20 Maschinengewehre und 30–40 Offiziere bei Lipnica Dolna an der Narajówka[79]. Die ganze alte Stellung ist wieder fest in
unserem Besitze. Heute abend fahre ich nach Maramaros-Sziget [Mára-Ma-
ros-Sziget] zur 7. Armee wegen einer Personalangelegenheit. Ich bin 1 Stunde
dort und fahre dafür 24 Stunden im Zug. Das Wetter ist trüb und unfreundlich.

o. O. [Chodorów], 1916 September 21

Index 1554

Hier an der Front ist nichts Neues. Es wird in den Karpaten viel gekämpft,
bis auf die Gegend von Kirlibaba, wo ein Massenangriff gegen die schwache
8. KTD durchdrang, jedoch jetzt wieder steht. Alles in Ordnung. Wegen Kommen nach Wien kann die Sache ich erst entscheiden, bis in den Karpathen
Ruhe ist. Ich bin hier sehr unglücklich mit diesem deutschen Chef, die Sache
ist einfach undurchführbar. Ich habe dem Weltweisen [FM Eh. Friedrich] und
seinem Mentor[80] Alles so genau gesagt, aber geschehen ist nichts! Jetzt muß
ich aber fahren zu den Türken hinaus[81].

---

79 Vgl. KA; NL Brougier, Tagebuch, fol. 106v–107r; ÖUlK 5, 411.
80 Sein Flügeladjutant Herbert Graf Herberstein. Vgl. Rauchensteiner, 111 und StLA, NL Herberstein: Kriegserinnerungen „Generaladjutant in Teschen 28.03.–31.12.1916" berichtet darüber nichts.
81 Vgl. KA, NL Brougier, Tagebuch, fol. 107v–108r; ÖUlK 5, 421.

o. O. [Nagyvárad (rumän. Oradea Mare)], 1916 Oktober 14[82]

Index 1557

Von hier aus ist nicht viel Neues zu sagen. Es geht alles sehr gut vorwärts, die 9. (südliche Armee) steht bereits mit Teilen in Rumänien, die 1. Armee an den Gebirgskämmen Ungarns. Es fangen schon wieder die Unterhaltungen mit den „que Dieu ..." [an].

Falkenhayn[83] ist wild, daß mein Kommando hergekommen ist, er hat geglaubt, er würde das ganze Kommando behalten respective bekommen. Ich hatte mich für morgen angesagt zur 9. Armee, auf das hin hat es geheißen, ich möchte den Besuch verschieben, wegen Bahnschwierigkeiten, natürlich lauter faule Ausreden. Ich habe auf das hin sagen lassen, die Visitierung fände statt, und zwar mit dem reglementmäßigen Empfang.

Das Wetter ist schön und warm. Der arme Major Graf[84] ist noch immer nicht zum Bewußtsein gekommen, ich fürchte, er stirbt. Der Bischof Szechényi[85] wohnt in einem kleinen reizenden Schlößchen mitten in einem Eichenwald hier in der Nähe, er hat auch genug Geld, zwei Millionen jährlich revenuen.

Heute war eine sehr schöne Messe mit drei Priestern, die dem Bischof assistiert haben, und zum Schluß wurde mir die Reliquie des heiligen Ladislaus, Königs von Ungarn[86], zum Kusse gereicht[87].

o. O. [Nagyvárad (rumän. Oradea Mare)], 1916 Oktober 22

Index 1563

An der Front geht es nicht recht vorwärts! Ich habe heute dem Kaiser geschrieben, daß ich ihn bitte, mit Rücksicht auf die Ermordung des armen Stürgkhs[88] [sic!] hierher, d. h. Wien, einrückend gemacht zu werden, damit ich dem Kaiser in der gewiß noch schwer werdenden Zeit helfen könnte[89]. Ich

---

82 Eh. Carl wurde per 04. Oktober 1916 die „Heeresgruppe Eh. Carl Franz Joseph", bestehend aus der 1., 3., 7. und 9. Armee mit Sitz in Nagyvárad unterstellt. Vgl. KA; NL Brougier, Konzepte, fol. 234r–235v: Schreiben Conrads vom 04. Oktober 1916; Werkmann, Deutschland als Verbündeter, 64.

83 Vgl. Nr. 3. Vgl. auch KA, NL Brougier, Konzepte, fol. 241r–250r, Bericht von Eh. Carl an Conrad vom 16.10.1916 und an Bolfras, fol. 251r–258r, und Afflerbach, Falkenhayn, 468.

84 Johann Graf, Major [recte: Obst].

85 Miklós Graf Széchényi von Sárvár u. Felső-Vidéck, B von Nagyvárad. Nach KA, NL Brougier, Tagebuch vom 13.10.1916, fol. 113v waren Eh. Carl, sein Gefolge und die Operationsabteilung im bischöflichen Palais von Nagyvárad untergebracht.

86 Ladislaus I., der Heilige, 1077–1095 König von Ungarn.

87 Vgl. KA, NL Brougier, Tagebuch, fol. 113v–114r; ÖUlK 5, 450–451.

88 Vgl. Nr. 3.

89 Vgl. das Konzept dieses Briefes in: KA, NL Brougier, fol. 279r: „Noch unter dem Eindrucke der

begründete auch die Sache mit der hier nicht sehr aussichtsreichen Lage, was aber, seitdem Mackensen[90] so gut vorwärtskommt, nicht mehr zutrifft, denn die Rumänen werden dann mit Gottes Hilfe etwas von der hiesigen Front abziehen[91].Ich habe daher den Brief zurückgehalten und warte auf einen günstigeren Moment[92].

o. O. [Schäßburg (rumän. Sighisoara)], 1916 November 07

Index 1564

Hoffentlich wird aber Alles nicht mehr lange dauern, dieser grausliche Krieg. Das Wetter ist wunderschön, aber sehr kalt. Der König Ludwig[93] ist angekommen und ist sehr ermüdet, begreiflich, der arme alte Mann, der seit Sonntag bis heute, Dienstag früh reist.

Es war natürlich, wie bei allen diesen Sachen, ein großes Karabunder[a] zwischen unseren und den deutschen Herren, weil jeder das Programm machen wollte. Natürlich war die Folge, daß nichts klappte; auf das hin setzte ich sowohl die öst[erreichischen] wie die deutsch[en] Militärs ab und bestimmte den Berchtold dazu, die ganze Sache zu ordnen. Nun geht es!

Der König will nicht Auto fahren und da haben sie ihm eine riesige Autofahrt proponiert. Ich habe das Ganze über den Haufen geworfen[94].

---

a) Umgangssprachlich: Durcheinander.

Ermordung des Ministerpräsident, die, wie ich fürchte, nur der Beginn von weiteren Sorgen für Eure Majestät sein wird, bitte ich tiefergebenst, folgendes vortragen zu dürfen:Als ich das letztemal in Wien war, sagten mir Eure Majestät, daß Euer Majestät in einem geeigneten Zeitpunkt mich nach Wien berufen würden. Es fällt mir als Soldat furchtbar schwer, von der Armee wegzugehen, aber ich glaube, ich könnte jetzt gerade an der Seite Eurer Majestät mit meinen geringen Kräften Eurer Majestät etwas von der großen Sorgenlast abnehmen. Die militärische Lage ist meiner heiligsten Überzeugung nach die, daß es hier an der Front auch nach Einsatz der zwei neuen deutschen Divisionen nicht viel vorwärtsgehen wird, ausgenommen es gelingt Mackensen, was aber noch gar nicht so sicher ist, die feindliche Dobrudscha-Armee entscheidend zu schlagen."

90 August von Mackensen, preußischer Generalfeldmarschall. Vgl. seine Erinnerungen, in Foerster (Hrsg.), Mackensen; ÖUlK 5, 500–501.

91 Vgl. KA, NL Brougier, Tagebuch, fol. 118r; ÖUlK 5, 450–451.

92 Werkmann, Deutschland als Verbündeter, 72, bringt diesen Brief, ohne zu wissen, daß er nicht abgeschickt wurde. Dieser Irrtum wurde in der Folge von der gesamten Kaiser-Karl-Literatur übernommen; KA, NL Brougier, Tagebuch, fol. 118r, berichtet den Expedit des Briefes durch Berchtold, Hantsch, Berchtold 2, 790, das telefonische Storno des Eh.

93 Ludwig III., König von Bayern 1913–1918.

94 Vgl. KA, NL Brougier, Tagebuch, fol. 126v; Werkmann, Deutschland als Verbündeter, 73.

o. O. [Schäßburg (rumän. Sighisoara)], 1916 November 10

Index 1566

Vor allen Dingen: Du hast mir noch in Klausenburg gesagt, daß das Fleisch-
essen hier Dir so gutgetan hätte. Herzi, Du hast vier Kinder nacheinander bekommen, jede Dame in Deinem Falle würde die ärztliche Erlaubnis erhalten,
auch an fleischlosen Tagen Fleisch zu essen. Tue das doch auch so, ich wünsche es, und Deine Gesundheit ist jedenfalls eine Staatsnotwendigkeit! Ich
wollte hier beim Kommando einen fleischlosen Tag einführen, ich wurde bestürmt, dies nicht zu tun, da erstens die Sache pekuniär keinen Vorteil hätte
und hier das Beschaffen des Fleisches viel leichter als alles andere ist und
man der hiesigen Bevölkerung, die nicht gerne Fleisch ißt, das wenige Ge-
müse wegißt. Ich war gestern in Hermannstadt und sah noch die offene Leiche des armen Heinrich[95]. Ich habe ihn ja außer in Tirol wenig gesehen, habe
ihn daher nicht wieder erkannt, aber Leute, die ihn gut gekannt haben, wie
Berchtold und Hunyady[96], sagen, er sähe so schön aus, ganz liechtensteinisch.

Er war in der Leichenhalle aufgebahrt und ein Doppelposten davor. Sein
ganzes Regiment hat ihn angebetet, Offiziere wie Mannschaft. Sein Batail-
lons-Adjutant, ein sehr netter Mensch, der ihn sehr heiß geliebt hat, besorgte
Alles und richtete Alles, so gut es eben ging, her. Seine arme Mutter[97] ist in
der vergangenen Nacht nachgekommen, und ich habe sie absichtlich bei der
stillen Messe und Einsegnung, die ganz ohne jeden Prunk heute früh stattfinden, allein gelassen![98]

---

95 Heinrich Prinz von Bayern, am 08.11.1916 gefallen bei Hermannstadt. Aus Brief Eh. Carls vom
09. 11. 1916 vgl. Index 1565: „Mir tut der arme Heinrich von Bayern so leid, besonders seine
arme Mutter. Ich fahre zum Begräbnis des armen Heinrich, d. h. zur Einsegnung vor dem Abtransport."
96 Josef (József) Graf Hunyady von Kethély, Ordonnanzoffizier, ab 11.05.1918 Erster Obersthofmeister Kaiser Karls; Mitglied des ungarischen Magnatenhauses.Vgl. zu ihm auch StLA, NL
Herberstein, Kriegserinnerungen des Grafen Herbert Herberstein, 1914, 93–94 (= 27.10.1914).
97 Theresia Prinzessin von und zu Liechtenstein.
98 Vgl. KA, NL Brougier, Tagebuch, fol. 127v–128r.

21.

Reflexionen von Erzherzog Carl Franz Joseph über die Führung des AOK

o. O., 1916 September 29[1]

AOS, Tom. I, Index 94, beglaubigte Kopie; KA, NL Brougier, fol. 230r-232v, handschriftliches Konzept.
Druck: Hoyer, 110–111.

Vorschläge des Erzherzogs zur Reform des Armeeoberkommandos für einen Bericht an Kaiser Franz Joseph I.

Seine Majestät befahl mir gelegentlich der letzten Audienz am 25. September[2], mich über die Belassung der Excellenz Conrad[3] in seiner jetzigen Stellung zu äußern. Ich sagte auf das hin, ich würde Seine Majestät bitten, Conrad zu behalten.

Als Gründe waren hiefür für mich maßgebend:

1. Die große militärische Autorität, die Conrad auch bei den Deutschen genießt.

2. Die große Schwierigkeit eines würdigen Nachfolgers.

Als Nachfolger kämen in Betracht: FML Krauss[4], der sehr fähig, jedoch sehr unbeliebt ist und sich auch gern in politische Angelegenheiten einmischt; GdI Arz[5], der sehr gewandt ist, jedoch nicht auf der operativen Höhe wie Conrad steht; FML Csicserics[6], der schon seit dem russisch-japanischen Feldzuge[7] mit den russischen Verhältnissen sehr vertraut ist, wegen seiner Anschauungen, daß nicht der Angriff das Alleinseligmachende ist – worin ihm der Verlauf des Feldzuges voll Recht gegeben hat –, zu Anfang des Krieges an maß-

---

1 Aus dem Tagebuch des Flügeladjutanten Eh. Carl Franz Josephs, Rudolf Brougier, geht hervor, daß dieses Konzept im Hofzug, auf der Fahrt von Lemberg nach Wien, in der Nacht vom 28. auf den 29.09.1916 entstand. Seine Grundgedanken formulierte der Eh. in Gesprächen mit Berchtold schon Ende Juli. Vgl. Hantsch, Berchtold 2, 735–739. Bereits am 29.09. erschien Eh. Carl Franz Joseph in Audienz beim Kaiser; der Bericht dürfte dort übergeben worden sein. Vgl. KA, NL Brougier, Tagebuch Juli–November 1916.
2 Vgl. zum Verlauf dieser Audienz, Hoyer, 57.
3 Vgl. Nrn. 3, 13, 20.
4 FML Alfred Krauss, ab 22.12.1914 Generalstabschef der Balkanstreitkräfte, 20.05.1915 Generalstabschef des Kommandos an der Südwestfront, ab 01.08.1917 GdI, vgl. Nr. 3 und Krauss, Das Wunder von Karfreit.
5 Vgl. Nrn. 3 und 20.
6 Maximilian Csicserics von Bacsány, FML.
7 Februar 1904 bis 05.09.1905 (Friede von Portsmouth).

gebender Stelle nicht sehr beliebt war, sich aber während des Feldzuges sowohl als Divisionär wie auch als Korpskommandant voll bewährt hat. Von diesen dreien wäre Csicserics der Beste, obwohl alle drei vor dem Feinde sehr tüchtige Korpskommandanten waren. Conrad jedoch überragt, was Geist anlangt, alle drei.

Als Zweites wurde von Allerhöchster Seite die Frage aufgeworfen, wie man die furchtbare Wirtschaft der Unterorgane in Teschen aufhören machen könnte. Ich sagte damals: So lange Excellenz Conrad am Ruder ist, wird die Sache nie aufhören. Nach reiflicher Überlegung bin ich zu dem Schlusse gekommen: Es gibt nur ein Mittel: die Enthebung des Erzherzogs Friedrich[8] und die Betrauung des Erzherzog Eugen[9] mit dem AOK, bei vorläufiger Belassung des Chefs. Erzherzog Friedrich verstand es nicht, mit dem Chef zu sprechen und Conrad menschlich näher zu treten. Hiedurch gelang es der beiderseitigen Umgebung, einerseits den Flügeladjutanten, anderseits der Operationsabteilung, sich wie ein Keil zwischen Feldherrn und Generalstabschef zu schieben. Dieser Umstand hatte die ganze Mißwirtschaft im AOK zur Folge und vielleicht auch, daß sich Conrad nicht von seiner unglückseligen Heirat[10]

---

8 Vgl. Nrn. 3, 20.

9 Vgl. Nrn. 1, 3, 20.

10 Virginia (Gina) Gräfin Conrad von Hötzendorf, geb. Agujari-Karasz, seit 1915 in zweiter Ehe verheiratet mit Gf. Franz Conrad von Hötzendorf (1. Ehe 1896 mit Johann Edlen von Reininghaus). Vgl. Gina von Hötzendorf, Mein Leben mit Conrad von Hötzendorf, Leipzig 1935. Vgl. dazu auch StLA, TB Herberstein, 1915.11.10: „[…] S. K. H. Eh. Friedrich hatte gleich am ersten Tage nach meiner Ankunft mit mir über die erst kürzlich erfolgte Wiederverehelichung des Chefs des Generalstabes Baron Conrad (Witwer) mit der geschiedenen Frau Gina von Reininghaus, geb. Aguyari-Karasz, gesprochen, eine Ehe, welche gesetzlich zwar gültig, nach katholischen Begriffen aber ungültig war, da der erste Gatte der jetzigen Baronin Conrad noch lebt. Dieser Umstand war nun für S. K. H. [Eh. Friedrich] deshalb sehr unangenehm geworden, da Conrad seine Gattin auf ständigen Aufenthalt zu sich nach Teschen genommen hatte und S. K. H. sich zu einer Stellungnahme entscheiden mußte, ob er die gesetzliche Gattin des Chefs des Generalstabes als solche anerkennen soll oder nicht. Der Erzherzog, welcher einen diesbezüglichen Entschluß nicht fassen zu sollen glaubte, ohne die Willensmeinung S. M. einzuholen, hatte mir den Auftrag gegeben, diese Willensmeinung während meiner Anwesenheit in Wien im Wege des Ersten Obersthofmeisters Fürsten Montenuovo einzuholen. […] ‚Ich bin‘, sagte der Allerhöchste Herr, ‚durch den Fürsten Montenuovo über den Zweck Ihres Kommens orientiert, ich wünsche aber doch, durch Sie selbst das Nähere über diese Angelegenheit zu erfahren‘. S. M. befahl mir mit den Worten, ‚Bitte setzen Sie sich‘, mich niederzusetzen und ich trug ihm möglichst kurz und bündig die Sachlage vor. S. M. schüttelte etwas den Kopf, befragte mich über verschiedene Details und frug mich: ‚Ja, wie stellt sich denn der Erzherzog zu dieser Sache?‘ Ich antwortete, daß S. K. H. sich darüber nicht bestimmt ausgesprochen habe, daß ich aber glaube, vermuten zu dürfen, daß S. K. H. es als notwendig erachte, die Situation, so wie sie jetzt ist, weiter bestehen zu lassen. S. M. dachte etwas nach und sagte plötzlich: ‚Und was würden denn Sie selbst dazu sagen?‘, worauf ich antwortete, daß ich glaube, den Standpunkt S. K. H. als den richtigsten bezeichnen zu dürfen, da es sich um den Chef des Generalstabes handelt, welcher das Vertrauen S. M. und der Armee besitzt und

abbringen ließ. Das nicht vollkommene Harmonieren zwischen Kommandanten und Generalstabschef ist das größte Unglück, das es gibt. Es ist gewiß manchmal im ersten Moment nicht leicht, mit Conrad zu verhandeln; aber er läßt dann doch mit sich reden und liebt eine offene Aussprache.

Seine Majestät würde die Gnade haben, Erzherzog Eugen zu befehlen, daß alle herrschsüchtigen Gelüste des AOK aufzuhören haben, daß das AOK mit allen zivilen Stellen Frieden zu halten und Seine Majestät über alle Vorgänge klar zu orientieren habe. Alle Unterorgane, die einem gedeihlichen Zusammenarbeiten der militärischen und zivilen Behörden im Wege stehen, sind zu entfernen (Hranilovic etc.).[11]

Der Chef würde, besonders wenn es von Allerhöchster Stelle befohlen würde, gewiß auch unter Erzherzog Eugen bleiben. Wenn Erzherzog Eugen mit ihm persönlich und ruhig über die notwendigen Personalveränderungen spricht, würde es der Chef ganz gut einsehen, umsomehr, als er selbst weiß, daß er sich in Personalien nicht auskennt. Wenn nun wider alles Erwarten der Chef demissionieren wollte, so wäre trotzdem die Berufung des Erzherzogs Eugen am Platze. Würde nur die Person des Chefs gewechselt, so bestünde die Gefahr, daß beim neuen Chef mit Erzherzog Friedrich bald ähnliche Zustände herrschten wie bei Conrad. Erzherzog Eugen genießt bei der Armee weitaus das größte Ansehen von allen Erzherzogen und würde durch sein festes und sicheres Auftreten auch den Deutschen sehr imponieren.

---

jetzt wohl nicht durch Aufrollung dieser rein persönlichen Angelegenheit in der Ausübung seiner so wichtigen Funktionen gestört werden dürfe.

S. M. schien mit dieser Auffassung einverstanden und sagte mir: ‚Also melden Sie S.K.H., daß ich nicht wünsche, daß aus dieser Sache irgend welche Konsequenzen gezogen werden und daß ich es ganz S. K. H. überlasse, den richtigen Weg dazu einzuschlagen.' S. M. geruhte, mir dann noch einige sehr gnädige Worte über meine Erfolge an der Front zu sagen und entließ mich mit einem sehr wohlwollenden Kopfnicken."

Eine Charakteristik der Gemahlin Conrads vgl. StLA, TB Herberstein, 1915.11.13: „Die Baronin Conrad ist eine sehr sympathische Frau, ganz italienischer Typus, sehr gut angezogen, mit sehr guten und ruhigen Manieren und in jeder Hinsicht Dame der besseren Gesellschaftskreise. Eigentlich begreife ich nicht recht, wie sich Conrad und sie zusammengefunden haben. Sie ist Weltdame, anscheinend sehr raffiniert in allen Lebensgewohnheiten, sehr künstlerisch und besonders musikalisch veranlagt, an Luxus und an teure Sachen gewöhnt; er außergewöhnlich gescheit und genial, aber eher Naturbursche, sich gehenlassend, unpünktlich, ganz ohne Rücksicht auf Äußerlichkeiten etc. Geld haben weder er noch sie, das kommt zwar jetzt in Anbetracht seiner Kriegsbezüge nicht in Betracht, aber dann? Und schließlich sind doch auch ca. 25 Jahre Altersunterschied zwischen beiden vorhanden."

11 Vgl. Nr. 3.

22.
Erzherzog Carl Franz Joseph an Papst Benedikt XV.

o. O., o. D. [1916 November vor 21.]

AE Stati Eccl. 216 [neu 1317], vol. 1, Fasz. 1–7, Prot. 23.036, Ausfertigung; AOS, Tom.
I, Index 451, beglaubigte Kopie.
Druck: Rumi, 29.

Der Erzherzog übersendet Papst Benedikt XV. einen Entwurf des Friedensan-
gebotes der Zentralmächte; er bittet ihn, seinen ganzen Einfluß aufzubieten,
damit der Krieg beendet werde.

Je viens m'adresser en toute confiance à la bonté paternelle de Votre Sainteté.
La demande que j'ose soumettre à Votre Sainteté concerne un désir qui me
tient infiniment à coeur et à l'accomplissement duquel, je puis le dire en toute
sincérité, j'ai travaillé depuis longtemps déjà[1].

Votre Sainteté aura reçu aujourd'hui la note rédigée par nous et nos alliés
pour créer une base aux négociations de paix. Voyant de près les souffrances
sans nom dont chaque jour de guerre accable les combattants ainsi que leurs
familles, j'ai demandé et je demande sans cesse très instamment à Dieu qu'il
me permette de pouvoir contribuer à faire cesser ces douleurs.

La tendresse paternelle que le Saint-Père porte à chaque nation et qui s'é-
tend jusqu'au dernier de ses enfants,me donne l'espoir que Votre Sainteté voudra bien user de l'influence qu'Elle possède sur tous les partis belligérants afin
de les décider à mettre un terme à cette lutte terrible qui couvre l'Europe de
sang et de larmes[2].

---

1 Vgl. A.S.V., Prot. 4391. Friedensangebot vom 12.12.1916, Abdruck der Note, in: Ludendorff, Urkunden, 311–312. Vgl. auch AE, Stati Eccl. 216 [neu 1317], vol. 1, Fasz. 1–7, Prot. 23.692, Valfrè
   di Bonzo an Gasparri, Wien, 1916 Dezember 12, Kommentar zum Friedensangebot der Zentralmächte; vermutlich im Zusammenhang mit der Intervention Erzbergers, um den Papst in
   die Vermittlung beim Friedensschluß zu bitten: Erzberger an Gerlach, Berlin, 1916 November
   11, in: Scherer/Grunewald 1, 554–555 (Nr 371). Zur Entstehung des Friedensangebotes der
   Zentralmächte: Burian, Drei Jahre, 140–154; zur Position der tschech. Exilanten, Beneš, Aufstand der Nationen, 126.
2 Vgl. dazu den Bericht Giskras an Burián, Haag, 1916 Juni 26 in: HHStA, PA I, Karton 826: „In
   der Juni Nummer der ‚English Review' – einer im großen und ganzen mit der politischen Richtung der Northcliffe Presse übereinstimmenden Monatsschrift – erscheint aus der Feder des
   bekannten Londoner Figaro Correspondenten, Coudurier de Chassaigne, ein bemerkenswerter
   Artikel, in welchem in sehr heftiger Weise gegen die eventuelle Teilnahme des Vatikans an den
   seinerzeitigen Friedensverhandlungen zu Felde gezogen wird. Die allgemein antiklerikalen
   Argumente, mit welchen der Verfasser seine These stützt, sind hiebei von weniger Interesse,
   als die am Schlusse ziemlich unvermittelt auftauchende, die wahren Absichten desselben ent-

Je prie Votre Sainteté de vouloir bien compter toujours sur mon dévouement absolu au Saint Siège et je La supplie de me bénir ainsi que ma famille.

---

hüllende Bemerkung. Keine andere Macht könnte mit solcher Energie wie der Heilige Stuhl
für die Integrität Österreich-Ungarns eintreten; die Zersplitterung der Monarchie muß aber
ein Essentiale der Politik der Entente darstellen, weil der Macht Deutschlands nur durch Vernichtung Österreich-Ungarns beizukommen ist." Dank freundlicher Mitteilung von Herrn
Louis Pierre Laroche.

III. Der Kaiser – Regierungszeit (1916–1918/19)

23.
Ansprache Kaiser und König Karls an die Mitarbeiter des verstorbenen Kaisers Franz Joseph I.

[Wien, 1916 nach November 21]

AOS, Tom. I, Index 27.

Kurze Skizze seines Regierungskonzeptes.

Es freut mich sehr, Sie heute hier zu sehen. Ich bin überzeugt, daß die Herren gerade so, wie sie dem verstorbenen Herrn treu gedient, auch mich jederzeit unterstützen werden.

Ich rechne auf Ihre Mithilfe. Es liegen große Aufgaben vor uns. Die Hauptaufgabe, die jedem, der für die Geschicke der Monarchie verantwortlich, vorschweben muß, ist die baldmöglichste Anbahnung eines guten Friedens. Eine zweite Aufgabe, die der ersteren ebenbürtig ist, ist die möglichst gute Ernährung des Volkes, eine Sache, der ich mein ganzes Interesse widmen will.

Vor allem muß Ruhe und Ordnung herrschen, und ich will, daß meine Regierung gerecht, wohlwollend, aber energisch sei.

Mit Gottes Hilfe und dem hehren Beispiel meines verstorbenen Großoheims folgend, werden wir das Ziel erreichen[1].

24.
Erster Armee- und Flottenbefehl Kaiser und König Karls

Wien, 1916 November 22

Wien, KA, MKSM 1916, 68-8/4; Druck: Lorenz, Kaiser Karl, 240; Hoyer, Kaiser Karl, 70.

Antritt als oberster Kriegsherr.

Soldaten!

Die harten, aber ruhmvollen Tage dieses Riesenkampfes habe ich bis nun mit Euch verlebt. In großer Zeit, aus Eurer Mitte trete Ich jetzt als Oberster

---

1 Vgl. dazu: AGL, Zdenko Vinzenz Prinz Lobkowicz, Reminiszenz II: Thronbesteigung 21. November 1916 bis 31. Dezember 1916.

Kriegsherr an die Spitze Meiner kampferprobten Armee und Flotte in dem
unerschütterlichen Glauben an unser heiliges Recht und an den Sieg, den wir
mit Gottes Hilfe im Verein mit unseren treuen Verbündeten unserer gerechten Sache erkämpfen werden.

25.
Proklamation Kaiser und König Karls anläßlich seiner Thronbesteigung

Wien, 1916 November 21

Entwurf: KA, MKSM 1916, 68–8;
Druck: Wiener Zeitung Nr. 269, Extraausgabe, 22. 11. 1916.

*Gelöbnis des Kaisers und Königs, „alles zu tun, um die Schrecknisse und Op-
fer des Krieges in ehester Frist zu bannen", seinen Völkern ein „gerechter und
liebevoller Fürst" zu sein, ihre verfassungsmäßigen Freiheiten und sonstigen
Gerechtsamen hochzuhalten und die Rechtsgleichheit für alle sorgsam zu hüten. Der Kaiser will sich bemühen, „das sittliche und geistige Wohl der Völker
zu fördern, Freiheit und Ordnung [...] zu beschirmen, allen erwerbsfähigen
Gliedern der Gesellschaft die Früchte redlicher Arbeit zu sichern".*

An Meine Völker!

Tiefbewegt und erschüttert stehen Ich und Mein Haus, stehen Meine treuen
Völker an der Bahre des edlen Herrschers, dessen Händen durch nahezu sieben Jahrzehnte die Geschicke der Monarchie anvertraut waren.

Durch die Gnade des Allmächtigen, die Ihn in frühen Jünglingsjahren auf
den Thron berufen hatte, ward Ihm auch die Kraft verliehen, unbeirrt und ungebrochen durch schwerstes menschliches Leid, bis ins hohe Greisenalter nur
den Pflichten zu leben, die Sein hehres Herrscheramt und die heiße Liebe zu
Seinen Völkern Ihm vorschrieben. Seine Weisheit, Einsicht und väterliche
Fürsorge haben die dauernden Grundlagen friedlichen Zusammenlebens und
freier Entwicklung geschaffen und aus schweren Wirren und Gefahren, durch
böse und durch gute Tage, Österreich-Ungarn durch eine lange und gesegnete
Zeit des Friedens auf die Höhe der Macht geführt, auf der es heute im Verein
mit treuen Verbündeten den Kampf gegen Feinde ringsherum besteht. Sein
Werk gilt es fortzusetzen und zu vollenden.

In sturmbewegter Zeit besteige Ich den ehrwürdigen Thron Meiner Vorfahren, den Mein erlauchter Ohm Mir in unvermindertem Glanze hinterläßt.

Noch ist das Ziel nicht erreicht, noch ist der Wahn der Feinde nicht gebrochen, die meinen, in fortgesetztem Ansturme Meine Monarchie und Ihre Verbündeten niederringen, ja zertrümmern zu können. Ich weiß Mich eins mit Meinen Völkern in dem unbeugsamen Entschluß, den Kampf durchzukämpfen, bis der Friede errungen ist, der den Bestand Meiner Monarchie sichert und die festen Grundlagen ihrer ungestörten Entwicklung verbürgt. In stolzer Zuversicht vertraue Ich darauf, daß Meine heldenmütige Wehrmacht, gestützt auf die aufopfernde Vaterlandsliebe Meiner Völker und in treuer Waffenbrüderschaft mit den verbündeten Heeren, auch weiterhin alle Angriffe der Feinde mit Gottes gnädigem Beistande abwehren und den siegreichen Abschluß des Krieges herbeiführen wird.

Ebenso unerschütterlich ist Mein Vertrauen, daß Meine Monarchie, deren Machtstellung in der altverbrieften, in Not und Gefahr neubesiegelten untrennbaren Schicksalsgemeinschaft ihrer beiden Staaten wurzelt, nach innen und nach außen gestählt und gekräftigt aus dem Kriege hervorgehen wird; daß Meine Völker, die sich, getragen von dem Gedanken der Zusammengehörigkeit und von tiefer Vaterlandsliebe, heute mit opferfreudiger Entschlossenheit zur Abwehr der äußeren Feinde vereinen, auch zum Werke der friedlichen Erneuerung und Verjüngung zusammenwirken werden, um die Monarchie mit den ihr angegliederten Ländern Bosnien und Herzegowina einer Zeit der inneren Blüte, des Aufschwunges und der Erstarkung zuzuführen.

Indem Ich des Himmels Gnade und Segen auf Mich und Mein Haus wie auf Meine geliebten Völker herabflehe, gelobe Ich vor dem Allmächtigen, das Gut, das Meine Ahnen Mir hinterlassen haben, getreulich zu verwalten.

Ich will alles tun, um die Schrecknisse und Opfer des Krieges in ehester Frist zu bannen, die schwervermißten Segnungen des Friedens Meinen Völkern zurückzugewinnen, sobald es die Ehre Unserer Waffen, die Lebensbedingungen Meiner Staaten und ihrer treuen Verbündeten und der Trotz Unserer Feinde gestatten werden. Meinen Völkern will Ich ein gerechter und liebevoller Fürst sein. Ich will ihre verfassungsmäßigen Freiheiten und sonstigen Gerechtsamen hochhalten und die Rechtsgleichheit für alle sorgsam hüten. Mein unablässiges Bemühen wird es sein, das sittliche und geistige Wohl Meiner Völker zu fördern, Freiheit und Ordnung in Meinen Staaten zu beschirmen, allen erwerbsfähigen Gliedern der Gesellschaft die Früchte redlicher Arbeit zu sichern. Als kostbares Erbe Meines Vorfahren übernehme Ich die Anhänglichkeit und das innige Vertrauen, das Volk und Krone in Unserem Vaterlande umschließt. Dieses Vermächtnis soll Mir die Kraft verleihen, den Pflichten Meines hohen und schweren Herrscheramtes gerecht zu werden.

Durchdrungen von dem Glauben an die unvernichtbare Lebenskraft Österreich-Ungarns, beseelt von inniger Liebe zu Meinen Völkern, will Ich Mein Leben und Meine ganze Kraft in den Dienst dieser hohen Aufgabe stellen[1].

---

1 Vgl. dazu bei Polzer-Hoditz, 168–170.

26.
Armee- und Flottenbefehl Kaiser und König Karls

Wien, 1916 Dezember 02

Entwurf: KA, MKSM 1916, 68-8/8.
Druck: Lorenz, Kaiser Karl, 241; Hoyer, Kaiser Karl, 72; Rauchensteiner, 400.

Übernahme des AOK und Ernennung eines Stellvertreters.

In Ausübung Meiner Herrscherrechte übernehme Ich das Armeeoberkommando und hiemit den Oberbefehl über die gesamten Streitkräfte Meiner Armee und Meiner Flotte.

Zu Meinem Stellvertreter im Armeeoberkommando bestimme Ich den Feldmarschall Erzherzog Friedrich[1].

---

1 Vgl. Befehlschreiben an Eh. Friedrich vom 04.12.1916, in: Hoyer, Kaiser Karl, 73–74:
Anläßlich der Übernahme des Armeeoberkommandos verfüge ich:
   1. Alle wichtigen operativen Entscheidungen behalte ich Mir vor.
   2. Laufende minderwichtige operative Anordnungen sind, soferne sie nicht wie bisher vom Chef des Generalstabes unterschrieben werden, von Meinem Stellvertreter – in beiden Fällen „Auf Allerhöchsten Befehl" – zu fertigen.
   3. Mein Stellvertreter ist unbedingt von allen getroffenen Anordnungen in Kenntnis zu halten.
   4. Alle wichtigen innenpolitischen und besonders die auf die Regelung der Verhältnisse in Polen bezugnehmenden Angelegenheiten sind Mir zur Entscheidung zu unterbreiten.
   5. Falls ich Mich nicht im Standorte Meines Stellvertreters aufhalte, sind Mir alle Meldungen, Berichte und Anträge des Chefs des Generalstabes im Wege Meiner Militärkanzlei einzusenden, erforderlichenfalls hat sich Mein Stellvertreter oder der Chef des Generalstabes zu Mir zu begeben oder ein vollkommen eingeweihtes Organ zur mündlichen Berichterstattung zu entsenden.
   6. Veränderungen auf Kommandoposten vom Divisionär aufwärts behalte ich Mir vor.
   7. Enthebungen vom Brigadier aufwärts sind Mir samt Ersatzverfügung sofort begründet zu melden. Das Abgehen des Enthobenen ins Hinterland erfolgt erst nach Meiner diesbezüglichen Entscheidung.
   8. Bei Meiner zeitweiligen Abwesenheit von Wien sind die Situationsmeldungen unbeschadet der direkten Vorlage an Mich, auch Meiner Militärkanzlei in Wien, kontinuierlich einzusenden.
   9. Die Auszeichnungsanträge sind wie bisher Mir zu unterbreiten.
   10. Das dem bisherigen Armeeoberkommandanten zugestandene Recht, außertourliche Beförderungen vorzunehmen, Tapferkeitsmedaillen zu verleihen, ferner Armeeoberkommando-Belobungen zu erteilen, übertrage ich auf Meinen Stellvertreter. Die diesbezüglich getroffenen Verfügungen sind Mir im Wege Meiner Militärkanzlei vorzulegen.

27.
Der Apostolische Nuntius in Wien, Teodoro Valfrè di Bonzo, an Papst Benedikt XV.

Wien, 1916 Dezember 10

AE Italia 443 [neu 843], Prot. 23.798.

Bericht über seine erste Audienz bei Kaiser Karl am 10. Dezember 1916. Gespräch über die Bombardierung Paduas durch Österreich im November 1916. Feierliches Versprechen Kaiser Karls, in Zukunft keine offenen Städte zu bombardieren.

Riservata – Confidenziale[a]:

Mi reco a doverosa premura l'informare la Santità Vostra sull'oggetto di una lunga conversazione che ho avuto iersera all'Hofburg con S.M. l'Imperatore d'Austria Carlo I.
Questi, per mezzo di persona di sua fiducia, mi aveva nella mattinata pregato di portarmi da Lui, desiderando intrattenersi col Nunzio in privato colloquio, e mi fissava l'appuntamento per le ore 16 1/2.
   Arrivato puntualmente all'Hofburg, per l'ora indicatami, fui immediatamente introdotto presso Sua Maestà, la quale venne premurosa al mio incontro, ricevendomi affabilmente e pregandomi di prender posto in una poltrona presso il suo tavolo da lavoro.
   Egli, dopo poche parole di cortesia a mio riguardo, si scuso gentilmente d'avermi incommodato, ma soggiunse tosto che cio doveva attribuirlo al vivo bisogno che provava di aprirsi meco sopra un oggetto di gradimento per il Santo Padre, e che percio non voleva tardare a far noti i suoi sentimenti a questo riguardo. Ed il discorso cadde senza più sul bombardamento di Padova, compiuto sulla metà del Novembre scorso per opera di Ufficiali aviatori austriaci, e che aveva recato la morte a molte persone di quella città, la quale impresa era stata fortemente deplorata da Vostra Santità.
   L'Imperatore mi assicuro, che aveva preso visione della Nota, che, d'ordine di Vostra Santità, io aveva compilata e rimessa al Ministro degli Esteri[1] in data del 18 Novembre[2], e senza entrare a discutere il fatto ormai irreparabile, Egli teneva assai a <u>dichiarare a Vostra Santità con solenne parola di Re che</u>

---

a   Vermerk.

1   Vgl. Nr. 13.
2   Diese Note an Burián vom 18.11.1916 konnte bisher nicht gefunden werden.

d'ora in avanti non sarebbero piô stati compiuti per parte dell' Austria tali atti su città aperte, e di aver in questo senso dato formali ed espressi ordini in proposito.

Manifesto con calde parole di interessamento, il desiderio che portassi senza ritardo a cognizione di Vostra Santità queste sue dichiarazioni in omaggio all' ossequio che professa alla Suprema Autorità della Chiesa, che aveva parlato in merito.

Soltantochè mi prego: instantemente che di questa sua promessa e dell' ordine dato non ne facessi parola con chichessia in Vienna e che anche in Italia ed altrove non se ne parlasse in nessuna maniera sui giornali, nè fossero comunque altrimenti propalati, ma dovessero rimanere come un delicato segreto che affidava nel più profondo del cuore di Vostra Santità.

Nell' assicurare Sua Maestà l'Imperatore che certamente la Santità Vostra avrebbe gradito assai la comunicazione che ero incaricato di trasmettere, ed avrebbe conservato su di essa il più rigoroso segreto, non ho mancato di porgere a Sua Maestà le lodi ed i ringraziamenti per il delicato senso di giustizia onde era animato nel concepire ed impartire gli ordini suddetti. E mentre l'ho pure ringraziato per lo speciale attestato di figliale ossequio, tributato a Vostra Santità, viste cosi buone disposizioni, ho creduto bene di ricordargli i sensi d'indignazione che si manifestarono nelle popolazioni per le vittime innocenti di questi terribili ordigni di guerra e di fargli osservare che allorquando non si è sicuri di colpire stabilimenti ed opere militari o luoghi destinati comechessia a portare un contributo effettivo alla guerra, non è lecito servirsi di essi ordigni, contro ogni buon diritto degli abitanti di città inermi ed inoffensive. E Sua Maestà nulla ebbe a dire in contrario.

Durante la stessa conversazione si venne a parlare dell'incoronazione di Sua Maestà a Budapest e del Vescovo di Trento[3] ma non avendo speciale segreto su questi due punti, ne faccio oggetto di due particolari rapporti a Sua Eminenza il Cardinale Segretario di Stato.

---

3   Celestino Endrici, 1904–1940 (Fürst-)Bischof von Trient. Vgl zu Endrici auch AE, Austria 491 [neu 1193 P.O.], Prot. 25.170, Wien, 1916 12.10: Valfrè di Bonzo an Gasparri mit Übersendung eines Protestbriefes von Endrici. Der militärischen Spionage verdächtigt, wurde er zuerst in seinem Trientiner Landhaus konfiniert, am 8. Mai 1916 nach Wien überstellt und wegen seiner ungenügenden Verantwortung im Kultusministerium im Sommer 1916 im Zisterzienserstift Heiligenkreuz beim Baden/N. Ö. interniert. Vgl. Kovács Ks. u. Kg. Karl I. (IV.) u. d. Bischöfe, 157.

28.
König Karls IV. ungarischer Krönungseid

Budapest, 1916 Dezember 30

Primasi Leveltár, NL Csernoch, Acta coronationis Caroli IV., gedrucktes Formular.

Diesen Eid legte Kaiser und König Karl nach seiner Königsweihe vor der Dreifaltigkeitssäule am Platze vor der Matthiaskirche ab.

Koronázási esküminta.

Mi I. Károly Isten Kegyelméből Ausztria Császára, Csehország Királya stb., és Magyarország e néven IV., Apostoli Királya, mint Magyarország s Horvát-, Szlavon-és Dalmátországoknak Örökös és Apostoli Királya, esküszünk az élő Istenre, boldogságos Szüz Máriára s az Istennek minden szenteire, hogy az Isten egyházait, Magyarország s Horvát-, Szlavon-és Dalmátországok törvényhatóságait, s egyházi és világi minden rendü lakosait jogaikban, kiváltságaikban, szabadságukban, szabadalmaikban, törvényeikben, régi jó és helybenhagyott szokásaikban megtartandjuk, mindenkinek igazságot szolgáltatunk, Magyarország s Horvát-, Szlavon-és Dalmátországok jogait, alkotmányát, törvényes függetlenségét és területi épségét, valamint a Magyarországgal egy és ugyanazon állami közösséget képező Horvát-, Szlavon-és Dalmátországok integritását és országos alkotmányát sértetlenül fenntartandjuk, dicsőült II. András király törvényeit, kivéve mindazonáltal azon törvények 31. cikkének záradékát, mely így kezdődik: „Quodsi vero Nos", egészen azon szavakig: „in perpetuum facultatem[1]" megtartandjuk; Magyarország s Horvát-, Szlavon-és Dalmátországok határait és ami ezen országokhoz bármi jog és címen tartozik, el nem idegenítjük, se meg nem csonkítjuk, sőt amennyire lehet, gyarapítjuk és kiterjesztjük, s megteendjük mindazt, amit ezen országaink közjavára, dicsőségére és öregbítésére igazságosan megtehetünk. Isten minket úgy segéljen, s annak minden szentei[2].

---

1 Vgl. Kovács, Krönung und Dethronisation, 409, Anm. 29.
2 Deutsche Fassung der Krönungseidformel:
   Wir, Karl I. von Gottes Gnaden, Kaiser von Österreich, König von Böhmen etc. und mit diesem Namen der IV. Apostolische König von Ungarn als erblicher und Apostolischer König von Ungarn, Kroatien, Slavonien und Dalmatien schwören auf den lebendigen Gott, die gebenedeite Jungfrau Maria, auf alle Heiligen Gottes, daß Wir die Kirche Gottes, die rechtmäßigen Obrigkeiten Ungarns, Kroatiens, Slavoniens, Dalmatiens und alle kirchlichen und weltlichen Bewohner in ihren Rechten, Privilegien und Freiheiten, Patenten und Gesetzen und in ihren guten anerkannten Gebräuchen erhalten und jedem Gerechtigkeit zusichern. Und Wir wer-

29.
Auszüge aus:
« Appel des MaçΔ Alliées aux MaçΔ des Nations Neutres »

Paris, 1917 Jänner 14–16

Französische Privatsammlung, Freimaurerdruck[1].

„Der Geist der Freimaurer ist solidarisch mit der Sache der Alliierten." Mit dem Sieg der Alliierten siegt der Pazifismus, dann soll eine friedliche Weltordnung auf den Prinzipien der Freimaurerei errichtet werden.*

La MaçonnΔ s'est signalée, dans le passé, par un combat héroïque et sans trêve, contre le despotisme. Les MaçΔ morts pour la défense de la liberté sont nombreux et glorieux. Leurs noms figurent à côté de ceux des grands apôtres du progrès. Ce serait manquer à la tradition et aux principes si l'institution que nous représentons, *la seule* qui s'est maintenue avec un caractère universel à travers les siècles, n'accomplissait pas son devoir envers l'humanité.

Nous y tenons essentiellement. C'est notre honneur. Plus encore que la liberté, ce sont l'humanité et la civilisation qui sont actuellement en danger. C'est à nous de les défendre avec l'esprit de désintéressement qui caractérise notre apostolat.

---

den die Integrität, die Konstitution des mit Ungarn eine Staatsgemeinschaft bildenden Kroatien, Slavonien und Dalmatien unversehrt bewahren.

Wir werden die Gesetze des ruhmreichen Königs Andreas II. bewahren, mit Ausnahme der Klausel des § 31 der Gesetze, die so beginnt: „quod si vero nos" bis zu den Worten „in perpetuum facultatem" werden Wir behalten und Wir werden die Grenzen respektieren und alles, was immer rechtlich dazugehört.

Wir werden zu dem Dazugehörigen nichts verändern, noch verkürzen, sondern sogar nach Möglichkeit fördern und erweitern und werden alles tun, was Wir zum allgemeinen Wohl, zur Ehre und zur Erhaltung dieser unserer Länder rechtmäßig machen können.

So wahr mir Gott helfe und alle Seine Heiligen.

Vgl. zu den Bedenken gegen diesen Eid bei Polzer-Hoditz, 171–172.

1   Vom 14. bis 16. Jänner 1917 fand am Sitz der Grande Loge de France, 8, rue Puteaux, Paris 17, eine „Conférénce des Maçonneries des Nations Alliées" statt, die gemeinsam vom Grand Orient de France und der Grande Loge de France veranstaltet wurde. Die 26 Teilnehmer, unter ihnen Delegierte aus Serbien, Portugal und Belgien, beschlossen sechs Resolutionen, die Einberufung eines internationalen Freimaurerkongresses für den 28. bis 30. Juni 1917 und die Versendung des „Appel" an die Freimaurer der neutralen Nationen. Beim feierlichen Empfang im Großen Tempel des Grand Orient, 16, rue de Cadet, wurde dieser Beschluß von mehr als 500 Teilnehmern akzeptiert.

Vgl. dazu Fejtö, Requiem pour l'empire, 422–423; dt. Ausgabe: Requiem für eine Monarchie, Anhang VIII, 426–427.

La MaçonnΔ ne peut et ne doit pas rester muette devant la barbarie qui nous déshonore. Ce serait un acte de lâcheté. Ce serait un crime. Ce serait le contraire de tout ce que nous prêchons.

La MaçonnΔ combat, en principe, toutes les guerres.

Elle repousse aussi bien les conflits entre Nations que les conflits entre les hommes. Mais la guerre actuelle est la guerre pour la paix et pour la sécurité des petites nationalités. C'est la guerre contre le militarisme. Plus on est pacifiste, plus l'on doit s'acharner à poursuivre cette guerre jusqu'au bout. C'est une guerre de délivrance. C'est le seul moyen de faire triompher nos idées. C'est l'amour de la vérité qui nous tient vigilants et alertes. La victoire des Alliés sera aussi la victoire du pacifisme!

L'esprit maçΔ est solidaire de la cause des Alliés. N'oublions pas qu'il s'agit d'une guerre de défense en vue *d'établir une paix durable* dans le monde, fondée sur la justice. C'est notre devoir de nous insurger contre les abus de la force et contre le manque de loyauté qui déchire les traités. Confondre le droit avec la force c'est commettre un acte de perversité. Le droit prime la force. Ne cessons jamais de le répéter. C'est notre devise. Maintenons-la hautement et fièrement, à travers tous les sacrifices et tous les dangers. Disons-le avec le poète « Il serait absurde de tenir en main une balance, quand l'adversaire tient en main une épée ».

Nous estimons que jamais l'abnégation et la solidarité maçΔ ne se sont imposées plus profondément que de nos jours. La MaçonnΔ étant une institution morale par excellence, une institution d'amour et de justice, rien de ce qui est humain ne peut lui être indifférent. Dans la terrible catastrophe que nous subissons, c'est sa cause à elle qui est en jeu, la cause de nous tous, devenus victimes d'attentats monstrueux, sans précédents dans l'histoire.

Si notre œuvre est commune, nos responsabilités doivent aussi être communes. MaçonnΔ alliées et neutres, nos âmes sont identifiées dans la même épouvante et nos cœurs doivent éprouver la même douleur.

La MaçonnΔ étant une institution d'émancipation morale et intellectuelle, c'est la conscience universelle qui nous impose cette union étroite, qui sera invincible, ainsi que toutes les unions basées sur le droit.

A l'heure actuelle, c'est aux MaçΔ de lutter pour créer une Société fondée sur les principes éternels de la MaçonnΔ […]

30.
Kaiser und König Karl an Papst Benedikt XV.

Wien, 1916 Dezember–1917 Jänner

HHStA, PA I, 962, Konzept.
Druck: Engel-Janosi, 379–380; Steglich, Friedensappell, 43–44 (Reinschrift).

„Entwurf eines Allerhöchsten Handschreibens an Seine Heiligkeit den Papst".
Kaiser Karl I. erklärt Papst Benedikt XV., daß er nie an territorialen Besitzer-
werb gedacht habe. Nur die Verteidigung der Sicherheit und Integrität des ihm
anvertrauten Reiches motiviere ihn zur Fortsetzung des Krieges. Er bittet den
Papst, seinen Einfluß für die Anbahnung eines gerechten Friedens einzusetzen.

Votre Sainteté doit connaître les sentiments de dévouement et d'amour filial
qui M'animent envers notre sainte mère l'Eglise ainsi qu'envers le Vicaire du
Christ sur cette terre. Si la tradition séculaire de la maison de Habsburg suffit
déjà amplement pour M'engager à suivre l'exemple de Mes ancêtres, en faisant preuve de ces sentiments, Mes profondes convictions de catholique ainsi
que la foi inébranlable en Dieu tout puissant Me confirmeront dans cette voie
tant que Dieu me donnera la vie.

Votre Sainteté a dû comprendre dans Sa haute sagesse que la Monarchie,
dont le sort présent et la destinée pour l'avenir sont aujourd'hui confiés à Moi
par la volonté de Dieu, n'a jamais visé, ni au commencement ni pendant la
longue durée de cette guerre, des conquêtes territoriales, mais qu'elle y a été
poussée par la dure nécessité seule de défendre son existence.

Puisque le but de Me garantir la possession intacte de ce patrimoine et la
sécurité contre les convoitises futures est atteint, la cause de continuer la
guerre a cessé d'exister pour Moi.

Comme Mes Alliés sont guidés par le même principe, ne visant que leur sécurité et leur développement national, je ne connaîtrai donc désormais d'autre bonheur plus grand que de voir finir le fléau de cette guerre et des souffrances qui en résultent pour l'Humanité, souffrances d'autant plus horribles
qu'elles sont inutiles et qu'il est impossible d'en prévoir la durée.

La divine Providence a placé Votre Sainteté sur une hauteur si élevée d'impartialité et de neutralité, que Son influence se fait sentir dans le monde entier et qu'il s'étend sur des millions d'ámes humaines autant par la voie des
croyances surhumaines que par celle de l'estime des hommes et d'une vénération générale dont Votre Sainteté est entourée d'une façon toute spéciale. La
place qu'Elle occupe dans le monde à ce dernier titre peut être considérée
comme unique.

C'est donc à Vous, Saint Père, que Je fais appel en premier lieu, de saisir le moment qui semblera propice pour Vous faire l'écho d'un désir devenu général en Europe, afin que nos ennemis acceptent les propositions formulées par nous dans un esprit de conciliation et de sentiment chrétien et qu'ils cessent une lutte dont la continuation provoquée par leur refus serait un crime, dont ils se rendraient coupables devant Dieu, devant le monde contemporain et devant l'histoire[1].

31.
Kaiser und König Karl an Papst Benedikt XV.

Wien, 1917 Februar 03

AE, Austria 567 [neu 1162 P.O.], Prot. 27.342, Autograph[1]; Druck: Rumi, 31.

Präsentation des Kaisers und Königs Karl vor dem Papst anläßlich seiner Thronbesteigung.

Beatissimo Padre,

Felice di poter cogliere qualunque occasione che mi si presenta per assicurare la Santità Vostra dei profondi sentimenti di filiale attaccamento alla Santa Madre Chiesa ed al Suo Capo Visibile, provo, ora che l'Altissimo ebbe a confidarmi il grave compito di reggere i destini dei miei popoli, il vivo bisogno di rinnovare alla Santità Vostra i sensi d'inalterabile fedeltà che ebbi il piacere d'esprimere nel mio scritto del decorso novembre come Principe Ereditario. In pari tempo prego la Santità Vostra di contare sul mio appoggio nella soluzione delle gravi questioni che sorgono continuamente in questi tempi difficili. Animato dal vivissimo desiderio che i rapporti fra la Monarchia e la Santa Sede non subiscano alcun turbamento e che anzi si rasserrino vieppiù, invio a Vostra Santità la preghiera di dare benigno ascolto al latore di questa lettera, che

---

1 Vgl. dazu PA AA Bonn, Österreich 86/1, Bd. 21, Botschafter Botho Graf von Wedel an das Deutsche Auswärtige Amt, Wien, 1917 Jänner 03: „[...] Der Kaiser ist etwas flau gestimmt, [...] sagt, er werde alles aufbieten, um einen baldigen Frieden zu erlangen. Ich hoffe, bei dieser Gelegenheit dem Kaiser sagen zu können, gerade Österreich werde gut daran tun, seine Friedenssehnsucht etwas zu verstecken."

1 Dieser Brief wurde durch Msgr. Rudolph Gerlach am 25.02.1917 von St. Moritz an Papst Benedikt XV. expediert. Vgl. AE, Austria 567 [neu 1162 P.O.], Prot. 27.345. Über seine Audienz bei Kaiser Karl berichtete Gerlach am 17.02.1917 aus St. Moritz an Eugenio Pacelli, Segretario della Sacra Congregazione: AE, Austria 567 [neu 1162 P.O.], Prot. 26.786.

gode la mia speciale fiducia e che ha l'incarico di esporre a viva voce alla Santità Vostra le difficoltà attualmente esistenti.

Ringraziando anticipatamente Vostra Santità per l'accoglienza che degnerà fare a questo mio scritto imploro per me, l'imperatrice, e i miei popoli l'Apostolica Benedizione da noi tanto ambita e mi rassegno colla più profonda venerazione, di Vostra Santità l'ossequiosissimo figlio,

Carlo

32.
Papst Benedikt XV. an Kaiser und König Karl

Vatikan, 1917 Februar 20

HHStA, PA XI, 255, Ausfertigung[1]; AE, Austria 567 [neu 1162 P.O.], Prot. 26.831, Konzept.
Druck: Engel-Janosi, 381–382; Rumi, 31–32.

Papst Benedikt XV. ermutigt Kaiser Karl bei seinen Bemühungen um einen gerechten und ehrenvollen Frieden und sichert ihm hierin seine volle Unterstützung zu.

Maestà

Msgr. Rodolfo Gerlach, Nostro Cameriere Segreto[2] partecipante, Ci ha fatto sapere che la Maestà Vostra Imperiale e Reale Apostolica, nell'udienza graziosamente accordatagli, ha voluto manifestare con parole riboccanti di filiale affetto la Sua profonda ed inalterabile devozione verso la Nostra Persona e verso la Santa Sede. Sebbene già Ci fossero pienamente conosciuti cotesti nobili sentimenti di Vostra Maestà, tuttavia Noi abbiamo oltremodo gradito che Ella si sia compiaciuta di confermarli in così amabile maniera.

E', quindi, per Noi una dolce soddisfazione il porgere a Vostra Maestà i dovuti ringraziamenti e L'assicurarLa in pari tempo della Nostra paterna e specialissima benevolenza. La tradizionale cordialità, che informa da secoli le relazioni tra la Santa Sede e l'Augusta Casa di Vostra Maestà, è resa ora più tenera dall'affettuosa e vivissima sollecitudine, con cui Noi seguiamo lo svol-

---

1 Valfrè di Bonzo an Pietro Gasparri über seine Audienz bei Kaiser Karl in Baden (07.03.1917), bei der er den Papstbrief vom 20.02.1917 übergeben hatte. Vgl AE, Austria 567 [neu 1162 P.O.], Prot. 29.208, Wien, 1917 März 16.
2 Rudolph Gerlach, 1915–1917 päpstlicher Geheimkämmerer.

gersi del regno della stessa Maestà Vostra iniziatosi in giorni tanto procellosi e difficili, ed è un bisogno del Nostro cuore di padre l'elevare al Signore continue preghiere per la conversazione e la prosperità di Vostra Maestà e del Suo cattolico Impero, sul quale invochiamo che spunti presto la sospirata alba di pace. Quando, ripieni l'animo di inesprimibile angoscia, Noi consideriamo gli orrori di questa guerra immane, la quale da tre anni insanguina e desola l'Europa, Noi ricordiamo, Sire, con grande tenerezza le parole, con cui la Maestà Vostra, nella lettera direttaCi nel novembre scorso[3] mentre era ancora arciduca ereditario,Ci esprimeva il Suo cordoglio pei dolori die fedeli popoli di cotesto Impero ed il fermo Suo proposito d'impiegare ogni Suo potere a farli cessare.

A quella lettera Noi non rispondemmo subito, perchè essa Ci fu consegnata dopochè la Maestà Vostra, in seguito alla morte del compianto ed augusto Suo prozio, l'Imperatore e Re Francesco Giuseppe, era già ascesa al Trono dei Suoi Avi, ed anche perchè non avevamo ancora ricevuta, e solo più tardi avemmo, la Nota, che la Maestà Vostra supponeva già pervenutaCi, relativa alle trattative di pace proposte da cotesto Imperiale e Reale Governo e dai Suoi Alleati[4].

Abbiamo, però, sempre avuto presenti le nobili e toccanti parole di Vostra Maestà e con paterna e vivissima compiacenza abbiamo seguito gli atti, coi quali Ella ha cercato di effettuare i Suoi generosi propositi.

Dal canto Nostro, nessun mezzo Noi abbiamo lasciato intentato, che potesse avvalorare le pratiche iniziate da Vostra Maestà e dai Sovrani Suoi Alleati per la pronta conclusione di una pace giusta ed onorevole. Alle notizie, che a tal riguardo sono già pervenute a Vostra Maestà, il Nostro Nunzio Apostolico, Monsignor Valfrè di Bonzo[5], il quale avrà l'alto onore di rassegnare nelle Sue auguste mani questa Nostra lettera, aggiungerà altre, che alla stessa Maestà Vostra confermeranno il vivissimo interessamento della Santa Sede verso cotesta Monarchia e l'attiva opera da Essa spiegata a favore della pace. Noi, intanto, non cesseremo di supplicare Iddio Onnipotente, datore di ogni bene, di voler presto concedere questo inestimabile beneficio ai popoli doloranti sotto la sferza del terribile flagello della guerra e con tale augurio inviamo di tutto cuore a Vostra Maestà, all'Augusta Sua Consorte, Sua Maestà l'Imperatrice e Regina, ed a tutta l'Imperiale e Reale Sua famiglia una specialissima Benedizione Apostolica.

---

3 Vgl. Nr. 22.
4 Vgl. Steglich, Friedensappell Papst Benedikts XV., 47–55.
5 Vgl. Nr. 27.

33.
Kardinalstaatssekretär Pietro Gasparri an den Apostolischen Nuntius in Wien, Teodoro Valfrè di Bonzo

Vatikan, 1917 Februar 20

AE, Austria 567, Prot. 26.828 [neu 1162 P.O.], unfoliiert, Konzept.

1. Erklärung des Papstes, warum er sich zu dem Friedensangebot der Zentralmächte vom 12. Dezember 1916 nicht geäußert hat. England und Frankreich hätten jeden Schritt des Papstes zugunsten des Friedens als unerwünscht bezeichnet. Er beeilt sich, mitzuteilen, daß die Regierungen Englands und Frankreichs jedoch versichert haben, über annehmbare und diskutable Friedensbedingungen zu verhandeln. Mit einem Autograph vom 16. Jänner 1917 hat Papst Benedikt XV. Kaiser Wilhelm zum Geburtstag gratuliert und ihn ersucht, für den Frieden weiter zu arbeiten.
2. Die Ernennung von drei französischen Kardinälen im letzten Konsistorium hatte wie jene der Kardinäle Frühwirth und Scapinelli im vergangenen Jahr keinerlei politischen Charakter.
3. Der Vatikan wird Sorge tragen, daß die österreichischen Kriegsgefangenen in Italien eine kleine Ostergabe erhalten.
4. Der Papst hielt für Kaiser Franz Joseph am 20. Dezember im Vatikan ein feierliches Requiem ab, an dem auf seine Anweisung zahlreiche hohe geistliche Würdenträger teilnahmen.
5. Die Abreise von Monsignore Gerlach aus Rom ist auf Druck der italienischen Presse erfolgt.
6. Die politischen Andeutungen des Franziskanerpaters Draghetti in einer seiner vielbesuchten Predigten in Rom sind vom Papst nicht gebilligt worden. Der Pater wurde daher mit einem Predigtverbot für ganz Italien belegt.

Con inserta lettera[1] del S. Padre e relativa copia[a]

Mi do premura d'inviare, qui compiegata, alla S. V. Ill.ma e Rev.ma una lettera autografa del Santo Padre, in data del 20 febbraio corrente, diretta a S. M. l'Imperatore e Re Apostolico Carlo I, incaricando La di rimettere personalmente nelle Auguste Mani della stessa Maestà Sua il venerato documento. Qui unita, faccio pure tenere a V. S. la relativa copia.

    Inoltre, a chiarire sempre meglio l'attitudine della Santa Sede verso cotesto Impero Austro-Ungarico, ella vorrà richiamare la sovrana considerazione di Sua Imperiale e Reale Maestà sopra i punti seguenti:

---

a   Vermerk.

1   Vgl. Nr. 32.

I. Per ciò che riguarda l'ultima proposta di pace avanzata dagli Imperi Centrali, è appena necessario far rilevare con quanto vivo compiacimento essa sia stata accolta dal Santo Padre, al cui cuore, sanguinante per l'eccidio di tanti suoi figli, riuscirebbe ben caro ove si potesse, anche di un'ora soltanto, abbreviare il flagello ed affrettare il ritorno di quella pace, a cui ormai tutto il mondo anela. Che se non ha avuto luogo alcuna pubblica dichiarazione della Santa Sede in proposito, ciò deve attribuirsi al fatto che il governo di Sua Maestà Britannica aveva reso noto che, in tal momento, sarebbe stato all'Inghilterra ed alla Francia del tutto sgradito qualsiasi passo del S. Padre per la pace. Donde conseguiva che, qualora la Santa Sede medesima avesse voluto prendere manifestamente posizione in favore dell'offerta degli Imperi Centrali, un tale atto per una parte, sarebbe stato assolutamente inutile; per l'altra, sarebbe riuscito anzi dannoso, potendo compromettere ogni ulteriore azione del Santo Padre a vantaggio della pace stessa.

Ciò nonostante:

1. La Santa Sede avendo ricevuto dai governi degli Imperi Medesimi l'assicurazione che le eventuali condizioni di pace erano accettabili o certamente discutibili, si diede premura di comunicare con apposita nota ufficiale ai governi dell'Intesa coi quali essa mantiene relazioni diplomatiche, siffatta assicurazione, nella speranza d'indurle con ciò a desistere dal loro atteggiamento[2].

2. Con lettera autografa del 16 gennaio p.p. a Sua Maestà l'Imperatore di Germania[3] il Santo Padre, prendendo occasione dal genetliaco del monarca per esprimergli i migliori voti, mentre constatava che gli avvenimenti non avevano peranco risposto ai pontifici sforzi in favore della pace, esternava la fiducia che Sua Maestà non volesse rinunziare alla sua nobile iniziativa per la pace stessa e additava l'opportunità che quando, nella giusta estimazione delle

---

2 Vgl. dazu HHStA, PA XXVII, Karton 57: Bericht des k.u.k. Legationsrates von Skrzynski, Bern, 1916 Dezember 29:

„Ich habe letztens ziemlich viel über das Verhältnis des Vatikans zu Frankreich und zu Italien, folglich auch über die Chancen einer eventuellen Kundgebung Seiner Heiligkeit gehört. Kurz ließe es sich folgendermaßen resumieren: Der Papst wünscht den Frieden und kann den Sieg der Orthodoxie, der Freimaurerei und der Revolutionsideen nicht herbeisehnen. Wie könnte aber Seine Heiligkeit in anderer Lage für den Frieden arbeiten, wenn Er nicht versuchen würde, die dort sehr erschütterte Autorität des Heiligen Stuhles wieder zu festigen und Vertrauen wiederzugewinnen. Der französische Klerus ist heute die Spitze der kriegshetzerischen Minorität des Volkes. Regierung und Presse sind antiklerikal. Die Situation ist unklar und das Volk gereizt. Eine Kundgebung des Papstes hätte bloß die Folge gehabt, Seiner Heiligkeit das Aussprechen des Wortes einmal unmöglich zu machen, das im Interesse des Friedens und sicher nicht gegen unser Interesse wird ausgesprochen werden können. Das gilt nach dem, was ich höre, für Frankreich. [...] Der Papst will den Frieden und will zum Frieden beitragen. Sein Interesse ist mit dem unsrigen größtenteils identisch. Das sind Tatsachen, an denen Artikel aus jüdischen und freimaurerischen Quellen nichts zu ändern vermögen. Der ehrerbietige Ton unserer Note an den Papst [vgl. Nr. 30] hat den Katholiken der Welt bewiesen, daß man es in unserem Lager weiß. Daher die wieder regere Arbeit der Freimaurer. [...]"

Dank freundlicher Mitteilung von Herrn Louis Pierre Laroche.

circostanze e delle aspirazioni dei popoli, la medesima Maestà Sua si fosse determinata a fare nuovi passi, Essa, pur lasciando ad ulteriori negoziati la cura di stabilire i particolari della pace nei differenti rapporti con le nazioni belligeranti, indicasse delle basi generali, sulle quali non fosse difficile l'accordo; accordo che avrebbe probabilmente facilitato il passaggio ai negoziati completi e definitivi. Nella citata lettera Sua Santità aveva cura altresì di segnalare, a modo di esempio, alcune di tali basi.

II. Quanto alla nomina, fatta nel Concistoro del 04 Decembre dell'anno, di tre cardinali francesi si ritiene utile mettere in rilievo che, come nell'anno precedente, la elevazione alla Sacra Porpora di Monsignor Frühwirth[4] austriaco e Nunzio a Monaco di Baviera, e di Monsignore Scapinelli[5], nunzio a Vienna, e la preterizione di Cardinali francesi non aveva avuto alcun carattere politico, così egualmente deve dirsi a proposito della creazione e pubblicazione di Cardinali francesi fatta nel ricordato Concistoro. Essa è da attribuirsi, anzitutto, al bisogno di colmare i vuoti prodottisi nel Sacro Collegio per la morte di alcuni Cardinali francesi. Inoltre è ben noto come l'opinione pubblica in Francia era dai nemici della Chiesa fortemente eccitata contro la Santa Sede e quindi l'Augusto Pontefice volle con tale atto di bencvolenza influire favorevolmente sull'opinione medesima e mitigare i perniciosi effetti di quelle calunniose ostilità. D'altra parte, la non avvenuta pubblicazione, nel Concistoro ultimo, di Cardinali degli Imperi Centrali fu dolorosamente imposta al Santo Padre dalle tristi e gravissime condizioni del momento, le quali hanno reso ancor più penosa ed intollerabile la situazione della Santa Sede. Essa, nelle attuali contingenze, non può garantire ad un suddito austriaco o tedesco il libero e sicuro viaggio a Roma ed il pacifico soggiorno in essa – e sono note le difficoltà incontrate per la venuta del Cardinale Frühwirth –; nè può inviare agli Imperi Centrali un suo corriere di gabinetto italiano, come nel 1915 faceva rilevare lo stesso Imperiale e Reale Governo austro-ungarico; laonde la Santa Sede era stata costretta a chiamare per tale incarico una guardia nobile dalla Spagna il Sign. Conte Goyreche[6] suddito americano. Il Santo Padre, ciò nondimeno, volendo dare intanto all'Austria-Ungheria ed alla Germania una prova della Sua considerazione e far contenti i fedeli cattolici di tali Imperi, nel Concistoro suddetto creò e riservò in pectore due cardinali, dei quali l'uno è austriaco, l'altro germanico.

III. Per quanto si attiene all'invio dei doni di Natale ai prigionieri italiani, è opportuno aver presente ciò che segue. Come il Santo Padre volle che i prigionieri italiani in Austria ricevessero un piccolo dono natalizio, così è stata

---

3   Vgl. Nr. 3; Scherer/Grunewald 1, 676–677 (Nr. 470), Vatikan, 1917 Jänner 16: Benedikt XV. an
    Wilhelm II. mit Marginalien Wilhelms II.
4   Andreas F. Frühwirth O.P., 1907–Ende 1916 Apostolischer Nuntius in München, seit 06.05.1915
    Kardinal. Vgl. P. Angelus Walz OP, Andreas Kardinal Frühwirth (1845–1933). Ein Zeit- und
    Lebensbild, Wien 1950.
5   Vgl. Nrn. 9, 10, 13.
6   Konnte nicht verifiziert werden.

sempre Sua intenzione di far rimettere un piccolo dono pasquale ai prigionieri austro-ungarici in Italia. Questa distribuzione presenta qui maggiori difficoltà, perchè i prigionieri in parola sono dispersi per tutta l'Italia; ma si spera che le medesime possano esser superate e che il Governo italiano non ponga ostacolo.

IV. In ordine al solenne funerale[7] per la morte della compianta Maestà dell'Imperatore e Re Francesco Giuseppe, già venne significato alla Signoria Vostra che Sua Santità fu obbligata a stabilire in massima che le solenni Cappelle Papali per i funerali dei sovrani cattolici i quali mancassero ai vivi durante le presenti o simili straordinarie circostanze, si differissero a tempo piô opportuno; tanto più che nel casò suddetto, non si era completamente sicuri circa l'osservanza del dovuto rispetto. Cio nonostante, la medesima Santità Sua volle che l'anima benedetta del defunto Monarca non rimanesse priva dei consueti suffragi. Celebrò quindi l'Augusto Pontefice, con questa pia intenzione, il 20 decembre stesso – come è noto – nella Cappella detta della Contessa Matilde una solenne messa funebre, alla quale dispose che assistessero, in rappresentanza del Sacro Collegio, gli Eminentissimi Signori Cardinali Capi d'Ordine, il Segretario di Stato e gli Eminentissimi Granito di Belmonte[8] e Scapinelli, i quali avevano avuto con l'Estinto speciali rapporti, nonché i Prelati della Corte Papale. In tal modo poté la mesta ceremonia compiersi con tutta la solennità consentita dalle sicuramente gravissime circostanze; anzi Sua Santità, dopo aver celebrato il Divino Sacrifizio, recitò con gli astanti il „De profundis" e si trattenne ad assistere nella Cappella medesima ad una seconda messa. E' poi augusta intenzione del Sommo Pontefice di indire, non appena sarà mutata la presente eccezionale situazione, una nuova Cappella Papale per rendere al defunto Sovrano le tradizionali Esequie.

V. Circa il recente allontanamento da Roma di Monsignor Gerlach[9], alla Signoria Vostra è già noto come le cose siano passate. In seguito, cioè, a malevoli attacchi della stampa italiana e ad una interpellanza presentata alla Camera dei Deputati – che si riuscì a far opportunamente ritirare – il prelodato Monsignore espresse, di spontanea sua volontà, al Santo Padre il desiderio di lasciare Roma in temporaneo congedo; al che Sua Santità, per ragioni di alta prudenza, non credette doversi opporre. Del resto, Monsignor Gerlach medesimo non avrà mancato di confermarLe costì direttamente i fatti, [...]. quali sono stati or ora esposti.

VI. A proposito delle parole pronunciate dal P. Draghetti[10], francescano, in una sua predica a Roma, devo, purtroppo, confermarLe il fatto, veramente deplorevole e sinceramente deplorato dal S. Padre, per quanto l'incidente non ab-

---

7 Zur Aufregung um das Funerale für Kaiser Franz Joseph vgl. AE, Italia 477, Prot. 23.430; 23.624; 23.891; 23.923; 23.939; 24.080.

8 Gennaro Granito Pignatelli di Belmonte, Apostolischer Nuntius in Wien 1904–1911; seit 1911 Kardinal.

9 Vgl. Nrn. 31, 32.

10 Michelangelo Draghetti OFM, bekannter Prediger in Rom.

bia avuto l'eco che si è da alcuni supposto ed in Roma stessa non siasi data alle parole dello sconsigliato religioso che poca o nessuna importanza. Sta in fatto che Sua Santità, non solo non lo aveva autorizzato, come è facile comprendere, a dire quel che disse, ma gli aveva inculcato, invece, con ogni insistenza, di non fare, nel discorso sacro alcun accenno politico, predicando soltanto, secondo il celebre dettame dell'Apostolo, <u>Jesum Christum et hunc crucifixum</u> ed esortando alla penitenza onde placare la giustizia di Dio irritata per i nostri peccati. Avendo pertanto il P. Draghetti in si malo modo disobbedito e tentato persino di compromettere la parola e la persona del Santo Padre, in pena della di lui disobbedienza e menzogna, è stato sospeso del ministero della predicazione in tutta l'Italia.

VII. Quanto, infine, ai lamenti circa le raccomandazioni fatte dalla Santa Sede a favore die prigonieri italiani in Austria-Ungheria, deve tenersi presente come, con ciò, la Santa Sede medesima altro non si proponga che un'opera di carità, dalla quale, in tempi così calamitosi, essa non può certamente esimersi. D'altra parte, la Santa Sede è pronta a fare altrettanto per i prigonieri austro-ungarici in Italia, quante volte da cotesta Monarchia le giungano sollecitazioni in proposito.

Nella viva fiducia che l'esposizione di tutto ciò, la quale sarà per farsi con ogni sollecitudine da Vostra Signoria a Sua Maestà Imperiale e Reale Apostolica, assicuri nel miglior modo del cordiale interesse che la Santa Sede annette al pieno e perfetto mantenimento di quei nobili legami che sempre unirono cotesta Monarchia e la Santa Sede, nonchè alla conservazione e prosperità dell'Impero Austro-Ungarico, ho il piacere di confermarmi.

34.
Kaiser und König Karl an Prinz Sixtus von Bourbon von Parma (Entwurf)

o. O., o. D. [1917 März]

AOS, Tom. I, Index 98, beglaubigte Kopie eines Entwurfes[1].

Kaiser und König Karl ersucht Prinz Sixtus, vorbereitende Friedensgespräche mit Frankreich anzubahnen. Sie sollten die Grundlage für weitere offizielle Gespräche bilden. Darin versichert er, den verbündeten Zentralmächten auch weiterhin treu zu bleiben.

---

1   Vgl. dazu Friedrich von Wieser, Wien HHStA, NL Wieser, fol. 429–430, Tagebucheintragung, 1918 Mai 10:

    „[...] Über die Briefangelegenheit teilte mir Musil im Vertrauen unter Handschlag mit, daß allerdings im ersten Brief – <u>les aspirations justes</u> – bezüglich Elsaß-Lothringens zugegeben

La fin de la troisième année de cette guerre qui a apporté tant de deuils et de douleurs dans le monde approche. Tous les peuples de mon Empire sont unis plus étroitement que jamais dans la volonté commune de sauvegarder l'intégrité de la Monarchie, au prix même des plus lourds sacrifices. Grâce à leur union, au concours généreux de toutes les nationalités de mon Empire, la Monarchie a pu résister pendant bientôt trois ans aux plus graves assauts. Personne ne pourra contester les avantages militaires remportés par mes troupes, en particulier sur le théâtre de la guerre balcanique.

La France a montré de son côté une force de résistance et un élan magnifique. Nous admirons tous sans réserve l'admirable bravoure traditionnelle de son armée et l'esprit des sacrifices de tout le peuple français. Aussi m'est-il particulièrement agréable de voir que, bien que momentanément adversaires, aucune véritable divergence de vues ou d'aspirations ne sépare mon Empire de la France.

J'aurais usé de toute mon influence personnelle auprès de mes alliés pour les revendications françaises relatives à l'Alsace-Lorraine si elles avaient été justes. Mais elles ne le sont pas.

Quant à la Serbie elle sera rétablie dans sa souveraineté et, en gage de notre bonne volonté, nous sommes disposés à lui assurer un accès équitable et naturel à la mer ainsi que des concessions économiques. De son côté l'Autriche-Hongrie demandera comme condition primordiale et absolue que le

---

werden (aber nicht les justes aspirations!) d. h., es wurden ihre Ansprüche nicht überhaupt für justes erklärt, sondern nur diejenigen, die eben justes waren, worunter gemeint waren, die Ansprüche auf den französischsprechenden Teil von Lothringen; und zwar ist dies geschehen unter Zustimmung von Bayern, Württemberg, Baden, Hessen, Sachsen, die auch heute noch dafür sind, diesen Teil abzutreten.

Erst im zweiten Brief wurde, nachdem Frankreich ganz Elsaß-Lothringen verlangt hatte, erklärt, daß diese Ansprüche nicht gerecht seien. (So glaube ich wenigstens Musil verstehen zu können). Im ganzen sind 14 Briefe geschrieben, und zwar <u>mit Wissen von Czernin</u>.

Der Artikel in der Reichspost bezieht sich vermutlich auf die Artikel in Reichspost Nrn. 197, 198 (25. Jg.) vom 30.04. und 01.05.1918, S. 1 bzw. 3 ist von Hauser. Das Ministerium des Äußeren, das sich auch nach Czernins Abgang für seinen Chef einsetzt, verlangte von der Reichspost die Abschwächung der Erklärung, worauf aber Hauser nicht einging, worauf der Abdruck des Artikels in anderen Zeitungen verboten wurde.

Czernin behauptet, seine Rede, in welcher er Clemenceau angriff, dem Kaiser vorgelesen zu haben, was aber nicht richtig ist. ‚Er weiß von einem Tag auf den anderen nicht, was er gesagt hat.' Musil äußert das größte Bedauern für den Kaiser, von dem er fürchtet, daß er seinen Idealismus verliert. ‚Was hat der Kaiser in der Zeit seiner Regierung für seine Völker getan, für alles sorgend, und was hat Czernin getan?' – ‚Der Kaiser sucht einen Menschen' (also einen Mann?). Die Kaiserin ist die einzige Ratgeberin des Kaisers und für ihn eine außerordentliche Stütze."

Musils schriftliches Bekenntnis, Konzeptor der „Sixtus-Briefe" gewesen zu sein, in: Bauer, Musil, 287–288. Vgl. zur Entstehung der Sixtus-Briefe auch bei Polzer-Hoditz, 358–359.

royaume de Serbie cesse à l'avenir toute relation et qu'il interdise ou supprime toute société ou tout groupement dont le but politique tend vers une désagrégation de la Monarchie, en particulier la Narodna Odbrana[2], qu'il empêche loyalement et par tous les moyens en son pouvoir tout sorte d'agitation politique soit en Serbie soit en dehors de ses frontières dans ce sens, et qu'il en donne l'assurance sous la garantie des grandes puissances. Nous resterons comme maintenant, toujours fidèles à nos alliés.

J'espère que sur cette base, des pourparlers officiels pourront être engagés et aboutir à la satisfaction de tous. Espérant qu'ainsi nous pourrons bientôt de part et d'autre mettre un terme aux souffrances de tant de millions d'hommes et de tant de familles qui sont dans la tristesse et l'anxiété.

Je te prie

34a)
Kaiser und König Karl an Prinz Sixtus von Bourbon von Parma (Entwurf)

o. O., o. D. [1917 März]

AOS, Tom. I, Index 693, beglaubigte Kopie eines Entwurfes[1].

Kaiser und König Karl ersucht Prinz Sixtus, vorbereitende Friedensgespräche mit Frankreich anzubahnen. Sie sollten die Grundlage für weitere offizielle Gespräche bilden. Darin versichert er, den verbündeten Zentralmächten auch weiterhin treu zu bleiben.

---

2 Narodna Odbrana (Nationale Verteidigung), gegr. 1908, war eine freiwillige Kampforganisation gegen Österreich-Ungarn, sollte Mitglieder im Partisanenkrieg schulen. 1909 nach Anerkennung der Annexion Bosniens und der Herzegowina durch Serbien in eine kulturelle Organisation umgewandelt. Ihre Mitglieder waren mit der Geheimgesellschaft „Einheit oder Tod", auch „Schwarze Hand" genannt, in Verbindung. Die Narodna Odbrana wurde von einem Oberst im serbischen Generalstab, Dimitrijevic, geleitet. Sie organisierte im Jahr 1903 den Mord am letzten König der Dynastie Obrenowitch und 1914 das Attentat auf den Thronfolger Eh. Franz Ferdinand. Dieser revolutionäre Geheimbund bekannte sich in seinem Programm zu starker Staatsgewalt, Nationalismus, Militarismus und zur rassischen Erneuerung des serbischen Volkes. Dazu Dimitrije Djordjević, Die Serben, in: Die Habsburgermonarchie III/1, 763; Zeman, Zusammenbruch des Habsburgerreiches, 43, 275 (Register).

1 Aus dem Besitz von Ottokar Graf Czernin-Chudenitz. Sämtliche unter dieser Indexzahl zusammengefaßten Dokumente waren bis zum Tod Czernins 1932 in seinem Besitz. Im Mai 1952 wurden sie von seinem Sohn Theobald Graf Czernin-Chudenitz Dr. Otto von Habsburg übergeben.

La fin de la troisième année de cette guerre qui a apporté tant de deuils et de douleurs dans le monde approche. Tous les peuples de mon Empire sont unis plus étroitement que jamais dans la volonté commune de sauvegarder l'intégrité de la Monarchie, au prix même des plus lourds sacrifices. Grâce à leur union, au concours généreux de toutes les nationalités de mon Empire, la Monarchie a pu résister pendant bientôt trois ans aux plus grands assauts. Personne ne pourra contester les avantages militaires remportés par mes troupes, en particulier sur le théátre de la guerre balcanique.

La France a montré de son côté une force de résistance et un élan magnifique. Nous admirons tous sans réserve l'admirable bravoure traditionnelle de son armée et l'esprit des sacrifices de tout le peuple français. Aussi m'est-il particulièrement agréable de voir que, bien que momentanément adversaires, aucune véritable divergence de vues ou d'aspirations ne sépare mon Empire de la France ᵃ⁻et que je suis en droit pouvoir espérer que divergences de vues ou d'aspiration ne séparer mon Empire de la France, jointes à celles qui régnent dans toute la monarchie, éviteront, à tout jamais, le retour d'un état de guerre pour lequel aucune responsabilité ne peut m'incomber. A cet effet; et pour manifester d'une façon précise la réalité de ce sentiment, je te prie de transmettre secrètement et inofficiellement à M-Poincaré, président de la Republique française relatives l'Alsace-Lorraine.

Quant à la Belgique, elle doit être retablie entièrement dans sa souveraineté, en gardant l'ensemble de ses possessions africaines, sans préjudice des dédommagements qu'elle pourra reçevoir pour les pertes, quelle a subies.⁻ᵃ

Quant à la Serbie elle sera rétablie dans sa souveraineté et, en gage de notre bonne volonté, nous sommes disposés à lui assurer un accès équitable et naturel à la mer ainsi que des concessions économiques. De son côté l'Autriche-Hongrie demandera comme condition primordiale et absolue que le royaume de Serbie cesse à l'avenir toute relation et qu'il interdise ou supprime toute société ou tout groupement dont le but politique tend vers une désagrégation de la Monarchie, en particulier la Narodna Odbrana, qu'il empêche loyalement et par tous les moyens en son pouvoir tout sorte d'agitation politique soit en Serbie soit en dehors de ses frontières dans ce sens, et qu'il en donne l'assurance sous la garantie des puissances de ᵇ⁻l' Entente.

Les événements qui sont produits en Russie m'obligent de réserver mes idées à ce sujet jusqu' au jour oú un gouvernement légal et définitiv y sera établi.⁻ᵇ

ᶜ⁻Après t'avoir ainsi exposé mes idées, je te demanderais de m'exposer à ton tour après en avoir référé ces deux puissances, l'opinion tout d'abors de la

---

a–a Veränderung von Nr. 34.
b–b Veränderung von Nr. 34.
c–c Erweiterung von Nr. 34.

France et de l'Angleterre, à l'effet de préparer ainsi un terrain d'entente sur base duquel des pourparlesofficiels pourraient être engagés et aboutir à la satifaction de tous.⁻ᶜ

J'espère que sur cette base, des pourparlers officiels pourront être engagés et aboutir à la satisfaction de tous. Espérant qu'ainsi nous pourrons bientôt de part et d'autre mettre un terme aux souffrances de tant de millions d'hommes et de tant de familles qui sont dans la tristesse et l'anxiété.

Je te prie

35.
Kaiser und König Karl an Prinz Sixtus von Bourbon von Parma

Laxenburg, 1917 März 24

TS 2853–2854, beglaubigte Kopie der Ausfertigung; Kopie der Ausfertigung auch in RA, GEO V, Q 1316/18.
Druck: Sixte de Bourbon, L'offre de paix séparée 96–98; Manteyer, Appendices, 252–253 (Faksimile); Griesser-Pečar, 138–141 (Faksimile); deutsche Übersetzung: Polzer-Hoditz, 600–601.

Kaiser und König Karl beauftragt Prinz Sixtus, vorbereitende Friedensgespräche mit Frankreich zu führen.

La fin de la troisième année de cette guerre qui a apporté tant de deuils et de douleurs dans le monde approche. Tous les peuples de mon Empire sont unis plus étroitement que jamais dans la volonté commune de sauvegarder l'intégrité de la Monarchie au prix même des plus lourds sacrifices. Grâce à leur union, au concours généreux de toutes les nationalités de mon Empire, la Monarchie a pu résister pendant bientôt trois ans aux plus graves) assauts. Personne ne pourra contester les avantages militaires remportés par mes troupes, en particulier sur le théâtre de la guerre balcanique.

La France a montré, de son côté, une force de résistance et un élan magnifique. Nous admirons tous, sans réserves, l'admirable bravoure traditionnelle de son armée et l'esprit de sacrifice de tout le peuple français.

Aussi m'est-il particulièrement agréable de voir que, bien que momentanément adversaires, aucune véritable divergence de vues ou d'aspirations ne sépare mon Empire de la France et que je suis en droit de pouvoir espérer que mes vives sympathies pour la France, jointes à celles qui règnent dans toute la Monarchie, éviteront à tout jamais le retour d'un état de guerre pour lequel aucune responsabilité ne peut m'incomber. A cet effet, et pour manifester d'une façon précise la réalité de ces sentiments, je te prie de transmettre secrètement et inofficiellement à M. Poincaré[1] président de la République française, ᵃ‑que j'appuierai, par tous les moyens et en usant de toute mon influence personnelle, auprès de mes alliés, les justes revendications françaises‑ᵃ relatives à l'Alsace-Lorraine[2].

Quant à la Belgique, elle doit être rétablie entièrement dans sa souveraineté, en gardant l'ensemble de ses possessions africaines, sans préjudice des dédommagements qu'elle pourra recevoir pour les pertes qu'elle a subies.

Quant à la Serbie, elle sera rétablie dans sa souveraineté et en gage de notre bonne volonté, nous sommes disposés à lui assurer un accès équitable et naturel à la mer Adriatique, ainsi que de larges concessions économiques. De son côté, l'Autriche-Hongrie demandera comme condition primordiale et absolue, que le royaume de Serbie cesse à l'avenir toute relation et qu'il supprime toute societé ou [tout] groupement dont le but politique tend vers une désagrégation de la Monarchie, en particulier la Narodna Odbrana: qu'il empêche loyalement, et par tous les moyens en son pouvoir, toute sorte d'agitation politique, soit en Serbie, soit en dehors de ses frontières dans ce sens et qu'il en donne l'assurance sous la garantie des puissances de l'Entente.

Les événements qui se sont produits en Russie m'obligent de réserver mes idées à ce sujet jusqu'au jour où un gouvernement légal et définitif y sera établi.

Après t'avoir ainsi exposé mes idées, je te demanderais de m'exposer à ton tour, après en avoir référé avec ces deux puissances, l'opinion tout d'abord de la France et de l'Angleterre, à l'effet de préparer ainsi un terrain d'entente sur base duquel des pourparlers officiels pourraient être engagés et aboutir à la satisfaction de tous.

Espérant qu'ainsi nous pourrons bientôt, de part et d'autre, mettre un terme aux souffrances de tant de millions d'hommes et de tant de familles qui sont dans la tristesse et l'anxiété, je te prie de croire à ma très vive et fraternelle affection.[3]

---

a–a Erweiterung von Nr. 34a).

1 Raymond Poincaré, 1913–1920 Präsident der Französischen Republik.
2 Vgl. dazu PRO, FO 800/200, fol. 135, Memorandum von Sir James Eric Drummond über die Verhandlungen mit Prinz Sixtus: "Prince Sixte told M. [Henri-Paul] Cambon in the present of M. Jules Cambon that he had insisted on the insertion in the letter of the sentence about Alsace-Lorraine and congratulated himself on having obtained it. Prince Sixte made the same statement in the letter to M. Jules Cambon." Zu den vorangegangenen Gesprächen von Prinz Sixtus mit Jules Cambon, Sixte de Bourbon, L'offre de paix séparée, 28–33; 40–43; 47–49. Dazu auch Lloyd George, Mein Anteil am Weltkrieg 2, 423–425.
3 Nach Scherer/Grunewald 2, 23, Anm. 2 war die deutsche Regierung seit Anfang Mai 1917 über die österr.-ung. Friedensversuche mit den Prinzen Sixtus und Xavier informiert, ohne die genauen Bedingungen zu kennen. Zu den dtsch.-frz. Friedensversuchen, die ohne Informationen Österreich-Ungarns vom Dezember 1916 bis November 1917 liefen, vgl. Steglich, Friedensver-

36.
Papst Benedikt XV. an Kaiser und König Karl

Vatikan, 1917 März 25

Druck: Engel-Janosi, 382–383; Rumi, 33.

Der Papst gratuliert Kaiser und König Karl als Nachfolger Kaiser Franz Josephs in Österreich-Ungarn. Antwort auf das kaiserliche Notifikationsschreiben.

Carissime in Christo Fili Noster, salutem et apostolicam benedictionem.

Dolore Nos Maiestatis Tuae litterae eaedemque laetitia nuper affecerunt. Interitum enim Maiestatis Suae Caesareae ac Regiae Francisci Josephi, propatrui Tui desideratissimi, non possumus equidem non graviter ferre. Idque tum ob amissionem optimi Principis Nobisque deditissimi, tum quia Te cum Domo Tua augusta summopere ex eius obitu moerentem sensimus. Itaque prope aeque dolendo, net solatium Tibi Tuisque et caelestem ei requietem adprecari a Deo contendimus. Quod autem scribis Te, in propatrui augusti locum hereditario jure succedentem, Monarchiae Austriaco-Hungaricae gubernacula suscepisse, gratulamur vehementer. Novimus enim quibus ornatus virtutibus ad imperium accesseris; nec vero dubitamus quin in summa rerum adminis-

---

suche (1984) XLVII–LIX, 114–184, 482–485: Gespräche des Leiters der Politischen Abteilung beim Generalgouverneur in Belgien, Oscar Frh. von der Lancken-Wakenitz, mit Pauline Gräfin Mérode, geb. Comtesse de La Rochefoucauld aus dem Haus der Ducs d'Estissac. Zu den deutsch-belgischen Separatfriedensversuchen anfangs 1917, in denen auch die Fragen von Elsaß-Lothringen behandelt wurden: Henri Haag, Le comte Charles de Broqueville, Ministre d'État et les luttes pour le pouvoir (1910–1940), 2, Louvain-La-Neuve et Bruxelles 1990, 589–596; ders., Le cardinal Mercier devant la Guerre et la Paix, in: RHE 79 (1984) 749–756; Scherer/Grunewald 2, 17–20 (Nr. 11), 22–26 (Nr. 14), 43–44 (Nr. 26). Die Frage einer Abtretung von Elsaß-Lothringen durch Deutschland wurden in der Besprechung der Botschafter und Minister Deutschlands und Österreichs in Wien am 16. März 1917 unter dem Vorsitz Czernins behandelt. Vgl. Scherer/Grunewald 2, 32–39 (Nr. 20); auch als Beilage zum Protokoll des Gemeinsamen Ministerrates vom 22. März 1917 bei Komjáthy, Protokolle, 482–499. Zu den englisch-spanischen-österr.-ung. Friedensbemühungen, in die sich die spanische Königinmutter Maria Christine (Christa), geb. Ehn. von Österreich, eingeschaltet hatte, vgl. Steglich, Friedensversuche (1984) XXXVIII–XLVII, 94–113; zu den österr.-ung. Friedensversuchen im Haag, ebd., XCIII–CVIII, 185–243. Über die öffentliche Meinung in Frankreich, die einen Frieden Österreich-Ungarns mit Frankreich und der Entente zu begünstigen schien, vgl. HHStA, PA XXVII, 57, Bericht Skrzynskis an das k.u.k. Außenministerium, Bern, 1917 Februar 21: „Das politische Terrain gut kennende Pariser behaupten, daß Briand sich Deschanel nähert, Lyautey immer mehr braucht und mit dem Vatikan coquettiert. Alles das sind Anzeichen für eine Richtung, die den Kampf mit Poincaré, Iswolsky und Co bedeuten und Austrophilie zulassen könnten."

tranda eum Te observantissimum filium erga Ecclesiam et Jesu Christi Vicarium praestiturus sis, qualem polliceris. Nos hanc Tuam pietatis significationem paterno studio complectimur: atque hoc scias volumus, nihil Nos magis cupere quam ut Tibi Deus perpetuo adsit ad parandam populis Tuis pacem et prosperitatem. Quorum auspicem munerum ac singularis benevolentiae Nostrae testem, apostolicam benedictionem Tibi, carissime in Christo Fili Noster, ac Domui Tuae augustae amantissime in Domino impertimus.[1]

37.
Einladung zum „Congrès des Maçonneries des Nations alliées et neutres" durch den „Grand Orient de France" und die „Grande Loge de France", 28., 29. u. 30. Juni 1917

Paris, 1917 März 25

Freimaurerdruck, frz. Privatsammlung, Kongreßbericht, S. 1–2.
Druck: Fejtö, Requiem, 422–423, dtsch. Übersetzung durch Fejtö, in: ders., Requiem für eine Monarchie, 426–427.

Um dem grausamen Drama des Krieges ein Ende zu setzen, sollen im Namen der Humanität die Völker in einer gemeinsamen Organisation zusammengefaßt werden. Die Obödienzen der Maçonnerie sollen drei Delegierte zu der Konferenz vom 28. bis 30. Juni 1917 senden. Wenn nur ein Abgesandter kommt, soll man ihn für drei Mandate bevollmächtigen. Die Themen des Kongresses betreffen rein humanitäre Fragen, entsprechend den Konstitutionen der Maçonnerie, und man wird keine politischen Fragen berühren.

O∆ de Paris, le 25 mars 1917 (E ∆ V ∆).

TT ∆ CC ∆ ET ILL ∆ FF ∆,

En vous transmettant le compte rendu sommaire de la Conférence des Maç∆ des Nations alliées, qui s'est tenue à Paris les 14-15 janvier 1917, ainsi que les résolutions et le manifeste qu'elle a adoptés, nous avons la faveur de vous faire connaître que cette Conférence a décidé de tenir, à Paris, au G ∆ O ∆ de France, les 28, 29 et 30 juin prochain, un Congrès maç∆

Ce Congrès aura pour mission de rechercher les moyens d'arriver à la constitution de la Société des Nations, afin d'éviter le retour d'une catastrophe

---

1 Vgl. auch Nr. 31.

semblable à celle qui met en deuil le monde civilisé. La Conférence a pensé que ce programme ne pouvait pas être discuté uniquement par les MaçΔ des nations alliées et qu'il appartenait aussi aux MaΔ des Nations neutres d'apporter leurs lumières à l'examen d'un problème aussi grave.

Il vous apparaîtra également que la question soulevée dépasse le cadre de quelques nations et intéresse toutes celles qui ont le désir de voir l'Humanité s'affranchir, dans l'avenir, des désastres qui paralysent la marche de la civilisation.

C'est le devoir de la MaçΔ, à l'issue du drame cruel qui se poursuit actuellement, de faire entendre sa grande voix humanitaire et de diriger les peuples vers une organisation générale qui deviendra leur sauvegarde. Elle manquerait à ce devoir, elle ferait faillite à ses grands principes, si elle se renfermait dans le silence.

Aussi, est-ce en toute confiance que nous vous demandons l'adhésion de votre IllΔ ObédΔ à ce Congrès.

Conformément à la décision prise par la Conférence des 14–15 janvier dernier, vous auriez à désigner trois délégués. Dans le cas où vous n'enverriez qu'un seul délégué, celui-ci disposerait de trois mandats.

Il est bien entendu que le Congrès maçΔ* restera sur le terrain purement humanitaire et, conformément à nos constitutions maçΔ, n'abordera aucune question d'ordre politique. Nous vous serions très obligés de nous faire parvenir votre adhésion dans le délai le plus court possible.

Convaincus que vous accueillerez notre invitation dans le même esprit de frat? que celui qui nous le dicte, nous vous adressons, TT Δ CC Δ et Ill Δ FF Δ, l'assurance de nos sentiments bien frat Δ et bien dévoués.

Le Président du Conseil de l'Ordre du Grand Orient de France, C. Corneau, 33e[1]. Le Grand Maître de la Grande Loge de France, Général Peigné[2].

---

1   Charles Corneau, Präsident der Großloge von Frankreich.
2   General Paul Peigné, Großmeister der Großloge von Frankreich, 1913–1918.

38.
Kaiser und König Karl und Kaiser Wilhelm II. über die Friedensmöglichkeiten im Frühling 1917

Wien, 1917 April 12, und
Großes Deutsches Hauptquartier, 1917 Mai 11

HHStA, PA I, 504, fol. 977 und fol. 989, Abschriften[1].

Kaiser und König Karl beschwört den deutschen Kaiser, den Krieg rasch zu beenden, nachdem die internationale Revolution Umsturzbewegungen vorbereite. Kaiser Wilhelm weist auf die militärischen Erfolge an der Westfront und zur See hin; er befürchtet von einem Frieden wirtschaftliche Depressionen, welche die Monarchien gefährden, und erkennt im Zusammenbruch Rußlands die Möglichkeit zum Sieg.

Hochverehrter Freund!

Mein Minister des Aeußern hat mir beiliegendes Exposé[2] unterbreitet, mit dessen Inhalt ich mich vollständig identifiziere und welches die Situation genau so darstellt, wie auch ich sie sehe.

Ich beeile mich, Dir, verehrter Freund, das Schriftstück zu übersenden und bitte Dich inständigst, Dich auch Deinerseits diesen Reflexionen nicht zu verschließen[3].

Wir kämpfen gegen einen neuen Feind[4], welcher gefährlicher ist als die Entente: gegen die internationale Revolution[5] und die in der allgemeinen Hungersnot den stärksten Verbündeten findet. Ich beschwöre Dich, diese so

---

1 Nach Brook-Shepherd, Um Krone und Reich, 95, 124–125 hatte Kaiser Karl das Exposé Czernins selbst verfaßt. Vgl. auch unseren Band 1, Kap. VIII.

2 Vgl. Czernins Exposé mit äußerst pessimistischer Sicht der Kriegslage, in: Czernin, Im Weltkriege, 198–204; HHStA, PA I, 504, fol. 981–986. Auch in Ludendorff, Urkunden, 374–375, 379 (beide Kaiserbriefe); ebd., 375–379 (Exposé Czernins); Scherer/Grunewald 2, 103–108 (Nr. 68), 191 (Nr. 113). Dazu auch Fischer, Griff nach der Weltmacht, 453–457.

3 Vgl. Scherer/Grunewald 2, 97–98 (Nr. 63), Wien, 1917 April 13: Wilhelm August von Stumm an Auswärtiges Amt., Zur österr. Haltung angesichts der russischen Revolution, ebd., 97–98; zur dtsch. Reaktion darauf: 159–160 (Nr. 96): Arthur Zimmermann an Botho Graf Wedel, Berlin, 1917 April 28 und 173–176 (Nr. 106): Botho Graf Wedel an Theobald von Bethmann Hollweg, Wien, 1917 Mai 06.

4 Dazu auch Bernd Sösemann, Der Verfall des Kaisergedankens im 1. Weltkrieg, in: C. G. Röhl (Hrsg.), Der Ort Kaiser Wilhelms II. in der deutschen Geschichte, 145–172, besonders 158.

5 Vgl. dazu die Politik Papst Benedikts XV. gegenüber der russischen Revolution: M. M. Sejnman, Der Vatikan und die Sozialistische Oktoberrevolution in Rußland, in: Ost und West. Festschrift Eduard Winter (1966), 730–737.

schicksalsschwere Seite der Frage nicht zu übersehen und zu bedenken, daß uns eine rasche Beendigung des Krieges – eventuell unter schweren Opfern[6] – die Möglichkeit bietet, den sich vorbereitenden Umsturzbewegungen mit Erfolg entgegenzutreten.

In treuer Freundschaft bin ich
[a]-Dein aufrichtig ergebener Karl-[a]

Mein lieber Freund!

Das mir gütigst übersandte Exposé des Grafen Czernin hat mich veranlaßt, von meinem Reichskanzler eine Äußerung zu den verschiedenen darin berührten Fragen einzufordern, Ich darf Dir den Bericht Herrn von Bethmann Hollwegs[7] anbei zur Verfügung stellen.

Ich halte dafür, daß der Bericht die Gesamtlage richtig darstellt. Unsere Erfolge an der Westfront und zur See bestärken noch meine Zuversicht auf ein glückliches Endergebnis. In den großen Angriffen der Engländer, die mit so kurzen Zwischenräumen einander gefolgt sind, daß die Gründlichkeit der Vorbereitungen darunter leiden mußte, sehe ich ein untrügliches Zeichen politischer und wirtschaftlicher Zwangslage. Die beginnende Rationierung der Lebensmittel und die drohende Einführung von Karten in England deutet auf große Sorge in der Ernährung. Das Mißlingen der Westoffensive muß die Willenskraft der Entente lähmen. Frankreich und England haben eine Kraftspannung geleistet, die bald nachlassen und sich in kürzerer Zeit voraussichtlich nicht wiederholen wird. Da Rußland erlahmt und Amerika in absehbarer Zeit nicht helfen kann, so ist die Zeit unser neuester Bundesgenosse geworden.

Die wachsenden Schwierigkeiten der langen Kriegsdauer verkenne ich nicht und verschließe auch nicht die Augen vor möglichen Rückwirkungen der russischen Revolution. Ich glaube aber, daß auch in dieser Beziehung die Verhältnisse bei den seinerzeit von ihren Feinden überfallenen und auf den Schlachtfeldern siegreichen Zentralmächten anders liegen wie bei Rußland, dessen jetzt beseitigte Regierung im August 1914 den Krieg vom Zaune brach und dem unsere Heere schwere und empfindliche Niederlagen beigebracht haben, oder wie in den Ländern, deren Monarchen durch die Gewalt unserer

---

a–a Handschriftlich

6   Zu den Gesprächen beim Monarchentreffen in Bad Homburg am 03. April 1917, als man von Österreich-Ungarn auf Deutschland einzuwirken suchte, Elsaß-Lothringen an Frankreich abzutreten und dafür den Verzicht auf Galizien anbot, vgl. die Aussagen Kühlmanns bei Steglich, Verhandlungen (1974), 8–9;44–45; Fischer, Griff nach der Weltmacht, 447–448; dazu auch Polzer-Hoditz, 340–344, 503; vgl. auch Nr. 87a.

7   Vgl. den Bericht Bethmann Hollwegs, in: Czernin, Im Weltkriege, 204–210; Ludendorff, Urkunden, 380–383; Scherer/Grunewald 2, 191 (Nr. 113).

Waffen ihren Thron verloren haben. Uns könnte gerade ein Friede, der unseren Ländern große Opfer auferlegt, wegen der mit verbundenen Depression in unserem ganzen Wirtschafts- und Erwerbsleben behobenen allgemeinen Lebensmittelknappheit Gefahren für unsere Monarchien in sich bergen.

Ich gebe mich der Hoffnung hin, daß Du den Anschauungen beipflichten wirst, die mich in Bezug auf Glück und Frieden erfüllen.

In treuer Freundschaft Dein stets ergebener

Wilhelm m.p.

39.
Der Sekretär des britischen Kriegskabinetts, Sir Maurice Hankey, über die Konferenz von St-Jean de Maurienne (19.04.1917)

London, 1918 Mai

PRO, FO 371/3134, fol. 317-320[1].

Anläßlich der Diskussion im House of Commons, die nach der Sixtus-Affäre erfolgte, legte der Sekretär des britischen Kriegskabinetts in Form von Memoranden den Verlauf des österr.-ung. Separafriedensversuches mit Hilfe der Prinzen Sixtus und Xavier von Bourbon-Parma dem britischen Außenminister Arthur J. Balfour vor. Bei der Konferenz von St-Jean de Maurienne hatte der italienische Außenminister Baron Sidney Sonnino jegliche Separatfriedensbemühungen Österreichs abgelehnt.

On April 11, 1917, the day after that on which Mr. Balfour[2] had left London on his Mission to the United States of America, the Prime Minister went to Folkestone to meet M. Ribot[3] at the latter's urgent request. No one was pre-

---

1 Aus: „Proceedings in regard to a separate peace with Austria".
2 Arthur J. Balfour, britischer Außenminister, 1916–1919.
3 Alexandre Ribot, 20.03.–07.09.1917 frz. Ministerpräsident und Außenminister. Am 17.03.1917 ersetzte Alexandre Ribot Aristide Briand als frz. Außenminister. Er brach nach TS 3516 sein Ehrenwort, die Verhandlungen mit Prinz Sixtus bis zu einem evtl. Waffenstillstand geheimzuhalten. Auf Grund dokumentarischer Beweise aus dem Archiv der Großorient-Loge war der Sturz Briands und die Ernennung Ribots von den Logen vorher entschieden worden, um einen österr. „klerikalen" Frieden zu verhindern. Vgl. TS 3516–3517. Gegen die Mitteilungen von Lloyd George, Mein Anteil am Weltkrieg 2, 426, man hätte in St. Jean de Maurienne Sonnino nur allgemein und ephemer von den österreichisch-ungarischen Friedensbemühungen durch Prinz Sixtus informiert, hält das Protokoll der Sitzung des brit. Kriegskabinetts vom 15. April 1918 anläßlich der Sixtus-Affäre fest: At St. Jean de Maurienne, on April 19th, the Prime Min-

sent at the meeting except the Prime Minister and M. Ribot. The latter showed Mr. Lloyd George[4] the now famous letter from the Emperor of Austria[5], and the Prime Minister took a copy of it. Mr. Lloyd George and M. Ribot decided that the matter was of such gravity that it was not possible to take any further step without discussion with the Italian Government. Mr. Lloyd George was bound over by a pledge of personal secrecy not to communicate this information to his colleagues, though he stipulated that he must be allowed to inform the King[6].

On April 16, 1917:

"The Prime Minister informed his colleagues that he had arranged to proceed to attend a Conference with M. Ribot and Baron Sonnino[7] on the Italian frontier on Saturday, 21st April[8]. The War Cabinet, at the Prime Minister's suggestion, decided that the Secretary should accompany the Prime Minister on his mission."

The date of the Conference, however, was advanced to April 19, 1917. Owing to the pledge of personal secrecy, on which M. Ribot had insisted, the Prime Minister was not able to discuss the matter quite fully with his colleagues. Rumors had, however, been published in the newspapers of an offer by Austria to Russia of a separate peace[9], and this gave the Prime Minister an opportunity to raise the matter in a general way. The minute of the War Cabinet on the subject, which appears in the ordinary printed series, is as follows: –

"The War Cabinet discussed briefly the question of the rumoured offer by Austria to Russia of a separate peace, as reported in the newspaper. The First Sea Lord gave reasons why, from a naval point of view, it would be very advantageous if Austria withdrew from the war. The Director of Military Operations was of opinion that if Austria made an independent peace with Russia,

---

ister had met Baron Sonnino, who flatly declined to negotiate with Austria and regarded the letter as a trick. The letter, however, was not a trick, and the Prime Minister read a translation in which the words „just claims" represented the French original „justes revendications". The copy of the original French document was then read by Mr. Bonar Law. Vgl. PRO, Cabinett 23/16, fol. 73–74.

4   David Lloyd George, 07.12.1916–19.10.1922 brit. Premierminister.

5   Vgl. Nr. 35.

6   Vgl. dazu die Audienz von Prinz Sixtus am 23.05.1917 im Buckingham Palace in den Tagebuchaufzeichnungen König Georgs V., gedruckt bei Brook-Shepherd, Um Krone und Reich, 108–109. Vgl. dazu auch das Dossier zur Sixtus-Affäre im Nachlaß König Georgs V., in: Windsor Castle, Royal Archives, George V, Q 1316. Dazu auch TS 3516.

7   Baron Sidney Sonnino, italienischer Außenminister 05.11.1914–23.06.1919.

8   Vgl. zur Konferenz von St-Jean de Maurienne, Luca Riccardi, Alleati non amici, 459–535; DDI 4 Ser., VII, 574.

9   Vgl. Brief Czernins an Hohenlohe, 1917 04. 23, daß Österreich-Ungarn zum Separatfrieden mit Rußland bereit sei. Wien habe keine Annexionsabsichten gegenüber Rußland. Vgl. Bihl, Brest-Litovsk, 31.

and Germany still remained at war, the results, from a military aspect, would probably be beneficial.

The Prime Minister reminded the War Cabinet that he was on the point of starting for Italy in order to take part in a Conference (see Minute 1 above) with the French and Italian Governments, and stated that, as Italy was more directly concerned in this matter than either France or England, the Italian Representative would be certain to ask to be informed as to the views of the British Government. He wished, therefore, to be acquainted with the expert opinions of the naval and military authorities on a possible separate peace, whether proposals had been put forward by Austria acting independently, or in collusion with Germany. „The Director of Military Operations undertook that either he or the Chief of the Imperial General Staff would immediately consider the question, and give the Prime Minister the views of the General Staff personally before he left for France."

On the same day, April 17, the Prime Minister left for Paris, accompanied by Major-General Sir G.M.W. Macdonogh[10], the Director of Military Intelligence, and Lieutenant-Colonel Sir Maurice Hankey[11], the Secretary of the War Cabinet.

On the morning of April 18, 1917, the Prime Minister received a visit from Prince Sixte of Bourbon at the Hotel Crillon, Paris[12].

[a]–On the journey to St. Jean de Maurienne, the Prime Minister, in case anything happened to him, told Sir Maurice Hankey, under the strictest pledge of personal secrecy, of the existence of the Emperor's letter, without giving any details.–[a]

The Conference at St. Jean de Maurienne took place in a railway carriage. No one was present except the three Prime Ministers and Baron Sonnino. It was during this Conference that the discussion on the subject of a separate peace with Austria took place. Before luncheon the Prime Minister went for a short walk with the Secretary of the War Cabinet and gave him a brief account of what had occurred, and he has a note that Mr. Lloyd George said that Baron Sonnino had been strongly opposed to the idea of a separate peace between Austria and the Allies. Mr. Lloyd George very much regretted that he and M. Ribot had not been in a position to tell Baron Sonnino of the Emperor's offer[13].

---

a–a In der Vorlage gestrichen.

10 George Marc Watson Macdonogh, brit. GM, 1916–1918 Leiter des brit. militärischen Nachrichtendienstes.

11 Maurice Hankey, 1916–1938 Sekretär des britischen Kriegskabinetts. Vgl. Stephen Roskill, Hankey. Man of Secrets, 1–2, London 1970–72; zur Konferenz von St-Jean de Maurienne besonders Bd. 1, 377–379. Vgl. auch Lord Hankey, The Supreme Command 1914–1918, 1–2, London 1961.

12 Vgl. Manteyer, Austria's Peace Offer, 112–117; Sixte de Bourbon, L'offre de paix séparée, 134–141.

13 Dazu Lloyd George, Mein Anteil am Weltkrieg 2, 426–429.

This would seem to confirm what has been stated by Sir Rennell Rodd[14] in a letter dated April 14, 1918, namely, that Baron Sonnino has told him that he did not know of the contents of the Emperor's letter at the time of the Conference at St. Jean de Maurienne, and that it was only some months later – about July 1917 – that he became aware of the actual proposals in the letter.

In the afternoon the Conference met formally and discussed other questions, more particularly Italian aspirations in Asia Minor and Greece. Just at the end of the Conference the question of Austria cropped up again, and on our return to London the Secretary of the War Cabinet circulated a Note to Members of the War Cabinet in regard to the Conference, from which the following extract is taken:

"There was some conversation on the subject of the recent indications of Austria's desire for a separate peace with the Allies. The Prime Minister pointed out that the British Admirality had absolutely no doubt that from a naval point of view the elimination of Austria would be a very decided advantage to the Allies. Provided that Austria made a separate peace with all the Allies, and not with Russia only, the British military authorities were also agreed that the military advantages to the Allies would be very considerable. He pointed out, however, that the conclusion of a separate peace between Austria and Russia would probably not be advantageous from a military point of view, but that it was Italy mainly that would be affected, since large Austrian forces would then become available for concentration against Italy. This was far more probable than that Austrian troops would be employed on the Western front. Baron Sonnino did not like the idea of any separate peace with Austria. He conceived that the Central Powers were endeavouring to entangle the Allies in Peace negotiations. It would, he said, be very difficult to induce public opinion in Italy to carry on the war if peace were once made with Austria, and he did not respond at all to the Prime Minister's suggestion that if Austria were eliminated Italy could then employ her strength in the realisation of her desiderata in Turkey. On the whole, therefore, Baron Sonnino thought it would be advisable for the Allies not to listen to any suggestions for a separate peace, all of which, he believed, were aimed at dividing them one from the other, and endeavouring to represent first one of the Allies and then another as standing in the way of peace. Eventually the following formula was adopted on M. Ribot's initiative: –

« M. Lloyd George, M. Ribot, et Baron Sonnino se sont entretenus des tentatives que l'Autriche serait disposée à faire auprès d'une ou plusieurs des Puissances alliées pour obtenir une paix séparée.

Ils sont tombés d'accord qu'il ne serait pas opportun d'engager une conversation qui, dans les circonstances présentes, serait particulièrement dan-

---

14 James Rennel Rodd, 1908–1919 brit. Botschafter in Rom.

gereuse et risquerait d'affaiblir l'étroite union qui existe entre les Alliés et qui est plus nécessaire que jamais. »

It will be observed that at St. Jean de Maurienne Baron Sonnino, who was responsible for the Convention under which Italy entered the War, was clearly opposed to any negotiations with Austria[15]."

40.
Prinz Sixtus von Bourbon von Parma an Kaiser und König Karl

Paris, 1917 April 22

Druck: Sixte de Bourbon, L'offre de paix séparée, 154–155;
Übersetzung: Griesser-Pečar, 190–191; Singer, 148–149.

Frankreich und England können die Friedensintentionen nur gemeinsam mit Italien annehmen. Prinz Sixtus hofft, die Schwierigkeiten zu beseitigen und den Frieden vermitteln zu können.

En te transmettant la réponse à la lettre du 24 mars, j'y joins un bref historique des négociations; je te prie d'être avant tout assuré que le secret le plus inviolable a été gardé à ce sujet. L'Italie n'a pu se douter de rien; rien n'a

---

15 Hankeys Memorandum beruht zum Teil auf einem Memorandum von James Eric Drummond, Privatsekretär des brit. Außenministers, in: PRO, FO 800/200, fol. 135r–137r. Der zum Teil wörtlich übernommene Text verschweigt, daß der Brief Kaiser Karls an Prinz Sixtus Sonnino mitgeteilt worden war (The note of what passed, written by Sir Maurice Hankey, does not specifically allude to the Emperor of Austria's letter, but it seems certain that mention was made of it. Vgl. PRO, FO 800/200, fol. 136r), ebenso, daß die Vertreter Frankreichs und Englands nach ihrer Rückkehr von St-Jean de Maurienne von den Ergebnissen dieser Gespräche unbefriedigt waren und einen anderen diplomatischen Kontakt der Annäherung an Italien suchten: „It was suggested that the meeting should be arranged between King George, President Poincaré and King Victor Emanuel on the French frontier, and Sir Rennell Rodd was instructed to associate himself with his French collegue in conveying the invitation to the Italian Government on May 26; the communication was made on May 30; but Baron Sonnino, who may have had some inkling of the real reasons for the meeting put forward various grounds of objection and inspite of pressure he refused to give way the French government there upon decided, that they could not press the invitation further and the proposal was dropped." Gemäß Hankeys Memorandum, fol. 326, wurde dieser Plan einer Konferenz von König Georg V., dem König von Italien und dem frz. Präsidenten zugunsten eines Treffens der drei Premierminister oder Außenminister fallengelassen. Vgl. auch „Note sur la conférence de St-Jean de Maurienne", in: PAMAE, Papiers d'Agents – Archives Privées 037, Papiers Charles-Roux, vol. 1, fol. 262–266. Über die Möglichkeit einer Konferenz von Georg V. mit dem ital. König, vgl. DDI, Ser. V, IX, 81–83 und Lloyd George, Mein Anteil am Weltkrieg 2, 427–429; Polzer-Hoditz, 352–353.

transpiré de la lettre. Je ne puis ajouter des considérations personnelles à cette réponse; toi seul, tu peux juger ce qui est à faire. Sur un seul point, je puis émettre mon opinion personnelle, c'est d'attirer ton attention sur l'importance capitale qu'il y a pour toi de ne point rompre avec la France et l'Angleterre, quelles que puissent être les intentions à l'égard de l'Italie. J'attache la plus grande importance à ce que, même si l'espoir de faire la paix avec la France et l'Angleterre se trouve déçu du fait de l'Italie, il n'en reste pas moins le fait acquis que les points les plus essentiels pour une paix future étant identiques à ces trois puissances, cette communauté de vues ne restera pas à la longue sans effet, et qu'il en pourra résulter, tôt ou tard, un accord amenant la paix. Les circonstances peuvent changer. Je suis heureux d'avoir pu obtenir ce résultat qui, à mon avis, nous rapproche, en dépit de certaines apparences contraires, de la paix.

J'ai la ferme conviction de faire mon devoir de bon Français en cherchant, malgré toutes les difficultés inévitables, à diminuer la durée de la guerre par la paix avec l'Autriche et à sauver ainsi tant de vies françaises[1].

41.
Kaiser und König Karl an Prinz Sixtus von Bourbon von Parma

o. O. [Laxenburg], 1917 Mai 09

AOS, Tom. II, Index 693[1], TS 2855–56[2], beglaubigte Kopie.
Druck: Sixte de Bourbon, L'offre de paix séparée, 177–178; Faksimile: Griesser-Pečar, 202; Erdödy-Memoiren, 104; Polzer-Hoditz, Anhang XI (Konzept von Prinz Sixtus); Übersetzung: Polzer-Hoditz, 602–603; Singer, 150–151; Brook-Shepherd, Um Krone und Reich, 105.

England und Frankreich wollen auf die Friedensvorschläge des Kaisers nicht ohne Zustimmung Italiens eingehen. Italien wird den Frieden anbieten und seine Forderungen auf den italienischen Teil von Tirol beschränken. Prinz Sixtus wird zugesichert, einziger Vermittler des Friedens mit Frankreich und England zu sein.

---

1   Vgl. Brook-Shepherd, Um Krone und Reich, 98–103; Griesser-Pečar, 185–191; Singer, 146–150.
    Lloyd George, Mein Anteil am Weltkrieg 2, 428–429, bringt den Inhalt des Gesprächs von Jules Cambon mit Prinz Sixtus vom 22.04.1917. Sixte de Bourbon, L'offre de paix séparée, 143–147, teilt das Gespräch des Prinzen Sixtus mit Lloyd George vom 20.04.1917 mit.

1   Vermerk: siehe Index 693, Herbst 1917.
2   Vgl. TS 4224–4228; TS 3514–3521.

Je constate avec satisfaction que la France et l'Angleterre partagent mes vues sur ce que je crois être les bases essentielles de la paix de l'Europe. Cependant, elles m'opposent leur volonté de ne point réaliser la paix sans que l'Italie y participe: précisément l'Italie vient de me demander de conclure la paix avec la Monarchie en abandonnant toutes les prétentions inadmissibles de conquête qu'elle avait manifestées jusqu'ici sur les pays slaves de l'Adriatique. Elle réduit ses demandes à la partie du Tyrol de langue italienne. J'ai ajourné l'examen de cette demande jusqu'à ce que je connaisse, par toi, la réponse de la France et de l'Angleterre à mes ouvertures de paix. Le comte Erdödy[3] te communiquera mes vues et celles de mon ministre sur ces différents points[4].

La bonne entente entre la Monarchie et la France et l'Angleterre sur un si grand nombre de points essentiels permettra, nous en sommes convaincus, de surmonter les dernières difficultés qui se présentent pour aboutir à une paix honorable.

Je te remercie du concours que tu me prêtes maintenant pour cette œuvre de paix conçue par moi dans l'intérêt commun de nos pays. Cette guerre t'a imposé, comme tu me le disais en me quittant, le devoir de rester fidèle à ton nom et au grand passé de ta Maison, d'abord en secourant les héros blessés sur le champ de bataille, et ensuite en combattant pour la France. J'ai compris ta conduite et, quoique nous fussions séparés par des événements dont je ne porte en rien la responsabilité personnelle, mon affection t'est restée fidèle.

Je tiens à me réserver, si tu le veux bien, la possibilité de faire connaître, sans autre intermédiaire que toi, à la France et à l'Angleterre, ma pensée directe et personelle.

Je te prie encore de croire à ma vive et fraternelle affection[5].

---

3   Thomas (Tamás) Graf Erdödy de Monjorókerék et Monoszló, Jugendfreund und Vertrauter Kaiser Karls. Zum verbalen Friedens- und Waffenstillstandsangebot Kaiser Karls, das am 4. Mai 1917 Graf Erdödy dem Prinzen Sixtus mitteilte und von dem Poincaré und Ribot am 9. Mai 1917 informiert wurden: Lloyd George, Mein Anteil am Weltkrieg 2, 429–432. Ribot sandte Lloyd George am 12. Mai 1917 eine Abschrift der Erklärung. Dazu Lloyd George: „Zwei Punkte in diesem Dokument waren von besonderem Interesse: Erstens die Nachricht über Italiens geheimes Anerbieten an Österreich, von dem wir nichts gewußt hatten; Sonnino war zweifellos nicht informiert gewesen, als er mit uns in St. Jean de Maurienne zusammentraf. Zweitens die Tatsache, daß der Kaiser offenbar bereit war, ernsthaft die Abtretung des Trentino zu erwägen, um mit uns einen Sonderfrieden zu schließen." Dazu auch Sixte de Bourbon, L'offre de paix séparée, 163–165.

4   Vgl. PA AA Bonn, Päpstlicher Stuhl 3/2, Bd. 22/23, Lugano, 1917 Mai 9, über die Kriegsmüdigkeit der Italiener; Sixte de Bourbon, L'offre de paix séparée, 181–185: die von Erdödy am 12. Mai 1917 in Neuchâtel übermittelten Informationen und Bedingungen des Kaisers.

5   Vgl. Griesser-Pečar, 192–207; Erdödy-Memoiren, 103–106; Sixte de Bourbon, L'offre de paix séparée, 175–178; Meckling, 120–123; Singer, 149–152; Czernin, Im Weltkriege, 198–254; Polzer-Hoditz, 348–355; Brook-Shepherd, Um Krone und Reich, 97–122. AE, Stati Eccl. 216 [neu 1317], vol. XII, Prot. 68.759: Im Juli 1918 hielt Gasparri die Nachricht von Denys Cochin über die beiden Sixtus-Briefe und über die Konferenz von St-Jean de Maurienne inhaltlich fest.

42.
Aide-mémoire des österreichisch-ungarischen Außenministers Ottokar Graf Czernin-Chudenitz für Prinz Sixtus von Bourbon von Parma

o. O., 1917 [Mai 09/10]

AOS, Tom. II, Index 693, beglaubigte Kopie[1]; Druck und Übersetzung: Sixte de Bourbon, L'offre de paix séparée, 178–180; Polzer-Hoditz, 604 (Nr. XIII).

Diplomatische Stellungnahme Czernins zu den Direktiven des Kaisers (Anhang zum zweiten „Sixtusbrief").

[a]–<1. Eine einseitige Gebietsabtretung Österreich-Ungarns ist ausgeschlossen: bei einer Compensation durch anderes Gebiet wäre der Gedanke ventilierbar, falls in Betracht gezogen wird, daß der heldenhaft verteidigte, mit dem Blute unserer Soldaten getränkte, Boden einen für uns unvergleichlich höheren Wert hat als irgend ein anderes Gebiet.

2. Welches sind die Garantien, die uns geboten werden, daß bei der Friedensconference die Integrität der Monarchie mit [b]–der eventuell jetzt beschlossenen Grenzrectification–[b] bestehen bleibt?

3. Eine definitive Antwort kann erst nach der Beantwortung der vorstehenden zwei Punkte gegeben werden, da Österreich-Ungarn erst dann mit seinen Alliierten[c] in Besprechungen eintreten kann.

4. Immerhin ist Österreich-Ungarn bereit, die Besprechungen fortzusetzen, und geneigt,[d] für einen ehrenvollen Frieden zu arbeiten und damit auch den allgemeinen Weltfrieden anzubahnen.[2]>–[a]

---

[a]–[a] Vermerk: Diese großen Klammern zu Anfang und Ende des Textes können darauf hindeuten, daß dieser ganze Text zu einem anderen Text zu inserieren war, vgl. AOS, Tom. II, Index 693.

[b]–[b] In: Sixte de Bourbon, L'offre de paix séparée, 179: den Grenzrectificationen.

[c] In: Sixte de Bourbon, L'offre de paix séparée, 179: Verbündeten.

[d] In: Sixte de Bourbon, L' offre de paix séparée, 179: nach wie vor geneigt.

1   Eine Photokopie der handschriftlichen Ausfertigung auch in RA, GEO V, Q 1316/18.

2   Vgl. dazu auch Griesser-Pečar, 203–205 mit Faksimile-Abdruck; Erdödy-Memoiren, 105–106; Meckling, 123–128; Singer, 151–152 und Brook-Shepherd, Um Krone und Reich, 106.

43.

Kaiser und König Karl an den österreichisch-ungarischen Außenminister Ottokar Graf Czernin-Chudenitz

o. O., o. D. 1917

AOS, Tom. II, Index 693, beglaubigte Kopie.
Druck: Broucek, Zwei bisher unbekannte Briefe, 82–84 (ohne Provenienzangabe)[1].

Außenpolitische Direktiven

Ich würde folgendes als große außenpolitische Richtlinie halten: Ein Abweichen vom deutsch[en] Bündnis wäre unmöglich, denn erstens würde es uns in einen Konflikt mit Deutschl[and] führen und zweitens würden unsere braven Deutsch[en] und Magyaren dies nicht vertragen.

Da man aber doch zum Frieden aus schon sattsam bekannten Gründen kommen muß, so müßte den Deutsch[en] <u>kategorisch</u> erklärt werden, für den <u>Bestand </u>des europäisch[en] Deutschl[and] sind wir bereit, bis zum letzten Atemzug einzutreten, für irgendwie geartete Eroberungen oder wie immer geartete Handelsvorteile opfern wir nicht einen Soldaten, nicht einen Heller.

Résumé: Deutschl[and] muß erklären, es verzichtet auf Belgien, ohne irgend welche Klausel, und es ist bereit, mit Frankreich über Elsaß-Lothringen zu reden, wogegen es die Zusicherung der Revision des Hubertusburger Friedens[2] erhält (Schlesien an Deutschland).

Gerade so, wie wir für die territoriale Integrität Deutschl[and] sogar Opfer bringen wollen, so muß sich auch Deutschland für unsere Integrität einsetzen.

Wird unser Vorschlag angenommen, so wollen wir bis zum letzten Blutstropfen für D[eutschland] eintreten.

Wird er nicht angenommen, so behalten wir uns <u>freie Hand</u> vor, eventuell Sonderfrieden mit[a]

---

a Text bricht ab.

1 Broucek vermutet richtig das Dokument als Annex zu unserer Nr. 63. Es ist vermutliche die an Czernin übergebene Fassung des dort angefügten Konzeptes.

2 15.02.1763 Friede von Hubertusburg zwischen Österreich und Preußen: endgültiger Verlust eines Großteils von Schlesien für die österr. Monarchie.

44.
Gaetano Kardinal Bisleti an Kaiserin und Königin Zita

Vatikan, 1917 Mai 12

TS 2985–2986, beglaubigte Kopie; AE, Stati Eccl. 216 [1317], vol. 3, Fasz. 9–11, Prot. 31.400, Konzept[1].

Gaetano Kardinal Bisleti übermittelt im Auftrag Papst Benedikts XV. Frie-densvorschläge gegenüber Italien. Die italienische Regierung möchte den ter-ritorialen Status vor dem 01. Mai 1915 wiederhergestellt haben. Der Hl. Vater erbittet die Mitteilung der Maximalkonzessionen, welche die Monarchie ge-genüber Italien machen kann.

Sabato scorso, quando lessi la lettera con la quale il Santo Padre, indirizzan-dosi all'Emo Signor Cardinale Segretario di Stato[2] ha voluto rinnovare il Suo paterno invito alla pace, io pensai subito all'intima soddisfazione che essa avrebbe apportata alla Maestà Vostra Imperiale e Reale ed a Sua Maestà l'Im-peratore e Re. Nelle parole così tenere ed affettuose, con cui Sua Santità invo-cava la cessazione di questa guerra tremenda, mi parevano riflettersi i nobili e pietosi sentimenti di Sua Maestà l'Imperatore e Re, che con tanta chiarezza ha manifestato il Suo desiderio e proposito di pace. E pregai il Signore, con tutto il fervore dell'anima mia, per l'intercessione di Maria SS.ma, di volere infondere il medesimo desiderio e lo stesso proposito nei cuori dei Governanti degli altri popoli belligeranti.

Pensai pure, Vostra Maestà mi consenta di dirlo, quanto meriti cotesta Im-periale e Reale Famiglia la predilezione, che nutre per Lei l'Augusto Pontefice. Questo mio pensiero ho avuto occasione di esprimere al Santo Padre, ed Egli non soltanto ha dimostrato di approvarlo pienamente, ma si è compiaciuto alt-resí di parlarmi a lungo e con affetto veramente paterno della Maestà Vostra, aggiungendo che prega sempre per Loro e per la conservazione e prosperità di cotestocattolico e fedelissimo Impero. Mi ha inoltre manifestata la Sua viviss-sima brama di adoperarsi, con ogni mezzo in Suo potere, per il pronto rista-bilimento di quella pace, che darà modo all'Impero medesimo di sviluppare, sotto il paterno ed illuminato governo del Suo Augusto Sovrano, le sue forze cos¨ rigogliose e possenti. Chè anzi Sua Santità ha voluto confidarmi di essere desideroso e pronto ad agire in tal senso, se così piacerà a Sua Maestà l'Impe-ratore e Re. Certamente la pace fra l'Italia e l'Austria-Ungheria sarebbe il

---

1 Vgl. zur Redaktionsgeschichte dieses Briefes Steglich, Friedenspolitik, 122; Martini, 126, Anm. 18.

2 Pietro Gasparri, 13.10.1914–07.02.1930 Kardinalstaatssekretär.

principio della fine[3]; ed il Santo Padre sarebbe ben disposto ad interporre a
tale scopo i suoi buoni officii nella supposizione che rispetto all' Italia, cotesto
Imperiale e Reale Governo mantenga ancora sostanzialmente il modo di vedere manifestato già prima del Maggio 1915. Quindi in via strettamente se-
greta e confidenziale Sua Santità bramerebbe conoscere se l'accennata supposizione risponde a verità, o meglio il massimo delle concessioni,che cotesta
Monarchia sarebbe disposta a fare all'Italia; ed inoltre se l'azione della Santa
Sede diretta allo scopo sopra accennato tornerebbe bene accetta a Sua Maestà
l'Imperatore e Re ed al Suo Imperiale e Reale Governo. L'Augusto Pontefice
gradirebbe, me lo ha detto ripetutamente, una sollecita risposta, che Lo mettesse in grado di fare cosa giovevole agli interessi di cotesto Impero, che gli
stanno tanto a cuore, e garantirebbe, ad ogni modo, la più assoluta riserva. Ha
voluto infine Sua Santità affidarmi il graditissimo ed onorevole incarico di
trasmettere a Vostra Maestà, a Sua Maestà l'Imperatore e Re ed ai loro Augusti figliuoli una specialissima benedizione apostolica. La Maestà Vostra e Sua
Maestà l'Imperatore-Re accolgano anche in questa circostanza l'omaggio mio
di sentimenti, che non fa d'uopo ripetere perchè oramai ben conosciuti e con i
quali mi confermo cordialissimamente

---

3 Vgl. Sixte de Bourbon, L'offre de paix séparée, 181–187; Lloyd George, Mein Anteil am Weltkrieg 2, 432–433, über die Erklärung Kaiser Karls vom 12. Mai 1917 zum ital. Friedensangebot: „Ein Sonderdelegierter kam ungefähr eine Woche vor der Besprechung in St. Jean de
   Maurienne aus dem italienischen Hauptquartier nach Bern. Er suchte zuerst den deutschen
   und dann den österreichischen Gesandten auf. Italiens Ersuchen war zuerst an Deutschland
   gerichtet und bot Frieden unter der einzigen Bedingung an, daß Österreich das Trentino ab-
   trete; Görz und Monfalcone sollten österreichisch bleiben, so daß die Eisenbahnverbindung
   nach Triest nicht in die Reichweite italienischer Geschütze zu kommen brauche. Nur Aquilea
   sollte italienisch werden. Das Angebot war durch die allgemeine Haltung der bereits kriegsmüden italienischen Armee und die Furcht vor einer Revolution veranlaßt. Sonnino weiß von
   diesem Schritt nichts. Es ist jedoch sicher, daß er mit Billigung einer einflußreichen Gruppe
   von Politikern (das heißt [Giovanni] Giolitti und [Tommaso] Tittoni) erfolgt ist und daß er von
   dem König von Italien ausgeht. Deutschland wurde ersucht, einen Druck auf Österreich auszuüben, um es zur Annahme dieser Bedingungen zu bewegen." Ein Reflex dieser diplomatischen Bemühungen findet sich in den Berichten des frz. Botschafters in: PAMAE, Paix séparée
   103, fol. 123–156: Rom, 1917 Mai 20 und 1917 Juni 29: Philippe-Eugène Barrère an Ribot.

45.
Kaiserin und Königin Zita an Gaetano Kardinal Bisleti

o. O. [Reichenau], 1917 [Anfang Juni]

AOS, Tom. I, Index 457, beglaubigte Kopie.

Antwort auf den Brief von Kardinal Gaetano Bisleti vom 12. Mai 1917. Betrifft Friedensvorschläge und Verhandlungen mit Italien, die Kardinal Bisleti vom Papst übermittelt hat.

Non mi fu possibile riscontrare subito, come sarebbe stato mio vivo desiderio, alla tanto cara e gradita di Lei lettera[1] giuntami con molto ritardo (un mese o tre settimane) ed Ella ne avrà certamente intuito i motivi. Anche oggi non posso inviarle una risposta concreta,ma spero non ritarderò molto a farlo. L'Imperatore ed io fummo profondamente commossi per l'immensa bontà ed affezione dimostrataci da Sua Santità: queste ci sono di grande conforto ed aiuto in tempi tanto dolorosi per tutti. Voglia, Eminenza, essere il nostro fedele interprete presso Sua Santità della nostra più viva e sentita riconoscenza ed inalterabile fedeltà alla Sua Persona ed alla Santa Sede.

Ogni passo che Sua Santità vorrà intraprendere per la pace tanto desiderata dal mondo intiero, sarà accolto con grande soddisfazione e riconoscenza dall'Imperatore e dal Suo Governo; il Santo Padre già conosce da quali sentimenti l'Imperatore è guidato, come del resto ne ha già dato prova.

Ed ora conoscendo la paterna bontà di Vostra Eminenza mi permetto di esprimerle alcune riflessioni esclusivamente mie personali: Riandando i risultati ottenuti nel periodo di due anni di guerra malgrado le terribili offensive all'Isonzo[2], delle quali l'ultima, nonostante gli articoli entusiasti pubblicati nei giornali italiani, fu una vera catastrofe per l'armata italiana, mi sembra poco probabile un mutamento dello stato quo ante in favore dell' Italia, all'eccezione di alcuni regolamenti di frontiere pei guadagni di terreno ottenuti da una parte e dall'altra. Però, come le ho già espresso, non sono che apprezzamenti miei personali che affido a Lei in tutta confidenza.

Rammentiamo sovente con piacere il di Lei soggiorno a Schwarzau ed a Reichenau e speriamo tanto possa rinnovarsi presto, accompagnato però da un cielo risplendente di sole.

Quanto sarei lieta allora di presentare i miei figli a Vostra Eminenza e di vederli inginocchiati a Suoi piedi per riceverne la benedizione.

---

1 Vgl. Nr. 44.
2 Zehnte Isonzo-Schlacht: 07.05. bis 06.06.1917; ital. Verluste: 36.000 Tote, 96.000 Verwundete, 27.000 Gefangene; österr. Verluste: 7.300 Tote, 45.000 Verwundete, 23.400 Gefangene.

Rinnovando l'espressione dei nostri ringraziamenti, l'Imperatore ed io le inviamo i nostri più rispettosi e cordiali saluti.

46.
Kaiserin und Königin Zita an Gaetano Kardinal Bisleti

o. O., o. D. [1917]

AOS, Tom. I, Index 459, beglaubigte Kopie.

Geheime konkrete Antwort an den Papst bezüglich Friedensverhandlungen mit Italien. Man kann nicht von Gebietsabtretungen, sondern nur von Grenzregulierungen auf beiden Seiten sprechen, z. B. eines kleinen Teiles des Trentino.

Nell'ultima mia mi riservava di dare a Vostra Eminenza una risposta concreta a quanto Ella mi esponeva ed oggi mi faccio premura d'inviargliela. Come aveva già previsto, non è possibile poter accordare una cessione di territorio, si potrebbe solamente venire a trattattive per un regolamento di frontiera da <u>ambedue le parti</u> e forse per la cessione di una piccola parte del Trentino, qualora questa venisse compensata tanto largamente da provare che ciò è concesso non per debolezza né per dovere, ma semplicemente per un cambio soddisfacente per l'Austria.

Spero che l'ultima mia le sarà giunta felicemente e le avrà portata l'espressione della nostra profonda affezione, che sono lieta di poterle ripetere anche oggi. Noi non cessiamo di pregare perchè il Signore voglia ridonare a tutti la pace, e così consolare il Cuore del Santo Padre che tanto soffre per questa terribile guerra. L'Imperatore ed io la preghiamo di baciare il Sacro piede di Sua Santità ed a Lei, Eminenza, inviamo i nostri più cordiali ed affettuosi saluti.

47.
Kaiser und König Karl an den österreichisch-ungarischen Außenminister Ottokar Graf Czernin-Chudenitz

Salzburg, 1917 Mai 14[1]

AOS, Tom. I, Index 83; TS 9060–9061, beglaubigte Kopie[2].
Druck: Cramon/Fleck, Deutschlands Schicksalsbund, 218–221; Werkmann, Deutschland als Verbündeter, 170–172.

Bemerkungen zu den deutsch-österreichischen Beziehungen. Ablehnung der im Ministerratsprotokoll vom 06. Mai 1917 beschlossenen Handelsbeziehungen mit Deutschland, die Österreich zu einer Integration in ein hohenzollerisches Deutschland führen müßten. Als einzige Möglichkeit, dem deutschen Druck zu entkommen, sieht der Kaiser einen Frieden ohne Annexion und nach dem Krieg außer dem Bündnis mit Deutschland ein Bündnis mit Frankreich. Er betrachtet ein Zugrundegehen mit Deutschland aus „reiner Noblesse" als Selbstmord. Der Handelsvertrag mit Deutschland verhindere Friedensschluß.

Ich habe heute das Ministerrats-Protokoll für gemeinsame Angelegenheiten in Betreff der Handelsbeziehungen zu Deutschland bekommen[3]. Ich bin damit <u>gar nicht</u> einverstanden. So wie ich jede Militärkonvention mit Deutschland auf das entschiedenste zurückgewiesen habe, so muß ich auch jeden Handelsvertrag, der uns in intimere Beziehungen zu Deutschland als zu jedem anderen Staate bringt, perhorreszieren. Der Zweck dieses Handelsvertrages für Deutschland ist ganz klar, es ist dies ein Baustein im großen Werke der Hohenzollern, Österreich in ihre vollständige Abhängigkeit à la Bayern zu bringen. Im Jahre 1866 wurden wir von Preußen durch Bismarck[4] und Moltke[5] geschlagen und aus Deutschland hinausgeworfen. Hiemit war das eine Drama des Hauses Habsburg erledigt. Da aber Bismarck einerseits die Vitalität unseres lieben Österreich kannte, anderseits aber wußte, daß für zwei deutsche Staaten in Mitteleuropa kein Platz ist, ersann er den Dreibund[6].

---

1 Nach Werkmann, Deutschland als Verbündeter, 170: auf der Fahrt nach Südtirol. Vgl. auch KA, GASM 1917, 46/8–9; HHStA, OMeA 1917, 65/13.
2 Ausfertigung in dtsch. Privatbesitz.
3 Ministerratsprotokoll vom 06.05.1917, vgl. Komjáthy, Protokolle, 499–510.
4 Otto Fürst von Bismarck, 1871–1890 deutscher Reichskanzler.
5 Helmuth von Moltke, GFM, Chef des preußischen Generalstabs 1858–1888.
6 Vgl. zum Dreibund: Fritz Fellner, Der Dreibund. Europäische Diplomatie vor dem Ersten Weltkrieg, Wien 1960 (= Österreich Archiv). Zuletzt in: ders., Vom Dreibund zum Völkerbund, 19–82.

Zweck: unseren Todfeind Italien durch das Bündnis zu stärken und zu zwingen, seinen die Großmachtstellung der Habsburgermonarchie gefährdenden und zersetzenden Einfluß auf unsere Italiener zu dulden und uns auf friedlichem Wege oder durch einen gemeinsamen Krieg gänzlich in Deutschlands militärische und wirtschaftliche Abhängigkeit zu bringen. Beweise meiner ersten Behauptung, im Frieden die fortgesetzen Demarchen der Deutschen[7] zu Gunsten der Italiener (Hohenlohische in Triest etc.), im Kriege das fortgesetzte Drängen der Deutschen auf Abtretung der „italienischen" Teile Südtirols vor dem italienischen Kriege. Sogar Kaiser Wilhelm hat mir gegenüber oft von dem „italienischen Gebiete von Folgaria" gesprochen. Beweise für meine zweite Behauptung, der doch einzig und allein durch Deutschland provozierte jetzige unselige Krieg. Militärisch arbeiten sie alle immer weiter, uns zu knechten. Unsere herrliche Armee hat im Jahre [19]14 allein den Krieg gegen den russischen Koloß geführt und Berlin gedeckt, im Jahre [19]16, nach dem Echec bei Luck (der übrigens dem deutschen an der Marne sehr geähnelt hat)[8] wurde durch die unverantwortliche Dummheit des damaligen Oberkommandos die Oberste Leitung durch den deutschen Kaiser ausgesprochen. Dann kam die traurige Periode des gegenseitigen Austausches der Offiziere, der nebenbei auch ein aufgelegter Unsinn war.[9]

---

7 Vgl. zu den deutschen Demarchen: Engel-Janosi, Österreich und der Vatikan 2, 220–247; Rauchensteiner, 224–225.

8 Niederlage bei Luck: am 08.06.1916 eroberten die Russen im Zuge der Brusilov-Offensive Luck. 1. Marneschlacht: 05.–10.09.1914. Vgl. ÖUlK 4, 394–410; Rauchensteiner, 347–352.

9 Vgl. StLA, TB Herberstein, 404–407, 1916 August 24–26, über die entscheidende Audienz von FML Herbert Graf Herberstein bei Kaiser Franz Joseph am 25. August 1916, in der dem deutschen Kaiser die oberste Heeresleitung überlassen wurde und die Reaktion Conrads darauf: „[...] Es dauerte gar nicht lange, bis die Klingel S. M. ertönte und der Flügeladjutant mich in das Arbeitszimmer S. M. führte. Nachdem ich meine Verbeugung gemacht hatte, trat ich näher an den Schreibtisch S. M. heran und S. K. H. [= Eh. Friedrich] sagte mir: ‚Excellenz, Seine Majestät hat befohlen, daß Sie über die eventuelle Übernahme des gemeinsamen Oberbefehls durch S. M., den deutschen Kaiser, Näheres berichten', worauf S. M. noch hinzufügte: ‚Ja, Seine Kaiserliche Hoheit hat mir Alles berichtet, aber ich möchte noch über Einiges nähere Aufklärung haben', dann zeigte S. M. auf einen Sessel und sagte: ‚Bitte, setzen Sie sich.' Ich folgte dem Befehle und begann gleich mit meinem Vortrage, der genau Alles das enthielt, was in meinem Schreiben an Bolfras enthalten war und was ich mit S. K. H. mehrere Male durchgenommen hatte. [...] Als ich dann noch berichtete, daß der Chef des Generalstabes Conrad einen durchaus ablehnenden Standpunkt habe, dachte S. M. einen Moment nach und sagte ‚Bitte, nehmen Sie Ihren Notizblock und schreiben Sie: Es ist Mein Wille, daß der Anregung des deutschen Kaisers bezüglich der einheitlichen obersten Leitung womöglich Rechnung getragen werde. Mein AOK hat – nach gepflogenem Einvernehmen mit der deutschen obersten Heeresleitung – mir derartige Vorschläge über die Lösung der Frage zu erstatten, daß Meine Hoheitsrechte und die Würde Meiner Wehrmacht nicht tangiert werden und der bisherige Wirkungskreis Meines AOK bezüglich Meiner Wehrmacht tunlichst uneingeschränkt erhalten bleibe.' Ich las den eben niedergeschriebenen Text noch einmal im Zusammenhange laut vor, S. M. paraphierte das Schriftstück, und ich wurde mit einem außerordentlich gnädigen

Wie soll ein preußischer Hauptmann ein böhmisches Bataillon in einem Momente begeistern, wo es gilt, vom Mann das Höchste, den Einsatz seines Lebens, zu verlangen. Natürlich erweckte all dies im Auslande die Idee, daß Österreich gänzlich unter Preußens Einfluß stünde, was natürlich nicht zur Beschleunigung des Friedens beitrug. Ein eklatanter militärischer Sieg Deutschlands wäre unser Ruin. Deutschland hat immer den Hintergedanken, daß, wenn es schlecht geht, es immer noch Österreich als Kompensationsobjekt hat. Der Friede à l'aimable auf dem Status quo wäre für uns das Allerbeste, denn dann wäre Deutschland nicht zu übermütig, und wir hätten es uns mit den Westmächten, die eigentlich gar nicht unsere Feinde sind, nicht ganz verdorben. Dies müssen wir erreichen und wir dürfen, ohne [mit] Italien zu spielen, nichts versäumen, was uns auch, eventuell gegen den Willen Deutschlands, zum Frieden im oben angedeuteten Sinne bringt. Ein Zugrundegehen mit Deutschland nur aus reiner Noblesse wäre Selbstmord und würde mit dem bisherigen Verhalten Deutschlands nicht in Einklang zu bringen sein.

Aus all dem komme ich nochmals darauf, daß ich einen für Deutschland so günstigen Handelsvertrag niemals zugeben kann, weil wir dann wirtschaftlich gänzlich ausgeliefert sind und so in alle Unendlichkeit keinen Frieden schließen können. Bismarck würde sich sonst zu sehr <u>freuen</u>.

Dabei arbeiten die Deutschen überall unseren wirtschaftlichen Interessen entgegen. Ich bin überzeugt von der Loyalität des Kaisers Wilhelm, er meint es nach seiner Art sehr gut mit uns, aber seine Ratgeber ..., und man weiß, was die für einen Einfluß auf ihn haben.

Resümierend glaube ich, daß für Österreich die einzige Möglichkeit, aus dieser Schlamastik[a] herauszukommen, ist, ein Friede ohne Annexion und nach dem Kriege, außer mit Deutschland, als Gegengewicht, ein Bündnis mit

---

a   Umgangssprachlich: übler Zustand.

Kopfnicken entlassen. [...] Ich selbst war glücklich über den erzielten Erfolg, den ich – in aller Bescheidenheit gesprochen – doch größtenteils mir selber und Lorx zuschreiben konnte. [...]
[26.08]. Conrad hörte sodann meinen Bericht an, las die Schriftstücke durch, wurde immer aufgeregter, und als er dann das ‚Es ist Mein Wille etc.' las, bekam er einen ganz roten Kopf und fragte mich, wer denn dieses Schriftstück verbrochen habe. Ich antwortete darauf, daß ich der Verfasser desselben sei und daß S. M. mir selbst das Stück ‚Es ist Mein Wille' bei der Audienz eindiktiert habe. Nun wurde er ganz aufgeregt, nannte mich sogar einen Vaterlandsverräter etc., was ich natürlich gar nicht ernst nahm, da ich ja wußte, daß Conrad sehr leicht aufschäumt und sehr bald darauf wieder ganz ruhig wird. Das geschah auch jetzt, sein Zorn war bald verraucht, und ich konnte ganz gut und in aller Ruhe mit ihm weiter sprechen. Zuletzt war er wieder ganz der wohlwollende Freund, der er immer war, blieb aber fest auf seinem Standpunkte der Ablehnung."
Vgl. auch Peter Broucek, Kaiser Karl als Inhaber des allerhöchsten Oberbefehls der k.u.k. gesamten bewaffneten Macht, Wien 1990, 60–63, ungedrucktes Manuskript in: AGL.

Frankreich. Dagegen wird man sagen, die deutsch-französischen Gegensätze sind unüberbrückbar, wie war aber die Sache zwischen uns und Italien? Ich habe Ihnen all dies geschrieben, weil ich auf der Bahn Zeit hatte, einmal die ganze Lage gründlich zu überdenken, und ich bin von der Richtigkeit all dieses voll überzeugt.

48.
Thronrede Kaiser und König Karls vor beiden Häusern des Reichsrates

Wien, 1917 Mai 31

Beilage 1 der Stenographischen Protokolle über die Sitzungen des Herrenhauses des Reichsrates 1917–1918, XXII. Session, Wien 1918, 1–5.
Druck: Jahrbuch der Gebetsliga 1955, 10–17; ebd., 1965, 30–37, Nachdruck.

Regierungsprogramm: Die „Ablegung des Verfassungsgelöbnisses" wird auf den Zeitpunkt nach „der Ausgestaltung der verfassungs- und verwaltungsrechtlichen Grundlagen des gesamten öffentlichen Lebens, sowohl im Staate als in den einzelnen Königreichen und Ländern, insbesondere in Böhmen" verschoben. Erklärung, den Völkern immer ein gerechter, liebevoller und gewissenhafter Herrscher im Sinne der konstitutionellen Idee sein zu wollen. Absolute Friedensbereitschaft, Bekenntnis zur Wohlfahrtspolitik. Betonung des Staatsgrundgesetzes, das „die Entscheidungen im großen Augenblicke des Friedensschlusses allein in Meine Hände legt".

Geehrte Herren von beiden Häusern des Reichsrates!

Nach einer von frühen Jünglingsjahren bis in das hohe Greisenalter der unermüdlichen Sorge für das Wohl Seiner Völker geweihten und von dem Glanze der edelsten Regententugenden umstrahlten Herrscherlaufbahn ist Mein erhabener Vorgänger, Kaiser Franz Joseph I., im achtundsechzigsten Jahre Seiner Regierung aus dem Leben geschieden. Durch Gottes Fügung bis zuletzt mit der ungeminderten Fülle Seiner Geisteskraft begnadet und gesegnet in den Werken Seines hohen Amtes ist Er dahingegangen; in dem Herzen des Volkes und in unvergänglichen Werken wird das Andenken des Verklärten fortleben, der dem Staat aus eng beschränkten Verhältnissen der Vergangenheit heraus die Bahnen der verfassungsmäßigen Entwicklung, des blühenden kulturellen und wirtschaftlichen Fortschrittes wies.
Im Innersten bewegt, gedenke Ich der rührenden Zeichen kindlicher Liebe für den in Gott ruhenden Kaiser, der treuen, teilnahmsvollen Gesinnung für

Mich und Mein Haus, in denen Meine geliebten Völker wetteiferten und die
Mir ein wahrer Trost in jenen Tagen der Prüfung gewesen.

Auch Sie, geehrte Herren, haben dabei nicht gefehlt und viele von Ihnen
sind hierher geeilt, um an der Bahre des allgeliebten Herrschers Ihm noch
einmal den Zoll der Ehrfurcht zu leisten. Herzlich danke Ich Ihnen dafür.

Der Wille des Allmächtigen hat mich in einer schicksalsvollen Zeit zur Len-
kung des Staates berufen. Des gewaltigen Ernstes der Aufgabe, die die Vorsehung auf Meine Schultern gelegt, war Ich Mir von Anbeginn bewußt. Aber Ich
fühle den Willen und die Kraft in Mir, in treuer Erfüllung Meiner Herrscher-
pflichten nach dem Vorbilde Meines erlauchten Vorgängers Meinem hehren
Amte mit dem Beistande Gottes gerecht zu werden.

Das Staatsinteresse soll nicht länger jener wirksamen Förderung entbehren, die ihm die eifrige Mitarbeit einer den Kreis ihrer Befugnisse richtig er-
fassenden, einsichtigen und gewissenhaften Volksvertretung zu bieten vermag.

Ich habe Sie, geehrte Herren, zur Ausübung Ihrer verfassungsmäßigen
Tätigkeit berufen und heiße Sie heute an der Schwelle Ihres Wirkens herzlich
willkommen.

Im vollen Bewußtsein der von Meinem erlauchten Vorgänger übernomme-
nen verfassungsmäßigen Pflichten und aus eigener tiefster Überzeugung will
Ich Ihnen erklären und feierlich bekräftigen, daß es Mein unabänderlicher
Wille ist, Meine Herrscherrechte jederzeit in einem wahrhaft konstitutionellen Geiste auszuüben, die staatsgrundgesetzlichen Freiheiten unverbrüchlich
zu achten und den Staatsbürgern jenen Anteil an der Bildung des Staatswil-
lens unverkürzt zu wahren, den die geltende Verfassung vorsieht.

In der treuen Mitarbeit des Volkes und seiner Vertreter erblicke Ich die ver-
läßliche Stütze für den Erfolg Meines Wirkens und Ich meine, das Wohl des
Staates, dessen glorreicher Bestand durch das feste Zusammenstehen der
Bürger in den Stürmen des Weltkrieges bewahrt wurde, kann auch für die
Zeiten des Friedens nicht sicherer verankert werden als in der unantastbaren
Gerechtsame eines reifen, vaterlandsliebenden und freien Volkes.

Eingedenk Meiner Obliegenheit zur Ablegung des Verfassungsgelöbnisses
und festhaltend an der gleich nach Meinem Regierungsantritte verkündeten
Absicht, dieser Obliegenheit getreulich nachzukommen, muß Ich Mir zugleich
die Bestimmung des Staatsgrundgesetzes[1] gegenwärtig halten, die die Entscheidungen im großen Augenblicke des Friedensschlusses allein in Meine
Hände legt.

Ich bin aber auch überzeugt, daß das segensvolle Aufblühen des Verfas-
sungslebens nach der Unfruchtbarkeit früherer Jahre und nach den politi-

---

1   Vgl. Art. V des Staatsgrundgesetzes vom 21.12.1867: es ist dem Kaiser vorbehalten, Frieden zu
    schließen. Vgl. dazu Redlich, Tagebuch 2, 211, Anm. 32.

schen Ausnahmsverhältnissen des Krieges, abgesehen von der Lösung jener galizischen Frage, für welche Mein erhabener Vorgänger bereits einen Weg gewiesen hat[2], nicht möglich ist, ohne eine Ausgestaltung der verfassungs- und verwaltungsrechtlichen Grundlagen des gesamten öffentlichen Lebens, sowohl im Staate als in den einzelnen Königreichen und Ländern, insbesondere in Böhmen. Und ich vertraue darauf, daß die Erkenntnis Ihrer ernsten Verantwortung für die Gestaltung der politischen Verhältnisse, der Glaube an die glückliche Zukunft des in diesem furchtbaren Kriege so herrlich erstarkten Reiches Ihnen, Meine geehrten Herren, die Kraft verleihen wird, vereint mit Mir in Bälde die Vorbedingungen zu schaffen, um im Rahmen der Einheit des Staates und unter verläßlicher Sicherung seiner Funktionen auch der freien nationalen und kulturellen Entwicklung gleichberechtigter Völker Raum zu geben.

Aus diesen Erwägungen habe Ich Mich entschlossen, die Ablegung des Verfassungsgelöbnisses dem hoffentlich nicht fernen Zeitpunkte vorzubehalten, wo die Fundamente des neuen, starken, glücklichen Österreich für Generationen wiederum fest ausgebaut sein werden nach innen und außen.[3] Schon heute aber erkläre Ich, daß Ich Meinen teuren Völkern immerdar ein gerechter, liebevoller und gewissenhafter Herrscher sein will im Sinne der konstitutionellen Idee, die Wir als ein Erbe der Väter übernommen haben, und im Geiste jener wahren Demokratie, die gerade während der Stürme des Weltkrieges in den Leistungen des gesamten Volkes an der Front und Daheim die Feuerprobe wunderbar bestanden hat!

Noch stehen wir in dem gewaltigsten Kriege aller Zeiten.

Lassen Sie Mich aus ihrer Mitte all den Helden, die seit fast drei Jahren an unseren weitgespannten Fronten freudig ihre schwere Pflicht erfüllen, an deren eiserner Standhaftigkeit eben jetzt zwischen den Alpen und der Adria der erneute wütende Angriff des Feindes zerschellt, dankbaren Herzens Meinen kaiserlichen Gruß entbieten! Unsere Mächtegruppe hat die blutige Kraftprobe dieses Weltkrieges nicht gesucht, ja mehr als das, sie hat von dem Augen-

---

2 Vgl. Dolezal, Baron (Graf) Burián als Außenminister, 260–263 (Entwurf und endgültige Fassung der Proklamation); Henryk Batowski, Die Polen, in: Die Habsburgermonarchie 3/1, 551; Steglich/Winterhager, Die Polenproklamation vom 05.11.1916, 105–146. Vgl. dazu auch das Memoire von Fürst Alfred III. Windisch-Graetz vom 05.11.1916 zu diesem kaiserlichen Handschreiben, in: FA Windisch-Graetz, Alfred III., Kopie.

3 Ignaz Seipel erkannte im August/September 1919 im fehlenden Eid des Kaisers auf die Verfassung einen Verfassungsbruch. Deshalb hätte der Kaiser während der Revolution von 1918/19 auch vom Volk nicht erwarten können, daß es die Verfassung halte. Vgl. Rennhofer, Seipel, 761–770 (Anhang 1). Auch Kaiser Franz Joseph hat niemals die österreichische Verfassung beeidet. Vgl. dazu Polzer-Hoditz, 172. Zur öffentlichen Diskussion über die rechtliche Qualität von Art. V des Staatsgrundgesetzes vom 21.XII. 1867 (Recht des Friedensschlusses), vgl. Arbeiter-Zeitung 29 (1917), Nr. 148, 01.06.1917, 1–2; Nr. 176, 29.06.1917, 4. Zum Eid auf die Verfassung vgl. bereits die Diskussion in der Reichspost 23 (1916), Nr. 547 vom 23.11.1916.

blicke an, wo dank der unvergänglichen Leistungen der verbündeten Heere und Flotten Ehre und Bestand unserer Staaten nicht mehr ernstlich bedroht erschien, offen und in unzweideutiger Art ihre Friedensbereitschaft zu erkennen gegeben, von der festen Überzeugung geleitet, daß die richtige Friedensformel nur in der wechselseitigen Anerkennung einer ruhmvoll verteidigten Machtstellung zu finden ist. Das fernere Leben der Völker sollte nach unserer Meinung frei bleiben von Groll und Rachedurst und auf Generationen hinaus der Anwendung dessen nicht bedürfen, was man das letzte Mittel der Staaten nennt. Zu diesem hohen Menschheitsziele vermag aber nur ein solcher Abschluß des Weltkrieges zu führen, wie er jener Friedensformel entspricht. Das große Nachbarvolk im Osten, mit dem uns einstens eine alte Freundschaft verband, scheint sich in allmählicher Besinnung auf seine wahren Ziele und Aufgaben neuestens dieser Anschauung zu nähern und aus dunklem Drange heraus eine Orientierung zu suchen, die die Güter der Zukunft rettet, bevor sie eine sinnlose Kriegspolitik verschlungen hat. Wir hoffen im Interesse der Menschheit, daß dieser Prozeß innerer Neugestaltung sich bis zu einer kraftvollen Willensbildung nach außen durchringen und daß eine solche Klärung des öffentlichen Geistes auch auf die anderen feindlichen Länder übergreifen wird[4].

Wie unsere Mächtegruppe mit unwiderstehlicher Wucht für Ehre und Bestand kämpft, ist und bleibt sie jedem gegenüber, der die Absicht, sie zu bedrohen, ehrlich aufgibt, gerne bereit, den Streit zu begraben, und wer darüber hinaus wieder bessere, menschlichere Beziehungen anknüpfen will, der wird auf dieser Seite gewiß ein bereitwilliges, vom Geiste der Versöhnlichkeit getragenes Entgegenkommen finden. Einstweilen aber wird unser Kampfwille nicht erlahmen, unser Schwert nicht stumpf werden. In treuer Gemeinschaft mit dem altverbündeten Deutschen Reiche und den Bundesgenossen, die unsere gerechte Sache im Laufe des Krieges gewonnen, bleiben wir bereit, ein gutes Kriegsende, das wir gerne dem Durchbruche der Vernunft danken möchten, nötigenfalls mit der Waffe zu erzwingen.

---

4 Abdankung von Zar Nikolaus II. von Rußland am 15./16.03.1917. Vgl. dazu BAR, E 2300 Wien 32, Wien 29.03.1917: Charles D. Bourcart an Bundesrat: „[...] Wie ich von meinem gewöhnlichen deutschen Gewährsmann höre, geht das Bestreben der Zentralmächte gegenwärtig dahin, die Behauptungen der Entente, als würden Deutschland und Österreich gegebenfalls für eine Restauration der Romanows und der Monarchie eintreten, zu widerlegen und namentlich die Sozialisten und Arbeiter zu überzeugen, daß, von irgendeiner Einmischung in die innere russische Politik keine Rede sein wird. Man glaubt, daß, wenn diese Überzeugung bei den Sozialisten und Arbeitern Eingang finden könnte, diese vielleicht einen Separatfrieden doch erzwingen könnten. [...] Im übrigen ist man auch hier über den voraussichtlichen Ausgang der ganzen Revolution noch ziemlich im unklaren, man bespricht sie einstweilen nur vom Standpunkte ihres Einflusses auf Krieg und Frieden und kümmert sich vorderhand wenig um die Frage, ob das Beispiel Rußlands namentlich in Beziehung auf die Stellung der verschiedenen Nationalitäten nicht auch auf die hiesigen inneren Verhältnisse wirken könnte."

Ich beklage die wachsenden Opfer, welche die lange Dauer des Krieges der Bevölkerung auferlegt. Ich beklage das Blut Meiner tapferen Soldaten, die Entbehrungen der braven Bürger, all die Mühsal und Bedrängnis, die um des geliebten Vaterlandes willen so heldenmütig getragen wird. Die Bemühungen Meiner von einer vollbewährten Beamtenschaft unterstützten Regierung sind unablässig darauf gerichtet, die Lebenshaltung der Bevölkerung, deren Staatstreue, Gemeinsinn und Tüchtigkeit Meine dankbare Anerkennung findet, zu erleichtern und durch zweckmäßige Organisation das Auslangen mit den Vorräten zu sichern. Gerade jetzt, ehe die treue Scholle uns als Dank für die fleißige Arbeit der Daheimgebliebenen die Gabe dieses Jahres bringt, ist die schwerste Zeit. Lassen Sie es, Meine Herren, an Ihrer von Einsicht und Erfahrung getragenen Mitarbeit nicht fehlen, um die Schwierigkeiten, die uns bis dahin noch bevorstehen, erfolgreich zu überwinden.

Das Gebot des Augenblicks heischt die volle Anspannung aller Kräfte im Staate. Aber daneben dürfen wir nicht versäumen, uns für die großen Aufgaben vorzubereiten, die der Schoß der Zukunft birgt und von deren glücklicher Lösung das fernere Gedeihen des Staatswesens abhängt. Österreich hat die ungeheuren finanziellen Anforderungen dieses Krieges aus eigenem zu erfüllen vermocht, und der Erfolg der sechsten Kriegsanleihe ist der beste Beweis, daß eine Berechnung der Feinde, die etwa von einem Niedergange unserer inneren Hilfsmittel eine Veränderung der Kriegslage erwarten wollte, zum Fehlschlagen verurteilt ist. Aber wir mußten tief in die Ersparnisse der Volkswirtschaft hineingreifen und die Zukunft mit schweren Verpflichtungen belasten. Die Führung des Staatshaushaltes soll wieder auf die normale gesetzliche Grundlage gestellt werden. In allererster Reihe steht jedoch das Gebot, die Staatswirtschaft, welche durch die Kriegslasten eine ernste Störung erlitten hat, wieder in geordnete Bahnen zu lenken. Zu diesem Zwecke müssen dem Staate ausreichende Einnahmen erschlossen werden, wobei das Betreten neuer von den bisherigen abweichender Wege der Finanzpolitik unvermeidlich sein wird. Eine weise und strenge Ökonomie im Staatshaushalte, insbesondere die Unterlassung jedes nicht durch sachliche Zwecke unbedingt erheischten Verwaltungsaufwandes muß die Wiederherstellung des finanziellen Gleichgewichtes erleichtern. In diesem Rahmen des finanziell Zulässigen wird Meine Regierung unter Ihrer Mitwirkung auf die Gutmachung der Schäden des Krieges bedacht sein. Mit dem Wiederaufbau des Zerstörten wurde bereits begonnen und wird Ihre Fürsorge sich insbesondere jenen Gebieten zuwenden müssen, die vom Kriege am meisten gelitten haben. Eine der dringendsten Aufgaben ist es, für die Hinterbliebenen der Gefallenen und für jene, die im Kriege ihre Arbeitsfähigkeit eingebüßt haben, vorzusorgen. Darüber hinaus gilt es, eine intensive Wohlfahrtspolitik in der doppelten Richtung der Produktionsförderung einerseits und der sozialen Fürsorge andererseits zu entfalten.

Die Erfahrungen des Krieges haben bewiesen, welche wunderbare Elastizität der Produktion innewohnt. Sie wird sich neuerlich zu bewähren haben, wenn es sich darum handeln wird, den künftigen Übergang zur Friedenswirtschaft zu bewerkstelligen und aus der vielfältigen Gebundenheit, die der Kriegszustand mit sich brachte, den Weg zur normalen Gestaltung der Verhältnisse zurückzufinden. Auf der breiten Basis des wirtschaftlichen Ausgleichs mit den Ländern Meiner ungarischen heiligen Krone, welcher auf Grund der von Meinen beiden Regierungen vor kurzem getroffenen Vereinbarungen seinerzeit den Gegenstand Ihrer Beratungen bilden wird, und gestützt auf eine planmäßig ausgebaute Handelspolitik der Monarchie müssen wir alle Kräfte zusammenfassen, insbesondere aber die Erzeugung auf industriellem und gewerblichem wie auf landwirtschaftlichem Gebiete ergiebiger gestalten und verbilligen. Der vielfach noch nicht ausgenutzte Reichtum der Naturschätze, die Möglichkeit, den Wert der menschlichen Arbeit durch technische Hilfsmittel und durch zweckmäßige Methoden zu steigern, sollen eine verläßliche Quelle der Regeneration des Wohlstandes für den Einzelnen wie für die Gesamtheit werden.

Nicht minder liegt Mir die soziale Fürsorge am Herzen. Der Krieg hat der Volkskraft schwere Einbuße verursacht, deren Ausgleichung nur von einer zielbewußten Bevölkerungspolitik[5] erwartet werden kann. Es bedarf tatkräftiger Maßnahmen auf dem weiten Felde der Volkshygiene. Der Kampf gegen Volkskrankheiten, die Hintanhaltung der großen Säuglingssterblichkeit und Hand in Hand damit eine weitgehende Ausgestaltung unserer Jugendfürsorge, der Kampf gegen die Verwahrlosung der Jugend und die zeitgemäße Reform des veralteten Jugendstrafrechtes wird Ihre und die Sorge Meiner Regierung sein. Auch wird Vorsorge zu treffen sein, daß das Wohnungsbedürfnis der breiten Massen, insbesondere der kinderreichen Familien, befriedigt werde. Ebenso beanspruchen die Ihnen seit langer Zeit wohlvertrauten Fragen der Sozialversicherung dringend eine Lösung. Meine Regierung wird sich den Ausbau der Arbeiterschutzgesetzgebung zur Pflicht machen. Sie wird ihr Augenmerk besonders jenem Teil unserer Arbeiterschaft zuwenden, von deren physischer und geistiger Leistungsfähigkeit die Zukunft unserer Volkskraft und unseres Wirtschaftslebens in erster Linie abhängt: den Frauen und den jugendlichen Arbeitern. Es wird Ihnen eine Regierungsvorlage zugehen über die Regelung der Arbeitszeit der Frauen und Jugendlichen und der Nachtarbeit der Jugendlichen. Auch der Mittelstand, der von den wirtschaft-

---

5 Auf einen Wink Kaiser Karls im Frühling 1917 reagierte der gesamtösterreichische Episkopat mit einem Schreiben an den Klerus, das ihn anwies, in der Bevölkerung die Friedensgesinnung zu erwecken und im Falle einer Demobilisierung sich gegen Invalide, Witwen und Waisen und bei der Rückkehr der Soldaten sich dementsprechend zu verhalten und eine gezielte Jugendpflege zu beginnen. Vgl. DAW, BIKO, Karton 11, Kardinal Leo Skrbenský im Namen des österreichischen Episkopates an den österreichischen Klerus, Druck.

lichen Folgen des Krieges besonders schwer getroffen wurde, darf der eifrigen staatlichen Fürsorge nicht entbehren.

Die gesamte Bevölkerung hat in schwerer Zeit die Erwartungen, die der Staat in sie zu setzen berechtigt war, nicht nur voll erfüllt, sondern übertroffen; sie darf im Staate keine Enttäuschung erleben. Gewiß wird die Verwirklichung eines solchen Fürsorgesystems nur allmählich und nur wohl überlegt erfolgen können, damit nicht etwa eine den besten Absichten entspringende Überstürzung die ökonomischen Grundlagen zerstört, auf denen das Gebäude der sozialen Wohlfahrt aufgerichtet werden soll[6]. Nur ein planmäßiges Zusammenwirken von Staat und Gesellschaft vermag die geistigen und materiellen Kräfte bereitzustellen, welche die Durchführung jener großen Aufgabe erfordert.

In dem Kreis Ihrer nächsten Aufgaben, Meine Herren, finden Sie jene Maßnahmen der provisorischen Gesetzgebung, die unter Verantwortung der Regierung getroffen worden sind. Manches davon ist lediglich aus der Notwendigkeit des Augenblicks geschaffen und seine Bedeutung im Schwinden. Manches davon aber kann auch heute nicht entbehrt werden, und einiges ist wert, in dauernde Einrichtungen des Staates überzugehen.

Geehrte Herren von beiden Häusern des Reichsrates!

Ich weiß und achte es, daß Sie Ihren Auftrag von niemand als von Ihrem Gewissen empfangen dürfen; aber Sie werden die Stimme Ihres Gewissens nur dann richtig vernehmen, wenn Sie Ihr Auge über das Sondernde der wandelbaren Einzelheiten hinweg unverwandt auf die dauernden Zwecke der Gesamtheit richten. Die gewissenhafte Erfüllung der Pflichten gegen den Staat darf nicht an Bedingungen geknüpft sein; in ihr liegt die beste Bürgschaft für das Wohl des Reiches und zugleich die sicherste Gewähr für die Rechte der Völker.

Die gewaltige Zeit, in der wir leben, hat dem staatlichen Bewußtsein neue Perspektiven eröffnet und den Blick für die wahren Größenverhältnisse der politischen Dinge geschärft.

Ich war lang im Felde und habe die Helden, die unsere Grenzen verteidigen, am Werke gesehen. Ich kenne den Geist, der sie beseelt. Ich habe die einigende und belebende Kraft dieses siegreichen Geistes mit freudiger Bewunderung wahrgenommen. Und eben darum zweifle Ich nicht, daß die sittliche Verjüngung, die das Vaterland aus dem Weltkriege geschöpft hat, unser gesamtes staatliches Leben durchdringen und sich auch in den Arbeiten der Volksvertretung widerspiegeln wird.

Bleiben Sie aber stets auch dessen eingedenk, daß die Kraft der Monarchie nicht zum wenigsten in ihren geschichtlich gewordenen Eigentümlichkeiten wurzelt und daß nur die liebevolle Bedachtnahme auf sie, diese lebendige Kraft zu erhalten und fortzuentwickeln vermag. Sorgen Sie darum eifrig für die

---

6 Vgl. Nrn. 72, 102.

Pflege der treuen Gemeinschaft mit den Ländern Meiner ungarischen heiligen Krone, die sich neuerlich als Fundament für die Machtstellung der Monarchie erprobt, fördern Sie das einträchtige Zusammenwirken der verschiedenen Volksstämme im Staate, die alle an dem Ruhme dieses Krieges Anteil haben.

Geehrte Herren von beiden Häusern des Reichsrates!

Noch einmal Meinen herzlichen Gruß! Es ist ein großer Augenblick, der den neuen Herrscher zum ersten Male mit den Volksvertretern zusammenführt. Die gemeinsame innige Liebe zum Vaterlande, der gemeinsame feste Wille, ihm bis zum Äußersten zu dienen, sei die Weihe dieses Augenblicks! Möge er ein Zeitalter blühenden Aufschwunges, ein Zeitalter der Macht und des Ansehens für das altehrwürdige Österreich, des Glückes und Segens für Meine geliebten Völker einleiten!

Das walte Gott!

49.
Memorandum von John D. Gregory über verschiedene Gespräche mit den Prinzen Sixtus und Xavier von Bourbon von Parma

London, 1917 Juni 02–03

PRO, FO 371/3134, fol. 334–336, Minute.

Beschreibung des Charakters von Kaiser und König Karl, seiner politischen Konzepte und Urteile und seiner Absichten, mit Hilfe eines Separatfriedens sich von Deutschland zu trennen und die österreichisch-ungarische Monarchie zu erhalten. Die Gefahr eines sozialistischen Friedens ist ein Motiv für den Kaiser, sich mit England zu verbinden.

Most secret[a]

From numerous conversations with the Princes of Bourbon-Parma (June 02, 03)[1] the following points may be of interest:

I. The present Emperor and Empress are entirely pro-French and pro-English. They are strongly anti-German and hate a) the Kaiser[2], b) Prince Rupprecht[3], both on political and private grounds.

---

a Vermerk.

1 Sixtus und Xavier von Bourbon von Parma, vgl. Nrn. 34, 34a, 35, 40, 41, 42. Dazu auch Lloyd George, Mein Anteil am Weltkrieg 2, 439–442.

2 Wilhelm II., vgl. Nr. 3.

3 Vgl. Nr. 2.

The Kaiser insulted the present Empress when she was young: Prince Rupprecht is a coarse dissolute Prussianised atheist who bullies the Emperor and Empress for their religious and moral principles.

II. The Emperor used to make the impression on the general public of being an amiable but colourless young man. In reality he is full of character and autocratic. He takes advice up to a certain point from the Empress, who is very intelligent, but is in no sense under her thumb. There is no-one 'at the back of him'. Neither Czernin, nor Berchthold[4], nor anyone else have any real influence. All the recent changes have been made by the Emperor alone on his own initiative. He has become an immensely popular figure in Austria.

III. Politically the Emperor is determined to carry out the programme of Trialismus on the lines laid down by his murdered uncle[5] – to solve the nationality problem, particularly Southern Slavdom on that basis – and thereby to break the power of Berlin on the one hand and of the Magyars on the other.

Although strongly Catholic, he is against the Christian-Socialist party (the leading Conservative party – Tory Democrat), because of their Germanism, and he is genuinely anxious to purify Austrian politics.

IV. The Emperor is naturally anxious in principle to make a separate peace with England and France but at this moment there are two self-evident obstacles:

a) the Russian revolution has changed the whole Austrian outlook. The Austrians now think the Central Empires will be victorious. The Macedonian campaign has failed. Roumania cannot recover without Russia. The Italian offensive is not expected to succeed, and Italy is supposed to be on the verge of revolution.

b) Austria-Hungary can hardly be expected to make a separate peace on the basis of her own liquidation, as decreed by England and France in the Italian and Roumanian agreements and the Note to President Wilson[6].

Until circumstances render a revision of those agreements possible, the Emperor has no incentive to make any advances to England and France or to accept them. It is felt, however, that the nationality question generally might be capable of adjustment, but that Trieste is vital. It is Italy therefore that stands in the way of a separate peace[7].

---

4 Vgl. Nr. 2.
5 Vgl. Broucek, Reformpläne aus dem Beraterkreis Erzherzog Franz Ferdinands und Kaiser Karls: Mitteleuropa-Konzeptionen, 111–121; Horst Haselsteiner, Die Nationalitätenfrage in der österreichisch-ungarischen Doppelmonarchie und der föderalistische Lösungsansatz, in: Rumpler (Hrsg.), Innere Staatsbildung, 21–30. Vgl. auch Nr. 3.
6 Vgl. die Note Wilsons vom 22.01.1917, in: Foreign Relations 1917, Suppl. I, 24ff.; Meisels, Die Beziehungen zwischen Österreich-Ungarn und den Vereinigten Staaten von Amerika, 9–14.
7 Vgl. Nr. 39.

If in the event of a drastic recasting of the situation – the result, for instance, of an Italian Republican revolution (the would-be promoters of which
are greatly on the increase)[8] – these difficulties were eliminated, the anxiety
of the Emperor to shake off the domination of Berlin[9] would probably promt
him to make overtures to the Allies or to accept them. A necessary preliminary would however be the withdrawal of such German military units as are
now spread about in Austria. This can presumably only happen through the
exhaustion by the Allies of the German reserves.

V. A separate peace with Bulgaria on the basis of her possession of Macedo-
nia and Cavalla would be an incentive to Austria to make a separate peace.

On the other hand, if Austria took the first step, Bulgaria would follow[10].

VI. The danger of a Socialist peace is an incentive to the Austrian Emperor
to combine with England.

VII. Whenever required, and if circumstances were propitious, the Princes
could place on in direct and entirely secret communication with the Austrian
Emperor.

50.

Der k.u.k. Gesandte in München, Johann Douglas Graf Thurn und Valsássina-Como-Vercelli, an den österreichisch-ungarischen Außenminister Ottokar Graf Czernin-Chudenitz

München, 1917 Juni 21

HHStA, PA IV, 59, fol. 158r–163r, Ausfertigung und Kopie;
Druck: Steglich, Friedensappell, 108–109.

*Über die Einstellung Papst Benedikts XV. und des Apostolischen Nuntius in
München, Eugenio Pacelli, zur österreichisch-ungarischen Monarchie und über
ihre Einschätzung der Friedensmöglichkeiten.*

---

8 Vgl. die diplomatische Korrespondenz des frz. Botschafters in Rom, Pierre-Eugène Barrère an
   Alexandre Ribot, in: PAMAE, Paix séparée 103, fol. 124–125 (1917 05.20); fol. 141–142 (1917 06.
   05); fol. 143–144 (1917 06.10); 146–147 (1917 06.17).
9 Zur „Prussianisierung" der k.u.k. Armee während der Regierungszeit Franz Josephs, vgl. Nrn.
   3, 20.
10 Vgl. PAMAE, Paix séparée 103, fol. 108–110, Washington, 1917 05.03 (?): Jean-Jules Jusserand,
   der Botschafter in den USA, an das frz. Außenministerium über die Haltung Lansings zu
   einem Separatfrieden mit Österreich-Ungarn und Bulgarien und über den demokratischen
   Geist.

Vertraulich[a]

Der hiesige päpstliche Nuntius Msgr. Pacelli[1] teilte mir gestern vertraulich mit, er beabsichtige anfangs nächster Woche zunächst nach Berlin zu reisen, um dem Herrn Reichskanzler[2] einen Besuch zu machen.

Von dort werde er sich an das Hoflager Seiner Majestät des deutschen Kaisers nach Homburg begeben, da er einen eigenhändigen Brief Seiner Heiligkeit des Papstes an Kaiser Wilhelm zu überbringen habe.

In diesem Schreiben sei, wie Mgr. Pacelli mir streng vertraulich andeutete, ausgeführt, wie sehr Papst Benedict unter der Fortdauer des Krieges leide, und daß sein ganzes Trachten danach gerichtet sei, wie der Menschheit der Friede endlich wiedergegeben werden könne. Allerdings, so fuhr Mgr. Pacelli fort, seien diesbezüglich die Aussichten derzeit noch sehr trübe, da auf Seite der Entente, die von ihren Vernichtungsabsichten noch immer nicht lassen wolle, noch nicht die geringste Friedensgeneigtheit gezeigt werde.

Unter diesen Umständen sei auch für den Papst der Zeitpunkt für eine konkrete Aktion wohl noch nicht gekommen, doch lege er Wert darauf, daß man bei uns wisse, wie sehr Seine Heiligkeit die Herbeiführung des Friedens herbeisehne und wie gerne er, sobald sich die Möglichkeit hiezu biete, zur Erreichung dieses Zieles mitarbeiten würde.

Was die Reise des Nuntius nach Berlin betrifft, sagte er mir, daß es sich um einen reinen Courtoisie-Akt handle, da er, nachdem er zu Seiner Majestät dem deutschen Kaiser gehe, es für ein Gebot der Höflichkeit halte, sich auch dem Leiter der Reichsregierung vorzustellen; dies umsomehr als, wenn er auch bloß beim bayerischen Hof akkreditiert sei, die hiesige Nuntiatur doch die einzige Vertretung des Vatikans im Deutschen Reich sei.

Msgr. Pacelli will ferner die Gelegenheit seiner Reise benützen, um dieselbe bis Köln auszudehnen und dort dem Kardinal Hartmann[3] einen Antrittsbesuch zu machen. Im Laufe unserer Unterredung kam Mgr. Pacelli auch auf die Allerhöchsten Personen unserer erhabenen Majestäten zu sprechen; er äußerte sich voll Bewunderung über unseren Allergnädigsten Herrn sowie über Ihre Majestät die Kaiserin und Königin, für Allerhöchstwelche Seine Heiligkeit die wärmsten Gefühle hege, und bezeichnete es als ein großes Glück für die Monarchie, ein solches Herrscherpaar an ihrer Spitze zu haben.

---

a Vermerk.

1 Eugenio Pacelli, 20.04.1917–29.03.1924 Apostolischer Nuntius in München; 1939 Papst (Pius XII.).

2 Georg Michaelis, 16.07.–24.10.1917 deutscher Reichskanzler und preußischer Ministerpräsident.

3 Kardinal Felix von Hartmann, Erzbischof von Köln 1912–1919.

51.
« À la gloire de la Franc-Maçonnerie Universelle »

Paris, 1917 Juni 28

Französische Privatsammlung, Freimaurerdruck.
In Auszügen bei Fejtö, Requiem pour un Empire, 424–426; deutsche Übersetzung:
ders., Requiem für eine Monarchie, 428-429; Freiheit, Gleichheit, Brüderlichkeit. Der
Sitzungsbericht des Pariser Kongresses der Freimaurer der allierten und neutralen
Nationen im Juni 1917, Leipzig 1933.

André Lebey, Sekretär des Conseil de l'Ordre du Grand Orient de France[1], tritt
für die Konstituierung der Gesellschaft der Nationen auf der Grundlage der
Menschenwürde und der Rechte der Nationen ein, die die Charta der Huma-
nität von morgen sein werden. Diese Versammlung krönt das Werk der Fran-
zösischen Revolution. Die Politik Österreich-Ungarns sei nur ein Ferment der
Zwietracht, die Politik Deutschlands eine fortwährende Konspiration gegen die
Freiheit Europas und der gesamten Welt.

Motto:

« Est quidem vera lex, recto ratio naturae congruens, diffusa in omnes, constans,
sempiterna, quae vocet ad officium jubendo, vetando a fraude deterrest, quae tamen neque probos frustra jubet aut vetat; nec improbos jubendo aut vetando mo-
res. Huic legi nec abrogari fas est, neque derogari et hac aliquid licet, neque tota
abrogari potest. Nec vere aut per senatum, aut per populum solvi hac lege possumus. Neque est quierendus explanator, aut laterpus ejus alius; nec erit alia lex
Romae, alia Athenis, alia nunc, alia posthac; sed et omne gentes et omni tempore
una lex, et sempiterna, et immortalis continebit. Unusque erit communis quasi
magister et imperator omnium Deus ille, legis hujus inventor, disceptator, lator;
cui qui non parebit ipse se fugiet, ac naturam hominis aspernabitur, atque hoc
ipso luct maximas poenas, etiamsi, coltera supplicia quae putantur effugerit. »
(Ciceron. – Épigraphe mise par Mably à son Traité des Droits du citoyen, réim-
primé en 1793.)

« Ainsi des chances favorables et nombreuses étaient constamment attachées à
l'observation des principes essentiels de raison, de justice et d'humanité qui fon-
dent et maintiennent les sociétés. Il y a un grand nombre d'avantages à se con-
former à ces principes et de grands inconvénients à s'en écarter. Que l'on consulte

---

1   André Lebey, frz. Romancier, vgl. Wichtl/Schneider, Weltfreimaurerei, 208–209, 236–237.

les histoires de sa propre expérience, on y verra tous les faits venir à l'appui de ce résultat de calcul. Considérez les heureux effets des institutions fondées sur la raison et sur les droits naturels de l'homme, chez les peuples qui ont su les établir et les conserver. Considérez encore les avantages que la bonne foi a procurés aux gouvernements qui en ont fait la base de leur conduite et comme ils ont été dédommagés des sacrifices qu'une scrupuleuse exactitude à tenir ses engagements leur a coûtés. Quel immense crédit au-dedans! Quelle prépondérance au-dehors! Voyez, au contraire, dans quel abîme de malheur les peuples ont été souvent précipités par l'ambition et par la perfidie de leurs chefs. Toutes les fois qu'une grande puissance, enivrée de l'amour des conquêtes, aspire à la domination universelle, le sentiment de l'indépendance produit entre les nations menacées une coalition dont elle devient presque toujours la victime. Pareillement, au milieu des causes variables qui étendent ou qui resserrent les divers Etats, les limites naturelles, en agissant comme causes constantes, doivent finir par prévaloir. Il importe donc à la stabilité comme au bonheur des empires de ne pas les étendre au-delà des limites dans lesquelles ils sont ramenés sans cesse par l'action des causes, ainsi que les eaux des mers soulevées par de violentes tempêtes retombent dans leur bassin par la pesanteur. C'est encore un résultat du calcul des probabilités confirmé par de nombreuses et funestes expériences. »

(Laplace. – Essai philosophique sur les probabilités).

« Ce n'est point ce qu'un homme a ou n'a point extérieurement qui constitue son bonheur ou sa misère. La nudité, la faim, la détresse sous toutes les formes, la mort elle-même ont été souffertes avec courage quand le cœur était droit; c'est le sentiment de l'injustice qui est insupportable à tous les hommes. Une loi plus profonde que la loi écrite sur parchemin, une loi directement écrite par la main de Dieu dans l'être le plus intime de l'homme, proteste sans cesse contre cela. L'âme et l'univers en de continuels signes silencieux disent: cela ne se peut. La douleur réelle est la souffrance et la flétrissure de l'âme, le mal infligé au moral lui-même. »

(Carlyle).

MES TT∆ CC∆ FF∆

La guerre a démontré aux hommes les plus prévenus contre nos idées qu'il est dangereux de douter à l'excès, sans action suffisante, devant les solutions humaines qui s'imposent à l'attention des peuples civilisés. Elle a achevé de prouver, d'une part, qu'au milieu du monde décidé dans sa majorité, dans sa totalité même, à maintenir coûte que coûte cette paix salutaire à son développement, – et nul pays, peut-être, plus que la France, n'y a fait autant de concessions successives, quelque fois difficiles, douloureuses, – deux empires, groupant des nations par la force, par des procédés artificiels, – l'Autriche-Hongrie le laisse voir, notamment, à l'heure même ou nous nous réunissons[2], – se refusaient délibérément, volontairement, à cette conception, décidés, plutôt que d'y souscrire, à tout mettre en œuvre, par n'importe quels moyens, pour imposer au monde, de jour en jour plus stupéfait, leur volonté d'hégémonie par les armes. Elle a permis de constater, d'autre part, que les tentatives les plus rationnelles en même temps que les plus légitimes, entamées à La Haye dès 1899, sur l'initiative de notre FΔ Léon Bourgeois[3], demeuraient inefficaces, faute de garanties et de sanctions suffisantes. La situation est donc nette: d'un côté, l'universalité des peuples voulant l'organisation des nations dans la paix par la Liberté, de l'autre les empires centraux ne concevant cet équilibre que sous leur domination propre et par elle, avec l'aide de la force, par la guerre. La grande guerre de 1914, imposée d'abord à la France, à la Belgique et à la Russie, puis à l'Europe, ensuite au monde, par l'agression germanique, n'a cessé de définir elle-même, progressivement, le caractère du conflit engagé en y faisant s'affronter deux principes: celui de la Démocratie et celui de l'Impérialisme, celui de la Liberté et celui de l'Autorité, celui de la Vérité prouvant sa bonne foi, celui du Mensonge, s'enfonçant de plus en plus dans les intrigues louches, universelles, pour se tirer d'affaire, notamment en continuant de chercher à faire discréditer dans leur propre parti, dans chaque pays, ceux qui avaient le mieux le sens de l'intérêt national. De la violation de la neutralité belge à la levée des Etats-Unis d'Amérique[4], en passant par la Révolution russe, il

---

2   Anmerkung in der Vorlage: Notons ici, pour mémoire, les paroles du président du Conseil autrichien, von Seidler, le 28 juin à la Chambre de Vienne: « L'Autriche ne pense pas qu'une paix durable puisse se fonder sur le droit des peuples à disposer d'eux-mêmes. » Rien de surprenant à cela. Aucun Etat n'a fait table rase, autant que l'Empire danubien, des prérogatives et des aspirations des nationalités. La politique de Metternich n'a cessé d'y prévaloir. [Vgl. Sitzung des österreichischen Herrenhauses vom 28. Juni 1917, in Stenographische Protokolle des Herrenhauses, 119.]

3   Léon Bourgeois, 1899 und 1907 frz. Vertreter auf den Haager Friedenskonferenzen.

4   Über die Versuche der belgischen Maçonnerie, in den USA eine probelgische Stimmung und den Eintritt der USA in den Ersten Weltkrieg zu forcieren, vgl. KUL, Freimaurersammlung: Theodore Roosevelt an Comte Eugène Félicien Goblet d'Aviella, 33 Souverain Grand Commandeur du Suprême Conseil de Belgique, Sagamore Hill, 1916 November 10:
"[...] There are many Germans among the brethren here. I am sure that the great majority of our brethren sympathize with Belgium; but in the south they are Democrats who uphold President Wilson, and will resent any attack on his attitude. Moreover our whole Masonic tradition here is never to deal with any question in any way concerned with politics. Therefore I gravely question the advisability of such an appeal." Vgl. dazu auch Wichtl/Schneider, 226–228. Vgl. weiter KUL, Freimaurersammlung, G. Smets-Monder an Goblet d'Aviella, Kew Gardens, 1917 08. 7: « Un article d'un journaliste américain pro-Allié, Curtin, parut ce matin même dans un journal anglais, signale de la façon la plus pressante les dangers de cette campagne pour la cause des Alliés et spécialement de la Belgique. Nous payerions les frais d'une paix prématurée ou allemande. »
« Notre propagande maçonnique aux Etats Unis s'achève, mais le travail est bien plus consi-

n'est pas un fait qui n'ait apporté sa preuve à ce duel gigantesque entre deux principes ennemis. Il s'agit de savoir, désormais, si l'Humanité va atteindre son salut ou marcher à sa perte, si elle touche à l'Avenir ou retourne au Passé, – si, demain, grâce à une paix victorieuse inscrivant la Justice au fond des faits par la permanence défendue du Droit, elle assurera, enfin, contre le retour de pareils crimes son existence durable. Il le faut pour qu'elle vive. Il n'est personne qui ne puisse être d'accord avec nous sur ce point. La guerre elle-même a été si bien déshonorée par l'excès de ceux qui l'ont élevée à la hauteur d'une institution normale qu'il n'est pas interdit d'espérer qu'elle ait reçu une atteinte mortelle. Il n'est aucun de ceux qui y ont pris part pour se défendre qui n'apporte une adhésion spéciale, enthousiaste et réfléchie, à la Société des Nations.

Les liens de droit entre les nations que les assemblées de La Haye avaient cherché à multiplier et à resserrer doivent être étendus. Les procédés diplomatiques qu'elles ont voulu définir, les institutions juridiques qu'elles se sont efforcées de créer devront désormais exister d'une manière solide. La justice collective[5] qu'elles ont voulu rendre possible en faisant dominer la justice individuelle, égoiste, d'État à État – cette justice collective, justement, que la lutte a fait naître et n'a cessé d'accroître contre l'Allemagne au fur et à mesure que celle-ci révélait davantage la profondeur et l'universalité de sa corruption, sombre et secrète toile d'araignée tendue sur le globe, – devra édifier solidement les assises de sa construction bienfaisante. Ainsi la force suprême de la communauté des Nations, matérielle et morale à la fois, saura venir à bout de la volonté meurtrière d'une d'elles ou de plusieurs. Il n'y aura plus alors de nations neutres, car aucune, dans une organisation de cet ordre, ne pourra s'isoler sans se soustraire à son devoir consenti. L'injustice faite à l'une d'elles les atteindra collectivement et individuellement puisque la neutralité violée de l'une d'elles mettrait la nation attaquée, fidèle à ses engagements, et se refusant à envahir une nation voisine, même par réciprocité, dont le territoire favoriserait une opération militaire identique à celle qu'elle subit, dans une situation diminuée, désavantageuse, du fait de sa bonne foi.

Nous l'avons mesuré au début de la guerre: tandis que l'Allemagne envahissait la Belgique, elle félicitait la Suisse de sa neutralité; or, la neutralité de

---

dérable que je ne l'avais prévu; aussi j'estime qu'il ne pourra être tout à fait terminé que vers la fin du mois d'octobre. J'ai donc engagé le Fr. Wendrickx à demander un troisième et dernier congé de deux mois (septembre et octobre) et j'ai écrit au Général de Ceuninck pour lui dire que je vous exposais les raisons de cette demande de prolongation. »
Zur österr. Information über die Aspirationen amerik. Freimaurer zugunsten der Fortsetzung des Weltkrieges, vgl. HHStA, PA I, 85: Der k. u. k. Generalkonsul in Zürich, Maurig, an den österr.-ung. Botschafter in Bern, Alexander Frh. Musulin von Gomirje, Zürich, 1917 07. 12.

5 Si imparfaite qu'ait été et que soit demeurée la justice collective, elle a été cependant partout et de tout temps supérieure à la justice individuelle. – Molinari, Esquisse politique et économique de la Société future.

la Suisse, sacrée pour les Alliés, couvrait l'Allemagne contre un danger redou-
table d'invasion en lui permettant de mieux envahir la France. De même la
neutralité hollandaise empêchait l'Angleterre de venir au secours d'Anvers
par les bouches de l'Escaut.

L'Allemagne, sans que la Suisse ni la Hollande l'aient voulu, se trouvait, de
la sorte, avantagée et protégée. Les neutralités devront donc être unies entre
elles de manière à ce qu'elles soient amenées à se prêter toujours main forte;
elles seront d'ailleurs amenées, par l'exemple de la Belgique, à se garantir par
la garantie collective du plus grand nombre de puissances possible. De toutes
parts nous sommes ainsi conduits, au fur et à mesure que nous serrons de
plus près le problème, à l'association universelle des peuples. De la sorte, le
recours aux solutions juridiques des conflits internationaux deviendra presque obligatoire. Là oô réside la le«on profonde de la guerre, là doit être aussi
son résultat, c'est-à-dire la pratique facilitée, normale, légale, obligatoire, d'un
droit international[6], complet, matérialisé, efficace.

La tâche qui s'impose à notre génération et plus spécialement à vous, mes
FFΔ, consiste à faire faire un progrès décisif à ce droit international. Il a été
outragé cyniquement. Il doit renaître plus fort et les Alliés qui ont lutté pour
lui, dont il est la cause, l'enracineront à jamais dans le camp de leur victoire,
qui sera la sienne. Ce droit international est le droit de la paix. Il vivra si
nous sommes parvenus à le cuirasser de sanctions et pour y parvenir appre-
nons, même contre notre tempérament, à nous défier de l'instinct trop
généreux, quelquefois, qui nous porte à investir vite autrui de notre propre
honnêteté.

Il y a des leçons dont il faut se souvenir, dans l'intérêt même des hautes
idées humanitaires que l'on défend. Le droit international doit être armé de
sanctions telles qu'elles décourageront à l'avance ceux qui seraient tentés de
manquer à leur parole. Réunies entre elles, les nations qui veulent vivre en
paix dans le respect de leurs droitsréciproques, créeront une force souveraine
irrésistible d'action économique et d'action militaire qui empêchera d'entraî-
ner les masses aveuglées dans des conflits impérialistes. Cette union des différentes forces nationales sera elle-même, afin de réaliser sa tâche défensive
propre, aménagée et outillée en vue de son plus haut rendement. Le droit pos-
sédera de la sorte des garanties de durée. Il sera devenu la force par l'adhésion du plus grand nombre des Etats. Cette force, par une véritable police des
nations, maintiendra la paix universelle en mettant toutes les puissances civilisées du côté de toute nation dont le droit, sans provocation, aura été violé
par une autre. Le jour, sans doute encore éloigné, mais qu'il ne tiendrait qu'à

---

6   Anmerkung in der Vorlage: Au bas d'une gravure de 1790 sur la fête de la Fédération au
    Champ de Mars, dans la légende, « la Loi universelle » est invoquée. – Elle l'avait été déjà par
    nos encyclopédistes.

l'Humanité de faire plus proche[7], où nous aurions su réussir une œuvre pareille, nous aurions répondu, mieux que par des projets, hélas! à l'affirmation brutale de l'ennemi parlant par la bouche de Maximilien Harden[8] et de plusieurs de ses écrivains: « La force crée pour nous le droit, un plus fort seul pourrait nous contraindre. » Alors nous aurons vraiment, selon le mot de M. Briand[9] reconstruit sur la Justice une Europe régénérée. C'est le désir, c'est la volonté de la France, « Champion du Monde ». Elle a toujours tenu, en effet, à incorporer à la Force un Droit qui la transforme et l'annoblit de manière à mettre la Force au service du Droit. Elle a sans cesse rêvé que ce soit le Droit qui crée la Force, l'Esprit qui domine et utilise la Matière. Aujourd'hui, saisie à la gorge par un adversaire implacable, tandis même qu'il foule encore son territoire et que la bataille continue, elle entend réaliser et réalise ce programme d'union que Lamartine[10] expression de la volonté révolutionnaire de 1848, avait indiqué à l'Europe comme la voie de son salut. Elle reprend la proclamation du droit des peuples que le vieux démocrate Charles Lemonnier[11] fit en 1873 à l'Assemblée de la Ligue pour la Paix[12]:

---

7 La solution du problème de l'établissement d'un état de paix permanent entre les nations civilisées réside dans la substitution d'une assurance collective de leur sécurité extérieure au régime de l'assurance isolée. Si l'on considère la charge énorme et toujours croissante dont les accable ce régime suranné en même temps que son insuffisance à protéger les faibles contre l'abus de pouvoir des forts, on se convaincra que le moment ne peut être éloigné où la nécessité de ce progrès s'imposera au monde civilisé. C'est la même nécessité qui a déterminé la formation des sociétés primitives d'assurance collective de la sécurité individuelle, troupeaux, clans ou tribus.– Molinari, idem.

8 Maximilian Harden, deutscher Schauspieler, Schriftsteller und Kritiker.

9 Aristide Briand, frz. Außenminister 29.10.1915–19.3.1917; 16.01.1921–14.01.1922.

10 Alphonse de Lamartine, französischer Dichter und Politiker.

11 Charles Lemonnier, frz. Demokrat.

12 Anmerkung in der Vorlage: « I. – Les peuples sont égaux entre eux, sans égard à la superfice des territoires, non plus qu'à la densité des populations.

II. – Les peuples s'appartiennent à eux-mêmes; ils sont responsables les uns envers les autres tant de leurs propres actes que des actes des sujets ou citoyens qui les composent, ainsi que des actes de leurs gouvernements.

III. – Nul individu, nul gouvernement, nul peuple ne peut légitimement, ni sous aucun prétexte, disposer d'un autre peuple par annexion, par conquête ou de quelque façon que ce soit.

IV. – Est nul, comme contraire à l'ordre public et aux bonnes mœurs toute clause, convention ou traité ayant pour objet: Toute atteinte à l'autonomie d'un ou de plusieurs peuples ou individus; Toute guerre qui n'est point strictement défensive;

Toute conquête, invasion, occupation, partage,démembrement, cession, annexion, ou acquisition à quelque titre ou de quelque façon que ce soit, de tout ou partie de territoire occupé par un peuple ou par une population quelconque qui n'a pas au préalable été consenti par les habitants sans distinction aucune.

V. – Tout peuple envahi a le droit, pour repousser l'invasion, d'user de toutes les ressources de son territoire et de toutes les forces collectives et individuelles de ses habitants; ce droit n'est subordonné dans son exercice à aucune condition, soit de ligue extérieure, soit d'organisation militaire. »

Elle proclame, dépassant le souci de son intérêt personnel et toujours tournée vers les plus hautes cimes de l'Histoire, que le droit des Nations doit être et sera la Charte de l'Humanité de demain.

Les Conférences de la Paix de 1899 et de 1907[13] devaient se compléter par celle de 1914. La guerre, en l'empêchant, a fait voir, par une effroyable leçon de choses, à quel point elle était urgente ainsi que la réalité qu'elle devait prendre. C'est toute la conscience de l'Humanité qui s'élève pour réclamer, quand la paix sera possible, les conditions de vie qui lui permettront de ne plus se perdre. Ce sont les peuples qui n'entendent pas que le sang versé le soit en vain, car c'est bien à la fois pour sauver son pays et préparer l'aube libératrice que le poilu souffre avec tant de patient courage dans la tranchée. Ce qui paraissait, hier encore, un songe, entre irrésistiblement dans la réalité de la vie même, et ce n'est plus seulement une masse révolutionnaire, conduite par une élite avancée, qui marche vers la délivrance, c'est bien l'Humanité, toutes classes mêlées, de nombreuses nations unies, qui, engageant toute sa conscience, vivant éperdument d'une vie nouvelle, fait entendre sa volonté.

Cette volonté, qui est la nôtre depuis longtemps, ne peut que nous trouver prêts. C'est pour l'offrir au monde dévasté par la haine que nos ancêtres ont fondé notre Ordre et l'ont maintenu au long des âges. C'est pour vaincre les

---

Voici aussi la belle déclaration des droits et des devoirs des Nations de l'Institut Américain du Droit International: « I.–Toute nation a le droit d'exister, de protéger et de conserver son existence, mais ce droit n'implique pas le pouvoir d'être justifié par le fait, par un Etat, de commettre, pour le protéger lui-même et conserver son existence, des actes injustes contre des Etats innocents qui ne lui font aucun mal.

II. – Toute nation a le droit d'indépendance en ce sens qu'elle a le droit à la prospérité du bonheur et qu'elle est libre de se développer sans immixtion, ni suprématie d'autres Etats, pourvu qu'en agissant ainsi elle ne commette ni intervention, ni violation des justes droits des autres Etats:

III. – Toute nation est en droit, et devant le Droit, l'égale de tout autre Etat qui compose la Société des Nations et tous les Etats ont le droit de réclamer, et conformément à la Déclaration d'Indépendance des Etats-Unis de prendre parmi les puissances du globe la situation séparée et égale à laquelle les lois naturelles leur donnent droit.

IV. – Toute nation a le droit de posséder son territoire dans des limites déterminées et d'exercer une juridiction exclusive sur ce territoire en même temps que sur tous les hommes étrangers qui s'y trouvent.

V. – Toute nation a le droit, en vertu de la Loi des Nations, de voir chacun de ces droits essentiels, respecté et protégé par toutes les autres nations, car le droit et le devoir sont corrélatifs, et où il y a droit pour l'un il y a devoir pour tous.

VI. – Le Droit International est, tout à la fois, national et international: national en ce sens qu'il est la loi du pays et s'applique comme tel à la décision des questions qui mettent en jeu ses principes, international en ce sens qu'il est la loi de la Société des Nations et qu'il s'applique à toutes ces questions entre les membres de la Société des Nations qui mettent en jeu ses principes. »

13 Die Haager Friedenskonferenzen fanden vom 18. Mai bis 29. Juni 1899 und vom 15. Juni bis 18. Oktober 1907 statt.

innombrables résistances d'une barbarie multiple et stupidement féroce qu'ils ont toujours combattu. Ainsi, mes FF∆, les événements n'ont cessé de nous donner raison et, chaque fois, d'une façon plus formidable, plus évidente, tant il semble, quand même, malgré tant de démentis, à travers toutes les horreurs de la démence et du mal, que rien ne se perde dans l'effort de l'Humanité vers le meilleur d'elle-même. De Waterloo à Sedan, de Sedan à la Marne, de La Fayette[14] et de Washington[15] au président Wilson[16] et au maréchal Joffre[17]; une logique obscure paraît mener le monde vers son but inconnu. La France, envahie pour la seconde fois contre tout droit, après tant de preuves pacifiques et de volonté d'entente, lutte pour sa défense, supporte, en quelque sorte à bout de bras, l'effort de la plus puissante machine de guerre qu'une immense agglomération d'hommes, vouée au militarisme, ait jamais forgée. Elle brise, elle arrête au dernier moment la terrible machine d'horlogerie meurtrière, si savamment préparée contre elle, puis, voici que, peu à peu, cette lutte pour la Vie en même temps que pour la Liberté – elles sont inséparables, – entraîne le monde. La France en armes pour l'abolition du militarisme va plus loin. Elle ne saurait s'arrêter dans son apostolat. Elle revendique la Société des Nations; et celle-ci devient le but même de la guerre, la préface du traité de paix. Tout le monde sent qu'une paix qui ne serait qu'un instrument diplomatique demeurerait incomplète et qu'elle doit être une première mise en œuvre de la Société des Nations. C'est répondre à l'esprit du front, c'est le soutenir que préparer cette paix, la plus légitime, la plus durable de toutes, et ne pas saisir l'occasion unique qui s'offre de rebâtir plus raisonnablement le monde serait une véritable folie. Nous restons, en le faisant, dans la tradition de notre pays. En 1789, il proclama les Droits de l'Homme. Plus tard – rappelons-nous toutes les luttes menées pour la théorie des Nationalités, que des politiciens à courte vue déclaraient mort-née, – il a proclamé les droits des peuples à disposer librement d'eux-mêmes. Il recommence avec une vigueur accrue, avec une chance de succès croissante. Telle est sa réponse et il la saura maintenir en face de l'agresseur germanique qui, le 4 août, par la bouche maudite du chef de son gouvernement, avec la complicité du Reichstag unanime, a revendiqué bien haut pour l'Empire d'Allemagne comme pour l'Empire d'Autriche-Hongrie, le droit de déchirer les contrats, vains et misérables « chiffons de pa-

---

14 Marie Joseph Marquis de La Fayette, frz. General und Staatsmann.
15 Vermerk: Le tablier maç∆ de La Fayette est conservé par la grande Loge de Massachusetts.– Un journal d'Amérique publiait récemment le très intéressant compte-rendu d'une grande cérémonie maç∆ célébrée aux Etats-Unis, en 1825, en l'honneur du F∆ La Fayette, héros de l'Indépendance, sur un des champs de bataille de la guerre de libération. [George Washington, erster Präsident der Vereinigten Staaten von Amerika, 1789–1797.]
16 Woodrow Wilson, 1913–1921 Präsident der Vereinigten Staaten von Amerika.
17 Joseph-Jacques Joffre, frz. Marschall, seit 1911 Chef des Generalstabes, seit 02.12.1915 Höchstkommandierender der frz. Armee, 26.12.1916 Abschied.

pier », le droit de forfaire à l'Honneur, le droit d'écraser le Droit. Jamais, peut-être, le monde ne s'est assigné une tâche plus noble, et – je le répète exprès, – si l'Humanité ne se saisissait point de l'occasion solennelle qu'un tragique destin lui impose, elle se manquerait à elle-même. Nous sommes conviés à réussir ce qu'a compromis la Sainte-Alliance, par suite de principes opposés aux nôtres, et, dans la réconciliation universelle, mais garantie, des hommes, de faire la preuve de nos principes. Il convient d'apporter à cette œuvre, elle aussi sans précédent comme cette guerre, un grand enthousiasme à côté d'une saine raison,un vaste sentiment de la solidarité des êtres en même temps qu'une défiance renseignée, plus avisée, plus pénétrante que par le passé. Nous couronnerons l'œuvre de la Révolution française[18].

Les relations des individus libres dans une république libre se complètent naturellement, logiquement, par les relations identiques des peuples entre eux. Les peuples vivent à côté des peuples comme les individus à côté des in-dividus et les relations des peuples entre eux entraînent celles des individus qui appartiennent à des nationalités différentes. De même que les rapports entre citoyens sont régis par les Droits de l'Homme, les rapports entre nations seront régis par les Droits des Peuples[19]. Les uns et les autres se complètent, se garantissent. Rien ne s'y oppose, sinon les deux empires dont les aigles féo-dales étouffent dans leurs serres cruelles le cœur même de l'Europe. La poli-tique de l'Autriche-Hongrie n'a cessé d'être un ferment de discorde; celle de l'Allemagne s'est dévoilée une conspiration perpétuelle, occulte ou éclatante, tour à tour, contre la liberté, non seulement de l'Europe, mais de toute la terre. Ecoutez, entre temps,mes TTΔ CCΔ FFΔ, ces paroles prophétiques de Renan[20] : « La résolution fixe de l'aristocratie prussienne de vaincre la révolu-tion française a eu deux phases distinctes, l'une de 1792 à 1815, l'autre de 1848 à 1871, toutes deux victorieuses, et il en sera probablement ainsi dans l'avenir, à moins que la révolution ne s'empare de son ennemi lui-même, ce à quoi l'an-nexion de l'Allemagne à la Prusse fournira de grandes facilités, mais non en-core pour un avenir immédiat. »[21] Nous savons, en effet, comment le piétisme

---

18 Vermerk in der Vorlage: Mirabeau disait à la Constituante le 28 septembre 1789: « Ne nous dé-fions pas de l'empire de la Raison et de la Vérité; elles finiront par dompter ou, ce qui vaut mieux, par modérer l'espèce humaine et par gouverner tous les gouvernements de la terre. » [Honoré Gabriel comte de Mirabeau, frz. Staatsmann und Publizist.]

19 Vermerk in der Vorlage: Lazare Carnot écrivait dans ses célèbres Instructions: « Les nations sont entre elles dans l'ordre politique ce que sont les individus dans l'ordre social. Elles ont comme eux leurs droits respectifs. Tout peuple est égal en droits au plus grand. » [Lazare Ni-colas comte de Carnot, frz. Staatsmann und Schriftsteller.]

20 Ernest Renan, französischer Religionswissenschafter, Orientalist und Schriftsteller.

21 Vermerk in der Vorlage: Fustel de Coulanges disait aussi en 1872, dans son petit livre si per-spicace, *De la Manière d'écrire l'Histoire*: Cette guerre changera le caractère, les habitudes, jusqu'au tour d'esprit et la manière de penser de cette nation; le peuple allemand ne sera plus après cette guerre ce qu'il était avant elle. On ne l'aura pas entraîné dans une telle entreprise

prussien, stigmatisé par Jaurès[22] l'aristocratie impériale et l'Empereur, aidés par le servilisme de leurs peuples, ont dévoyé l'idée socialiste et révolutionnaire au point d'en faire un instrument de domination universelle et de domestication intérieure.

La structure politique des deux empires, comme leur structure nationale, maintiennent la négation constante des Droits de l'Homme et des Droits des Peuples … Sans leur défaite irrémédiable, ni les Droits de l'Homme, ni les Droits des Peuples n'existeront. Une victoire sérieuse, certaine et complète, abattra seule le dernier obstacle qui s'oppose à la Société des Nations.

Le principe du Droit des Peuples constitue la force souveraine qui imposera la paix aux plus rebelles et l'établira. Il ne saurait exister de droit d'Empire en face de celui-là. L'Humanité – qui est une, disaient tous nos historiens, de Quinet à Michelet, de Lavisse à Henri Martin[23] – se cherche éperdument à travers le sang de la guerre. Les peuples veulent venir à bout de ce qui les sépare pour s'efforcer de mettre en commun ce qui les réunit. Dans l'ordre des individus comme dans celui des peuples, la Liberté fait ainsi progressivement sa preuve. Les nations deviennent de plus en plus des personnes morales, une âme, un principe spirituel, selon le mot de Renan:[24]

Elles ont un droit naturel analogue à celui de l'individu, le droit à la liberté, sans autre limite que la liberté des autres nations. Ainsi les indépendances nationales seront équilibrées, renforcées les unes par les autres, dans les conditions garanties de la nouvelle vie internationale. Cela sera définitivement et sûrement le jour où les diplomates, comme tous ceux qui ont mission de con-

---

sans altérer profondément son âme. On aura ôté de son intelligence les idées saines, tout ce qui fait le but et l'honneur de la vie, et l'on aura mis à sa place une fausse conception de la gloire … La Prusse n'a peut-être plus d'alliés dans le monde. Personne, désormais, ne se réjouira sincèrement de ses succès et, vienne le moment des revers, personne ne compatira à ses souffrances. Les historiens loyaux, qui n'utilisent pas l'histoire et ne l'étudient que pour en extraire la Vérité qu'elle contient, ont quelquefois raison – en dépit des hommes politiques qui les oublient ou ne veulent pas s'en préoccuper.

22 Jean Jaurès, französischer Philosoph, Schriftsteller, Sozialist.

23 Jules Michelet, Ernest Lavisse, Henri Martin, Edgar Quinet, französische Historiker.

24 Vermerk in der Vorlage: « Deux choses qui, à vrai dire, ne font qu'une, constituent cette âme, ce principe spirituel. L'une est dans le passé, l'autre dans le présent. L'une est la possession en commun d'un riche legs de souvenirs, l'autre est le sentiment actuel, le désir de vivre ensemble, la volonté à continuer à faire valoir l'héritage qu'on a reçu indivis. L'homme ne s'improvise pas. La nation comme l'individu est l'aboutissant d'un long passé d'efforts, de sacrifices, de dévouement. Le culte des ancêtres est le plus légitime de tous: les ancêtres nous ont fait ce que nous sommes. Un passé héroïque, de grands hommes, de la gloire (j'entends de la véritable), voilà le capital social sur lequel on assied une idée nationale. Avoir des gloires communes dans le passé, une volonté commune dans le présent, avoir fait de grandes choses ensemble, vouloir en faire encore, voilà les conditions essentielles pour être un peuple. On aime en proportion des sacrifices qu'on a consentis, des maux qu'on a soufferts … Une nation est donc une grande solidarité. »

duire les peuples,auront faite leur, inscrite à jamais au fond de leur conscience, l'affirmation de Montesquieu:[25] « Si je savais quelque chose utile à ma
patrie et qui fut préjudiciable à l'Europe ainsi qu'au genre humain, je le re-
garderais comme un crime[26]. »

La nationalité tient à la vie de l'âme humaine. Elle est une chose vivante.
En défendant notre Patrie, du moment que nous la comprenons comme Montesquieu, nous répondrons au but du monde: « Plus l'homme entre dans le génie de sa patrie, disait Michelet, plus il concourt à l'harmonie du globe. »[27]
Nous défendons notre áme, notre sensibilité collective, notre personnalité historique, le legs des aieux, notre génie propre, car le génie d'un peuple c'est sa
façon de sentir. La conscience sociale nationale est la forme active du principe
des nationalités. Elle permet à la volonté collective de se manifester dans des
formes légales et de faire de l'Etat l'outil adapté, légitime, libéral de ses aspirations.

Puisque la victoire seule inclinera les peuples asservis sur le sentiment de
justice qui leur demeure encore étranger, nous avons le devoir, les uns et les
autres, mes FFΔ, de réveiller partout où nous passons les cœurs qu'une longue attente a rendus incertains quelquefois, les corps qu'une bataille si dure
a épuisés, les âmes qu'une angoisse continue a désespérées. S'il y a une guerre
sainte, c'est celle-là, et nous devons le redire sans nous lasser. Rappelons que
l'ennemi, après nous avoir contraints à la guerre, nous force de la continuer
en n'ayant pas le sursaut de réveil que nous avions voulu espérer. L'appel lui a
été jeté en vain de partout, des tribunes parlementaires comme des tribunes
gouvernementales, et celui de la Révolution russe, émouvant, reste, comme
les autres, sans réponse. La leçon est nette. Tout en maintenant ce qui a toujours été notre ligne de conduite, tout en ne nous interdisant même point
d'une façon absolue une dernière espérance, nous ne devons compter que sur
nous-mêmes, sur notre énergie, sur notre patience et poursuivre avec une in-
tensité accrue, plus réfléchie, plus raisonnée, en y associant plus étroitement
toutes les nations, tous les peuples, l'effort de la guerre qui libérera non seulement les Alliés, mais le peuple allemand lui-même. Etant donnée la résistance

---

25 Charles de Montesquieu, frz. Schriftsteller und Staatsdenker.
26 Anmerkung in der Vorlage: Montesquieu, qui a su voir tant de choses vraies, dans le passé
   comme dans l'avenir, écrivait aussi dans les *Lettres Persanes:* « Les hommes sont nés pour être
   vertueux: la Justice est une qualité qui leur est aussi propre que l'existence. La Justice pour
   autrui est une charité pour nous. Elle est un rapport de convenance qui se trouve réellement
   entre deux choses. »
27 Anmerkung in der Vorlage: Et Proudhon, dans son livre *De la Justice dans la Révolution et
   dans l'Eglise,* a très bien remarqué: « Toute offense à la dignité personnelle est une violation
   de la justice; de même, toute injure à la dignité nationale est une subversion de la justice. La
   plèbe grossière, la bourgeoisie affairée et égoiste ressentent faiblement de pareils outrages;
   cette insensibilité est une des causes de la prolongation du despotisme. » [Pierre Joseph Proudhon, frz. Sozialist und Schriftsteller.]

de celui-ci, une des conditions de la paix de demain et de la vie de la Société
des Nations sera de mettre ce peuple dans l'impossibilité d'être asservi par ses
anciens maîtres, en un mot d'être défendu contre ceux de ses gouvernements
qui l'ont conduit à sa perte, comme contre certains de ses propres penchants,
mais, pour cela même, sous les garanties indispensables, l'expérience du passé
nous aura communiqué la prudence, – il conviendra de lui laisser les libertés
nécessaires à son développement dans les cadres d'une vie normale. Nous le
pourrons, – car nous le devons, – du moment que nous aurons préparé tous les
moyens rapides de nous trouver unis dès la première heure contre lui dans le
cas où, malgré toutes les avances faites et sa rentrée dans la Société des Nations, il recommencerait, car il n'est malheureusement pas impossible qu'au
bout d'un certain temps,conduit autrement sous une autre forme, mais vers le
même but, il ne retourne à sa conception d'hégémonie contre l'Humanité. C'est
même un des dangers durables de l'avenir. Il faut, au contraire, faire servir à
l'organisation rationnelle et libre du monde les qualités incontestables d'organisation dont il est pourvu et, en même temps, lui faire pratiquer peu à peu,
si possible, les vertus des hommes libres et francs, qui lui font défaut. Concilier le sens de l'individu et le sens de la collectivité en aidant l'individu par la
collectivité sans le faire s'y perdre et abdiquer sa personnalité, faire servir l'individu à la collectivité sans qu'il s'y désagrège, voilà aussi un des aspects du
problème. Et l'organisation allemande, conçue au-dessus de la Liberté, l'a
posé.

Là réside un des désaccords de la guerre, dans cette organisation germanique unie au Mal et à la conquête injuste, en face de notre Liberté indispensable et de notre bonne foi, mais, elles, insuffisamment ordonnées. Or, c'est
par la pénétration, l'union de ces qualités différentes que l'Europe se déliv-
rera, que l'Humanité se perfectionnera, montera un échelon de plus, atteind-
dra un nouveau stade libérateur. Régénérés, épurés, sauvés, les peuples de
l'Europe centrale nous feront connaître l'organisation qui, dans et par la Liberté, est acceptable, bienfaisante,salutaire, et nous leur donnerons la bonne
conscience qu'ils ont perdue, à l'image d'un de leurs héros littéraires, Peter
Schlemyl[28] qui avait vendu son ombre au diable pour une mauvaise volonté
de mauvaise puissance. L'expérience a montré, en effet, que, pour résister aux
principes qui s'y opposaient déjà en eux-mêmes et qui mettaient à leur service, non seulement les nombreux et séculaires obstacles qui les servent, mais
encore une organisation de premier ordre créée exprès afin de les renforcer encore, établir la preuve de leur excellence, vaincre le désordre matériel et moral, la véritable anarchie de pensée ou d'action qui, trop souvent, a marqué,
retardé ou perdu nos efforts, la Liberté avait besoin, davantage que ses ennemis, d'une armature invincible, d'une organisation parfaite où ce qui était ob-

---

28 Adalbert von Chamisso, Peter Schlemihls wunderbare Geschichte (1814).

tenu contre elle par une autorité totale devait l'être pour elle par une discipline stricte, exacte et parfaite, venue de l'adhésion profonde de tous ses fils. Nous aurons détruit par notre esprit de générosité et de justice le dernier obstacle qui s'opposait à l'entente européenne, démoli l'autel guerrier du grand divorce, du grand malentendu qui a laissé se développer les ferments guerriers sur le vieux continent. Oui, il me semble bien qu'alors le mur contre lequel se sont ruées, têtes baissées, si souvent, si tragiquement, les nations de l'Europe, sera pour toujours abattu.

Il dure depuis longtemps ce duel fratricide, et ici, sur le terrain philosophique où mieux qu'ailleurs, – ailleurs, dans les différentes unités combattantes du front ou de l'arrière, nous n'en aurions pas le droit, – nous pouvons nous élever au-dessus de faits immédiats, souvenons-nous de toutes les tentatives prolongées par lesquelles, nous autres Français, malgré la mauvaise foi de l'adversaire, nous n'avons cessé de vouloir déjà solutionner le conflit. Nous atteindrons ainsi au centre des faits la vérité elle-même, cette vérité dont la plupart ont le pressentiment ou l'instinct, mais que presque personne n'ose révéler. Or, cette vérité, c'est à nous de la dire, en tout, ct c'est la gloire discrète de notre Ordre de n'y avoir jamais manqué, avant la guerre, notamment, où une plΔ du Conseil de l'Ordre, dont vous devez vous souvenir, avait examiné la menace de conflit afin de tenter l'impossible pour l'apaiser; pendant, hier, où une autre circulaire montrait l'inévitable nécessité de continuer la lutte; aujourd'hui où, à travers la continuation de cette lutte plus que jamais utile, puisque c'est le seul moyen de la mener vers sa fin, nous examinons les lendemains de la paix.

L'Allemagne a toujours travaillé, au long de son histoire, à une œuvre d'un patriotisme si particulier que l'élément universel lui a constamment fait défaut. La France n'a cessé d'agir en sens contraire, et ses querelles intestines sont venues du principe de Liberté qu'une générosité foncière lui a fait maintenir coûte que coûte, souvent même contre son propre intérêt, au détriment de ses plus élémentaires sauvegardes: Réunir pour la Liberté, afin de la rendre plus forte, le principe d'autorité au principe de liberté, est donc aussi réaliser sa propre donnée historique en même temps que celle du monde et empêcher le retour des batailles actuelles. De la sorte les principes fondamentaux de la société iraient toujours se consolidant, du fait que la famille, l'éducation, les gouvernements, les lois civiles et les rapports internationaux seraient conçus d'une manière plus épurée. La tâche de la France[29] est d'aider tous les peuples à se rendre compte davantage que la Société moderne, calomniée par des jugements sommaires ou intéressés, n'est ni enchaînée dans l'immobilité, ni entraînée trop vite vers des solutions destructrices, qu'elle con-

---

29 Anmerkung in der Vorlage: Bernardin de Saint-Pierre écrivait avant la Révolution: « Occupons-nous, nous autres Français, du bonheur des Nations. – *Mélanges.*

tient bien en elle les germes et les marques de tout progrès, enfin que le progrès véritable n'est possible que par la paix. Les nations civilisées seront de plus en plus amenées à constater que leur intérêt commun leur ordonne de régler leurs différends d'une manière équitable, selon la conscience. Notre religion laique à nous, en effet, se base sur la relation exacte, libre, spontanée, dépourvue de calculs, de l'homme avec l'Idéal, de façon à ce qu'il n'y ait plus de place pour l'Etat dans le sens absolu, péjoratif et tout de contrainte, où l'entendent les politiques prussiens, pour l'Etat tyranniquement doctrinaire. L'Idéal dont nous parlons existe avant tout dans la conscience de chacun. La Patrie la plus aimée est celle qui persuade, non pas celle qui oblige. C'est dans cet esprit, pour empêcher la guerre, que depuis longtemps la France avait voulu l'entente avec l'Allemagne, et le monde sait comment elle y a répondu. « J'avais fait, écrivait Renan au lendemain de 1871, le rêve de ma vie de travailler dans la faible mesure de mes forces à l'alliance intellectuelle, morale et politique de l'Allemagne et de la France, alliance entraînant celle de l'Angleterre et constituant une force capable de gouverner le monde, c'est-à-dire de le diriger dans la voie de la civilisation libérale...

Ma chimère, je l'avoue, est détruite pour jamais. Un abîme est creusé entre la France et l'Allemagne; des siècles ne le combleront pas. La violence faite à l'Alsace-Lorraine restera longtemps une plaie béante; la prétendue garantie de paix rêvée par les journalistes et les hommes d'Etat de l'Allemagne sera une garantie de guerre sans fin ... S'il n'y a rien au monde de meilleur que l'Allemand moral, il n'y a rien de plus méchant que l'Allemand démoralisé. » Il prévoyait que la France expiait la Révolution, mais qu'elle en recueillerait un jour les fruits dans le souvenir reconnaissant des peuples émancipés. Et il s'écriait: « Puisse-t-il se former enfin une ligue des hommes de bonne volonté de toute tribu, de toute langue et de tout peuple qui sachent créer et maintenir au-dessus de ces luttes ardentes un empyrée des idées où il n'y ait ni Grec, ni Barbare, ni Germain, ni Latin ! » Ce sera la Société des Nations réalisée par la démocratie bien entendue. Resserrons donc et rendons durable, contre le pouvoir impérialiste qui arrête le monde sur la route du Progrès, le faisceau de nos alliances. Il n'y a qu'à lire la revue « Mitteleuropa », de Naumann[30], pour saisir à quel point la constitution d'une Europe centrale sous un seul pouvoir de plus en plus despotique, rendrait tous les sacrifices accomplis superflus. Non seulement ce ne serait pas la victoire, mais l'Allemagne impérialisée par

---

30 Anmerkung in der Vorlage: Naumann s'y plaint sans cesse que ses compatriotes perdent leur temps à des questions secondaires; il presse pour que, le Mitteleuropa existant en fait, on lui donne vite une forme politique et diplomatique; il exige, surtout, qu'on règle de suite le problème de l'organisation militaire commune. « Pourquoi avons-nous des hommes d'Etat, s'écrie-t-il, sinon pour réaliser cette œuvre historique? » [Friedrich Naumann, Mitteleuropa, Berlin 1915; 1907–1918 Mitglied des Deutschen Reichstages, Journalist, freisinnig.]

la Prusse, [qui] sortirait grandie de la guerre et la défaite serait en même
temps celle de toutes les conquêtes humaines qui valent la peine de vivre[31].
Plus on étudie la situation, plus on se rend compte que l'abdication des Hohenzollern est le moyen d'aboutir à la Société des Nations.

---

31 Si l'on retombait dans l'erreur qui a été celle de toute l'Europe après 1830, cc scrait, cette fois,
la fin absolue, définitive de la Liberté. Presque seul alors, en 1831, Quinet avait vu juste:
« C'est en Prusse, écrivait-il à cette date, que l'ancienne impartialité et le cosmopolitisme politique ont fait place à une nationalité irritable et [à la] colère. C'est là que le parti populaire a
d'abord fait sa paix avec le pouvoir ... Le despotisme prussien est intelligent, remuant, entre-
prenant; il ne lui manque qu'un homme qui regarde et connaisse son étoile en plein jour; il vit
de science autant qu'un autre d'ignorance. Entre le peuple et lui, il y a une intelligence secrète
pour ajourner la liberté et accroître en commun la fortune de Frédéric. » Il indiquait que l'Allemagne se rangeait volontairement sous la dictature « d'un peuple, non pas plus éclairé
qu'elle, mais plus avide, plus ardent, plus exigeant, plus dressé aux affaires. Elle le charge de
son ambition, de ses rancunes, de ses rapines, de ses ruses, de sa diplomatie, des ses violences, de sa gloire, de sa force ». Si on laissait faire la Prusse, elle pousserait lentement l'Allemagne « au meurtre du vieux royaume de France ». – Il recommençait, d'une manière plus
pressante, à jeter le cri d'alarme en 1867 dans sa brochure: « France et Allemagne ». « L'af-
faiblissement des consciences, s'écriait-il, semblait n'être un souci que pour le philosophe; dans
la réalité, ce vide moral, agrandi de jour en jour, était fait pour donner carrière aux grandes
ambitions. Le gouvernement prussien a eu le mérite et la sagacité de comprendre que cette
déroute des esprits en Europe avait entraîné une diminution de l'intelligence, que c'était là un
moment précieux, qu'il s'agissait d'en profiter, que les esprits étaient au premier occupant,
qu'un jour le succès déciderait de tout, que les plus fertiles deviendraient les plus complaisants
dès qu'ils auraient senti le fer. Il a marché, il a vaincu. Les âmes se sont aussitôt courbées. »
Nous sommes au lendemain de Sadowa, en effet. Et écoutez comme Quinet continue d'être
clairvoyant: « Du reste, les Allemands sacrifient en ce moment la liberté, non pas seulement
au bien-être, au lucre, mais à l'idée de la grandeur nationale; cela seul pourrait leur donner
avec le temps une supériorité décidée sur ceux qui feraient le contraire. Convaincus, d'ailleurs,
qu'ils ont conquis le gouvernement des esprits en Europe, ils tiennent pour certain depuis
longtemps que tout émane d'eux, science, poésie, art, philosophie; que le monde est devenu
leur disciple. A cette souveraineté intellectuelle qu'ils s'imaginent posséder, que manquait-il
encore? La force. Ils viennent de s'en emparer. A leurs yeux, ce n'est pas seulement un empire
de plus dans le monde, c'est la substitution de l'ère germanique à l'ère de peuples latins et catholiques relégués désormais sur un plan inférieur. » Il indiquait que « le despotisme prussien
inique, violent, » ajoutait à ses moyens « l'arme empoisonnée du mensonge qui corrompt l'avenir»; et si l'Allemagne accepte, « dites pour toujours adieu à ce que vous avez connu de la vie
allemande. Tout disparaîtra, tout se versera dans la confusion du bien et du mal. » Il nous as-
surait qu'il pressait de nous réveiller de notre léthargie. Il en adjurait surtout le démocrate
français: « En même temps que la population cesse de s'accroître, si la France laissait échapper la vie morale, que voudrait-elle attendre? On verrait les esprits violents pris d'un engour-
dissement inexplicable, déclarer que les patries ne sont qu'un mot et que le genre humain a
seul le droit de les interroger. La démocratie française se ferait cosmopolite, mais comme elle
serait la seule qui se détacherait du sol natal, elle serait immanquablement dupe de toutes les
autres et principalement de la démocratie allemande qui, restée toute neuve, a conservé toutes
les passions et toutes les ambitions, à la fois celles de classe et celles de race. »

Il n'y aura aucune possibilité de paix pour le monde tant que le militarisme germanique demeurera debout, intact sur son rocher dans la citadelle de Potsdam. Tel est le terme logique de la guerre. Tel est le but qu'elle vise. L'Allemagne, dévoyée de sa route véritable, sans aucun rapport avec l'Allemagne idéaliste de jadis, ne peut rentrer que régénérée dans la Société des Nations. Il faut qu'elle redevienne une Nation, car seuls les peuples libres forment une Nation.

Nous n'avons pas, mes FF∆, à définir, ni à délimiter les conditions de la paix. Au surplus, anticiper sur l'œuvre des diplomates serait vain; une grande partie de cette œuvre dépend en outre des événements qu'il est, dans leurs lignes exactes et même vagues, toujours difficile de prévoir. Nous pouvons, du moins, sans préjuger de toutes les autres mesures susceptibles d'être prises dans l'intérêt de la sécurité de l'Europe et du monde, indiquer les quatre points principaux qui nous apparaissent nécessaires:

1. Retour de l'Alsace-Lorraine à la France;

2. Reconstitution par la réunion de ses trois tronçons, de la Pologne indépendante;

3. Indépendance de la Bohème;

4. En principe, la libération ou l'unification de toutes les nationalités aujourd'hui opprimées par l'organisation politique et administrative de l'empire des Habsbourg en des Etats que lesdites nationalités exprimeront par un plébiscite.[32]

Le simple énoncé de ces quatre points suffit à en montrer à la fois la légitimité ainsi que l'évidente nécessité. En laisant revenir l'Alsace-Lorraine à la mère-patrie, nous ne faisons que répondre au vote qu'elle a émis elle-même au moment de la Révolution, à la protestation de Liebknecht[33] comme de Bebel[34] contre l'annexion en 1871. – Nous continuerons notre effort de garanties internationales en mettant le Luxembourg en mesure d'être neutre, en prenant toutes les dispositions pour que sa neutralité ne soit point violée, comme en le laissant libre, aussi, s'il préfère adhérer à une autre nation, de se déclarer pour elle. C'est défendre ses populations intéressantes, méritantes et pacifiques contre les ambitions guerrières, d'où qu'elles viennent, de telle sorte qu'il y aura là une garantie évidente aussi bien pour la France et les Alliés que pour l'Allemagne de demain. Les diplomates qui achèveront le traité de paix auront à les définir, répétons-le, ce n'est pas notre tâche. – La reconstitution d'un Etat polonais indépendant n'a cessé d'être à l'ordre du jour du XIXe siècle

---

32 Anmerkung in der Vorlage: Comme l'Alsace-Lorraine à la France, le Trentin et Trieste reviennent de droit à l'Italie.

33 Karl Liebknecht, deutscher Revolutionär, neben Bebel erster Abgeordneter der sozialistischen Partei.

34 August Bebel, 1869 Mitbegründer und Führer der deutschen sozialdemokratischen Arbeiterbewegung, des Spartakusbundes (1917) und der KPD (1918).

et tous les événements successifs, toutes les guerres ont montré à ce sujet d'une façon croissante qu'une œuvre injuste est toujours une œuvre néfaste et qu'en sacrifiant à une alliance européenne fictive, d'où les peuples étaient exclus, la nation qui s'était, quant à elle, à tant de reprises, sacrifiée pour l'Europe, on n'aboutissait qu'à alimenter une protestation éternelle en même temps qu'à créer de nouvelles causes de conflits. La reconstitution de la Pologne indépendante dans l'intégralité réunie de tous ses territoires est donc indispensable; c'est une des pierres fondamentales sur laquelle s'élèvera une des plus solides colonnes de la paix.

Il en est de même pour la Bohème, où rien n'a pu entamer la profondeur du sentiment national. L'histoire de ce noble petit pays, coffret précieux de souvenirs héroïques et qui a su réunir dans une même áme nationale des aspirations morales différentes, mais toutes frappées au relief d'une même vigueur saine et forte, à la fois très ancienne et très neuve, traditionnaliste et révolutionnaire, indique à l'Europe que c'est un devoir pour elle, devoir fécond en récompenses dans l'avenir, que de lui ouvrir les portes de l'indépendance. Prague sera dans la nouvelle Europe un centre de conciliation incomparable.

Quant à la Belgique, mes FF.Δ, si je n'en ai pas parlé, vous avez déjà deviné pourquoi. Pour nous, elle n'a jamais cessé d'être libre. De même que sa pensée, l'admiration que nous lui avons vouée n'a jamais quitté un instant nos cœurs; associés à elle dans le martyre et dans la lutte, nous n'avons jamais dissocié sa cause de la nôtre, son territoire de celui de nos provinces envahies; de même que nos provinces seront libérées, de même la Belgique plus forte, plus unie encore, sacrée par la beauté de sa résistance, balayera du fait de la guerre la souillure de l'Etranger qui n'a pas voulu seulement l'envahir, mais qui entendait encore, en même temps, la déshonorer. Elle a subi un dur calvaire, elle a vu la destruction systématique la plus sauvage s'acharner sur ses merveilles; elle n'en ressortira que plus radieuse, plus grande, et je suis heureux, quant à moi, reçu plusieurs fois par nos FFΔ à Bruxelles, avec tant de sympathie, d'être la modeste expression momentanée de la Franc-MaçΔ française pour les assurer de toute son affection la plus frat*, de tout son dévouement.

Il faut que la Belgique cesse d'être piétinée par la lutte des autres pays; il ne faut plus qu'elle en soit le champ de bataille ensanglanté; elle aussi doit devenir un terrain de rapports internationaux pacifiques où l'on ira méditer sur les champs de bataille du passé aux moyens d'éviter les guerres de l'avenir.

Ce que nous disons au sujet de la Belgique, nous l'exprimons également, du fond de notre áme, à l'héroïque Serbie qui a montré au monde à quel degré de grandeur savait atteindre dans la résistance et la foi le patriotisme courageux. La distance n'a jamais séparé nos cœurs. Nous sommes unis dans les mêmes luttes, dans les mêmes épreuves. Nous nous réjouissons tout particulièrement aussi de nous retrouver une fois de plus la main dans la main avec nos excellents FFΔ d'Italie. Comme eux, nous comptons sur la victoire et la paix pour le retour de droit des terres « irrédîmées », le Trentin et Trieste, à leur mère patrie.

En dernier lieu, toujours dans les mêmes sentiments, avec les mêmes réserves, en n'oubliant pas qu'au cours d'une esquisse de cet ordre, nécessairement incomplète, destinée à être révisée, remaniée, perfectionnée et augmentée selon les circonstances, rien ne saurait être définitif et qu'elle est une brève indication générale, nous pouvons, mes FFΔ, vous présenter un résumé succinct, à l'aide même des travaux précédemment entrepris, de ce que pourrait être, dans ses lignes essentielles, la charte préliminaire de la Société des Nations. En indiquant la mesure réciproque des Devoirs et des Droits des Nations – car, s'il faut avoir les Droits pour pratiquer les Devoirs, les Droits sans les Devoirs mènent au désordre et à la dissociation, – nous avons le sentiment de servir les intérêts de l'Humanité.

52.
Die Föderation der Vereinigten Staaten von Europa

Paris, 1917 Juni 29

Französische Privatsammlung, Freimaurerdruck[1].

Die Wiederherstellung Europas und der Humanität von morgen muß unabhängig sein von den Launen und Interessen der Dynastien, Diplomaten und herrschenden Klassen. Sie muß das Werk des Volkes und seiner Befreiung von Despotismus sein.

« Les résolutions que la représentation des Obédiences maçΔ italiennes a l'honneur de soumettre à l'examen de la Conférence n'ont pas besoin de longs commentaires.

Elles envisagent le vaste problème d'une Société des Nations – de tout côté. Elles sont – pour ainsi dire – le résumé de la doctrine maçΔ et de l'esprit humanitaire en dehors de toute question d'ordre strictement politique.

L'époque ensanglantée où nous vivons ne tolère point d'académismes. Nous pourrions aisément refaire le cours de l'histoire de la civilisation et rechercher les diverses conceptions du droit naturel et du droit positif; le laborieux développement du droit international; l'œuvre réactionnaire des tyrans et de leurs

---

1 Rede von Giuseppe Meoni, Direktor des „Il Messagero", Vertreter der Grande Loge Symbolique d'Italie, mit den Resolutionen der italienischen und der internationalen Delegationen. Vgl. dazu auch Wichtl/Schneider, 236–237.

ministres; les magnifiques batailles livrées par les précurseurs et les apôtres
de la liberté; – depuis les philosophes de l'antiquité grecque jusqu'aux écrivains de nos jours; de Platon à Montesquieu, d'Aristote à Spinosa, des juristes
romains à Leibniz et Kant; de Grotius à Rousseau, à Jean-Baptiste Vico, à Joseph Mazzini.[2]

Mais à quoi bon?

Bien plus que des constructions théorétiques, c'est la réalité qu'il nous faut
rechercher et pénétrer aujourd'hui. Et la réalité – dans laquelle et pour laquelle
notre esprit de citoyens et de travailleurs de l'avenir vit et se meut, – cette réalité, que trois ans de guerre ont illustrée dans toute son éloquence, nous montre qu'il existe une seule et suprême nécessité: la nécessité que l'humanité future s'établisse sur des bases absolument nouvelles et soit assurée par la
conclusion de traités solennels qui devraient comprendre la création d'une Cour
de droit international, efficacement appuyée par une force internationale.

La reconstitution de l'Europe et de l'humanité de demain, donc, ne peut pas
être abandonnée au caprice et à l'intérêt des dynasties, des diplomates et des
classes dirigeantes. Elle ne peut consacrer aucune violence, aucune servitude,
aucune humiliation. Elle doit être l'œuvre des peuples et de la liberté.

Évidemment, nous nous trouvons en face de deux conceptions diverses et
antithétiques de la nature et des fonctions de l'état. C'est, d'une part, l'idée
impérialiste, qui méprise les droits des peuples, aujourd'hui personnifiée par
les empires de proie qui déchaînèrent l'agression criminelle; et, d'autre part,
l'idée démocratique qui affirme ces mêmes droits.

D'où la nécessité que, pour la paix du monde, la conception du militarisme
hégémonique et agressif soit abattue. Or, par quel moyen pratique arrivera-
t-on au résultat souhaité?

Sans doute, par le triomphe intégral du principe des nationalités. « La vie
nationale» – a écrit Joseph Mazzini – « est le moyen: la vie internationale est
le but. » Toute la destinée de l'Europe et de l'humanité nouvelle se rattache à
la résolution de ce problème des nationalités.

Les Nations – quelque imparfaites qu'elles soient instituées aujourd'hui –
apparaissent aux peuples la condition indispensable de la liberté. Nous les
voyons les défendre avec furie. Et avec raison, parce que ce qu'ils défendent
ainsi ce sont des communautés de façon de sentir, de vivre et de penser, for-
mées soit par la race, soit par la langue, soit par la religion, soit par les souvenirs d'un passé commun.

---

2 Platon, Aristoteles, griechische Philosophen; Hugo Grotius, niederländischer Jurist, Gelehrter und Staatsmann; Baruch de Spinoza, Philosoph; Gottfried Wilhelm Leibniz, Immanuel
Kant, deutsche Philosophen; Giovanni Battista Vico, italienischer Philosoph; Jean-Jacques
Rousseau, frz. Aufklärer; Giuseppe Mazzini, geistiger Führer der radikalen Risorgimento-Be-
wegung.

Voilà donc, au premier plan de la discussion, les problèmes de l'Alsace-Lorraine, du Trentin,de l'Istrie et de l'Adriatique orientale, de la Bohème, de la Pologne, du Sleswig-Holstein, de l'Arménie, etc ...

Et alors on voit mieux la grandeur des conséquences de la guerre présente. Après l'échec du grand plan allemand: la Fédération des États-Unis d'Europe par la liberté et le droit.

Comment, donc, atteindra-t-on ce but?

1. *Par la suppression de tout despotime.* Nous, en fait, ne pouvons admettre que de graves décisions, engageant la politique étrangère d'une nation, lui soient imposées par un pouvoir exécutif permanent et irresponsable, sur l'avis secret de diplomates de carrière qui se considèrent comme représentant personnellement leurs souverains respectifs. En dehors de circonstances absolument exceptionnelles, qui doivent prouver la règle,le secret qui entoure les relations diplomatiques, les accords internationaux et les traités d'alliance est non seulement inopportun, mais dangereux et injustifiable.

2. *Par le règlement des contestations internationales par voie d'arbitrage.* Nous sommes fermement persuadés que le progrès de la civilisation dépendra à l'avenir du respect universel de la sainteté des contrats ou pactes solennels entre les nations et du développement par commun accord du droit international.

Les traités de neutralisation et d'arbitrage, les conférences de La Haye, et quelques-unes des tentatives sérieuses de médiation, malgré leur imperfection et leur insuffisance, malgré les violations brutales qu'il a fallu enregistrer en trop d'occasions, sont le témoignage éclatant d'une tendance irrésistible du monde civilisé à prévenir les guerres entre Nations par le moyen d'accords délibérés et conclus en temps de paix. Ces diverses questions, que nous n'indiquons que comme des souhaits, des directions, manquent d'études détaillées. C'est l'œuvre que doit achever la Conférence, et dont les résolutions que nous proposons ébauchent le dessin.

Ce sera un titre de gloire éternelle pour la Maç∆ d'avoir préparé les bases de l'Humanité nouvelle par la Liberté et le Droit. »

Le F∆ Meoni donne ensuite lecture de la résolution de la Délégation italienne, qui est ainsi conçue: «Au nom des grands et nobles principes dont s'inspire l'Institution maç∆ Universelle et synthétisés par la glorieuse devise ‹Liberté, Fraternité, Égalité›, d'où chaque Communion maç∆ tire ses courants d'action et de pensée; Pour le but suprême vers lequel tend depuis des siècles l'œuvre des Francs-Maç∆: l'émancipation humaine de toute oppression morale, religieuse, politique, économique; Pour la fraternelle union de tous les peuples,qui exige un esprit universel de solidarité, afin qu'à chaque peuple soient assurées les conditions nécessaires au libre développement de ses aptitudes spéciales, au bénéfice de chaque collectivité et de la grande famille humaine;

Pour sauvegarder le bien suprême de l'homme, la liberté, qui ne peut être garantie que par le respect du droit;

Le Congrès maçΔ international constate:

Que la guerre qui ensanglante le monde depuis trois ans a été provoquée:

Par le despotisme,

Par le désir d'assujettir peuples et nations,

Par la subordination du droit à la force,

Par la conception autocratique d'un gouvernement, qui inculque des sentiments de haine et d'aspirations hégémoniques d'un peuple sur les autres.

Pourtant, le Congrès maçΔ international croit fermement que de la guerre actuelle doit jaillir le respect du droit, de la liberté, du progrès pacifique de toute collectivité.

D'où le Congrès reconnaît que, bien que la MaçΔ universelle soit, en principe, contre toutes les guerres, elle doit exalter les sublimes sacrifices des peuples quand ils sont dirigés,comme dans la guerre actuelle, à repousser une agression traîtresse ou à créer les conditions indispensables à l'établissement de la libre et pacifique union des peuples civilisés et déclare que l'action des Familles maçΔ, qui ont accepté et soutenu la douloureuse nécessité de la guerre, est conforme aux principes de la MaçΔ universelle:

Affirme

L'inébranlable volonté de toutes les Puissances maçΔ représentées au Congrès d'agir avec la force provenant de la noblesse du but commun, afin que le sacrifice d'innombrables vies à l'idéal altruiste apporte aux peuples le droit de reconstituer sur la base des caractéristiques naturelles, ethniques, morales, historiques, artistiques, les nationalités brisées, ou même effacées par de longs siècles de despotisme et de militarisme. Assurant à chaque nationalité, ainsi recomposée avec homogénéité de principes et de régime politique de liberté, les garanties de défense naturelle et de développement pacifique et réalisant une Confédération entre les nationalités libres, dans le but d'obtenir le respect au droit par des sanctions internationales, comme les exigent les principes de solidarité qui doivent unir tous les peuples contre quiconque porte atteinte aux conditions d'existence de la Société humaine.»

Le FΔ Militchevitch[3] propose que les nationalités opprimées soient consultées par voie plébiscitaire et adhèrent à tels Etats qu'il leur conviendra ou demeurent libres.

Les FFΔ Berlenda[4] et Nathan[5] combattent cette thèse.

---

3 Dusan Militchevich (Milićević), Großmeister der Großloge von Jugoslawien.
4 Berlenda, Großsekretär des Großorients von Italien, vgl. Heise, 190.
5 Ernesto Nathan, Großmeister des Großorients von Italien 1917–1919, vgl. Wichtl/Schneider, 128, 213, 227.

Le FΔ Yovanovitch[6] développe et soutient le principe des nationalités.

Le FΔ Schwenter[7] dit que les Délégués qui représentent les trois MaçΔ suisses, tout en approuvant le rapport sur la Société des Nations et les articles tendant à sa constitution, tiennent à déclarer qu'en tant que représentants d'un Etat neutre ils n'ont pas à prendre position sur les points particuliers visant la délimitation des territoires.

– Après une discussion à laquelle prennent part les FFΔ Meoni, Lebey, Soudan[8], Simarro[9], Nicol[10] et Berlenda, le Congrès adopte la résolution de la Délégation italienne, avec une modification portant sur les deux derniers paragraphes qui n'en font plus qu'un seul ainsi conçu:

« Le Congrès maçΔ international …»

53.
La Societé des Nations [Konzept]

Paris, 1917 Juni 29

Französische Privatsammlung, Freimaurerdruck.

In Form von 13 Konklusionen präsentierte André Lebey das Konzept einer Gesellschaft der Nationen auf der Grundlage der Humanität und des Selbstbestimmungsrechtes der Völker. Ohne demokratische und liberale Institutionen könne keine Nation bestehen. Diese Konklusionen wurden vom Kongreß angenommen.

Les conclusions, présentées par le FΔ Lebey au nom de la Commission, sont adoptées par le Congrès. Elles sont ainsi conçues:

I. Les pays soussignés, afin d'empêcher le plus possible aux différents peuples les fatalités de la guerre, décident de conclure un traité général destiné à fixer dans l'avenir leurs relations mutuelles et à présenter devant un organisme international d'arbitrage les contestations qui s'élèveraient entre eux. Les peuples civilisés sont tous solidaires. Ils participent les uns et les autres, chacun sur son terrain propre, à l'œuvre commune de l'Humanité, qui com-

---

6 Jovan M. Jovanović, serbischer Historiker, Diplomat und Politiker. 1912–1914 serbischer Gesandter in Wien; vgl. D. Yovanovitch, Les effets économiques et sociaux de la guerre en Serbie, Paris o. J. (= Histoire économique et sociale de la guerre mondiale, série Serbe).

7 Schwenter, Großmeister der Schweizer Großloge Alpina.

8 Delegierter des Grand Orient de Belgique.

9 Delegierter des Grand Orient Espagnol.

10 Delegierter der Grande Loge de France.

porte une somme égale de devoirs et de droits. Ils veulent désormais étendre la notion du Droit et du Devoir international et, pour y parvenir, se décident de conclure entre eux une union politique, économique et intellectuelle sous le nom de Société des Nations.

II. Considérant que l'Humanité est une grande famille dont ne s'excluent que ceux qui en violent les lois, les hommes comme les Nations doivent obéissance aux lois nationales et internationales qui émanent des pouvoirs constitutionnellement organisés.

III. Le fondement de l'existence des Nations est la souveraineté manifestée par la volonté librement exprimée des populations.

IV. L'unité, l'autonomie et l'indépendance de chaque nationalité sont inviolables. Un peuple qui n'est pas libre, c'est-à-dire qui ne possède pas les institutions démocratiques et libérales indispensables à son développement, ne peut pas constituer une Nation.

V. La représentation internationale qui formera le Tribunal suprême de la Société des Nations pourrait être issue de la représentation nationale de chaque Nation. Tous les sept ans, chaque Nation choisirait elle-même, par le suffrage direct, parmi ceux qu'elle aura envoyés la représenter dans ses Parlements, et qui auront fait leurs preuves, ses délégués au Parlement international.

VI. Le pouvoir législatif international s'exerce en effet par un Parlement. Chaque Etat, quelle que soit l'étendue de son territoire, y envoie sept représentants. Les décisions sont prises à la majorité des voix. Le Parlement international se réunit de plein droit chaque année le Ier mai, prolonge sa session autant qu'il l'entend et renouvelle ses réunions chaque fois qu'il l'estime nécessaire. Son premier soin sera de rédiger, de même que la Constituante de 1789 a rédigé la Table des Droits de l'Homme, la Table des Droits des Nations, la charte de garantie de leurs droits et de leur devoirs.

VII. Le Parlement international s'adjoint, dans des Commissions appropriées, pour toutes les grandes questions qui facilitent les rapports internationaux, des collaborateurs choisis par lui, ratifiés par les Chambres nationales des différents Etats de manière à régler collectivement, internationalement, les questions universelles de législation qui resserreront encore les liens des peuples.

VIII. Dans le Parlement international, le pouvoir exécutif est exercé par un Ministère ou Conseil des Nations, composé sur la base de la représentation à raison d'un membre par nation. Ces membres sont choisis par le Parlement international dans son propre sein. Le Président du Conseil des Nations est élu par les membres du Parlement. Ces élus forment, en quelque sorte, le Ministère international qui se répartit les différentes branches de l'Administration universelle. Les Ministres ainsi nommés sont responsables devant le Parlement international et ne peuvent promulguer des lois ou des décrets sans son approbation.

IX. Le Parlement international tire également de son sein, à raison aussi d'un membre par Nation, un pouvoir judiciaire, créant de la sorte une Cour internationale de Justice, devant laquelle seront portés tous les conflits d'ordre national entre les Nations. Ces élus, nommés pour trois ans, sont, comme les précédents, responsables devant le Parlement international et ne peuvent promulger une sentence sans qu'elle soit ratifiée par lui.

X. Aucune Nation n'a le droit de déclarer la guerre à une autre parce que la guerre est un crime contre le genre humain. Tout différend entre Etats doit donc être déféré au Parlement international. La Nation qui ne le ferait pas se mettrait par cela même hors de la Société des Nations qui aurait le droit et le devoir, après avoir épuisé tous les autres moyens de la convaincre, notamment par le boycottage économique, la rupture de toutes relations, le blocus complet, terrestre et maritime et l'isolement absolu, de la contraindre par la force à reconnaitre la loi universelle.

XI. Le Parlement international définira les mesures diplomatiques, économiques et militaires qu'il y aura lieu d'établir pour assurer l'exercice de ses pouvoirs. Son but proprement dit est, sous les garanties suffisantes à l'autonomie de chaque Nation, la limitation des armements, de manière à parvenir un jour au désarmement universel. Le Parlement international ne devra maintenir les armements de chacun des pays qui constituent la Société des Nations que dans la mesure où ils seront nécessaires pour contrebalancer efficacement les armements de ceux qui resteraient en dehors de la Société des Nations.

XII. Le Parlement international choisira lui-même le lieu de ses réunions, la ville qui deviendra la capitale du Monde et dont le territoire sera internationalisé.

XIII. Il adoptera comme emblème un pavillon où le soleil orange rayonnera sur fond blanc au milieu d'étoiles jaunes, aussi nombreuses que les Nations qui auront adhéré aux conventions ci-dessus.[1]

---

1 Beilage: À ce Congrès, qui s'est tenu au Grand Orient de France, aux dates ci-dessus indiquées, étaient représentées les Puissances maçΔ suivantes:
Le Grand Orient de France, par les FFΔ Corneau, André Lebey et Mille.
Le Grand Collège des Rites (Suprême Conseil du Grand Orient de France), par le FΔ Tinière.
La Grande Loge de France, par les FFΔ général Peigné, Mesureur et Nicol.
Le Suprême Conseil de France, par les FFΔ Coutaud et Ibert.
Le Grand Orient d'Italie et le Suprême Conseil d'Italie par les FFΔ Nathan, Ettore Ferrari et Berlenda.
La Grande Loge Symbolique d'Italie, par le FΔ Meoni.
Le Grand Orient Espagnol, par les FFΔ Simarro et Salmeron.
La Grande Loge Régionale Catalano Balear, par le FΔ Vinaixa.
La Grande Loge Suisse Alpina, par les FFΔ Schwenter et Aubert.
Le Suprême Conseil de Suisse, par le FΔ Aubert.
Le Grand Prieuré Indépendant d'Helvétie par le FΔ Barrois.

54.
Politische Amnestie Kaiser und König Karls

Laxenburg, 1917 Juli 2

KA, MKSM 1917, 85-4; Wiener Zeitung Nr. 149 vom 03. 07. 1917
Druck: Verordnungsblatt für das k. u. k. Heer 30. Stück, 04. 07. 1917.

Der Kaiser erteilt eine politische Amnestie. Er erläßt folgende von Militär- oder Zivilgerichten verhängte Strafen:
Hochverrat, Majestätsbeleidigung, Störung der öffentlichen Ruhe, Aufstand, Aufruhr, gewaltsames Handeln gegen eine von der Regierung berufene Versammlung, gegen ein Gericht oder eine öffentliche Behörde. Jene, die sich durch Flucht ins Ausland oder durch Desertion dem Strafverfahren entzogen haben, sind von der Amnestie ausgeschlossen.

Lieber Ritter von Seidler!

Es ist Mein unerschütterlicher Wille, die durch eine göttliche Vorsehung Mir anvertrauten Rechte und Pflichten in der Weise auszuüben, daß Ich die Grundlagen schaffe für eine gedeihliche und segensreiche Entwicklung aller Meiner Völker.

Le Grand Orient Lusitanien uni, par le FΔ Nicol, qui remplaçait le FΔ Magalhaes Lima, empêché au dernier moment de se rendre à Paris.

Le Grand Orient de Belgique, par les FFΔ Deswarte, Soudan et Duchâteau.

Le Suprême Conseil de Belgique, par les FFΔ Anspach-Puissant et Urbain.

Le Suprême Conseil de Serbie, par le FΔ Militchevitch.

Nos FFΔ de Serbie étaient également représentés par les FFΔ Yovanovitch et Ilitch.

Le Suprême Conseil du Rite Ecossais de la République Argentine, par le FΔ Coutaud.

Le Suprême Conseil et Grand Orient du Rite Ecossais Ancien et AcceptéΔ, de Buenos-Aires, par le FΔ Walewyk.

Le Grand Orient et Suprême Conseil de l'Etat de Rio Grande du Sud avait délégué le FΔ Magalhaes Lima, qui n'a pu assister au Congrès.

Cette Puissance maçΔ écrivait que, étant en plein accord avec les résolutions de la Conférence des MaçΔ des Nations alliées, de janvier dernier, elle donnait formellement son adhésion au Congrès des MaçΔ des Nations alliées et neutres.

La Grande Loge de l'Arkansas n'a pu, en raison de son éloignement, envoyer de délégués au Congrès. Elle terminait ainsi sa plΔ: « Nous nous limitons donc à l'expression de nos meilleurs souhaits pour le succès de votre entreprise et à espérer que le résultat inestimable que vous recherchez pourra être garanti à l'Humanité, grâce à vos efforts. »

Depuis la clôture des travaux du Congrès sont parvenues les adhésions suivantes:

La Grande Loge de Costa-Rica, qui avait délégué les FFΔ Stéphen Pichon, Paul Schmitt et Jollois.

La Grande Loge de l'Ohio, qui avait délégué les FFΔ Corneau, Peigné et Vadecard.

Die Politik des Hasses und der Vergeltung, die, durch unklare Verhältnisse genährt, den Weltkrieg auslöste, wird nach dessen Beendigung unter allen Umständen und überall ersetzt werden müssen durch eine Politik der Versöhnlichkeit. Dieser Geist muß auch im Innern des Staates vorwalten.[1]

Es gilt, Mut und Einsicht und in wechselseitigem Entgegenkommen Völkerwünsche zu befriedigen.

In diesem Zeichen der Versöhnlichkeit will Ich mit Gottes mächtigem Beistand Meine Regentenpflichten üben und will, als Erster den Weg milder Nachsicht betretend, über alle jene bedauernswerten politischen Verirrungen, die sich vor und während des Krieges ereigneten, und die zu strafgerichtlichen Verfolgungen führten, den Schleier des Vergessens breiten.[2]

Ich erlasse den Personen, die von einem Zivil- oder Militärgericht wegen einer der folgenden im Zivilverhältnisse begangenen strafbaren Handlungen verurteilt worden sind, die verhängte Strafe:

Hochverrat (§§ 58 bis 62 Strafgesetz), Majestätsbeleidigung (§ 63), Beleidigung der Mitglieder des kaiserlichen Hauses (§ 64), Störung der öffentlichen Ruhe (§ 65), Aufstand (§§ 68 bis 72), Aufruhr (§§ 73 bis 75), gewaltsames Handeln gegen eine von der Regierung zur Verhandlung öffentlicher Angelegenheiten berufene Versammlung, gegen ein Gericht oder eine andere öffentliche Behörde (§§ 76, 77, 80), ferner die strafbaren Handlungen nach Artikel I, II und IX des Gesetzes vom 17. Dezember 1862, R.G.Bl. Nr. 8 vom Jahre 1863, Vorschubleistung zu einem der angeführten Verbrechen (§§ 211 bis 219).

---

1 Vgl. dazu „Praktische Winke zur vorbereitenden Friedensarbeit der Bischöfe und des Klerus", hrsg. von der Österreichischen Bischofskonferenz, Wien 1917, in: DAW, BIKO, Karton 11, Druck.

2 Vgl. zur Redaktionsgeschichte dieser Amnestie bei Polzer-Hoditz, 421–433 und 441. Zu den Gegnern, ebd., 443. Über die Reaktionen in der Armee auf die Amnestie vgl. bei Broucek, Aus den Erinnerungen eines Kundschaftsoffiziers in Tirol, 272–273: „Auf Befehl Conrads mußte ich dem Kaiser auch noch eine andere Angelegenheit vortragen. Es war dies die inzwischen erfolgte Amnestierung der tschechischen Hochverräter Kramář und Klofáč. Die sich auf die Front verheerend auszuwirken begann. Da Hochverräter, welche ihr Land von der Monarchie losreißen wollten, amnestiert wurden, kam der einfache Mann an der Front auf den Gedanken, daß auch er amnestiert werden müsse, wenn er, um sich seiner Familie zu erhalten, desertiere, denn dieses Vergehen ist ja viel geringer als jenes der Hochverräter. Dieser Gedankengang förderte die Neigung zur Desertion, und ich konnte dem Kaiser auf Grund mitgebrachter Unterlagen den Beweis erbringen, daß seit der Herausgabe der Amnestie die Desertionen um fast 80 % gestiegen waren, wobei sich die erwischten Deserteure alle auf die vorerwähnte Amnestie beriefen. Der Kaiser war von dieser Darstellung tief beeindruckt und teilte mir mit, auf diese Folgen hätte ihn bisher niemand aufmerksam gemacht. Der Ministerpräsident habe ihm die Amnestie mit dem Hinweis empfohlen, daß die Entente beim Friedensschlusse sicherlich die Amnestie aller politischen Häftlinge verlangen würde, so daß diese ihre Befreiung den Gegnern zu verdanken hätten, während sie nach der jetzt erfolgten Amnestie doch dem Kaiser zu danken hätten. Diese Überlegung war zwar richtig, ließ aber die militärischen Rückwirkungen der Amnestie ganz außer acht."

Erfolgte die Verurteilung nicht nur wegen einer der bezeichneten strafbaren Handlungen, so will Ich die Strafe nachsehen, wenn die anderen strafbaren Handlungen entweder verhältnismäßig geringfügig sind oder einen vorwiegend politischen Charakter haben.

Ist das Strafverfahren noch nicht rechtskräftig beendet, so verfüge Ich die Einstellung und Abbrechung des Verfahrens, wenn es nur wegen der eingangs bezeichneten strafbaren Handlungen eingeleitet ist.

Von dieser Gnade sollen jedoch alle Personen ausgenommen sein, die sich der Verfolgung durch Flucht ins Ausland entzogen haben, zum Feinde übergegangen oder nach Ausbruch des Krieges nicht in die Monarchie zurückgekehrt sind. Zugleich mit der Strafe erlasse Ich kraft gesetzlicher Vorschriften als Folge der Verurteilung eingetretene Unfähigkeit, bestimmte Rechte, Stellungen und Befugnisse zu erlangen, sowie den Verlust des Wahlrechtes und der Wählbarkeit in öffentliche Körperschaften.

Ich erwarte mit Zuversicht, daß alle Meine Völker, dem Beispiele folgend, das insbesondere die Deutschen und ihre Vertreter durch ihre maßvolle, die Staatsinteressen fördernde Haltung auch bei den jüngsten parlamentarischen Verhandlungen zu Meiner lebhaften Befriedigung gegeben haben, sich in gemeinsamer Arbeit zur Lösung aller jener großen Aufgaben zusammenfinden, die zur Heilung der Wunden, die der Krieg geschlagen hat, und zur Neuordnung der Dinge an der Schwelle einer neuen Zeit an uns herantreten.

Für die dank der unerschütterlichen Haltung Meiner tapferen, braven Soldaten glücklich erfolgte Abwehr der letzten Offensive an der Südwestfront[3] Meines Heeres glaube Ich Meine Dankesschuld an die allgütige Vorsehung und an Meine Völker nicht besser abstatten zu können als durch diesen Gnadenakt.

Ich wähle hiezu den heutigen Tag, an welchem Mein innigstgeliebter ältester, durch Gottes Gnade Mir geschenkter Sohn die Feier Seines heiligen Namenspatrons begeht.

So führt die Hand eines Kindes, welches berufen ist, dereinst die Geschicke Meiner Völker zu leiten, Verirrte ins Vaterland zurück.[4]

---

3   10. Isonzoschlacht, 10.05.–04.06.1917 und italienische Offensive im Gebiet der Sieben Gemeinden (Ortigaraschlacht, 10.–29.06.1917).
4   Vgl. dazu auch: KA, MKSM 1917, 57-3/4–5 „Alleruntertänigster Vortrag des Leiters des Ministeriums für Landesverteidigung FML Carl Czapp von Birkenstetten betreffend Einbeziehung des Karl Kramář und Genossen Alois Rašín, Vinzenz Cervinka und Josef Zamazal in die Allerhöchste Amnestie vom 02.07.1917" und ebd.: Enthaftungsbefehl von FML Marterer an die Militärstrafanstalt Möllersdorf und an die Militärstrafanstalt Komáron bezüglich der oben erwähnten Personen. Zur Begnadigung von Karl Kramář vgl. auch Polzer-Hoditz, 232–233. Die Hintergründe für die Begnadigung Kramářs dürften in einer päpstlichen Intervention vom 06. 1916 zu suchen sein. Vgl. Engel-Janosi, Österreich und der Vatikan 2, 283–284.

55.
Interview von Friedrich Wilhelm Foerster
mit Kaiser und König Karl

Wien, 1917 Juli 10

AOS, Tom. I, Index 84a,b; TS 9062–9064, beglaubigte Kopien[1].
Redigierte Fassungen: Polzer-Hoditz, 462–463; Foerster, Erlebte Weltgeschichte, 237–238[2].

Innen- und außenpolitische Wirkung des Amnestie-Erlasses über die Aufgabe
Österreich-Ungarns in Europa, Bemerkungen zum Selbstbestimmungsrecht
der Völker, Überwindung der Nationalismen, für Abrüstung, Frieden, Völker-
bund, für ein „neues europäisches Verantwortungsgefühl".

Meine Begegnung mit Kaiser Karl im Juli 1917

In meinem Bericht über meine Beobachtungen in der Donaumonarchie im
Jahre 1913 habe ich den großen Eindruck erwähnt, den mir die Aufgeschlos-
senheit der nichtdeutschen Völker Österreich-Ungarns gegenüber der deutschen Kultur gemacht hat (mehr als die Hälfte meiner Zuhörer in meinem
pädagogischen Seminar waren Tschechen und Südslawen und überaus begie-
rig und ohne jeden Vorbehalt bereit, sich in das große Erbe des deutschen
Volkes zu vertiefen). Am Schluß dieses Berichtes erwähnte ich, daß alles, was
ich im Jahre 1913 in der Donaumonarchie beobachtet hatte, in einer Broschüre über „Das österreichische Problem" niedergelegt wurde, in der gewisse
Grundprinzipien für eine föderative Reorganisation der österreichischen Völ-
kergemeinschaft formuliert waren, die dann auf dem Höhepunkt der Krisis
des Jahres 1917 dem Kaiser Karl vorgelegt wurden. Der Kaiser sprach den
Wunsch aus, mit mir persönlich über die praktische Durchführung jener Reorganisation zu verhandeln. Daraufhin sandte mir mein Kollege an der Uni-

---

1   Vermerk von Kaiserin Zita: Die Publikation dieses Interviews mußte dem Minister des Äuße-
    ren vorgelegt werden. Hier die Antwort ohne Begründung an den Chef der Kabinettskanzlei
    Graf Polzer durch Graf Czernin, Wien, 1917 Juli 18: „Hinsichtlich der beiliegenden Elaborate
    Herrn Foersters beehre ich mich, Eurer Exzellenz meinen Standpunkt wie folgt zu präzisie-
    ren. Sofern Herr Foerster nur unter seinem Namen auf eigene Verantwortung schreibt, ist
    nichts dagegen einzuwenden, doch darf er Seine Majestät in keiner Weise hineinzuziehen. Die
    Äußerungen Seiner Majestät sind unter keinen Umständen zu veröffentlichen."
2   Das am 10.07.1917 erfolgte Interview wurde am 16.07. dem Kaiser vorgelegt. Dazu: Polzer-Ho-
    ditz, 460–467; Bericht über Foersters Audienz: Foerster, Erlebte Weltgeschichte, 236–240, dort
    236–237; vgl. auch Benedikt, Friedensaktion der Meinl-Gruppe, 117–126.

versität Wien, der Völkerrechtslehrer Professor Lammasch[3], eine Einladung, nach Wien zu kommen und erwähnte dabei, daß der Kaiser die Absicht habe, mit ihm und mir ein Kabinett zu begründen, in dem alle österreichischen Nationalitäten vertreten sein sollten, und das die Aufgabe zu lösen hätte, Österreich auf der Basis einer Föderation autonomer Nationen neu zu organisieren. Ich nahm die Einladung an und traf in den ersten Juli-Tagen des Jahres 1917 im Schlosse Reichenau bei Wien ein. Da damals ein deutscher Verbindungsoffizier sein Bureau im unteren Stock des Schlosses eingerichtet hatte, zog der Kaiser vor, mich im Park zu empfangen. Er schien sehr erregt zu sein, warf seinen Militärmantel auf die Buchsbaumhecke und ging dann mit großen Schritten mit mir auf und ab, um die ganze Sachlage und den Ausweg daraus mit rückhaltloser Offenheit zu besprechen. „Kürzlich waren Hindenburg und Ludendorff bei mir“, so sagte er, „und versicherten mir, daß die Amerikaner niemals herüberkommen könnten. Die deutschen U-Boote würden das zu verhindern wissen. Ich habe ihnen geantwortet“, so fuhr er fort: „Die Amerikaner werden kommen und werden den Krieg entscheiden, und Sie, meine Herren, werden sich dann an das erinnern, was ich Ihnen heute gesagt habe[4].“

Der Kaiser fuhr dann wörtlich fort: „Es war seit langem meine feste Überzeugung, daß die gänzlich [v]erfahrene Lage der öst[erreichischen] Völker nach einer radikalen Umkehr rufe; die Überlieferung der Engherzigkeit und der Kurzsichtigkeit [ist] so festgewurzelt, daß uns

a) nur eine ganz neue Gesinnung retten kann – dazu mußte ein Beispiel gegeben werden. Das konnte nur von der Dynastie ausgehen, die seit Jahrhunderten das Einheitssymbol der österreichischen Völker ist und deren geistige Macht über ihre Völker ganz auf die Würde ihrer übernationalen Mission gestellt ist. Ich weiß, daß

b) alle Völker der Monarchie schon lange nach solchen neuen Anfängen verlangen – im Auslande jedoch versteht man uns gar nicht, ahnt nicht, wozu wir durch die Vorsehung in der Südostecke Europas vereinigt wurden; Österreich ist nun einmal weder ein deutscher noch ein slavischer Staat, die Deutschen sind zwar die Begründer der Donaumonarchie, aber sie sind heute eine Minorität, umgeben und durchsetzt von lauter aufstrebenden Völkern – da können sie nur Führer der jüngeren Kulturen bleiben, wenn sie ein Beispiel höchster Kultur geben und den neu emporsteigenden Völkern mit Liebe, Achtung und Großmut entgegenkommen – gesündigt wurde auf allen Seiten; was da verfehlt wurde, das muß nun wieder gutgemacht werden. – Darum Strich unter das Vergangene!

---

3 Heinrich Lammasch, seit 1882 Universitätsprofessor des Straf- und Völkerrechtes in Wien, seit 1899 MöHH, 27.10.–11.11.1918 letzter österreichischer Ministerpräsident.
4 Die Audienz fand am 6. Juli 1917 in Schloß Laxenburg statt.

Vor der ‚Selbstbestimmung der Völker', wenn sie sich nicht abstrakt über die österreichische Wirklichkeit hinwegsetzt, fürchte ich mich nicht im geringsten. Hier gilt das Wort: <u>Nichts bindet so wie freilassen</u>. Wenn wir den einzelnen Gruppen weitherzig den denkbar größten Spielraum für ihre Eigenart, für die Übung ihrer kulturellen Gestaltungskraft, für die Freude an ihrer Sprache, kurz für ihr ganzes nationales Geltungsstreben gewähren, so werden sie sich in den neuen Formen noch weit inniger mit dem Ganzen vereinigen als früher und werden lebensunfähige Übertreibungen von selbst abtun; weniger als irgendwo kann in Österreich die staatliche Einheitsform den Bevölkerungen von außen aufgepreßt werden: sie muß aus der sittlichen Einigung der Völker selbst hervorgehen. Man sollte schon die Jugend in diesem Geiste beeinflussen: statt der hetzerischen Lesebücher auf beiden Seiten sollten Lesebücher[5] geschaffen werden, in denen der deutschen Jugend die großen Gaben und Tugenden der slawischen Rasse nahegebracht werden – und ebenso sollte der slawischen Jugend ehrlich gesagt werden, was der deutsche Westen der Weltkultur und gerade auch den jungen Völkern des slawischen Südostens gegeben hat.

Was wir hier im Kleinen zu tun haben, das ist auch die Aufgabe im Großen. Ich bin von ganzem Herzen für den Friedensbund der Völker nach dem Kriege, es gibt keine andere Rettung; ich bin auch zu jeder international geordneten Abrüstung bereit. Die Kriegshetzer sind entweder Leute ohne Herz oder Leute, die nicht wissen, was der Krieg ist; ich habe den Krieg miterlebt, in meiner nächsten Nähe wurden Menschen zerfetzt – da kann man nicht in seinen alten Gedanken bleiben.

Die allerdringendste internationale Abrüstung aber besteht zunächst darin, daß man endlich einmal mit den gegenseitigen Beschimpfungen und Anklagen aufhört. (An diesem Kriege sind alle mitschuldig), alle Völker müssen sich von nun an in einem ganz neuen Sinne für den Frieden der Welt verantwortlich fühlen und zunächst in ihren inneren Verhältnissen alles so ordnen, daß kein Staat durch friedlose und ungeklärte Zustände in seinem Innern der Anlaß eines neuen Weltbrandes werde. Beginnen wir darum, in diesem neuen europäischen Verantwortlichkeitsgefühl, unsere inneren Angelegenheiten zu ordnen – das wird uns europäisches Vertrauen schaffen und kann ein Beispiel für den großen Friedensbund der Völker werden."

Der Kaiser sprach alle diese Sätze in großer innerer Bewegung, mit starker Betonung, sichtlich ergriffen von der Größe des jetzigen geschichtlichen Augenblicks und von der gewaltigen Pflicht der Höchstverantwortlichen, in dieser Stunde Wegweiser und Führer zu den höchststrebenden Wahrheiten des Völkerlebens zu werden.[6]

---

5 Vgl. dazu Deutsches Lesebuch, hrsg. von Hugo von Hofmannsthal, München 1922.

6 Vgl. Foerster, Erlebte Weltgeschichte, 239–240, über seinen Vortrag in der Österreichischen

56.

Militärische und diplomatische Analysen bezüglich eines österreichisch-ungarischen Separatfriedens aus englischer Sicht

[London, 1918 Mai]

PRO, FO 371, 3134, fol. 345–348, 350–354, 355–356.

Analysen der britischen Regierung und der Alliierten im Hinblick auf einen Separatfrieden mit Österreich-Ungarn (Juli–September 1917). Ausschnitte von "Proceedings in Regard to a Separate Peace with Austria. Part II. From July to September 1917", die der Sekretär der britischen Regierung Maurice Hankey auf der Grundlage von Notizen, Memoranden und Protokollen für die britische Unterhausdebatte zur Sixtusaffaire (16. Mai 1918) zusammenstellte (fol. 345–364).

[...] I. The important Meeting of the War Cabinet held on June 8, 1917, which resulted in setting up the Cabinet Committee on War Policy. This Committee sat during the greater part of June and July.

By far the most important question that it discussed was as to whether the then forthcoming offensive of the Allies should be conducted in Flanders, as Field Marshal Haig[1], with General Robertson's[2] support, urged, or whether the Allies should adopt a defensive attitude on the Western front, and concentrate their artillery on the Italian front, with a view to a stroke against Austria, designed with the object of compelling that country to make a separate peace. Apart from no less than 21 formal Meetings, many of which were attended by the Chief of the Imperial General Staff and the Field Marshal Commanding-in-Chief, at which a large amount of naval and military evi-

---

Politischen Gesellschaft am 17.07.1917. Der Text dieses Vortrages: Österreich und der Friede. Verständigung unter den Völkern Österreichs, Wien, Juli 1917, im Versammlungsbericht der Österreichischen Politischen Gesellschaft, Wien 1917, 24–32; dort auch Angabe der Teilnehmer. Vgl. dazu Morgenbrod, 131. Vgl. auch über die Begegnung Foersters mit Kaiser Karl und über Foersters Vortrag in Wien: DDI 8, 643–644.

1 Douglas Haig Gf. v. Bemersyde, FM, seit 19.12.1915 Oberbefehlshaber der brit. Armeen in Frankreich. Vgl. Die Kriegsaufzeichnungen des Feldmarschalls Lord Douglas Haig, München 1923/24.

2 William Robertson, 04.08.1914–26.01.1915 Generalquartiermeister der brit. Kontinentalarmee; 26.01.–23.12.1915 Chef des Generalstabes der Kontinentalarmee; 23.12.1915–16.02.1918 Chef des brit. Reichsgeneralstabes.

dence was taken, the Committee dined together on two occasions, at both of which this question was the main topic of conversation.

II. Tenth meeting of the Cabinet Committee on War Policy, June 21, 1917.

[…] Summary:

The second alternative was to undertake an operation which was, in the first place, military, and in the second, diplomatic, with the object of detaching Austria from Germany, namely an attack on the Austrian front.

[Lloyd George:]

He felt that the fatal error which had been committed in the present War had been continually to attack where the enemy was strongest. Surely, it was a mistake to strike with the sword against the thickest part of the enemy's armour. If we had made efforts earlier in the war to knock out Austria, we should be in a far better position now. He felt, however, that we had another chance of effecting this. There was not the smallest doubt that Austria was anxious to be out of the war. This was not a matter of conjecture, but of absolute knowledge. Austria, however, would not be willing to pay the price demanded by the Allies, although if another heavy blow were struck against her she might be brought to accept our terms. He pointed out the difficult internal situation of Austria with about half her population disaffected. He compared it to the position that this country would occupy if Wales, Scotland, and either the South or the East of England was hostile, only a patriotic and bellicose core remaining in the centre. The accounts that had reached us of the Sessions of the Austrian Chamber showed that the nation was sulky[3]. This appeared to offer a special opportunity for a military and diplomatic success. The prize was far the biggest in sight. If Austria could be forced out of the War, Bulgaria and Turkey would automatically have to go out. The umbilical cord of the Central Alliance would be out and no more ammunition could reach Bulgaria and Turkey, and both would have to make terms. Next year the whole of the forces now locked up at Salonica, Mesopotamia, and Egypt, would be set free for operations on the Western front. Moreover, Italy would then be bound to support us, for he did not contemplate cooperation with Italy without a bargain that if Austria was reduced to terms Italy would support us in our attacks against Germany. How then was this result to be accomplished? It was his belief that Trieste was the only thing which stood between Italy and a separate peace with Austria. He had reason to believe that Austria would be willing to cede the Trentino now, but not Trieste. If Trieste were captured, Austria would have to appeal to a population that was half Slav to recapture it. They would refuse to do it. The Magyars also did not care about Trieste. Neither the Hungarian nor the Slav would sacrifice themselves to recover it. The question arose as to whether success in this attack was feasible.

---

3   XXII. Session des österreichischen Herrenhauses am 28.06.1917, vgl. Nr. 51, Anm. 2.

[Lloyd George:]

He asked the Committee particulary to consider the effect of the Austrian operation on Russia. If Russia went out of the War while Austria still remained in, we could not win. If the Eastern armies of Germany were released we should have no chance of eventual victory. The United States of America might in time place half a million men in the field, but if Russia had gone out of the War Germany could bring 1½ million men to the Western front. The Allies could not bring so large a force from anywhere. We should then have an inferiority both in men and guns in the west, and this meant defeat. Hence, the vital necessity of the hour was to get Austria out of the war in order to give Sir Douglas Haig a chance of victory next year.

The above extract shows very clearly what was in the Prime Minister's mind. He foresaw the elimination of Russia from the War; if that happened he could not foresee the sort of victory we desire. We had failed to secure the elimination of Austria by diplomatic means, owing to Baron Sonnino's objections[4].

He aspired, therefore, to acquire Trieste for the Allies in order, by one blow, to get assets into our hands which would enable Italy to support a separate peace with Austria, and would, at the same time, bring Austria into a suitable frame of mind. The whole question in all its aspects is summed up in Part IV of the Report of the Cabinet Committee on War Policy. Here again the considerations are mainly military, but a few extracts that are pertinent to this Memorandum may be quoted: –

The plan has many attractions. As already mentioned, Austria is war-weary and anxious for a separate peace. She is believed, however, to be unwilling to surrender Trieste as one of the conditions of peace, and Italy cannot take less. A severe defeat involving the loss of Trieste and accompanied by heavy casualities might provide the stimulus necessary to induce her to break with Germany and to accept peace on terms acceptable to the Allies. The consequences of this might be decisive. Bulgaria and Turkey would then become atrophied and would probably soon have to make peace. Germany would be isolated. Great Allied forces would be released from the Balkans, Egypt, Mesopotamia, and the Caucasus for concentration against Germany. As a condition of our cooperation also a bargain ought to be made with Italy to send troops subsequently to France, or elsewhere, to assist the Allies as required. The situation in the Balkans would be restored and the scheme of Mittel Europa definitely ended. The Dardanelles would be opened up, whereby Russia would be more easily supplied with war material. Italy and Greece would once more draw their supplies of imported wheat from Russia, their normal market. The shipping situation would be considerably relieved. [...]

---

4   Vgl. Nr. 39. Dazu auch die Aufzeichnungen Sonninos, in: DDI 9, 81–83.

III. On July 25, and 26, 1917, the long-deferred Allied Conference took place at Paris[5]. The Proceedings of the main Conference, at which the minor as well as the major Allies were represented, naturally did not touch the question of a separate peace with Austria; but several diplomatic conversations took place in Monsieur Ribot's room at the Paris Foreign Office. They were attended by Mr. Lloyd George, Mr. Balfour and General Smuts[6], a number of French Ministers, and Baron Sonnino; on behalf of Italy. Unfortunately, no Secretary was present, except for a short part of one Meeting, and there is no record of what transpired. The Secretary of the War Cabinet has no note of having been informed of what occurred at this Meeting, although he was in the ante-room at the Quai d'Orsay. The time, however, was so fully occupied during these two days that he scarcely had an opportunity for conversation with Mr. Lloyd George or Mr. Balfour. Nevertheless, there can hardly be a doubt but that the question of a separate peace with Austria must have been discussed. The Secretary of the War Cabinet[7] was present at a dinner given on the night of the British Ministers arrival by Monsieur Albert Thomas[8] to Mr. Lloyd George, and this was the main topic of conversation; on this occasion, however, no question was raised in regard to diplomatic negotiations, and the conversation was entirely on the question of a blow at Austria with a view to diplomatic negotiations. It is not unreasonable to assume that the conversations at the Quai d'Orsay took the same line. This, in fact, is born out by the procès verbal of the Meeting on the afternoon of July 26, when the Secretary was present. On that occasion the main discussion was as to the action to be taken if Russia went out of the War, and the following extracts are pertinent:

Mr. Lloyd George then asked if it was not possible to anticipate the enemy's blow. Instead of concentrating for defensive purposes, why should we not ourselves deliver a blow with the object of detaching some of the enemy's Allies?

After an allusion to the possibility of eliminating Turkey, the procès verbal continues: Mr Lloyd George also expressed his belief that we could inflict so severe a blow on the Austrians as to enable the Italians to achieve a great part of their desiderata. He pointed out that if the Russians collapse, Roumania's collapse was also inevitable, and that in such circumstances it would be very difficult to exact the claims of the Entente's Eastern Allies against Austria. This rendered it the more desirable to concentrate on the claims of Italy, who was cooperating with us to her full extent. Mr. Lloyd George pointed out that

---

5 Vgl. zur Konferenz von Paris: Riccardi, Alleati non amici, 514–519; zur Konferenz von London, ebd., 519–521.
6 Vgl. Nr. 39. Jan Christiaan Smuts, Burengeneral, Mitglied des brit. Kriegskabinettes, seit 1910 mehrfach Minister der Südafrikanischen Union.
7 Sir Maurice Hankey, vgl. Nr. 39.
8 Albert Thomas, 12.12.1916–07.09.1917 frz. Munitionsminister.

if the whole of the Russian, Roumanian, and Serbian claims against Austria were realised in their entirety, the break-up of the Austrian Empire was involved, but that the Italian claims could be exacted without any such break-up, Austria, he pointed out, was both exhausted and divided against herself. For this reason he believed that Austria could be induced to concede Italian claims, but not without a blow. He then alluded briefly to Austria's difficulties. The population of the Austrian Empire was some 50,000,000, but of these something like 30,000,000 consisted of disaffected races. Hence, if Austria received a sufficiently severe blow she might find herself in a position to justify her Government in acceding to the major part of the Italian claims. If this was achieved we might then get Austria out of the war. He assumed that Italy would still continue to support her Allies in such circumstances?

Baron Sonnino assented.

Mr. Lloyd George urged, therefore, that we should anticipate the events discussed in the Military Report. Hitherto the Entente Powers had shown too little anticipation. They had been too slow-footed. This was one of the opportunities, by taking swift action, to convert a possible defeat into a victory. The military document, though expressed in calm language, spelled only one word, 'disaster'. It might be an honourable disaster, but none the less it was a disaster. What was the use of our holding our own? Germany was in possession of Belgium, North France, Serbia, and mistress of a great part of the Ottoman Empire. Merely to hold on was, therefore, he claimed, to face a disastrous peace.

To get Turkey out of the war was important, but to get Austria was infinitely more so. If we still continued in the expectation of winning Galicia, Bukowina, Banat, Temesvar, Transylvania, and all the Serbian claims, we really were lacking the courage to face the facts. Again und again we had seen the Germans take such an initiative as he now urged. He asked that we should take advantage of this opportunity to detach Germany's Eastern Allies with the object of concentrating all our efforts on our main aim in the war, namely, the defeat of Prussian autocracy. Short of this he could see nothing but the prospect of going blindly to disaster.

Baron Sonnino, though hesitating to express views on the military aspects of the question in General Cadorna's[9] absence, supported Mr. Lloyd George in the main. French military opinion, however, was dead against the proposal. General Foch[10], who was present at the Meeting, insisted that: – "A decisive result could only be achieved by a double attack on the one side by the Russo-

---

9 Luigi Graf Cadorna, Mai 1915–08.11.1917 Chef des ital. Generalstabes. Vgl. dazu auch DDI 8, 301–302.

10 Ferdinand Foch, frz. General, seit 06.08.1918 Marschall von Frankreich, Generalstabschef, seit 05.11.1917 Mitglied des obersten Kriegsrates der Entente, seit 26.03.1918 Oberbefehlshaber der alliierten Armeen in Frankreich.

Roumanian Armies, and on the other side by Italy. A double attack could not be looked for at the present time. The utmost, therefore, that could be hoped for was good moral and tactical effects, but not a decision, which could only be achieved by a concerted attack on the two fronts.

General Pétain[11] pointed out that the British attack now about to be developed was to be followed by a big French attack. Very large quantities of artillery were committed to these offensive operations. It would be impossible to disengage them at present and to concentrate them on the Italian front.

IV. The question of a blow at Austria, with a view to inducing her to make a separate peace, was again discussed, this time at very great length, at a Conference of the Allies held in London on August 7 and 8, which was attended by most of the War Cabinet, as well as the Secretary of State for Foreign Affairs, M. Ribot[12], M. Painlevé[13], M. Thierry[14], M. Thomas, and Baron Sonnino, as well as by Generals Robertson, Foch, and Albricci[15]. The question was actually raised by Baron Sonnino, who, on this occasion, strongly urged support for the Italian front. The motives for such action, however, were set forth by the Prime Minister, and several extracts may usefully be made from his remarks: e.g.:

Mr. Lloyd George observed that he had always thought himself that the best policy was for the Allies to try really to crush Austria. He had made the suggestion in Rome, and it was then considered too early. He made it now, and it was apparently considered too late. He contrasted the method of the Central Powers in pooling their resources, which enable them to drive back and break up great armies and to hold a vast extent of enemy territory, with the Allies' efforts which, gallant though they were, only chipped a few bits off a granite rock. He considered it a great misfortune that the Allies could not deliver one big smashing blow.

Mr. Lloyd George said a good deal more during this Meeting to the same effect. He was supported throughout by Baron Sonnino, but M. Ribot and M. Painlevé, though not opposing him in principle, considered it impossible to change the plans for 1917, and were rather for shelving the subject until 1918. In this attitude they rested themselves on the advice of Generals Foch and Robertson, who had been asked to report on the question. The two Generals had merely re-affirmed their agreement with the Conclusions of a Military Conference which they and General Cadorna had attended at Paris on the

---

11 Philippe Pétain, frz. Marschall, seit 17.05.1917 Oberbefehlshaber in Frankreich.
12 Vgl. Nr. 39.
13 Paul Painlevé, 20.03.–07.09.1917 frz. Kriegsminister; 12.09.–13.11.1917 frz. Kriegsminister und Ministerpräsident.
14 Joseph Thierry, frz. Minister für öffentliche Arbeiten: 24.03.–02.12.1913 und frz. Minister für Finanzen: 20.03–07.09.1917.
15 Alberico Giuseppe Albricci, ital. General.

24th July, namely, that the present plans could not be changed, and that the knocking out of Austria was to be aimed at by continuing the attack on the German forces according to the programme already agreed to and by attacking Austria simultaneously on two fronts. In the course of the discussion at the last Meeting of this series General Foch made a long statement on the possibilities of a blow at Austria, Bulgaria, and Turkey, respectively, with a view to eliminating them from the War[16]:

Taking the case of Austria first, General Foch said that theoretically, in order to defeat her, it would be necessary to cross the Alps and reach Vienna. This involved a very great military effort. On the other hand, it might be to Austria's interest, after a partial defeat, to make a separate peace. A great attack on the Carso might lead to the fall of Trieste, and Austria might then be willing to treat, but this was not by any means certain. It was, however, a serious possibility and the military means of bringing it about deserved consideration.

Summing up, therefore, General Foch pointed out that, on the whole, it would be very difficult to reach an absolute decision in any of the fields he had discussed. Complete defeat of the enemy could only be achieved by the destruction of their armies, and the bringing of their Governments to heel. If we could not expect to accomplish this we might, at any rate, bring about a situation in which either Austria or Turkey might be glad to come to terms.

General Albricci, the Italian General, while urging support to the Italians, said: – "That the latest season was the end of August, and after that an offensive must wait until the end of the spring, say, the 15th May."

On August 14th, 1917, the Prime Minister informed the War Cabinet that he had received private information of certain very secret negotiations in Switzerland between a French agent, under M. Painlevé's direction, and Austria, which promised favourable for a real break between Austria and Germany. There was also a preliminary discussion on the Pope's Peace proposals, which it was agreed had probably been connived at by Austria.

By instructions the Secretary kept no Minutes of this Meeting, and no details are on record beyond the bare facts mentioned above which were taken from the Secretary's rough notes[17]. [...]

---

16 Vgl. DDI 8, 360 (Nr. 480).

17 Vgl. dazu auch den Bericht von Ladislaus Ritter von Skrzynski an das Außenministerium, Bern, 1917 07.05, in: HHStA, PA XXVII, 57: „Es gibt aber auch in der Entente ganz entschiedene Gegner separater Verhandlungen mit der Monarchie. Darunter alle, die bloß von der Verlängerung des Krieges eine radikale Republikanisierung Europas erwarten, in erster Linie der Freimaurerstab: Ein Mitglied desselben sagte unlängst über die in England wachsende Austrophilie klagend: Lassen wir doch dem amerikanischen Gelde die nötige Zeit, die Throne und die Kirche, erstens in Spanien, dann in Österreich-Ungarn zu treffen. Sinon tout sera à re-

57.
Papst Benedikt XV. an die Staatsoberhäupter der kriegführenden Völker

Vatikan, 1917 August 01

HHStA, PA I, 962, fol. 685r–687v, Ausfertigung.
Druck: Engel-Janosi, 383–387; Müller, Das Friedenswerk der Kirche, 464-468; Steglich, Friedensappell, 160–162.

Über Nationen und Parteien stehend, ohne Unterschied der Religion, ruft der Papst als allen gemeinsamer Vater die führenden Staatsoberhäupter auf, die Grundlage für einen gerechten und dauerhaften Frieden und für die Abrüstung zu suchen und zu finden.

Dès le début de Notre Pontificat, au milieu des horreurs de la terrible guerre déchaînée sur l'Europe, Nous Nous sommes proposé trois choses entre toutes: garder une parfaite impartialité à l'égard de tous les belligérants, comme il convient à Celui qui est le Père commun et qui aime tous ses enfants d'une égale affection; Nous efforcer continuellement de faire à tous le plus de bien possible, et cela sans exception de personnes, sans distinction de nationalité ou de religion, ainsi que Nous le dicte aussi bien la loi universelle de la charité que la suprême charge spirituelle à Nous confiée par le Christ; enfin, comme le requiert également Notre mission pacificatrice, ne rien omettre, autant qu'il était en Notre pouvoir, de ce qui pourrait contribuer à hâter la fin de cette calamité, en essayant d'amener les peuples et leurs chefs à des réso-

---

commencer." Einen Monat später berichtete der k.u.k. Botschafter in Bern, Alexander von Musulin, an Ottokar Graf Czernin-Chudenitz über Friedenschancen, Bern, 1917 08.04, in: HHStA; PA XXVII, 58: „Österreich-Ungarn dürfte kaum den Frieden beschleunigen können. Die Freimaurerei arbeitet nun wieder mit Hochdruck gegen die Monarchie. Die jusqu'au boutischen Leiter der Entente sind gegen das Bestehen derselben, die freimaureristischen [sic!] Pazifisten, größtenteils eher verkappte Germanophile, auch gegen die Monarchie.
Wie die Gruppe Caillaux denkt, ersieht man aus folgendem Satze des Artikels ‚Manœuvres pontificales des Pays' vom 28.07.1917:
« La paix blanche souhaitée par le Vatican, l'objectif du pape étant de sauver la double Monarchie, son dernier espoir. » [...]
Glauben Sie mir, der Frieden in 1917 ist eine Illusion, die Entente will ihn nicht haben. In 1918 werden die Zentralstaaten die Feuerprobe entweder bestehen und einen wirtschaftlich für sie jedenfalls ungünstigen Kompromißfrieden schließen können oder es wird ihnen der Friede diktiert werden. (General Pau sagte hier, daß man auf einen Frieden vor Herbst 1918 nicht rechnen dürfte). [...]" Dank freundlicher Mitteilung von Herrn Louis-Pierre Laroche. Vgl. zu den Friedensgesprächen in Fribourg durch die Grafen Armand und Revertera von Juni 1917 bis März 1918, in: Steglich, Friedensversuche (1984) XIV–XXXVIII; 1–93 und unsere Nr. 87a.

lutions plus modérées, aux délibérations sereines de la paix, d'une paix « juste et durable ».

Quiconque a suivi Notre œuvre pendant ces trois douloureuses années qui viennent de s'écouler, a pu facilement reconnaître, que,si Nous sommes restés toujours fidèles à Notre résolution d'absolue impartialité et à notre action bienfaisante, Nous n'avons pas cessé non plus d'exhorter peuples et Gouvernements belligérants à redevenir frères, bien que la publicité n'ait pas été donnée à tout ce que Nous avons fait pour atteindre ce très noble but.

Vers la fin de la première année de guerre, Nous adressions aux nations en lutte les plus vives exhortations, et de plus Nous indiquions la voie à suivre pour arriver à une paix stable et honorable pour tous. Malheureusement Notre appel ne fut pas entendu; et la guerre s'est poursuivie, acharnée, pendant deux années encore, avec toutes ses horreurs; elle devint même plus cruelle et s'étendit sur terre, sur mer, jusque dans les airs; et l'on vit s'abattre sur des cités sans défense, sur de tranquilles villages, sur leurs populations innocentes, la désolation et la mort. Et maintenant personne ne peut imaginer combien se multiplieraient et s'aggraveraient les souffrances de tous, si d'autres mois, ou, pis encore, si d'autres années venaient s'ajouter à ce sanglant triennat. Le monde civilisé devra-t-il donc n'être plus qu'un champ de mort? Et l'Europe, si glorieuse et si florissante, va-t-elle donc, comme entraînée par une folie universelle, courir à l'abîme et prêter la main à son propre suicide?

Dans une situation si angoissante, en présence d'une menace aussi grave, Nous, qui n'avons aucune visée politique particulière, qui n'écoutons les suggestions ou les intérêts d'aucune des parties belligérantes, mais uniquement poussés par le sentiment de Notre devoir suprême de Père commun des fidèles, par les sollicitations de Nos enfants qui implorent Notre intervention et Notre parole pacificatrice, par la voix même de l'humanité et de la raison, Nos jetons de nouveau un cri de paix et Nous renouvelons un pressant appel à ceux qui tiennent en leurs mains les destinées des nations. Mais pour ne plus Nous renfermer dans des termes généraux, comme les circonstances Nous l'avaient conseillé par le passé, Nous voulons maintenant descendre à des propositions plus concrètes et pratiques, et inviter les Gouvernements des peuples belligérants à se mettre d'accord sur les points suivants, qui semblent devoir être les bases d'une paix juste et durable, leur laissant le soin de les préciser et de les compléter.

Tout d'abord le point fondamental doit être, qu'à la force matérielle des armes soit substituée la force morale du droit; d'où un juste accord de tous pour la diminution simultanée et réciproque des armements, selon des règles et des garanties à établir, dans la mesure nécessaire et suffisante au maintien de l'ordre public en chaque Etat; puis, en substitution des armées, l'institution de l'arbitrage, avec sa haute fonction pacificatrice, selon des normes à concerter et des sanctions à déterminer contre l'Etat qui refuserait soit de soumettre les questions internationales à l'abritrage soit d'en accepter les décisions.

Une fois la suprématie du droit ainsi établie,que l'on enlève tout obstacle aux voies de communication des peuples, en assurant, par des règles à fixer également, la vraie liberté et communauté des mers, ce qui, d'une part, éliminerait de multiples causes de conflit, et, d'autre part, ouvrirait à tous de nouvelles sources de prospérité et de progrès. Quant aux dommages à réparer et aux frais de guerre, Nous ne voyons d'autre moyen de résoudre la question, qu'en posant comme principe général, une condonation entière et réciproque, justifiée du reste par les bienfaits immenses à retirer du désarmement; d'autant plus qu'on ne comprendrait pas la continuation d'un pareil carnage uniquement pour des raisons d'ordre économique. Si, pour certains cas, il existe, à l'encontre, des raisons particulières, qu'on les pose avec justice et équité. Mais ces accords pacifiques, avec les immenses avantages qui en découlent, ne sont pas possibles sans la restitution réciproque des territoires actuellement occupés. Par conséquent, du côté de l'Allemagne, évacuation totale de la Belgique, avec garantie de sa pleine indépendance politique, militaire et économique, vis-à-vis de n'importe quelle Puissance; évacuation également du territoire français; du côté des autres parties belligérantes, semblable restitution des colonies allemandes.

Pour ce qui regarde les questions territoriales, comme par exemple celles qui sont débattues entre l'Italie et l'Autriche, entre l'Allemagne et la France, il y a lieu d'espérer qu'en considération des avantages immenses d'une paix durable avec désarmement, les parties en conflit voudront les examiner avec des dispositions conciliantes, tenant compte, dans la mesure du juste et du possible, ainsi que Nous l'avons dit autrefois, des aspirations des peuples, et à l'occasion coordonnant les intérêts particuliers au bien général de la grande société humaine.

Le même esprit d'équité et de justice devra diriger l'examen des autres questions territoriales et politiques, et notamment celles relatives à l'Arménie, aux Etats Balkaniques et aux territoires faisant partie de l'ancien royaume de Pologne, auquel en particulier ses nobles traditions historiques et les souffrances endurées, spécialement pendant la guerre actuelle, doivent justement concilier les sympathies des nations.

Telles sont les principales bases sur lesquelles Nous croyons que doive s'appuyer la future réorganisation des peuples. Elles sont de nature à rendre impossible le retour de semblables conflits et à préparer la solution de la question économique, si importante pour l'avenir et le bien être matériel de tous les Etats belligérants. Aussi, en Vous les présentant, à Vous qui dirigez à cette heure tragique les destinées des nations belligérantes, Nous sommes animés d'une douce espérance, celle de les voir acceptées et de voir ainsi se terminer au plus tôt la lutte terrible, qui apparaît de plus en plus comme un massacre inutile. Tout le monde reconnait d'autre part, que, d'un côté comme de l'autre, l'honneur des armes est sauf. Prêtez donc l'oreille à Notre prière, accueillez l'invitation paternelle, que Nous Vous adressons au nom du divin Rédempteur, Prince de la paix. Réfléchissez à votre très grave responsabilité devant Dieu et devant les hommes; de vos résolutions dépendent le repos et la joie d'innombrables familles, la vie de milliers de jeunes gens, la félicité en un mot des peuples, auxquels Vous avez le devoir absolu d'en procurer le bienfait. Que le Seigneur Vous inspire des décisions conformes à sa très sainte volonté. Fasse le Ciel, qu'en méritant les applaudissements de vos contemporains, Vous vous assuriez aussi, auprès des générations futures, le beau nom de pacificateurs.

Pour Nous, étroitement unis dans la prière et dans la pénitence à toutes les ámes fidèles qui soupirent après la paix, Nous implorons pour Vous du Divin Esprit lumière et conseil[1].

58.
Kaiserin und Königin Zita an Gaetano Kardinal Bisleti

o. O., o. D. [1917 August 17]

AOS, Tom. I, Index 462, beglaubigte Kopie.

Absolut geheime und mündliche Nachricht an den Papst zum Problem des „Selbstbestimmungsrechtes" der Völker, das in bestimmter Tendenz verwirklicht, die Grundlagen der Monarchie zerstören würde. Die österreichische Regierung wird sich bemühen, soweit als möglich das nationale Leben und die nationale Kultur aller Völker zu garantieren. Man ist glücklich, daß sich Deutschland in seiner Antwort an den Papst auch für die Abrüstung ausgesprochen hat. Der deutsche Militarismus ist immer noch ein Hindernis für den Frieden. Der Kaiser wird sich bei den Türken einsetzen, die Leiden der Armenier zu beseitigen.

A mezzo dello stesso corriere incaricato di rimettere la lettera dell'Imperatore a Sua Santità invio all' E[minenza] V[ostra] questa mia per completare quella sumenzionata ed aggiungere differenti punti che l'Imperatore non ha creduto opportuno mettere per iscritto e che l'Eminenza Vostra avrà la bontà di trasmettere in suo nome <u>verbalmente</u> al Santo Padre con assoluta discrezione.

---

1   Vgl. zu diesem Appell: Martini, La preparazione dell' Appello di Benedetto XV, 119–132; Nicolas Thevenin, La note de Benoit XV du 1er Août 1917 et les reactions des catholiques français, in: Revue d'Histoire diplomatique 103 (1989) 285–338.

1. La parola d'ordine della parte avversaria „Diritto di ogni nazione di decidere della propria sorte" è un'invenzione di elementi sovversivi per danneggiare l'Austria. Il diritto di libera scelta dei nostri popoli è il fondamento del nostro Stato; perchè i grandi popoli dell'Impero si sono riuniti all'Austria di libera scelta e decisione. L'autonomia nazionale ora progettata dal governo austriaco ha lo scopo di procurare ad ogni nazione la possibilità di organizzare la sua vita nazionale e provvedere alla sua cultura a suo piacimento.

2. Riguardo alla questione della colpabilità per lo scoppio della guerra, sulla quale la parte avversaria riviene continuamente, solo Iddio può decidere. L'avviso dell'Imperatore è che piô o meno le due parti ne sono responsabili.

3. Siamo felicissimi che la Germania egualmente a noi si sia pronunciata pel disarmamento nella sua risposta alla nota del Santo Padre[1] e con ciò abbia annientato l'argomento degli avversari, che l'impedimento per la pace consisteva nel militarismo Prussiano.

4. Come capo di grande potenza cattolica l'Imperatore farà del suo meglio presso il Sultano per mitigare le grandi sofferenze degli Armeni. Voglia l'Eminenza Vostra in via <u>assolutamente confidenziale</u> farne parte al Santo Padre – e per gli altri custodirne il segreto. La prego anche di baciare da parte nostra il Sacro Piede di Sua Santità e di assicurarlo della nostra assoluta devozione. Il Santo Padre sa che facciamo tutto il nostro possibile per adempiere bene il nostro difficile dovere, e Sua Santità si può assolutamente fidare di noi, che non abbiamo altro desiderio che di compiacerlo in tutto.

Sono gratissima a V[ostra] E[minenza] per le espressioni inviatemi nell'ultima di Lei lettera e tanto io che l'Imperatore la ringraziamo per le preghiere che innalza a Dio per noi. Si abbia i piô cordiali saluti miei e dell'Imperatore

59.
Gaetano Kardinal Bisleti an Kaiserin und Königin Zita

Vatikan, 1917 August 20

TS 2987–2988.

Kardinal Bisleti berichtet von der Übergabe des kaiserlichen Briefes vom 17. August direkt an den Papst. Dieser hat ihn mit so lebhaftem Interesse gelesen, da er in dem ersten Teil des Briefes dieselben Worte wiederfand, die er in seiner letzten Note an die Staatsoberhäupter der kriegführenden Staaten verwendete.

---

1 Vgl. Nr. 57 und Steglich, Friedensappell, 144–145, 149–155.

La lettera di Vostra Maestà mi fu consegnata il 17[1], e l'indomani, era appunto il giorno assegnato all'udienza ordinaria del Prefetto dei Seminari ed Università, ebbi l'onore di rimetterla nelle mani del Santo Padre. Sua Santità la prese e la lesse con vivissimo interesse, tanto piô che dell'argomento della prima parte ha fatto parola nella Sua ultima Nota ai Capi degli Stati belligeranti[2]. E dalla stessa Santità Sua mi fu dato il graditissimo incarico di ringraziare la Maestà Vostra della sollecitudine onde si è degnata di completare e concretare la prima risposta, e di assicurare di nuovo Sua Maestà l'Imperatore e la Maestà Vostra del Suo affetto di predilezione e del Suo grande desiderio, che vorrebbe rendere sensibile, di felicità riguardo alle loro auguste e sacre Persone e del Loro Impero e Regno[3]. E con piacere accordò immediatamente il permesso implorato dalla Maestà Vostra, per i mesi di gravidanza, di ricevere la santa Comunione dopo avere preso qualche liquido, raccomandando solamente di tenere riservata la grazia concessa. Ed io pensai di non differirne di troppo il godimento, vedendo quanto tempo corre dalla spedizione al ricapito di una lettera (31 Luglio, 12 Agosto), facendogliene dare comunicazione per mezzo della Segreteria di Stato con dispaccio cifrato a Monsignor Nunzio[4], con semplice annunzio del permesso concesso, senza specificazione. – Io poi sono sempre più riconoscente alle Loro Maestà dell'affezione onde mi onorano, alla quale, posso davvero affermarlo, corrispondo con sentimento che ha profonde radici nel mio cuore. Vostra Maestà nella sua prima lettera[5] mi scriveva che desidererebbe farmi conoscere i suoi Imperiali e Reali figliuoli e che io Li benedicessi personalmente. Quanto alla conoscenza, la desidero anch'io, e quante altre cose desidererei! Così piaccia al Signore! In rapporto alla benedizione oh! questa l'effondo ogni giorno sulle loro Maestà e i loro augusti Figli, versando sopra di Loro quotidianamente il Sangue della Divina Vittima. E' proprio così, tanto che la Maestà [V] può pur fare l'intenzione di assistere alla mia Messa, partecipandone per intenzione particolare. E' tutto ciò che posso fare. – In qualunque circostanza però Sua Maestà l'Imperatore e Vostra Maestà ritenessero opportuno di servirsi dei miei umili ma affettuosi servizi, lo facciano pure senza riguardo alcuno. Il renderli sarà per me un onore ed una segnalata soddisfazione – La lettera della Maestà Vostra partiva, se non erro, da Reichenau. Ricordo ancora con compiacenza la visita che feci nel 1906,

---

1 Vgl. Nr. 58.
2 Vgl. Nr. 57.
3 Zu den päpstlichen Friedensbemühungen zugunsten Österreich-Ungarns, vgl. Paulucci an Sonnino, Bern, 1917 08.04, in: DDI 8, 523; De Martino an Sonnino, Udine, 1917 08.14, in: DDI 8, 591–592.
4 Teodoro Valfrè di Bonzo, 14.09.1916–02.12.1920 Apostolischer Nuntius in Wien. Die Briefe liegen nicht vor.
5 Vgl. Nr. 45.

nella vigilia dell'Assunzione, insieme a S.A.R. la Contessa di Bardi[6], a Sua Altezza Imperiale e Reale l'Arciduchessa Maria Josepha[7] in quel Castello. Se la Maestà Vostra si degnasse ricordarmi a Sua Altezza Imperiale e Reale l'Arciduchessa, gliene sarei gratissimo. Termino con ossequiare Sua Maestà l'Imperatore e la Maestà Vostra e coll' augurio ardentissimo di compimento dei Loro voti, dei Loro desideri, delle Loro aspirazioni,che io condivido.

La benedizione del Santo Padre abbia pienissima efficacia.

60.
Kaiserin und Königin Zita an Gaetano Kardinal Bisleti

Wien, 1917 [August 27][1]

AOS, Tom. I, Index 463, beglaubigte Kopie.

Dank für den Friedensaufruf des Papstes vom August 1917.

Sono molto riconoscente all'Eminenza Vostra di avermi procurato così sollecitamente il permesso richiesto dal Santo Padre e La prego di mettere ai piedi [di] Sua Santità [i] più sinceri miei ringraziamenti. Sono stata molto sensibile alla premura che Sua Santità ebbe di farmelo sapere per telegrafo, così ho potuto subbito farne uso, e mi fu questo una grande consolazione.

Noi tutti e specialmente l'Imperatore ed io siamo stati felicissimi della nuova nota coll'appello alla pace di Sua Santità. E' un documento così pieno di alto sentimento di giustizia e di vera carità cristiana verso tutta l'umanità sofferente sotto l'immane sciagura di questa guerra che [l]'abbiamo accolta col cuore profondamente riconoscente pieno di gioia. Non posso credere che si trovasse un paese il quale non accettasse queste proposizioni.

Pregando Vostra Eminanza di rinovare alla Sua Santità l'assicurazione della nostra devozione filiale[2].

---

6   Vermutlich Adelgunde Gräfin Bardi, geb. Prinzessin von Braganza.
7   Vgl. Nr. 1.

1   A.S.V. SSt., Cardinali 2, Prot. 44.057, Übergabe des Begleitbriefes und Übergabsbestätigung.
2   Vermerk in der Vorlage: Die Briefe von Kaiserin Zita an [...]; übersandt durch die Nuntiatur Wien, 1917.

61.

[Lazare Weiller an das französische Außenministerium]:
« Note sur une Proposition Autrichienne » [Auszug]

o. O., o. D. [Bern/Lausanne, 1917 August 30]

PAMAE, Paix séparée 103, fol. 205–214[1].

Über Vermittlung des Schweizer Arztes Dr. Erwin Mende brachte der Ordon-
nanzoffizier Wilhelm Hevesy von Heves einen vertraulichen Waffenstillstands-
vorschlag Kaiser und König Karls dem frz. Abgeordneten Lazare Weiller zur
Kenntnis. Hevesy sollte dem ehemaligen französischen Außenminister Léon
Bourgeois begegnen, der aus unbekannter Ursache die Vereinbarung nicht ein-
hielt.

Strictement confidentielle[a]

[...]
Nous eûmes alors une conversation qui devait se prolonger longuement.

W. de Hevesy[2] commença par me rassurer sur sa santé. Il allait me donner,
me dit-il, une preuve de sa loyauté en me fixant tout de suiten sur les conditions de son séjour en Suisse. Sa maladie de cœur n'était qu'un prétexte pour son
congé. Attaché au Ministère de la guerre autrichien, confident et mandataire
de l'ami le plus dévoué de l'Empereur Charles, il était en Suisse, en service
commandé, par ordre de son Souverain pour y travailler à la paix. Mais sa mission était si secrète que son frère lui-même, attaché à l'ambassade d'Autriche[3]
à Berne, l'ignorait. Je l'écoutai. Sur ses lèvres je retrouvai d'abord ce que tant
d'autres m'avaient déjà dit en Suisse et ailleurs (et que le Ministre des Affaires Etrangères retrouverait dans mes notes antérieures): le sentiment profond
du nouvel Empereur et de l'Impératrice Zita, quant à la déchéance qu'entraîne
pour l'Autriche-Hongrie sa dépendance de plus en plus étroite de l'Allemagne,
leur appréhension de la victoire tout autant que de la défaite.

---

a   Vermerk.

1   Vgl. dazu Laroche, Le courant Austrophile, 156–159.
2   Wilhelm Hevesy von Heves, dem österreichisch-ungarischen Kriegsministerium zugeteilt und
    in geheimer Friedensmission in die Schweiz abkommandiert; seit 01.11.1914 Oberstleutnant
    i.d.R. im Husarenregiment No. 13. Zum Entschluß Hevesys, sich Kaiser Karl für eine Frie-
    densvermittlung mit Frankreich zur Verfügung zu stellen, William D. Hevesy, Post Script to
    the Sixtus Affair, in: Foreign Affairs 21 (1942) 566–570.
3   Paul Hevesy von Heves, k.u.k. Diplomat.

Et de Hevesy me dit: « Le jeune Empereur n'est pas responsable de la guerre. L'Impératrice est française de cœur. Je suis envoyé en Suisse pour y préparer ‹ la paix de l'Empereur › qui n'est pas celle du Gouvernement Officiel ». – « Tout cela est parfait », lui dis-je, « et si vous le voulez, assez vraisemblable pour être vrai[...] » Mais ceci ne m'explique ni pourquoi vous vous adressez à moi, qui n'ai pas qualité pour traiter de la paix, ni pourquoi vous m'avez cherché ni comment vous m'avez trouvé.

M. de Hevesy me répondit avec franchise qu'il n'était pas en Suisse pour me rencontrer. C'était un autre personnage qu'il comptait y voir, dont l'entrevue avec lui était en préparation par les soins d'un ami commun. Ce personnage tardant, M. de Hevesy qui savait l'importance et l'urgence de sa mission, consultait chaque jour les listes d'étrangers des Grand Hôtels. C'est ainsi qu'il vit un jour mon nom parmi [ceux] des hôtes du Palace Hotel de Lausanne. Il s'y rendit aussitôt: j'étais parti. Ni par les sollicitations les plus aimables, ni par l'attrait d'un gros pourboire, il ne put obtenir du personnel mon adresse que je n'avais d'ailleurs pas laissée à l'hôtel où je n'attendais aucune correspondance. C'est alors qu'il pensa à se servir pour avoir cette adresse de son ami le Docteur Mende[4].

Il se rendit à Berne et venait de rédiger avec le docteur, dans le hall du Bellevue Hôtel, un télégramme par lequel ce dernier, se donnant comme mon médecin, allait demander cette adresse au Palace Hôtel de Lausanne, lorsque au moment de porter ce télégramme à la poste, ils m'aperçurent en train de causer, à quelques pas d'eux, avec M. Sawyers, le représentant du Ministère des Munitions anglaises à Berne[5].

J'ai jugé utile de consigner ici ces détails qui sont significatifs de l'organisme des services de renseignements austro-allemands. Je ne pus m'empêcher de faire observer à M. de Hevesy que toutes les généralités qu'il m'avait exposées sur les sentiments de son Souverain étaient pour nous fort peu intéressantes, si elles n'aboutissaient pas à des conclusions précises et je mis en doute la véracité de son allégation, quant au rendez-vous projeté avec un grand personnage français.

Comme il protestait: « Nommez-le moi », lui dis-je. « Volontiers, pourvu que vous me donniez votre parole d'honneur de ne pas répéter son nom ».

« Je n'ai pas », lui répliquai-je, « de parole d'honneur à vous donner. Un entretien qui débute par de telles exigences est sans intérêt. Et je me levai pour regagner mon compartiment ». M. de Hevesy ne me laissa pas faire un pas.

« J'ai confiance en vous », me dit-il. « Vous n'abuserez pas de ma confidence. Le ministre que je comptais voir, que j'attends, c'est M. Léon Bourgeois. »

« Il ne serait pas venu. »

---

4   Dr. Erwin Mende, Schweizer Arzt.
5   Ernest E. Sawyers, seit 1916 brit. Legationssekretär in Bern.

« Vous vous trompez: L'ami qui me sert d'intermédiaire a toute sa confiance. Et il s'agit en somme de l'intérêt de la France autant que de l'intérêt de mon pays.

Mais puisqu'il n'est pas là, et que le temps presse, j'ai pensé qu'un membre du Parlement de votre autorité pourrait recueillir utilement la pensée de Sa Majesté. » J'écoutai alors M. de Hevesy. Et je résume son exposé.

L'Empereur Charles a trouvé la guerre dans l'héritage de François-Joseph qui n'était plus depuis longtemps qu'un instrument entre les mains des Allemands. Il veut finir la guerre qui, si elle se prolonge, et quelle que soit son issue, entraînerait la ruine de son empire, la honte et peut-être la perte de sa couronne. Il comprend que la paix qu'il désire ne peut être obtenue sans des sacrifices. Il est prêt à les faire. Mais la condition du succès des pourparlers qu'il va falloir engager, c'est qu'ils ne soient, au moins au début, connus que de la France et de l'Angleterre.

J'arrêtai là M. de Hevesy par la simple observation que le plus clair résultat d'une action diplomatique ainsi conduite, serait une brouille avec l'Italie, avec laquelle nous avons partie liée en toute loyauté réciproque. C'est inadmissible.

M. de Hevesy se récria: « Les propositions de l'Empereur sont de nature, dit-il, à satisfaire l'Italie. Sa Majesté est prête à lui abandonner le Trentin. »

« Mais c'est la folle proposition que Bulow[6] avait déjà faite à l'Italie, avant son entrée en guerre », répliquai-je « et qu'elle avait refusée. Et c'est de cela, de cette offre aujourd'hui plus saugrenue encore, que vous me faites confident? Voyons? Et Trieste? »

« Mais Trieste, c'est notre seule fenêtre sur l'Adriatique. Sans Trieste, nous étouffons. » Puis après une hésitation: « Eh bien! malgré cela, malgré tout, nous abandonnerions Trieste, pourvu que l'on trouvât la formule qui nous permit l'accès économique à la mer. Nous voulons la paix. »

« Soit, mais il n'y a pas que l'Italie, il y a la Serbie, la Roumanie, il y a les appétits bulgares. »

« Eh! la Serbie », me répondit M. de Hevesy. « Sa Majesté serait heureuse de la reconstituer et même de l'agrandir, mais au détriment de la Bulgarie. Les événements vous prouveraient d'ailleurs que l'intervention de l'Autriche, l'aide qu'elle donnerait aux Alliés, mettrait la Bulgarie dans l'obligation d'abandonner aux Serbes ce que les puissances alliées décideraient de leur donner. Et quant à la Roumanie, c'est la faute des Russes si elle a été si cruellement vaincue. Ils sont partisans du principe des nationalités, ils ne lui refuseraient pas la Bessarabie. Nous-mêmes, nous nous prêterions à des rectifications de frontières du côté de la Transylvanie roumaine.

---

6   Bernhard Fürst von Bülow, 1914–1915 außerordentlicher deutscher Botschafter in Rom, vgl. Nr. 13.

Tels sont les sacrifices que l'Empereur Charles est prêt à faire, sûr d'emporter l'assentiment de ses peuples si une compensation, qui concorderait avec les vœux et les intérêts des Alliés, maintenait le prestige de sa couronne.

Cette compensation consisterait dans la constitution du royaume de Pologne, composé de la Pologne autrichienne, de la Pologne russe et de la Posnanie, que cette fois encore, notre intervention mettrait l'Allemagne dans l'obligation de restituer à la Pologne reconstituée, sous le protectorat de l'Autriche ou sous la forme d'une monarchie trialeste,…

Moyennant quoi l'Autriche-Hongrie, quittant l'alliance de l'Allemagne, la victoire de l'Entente serait assurée. »

« Tout cela est fort beau », répondis-je à M. de Hevesy, « mais ce n'est ni vous ni moi qui pouvons, en causant de ces projets, les rendre réalisables ni même possibles. » Nous approchions de Lausanne. M. de Hevesy surveillé, disait-il, par sa propre police autant que par celles des alliés, désirait descendre à une petite station, où il passerait inaperçu. Il me demanda un rendez-vous pour le soir à dix heures. Très intéressé, je ne crus pas devoir le lui refuser.

Il arriva à l'heure fixée. « Je comprends », dit-il, « dès l'abord que vis-à-vis des Puissances Alliées, je n'aie pas qualité pour présenter avec l'autorité nécessaire les offres de Sa Majesté. Mais je suis prêt à vous donner la liste des hautes personnalités qui dans les conditions que je vais vous exposer pourraient parler au nom de l'Empereur avec toute l'autorité nécessaire.

Par exemple: le Comte Esterhazy[7] sera prochainement à Davos. Il serait en état d'engager des négociations. Mais pour lui je fais des réserves que je vous exposerai tout à l'heure. »

Et M. de Hevesy m'exposa pendant près d'une heure les conditions dans lesquelles pourrait se produire ce qu'il appela « le coup de théâtre ».

La France se mettrait d'accord avec ses Alliés pour demander un très court armistice (2 à 5 jours au plus), cette brièveté étant nécessaire pour que, ni de part ni d'autre, l'armistice ne puisse dissimuler aucun préparatif militaire.

Avant la demande de cet armistice un protocole verbal serait dressé entre l'Autriche et les Alliés. L'Autriche y exprimerait son désir de paix, sa volonté de ne pas continuer la guerre pour sauver la couronne des Hohenzollern, et y indiquerait le jeu ci-dessus exposé des concessions qu'elle veut faire et de la compensation qu'elle réclame.

La répercussion de ce protocole, dès qu'à la faveur de l'armistice, il serait rendu public, serait immense en Allemagne, notamment en Bavière, où la dynastie serait poussée à se substituer aux Hohenzollern dans un empire constitutionnel. Le contre-coup pourrait d'ailleurs être plus profond encore sur les institutions impériales. Ce serait la fin du prussianisme …

---

7 Graf Paul Esterházy, Sektionschef des k.u.k. Außenministeriums, Mitglied des ungarischen Magnatenhauses. Vgl. Nr. 2a.

L'Autriche, tranquille du côté de l'Italien et de la Russie ferait son affaire de la Bulgarie, qu'elle réduirait au nom des Alliés.

Pour mettre sur pied ce projet, l'Empereur serait disposé à envoyer, sous sauf-conduit, en France, à Dijon par exemple (je ne sais pourquoi M. de Hevesy a insisté sur le choix de cette ville) un des cinq personnages suivants:

1. Le Comte Esterhazy, qui fut Président du Conseil à trente six ans. Cependant l'Empereur le considère comme un esprit inquiet, plutôt « poltron » et rétif devant les responsabilités. Son choix d'après mon avis personnel, dit M. de Hevesy, ne serait pas désirable.

2. Le baron Musulin[8], Ministre d'Autriche-Hongrie à Berne, en qui l'Empereur a une confiance entière.

3. Le Prince de Hohenlohe[9], ancien stathalter de Trieste et Président du Conseil.

4. M. de Pflügen[10] officier de liaison diplomatique entre l'Empereur et Mackensen[11].

5. et de préférence Joseph Hunyadi [sic!][12], l'ami le plus sûr de l'Empereur, son confident, son ami fidèle, celui qui fait et défait les ministres.

La conversation ne finissait plus. Je laisse de côté tous les détails pour m'arrêter aux lignes principales que j'ai traduites aussi fidèlement que possible.

Comme conclusion, M. de Hevesy proposa de me dicter une note sur « la procédure » à suivre pour arriver à l'accord. Je prétextai une douleur de la main pour le prier de tenir lui-même la plume. Il écrivit alors sous mes yeux les feuillets dont copie entière est jointe à la présente note et que, « malgré ma promesse », j'ai oublié de détruire.

Enfin, M. de Hevesy me donna de sa main toutes les indications nécessaires pour correspondre avec lui suivant une formule convenue. Je joins à cette note la copie textuelle de ces indications. Il était deux heures du matin quand l'entretien prit fin. Je n'ai pas revu M. G. de Hevesy et je n'ai naturellement échangé aucune correspondance avec lui[13].

---

8 Alexander Frh. Musulin von Gomirje, 24.01.1917 bis Kriegsende k.u.k. Gesandter in Bern. Vgl. Alexander Musulin, Das Haus am Ballplatz, München 1924.

9 Prinz Konrad zu Hohenlohe-Waldenburg-Schillingsfürst, 02.06.1906–03.02.1915 Statthalter von Triest; 07.02.1917–11.05.1918 Erster Obersthofmeister Kaiser Karls.

10 Wohl Emmerich von Pflügl, k.u.k. Diplomat; 1921–1938 österreichischer Botschafter beim Völkerbund.

11 August Mackensen, deutscher Oberbefehlshaber, vgl. Nr. 20.

12 Joseph (József) Graf Hunyady, vgl. Nr. 20.

13 Wie aus einer Notiz vom 24.01.1918 von Lord Cecil ersichtlich, reagierte man seitens der französischen Regierung überhaupt nicht auf dieses Waffenstillstandsangebot. Erst im Jänner 1918 versuchte Lord Cecil den frz. Außenminister Pichon damit zu befassen, indem er auf die österreichische Situation hinwies: Peut être est-il regrettable que M. Ribot n'ait pas alors tra-

62.

Felix Graf Brusselle-Schaubeck an den österreichisch-ungarischen Außenminister Ottokar Graf Czernin-Chudenitz

München, 1917 September 08

HHStA, PA IV, 59, fol. 237r–v, Ausfertigung.
Druck: Steglich, Friedensappell, 366.

Der Geschäftsträger bei der österreichisch-ungarischen Gesandtschaft in München berichtet über die Einstellung des Apostolischen Nuntius von München, Eugenio Pacelli, zu Kaiser und König Karl und über die Notwendigkeit der Erhaltung der politischen Integrität Österreich-Ungarns.

Vertraulich[a]

Ein Mitglied der k.u.k. Gesandtschaft hatte Gelegenheit, ein Gespräch mit dem hiesigen Apostolischen Nuntius Msgr. Pacelli zu führen, in dessen Verlauf dieser neuerdings seiner rückhaltlosen Bewunderung und großen Verehrung für Seine Majestät, unsern Allergnädigsten Herrn, Ausdruck gab, auf Eindrücke hinweisend, die er aus der persönlichen Begegnung mit Seiner Majestät in München gewann[1].

Im weiteren Verlaufe des Gespräches betonte der Nuntius mit starkem Nachdruck die Notwendigkeit der Erhaltung der politischen Integrität Österreich-Ungarns.

---

duit en acte pratique l'intérêt qu'il avait porté à ma communication dont une unique copie avait d'ailleurs été rendue à la même époque à M. Clémenceau, en témoignage de déférence et d'amitié personnelle. Vgl. PAMAE, Paix séparée 104, fol. 43.

a   Vermerk.

1   Kaiser Karl hielt sich am 30.06.1917 in München auf. Vgl. dazu auch TS 2925: „[Kaiser Karl] traf persönlich mit Nuntius Erzbischof Eugenio Pacelli zusammen. Das erste Mal war dies in München anläßlich eines offiziellen Besuches am königlich bayerischen Hof. Da [Kaiser Karl] an diesem Tage wegen des offiziellen Programmes keine Zeit fand, um mit dem Nuntius eingehender zu sprechen, machten sie miteinander aus, daß der Nuntius am Abend an einer Außenstation Münchens den Zug erwarten würde und in den Salonwagen des [Kaisers] einsteigen und dort mit ihm konferieren würde. Am Ende der langen Besprechung verließ Nuntius Pacelli den Hofzug, um mit einem Gegenzug nach München zurückzukehren. Nachher meinte der [Kaiser]: ‚Wenn ich Monsignore Pacelli in Wien habe, werden wir zwei zusammen sicher den Frieden zustande bringen.'" Vgl. zum Inhalt der Gespräche Kaiser Karls mit Nuntius Pacelli, in: Steglich, Friedenspolitik, 122–124.

Der Nuntius erwähnte, wie es die ganze Welt anerkennen müsse, welche große Kraft Österreich-Ungarn nach mehrjähriger Kriegsleistung gegenüber Italien ausweise. –

Über Angriffe auf offene Städte, wie der wiederholten italienischen auf Triest[2], äußerte sich der Nuntius sehr abfällig, bezeichnete sie als sachlich zwecklos und nur von aufreizender Wirkung auf die Bevölkerung.

Er meinte, daß Presse und Freimaurerei die gänzlich der Entente verpflichtet sind, niemals gegen die Angriffe auf Triest protestieren würden, indes eine ähnliche Aktion auf der Gegenseite sofort als „Barbarei" bezeichnet würde.

Wiederholt kam der Nuntius mit sichtlicher Wärme auf die Worte zurück: „Gott schütze und bewahre Österreich-Ungarn", das die höchste Bedeutung für Kirche und Papsttum habe.

63.
Kaiser und König Karl an den österreichisch-ungarischen Außenminister Ottokar Graf Czernin-Chudenitz

[Im Salonwagen, Tirol, 1917 September 12]

AOS, Tom. II, Index 693, beglaubigte Kopie[1].
Druck: Broucek, Zwei bisher unbekannte Briefe, 80–82 ohne Provenienzangabe und exakte Datierung.

Instruktionen für den Außenminister, um bei seinen Verhandlungen mit Deutschland zum Frieden zu kommen. Analyse der militärischen Situation.

Lieber Graf Czernin!

Ich schreibe auf der Fahrt. Das Wetter ist wunderschön. Die Stimmung in der so lieben Tiroler Bevölkerung mir gegenüber <u>rührend</u>, jedoch überall in allen Teilen des Landes <u>große</u> Friedenssehnsucht und <u>Kriegsmüdigkeit</u>.

---

2   Zu den stärksten italienischen Luftangriffen auf Triest kam es vom 28. bis 30.08 und vom 01. bis 04.09.1917. Österr. Verluste 1917: 25 Flugzeuge, 43 Flieger getötet, 18 Flieger gefangen. Vgl. Schupita, Die k. u. k. Seeflieger, 208–210. Auch Banfield, Der Adler von Triest, passim.

1   Vermerk: Alle hier abgeschriebenen Dokumente waren im Besitz des vormaligen Außenministers Grafen Ottokar Czernin bis zu seinem im Jahre 1932 erfolgten Tode, sodann im Besitz von einem oder mehreren seiner Söhne, und wurden im Mai 1952 vom ältesten Sohn des vormaligen Außenministers, Graf Theobald Czernin, persönlich [Eh.] Otto übergeben. Vgl. auch Nr. 34a.

Begreiflich nach drei und einhalb Jahren. Ich fürchte immer, daß die Völker über ihre Herrscher hinweg Frieden machen <u>werden</u>, was der Tod des dynastischen <u>Prinzipes</u> wäre. Anfangen werden die Slaven, und die Deutschen [werden] den Lockungen des heiß ersehnten Friedens nicht widerstehen. Ich hoffe, Sie werden dem Kühlmann[2] jetzt wieder <u>energisch</u> sagen, daß wir den Frieden brauchen. Es geht ja mit den Ersatzen des Heeres auch nicht mehr. Wir können ja heute schon, wie wir es immer betont haben, größere Verluste absolut nicht ersetzen und sinken daher immer immer mehr in den Ständen herunter, trotz aller Pyrrhus-Siege. Unsere militärische Lage möchte ich mit einem Spinngewebe vergleichen, überall, wo der Italiener oder Russe ernstlich ansetzen will, kann er durchdringen, weil er jederzeit auf einer Stelle eine vier- bis fünffache Überlegenheit ohne große Schwächung seiner übrigen Front zusammenbringen kann. Wir müssen immer zu Gott beten, daß der gute Feind nicht angreifen möge. Die italienische Offensive wird mit Gottes Hilfe Erleichterung der schon nach der 11. Isonzoschlacht[3] sehr prekär gewordenen Lage bringen, mehr darf man von ihr nicht erwarten. Der größte Fehler wäre, jetzt zu optimistisch zu sein, unsere Lage ist nicht gerade zum Verzweifeln, aber auf allen Gebieten sehr gefahrdrohend. Wir wollen ja das dynastische Prinzip hochhalten, und das können wir nur dadurch, daß es den Monarchien Deutschland und Österreich gelingt, früher als die anderen Frieden zu machen, denn der Ruf nach Frieden ist heute in ganz Europa das treibende Element, und wer heute den Frieden macht, ist der große Mann, wenn er auch dabei vielleicht etwas an seinem Territorium verliert. Wenn sich Europa weiter zerfleischt, freut sich der Gelbe und der Amerikaner.

Ich begleite Ihre Verhandlungen mit Kühlmann mit größtem Interesse und wünsche Gottes reichsten Segen darauf. Wir müssen uns klar sein und den Deutschen auch klar machen, daß dies, nachdem wir ihnen früher schon eine Provinz (Galizien) angeboten haben[4], die <u>unwiderruflich</u> letzten <u>Konzessionen</u> sind und wir – lehnen sie ab – uns <u>freie Hand</u> sichern.

General Arz[5], mit dem ich diesen Brief besprochen habe, fügt noch hinzu, daß wir bis Ende November ganz normal Krieg führen können, im Frühjahr aber den zu erwartenden f[eindlichen] Offensiven nicht mehr standhalten werden, daher im Winter Frieden <u>oder</u> wir werden im Frühjahr zu Boden gerungen[6].

---

2   Richard von Kühlmann, 06.08.1917–16.7.1918 deutscher Staatssekretär für Äußeres. Vgl. über die Friedensgespräche Czernins mit Kühlmann im September 1917, in: Meckling, 147–153; über die schärferen Verhandlungstöne Czernins mit Deutschland vom 20.09.1917, in: Steglich, Friedensappell, 368–370; Scherer/Grunewald, 2, 444–445 (Nr. 261): Wien, 1917 September 20: Wedel an Außenministerium.

3   18.8.–13.9.1917; 12. Isonzoschlacht: 24.–27.10.1917.

4   Vgl. Steglich, Verhandlungen (1974), 8–9, 44–45 und Nr. 38 oben.

5   Vgl. Nr. 3.

6   Über den Zustand der österreichisch-ungarischen Armee vgl. KA, MKSM 1917 93-2/60; iden-

Annex[7]

Ich würde Folgendes als große außenpolitische Richtlinie halten: Ein Abweichen vom deutsch[en] Bündnis wäre unmöglich, denn erstens würde es uns in einen Konflikt mit Deutschl[and] führen und zweitens würden[a] unsere braven Deutschen und Magyaren dies nicht vertragen. Da man aber doch zum Frieden aus schon sattsam bekannten Gründen kommen muß, so müßte den Deutsch[en] <u>kategorisch</u> erklärt werden: für den Bestand des europäisch[en] Deutschl[and] sind wir bereit, bis zum letzten Atemzug einzutreten, für irgendwie geartete Eroberungen oder wie immer geartete Handelsvorteile opfern wir nicht einen Soldaten, nicht einen Heller. Resumé: Deutschland muß erklären, es verzichtet auf Belgien ohne irgendwelche Klausel und es ist bereit, mit Frankreich über Elsaß-Lothringen zu reden, wogegen es die Zusicherung der Revision des Hubertusburger Friedens erhält (Schlesien an Deutschland). Gerade so, wie wir für die territoriale Integrität D[eutschlands] sogar Opfer bringen wollen, so muß sich auch D[eutschland] für unsere Integrität einsetzen. Wird unser Vorschlag angenommen, so wollen wir bis zum letzten Blutstropfen für D[eutschland] eintreten. Wird er nicht angenommen, so behalten wir uns freie <u>Hand vor, eventuell S[onder]fr[iede]n.</u>

---

a   Ein Wort hier durchgestrichen.

    tisch mit: HHStA, PA I, 500, „Darstellung der materiellen Lage im Felde durch das AOK, 18.07.1917" und KA, B 892, NL Seeckt, Nr. 35, fol. 3–23: „Memoire über die Möglichkeit des Durchhaltens im Winter 1917/18" des k. u. k. Kriegsministers, Rudolf Stöger-Steiner Edler von Steinstätten vom September 1917.

7   Zu diesem Brief (AOS, Tom II, Index 693) an Graf Czernin existieren drei kleine Zettel „ganz eigenhändig von Sr Majestät Kaiser Karl geschrieben, undatiert. Mit Rotstift". Es dürfte sich um das Konzept von unserer Nr. 43 handeln und aus dem PAH stammen. Abgedruckt ohne vorherigen Brief von Broucek, Karl I. (IV.), 116–118.

64.
Kaiser und König Karl an Papst Benedikt XV.

Reichenau, 1917 September 20

AE, Stati Ecclesiastici 216 [neu 1317], vol. IV, Prot. 45.481, Ausfertigung; HHStA, PA I, 962, fol. 13r-22r, Konzept und dtsch. Übersetzung[1]; Druck: Engel-Janosi, 394–397; Rumi, 33-35; Steglich, Friedensappell, 208-211 (Nr. 144)[2].

Antwort auf die Friedensbotschaft des Papstes vom 01. August 1917. Bereitschaft, mit dem Papst über dessen obligatorische Schiedsgerichtsbarkeit zu verhandeln und sich ihr zu unterwerfen. Abrüstung zu Wasser, zu Lande und in der Luft, Rüstungsbeschränkung, gleichmäßige Benützung der Meere; Herbeiführung eines dauerhaften und für alle Teile ehrenvollen Friedens. Die Basis der künftigen Weltordnung ist die moralische Macht des Rechtes.

Très Saint-Père,

C'est avec les sentiments respectueux dûs à Votre Sainteté et avec une émotion profonde que Nous avons pris connaissance de la nouvelle démarche qu'Elle a entreprise auprès de Nous et auprès des chefs des autres Etats belligérants dans la noble intention de conduire les peuples tant éprouvés à une union qui leur rendrait la paix, démarche qu'Elle a faite en accomplissant la sainte tâche que Dieu Lui a confiée. Nous accueillons d'un cœur reconnaissant ce don nouveau de la sollicitude paternelle que Vous, très Saint-Père, ne cessez d'accorder à tous les peuples sans distinction, et Nous saluons du fond de Notre âme l'appel si émouvant que Votre Sainteté a adressé aux gouvernements des peuples belligérants.

Durant cette guerre cruelle Nous avons toujours élevé Nos regards vers Votre Sainteté comme vers l'auguste personnage qui, en vertu de sa mission dégagée de toute préoccupation temporelle, et grâce à sa haute conception des devoirs qui lui incombent, se trouve placée bien au-dessus des peuples belligérants, et qui, inaccessible à toute influence, saurait trouver le chemin qui pourrait mener à la réalisation de Notre propre désir, à une paix durable et honorable pour tous.

Dès Notre avènement au trône de Nos ancêtres pleinement conscients d'être responsables devant Dieu et devant les hommes du sort de la monar-

---

1   Das Konzept trägt folgenden Vermerk: „Definitiver Text der Antwortnote auf den päpstlichen Friedensappell vom 01.08.1917 im französischen Original".

2   Redaktionsgeschichte dieses Textes in: Steglich, Friedensappell, 208–222; 5. Ministerentwurf, in: TS 2938–2941.

chie austro-hongroise, Nous n'avons jamais perdu de vue le noble but de procurer, si tôt que possible à Nos peuples les bienfaits de la paix. C'est ainsi que, peu de temps après le commencement de Notre règne Nous avons pu entreprendre, de concert avec Nos alliés et dans l'intention de frayer le chemin à une paix honorable et durable, une démarche que déjà Notre auguste prédécesseur, feu l'Empereur et Roi François Joseph Ier, avait envisagée et préparée[3].

Dans Notre discours du trône prononcé à l'ouverture du parlement autrichien, Nous avons exprimé le même désir, tout en soulignant, que Nous aspirons à une paix qui affranchirait à l'avenir la vie des peuples de la rancune et de l'esprit de vengeance et qui leur offrirait pour des générations toutes les garanties contre l'emploi de la force armée[4]. Entretemps Notre gouvernement commun n'a pas omis d'exprimer par des énonciations réitérées et insistantes, retentissant dans le monde entier, Notre volonté et celle des peuples de la monarchie austro-hongroise, de mettre fin à l'effusion du sang par une paix conforme aux vues de Votre Sainteté. Heureux de constater que Nos vœux visaient dès le commencement au même but que celui que Votre Sainteté désigne aujourd'hui, Nous avons soumis à un examen approfondi Ses propositions concrètes et pratiques; cet examen Nous a amenés aux conclusions suivantes:

Nous saluons avec toute l'ardeur d'une conviction profonde la pensée prédominante de Votre Sainteté, que le futur ordre du monde, après l'élimination de la force des armes, doit être fondé sur l'autorité morale du droit et sur le règne de la justice et de la légalité internationale. Aussi sommes Nous pénétrés de l'espoir qu'un affermissement du sentiment de la justice amènerait la régénération morale de l'humanité. Nous nous rangeons donc à l'avis de Votre Sainteté, que des pourparlers entre les belligérants devraient et sauraient conduire à un accord statuant comment, tout en établissant les garanties nécessaires, les armements sur terre, sur mer et dans les airs, pourraient être simultanément, réciproquement et successivement réduits à une mesure à définir; et comment la haute mer, appartenant de droit à tous les peuples de la terre, pourrait être affranchie de la domination ou de la prédomination des uns pour être mise d'une façon égale à la disposition de tous.

Pénétrés de l'importance pacificatrice du moyen proposé par Votre Sainteté de soumettre des controverses internationales à l'arbitrage obligatoire, Nous sommes prêts à entrer en pourparlers aussi au sujet de cette proposition de Votre Sainteté.

Si comme Nous le souhaitons de tout Notre cœur, on réussissait à arriver à un accord des belligérants réalisant cette pensée sublime et contribuant par

---

3 Vgl. Nrn. 8, 11, 15, 16; Scherer/Grunewald 1, 517–519, 546–547; Steglich, Friedenspolitik, 2–6.
4 Vgl. Nr. 48.

là à donner à la monarchie austro-hongroise les garanties de son libre déve-loppement dans l'avenir, il ne serait guère difficile de trouver pour d'autres questions qui restent à régler entre les Etats belligérants, une solution satis-faisante conçue dans une façon équitable des conditions d'existence récipro-ques.

Si les peuples de la terre entamaient dans un esprit pacifique selon les pro-positions de Votre Sainteté des négociations entre eux, la paix durable pour-rait en surgir; les peuples pourraient acquérir toute liberté de circuler en pleine mer; ils pourraient être débarrassés de lourdes charges matérielles et ils verraient jaillir des nouvelles sources de prospérité. Inspirés des senti-ments de modération et de conciliation, Nous voyons dans les propositions de Votre Sainteté des bases sur lesquelles des négociations pour la préparation d'une paix juste et durable pourraient être entamées et Nous espérons vive-ment que Nos ennemis d'aujourd'hui soient également animés de la même pensée.

C'est dans ce sens que Nous prions le Tout Puissant qu'Il bénisse l'œuvre de paix de Votre Sainteté.

J'ai l'honneur de Me signer de Votre Sainteté
le très obéissant fils
Charles[5].

---

5 Zur Übersendung dieses Schreibens an den Papst durch Valfrè di Bonzo: AE, Stati Eccl. 216 [neu 1317], vol. IV, Prot. 47.032, Wien, 1917 September 20: Valfrè di Bonzo an Gasparri. Teil-weise chiffriert. Bericht von Valfrès Besuch bei Graf Ottokar Czernin am 17. September 1917 und über seine Audienz bei Kaiser Karl am 18. September 1917 im Schloß Wartholz. Thema dieser Gespräche war die Antwort Österreich-Ungarns und Deutschlands auf den päpstlichen Friedensappell vom 01. August 1917. Valfrè di Bonzo versuchte, Außenminister und Kaiser zu bestimmen, die deutsche Antwortnote hinsichtlich Belgiens zu beeinflussen, um die Wünsche des Papstes zu erfüllen. Czernin wich aus, Kaiser Karl äußerte eindeutig, daß er keinen Ein-fluß auf eine Änderung der deutschen Antwortnote ausüben könnte: "Quanto alla situazione del Belgio mi disse che avrebbe parlato nel senso che desiderava il Santo Padre che quantun-que non avrebbe forse avuto il tempo di influire per un cambiamento della nota tedesca, at-teso che io giungevo proprio all'ultimo momento, pure sperava che le sue parole avrebbero un buon risultato per la causa che sta così a cuore al Santo Padre. Aggiunse però che è tanto dif-ficile discutare con le autorità Tedesche specialmente quando si tratta. Mi disse infatti, che l'affare del Belgio è cosa esclusivamente dell'autorità Tedesca non essendovi colà truppe Aus-tro-Ungariche, perché in questo caso egli si sarebbe fatto sentire, e come mi disse avrebbe messi i puntini sugli i." Über die Ursachen dieser Reserve: Steglich, Friedensappell, 366–367 (Nr. 312). Zur Art der Berichterstattung von Nuntius Valfrè di Bonzo, vgl. TS 2924–2925 [Zita]: „Nuntius Valfrè di Bonzo hatte die unangenehme Gewohnheit, nie zuzuhören, wenn er in Au-dienz beim [Kaiser] war. Vielmehr sprach er selbst unaufhörlich bis zum Verlassen des Audi-enzzimmers in der Sorge, die Aufträge, die er erhielt, nicht richtig zu erfassen. Der [Kaiser] bat ihn wiederholt, die Güte zu haben, sich das, was er ihm zur Weiterleitung an den Heiligen Stuhl anvertraute, aufzunotieren. Aber auch dies tat der Nuntius nicht. Hingegen sandte er

65.
Kaiser und König Karl an Papst Benedikt XV.

Reichenau, 1917 Oktober 04

AE, Stati Eccl. 216 [neu 1317], vol. IV, Prot. 47.029, Ausfertigung.
Druck: Rumi, 35–36, Engel-Janosi, 397–398; Steglich, Friedensappell, 381–382
(Nr. 330) mit Redaktionsgeschichte.

*Kaiser und König Karl verspricht, allen Einfluß in Berlin aufzubieten, damit
die belgische Frage im Sinn des Heiligen Vaters geregelt wird. Gegenüber Italien wurde wiederholt erklärt, daß ein gerechter und dauernder Friede angestrebt wird.*

Très confidentielle[a]

Dans Notre réponse officielle parvenue récemment à Votre Sainteté Nous
avons salué avec empressement et reconnaissance la démarche que Vous, Très
Saint-Père, avez bien voulu entreprendre auprès de Nous et auprès des chefs
des autres Etats belligérants dans le noble but de procurer à l'humanité si durement éprouvée les bienfaits de la paix.

Comme fils fidèle de la Sainte-Eglise Catholique Nous tenons aujourd'hui
à renouveler à Votre Sainteté d'une façon personnelle les sentiments de sollicitude paternelle, tout en exprimant en même temps Notre fervent espoir que
l'accueil que Nos ennemis actuels feront à la démarche de Votre Sainteté permettra d'entamer dans un prochain avenir des pourparlers entre les belligérants, et qu'on réussira de cette manière à accélérer la fin d'une guerre qui
menace d'anéantir l'Europe.

Désireux de prêter tout notre concours à la réalisation des idées si généreu-
ses et si sages de Votre Sainteté, Nous n'avons pas manqué de faire valoir
Notre influence auprès du Gouvernement allemand afin qu'il se conforme, en
ce qui concerne la question de la Belgique, aux vues de Votre Sainteté.

---

eine Menge Nachrichten nach Rom, die den Tatsachen gar nicht entsprachen und die vielfach
aus Konfusionen und halbem Hinhören stammten. Der [Kaiser] konnte sich darüber zum Teil
Rechenschaft geben, weil alle Telegramme im Krieg durch das Chiffrenkabinett gingen und
dort gelesen wurden. [Er] ließ daher wiederholt den Heiligen Vater um einen anderen Nuntius bitten, insbesondere bat er um Nuntius Eugenio Pacelli. Leider ging dieser Wunsch nicht
in Erfüllung und verblieb die offizielle Zusammenarbeit speziell in Friedensfragen in dieser
Zeit unbefriedigend, lückenhaft und resultatlos." Vgl. auch Steglich, Friedenspolitik, 204–206;
Scherer/Grunewald 2, 444–445.

a   Vermerk.

Convaincus que le Cabinet de Berlin, d'accord avec le peuple allemand, est inspiré comme Nous du désir d'arriver aussitôt que possible à une paix durable et honorable pour tous, Nous avons lieu de croire que Notre intervention ne sera pas dépourvue de succès.

Nous ne voulons pas omettre de parler à cette occasion de certaines aspirations territoriales que l'Italie croit devoir soutenir vis-à-vis de l'Autriche-Hongrie. Comme Nous et Notre Gouvernement l'avons déclaré à plusieurs reprises, la paix que Nous envisageons doit être une paix juste et durable, évitant de part et d'autre toute violation ou humiliation. Or, la volonté de Nos peuples sans distinction de nationalité s'opposerait à la moindre concession territoriale en faveur de l'Italie. Une pareille concession ne serait donc ni juste ni possible.

Peut-être pourrait-on tout au plus prendre en considération, au moment de la conclusion de la paix, des rectifications de frontière réciproques ne changeant en rien l'équilibre territorial existant avant la guerre entre l'Autriche-Hongrie et l'Italie[1].

Les intérêts du Saint-Siège se rencontrent à ce sujet avec les Nôtres, vu qu'il s'agit de maintenir la pleine intégrité de la première puissance catholique en Europe. Quant aux territoires occupés actuellement par Nos armées et celles de Nos alliés dans la péninsule des Balcans, territoires à l'égard desquels Nos alliés maintiennent certaines aspirations légitimes, Nous sommes pour Notre part prêts à les évacuer à la condition que Nos adversaires ne tardent pas à accepter la paix de compromis, proposée par Votre Sainteté et dont Nous sommes partisans, étant donné que l'arbitrage, le désarmement général et la liberté des mers acceptés par tous Nous permettraient de renoncer à un agrandissement du territoire de la Monarchie Austro-Hongroise.

Mais si Nos ennemis Nous forcent à continuer la guerre, Nous serions forcés à Notre tour à Nous réserver toute liberté d'action en ce qui concerne la question des Balcans[2].

---

1 Vgl. dazu AE, Stati Eccl. 216 [neu 1317], vol. IV, Prot. 47.032: Wien, 1917 September 20: Valfrè di Bonzo an Gasparri, „L'Imperatore mi disse francamente che quanto a Trieste non era nemmeno il caso di parlare, che la sorte delle armi imponesse all' Austria di rinunciare all' unico porto di mare e rassegnarsi a tutti danni di questa mancanza. Quanto al Trentino disse che oramai dopo la guerra dichiarata e fatta all' Italia, dopo i gravi sacrifici che essa aveva imposti all' Austria e dopo tanto sangue sparso dal suo esercito per difendere quel territorie egli non poteva offrirla ancora al nemico. Disse che egli essendo ancora principe ereditario aveva perorato prima della guerra la cessione di qualche territorio ma che ora ciò potrebbe essere interpretato assai male dall' esercito."

2 Vgl. Steglich, Friedenspolitik, 204–205, Anm. 492–493, besonders Anm. 523–524; vgl. Scherer/Grunewald 2, 444–445.

66.
Papst Benedikt XV. an Kaiser und König Karl

Vatikan, 1917 Oktober 24

HHStA, PA I, 962, fol. 172r–173r, Abschrift; Druck: Engel-Janosi 399–401; Rumi, 37–38.

Dank des Papstes für den vertraulichen Brief des Kaisers. Um einen dauer-haften Frieden zu erreichen, möge man einen Teil oder ganz Trentino abtreten, was den Frieden mit Italien herbeiführen würde.

Ci è pervenuta la lettera confidenzialissima del 4 corrente, e non vogliamo indugiare ad esternare a Vostra Maestà tutta la Nostra compiacenza e gratitudine per questo nuovo attestato di filiale devozione, datoCi in un'ora, forse la più amara di Nostra vita. E ci sentiamo mossi a farlo tanto più volentieri, in quanto che, nell'augusto autografo abbiamo trovato espresso nuovamente il vivo desiderio ed il fermo proposito, di abbreviare, per quanto dipende da Vostra Maestà, il sanguinoso conflitto che minaccia annientare l'Europa. In particolare modo ringraziamo Vostra Maestà di quanto si é degnata fare, in conformità die Nostri voti e suggerimenti, a favore del Belgio. Oltre l'affetto speciale che nutriamo per il popolo belga, sì fedele a questa Sede Apostolica, ed a nessuno secondo nell'operosità civile, il fatto che nella sua piena indipendenza politica, militare ed economica, si è posta dalle Potenze dell'Intesa la precipua essenziale condizione della pace, Ci mosse a rivolgerCi ripetutamente con piena fiducia alla Maestà Vostra, affinché mediante il Suo valevole intervento presso il Potente Alleato, tale piena indipendenza venisse ammessa, e fin d'ora venisse detta in proposito una esplicita parola rassicuratrice, la quale faciliterebbe moltissimo l'inizio delle trattative di pace. Ci ha recato il più grande conforto l'apprendere che Vostra Maestà confida che la Sua opera sarà coronata da lieto successo; voglia la Maestà Vostra continuare nei Suoi generosi sforzi, ed avrà ben meritato della pace del mondo.

Vostra Maestà non ha voluto poi omettere di esporCi le Sue vedute e del Suo Governo circa le aspirazioni territoriali dell'Italia nei riguardi dell'Austria-Ungheria. Anche Noi, alla Nostra volta, vogliamo, con affetto del tutto paterno, manifestarLe su di ciò liberamente il Nostro pensiero.

Rappresentanti di Colui che ama ugualmente tutti gli uomini e tutte le Nazioni, anche Noi abbracciamo con uguale affetto l'umanità tutta quanta; quindi, lungi da Noi preferenze partigiane o imposizioni di sacrifici unilaterali.

Nell'invitare pertanto, come facemmo, i Capi degli Stati belligeranti, ad esaminare con spirito conciliativo e tenendo conto delle aspirazioni dei popoli nei limiti del giusto e del possibile, le questioni territoriali particolari, compresa quella tra l'Italia e l'Austria-Ungheria, intendemmo soltanto indicare e raccomandare ciò che poteva attuare al più presto il sospiro dei popoli, la pace durevole.

Ci sembra che da questo intendimento non fosse difforme il pensiero di Vostra Maestà, manifestato nell'udienza accordata al Nostro Nunzio di Monaco, nella quale si compiacque dirgli: "che sarebbe stata anche disposta cedere tutto o parte del Trentino, ma non essendo l'Austria vinta, sarebbe stato indispensabile qualche compenso anche soltanto coloniale, per non eccitare l'opinione pubblica austriaca".

Noi apprezziamo il punto di vista di Vostra Maestà, anzi La scongiuriamo a non recedere da esso, escludendo, come nella lettera di Vostra Maestà ed in recenti dichiarazioni del Suo Governo, qualsiasi cessione. Non sentiamo il bisogno di far rilevare a Vostra Maestà che con una pace mediante compensi, e perciò senza umiliazioni e senza grave danno da alcuna parte, l'amor proprio dei popoli resterebbe soddisfatto; si eviterebbero in Italia ed in Austria agitazioni politiche di cui nessuno può prevedere la portata, e si eliminerebbe un fomite di futuri conflitti, assicurando per sempre rapporti amichevoli di buon vicinato tra i due popoli.

Nell'affidare al cuore magnanimo di Vostra Maestà queste Nostre considerazioni preghiamo ardentemente il buon Dio a voler dirigerne gli impulsi per il bene delle travagliate Nazioni[1].

67.
Armee- und Flottenbefehl Kaiser und König Karls zum Duell

Im Felde, 1917 November 04[1]

KA, MKSM 1917, 57-2 Verordnungsblatt für das k.u.k. Heer Nr. 210, 10.11.1917. Beigefügt die Durchführungsbestimmungen.

Die Austragung von Ehrenkränkungen mit Waffengebrauch ist wider göttliches Gebot und wider das Gesetz, aber auch gegen das Vaterland, „das auf die ungeschwächte Kraft jedes Mannes [...] zählt".

Allerhöchste Entschließung.

Seine k.u.k. Apostolische Majestät geruhten allergnädigst den nachstehenden Allerhöchsten Armee- und Flottenbefehl zu erlassen:

---

1 Antwort nicht aufgefunden. Vgl. Nr. 69 und Meckling, 321, Anm 16.

1 Während der Frontreise Kaiser Karls nach Tirol vom 04. bis 21.11.1917 erlassen (HHStA, OMA 1917 65/30+31).

Armee- und Flottenbefehl.

Aus längst vergangenen Zeiten hat Meine bewaffnete Macht den Zweikampf übernommen und ihn als eine traditionelle Einrichtung beibehalten.

Das Festhalten an alten Überlieferungen kann aber nicht dazu führen, daß wider bessere Überzeugung, wider göttliches Gebot und wider das Gesetz[2] die Austragung von Ehrenkränkungen auch fernerhin der Geschicklichkeit im Waffengebrauch überantwortet und dadurch dem blinden Zufall überlassen wird. In einer Zeit, in der jedes Einzelnen Leben dem Vaterlande, der Allgemeinheit, gewidmet sein muß, dürfen Ehrenkränkungen nicht mehr im Kampfe mit den Waffen ausgetragen werden. Wer sein Leben im Zweikampf auf das Spiel setzt, handelt nicht allein gegen Gebot und Gesetz, er handelt auch gegen sein Vaterland, das auf die ungeschwächte Kraft jedes Mannes jetzt zur Verteidigung seiner Grenzen, dann zum Wiederaufbau und zum Fortschritte zählt. Das altbewährte Pflichtgefühl und das sichere Urteil der militärischen Ehrenräte geben <u>Mir</u> eine Bürgschaft dafür, daß sich ihrem Ausspruche jeder wahrhaft ritterlich denkende Mann freiwillig unterwirft und daß durch ihre Entscheidung Ehrenangelegenheiten in Hinkunft auch ohne Zweikampf nach Ehr und Gewissen ausgetragen werden können.

<u>Ich verbiete daher allen Angehörigen Meiner bewaffneten Macht den Zweikampf und jedwede Teilname an einem Zweikampf.</u>[3]

---

2 Vgl. kaiserliches Patent vom 27.05.1852, RGBl. 117.

3 Wie sehr dieser Armee- und Flottenbefehl innerhalb der Armee entgegengesetzte Reaktionen auslöste, erläutert der Brief von Kaiserin und Königin Zita an P. Franz Graf Ledóchowski SVD, [Zizers], 1961 Dezember 24/25, Archiv der Missionsprokur SVD St. Gabriel bei Mödling, NL Franz Gf. Ledóchowski SVD: „Um das Verhältnis zwischen Pater Schmidt und dem Kaiser zu beleuchten, möchte ich noch eine kleine Episode hinzufügen. Bekanntlich hat Kaiser Karl in der Armee das Duell abgeschafft, was nach dem damaligen Empfinden in dieser Frage als ein wirklicher Akt des Mutes von seiten des Kaisers bewertet werden mußte.
Mehrere Monate später, wenn ich mich recht erinnere im Sommer 1918 (ich kann mich aber auch in diesem Datum irren) – kam einmal Kaiser Karl lachend zu mir, mit einem Brief von Pater Schmidts kleiner, immer nach rechts hinaufgehenden Schrift, in der Hand und sagte mir: ‚Pater Schmidt hat mir die Freundschaft gekündigt!'
Faktisch war es ein recht strenger Brief vom guten Pater, der dem Kaiser mitteilte, daß er einen Befehl Seiner Majestät gesehen habe, in welchem er das Duell wieder einsetze. Und P. Schmidt zog daraus die Folgen für seine weitere Einstellung. Der Kaiser, der damals so überlastet war, daß er zu einem persönlichen Schreiben an P. Schmidt nicht kam, es aber auch nicht einem seiner Herren überlassen wollte, bat mich, die Antwort zu übernehmen. ‚Ein bißchen strafen für seine Leichtgläubigkeit will ich ihn doch', meinte der Kaiser lächelnd, und so solle ich ihm sagen, daß es den Kaiser doch geschmerzt habe, daß P. Schmidt, der ihn so gut kenne, so einen Schritt von ihm ohne weiteres geglaubt habe. Der liebe Pater Schmidt schrieb gleich einen ganz demütigen Brief, der den Kaiser ungemein rührte, und erwähnte dabei, daß er aufgesessen [getäuscht] sei, weil er es eben schwarz auf weiß gelesen habe.
Es stellte sich nun folgendes heraus: Pater Schmidt hatte faktisch einen durchgehenden Be-

fehl in der Hand gehabt, ‚auf Befehl' oder gar mit kaiserlichem Namen – das weiß ich nicht mehr –, in welchem das Duellverbot zurückgenommen wurde. Natürlich war dies ein falsches Dokument und hatten die Täter die Vorsichtsmaßnahme getroffen, daß der Akt sofort zurückgesandt werden mußte, sobald er gelesen war. Dies hatte auch P. Schmidt getan, und als der Kaiser ihn bitten ließ, ob er nicht irgendwie das Schriftstück wieder auftreiben könnte, gelang es ihm, trotz allem Bemühen, doch nicht. General Prinz Felix Schwarzenberg sah diesen durchgehenden Befehl auch, der allen Anschein der Echtheit trug, hatte ihn aber auch, leider, umgehend zurückgesandt.

Der Kaiser wußte, daß diese Unwahrheit mündlich in der Armee zirkulierte, daß es auch schriftlich war, erfuhr er erst durch P. Schmidt und später durch Prinz Schwarzenberg."

Die Darstellung Rauchensteiners zur Amnestie und zum Duellverbot folgt pangermanistischen Strömungen in der Armee, vgl. „Die Hand des Kindes", in: Der Tod des Doppeladlers, 476–479 mit Anm. 1273. Dazu auch Broucek, Glaise, 1–3. Vgl. dazu auch Auffenberg-Komarów, Aus Österreichs Höhe, 478–479: „Die Folgen jenes Verbotes machten sich auch sehr bald in ausgesprochen destruktivem Sinne geltend, und so mußte es, gleich nachdem es mit Tam-Tam und Preßhuldigungen coram publico in Szene gesetzt worden war, im geheimen wieder zurückgezogen werden. Natürlich blieb dies nicht unbemerkt und konnte der Autorität wahrlich nicht nützen."

Dazu auch Karl Friedrich Nowak, Der Weg zur Katastrophe. Quellenmäßig belegte Ausgabe, Berlin 1926, CXII: „Man mag über das Duell denken, wie man will, aber ein Mittel für Aufrechterhaltung ritterlichen Geistes im Offizierscorps war es immer, – auch dieses wurde mitten im Kriege aufgehoben. Während unsere Gegner, insbesondere Italien, in rücksichtsloster Weise sowohl in der Armee als im Hinterland alle lockernden Tendenzen bekämpften, wurde bei uns denselben Thür und Thor geöffnet."

In dieser Tendenz auch Gustav Hubka Ritter von Czernczitz (1912–14 österr.-ung. Militärattaché in Montenegro; seit 1.2.1916 Oberst im Generalstab), Der Zweikampf als Ehrenschutz, in: KA, B/61 (NL Hubka), Nr. 12: „Der Eindruck, den dieser Armee- und Flottenbefehl, der bezeichnenderweise keinerlei Gegenzeichnung der militärischen Minister oder des Chefs des Generalstabes aufweist, bei den Berufsoffizieren hervorrief, war ein Gemisch von herber Enttäuschung und ernster Besorgnis. [...] Der Chef des Generalstabes, GO Freiherr von Arz, behauptete, vom Erscheinen dieses Befehles keine vorhergehende Kenntnis erhalten zu haben. Für den Verfasser des Textes hielt er den Hauptmann Werkmann. [...] ‚Schon wieder ein allerhöchster Erlaß, der nach Kinderwäsche duftet', sagte man sich in Armeekreisen und erinnerte sich der Rückwirkungen, die der unglückselige Amnestieerlaß ‚An der Hand des Kindes ...' vor mehreren Monaten ausgelöst hatte. [...] Für die Erlassung des unbedingten Duellverbotes lag im Jahre 1917 nicht die allergeringste Veranlassung vor; er war eine ebenso unüberlegte als unnötige Maßregel. Unüberlegt, weil man es unterlassen hatte, als Ersatz für die mittelalterliche Ehrenrettung durch Zweikampf zeitgemäße Bestimmungen für erweiterten Ehrenschutz auf gesetzlicher Grundlage zu erlassen; unnötig, weil ein ungeschriebenes, aber im österreichisch-ungarischen Offizierskorps fest verwurzeltes Gesetz in Kriegszeiten ohnehin die Austragung eines Duells untersagte und sie in die Zeit der Demobilisierung verschob. [...] Weit schlimmer noch als diese bittere Erkenntnis war eine zweite Begleiterscheinung: das Schwinden des Vertrauens in die Erleuchtung und Selbstsicherheit der obersten Heeresleitung, jenes Vertrauen, das der Weisheit des greisen Kaisers Franz Joseph vom ältesten bis zum jüngsten seiner Soldaten in unbegrenztem Umfange entgegengebracht worden war. Welchen Einflüssen von unberufener Seite war man nunmehr preisgegeben? [...] Wie wenig juridische Erwägungen hiebei in Betracht gezogen wurden, beweist die Tatsache, daß jener Gesetzesparagraph der die Ehrennotwehr der Offiziere, also die Niedermachung eines Beleidigers unter bestimmten Voraussetzungen auf der Stelle gestattete, unverändert weiter

68.
Errichtung von Soldatenheimen

Wien, 1917 Dezember

KA, K.K. Ministerium für Landesverteidigung, Karton 996, unfoliiert.

Nach deutschem Vorbild übernahm Kaiser und König Karl die staatliche Errichtung von Soldatenheimen, die bereits seit 1916 auf privater Grundlage entstanden waren.

Diese „dauernden Soldatenheime in den Garnisonsorten" wurden zum Dank für seine Errettung aus Lebensgefahr im Torrente (Nebenfluß des Isonzo) (11. November 1917) gestiftet. Der Kaiser übernahm einen Anteil am Finanzierungsfonds.

Allgemeine Bemerkungen über Einrichtung und Zweck von Soldatenheimen.

Durch die Aktion „Soldatenheime" wird die Schaffung von Erholungsstätten für die Mannschaften der gesamten bewaffneten Macht bezweckt, welche in allen wichtigen Garnisonsorten in einem der normalen Garnisonstärke angepaßten Umfange errichtet und weiterhin dauernd betrieben werden sollen. Um die Soldaten zu veranlassen, an diesen Stätten gerne und aus eigenem Antriebe, wie auch dauernd ihre Erholung zu suchen, müssen sie entsprechend anheimelnd beschaffen und derart eingerichtet sein, daß sie den Besuchern tatsächlich Gelegenheit bieten, ihre dienst- und arbeitsfreien Stunden im Soldatenheim ebenso angenehm als nützlich zu verbringen. Gut gelegene und entsprechend große, ausreichend beleuchtete bzw. auch beheizte, mit gediegenem Wandschmuck versehene und sonst angemessen behaglich eingerichtete Räumlichkeiten werden sonach bei deren Fürwahl als Grundbedingung zu erachten sein. Deren Ausstattung und Betrieb werden ferner Vorsorgen für eine achtsam zusammengestellte, den Nationalitätskontingenten der Besucher angepasste Bücherei, die ständige Auflage gleich fürsorglich ausgewählter Tagesblätter und Zeitschriften, die Beistellung von Briefschreibematerial, eine Auswahl populärer Gesellschaftsspiele und ebenso von gebräuchlichsten Musikinstrumenten und schließlich auch die Ausgabe einfacher Erfrischungsmittel und dergleichen zu umfassen haben. Steht ein passender Raum und die bezügliche Apparatur zur Verfügung, so wird die Einbeziehung eines Kinotheaters in die Zerstreuungsmittel des Heimes im-

---

bestehen blieb. Und für die in Wien und Budapest bestandenen exklusiven Kavaliersklubs konnte der Armee- und Flottenbefehl des Kaisers überhaupt nur soweit verbindlich sein, als ihre Mitglieder Berufs- und Reserveoffiziere waren. Es war ein Schlag ins Wasser."

mer empfehlenswert und erfahrungsgemäß auch für dessen Regie nützlich
sein. Unter allen Umständen ist jedoch darauf Bedacht zu nehmen, daß sich
ein Raum, Saal oder größeres Zimmer vorfindet, welches sich zur Abbhaltung
von Vorträgen sowohl zerstreuender wie auch solcher belehrender Natur gut
eignet. Es ist dem letzteren Momente insoferne ganz besondere Beachtung
zuzuwenden, als den Soldaten in den Heimen nebst Zerstreuung und Unterhaltung auch die Möglichkeit geboten werden soll, für das spätere Leben nützliche Kenntnisse zu erwerben und das in der Schule gelernte Wissen zu ergänzen und zu vertiefen. Im innigsten Zusammenhang mit diesem höheren
Zweck der Soldatenheime ist tunlichst jedem derselben eine Auskunftei (Beratungsstelle) anzugliedern, an welcher den Besuchern zu bestimmten Stunden kostenlos Auskünfte und Ratschläge insbesondere solcher juristischer
Natur – wo immer dies möglich – erteilt werden. Beim Zutreffen dieser Voraussetzungen wird jedes Soldatenheim zweifellos jenen Zuspruch finden, welcher erwünscht werden muß, um die Mannschaften durch das Bestehen dieser Erholungsstätten vom Besuche schlechter oder zweifelhafter Lokale
fernzuhalten und sie vor den dort – in Großstädten insbesondere so vielfach
auf sie einwirkenden sittlichen und sanitären Gefahren zu bewahren. Womit
aber auch das Erreichen der vornehmsten ethischen Zwecke der Soldatenheime, als welche wir die Pflege echter Kameradschaftlichkeit, ebenso wie die
Förderung kaiser- und reichstreuen Geistes und der Heimatliebe ansehen
müssen, gleicherweise zu erhoffen steht.

Zur Durchführung der Errichtung von Soldatenheimen wurde in Wien das
„Österreichische Zentralkomitee zur Errichtung von Soldatenheimen" gegründet, dessen Statuten in der Anlage beifolgen.

Jeder Leiter eines Soldatenheimes und ebenso der mit der Sorge für das
Heim betraute Feldkurat hat bei seinem Amtsantritte die vorliegenden Statuten genau zu lesen und über die erfolgte Lesung eine eigene Erklärung an
das Zentralkomitee bzw. k.k. Ministerium für Landesverteidigung einzusenden.

Auszug aus der Beilage zu den Satzungen des „Österreichischen Zentralkomitees zur Errichtung von Soldatenheimen" und der mit ihm verbundenen
Landes- und Ortskomitees:

A. Allgemeines

1. Offizielle Benennung und Sitz.

Das Komitee führt offiziell den Namen „Österreichisches Zentralkomitee
zur Errichtung von Soldatenheimen".

Der Sitz des Zentralkomitees ist in Wien.

2. Protektoren.

Das Österreichische Zentralkomitee steht unter dem Allerhöchsten Protektorate Sr. k.u.k. Apostolischen Majestät des Kaisers und Ihrer Majestät der Kaiserin (Zuschrift der Kabinettskanzlei Sr. k.u.k. Apostolischen Majestät vom 20. Dezember 1916).

3. Soldatenheime für die Kampftruppen.

Das Österreichische Zentralkomitee, welches bereits seit November 1916 besteht, hatte zunächst die Aufgabe, Soldatenheime an der Front und im Etappenbereiche für die Kampftruppen zu errichten.

Zu diesem Zwecke erhielt es mit Erlaß des k.k. Ministeriums des Innern vom 18. Dezember 1916 Z. 29072/M.I. „die Bewilligung zur Vornahme einer öffentlichen Sammlung von Geld- und Sachspenden durch Aufruf in der Presse und durch briefliche Werbung".

Mit gleichem Erlasse erhielt es auch die Bewilligung, „in ganz Österreich Lokalkomitees zu bilden". Ebenso wurden die einzelnen Landeschefs/Statthalter „eingeladen ... der Aktion die nachdrücklichste Förderung angedeihen zu lassen und auch die unterstehenden Behörden in diesem Sinne anzuweisen".

Mit Erlaß des k.k. Finanzministeriums vom 17. Februar 1917[1] Z. 13527 wurde unter anderen Kriegsfürsorgeunternehmungen die Aktion „Soldatenheime" für die Kriegsgewinnsteuer als begünstigt erklärt.

Aufgabe des Zentralkomitees war es nun, die Geldmittel für die Ausstattung der Soldatenheime aufzubringen und speziell Lektüre und Bilderschmuck zu beschaffen. Es arbeitete im Einvernehmen mit dem k.u.k. Kriegsministerium-Kriegsfürsorgeamte, der offiziellen Zentralstelle aller Fürsorgeaktionen für die Soldaten im Felde. Dieses stellte durch Rundschreiben an die Armeekommanden den Bedarf an Soldatenheimen fest und besorgte die Sendungen der Einrichtungsgegenstände an die Front sowie den Einkauf von Spielen, Musikinstrumenten und Grammophonen.

4. Veranlassung zur Gründung dauernder Soldatenheime in den Garnisonsorten.

Der Gedanke, in allen Garnisonsorten des weiten Vaterlandes Soldatenheime erstehen zu lassen, ging von Sr. k.u.k. Apostolischen Majestät, Kaiser Karl aus, Allerhöchstwelcher geleitet von Seiner hochherzigen Liebe zu seinen braven Soldaten damit ein bleibendes Denkmal Seiner glücklichen Errettung aus schwerster Lebensgefahr stiften wollte[2].

---

1 Vgl. dazu DASP, Präsidialakten 12, 1917–24: 1817 Februar 12, Ludwig Graf Creneville an Bischof Johannes Rößler über die Gründung von Soldatenheimen.
2 Vgl. dazu Privatarchiv Franz Graf Czernin, Wien: Interview von Franz Graf Czernin mit Heinrich Schumann, Hofphotograph des Kaisers und Augenzeuge des Unglücks im Torrente: „[...].

Zu diesem Zwecke hat Seine Majestät einen hohen Betrag gestiftet als
Grundstock zu einem Fonds, dem alle jene Spenden zufließen sollen, die etwa
aus Anlaß Seiner Errettung als ein Votivgeschenk beabsichtigt sind.

So will der Herrscher mit seinem Volke sich vereinigen zu einem immer-
während Soldatendank für die herrlichen Leistungen der Armee während
des Weltkrieges[3].

5. Zweck der Soldatenheime.

Der erste und Hauptzweck der Soldatenheime ist die Pflege und Förderung
echt vaterländischen, kaiser- und reichstreuen Geistes und der Heimatliebe.
Ferner soll den Soldaten in den Heimen Gelegenheit geboten werden, für das
spätere praktische Leben nützliche Kenntnisse sich zu erwerben und das in
der Schule erworbene Wissen zu vertiefen. Auch sollen die Soldaten im Heime
Gelegenheit finden, echte Kameradschaft zu pflegen und sich mit Spiel,
Lesung und Musik zu unterhalten und so vom Besuche schlechter oder zwei-

---

Wir sind damals von Görz-Gradisca von der Front gekommen und waren knapp vor dem Tagliamento. Es schüttete, […] und der Kaiser hatte noch zwei Divisionen zu inspizieren. […]
Boroëvic drängte zur Überquerung des Flusses. Als wir dann zum Torrente Torro gekommen
sind, war aus dem sonst trockenen Flußbett ein reißender Strom geworden. […] Man ließ un-
glücklicherweise das Auto mit dem Kaiser als erstes passieren. Wie es in der Mitte des Flusses angekommen war, war das Wasser so hoch und so reißend, daß der Magnet naß geworden
und abgestorben ist. Das Auto kam nicht mehr weiter. Jetzt war der Kaiser mitten im Hochwasser. Es war bereits ziemlich dunkel. [Friedrich] Tomek und [Josef] Reisenbichler haben
versucht, den Kaiser hinauszutragen, aber als sie ihn aus dem Auto herausgehoben hatten,
stürzten sie und verschwanden mit dem Kaiser im Wasser. Der Schwager des Kaisers, Prinz
Felix [von Bourbon von Parma], ist gleich nachgesprungen, und auch wir vom Ufer sprangen
in den reißenden Strom, und es gelang uns, ca 150 m weiter unten, den Kaiser zu erreichen
und aus dem Wasser zu ziehen. Ohne uns wäre keine Hilfe gewesen, er wäre glatt ertrunken.
[…] Ein Lastauto war am Ufer und wir zogen den Kaiser aus dem nassen Pelzmantel und setz-
ten ihn ins Auto. Damals hat der Kaiser, der sonst nie etwas trank, einen kräftigen Schluck
Cognac genommen. Das war am 11. November [1917]." Vgl. zu diesem Unfall auch bei Polzer-
Hoditz, 509 und Abendpost 1917, Nr 260, 12.11. Entdramatisierend nach der Darstellung von
Konrad Hohenlohe-Schillingsfürst: Redlich, TB, 2, 244–245.

3 Vgl. Archiv der Missionsprokur SVD St. Gabriel bei Mödling, NL Franz Gf. Ledóchowski SVD:
Brief von Kaiserin Zita an P. Franz M. Ledóchowski SVD, [Zizers], 1961 Dezember 24/25: „Mit
Kaiser Karl verband ihn eine tiefe und wahre Freundschaft und war Pater Schmidt damals
zweifelsohne auch sein Beichtvater. Soviel ich weiß, war dies auch der Anfang der Idee der
Soldatenheime, da Pater Schmidt fleißig vom Hauptquartier der Armee zu den Truppen hinausging und daher die Not und Gefahr der Soldaten in den Tagen der Retablierung oder in
sonstigen freien Stunden wahrnehmen konnte. Diese herrliche Idee fand beim damaligen Erzherzog begeisterte Zustimmung und Hilfe. Als im November 1916 Kaiser Franz Joseph starb,
verging kein Monat, bevor Pater Schmidt, immer gestützt auf das Interesse und die Hilfe des
Kaisers, seine segensreiche Tätigkeit auf das ganze Gebiet der österreichisch-ungarischen Armee ausdehnen konnte. Er kam auch öfters, dem Kaiser persönlich Bericht zu erstatten oder
um Abhilfe bei eintretenden Schwierigkeiten zu erbitten." Vgl. auch bei Nr. 213.

felhafter Lokale ferngehalten und vor schweren sittlichen und sanitären Gefahren bewahrt bleiben. Auch wäre die Errichtung einer Auskunftei (Beratungsstelle) ins Auge zu fassen, in welcher den Besuchern des Heimes Auskünfte und Ratschläge kostenlos erteilt werden. Endlich ist grundsätzlich von den Heimen alles fernzuhalten, was ihnen einen konfessionellen oder nationalen Charakter verleihen würde, oder was geeignet wäre, irgendeine politische, nationale oder konfessionelle Spaltung zu begünstigen oder ins Militär zu übertragen.

6. Gründung der Soldatenheime.

Zur Gründung der Soldatenheime in den Garnisonsorten Österreichs wurde über Allerhöchste Verfügung Sr. k.u.k. Apostolischen Majestät das Österreichische Zentralkomitee ausschließlich ermächtigt (Erlaß des k.u.k. Kriegsministeriums, Präs. Nr. 35896 vom 18. Dezember 1917).

Die Tätigkeit des Österreichischen Zentralkomitees erstreckt sich nur auf Österreich. Demnach ist es weder zuläßig, daß irgendwo Komitees unabhängig vom Österreichischen Zentralkomitee sich bilden, noch auch dürfen Heimgründungen von Privaten oder Vereinen selbständig vorgenommen werden.

B) Förderung der Aktion durch das k.k. Ministerium für Landesverteidigung und militärische Aufsicht.

7. Ingerenz des k.k. Ministeriums für Landesverteidigung.

Mit der „Förderung der Aktion zur Errichtung von Soldatenheimen und der militärischen Aufsicht" wurde zufolge Erlasses der k.k. Militärkanzlei Sr. Majestät (intimiert mit Erlaß des k.u.k. Kriegsministeriums, Präs. Nr. 35896 vom 18. Dezember 1917) für Österreich das k.k. Ministerium für Landesverteidigung betraut, das seinerseits mit Erlaß vom 7. Januar 1918 Z. 31345 ex 1917 diese Aufgabe übernahm.

Das k.k. Ministerium für Landesverteidigung genehmigt daher die Errichtung der einzelnen Heime und überwacht die gesamte Tätigkeit der Soldatenheime in militärischer Beziehung. Es kann daher jederzeit durch Entsendung von Vertretern sich über die Tätigkeit der einzelnen Heime orientieren.

8. Militärische Aufsicht.

Dem Militär-Territorialkommando obliegt nach den Weisungen des Ministeriums für Landesverteidigung die militärische Aufsicht über alle Heime seines Bereiches und die Förderung des Soldatenheimwesens im Allgemeinen.

Die Militär-Territorialkommandos haben im Einvernehmen mit dem Landeskomitee vorzugehen und hiezu einen oder mehrere Vertreter für jedes Landeskomitee zu bestimmen. Diese hingegen werden für den Verkehr mit dem

Militär-Territorialkommando einen oder mehrere ständige Delegierte namhaft machen.

Die militärische Aufsicht über die Soldatenheime einer Station übt das Stationskommando aus.

Das Stationskommando entsendet einen oder mehrere Vertreter in das Ortskomitee, während dieses einen ständigen Delegierten für den Verkehr mit dem Stationskommando bestimmt.

9. Militärische Aufsicht der einzelnen Heime.

Die militärische Aufsicht in Soldatenheimen übt nach den Weisungen des Stationskommandos ein von diesem Kommando bestimmter Offizier (Gleichgestellter) aus. Für größere Heime wird über Antrag des Zentralkomitees vom k.k. Ministerium für Landesverteidigung ein eigener Offizier (Gleichgestellter) – in erster Linie ein Kriegsinvalide – zugewiesen.

Diesem obliegt die Aufrechterhaltung der Ordnung und die Überwachung aller Darbietungen, damit sich diese in den erlaubten Grenzen halten. In allen Fällen sind den Feldkuraten bzw. subsidiarischen Seelsorger die ihm kraft seines Amtes zustehenden Rechte zu wahren. [...]. Die zivile Verwaltung, das ist die Beschaffung der Geldmittel und die Überweisung der Geldgebarung, obliegt den Ortskomitees bzw. dessen Delegierten.

69.
Gaetano Kardinal Bisleti an Kaiserin und Königin Zita

Vatikan, 1917 Dezember 10

TS 2989–2990, beglaubigte Kopie.

Weihnachtswünsche und Mitteilung über die mündliche Information Papst Benedikts XV. vom Inhalt des letzten kaiserlichen Briefes. Er hat ihn verbrannt und wird das wegen der Gefährlichkeit der Situation auch in Zukunft tun.

Sua Maestà l'Imperatore e Re ha dispensato il Sacro Collegio dei Cardinali, seguendo l'esempio della venerata memoria di Sua Maestà l'Imperatore Francesco Giuseppe, dall'offrire augurii ufficiali nella ricorrenza delle feste natalizie – Sono sicuro però che le Loro Maestà vorranno accogliere con la consueta affettuosa bontà quelli che io invio Loro in via del tutto intima.

Le Loro Maestà, conoscendo bene l'animo mio, sono certamente persuasi che quest'omaggio non è di semplice complimento, sibbene di sincero affetto, che profitta delle propizie occasioni per manifestarsi. Desse in verità sono ben poche; una però ve n'è e quotidiana, ove l'animo mio si manifesta e parla a Dio con effusione, deponendo sentimenti e preghiere nel Cuore di Gesù, ed è quella della Santa Messa – Ciò che ripeterè nelle tre Messe Natalizie per dare efficacia ai miei auguri. E sì che nelle attuali circostanze fa d'uopo a Coloro che il Signore ha sollevato al governo delle Nazioni l'abbondanza di grazie, mai negate a chi Lo ama ed in Lui ripone la sua fiducia, com'è delle Loro Maestà.

Ricevetti le lettere di V. Maestà e ne feci <u>verbale comunicazione</u> al Santo Padre – Quanto al <u>segreto</u> pel presente e per l'avvenire <u>si provvide radicalmente col fuoco</u>[1], <u>per quanto penoso sia il sacrificio.</u>

In compenso, a tempo opportuno, le Loro Maestà si degneranno farmi dono di un autografo, che non tema la luce, e sia testimonianza del loro affetto per me. I miei augurii si estendono ai loro Augusti Figli, come le mie preghiere.

Date le difficoltà di trasmissione, ardisco altresi di pregare Vostra Maestà ad avere la degnazione di offrirli a S.A.R. la Duchessa Madre[2] e a S.A.I.R. l'Arciduchessa Maria Teresa[3].

Faccio profondo ossequio a Sua Maestà l'Imperatore e Re e alla Maestà Vostra e di gran cuore benedico Loro e gli Augusti Figli confermandomi.[4]

70.
Kaiser und König Karl an Papst Benedikt XV.

Wien, 1917 Dezember 23

AE, Stati Eccl. 216 [neu 1317], vol. 12, FasZ. 18–22, Prot. 53.197, Ausfertigung[1]; AOS, Tom. I, Index 460, beglaubigte Kopie.
Druck: Rumi, 38–39.

Bitte an Papst Benedikt XV., den Apostolischen Nuntius von München, Eugenio Pacelli, mit Friedensvorschlägen und einer mündlichen Nachricht betrauen zu können.

Al principiare del nuovo anno mi preme di rivolgermi a Vostra Santità con cu-

---

1 Bis jetzt nicht aufgefunden; vermutlich tatsächlich verbrannt, Vgl. Otto von Habsburg-Lothringen, Päpste und Kaiser, in: Wort und Wahrheit 2 (1965) 157.
2 Vgl. Nr. 1.
3 Vgl. Nr. 13.
4 Vgl. dazu auch Engel-Janosi, Über den Friedenswillen Kaiser Karls, 37.

---

1 Zur Genese dieses Briefes: HHStA, PA I, 1092a, Liasse 2, NL Demblin: undatiertes, handschriftliches Telegrammn Kaiser Karls an Graf Czernin: „Erfahre eben von Monsignore Pacelli, Nuntius in München, daß Reichskanzler und König von Bulgarien beabsichtigen, den Hlg. Vater ihre Kriegsziele respektive Friedensbedingungen durch Pacelli, der zu diesem Zweck nach Rom reist, mündlich bekannt zu geben. Da wir aber als die einzige katholische

ore tutto figliale e divoto, pregandola di aggradire i miei auguri più sinceri per il nuovo anno. Ci conceda misericordiosamente Iddio, che quest'anno apporti finalmente ed al mondo la pace fondata sui principi proclamati altamente da Vostra Santità, ed alla Santa Sede Apostolica la pienissima Sua indipendenza e libertà, ed a Vostra Santità il merito ed il nome ben meritato di Papa della pace. Ecco i miei voti più caldi, i quali, pregando instantamente secondo le intenzioni di Vostra Santità, io depongo ai piedi del divin Principe della pace nel santo presepio.

Con ciò unisco umilmente i miei ringraziamenti della lettera autografa, la quale Vostra Santità si è degnata di farmi rimettere per le mani del Nunzio Apostolico presso di me accreditato. Profondamente mi ha commosso la grande magnanimità, della quale questa lettera appare del tutto ispirata[2].

Desiderando di assicurare, nel proseguimento e nella mediazione della pace mondiale, a Vostra Santità quell'alta posizione di Mediatore, che Le è a buon diritto dovuta, ho deciso di far pervenire tra poco tempo alla conoscenza di Vostra Santità quello che si chiama oggi "fini di Guerra", cioè le condizioni di pace del mio governo. Suppongo, che questo si possa fare insieme colle autorità competenti dell'Impero della Germania, cui faccio confidenza delle mie intenzioni. Spero, che il Nunzio Apostolico di Monaco, da me specialmente stimato, Monsignore Pacelli[3], possa personalmente recarsi a Roma per far a Vostra Santità le communi [sic] confidenze. In caso lo pregherò, di portare a Vostra Santità di viva voce anche la risposta alla lettera autografa di Vostra Santità.

Professando a Vostra Santità la mia fedeltà figliale prego umilmente Vostra Santità di voler concedere all'Imperatrice, a me, ai miei figli ed ai popoli confidati a me dalla divina Provvidenza la Benedizione Apostolica e mi confesso con piena fiducia

di Vostra Santità
ossequiosissimo figlio
Carlo

Großmacht uns nicht von den zwei anderen übertrumpfen laßen [sic!] können, werde ich im Antwortschreiben an den Hlg. Vater, das sich so nicht aufschieben läßt, außer einigen sonstigen höflichen unpolitischen Phrasen sagen, daß wir als katholische Großmacht dem Hlg. Vater unsere Friedensbedingungen sagen wollen. Hierdurch glaubt der Hlg. Vater, der von dem Schritte der beiden anderen nichts weiß, daß wir die Initiative hiezu gegeben haben. Ich brauche nicht zu erwähnen, daß man von all dem den Deutsch[en] und Bulgar[en] <u>nichts</u> sagen darf. Ich werde, wenn Pacelli dann wirklich reist, ihn nochmals im Sinne unserer mannigfaltigen Friedenserklärungen unterrichten."

2 Vgl. Nr. 66.
3 Vgl. Nr. 50.

71.
Kaiserin und Königin Zita an Papst Benedikt XV.

Wien, 1917 Dezember 23

AOS, Tom. I, Index 461, beglaubigte Kopie.

Kaiserin und Königin Zita übermittelt dem Papst ihre Neujahrswünsche, daß seine unermüdlichen Bemühungen um den universellen Frieden und für die Weltkirche von Erfolg gekrönt werden mögen. Sie bittet im Namen des Kaisers und in ihrem eigenen um die Wiederaufnahme des Seligsprechungsprozesses für Marco d'Aviano, der zu stagnieren scheint, und zu veranlassen, daß die Litterae remissoriales von Rom an die fürsterzbischöfliche Kurie nach Wien gesandt werden.

Avvicinandosi la fine dell'anno, la pietà figliale verso la Vostra Santità mi spinge a presentare a Vostra Santità i miei auguri più sinceri per il nuovo anno. Possa vedere Vostra Santità in quest'anno il pienissimo adempimento dei suoi santi desideri ed il lieto coronamento delle sue premure e fatiche istancabili per la pace universale al pro della santa nostra Chiesa e di tutto il mondo. Questa è l'ardentissima mia preghiera, che depongo al presepio del divin Bambino.

Nello stesso tempo prego Vostra Santità, che mi permetta, di umiliare a Vostra Santità la seguente supplica.

Veneriamo teneramente, l'Imperatore ed io, il venerabile Servo di Dio Marco d'Aviano dell'Ordine dei Cappuccini[1], il quale, secoli fa, in tempi molto difficili, ha servito con uguale fedeltà e la Santa Sede e gli interessi cattolici della casa d'Austria e per la cui intercessione habiamo ricevuto grazie speciali. Ora, proseguendo noi con grande interesse le fasi del processo di beatificazione già da lungo tempo introdotto, veggiamo purtroppo, che da qualche tempo si manifesta qualche stagnazione, avendo il padre Raffaele, postulatore dell'Ordine die Cappuccini[2], domandato già da molto tempo alla sacra Congregazione dei Riti nuove Litterae remissoriales, perchè il Processus Apostolicus super virtutibus et miraculis in specie possa essere condotto a fine qui a Vienna.

Fu fatta questa domanda più di nove mesi or sono, però non c'è arrivata ancora la risposta. Frattanto la Testis principalis del processo è molto sofferente,

---

1 Für P. Marco d'Aviano OFMCap wurde 1912 der Seligsprechungsprozeß eingeleitet. Am 06. Juni 1918 hatte in Anwesenheit des Herrscherpaares die Erhebung der Gebeine Marco d'Avianos stattgefunden. Vgl. Erich Feigl, Halbmond und Kreuz. Marco d'Aviano und die Rettung Europas, Wien 1993, 36–38, 213. Nach Feigl, 35, wurde der Prozeß 1910 begonnen.

2 P. Raffaele a Valfenera, 1914–1946 Generalpostulator des Kapuzinerordens, vgl. über ihn: Analecta Ordinis FMCap 71 (1955) 107–109.

e, se per caso il processo venisse ancora molto aggiornato, potrebbe darsi, che questo testis principalis non possa piô essere esaminata, ciò che sarebbe nocivo alla causa.

Perciò domandiamo umilmente ed ossequiosamente a Vostra Santità, di voler dare ordine, perchè dette Litterae remissoriales colle Dispense chieste siano al più presto rimesse alla Curia del Principe-Arcivescovo di Vienna[3].

L'esaudizione della nostra preghiera ci [...] Vostra Santità per noi e per il nostro Impero, per cui ci sentiremo nuovamente obbligati di secondare in ogni maniera possibile i voti di Vostra Santita e di educare i nostri figli negli stessi sentimenti di pietà verso la Santa Sede Apostolica.

Supplicando la Vostra Santità di voler dare la Benedizione Apostolica all'Imperatore, a me, alla nostra Casa ed alla nostra Monarchia e specialmento al figlio, di cui sto aspettando la nascita, mi confesso di Vostra Santità con figliale pietà ossequentissima

72.
Errichtung des Ministeriums für soziale Fürsorge

Wien, 1917 Dezember 27

Reichsgesetzblatt Nr. 504, CCXXXI. Stück, 1917 Dezember 29.
Abdruck: 50 Jahre Ministerium für Soziale Verwaltung 1918–1968, Festschrift, Wien 1968, 15–19.

Das vom Kaiser und König Karl am 01. Juni 1917 geplante Ministerium für Volksgesundheit und soziale Fürsorge wurde auf dem verfassungsmäßigen Weg am 22. Dezember 1917 als Ministerium für soziale Fürsorge errichtet. Es nahm am 01. Jänner 1918 seine Tätigkeit auf. In seine Kompetenz fielen: Jugendfürsorge, Fürsorge für Kriegsbeschädigte und Hinterbliebene, Sozialversicherung, Reform und Ausbau der Sozialversicherung, gewerbliches Arbeitsrecht und Arbeiterschutz, Arbeitsvermittlung, Arbeitslosenfürsorge und Auswandererschutz und das Wohnungswesen.

Kundmachung des Gesamtministeriums vom 27. Dezember 1917, betreffend die Errichtung des Ministeriums für soziale Fürsorge.
Seine k.u.k. Apostolische Majestät haben mit Allerhöchster Entschließung vom 7. Oktober 1917 die Errichtung eines Ministeriums für soziale Fürsorge und mit den Allerhöchsten Entschließungen vom 7. Oktober 1917 und 22. De-

---

3 Friedrich Gustav Kardinal Piffl, vgl. Nr. 13.

zember 1917 dessen aus der Anlage ersichtlichen Wirkungskreis allergnädigst zu genehmigen geruht.[1]

In Gemäßheit dieser Allerhöchsten Entschließungen und auf Grund des Gesetzes vom 22. Dezember 1917, RGBl. Nr. 499, womit anläßlich der Errichtung des Ministeriums für soziale Fürsorge gesetzliche Bestimmungen über den Wirkungskreis einzelner Ministerien abgeändert werden, wird das Ministerium für soziale Fürsorge seine Wirksamkeit mit dem 1. Jänner 1918 aufnehmen.

An diesem Tage tritt das bezeichnete Gesetz in Wirksamkeit. Zugleich hört die Amtswirksamkeit der übrigen Ministerien in allen Angelegenheiten auf, die in dem Allerhöchst festgesetzten Wirkungskreise dem Ministerium für soziale Fürsorge zugewiesen sind, und geht an das Ministerium für soziale Fürsorge über. Demgemäß sind von diesem Zeitpunkte an alle diese Angelegenheiten betreffenden Zuschriften und Berichte von Behörden wie auch Eingaben von Körperschaften, Anstalten und Parteien ausschließlich an das Ministerium für soziale Fürsorge zu richten.

Anlage.

Wirkungskreis des Ministeriums für soziale Fürsorge.

Jugendfürsorge.

Angelegenheiten des Kinderschutzes und der Jugendfürsorge, mit Ausnahme der in den Wirkungskreis der Gerichte fallenden vormundschafts- und strafrechtlichen sowie der dem Ministerium für Volksgesundheit vorbehaltenen gesundheitlichen Angelegenheiten, und zwar insbesondere:
   Mutter-, Säuglings- und Kleinkinderfürsorge in sozialer und rechtlicher Beziehung, Zieh- und Haltekinderwesen, Waisenpflege, Fürsorgeeinrichtungen für die Jugend (Kindergärten, Horte, Tagesheimstätten, Heime u. dgl.), Berufsberatung der schulentlassenen Jugend, Wohlfahrtspflege für die im Gewerbe tätige Jugend (mit Ausnahme der fachlichen Einrichtungen und Maßnahmen zu ihrer Heranbildung) usw.;
   Durchführung und Vollzug der Fürsorgeerziehung mit Ausnahme der staatlichen Erziehungsanstalten, die für den Vollzug der von den Strafgerich-

---

1   An der Schaffung dieses neuen Ministeriums waren Ernst Ritter von Seidler und Viktor Mataja beteiligt. Vgl. dazu: Baernreither, Verfall des Habsburgerreiches, 210–211; Kielnhofer, Kaiser Karls soziale Bemühungen, 127–141; 50 Jahre Ministerium für Soziale Verwaltung 1918–1968, Festschrift, Wien 1968, 15–17.

ten verfügten Fürsorgeerziehung errichtet werden und bis auf weiteres dem Justizministerium unterstehen; Ausübung der staatlichen Aufsicht über die Anstalten und Einrichtungen zum Schutze der verwaisten, verlassenen, mißhandelten, verwahrlosten oder mit Verwahrlosung bedrohten Kinder und Jugendlichen; fachliche Aus- und Fortbildung des Personals für Kinderschutz und Jugendfürsorgeanstalten; all dies unbeschadet des dem Ministerium für Kultus und Unterricht in Fragen der Erziehung und des Unterrichtes zustehenden Wirkungskreises sowie vorbehaltlich der Mitwirkung dieses Ministeriums in grundsätzlichen und organisatorischen Angelegenheiten.

Organisierung und Förderung der freien Selbsttätigkeit auf dem Gebiete des Kinderschutzes und der Jugendfürsorge, insbesondere der in dieser Richtung wirkenden Vereine, Anstalten, Fonds und Stiftungen.

Mitwirkung an den Angelegenheiten der Berufsvormundschaft und der Vormundschaftsräte sowie beim Schutz unehelicher Kinder.

Mitwirkung an den grundsätzlichen Angelegenheiten der körperlichen Ertüchtigung der Jugend und ihrer Heranbildung zur Wehrhaftigkeit.

Fürsorge für Kriegsbeschädigte und Hinterbliebene.

Angelegenheiten der Kriegsbeschädigtenfürsorge, insbesondere Nachbehandlung, Schulung, Berufsberatung, Arbeitsvermittlung und Ansiedlung Kriegsbeschädigter, unbeschadet der dem Ministerium für Volksgesundheit vorbehaltenen gesundheitlichen sowie der in den Wirkungsbereich des Ministeriums für öffentliche Arbeiten fallenden technisch-didaktischen Angelegenheiten und der Zuständigkeit des Ackerbauministeriums hinsichtlich der Wirtschaftsheimstätten für Kriegsbeschädigte;

Fürsorge für die Hinterbliebenen gefallener oder infolge ihrer Kriegsdienstleistung verstorbenen Militärpersonen, insbesondere die Fürsorge für Kriegerwitwen und Kriegerwaisen; all dies vorbehaltlich des dem Ministerium für Landesverteidigung zustehenden Wirkungskreises hinsichtlich der militärischen Stiftungen und Fonds.

Organisierung und Förderung der freien Selbsttätigkeit auf dem Gebiete der Kriegsbeschädigten- und Hinterbliebenenfürsorge.

Mitwirkung bei Durchführung und Ausgestaltung der Gesetze, betreffend die Versorgung der Kriegsbeschädigten und Hinterbliebenen.

Sozialversicherung.

Alle in den Bereich der Sozialversicherungsgesetzgebung fallenden Angelegenheiten, einschließlich der registrierten Hilfskassen, jedoch mit Ausnahme der Bergwerksbruderladen, der Versicherung der Seeleute und der Versicherung der in Staatsbetrieben sowie bei Privateisenbahnen und Dampfschifffahrtsunternehmungen Beschäftigten.

Reform und Ausbau der Sozialversicherung.

Aus- und Fortbildung von Fachbeamten der Sozialversicherung.

Mitwirkung an den Angelegenheiten der Bergwerksbruderladen, der Versicherung der Seeleute und der Versicherung der in Staatsbetrieben sowie bei Privateisenbahnen und Dampfschiffahrtsunternehmungen Beschäftigten.

Gewerbliches Arbeitsrecht und Arbeiterschutz.

Legislative und administrative Angelegenheiten, betreffend die Regelung des gewerblichen Arbeits-und Dienstverhältnisses sowie den Schutz der Angestellten und Arbeiter in gewerblichen und gewerbemäßig betriebenen Unternehmungen mit Ausnahme der Staatsbetriebe, der Betriebe des Bergbaues auf vorbehaltene Mineralien und zur Gewinnung von Erdharzmineralien sowie der Privateisenbahnen, der See- und Binnenschiffahrt und der Seefischerei.

Die Angelegenheiten der Gewerbeinspektionen einschließlich der Unfallverhütung.

Legislative und administrative Angelegenheiten der Heimarbeit und der Kinderarbeit.

Mitwirkung an der Regelung des Arbeitsverhältnisses in Staatsbetrieben, soweit es sich um allgemeine und grundsätzliche Fragen handelt.

Arbeitsvermittlung, Arbeitslosenfürsorge und Auswandererschutz.

Legislative und administrative Angelegenheiten der Arbeitsvermittlung und der Arbeitslosenfürsorge. Mitwirkung an den Angelegenheiten des Auswandererschutzes.

Wohnungswesen.

Legislative und administrative Angelegenheiten auf dem Gebiete des Wohnungswesens und der Wohnungsaufsicht, Verwaltung des Kaiser Franz Joseph I. Regierungsjubiläumsfonds 1908 und des Staatlichen Wohnungsfürsorgefonds für Kleinwohnungen, Förderung und Überwachung der gemeinnützigen Bauvereinigungen. Mitwirkung bei der Wohnungsfürsorge im Bereiche der Staatsbetriebe. Mitwirkung bei der Steuergesetzgebung zu Zwecken der Wohnungsfürsorge sowie bei der Anwendung solcher Gesetze.

Mitwirkung an sozialpolitischen Angelegenheiten allgemeiner und grundsätzlicher Natur, die in den Wirkungskreis anderer Ministerien fallen.

73.
Papst Benedikt XV. an Kaiser und König Karl

Vatikan, 1918 Jänner 07

Druck: Rumi, 39.

Dank für die Neujahrswünsche des Kaisers, die der Papst erwidert: Hoffnung auf einen Frieden mit Hilfe der noblen und generösen Vorschläge des Kaisers.

Con vivo e paterno gradimento abbiamo accolto l'espressione dei voti che nei primi albori del nuovo anno è piaciuto a Vostra Maestà di formare e deporre, ai piedi del divin Principe della pace nel santo Presepio. E particolarmente grato al Nostro cuore, trafitto tuttora dallo spettacolo doloroso e troppo prolungato delle infinite calamità che incombono sul genere umano, è stato l'annunzio dei nobili e generosi propositi onde mostrasi animata la Maestà Vostra. Tali propositi sono per Noi motivo di vero compiacimento e Ci aprono l'adito a liete speranze di salutari e confortevoli effetti che, dal canto Nostro, Noi non mancheremo di rivolgere al bene del gregge universale affidato da Dio alle Nostre paterne sollecitudini.

Frattanto porgiamo a Vostra Maestà vive azioni di grazie per la conferma del filiale suo attaccamento alla Nostra persona ed alla Santa Sede, e ricambiando le migliori felicitazioni per l'anno testé incominciato, impartiamo di tutto cuore a Vostra Maestà, a Sua Maestà l'Imperatrice ed all'Augusta Famiglia l'Apostolica Benedizione.

74.
Bericht Cölestin Schwaighofers von Deggendorf OFM Cap. an Kaiser und König Karl

Berlin, 1918 Jänner 05

BKA, NL Cölestin Schwaighofer X, 151, 57/9, maschinschriftl. Kopie.

P. Cölestin bittet im Auftrag von Kaiser Karl den deutschen Reichskanzler Georg Friedrich Graf Hertling die gemeinsamen Kriegsziele dem Apostolischen Nuntius von München, Eugenio Pacelli, bekanntzugeben. Dieser wird sie mündlich und vertraulich dem Papst überbringen. Die Initiative des Kaisers erfolgt auch, um die Stellung des Papstes im Völkerrat zu sichern und damit einer glücklichen Lösung der Römischen Frage vorzuarbeiten. Hinweis auf die

*bulgarischen Unionsverhandlungen, die Deutschland durch den Verzicht auf
die Dobrutscha unterstützen sollte.*

Durch Vermittlung des Herrn Reichstagsabgeordneten Erzberger[1] war ich bei
Seiner Exzellenz dem Reichkanzler[2] ohne Angabe des Zweckes um Gewährung einer Audienz eingekommen.

Dieselbe wurde auf das oben erwähnte Datum für Nachmittag halb 5 Uhr
anberaumt. Sie war zeitlich etwas beengt dadurch, daß Seine Exzellenz sich
für 5 Uhr bei dem damals in Berlin weilenden türkischen Großvezier Talaat
Pascha[3] zum Besuch angesagt hatte. Dennoch war genügend Möglichkeit, den
Allerhöchst mir gewordenen Auftrag hinreichend zu entwickeln dank der Eigenschaft, welche der Herr Reichskanzler aus seinem früheren wissenschaftlichen Berufe mitgebracht hatte, jede Diskussion streng logisch und sachlich
zu führen. Unsere Besprechung setzte sich aus lauter programmatischen Sätzen zusammen.

Nach kurzer Begrüßung begann ich damit, die Grüße Seiner Apostolischen
Majestät des Kaisers und Königs von Österreich-Ungarn zu melden. Ich erzählte, daß die Ernennung des Herrn Reichskanzlers in Österreich große Befriedigung hervorgerufen habe, und erwähnte, daß ich das besonders wider-
gespiegelt fand in der Stimmung der hohen Familie Ihrer königlichen Hoheit
der Frau Herzogin von Parma[4], wo ich in letzter Zeit einige Wochen zuzubrin-
gen hatte.

Ich schilderte das Vertrauen, das in den angedeuteten Kreisen Seiner Exzellenz besonders auch wegen seiner katholischen Weltanschauung entgegengebracht werde; um zu motivieren, wie ich als Träger der zu meldenden
Allerhöchsten Botschaft werden konnte, führte ich aus, daß ich seit September wiederholt in Österreich weilte, weil für die bulgarische Unions-Propa-
ganda sich bedeutende finanzielle Hilfsquellen eröffneten und die verschie-
densten Besprechungen nötig waren, insbesondere mit König Ferdinand von
Bulgarien[5] und Seiner Eminenz Kardinal Piffl[6].

Ich erinnerte daran, daß die Verfolgung des Unionsgedankens von dem
Deutschen Auswärtigen Amt als auch in der deutschen Interessensphäre gelegen bezeichnet worden ist. Ich berichtete, daß dieser Aufenthalt in von mir
ungesuchter Weise zur Gelegenheit wurde, als päpstlicher Beamter für eine
Antwort zur Rate gezogen zu werden, welche Seine Apostolische Majestät auf

---

1 Matthias Erzberger, vgl. Nr. 13 und Epstein, Erzberger, 256–275.
2 Georg Friedrich Graf Hertling, 01.11.1917–30.9.1918 deutscher Reichskanzler und preußischer
   Ministerpräsident (Zentrumspartei).
3 Taláat Mehmet Passa, 1917–November 1918 Großvezier.
4 Vgl. Nr. 2.
5 Vgl. Nr. 20.
6 Vgl. Nr. 13.

ein Handschreiben Seiner Heiligkeit des Papstes Benedikt XV. zu geben beschlossen hatte. Ich fuhr dann fort:

Ich bin bevollmächtigt und beauftragt, ganz vertraulich Seiner Exzellenz
mitzuteilen, daß im genannten Allerhöchsten Schreiben sich folgende Stelle
befindet: „Bestrebt Eurer Heiligkeit zur Vermittlung des Weltfriedens die mit
Recht gebührende hohe Mittlerstellung zu sichern, ist es mein Vorsatz, in
nächster Zeit die Kriegsziele meiner Regierung zur Kenntnis Seiner Heiligkeit zu bringen.

Ich nehme an, daß dieser Schritt gemeinsam mit der deutschen Reichsleitung geschehen kann, welche ich vertraulich von meiner Absicht unterrichten
lasse. Ich hoffe, daß der von mir besonders geschätzte Apostolische Nuntius in
München Monsignore Pacelli die gemeinsame Bekanntgabe Seiner Heiligkeit
in Rom persönlich übermitteln wird. Ich werde denselben auch ersuchen,
mündlich meine Antwort auf das Handschreiben Seiner Heiligkeit zu melden."[7]

Dann fügte ich bei: Seine Apostolische Majestät wollen die Angelegenheit
nicht auf diplomatischem Wege erledigt wissen, sondern in privat-vertrauli-
cher Weise. Ich bin beauftragt, in diesem Sinne die Willensmeinung Seiner
Exzellenz einzuholen. Ich habe noch zu bemerken, daß nach meinem Eindrucke, Seine Apostolische Majestät als Kaiser eines ganz vorwiegend katholischen Volkes in dieser Angelegenheit die Initiative ergreifen will, um dadurch dem Papste die ihm gebührende Stellung im Völkerrate zu sichern und
damit einer glücklichen Lösung der Römischen Frage[8] vorzuarbeiten, und dabei sich mit besonderem Vertrauen an Seine Exzellenz als weltbekannten katholischen Staatsmann wendet. Die Lösung der Römischen Frage, für welche
Seine Exzellenz selbst wiederholt öffentlich eingetreten ist, darf entsprechend
der Konstitution des Deutschen Reiches als eine paritätische Angelegenheit
betrachtet werden. Denn sie liegt nicht bloß im Interesse der Katholiken, welche aus Liebe zum Apostolischen Stuhle dessen volle Freiheit wünschen, sondern auch im Interesse jener Kreise, welche verschiedene Schritte des Papstes so leicht als unter dem Drucke der Entente geschehen beargwöhnen. Wer
z. B. wähnt, daß die neuliche Jerusalem-Erklärung[9] durch solche Beeinflus-

---

7   Vgl. Nr. 70.

8   Vgl. Bastgen, Die Römische Frage 3/2, passim.

9   Dies dürfte mit der englischen Einnahme Jerusalems Ende 1917 und mit dem dortigen Ende
    der türkischen Herrschaft im Zusammenhang stehen. Der Vatikan äußerte damals seine große
    Befriedigung über die Rückeroberung Jerusalems und ließ ein feierliches Tedeum in der Kir-
    che Santa Croce in Gerusalemme abhalten. Dies trug ihm heftige Kritik von seiten der Mit-
    telmächte ein, die ihm fehlende politische Neutralität vorwarfen. Der Vatikan antwortete dar-
    auf, daß in einer so eminent wichtigen Angelegenheit wie der Rückeroberung der Heiligen
    Stätten von der Herrschaft der Ungläubigen der Heilige Stuhl klar Position beziehen müsse.
    Vgl. dazu ausführlicher, in: Thomas E. Hachey, Anglo Vatican Relations 1914–1939: Confiden-
    tal Annual Reports of the British Ministers to the Holy See, London 1972, 20–22.

sung aufgedrängt worden sei, wird erst recht wünschen müssen, daß der Apostolische Stuhl in jeder Beziehung so vor Italien sichergestellt worden ist, daß eine solche direkte oder indirekte Beeinflussung außer dem Bereich der Wahrscheinlichkeit liegt.

Ich bin nicht informiert, was Seine Apostolische Majestät tun wird, falls Deutschland in vorgetragener Angelegenheit nicht mitwirken würde. Ich halte es aber für sehr leicht möglich, daß Seine Apostolische Majestät, von eben dem skizzierten hohen Ideale erfaßt, selbständig sich betätigen würde.

Ich habe noch zu melden, daß Seine Majestät König Ferdinand von Bulgarien mir sagte, daß er bereit sei, an einem gemeinsamen Schritte in Rom sich zu beteiligen, und darüber mit seinem Ministerpräsidenten sich bereden will. Ich weiß nicht, ob Seine Majestät der König von Bulgarien, falls Deutschland ablehnen sollte, sich doch der Initiative Seiner Apostolischen Majestät anschließen würde. Die dadurch für Deutschland eventuell entstehende Isolierung Rom gegenüber dürfte kaum wünschenswert sein.

Ich habe noch zu melden, daß Seine Apostolische Majestät der Kaiser und König nur eine mündliche Übermittlung an den Papst wünscht, und zwar direkt an den Papst, nicht an den Kardinalstaatssekretär, so daß es ausschließlich bei Seiner Heiligkeit steht, dem Kardinalstaatssekretär Mitteilung zu machen, soweit er es für gut findet.

Monsignore Pacelli, bei dem ich vertraulich sondierte, hat bis in die allerletzte Zeit sich freudig zur mündlichen Mitteilung, das ist zur Reise nach Rom, bereit erklärt. Vor zwei Tagen aber bemerkte ich bei ihm einen gewissen Stimmungswechsel. Derselbe scheint hervorgerufen durch häufige öffentliche Angriffe, durch welche er in Italien verdächtigt wurde, als hätte er Beziehungen zu Caillaux[10] unterhalten und durch einen alarmierenden Bericht des päpstlichen Geschäftsträgers in der Schweiz, Monsignore Marchetti[11].

Je[doch] ist Monsignore Pacelli bereit, nach Rom zu gehen, falls Seine Heiligkeit ihm hiezu Befehl [erteilen] sollte.

Soviel ich zu wissen glaube, ist Seine Apostolische Majestät gesinnt, falls aus der Mission des Monsignore Pacelli nichts werden sollte, zu versuchen, ob nicht werden könne, daß ein sicherer päpstlicher Vertrauensmann von [der] Schweiz[12] gesandt werde, um die mündlichen Aufträge zur mündlichen Vermittlung direkt mit dem Papst in Empfang zu nehmen.

Der Reichskanzler zeigte sich erfreut über diese Mitteilung. Er machte aber kein Hehl daraus, daß eine gewisse Schwierigkeit darin [besteht, daß] die deutsche Reichsleitung sich über gewisse Einzelheiten vielfach noch nicht klar ist.

---

10 Joseph Caillaux, 1906–09 französischer Finanzminister; 1911–12 Ministerpräsident und Innenminister; 1913–14 Finanzminister.

11 Francesco Marchetti de Selvaggiani, 1915–17 päpstlicher Geschäftsträger in der Schweiz.

12 St. Gallen, Chur und Einsiedeln: Zentren der kath. Nachrichtenübermittlung in der Schweiz.

Ich entgegnete, ich glaube, daß dieses auch in Österreich der [Fall] ist, aber dennoch werden die allgemeinen Richtlinien mitgeteilt werden können und es wird einzelne Punkte geben, und wären es auch nur die vier, welche notifiziert werden könnten und dadurch dem Papst eine Mittlerstelle sichern würden. Z. B. betreffs Belgien.[13]

Der Reichskanzler sagte: Sie glauben nicht, welche Schwierigkeiten uns die Alldeutschen machen, welche Menge von Telegrammen der Kaiser[14] [und] ich bekommen, in welcher die Vernichtung des Vaterlandes uns zum Vorwurf gemacht wird und gegen einen sogenannten unwürdigen Frieden remonstriert wird. Wir waren dadurch an einer genaueren Angabe über Belgien gehemmt. Ich erwiderte unter lebhafter Zustimmung des Reichskanzlers: Der Vorsatz, Belgien nicht zu annektieren, war ja eigentlich deutlich in dem Wortlaut der offiziellen deutschen Friedenskundgebungen eingeschlossen.[15] Ich bin kein Politiker und gehöre keiner politischen Partei an, lebe aber vielfach im Auslande und kann nur sagen, daß im Auslande der Umstand, daß man über Belgien sich nicht offen zu reden getraut, den Eindruck der Unaufrichtigkeit macht und die deutsche Treue diskreditiert.

Die Alldeutschen und die Konservativen sind, wie ich aus vielen Erzählungen weiß, Leute, denen nichts abgeht, welche vielfachen Gewinn haben und nicht wissen, wie sehr das Volk darbt. Nach den Eindrücken, die ich empfangen habe, ist es unbedingt notwendig, daß ihre Übertreibungen gedämpft werden. Nach dem Urteil weitschauender Männer muß ihrem Bestreben entgegengetreten werden. Im Interesse des monarchischen Gedankens, wenn der Krieg ins Unendliche verlängert wird. Die Friedenssehnsucht ist in Österreich noch intensiver als in Deutschland, mit ihr muß gerechnet werden, sonst könnte für uns einmal eine sehr mißliche Isolierung eintreten.

Seine Exzellenz brachte allen diesen Gesichtspunkten volles Verständnis entgegen, zeigte sich für die Allerhöchste Anregung entgegenkommend, sagte dann aber: Ich möchte die Sache nicht allein entscheiden. Ich werde nächste Tage, 7. oder 8. Jänner, den Kaiser sprechen und die Angelegenheit vortragen. Der Kanzler versprach, das Resultat der Besprechung mir sofort nach Schwarzau[16] mitteilen zu lassen, und wir machten für die diesbezügliche Korrespondenz das Stichwort eines Bibliothekverkaufes aus. Beim Weggehen kam noch die Rede auf Seine Majestät den König von Bulgarien.

Ich berichtete Seiner Exzellenz, daß der König vor kurzem mir sagte: Ich habe von der Besprechung mit Graf Hertling in München große Eindrücke

13 Die 4 Punkte: Belgien, Serbien, Elsaß-Lothringen, Polen.
14 Wilhelm II., vgl. Nr. 3.
15 Deutsche Stellungnahmen zur Wiederherstellung Belgiens, vgl. Steglich, Friedenspolitik, 277, 283–284, 286.
16 Schloß Schwarzau in Niederösterreich, Wohnsitz der Herzogin Maria Antonia von Parma.

empfangen. Ich habe die Anschauung, daß das Deutsche Reich seit Bismarck keinen so weitblickenden Staatsmann gehabt hat. Diese Mitteilung blieb bei Seiner Exzellenz sichtlich nicht ohne Wirkung. Ich hatte sie gemacht, um ihn milde zu stimmen für die Sache, die ich noch schnell anschließen wollte. Ich sagte nämlich: Dem König Ferdinand liegt, wie er mir sagte, ungemein viel daran, irgendeine direkte Verbindung mit Österreich zu haben, so daß der Balkanzug nicht serbisches Gebiet berühren muß. Außerdem muß er seinem Volke Dobrudscha bieten können; Schwierigkeiten, welche für letzteres etwa von Deutschland gemacht werden sollten, dürften doch kaum klug sein, wenn man bedenkt, wie notwendig die Freundschaft mit Bulgarien wegen der Beziehungen zum Orient uns ist und wie gefährlich König Ferdinand als Gegner sein könnte. Ich habe mich nicht in weltliche Politik zu mischen, aber die göttliche Vorsehung hat es gefügt, daß ich in etwas auf religiösem Gebiet bei der bulgarischen Unionspropaganda mitarbeiten darf. Von diesem Standpunkt aus wäre es schädlich, wenn zwischen Bulgarien und dem katholischen Österreich sich ein schismatischer Riegel schieben würde. Ich habe König Ferdinand mitgeteilt, daß ich glaube, es möchte in dem Maße auch das Interesse Seiner Heiligkeit für das Dobrudscha- Projekt wachgerufen werden, als der König den Anschluß der bulgarischen Landeskirche an den päpstlichen Stuhl betreibe. In diesem Falle würde die Angliederung der Dobrudscha an Bulgarien die ethische und kulturelle hohe Bedeutung erlangen, daß sie dem starren Schisma entrissen und der katholischen Religion und Zivilisation angegliedert würde.

Schließlich kamen wir noch auf die Krisis zu sprechen, welche zur Zeit die auch um Österreich hochverdienten „Historisch-Politischen Blätter" durchmachen. Dem Reichskanzler war dies nicht bekannt und er billigt sehr, daß ich versuchen solle, im katholischen, im deutschen und österreichischen Interesse für die Beilegung der Krisis tätig zu sein.

Hierüber bitte ich einen eigenen Bericht unterbreiten zu dürfen.

Ebenso über eine Bitte, welche der Reichskanzler beim Abschied noch stellte. Es ist nämlich die Stelle des Rektors des Campo Santo in Rom erledigt. Die Besetzung hat zu geschehen nach Hören der Erzbischöfe von Köln, München und Salzburg durch den Protektor der Anstalt, Kardinal Vannutelli[17].

Köln und München haben sich zum Vorschlag des hochverdienten Dr. Custodis[18] – Köln – geeinigt. Salzburg resp. die österreichische Regierung ver-

---

17	Vincenzo Vannutelli, 1890 Kardinal, Protektor des Campo Santo in Rom.
18	Dr. Bernhard Custodis, Pfarrer in Bonn/St. Elisabeth. Am 28.10.1919 präsentierte der Kölner Erzbischof Hartmann dem Protektor des Campo Santo Teutonico die beiden Kölner Geistlichen Dr. Emmerich David und Dr. Bernhard Custodis. Die Wahl Vannutellis fiel auf David, der am 01.02.1920 die Leitung von Erzbruderschaft und Kolleg übernahm. Vgl. dazu Erwin

weigert die Zustimmung und verlangt die Besetzung durch einen österreichischen Staatsangehörigen ohne direkten bisherigen Personalvorschlag.

Die diesbezügliche nähere Darlegung würde ich zur Vorlage bringen, sobald ich hiezu Aufforderung erhalten sollte. Die Ausführung des Allerhöchsten Auftrags war mit ziemlichen Schwierigkeiten verbunden, welche teils in den jetzigen Reisekomplikationen lagen, teils darin, daß der Reichskanzler mit Rücksicht auf die dermalige Zeitlage Vorstellung in Zivilkleidung telegraphisch verlangen ließ. Für eventuelle spätere Fälle wird zur Zeit ein passender Zivilanzug besorgt, für dieses Mal stellte mir der Oberbürgermeister von München, Dr. Borscht[19], seinen Staatsanzug in liebenswürdiger Weise zur Verfügung. Ich danke der göttlichen Vorsehung, wenn ich auch nur in beschränkter Weise österreichischen Interessen dienen durfte, und stehe hiefür jeden Augenblick zur Verfügung, hiebei geführt von meinem katholisch-bayrischen Empfinden und meiner von den Ahnen ererbten Tiroler Treue.

Darf ich eine persönliche unmaßgebliche Schlußmeinung anfügen, so ist es diese. Es wird sich, falls nicht in kürzester Zeit eine päpstliche Weisung bei Monsignore Pacelli eintrifft, empfehlen, durch Monsignore Prälat Gerlach[20] auf dem demselben zustehenden direkten Privatwege Erkundigungen beim Heiligen Vater einzuziehen, eventuell um Sendung einer Vertrauensperson zur mündlichen Unterhandlung in die Schweiz zu ersuchen. Msgr. Gerlach wüßte hiefür eine ganz besonders geeignete vatikanische Persönlichkeit.

75.
Cölestin Schwaighofer von Deggendorf OFM Cap an den deutschen Reichskanzler Georg Friedrich Graf Hertling

München, 1918 Jänner 06

BKA, NL Cölestin Schwaighofer, X, 151, 57/9, maschinschriftl. Durchschrift[1].

Dank für die am 05. Jänner 1918 gewährte Audienz und deren inhaltliche Zusammenfassung, wobei die anzustrebende Mittlerfunktion des Papstes bei der Anbahnung des Weltfriedens hervorgehoben wird.

Gatz, Der Campo Santo Teutonico seit dem Tode Anton de Waals (1917), in: ders. (Hrsg.), Hundert Jahre Deutsches Priesterkolleg beim Campo Santo Teutonico 1876–1976. Beiträge zu seiner Geschichte, Rom 1977, 12.

19 Wilhelm Ritter von Borscht, Oberbürgermeister von München 1917.

20 Vgl. Nr. 21.

1 Erwähnung dieses Besuches, in: AE, Stati Eccl., 216 [neu 1317], vol. XII, Prot. 57.897, Pacelli an Gasparri, München, 1918 März.

Für die gestrige, gnädige Aufnahme bitte ich nochmals ehrfurchtsvollen Dank anzunehmen. Täglich gedenke ich inständig vor Gott der folgenschweren Aufgaben, welche die göttliche Vorsehung Eurer Excellenz auflegt. Möge diesen, insbesondere der dem hochsinnigen Entschluß Eurer Excellenz gestern unterbreitete Anregung im Interesse des Apostolischen Stuhles an allerhöchster Stelle zur Geltung bringen zu wollen, mit reichem Erfolg gesegnet sein.

Je mehr die Dinge im Osten sich fraglich gestalten – je mehr die Vermittlung des Papstes im Westen noch erwünscht werden kann – je mehr die staatserhaltenden Elemente wünschen, daß eine konservative Gewalt und nicht die gefahrbringende Sozialdemokratie den Weg zum Weltfrieden bahne – je mehr vom Standpunkt der Katholiken und Katholikenfreunde als auch der argwöhnischen Gegner aus, also vom paritätischen Standpunkt aus, ersehnt werden muß, daß der Apostolische Stuhl eine möglichst unabhängige Stellung erlangt, wozu die Mittlerstellung zum Völkerfrieden das beste Präludium bieten würde – je mißlicher eine Nichtbeteiligung des Reiches auf österreichischer Seite empfunden werden müßte – je unangenehmer unsere Isolierung sich gestalten müßte, wenn Österreich, eventuell auch Bulgarien im Anschluß an Österreich, einseitig vorginge, desto mehr muß es ethisch verdienstvoll und staatsmännisch groß erscheinen, wenn es Eurer Excellenz gelingt, nach Österreich eine hoffnungsvolle Andeutung gelangen lassen zu können.

Ich glaube, daß auch von dort nicht ein bis ins kleinste klar detailliertes Programm vorgelegt werden kann. Ich wähne, daß die hohen Ziele auch schon wenigstens teilweise erreicht würden, wenn ein paar markante Punkte neben den allgemeinen Grundrissen geoffenbart würden. Denn auch schon dadurch wäre die Mittlerstellung Seiner Heiligkeit angebahnt und könnte das übrige weiterer Entwicklung vorbehalten bleiben.

Ich darf wohl noch einmal erinnern, daß nur mündliche Mitteilungen durch zuverlässige Vertrauenspersonen ausschließlich an die Person Seiner Heiligkeit selbst jenseits intendiert ist und daß daselbst keinerlei diplomatischer Instanzengang gewünscht wird.

Mit heißesten Wünschen für glückliches Gedeihen und mit dem Gelöbnis, der Kirche und dem Vaterlande gleich treu dienen zu wollen, geharre ich.

76.
Der Apostolische Nuntius in Wien, Teodoro Valfrè di Bonzo, an Kardinalstaatssekretär Pietro Gasparri

Wien, 1918 Jänner 06

AE, Italia 443 [neu 843], Prot. 54.180.

Bericht über die Audienz bei Kaiser Karl am 05. Jänner 1918 in Laxenburg, die Bombardierung italienischer Städte betreffend. Der Kaiser war schon vorinformiert. Es wurden von den Zentralmächten nur solche italienischen Städte angegriffen, die militärische Stützpunkte waren und in denen Truppenkonzentrationen erfolgten. Die Bombardierungen wurden hauptsächlich von deutschen Flugzeugen durchgeführt oder waren Repressalien für italienische Bombardierungen österreichischer Gebiete. Der Kaiser kann sich nicht gegen seine Armee stellen.

Facendo seguito al mio cifrato N. 91 dei 3 corrente mi onoro di informare l'Eminenza Vostra Reverendissima che ieri sera 5 corrente[1], fui ricevuto in udienza da Sua Maestà Apostolica nel castello di Laxenburg dove dimora la famiglia Imperiale.

Sarebbe stato mio desiderio di dar conto ieri sera stessa, per mezzo del telegrafo, all'Eminenza Vostra di questa udienza. Ho creduto però più prudente di non farlo, avendo oramai la certezza morale che la cifra di questa Nunziatura è conosciuta. Mi sorprese infatti di trovare Sua Maestà perfettamente al corrente dell'oggetto della mia visita, con degli appunti pronti sul tavolo, e talmente preparato a rispondermi che neppure mi lasciò finire di esporre lo scopo per cui avevo sollecitato l'onore di vederla. Mi conferma in questo pensiero il fatto che la mattina stessa che io ricevetti il secondo cifrato dell'Eminenza Vostra, persona che frequenta il Ministero venne in Nunziatura per domandare se era vero che il Santo Padre si preparava a fare una protesta per il bombardamento di Padova.

Il Ministero stesso, che quante volte si chiede un'udienza di Sua Maestà desidera conoscerne lo scopo, non fece questa volta nessuna domanda in proposito, quasi che già sapesse perchè io desiderava un'udienza. Tutto ciò, unito a tanti altri piccoli indizi, mi ha confermato nell'idea che i cifrati dell'Eminenza Vostra erano stati letti e che era perciò meglio che io rispondessi, come faccio, con un rapporto.

---

1 AE, Italia 443 [neu 843], Prot. 55.644, Cifra: Gasparri an Valfrè di Bonzo: Protest bezüglich der Bombardierung italienischer Städte.

L'Imperatore, come ho detto, dopo le prime mie parole, cominciò subito ad esprimermi il suo dispiacere che l'attitudine dell'Italia non gli permettesse di mantenere la promessa fatta a Sua Santità. Egli disse di aver promesso che le città aperte non sarebbero state più bombardate e che aveva dato gli ordini più severi in questo senso, sempre però che da parte dell' Italia si fosse osservata la stessa condotta. Ora invece per ciò che riguarda la città di Padova, faceva notare che essa non può più essere considerata come città aperta dal momento che è la sede del Comando militare supremo italiano e che lo stesso deve dirsi di altre città che rappresentano luoghi di concentramento di truppe, nodi ferroviari importanti e quindi oggetti militari. Del resto mi disse che anche senza di ciò egli si trovava nella situazione di non poter impedire detti bombardamenti, ordinati dal Comando militare come rappresaglie per quelli operati dagli aviatori italiani su località nel territorio della Monarchia, completamente indifese. E qui mi lesse una lista di nomi di tali località che sono state bersaglio delle bombe degli aviatori italiani e del numero delle vittime nella popolazione civile prodotte da tali incursioni aeree. Aggiunse che bisognava tenere conto della presenza delle truppe tedesche sul fronte italiano, alle quali egli non poteva imporre di rinunziare a certi vantaggi e di non servirsi dell'arma delle rappresaglie quando il loro comando credeva di aver diritto di farlo.

E a questo proposito mi disse che il bombardamento su Padova era stato operato da aviatori tedeschi.

Io non mancai di far appello in tutti i modi a' suoi sentimenti di Monarca cattolico. Gli dissi del gran dolore che provava il Cuore di padre dell'Augusto Pontefice nel vedere messi in opera simili metodi di guerra. E l'Imperatore mi rispose di esserne oltremodo e sinceramente dispiacente, che egli, che sente verso Sua Santità l'affetto di un figlio devoto, avrebbe voluto dare tutte le consolazioni al Cuore di Lui, ma che la guerra ha delle esigenze dolorose reclamate dalla salvezza della Patria e che egli non avrebbe potuto evitare senza mettersi contro il suo esercito.

Gli parlai anche dell'odio, della riprovazione che producono quei mezzi di distruzione, ma l'Imperatore mi rispose che anche gli italiani se ne erano resi prima colpevoli e che gli austriaci non facevano che usare del loro diritto bombardando oggetti militari o prendendo delle rappresaglie. Io insistetti ancora, come meglio mi fu possibile, e l'Imperatore mi promise che avrebbe visto se qualche cosa si poteva fare, che avrebbe fatto parlare al Comando germanico. Ma mi disse di non nutrire grande fiducia, dal momento che, come mi aveva manifestato, si trattava di bombardamenti o di città che queste autorità militari si rifiutavano di considerare come città aperte oppure di rappresaglie delle quali la reponsabilità deve cadere su chi le ha provocate. Mi promise infine di mandarmi la lista delle località indifese austriache bombardate da aviatori italiani, col numero delle vittime fra la popolazione civile.

Parlai poi dei prigionieri di guerra italiani, ne esposi le sofferenze, i patimenti a cui sono sottoposti, la mancanza di tutto, di nutrimento, di vestito, di coperte in una stagione così rigida come l'attuale. Sua Maestà cercò di attenuare questa impressione ma lo fece debolmente, la durezza delle condizioni die prigionieri italiani essendo troppo evidente. Mi disse che avrebbe procurato di far qualche cosa, quantunque sia assai difficile poter portare un efficace rimedio a quella situazione con le risorse attuali della Monarchia e coi grandi sacrifici che deve sopportare la popolazione civile e l'esercito austro ungarico.

77.
Der Apostolische Nuntius in Wien, Teodoro Valfrè di Bonzo, an Kardinalstaatssekretär Pietro Gasparri

Wien, 1918 Jänner 07

AE, Italia 443 [neu 843], Prot. 54.180.

Über die Verbalnote des österreichisch-ungarischen Außenministers Graf Ottokar Czernin zur Frage der Bombardierung italienischer Städte mit Beilagen zur Verbalnote vom 06. Jänner 1918 und der Aufstellung der betroffenen Gebiete.

Facendo seguito al mio rispettoso Rapporto N. 4000, in data di ieri[1], mi affretto a rimettere qui acclusi, in copia, all'Eminenza Vostra Reverendissima, i dati promessimi da Sua Maestà l'Imperatore nel corso dell'udienza accordatami ieri l'altro. Li ricevo in questo momento per mezzo del Ministero degli Esteri che li accompagna con una nota verbale che parimenti accludo in copia all'Eminenza Vostra.

Mi sorprende alquanto la forma della risposta. In essa si parla di rimostranze fatte da me all'Imperatore a nome del Santo Padre, mentre il mio passo presso Sua Maestà era più che altro una preghiera che io facevo a nome del Santo Padre e un invito pressante per il mantenimento della promessa fatta dalla Maestà Sua di ordinare la cessasione di metodi di guerra riprovati da ogni animo bennato e contrari al diritto delle genti.

Nell'enumerazione poi delle località bombardate sia dagli aviatori austriaci che italiani non ricorrono che nomi di paesi italiani e non uno solo di località austriache; circostanza questa che dovrebbe avere anche il suo valore per escludere la uniformità di condotta invocata dalle autorità austriache, giacchè

---

1 Vgl. Nr. 76.

se gli aviatori italiani hanno bombardato città italiane mi sembra evidente che non li abbia guidati altro scopo che quello militare.

Queste sono le osservazioni che mi suggerisce nel momento la nota del Ministero degli Esteri che ricevo or ora.

Mi ha sorpreso anche che questo affare che, a quanto mi sembra, doveva trattarsi quasi personalmente tra il Santo Padre e l'Imperatore, sia stato messo sulla via, dirò così, burocratica del Ministero degli Esteri. Credo che così sarà difficile di ottenere un risultato soddisfacente date le idee ed i principii che l'Eminenza Vostra potrà rilevare dalla Nota che ricevo.

Pregherei poi l'Eminenza Vostra a volermi dare qualche direttiva per la risposta da darsi, giacchè per il momento penserei di astenermi dall'accusare ricevuta della medesima, non volendo che si interpretasse come un'accettazione delle spiegazioni senza veruna osservazione.

Voglia l'Eminenza Vostra scusarmi per questo Rapporto così affrettato. La Nota mi giunge proprio al momento in cui deve partire il Corriere.

Verbalnote des österreichisch-ungarischen Außenministers Ottokar Graf Czernin[2]

Wien, 1918 Jänner 06
Note verbale

Lors de Son audience d'hier auprès de Sa Majesté Impériale et Royale Apostolique, Son Excellence Monsieur le Nonce Apostolique a bien voulu faire au nom de Sa Sainteté le Pape des remontrances quant aux attaques dernièrement opérés par des aviateurs contre Padoue et d'autres villes ouvertes.

Sa Majesté Imperiale et Royale Apostolique ayant, lors de cette audience, refuté comme non fondées lesdites remontrances, a daigné se reserver de faire parvenir par le Ministère des Affaires Étrangères à Son Excellence Monsieur le Nonce Apostolique des éclaircissements que ce Ministère, conformément à un ordre qu'il vient de recevoir de Sa Majesté, a l'honneur de porter, en ce qui suit, à la connaissance de la Nonciature Apostolique.

1. Padoue est une ville <u>fortifiée</u> et ne saurait donc etre considérée comme ville non défendue.

2. Cette ville est le siège d'un commandement supérieur italien.

3. Les aviateurs italiens ayant, à plusieurs reprises, bombardé des lieux où résidaient des commandements austro-hongrois, les forces armées austro-hongroises doivent se réserver le droit d'attaquer, de leur part, les résidences des commandements italiens.

---

2   Beilage zu AE, Italia 443 [neu 843], Prot. 54.180.

D'ailleurs, les attaques faites contre Padoue n'ont pas été exécutées par des aviateurs austro-hongrois, mais par des aviateurs allemands.

Pour de plus amples renseignements, sont joints à ce plis trois tableaux sur les attaques aériennes récemment opérées de part et d'autre.

Ces tableux contiennent le premier: les noms des villes situées sur le territoire italien occupé et sur lesquelles des bombes ont été lancées par des aviateurs appartenant aux forces armées de l'Italie et de ses Alliés (N° 1).

Le deuxième: l'énumération des attaques opérées par des aviateurs austrohongrois et allemands d'une part et par des aviateurs italiens et alliés d'autre part, énumération faite d'après les rapports du Général Diaz[3], publiés par la presse (N° 2); enfin le troisième: l'énumération de ces attaques faite d'après les rapports officiels parvenus au Quartier Général Impérial et Royal (N° 3).

Annexe N° 1

Noms des villes situées sur le territoire italien occupé sur lesquelles des bombes ont été lancées *par des aviateurs appartenant aux forces armées de l'Italie ou de ses Alliés:*
Motta (trois fois), deux maisons endommagées;
Palazzolo (deux fois);
Latisana (trois fois), quelques maisons détruites par incendie;
Portogruaro (quatre fois), cinq maisons démolies et cinq maisons endommagées;
Agenzia, deux habitants tués;
S. Donà di Piave;
Colvecchia et Casa de Negri: le bombardement a causé des incendies;
Meduna di Livenza (deux fois);
S. Giovanni: un prisonnier de guerre italien blessé;
Zoppe;
Conegliano (deux fois);
Vittorio;
Torre di Mosto;
Revedoli;
Aviano;
La Comina;
Piave nuova;
S. Fior;
Borgo Malanotte et Tezze;

---

3 General Armando Diaz, Nachfolger von General Cadorna.

Annexe N° 2

Attaques aériennes opérées d'après les rapports officiels du Général Diaz publiés dans la presse par des aviateurs.

27 décembre 1917:
austro-hongrois et allemands:
Combat aérien au dessus de Trevise; onze appareils allemands et austro-hongrois abattus.

28 décembre 1917:   *italiens:*
Caproni dans la vallée de Ronchi.

29 décembre 1917:
austro-hongrois et allemands:
Bombardement sur: Trevise, Montebelluna, Castelfranco, Padoue: treize personnes tuées, soixante personnes blessées.

30 décembre 1917:
austro-hongrois et allemands:
Padoue: trois personnes tuées, plusieurs personnes blessées.
St. Valentino Carmine, eglise.

31 décembre 1917:
austro-hongrois et allemands: *italiens:*
Padoue: cinq personnes blessées, façade du dôme détruite;   Aviano
musée,   La Comina:
                                                  Godega
                                              S. Fiorano

1 janvier 1918:
austro-hongrois et allemands: Champ d'aviation à Istriana
Vicenza
Bassano
Castel Franco
Trevise
13 personnes tuées, 44 personnes blessées.
                                   italiens: Champs d'aviation ennemis

2 janvier 1918:
austro-hongrois et allemands:

Mestre
Trevise
Bassano
une personne tuée, cinq personnes blessées.

italiens: Cinq appareils abattus
La Comina
Aviano
E. St. S. Stino

Annexe N° 3

Attaques aériennes opérées, d'après les rapports officiels parvenus au Quartier Général Impérial et Royal par les aviateurs.

26 décembre 1917:
austro-hongrois et allemands:
Des bombes ont été lancées sur les champs d'aviation de Trevise. Combat aérien.
Six appareils tombés.

27 décembre 1917:

28 Décembre 1917:

29 Décembre 1917:

italiens:
Piave nuova = Pont bombardé

30 Décembre 1917:

italiens:
S. Fior: deux femmes

31 Décember 1917:
austro-hongrois et allemands:
Une escadre d'aérostats a bombardé les établissements de chemin de fer à Padoue, le champ d'aviation en cette ville et Trevignano

italiens:
Torre di Mosto près [de] Portogruaro: 10 personnes tuées, 7 personnes blessées.
Borgo Malanotte et Tezze

1 janvier 1918:
austro-hongrois et allemands:
Une escadre d'aérostats a lancé des bombes sur Padoue, sur le champ d'aviation et la gare de Bassano, sur Montebelluna, Cittadella, Castelfranco, Vicenza et sur le champ d'aviation de Padoue

italiens:
Attaque de trente appareils contre Vittorio

2 janvier 1918:
austro-hongrois et allemands:
Une escadre d'aérostats a lancé des bombes sur Castelfranco, Mestre et sur quelques champs d'aviation

italiens:
Torre di Mosto

78.
Papst Benedikt XV. an Kaiser und König Karl

Vatikan, 1918 Jänner 07

AE, Austria 616 [1212], Prot. 53.136, Konzept.

Papst Benedikt XV. drückt seine große Zufriedenheit über das Duellverbot Kaiser Karls aus. Das Duell wurde bereits vom Konzil von Trient und im neuen Codex iuris canonici verboten und mit Sanktionen belegt.

Non sapremmo esprimere abbastanza la profonda soddisfazione che ha prodotta nell'animo Nostro l'apprendere come la Maestà Vostra Imperiale e Reale Apostolica, seguendo gli impulsi del suo magnanimo Cuore, abbia, con sovrano rescritto in data del 4 novembre d.a. – giorno auspicato del suo onomastico – proibito a tutti i membri delle sue milizie di terra e di mare il duello[1], stabilendo che, per l'avvenire, qualsiati questione d'onore sia sottoposta ai tribunali militari e definita da questi secondo i veri principi di onore e di giustizia. Tale augusta decisione, che Noi con piacere vedevamo inspirata ai sentimenti di religiosa pietà e di rettitudine, dei quali la Maestà Vostra altamente si onora, tanto più degna di encomio ne appariva, in quanto che il duello è stato pùò volte e solememente nel corso dei secoli riprovato e colpito con severissime pene da illustri Nostri Predecessori, dal sacrosanto Concilio di Trento e da Noi stessi nel nuovo Codice del diritto canonico (can. 1240 Par 1, n. 4° e can. 2351), quale esecrando delitto, partecipante della duplice malizia del suicidio e dell'o-

---

1 Vgl. das Duellverbot Kaiser Karls unter Nr. 67.

micidio, come stolto espediente, inadeguato al fine che si propone, ed atto lesivo della sociale autorità e in aperto contrasto con la cristiana legge della carità e del perdono e con la stessa civiltà di cui i popoli si gloriano[2].

A siffatti principi – che non è possibile disconoscere in teoria (come dimostrano le tante legislazioni civili e militari che proibiscono il duello), cui però si contravviene, disgraziatamente, troppo spesso nella pratica – la Maestà Vostra faceva giusta ragione, assegnando, tra le considerazioni, sulle quali il divieto si fonda, il primo luogo a quelle di ordine religioso e morale.

Mentre pertanto Ci giova sperare che la sullodata disposizione di Vostra Maestà sia seconda dei più ampi e benefici risultati e costituisca un nobile esempio in materia, Noi preghiamo caldamente il Signore che si degni colmarLa di ogni prosperità, nella sua Augusta Persona, come in tutti i membri della Sua Famiglia, e conservarLa lungamente al bene dei suoi sudditi: del che è pegno la specialissima Benedizione Apostolica che di tutto cuore Le impartiamo.

79.
Kaiser und König Karl an Papst Benedikt XV.

Wien, 1918 Jänner 26

AE, Austria 491 [neu 1555 P.O.], Prot. 60.626, Ausfertigung.

Kaiser und König Karl ersucht, den Fürstbischof von Trient, Celestino Endrici, zur Resignation zu veranlassen. In gesteigertem italienischen Nationalismus will er sich nicht mit dem österreichischen Staat identifizieren. Die friedliche pastorale Betreuung der gemischtsprachigen Bevölkerung seiner Diözese ist nicht gewährleistet.

Conscio del compito sublime e grave di responsabilità assegnatomi dalla Divina Providenza, sin dal momento che per la grazia di Dio sono salito sul trono dei miei antenati, la mia premura è incessantemente intenta a ridare ai miei popoli la pace.

Anzi mi consola di sapere che questa sollecitudine è condivisa dal capo della Cristianità, dalla bocca del quale uscì la prima esortazione diretta agli stati belligeranti a pacificarsi.

In questo intento rivolto non solamente ad una pace esterna ma benanco a quella interna mi appresso oggi alla Santità Vostra qual figlio ubbidientissimo della Santa Chiesa, con ma fervida preghiera.

---

2 Vgl. Denzinger/Schönmetzer, 420–421 (Nr. 1830). Dekret des Konzils von Trient vom 3. Dezember 1563; Codex Iuris Canonici (1949), 353, Can. 1240, § 1 n 4; 662, Can. 2351.

Diggià nell'anno 1916 il governo austriaco ebbe ad esporre a Vostra Santità dettagliatamente come il principe vescovo di Trento, Endrici[1], nel funger il suo ufficio mettesse in non cale gli interessi dello stato, che egli doveva tutelare ad ogni costo ed in modo corrispondente all'obbligo assunto col giuramento prestato all'imperatore, allorquando entrò nella carica vescovile e come una tal dirigenza dell'officio fosse atta a turbare e metter a repentaglio la pace tra le nazionalità che vivono nella diocesi di Trento alienando così al vescovo i cuori d'una grande parte dei suoi diocesani.

Da quel tempo le condizioni non si sono punto migliorate.

Sebbene il principe vescovo in seguito alla sua dimora fuori della diocesi non faccia valere direttamente la sua influenza sui diocesani, pure i suoi influenzamenti in altra via non lasciano ravvisare un cambiamento del suo sentire, anzi dimostrano che egli è ligio a idee che sono incompatibili col programma dello stato austriaco formato da differenti nazionalità; idee, che, in seguito agli avvenimenti attuali, sono da risguardarsi come bandite per sempre.

Ai suoi diocesani tedeschi, del resto figli sempre fedeli della Chiesa Cattolica, manca il rispetto dovuto al loro pastore, ciò che provoca uno stato di cose del tutto insoportabile e quantunque il potere temporale s'astenga da un procedimento contro la persona del vescovo per riguardo alla dignità inerente all'ufficio vescovile pure nella parte meridionale della diocesi devono pagare il fio parecchi di quelli che, fuorviati, hanno assaggiato del frutto coltivato dal loro pastore.

Non dubito punto della fedele devozione e dell'affetto sincero e filiale che il principe vescovo nutre per la sacra persona di Vostra Santità. E da questa sicurezza traggo la fiducia che il principe vescovo Endrici non cercherà di sottrarsi all'influenza della Santità Vostra, che vengo con questo scritto a pregare di voler fargli presente a rinunciare spontaneamente al vescovato principesco di Trento onde evitare così tutte le difficoltà che con riguardo alla presente situazione politica si oppongono ad una disposizione autoritativa della Santa Sede e ridare alla sua diocesi quella pace di cui ne ha sì urgente bisogno per poter ristabilire e ravvivare la propria vita ecclesiastica[2].

---

1 Vgl. zu Endrici: Armando Costa/Erwin Gatz, in: Gatz, Bischöfe der deutschsprachigen Länder, 169–172 und zuletzt: S. Benvenuti, Lettere del vescovo Celestino Endrici al papa Benedetto XV da Vienna ed Heiligenkreuz (14 maggio 1916–01 agosto 1917), in: Studi Trentini di Scienze Storiche 70 (1991) 163–223; vgl. zur Internierung Endricis im Stift Heiligenkreuz bei Baden auch im Tagebuch von Friedrich Hlawatsch (1859–1942), Archivar und Sekretär des Abtes im Stift Heiligenkreuz, in: Archiv des Stiftes Heiligenkreuz bei Baden, NÖ, Rubrik 5, Fasz. FFH.

2 Vgl. AE, Austria 491 [neu 1255 P.O.], Prot. 60.621, Wien 1918.01.25: Der Wiener Fürsterzbischof, Gustav Kardinal Piffl, unterstützte den Wunsch des Kaisers mit dem Hinweis, der Kaiser hätte versprochen, daß bei der Abberufung Endricis seine bischöfliche Würde nicht verletzt werde.

Permetta la Santità Vostra che mi valga di questa occasione per protestarLe
i sensi della piu profonda venerazione e mi rassegni di Vostra Santità
ᵃ⁻ossequiosissimo figlio Carlo⁻ᵃ

80.
Papst Benedikt XV. an Kaiser und König Karl

Vatikan, 1918 Februar 05

HHStA, PA XI, 256, Abschrift.
Druck: Engel-Janosi, 401–402.

Papst Benedikt XV. dankt Kaiser Karl für die bedingungslose Heimkehrbewilligung für die invaliden italienischen Kriegsgefangenen.

I sentimenti di cristiana pietà e di umanità profonda, che albergano nel cuore
della Maestà Vostra, si sono affermati ancora una volta nell'atto nobilissimo e
generoso con cui, assecondando liberalmente le caritatevoliproposte fatte da
questa Sede Apostolica a Vostra Maestà per il tramite del Nostro rappresentante, la Maestà Vostra con recente magnanima deliberazione ha disposto che
i prigionieri di guerra italiani, affetti dal malche non perdona, vengano rimpatriati incondizionatamente, cioè senza la consueta reciprocità di scambio fra
le due nazioni. La notizia di questo decreto, ispirato a sensi di misericordia e di
pietà, ha riempito di gioia il Nostro cuore, che in virtù di questo gesto umani-
tario vede penetrare in mezzo a tante povere e desolate famiglie un raggio di
speranzae di conforto. E poiché questi nuovi beneficati della Maestà Vostra
sono pur Nostri figli, Noi come di beneficio fatto a Noi medesimi Ci sentiamo
vivamente grati a Vostra Maestà e Ci affrettiamo a farle giungere l'espressione della Nostra sentita riconoscenza. Nel contempo, animati da quella carità di Cristo per la quale Noi vorremmo, se ciò fosse possibile, lenire d'un
tratto tutte le miserie che oggi inondano il mondo, nell'atto di ringraziare Vostra Maestà per la particolare benevolenza onde si compiace accogliere e
favorire quelle iniziative che mediante cotesta Nostra rappresentanza Noi le
veniamo proponendo, Ci gode l'animo al pensare che la Maestà Vostra, assecondando gl'impulsi del suo nobile cuore ed i tradizionali sentimenti didevo-
zione al vicario di Gesù Cristo ed alla Santa Sede, continuerà anche in avvenire a proteggere e favorire l'azione salutare e benefica che la medesima
rappresentanza, interprete ed esecutrice del Nostro pensiero, svolge a vantag-

---

a–a Von der Hand des Kaisers.

gio dei poveri prigionieri di guerra. Sarà questo un nuovo titolo alla Nostra paterna riconoscenza, del quale non mancheremod'invocare sempre su Vostra Maestà l'abbondanza delle celesti mercedi. Di questo sia fin d'ora lieto auspicio l'apostolica benedizione che con tutto l'animo impartiamo alla Vostra, a Sua Maestà l'Imperatrice, all'intera Imperiale e Reale famiglia ed a tutti i fedeli sudditi di Vostra Maestà.

81.
Kaiser und König Karl an den Präsidenten der USA, Woodrow Wilson, über König Alfons XIII. von Spanien

Wien, 1918 Februar 17

HHStA, PA I, 964, fol. 41r–44v, Ausfertigung[1]
Druck: The Papers of Woodrow Wilson 46, 440–442 (in engl. Übersetzung)[2]

Kaiser und König Karl beantwortet „the adress to a Joint Session of the Congress" des Präsidenten der Vereinigten Staaten vom 11. Februar 1918; Wilson ging darin auf die Antwort des Grafen Czernin ein, die dieser am 24. Jänner 1918 in seiner Rede vor den Delegationen gab. Wilson stellt für einen Frieden Österreich–Ungarns mit den Vereinigten Staaten vier Punkte auf, zu denen Kaiser und König Karl positiv Stellung nimmt.

Im Allerhöchsten Auftrage Seiner k. und k. Apostolischen Majestät wollen Euer Durchlaucht[3] Seiner Majestät dem König von Spanien[4] sofort folgendes mitteilen und schriftlich übergeben:

Die öffentlichen Reden des Herrn Wilson[5] einerseits und des Grafen Czer-

---

1   Der Text dieser Botschaft wurde in zwei Ausfertigungen fortlaufend als einziges Telegramm und in drei Teiltelegrammen in Ziffern an den k.u.k. Botschafter in Madrid, Prinz Karl Emil zu Fürstenberg, gesandt.
2   Der Botschafter der USA in London, Walter Hines Page, sandte diese Telegramme Fürstenbergs am 20.02.1918 an Wilson, nachdem er sie durch einen geheimen Kontakt aus Madrid erhalten hatte. Vgl. The Papers of Woodrow Wilson 46, 397–400; Brook-Shepherd, Um Krone und Reich, 164–170; Meisels, 122–134; sehr mißverstanden bei Lorenz, Kaiser Karl, 446–448.
3   Karl Emil Prinz zu Fürstenberg, 1913–1918 k.u.k. Botschafter in Madrid.
4   Vgl. die französische Übersetzung des Briefes an König Alfons XIII. von Spanien, in: Wien, HHStA, PA I, 964, fol. 142r–v.
5   Vgl. Rede Wilsons vom 12.02.1918, in: HHStA; PA I, 964, unfoliiert, Druck: „Kundgebungen des Präsidenten Wilson zur Friedensfrage nach den vorliegenden deutschen und englischen Verlautbarungen".

nin[6] andererseits haben die europäische Lage wesentlich geklärt und die wichtigsten strittigen Punkte auf ein gewisses Minimum reduziert. Es scheint mir somit der Augenblick gekommen zu sein, in welchem eine direkte Aussprache zwischen einem meiner Vertreter und einem Vertreter Herrn Wilsons die Situation dermaßen klären könnte, daß dem Zusammentritte eines Weltfriedenskongresses nichts mehr im Wege stünde.

Deine wiederholt geäußerte so unendlich großherzige Intention, in einem solchen historischen Momente den Friedensbestrebungen Deine mächtige Unterstützung zu leihen, veranlaßt mich, die Bitte an Dich zu richten, auf streng geheime Weise nachfolgende Message an Präsidenten Wilson gelangen zu lassen:

„In seiner Rede vom 12. Februar[7] hat der Herr Präsident der Vereinigten Staaten vier Grundprinzipien als Vorbedingung einer zu erhoffenden Einigung aufgestellt. Meine Stellung zu diesen vier Grundsätzen kann ich folgendermaßen kennzeichnen.

Im Punkt 1 verlangt der Herr Präsident nach der hier vorliegenden deutschen Übersetzung: ‚daß jeder Teil einer endgültigen Vereinbarung auf der Gerechtigkeit in dem bestimmten Fall und auf einem solchen Ausgleiche aufgebaut sein muß, von dem es am wahrscheinlichsten ist, daß er einen Frieden, der dauernd ist, herbeiführen wird.‘ Diesen Leitsatz nehme ich an. Ein jeder auf ethischer Höhe stehende vernünftige Mensch muß eine Lösung wünschen, welche den dauernden Frieden verbürgt und nur ein gerechter und die entgegengesetzten Interessen ausgleichender Friede kann eine solche Lösung darstellen.

Punkt 2 und 3 gehören zusammen und besagen, ‚daß Völker und Provinzen nicht von einer Staatsoberhoheit in eine andere herumgeschoben werden, als ob es sich lediglich um Gegenstände oder Steine in einem Spiele handelte, wenn auch in dem großen Spiele des Gleichgewichtes der Kraft, das nun für alle Zeiten diskreditiert ist, daß jedoch jede Lösung einer Gebietsfrage, die durch diesen Krieg aufgeworfen worden ist, im Interesse und zu Gunsten der betroffenen Bevölkerungen und nicht als Teil eines bloßen Ausgleiches oder Kompromisses der Ansprüche rivalisierender Stellen getroffen werden müsse.‘

Die Gebietsfrage wird sich, wie ich glaube, sehr einfach lösen lassen, wenn alle Staaten ausdrücklich erklären, daß sie auf Eroberungen und Kriegsentschädigungen verzichten. Nur müßten sich selbstverständlich alle Staaten auf die gleiche Basis stellen. Ist der Herr Präsident der Vereinigten Staaten bemüht, seine Verbündeten auf dieser Basis zu ralliieren, so wird Österreich-

---

6 Rede Czernins in der österr. Delegation, Wien, 1918 Jänner 24, in: Czernin, Im Weltkriege, 395–407, besonders 402–405.
7 Vgl. The Papers of Woodrow Wilson 46, 318–324, insbesondere 322–324.

Ungarn alles tun, was in seinen Kräften steht, um seine Verbündeten zu dem
gleichen Schritte zu bewegen. Was dann an Grenzveränderungen, vielleicht
gerade im Interesse und zu Gunsten der betreffenden Bevölkerungen durchzuführen wäre, kann einvernehmlich in freundschaftlicher Weise zwischen
Staat und Staat geschehen, denn es würde ja, und das scheint auch die Meinung des Herrn Präsidenten der Vereinigten Staaten zu sein, einen dauernden Frieden kaum fördern, wenn man in dem Wunsch, eine Herumschiebung
von Völkern und Provinzen aus einer Staatsoberhoheit in die andere zu vermeiden, verhindern wollte, daß in jenen Teilen Europas, in welchen es bisher
noch zu keiner durchgreifenden Konsolidierung der territorialen Verhältnisse
gekommen ist, wie beispielsweise jenem von Bulgaren bewohnten Teile der
Balkanhalbinsel, eine entsprechende Regelung der Gebietsfragen vorgenommen werde. Das Prinzip muß jedoch bleiben, daß kein Staat etwas gewinnt
oder verliert und der Besitzstand aller Staaten vor dem Kriege als Maßstab
gilt.

Punkt 4 lautet, ‚daß alle klar umschriebenen nationalen Ansprüche, die
weitestgehende Befriedigung finden sollen, die ihnen zuteil werden kann,
ohne neue Elemente oder die Verewigung alter Elemente von Zwist und Gegnerschaft, die den Frieden Europas und somit der ganzen Welt wahrscheinlich bald wieder stören würden, aufzunehmen.'

Auch dieser Satz ist so, wie ihn der Herr Präsident klar und treffend gefaßt
hat, als Grundlage akzeptierbar. Ich lege selbstverständlich ebenfalls das al-
lergrößte Gewicht darauf, daß eine Neuregelung der Verhältnisse in Europa
die Gefahr künftiger Konflikte nicht vergrößert, sondern verringert. Die loyalen Worte, welche der Herr Präsident der Vereinigten Staaten gesprochen hat,
als er sagte, ‚daß die Vereinigten Staaten es gerne hinnehmen werden, wenn
man ihnen verständlich macht, daß Lösungen, die sie vorgeschlagen haben,
nicht die besten oder dauerhaftesten sind', erweckt in mir die volle Hoffnung
darauf, daß wir uns auch in diesen Fragen einigen können werden. Wir werden in diesem Gedankenaustausche den vollgültigen Beweis zu erbringen in
der Lage sein, daß es nationale Ansprüche gibt, deren Befriedigung weder
eine gute und dauerhafte noch auch eine den Wünschen der dadurch betroffenen Völker entsprechende Lösung gewisser immer wieder in den Vorder-
grund geschobener Probleme darstellen würde, wie wir dies beispielsweise bezüglich der nationalen Ansprüche Italiens auf das von Italienern bewohnte
österreichische Gebiet mit einer Unzahl von einwandfreien Kundgebungen
und Willensäußerungen der Bevölkerung dieses Teiles der Monarchie zu beweisen in der Lage sind. Ich würde also meinerseits den größten Wert darauf
legen, wenn einer meiner Vertreter mit dem Herrn Präsidenten der Vereinigten Staaten jede Modalität erörtern würde, welche die Möglichkeit neuer Kon-
flagrationen zu verhindern vermag.

In dem früher ausgesprochenen Prinzipe des vollkommenen Verzichtes auf

Annexionen erscheint die geforderte vollständige Freigabe Belgiens natürlich ebenfalls mitinbegriffen. Alle anderen Einzelfragen, wie die des Zuganges Serbiens zum Meere, die Gewährung der nötigen wirtschaftlichen Expansionsmöglichkeit für Serbien und andere Staaten, die Vereinigung der bulgarischen versprengten Minoritäten mit ihrem Mutterlande und viele andere Fragen, lassen sich in einer vorbereitenden Diskussion gewiß klären und für den Friedenskongreß vorbereiten.

Das zweite Hauptprinzip, welches der Herr Präsident bereits früher aufgestellt hat, besteht in der unbedingten Vermeidung eines künftigen Wirtschaftskrieges. Ich stimme dem voll und ganz bei.

Bezüglich des dritten Hauptprinzipes, das der Herr Präsident aufgestellt hat und welches in dem Vorschlage der allgemeinen Abrüstung und der Freiheit der Meere zur Vermeidung eines künftigen Weltkrieges gipfelt, besteht zwischen dem Herrn Präsidenten und mir ebenfalls keinerlei Meinungsverschiedenheit.

Ich glaube nach all dem, daß zwischen den vom Herrn Präsidenten der Vereinigten Staaten aufgestellten Grundsätzen einerseits und meinen Anschauungen anderseits jener Grad von Übereinstimmung vorhanden ist, der nötig ist, um von einer direkten Aussprache ein Resultat erhoffen zu können, und daß eine solche Aussprache die Welt dem von allen Völkern heißersehnten Frieden wesentlich näher bringen könnte."

Wenn Du die Güte haben willst, diese Antwort dem Herrn Präsidenten zu übermitteln, so glaube ich, daß Du damit dem allgemeinen Frieden die Türe öffnest und der gesamten Menschheit den größten Dienst erweisest, den ein Sterblicher ihr zu erweisen im Stande ist[8].

Karl.

Dieses Telegramm geht Euer Durchlaucht in doppelter Ausführung zu, um eine eventuelle Unklarheit zu verhüten.

Euer Durchlaucht wollen sofort über Resultat der Demarche telegrafisch berichten.

Czernin.

---

8 Zu den parallelen Aktionen Papst Benedikts XV. mit Wilson zum allgemeinen Frieden zu kommen, vgl. Liberati, Santa Sede e Stati Uniti negli anni della Grande Guerra, in: Rumi, 143–144.

82.
Circulaire N° 3 du Suprême Conseil Confédéré du 33ᵉ et dernier degré du Rite Ecossais Ancien et Accepté pour la Serbie

Marseille, 1918 Februar

Archiv der KUL, Freimaurersammlung, Druck.

Georges Weifert und Péra Chreplovitch im Namen der Serben, Kroaten und Slowenen und der von Deutschen, Magyaren, Türken und Bulgaren „unterdrückten Nationen" an alle pazifistischen Freimaurer. Sie ersuchen sie, nicht gegen ihre Aktionen zur Befreiung der „versklavten Nationen" durch ihre pazifistische Propaganda zu opponieren. Ein verfrühter (unreifer) Friedensschluß würde nur neue Kriege in naher Zukunft hervorrufen. Denn er sei kein Dienst an der wahren Humanität und entspräche nicht den Wünschen der wahren Freimaurerei. Darstellung des „Status quo" in Deutschland, Österreich-Ungarn, Bulgarien und der Türkei, den alle der humanistischen Freimaurerei Angehörenden nicht tolerieren dürfen. Die Fortsetzung des gegenwärtigen Krieges bis zum Sieg der Entente sei das Ziel.

A tous les Suprêmes Conseils, Grands Orients, Grandes Loges et RR∆ Loges

En abordant la lecture de la présente circulaire, vous aurez peut-être l'idée qu'elle ne traite pas un sujet maç∆.

Mais, si vous avez la frat∆ complaisance de lui prêter toute votre attention, vous vous apercevrez que ce ne sont que des idées et des sentiments maç∆ qui l'ont dictée, idées du reste pour lesquelles la Maç∆ a combattu dans tout pays depuis qu'Elle existe.

C'en est aussi la cause pour laquelle le Sup∆ Cons∆ de Serbie a estimé que c'est précisément entre vrais Maç∆ que le sujet doit être traité, que c'est dans les Ateliers maç∆ que les principes d'une paix selon le désir de tous les Maç∆ doivent être débattus dans une ampleur beaucoup plus vaste que nous ne saurions le faire dans le cadre restreint d'une circulaire.

Cet intérêt général que porte le sujet nous permet aussi de solliciter votre bienveillante intervention pour que la présente soit transmise à vos Resp∆ LL∆ pour y faire l'objet d'un débat approfondi.

En faisant cet appel, nous nous sommes bien rendu compte que c'est parmi les Maç∆ sincères que le pacifisme a pris naissance. La Maç∆ serbe, comme toutes les autres, en a fourni de tout temps des fervents adeptes.

Et aujourd'hui même nous osons affirmer que tous les Maç∆ serbes, pour commencer par le Sup∆ Cons∆, adhèrent entièrement aux principes élevés des pacifistes.

Cependant, bien que les signataires de la présente circulaire ne perdent pas un instant de vue que la guerre mondiale ne cesse de supprimer chaque jour des vies humaines si précieuses, pourtant ils ne peuvent s'empêcher d'émettre leur avis sincère qu'une paix immédiate, une paix prématurée, avant la victoire complète de la cause juste, qui seule doit nous guider dans nos pensées et dans nos actes, ne serait pas un service rendu à l'humanité et ne saurait être aucunement le désir de la vraie MaçΔ. Afin de permettre à nos FFΔ de pouvoir bien suivre nos raisonnements, ce qui, en même temps, justifiera notre point de vue, nous allons leur fournir ici un raccourci de faits qui nous ont déterminés d'être des partisans d'une lutte sans trêve.

Pour pouvoir arriver à ces résultats, il faut nous placer pour un instant à l'époque qui a précédé ce conflit mondial.

Voilà le <u>statu quo</u> auquel nous avons assisté avant la guerre dans les quatre pays contre lesquels toute l'humanité civilisée s'est alliée pour les combattre et [les] vaincre:

I. – En Allemagne:

A un armement sur terre et sur mer sans répit, ce qui a contraint presque tous les Etats de l'Europe et hors d'elle de se ruiner presque en voulant l'imiter jusqu'à une certaine mesure;

A un système d'espionnage et d'infiltration dans la vie intime de tous les peules dans le but unique de servir les intérêts allemands;

A une pénétration économique, industrielle et commerciale sans scrupule à l'étranger, secondée par le Gouvernement impérial, ses représentants diplomatiques et consulaires, ainsi que par toutes les organisations privées comme Compagnies de navigation, Chambres de commerce, etc.;

On ne reculait ni devant la prévarication, ni devant la corruption, pour ne citer que la loi Delbruck qui autorisait tout Allemand à avoir deux nationalités;

A un régime dans l'enseignement qui répandait, approuvait et stimulait les pires instincts du peuple en glorifiant la guerre, les conquêtes, le militarisme, la force, la violence dans le seul but d'assurer au peuple élu de Dieu – les Allemands – la prédominance;

A des persécutions effrontées dans les provinces non-allemandes, en Alsace-Lorraine et les provinces polonaises.

Malgré toutes les protestations de la population, on ne cessait de persécuter la langue française, à supprimer les souvenirs et les traditions françaises si chers aux Alsaciens.

Le cas de Saverne en est un type marquant.

Les persécutions de 5 millions de Polonais ont soulevé, à maintes reprises, l'indignation de toute l'humanité.

A ne citer que l'expropriation de la terre appartenant aux Polonais inscrite au budget de l'Etat;

La colonisation forcée des Allemands et la déportation des Polonais dans l'Ouest;

La défense de se servir de leur langue maternelle, non seulement dans la vie publique et dans les écoles, mais l'obligation imposée aux enfants à partir de la sixième année de faire leur prière en allemand sous peine de coups de verge.

Eh bien, y a-t-il un seul MaçΔ au monde qui, la conscience nette, pourrait voter qu'un tel état de choses doit continuer à subsister?

Est-ce du pacifisme et de l'humanitarisme de laisser continuer toutes ces violences et crimes contre les paisibles sept millions d'Alsaciens et Polonais qui sont contenus par la force brutale sous un tel régime odieux?

II. – En Autriche et en Hongrie:

La base politique de l'Autriche-Hongrie est l'assujettissement complet des deux tiers de la population au profit de deux races privilégiées: les Allemands et les Magyars.

Les deniers publics extorqués de la grande majorité du peuple sont employés pour entretenir une forte armée, pour le recrutement d'un cadre docile de fonctionnaires qui doivent assurer l'omnipotence de la faible minorité, le respect du Monarque et de toutes les traditions féodales dans la vie publique et privée.

Donner un tableau vrai de la monarchie des Habsbourg, ce serait énumérer pendant des siècles des cas sans nombre de corruption, de trahison, de parjure et de violence.

Toutes les provinces en Autriche et en Hongrie, qu'il s'agisse de la Bohême ou de la Croatie, de la Bosnie ou du Trentin, étaient de tout temps, et elles le sont jusqu'à nos jours, le théâtre d'une exploitation économique éhontée, d'une oppression répugnante.

Presque tous les leaders des peuples opprimés ont fini leur vie ou sur la potence ou dans les cachots.

L'empereur Charles, lors de son avènement au trône, pour des raisons de politique intérieure, craignant une révolution, a trouvé bon de faire un acte de grâce[1] qui a eu pour résultat, dans la province de Bohême seulement, le relâchement de 4.500 détenus politiques. Un pays où les exécutions capitales depuis de début de la guerre ont déjà vidé les geôles de 2.500 prisonniers politiques.

---

1 Vgl. Nr. 54.

Quel tableau sommaire aurions-nous devant nous si nous faisions l'addition de tous les crimes commis dans les douze autres provinces de l'Empire, notamment en Bosnie-Herzégovine, où le bourreau a le plus sévi et où n'ont même pas été épargnés des élèves de collèges, dont il y avait comme victimes 85 garçons au-dessous de l'âge de 18 ans.

Les Magyars, notamment, excellent dans la violence. Non seulement ils ont exclu tous les peuples non-magyars des droits publics (16.000 Magyars donnent un député et 80.000 Slovaques ou Roumains donnent aussi <u>un</u> député!), mais il les persécutent dans leur vie privée de tous les jours.

En Slovaquie, on arrache des enfants des deux sexes au-dessous de 3 ans appartenant à des familles pauvres, ou moyennant de l'argent, ou par l'intimidation, pour les mettre dans les pépinières magyares (<u>ovâdy</u>) jusqu'à leur dixième année, et après qu'ils ont oublié leur langue maternelle, on les renvoie dans leurs familles respectives (loi du comte Appony)[2], et tout cela se fait aux frais de la province dépouillée.

En Bosnie on a confisqué les terres de 4.800 familles serbes pour le simple fait qu'elles disent appartenir à la nation serbe.

Sur les crimes, oppressions et violences commis par les Magyars et les Allemands on a écrit déjà toute une littérature.

Eh bien, y a-t-il un seul MaçΔ au monde qui pourrait désirer, du point de vue humanitaire, que les 18 millions d'Austro-Magyars continuent à tenir dans l'esclavage les 36 millions de Serbo-Croates, Tchéquo-Slovaques, Roumains, Polonais, Russes et Italiens?

Est-ce une paix d'assister tous les jours à des luttes sanglantes entre l'oppresseur et l'opprimé?

III. – En Bulgarie

Depuis la création de cet État au Congrès de Berlin[3], on n'a vu qu'une succession de régimes de violence à l'intérieur non seulement contre les éléments d'autres races (30% de la population forment les Turcs, les Grecs, les Serbes et les Juifs) mais aussi contre tout mouvement libéral ou démocratique, que ce soit le régime d'un Stambouloff[4] ou d'un Cobourg[5], rien n'y a changé. Les

---

2 Zur „Lex Apponyi", vgl. Ludwig Gogolák, Die „Lex Apponyi" als Vollendung der ungarischen Gesetzgebung der Regierung Fejér-Váry und Ludovit Holotík, in: Die Habsburgermonarchie 1848–1918 III/2, 1288–1303, 775–800.

3 13. Juni–13. Juli 1878.

4 Steven Stambolov, bulgarischer Kammerpräsident, der nach dem Sturz des Fürsten Alexander von Bulgarien am 21.08.1886 erfolgreich die Gegenrevolution organisierte. Er behielt nach der Wahl des Prinzen Ferdinand 1887 die Regierungsgewalt.

5 Ferdinand I. (Sachsen-Coburg), 1887 Fürst von Bulgarien; 1908–1918 König, vgl. Nr. 20.

massacres des Grecs à Varna, à Bourgas et à Philippopoli ont retenti dans tout l'univers. Les atrocités commises par les Comitadjis, une invention bulgare, ont acquis une célébrité universelle. La Commission internationale instituée par le célèbre philanthrope Rockefeller[6] a constaté unanimement, pendant la guerre contre les Turcs, que les Bulgares ont commis de tels forfaits que l'imagination humaine n'a pas pu en comprendre le but, et que les crimes et cruautés commis par toutes les classes de la population bulgare (officiers, soldats, prêtres, maîtres d'école, etc.) dépassent en horreur tout ce qui était commis par les tribus réputées sanguinaires de l'Asie Mineure faisant partie de l'armée turque.

La Croix Rouge bulgare, après deux ans de guerre, ne peut pas fournir un renseignement en un registre de 70.000 prisonniers de guerre, dont le gros de Serbes, pour la raison qu'il est avéré qu'ils ont massacré un nombre égal d'hommes sans défense se trouvant en leur pouvoir.

Outre le massacre tout récent de 20.000 Serbes de la Macédoine et de la Vieille Serbie, la déportation de plus de 30.000 jeunes femmes et filles de ces contrées en Asie Mineure pour y être données ou vendues comme esclaves a provoqué un vif débat au sein du Parlement autrichien[7] après dénonciation de toutes les atrocités et cruautés auxquelles ces pauvres filles et femmes sont exposées, et c'est par un député de ce Parlement <u>autrichien</u> qui a vu toutes ces horreurs de ses propres yeux[8].

Eh bien, y a-t-il un seul homme de cœur, un seul vrai MaçΔ qui puisse tolérer que des crimes aussi exécrables contre l'humanité restent impunis et qu'on laisse dans l'avenir un petit peuple sans aucune civilisation maltraiter ses voisins serbo-croates, roumains et grecs?

IV. – En Turquie:

Les oppressions des chrétiens en Turquie depuis des siècles, les massacres périodiques de Grecs et de Syriens en Asie Mineure, les atrocités commises

---

6   John Davidson Rockefeller.
7   In der 18. Sitzung vom 12. Juli 1917 (XXII. Session) des österreichischen Abgeordnetenhauses wurde das Schicksal von Flüchtlingen mit ausführlichen Beispielen und einer sehr humanitären Gesinnung diskutiert. Darin ist das Schicksal der serbischen Kriegsflüchtlinge allgemein, doch nicht speziell dargestellt. Vgl. Stenographische Protokolle, 890–926. Dazu auch Beilage 487 der Stenographischen Protokolle: Gesetz betreffend Schutz der Kriegsflüchtlinge. Vgl. auch Beilage 678: Bericht des Flüchtlingsausschusses über die Frage der Repatriierung der Flüchtlinge vom 13.10.1917.
8   Vgl. Milčo Lalkov, Die Politik Österreich-Ungarns im Spiegel der bulgarischen Öffentlichkeit (1878–1918), in: Die Habsburgermonarchie VI/2, 406–435; Branislav Vranešević, Die außenpolitischen Beziehungen zwischen Serbien und der Habsburgermonarchie, in: Die Habsburgermonarchie VI/2, 372.

envers les Arméniens qui menacent d'exterminer tout un peuple civilisé de plusieurs millions, nous libèrent de l'énumération détaillée des forfaits d'un régime abject trop connu de tout le monde[9].

Nous n'avons qu'à nous demander s'il peut y avoir un seul MaçΔ au monde qui pourrait souscrire que ces malheureuses populations continuent à demeurer sous cette oppression odieuse.

Or, quel est le but de guerre des quatre nations de proie en Europe, des Allemands, des Magyars, des Turcs et des Bulgares?

C'est d'affirmer leur domination sur les peuples qui, au cours de l'histoire, sont tombés sous leur joug, d'abattre ceux qui les arrêtent dans cette voie et, ainsi affermis, de se ruer contre le reste du monde libre et indépendant.

La prolongation de la guerre actuelle jusqu'à la victoire de l'Entente a pour but, par contre, la libération des 60 millions d'âmes assujetties à l'esclavage, l'anéantissement de toute velléité de gouverner les peuples contre leur volonté et contre leurs intérêts ethniques et la sauvegarde de la liberté de ceux qui en jouissent encore pleinement aujourd'hui, assurant ainsi une vie heureuse et prospère à la majeure partie de l'humanité.

Il nous semble qu'aucun MaçΔ , qu'aucun pacifiste, qu'aucun homme de cœur et de sentiment humanitaire ne doit mettre entrave à ce but des Etats alliés de l'Entente.

Au nom des Serbes, Croates et Slovènes, ainsi qu'au nom de toutes les autres nationalités opprimées, assujetties aux Allemands, aux Magyars, Turcs et Bulgares, nous adressons un appel le plus fraternel et le plus pressant à tous les FFΔ pacifistes de ne pas s'opposer par leur propagande pacifiste, par leur action dans le sens d'une paix immédiate, à la libération,après tant de siècles d'esclavage, de toutes ces nationalités opprimées et vouées à la disparition sûre et à l'extermination complète au cas où les pacifistes obtiendraient la conclusion d'une paix prématurée – une perspective qui forcerait ces nations à provoquer de nouvelles guerres dans un avenir très proche.

Veuillez bien, nos très CCΔ et IllΔ FFΔ, agréer nos salutations les plus fratΔ

Pour le GrΔ ChancΔ GrΔ SecrétΔ   Le SouvΔ-GrΔ CommΔ, GrΔ MΔ
Péra Chreplovitch[10], 33ᵉΔ   Georges Weifert[11], 33ᵉΔ

Adresse: P. Chreplovitsch Banque Nationale de Serbie,2, rue de Paradis, Marseille (France).

---

9 Vgl. Karl Vocelka, Das Osmanische Reich und die Habsbugermonarchie 1848–1918, in: Die Habsbugermonarchie VI/2, 264–265.
10 Serbischer Freimaurer.
11 Serbischer Großindustrieller, vgl. Wichtl/Schneider, 141.

83.
Lord Alfred Charles Northcliffe an den britischen Außenminister Arthur James Balfour

London, 1918 Februar 24

PRO, FO 800/213, fol. 67–74, Ausfertigung.
PAMAE, Paix séparée 104, fol. 73–76, Abschrift für das frz. Außenministerium in frz. Übersetzung.
Druck: DDI X, 358–359, Nr. 425 (englische Fassung)[1].

Der Leiter der Propaganda in den Feindländern, Lord Alfred Charles North-
cliffe, unterbreitet dem britischen Außenminister das Konzept einer anti-öster-
reichischen Propaganda, das der Journalist und Mitarbeiter Northcliffes, Henry
Wickham Steed, entwarf. Man lehnt einen Separatfrieden mit Österreich-Un-
garn ab, da man die Habsburger für zu schwach hält, sich von Deutschland zu
trennen und eine nicht deutsch dominierte Donaukonföderation zu errichten.
Das englisch-französische Bündnis mit Italien soll nicht gelöst werden. Deshalb
ist der Zusammenschluß antideutscher Kleinstaaten zu einer Donaukonfödera-
tion und der Anschluß Deutschösterreichs an Deutschland zu forcieren.

My dear Mr. Balfour,

I have long been of opinion that it would be well to concentrate on Propaganda in Austria.

I have made a point of seeing every available person who has come out of Austria, including many Americans who returned to the United States when I was there. All shared the same view – that the Dual Monarchy entered the greater war in a half hearted spirit; is weary of the war; has endured hardships approaching starvation, and realises that there is no benefit for Austria arising out of the war. The control of the Presses of the various nationalities composing the Dual Monarchy is so absolute that the real facts of the war are unknown to the multitude. Germany is not idle in Austria or elsewhere.

For example, the entrance of the United States into the war has been belittled, and described as mere American bluff. Many subjects of Austrian nationalities had, before the war, considerable knowledge of the United States owing to the great emigration to that country. They would realise the power of the United States if explained to them. It is submitted, with respect, therefore, that one of the first steps to be taken is to spread, through all available channels, accurate facts about the American preparations.

But, before making any beginning in that direction, or any others, I feel

---

1 Zur Redaktion dieses Memorandums durch Steed, vgl. Schuster, 179–182.

that I must be placed in possession of knowledge of the policy of the Allies as to the Dual Monarchy.

I should be greatly obliged if you would give me your opinion on the following suggestions, which are made after consultation with those well acquainted with Austria. If they merit your approval, it is suggested that they be submitted to the United States, France and Italy. As for the United States, I would personally ask Colonel House[2] to expedite their consideration. Time is essential. It is reported that this week Krupps[3] have purchased no less a journal than the "Fremdenblatt", despite the fact that the policy of Vienna newspapers is controlled by telephone from Berlin. It is suggested that there are two policies for the Department of Propaganda in Enemy Countries. In order that there may be no misunderstanding in the United States, [a]–France or Italy–[a], I have recapitulated elementary facts generally known.

These two policies are as follows:

(a) To work for a separate peace with the Emperor, the Court and the Aristocracy on the principle of not interfering with the domestic affaire of the Hapsburg Monarchy and of leaving its territory almost or quite intact; or

(b) To try to break the power of Austria-Hungary, as the weakest link in the chain of enemy States, by supporting and encouraging all anti-German and pro-Ally peoples and tendencies.

The (a) policy has been tried without success. The Hapsburgs are not free agents. They have not the power, even though they may wish, to break away from Germany, because

1. They are controlled by the internal structure of their dominions (the Dual System) which gives Germany decisive leverage over them through the Germans of Austria and the Magyars of Hungary; and

2. Because the Allies cannot offer them acceptable terms without breaking with Italy.

It remains to try the (b) policy. This policy is not primarily or even, in the last resort, necessarily anti-Hapsburgian; it is not opposed to the interests of the Roman Catholic religion; and it is in harmony with the declaired aims of the Allies. The Empire of Austria contains some 31,000,000 inhabitants. Of these, less than one third, i.e. the nine or ten million Germans of Austria, are pro-German. The other two thirds (including the Poles, Czecho-Slovacs, Rumanes, Italians and Southern Slaves) are actively, or passively anti-German.

The Kingdom of Hungary, including the "autonomous" Kingdom of Croatia-Slavonia, has a population of approximately 21,000,000, of which one half (Mag-

---

a–a Handschriftlich eingefügt.

2   Colonel Edward M. House, ab 1.12.1917 Vertreter Wilsons im Supreme War Council, 1919 Vertreter Wilsons bei den Friedensverhandlungen in Paris.

3   Gustav Krupp von Bohlen und Halbach, deutscher Großindustrieller.

yars, Jews, Saxons and Swabians) may be considered pro-German and the rest (Slovaks, Rumanes and Southern Slavs) actively or passively anti-German.

There are thus in Austria-Hungary, as a whole, some 31,000,000 anti-Germans and some 21,000,000 pro-Germans. The pro-German minority rules the anti-German majority. Apart from questions of democratic principle, the policy of the Allies should evidently be to help and encourage the anti-Germans.

The chief means of helping them may be specified thus:

1. Allied Governments and the President of the United States should insist upon their determination to secure democratic freedom for the races of Austria-Hungary on the principle of "Government by consent of the governed". Expressions such as "self-government" or "autonomous development" should be avoided, because they have a sinister meaning in Austria-Hungary and tend to discourage the friends of the Allies.

2. For the same reason, statements that the Allies do not wish to "dismember Austria" should be avoided. The war cannot be won without so radical a transformation of Austria-Hungary as to remove its people from German control. The Hapsburgs may be driven to help in this transformation if Allied encouragement of the anti-German Hapsburg peoples is effective. By themselves the Hapsburgs cannot affect a transformation exept in an increasingly pro-German sense.

For propaganda among the anti-German peoples the agencies already existing should be utilized; these agencies are chiefly the Bohemian (Czecho-Slovak) National Alliance; the Southers Slav Committee; and various Polish organisations.

The present tendency of the Italian Government to shelve the policy embodied in the London Convention of April 26, 1915, and to adopt a policy of agreement with the anti-German races of Austria-Hungary, should be encouraged and stimulated. The ultimate aim of Allied policy should be, not to form a number of small, disjointed States, but to create a non-German Confederation of Central European and Danubian States[4]. The Germans of Austria should be free to join the Confederated States of Germany. They would, in any case, tend to secede from a transformed Austria in which they would no longer be able to rule over non-German peoples.

In view of the great amount of cabling that will be necessary to achieve unity, may I ask you to let me hear[a], either your own suggestions, or your approval of those above mentioned, as speedily as possible[5].

---

a   Handschriftlich.

4   Vgl. R. Wierer, Der Föderalismus im Donauraum, Graz 1960; J. Köhl, Föderationspläne im Donauraum und in Ostmitteleuropa, München 1958; T. G. Masaryk, Das neue Europa. Der slawische Standpunkt, Berlin 1922; Masaryk, Weltrevolution, 256; Le Rider, Mitteleuropa.

5   Vgl. H.W. Steed, Through Thirthy Years, 2, 189–191; Valiani, The End of Austria, 232–233;

84.
Papst Benedikt XV. an Kaiser und König Karl

Vatikan, 1918 Februar 28

AE, Stati Eccl. 216 [neu 1317], vol. XII, Fasz. 18–22, Prot. fehlend.[1]
Druck: Rumi 39–40.

Der Papst erlaubt, daß Pacelli die Friedensvorschläge des Kaisers an Italien zur Prüfung durch ihn persönlich überbringt. Wenn Friedensverhandlungen geführt werden, sollte man sie noch vor der nächsten Offensive beginnen. Kaiser Karl möge Italien solche Friedensvorschläge machen, die die Hauptursachen der Spannungen zwischen den beiden Staaten beseitigen und einen dauerhaften Frieden sichern.

Mons. Pacelli, Nostro Nunzio in Baviera, Ci ha partecipato, conformemente alla sua lettera a Noi diretta il giorno 23 dicembre 1917, che la Maestà Vostra si proponeva rimettergli le condizioni di pace che farebbe all'Italia, e desiderava che egli stesso venisse, con Nostro permesso, a Roma per sottometterle al Nostro esame[2].

Hanak, Great Britain and Austria-Hungary, 311 (Steed-Register); Schuster, Henry Wickham Steed und die Habsburgermonarchie; Seton-Watson, The Making of a New Europe; Sanders/Taylor, Britische Propaganda; Angerer, H.W. Steed, R.W. Seton-Watson und die Habsburgermonarchie. In seiner Antwort vom 26. Februar legte sich Lord Balfour nicht fest, mit welcher Methode die propagandistische Zerstörung Österreichs beginnen sollte. Er schrieb: "But in either case the earlier stages of the process are the same, and a propaganda which aids the struggle of the nationalities now object either to Austrian Germans or to Magyar Hungarians towards freedom and self-determination must be right, whether the complet break-up of the Austrian-Empire or its de-Germanisation under Hapsburg rule be the final goal of our efforts." Vgl. PRO, FO 800/213, fol. 75–76, London, 1918 Februar 26. Zur praktischen Durchführung dieses Entwurfes, vgl. Glaise-Horstenau, Die Katastrophe, 197–203 (fehlerhafte Übersetzung); zur österr.-ung. Reaktion auf die Feindpropaganda, in: Plaschka/Haselsteiner/Suppan, Innere Front 1, 236–250.

1 Vermerk: Questa lettera fu inviata per mezzo di Monsignor Marchetti e per tramite dell'ambasciata di Austria-Ungheria il 28 febbraio 1918. Nach Meckling, 338, Anm. 39 traf dieser Brief Mitte März 1918 in Wien ein. Erst damals erfuhr Czernin von den Bemühungen des Kaisers, mit Hilfe des Papstes den Frieden mit Italien herbeizuführen. Vgl. dazu Demblin, 73, 241–246, Anm. 341.

2 AE, Stati Eccl. 216 [neu 1317], vol. XII., Prot. 55.739, Vatikan, 1918 Jänner (vor dem 30.) Cifra, Gasparri an Pacelli: Ricevuto rapporto No. 4069. Imperatore Austria comunicherà V. E. condizioni pace suo governo, da trasmettersi Santa Sede. V.E. le accetti e le trasmetta nel modo più sicuro o per corriere diplomatico o per mezzo di un officiale di cotesta Nunziatura. Non escludo viaggio di V.E. ma per evitare inopportuni commenti, soltanto nel caso che lo giudichi

Noi ben volentieri abbiamo dato tale permesso e non abbiamo parole baste-
voli per lodare il proposito della Maestà Vostra di fare tutto il possibile per
porre un termine all'orribile guerra che insanguina l'Europa ed ha condotto i
popoli all'estremo limite della desolazione e della miseria. Il Signore, avendo
finalmente misericordia della povera umanità, benedica il Suo proposito e faccia sì che la pace ritorni per l'opera della legittima Autorità e non già per l'imposizione degli elementi sovversivi, che riserverebbero ai popoli altre e forse
più gravi sciagure [da „ritorni" segnato a margine a matita].

Manifestando alla Maestà Vostra questi Nostri sentimenti, Ci permettiamo
di aggiungere due voti. In primo luogo sarebbe vivamente a desiderarsi che le
trattative di pace, se debbono avere luogo, giungessero in tempo per impedire
le prossime offensive delle quali si parla, e che sarebbero una carneficina più
orribile delle precedenti. In secondo luogo Noi preghiamo la Maestà Vostra di
offrire all'Italia condizioni che, togliendo i principali motivi di attrito, assicu-
rino alle due nazioni vicine una pace durevole. Né per questo la Maestà Vostra
può temere doglianze da parte dei suoi sudditi, poiché ad essi non possono
sfuggire i vantaggi politici, militari,economici del settore orientale, i quali
compensano le concessioni che la Maestà Vostra volesse fare, e che, rimossi i
principali motivi di attrito da parte dell'Italia, assicurano alla Monarchia dal
di fuori piena e duratura tranquillità.

La Maestà Vostra, ringraziando il Signore, può dire con tutta verità che
esce da questa guerra salvatore della Monarchia: se a questo titolo volesse aggiungere l'altro, non men bello, di pacificatore dell'umanità, avrebbe posto il
colmo alla sua gloria.

Con paterno affetto impartiamo a Vostra Maestà, alla Sua Augusta famiglia
ed ai Suoi sudditi l'Apostolica Benedizione.

---

necessario. AE, Stati Eccl. 216 [neu 1317], vol. XVII., Prot. fehlend, München 1918 Jänner 30.
Pacelli an Gasparri. Vermerk: Urgente e strettamente riservato. S.M. l'Imperatore d'Austria
mi ha fatto chiedere per mezzo di una persona di sua fiducia, venuta qui in Monaco, se avevo
avuto dalla Santa Sede le istruzioni da Lui desiderate, secondo che Egli stesso avrebbe manifestato in una Sua Lettera indirizzata all'Augusto Pontefice verso la fine dello scorso Dicembre, a cui Sua Santità avrebbe risposto al principio del corrente mese. Io non ho potuto se non
confessare, conforme a verità, che non avevo ricevuto da Roma alcuna notizia od istruzione al
riguardo. Allora la medesima persona mi ha insistentemente pregato di portare a conoscenza
della Santa Sede che attenderebbe al più presto (possibilmente per telegrafo) una chiara e pre-
cisa risposta da poter comunicare alla sullodata Maestà Sua. AE, Stati Eccl. 216 [neu 1317],
vol. XII. Prot. fehlend: München 1918 Februar 13, Cifra Pacelli an Gasparri, Vermerk: arrivato
il 16 febbraio 1918. Als Vertrauensperson dürfte P. Cölestin Schwaighofer von Deggendorf
OFMCap. eingesetzt gewesen sein. Vgl. dazu: Nr. 85, Anm. 1. No. 122. Avuto telegramma del
No. 64. Persona fiducia afferma volontà Imperatore condiscendere pace sia da me personalmente […] e verbalmente manifestata Santo Padre: non vi sarebbe quindi altra via possibile
all'infuori mio viaggio. Per evitare equivoci, ho creduto necessario chiedere condizioni seu vengano comunicate modo autentico sicuro. Sembra ciò richiederà qualche tempo.

85.
Kaiser und König Karl an Papst Benedikt XV.

o. O., o. D. [Wien, 1918 Februar/März]

AOS, Tom. I, Index 465, beglaubigte Kopie.[1]

Mündliche, geheime Friedensvorschläge zuhanden des Papstes, um nach den Intentionen des Papstes den Weltfrieden herbeizuführen. Österreichisch-ungarische Kriegsziele.

Wiederherstellung von „M"[ontenegro?]. Jedoch bleibt der Lovcen bei Österreich. Für „M"[ontenegro?] günstige Handelsverträge. Wiederherstellung von „S"[erbien], womöglich unter einer anderen Dynastie; Zugang zum Meere, der Schienenstrang unter österreichischem Einfluß; für „S"[erbien] günstige Handelsverträge namentlich hinsichtlich des Exportes von Schweinen (ohne Einmischung hinsichtlich der eventuellen Ansprüche einer anderen befreundeten Macht.)

„R"[umänien] Status quo ante; eventuelle Grenzregulierungen; Verhandlungen mit der jetzigen dortigen Dynastie; für „R"[umänien] günstige Handelsverträge. (Ohne Einmischung hinsichtlich der eventuellen Ansprüche einer anderen befreundeten Macht.)

„Al"[banien] selbstständig unter virtuellem Protektorate Österreichs.

„Po"[len] vollständig freie Selbstbestimmung.

Vollständige Wiederherstellung „Bel"[giens].

„I"[talien]. Die derzeitige Okkupation bezweckt vor allem: ein Faustpfand zu besitzen, um einwirken zu können,

1. damit dem Heil[igen] Vater die Ihm gebührende Mittlerstellung gesichert werde [und]

2. damit eine Regelung der römischen Frage in der Weise angebahnt werde, wie Seine Heiligkeit es im geeigneten Augenblick als Seinen Intentionen entsprechend offenbaren wird.

3. Die Zurückerstattung des okkupierten Gebietes hängt also von dem Maße des it[alienischen] Entgegenkommens ab.

Das in München gemachte Angebot[2] kann bei der inzwischen geänderten Situation unter notwendiger Berücksichtigung der Volksstimmung nicht

---

1 Vermerk von Kaiserin Zita: „Copie zur Aufbewahrung. Dies ging während des Krieges 1917? oder 1918? durch Pater Cölestin Schwaighofer OFM Cap. So viel ich weiß, wurde es durch diesen direkt dem Nuntius Msgr. Pacelli übergeben und via diesem dem Hl. Vater Papst Benedikt XV. bekanntgegeben." Summarisch bei Scherer/Grunewald III, 318–319 (Nr. 206): Wien, 1918 Jänner 31: Wedel an Außenministerium.
2 Vgl. Nr. 62, Anm. 1 (= Steglich, Friedenspolitik, 124).

mehr in vollem Maße aufrechterhalten bleiben. Es würde sich eventuell ein Modus vivendi betr[effend] Valona finden lassen.

Vorstehendes sind die öst[erreichisch]-ung[arischen] Ziele.

Hartnäckige Zurückweisung seitens der Gegner könnte je nach Entwicklung der Zukunft teilweise oder ganze Zurückziehung dieser Angebote und Auferlegung von Kriegsentschädigungen notwendig machen. Diese durch Namensunterzeichnung authentisierte Skizze darf gemäß gegebenem Worte nur Seiner Heiligkeit übermittelt werden. Vernichtung nach Allerhöchster Kenntnisnahme wird ehrerbietigst vertrauensvoll erbeten[3].

---

3 Diese Bitte des Kaisers dürfte erfüllt worden sein. In der diesbezüglichen Chiffren- und Briefsammlung des Kardinalstaatssekretärs, AE, Stati Eccl. 216 [neu 1317], vol. XII und XVII, sind Telegramme von und Instruktionen für Pacelli zu finden, die Botschaft des Kaisers fehlt. Vgl. vol. XVII unter Prot. 57.827: Cifra, München, 1918 Februar [vor dem 25.]. Pacelli an Gasparri: (Vermerk: Arrivato il 25 Febbraio 1918.) Fatto comprendere persona fiducia opportunità sollecitare, onde iniziare subito eventuali trattative: insisto però comunicazione autentica della mente Imperatore: rilevata convenienza rispecchi non solo personali sue vedute, ma Ministro Esteri […] raccomandate condizioni accettabili, ricordando pure mia conversazione 30 Giugno; insinuata con massima circospezione idea.
Cifrato 72.
Persona fiducia partita stamane. Attendo risposta che forse tarderà, trovandosi ora Imperatore lontano da Vienna (al)? Quartiere generale.
Cifra, München, 1918 März 5, Pacelli an Gasparri: (Vermerk: arrivato il 6 marzo)
No. 133 Apprendo ora scopi guerra mi saranno comunicati modo autentico da me richiesto, però per motivi prudenza non […] mio passaggio Svizzera. Ignoro quali siano e se contengono condizioni accettabili, cui accennai mio cifrato 126. Attendo per partenza istruzioni V.E.R. anche relativamente passaporto.
Cifra, Vatikan, 1918 o. D., Gasparri an Pacelli: Dica persona fiducia di attendere in Svizzera ritorno di V. E.
Vol. XII, Prot. fehlend, o. O., o D. Cifren, Gasparri an Pacelli:
No. 92. E prudente aspettare esito offensiva fronte occidentale. Quindi prima intervista Voi limitatevi a dire che governo italiano sarebbe disposto ad una intesa su basi però alquanto più estese e con compensi. Desiderasi sapere se lettera Imperatore è definitiva o ammette trattative.
Vol. XII, Prot. 60.617, o. O. o. D., Gasparri an Pacelli, Cifren:
Sarebbe opportuno che Imperatore Austria rimettendo a V. E. condizioni pace escludesse apertamente ogni trattativa con Sonnino, principale responsabile della guerra. Non dubito che Sonnino sarebbe costretto dimettersi, il che sarebbe passo importante verso pace. Distrugga dispaccio.
Ricevo cifrato 122. Venga pure, avvertendo prima con cifrato ed io con telegramma aperto la inviterò subito seguire [venire?] per motivo salute sua madre. Sarebbe a desiderarsi trattative principiassero subito onde evitare, se possibile, prossima offensiva.
Vol. XII, Prot. 60.623, Vatikan, 1918 März 26, Gasparri an Schioppa:
Monsignor Nunzio trattenuto ancora Roma causa salute sua madre partirà Domenica o lunedi prossimo.
Vol. XII, Prot. fehlend, o. O. o. D. [Vatikan, 1918 nach April 2], Cifra, Gasparri an Pacelli: Il momento non sembra opportuno per spingere innanzi trattative. Ad ogni modo nelle proposte fatte V. E. deve sopprimere la Tripolitania.

Anderen Stellen kann gegebenem Worte gemäß nur mitgeteilt werden, was Seine Heiligkeit eventuell hiefür bestimmen wird. Zweck dieser Unterbreitung der Kriegsziele ist nicht Anregung von Separatfriedensschlüssen, soweit solche der Treue gegen verbündete Mächte entgegen wären, sondern: daß durch das hierin bewiesene Entgegenkommen das Zustandekommen des Weltfriedens auf dem vom Hl. Vater gezeigten [Wege] versucht werde. Möge er mit Gotte Hilfe zum Ziele führen.

3. ª⁻Integrität der Monarchie, wobei Grenzregulierungen im beiderseitigen Einvernehmen bei Aufrechterhaltung der Größe des heutigen Besitzstandes der Monarchie nicht ausgeschlossen sind⁻ª.

86.
Entwurf einer „Allerhöchsten Antwort"
Kaiser und König Karls an „den Präsidenten der Vereinigten Staaten von Amerika"

Wien, 1918 März 22

HHStA, PA I, 964, fol. 144r–149r, Entwurf von Kaiser und König Karl signiert und mit handschriftlichen Zusätzen versehen.
Druck: Werkmann, Deutschland als Verbündeter, 240–244; Scherer-Grunewald IV, 39–42 (Nr. 27 Konzept für Kühlmann) und Papers of Woodrow Wilson 46, 124–126 (= Interzept, datiert 23. März 1918).

Die Antwort Kaiser und König Karls auf die Stellungnahme Wilsons zu seinem Brief vom 17. Februar 1918[1] *erreichte den Präsidenten der USA nicht mehr. Dieser Entwurf war ein Kooperationstext des Ministerium des Äußern, den Kaiser und König Karl mit einem Sichtvermerk abzeichnete und in einzelnen Formulierungen auch redigierte. Darin wurden die Fragen Wilsons bezüglich territorialer Regelungen auf dem Balkan und gegenüber Italien detailliert beantwortet. Die von Wilson plötzlich verlangte Präzisierung zu Territorial-Problemen in einem Friedensschluß auf dem Balkan und gegenüber Italien dürfte*

---

a–a Von der Hand des Kaisers.

Zum diesbezügl. Kontakt des Hl. Stuhles mit der ital. Regierung, vgl. DDI X, 359 (Nr. 426), Gasparri an den ital. Finanzminister F. S. Nitti, Vatikan, 1918 März 18; dazu auch Riccardi, Alleati non amici, 580, Anm. 164.

1 Vgl. The Papers of Woodrow Wilson 46, 551–553; Brook-Shepherd, Um Krone und Reich, 166–167.

*auf diplomatische Einwirkungen Frankreichs und Italiens zurückzuführen
sein.[2]*

Die Antwort, welche der Herr Präsident der Vereinigten Staaten auf die Mitteilung über Meine Stellungnahme zu den in seiner Rede vom 12. Februar von ihm aufgestellten Grundprinzipien eines gerechten und dauerhaften Friedens Mir zu übermitteln die Freundlichkeit hatte[3], bestärkt Mich in der Überzeugung, daß zwischen den von ihm aufgestellten Grundsätzen einerseits und Meinen Anschauungen andererseits jener Grad von Übereinstimmung vorhanden ist, der nötig ist, damit eine Aussprache über die Bedingungen des von allen Völkern so heiß herbeigesehnten Friedens mit Aussicht auf Erfolg eingeleitet werden könne. Die Antwort des Herrn Präsidenten der Vereinigten Staaten enthält nichts, was Mir die Hoffnung nehmen könnte, daß wir auch bezüglich der „Anwendung" dieser Grundsätze auf die einzelnen Fragen, von deren gerechter Lösung ein dauerhafter Friede abhängt, zu einem Einvernehmen gelangen werden. Allerdings bestärkt sie Mich auch in der Auffassung, daß die Prüfung der Frage, ob derselbe Grad von Übereinstimmung, der zwischen den von Herrn Wilson verkündeten Grundsätzen und Meinen Anschauungen besteht, auch bei der Anwendung dieser Grundsätze auf die einzelnen zu lösenden Fragen vorhanden ist, am besten in einer direkten mündlichen Aussprache zwischen einem Meiner Vertreter und einem Vertreter des Herrn Wilson erfolgen könnte. Eine schriftliche Auseinandersetzung

---

2 Vgl. zur Redaktionsgeschichte Nr. 87a und Brook-Shepherd, Um Krone und Reich, 168–170.
   Vgl. auch PAMAE, Paix séparée 104, fol. 41–42, Rom, 1918 Jänner 25, Barrère an das frz.
   Außenministerium: Ankündigung diplomatischer Aktionen gegenüber österr.-ung. und amerikanischen Friedensgesprächen. Ebd., fol. 50–54, Rom, 1918 Februar 3, Barrère an das frz.
   Außenministerium: Die im März 1917 begonnenen und im November 1917 wiederaufgenommenen Friedensgespräche könnten nun zu einer „malaise" führen. Ebd., fol. 88-89, Rom, 1918
   Februar 28, Barrère an das frz. Außenministerium: Über die Gefahr, daß „nos ennemis pourraient débaucher le President Wilson. Seulement l'entreprise du Vatican est beaucoup plus
   dangereuse et je la suis ici avec une extrême attention."
   Dazu auch PAMAE, Paix séparée 104, fol. 90–91, Washington, 1918 März 1, Lansing an Jusserand: Präsident Wilson hofft, aus dem Brief des Kaisers ein definitives Programm der Kriegsziele der Zentralmächte zu bekommen. Die Botschaft des Kaisers ist persönlich und privat.
   Zur päpstlichen Intervention bei Kaiser Karl durch den Apostolischen Nuntius in Wien, Valfrè di Bonzo, der Kaiser möge mit Wilson verhandeln, vgl. AE, Stati Eccl. 216 [neu 1317], vol.
   XII, Prot. fehlend, o. O., o. D. [Vatikan, 1918 Februar 25], Gasparri an Valfrè di Bonzo und ebd.,
   Prot. fehlend, o. O., o. D [Vatikan, 1918 Februar 29], Gasparri an Valfrè di Bonzo. Der vertrauliche Brief des Papstes an Kaiser Karl wurde bisher nicht aufgefunden. Zum Parallelismus
   von kaiserlichen und päpstlichen Friedensinitiativen mit Wilson vgl. Liberati, Santa Sede e
   Stati Uniti, in: Rumi, 143–144.
3 Vgl. New York Times, February 12, 1918 und Papers of Woodrow Wilson 46, 318, Anm. 1. Die
   Rede vom 11.02. wurde am 12.02.1918 publiziert.

über diese Fragen hat den Nachteil, daß sich dabei Mißverständnisse, die in
einer mündlichen Aussprache sofort aufgeklärt werden können, oft wochen-
lang hinschleppen. Dazu kommt dann noch die Umständlichkeit und Lang-
wierigkeit dieses Vorgehens, die im schreienden Gegensatz zu der begreifli-
cherweise immer mehr erstarkenden Friedenssehnsucht aller Völker steht,
denen wir mit dieser Aussprache dienen wollen. Ich glaube, daß es in einer
solchen Aussprache gelingen würde, den Herrn Präsidenten der Vereinigten
Staaten vollständig davon zu überzeugen, daß in den von ihm erwähnten spe-
ziellen Fragen auch wir eine Lösung anstreben, von welcher es, um seinen
Ausdruck zu gebrauchen, „am wahrscheinlichsten ist, daß sie einen dauernden Frieden herbeiführen wird".

Ich kann schon jetzt versichern, daß die Befriedigung jeder gerechten nationalen Aspiration jener slavischen Völkerschaften, welche so nahe Meinem
eigenen Lande angesiedelt sind, auch schon deshalb Mein aufrichtiger
Wunsch sein muß, weil nicht nur unsere Absicht, einen gerechten Frieden zu
ermöglichen, sondern auch unsere eigenen bleibenden Interessen ein gutes
Verhältnis zwischen uns und jenen Völkern verlangen, von welchen der Herr
Präsident mit Recht hervorhebt, daß sie mit großen Mengen Meiner Untertanen in so engen Beziehungen stehen. Wenn daher auch auf ihrer Seite dieses
Bestreben ein gleiches ist, werden wir gern hilfreiche Hand bieten, um auch
unsererseits dazu beizutragen, die Bedingungen ihrer Existenz, ihres weiteren Fortschrittes [a]─und ihres Handels nach außen─[a] günstiger zu gestalten.
Andererseits können wir das Recht, Völker und Provinzen ohne, ja gegen das
ernste Interesse der dadurch betroffenen Völker von einer Staatsoberhoheit
in die andere herumzuschieben – ein Recht, welches der Herr Präsident der
Vereinigten Staaten mit guten Grunde in Abrede stellt –, auch denjenigen
Völkern nicht zuerkennen, die es mit dem falsch ausgelegten Gesichtspunkt
einer nationalen Einheit begründen, welche angesichts der verschiedenen
Denkweise der in anderen Staaten lebenden, historisch anders entwickelten
Völkersplittern [sic] diesen gar nicht erwünscht ist und welche infolge der
bunten nationalen Mischung in diesen Teilen Europas im Interesse einer einzelnen Nation gar nicht gelöst werden kann, ohne gegen gleichwertige Rechte
anderer Völker zu verstoßen. Eine mündliche Aussprache würde auch den Beweis dafür liefern, daß wir an der adriatischen Küste keinerlei Tendenzen verfolgen, die mit irgend einem der von Herrn Wilson aufgestellten Grundsätzen
in Widerspruch stünden und daß wir nicht die Absicht haben, die Machtver-
hältnisse an der adriatischen Küste zu unserem Gunsten zu verschieben, daß
es aber, wenn wir nicht neue Elemente einer für die Ruhe Europas bedrohli-
chen Zwietracht säen wollen, ein unerläßliches Erfordernis und ganz im Gei-

---

a–a Eigenhändige Einfügung Kaiser Karls.

ste des Herrn Präsidenten der Vereinigten Staaten gelegen ist, an der adriatischen Küste keinem der an ihr lebenden Vöker eine unverhältnismäßig
große Machtstellung oder eine Oberherrschaft zu sichern, welche dazu führen
könnte, sie gegen die anderen Vöker auszunützen. So sind wir insbesondere
Anhänger der Selbständigkeit Albaniens und wir würden es daher mit den
eben aufgestellten Prinzipien nicht für vereinbarlich halten, wenn Italien dort
einen territorialen Gewinn zu erringen versuchen würde. In einer direkten
Aussprache würde es gewiß auch gelingen, den besten Weg zu finden, auf welchem sich die Rivalitäten und Antagonismen zwischen den Balkanstaaten beseitigen ließen. Diese Rivalitäten waren bisher darauf zurückzuführen, daß
es in diesen Teilen Europas bisher noch zu keiner durchgreifenden Konsolidierung der territorialen Verhältnisse gekommen ist. Diese kann jedoch erreicht werden, wenn man ernstlich bemüht ist, die einzelnen Fragen lediglich
im Interesse und zu Gunsten der betreffenden Bevökerungen zu lösen, wie es
auch Herr Wilson mit Recht wünscht. Ich habe auch schon angedeutet, daß
nach dieser Richtung hin unter anderem die Vereinigung der in ethnischer
und historischer Hinsicht bulgarischen Gebiete mit dem Mutterlande, die
Gewährung der nötigen wirtschaftlichen Expansionsmöglichkeiten für Serbien und andere Staaten jene Fragen sind, für welche eine auch in den Einzelheiten zweckentsprechende Lösung im gemeinsamen Einvernehmen zu suchen und sicher auch zu finden sein wird. Ich zweifle nicht, daß sich auch
bezüglich des Schutzes der vom Ottomanischen Reiche abhängigen nicht-tür-
kischen Nationalitäten eine Lösung erreichen läßt, welche einerseits den vom
Herrn Präsidenten der Vereinigten Staaten verkündeten Grundsätzen und
andererseits den berechtigten Souveränitätsrechten der Türkei vollauf Rechnung trägt. Der Herr Präsident der Vereinigten Staaten fragt auch, welche
ganz bestimmte Konzessionen an Italien Ich als gerecht betrachten würde.
Als gerecht würden wohl auch nach der Ansicht des Herrn Präsidenten der
Vereinigten Staaten solche Konzessionen zu betrachten sein, die den von ihm
vertretenen Grundsätzen entsprechen. Nun sind jedoch die territorialen Aspirationen des italienischen Staates, so wie sie in diesem Kriege offen kundge-
geben wurden, keine solchen, die mit den von Herrn Wilson aufgestellten
Grundsätzen auch nur im entferntesten im Einklang stehen. Italien hat verlangt, daß ihm das ganze Gebiet bis zum Brenner und fast bis Laibach aus
strategischen Gründen abgetreten werde. Das sind Forderungen, welche einen Eroberungskrieg charakterisieren und welche allen von Herrn Wilson
aufgestellten Grundsätzen geradezu Hohn sprechen. Die Bevölkerung der Gebiete, um die es sich hier handelt, ist in ihrer ungeheuren Mehrheit deutsch
oder slavisch, und beide Völker hätten es als ein unerträgliches Joch empfunden, einem fremden Staate, mit dem sie nie die geringste Gemeinschaft an Interessen, Gefühlen oder Ideen gehabt haben, mit Gewalt unterworfen zu werden. Wenn Ich also die Frage Herrn Wilsons so auffasse, wie sie nach all

seinen Darlegungen allein aufgefaßt werden kann: welch ganz bestimmte Wünsche Italiens „nicht als Teil eines bloßen Ausgleiches oder Kompromisses der Ansprüche rivalisierender Stellen" (also in diesem Falle Österreich-Ungarns und Italiens), sondern „im Interesse und zugunsten der betroffenen Bevölkerungen" erfüllt werden sollen, so ist es nicht möglich, irgendwelche Zugeständnisse als gerecht anzusehen. Italien strebt nach dem Besitz von Triest und des umliegenden Gebietes, das von weit mehr Slaven und Deutschen als Italienern bewohnt ist, dessen Bevölkerung – die italienische Minorität mit inbegriffen – sich seit mehr als 400 Jahren in Österreich eingelebt hat und eine Vereinigung mit Italien als die ärgste Katastrophe empfinden würde, welche diese Stadt betreffen kann. Es strebt nach Gegenden im Karstgebirge, deren Bevölkerung durchwegs slavisch ist und dem italienischen Volke, wo nicht feindselig, doch zum mindesten völlig fremd gegenübersteht. Es strebt nach dem Besitz der Ebene von Görz, deren Bevölkerung nicht italienisch, sondern friaulisch ist und ihrem Ursprung, ihrem Volkscharakter und ihrer Sprache nach nicht zum italienischen Volke gerechnet werden kann. Und es strebt endlich nach dem Besitz von Südtirol, das nie zu Italien gehört hat, [a]–dessen Bevölkerung ihre–[a] wirtschaftliche Existenz allein [b]–auf dem durch keine Staatengrenzen behinderten freien Verkehr mit den anderen Gebieten der österreichisch-ungarischen Monarchie stützen kann–[b], und für die daher die Loslösung von Österreich den wirtschaftlichen Ruin bedeuten und sie zwingen würde, sich eine neue Existenz zu suchen. All das wären keine Lösungen, die den großherzigen Grundsätzen des Herrn Präsidenten der Vereinigten Staaten entsprechen würden, laut welchen „die Lösung der durch diesen Krieg aufgeworfenen Gebietsfragen im Interesse und zu Gunsten der betroffenen Bevölkerungen" geschlossen werden müsse. Der Herr Präsident der Vereinigten Staaten wird sich aus dem Gesagten davon überzeugt haben, daß ebenso wie er auch Ich aufrichtig bemüht bin, für die Beendigung des Krieges eine Grundlage zu finden, die den gerechten Ansprüchen der beteiligten Völker angemessen ist und die daher die Elemente der Dauerhaftigkeit des auf sie aufzubauenden, von uns beiden angestrebten Friedens in sich birgt. Er wird sich davon überzeugt haben, daß wir diese Grundlage in ähnlichen Grundsätzen gefunden zu haben glauben, wie er sie zur Sicherung eines gerechten und dauerhaften Friedens aufgestellt hat. Was noch festzustellen wäre, ist, ob wir, wie Ich bestimmt glaube und hoffe, auch in der Anwendung dieser Grundsätze auf die einzelnen eine Lösung erheischenden Fragen ebenso übereinstimmen. Die von Mir vorgeschlagene direkte Aussprache hätte gerade den Zweck, hierüber Gewißheit zu verschaffen und dem Herrn Präsidenten der Vereinigten Staaten einerseits, Mir andererseits die nötige

---

a–a Eigenhändige Einfügung Kaiser Karls.
b–b Eigenhändige Einfügung Kaiser Karls.

Orientierung hierüber zu gewähren. Ich glaube, wir sind es den Völkern schuldig, kein Mittel unversucht zu lassen, das irgendwelche Hoffnungen darauf bietet, ihnen den verlorenen Frieden wiederzugeben. Das wesentlichste Erfordernis scheint es mir zu sein, daß alle kriegführenden Staaten sich in gleicher Weise verpflichten, auf die Angliederung fremder Völker zu verzichten, und Ich kann nur wiederholen, daß, wenn der Herr Präsident der Vereinigten Staaten bemüht sein will, seine Verbündeten auf dieser Basis zu ralliieren [sic], auch Österreich-Ungarn alles aufbieten wird, um seine Verbündeten zu demselben Schritte zu bewegen. Es gibt nur mehr ein Friedenshindernis, welches nicht in offener Aussprache und wechselseitigem Einvernehmen zu lösen ist, und das ist die Eroberungslust Italiens und Frankreichs. Wenn der Herr Präsident es erreicht, daß diese beiden Staaten auf ihre Eroberungspläne verzichten, so wird er dem Weltfrieden die Türe geöffnet haben.

87a)

„Vineta-Fragment".

Aufzeichnungen Kaiser und König Karls über die Monate Jänner bis April 1918

o. O., o. D.[1]

AOS, Tom. II, Index 694, beglaubigte Kopie.

Stichwortartige Rekonstruktion politischer Vorgänge der Monate Jänner bis April 1918, die Kaiser Karl nach dem Zusammenbruch der Monarchie diktierte.

[Jänner:]

Schwierige Verhandlungen in Brest Litowsk[2] – Trotzki[3] hält sozialistische Reden, verzögert dadurch jede ordentliche Arbeit. Czernin beginnt nervös zu werden[4].

---

1   Mit beigefügten Annotationen von Kaiserin Zita. Vermerk: Unter Diktat von Carl, tagebuchartige Notizen der wichtigsten Ereignisse von Jänner bis April 1918 und Charakteristika verschiedener Persönlichkeiten auf einem Briefblock mit dem Aufdruck „Vineta" 1918 (Jänner). Wie aus dem Text hervorgeht, wurde diese Zusammenstellung nach dem 11.11.1918, vielleicht als Entwurf zu Nr. 213 begonnen.

2   Verhandlungen von Brest Litowsk Jänner–Februar 1918.

3   Leo Dawidowitsch Trotzkij (Leile Bronstein). Vgl. dazu Deutscher, Stalin 1, 207–208.

4   Vgl. Bihl, Brest-Litovsk, 53–56; 61–63; 93–94.

Große Approvisionierungsschwierigkeiten; Ungarn verspricht alles, aber halten? Mehrere Kronräte[5] über dieses Sujet. In Ungarn stemmt sich die herrschende Clique weiter gegen Wahlreform. Partielle Ministerkrise in Ungarn. Minister Ugron[6] ein ziemlich fragwürdiges Individuum (großer Draher[a], dumme Bekanntschaft mit einer angeblich türkischen Prinzessin), Ackerbauminister von Mezössy[7], der einiger Schweinereien bezichtigt war (Geschäfte mit Pflügen), es wurde aber nie etwas erwiesen, ich halte ihn persönlich für unbedingt anständig, die Machinationen gegen ihn dürften politischen Motiven entspringen.

Das Pulver hat er aber nicht erfunden (seine Verordnung über den freien Einkauf, die das ganze Wirtschaftssystem umwarf), Graf Tivadar Bátthyány[8], ein mir ergebener großer Demagoge. Es wäre für ihn besser gewesen, er wäre seinerzeit bei der Marine geblieben, anstatt Politik zu treiben; er ist trotz seiner chauvinistischen Anlagen ein begeisterter Offizier, war über Ernennung zum Corvetten-Capitain sehr geschmeichelt, ein guter Christ. Minister Greczák[9], zu kurz im Amt. Diese Minister treten ab.

25. Jänner 1918.

Hierauf neue Minister: Toth[10], ein guter dicker ungarischer Bacsi[b], mit Energie. Szterényi[11], früher Stern, ein großer Streber, gescheit, energisch, mir sehr ergeben. Moritz Esterházy[12], Minister ohne Portefeuille, eigentlich mein Spitzel gegenüber dem unverläßlichen Wekerle[13]; Minister ohne Portefeuille, Prinz Windischgrätz[14], in jeder Beziehung ein Kavalier, treten ein. In Öster-

---

a   Umgangssprachlich: Nachtschwärmer.
b   Bacsi = Onkel.

5   Vgl. Komjáthy, Protokolle, 627–633: Kronrat vom 22.1.1918.
6   Gabriel Ugron von Abránfalva, 15.6.–20.8.1917 und 20.8.1917–25.1.1918 ung. Innenminister.
7   Adalbert (Béla) von Mezössy, 15.6.–20.8.1917 und 20.8.1917–25.1.1918 ung. Ackerbauminister.
8   Theodor (Tivadar) Graf Batthyány de Német-Ujvár, 15.6.–18.8.1917; 18.–20.8.1917 ung. Minister am Königlichen Hoflager; 20.8.1917–25.1.1918 ung. Volkswohlfahrtsminister; 30.10.–13.12.1918 ung. Innenminister.
9   Karl Grecsák, 18.–20.8.1917 und 20.8.1917–25.1.1918 ung. Justizminister.
10 János von Tóth, 25.1.–8.5.1918 ung. Innenminister.
11 Joszef Frh. Szterényi von Brassó, 25.1.–31.10.1918 ung. Handelsminister.
12 Moritz (Móric) Graf Esterházy, ung Ministerpräsident 15.06.–20.08.1917; ung. Minister für Volkswohlfahrt 25.01.–08.05.1918, vgl. seine fragmentarischen Memoiren im HHStA, NL Moritz Esterházy.
13 Alexander (Sándor) Wekerle, kung. Ministerpräsident, 20.08.1917–23.10.1918.
14 Ludwig Prinz zu Windisch-Graetz, ung. Minister ohne Portefeuille 25.01.–27.10.1918, Minister für Volkswohlfahrt 30.07.–18.(24.).10.1918; vgl. seine Memoiren, Vom roten zum schwarzen Prinzen. Mein Kampf gegen das k.u.k. System, Berlin 1920, 156–314 und Ein Kaiser kämpft für die Freiheit, Wien 1957, 29–30. Die Memoiren des Prinzen Windisch-Graetz haben den Charakter ihrer Gattung: sie sind Erinnerungen, die zum Teil nicht mit vorliegenden Dokumenten übereinstimmen, wie eine Kontrolle im FA Windisch-Graetz ergab.

reich, speziell in Wien und Umgebung, große Arbeiteraufstände, inszeniert von Rußland, es werden auch einige Russen verhaftet[15].

Ministerpräsident Seidler[16] beendet auf eine sehr geschickte Weise, ohne daß es zu Waffengebrauch gekommen war, den Streik durch Verhandlungen mit den Arbeitern; Conzessionen an Arbeiter nichtssagend. Großer Vortrag Seidlers, daß ihm Leute glauben. Arbeiter kamen wutschnaubend zu ihm, wollten ihm auch unangenehme Sachen über seine Privatverhältnisse sagen, gingen aber befriedigt und ohne etwas vorzuhalten weg.[17]

(Ysenburg)[18], Toggenburg[19] eher schwach, aber sehr brav. Czernin[20] über Wiener Verhältnisse sehr aufgeregt, schicke Burián[21] zu ihm, um ihn zu beruhigen; er kommt aber dennoch persönlich als angeblich rettender Engel. Schlägt vor, im Falle neuer Unruhen G.d.I. Fürst Schönburg[22] zum Ministerpräsidenten und FML Bar[dolff][23] zum Minister des Inneren.[24] Er erklärte, ich müsse sofort (nach Wien in die) Burg, damit „der Kapitän am Steuer stehe", in Wirklichkeit, damit den Palais in der Innenstadt nichts geschehe. Ich sage ihm, daß Burg eine Mausefalle, aber er [blieb] bei seiner Ansicht und wollte zum soundsovielten Mal demissionieren. Da er aber für den Rat von Fürsten sehr empfänglich ist, sandte ich ihm Schönburg, der ihm (auf meinen Befehl) riet, mich zu bitten, nach Baden zu übersiedeln. Dies geschah auch.

---

15 Vgl. Neck 2, 202–203 (Nr. 394).

16 Ernst Seidler Ritter von Feuchtenegg, k.k. Ministerpräsident 24.06.1917–23.07.1918. Vgl. Kosnetter, Seidler; vgl. auch unseren Bd. 1, Kap. IX, XVIII, XIX.

17 Kaiser Karl bezieht sich auf die Streiks in Niederösterreich, Wien und Steiermark am 17. und 19. Jänner 1918; vgl. Bihl, Brest-Litovsk, 87–89; Unfried, Arbeiterprotest und Arbeiterbewegung.

18 Viktor Prinz Isenburg, Sohn von Karl II. Fürst von Isenburg und der Ehn. Maria Luise von Österreich. Vgl. Annotationen Kaiserin Zitas: „Es war damals öfters ein Prinz Ysenburg [sic] Viktor (Mutter war eine Erzherzogin von der Linie Toskana), der mit allerhand Kreisen Fühlung hatte. Dieser dürfte diese letzte Nachricht respektive Detail gegeben oder bestätigt haben."

19 Friedrich Graf Toggenburg, k.k. Innenminister 24.06.1917–11.07.1918.

20 Vgl. Nr. 3.

21 Vgl. Nrn. 13, 20, 27.

22 Vgl. Nrn. 2, 3.

23 Carl von Bardolff. Vgl. Nr. 3 und seine Memoiren, Soldat im alten Österreich, Jena 1938, 304.

24 Vgl. zu diesen Vorgängen: Brief Kaiser Karls an den k.u.k. Außenminister Ottokar Graf Czernin-Chudenitz vom 24.01.1918: „[…] will ich Ihnen mitteilen, daß ich G.d.K. Fürst Schönburg für eventuelle Übernahme des österreichischen Ministeriums für Sonntag zu einer Besprechung nach Baden zitiert habe. Ich fahre heute nach Pest, um die neuen Minister zu beeiden, bin Samstag wieder hier. Tisza war gestern in der ukrainischen Frage und der Trotzky-Friedensfrage sehr vernünftig, nur gegen das rumänische Projekt ist er sehr eingenommen. Er schimpft sehr stark auf Deutschland und DOHL. […]" Vgl. den Auszug dieses Briefes in: Auktionshaus J. A. Stargardt, Berlin, Katalog 155, Teil 2, 239, Auktion vom 03. und 04.03.1994 (jetzt deutsche Privatsammlung). Vgl. auch NL Schönburg-Hartenstein, 278–280. Dazu ausführlich: Demblin, 60 (16.01.1918), 63 (23.01.1918), 65 (27.01.1918).

Am 22. war Kronrat wegen ukrainisch-polnischer Sache.[25] Ich habe die Meinung geäußert, daß man den Ukrainern, wenn es den Frieden brächte, auch die Teilung Galiziens zugestehen sollte. Wekerle und Burián opponierten heftig, ersterer wegen der „Integrität Ungarns", Hinübergreifen der ukrainischen Bewegung nach Ungarn, letzterer wegen der austro-polnischen Lösung. Es wird schließlich Geheimklausel angenommen, wenn soundsoviel Brot kommt.

Ich hatte großen Anstand mit Isabella[26]. Aus einer [Mitteilung] des Herrn Castro an König Alfons[27] erfuhren wir, daß Isabella an den König sehr ungünstig über die hiesigen Verhältnisse telegraphiert habe (Schwäche der Regierung, Straßenkrawalle etc.)[28].

Ich ließ Fritz[29] nach Budapest kommen, vermöbelte[a] ihn dort ordentlich und drohte ihm, seine Frau zu internieren. Ein paar Tage später kam sie in Baden weinend zu mir und versprach mir, absolut nichts mehr dergleichen zu tun, worauf ich ihr die Strafe für damals nachsah.

Die Bourbonen[30] wurden aus Görz gebracht, wozu Ferdinand von Bulgarien[31] aus Bulgarien kam[32].

Er war Anfang Jänner bei mir; wutschnaubend, da ich durch mehrere Behörden ihm nahelegen ließ, daß bei seinen Fahrten durch Österreich durch seinen Hofzug nicht der ganze, ohnehin sich durch die Kohlennot so schwer abwickelnde Bahnverkehr gestört werden möge. Er hatte nämlich in einer Station bei Alcsut in drei Stunden siebenmal die Abfahrtszeit seines Zuges ändern lassen. Bei einer anderen Fahrt wieder, ließ er plötzlich die Route des

---

a Umgangssprachlich: scharf zurechtweisen.

25 Vgl. Komjáthy, Protokolle, 627–633.

26 Isabella Ehn. von Österreich, geb. Prinzessin von Croÿ, Gemahlin von Eh. Friedrich Hzg. von Teschen. Vgl. dazu Nr. 213.

27 Antonio de Castro y Casaléiz, ao. u. bev. spanischer Botschafter in Wien seit 12.03.1914; Alfons XIII., 1902–1931 König von Spanien.

28 Das Telegramm von Ehn. Isabella dürfte nach dem 14.01.1918 abgeschickt worden sein (14.01. = Beginn der Streiks in Wien).

29 Vgl. Nrn 3, 20, 21, 213.

30 Am 30. und 31.12.1917 wurden die in Castagnavizza (Görz) bestatteten Bourbonen zu den unbeschuhten Karmeliten nach Wien XIX, Silbergasse transferiert, wo sie am 05.01.1918 provisorisch in der Krypta des Klosters beigesetzt wurden und dort bis 1932 verblieben. Vgl. Edmund Daniek, Die Bourbonen als Emigranten in Österreich, Wien 1965 (= Österreich Reihe 287/289), 121–122; Hans von Urbanski, Asyl im alten Österreich, Wien 1990 (= Fundament Sondernummer), 35; vgl. auch Bericht im Fremdenblatt vom 06.01.1918, 5.

31 Vgl. Nrn. 20, 82.

32 An der feierlichen Zeremonie nahmen ferner teil: Eh. Leopold Salvator, Eh. Leo Karl, Eh. Wilhelm, Ehn. Blanka, Ehn. Maria Dolores, Hzgn. Maria Antonia v. Bourbon v. Parma, Großhzgn. Maria Anna v. Nassau-Luxemburg, Przn Elisabeth [Isabella] v. Bourbon v. Parma, Prz. Felix und Prz. René v. Bourbon v. Parma und Don Jaime III. (Carlos VIII.) Hzg. von Madrid.

Zuges ändern, wodurch fahrplanmäßige Züge stehenbleiben mußten. Das K[riegsministerium], welche Behörde auch in der Sache König Ferdinand eine Note gerichtet hatte, wurde von ihm in Sofia, ich glaube in Gegenwart des Obersten Tánczos[33], [auf] das gröblichste beschimpft. Oberst Tánczos ließ sich das gefallen, obwohl der König sich eine solche Tonart gegenüber dem österreichisch-ungarischen [Kriegsministerium] nicht hätte ungestraft erlauben können. Dies war der Beginn des Confliktes Gesandten Otto Czernin[34] mit Obersten Tánczos. Zur selben Zeit spielte auch die zweite Affaire Auffenberg. [Er] wollte unbedingt Theresienritter werden und behauptete, daß, wenn das Kapitel dem Kaiser einen als Ritter vorschlagen würde, der Großmeister verpflichtet sei, den Orden zu verleihen. Dies ist aber nach den Statuten absolut falsch. Nebenbei fand auch später das Ordenskapitel die Schlacht bei Komarów als keine ordenswürdige Tat. G.d.I. Auffenberg ist einer (sic!) der fragwürdigsten Subjekte in ganz Österreich. Es ist traurig, daß ein so hoher General, obwohl aufgefordert, es nicht der Mühe wert fand oder nicht den Mut hatte, seinen Prozeß, dessen Austragung der militärischen Gerechtigkeit ein Faustschlag ins Angesicht war, revidieren zu lassen[35].

Februar:
Hauptsächlichstes Ereignis: 08. II. Friedensschluß mit der Ukraine[36].

Nach Aussagen verschiedener diplomatischer Beamter soll sich Graf Czernin durch deutschen General Hoffmann[37] bereden haben lassen, den Frieden mit der Ukraine so leichthin zu unterschreiben. Diese Herren glauben, daß die jungen, sehr unerfahrenen Ukrainer bei etwas mehr Energie seitens Czernin auch ohne Geheimklausel den „Brotfrieden" unterschrieben hätten. Czernin war zu dieser Zeit mit seinen Nerven bereits gänzlich fertig. Er sekkierte seine Umgebung über alle Maßen, er soll sogar zu gewissen Zeiten nicht arbeitsfähig gewesen sein[38].

Sein militärischer Berater, FML Csicserics[39] sandte mir ein chiffriertes Telegramm[40], ich solle nicht erstaunt sein, wenn Czernin eines Tages vollkommen zusammenbrechen würde und ließ mich bitten, mich um einen Nachfol-

---

33 Gábor (Gabriel) Tánczos, Oberst, Kommandant der 63. IBrig.
34 Otto Graf Czernin von und zu Chudenitz, Jänner 1917–04.11.1918 k.u.k. Gesandter in Sofia, Bruder des Außenministers.
35 Vgl. Nr. 3 und bei Auffenberg-Komarów, Aus Österreichs Höhe und Niedergang, 489–492.
36 08./09.02.1918 Friedensschluß der Mittelmächte mit der ukrainischen Volksrepublik „Brotfrieden". Vgl. Bihl, Brest-Litovsk, 120–128; 142–145 (Text); Meckling, Czernin, 278–283.
37 Max Hoffmann, Vertreter der DOHL bei den Friedensverhandlungen von Brest Litowsk, vgl. dazu Nr. 213.
38 Vgl. Bihl, Brest-Litovsk, 108–109.
39 Maximilian Csicserics von Bacsány, Berater Graf Czernins, FML, G.d.I. 1918, vgl. Nr. 21.
40 Wortlaut seines Telegrammes vom 20.01.1918: Demblin, 228–229, Anm. 247.

ger umzuschauen. Czernin sah seinen Zustand selbst ein und bat mich nach seiner Rückkehr von Brest-Litowsk um einen längeren Urlaub, wobei er mich bat, der arme Tisza[41] möge ihn während der Zeit vertreten. Er wollte aber auch von seinem Urlaubsorte aus die Führung im Großen von Ministerium des Äußeren beibehalten. Sehr merkwürdig war zu dieser Zeit die große Freundschaft Czernins zu Tisza, denn Czernin war ja früher ein großer Magyarenfresser. Zur selben Zeit begann auch seine übergroße Liebe zu den Deutschen, obwohl er noch vor zirka einem Jahr leise Separatfriedensgedanken hegte. Die höchste Potenz der Deutschtümelei erreichte er aber, als er in Rumänien die engste Freundschaft mit Kühlmann[42] anknüpfte. Noch zu dieser Zeit und auch späterhin war er ein Anhänger des südslawischen Trialismus und zur Zeit seiner berüchtigten Ansprache an den Wiener Gemeinderat [2. April 1918] erwähnte er nichts mehr von dem beispiellosen Opfermut, den die südslawischen Regimenter im Kriege aufbrachten und warf sie in einen Topf mit den Tschechen. Das ist die große Metamorphose eines kleinen Mannes, die zur Katastrophe (Rede an den Wiener Gemeinderat)[43] führte.[44]

---

41 Vgl. Nrn. 3,. 20. Die Formulierung „der arme Tisza" deutet darauf hin, daß das Vineta-Fragment vielleicht erst nach der Ermordung Tiszas (30.10.1918) abgefaßt wurde.

42 Richard von Kühlmann, 05.08.1917–16.07.1918 Staatssekretär des Deutschen Auswärtigen Amtes. Vgl. Scherer/Grunewald III, 415–416 (Nr. 286): Bukarest, 1918 Februar 24, Kühlmann an Hertling.

43 Vgl. die Rede des Grafen Czernin vor den Mitgliedern des Wiener Gemeinderates, in: Fremdenblatt Nr. 88, 03.04.1918 (Morgen-Ausgabe), 1–4.

44 Staatssekretär von Kühlmann informierte während der Friedensgespräche in Brest Litowsk Graf Czernin von den österreichisch-ungarischen Kontakten mit den USA, die Heinrich Lammasch, im Auftrag des Kaisers, mit Prof. George D. Herron vom 31.01.1918 bis 04.02.1918 in Schloß Hofgut bei Bern führte. Vgl. HHStA, PA III, 175, fol. 28r–v: „[...] Professor Lammasch z. B. sagte dem bereits erwähnten nordamerikanischen Bevollmächtigten, Kaiser Karl wünsche nichts so heiß, als sich sobald als möglich aus Deutschlands Umklammerung zu befreien. Er fühle, daß es sonst mit Österreich zu Ende geht. Der Professor gab sich ohne weiteres als Vertrauensmann des Kaisers, für dessen guten Willen er mit bewegten Worten eintrat. Man dürfte aber nicht vergessen, sagte er, welche politischen, sozialen und nationalen Hemmungen diesem guten Willen entgegenstünden. Graf Czernin, versicherte er, hätte nicht das Ohr des Kaisers, im Gegenteil, er wäre ihm in Charakter und Temperament so unsympathisch, daß er sich seiner längst entledigt haben würde, wenn er Ellbogenfreiheit hätte. [...]" In der Reaktion auf diesen Alleingang des Kaisers im Friedensgespräch mit den USA provozierte er Frankreich mit seiner Rede beim Empfang des Wiener Gemeinderates im Ministerium des Äußern am 02. April 1918. Diese von Meckling (335–336) nur angedeutete Fakteninterpretation bestätigt der vorzüglichst informierte Schweizer Botschafter in Wien, Charles D. Bourcart, in seinem Bericht an den schweizerischen Bundespräsidenten Gustav Ardor vom 8. November 1918. Vgl. BAR, E 2300, Wien 33, fol. 109: „[...] Den Brester Frieden betreffend erfuhr ich aus naher Umgebung des Grafen Czernin, daß dieser einen Versöhnungsfrieden anstrebte und daß er mit Kühlmann zu dem Frieden, so wie er erfolgte, von den deutschen Militärs gezwungen wurde. Kühlmann habe, als er bemerkte, daß man von gewissen Stellen in

Ich war in Homburg beim Deutschen Kaiser[45] und besprach dort die leidliche polnische Frage.

Ich sagte ihm, es gäbe drei Lösungsmöglichkeiten: 1. die austro-polnische, 2. die germano-polnische, 3. die sogenannte Kandidatenlösung.

Ich war mit Kaiser Wilhelm vollkommen eins, daß die Kandidatenlösung für unsere Staaten die vorteilhafteste wäre. Die germano-polnische wurde von Haus aus verworfen. Der austro-polnischen Lösung hätte [er] vielleicht zugestimmt, natürlich unter gewissen Garantien für Deutschland. Ich entgegnete, daß letztere Lösung große Schwierigkeiten wegen der unbefriedigten Posner

---

Wien aus mit der Entente liebäugle, Czernin zu der gegen Clemenceau gerichteten Erwähnung veranlaßt, da er den Gegenschlag, den Clemenceau dann führte, im voraus richtig berechnete und durch seine Auslösung bezweckte, den separaten Machenschaften der Hofkreise ein Ende zu bereiten [...]."

Diese Motivation bestätigte auch Baernreither: Kann, Sixtusaffaire, 21–22: „[...] Weiter erklärte mir Cz[ernin], warum er in seiner Rede die Sache von Clemenceau so vorgebracht. Es sei dies absichtlich geschehen, um alle diese giftigen Verbindungen abzuschneiden und für die Zukunft unmöglich zu machen." Vgl. dazu auch George D. Herron, Heinrich Lammasch's Suggestion for Peace in Bern 1918, in: Heinrich Lammasch. Seine Aufzeichnungen, sein Wirken und seine Politik, hrsg. von Marga Lammasch und Hans Sperl, Wien 1922, 195: "[...]. Meanwhile, Czernin had discovered through his agents that something had taken place on the occasion of Professor Lammasch's visit to Berne, and suspected the nature of our conversations. He hurried with his suspicions to Berlin. And Berlin served what was practically an ultimatum on Vienna. Kaiser Karl wavered, and then failed. The Decree was not signed, the letter to the Pope not written, the golden bridge not built. The war went on to the end that to-day predicates the disintegration of European civilisation [...]."

Auch Graf Polzer-Hoditz war dieser Auffassung: „[...] Graf Czernin ganz allein hat seine frühere Friedenspolitik unter dem Einfluß der Herren aus Deutschland in Brest verlassen und sich ins Lager der preußischen Siegfriedensgenerale geschlagen." Vgl. Polzer-Hoditz, 630. Zum Antagonismus Czernin-Lammasch vgl. ebenfalls bei Polzer-Hoditz, 77, 208, 472. Vgl. auch unseren Band 1, Kap. XVIII. Zur Sixtus-Affäre insgesamt, Polzer-Hoditz, 536–548, Anhang XIX, XX (628–632).

Über die Chancenlosigkeit einer Donaukonföderation unter habsburgischem Szepter aus Gesprächen Prof. Herrons mit Prof. Singer, in: DDI, Ser. 5, vol. XI, 251 (Nr. 302): Bern, 1918 Juli 31: Paulucci an Sonnino: „Il Singer, che fu pure professore in America, è in rapporti personali col presidente Wilson. Egli, predice la caduta della dinastia absburghese e la rovina dell'attuale Impero Austriaco, cui dovrà succedere la grande Confederazione del Danubio colla Jugoslavia, la grande Romania, Confederazione cui saranno forzate di accedere la Bulgaria e l'Ungheria. Il Singer pensa che forse anche gli stessi tedeschi dell'Austria preferiranno far parte di questa Confederazione piuttosto che essere una quantité négligeable nell'impero germanico. Parlando della politica austriaca, il Singer ripeté più volte che il conte Czernin tradì e tradisce l'Imperatore Carlo e l'Austria. E' uno strumento a servizio esclusivo di Berlino. Nell'affare della lettera imperiale al principe Sisto egli scoprì a bella posta il sovrano per rendere impossibile qualsiasi avvicinamento tra l'Austria e l'Intesa. Egli tese così con finissima arte un tranello a Clemenceau, che ne fu vittima e vi cadde dentro ingenuamente, mentre credeva invece di avere riportato un grande successo."

45 Der Besuch in Bad Homburg bei Kaiser Wilhelm II. fand am 22. und 23.02.1918 statt.

bringen würde. In diesem, vielleicht einzigen Punkt war ich mit der DOHL d'accord. Als die Frage auf den Kandidaten kam, erwähnten wir einen Prinzen von Württemberg[46] als katholischen Deutschen. Noch beim Auseinandergehen betonte ich, daß wir nur unverbindlich gesprochen hätten und daß ich dennoch, wenn auch à contre-cœur aus innerpolitischen Gründen der austropolnischen Lösung den Vorzug geben müßte. Ich stand nämlich in der austropolnischen Frage auf folgendem Standpunkt: diese Lösung ist kein Glück für uns, da sie den Keim eines Konfliktes mit Deutschland in sich birgt. Ich war nie ein Freund der Unabhängigkeitserklärung Polens im Jahre 1916[47], nur weil Ludendorff[48] Soldaten brauchte. Ich hätte die polnische Frage bis nach dem Friedensschluß offengelassen, was viele unnütze Reibereien mit Deutschland vermieden hätte. Ich weiß aber ebenso, daß, wenn ein selbständiges Königreich Polen geschaffen wird, Westgalizien für uns verloren ist, daher war es notwendig, wenn einem die austro-polnische Lösung direkt angeboten wird, sie aus Pflichtgefühl anzunehmen[49].

In der inneren ungarischen Politik wurde Popovich [sic][50] Finanzminister, ein äußerst braver, korrekter, schwarz-gelber Mann.

In der österreichischen Politik ging es wild zu. Die Polen waren durch den Brest Litowsker Frieden tief verletzt, revolutionierten in Galizien[51].

Da lauter polnische Beamte im Land sind, konnte man eigentlich nichts Positives über die ganze Revolution erfahren. Seidler versuchte zu der Zeit die verschiedenen Nationalitäten an den Verhandlungstisch zu bringen. Auf der Basis: „Ihr könnt Alles haben, nur Dynastie und Staatstreue sind die einzigen Schranken." Zu derselben Zeit fällt auch die berühmte Audienz des Fürst-[...] Bischofs Jeglic[52], worin mir dieser Kirchenfürst erklärte, er werde die südslawische Frage in dynastische Bahnen lenken. Ich sagte ihm, daß dies sein Vorhaben sehr löblich sei.

Nach dem mit den Ukrainern in Brest-Litowsk geschlossenen Frieden befaßte sich Trotzki (sic!) und sein Anhang immer mehr mit der sozialistischen Propaganda. Es kam die säbelrasselnde Rede Hoffmanns[53] und das Tele-

---

46 Entweder Albrecht Eugen (1895–1954) oder Philipp Albrecht (1893–1975), die Söhne von Albrecht Hzg. von Württemberg und Margarethe Sophie Ehn. von Österreich.
47 Unabhängigkeitserklärung Polens 05.11.1916 (Königreich).
48 Erich Ludendorff, preuß. General, 29.08.1916–26.10.1918 Erster Quartiermeister bei der DOHL. Vgl. Nr. 213.
49 Wilhelm Eh. von Österreich, 1917/18 österreichischer Thronanwärter für Polen. Nicht übereinstimmend mit Besprechungsprotokoll Kaiser Wilhelms II.: Scherer/Grunewald III, 410–413 (Nrn. 281, 283): Bad Homburg, 1918 Februar 22 und Kreuznach, Februar 23.
50 Alexander (Sándor) Popovics, 11.02.–31.10.1918 ung. Finanzminister.
51 Vgl. Opitz/Adlgasser, 117–118, Anlage C (69).
52 Anton Bonaventura Jeglić, 1898–1939 FB von Laibach.
53 Rede Hoffmanns, vgl. Bihl, Brest-Litowsk, 103–104 und 106–107.

gramm Kaiser Wilhelms[54], worin er im Verein mit Hindenburg[55] die bolschewikische Hetze im deutschen Heere sich verbat und Kühlmann beauftragte, die Verhandlungen abzubrechen. Dies war für uns ein kritischer Punkt und es hätte leicht zum Bruch mit Deutschland kommen können: Ich war damals in Siebenbürgen, als mir Czernin dies meldete[56].

Ich telegraphierte ihm, er müsse, wenn auch ohne Deutschland, die Verhandlungen fortsetzen. Es war also ein direkter Gegensatz zwischen beiden Herrschern entstanden. Zum Glück aber gelang es Czernin, vor seiner Abreise, mit den Russen auszumachen, daß der Kriegszustand de facto beendigt sei[57].

Ich befahl auch meinen Truppen, den deutschen Vormarsch gegen Rußland nicht mitzumachen, und willigte erst später, nach längerem Drängen der Ukrainer darin ein, Teile dieses Landes zum Schutze gegen Bolschewismus zu besetzen[58].

Czernin ließ sich bei seiner Rückkehr aus Brest-Litowsk sehr feiern (Wiener Gemeinderat) und gedachte dabei wenig seines Kaisers[59].

In der Marine entstanden die bekannten Meutereien in Cattaro und die kleineren Fälle von Undisziplin in Pola[60].

Die Schuld davon waren die zwei großen Wellen, die Europa überfluten: die bolschewistisch-sozialistische und die nationale (cechisch-südslavische [sic!]), die sich hier trafen. Der Großteil der Mannschaft war ja anständig, aber durch das lange Nichtstun versumpert[a].

Dadurch hatten die Hetzer leichtes Spiel. Die höheren Offiziere waren schon alt und vielleicht nicht mehr der Lage ganz gewachsen, daher wurden die höheren Stellen stark verjüngt. Zur selben Zeit wurde Fzm. Graf Benigni[61] abgeschossen[b].

Ich visitierte sein Corps in Bereczk, wobei er häufig weder die Aufstellungsorte seiner Truppen noch den Namen der Kommandanten wußte. Schon im Jahre [19]16 als Heeresfrontkommandant hatte ich bei einem Gegenangriff

---

a Umgangssprachlich: disziplinlos, versumpft.
b Umgangssprachlich: enthoben.

54 Telegramm Kaiser Wilhelms vom 13.02.1918 vgl. Bihl, Brest-Litowsk, 106–107 und Bihl, Deutsche Quellen, 395–397.
55 Paul Hindenburg von Beneckendorf, 29.08.1916–03.07.1919 Chef des Generalstabs des Feldheeres und der DOHL. Vgl. Nr. 213.
56 Vgl. Nr. 213.
57 Vgl. Bihl, Brest-Litowsk, 112–113.
58 Vgl. Bihl, Brest-Litowsk, 108–109, 110–118, 121.
59 Vgl. Nr. 213.
60 Vgl. Plaschka, Cattaro – Prag. Revolte und Revolution; Plaschka/Haselsteiner/Suppan, Innere Front 2, 224–234.
61 Vgl. Nr. 20.

mein Augenmerk auf ihn gelenkt, aber ihm damals verziehen, da er viel bei
den Truppen draußen war und diese ihn sehr verehrten.

März:
In diese Zeit fällt der unglückselige Gewaltfrieden von Brest-Litowsk. Wir
sind daran gänzlich unschuldig, mußten ihn nolens volens mitunterschreiben.
Dies war die Glanzzeit Ludendorffs und des unglückseligen deutschen Militarismus. Die Ländergier Deutschlands ging damals so weit, daß durch künstliche Mittel, um noch vor Friedensschluß eine gewisse Linie zu erreichen, der
Zeitpunkt der Friedensunterzeichnung um kurze Zeit hinausgeschoben
wurde. Das Manöver gelang glänzend[62].

Es wurden die Bemühungen zur Erreichung des Friedens fortgesetzt. Ich
telegraphierte damals, auf irgend eine der vielen Reden Wilsons hin, durch
den König von Spanien, er möchte uns jemanden zu Unterhandlungen herschicken. Hierauf erwiderte der Präsident, er möchte wenigstens im Großen
unsere Friedensbedingungen wissen. Wir gaben ihm diese telegraphisch bekannt; worauf niemals eine Antwort erfolgte.

Czernin hat aber bei diesem Telegramm, wie leider so oft, gute friedliebende Sätze, die ich hineingeben wollte, derart herabgemindert und verklausuliert, daß die Sache wirkungslos verpuffte[63].

Gleichzeitig versuchte ich durch den Heiligen Vater Verhandlungen anzuknüpfen, indem ich einige Freundlichkeiten für Italien sagte (unbedingte Integrität der Monarchie, jedoch beiderseitige Grenzkorrekturen nicht ausgeschlossen)[64].

Nuntius von München, Pacelli[65] reiste sogar in dieser Angelegenheit nach
Rom. Es kam die Antwort, ob die Italiener Gegenvorschläge machen können;
dies wurde bejaht, jedoch kam keine Antwort mehr. Der Heilige Vater bemühte
sich überhaupt immer auf das Wärmste für den Frieden. Ich glaube mich
schmeicheln zu können, daß der H[eilige] Vater sein berühmtes Friedensangebot (August 1917) auch aus Liebe zu dem katholischen Österreich gemacht
hat[66].

Ich trachtete immer durch Jesuitengeneral Ledochowski[67], Abt Bossart[68],

---

62 Vgl. Bihl, Brest-Litowsk, 114–119. Die Unterzeichnung des Friedensvertrages fand am 03. März
   1918 um 17.50 h statt.
63 Vgl. Nrn. 80, 86.
64 Vgl. Nr. 85.
65 Vgl. Nrn. 70, 73, 84.
66 Martini, 126–127.
67 Wladimir Ledóchowski SJ, 1915–1942 General der Gesellschaft Jesu. Vgl. HHStA, PA XI, 255,
   Varia 1916/17, fol. 92r–96r, Vitznam bei Luzern, 1917 Mai 30: Schönburg an Czernin: P. Ledóchowski SJ über die Revolutionsgefahr in Europa. Vgl. auch Giuliano Cassiani Ingoni SJ, P.
   Wlodimiro Ledóchowski. XXVI Generale della Compagnia di Gesù 1866–1942, Roma 1945.
68 Thomas Bossart OSB, Abt des Benediktinerklosters Einsiedeln 1905–1923. Vgl. HHStA, PA

Monsignore Gerlach[69], FB Fürst Sapieha[70] mit Kurie in Verbindung zu bleiben.

Prälat Seipel[71], den ich um diese Zeit empfing, bemühte sich, eine Besprechung der Katholiken der ganzen Welt, ob Freund oder Feind, in der Schweiz zusammenzubringen. Hiebei half ihm auch Hofrat Lammasch. Es gelang aber nur, die Katholiken unserer Mächtegruppen und die Neutralen zusammenzubringen. Das Resultat war, daß unsere Leute den Deutschen etwas den Kopf zurechtsetzten.

Zu dieser Zeit fällt auch der sogenannte Brief von mir an König Ferdinand von Rumänien[72].

Ein Brief meinerseits ist nie und nimmer geschrieben worden. Die Wahrheit ist folgende: Rumänien wollte mit uns anbandln[a]. Ich schickte daher Oberst Randa, der früher Militärattaché in Bukarest war, nach Rumänien. Die Rumänen erklärten, nur unter gewissen Bedingungen in Verhandlungen eintreten zu wollen. Diese Bedingungen waren meistens solche, die nur auf den Friedensverhandlungen hätten geregelt werden können (Dobrudscha, Grenzrektifikationen). Ich ließ König Ferdinand sagen, daß diese Bedingungen erst auf der Friedenskonferenz geregelt werden würden, daß ich aber nie und nimmer zu einer gewaltsamen Beseitigung der jetzigen Dynastie meine Zustimmung geben würde (Absicht Ludendorffs)[73].

Ob Graf Czernin diese meine Antwort Deutschland vorher mitteilte oder nicht, ist niemals geklärt worden.

Vielleicht hat Czernin seinem Busenfreund Kühlmann die Sache angedeutet und dieser hat sie wieder vergessen. Während der folgenden Friedensverhandlungen mit Rumänien stand ich immer auf dem Standpunkt und habe es

---

a Umgangssprachlich: sich nähern.

XI, 256, fol. 99r–100v, Luzern, 1918 Mai 11: Schönburg an Burián, Informationen aus den kath. Zentren von Einsiedeln und Zizers mit Kommentaren des Abtes von Einsiedeln und des Jesuitengenerals.

69 Vgl. Nrn. 31, 33, 74.

70 Adam Stephan Sapieha, 1911–1925 (Fürst)Bischof von Krakau, 1925–1951 Erzbischof, 1946 Kardinal.

71 Ignaz Seipel, Prälat; 1917–1919 o. Prof. für Moraltheologie an der Kath.-theol. Fakultät der Wiener Universität. Dazu DAW, BIKO, Karton 11: Wien, 1918 Februar 05: Bericht Seipels über die Konferenz der IKV (= Interantionale Union katholischer Parlamentarier und Politiker) in Zürich vom 29. bis 31.01.1918; vgl. Rennhofer, Seipel, 118, über die Audienz Seipels bei Kaiser Karl am 15.02.1918 in Baden.

72 Vgl. Nrn. 3, 237.

73 Maximilian v. Randa, „Mission Randa" (05. und 15. Februar 1918: Ehrenvolle Friedensbedingungen für Rumänien); vgl. auch Nr. 213 und Alexander Randa, Die Bukowina in den Weltkriegen, München 1961. Vgl. auch Demblin, 66 und 231 (Anm. 267); Scherer/Grunewald III, 329–330 (Nr. 214), Kreuznach, 1918 Februar 2: Lersner an Außenministerium: Czernin teilte Kühlmann mit, König Ferdinand von Rumänien hätte sich direkt an Kaiser Karl gewandt.

Czernin öfters befohlen, daß unsere Grenzrektifikationen niemals ein Hindernis für den Friedensschluß bilden dürfen. Dies ärgerte die Ungarn furchtbar, besonders Tisza, der erklärte, wenn ich auf meinem Standpunkt beharren würde, das Abgeordnetenhaus das Friedensinstrument werfen[a] würde.

Czernin meldete mir, daß Wekerle sich mit meinem Standpunkt nicht einverstanden erklären könne; ich antwortete ihm, daß dies an meinem Befehl nichts ändern würde und daß Wekerle, wenn er die Verantwortung nicht tragen könne, gehen könne. Von Demission Wekerles hörte ich aber nichts mehr. Umso mehr heizte[b] ich den Österreichern ein, unbedingt auf meinem Standpunkt zu stehen, was sie auch promptest taten. Wieder ein Zeichen, wie herrlich der Dualismus war!

Wekerle wollte, über Bitte Czernins, selbst zu den Friedensverhandlungen; ich verlangte, daß dann auch Seidler gehen müsse; hierauf fuhr keiner von beiden, sondern [es fuhren] nur die Ressortminister.

Bei diesen Friedensverhandlungen mußte ich immer wie ein Löwe für die österreichischen Interessen kämpfen, da Czernin damals im ungarischen Fahrwasser schwamm. Der Besuch Czernins bei König Ferdinand, der zu Tränen gerührt war, und das in den Sattelheben Marghilomans[74] waren unstreitig große Verdienste Czernins. Die von den Deutschen inszenierten Drohungen, gegen Rumänien militärisch vorzugehen, wenn es nicht gewisse Bedingungen erfülle, fanden nicht meinen Beifall, jedoch mußte ich die Sache des lieben Friedens willen mitmachen. Was Czernin und ich damals gegen übertriebene deutsche und bulgarische Forderungen arbeiten mußten, ist unsagbar.[75]

Es ereignete sich ein sehr merkwürdiger Zwischenfall. Unsere Truppen und die Deutschen hatten die Ukraine besetzt; unsere und nicht die Deutschen hatten den wichtigen Handelsort Odessa besetzt. Daß der deutsche Kommandant Generalleutnant Kosch[76] bald darauf mit zwei deutschen Bataillonen nach Odessa, um den Befehl zu übernehmen und hiemit den deutschen Besitz zu markieren, kam, ändert an der Situation nichts. Unsere Truppen bemäch-

---

a Umgangssprachlich: ablehnen.
b Umgangssprachlich: antreiben.

74 Alexandru Marghiloman, 05./15.03.–23.10.1918 rumän. Ministerpräsident, dazu: Singer, Czernin, 279–287 und 359–362. Scherer/Grunewald III, 419–421 (Nrn. 290, 291): Bukarest, 1918 Februar 25: Kühlmann an Hertling; Scherer/Grunewald IV, 25–27 (Nr. 22): Bukarest, 1918 März 14: Kühlmann an Grünau; Scherer/Grunewald IV, 34–36 (Nr. 24): Bukarest, 1918 März 16: Kühlmann an Auswärtiges Amt.
75 Vgl. Rauchensteiner, 545, ohne Quellennachweis, mit abwertendem Urteil. Dazu die einschlägigen Dokumente: Scherer/Grunewald III, 422–425 (Nrn. 292–295), 430–437 (Nrn. 298, 301–304); Scherer/Grunewald IV, 37–38 (Nr. 26): Kreuznach, 1918 März 16: Intervenierendes Telegramm Kaiser Karls an Kaiser Wilhelm II.
76 Robert Kosch, dtsch. G.d.I.

tigten sich des Hafens und des Bahnhofs zu der Zeit, als die Deutschen noch um die Vororte herumkämpften. Diesem voreiligen General Kosch spielte das Schicksal arg mit; denn er fuhr direkt nach Cherson, um früher als Unsere dort zu sein, wurde dort von den Bolschewiken umzingelt und erst nach dreitägigen harten Kämpfen von den Unsrigen befreit. Das deutsche Gruppenkommando ging nach Kiew, unser Armeekommando nach Odessa. Die Deutschen verlangten zuerst zart, dann immer nachdrücklicher, daß unser Armeekommando dem deutschen Feldmarschall Eichhorn[77] unterstellt werde. Wir stemmten uns immer dagegen. Endlich kam ein Telegramm Kaiser Wilhelms an mich, worin er auf Grund eines Paragraphen des Abkommens über den gemeinsamen Oberbefehl[78] mich ersuchte, meine Armee den Deutschen zu unterstellen. Dieser Paragraph sagte nämlich, wenn Truppen der verschiedenen Verbündeten eine gemeinsame <u>Operation</u> unternehmen, so kann der deutsche Kaiser als Bundesfeldherr den Oberbefehlshaber nominieren. Ich antwortete ihm ganz kurz, die Unternehmung gegen die Ukraine sei keine Operation, sondern nur eine Maßnahme zur Aufrechterhaltung der Ordnung, und ich könne daher seinem Vorschlag nicht zustimmen.[79] Die Deutschen waren daraufhin ruhig und das Land wurde in zwei Okkupationsgebiete geteilt.

Der Nagyvárader griechisch-orientalische Bischof Demeter Radu[80] war bei mir, brachte mir einige meiner Ansicht nach sehr gerechtfertigte Wünsche der Rumänen vor, hauptsächlich wegen der Wahl eines Metropoliten. Ich übergab die Bitte Apponyi,[81] der natürlich gar nichts machte.

Wieder der ungarische Chauvinismus, der uns an den Rand des Abgrunds brachte!

Ich empfing den Kardinal Skrbensky[82], den ich bat, den hypernationalen Bischöfen von Galizien den Kopf zu waschen. Der ärgste von ihnen war Pelczar[83] von Przemysl, der nach militärischen Aussagen hochverräterische Reden gehalten haben soll. Politische Behörden und er leugnen dies. Skrbensky versprach, sein möglichstes zu tun, ich glaube aber nicht, daß die Rute zu hart war, denn Skrbensky macht keinen sehr energischen Eindruck.

In der Wahlrechtsfrage geht die Sache gar nicht vorwärts. Ich versuchte, Tisza und Andrássy[84] zu einem Waffenstillstand zu bewegen, d. h. die Wahlreform und die Auflösung des Hauses zu ajourieren und mittlerweile vereint die

---

77 Hermann von Eichhorn, FM, General und Oberbefehlshaber der deutschen 10. Armee, seit 18.12.1917 GFM. Vgl. ÖUlK 7, 127–129; Arz, Zur Geschichte des großen Krieges, 240–241; Mackensen, Briefe und Aufzeichnungen, 349 (verwischt, nicht spezifiziert).

78 Abkommen vom 07.09. und 12. 1916, vgl. Rauchensteiner, 368.

79 Vgl. ÖUlK 7, 130: Die Telegramme wurden am 16. und 17. März 1918 gewechselt.

80 Demeter Radu, 1903–1920 griechisch-orthodoxer Bischof von Nagyvárad (Großwardein).

81 Vgl. Nr. 82.

82 Leo Frh. Skrbenský z Hříště, 1916–1920 (Resignation) FEB von Olmütz.

83 Josef Sebastian Pelczar, 1903–1924 Bischof von Przemyśl.

84 Vgl. Nrn. 118, 131.

für das Wohl des Landes notwendigen Gesetze durchzuführen. Es gelang aber nicht.

Major Fleischmann[85], den sie beim Oberbefehl Ost hinausgedrückt hatten, weil er zu viel wußte, kam zu mir. Er erzählte mir sehr Interessantes, hauptsächlich, daß Ludendorffs Frau[86] jüdischen Ursprunges und der Schwerindustrie nahestehe. Ich ließ den Kriegsminister[87] und beide Landesverteidigungsminister[88] und Generaloberst Hazei[89] zu mir kommen und befahl ihnen die Beurlaubung der Jahrgänge 66, 67 und 68. Es ist daher unwahr, daß das Volk diese Erleichterung den Abgeordneten verdankt. Ich sah den Oberleutnant Baron Morsey[90], der früher der Erzieher der Kinder von Onkel Franz[91] war, dann im Felde verwundet wurde und schließlich bei der diplomatischen Vertretung in Lublin zugeteilt war. Er erzählte mir unerhörte Geschichten über das Militärgouvernement Lublin und über das Verhalten einiger.[92] Er erklärte, für das, was er sagte, mit seinem Namen einzustehen. Vieles stellte sich nachher als wahr heraus. Obwohl der Generalgouverneur[93] über Morseys Anzeige sehr erbost war, wurde verbessert und einiges wurde verschwammelt[a], ich halte den jungen Morsey für einen sehr anständigen Menschen.

In Ungarn wird immer mehr auf die selbständige Armee hingearbeitet, obwohl sich alle höheren Frontgenerale bis auf Joseph[94] dagegen aussprachen. Kriegsminister ist dafür, jedoch bei genauer Präzisierung der Kommandogewalt. Ich stehe auf dem Standpunkt, daß, wenn nach dem Krieg der unglückselige Dualismus aufrechterhalten bleibt, man schon in Anbetracht der vorzüglichen Haltung der ungarischen Truppen im Kriege, das Entstehen der selbständigen ungarischen Armee nicht verhindern kann. Kommt es aber,

---

a Umgangssprachlich: unterlassen, verwischt.

85 Moritz Fleischmann von Theissruck, Major im Generalstab 1917, Verbindungsoffizier zwischen Oberkommando Ost, DOHL und AOK.

86 Margarethe Ludendorff, geb. Schmidt, 1. Gemahlin von General Ludendorff 1908–1925 (geschieden). Sie war die Tochter des Berliner Fabrikbesitzers Karl Schmidt.

87 Rudolf Edler von Stöger-Steiner-Steinstätten, k. u. k. Kriegsminister 12.04.1917–11.11.1918.

88 Karl Frh. Czapp-Birkenstetten, FML, k.k. Minister für Landesverteidigung 23.06.1917–27.10.1918; Alexander (Sándor) von Szurmay, G.d.I., k. Honvéd-Minister 12.06.1917–1918.

89 Samuel Frh. von Hazei, GO, Chef des Ersatzwesens für die gesamte bewaffnete Macht 19.02.1917–1918.

90 Andreas Frh. von Morsey, 1917 im k.u.k. Außenministerium, zugeteilt in Lublin.

91 Vgl. Nrn. 1, 3.

92 Vgl. zum Generalgouvernement in Lublin vor allem bei Arthur Hausner, Die Polenpolitik der Mittelmächte und die österreichisch-ungarische Militärverwaltung in Polen während des Weltkrieges, Wien 1935; Lemke, Allianz und Rivalität.

93 Die österreichischen Generalgouverneure in Lublin waren: GM Baron Erich Diller (01.09.1915–22.04.1916), FZM Karl Kuk (01.05.1916–23.04.1917), Oberst Stanislaus Graf Szeptyckji (24.04.1917–20.02.1918) und GdI Anton Lipóscák (21.02.–Ende 10.1918).

94 Joseph August Eh. von Österreich, GO, FM.

und dies hat mir immer als das Wahrscheinlichste geschienen, zu neuen Staatenbildungen, dann ist die Sache ohnehin gegenstandslos. Bei Behandlung der Frage ist die Hauptsache: Erstens Zeitgewinnung durch Hinausschieben bis nach der Demobilisierung. Zweitens endlich klare Präzisierung der Kommandogewalt. Zu beachten ist auch noch das unbedingte Recht des Königs zur Transferierung von Offizieren innerhalb beider Armeen; das Recht der Dislocation unbeschadet der Grenzen der Staaten; gemeinsame anationale Generalität, gemeinsamer Generalstab; die ungarische Dienstsprache ganz durchgeführt, jedoch muß jeder Offizier, der Oberleutnant werden will, unbedingt Deutsch können; alle Dispositionen auch in kleineren Verbänden müssen deutsch verfaßt sein, ebenso ist bei Übungen und Besprechungen von der Brigade aufwärts, die deutsche Sprache zu gebrauchen; im Gefechte muß es dem Offizier und länger dienenden Unteroffizieren ganz gleich sein, ob sie deutsch oder ungarisch kommandieren.

Die Wahlreformsache steht weiter nicht gut; es scheint auf ein beiden Teilen befriedigendes Kompromiß hinauszulaufen; ich mußte, des lieben Friedens willen, auf die Carl-Truppen-Kreuz-Männer verzichten.

In Österreich sind die Polen noch immer sehr bös, ich trachte sie zu beruhigen. Es ist nicht wahr, daß Hofrat Pantz[95] durch Vermittlung der Frau Seidler[96] Präsident des Ernährungsamtes wurde; vielmehr ist die Wahl deshalb auf ihn gefallen, weil er die Verpflegung der Eisenbahnbediensteten während des Krieges musterhaft geführt hatte.

Meine Reise nach Nordböhmen[97] war die Quelle zahlreicher Fâchés[a] von Abgeordneten und Aristokraten, da sie nicht rechtzeitig von meinem Kommen verständigt worden sind. Ich finde dies eine namenlose Dummheit, da man erstens in einer durch Arbeit so überbürdeten Zeit eine Kaiserreise nicht Monate vorher ansagen kann; zweitens, jene Fahrt nicht der Ordens- und Redesucht gewisser Persönlichkeiten, sondern der Linderung der Not der armen Bevölkerung galt.

[April:]
Der Monat April fing mit der unglückseligsten Geschichte des ganzen Krieges, der sogenannten Clemenceau-Affaire an, die ja bis zu einem gewissen Grade die Vorläuferin des jetzigen Umsturzes war. Die ganzen Details dieser Affaire sind ja leider nur zu bekannt; jedoch den wahren Sachverhalt weiß niemand, ja auch Czernin nicht.[98]

---

a Zwistigkeiten, Unzufriedenheit.

95 Ferdinand von Pantz, 1918 Präsident des Ernährungsamtes.
96 Therese Seidler von Feuchtenegg, geb. Völkl, vgl. Kosnetter, Seidler, 3.
97 25.–27. März 1918 Reise in die Notstandsgebiete Böhmens. Vgl. Anhang 1.
98 Vgl. Nrn. 34, 34a, 35.

Der Brief in der Fassung, wie ihn H[err] Clemenceau[99] veröffentlicht hat, ist der richtige:

Die Sache verhält sich folgendermaßen: Im Frühjahr 1917 waren meine beiden Schwäger Prinz Sixtus und Xavier von Parma über ausdrücklich schriftlich geäußerten Wunsch des Ministers des Äußeren bei mir in Laxenburg, um mit Frankreich über Frieden zu verhandeln[100]. Da durch die Langeweile Czernins die Verhandlungen, die er in meinem Beisein mit ihnen führte, zu keinem Resultat zu führen schienen, verfaßte ich ohne Kenntnis Czernins den gewissen Brief.[101] Dieser Brief bewegte sich aber vollkommen in der Linie der Politik Czernins, denn einige Wochen später trug ich mit Kenntnis Czernins dem Deutschen Kaiser an, daß, falls er zu Konzessionen in Elsaß-Lothringen bereit ist, ich ihm Galizien als recompence geben würde.[102]

So ein Preis wäre also für den uns so notwendigen Frieden gezahlt worden! Ich sehe in diesem Brief keine Bündnisuntreue, sondern die bis zur Selbstaufopferung reichende Bündnistreue. Bei Übergabe des Briefes sagte ich dem Prinzen Sixtus ausdrücklich: dem Präsidenten Poincaré[103] bei Überbringung der Message zu erklären: daß, falls etwas durch Frankreichs Schuld herauskäme, ich den ganzen Brief auf das entschiedenste leugnen würde und zum Beweis meiner Bundestreue gegen Deutschland gezwungen wäre, Divisionen in den Westen zu werfen. Weiters bat ich den Prinzen, das Original des Briefes bei keinem der Machthaber der Entente zu belassen, sondern ihn selbst aufzuheben, daher konnte Clemenceau niemals die volle Authentizität des Briefes beweisen[104].

Die unglückselige Affaire fing folgendermaßen an. Ungefähr im Februar meldete mir Legationsrat Graf Demblin[105], daß Herr Clemenceau nur dann bereit sei, mit uns zu sprechen, wenn auch die Frage Elsaß-Lothringen angeschnitten wird. Graf Czernin versicherte, unter solchen Umständen nicht mit ihm verhandeln zu können; ich erfuhr die ganze Sache post festum und glaubte, daß es sich um eine direkte Anfrage Clemenceaus gehandelt habe, wußte daher nicht, daß die Sache via Revertera[106], dessen Mission ich schon

---

99 George Clemenceau, 17.11.1917–18.01.1920 frz. Ministerpräsident und Kriegsminister.

100 Vgl. den Brief Czernins an Kaiserin Zita vom 17.02.1917, in: Polzer-Hoditz, 324–325.

101 Vgl. Nr. 35. Zu den Verhandlungen vgl. Polzer-Hoditz, 327–331.

102 Vgl. Meckling, 183–185; Nr. 38.

103 Raymond Poincaré, vgl. Nr. 35.

104 Vgl. Sixte de Bourbon, L'Offre de paix séparée, 96–119.

105 August Graf Demblin, 08.01.1917 Berufung ins k.u.k. Ministerium des Äußern. Vgl. Czernin und die Sixtus-Affaire.

106 Nikolaus Graf Revertera von Salandra. Über die Friedensmission Revertera/Armand vgl. Engel-Janosi, Die Friedensgespräche Graf Nikolaus Reverteras mit Comte Abel Armand 1917/18, 369–381 und Steglich, Die Friedensversuche, XIII–XXXVIII, 1–93; auch unsere Nr. 56.

längst beendet glaubte, gegangen war. Aus diesem Grunde und weil ich nicht wußte, daß Seidler nicht von der Absicht Czernins, über innerpolitische Sachen zu reden, unterrichtet war, legte ich kein Veto gegen diese unheilvolle Ansprache an den Wiener Gemeinderat ein,[107] obwohl ich mit deren provokatorischen Ausdrücken nicht ganz einverstanden war. Damals waren eben die Menschen durch den Siegestaumel wie blind und man erreichte nur das Gegenteil, wenn man sie zur Vernunft wies. Ich glaubte auch, daß Clemenceau auf diese Enthüllungen Czernins gar nichts antworten würde, da ich überzeugt war, daß Frankreich es nur billigen würde, daß Clemenceau, ohne das heißersehnte Kriegsziel Elsaß-Lothringen zu erreichen, keinen Frieden schließen würde. Übrigens wurde mir die ganze Rede, nach einem sehr anstrengenden Tage abends, während der Fahrt zur Front überreicht.[108] Der außenpolitische Erfolg respective Mißerfolg dieser Rede ist allbekannt.[109]

Der innerpolitische war der, daß die zarten Fäden, die sich zwischen Deutschen und Slaven für die Erreichung eines Modus vivendi angesponnen hatten, jäh zerrissen. Der „furor teutonicus" war losgebrochen, die Slaven aufgebracht und beleidigt. Das Ministerium Seidler, das bis dahin von Erfolg zu Erfolg geschritten war, trug nun den Todeskeim in sich. Ich verstehe Graf Czernin in der ganzen Sache nicht; er war halt eben nicht ganz normal. Er, der da wußte, daß nicht Clemenceau der Initiator dieses Schrittes war, sondern daß er eine Fortsetzung der Aktion Revertera war, mußte voraussehen, daß dadurch Graf Revertera und Graf Armand[110] compromittiert würden und damit auch jeder Staat der Entente abgeschreckt würde, mit uns geheime Verhandlungen zu pflegen. Es würde heißen, daß Österreichs Diplomatie

---

107 Vgl. Ansprache Czernins an den Wiener Gemeinderat, in: Reichspost, 25. Jg., Nr. 150 vom 03. April 1918, 2–4.

108 Es dürfte sich hier um einen Irrtum des Kaisers handeln. Laut KA, GASM 1918, 21/10 und Fremdenblatt vom 02. April 1918 war der Kaiser in Wien. Die Abreise des Kaisers an die Südfront erfolgte erst am 03. April 1918, Mittwoch nach Ostern. Kaiserin Zitas diesbezügliche Tagebucheintragung vgl. Brook-Shepherd, Um Krone und Reich, 172: „[…] Bevor Kaiser Karl sich zur Ruhe legte, las er das Manuskript und hatte angesichts des Inhaltes eine Reihe von Einwänden, besonders bei jenen Stellen, wo Graf Czernin sich mit Dingen befaßte, die in die Kompetenz anderer Minister gehörten. Was die Anspielung auf Clemenceau betraf, so war es der erste Eindruck des Kaisers, daß Graf Czernin von etwas Neuem sprach, das er soeben erst mit den Franzosen erörtert hatte. Kaiser Karls Reaktion war: ‚Du lieber Himmel, das sind ja bolschewistische Methoden, Geheimnisse wie dieses preiszugeben!' Die Sixtus-Verhandlungen, die seit fast einem Jahr ad acta gelegt waren, kamen ihm gar nicht in den Sinn. Jedenfalls machte der Kaiser zahlreiche Notizen zu der ihm vorgelegten Rede und wollte die ganze Angelegenheit am Morgen erledigen. Als jedoch am nächsten Morgen der Hofzug in Wien ankam, hatte Czernin seine Rede bereits gehalten […]."

109 Vgl. Nrn. 90, 92, 94.

110 Abel Comte Armand frz. Major d. R., zugewiesen dem Deuxieme bureau de l'État major de l'Armée.

nicht vertrauenswürdig ist und man daher diesen Staat seinem Schicksal überlassen soll. Weiters mußte er wissen, daß, wenn die Sache Armand-Revertera aufs Tapet kommt[a] auch die von ihm entrierte Aktion der beiden Prinzen ans Tageslicht gefördert wird, was selbstverständlich [die] Stellung der Kaiserin und dadurch meine Stellung sehr erschweren würde. Endlich verstehe ich nicht, wie der Minister des Äußeren, der das Wort „Verantwortlichkeit" zehnmal täglich im Munde führte, eine so grobe Gesetzesverletzung begehen konnte, Seidler nicht über seine Rede zu informieren. Obwohl Graf Czernin aus den Verhandlungen mit den Prinzen und in Homburg wissen mußte, welcher Brief der richtige ist, verlangte er von mir das Ehrenwort, daß der Brief so gelautet habe, wie ich ihn ihm nach der Ankündigung Cl[emenceaus] über die Veröffentlichung meines Briefes gezeigt hatte, ich gab ihm dies Ehrenwort,[111] weil ich sah, daß Czernin damals nicht ganz normal war (es war am Tage vor seinem Abtritt) und weil die von ihm angedrohte Bekanntgabe des wahren Inhaltes an Deutschland im besten Fall zu einem schweren Conflikt mit diesem Staat geführt haben würde, wenn nicht zu einem Krieg, und ich schließlich auch die Verhandlungen mit dem Deutschen Kaiser über Elsaß-Lothringen – Galizien nicht der hiesigen Öffentlichkeit verraten konnte.

Czernin sagte damals, er brauche die ehrenwörtliche Erklärung zu seiner persönlichen Deckung. Die verkehrte Welt. Interessant ist auch, daß Czernin die ehrenwörtliche Erklärung, eigenhändig geschrieben, bereits aus Wien mitbrachte[112].

Bevor wir noch die so deutschfreundlichen Telegramme[113] und Communiqués losließen, war die Freude über den Brief in Böhmen ungeheuer; 10.000

---

a   Umgangssprachlich: ans Licht, an die Öffentlichkeit, auf die Tagesordnung kommen.

111   Vgl. unsere Nrn. 34, 34a), 35. Vgl. auch AOS, Tom. II, Index 693, beglaubigte Kopie: „Ich gebe meinem Minister des Äußeren mein kaiserliches Ehrenwort, daß Ich nur einen Brief an den Prinzen Sixtus von Bourbon geschrieben habe, und daß die dem Minister des Äußeren übergebene Copie des Briefes wortgetreu und autentisch (!) ist. Prinz Parma hat von Mir keine Ermächtigung erhalten, den Brief der französischen Reg[ierung] zu zeigen. Belgien wurde gar nicht erwähnt und der Absatz über Elsaß-Lothringen ist in dem Entwurf Clemenceaus gefälscht. [In der Handschrift Czernins: Ehrenwort] Karl, Baden, den 12. April 1918." [eigenhändige Unterschrift] Dazu auch Vermerk von Kaiserin Zita: „Ich persönlich erinnere mich daran, auch mir sagte er, der Kaiser solle erklären, er habe in der letzten Zeit schon öfters an geistigen Abwesenheiten gelitten. Czernin würde dann ‚Eiserner Kanzler' werden und alles mit den Deutschen in Ordnung bringen"; vgl. Griesser-Pečar, Die Mission Sixtus, 293–299.

112   Darstellung von Czernins Standpunkt: Singer, Czernin, 290–305; Anhang 2. Zum Versuch Czernins, seine Verantwortlichkeit auf Graf Tamás Erdödy abzuwälzen: Erdödy-Memoiren, 112–122. Zur Kontroverse von 1920, als die Diskussion um die Sixtus-Briefe wieder entflammt war, vgl. Reichspost 27. Jg., Nr. 54 vom 15.02.1920, S. 3: „Czernin und die Sixtusbriefe. Ein erpreßtes Ehrenwort Kaiser Karls?" mit Erklärungen Albin Schagers von Eckartsau.

113   Vgl. diese Telegramme Kaiser Karls an Kaiser Wilhelm II. vom 10.04.1918, in: HHStA, PA I, 523, fol. 29 und fol. 30.

Huldigungstelegramme sollten abgeschickt werden, man erwartete uns stündlich in Prag und hoffte auf baldige Krönung. Als die Dementis kamen, war alles vorbei. Es wirft sich die Frage auf, warum man damals nicht nach Prag ging. Eine solche Handlung meinerseits wäre gerade für Böhmen eine Katastrophe gewesen; Deutsch-Österreich hätte sich empört – es hing ja damals so schon an einem Haar – Deutschland hätte uns den Krieg erklärt und das reiche Böhmen wäre Kriegsschauplatz geworden.[114]

87 b)
Aperçu zur „Sixtusaffaire".
Aus den Tagebüchern von Kaiserin und Königin Zita

o. O., o. D.[1]

P.A.H., Kasette 22 (128), maschinschriftlich.
Druck: in Auszügen und referierend: Brook-Shepherd, Um Krone und Reich, 179–185; Grieser-Pečar, Die Mission Sixtus, 281–301.

Stichwortartige Darstellung von Ereignissen der „Sixtusaffaire" (10. März bis 14. April 1918). Nach dem Zusammenbruch der Monarchie aus dem Tagebuch maschinschriftlich zusammengefaßt.

Vor dem 10. März[2] Warnung vor einem Complott. Alle Papiere verbrannt. Graf Cz[ernin] wird immer unerträglicher, sprunghaft, oberflächlich, nervös. Wollte Kaiser im Jänner durchaus dazubringen, nach Wie[n] [zu] übersiedeln. „Nein, lieber Cz[ernin], in diese Mausefallen gehe ich nicht!" Damit, wenn Palais angegriffen, geschossen werde. Also Leute totgeschossen, angeblich wegen Kaiser, wirklich wegen Palais![3] Brest-Litowsk, große Freundschaft mit deutsch[em] General Hoffmann[4]. Dort Complott ausgeheckt. Generale, Statthalter oder hohe Statthaltereiräte, öst[erreichische] und ung[arische] Adelsverschwörung, Erzherzöge[5].

---

114 Vgl. unseren Band 1, Kap. XVIII.

1 Wie aus den Bemerkungen zu den Publikationen Cramons und August Demblins erkennbar, enstand die vorliegende Zusammenfassung nach dem 25.06.1920 (= Erscheinungsdatum der Broschüre Demblins).
2 Kaiserin Zita wurde am 10.03.1918 im Sanatorium Guttenbrunn in Baden bei Wien von ihrem Sohn Eh. Ludwig Viktor entbunden.
3 Vgl. Nr. 87a.
4 Max Hoffmann, vgl. Nr. 87a.
5 Vgl. Nr. 213.

Rede vom 2. April: er so heiklig für Competenzen, sagt kein Wort Ministerpräsident[6] wegen innerpolitischem Inhalt (Slaven). S. M. so spät erhalten,
konnte nicht mehr durchlesen. Rede u[nd] Forum vom Zaun gebrochen[7].

3. April: Clem[enceau] antwortet „Cz[ernin] lügt!"

4. April: Unerhörter Vertrauensbruch, Cz[ernin] enthüllt Armand-Rever-
tera-Bespre[chungen][8].

6. April: Clem[enceau] spielt an, droht vorsichtig mit der Enthüllung einer
Negotiation „par un personnage d'un rang fort au-dessus du sein!".

7. April: Daraufhin reizt Cz[ernin] Clem[enceau] zum äußersten, deckt
rücksichtslos die ganze Armand-Revertera-Angel[egenheit] auf. Stellt en plus
und gratis die im Auftrag der eng[lischen] Reg[ierung] gemachten Besprechungen Smuts-Mensdorff bloß[9]. Gibt „personnage" zu – und reist nach Bucarest ab!

9. April: Clemenceau sagt, er hat zwei Briefe S. M. 1. Friedensangebot mit
Elsaß-Lothringen, 2. „mit Minister einig". (Ist nicht im Brief, basiert [...] auf
Begleitnote.)

10. oder 11. April: Communiqué Cz[ernin][10]. Es existiert kein Brief. (Er
selbst hat den vom 9. Mai!)[11] Behauptung der politischen Anschauungen „un-
sinnig, da sie gegen alle öff[entlichen] Reden Cz[ernins] geht! Clem[enceau]
hat gelogen!

11. April: Demblin bittet um Entwurf des (ersten) Briefes vormittags. Ich
gelegen, Briefe in einer Kiste unter anderen schweren in meinem Schlafzimmer. Dies wegen Complott. Daher Antwort S.M., er hat sie nicht bei der Hand,
schickt sie nachmittag. Ich suche dann, finde das vorgewiesene Conzept,
nichts anderes[12]. Also <u>kann</u> kein zweiter Brief sein. S.M. übersendet es mit der
Bedingung, daß – wegen Ehrenwort – Cz[ernin] keinen Gebrauch davon
macht, <u>Niemandem</u> zeigt! Cz[ernin] läßt sagen, er garantiert dafür.

12. April: Cz[ernin] telefoniert nach dem Mittagessen, kommt dann heraus.
Clem[enceau] hat inzwischen Text publiziert. Cz[ernin] bringt beide mit[13].
Sagt, er weiß, welcher Text richtig, aber daß, wenn S.M. ihn zugibt, verstän-
digt er sofort Berlin, das einmarschbereit. Dann verliest er die Clem[enceau]-
Note[14]; fragt dann S.M., ob er dazu etwas zu sagen habe. S.M. schweigt, er-
kennt auch, welche die richtige ist.

---

6 Ernst von Seidler.
7 Vgl. unseren Band 1, Kapitel XVIII.
8 Vgl. unseren Band 1, Kapitel XII und XVII.
9 Vgl. unseren Band 1, Kapitel XVII.
10 Sämtliche Communiqués bei Alexander Demblin, 149–163.
11 Vgl. Nr. 41.
12 Vgl. Nr. 34.
13 Vgl. Nrn.. 34, 34a.
14 Alexander Demblin, 159–161.

Cz[ernin] drängt und droht zugleich: S. M. schweigt weiter. Sodann erkundigt sich Cz[ernin] vorsichtiger Weise, Cz[ernin] ob S. M. sich an einen zweiten Brief erinnert. (Cz[ernin] hatte die Copie!) Da dieser S. M. total entfallen und nicht im Faszikel war, sagt der Kaiser mit Entschiedenheit nein. Erst darauf zog Cz[ernin] das von seiner eigenen Hand geschriebene, in Wien vorbereitete Ehrenwort mit (Praemeditation ist aufs deutlichste bewiesen!) und sagt S. M., er habe das zu unterschreiben. S. M. weigert sich. Daraufhin Cz[ernin], er werde also sofort Berlin verständigen und den Trümmerhaufen, der durch Einmarsch und Revolution entstände, könne dann S. M. mit dem eigenen Gewissen ausmachen. Dieses Ehrenwort werde in seinem Schreibtisch verwahrt. Niemand werde es je erblicken (also auch nicht irreführen!). S. M. sagt ihm: „Sie haben ja selbst gesagt, Sie wissen, welche Fassung die richtige ist – wie können Sie also so eine Unterschrift von mir verlangen?" Nach langem Kampf droht Cz[ernin] endlich, Schluß zu machen und unterschreibt S. M[15].

Jetzt, da er das hat, verlangt er, den irrtümlichen Concepttext zu publizieren. S. M. verweigert das absolut. Nun geht das Ringen wieder [...] los. Beständige Drohungen etc., endlich wird es 5 Uhr, S. M. muß andere dringende Audienzen empfangen. Bittet Cz[ernin] zu warten. Als er fertig ist, ist Cz[ernin] abgefahren. (Auch diesen Text hatte er fertig von Wien mitgebracht, aber zuerst brauchte er das Ehrenwort.) Auch schon bei diesem Ringen sagte Cz[ernin] beständig: „E.M. haben es ja unterschrieben, das es richtig ist!" S. M. läßt Posten bei Laxenburg aufstellen, Cz[ernins] Auto aufzuhalten, da er an ein Mißverständnis im Wegfahren glaubt. Cz[ernin] hat den Posten beinahe totgefahren. S. M. läßt ins Ministerium des Äußeren telefonieren. Cz[ernin] ist noch nicht angekommen. S. M. läßt ihm sagen, er solle, sobald er ankommt, sofort am Geheimapparat mit ihm sprechen. Niemandem vorher ein Wort sagen. Beamte tut das. S. M. weitere Audienzen. Kein Telefon Cz[ernins]. Endlich ruft S. M. ihn auf und telefoniert mit ihm „wie ums Leben" bis 10 ¼. Cz[ernin] will Veröffentlichung erzwingen, es ist die Rettung der Brüder, er garantiert mit seinem Kopf für sie; endlich droht er, sich am Telefon zu erschießen. Dann sagt er plötzlich in ganz ruhigem Ton: „Es ist ja sowieso ganz einerlei, ich habe das Communiqué ohnedies schon heute nachmittag herausgegeben."[16] S. M. sollte nach Pest fahren, versäumte Zug.

13. April: Cz[ernin] telefoniert in der Früh. Brüder in großer Gefahr, erschossen zu werden, er kommt gleich. S. M. hatte einen Herzkrampf, konnte ihn nicht gleich empfangen, bat mich, ihn anzuhören. Ich spreche mit ihm von 10 Uhr bis 11 ¾. „Je me débats, il est plus que nerveux, larmes." Vorschlag: um die Brüder zu retten – denn der Text Cl[emenceaus] ist ja der echte, er weiß es aus den seinerzeitigen Verhandlungen – muß S. M. erklären, er leide

---

15 Vgl. Nr. 87a, Anm. 111.
16 Alexander Demblin, 161–162.

an zeitweiligen geistigen Lücken, er ziehe sich von der Regierung zurück, da er in so einem Anfall den Cl[emenceau]-Brief geschrieben habe. Cz[ernin] wird der „eiserne Kanzler", Regent, der aber nichts zu sagen hat, Erzherzog Eugen; sie verhandeln einen Anschluß an Deutschland und wenn dann alles perfect ist, kann S. M. als gesund erklärt werden[17]. S. M. lehnt kategorisch ab. Zuerst durch mich, dann steht er selbst auf und kommt es nochmals selber sagen. Als ich Refus überbringe, schlägt er [Czernin] Selbstmord à trois vor. Als er sagt, er wisse, die Clem[enceau-Fassung] sei die richtige, sagte ich ihm: „Dann geben Sie mir das gestrige Schriftstück zurück!" Er weigert sich, sagend, bräuchte es, um seinen Kindern einen ehrenvollen Namen zu hinterlassen. Ich erwiderte: „Wenn Sie Ihren Kindern einen ehrenvollen Namen hinterlassen wollen, dann geben Sie mir dieses Schriftstück zurück, und ich zerreiße es hier vor Ihnen!" Nein! Von mir zu Rede gestellt, wie er sagen könne, er habe <u>nichts</u> gewußt, antw[ortete] er, er habe von dem <u>Brief</u> nichts gewußt und da Lügen eine Sünde sei – und er wolle eine solche nicht begehen, –, sage er lieber, er habe von gar nichts gewußt, als auszusehen, als ob er was vom Brief gewußt hätte. Im selben Augenblick schlug er aber Selbstmord vor. Ich konnte nicht umhin, zu antworten, wenn ich schon einmal in die Hölle kommen sollte, ginge ich lieber in einer besseren Gesellschaft als in der seinigen dort hinunter! Nachdem er also wiederholt versichert hatte, er wisse, daß Conzept irrtümlich sagte er Cramon, er solle sich den Text von S. M. ansehen (jedenfalls um S. M. noch mehr hineinzulegen) und sandte ihn zum Kaiser. Diesem kündigte er an, daß Cramon zu diesem Zweck komme. Hier [ist der] Bericht von Cramon sehr lügenhaft. S. M. sagte bloß: „Hier ist das Conzept, von dem [Czernin] Ihnen sprach!" (S.M. war äußerst erstaunt über die Darstellung von Cramon, glaubte es nicht für möglich, so zu lügen!)[18]

<u>14. April</u>: Furchtbare Szene mit [Czernin]. Er versucht, den Kaiser nochmals zum Rücktritt zu bewegen. Als das nicht gelingt, bekommt er eine Crise de nerfs, weint und gibt plötzlich seine Demission, die S.M. sofort annimmt[19].

Nach seinem Urlaub nahm er Akten aus dem Ministerium mit und unter anderem blieb der [sic] Conzept vom 9. 05. Brief seitdem unauffindbar[20]. Demblins Darstellung[21] ist an manchen Punkten leicht der Lüge nachzuweisen.

[Czernin] fuhr fort zu lügen, sagte S.M. [er] würde es ja zu seiner Entlastung sagen, „wenn ich etwas davon gewußt hätte". S.M. versuchte, ihn durch Polizei als gemeingefährlich verhaften zu lassen. Polizei weigerte sich,[22]

---

17 August Demblin, Czernin und die Sixtus-Affaire, 28–29; Reprint Alexander Demblin, 78, 126–127.
18 Cramon, Unser österreichisch-ungarischer Bundesgenosse, 155–156.
19 Alexander Demblin, 78–80.
20 Vgl. Nr. 41.
21 August Demblin, Czernin und die Sixtus-Affaire, München 1920; Reprint Alexander Demblin, 107–148.
22 Brook-Shepherd, 182.

Presse wagte es auch nach seinem Abgang nicht, anders zu schreiben, als er befohlen hatte.[23] Burián kam nicht dagegen auf, beschwerte sich bei S.M.

Zurück vom Urlaub, fingierte er eine Friedensunterhandlung selbst übergeben zu müssen, um empfangen zu werden[24].

88.
Hughes-Gespräch zwischen Kaiser und König Karl und dem österr.-ung. Außenminister Ottokar Graf Czernin-Chudenitz

o. O. 1918, Anfang April

AOS, Tom. II, Index 693, beglaubigte Kopie; verarbeitet und teilweise veröffentlicht bei Brook-Shepherd, Um Krone und Reich, 174–177; normalisiert wiedergegeben von Demblin, 164–165.

Reaktionen von Kaiser und König Karl und Graf Czernin auf die bevorstehende Veröffentlichung der Friedensversuche Österreich-Ungarns durch Clemenceau.

Hier seine Majestät – guten abend – ich bin sehr froh, daß sie mich aufrufen, höre eben durch ministerium, daß clemenceau enthüllungen über mich machen will. selbstverständlich ist alles, was clemenceau über mich vorbringen könnte, außer dem, was sie so wie so wissen, lug und trug. ich wiederhole nochmals, wir können in der ganzen sache reines gewissen haben, falls clemenceau wirklich etwas sagen sollte, was über den rahmen dessen hinausgeht, was sie ohnedies wissen, so beabsichtige ich, kaiser wilhelm ein telegramm zu senden, worin ich meine entrüstung über dieses lügengewebe der feinde ausdrücke, nochmals unserer unbedingten bundestreue versichere und zum schlusse erkläre, daß ich als souverain zu hoch stehen würde, um mich in weitere diskussionen mit einem kerl [à la] clemenceau einzulassen, und ich die ganze angelegenheit als erledigt betrachte. dies ist mein unabänderlicher entschluß.[1]

was wollen sie jetzt?

[Czernin:] mir ist ein stein vom herzen, wenn die sache so ist, denn der entgegengesetzte fall wäre eine katastrophe gewesen. clemenceau sagt folgendes:

---

23 Vgl. Nr. 34, Anm. 1.
24 HHStA, NL Wieser, fol. 624–625, 627–628 (02. und 03.07.1918).

1 Vgl. das Telegramm an Kaiser Wilhelm, in: HHStA, PA I, 523 und bei Griesser-Pečar, Die Mission Sixtus, 275–276.

kaiser karl ist es, der in einem eigenhändigen briefe vom monat märz 1917 seine zustimmung zu den gerechten rückforderungsansprüchen frankreichs in bezug auf elsaß-lothringen ausgesprochen hat, ein zweiter kaiserlicher brief konstatiert, daß der kaiser mit seinem minister eines sinnes sei. selbstverständlich muß man auf das kategorischeste die lüge brandmarken und das telegramm an kaiser wilhelm ist auch eine sehr gute idee. ich bitte aber euer majestät dringend, mit communiqué und telegramm bis morgen abends zu warten. ich bin morgen abends in wien und muß vorher noch mit euer majestät sprechen. ich habe die furcht, daß euer majestät auf einen brief, den sie doch geschrieben haben, vergessen haben, denn sonst spielt clemenceau ein verzweifeltes spiel, wenn er nicht in der lage ist, den brief, von dem er spricht, vorzuzeigen. ich bitte also dringendst, meine ankunft abzuwarten, da wir unter keinen umständen jetzt fehler begehen dürfen. es handelt sich offenbar um briefe an die prinzen parma, deren inhalt sich meiner kenntnis selbstverständlich vollständig entzieht. ich werde sofort nach berlin sagen lassen, daß clemenceau gelogen hat, daß unsere antwort erfolgen wird, und bitte nochmals unter keinen umständen etwas zu machen bis ich nicht zurück bin. wenn euer majestät wollen, kann ich noch morgen nachts sofort nach meiner ankunft direkt nach baden fahren

[Kaiser Karl:] – danke. bin mit allem sehr einverstanden, in einem brief an prinzen von parma ist niemals etwas politisches gestanden –

[Czernin:] danke schluß –[2]

89.
Kaiser und König Karl zur „Sixtusaffaire" in der Antwort an den österr.-ung. Außenminister Ottokar Graf Czernin-Chudenitz

o. O. [Wien und Baden], 1918 April

AOS, Tom. II, Index 693, beglaubigte Kopie.

[a-]1) Der durch Clemenceau veröffentlichte Brief ändert gar nichts am Communiqué vom[1]

2) Vor allem sei erklärt, daß unter der im Range weit über dem Minister des Äußeren stehenden Persönlichkeit, von der im Communiqué vom 7. April er-

---

2 Vgl. dazu auch Nrn. 87a, 89, 90, 213.

a–a Vorlage Czernins für Kaiser und König Karl.

1 Datum fehlt. Zweifellos handelt es sich um das Communiqué vom 10.04.1918, in: Reichspost 164 (25. Jg.), 11.4.1918, 3–4.

klärt wurde, daß sie Friedensschritte unternommen hatte, nicht Seine Majestät, sondern Prinz Sixtus von Parma verstanden werden mußte und verstanden wurde. Von diesem Prinzen behauptet nun Clemenceau, den Brief zu
haben. Es eröffnen sich nun zwei Möglichkeiten, entweder hat Herr Clemenceau wissentlich ein falsches Dokument herausgegeben oder wurde der Prinz,
dessen loyaler und edler Charakter allgemein bekannt ist, das Opfer eines
schändlichen Betruges.[2]

3) Eine Handschriftfälschung wäre umso leichter möglich, als Seine Majestät im Frieden mit verschiedenen französischen Persönlichkeiten korrespon-
dierte.

4) Der im Communiqué des französischen Ministerpräsidenten vom
9. April l[etzten] J[ahres] erwähnte zweite Brief des Kaisers, in welchem
Seine Majestät erklärt haben soll, daß „Er mit seinem Minister einig sei", erwähnt das französische Commuiniqué nicht mehr, was darauf schließen läßt,
daß das französische Ministerium die Existenz dieses zweiten Briefes nicht
mehr aufrechterhält.[-a]

[b-]Lieber Czernin

ad 1 und 2: Ich habe die Sache genau überlegt. Ich bleibe selbstverständlich auf dem Standpunkte, daß, wenn die Prinzen gegen uns auftreten, sie unbedingt desavouiert werden. Wir wissen aber nun nicht, ob die Prinzen dem
Clemenceau eventuell gar nichts gesagt haben und [...] ob nicht derselbe den
Brief in der Schweiz gestohlen hat. Denn erwiesenermaßen waren alle Akte
mit Maschinschrift, das sind dieser von Ihnen und mein Brief im Feber in die
Schweiz[3].

ad 3. Ich würde es nicht für opportun halten, irgendeinen Brief meinerseits
während des Krieges nach Frankreich zuzugeben, da aber doch die Handschrift erklärt werden muß, bin ich auf diesen Ausweg gekommen.[-b]

---

b–b Antwort Kaiser und König Karls.

2   Vgl. dazu PAMAE, Papiers d'Agents, Archives Privées, 198-Clemenceau 1, fol. 35r–41r: Korre-
    spondenz Clemenceaus mit Prinz Sixtus wegen der Briefveröffentlichung. Vgl. auch Nr. 213.
3   Vgl. Manteyer, Austria's Peace Offer, 51–54, Note von Czernin vom 17.02.1917 und kaiserlicher
    Zusatz vom 20.02.1917 (vernichtet, von Prinz Xavier rekonstruiert und von Graf Tamás Erdödy
    signiert). Vgl. Sixte de Bourbon, L'offre de paix séparée, 58–64; auch TS 4224.

90.
[Der Staatssekretär der USA, Robert Lansing, an den Präsidenten der USA, Woodrow Wilson]

o. O. [Washington], 1918 April 12

Washington, Library of Congress, Manuscript Division,Papers of Robert Lansing, fol. 143–144.

Robert Lansing beurteilt die Veröffentlichung des Sixtusbriefes durch George Clemenceau als erstaunliche Dummheit und als Beispiel gedankenloser Diplomatie. In logischer Konsequenz sind alle österreichisch-ungarischen Separatfriedensversuche vergeblich gewesen. Außenminister Ottokar Graf Czernin wird zurücktreten, Kaiser Karl sich zwangsläufig Deutschland anschließen müssen.

Memorandum on the Making Public by M. Clemenceau of the Austrian Emperor's Letter to the Prince Sixtus de Boubon.

The action of M. Clemenceau in making public yesterday the letter in regard to Alsace-Lorraine by the Emperor Karl to Prince Sixtus de Bourbon is, in my opinion, a piece of the most astounding stupidity, for which no sufficient excuse can be made. If Clemenceau thought to prove that Count Czernin was a liar, he possibly succeeded but at what a cost!

His disclosure has thrown Austria bodily into the arms of Germany. The Austrian Emperor has no other course now but to eat his words and affirm in the most unequivocal terms his loyalty to his domineering ally and the aims of his ally. Even if Karl wished to act otherwise the stupidity of Clemenceau and the fear of Germany prevent.

Thus, after the secret conversations with Lammasch and other personal emissaries of the Austrian rulers, which have been going on in Switzerland, gave at least the remote hope that in the event of a military check of Germany's efforts on the western front, Austria would be disposed to consider separate terms of peace[1], Clemenceau makes this unpardonable blunder. The fat is in the fire.

a–As an example of stupid diplomacy this performance is almost without parallel. It is almost as bad as German diplomacy or as that of the Allies in the Balkans. I was perfectly aghast when I read the press account and my

---

a–a Vermerk in der Vorlage: omit.

1 Vgl. George D. Herron, Heinrich Lammasch's suggestion for peace in Berne 1918, in: Heinrich Lammasch, 186–197; Papers relating 1918, Suppl. I, 82–107; 119; 129–130; 140–141; 147–149; 150–151; 173.

amazement increases the more I consider the folly of it all. How any states-
man could throw away a strategic advantage without any equivalent other
than the personal satisfaction of causing chagrin to an adversary is beyond
my comprehension[-a].

I can only account for this apparent lapse by the French Premier on the
supposition that he acted in a fit of temper and took the course which he did
without that careful consideration which should always be shown by those in
possession of secret information. It is unfortunate that "The Tiger" of France
does not possess a better control over his impulses, unfortunate for his country
as well as for the cobelligerents of France. There was always the possibility of
something resulting from the evident desire of the Austrian Emperor for peace
almost at any price. That possibility the folly of Clemenceau has destroyed. By
his foolish act Karl has been forced to cast his lot with the Kaiser. All that we
have done has been undone. We must scrap all the unofficial conferences
which we have had.

In view of this crass stupidity on the part of the French leader we must read
just ourselves to the new situation which he has created. First, I cannot see
how Czernin can remain at the head of the Austrian Government. He will certainly be forced to resign, for he either knew and lied about the Emperor's letter or else he was not in the full confidence of his royal master. In either case
his resignation must follow. He cannot do otherwise.

When Czernin resigns the Emperor Karl will undoubtedly call upon some
pro-German to form a cabinet. It may even be Burián[2].

That is the logic of the situation. While Czernin was in a measure pro-German he undoubtedly was desirous of peace. His successor will be more radi-
cally pro-German and more amenable than he to German influences. We will
lose a decided advantage by this change of Government, and we will not have
the opportunity to approach secretly this new Premier or be able to gain imperial influences for peace. Only a military victory on the western front can
again open the door which Clemenceau has slammed shut.

In the present state of affairs, it would be unfortunate if Burián was returned to power, but he seems to be the logical one to be chosen because he
would satisfy the abominable Prussians[3].

[a]-Hang Clemenceau and his personal pride. He has raised the devil, though
we have to pay for his intemperate conduct. Great though he is in many ways
he has shown himself an amateur in the field of diplomacy[-a 4].

---

a–a Vermerk in der Vorlage: omit.

2 Stephan Graf Burián, seit 16.4.1918 österr.-ung. Außenminister.
3 Vgl. auch Meisels, Die Beziehungen zwischen Österreich-Ungarn und den Vereinigten Staaten, 141–144; Mamatey, 237.
4 Zur Reaktion Englands, Frankreichs und Belgiens auf die Sixtus-Affäre in der Reflexion ital.

91.
Papst Benedikt XV. an Kaiser und König Karl

Vatikan, 1918 April 15

HHStA, PA I, 808, Personalia III/33, Abschrift; Druck: Engel-Janosi, 402–404.

Papst Benedikt XV. spricht sich bei Kaiser Karl I. gegen eine Absetzung des Bischofs von Trient, Msgr. Endrici, aus. Er ersucht, die endgültige Regelung der Besetzung des Bischofssitzes von Trient bis Kriegsende zu verschieben.

Con il più vivo gradimento abbiamo ricevuto la lettera, che Vostra Maestà si è compiaciuta inviarci in data del 26 Gennaio u. s.[1]

Tale compiacenza Ci è maggiormente grato di manifestare, in quanto che in quell'Augusto autografo abbiamo trovato una novella conferma degli alti e nobili sentimenti che animano Vostra Maestà, in ordine al vivissimo desiderio di ridare ai Suoi popoli non solamente la pace esterna, [ma] benanco quella interna.

Gli è percio che, bramosi come siamo di secondare questo Suo nobilissimo intento, non abbiamo mancato di portare tutta la Nostra attenzione su quanto Vostra Maestà Ci proponeva nei riguardi del Vescovo di Trento, Mons. Endrici[2], la cui penosa situazione forma da molto tempo l'oggetto del più accurato studio ed interessamento da parte della Santa Sede.

Noi, mossi dalla Nostra lealtà, nonchè dalla fiducia che Ci ispira la Maestà Vostra, non possiamo nasconderle la preoccupazione che ha prodotto e produce tuttora nell'animo Nostro l'accennata situazione in cui si è venuto a trovare quel Vescovo – pur apprezzato per integrità di vita, dottrina e zelo pastorale -a causa delle gravi condizioni politiche, ed anche dei provvedimenti presi a suo riguardo.

Come è noto, la Santa Sede per dimonstrare la sua deferente condiscendenza verso l'Imperiale Governo, aveva concesso che l'amministrazione spirituale e temporale della Diocesi di Trento fosse affidata ad un ecclesiastico, il quale, oltre ad essere dotato di ottime qualità sacerdotali, gode anche la stima e la fiducia delle Autorità Civili, e che fosse nominato un Pro-Vicario a Bolzano per la parte tedesca della Diocesi[3]. Con cio la Santa Sede si riprometteva di

---

Diplomaten, vgl. ihre Berichte an Sonnino und Orlando, in: DDI, vol. X, 444–446 (Nrn. 549, 550, 551), 467 (Nr. 586), 471–472 (Nr. 592). Zur kritischen Reaktion Lloyd Georges auf die Publikation durch Clemenceau, vgl. DDI, vol. X, 527–528 (Nr. 644).

1   Vgl. Nr. 79.
2   Vgl. Nr. 79.
3   Balthasar Rimbl, 1917–1928 Provikar für den deutschen Anteil von Trient; Ludovico Eccheli, 1914–1930 Generalvikar in Trient.

aver dato da una parte soddisfazione alle Autorità Civili, dall'altra di aver salvaguardato il prestigio e la dignità piscopale e provveduto al bene dei Fedeli.

Tuttavia non sfuggirà alla penetrazione della Maestà Vostra come l'allontanamento totale di Mons. Endrici dalla sua Diocesi presenterebbe le più gravi difficoltà sia per la Santa Sede che per lo stesso Imperiale Governo.

Ove si rifletta infatti alla situazione della Diocesi di Trento, posta al confine dell'Impero e nella quale si trovano fedeli che per razza e per lingua appartengono a diverse nazionalità contendenti fra di loro, apparirà che il provvedimento invocato, attesa specialmente l'attuale vivissima eccitazione degli animi, mentre riuscirebbe di soddisfazione ad una parte del popolo, provocherebbe certamente il risentimento dell'altra.

Si accentuerebbe cosi il dissenso, e lungi dall'ottenere la concordia e l'unione sperata, si verrebbe a creare un nuovo fomite di discordia, che Noi riteniamo non soltanto nocivo al bene dei fedeli ed al regolare andamento di quella illustre Diocesi, ma anche oltremodo pericoloso agli stessi interessi dell'Impero.

Confidando pertanto negli alti e nobili sentimenti di equità e di prudenza della Maestà Vostra come pure nella devozione e nell'attaccamento alla Santa Sede ed alla Nostra persona, di cui Ci ha dato consolanti prove, non dubitiamo che vorrà valutare queste Nostre considerazioni ed attendere la fine della presente guerra per addivenire alla soluzione definitiva della grave questione, nel risolvere la quale, Noi non mancheremo di tener presente il desiderio testè da Vostra Maestà manifestatoCi.

Nel pregare il Signore affinchè conservi lungamente la Maestà Vostra, ben di cuore impartiamo alla Sua augusta persona ed a tutti i membri della Imperiale e Reale famiglia la Benedizione Apostolica

92.
Der Staatssekretär der USA, Robert Lansing, an den Präsidenten der USA, Woodrow Wilson

Washington, 1918 Mai 10

Druck: The Papers of Woodrow Wilson 47, 589–591.

Über die Veränderungen der amerikanischen Politik nach der Sixtus-Affäre.

My dear Mr. President:

I feel that the time has arrived when it is wise to assume a definite policy in relation to the various nations which make up the Austro-Hungarian Empire. The ill-considered desclosure of the "Sixtus-letter" by M. Clemenceau has compelled the Emperor and Government of Austria-Hungary to take a position in regard to Germany which makes further peace approaches to them well-nigh impossible[1], while their attitude toward Italy will be, as a result, generous in order to influence the latter country to withdraw from the war, and so release Austrian troops for the front in Flanders.

Like all these questions arising at the present time I think that they should be considered always from the standpoint of winning the war. I do not believe that we should hesitate in changing a policy in the event that a change will contribute to our success provided it is not dishonorable or immoral.

In the present case it seems to me that the pertinent questions are the following:

1. Is there anything to be gained by giving support to the conception of an Austria-Hungary with substantially the same boundaries as those now existing?

2. Is there any peculiar advantage in encouraging the independence of the several nationalities such as the Czech, the Jugo-Slav, the Roumanian, etc., and if so, ought we not to sanction the national movements of these various elements?

3. Should we or should we not openly proclaim that the various nationalities subject to the Emperor of Austria and King of Hungary ought to have the privilege of self-determination as to their political affiliations?

4. In brief, should we or should we not favor the disintegration of the Austro-Hungarian Empire into its component parts and a union of these parts, or certain of them, based upon self-determination?

It seems to me that the time has come when these questions should be answered[2].

If we are to check the effect of the possible bribe of territory which will doubtless be offered to Italy, is not the most efficacious way to offset this inducement to declare that the aspirations of the subject nations of Austria-Hungary should be determined by the people of those nations and not by the power which has compelled their submission? Italy in such circumstances will undoubtedly consider the possibility of obtaining far greater concessions than Austria-Hungary can offer. She will therefore remain true to the common cause[3].

---

1 Herron bedauert die Veröffentlichungen Clemenceaus, laut Bericht des ital. Botschafters Paulucci hätte dies endgültig die Friedensbemühungen des Kaisers abgeschnitten und den Kaiser und seine Familie in die Arme Deutschlands gestoßen. Vgl. DDI, vol. X, 605 (Nr. 763).

2 Kongreß von Rom, 08.–10.04.1918. Vgl. Conferenza delle nazionalità soggette all' Austria-Ungheria (Roma – in Campidoglio – 8, 9 e 10 Aprile 1918). Testo delle dichiarazioni votate e riassunto dei discorsi pronunziati nella seduta finale del 10 Aprile, Roma 1918; Valiani, The Rome Congress, in: ders., The End of Austria Hungary, 199–256; Seton-Watson, The Making of a New Europe, 259–275. Zur Reaktion in Schweden, England und Frankreich auf den Kongreß von Rom, vgl. DDI, vol. X, 522 (Nr. 634), 522–523 (Nr. 635), 527 (Nrn. 643, 644), 538 (Nr. 657), 545–547 (Nr. 670).

3 Vgl. Nrn. 66, 70, 73, 84, 91. Zur versteiften Ablehnung österr.-ung. Friedensbemühungen durch Sonnino, vgl. DDI, vol. X, 523–524 (Nr. 636) und 537–538 (Nr. 656).

Furthermore the revolutionary spirit of the nationalities concerned would be given a new hope. Unquestionable a revolution or its possibility in the Empire would be advantageous. Ought we or ought we not to encourage the movement by giving recognition to the nationalities which seek independence?

I have no doubt that you have been, as I have, importuned by representatives of these nationalities to give support to their efforts to arouse their fellow-countrymen to opposition to the present Austrian Government. This importunity is increasing. What should be said to these people? Some answer must be made. Should we aid or discourage them?

I do not think in considering this subject we should ignore the fact that the German Government has been eminently successful in the disorganization of Russia by appealing to the national jealousies and aspirations of the several peoples under the Czar's sovereignty. Whether we like the method or not, the resulting impotency of Russia presents a strong argument in favor of employing as far as possible the same methods in relation to Austria's alien provinces. I do not think that it would be wise to ignore the lesson to be learned from Germany's policy toward the Russian people.

I would be gratified, Mr. President, to have your judgement as to whether we should continue to favor the integrity of Austria or should declare that we will give support to the self-determination of the nationalities concerned. I think that the time has come to decide definitely what policy we should pursue[4].

93.
Monarchenvertrag von Spa

Spa, 1918 Mai 12

HHStA, AUR, 1918 Mai 12, Ausfertigung; HHStA, PA I, 505, fol. 19r–v, Abschrift.

Kaiser und König Karl und Kaiser Wilhelm II. vereinbaren mit Gegenzeichnung der beiden Außenminister Burián und Hertling ein langfristiges, enges, politisches, militärisches und wirtschaftliches Bündnis zwischen Österreich-Ungarn und Deutschland unter der Voraussetzung einer Verständigung über die polnische Frage.

Seine Majestät der Kaiser von Österreich, Apostolischer König von Ungarn und Seine Majestät der Deutsche Kaiser, König von Preußen, von dem Wunsche ge-

---

4   Vgl. dazu auch: PAMAE, Paix séparée 103, fol. 108–110: Lansing im Mai 1917 über die Separatfriedensmöglichkeiten in einer Unterredung mit Viviani.

leitet, das in langjährigem Frieden bewährte und in treuer Waffenbrüderschaft erhärtete Bundesverhältnis zwischen ihren Reichen zur Wohlfahrt der Völker und zum Nutzen kommender Generationen inniger zu gestalten und zu vertiefen, die Unverletzlichkeit ihrer Staaten zu sichern und zu gewährleisten, ihre ruhmgekrönten Armeen in engem Zusammenhang zu halten, die wirtschaftlichen Interessen ihrer Länder zu fördern und tunlichst zu verschmelzen, sind übereingekommen und verpflichten sich, ihre Regierungen anzuweisen, mit aller Beschleunigung Vereinbarungen auszuarbeiten und abzuschließen, durch die nachstehende Ziele der Verwirklichung zugeführt werden:

I. Herbeiführung eines langfristigen engen, der Verteidigung und Sicherung der beiden Kaiserreiche dienenden politischen Bündnisses.

II. Bildung eines Waffenbundes[1].

III. Abschluß eines Zoll- und Wirtschaftsbündnisses zwischen Österreich-Ungarn und Deutschland in stufenweisem Ausbau mit dem Endziel, einen vollständig zollfreien Verkehr zwischen den vertragschließenden Mächten anzubahnen.

Das Zoll- und Handelsbündnis soll keinen aggresiven Charakter gegen andere Staaten haben und freundschaftliche Handelsbeziehungen mit denselben nicht erschweren.

Die hohen Kontrahenten sind darüber einig, daß eine endgültige Lösung der zu I–III bezeichneten Fragen eine Verständigung über die polnische Frage zur Voraussetzung hat[2].

Zur Urkund dessen haben die beiden Hohen Verbündeten vorstehende Abmachung Allerhöchst Eigenhändig unterschrieben und AllerhöchstDero Insiegel beigedrückt.

---

1 Diesem Vertrag beiliegend:
   Grundlagen für den Waffenbund:
   1. Die Verbündeten verpflichten sich gegenseitig, daß sie ihre Volkskraft restlos ausnutzen werden.
   2. Jeder waffenfähige Mann muß die Schule des Heeres durchlaufen.
   3. Die Vorschriften für Organisation, Ausbildung und Verwendung der Truppe müssen auf gleichen Grundsätzen aufgebaut werden.
   4. Die Bewaffnung ist derart einheitlich zu gestalten, daß die Truppen für den Ersatz von Waffen und Munition in einem zukünftigen Kriege nicht auf Nachschub aus der Heimat angewiesen sind, sondern auf kürzestem Weg versorgt werden können.
   5. Um die Verhältnisse in den beiderseitigen Armeen kennen zu lernen, erscheint die wechselseitige zeitliche Kommandierung von Offizieren angezeigt.
   6. Alle Vorbereitungen für den Krieg sind gemeinsam zu treffen.
   7. Das Eisenbahnnetz ist nach den Erfahrungen dieses Krieges einheitlich auszubauen. Für die Bereitstellung und den Ersatz der Betriebsmittel ist einheitlich vorzusorgen.
   Deutsches Großes Hauptquartier, den 12. Mai 1918

von Hindenburg
Arz GO

2 Vgl. Nrn. 47 und 213.

Geschehen in doppelter Ausfertigung
Großes Hauptquartier, den 12. Mai 1918

Karl m.p.   Wilhelm m.p.
Burián m.p.   Graf von Hertling m.p.

94.
[Der Staatsekretär der USA, Robert Lansing, an den Präsidenten der USA, Woodrow Wilson]

o. O. [Washington], 1918 Mai 30

Washington, Library of Congress, Manuscript Division, Papers of Robert Lansing, fol.
148–150.

In Konsequenz der durch die Sixtusaffäre erzwungene Annäherung Österreich-Ungarns an Deutschland wird das Habsburgerreich als Vasall Deutschlands betrachtet. Es sei daher eine größere Bedrohung für Freiheit und Frieden als 1914 und müsse als Kaiserreich ausgelöscht werden.

Memorandum on our Policy in Relation to Austria-Hungary.

A few days ago there was published what purported to be the terms of a military alliance between the German Empire and Austria Hungary, by which the entire military establishment of the latter was put under German control for a period of 25 years[1].

Whether these terms are authentic remains to be proven, but the recent visit of the Emperor Karl to German Grand Headquarters makes the statement very probable for the going of a Hapsburg to a Hohenzollern was the last act of submission, the supreme humiliation of an emperor of the proud house of Austria[2].

I think that we ought to proceed on the assumption that the report is substantially correct and formulate a policy on that hypothesis. While this may not be the final step in the practical absorption of Austra-Hungary by Germany it comes very near it. The Austrian Emperor submitted because he

---

1 Vgl. Nr. 93.
2 Der Besuch Kaiser Karls in Spa erfolgte am 12. Mai 1918. Vgl. dazu Nr. 213 und bei Rauchensteiner, 568, Anm. 1541–1545.

wished to show his loyalty to Germany, which the Sixtus letter put in doubt. The German Emperor put on the screws and Karl was afraid to resist[3].

Doubtless there were threats, possibly a suggestion of a change of dynasty. Whatever the pressure used, the Austrian's visit to his powerful ally indicated the trepidation which he felt and the necessity of placating his master in fact, if not in name.

As the publication of the Sixtus letter ended any possibility of continuing unofficial relations with Austria looking toward peace, so this surrender of Karl removes all possibility of separating the two empires.

If Germany is permitted to continue this mastery after peace is declared, which seems to be the plan, the Prussians will have to all intents won the war, for, if Austria is permitted to remain in possession of the territory now within her borders, the German Emperor will control millions of people utterly hostile to the Germans, who will be in a state of servitude. Submission of these various nationalities to Austria-Hungary by the terms of this alleged agreement would mean submission to Germany. The Poles, the Czechs, the Jugo-Slavs and the Roumanians would become serfs of the German. Such a state of affairs must never be. Justice to the aspirations of thoses nationalities and the evils of German domination, as well as the peace of the world, cry out against such a result of the war. Fundamental to every policy which this Government adopts at this time is the supreme purpose of destroying Prussianism and compelling Germany to submit to a just peace. That end and the means of attaining it must be paramount in the formulation of a policy. When, therefore, the Emperor Karl showed that a separate peace was vain and when he became a vassal of Germany, a revision of policy became necessary. From that moment Austria-Hungary lost its right to exist as an Empire including these oppressed races. Karl at German Grand Headquarters signing away his birthright lost any sympathy which had been felt for him before that event. An Austria-Hungary absolutely controlled by the Prussians would make them an even greater menace to Liberty and peace than they were in 1914. If Austria-Hungary continues to exist in its present form that will be the result.

In view of the new state of affairs it seems to me that Austria-Hungary must be practically blotted out as an empire. It should be partitioned among the nationalities of which it is composed. As a great power it should no longer exist. The Poles, Czechs and other peoples, who long for independence and hate all foreign sovereignty must not be brought under the Prussian yoke by continuing them as provinces of Austria-Hungary. It would be criminal to coerce them and would be folly for the world to permit it.

---

3 Vgl. dazu die Bemerkungen Kaiser Karls in Nr. 213; ferner Mamatey, 256–257; vgl. auch DDI, vol. X, 607 (Nr. 765): Macchi di Cellere an Sonnino, Washington, 1918 Mai 30.

It is my judgment that, primarily as a war-measure, and also because it is just and wise for the future, we should encourage in every possible way the national desires of these peoples. If need be, I would favor going so far as to promise them their independence when the Central Powers are defeated if that would induce them to revolt against German owned Austria-Hungary. Stripped of these nationalities and of the territory occupied by them, Hungary would undoubtedly desire to become an independent kingdom and Austria would be merely an arch-duchy weak and insignificant as she should be. Over this helpless state Karl would be ruler. Such a result would be a destiny which Austria and the Hapsburgs richly deserve.

To announce this policy and to give it publicity in the Austro-Hungarian Empire are the next steps in carrying out this policy[4].

95.
Offizielles Bulletin des Außenministeriums der USA über sein großes Interesse an den Beschlüssen des Kongresses von Rom

Washington, 1918 Mai 31./Juni 01

PAMAE, Autriche 57, fol. 80[1].
Druck: Foreign Relations 1918, Suppl. 1, vol. 1, 808–809.

Das Außenministerium der USA (State Department) akzeptiert die Beschlüsse des Kongresses von Rom (8.–10. April 1918) bezüglich der Befreiung der Tschechoslowaken und Jugoslawen vom Staatsverband der österreichisch-ungarischen Monarchie.

Czecho-Slovak Congress indorsed by United States

The Secretary of State desires to announce that the proceedings of the Congress of Oppressed Races of Austria-Hungary, which was held in Rome in April, have been followed with great interest by the Government of the United

---

4 Vgl. Nr. 95. Dazu auch Meisels, 144 und Nr. 213.

1 Vgl. PAMAE, Autriche 57, fol. 79: Der frz. Botschafter in Washington, Jean-Jules Jusserand, an Außenminister Stéphen Pichon:
   « La note du Secrétaire d'etat relative à la libération des Tcheco-Slovaques et des Yougo-Slaves, mentionnée dans mon télégramme du 30 mai, a paru au ‹ Bulletin Officiel › du 31 dans des conditions qui en précisent et gradissent l'importance. Elle est en effet accompagnée du texte des resultions adoptées par le Congrès tenu à Rome par les nationalités opprimées d'Autriche-Hongrie (8–10 avril 1918), et semble ne faire qu'un avec elles. C'est manière de s'y associer. »

States, and that the nationalistic aspirations of the Czecho-Slovaks and Jugo-Slavs for freedom have the earnest sympathy of this Government.

The Congress Held at Rome[2].

A congress organized by a committee formed at Rome "for the liberation of the oppressed nationalities of Austria-Hungary", was held at Rome on the 8th, 9th, and 10th of April, 1918. All the peoples directly concerned were represented – Italians, Czecho-Slovaks,Rumanians, Poles, Jugo-Slavs, and Serbs. The following resolution were unanimously adopted: The representatives of the nationalities wholly or partly subject to the domination of Austria-Hungary – Italians, Poles, Roumanians, Czechs, Jugo-Slavs – have united in affirming as follows the principles by which their common action shall be guided.

Right to National Unity.
1. Each of these peoples proclaims its right to establish its own nationality and state unity, to complete this unity, and to attain full political and economic independence.
2. Each of these peoples recognizes in the Austro-Hungarian monarchy the instrument of Germanic domination and the fundamental obstacle to the realization of its aspirations and its rights.
3. The assembly, consequently, recognizes the necessity for a common struggle against the common oppressors, in order that each people may attain its complete liberation and complete national unity as a single free state.

The representatives of the Italian people and the Jugo-Slav people are agreed in particular as follows:
1. As regards the relations between the Italian nation and the nation of Serbs, Croats, and Slovenes – known also under the name of the Jugo-Slav nation – the representatives of the two peoples recognize that the unity and independence of the Jugo-Slav nation is a vital interest of Italy, just as the completion of Italian nationality is a vital interest of the Jugo-Slav nation. And therefore the representatives of the two peoples pledge themselves to use their utmost effort to the end that during the war and at the moment of peace these aims of the two peoples may be fully attained in their entirety.

Liberation of the Adriatic.
2. They affirm that the liberation of the Adriatic Sea and its defense against every actual and eventual enemy is a vital interest of the two peoples.
3. They pledge themselves to resolve amicably, in the interest of future good and sincere relations between the two peoples, the various territorial contro-

---

2   Zum Kongreß von Rom vgl. Nr. 92, Anm. 2.

versies on the basis of nationality, and the rights of peoples to decide their own fate, and in such a manner as not to injure the vital interests of the two nations, to be defined at the moment of peace.

4. The nuclei of one people, which may have to be included within the frontiers of the other shall be guaranteed the right to have their own language, culture, and moral and economic interests respected.

96.
Der Apostolische Nuntius in München, Eugenio Pacelli, an Kardinalstaatssekretär Pietro Gasparri

München, 1918 Juni 07[1]

AE, Stati Eccl. 216 [neu 1317], vol. XI., Prot. 66.762, Ausfertigung.

Graf Johann Douglas Thurn und Valsássina-Como-Vercelli, der österreichische Botschafter in München, berichtet nach seiner Rückkehr aus Wien von der aufrichtigen Bereitschaft Kaiser und König Karls, über Vermittlung des Heiligen Stuhles mit Italien Frieden zu schließen. Die Integrität der Monarchie darf nicht in Frage gestellt werden.

Riservato[a]

Sua Excellenza il Signor Conte Thurn e Valsássina, Ministro d'Austria-Ungheria in Baviera[2], tornato ora a Monaco dopo un breve soggiorno in Vienna è venuto testé a visitarmi e mi ha detto che Sua Maestà l'Imperatore d'Austria lo aveva messo al corrente sul mio viaggio a Roma, incaricandolo al tempo stesso di comunicarmi che Egli è sempre sinceramente disposto ad accogliere proposte di pace da parte dell'Italia per il tramite della Santa Sede, a condizione che l'integrità della Monarchia non sia messa in questione (L'Eminenza Vostra Reverendissima ricorderà senza dubbio che una simile espressione trovavasi anche nel ben noto foglio contenente i cosidetti "Kriegsziele" o "scopi di guerra" dell'Austria).

Ho nella forma più cortese ringraziato il Signor Ministro per tale comunicazione del Suo Augusto Sovrano, e gli ho poi chiesto che cosa Sua Maestà

---

a   Vermerk.

1   Vgl. dazu: Engel-Janosi, Österreich und der Vatikan, II, 337–339. Das Gegenstück des Grafen Thurn-Valsássina an Burián zu diesem Brief vom 05.06.1918 vgl. bei Steglich, Friedensappell, 495–497.

2   Johann Douglas Graf Thurn und Valsássina-Como-Vercelli, seit 24.01.1917 Leiter der österreichisch-ungarischen Gesandtschaft in München.

voglia intendere precisamente con quella condizione; se cioè, la richiesta integrità della Monarchia debba considerarsi come salva soltanto nel caso di una rettifica di frontiera con reciproche concessioni di territori sul confine stesso italo-austriaco, ovvero anche nell'ipotesi di concessioni all'Italia su detta frontiera con adeguati compensi all'Austria altrove, ad esempio nelle colonie.

Il Signor Conte mi ha risposto che egli non aveva avuto altro incarico da Sua Maestà, e quindi non era in grado manifestarmi al riguardo se non la sua opinione "personale", fondata sulla conoscenza che egli può avere della situazione. Egli dunque non riteneva ammissibile la seconda delle suddette ipotesi, anche perchè l'Austria non ha alcun interesse notevole a fare acquisti coloniali, tanto più che all'Italia non sarebbe possibile di offrire se non colonie di poca importanza, rimanendo naturalmente esclusa la Tripolitania, della quale, del resto, essa non ha più attualmente neppure il possesso di fatto. Ha soggiunto il Signor Ministro che, sempre a suo parere, l'Imperatore nemmeno se volesse, potrebbe accettare un simile accordo, perchè la pubblica opinione si rivolterebbe contro di lui; che l'Austria è vincitrice e farebbe già una grande concessione restituendo senz'altro i territori italiani occupati, e che non si vede perchè e con quale vantaggio dovrebbe proprio essa compiere ulteriori rinunzie. Replicai che ammettevo perfettamente la presente situazione militare dell' Austria, ma che i sacrifici, che la Monarchia danubiana fosse eventualmente disposta a fare, – oltre agli evidenti benefici della pace di cui ha sì profondo bisogno – le avrebbero arrecato altresì, di fronte al giudizio della Storia, l'incommensurabile vantaggio ideale di aver contribuito efficacemente a far cessare l'orribile flagello che desola il mondo, meritando a Sua Maestà l'ambìto titolo d'Imperatore della pace[3]. La conversazione rimase a questo punto.

Finalmente credo utile riferire all'Eminenza Vostra che questo Signor Ministro degli Esteri[4], tornato ora anche egli da Vienna, ove ha accompagnato i Sovrani di Baviera[5], mi ha oggi detto che l'Austria aveva in realtà deciso d'iniziare una nuova offensiva contro l'Italia[6] ma dovette poi sospenderla per

---

3   Kaiser Karl ließ auch über Albino Ronchail, dem Leiter der Mission Don Bosco in Zürich, Sonnino wissen:
    Zürich, 1918 Juni 10:
    "A nome e per incarico dell'imperatore d'Austria, una missione austriaca, di cui faceva parte il Burián, giunta al confine germanico – a Costanza – ha dichiarato ad una persona italiana (che don Ronchail assicura di fiducia) che l'imperatore manifesta vivo desiderio di poter addivenire ad uno scambio di vedute di alta importanza mediante una persona di fiducia del governo italiano, alla quale verrebbero manifestate da un incaricato dell'imperatore le proposte. La persona di fiducia del governo italiano dovrebbe venire a Zurigo, dove le sarebbe indicato il luogo del convegno."
    Vgl. DDI, vol. XI, 55 (Nr. 46).
4   Stephan (István) Graf Burián, vgl. Nrn. 90 und 93.
5   König Ludwig III. von Bayern, vgl. Nr. 20.
6   Piaveschlacht: 13.06.–06.07.1918, vgl. Nr. 213.

timore di tradimenti da parte degli Slavi; è tuttavia probabile che sia intra-
presa prossimamente, sebbene, venendo essa condotta dall'Austria sola, si nu-
tra qui poca fiducia nel successo della medesima.

97.
Der Staatssekretär der USA, Robert Lansing, an den Präsidenten der USA, Woodrow Wilson

o. O. [Washington], 1918 Juni 27

Washington, Library of Congress, Manuscript Division, Papers of Robert Lansing, fol.
153–156.
Druck: The Papers of Woodrow Wilson 48, 435–437.

*Robert Lansing sieht den Moment für die Zerteilung der österreichisch-un-
garischen Monarchie in einzelne Nationalstaaten gekommen, sobald die politischen, militärischen und sozialen Zustände in der größten Verwirrung wären und
sich der Geist der Revolution erhoben hätte. Wilson stimmte am 26. Juni 1918
diesen politischen Urteilen zu, die Lansing am 28. Juni 1918 veröffentlichte.*

Policy in Relation to Nationalities now within the Austro-Hungarian Empire[1].

On June 25, 1918, after cabinet meeting, I gave the President the following
memorandum:

---

1 Vgl. Washington, Library of Congress, Manuscript Division, Papers of Robert Lansing, fol.
155–156.
The White House, 1918, June 26:
My dear Mr. Secretary:
I agree with you that we can no longer respect or regard the integrity of the artificial Austrian
Empire. I doubt if even Hungary is any more an integral part of it than Bohemia. I base this
judgment in part upon a very interesting and illuminating conversation I had a month or two
ago with a group of Magyar Americans, who spoke very plainly to that point.
Faithfully yours, Woodrow Wilson

The Secretary of State, 1918, June 28:
In view of the foregoing I issued to the press today the following statement: "Since the issuance
by this Government May 29 of the statement regarding the nationalistic aspirations for freedom of the Czecho-Slovaks and Jugo-Slavs, German and Austrian officials and sympathizers
have thought to misinterpret and distort its manifest interpretation. In order that there may
be no misunderstanding concerning the meaning of the statement, the Secretary of State has
today further announced the position of the United States Government to be that all branches
of the Slav race should be completely freed of German and Austrian rule."

In the first place we should be perfectly frank with ourselves and admit that as long as there was a chance of entering into a separate peace with Austria-Hungary it was wise and expedient to attempt to do so, even though it was contrary to the just claims of the nationalities within the Empire which sought independence, because the primary object of this Government was and is to win the war against Prussianized Germany and nothing could so soon or so effectively accomplish it as breaking the alliance between the Austro-Hungarian Monarchy and the German Empire.

When the informal negotiations were brought to an end by the unwise publication of the Prince Sixtus letter and the resulting declaration of the Emperor Karl of his loyalty to the German alliance, a declaration based upon fear rather than desire, a new situation was presented.

Manifestly it would be useless to pursue further a policy which would be ineffective and in no way beneficial in winning the war. As that was the only argument in favor of encouraging the Austro-Hungarian Monarchy in the belief that the United States and the Allies would support its continued existence within its present frontiers, and as the Principle of "self-determination" was hostile to the idea of holding in subjection to the imperial rule of Austria-Hungary the Poles, Czechs, Ruthenians, Rumanians, Italians, and Jugo-Slavs, composing so large a part of the population of the Empire, it would seem wise to abandon a policy which will contribute nothing to success in the war and which is unjust to the nationalities subject to the dual crown insofar as it affects their nationalistic aspirations.

We have already gone part of the way, first, in declaring in favor of an independent Poland, and, second, of expressing "sympathy with the nationalistic aspirations" of the Czecho-Slovaks and the Jugo Slavs. It would seem to me not only politic at this time of political and social unrest in Austria-Hungary and of the failure of the offensive against Italy, but just to the nationalities concerned to declare without reservation for an independent Poland, an independent Bohemia, and an independent Southern Slav State, a return of the Rumanians and Italians to their national allegiance.

That would mean in effect the dismemberment of the present Austro-Hungarian Empire into its original elements (leaving these independent nationalities to form such separate states or federal states as they might themselves decide to form) especially if the severance of Austria and Hungary resulted.

The Austro-Hungarian Monarchy was organized on the principle of conquest and not on the principle of "self-determination". It was held together after its formation chiefly by fear of the power and greed of the Russian Empire. When the Czar was overthrown, the dread of absorption by the Muscovite Power disappeared and the desire for national independence became dominant.

The consequence of such a dismemberment or partition of Austria-Hungary would be that in addition to the independent states already referred to the

Empire would probably be divided into the Arch-duchy of Austria and the Kingdom of Hungary. In the former would be included the German-speaking people of the Empire, and in the latter those speaking the Magyar language.

I believe that the announcement of this policy, which is founded on the just principle that nationalities possess the inherent right of self-government, would exert a decided, if not a decisive, influence in eliminating Austria-Hungary as a factor in the war. If the political and military results would be such as we may reasonably expect, they would mean the defeat of Prussianized Germany, the destruction of Mittel-Europa, the emancipation of Russia from German domination, and the restoration of peace on a just and therefore a firm basis.

If this is the wise policy to adopt, it should be done <u>now</u> when the political, military and social conditions of Austria-Hungary are in the greatest confusion and when the spirit of revolution is rife. It should be done unconditionally and without ambiguity. The entire surrender of the Dual Monarchy to the German Empire should remove all sympathy and compassion for the Hapsburg rulers. They are no longer entitled to merciful or considerate treatment since they have become vassals of the Hohenzollerns[2].

The time has arrived in my opinion for the determination of a very definite policy and that determination should be clear and unequivocal.

---

2 Über die Verunglimpfung des Kaiserpaares und die Wirkung der Propaganda, vgl. Nr. 99 und HHStA, NL Friedrich von Wieser, 1918, fol. 473–474; fol. 617 und fol. 642. Ferner AE, Austria 624 [neu 1240 P.O.], Prot. 68.755, Valfrè di Bonzo an Gasparri, Wien, 1918 Juli 04:
"Più che mai sembra manifesto che tutto ciò parte dalla massoneria e dal Giudaismo e che i pangermanisti non vi sono forse del tutto estrànei."
Vgl. auch Hirtenbrief der Erzbischöfe und Bischöfe Österreichs vom 04.08.1918, in: DAW, BIKO, Karton 11. Über die zunehmende Ablehnung der Dynastie innerhalb der Bevölkerung, die von den Journalisten bewirkt wurde, vgl. AE, Austria 624 [neu 1240 P.O.], Prot.68.755, Valfrè di Bonzo an Gasparri, Wien, 1918 Juni 07, vertraulich.

98.
Papst Benedikt XV. an Kaiser und König Karl

Vatikan, 1918 Juli 02

AE, Stati Eccl. 163 [neu 1402], Prot. 67.623, Konzept[1].

Vorschläge über den Austausch italienischer und österreichisch-ungarischer Kriegsgefangener.

Fra i tanti dolori causati al Nostro cuore paterno dall'attuale immane conflitto, non ultimo è quello prodotto dalle grandi sofferenze dei numerosi poveri prigionieri nei diversi paesi belligeranti; sofferenze che hanno eco profonda nelle rispettive famiglie. Noi non intendiamo fare rimproveri, che anzi comprendiamo che la condizione penosa die poveri prigionieri è conseguenza necessaria del loro grande numero e della situazione economica del paese nel quale si trovano.

Nel vivo desiderio di recare conforto, sia pur limitato, ai prigionieri italoaustriaci ed alle loro famiglie, Noi abbiamo fatto un progetto che la Maestà Vostra già conosce e di cui crediamo opportuno per maggior comodità accludere copia; esso è stato presentato al Governo di Vostra Maestà e per via indiretta al Governo italiano. Noi abbiamo ragione di sperare che il Governo italiano, il quale non si è ancora pronunziato, l'accoglierà; e preghiamo vivamente la Maestà Vostra di accoglierlo, sia pur con quelle modificazioni che giudicherà opportune; in ogni modo noi non possiamo supporre che il Governo di Vostra Maestà accetti di iniziare trattative sopra altre basi col Governo italiano prima di aver dato evasione al Nostro progetto presentato in antecedenza.

Se il Governo italiano, come si spera, accetta il progetto, un rifiuto da parte dell'Austria sarebbe aspramente criticato dall'opinione pubblica mondiale e della stessa opinione publica austro-ungarica, acuirebbe in Italia l'odio pur troppo largamente diffuso contro l'Austria-Ungheria, ed allontanerebbe così sempre più la possibilità della pace.

Ma Noi desideriamo vivamente che il Governo di Vostra Maestà sia il primo ad accettare il progetto e pubblicare subito la accettazione senza attendere la risposta del Governo italiano, conciliandosi così le simpatie di tutto il mondo civile; non è a dubitare che in tal caso anche il Governo italiano aderirebbe non fosse altro per non esposti alla riprovazione della opinione pubblica dei popoli civili ed, in modo particolare e pericoloso, della opinione pubblica italiana. Per questa ragione la sollecita approvazione del progetto e la pubblicazione

---

1   AE, Stati Eccl. 163 [neu 1402], Prot. 67.533, Gasparri an Valfrè di Bonzo, Vatikan, 1918 Juli 03: Weisung, den beigefügten Papstbrief persönlich dem Kaiser zu übergeben.

del medesimo, sarebbe un atto sommamente politico del Governo di Vostra Maestà.

Augurandoci adunque di vedere quanto prima appagata questa ardente brama della nostra Paterna carità invochiamo dal Signore le più elette grazie su Vostra Maestà e sulla Sua Augusta famiglia, ed impartiamo loro di tutto cuore l'Apostolica Benedizione.

99.
„Gerüchte über das Allerhöchste Kaiserhaus"

Wien, 1918 Juli 06

Privatarchiv Eidlitz, NL Seidler.

Offizieller Bericht für den Ministerpräsidenten Seidler über Diffamierungen des Herrscherpaares.

Bezüglich der in der letzten Woche und in der ersten Tagen dieser Woche im Umlaufe gewesenen böswilligen, unsinnigen Gerüchte über Seine k.u.k. Apostolische Majestät, sowie über Ihre Majestät die Kaiserin und Königin, sind folgende Wahrnehmungen bemerkenswert:

Die Gerüchte über Seine k.u.k. Apostolische Majestät (Trinker etc.) sind bereits anfangs Mai 1918 aufgetreten. Um diese Zeit meldete ein, mit polnischen Poltikern in Verbindung stehender seriöser Vertrauensmann, dass in Krakau bei einer Beratung polnischer Politiker solche Gerüchte verbreitet worden seien.

Mitte Mai 1918 meldete ein, mit tschechischen politischen Parteien Beziehungen unterhaltender Vertrauensmann eben dasselbe Gerücht. Er führte damals tschechische Abgeordnete als seine Informationsquelle an und nannte, wie ich mich genau erinnere, den Reichsratsabgeordneten Klofáč[1] und den Landtagsabgeordneten Hajn[2].

---

1 Vaclav Klofáč, 1901–1918 MöAH.
2 Dr. Antonín Hajn, tschech. Landtagsabgeordneter, vgl. Zeman, Der Zusammenbruch des Habsburgerreiches, 92:
   „Kurz bevor Masaryk nach Rom abreiste [1915], besuchte er Hajn, einen Abgeordneten der Fortschrittspartei, um sich von diesem über die Gebietsforderungen seiner Partei informieren zu lassen. Hajns Pläne waren denen Scheiners ähnlich: nicht nur die Slowakei sollte dem zukünftigen Staat angehören; er dehnte dessen Grenzen auch nach Süden in die ungarischen Komitate Sopron und Moson aus, um einen Korridor zwischen der Slowakei und Südslawien zu schaffen."

Ueber Ihre Majestät die Kaiserin und Königin sind schon nach der glücklichen Offensive gegen Italien im Herbste 1917, als am Piave Halt gemacht worden war[3], Gerüchte des Inhaltes verbreitet worden, dass Ihre Majestät die Einnahme Venedigs verhindert, sowie Fliegerangriffe auf italienische Städte verboten habe. Ebenso wurde gefliessentlich verbreitet, dass Ihre Majestät für italienische Gefangene besonderes Interesse gezeigt habe.

Alle diese Ausstreuungen kamen aus Armeekreisen.

Als nach der „Sixtus-Brief-Affaire" im deutschen Lager eine heftige Kampagne pro Czernin und contra Parma entbrannt war (Volkstag von Sterzing, Salzburg, Graz etc.) und immer wieder auf die Einflüsse Ihrer Majestät hingewiesen worden war, kamen alle diese Ausstreuungen über Begünstigungen Italiens wieder zur Geltung und zwar wurde der Wahnwitz so gesteigert, dass direkt von Verrätereien durch Ihre Majestät und Allerhöchst deren Mutter, Ihrer königlichen Hoheit der Herzogin von Parma gesprochen wurde.

Nach der Demission des Grafen Czernin und dem Rücktritte des Obersthofmeisters Prinzen Hohenlohe[4] sind auch, zweifellos aus höherstehenden Kreisen stammende, abfällige Urteile über Ihre Majestät die Kaiserin und Königin, sowie die Familie Parma laut geworden beziehungsweise lanciert worden.

Auch von alldeutscher Seite und vereinzelt auch von radikaler deutschnationaler Seite wurde mehr oder weniger gegen Ihre Majestät und gegen die Familie Parma geschürt, wie dies wiederholt unterdrückte Stellen im „Alldeutschen Tagblatte", in der „Ostdeutschen Rundschau", insbesonders aber die Publikationen in der „Vossischen Zeitung" und in den „Leipziger Neuesten Nachrichten" beweisen.

In ganz besonders gehässiger Weise kommt die Hetze gegen Ihre Majestät und gegen das Haus Parma in den von der Polizeidirektion nach § 7 a des Gesetzes vom 5 Mai 1869, RGBl. Nr. 66 unterdrückten Nummern der „Leipziger Neuesten Nachrichten" vom 26. Juni und 2. Juli laufenden Jahres zum Ausdrucke. Da diese reichsdeutschen Blätter, trotz der Beschlagnahme, eine gewisse Verbreitung zweifellos gefunden haben, und mindest in Deutschland viel gelesen werden, ist es begreiflich, dass die im wesentlichen schon abgeflauten Gerüchte dadurch neue Nahrung gefunden haben, umsomehr als in der letzten Woche der Ausgang unserer Juni-Offensive gegen Italien[5] und die damit zusammenfallende, bei dem Tiefstande unserer Ernährungsverhält-

---

3 24.10.1917 Durchbruchschlacht bei Flitsch-Tolmein; 2.11.1917 Rückzug der Italiener an die Piave (= 12. Isonzoschlacht). Vgl. Krauss, Das Wunder von Karfreit.

4 Konrad Prinz zu Hohenlohe-Waldenburg-Schillingsfürst, Erster Obersthofmeister Kaiser Karls, 07.02.1917–110.5.1918.

5 13. Juni–6. Juli 1918 letzte österr.-ungar. Offensive gegen Italien, vgl. bei Nr. 213.

nisse doppelt vehängnisvolle Kürzung der Brotration in der Bevölkerung eine
solche Depression erzeugt haben, dass das an den Behörden nach und nach
verzweifelnde Volk den unsinnigen Gerüchten bereitwillig Glauben schenkte[6].

---

6   Vgl. Landwehr, Hunger, 229–239 und die vorzüglichen Berichte Bourcarts an den Schweize-
    rischen Bundesrat vom 15. April 1918, in: BAR E 2300, Wien 33:
    Der große Einfluß der Kaiserin auf ihren Gemahl war schon lange bekannt, ist aber noch nie
    so deutlich zu Tage getreten und so scharf getadelt worden wie jetzt. Die Verstimmung geht
    bis in die tiefen Volksschichten hinunter und der jugendliche Herrscher hat einen guten Teil
    seiner anfänglichen Popularität verscherzt."
    Vgl. ebd., 02. Juli 1918: Die Gerüchte werden überall und namentlich in den unteren Schich-
    ten herumgeboten und z. B. in der Trambahn frei besprochen. [...] Denn unsinnig sind die
    Gerüchte, von denen ich nur die am meisten verbreiteten erwähnen will:
    1. Die Kaiserin sei im Jagdschloß Eckartsau interniert! – Anlaß zu dieser Version bot der Um-
    stand, daß die Kaiserin mit ihren Kindern sich zum Sommeraufenthalte auf ihr Schloß in der
    Nähe von Reichenau begeben wollte: am Parkeingang kam ihr der Obergärtner entgegen und
    riet ihr dringendst, dort nicht Aufenthalt zu nehmen, weil seine Kinder alle an den Masern
    erkrankt seien. Die Kaiserin, die eine sehr gute um ihre eigenen Kinder besorgte Mutter ist,
    gab sofort den Automobilen Befehl umzukehren und nach dem abgelegenen Schloß Eckartsau
    zu fahren, wo nichts für den Empfang vorbereitet war. [...]. Nicht genug, an diesem romanti-
    schen Orte holte sich die Kaiserin in dem nicht gelüfteten kalten Schlosse eine Erkältung und
    mußte das Zimmer hüten. Bevor sie sich ganz erholt hatte, ging sie aber wieder aus und be-
    ging Unvorsichtigkeiten, sodaß ihr Leibarzt ihr erklären mußte: „Wenn Majestät nicht vor-
    sichtiger sei, werde er sie internieren müssen!" Ist dieser Ausspruch von irgendjemandem un-
    berufenen aufgefangen worden und dann in ganz anderem Sinn weiter kolportiert worden.
    Wer weiß?
    2. Der Kaiser soll die Kaiserin aus Wut wegen ihrer Ententefreundlichkeit angeschossen ha-
    ben! Eine andere Version wiederum sagt, die Kaiserin habe auf den Kaiser geschossen! Über
    diese Mär braucht man kein weiteres Wort zu verlieren, der Kaiser und die Kaiserin sind be-
    kanntlich ein mustergiltiges Ehepaar.
    3. Die Kaiserin habe ihrer Mutter, der Herzogin von Parma, den Zeitpunkt der Offensive an
    der Piave angegeben und die Herzogin habe ihn an die Italiener verraten! Wie wenig wahr-
    scheinlich auch dieses Gerede klingt, braucht man nicht erst hervorzuheben, aber, wie gesagt,
    diesen Gerüchten ist das Volk mit ungenügender Skepsis entgegengetreten, wobei auch der in
    allen Ländern sich geltend machende Bolschewikismus mitgewirkt haben mag.
    BAR, E 2300, Wien 35, 17.06.1920:
    General von Cramon, der gewesene deutsche Militärbevollmächtige beim hiesigen AOK hat
    kürzlich seine Memoiren über den Krieg herausgegeben. Das Buch war fertig; 14 Tage vor
    Drucklegung wurde aber Cramon von politischen Freunden veranlaßt, es umzuarbeiten, und
    zwar im Sinne einer anschlußfreundlichen Propaganda, die hauptsächlich darin besteht, daß
    er Kaiser Karl und Kaiserin Zita durch Indiskretionen zu kompromittieren sucht. Man spürt
    es überall, wie deutscherseits die Habsburger-Sympathien bekämpft werden, einerseits be-
    greiflicherweise von den deutschen Sozialisten aus Solidarität mit den hiesigen, andererseits
    aber auch in bürgerlichen Kreisen, die den Anschluß herbeiführen wollen, und denen auch die
    friedfertige Politik Kaiser Karls während des Krieges und die französischen Familienbezie-
    hungen der Kaiserin stets ein Dorn im Auge waren und jetzt noch sind. Diese Kampagne, die
    seinerzeit gegen Kaiserin Zita unternommen wurde und sie hier ihrer Popularität beraubte,
    ist ja bekanntermaßen damals hauptsächlich aus Furcht vor einem Separatfrieden von deut-
    scher Seite in die Wege geleitet worden, wobei man vor den ärgsten Verleumdungen nicht

In den letzten Tagen ist dank der von autoritativer Seite (Ministerpräsident) abgegebenen feierlichen Erklärung und deren Veröffentlichung in den Blättern, ferner infolge der sowohl aufklärenden als auch einschreitenden Intervention der Sicherheitswache eine sichtliche Besserung eingetreten. Den Gerüchten wird jeder Boden entzogen werden, wenn sich Ihre Majestäten möglichst oft dem Volke zeigen und wie dies noch jedesmal der Fall war, durch die alle Herzen bezaubernde Huld und Gnade Ihrer Majestäten gerade die breiten Schichten der Bevölkerung von der Widersinnigkeit aller dieser böswilligen Ausstreuungen am sichersten überzeugt werden.

100.
Kaiser und König Karl an Papst Benedikt XV.

Wien, 1918 Juli 22

AE, Stati Ecclesiastici 163 [neu 1402], Prot. fehlend, Autograph.

Der auf Anregung des Apostolischen Nuntius in Wien, Valfrè di Bonzo gemachte Vorschlag die Kriegsgefangenen zwischen Italien und Österreich-Ungarn auszutauschen, wird von Seiten Österreich-Ungarns dahin präzisiert, daß die Kosten für die Rückführung von jedem Staat selbst zu tragen seien.

Ho ricevuto dalle mani del Nunzio della Santità Vostra il Suo pregiatissimo scritto[1], nel quale la Santità Vostra richiama la mia attenzione sopra la magnanima iniziativa della quale il mio Governo è già qualche tempo fa stato ufficialmente interessato da Monsignore Valfrè di Bonzo e secondo la quale tutti i prigionieri di guerra austro-ungarici ed italiani trovantisi in prigionia da più di un anno dovrebbero, sotto certe condizioni, venire reciprocamente scambiati.

Ispirato dalla stessa nobile tendenza della Santità Vostra di mitigare la dura sorte die miseri prigionieri dimoranti già da anni in paese estràneo e di ridonarli quanto prima posibile alla partia ed all famiglia, ho senz'indugio sottoposto il progetto della Santità Vostra a maturo esame ed ora ho la grande soddisfazione di poter partecipare alla Santità Vostra che il Govenno austro-ungarico fa la più calorosa accoglienza al progetto di Vostra Santità con-

---

zurückschreckte. Hier ist man in kindlicher Unschuld auf die Sache hereingefallen. Jetzt baut man auf die früher erreichten Resultate auf, um dem Anschluß an Deutschland zu dienen und die Wiederherstellung eines nicht unter deutscher Hegemonie stehenden Donaureiches zu verunmöglichen.

1 Vgl. Nr. 98.

cernente uno scambio su vasta scala di prigionieri di guerra e dichiarasi d'accordo, in massima, colla convenzione da conchiudere sulla base di questo progetto nei rapporti coll'Italia.

In particolare il Governo austro-ungarico ha creduto dover precisare come segue, il suo punto di vista quanto ai quattro articoli di questo progetto di convenzione, proponendone piccole modificazioni:

Il contenuto dell'articolo primo si avvetta in quanto lo scambio si effettuerà osservando la parità del nimero da una parte e dall'altra.

Articolo 2. = La prestazione d'un giuramento da parte dei prigionieri da rimpatriarsi, di non fare servizi militari di sorta durante la presente guerra, si urta a considerazioni esclusivamente militari toccanti le tradizioni e l'intera natura del ceto militare. Questo articolo dovrebbe perciè venir soppresso e sarebbe solo da applicarsi la condizione da stabilirsi nell'articolo 3 e che del tutto basterebbe.

Articolo 3. = Per questo articolo si propone da parte austro-ungarica il seguente testo: "I Governi di ambedue le parti assumono solenne impegno di onore di non impiegare i propri sudditi rimpatriati a norma dell'articolo primo, a nessuna opera militare nel fronte e nello spazio di tappa contro l'Italia (l'Austria-Ungheria) ed i loro Alleati".

L'Articolo 4 potrebbe per più chiarezza venir precisato come segue: "Le spese del rimpatrio dei prigionieri di guerra da rimpatriarsi, sono a carico di ambidue gli Stati per i trasporti su proprio territorio, come pure per quei dei propri sudditi attraverso territorio neutro".

Alle disposizioni dei precedenti articoli sarebbe da aggiungersi il seguente supplemento: "I dettagli piô particolari spettanti l'esecuzione di questa Convenzione sulla base degli articoli precedenti, saranno da stabilirsi dalle due parti contraenti." Nel mentre mi affretto di portar quanto precede a conoscenza della Santità Vostra, non posso tralasciare di esprimere i miei più sentiti ringraziamenti per la prova nuovamente fornita in quest'occasione della paterna sollecitudine ed universale carità della Santità Vostra[2].

---

2 Vgl. dazu AE, Stati Eccl. 163 [neu 1402], Prot. fehlend, Cifra 310, Wien, 1918, Juli. Valfrè di Bonzo an Gasparri; Nuntiaturberichte Valfrè di Bonzos: Wien, 1918 Juli 19: Prot. 69.425 und Wien 1918 Juli 26, Prot. fehlend, mit beigefügtem Autograph des Kaisers an den Papst 1918 Juli 22. Der Apostolische Nuntius in Wien, Teodoro Valfrè di Bonzo, an Kardinalstaatssekretär Pietro Gasparri, Wien, 1918 Juli 19: Faccio seguito al mio cifrato No 182, relativo al progetto di scambia di prigionieri di guerra italo-austriaci, e mi affretto ad accusare ricevimento del venerato dispaccio dell'Eminenza Vostra Reverendissima dei 3 corrente No 67533 sullo stesso argomento.
   Come avevo già avuto l'onore di annunziare all'Eminenza Vostra fin dal 17 Giugno scorso, col mio cifrato 167, le pratiche che si facevano per addivenire a dei negoziati fra il Governo italiano e quello austro-ungarico per intendersi sullo scambio dei prigionieri, mi erano già note. Esse mi furono più tardi confermate dal Ministero.

A quanto poi ho potuto sapere, non sembra che sia stato né il Governo svizzero né quello spagnolo ad indurre l'Italia e l'Austria a intavolare tali trattative, ma bensì le Croci Rosse dei due paesi. Né pare che esista un progetto più o meno concreto sul quale dovrebbero svolgersi tali trattative; che anzi, – da quanto ho potuto ricavare dalle molte difficoltà che mi venivano fatte quando, a più riprese, ho insistito per l'accettazione del progetto di Sua Santità; sembrerebbe che il Governo italiano, almeno sul principio, si fosse indotto a trattare, ponendo però la pregiudiziale che non si parlerebbe in nessun caso di scambio di prigionieri validi.

Intanto che si attendeva la risposta del Quartiere Generale sul progetto pontificio, io ho creduto mio dovere di battere continuamente presso il Ministero degli Esteri; col pretesto di chiedere se fosse giunta tale risposta; affine di fare al progetto l'ambiente il più favorevole possibile.

Una volta sciolta la difficoltà, sulla quale si insisteva di più, che cioè l'Austria aveva visto rifiutare senza ragione un progetto simile da essa spontaneamente offerto all'Italia, cadevano molte delle altre, perché era facile il rispondere che se l'Austria aveva realmente fatto tale proposta, ciò voleva dire che aveva già considerato tali difficoltà e le aveva superate. Quanto poi alla preoccupazione, la maggiore sembra, che nutriva il Ministero della Guerra, delle conseguenze che avrebbe potuto avere il fatto che i prigionieri tornati dalla Russia sono stati di nuovo incorporati all'esercito e mandati anche al fronte, mentre quelli che verrebbero dall'Italia sarebbero ormai liberi dai loro obblighi militari, ho invocato fra l'altro l'accordo concluso fra Germania e Francia, facendo risaltare la parità della situazione, poiché la Germania stessa si troverebbe ad avere prigionieri validi, venuti dalla Russia, ed altri dalla Francia, che secondo la convenzione, non li restituirà certamente perché vadano [al] fronte.

Ho insistito poi particolarmente sulle molte ragioni che l'Austria ha di accogliere favorevolmente il progetto del Santo Padre.

Ho avuto così la soddisfazione di constatare che il Ministero degli Esteri, che prima sembrava un pò freddo verso il progetto, lo caldeggia ora e desidera con tutti i mezzi di vederlo accogliere favorevolmente. E' così che, quando esso ha ricevuto la nota di risposta del Ministero della Guerra, con la quale, in termini cortesi, senza dare un rifiuto netto, si declinava però un risposta in merito, egli si è rifiutato recisamente di portare tale nota a conoscenza della Nunziatura, ed ha cominciato ad agire con energia presso il Dipartimento della Guerra, perché accetti subito il progetto se possibile, od almeno lo prenda in esame al lume di altre considerazioni che non ha mancato di esporgli. A questo punto stavano le cose quando mi giunse il venerato dispaccio suddetto con la lettera del Santo Padre. Ho subito chiesto udienza di Sua Maestà ed ho lasciato copia della lettera al Ministero degli Esteri. So che la lettera ha prodotto forte impressione.

Quanto all'udienza, essa mi é stata fissata per domenica prossima 21 corrente, non avendo potuto Sua Maestà esser libera prima. So però che l'Imperatore ha già preso conoscenza della copia della lettera, ed é quindi al corrente dell'affare. Procurerò pertanto di perorare presso di Lui, meglio che potrò, l'oggetto che tanto sta a cuore al Santo Padre. Voglia il Signore che io possa quanto prima comunicare all'Eminenza Vostra una lieta notizia in proposito.

Mi permetto poi di pregare l'Eminenza Vostra a voler disporre che mi sia inviata un'altra copia della lettera medesima, giacché, per una svista, non é stata presa, prima di presentarla, una copia che mi farebbe piacere rimanesse in questo Archivio nella posizione relativa.

Wien, 1918 Juli 26

Come aveva l'onore di di annunziare all'Eminenza Vostra Reverendissima col mio cifrato N. 187, mi sono affrettato a spedire a Mgr. Maglione, a Berna, profittando di un'occasione che mi offriva questo Ministerio degli Esteri, la lettera diretta al Santo Padre da S.M. l'Imperatore, relativa al progetto di scambio dei prigionieri.

Dal canto suo la Nunziatura ha rivevuta, come risposta alle pratiche fatte, la Notizia che accludo in copia all'Eminenza Vostra. Ella può ben immaginare come e quanto io abbia insi-

101.
Kaiser und König Karl an Papst Benedikt XV.

o. O. [Wien], 1918 Juli 22

AE, Austria 655 [neu 1259], Prot. 70.638, Ausfertigung. HHStA, PA XI, 272, Konzept.
Druck: Engel-Janosi, 404–405.

Kaiser und König Karl ersucht Papst Benedikt XV., dem Bischof von Sieben-
bürgen, Gustav Karl Grafen Majláth, die Kardinalswürde zu verleihen und
den Hofburgpfarrer Ernst Seydl, den er zum infulierten Prälaten bestimmt
hat, zu bestätigen.

stito per l'accettazione pura e semplice del progetto. Data però la decisa opposizione delle
Autorità militari, opposizione mantenuta fino all'ultimo, non si è potuto evitare, malgrado i
più costanti sforzi, che il progetto subisse qualche piccola modificazione.
La lettera che il Santo Padre si è degnato di scrivere a Sua Maestà ha avuto i migliori risultati.
Quanto alla limitazione posta all'art. I. del progetto, essa è stata suggerita alla Autorità militare dalla considerazione della grande sproporzione che si sarebbe avuta tra i prigionieri di una
parte e dell'altra, specialmente nel caso che l'Italia avesse tirato per le lunghe la sua accettazione. Se però il Governo italiano facesse buona accoglienza alla proposta pontificia, non sarebbe difficilie, credo, di ottenere più tardi qualche cosa di più e sopratutto di giungere alla
rinnovazione automatica della convenzione, man mano cioè che i prigionieri da una parte e
dall'altra vengono a trovarsi nelle condizioni previste. per ciò che riguarda poi l'art. 2, l'Eminenza Vostra vede come lè Autorità militari non si siano decise a superare la difficoltà che ve-
devano nelle disposizioni regolamentari relative al giuramento dei singoli militari. Mi sembra
però sommessamente che la forma proposta dal Governo austriaco darebbe le stesse garanzie
desiderate, tanto più che qualunque impegno preso individualmente dai singoli militari solo
avrebbe valore pratico se i Governi lo riconescessero e ne tenessero conto. Quanto poi alla
pubblicazione dell'accettazione del progetto da parte del Governo Austriaco, ne ho già fatto parola e credo che non vi saranno difficoltà; anzi, a quanto ho potuto sapere, il Ministerio della
Guerra starebbe preparando un comunicato ai giornali. Nel parteciparmi poi quanto sopra,
queste Autorità, hanno mostrato una premura vivissima, di cui l'Eminenza Vostra comprende
la ragione-volezza, di conoscere cioè l'attitudine del Governo italiano in merito al progetto di
convenzione. Sarei perciò grato all'Eminenza vostra se volesse farmì conoscere, appena sarà
possibile, qualche cosa al riguardo. Il Ministero della Guerra inoltre, insiste perchò io preghi
la Santa Sede perché, anche nel caso, come speriamo, che il Governo italiano accetti il progetto,
voglia dare il suo valevolissimo appoggio alle trattative che dovrebbero in ogni modo aver luogo
a Berna (?) nelle quali si discuterebbero in generale le questioni dei prigionieri invalidi, le mo-
dalità della loro partenza, il numero die treni, ecc. Infine non so veramente spiegarmi come il
mio cifrato N. 182 sia giunto per ben due volte indecifrabile. Io non l'ho ripetuto la seconda
volta perchò ricevevo in quel momento la notizia dell'accettazione che rendeva così di un'importanza secondaria quanto aveva riferito con detto cifrato, tanto più che le idee medesime io
svolgevo nel mio rispettoso rapporto N. 9485 che spero sarà giunto nelle mani di Vostra Eminenza. Ad ogni modo spedisco oggi nuovamente redatto il cifrato medesimo come pure l'altro
distinto col N. 187, in omaggio agli ordini comunicatimi dall'Eminenza Vostra in data di ieri.

Conoscendo la paterna sollecitudine della Santità Vostra per i cattolici dei miei Stati mi permetto di proporre alla benevola considerazione di Vostra. Santità due preghiere il di cui esaudimento mi starebbe specialmente a cuore. – Come di certo consta alla Santità Vostra il Rev. Mgr. Vescovo di Transilvania, Gustavo Carlo Conte Majláth[1] si è reso in modo straordinario benemerito della Santa Chiesa e dello Stato ed ha acquistato meriti di gran lunga eccedenti la misura commune per la cura delle anime piena d'abnegazione della sua diocesi duramente colpita dalla guerra. Apprezzando tali eminenti attività credo poter avanzare l'ossequiosa preghiera alla S.V. di voler ornare della Sacra Porpora l'anzidetto principe ecclesiastico.

La seconda mia ossequiosa domanda si è che la Santità Vostra si degni nominare vescovo titolare il parroco di Corte e di Palazzo Ernesto Seydl[2] il quale già da lungo tempo presta servizi degni di lode e riconoscenza alla mia Casa e fu già distinto dalla S.V. col conferimento della dignità prelatizia come pure colla licenza di usare i pontificali.

102.
Errichtung des Ministeriums für Volksgesundheit

Wien, 1918 Juli 27

Reichsgesetzblatt Nr. 277, CXLVIII. Stück, 1918 August 08.
Druck: 50 Jahre Ministerium für Soziale Verwaltung, 20–25.

Das Ministerium für Volksgesundheit und das Ministerium für soziale Fürsorge, von Kaiser Karl am 1. Juni 1917 geplant, wurden am 24. November 1917 beschlossen. Das Ministerium für Volksgesundheit, am 27. Juli 1918 verfassungsgemäß errichtet, nahm am 10. August 1918 seine Tätigkeit auf. Sein Wirkungskreis bezog sich auf Bekämpfung der übertragbaren Krankheiten des Menschen, auf Mitwirkung in Veterinärangelegenheiten, Hygiene der Städte, Verkehrs- und Ernährungshygiene, gesundheitliche Jugendfürsorge, Berufs-, Gewerbe- und Unfallhygiene, Behandlung und Pflege der Kranken, Gefängnishygiene, Apothekenwesen, Leichenwesen, Kriegsbeschädigtenfürsorge, Ausübung ärztlicher Tätigkeit und einschlägiger Hilfstätigkeit, auf Strafsachen in Angelegenheiten des Volksgesundheitswesens, Statistik, Organisation und Förderung der freien Selbsttätigkeit von Vereinen, Anstalten, Fonds und Stiftungen.

---

1 Gustav Karl Graf Majláth von Szekhely, seit 1897 Bischof von Karlsburg (Siebenbürgen).
2 Ernst von Seydl, 1917 Hof- und Burgpfarrer, 1918 Prälat und Hofbischof, Titularbischof von Eucarpia.

Kundmachung des Gesamtministeriums vom 8. August 1918, betreffend die Errichtung des Ministeriums für Volksgesundheit.

Seine k.u.k. Apostolische Majestät haben mit Allerhöchster Entschließung vom 24. November 1917 die Errichtung des Ministeriums für Volksgesundheit mit dem in der Anlage festgesetzten Wirkungskreise allergnädigst zu genehmigen geruht. In Gemäßheit dieser Allerhöchsten Entschließung und auf Grund des Gesetzes vom 27. Juli 1918, RGBl. Nr. 277, womit anläßlich der Errichtung des Ministeriums für Volksgesundheit gesetzliche Bestimmungen über den Wirkungskreis einzelner Ministerien abgeändert werden, wird das Ministerium für Volksgesundheit seine Wirksamkeit mit 10. August 1918 aufnehmen.

An diesem Tage tritt das bezeichnete Gesetz in Wirksamkeit. Zugleich hört die Amtswirksamkeit der übrigen Ministerien in allen Angelegenheiten auf, die in dem Allerhöchst festgesetzten Wirkungskreise dem Ministerium für Volksgesundheit zugewiesen sind, und geht an das Ministerium für Volksgesundheit über. Demgemäß sind von diesem Zeitpunkte an alle diese Angelegenheiten betreffenden Zuschriften und Berichte von Behörden, wie auch Eingaben von Körperschaften, Anstalten und Parteien ausschließlich an das Ministerium für Volksgesundheit zu richten.

Anlage

Wirkungskreis des Ministeriums für Volksgesundheit. Alle Angelegenheiten der Volksgesundheit, namentlich auf folgenden Gebieten:

I.

Bekämpfung der übertragbaren Krankheiten des Menschen:
Bekämpfung der Infektionskrankheiten.
Bekämpfung der Volkskrankheiten:
Bekämpfung der Tuberkulose,
Bekämpfung der Geschlechtskrankheiten,
Bekämpfung der Trunksucht,
Bekämpfung sonstiger Volkskrankheiten.

II.

Mitwirkung in Veterinärangelegenheiten: Mitwirkung bei Hinausgabe von Gesetzen und Verordnungen sowie in allen Angelegenheiten, welche die Wahrung der Gesundheit des Menschen berühren.

III.

Hygiene der Städte (Gemeinden):

Assanierung (Wasserversorgung, Beseitigung der Abwässer und Abfallstoffe, Müllbeseitigung usw.), unbeschadet des dem Ministerium für öffentliche Arbeiten zustehenden Wirkungskreises in bautechnischer und hydrologischer Hinsicht.

Mitwirkung in gesundheitlicher Hinsicht bei Assanierungsbauten, deren Projektierung und Durchführung von der Staatsverwaltung besorgt wird.

Mitwirkung in gesundheitlicher Hinsicht bei der Erlassung und Handhabung der Bauordnungen (Generalregulierungspläne).

Bauhygiene, Wohnungs- und Siedlungshygiene einschließlich der Mitwirkung in gesundheitlicher Hinsicht bei der Wohnungsfürsorge und Wohnungsaufsicht).

Kurortewesen, Badewesen, Heilquellenwesen, einschließlich des Heilquellenschutzes; Mitwirkung, sofern es sich dabei um Sicherheitsvorkehrungen im Bergbaubetrieb handelt.

IV.

Verkehrshygiene:

Aufstellung der Grundsätze der öffentlichen Gesundheitspflege im Einvernehmen mit den beteiligten Zentralstellen. Mitwirkung bei der Erlassung und Handhabung der bezüglichen Vorschriften.

Seesanität, Schiffshygiene, Hygiene der See- und Binnenschiffahrt im Einvernehmen mit dem Handelsministerium.

Mitwirkung in gesundheitlicher Hinsicht bei den Angelegenheiten des Auswandererwesens.

V.

Ernährungshygiene, gesundheitliche Ernährungsfürsorge.

Mitwirkung in gesundheitlicher Hinsicht bei allen Angelegenheiten der Volksernährung und Approvisionierung. Überwachung des Lebensmittelverkehrs, unbeschadet des Wirkungskreises des Ernährungsministeriums.

Untersuchungsanstalt für Lebensmittel.

VI.

Gesundheitliche Jugendfürsorge, und zwar insbesondere:

Die gesundheitlichen Angelegenheiten der Mutter-, Säuglings- und Kleinkinderfürsorge, Schwangeren- und Gebär-(Entbindungs-)anstalten, Wöchnerinnenheime, Anstalten für Mutter- und Säuglingsfürsorge, Mutterberatungs- und Säuglingsfürsorgestellen, Krippen, Kleinkinderheime und Kinderbewahranstalten.

Mitwirkung in gesundheitlicher Hinsicht bei Zieh- und Haltekinderwesen, bei der Waisenpflege und bei den Fürsorgeeinrichtungen für die Jugend (Kindergärten, Horte, Tagesheimstätten, Heime u. dgl.).

Aufstellung der Grundsätze für die Schulgesundheitspflege im Einvernehmen mit dem Ministerium für Kultus und Unterricht und – soweit das gewerbliche und montanistische Unterrichtswesen in Betracht kommt – im Einvernehmen mit dem Ministerium für öffentliche Arbeiten.

Mitwirkung bei der Organisation des Dienstes der Schulärzte und Schulschwestern sowie bei ihrer Auswahl, bei der Feststellung der Vorschriften über Bau und Einrichtung der Schulhäuser sowie bei sonstigen Fragen der Schulgesundheitspflege und körperlichen Ausbildung der schulbesuchenden Jugend, unbeschadet des den Schulbehörden zustehenden Verfügungsrechtes.

Die gesundheitliche Fürsorge für die nicht mehr schulbesuchende Jugend, namentlich die Regelung des ärztlichen Untersuchungsdienstes.

Mitwirkung in gesundheitlicher Hinsicht bei der Berufsberatung der schulentlassenen Jugend.

Gesundheitspflege für die beruflich tätige Jugend.

Fürsorge für die körperliche Ertüchtigung der nicht mehr schulbesuchenden Jugend und Mitwirkung bei ihrer Heranbildung zur Wehrhaftigkeit.

Fürsorge für die körperlich oder geistig minderwertige Jugend, namentlich Anstalten für schwachsinnige, geistig abnormale, blinde, taubstumme und krüppelhafte Kinder, vorbehaltlich des dem Ministerium für Kultus und Unterricht in Fragen der Erziehung und des Unterrichtes zustehenden Wirkungskreises.

Mitwirkung in gesundheitlicher Hinsicht bezüglich der Anstalten und Einrichtungen zum Schutze der verwaisten, verlassenen, mißhandelten, verwahrlosten oder mit Verwahrlosung bedrohten Kinder und Jugendlichen, weiters bei dem Hilfsschulwesen, bei der Fürsorgeerziehung und Zwangserziehung sowie bei der Berufsvormundschaft.

VII.
Berufs-, Gewerbe- und Unfallhygiene, und zwar insbesondere Verhütung und Bekämpfung der Berufskrankheiten.

Mitwirkung in gesundheitlicher Hinsicht auf dem Gebiete des Gewerbes, der Industrie und des Handels sowie der Land- und Forstwirtschaft, namentlich bei den Angelegenheiten der Genehmigung von Betriebsanlagen, ferner bei der Erlassung und Handhabung der Vorschriften zum Schutze des Lebens und der Gesundheit der Angestellten und Arbeiter in Betrieben aller Art, bei den Angelegenheiten der Heimarbeit sowie der Frauen-, Kinder- und Jugendlichenarbeit.

Regelung und Durchführung des gewerbeärztlichen Dienstes.

Bergbauhygiene: Aufstellung der Grundsätze der öffentlichen Gesundheitspflege im Einvernehmen mit dem Ministerium für öffentliche Arbeiten.

Mitwirkung bei der Erlassung und Handhabung der bezüglichen Vorschriften.

Hygiene der Staatsbetriebe: Aufstellung der Grundsätze der öffentlichen Gesundheitspflege im Einvernehmen mit den beteiligten Zentralstellen.

Mitwirkung bei der Erlassung und Handhabung der bezüglichen Vorschriften.

Mitwirkung in gesundheitlicher Hinsicht bei den Angelegenheiten der Sozialversicherung und der Privatversicherung.

VIII.
Behandlung und Pflege der Kranken:

Heil- und Pflegestätten (Kranken-, Gebär-, Findel- und Irrenanstalten sowie sonstige Fürsorgeanstalten des Volksgesundheitswesens). Oberste Leitung der Verwaltung des Wiener Krankenanstaltenfonds und des Prager Krankenhausfonds.

Irrenwesen (einschließlich der Mitwirkung in gesundheitlicher Hinsicht bei den Angelegenheiten der Entmündigung). Gesundheitliche Fürsorge für Bresthafte.

Rettungswesen (Erste ärztliche Hilfe, Krankentransport u. dgl.).

IX.
Gefängnishygiene: Aufstellung der Grundsätze der öffentlichen Gesundheitspflege im Einvernehmen mit dem Justizministerium. Mitwirkung bei der Erlassung und Handhabung der bezüglichen Vorschriften.

X.
Apothekenwesen, Verkehr mit Heilmitteln in den Apotheken.
Mitwirkung in gesundheitlicher Hinsicht bei den Angelegenheiten des Verkehrs mit Heilmitteln außerhalb der Apotheken.
Verkehr mit diätetischen und kosmetischen Mitteln, ferner mit Giften und gesundheitsgefährlichen Stoffen, unbeschadet des dem Handelsministerium zustehenden Wirkungskreises.

XI.
Leichenwesen (hinsichtlich der medizinischen Universitätsinstitute im Einvernehmen mit dem Ministerium für Kultus und Unterricht).

XII.
Gesundheitliche Fürsorge für Kriegsbeschädigte, und zwar insbesondere Heilung, ärztliche Nachbehandlung und Prothesenversorgung;
Mitwirkung in gesundheitlicher Hinsicht bei den Angelegenheiten der Schulung, Wiedererlangung der Erwerbsfähigkeit, Berufsberatung und bei den sonstigen einschlägigen Angelegenheiten der Kriegsbeschädigtenfürsorge; all dies unbeschadet der Zuständigkeit des Ministeriums für soziale Fürsorge auf dem Gebiete der Kriegsbeschädigtenfürsorge, insbesondere hinsichtlich der Organisation und Förderung der freien Selbsttätigkeit auf diesem Gebiete, sowie unbeschadet der Zuständigkeit des Ministeriums für öffentliche Arbeiten in den bezüglichen technisch-didaktischen Angelegenheiten.
Mitwirkung in gesundheitlicher Hinsicht bei der Schaffung von Kriegerheimstätten.
Mitwirkung in gesundheitlicher Hinsicht bei den Angelegenheiten der Fürsorge für Kriegsflüchtlinge sowie bei den Angelegenheiten des Wiederaufbaues der im Kriege zerstörten Gebiete.

XIII.
Ausübung ärztlicher Tätigkeit und einschlägiger Hilfstätigkeit.

Sanitätspersonal, und zwar insbesondere:

Ärzte, Pharmazeuten, Hebammen, Krankenpflegepersonen, Fürsorgeschwestern, Desinfektionsgehilfen usw.

Standesvertretungen des Sanitätspersonales (Ärztekammern, Apothekergremien usw.).
Mitwirkung bei den grundsätzlichen und organisatorischen Angelegenheiten des medizinischen und pharmazeutischen Unterrichtes. Bestellung von Regierungskommissären und Mitwirkung bei der Zusammensetzung von Prü-

fungskommissionen für die einschlägigen Prüfungen nach Maßgabe der betreffenden Prüfungsvorschriften.

Fortbildung der Ärzte und Pharmazeuten, Ausbildung und Fortbildung des Hebammen, und zwar unter Mitwirkung des Ministeriums für Kultus und Unterricht hinsichtlich der Grundsätze und wenn hiebei die diesem Ministerium unterstehenden Studieneinrichtungen und Lehrkräfte herangezogen werden. Fachliche Ausbildung und Fortbildung des übrigen Sanitätspersonales. Mitwirkung bei den Angelegenheiten des Zahntechnikergewerbes.

XIV.

Strafsachen in Angelegenheiten des Volksgesundheitswesens mit Ausnahme gerichtlich strafbarer Handlungen.

XV.

Statistik des Volksgesundheitswesens, unbeschadet des der Statistischen Zentralkommission zustehenden Wirkungskreises.

XVI.

Organisierung und Förderung der freien Selbsttätigkeit auf allen Gebieten des Volksgesundheitswesens, insbesondere der in dieser Richtung wirkenden Vereine, Anstalten, Fonds und Stiftungen.

Der dem Eisenbahnministerium, der Generalinspektion der österreichischen Eisenbahnen und sonstigen Eisenbahndienststellen beim Baue und Betriebe der Eisenbahnen und ihrer Hilfsanstalten in gesundheitlicher Beziehung zustehende Wirkungskreis wird durch die vorstehenden Bestimmungen insoweit berührt, als dem Ministerium für Volksgesundheit die Aufstellung der Grundsätze der öffentlichen Gesundheitspflege im Einvernehmen mit dem Eisenbahnministerium und – unbeschadet des Verfügungsrechtes der genannten Eisenbahndienststellen – die Mitwirkung bei der Erlassung und Durchführung der bezüglichen Vorschriften zusteht[1].

---

1 Der erste Minister war Dr. Johannes Horbaczewski, ehemals Professor der Chemie an der tschechischen Universität Prag. Vgl. Kielnhofer, Kaiser Karls Soziale Bemühungen, fragmentarisch, 133–141; 50 Jahre Ministerium für Soziale Verwaltung, 19–20; Bachmann, Baernreither, 162–164.

103.
Papst Benedikt XV. an Kaiser und König Karl

Vatikan, 1918 August 16

HHStA, PA XI, 272, Ausfertigung mit eigenhändiger Unterschrift.
Druck: Engel-Janosi, 405–407; Rumi 41 (gekürzte Fassung).

Dank für die Bereitschaft des Kaisers, auf seine Vorschläge zum Kriegsgefan-
genenaustausch mit Italien einzugehen. Angabe von Gründen, weshalb er die
Bitte des Kaisers, den Bischof von Siebenbürgen, Graf Karl Gustav Majláth,
zum Kardinal zu erheben, nicht erfüllt. Ernennung Ernst Seydls zum Titular-
bischof von Eucarpia.

[a]-Abbiamo regolarmente ricevuto, per il tramite del Nostro nunzio apostolico, le due auguste lettere che Vostra Maestà Imperiale e Reale Apostolica si era compiaciuta destinarci, in data entrambe del 22 Iuglio prossimo passato[1].

Per cio che riguarda primieramente, quanto Vostra Maestà ci comunicava in una di esse in merito alla Nostra proposta relativa ad uno scambio, su vasta scala, dei prigionieri di guerra austro-ungarici ed italiani, Ci è particolar-mente caro di ringraziare Vostra Maestà, ed insieme con Lei il Suo governo della premurosa sollecitudine con cui il progetto medesimo è stato preso ad esame e della favorevole accoglienza fatta ad esso, essendo stato questo in massima accettato, salvo lievi modificazioni. La Santa Sede ora attende la risposta del governo italiano, che verrà, a suo tempo, recata a conoscenza del governo di Vostra Maestà. Noi intanto amiamo sperare che possa dalle due parti raggiungersi l'accordo sopra un provvedimento cosi largamente benefico, il quale potrebbe servire anche di esempio per analoghi accordi tra le altre nazioni belligeranti-[a].

Noi abbiamo fatto, poi, oggetto della più diligente considerazione quanto la Maestà Vostra Ci faceva conoscere nell' altra Sua lettera.

Per ciò che concerne la desiderata promozione di Mons. Ernesto Seydl a vescovo titolare, Noi siamo ben lieti di poter dare una novella prova a Vostra Maestà del Nostro deferente affetto ed alla Sua Corte della Nostra alta con-siderazione, ammettendo tale promozione, che d'altronde è molto bene meri-tata. Senza alcun indugio Noi abbiamo pertanto impartiti gli ordini opportuni

---

a–a Von Rumi publizierte Fassung.

1 Vgl. Nrn. 100, 101.

per procedere agli atti relativi alla nomina del prelodato Mons. Seydl ad una sede vescovile titolare da destinarsi.[2]

In ordine, poi, alla proposta di elevare alla Sacra Porpora Mons. Gustavo Carlo Majláth[3], vescovo di Transilvania, ci piace dichiarare, con piena sincerità, alla Maestà Vostra che, dal punto di vista dei meriti personali del sullodato prelato, i quali sono veramente ragguardevolissimi, Noi non abbiamo alcuna difficoltà ad accogliere siffatta proposta, tanto più che essa Le sta specialmente a cuore.

Non vogliamo però omettere di far considerare a Vostra Maestà che, con la promozione del vescovo di Transilvania, qualche sede nell'impero che suole avere il proprio pastore insignito della Sacra Porpora cardinalizia, ne resterebbe necessariamente priva. Così pure è da riflettere che i tristi tempi attuali rendono molto difficili, per non dire impossibili, quelle solennità che sogliono accompagnare la promozione cardinalizia all' estero, per esempio, l'invio della guardia nobile, non potendo Noi dimenticare che, quando si tratto dell'elevazione alla Sacra Porpora dell'ultimo nunzio, ora E.^{mo} Scapinelli[4], il governo Austro-Ungarico Ci fece conoscere che non avrebbe ammesso come corriere di gabinetto verun suddito italiano, e fu in omaggio a questa dichiarazione che Noi destinammo a quell'onorifico officio l'unico straniero che appartiene al corpo della Nostra guardia Nobile. Ciò abbiamo voluto ricordare a Vostra Maestà affinché conosca uno dei principali motivi che Ci hanno obbligato fin qui, e temiamo possano obbligarci anche in seguito, a differire la promozione alla Sacra Porpora di prelati appartenenti all'impero Austro-Ungàrico.

La Maestà Vostra può rilevarne che, da parte Nostra, non mancherebbe la buona disposizione a soddisfare il desiderio da Lei espressoci.

Con tutto il piacere approfittiamo infine di questa propizia occasione per inviare di gran cuore a Vostra Maestà, alla augusta Sua consorte Sua Maestà l'Imperatrice e Regina ed a tutta l'Imperiale e Reale Famiglia la Benedizione Apostolica.

---

2   Vgl. Nr. 101. Vgl. auch AE, Austria 655 [neu 1259], Prot. 70.670, Cifra 198: Gasparri an Valfrè di Bonzo, Vatikan, 1918 August 16: Ernennung Seydls zum Titularbischof von Eucarpia.

3   Vgl. Nr. 101.

4   Vgl. Nr. 9.

104.

Der Staatssekretär der USA, Robert Lansing, an den Präsidenten der USA, Woodrow Wilson

o. O. [Washington], 1918 August 25

Washington, Library of Congress, Manuscript Division, Papers of Robert Lansing, fol. 164.

Über die Absicht, die österreichisch-ungarischen Friedensangebote kompro-
mißlos abzulehnen und auf die deutschen Friedensangebote zu warten.

Memorandum on Probability of Peace Proposals by Central Powers.

The continued success of our arms which has been unchecked for nearly six weeks convinces me that the Central Power will very soon suggest peace negotiations. It is for their interest to make peace or at least to discuss it while they have extensive areas of occupied territory with which to barter.

Already they have been forced back considerable distances and the continual flow of troops from this country makes it almost certain that they cannot attempt another offensive. The crest of their military triumphs has been reached and from now General Foch[1] will hold the offensive and drive the Germans back.

In these circumstances we must be prepared to meet a proposal to negotiate. I am disposed to think that the Central Powers will seek to do this by the meditation of the Pope or of Spain, Switzerland, Holland or Sweden. I doubt if any of these will consent to act. If they do not, we may expect the approach to be made by Austria-Hungary since Germany has not been sufficiently beaten to do it herself[2].

When the proposal comes, if it comes from Vienna, it should be curtly rejected. We can then wait for Germany to seek peace directly, and I think her Government under the advice of her military men will do it. Just what policy we should then pursue I am undecided. Much will depend on the military situation and on the sincerity of Germany's overtures.

I am positive, however, that the Central Powers will make a peace offensive very soon and that we must be ready to meet it in a way which will leave us in the advantageous position.

---

1 Vgl. Nr. 56; ÖUlK 7, 419–431.
2 Vgl. Nr. 213.

105.
Der Apostolische Nuntius in München, Eugenio Pacelli, an Kardinalstaatssekretär Pietro Gasparri

München, 1918 August 28

AE, Stati Eccl. 216 [neu 1317], vol. XI, Prot. 81.683, Ausfertigung.

Begegnung mit Kaiser und König Karl in der österreichischen Botschaft. Der Kaiser sieht sehr klar die Gefahr einer Zerstörung der österreichisch-ungarischen Monarchie. Er ist zu weitestgehenden Friedenskonzessionen bereit, befürchtet aber, daß seine besten Absichten am Willen der österreichischen Staatsmänner scheitern werden.

Riservato[a]

Come l'Eminenza Vostra Reverendissima avrà già appreso dai pubblici fogli, oggo è stato di passaggio per questa capitale Sua Maestà l'Imperatore d'Austria-Ungheria.

Nel pomerigio Sua Eccellenza il Signor Conte Thurn e Valsássina[1], Ministro austro-ungarico in Baviera, ha offerto al suo Sovrano un the, al quale erano invitati il Corpo diplomatico e la colonia austriaca; anch' io quindi ho preso parte al ricevimento.

L'Imperatore, scambiata, secondo l'uso, qualche cortese parola con ognuno dei presenti, si è a me di nuovo avvicinato e mi ha condotto con grande amabilità di espressioni in una stanza vicina ove mi ha trattenuto a lungo da solo sino al momento, in cui il Conte Thurn gli ha annunziato esser giunta l'ora di recarsi alla stazione per la partenza.

L'Imperatore, il quale mi ha chiesto subito colla più viva sollecitudine notizie del Santo Padre, ha improntata tutta la Sua conversazione ai sentimenti del più edificante e profondo attaccamento verso la Santa Chiesa e verso l'Augusta Persona di Sua Santità. Mostrando chiaramente di non aver fiducia nella vittoria degli Imperi centrali, ha esclamato che bisogna giungere alla pace ad ogni costo. Mi ha domandato quindi se il Signor Conte Thurn avevami comunicato le sue disposizioni circa le trattative coll'Italia (cfr. Rapporto riservato N. 6915 del 5 Giugno scorso)[2].

---

a   Vermerk.

1   Vgl. Nr. 96.
2   AE, Stati Eccl. 216 [neu 1317], vol. XI, Prot. 66.762, München, 07.06.1918, vgl. Nr 60; dazu: Engel-Janosi, Österreich und der Vatikan II, 337–339.

Ho risposto di sì, ma che rimaneva appunto la questione se la richiesta integrità della Monarchia debba considerarsi come salva soltanto nel caso di una rettifica di frontiera con reciproche cessioni di territori nel confine stesso italo-austriaco (ed allora sarebbe vano di pensare a trattative di qualsiasi genere), ovvero anche nell' ipotesi di concessioni all'Italia su detta frontiera con compensi all'Austria nelle colonie (fra cui rimaneva naturalmente esclusa la Tripolitania). L'Imperatore mi ha dichiarato apertomente che egli ammette questa seconda ipotesi, ossia la cessione di territori all'Italia dietro compensi coloniali; ma che, trovandosi costretto, sopratutto in seguito ai noti attacchi mossi contro di lui e contro l'Imperatrice, ad essere assai prudente e circospetto, ne avrebbe dovuto parlare col Ministro Conte Burián, e mi ha promesso che mi avrebbe trasmesso una risposta per mezzo del Conte Thurn. Da ciò risulta con evidenza che Sua Maestà (la quale vede molto chiaramente i pericoli, cui è esposta la Monarchia) sarebbe personalmente disposta alle più larghe concessioni; ma le sue ottime intenzioni temo s'infrangano contro il volere degli uomini di Stato austriaci.

Dopo di ciò, l'Imperatore mi ha parlato lungamente e con molti dettagli sull'argomento, di cui ho riferito all'Eminenza Vostra nella mia rispettosa lettera personale di alcuni giorni or sono; sembrandomi, tuttavia, sufficiente quanto ho già in proposito compiuto il penosissimo dovere di comunicarle, prego Vostra Eminenza di dispensarmi dal tornare su tale spiacevole materia.

La ristrettezza del tempo non mi ha invece permesso di rimanere se non pochissimi momenti col Signor Conte Burián, col quale quindi non mi è stato possibile discutere la questione della pace[3].

Egli mi ha detto che, sebbene l'intervento dell'America desti le più gravi preoccupazioni, tuttavia gl'Imperi centrali cono certi, nonostante qualche perdita di terreno, d'impedire lo sfondamento del fronte in Francia, e che, esaurita la attuale offensiva (dopo la quale verrà, come di consueto, un certo periodo di tregua), si farebbe qualche tentativo di pace. Il Ministro non ha fatto che un fugace accenno all'Italia; ma le sue parole, pur nella loro correttezza diplomatica, rivelavano un profondo disprezzo per l'antica alleata.

---

3 Vgl. dazu auch Burián, Drei Jahre, 281–284.

106a)
Note Österreich-Ungarns an alle kriegführenden Mächte

Wien, 1918 September 14

HHStA, PA I, 965, Liasse Krieg 25/31–32, fol. 475r–479r[1].
Druck: Ludendorff, Urkunden, 517–520 und Wiener Zeitung Nr. 212, 1918 September 15.

Vorschlag der k. u. k. Regierung an alle kriegführenden Staaten zu einer vertraulichen und unverbindlichen Aussprache über die Grundprinzipen eines Friedensschlusses. Dazu sollten bald Delegationen an einen Ort des neutralen Auslandes entsendet werden.

Das Friedensangebot, das die Mächte des Vierbundes am 12. Dezember 1916 an ihre Gegner gerichtet und dessen versöhnlichen Grundgedanken sie niemals aufgegeben haben, bedeutet trotz der Ablehnung, die es erfuhr, einen wichtigen Abschnitt in der Geschichte des Krieges.

Zum Unterschiede von den ersten zweieinhalb Kriegsjahren ist von diesem Augenblick an die Frage des Friedens im Mittelpunkte der europäischen, ja der Weltdiskussion gestanden und hat sie seither in immer steigendem Maße beschäftigt und beherrscht.

Der Reihe nach haben fast alle kriegführenden Staaten zur Frage des Friedens, seiner Voraussetzungen und Bedingungen immer wieder das Wort ergriffen. Die Linie der Entwicklung dieser Erörterungen war jedoch keine einheitliche und stetige, die zugrunde liegenden Standpunkte wechselten unter dem Einfluß der militärischen und politischen Lage und zu einem greifbaren, praktisch verwertbaren allgemeinen Ergebnis hat sie wenigstens bisher nicht geführt.

Immerhin kann, unabhängig von all diesen Schwankungen, festgestellt werden, daß der Abstand der beiderseitigen Auffassungen sich im großen und ganzen etwas verringert hat, daß sich trotz des unleugbaren Fortbestehens entschiedener, bisher nicht überbrückter Gegensätze eine teilweise Abkehr von manchen der extremsten konkreten Kriegsziele zeigt und eine gewisse Übereinstimmung betreffs der allgemeinen Grundprinzipien des Weltfriedens manifestiert.

In beiden Lagern ist in breiten Bevölkerungsschichten ein Anwachsen des Friedens- und Verständigungswillens unzweifelhaft wahrzunehmen. Auch ein

---

1 Zur Genese dieses Dokuments, Burián, 277–282; Scherer/Grunewald, 4, 293–296 (Nr. 203): o. D. [1918 August 21 = irrtümlich, recte 1918 August 14 oder 15]: Projekt der Note = „Erster Entwurf der österr.-ung. Friedensnote".

Vergleich der seinerzeitigen Aufnahme des Friedensvorschlages der Vierbundmächte bei ihren Gegnern mit späteren Äußerungen von verantwortlichen Staatsmännern der letzteren, wie auch von nicht verantwortlichen aber politisch keineswegs einflußlosen Persönlichkeiten bestätigt diesen Eindruck.

Während beispielsweise noch in der Antwort der Alliierten an Präsident Wilson Forderungen erhoben wurden, die auf eine Zerstückelung Österreich-Ungarns, auf eine Verkleinerung und tiefgehende innere Umgestaltung des Deutschen Reiches und auf die Vernichtung des europäischen Besitzstandes der Türkei hinausliefen, wurden späterhin diese Forderungen, deren Verwirklichung einen überwältigenden Sieg zur Voraussetzung hätte, in manchen Erklärungen amtlicher Stellen der Entente modifiziert oder zum Teil fallen gelassen.

So erkannte in einer vor etwa einem Jahre im englischen Unterhause abgegebenen Erklärung Mr. Balfour[3] ausdrücklich an, daß Österreich-Ungarn seine inneren Probleme selbst lösen müsse und daß niemand von außen her Deutschland eine Verfassung auferlegen könne. Mr. Lloyd George[4] erklärte zu Beginn dieses Jahres, daß es nicht zu den Kampfzielen der Alliierten gehöre, Österreich-Ungarn zu zerteilen, das Osmanische Reich seiner türkischen Provinzen zu berauben und Deutschland im Inneren zu reformieren. Als symptomatisch kann auch gelten, daß Mr. Balfour im Dezember 1917 kategorisch die Annahme zurückwies, die englische Politik hätte sich jemals für die Schaffung eines selbständigen Staates aus den linksrheinischen Gebieten Deutschlands engagiert.

Die Enunziationen der Mittelmächte lassen keinen Zweifel darüber, daß sie nur einen Verteidigungskampf um die Unversehrtheit und Sicherheit ihrer Gebiete führen.

Weit ausgesprochener als auf dem Gebiete der konkreten Kriegsziele ist die Annäherung der Auffassungen hinsichtlich jener Richtlinien gediehen, auf deren Grundlage der Friede geschlossen und die künftige Ordnung Europas und der Welt aufgebaut werden soll. Präsident Wilson hat in dieser Richtung in seinen Reden vom 12. Februar und vom 4. Juli d. J. Grundsätze formuliert, die bei seinen Alliierten nicht auf Widerspruch gestoßen sind und deren weitgehende Anwendung auch auf seiten der Vierbundmächte keinem Einwande begegnen dürfte, vorausgesetzt daß diese Anwendung allgemein und mit den Lebensinteressen der betreffenden Staaten vereinbar sei. Allerdings ist zu bedenken, daß eine Übereinstimmung in den allgemeinen Grundsätzen nicht genügt, sondern daß es sich weiter darum handelt, über ihre Auslegung und über ihre Anwendung auf die einzelnen konkreten Kriegs- und Friedensfragen einig zu werden.

---

3 Vgl. Nr. 39.
4 Vgl. Nr. 39.

Für einen unbefangenen Beobachter kann kein Zweifel darüber bestehen, daß in allen kriegführenden Staaten ohne Ausnahme der Wunsch nach einem Frieden der Verständigung gewaltig erstarkt ist, daß sich immer mehr die Überzeugung Bahn bricht, eine weitere Fortsetzung des blutigen Ringens müßte Europa in eine Trümmerstätte verwandeln und in einen Zustand der Erschöpfung versetzen, der seine Entwicklung auf Jahrzehnte hinaus lähmt, ohne daß eine Gewähr dafür bestünde, hiedurch jene Entscheidung durch die Waffen herbeizuführen, die von beiden Seiten in vier Jahren voll ungeheurer Opfer, Leiden und Anstrengungen vergeblich angestrebt wurde.

Auf welchem Wege und auf welche Weise kann aber eine Verständigung angebahnt und schließlich erzielt werden? Besteht irgendeine ernste Aussicht, durch die Fortführung der Diskussion über das Friedensproblem in der bisherigen Art zu diesem Ziel zu gelangen? Letztere Frage haben wir nicht den Mut zu bejahen.

Die Diskussion von einer öffentlichen Tribüne zur anderen, wie sie bisher zwischen den Staatsmännern der verschiedenen Länder stattgefunden hat, war eigentlich nur eine Serie von Monologen. Es fehlte ihr vor allem die Unmittelbarkeit, Rede und Gegenrede griffen nicht ineinander ein, die Sprecher sprachen aneinander vorbei. Andererseits war es die Öffentlichkeit und der Boden dieser Auseinandersetzungen, die ihnen die Möglichkeit eines fruchtbaren Fortschreitens raubten. Bei allen öffentlichen Kundgebungen dieser Art wird eine Form der Beredsamkeit angewendet, die mit der Wirkung auf große Distanz und auf die Massen rechnet. Damit vergrößert man aber – bewußt oder unbewußt – den Abstand von der gegnerischen Auffassung, erzeugt Mißverständnisse, die Wurzel fassen und nicht beseitigt werden, und erschwert den freimütigen einfachen Gedankenaustausch. Jede Kundgebung der führenden Staatsmänner wird, so wie sie stattgefunden hat und noch ehe die zuständigen Stellen der Gegenseite darauf erwidern können, zum Gegenstande einer leidenschaftlichen oder übertreibenden Besprechung unverantwortlicher Elemente. Aber auch die verantwortlichen Staatsmänner selbst veranlaßt die Besorgnis, die Interessen der Kriegführung durch eine ungünstige Beeinflussung der Stimmung in der Heimat zu gefährden und die eigenen letzten Absichten vorzeitig zu verraten, zum Anschlagen hoher Töne und zum starren Festhalten an extremen Standpunkten.

Soll also der Versuch unternommen werden zu prüfen, ob für eine Verständigung, die die Katastrophe einer selbstmörderischen Fortsetzung des Kampfes von Europa abzuwenden geeignet ist, die Grundlagen gegeben sind, so wäre jedenfalls eine andere Methode zu wählen, die eine unmittelbare mündliche Erörterung zwischen den Vertretern der Regierungen und nur zwischen ihnen ermöglicht.

Den Gegenstand einer solchen Erörterung und gegenseitigen Beleuchtung hätten ebenso die gegensätzlichen Auffassungen der einzelnen kriegführenden Staaten zu bilden, wie auch die allgemeinen Prinzipen, die dem Frieden und dem künftigen Verhältnis der Staaten zueinander als Basis dienen sollen und über die zunächst eine Einigung mit Aussicht auf Erfolg versucht werden kann.

Sobald eine Einigung über die Grundprinzipen erreicht wäre, müßte man im Verlaufe der Besprechungen versuchen, sie auf die einzelnen Friedensfragen konkret anzuwenden und damit deren Lösung herbeizuführen.

Wir möchten hoffen, daß auf Seite keines der Kriegführenden ein Bedenken gegen einen solchen Gedankenaustausch vorliegen werde. Die Kriegshandlungen erführen keine Unterbrechung. Die Besprechungen gingen auch nur so weit, als sie von den Teilnehmern für aussichtsgebietend gehalten würden. Für die vertretenden Staaten könnten daraus keine Nachteile erwachsen. Weit entfernt zu schaden, müßte ein solcher Gedankenaustausch für die Sache des Friedens nur von Nutzen sein. Was das erstemal nicht gelingt, kann wiederholt werden und hat vielleicht mindestens schon zur Klärung der Auffassungen beigetragen.

Berge von alten Mißverständnissen ließen sich wegräumen, viele neue Erkenntnisse zum Durchbruche bringen, Ströme von zurückgehaltener Menschenfreundlichkeit würden sich lösen, in deren Wärme alles Wesentliche bestehen bliebe, dagegen manches Gegensätzliche verschwinden würde, dem heute noch eine übermäßige Bedeutung beigemessen wird.

Nach unserer Überzeugung sind alle Kriegführenden es der Menschheit schuldig, gemeinsam zu untersuchen, ob es nicht jetzt, nach so vielen Jahren eines opfervollen, jedoch unentschiedenen Kampfes, dessen ganzer Verlauf auf Verständigung weist, möglich ist, dem schrecklichen Ringen ein Ende zu machen.

Die k. und k. Regierung möchte daher den Regierungen aller kriegführenden Staaten vorschlagen, zu einer vertraulichen und unverbindlichen Aussprache über die Grundprinzipien eines Friedensschlusses in einem Ort des neutralen Auslandes und zu einem nahen Zeitpunkte, worüber man noch Vereinbarungen zu treffen hätte, Delegierte zu entsenden, die beauftragt wären, die Auffassungen ihrer Regierungen über jene Prinzipen einander bekanntzugeben, analoge Mitteilungen entgegenzunehmen, sowie offene und freimütige Aufklärungen über alle jene Punkte, die einer Präzisierung bedürfen, zu erbitten und zu erteilen.

Die k. und k. Regierung beehrt sich, die Regierung von ……… durch die geeignete Vermittlung Eurer Exzellenz zu bitten, diese Mitteilung zur Kenntnis der Regierung von ……… bringen zu wollen.

106b)
Der Apostolische Nuntius in München, Eugenio Pacelli, an Kardinalstaatssekretär Pietro Gasparri

München, 1918 September 15

AE, Stati Ecclesiastici 216 [neu 1317], vol. XII, Prot. Nr. 81.698, Ausfertigung.

Über die österreichisch-ungarische Note an die kriegführenden Mächte zu vertraulichen Friedensverhandlungen. Alle Bemühungen Österreich-Ungarns, Deutschland zu einem Frieden zu bestimmen, waren erfolglos. Telegramm Kaiser Karls an Kaiser Wilhelm. Direktiven des deutschen Außenministers in Berlin an die deutschen diplomatischen Repräsentanzen im Ausland.

Stamane i giornali della Germania hanno pubblicato la notizia della Nota indirizzata dall'Austria alle Potenze belligeranti per invitarle ad una conversazione confidenziale e non impegnativa circa la pace. Non sarà forse discaro all'Eminenza Vostra Reverendissima il ricevere qualche breve informazione sulla storia del documento medesimo.

Fin dalla metà dello scorso mese di Agosto, l'Austria-Ungheria in seguito all'insuccesso tedesco sul fronte occidentale si propose di conseguire a qualunque costo la pace in autunno, e l'Imperatore Carlo ed il suo Governo dichiararono ripetutamente a Berlino come, poichè tutte le promesse circa la guerra sottomarina si erano dimostrate inconsistenti, e tanto più dopo il fallimento dell'offensiva in Francia, l'Austria con nutriva ormai speranza che la Germania sarebbe in grado di raggiungere la pace colle armi. Vostra Eminenza ricorderà forse che anche a me l'Imperatore espresse tali sentimenti qui in Monaco il 28 Agosto scorso, come ebbi l'onore di riferire nel mio rispettoso Rapporto N. 8825 di quello stesso giorno[1].

Tutti gli sforzi dell'Austria, così continuava ad osservare il Governo di Vienna, per indurre la Germania ad una pace d'intesa erano sinora riusciti infruttuosi. Al principio del passato Gennaio l'Austria aveva significato per via sicura e confidenziale al Cancelliere dell' Impero la sua decisione di comunicare al Santo Padre le proprie condizioni di pace, affinchè Sua Santità, ottenute anche quelle dell'Intesa, potesse giudicare se fosse posiibile un accòrdo. Malgrado, però, questa preghiera ed una lettera personale dello stesso Imperatore Carlo al Conte von Hertling[2], la Germania non si era indotta a partecipare a tale passo, come del pari senza successo erano rimasti in Germania ulteriori tentativi dell'Austria nello stesso senso.

---

1 Vgl. Nr. 105.
2 Vgl. Nrn. 74, 75.

E' perciò che, nell' incontro dei due Imperatori il 15 Agosto scorso, Carlo I insistette vivamente per la pronta conclusione della pace, ed il Conte Burián espose il suo progetto della Nota alle Potenze belligeranti[3].

Il Governo di Berlino vi fece però un'accoglienza piuttosto fredda e dichiarò che, ad ogni modo, avrebbe dovuto attendersi la fine dell'offensiva nemica e sarebbe stato preferibile di ricorrere ai buoni uffici di qualche Potenza neutrale (la Regina d'Olanda)[4].

Così stavano le cose, quando all'improvviso giunse ieri Sabato a Berlino un telegramma dell'Imperatore Carlo al Kaiser germanico, in cui gli significava senz'altro che nel giorno stesso avrebbe avuto luogo l'annunziato passo dell'Austria per la pace. Il telegramma aggiungeva che l'Imperatore Guglielmo si era già dichiarato in massima d'accordo con esso ed aveva soltanto proposta la mediazione della Regina d'Olanda, di guisa che non esisteva alcuna essenziale divergenza fra le vedute dei due[5].

L'Imperatore d'Austria concludeva augurando che in questo difficile e grave momento si mantengano immutati i vincoli d'alleanza che stringono i due Imperi. Tale avvenimento ha prodotto in Berlino grande sorpresa e confusione. Il Segratario di Stato per gli Affari Esteri von Hintze[6] mostravasi ieri assai irritato per il procedimento dell'Austria. – Anche in una riunione tenutasi oggi presso il Cancelliere dell'Impero, alla quale hanno preso parte alcuni deputati die partiti della maggioranza del Reichstag, il Signor Conte von Hertling ha dichiarato che, sebbene l'alleanza debba rimanere inalterata e quantunque il Governo germanico debba possibilmente appoggiare il passo dell'Austria, questo tuttavia non gli è riuscito gradito, giacché esso ritiene che, dopo i recenti insuccessi militari, non fosse ora il momento psicologico per un'offerta di pace. Doveva attendersi un poco, fino a che, cioè, il nemico si cinvincesse che colla sua offensiva non può ottenere alcun risultato decisivo; allora, secondo il Cancelliere, sarebbe stato il tempo di agire mediante i buoni affici di una Potenza neutrale. I deputati, specialmente socialisti, i quali vogliono una più energica azione per la pace, hanno tuttavia mostrato chiaramente il loro malcontento contro il Governo, tanto che il Conte von Hertling alla fine ha esclamato: "Signori, lasciatemi ancora l'ultimo resto di fiducia necessaria, perché io possa continuare a lavorare!" Due deputi hanno parlato anche con piena sicurezza di conversazioni, svoltesi recentemente in Svizzera fra l'Austria e

---

3 Vgl. dazu auch Nr. 213 und bei Ludendorff, Urkunden, 517–520.
4 Wilhelmina, Königin der Niederlande 1890–1948. Dazu auch Ludendorff, Urkunden, 520–521.
5 Vgl. HHStA, PA I, 505, fol. 125r–127v, Wien, 1918 September 12:
   Telegramm Seiner k. u. k. Apost. Majestät an Seine Majestät den Deutschen Kaiser, König von Preußen. Ebd., fol. 126a–126b: Schreiben von Kaiser Wilhelm an Kaiser Karl, am 15 September 1918, in Reichenau um 11 Uhr von General Cramon überreicht. Ebd., fol. 78r–82r, Reichenau, 1918 September 16, Schreiben Seiner Majestät an Kaiser Wilhelm.
6 Paul von Hintze, 09.07.–03.10.1918 Staatssekretär des Deutschen Auswärtigen Amtes, vgl. Nr. 213.

l'Italia, le quali non sarebbero già molto lungi dal condurre ad un accordo sulle questioni territoriali: non so tuttavia quanto vi sia di vero in tale affermazione.

Intanto il Ministero degli Esteri di Berlino ha inviato ai Rappresentanti della Germania all'estero le seguenti direttive circa la Nota dell'Austria:

1. L'alleanza non è scossa.

2. Si riconoscone i nobili motivi che hanno indetto l'Austria al passo in discorso.

3. La Germania non solleva alcuna difficoltà contro l'attuazione del piano.

4. Ha però poca speranza nella riuscita.

5. Ciò nondimeno esaminerà accuratamente la Nota e seguirà con interesse l'ulteriore svolgimento della cosa[7].

107.
Überlegungen des Staatssekretärs der USA, Robert Lansing, zum Zeitpunkt des Kriegsendes.

o. O. [Washington], 1918 September 16 und 19

Washington, Library of Congress, Manuscript Division, Papers of Robert Lansing, fol. 165.

In nicht ganz acht Wochen wird Österreich-Ungarn zum Friedensschluß bereit sein. Dann wird alles abbröckeln. Das Kriegsende vor Weihnachten ist in Sicht.

September 16th.
Austria-Hungary has made her peace parley proposal[1].

September 19th.
I believe Austria-Hungary, if there <u>is</u> any Austria-Hungary two months from now, will be ready in less than eight weeks to sue for a separate peace. When that time comes everything will begin to crumble and the end will soon come. This may be a dream and I may forget it tomorrow, but today the end seems in sight.

In fact it may be before Christmas.

---

7   Vgl. dazu Burián, Drei Jahre, 281–286; Ludendorff, Urkunden, 514 und 516–520 und Nr. 213.

1   Vgl. Nrn. 108, 213, Anm. 119.

108.

Emile Haguenin an den französischen Außenminister Stéphen Pichon: „Österreichisch-ungarisches Separatfriedensprojekt zwischen der Entente, Österreich-Ungarn und Bulgarien"

o. O. [Bern], 1918 September 18[1]

PAMAE, Paix séparée 104, fol. 215–220.

Das Projekt sieht den sofortigen Rückzug Österreich-Ungarns und Bulgariens von den kriegführenden Mächten vor und deren strikte Neutralität für die weitere Dauer des Krieges. Die wirtschaftlichen Beziehungen zwischen der Entente und den beiden Mächten sollen analog zu jenen der Schweiz mit der Entente aufgenommen werden.

Österreich-Ungarn ist unverzüglich unter dem Szepter der Dynastie in eine demokratische und gleichberechtigte Staatenföderation umzuwandeln. In der Folge werden die österreichisch-italienischen Grenzziehungen, der Status von Triest, der Besitzstand Bulgariens, die austro-polnische Lösung und eine Entschädigung für die Rückgabe von Elsaß-Lothringen an Frankreich für Deutschland festgelegt und territoriale Regelungen für Serbien, Albanien und Montenegro getroffen.[2]

---

1 Telegrafisch bereits am 17.09.1918 von Louis Clinchant durchgegeben, vgl. PAMAE, Paix séparée 104, fol. 198–203.

2 Louis Clinchant berichtet am 16. August von der Ankunft der Herzogin von Parma in der Schweiz und ihrer Begegnung mit Prinz Sixtus an das französische Außenministerium. (Vgl. PAMAE, Paix séparée 104, fol. 191.) Am 16. September berichtet Clinchant, daß der Kaiser persönlich wegen der Sixtus-Affaire keinen Friedensveruch unternehmen könnte, sondern einen Emissär in die Schweiz schicke, der laut Bericht vom 17. September (vgl. ebd. fol. 196–197) Haguenin durch Gf. Franz Khevenhüller-Metsch, Adjutant des österr.-ung. Militärattachés in Bern, und Ivan Šušteršić, den Laibacher Reichsratsabgeordneten, erreichte:
Monsieur le Ministre,
J'ai l'honneur de vous communiquer un projet de paix que les Autrichiens en relation avec l'Empereur m'ont fait parvenir par l'intermédiaire d'un homme politique suisse, francophile et discret. L'impuissance radicale de l'Empereur et de son gouvernement, la terreur que leur inspire l'Allemagne, l'attitude décisive prise par l'Entente envers l'Autriche, bien d'autres raisons encore empêchent de considérer le projet autrichien autrement que comme une manœuvre anachronique. Les conditions, d'ailleurs, en sont monstrueuses. Je l'ai fait observer à l'intermédiaire: « Oh! on en rabattra pas beaucoup » a-t-il répondu. Il assure que, si l'Entente « marquait le moindre intérêt pour ce projet », aussitôt l'Empereur, de son côté, indiquerait qu'il acquiesce à un échange d'idées à ce sujet. J'ai, naturellement, transmis aussitôt l'ébauche autrichienne à Monsieur Clinchant, avec les réserves nécessaires. Je tâcherai de savoir exactement quelles personnes constituent le « groupe » auteur du projet. Les grandes lignes s'en rattachent à cette conception d'une Autriche « fédérative » dont successivement Foerster, Lammasch, Károly, Diner-Dénès et, tout récemment, le Dr. Herz [sic!], nous ont entretenus.

1. L'Autriche-Hongrie et la Bulgarie se retirent du nombre des Etats belligérants et proclament leur stricte neutralité pour tout le temps que pourra encore durer la guerre[3].

2. Les Puissances de l'Entente entretiendront avec l'Autriche-Hongrie et la Bulgarie des relations économiques analogues à celles qui existent pour le moment entre l'Entente et la Suisse.

3. La Monarchie austro-hongroise procédera immédiatement à sa transformation en une Fédération de peuples libres sur une base démocratique, sous le sceptre de la dynastie héréditaire.

Parmi les peuples qui constitueront des Etats, les Polonais, les Tchéco-Slovaques et les Yougoslaves seront en particulier placés sur un pied de parfaite égalité avec les Allemands d'Autriche et les Magyars.

4. L'Autriche-Hongrie accepte en principe de modifier, en tenant compte des nationalités, la frontière austro-italienne de la manière suivante:

Ces modifications porteront sur les territoires du Trentin et du Frioul autrichien (Gradisca) habités par des populations italo-romanes compactes.

La population de ces territoires décidera, par un libre plébiscite, organisé sur le modèle du référendum suisse, à quel Etat elle veut appartenir à l'avenir. En vue de ce plébiscite qui aura lieu au plus tôt six mois et au plus tard un an après la ratification du traité de paix, les territoires en question seront, au jour de cette ratification, remis au Gouvernement Fédéral suisse qui leur assurera une administration impartiale.

Dans le cas et dans la mesure où les résultats du référendum attribueraient ces territoires à l'Italie, l'Entente paierait à l'Autriche-Hongrie une indemnité de rachat en or.

5. La ville de Trieste sera déclarée Etat libre et neutre et sa neutralité sera garantie par tous les Etats signataires de la paix. La ville prendra à sa charge sa quote-part de la dette de guerre autrichienne et, au point de vue des douanes et des transports, elle formera à l'avenir avec l'Autriche un seul territoire, en ce sens qu'il y aura entre les deux Etats une entière franchise de douanes et une entière liberté de transports.

6. La Bulgarie reçoit tous les territoires qui lui avaient été attribués dans la Péninsule des Balcans par le traité conclu avec la Serbie à l'occasion de la première guerre balkanique (Macédoine) ainsi que les anciens territoires serbes à l'est de la Morava avec Nisch et toute la Dobroudja.

Sous cette restriction, la Serbie sera restaurée et réunie au Monténégro. Elle recevra en outre la partie septentrionale de l'Albanie avec Durazzo.

Ce qui m'a le plus intéressé dans cette fantaisie, c'est une certaine façon de concevoir les négociations, les modalités des échanges et les compensations territoriales.

3　Am 15. September 1918 begann die Offensive der alliierten Orient-Armee gegen Bulgarien, am 26. September 1918 erfolgte das bulgarische Waffenstillstandsangebot, am 29. September 1918 wurde in Prilep der Waffenstillstand zwischen Bulgarien und der Entente abgeschlossen.

L'Autriche-Hongrie déclare son désintéressement à l'égard de l'Albanie Méridionale.

Les territoires de la Bosnie contigus à la Serbie et habités par une population serbe orthodoxe compacte pourront être cédés à la Serbie de la manière et aux conditions prévues à l'article 4.

Si le Monténégro ne désirait pas être réuni à la Serbie, il conserverait son indépendance et recevrait Scutari avec le territoire environnant. Le Lovcen resterait en ce cas à l'Autriche.

7. L'Entente donne en principe son adhésion à la solution austro-polonaise. Les frontières définitives de l'Etat polonais, qui fera partie à l'avenir de la Fédération autrichienne, seront déterminées par le Congrès Général de la Paix qui suivra la fin des hostilités avec l'Empire allemand ou qui aura pour mission de rétablir la paix générale et d'en fixer le statut.

8. L'Autriche-Hongrie ou la Fédération qui prendra sa place ainsi que la Bulgarie siègeront au Congrès prévu à l'article 7 et prendront part à tous les votes. Les accords conclus dans le présent traité de paix séparée sont définitifs et les contractants s'emploieront solidairement au Congrès Général de la Paix à les faire reconnaître par tous.

En revanche, les traités de paix de Brest-Litowsk et de Bucarest seront soumis à la révision du Congrès Général de la Paix.

9. Dans les questions de la Société des Nations, de l'arbitrage et du désarmement général, les Etats signataires du présent traité marcheront d'accord dans le sens et l'esprit des principes proclamés par le Président Wilson.

10. Pour faciliter et hâter la conclusion de la paix générale, l'Allemagne recevra éventuellement aux dépens de l'Autriche une compensation en échange de l'Alsace-Lorraine qui fera retour à la France. Sont prévus à cet égard, au choix de l'Autriche, les territoires autrichiens contigus à l'Allemagne et habités par une population allemande compacte. Les modalités et les conditions prévues à l'article 4 s'appliqueront également à cette cession.

Conformément à ce système de compensations, tous les signataires de ce traité donneront à la Roumanie le conseil pressant d'entrer dans la Fédération d'Etats qui prendra la place de la Monarchie austro-hongroise. La Roumanie aura dans cette fédération une place analogue à celle que le Royaume de Bavière a dans l'Empire allemand. Dans ce cas également, les territoires austro-hongrois contigus à la Roumanie et habités par une population roumaine compacte seront réunis à la Roumanie.

Au cas où la Roumanie refuserait d'entrer dans la fédération, l'Autriche ne cèderait aucun territoire à l'Allemagne.

11. Après la conclusion de la paix séparée, les Puissances de l'Entente, notamment les Etats-Unis d'Amérique et la Grande-Bretagne, accorderont à l'Autriche-Hongrie et à la Bulgarie des avantages économiques particuliers, qui seront fixés par des traités spéciaux qui entreront simultanément en vigueur.

109.
Papst Benedikt XV. an Kaiser und König Karl

Vatikan, 1918 September 25–29

AE, Stati Eccl. 216 [neu 1317], vol. XII, Prot. 82.045.
Druck: Rumi, 41–42.

Der Papst gibt dem Kaiser einen väterlichen Rat. In der derzeitigen Situation wird über den Frieden nur der Präsident der Vereinigten Staaten entscheiden. Der Kaiser möge sich direkt und persönlich an Wilson wenden und an seine Gefühle von Humanität und Gerechtigkeit appellieren. Seine Botschaft vom 10. Januar differiert nicht substantiell von jener, die der Papst am 01. August 1917 erlassen hat. Der Heilige Stuhl wird Wilson über seinen Repräsentanten empfehlen, die Vorschläge des Kaisers anzunehmen. Vielleicht können neutrale Regierungen, besonders der spanische König, vermitteln.

Non prima di ieri Ci è giunta la nota che il Governo di Vostra Maestà con il lodevolissimo scopo di por fine all'immane conflitto che desola l'Europa, ha indirizzato a tutti i Governi belligeranti e per eccezione a Noi[1].

Il Nostro Segretario di Stato ha già risposto a cotesto Signor Ministro degli Affari Esteri ringraziandolo della speciale attenzione usataCi, ma Noi vogliamo ringraziarne anche personalmente la Maestà Vostra. Non abbiamo bisogno di dire che Noi condividiamo il desiderio di pace di Vostra Maestà, supplicando costantemente il Signore che voglia finalmente mettere un termine allo spaventoso flagello; disgraziatamente essendoCi giunta la Nota quando già tutte le Potenze, o almeno le principali, si erano pronunziate in senso negativo, non possiamo adoprarci per ottenerne l'accettazione, ma soltanto per indurle a consigli di mitezza e di pace, il che abbiamo fatto e continueremo a fare del nostro meglio.

A questo proposito per quell'interesse particolare che portiamo al cattolico Impero Austro-Ungarico, Ci permettiamo di dare alla Maestà Vostra in modo del tutto confidenziale un paterno consiglio, presa occasione da un comunicato di cui uniamo copia, ricevuto il 21 del corrente mese da Mons. Maglione[2], Nostro agente in Svizzera. Nella presente situazione internazionale chi decide della pace e della guerra non è né l'Italia, né l'Inghilterra, né la Francia, ma unicamente il Presidente della grande Repubblica americana; egli solo può imporre come la conclusione della pace, così la continuazione della guerra; ed egli

---

1 Vgl. Nr. 213; Ludendorff, Urkunden, 517–520.
2 Luigi Maglione, 28.02.1918–31.08.1920 Apostolischer Delegat in Bern. Diese Mitteilung konnte bisher nicht gefunden werden.

vuol dettar solo la pace nel tempo che gli resta della sua ultima presidenza. Quindi Noi riteniamo che per ottenere trattative di pace sarebbe meglio che la Maestà Vostra si rivolgesse direttamente e personalmente al Signor Wilson, facendo appello ai suoi sentimenti di umanità e di giustizia.

Egli rifiutandosi di prendere parte alle conversazioni proposte dal Governo Austro-Ungarico, ha detto che le condizioni di pace che l'America esigge [sic], sono quelle stesse enumerate nel suo Messaggio del 10 gennaio [08.01.1918!] e che non differiscono sostanzialmente da quelle che Noi proponemmo il 01 agosto 1917; ebbene la Maestà Vostra si mostri disposta ad accettare queste condizioni, salva la discussione sopra alcuni punti di dettaglio. In particolare potrebbe dire:

Che in riguardo all'Italia, non solamente accetta le parole del Signor Wilson, ma ha ragione di credere che l'accordo sarebbe facilmente raggiunto; che non è affatto contraria ad accordare alle nazionalità che compongono l'impero, principalmente agli Slavi e ai Czeco-Slovacchi, larga autonomia; che nulla ha da opporre a ciò che si stabilirà per garantire l'indipendenza e lo sviluppo dei differenti popoli balcanici; che farà del suo meglio, anche cedendo alcuni distretti dell'impero Austro-Ungarico, abitati dai tedeschi, per indurre la Germania a cedere alla Francia l'Alsazia-Lorena e ad acconsentire alla revisione del trattato di Brest-Litowsky[3] che è del tutto favorevole all'indipendenza della Polonia con accesso al mare; e confida che il Signor Wilson nulla avrà ad opporre alla soluzione austriaca della questione polacca, preferita dagli stessi polacchi. Rimovendo in questo od altro modo in questi ed altri punti le difficoltà che possono presentarsi alla mente del Signor Wilson, vi è maggiore speranza che l'iniziativa della Maestà Vostra venga accettata; il che sarebbe pegno sicuro di prossima pace. Se la Santa Sede avesse relazioni diplomatiche con gli Stati Uniti, ben volentieri Noi daremmo incarico al Nostro rappresentante di esporre e raccomandare al Signor Wilson le proposte della Maestà Vostra; ma altri Governi neutrali, specialmente Sua Maestà il Re di Spagna[4], accetterebbero certamente di farlo e lo farebbero con tutto l'impegno[5].

Facendo voti che il Signore benedica gli sforzi della Maestà Vostra ...

---

3   03.03.1918 Unterzeichnung des Friedensvertrages von Brest Litowsk zwischen den Vierbundmächten und Rußland. Vgl. Bihl, Brest-Litovsk.

4   Vgl. Nr. 87a.

5   Vgl. Liberati, Santa Sede e Stati Uniti, in: Rumi, 143–147; The Papers of Woodrow Wilson 51, 296, Vatikan, 1918 Oktober 10. Benedikt XV. ersucht Wilson, die Waffenstillstandsangebote anzunehmen und mit Friedensgesprächen zu beginnen. Vgl. auch The Papers of Woodrow Wilson 51, 309: Kardinal James Gibbons an Wilson, Baltimore, 1918 Oktober 12: Bitte des Papstes, Präsident Wilson möge auf der Basis der 14 Punkte vom 08.01.1918 und vom 12.02.1918 wohlwollend Frieden mit der Regierung Österreich-Ungarns machen.

110.
Kaiser und König Karl an Papst Benedikt XV.

Wien, 1918 Oktober [2]

AE, Austria 655 [neu 1259], Prot. 83.097, Ausfertigung; HHStA, PA XI, 256, fol. 27r–28r, Konzept.
Druck: Engel-Janosi, 407–408.

Kaiser Karl I. dankt Papst Benedikt XV. für die Ernennung des Burgpfarrers Seydl zum Titularbischof und für das Taufgeschenk für seinen jüngsten Sohn.

La nomina del mio parroco della Corte e del Palazzo Monsignore Seydl a vescovo titolare promessami collo scritto del 16 Agosto a.c.[1] e eseguita nel frattempo mi ha fornito novella prova dell'affettuosa compiacenza di Vostra Santità. Alla vera gioia che sento dell'adempimento del mio desiderio, corrispondono i vivi sentimenti della mia gratitudine l'espressione della quale Vostra Santità voglia benignamente accettare.

Vostra Santità ha pure manifestato nuovamente in modo paterno l'interesse personale sempre dimostrato alla mia famiglia mandando in occasione del battesimo di mio figlio recentemente nato[2] una croce con catena a lui destinata.

Questo dono benedetto dalla mano del Santo Padre che tenga lontano da mio figliolo ogni male, ci è specialmente prezioso e caro.

Voglia Vostra Santità essere persuasa che mia consorte ed io rispondiamo a questo segno di affetto paterno con sentimenti di vivissima riconoscenza.

---

1 Vgl. Nr. 103. Vgl. auch AE, Austria 655 [neu 1259], Prot. 84.722, Cifra 367: Valfrè di Bonzo an Gasparri, Wien, 1918 November: Seydl sollte am 24. November in der Schönbrunner Schloßkapelle zum Bischof geweiht werden. Zur Bischofsweihe, die Valfrè di Bonzo nicht mehr erteilen wollte und die daraufhin Friedrich Gustav Kardinal Piffl am 30.11.1918 von 8.00 bis 9.30 in einfachster privater Form in St. Stephan vornahm: DAW, TB Wagner, 20. und 30.11.1918, fol. 64 und fol. 68.
2 Eh. Karl Ludwig, geb. 10.03.1918.

111.
Der Staatssekretär der USA, Robert Lansing, an den Präsidenten der USA, Woodrow Wilson, anläßlich der Waffenstillstandsangebote des Deutschen Reiches und Österreich-Ungarns vom 4. Oktober 1918

o. O. [Washington], 1918 Oktober 07

Washington, Library of Congress, Manuscript Division, Papers of Robert Lansing, fol. 175–180.

Analyse des Zustandes der Zentralmächte (Türkei, Bulgarien, Deutschland, Österreich-Ungarn) und Vorschläge zu politischen und diplomatischen Vorbereitungen der Waffenstillstandsverhandlungen. In Österreich-Ungarn soll ein Chaos erzeugt, die Nationalitäten sollen ermutigt werden. „Es soll nicht der Eindruck erweckt werden, daß wir Deutschland zerstören wollen, aber es soll der Eindruck erweckt werden, daß wir beabsichtigen, das Österreichisch-Ungarische Reich für immer zu beenden."

Memorandum on Overtures of Peace by Germany and Austria-Hungary[1].

The German and Austro-Hungarian Governments, apparently fearful of the continued successes of General Foch[2] on the western front and apprehensive of political upheavals at home, are seeking to gain time by a joint peace drive in order that they may reorganize the retreating armies and check the internal disturbances which are growing more and more threatening. The collapse of Bulgaria and the demoralization of Turkey have greatly depressed the Governments of the Central Empires and their peoples so that they have abandoned all hope of victory and seek now to save as much as they can from the wreck of their power.

---

1 Deutsches Waffenstillstandsangebot vom 04.10.1918 durch Prinz Max von Baden über die Schweizerische Gesandtschaft in Washington, in: The Papers of Woodrow Wilson 51, 252–253. Österr.-ung. Waffenstillstandsangebot vom 04.10.1918 durch die österr.-ung. Regierung über den schwedischen Botschafter in den USA, W. A. F. Ekengren, in: The Papers of Woodrow Wilson 51, 258–259. Über Meinungsbildungen im amerik. Senat vom 07.10.1918 zu den dtsch. und österr.-ung. Waffenstillstandsangeboten, in: The Papers of Woodrow Wilson 51, 277–278. Miles Poindexter plädierte, keinen Kompromißfrieden zu schließen. In der Debatte fielen die aus der Freimaurer-Literatur bekannten Warnungen vor "[...] a premature and compromise peace [...] the most insidious danger confronting the nation. Every Senator who took the floor during the debate echoed Poindexters views". Vgl. auch Nrn. 51, 82.
2 Vgl. Nrn. 56, 104.

In dealing with the questions presented by the separate overtures of the imperial governments I think that we must recognize:

1. That the German military power is not broken but is still very strong; that the Austrians are able at present to check the Italians; and that the Germans at least can carry on the war for a long time, particulary if they retreat to German territory, and can cause the waste of many thousands of lives and vast amounts of treasure.

2. That the political situation in Germany results from a feeling that the military group has failed utterly in their promises of victory and consequent benefits to the Empire; that the people can gain nothing by continuing the war; that to lose more men, expend more money and endure greater privations will be useless unless German territory is invaded; and that the people have been deceived by the ruling class who have willfully suppressed the truth and them upon false reports and false hopes.

3. That the situation in Austria-Hungary is more desperate and more critical than in Germany resulting as it does from the utter war-weariness of the people, the hostility of the subjugated nationalities to their rulers, the inability of the Government to meet the economic situation, and the conviction that the Empire is to be dismembered whatever may be the outcome of the war.

It would appear that to take advantage of the political confusion in the Central Empires will materially aid in bringing the war to a speedy and successful conclusion. If the morale of the civilian populations can be still further broken down, it will undoubtedly spread to the armies and so weaken the power of military resistance.

I think, however, that the political situations in the two Empires differ and require different treatment.

The German people have been told by their Government that their enemies seek to invade Germany and to destroy the nation economically as well as in a military sense. The German people believe this, as they believe everything their Government tells them, and it has been encouraged by the fierce uncompromising declarations of certain public men and newspapers in this country and other countries.

If this belief continues, the German people will stand behind their armies to the uttermost and we will have to sacrifice thousands of lives more before peace is won.

If, however, this belief can be shaken and there is controversy in Germany as to the wisdom of submitting now without further reducing the man-power and resources of the Empire, the civilian morale will begin to crumble, the people will clamor for peace, and there will be a demand to take the government out of the hands of the military group and base it on the general principles of democracy. All this will gradually penetrate the army impairing discipline and causing resentment toward the military chiefs who will be blamed for the war and its failure.

In these circumstances, if my analysis is correct, I do not think that we ought to turn down the German overture in a peremptory way. I favor holding out a ray of hope at least that the war can be ended if the German warlords are prepared to comply with reasonable military demands and if democracy becomes dominant in Germany. Later it may be necessary to change our tactics, but at present this course appears to me to be the wise one to pursue. By adopting it I think that diplomacy can materially aid the military in winning the war.

With Austria-Hungary I would act very differently. The national aspirations of the subjugated races of that patch-work Empire can only be realized by dissolution of the Dual Monarchy. We must in no way suppress their hopes by any idea that the Empire will continue. They have no devotion to the Imperial Crown such as the Germans have for the Kaiser. They want independence and peace.

I think that to the Austro-Hungarian Government we should send a flat refusal to consider its peace overture on the ground that conditions have changed. This could cause general despair throughout the Empire, and the morale of the people would give way. It would also encourage the Poles, Czechs, Ruthenians, Roumanians, Jugo-Slavs and Italians in their efforts to be free from the imperial yoke. There would be a popular demand for the overthrow of the Government which had against their will plunged them into a disastrous war. Politics already confused would become a chaos.

Insurrections might result. The army, which has always been weakened by the commingling of nationalities antagonistic to their German and Magyar oppressors, would be more and more disloyal and hostile to discipline, while wholesale desertions, if not open mutiny might further impair the efficiency of the armies.

In a word, let us play on the <u>hope</u> of the German people and on the <u>despair</u> of the Austro-Hungarians. Let us not give the impression that we intend to destroy the German Empire, and let us give the impression that we intend to end forever the Austro-Hungarian Empire.

112.
Völkermanifest Kaiser und König Karls vom 16. Oktober 1918

Wien, 1918 Oktober 16

Druck: Wiener Zeitung, Extra-Ausgabe, Nr. 240, 1918 Oktober 17; Rumpler, Völkermanifest, 88–91.

Ankündigung der Umgestaltung Österreichs zu einem Bund freier Völker, in dem jedem nationalen Einzelstaat seine Selbständigkeit gewährleistet wird. Auf der Basis der Selbstbestimmung sollen durch Nationalräte die gemeinsamen Interessen der Völker zueinander unter der Regierung des Kaisers wahrgenommen werden.

An Meine getreuen österreichischen Völker!

Seitdem Ich den Thron bestiegen habe, ist es Mein unentwegtes Bestreben, allen Meinen Völkern den ersehnten Frieden zu erringen, sowie den Völkern Österreichs die Bahnen zu weisen, auf denen sie die Kraft ihres Volkstums, unbehindert durch Hemmnisse und Reibungen, zur segensreichen Entfaltung bringen und für ihre geistige und wirtschaftliche Wohlfahrt erfolgreich verwerten können.

Das furchtbare Ringen des Weltkrieges hat das Friedenswerk bisher gehemmt. Heldenmut und Treue – opferwilliges Ertragen von Not und Entbehrungen haben in dieser schweren Zeit das Vaterland ruhmvoll verteidigt. Die harten Opfer des Krieges mußten uns den ehrenvollen Frieden sichern, an dessen Schwelle wir heute, mit Gottes Hilfe, stehen.

Nunmehr muß ohne Säumnis der Neuaufbau des Vaterlandes auf seinen natürlichen und daher zuverlässigsten Grundlagen in Angriff genommen werden. Die Wünsche der österreichischen Völker sind hiebei sorgfältig miteinander in Einklang zu bringen und der Erfüllung zuzuführen. Ich bin entschlossen, dieses Werk unter freier Mitwirkung Meiner Völker im Geiste jener Grundsätze durchzuführen, die sich die verbündeten Monarchen in ihrem Friedensanbote zu eigen gemacht haben. Österreich soll, dem Willen seiner Völker gemäß, zu einem Bundesstaate werden, in dem jeder Volksstamm auf seinem Siedlungsgebiete sein eigenes staatliches Gemeinwesen bildet. Der Vereinigung der polnischen Gebiete Österreichs mit dem unabhängigen polnischen Staate wird hiedurch in keiner Weise vorgegriffen. Die Stadt Triest samt ihrem Gebiete erhält, den Wünschen ihrer Bevölkerung entsprechend, eine Sonderstellung.

Diese Neugestaltung, durch die die Integrität der Länder der ungarischen heiligen Krone in keiner Weise berührt wird, soll jedem nationalen Einzel-

staate seine Selbständigkeit gewährleisten; sie wird aber auch gemeinsame
Interessen wirksam schützen und überall dort zur Geltung bringen, wo die
Gemeinsamkeit ein Lebensbedürfnis der einzelnen Staatswesen ist. Insbesondere wird die Vereinigung aller Kräfte geboten sein, um die großen Aufgaben, die sich aus den Rückwirkungen des Krieges ergeben, nach Recht und
Billigkeit erfolgreich zu lösen. Bis diese Umgestaltung auf gesetzlichem Wege
vollendet ist, bleiben die bestehenden Einrichtungen zur Wahrung der allgemeinen Interessen unverändert aufrecht. Meine Regierung ist beauftragt,
zum Neuaufbaue Österreichs ohne Verzug alle Arbeiten vorzubereiten. An die
Völker, auf deren Selbstbestimmung das neue Reich sich gründen wird, er-
geht Mein Ruf, an dem großen Werke durch Nationalräte mitzuwirken, die –
gebildet aus den Reichsratsabgeordneten jeder Nation – die Interessen der
Völker zueinander sowie im Verkehre mit Meiner Regierung zur Geltung bringen sollen.[1]

---

1 Vgl. zur Entwicklung der Pläne, die österreichisch-ungarische Monarchie in einen föderativen
   Bundesstaat umzugestalten: Rumpler, Völkermanifest; Broucek, Reformpläne aus dem Beraterkreis Erzherzog Franz Ferdinands und Kaiser Karls, in: Mitteleuropa-Konzeptionen,
   111–121; Haselsteiner, Die Nationalitätenfrage in der österreichisch-ungarischen Doppelmonarchie und der föderalistische Lösungsansatz, in: Rumpler (Hrsg.), Innere Staatsbildung,
   21–30. Zum Versuch österreichischer Politiker, via Vatikan den Kaiser zur Föderalisierung der
   Monarchie zu bewegen, vgl. Prälat Kasimir Skirmont an Papst Benedikt XV., Einsiedeln,
   29.08. und 03.10.1918, in: AE, Stati Eccl. 216 [neu 1317], vol. XII, Fasz. 18–22, Prot. 82.883. Zum
   Versuch, das Oktobermanifest, das nach der Note Wilsons vom 18. Oktober (vgl. Nr. 114) total
   in Frage gestellt war, durchzuführen, vgl. Joseph Redlich, Heinrich Lammasch als Ministerpräsident, in: Heinrich Lammasch, Aufzeichnungen, 170–171:
   „Exekutivkomitee der Nationalregierungen in Österreich":
   1. Die Nationalstaaten werden anerkannt und durch Einsetzung von Nationalregierungen
   konstituiert.
   2. Jeder dieser Staaten wird auf der Friedenskonferenz selbständig vertreten sein.
   3. Der Friedenskonferenz wird vorbehalten:
   a Die Entscheidung der einander widersprechenden territorialen Ansprüche (deutsch-tsche-
   chisch, polnisch-ukrainisch, jugoslawisch-italienisch, tschechoslowakisch-magyarisch)
   b Die Entscheidung der Frage, ob und in welcher Form sich diese Staaten zu einem Bund vereinigen.
   4. Die Nationalregierungen bilden ein Exekutivkomitee, dessen Aufgabe ist:
   Die ruhige Überführung der Zentralverwaltung in die Verwaltung der Nationalstaaten
   Aufrechterhaltung der Ordnung während dieser Übernahmszeit
   Sicherung des Ernährungsdienstes
   Vorbereitung der Friedenskonferenz
   Herbeiführung des sofortigen Waffenstillstandes.
   5. Durch ein solches Programm wird eine Atmosphäre des Friedens und der gegenseitigen Verständigung geschaffen, in welcher durch Ausschaltung aller trennenden Momente die einzige
   Möglichkeit gelegen ist, daß die einzelnen Nationalitäten sich ihrer geschichtlichen und wirt-
   schaftlichen Zusammenhänge bewußt werden und daß dieses Bewußtsein zur Grundlage eines neuen Österreich wird.

So möge unser Vaterland, gefestigt durch die Eintracht der Nationen, die es umschließt, als Bund freier Völker aus den Stürmen des Krieges hervorgehen. Der Segen des Allmächtigen sei über unserer Arbeit, damit das große Friedenswerk, das wir errichten, das Glück aller Meiner Völker bedeute.

Wien, am 16. Oktober 1918.

Karl m.p.   Hussarek[2] m.p.

113.
Armee- und Flottenbefehl Kaiser und König Karls

Schönbrunn, 1918 Oktober 17

KA, MKSM 1918, 69–20/17–1; fol. 254.
Druck: Verordnungsblatt für das k.u.k. Heer Nr. 183 vom 18. Oktober 1918; Wiener Zeitung Nr. 241 vom 18. Oktober 1918.

Ankündigung der Umgestaltung Österreichs zu einem Bundesstaat und Appell an Armee und Flotte, treu und einträchtig fortzubestehen.

Seine k.u.k. Apostolische Majestät geruhten allergnädigst den nachstehenden Allerhöchsten Armee- und Flottenbefehl[1] zu erlassen:

Zur Kritik des Völkermanifestes: Kelsen, Die Entstehung der Republik Österreich und ihre Verfassung, 12–13.
Am 16. Oktober eröffnete Beneš in Paris die Gründung einer tschechoslowakischen Regierung unter Präsident Masaryk.
Im Gespräch mit dem ital. Botschafter in Paris, Bonin-Longare, wurde auch bekannt:
"Stessa comunicazione viene fatta a Washington con aggiunta di una nota esplicativa relativa ai prestito in America per l'importo di 10 milioni di dollari. Movimento in Boemia si farebbe sotto forma di sabotaggio e gli scioperi condotti da tutte le classi non hanno per ora lo scopo di giungere fino alla rivoluzione ma di fare una affermazione che renderà del resto inevitabile una repressione cruenta con conseguenze irreparabili. Stanek aveva ricevuto dall'Imperatore d'Austria offerta di costituire uno Stato czeco indipendente senza slovacchi ma con sola unione personale e fu rifiutata. Larghe offerte anche per l'espansione economica futura dello Stato boemo furono fatte il 25 settembre a Kramář da Consigliere dell'ambasciata tedesca a Vienna che andò a trovarlo accompagnato da Redlich redattore della 'Vossische Zeitung' e uomo di fiducia della Weillstrasse. Tutto fu respinto; rottura con gli Asburgo è completa, irrevocabile." Vgl. DDI, XI, 517–518 (Nr. 680).
2 Max Frh. von Hussarek-Heinlein, 25.07.–27.10.1918 österreichischer Ministerpräsident.

1 Telegramme mit Inhalt dieses Armee- und Flottenbefehls ergingen am 17. Oktober an den Chef des Generalstabes in Baden, den Flottenkommandanten in Pola, den Kriegsminister, den Chef

Den Wünschen aller Völker Österreichs entsprechend, erfolgt ihr Zusammenschluß in nationale Staaten, vereint in einen Bundesstaat.

Werden hiedurch einerseits Hemmungen beseitigt, die im Zusammenleben der Völker bestanden haben, so soll andererseits geeintem Schaffen zum Wohle des eigenen Volkes und des Vaterlandes künftighin ungehemmt freie Bahn offen sein.

In diesem bedeutungsvollen Augenblick wende Ich Mich an Armee und Flotte. In Eueren Reihen haben Treue und Einigkeit alle Nationen untereinander und mit Mir stets unlösbar verbunden.

Unerschütterlich ist Mein Vertrauen, daß der seit altersher und auch jetzt voll bewährte Geist der Treue und Eintracht unverrückbar fortbestehen wird. Ihn wollen wir bewahren, er werde Österreichs neuen Staaten das kostbarste Erbe, ihnen und Mir zu Nutz und Frommen.

Das walte Gott !

Karl m.p.

114.
Note des Präsidenten der USA, Woodrow Wilson, an die Regierung Österreich-Ungarns

Washington, 1918 Oktober 18

Druck: Papers relating to the Foreign Relations, 1918, Supplement 1, vol. 1, 368; The Papers of Woodrow Wilson 51, 383.

Bestätigung der Note vom 07. Oktober 1918 und die Antwort.
Es ist nicht möglich, auf der Basis der Rede Wilsons vom 08. Jänner 1918 zu verhandeln, da sich durch die Ereignisse die Haltung und die Verantwortung der Regierung der USA geändert hat.

Denn die Regierung der USA stellt fest, daß zwischen den Tschechoslowaken und dem Deutschen wie dem Österreichisch-ungarischen Reich Kriegszustand herrscht. Der Tschechoslowakische Nationalrat ist als de facto Krieg führende Regierung autorisiert, die militärirschen und politischen Angelegenheiten der Tschechoslowakei zu führen. Auch anerkennt die Regierung der USA die Berechtigung der nationalen Aspirationen der jugoslawischen Bevölkerung. Deshalb kann der Präsident nicht die größere Autonomie dieser Völker als Grundlage für den Frieden annehmen. Er ist verpflichtet, darauf zu be-

---

des Kriegsministeriums an die Marinesektion, an die Minister für Landesverteidigung in Wien und in Budapest. Vgl. KA, MKSM 1918, 69–20/17–1, fol. 253.

stehen, daß die Völker und nicht er beurteilen, mit welchen Maßnahmen sie die österreichisch-ungarische Regierung zufrieden stellen würde und ob diese mit deren eigenen Rechtsvorstellungen und jenen von ihrer Bestimmung als Mitglied der Nationen übereinstimmen.

The President deems in his duty to say to the Austro-Hungarian Government that he cannot entertain the present suggestions of that Government because of certain events of utmost importance which, occuring since the delivery of his adress of the 8th of January last, have necessarily altered the attitude and responsibility of the Government of the United States.

Among the fourteen terms of peace which the President formulated at the time occured the following:

X. The peoples of Austria-Hungary, whose place among the nations we wish to see safeguarded and assured, should be accorded the freest opportunity of autonomous development.

Since that sentence was written and uttered to the Congress of the United States the Government of the United States has recognized that a state of belligerency exists between the Czecho-Slovaks and the German and Austro-Hungarian Empires and that the Czecho-Slovak National Council is a de facto belligerent Government clothed with proper authority to direct the military and political affairs of the Czecho-Slovaks. It has also recognized in the fullest manner the justice of the nationalistic aspirations of the Jugo-Slavs for freedom.

The President is, therefore, no longer at liberty to accept the "mere" autonomy of these people as a basis of peace, but is obliged to insist that they, and not he, shall be the judges of what action on the part of the Austrian-Hungarian Government will satisfy their aspirations and their conception of their rights and destiny as members of the family of nations.[1]

---

1   Diese Note wurde von Robert Lansing dem schwedischen Gesandten in Washington, Wilhelm August Ferdinand Ekengren, am 19.10.1918 mit folgendem Wortlaut übergeben:
"Sir: I have the honor to acknowledge the receipt of your note of the 7th instant in which you transmit a communication of the Imperial and Royal Government of Austria-Hungary to the President.
I am now instructed by the President to request you to be good enough, through your Government, to convey to the Imperial and Royal Government the following reply."
Vgl. dazu auch Nr. 213. Ferner: Lorenz, Kaiser Karl, 512–514; Meisels, 158–159 (dtsch. Übersetzung). Über die österr. Reaktion auf diese Note Wilsons bei Burián, Drei Jahre, 303–307. Zum Kronrat vom 22.10.1918 über die Note Wilsons, vgl. Komjáthy, Protokolle, 696–703.

115.
Unabhängigkeitserklärung der provisorischen Regierung der Tschechoslowakischen Republik

Paris, 1918 Oktober 18

Druck: DD, 7–8; Papers relating to the Foreign Relations 1918, Supplement 1, vol. I, 848–851 (in extenso).

Die Mitglieder der provisorischen tschechoslowakischen Exilregierung in Paris proklamieren ihre Unabhängigkeit von der österreichisch-ungarischen Monarchie angesichts ihres „historischen Kampfes gegen die habsburgische Unterdrückung".

Nous ne pouvons et nous ne voulons pas continuer à vivre sous la domination directe ou indirecte des violateurs de la Belgique, de la France et de la Serbie; de ceux qui voulaient se faire les meurtriers de la Russie et de la Roumanie; des meurtriers de dizaines de milliers de civils et de soldats de notre sang; des complices des innombrables et indicibles crimes commis, au cours de cette guerre, contre l'humanité par deux dynasties dégénérées et irresponsables. Nous ne voulons plus faire partie d'un Etat dont rien ne justifie l'existence et qui, refusant d'accepter les principes essentiels d'une réorganisation du monde moderne, reste une structure politique purement artificielle et immorale, laquelle retarde tout progrès démocratique et social. La dynastie des Habsbourg, accablée par un immense héritage d'erreurs et de crimes, est une menace perpétuelle pour la paix du monde et nous considérons comme un devoir envers l'humanité et la civilisation d'aider à assurer sa chute et sa destruction. Nous repoussons l'assertion sacrilège selon laquelle le pouvoir des Habsbourg et des Hohenzollern est d'origine divine, nous refusons de reconnaître les droits divins des rois. Notre nation avait, de sa propre et libre volonté, appelé par élection les Habsbourg au trône de Bohême et, en vertu du même droit, elle les dépose aujourd'hui.

Nous déclarons ici la dynastie des Habsbourg indigne de gouverner notre nation et nous lui dénions toute prétention à régner sur le pays tchécoslova-

---

Zur De-facto-Anerkennung der tschech. und jugosl. Exilregierungen als Nationalstaaten durch die USA, vgl. The Papers of Woodrow Wilson 49, 287–289: Lansing an Wilson, Washington, 1918 August 19; ebd., 404–405: Lansing an Wilson, Washington, 1918 August 30 und 31; ebd., 415–416: Wilson an Lansing, White House 1918 September 02. Vgl. auch Papers relating to the Foreign Relations 1918, Suppl. 1, 824–825: Anerkennung des tschech. Nationalrates, Washington, 1918 September 03; ebd., 827–828: Statement Issued by the War Department (publiziert 1918 Oktober 05); Anerkennung der Slawischen Legionen, Tschechen, Jugoslawen und Ruthenen, vgl. bei Zeman, Zusammenbruch, 222–223.

que que nous déclarons ici devoir former désormais un peuple, une nation libre et indépendante[1].

116.
Armee- und Flottenbefehl Kaiser und König Karls

Reichenau, 1918 Oktober 23

KA, Präsidium k.u.k. Kriegsministerium 1918, 83–3/2, Telegramm.
Druck: Wiener Zeitung Nr. 249 vom 27. Oktober 1918.

Appell an die Soldatenpflichten.

Seine k.u.k. Majestät geruhten nachstehenden Armee- und Flottenbefehl zu erlassen:

Soldaten!

Der Tag, der Euch Heimkehr und Frieden bringen soll, rückt näher!

Die Pflichten, die Ihr bis zu jenem Augenblick noch zu erfüllen habt, sind besonders schwer, Eure soldatischen Tugenden, Eure Einsicht und Euer Opfermut bestimmen heute mehr denn je die Zukunft aller Völker der Monarchie ohne Ausnahme und Unterschied.

Eure in ungezählten Schlachten erprobte Manneszucht, Eure Treue und der eiserne Gehorsam, der Euch zu unvergleichlichen Ruhmestaten befähigte, bleiben unveränderlich der Fels, an dem alle Angriffe und Brandungen zerschellen müssen. Die Zeit ist erfüllt von ernsten Wirrnissen. Diese dürfen an Heer und Flotte nicht heran.

Klar und einfach wie der Eid, den Ihr vor dem Allmächtigen abgelegt habt, sind, Soldaten, Eure Pflichten. Daran gibt's kein Rütteln und kein Deuteln.

In der Wehrmacht fanden seit jeher alle Völker der Monarchie gleicherweise ihre Heimat. Daher vermochte sie so Großes zu vollbringen, wie sie in

---

1 Vgl. dazu: Proklamation der tschechoslowakischen Delegierten in Genf vom 31.10.1918, in: DD, 8:
   « Les représentants de la nation tchécoslovaque proclament catégoriquement qu'il n'y a pas et qu'il n'y aura jamais plus aucun lien entre la nation et la dynastie des Habsbourg. »
   Vgl. auch die Proklamation von Karl Kramář anläßlich der 1. Sitzung der tschechoslowakischen Nationalversammlung vor seiner Wahl zum Präsidenten der Republik, ebd., 8–9: « [...] toutes les chaînes qui nous attachaient à la maison de Habsbourg-Lorraine sont brisées. C'en est fini de l'accord de l'année 1526 et de la Pragmatique Sanction. La maison de Habsbourg-Lorraine a perdu tous ses droits au trône de Bohême. »

den Krieg trat, so wird sie über die Fährnisse der Gegenwart hinwegschreiten.

Ruhig und zielbewußt, ehrenhaft und treu, zum Heile aller Völker! Gottes Segen mit Euch!

117.
Kaiser und König Karl an Papst Benedikt XV.

o. O., o. D. [1918 Oktober 23]

KA, AOK OP. geh. Nr. 2040, eigenhändiger Entwurf.[1]
Druck: Rumi 43, italien. Text mit Vermerk: (Stralci di telegramma di Carlo I. a Benedetto XV. contenuti in dispaccio del nunzio a Vienna Valfrè al segretario di Stato Gasparri, su indiscrezione del capo di stato maggiore a[ustro]-u[ngarico]).

Bitte an den Papst, die italienische Regierung von der bevorstehenden Offensive in Venetien abzuhalten.

Anzeichen mehren sich, daß italienische Offensive gegen uns bevorsteht. Wir sehen derselben mit Ruhe und Zuversicht entgegen.

Da aber der Krieg nicht in Venetien entschieden wird und doch bald seinem Ende entgegengehen dürfte, so bitte ich Euer Heiligkeit der italienischen Regierung nahezulegen, aus reinen Menschlichkeitsgründen diesen Plan aufzugeben.[2]

---

1 Vermerke: Jetzt! Schönburg [Johannes Prinz zu Schönburg-Hartenstein, österreichisch-ungarischer Botschafter beim Vatikan 1911–1918, seit Ende Mai 1915 mit Dienstort in Lugano]. Wurde mit Major Meduna Viktor Meduna [Riedburg-Langenstauffen-Pyllwitz, seit 05.02.1918 in der Nachrichtenabteilung des AOK, seit 01.05.1918 Major im Generalstab] am 23., 2 Uhr nachmittag an den Nuntius in Wien abgesendet! Burian sign. Zitiert von Brouzek, Kaiser Karl von Österreich als Inhaber des Allerhöchsten Oberbefehls, in: AGL, Gutachten (Manuskript, msch.).

2 Vgl. dazu auch Telegramm von Baron Léon de Vaux an das Wiener Außenministerium, Bern, 1918 November 04, in: HHStA, PA I, 524, fol. 73:
„Gestern Sonntag abends eingetroffen, Leitung der Botschaft übernommen.
Heute ließ mir Monsignore Maglione, welcher noch leidend ist, mitteilen, daß er soeben als Antwort auf die Démarche der Botschaft von Kardinal-Staatssekretär folgendes Telegramm erhalten habe:
,Ersuche Sie, dem k.u.k. Botschafter zu versichern, daß Heiliger Stuhl sich, soweit als es nur irgendwie möglich war, zunächst bei den Vereinigten Staaten von Nord-Amerika, dann bei England für die Gewährung eines schnellen und günstigen Waffenstillstandes interessiert habe.' Jedweder Schritt Vatikans bei Italien wäre unnütz und vielleicht schädlich."
Schönburg.
Vgl. auch Nr. 109, Anm. 5; PRO, FO 371/3448, fol. 240r–244r, Rom, 1918 Oktober 01: Sir R. Rodd an König Georg V. und an das Kriegskabinett über die österr. Friedensvorschläge an Ita-

Durch diese Tat könnten Eure Heiligkeit vielen tausend Menschen das Leben retten.

Karl[3]

118.
Kaiser und König Karl an Kaiser Wilhelm II.

Wien, 1918 Oktober 27

Druck: Amtliche Urkunden zur Vorgeschichte des Waffenstillstandes 1918, 205.

Auflösung des Bündnisses mit dem Deutschen Reich und Ankündigung von Separatfriedensverhandlungen durch Österreich-Ungarn.

Teurer Freund!

Es ist meine Pflicht, Dir, so schwer es mir auch fällt, zur Kenntnis zu bringen, daß Mein Volk weder im Stande noch willens ist, den Krieg weiter fortzusetzen.

Ich habe nicht das Recht, Mich diesem Willen zu widersetzen, da ich nicht mehr die Hoffnung auf einen guten Ausgang hege, für welchen die moralischen und technischen Vorbedingungen fehlen, und da unnützes Blutvergießen ein Verbrechen wäre, das zu begehen Mir Mein Gewissen verbietet.

Die Ordnung im Innern und das monarchische Prinzip sind in der ernstesten Gefahr, wenn wir dem Kampf nicht sofort ein Ende bereiten.

Selbst die innigsten bundesbrüderlichen und freundschaftlichsten Gefühle müssen vor der Erwägung zurückstehen, daß Ich den Bestand jener Staaten rette, deren Geschicke Mir die göttliche Vorsehung anvertraut hat.

Deshalb kündige ich Dir an, daß ich den unabänderlichen Entschluß gefaßt habe, innerhalb 24 Stunden um einen Separatfrieden und um einen sofortigen Waffenstillstand anzusuchen.[1]

---

lien, das diese ablehnt und über die Vermittlungsbereitschaft des Hl. Stuhles durch den Apostolischen Delegaten in Bern, Luigi Maglione.

3 Antwort des Papstes durch Valfrè di Bonzo: Vatikanische Intervention gegen die italienische Offensive nicht möglich: HHStA, PA I, Krieg 25/33, Kart. 966; auch Engel-Janosi, Polit. Korrespondenz, 409–410 (Nr. 239): Wien, 1918 Oktober 27, Valfrè di Bonzo an Kaiser Karl.

1 Andrássy kündigt die Auflösung des österr.-ung. Waffenbündnisses mit Deutschland an, vgl. Von dem Bussche an von Hintze, Berlin, 1918 Oktober 27, in: Amtliche Urkunden, 200 (Nr. 79a). Die Antwort Wilhelms II. an Kaiser Karl, in: Amtliche Urkunden, 206–207 (Nr. 84). Am 27.10.1918 erfolgte das Sonderfriedensangebot Österreich-Ungarns an Wilson, vgl. Nr. 119.

Ich kann nicht anders, Mein Gewissen als Herrscher befiehlt Mir also zu handeln.

In treuer Freundschaft

Karl

119.
Die Regierung Österreich-Ungarns an den Präsidenten der USA, Woodrow Wilson

Washington, 1918 Oktober 29

Druck: The Papers of Woodrow Wilson 51, 505–506; Papers relating to the Foreign Relations 1918, Supplement 1, vol. 1, 404–405.

Die österr.-ung. Antwort auf die Note der USA vom 18. Oktober 1918 wird durch den schwedischen Gesandten in den USA, Wilhelm A. F. Ekengren, dem amerikanischen Außenminister Robert Lansing übergeben. Österreich-Ungarn akzeptiert die Anerkennung der Rechte von Tschechen und Jugoslawen durch die USA und ersucht um Waffenstillstandsverhandlungen.

In reply to the note of President Wilson to the Austro-Hungarian Government dated October 18[1] of this year, with regard to the decision of the President to take up with Austria-Hungary separately the question of armistice and Peace, the Austro-Hungarian Government has the honor to declare that it adheres both to the previous declarations of the President and his opinion of the rights of the peoples of Austria-Hungary, notably those of the Czecho-Slovaks and the Jugo-Slavs contained in his last note.

Austria-Hungary having thereby accepted all the conditions which the President had put upon entering into negotiations on the subject of armistice and peace, nothing, in the opinion of the Austro-Hungarian Government, longer stands in the way of beginning those negotiations.

The Austro-Hungarian Government therefore declares itself ready to enter, without waiting for the outcome of other negotiations, into negotiations for a peace between Austria-Hungary and the Entente States and for an immediate armistice on all the Austro-Hungarian fronts and begs President Wilson to take the necessary measures to that effect[2].

---

1 Vgl. Nr. 114 und bei Nr. 213.
2 Zum Problem des österr.-ung. Waffenstillstandes mit der Entente, speziell mit Italien, vgl. Protokoll der „Conferenza Interalleata", Paris, 1918 Oktober 30, in: DDI, vol. XI, 596–599; vgl. auch Rauchensteiner, 617.

120.
Beschluß der Provisorischen Nationalversammlung für Deutschösterreich vom 30. Oktober 1918

Wien, 1918 Oktober 30

Druck: Staatsgesetzblatt für den Staat Deutschösterreich, Jahrgang 1918, 1. Stück (15.11.1918), 1–3.

Beschluß der Provisorischen Nationalversammlung „über die grundlegenden Einrichtungen der Staatsgewalt".
   Erklärung über die Ausübung der obersten Gewalt des Staates Deutschösterreich vorbehaltlich der Beschlüsse der konstituierenden Nationalversammlung. Errichtung des deutschösterreichischen Staatsrates, der mit der Regierungs- und Vollzugsgewalt beauftragt wird. Feststellung neuer Staatsämter und ihrer Vollmachten.

§ 1.
Vorbehaltlich der Beschlüsse der konstituierenden Nationalversammlung wird einstweilen die oberste Gewalt des Staates Deutschösterreich durch die auf Grund des gleichen Wahlrechtes aller Bürger gewählte Provisorische Nationalversammlung ausgeübt.

§ 2.
Die gesetzgebende Gewalt wird von der Provisorischen Nationalversammlung selbst ausgeübt.

§ 3.
Mit der Regierungs- und Vollzugsgewalt betraut die Provisorische Nationalversammlung einen Vollzugsausschuß, den sie aus ihrer Mitte bestellt. Der Vollzugsausschuß führt den Titel „Deutschösterreichischer Staatsrat".

§ 4.
Der Staatsrat besteht nebst den drei Präsidenten der Nationalversammlung, die ihm kraft dieses Amtes angehören, aus weiteren zwanzig Mitgliedern und ebensovielen Ersatzmännern, die verhältnismäßig aus dem Hause gewählt werden. Der Staatsrat ist ständig. Er bleibt im Amt, bis die neugewählte Nationalversammlung den neuen Staatsrat eingesetzt hat.

§ 5.
Der Staatsrat konstituiert sich unter dem Vorsitze der Präsidenten, bestellt aus seiner Mitte den Leiter seiner Kanzlei, der für die Führung der Staats-

ratsprotokolle verantwortlich ist, und den Notar des Staatsrates, der die Ausfertigungen des Staatsrates beurkundet. Die drei Präsidenten, der Leiter der Kanzlei und der Notar bilden das geschäftsführende Staatsratsdirektorium.

§ 6.

Die Präsidenten vertreten den Staatsrat nach außen, somit vor den Staatsbürgern wie vor den Vertretern anderer Staaten und Nationen. Ausfertigungen des Staatsrates sind ungültig, wenn sie nicht von einem der Präsidenten gefertigt und vom Leiter der Kanzlei und dem Notar des Staatsrates mitgezeichnet sind.

§ 7.

Der Staatsrat berät die Vorlagen an die Nationalversammlung vor, beurkundet deren Beschlüsse, macht sie kund und erläßt die nötigen Vollzugsanweisungen.

§ 8.

Der Staatsrat führt die Geschäfte der Staatsverwaltung nicht unmittelbar, sondern durch Beauftragte. Diese Beauftragten bilden in ihrer Gesamtheit die Staatsregierung.

§ 9.

Die Beauftragten sind jeder einzeln und alle vereint für die Befolgung der Beschlüsse der Nationalversammlung, die Erfüllung der Aufträge und die Einhaltung der Vollmachten, die ihnen der Staatsrat erteilt, dem Staatsrat und der Nationalversammlung verantwortlich. Das Gesetz vom 25. Juli 1867, R.G.Bl. Nr. 101, über die Verantwortlichkeit der Minister der im Reichsrate vertretenen Königreiche und Länder findet auf die Staatsbeauftragten sinngemäß mit der vorläufigen Maßgabe Anwendung, daß an die Stelle des Staatsgerichtshofes ein 20gliedriger Ausschuß der Provisorischen Nationalversammlung tritt.

§ 10.

Die Beauftragten bestellt der Staatsrat, er setzt dabei im Rahmen der Beschlüsse der Nationalversammlung (§ 12) den Umfang der erteilten Aufträge und Vollmachten fest. Die Beauftragung ist jederzeit durch Beschluß des Staatsrates widerruflich.

§ 11.

Jedem Beauftragten ist ein besonderes Amt mit allen nötigen persönlichen und sachlichen Erfordernissen unterstellt. Ein solches Amt trägt die Bezeichnung „Staatsamt". Der Beauftragte führt als Vorsteher dieses Amtes den Titel „Staatssekretär" unter Beifügung des Zusatzes (§ 13), der das unterstellte Amt bezeichnet.

§ 12.

Die allgemeinen ständigen Aufträge und Vollmachten der Staatsämter werden durch Beschluß der Nationalversammlung festgestellt und abgegrenzt. Bis auf weiteres, bis die Nationalversammlung die Zahl der Staatsämter verringert und deren Aufträge und Vollmachten neu regelt, wird Auftrag und Vollmacht jedes Staatssekretärs und Staatsamtes vorläufig – vorbehaltlich der im § 13 getroffenen Änderungen – nach Umfang und Grenzen ebenso festgestellt, wie die derzeitige Zuständigkeit der für die im Reichsrat vertretenen Königreiche und Länder bestehenden Ministerien.

§ 13.

Demnach werden einstweilen eingerichtet: ein Staatsamt des Äußern mit der Zuständigkeit des bisherigen k. u. k. Ministeriums des Äußern und mit Auftrag und Vollmacht, auch die auswärtigen Beziehungen zu den auf dem Boden der bisherigen österreichisch-ungarischen Monarchie entstehenden souveränen Nationalstaaten zu regeln und zu pflegen; ein Staatsamt für Heerwesen, das in sich die Aufträge und Vollmachten des k. u. k. Kriegsministeriums einschließlich der Marinesektion und des k. k. Ministeriums für Landesverteidigung vereinigt; ein Staatsamt des Innern; ein Staatsamt für Unterricht; ein Staatsamt für Justiz; ein Staatsamt für Finanzen; ein Staatsamt für Landwirtschaft, entsprechend dem k. k. Ackerbauministerium; ein Staatsamt für Gewerbe, Industrie und Handel,entsprechend dem k.k. Handelsministerium; ein Staatsamt für öffentliche Arbeiten; ein Staatsamt für Verkehrswesen, entsprechend dem k. k. Eisenbahnministerium; ein Staatsamt für Volksernährung, entsprechend dem k. k. Amte für Volksernährung; ein Staatsamt für soziale Fürsorge; ein Staatsamt für Volksgesundheit; ein Staatsamt für Kriegs- und Übergangswirtschaft mit Auftrag und Vollmacht, die planmäßige, rasche und stetige Zusammenarbeit der volkswirtschaftlichen und sozialen Ämter während der Kriegs- und Übergangszeit zu sichern.

§ 14.

Der Staatsrat kann auch für verwandte Staatsämter gemeinsam einen Staatssekretär bestellen und bei Bedarf die gemeinsame Beauftragung wieder teilen.

§ 15.

Der Staatsrat betraut einen der Staatssekretäre mit dem Vorsitz in der Staatsregierung.

§ 16.

Insoweit Gesetze und Einrichtungen, die in den im Reichsrate vertretenen Königreichen und Ländern in Kraft stehen, durch diesen Beschluß nicht aufgehoben oder abgeändert sind, bleiben sie bis auf weiteres in vorläufiger Geltung.

§ 17.

Mit dem Vollzug dieses Beschlusses der Provisorischen Nationalversammlung ist der Deutschösterreichische Staatsrat betraut.

Auf Grund des § 7 des Beschlusses der Provisorischen Nationalversammlung vom 30. Oktober 1918 über die grundlegenden Einrichtungen der Staatsgewalt wird beurkundet, daß der obenstehende Beschluß von der Provisorischen Nationalversammlung am 30. Oktober 1918 gefaßt worden ist.[1]

Der Präsident: Seitz m.p.

Der Staatskanzler: Renner m.p. Der Staatsnotar: Sylvester[2] m.p.

121.
Der österreichisch-ungarische Außenminister, Julius (Gyula) Graf Andrássy, an den Staatssekretär der USA, Robert Lansing

Washington, 1918 Oktober 30

Druck: The Papers of Woodrow Wilson 51, 526–527.

Der neu ernannte österreichisch-ungarische Außenminister, Julius (Gyula) Graf Andrássy von Csik-Szent-Király und Krasznahorka, ersucht über den schwedischen Gesandten Ekengren den amerikanischen Staatssekretär Lansing im Auftrag von Kaiser und König Karl unter allen Umständen den Krieg zu beenden.

Having taken charge of my office, I have immediately dispatched an official answer to your note of October 18th, by which you will find that we in all respects accept the principles which the President of the United States has expressed in his various declarations.

---

1 Zur Genese dieses Beschlusses: Adamovich/Funk, Österreichisches Verfassungsrecht, 67–69; Brauneder/Lachmayer, Österreichische Verfassungsgeschichte, 187–188.

2 Dr. Julius Sylvester, 30.10.1918–15.03.1919 Staatsnotar.

In full accord with Mr. Wilson's efforts to prevent future wars, and to create a family of nations, we have already made preparations, in order that the peoples of Austria-Hungary may, entirely without hindrance, decide upon, and complete their future organization, according to their own wishes[1].

Since the accession of Emperor and King Karl, it has been His Majesty's undaunted endeavor to bring, in every way, an end to the war.

More than ever before, this is today the wish of the monarch and of all the peoples, who are dominated by the conviction that the future destiny of the peoples of Austria-Hungary can only be formed in a peaceful world free from the disturbances, the trials, the privations and the bitterness of war.

I, therefore, address to you directly Mr. Secretary of State, an appeal that you use your good offices with the President of the United States to the end that, in the interest of humanity, as well as in the interest of all the peoples living in Austria-Hungary, the entering upon negotiations of peace and an immediate armistice of all the fronts of Austria-Hungary may be brought about.

122.
Der Staatsrat der deutschösterreichischen Nationalversammlung an den Präsidenten der USA, Woodrow Wilson

Wien, 1918 Oktober 30

HHStA, PA I, 1057, Konv. 74, fol. 27r–31v, Abschrift[1].

Ankündigung der Deutschen in Österreich zur Konstituierung eines selbständigen Nationalstaates. Beanspruchung des alleinigen Rechtes, im Namen Deutschösterreichs über den Frieden zu verhandeln und Frieden zu schließen. Bitte um die Gelegenheit, unverzüglich in direkte Friedensverhandlungen mit den Vertretern aller kriegführenden Mächte einzutreten.

Herr Präsident!

Wir beehren uns, Ihnen mitzuteilen, daß die deutsche Nation in Österreich beschlossen hat, einen selbständigen deutschösterreichischen Staat zu bilden.

---

1 Vgl. Nr. 114 und ADÖ 1/3, 75–78.

1 Dieses Schreiben wurde durch Maximilian Graf Hadik über die österreichisch-ungarische Vertretung in Stockholm expediert. Vgl. HHStA, PA I, 1057, fol. 27r.

Am 21. Oktober 1918 haben sich in Wien die aus dem allgemeinen und gleichen Wahlrecht gewählten Abgeordneten aller deutschen Wahlbezirke in Österreich versammelt und haben beschlossen:

erstens einen selbständigen deutschösterreichischen Staat zu bilden[2];

zweitens sich als provisorische Nationalversammlung dieses neuen Staates zu konstituieren und die Aufgabe zu übernehmen, diesen Staat solange zu vertreten, bis eine auf Grund des allgemeinen, gleichen und direkten Wahlrechtes neu zu wählende konstituierende Nationalversammlung zusammentreten kann;

drittens einen Vollzugsausschuß zu wählen, der bis zur Bildung der Regierung des deutschösterreichischen Staates diesen Staat nach außen zu vertreten und die Übernahme der Verwaltung im Innern vorzubereiten und zu organisieren hat.

Die Deutschen sind in Österreich ein Volk von 9,7 Millionen Menschen, bisher waren sie Bürger des österreichischen Staates, jetzt, da die anderen Nationen darangehen, ihre selbständigen Staaten zu bilden, konstituiert sich auch die deutsche Nation in Österreich als ein selbständiger Nationalstaat. Der neue Staat beansprucht die Gebietshoheit über alle jene Gebiete des bisherigen Österreich, in denen die Deutschen die Mehrheit der Bevölkerung bilden. Er nimmt das Recht auf völkerrechtliche Persönlichkeit für sich in Anspruch. Er erkennt den anderen Nationen der Monarchie das uneingeschränkte Recht zu, ihre Stellung innerhalb der Gesellschaft der Nationen in voller Freiheit zu bestimmen und fordert dasselbe Recht auch für die deutsche Nation. Er verlangt, daß seine Vertreter eines selbständigen Staates zu den Friedensverhandlungen zugelassen werden und mit den Vertretern der anderen Nationen über die Bedingungen des Friedens verhandeln.

Er behält seiner Regierung das Recht vor, den Frieden zu schließen.

Der Vollzugsausschuß erklärt, daß niemand berechtigt ist, im Namen Deutschösterreichs über den Frieden zu verhandeln und Frieden zu schließen, als die von der deutschösterreichischen Nationalversammlung eingesetzte Vollzugsgewalt[3].

Der unterzeichnete Vollzugsausschuß der provisorischen deutschösterreichischen Nationalversammlung bittet Sie daher, Herr Präsident, ihm

---

2   Vgl. ADÖ 1/1, 70–73.

3   Vgl. dazu in der Thronrede (Nr. 48) und Art 5 des StGG vom 21.12.1867: „Es ist dem Kaiser vorbehalten, Frieden zu schließen". Vgl. dazu auch die Aussage von Fürst Karl Auersperg in der Sitzung des Herrenhauses vom 28. Juni 1917:
„[…] Wenn aber der Minister des Äußern Czernin etwas ganz Selbstverständliches, ich möchte sagen, einen politischen Gemeinplatz ausspricht […], daß der Kaiser allein über Krieg und Frieden verfügt und niemand etwas hineinzureden hat, so wird ihm, dem Kaiser, das als ein Überschreiten seiner Kompetenzen ausgelegt und er wird auf das heftigste angegriffen." Vgl. Stenographische Protokolle Herrenhaus, XXII. Session, 119.

Gelegenheit zu bieten, unverzüglich in direkte Verhandlungen mit den Vertretern aller kriegführenden Mächte über einen allgemeinen Frieden einzutreten.

Der Vollzugsausschuß verpflichtet sich zur Annahme der folgenden Grundsätze:

1. Der Vollzugsausschuß nimmt vorbehaltlos die Grundsätze an, die Sie, Herr Präsident, in der Botschaft vom 08. Jänner 1918[4] und in den Reden vom 12. Februar [sic][5] und vom 04. Juli 1918[6] festgesetzt haben.

2. Der Vollzugsausschuß betrachtet, der Note des Herrn Staatssekretärs der Vereinigten Staaten an die österreichisch-ungarische Monarchie vom 18. Oktober 1918[7] vollständig entsprechend, die tschecho-slovakische und die südslavische Nation als vollkommen unabhängige Staaten an und ist bereit, die Beziehungen des deutschösterreichischen Staates zu dem tschechischen und dem südslavischen Staate durch freie Vereinbarungen mit diesen Staaten zu regeln.

Der Vollzugsausschuß schlägt vor, alle Streitfragen zwischen dem deutschösterreichischen Staate einerseits und dem tschechischen und dem südslavischen Staate anderseits, soweit sie durch freie Vereinbarungen nicht bereinigt werden können, der Entscheidung eines Schiedsgerichtes zu unterwerfen, das nach den Bestimmungen der Haager Konferenzen[8] zusammengesetzt werden soll.

3. Der Vollzugsausschuß bittet Sie, Herr Präsident, Ihre Aufmerksamkeit der Frage der deutschen Gebiete der Sudetenländer zuzuwenden. In Böhmen gibt es neben 60 Bezirken, in denen die Tschechen die Mehrheit der Bevölkerung darstellen, 36 Bezirke, in denen die Mehrheit der Bevölkerung deutscher Nationalität ist und die deutsche Sprache spricht. Diese 36 Bezirke stellen ein Gebiet von 16.311 Quadratkilometer dar. Nach der Volkszählung vom Jahre 1900 betrug die Bevölkerung dieses Gebietes 2,186.637 Personen.

Von ihnen bedienen sich im täglichen Verkehre 2,000.962 Personen der deutschen und nur 148.051 Personen der tschechischen Sprache. Es besteht also innerhalb Böhmens ein zusammenhängendes Gebiet, dessen überwiegende Bevölkerungsmehrheit deutsch ist. Ebenso bildet der westliche Teil von Österreich-Schlesien und der an ihn angrenzenden nördlichen Teile von Mähren ein zusammenhängendes deutsches Siedlungsgebiet und auch die südlichen, an das deutsche Niederösterreich angrenzenden Gebiete Mährens sind deutsch.

---

4 Vgl. The Papers of Woodrow Wilson 45, 534–539.

5 Vgl. The Papers of Woodrow Wilson 46, 318–324: Die Rede wurde am 11.02.1918 gehalten.

6 Vgl. The Papers of Woodrow Wilson 48, 117 (Mai 23) und 514–517 (Juli 04).

7 Vgl. Nr. 114 und Komjáthy, Protokolle, 696–703, der die Kronratsbeschlüsse über diese amerikanische Note wiedergibt.

8 1899 und 1907, vgl. bei Nr. 51.

Insgesamt wohnen in Böhmen, Mähren und Schlesien nach der letzten Volkszählung 3,512.682 Deutsche. Es ist selbverständlich, daß der neue deutschösterreichische Staat auch die deutschen Gebiete Böhmens, Mährens und Schlesiens beansprucht.

Wir sind überzeugt, Herr Präsident, daß Sie nach sorgfältiger Prüfung dieser Fragen den von ihnen verkündeten Grundsätzen entsprechend, es ablehnen werden, 3½ Millionen Deutsche gegen ihren Willen dem tschechischen Staate zu unterwerfen und sie zu einem Verzweiflungskampfe gegen die ihnen drohende Fremdherrschaft zu zwingen.

Das Zeitalter der Demokratie in Mitteleuropa kann nicht damit beginnen, daß ein Volk von 3½ Millionen Menschen mit Waffengewalt einem Volke von 6,3 Millionen Menschen unterworfen wird.

Der dauernde Friede in Europa kann nicht dadurch begründet werden, daß in dem neuen tschechoslowakischen Staate eine deutsche Irredenta geschaffen wird, deren ständige Hilferufe nach Berlin und Wien dringen und den Frieden Europas gefährden würden.

Und eine solche Vergewaltigung der Deutschen widerspräche auch dem von Ihnen, Herr Präsident, im Punkt 2 Ihrer Rede vom 12. Februar d. J. aufgestellten Grundsatze, „daß Völker und Provinzen nicht von einer Staatsoberhoheit in eine andere herumgeschoben werden, als ob es sich lediglich um Gegenstände oder Steine in einem Spiele handelte" und ebenso dem dritten und vierten der dort aufgestellten Grundsätze, wonach „jede Lösung einer Gebietsfrage im Interesse und zugunsten der betroffenen Bevölkerung" und derart erfolgen müsse, „daß alle klar umschriebenen nationalen Ansprüche die weitestgehende Befriedigung finden sollen, ohne neue Elemente oder die Verewigung alter Elemente von Zwist und Gegnerschaft, die den Frieden Europas und somit der ganzen Welt wahrscheinlich bald wieder stören würden, aufzunehmen."

Wir fordern daher, daß die deutschen Gebiete Böhmens, Mährens und Schlesiens als ein Bestandteil des deutschösterreichischen Staates anerkannt werden und ihre künftige staatliche Zugehörigkeit in Gemeinschaft mit ihm frei bestimmen sollen.

Wir sind bereit, mit der berufenen Vertretung der tschechischen Nation über die Abgrenzung unserer Gebiete zu verhandeln. Sollte es sich aber als unmöglich erweisen, die Grenzen einvernehmlich festzusetzen, so schlagen wir vor, daß die Bevölkerung der umstrittenen Gebiete berufen werden soll, selbst durch allgemeine Volksabstimmung zu entscheiden, zu welchem Staat sie gehören will.

Wir sind einverstanden, daß diese Volksabstimmung unter der Kontrolle der Gesellschaft der Nationen von Beamten neutraler Mächte durchgeführt werde und daß alle näheren Bedingungen dieser Volksabstimmung vom Friedenskongreß oder von einem Schiedsgerichte in solcher Weise festgesetzt wer-

den, daß jede Vergewaltigung der Abstimmenden und jede künstliche Beeinflussung der Abstimmungsergebnisse unbedingt vermieden werden.

Die Regelung des Schutzes der in fremden Siedlungsgebieten immerhin
noch übrig bleibenden nationalen Minoritäten wird im Wege der gegenseiti-
gen Vereinbarungen erfolgen können. In analoger Weise wären diese
Grundsätze auch auf die deutschen Siedlungsgebiete im Süden und auf die
Regelung der staatlichen Grenzen gegenüber Italien und dem südslavischen
Staat anzuwenden.

Sie, Herr Präsident, haben erklärt, daß Sie gegen die Regierungen der Mittelmächte, aber nicht gegen das deutsche Volk Krieg führen. Sie haben erklärt, daß Sie gleiche Gerechtigkeit für alle Nationen, auch für das deutsche
Volk, verwirklichen wollen.

Wir appellieren daher an Sie, Ihre Autorität für das Selbstbestimmungsrecht unserer Nation einzusetzen. Da wir uns mithin ganz auf den Boden der
Grundsätze stellen, die Sie, Herr Präsident, verkündet haben, wäre jede Verlängerung des Krieges zweckloser Mord an vielen Menschen.

Wir bitten Sie daher, Herr Präsident, Ihre Autorität dafür einzusetzen, daß
sofortige allgemeine Waffenruhe auf allen Fronten eintrete und uns die Möglichkeit geboten werde, auf einem allgemeinen Friedenskongreß in direkte
Verhandlungen mit allen Nationen einzutreten, aus denen ein Friede hervorgehen soll, der jeder Nation ihre volle Freiheit gibt und alle Nationen zu einem dauernden Friedensbund vereinigt.

Genehmigen Sie, Herr Präsident, den Ausdruck unserer vorzüglichsten
Hochachtung[9]

Der deutschösterreichische Staatsrat und Vollzugsausschuß der deutschösterreichische Nationalversammlung

Dr. Karl Renner m.p., Leiter der Staatskanzlei,

K. Seitz m.p., Präsident

V. Adler m.p., Staatssekretär des Äußeren

---

9 Vgl. dazu auch bei Benedikt, Geschichte der Republik 1, 30–31.

123.
Manifest Kaiser und König Karls über seinen Verzicht „auf jeden Anteil an den Staatsgeschäften" für Deutschösterreich

Wien, 1918 November 11

AVA, MRPräs 11070/1918, fol. 10–11, Photographie der Ausfertigung, die am 15. Juli 1927 beim Brand des Wiener Justizpalastes vernichtet wurde.
Druck: Fremdenblatt Nr. 309 vom 12.11.1918, 1; Arbeiter Zeitung vom 12.11.1918, 5; Werkmann, Der Tote auf Madeira, 21–22.

Verzicht des Kaisers auf jeden Anteil an den Staatsgeschäften.

Seit meiner Thronbesteigung war ich unablässig bemüht, Meine Völker aus den Schrecknissen des Krieges herauszuführen, an dessen Ausbruch Ich keinerlei Schuld trage.

Ich habe nicht gezögert, das verfassungsmäßige Leben wieder herzustellen und habe den Völkern den Weg zu ihrer selbständigen staatlichen Entwicklung eröffnet.

Nach wie vor von unwandelbarer Liebe für alle Meine Völker erfüllt, will Ich ihrer freien Entfaltung Meine Person nicht als Hindernis entgegenstellen.

Im voraus erkenne ich die Entscheidung an, die Deutschösterreich über seine künftige Staatsform trifft.

Das Volk hat durch seine Vertreter die Regierung übernommen. Ich verzichte auf jeden Anteil an den Staatsgeschäften.[1]

---

1 Brauneder-Lachmayer vertreten die Ansicht, der Monarch habe seinen Thron und das monarchische Prinzip der Legitimität mit dieser Erklärung aufgegeben. Vgl. Österreichische Verfassungsgeschichte, Wien 1987, 169 und 191. Neuerlich, Brauneder, Deutsch-Österreich 1918, 148–155. Dagegen steht die staatsrechtliche Beurteilung von Hans Kelsen: „Am 11. November erließ Kaiser Karl eine von seinem letzten Ministerpräsidenten Lammasch kontrasignierte (im übrigen undatierte) Kundmachung, in der er erklärte, im voraus die Entscheidung anzuerkennen, die Deutschösterreich über seine künftige Staatsform treffen werde, und auf jeden Anteil an den Staatsgeschäften zu verzichten. Diese Erklärung, die sich nur auf Deutschösterreich, nicht aber auf den gleichfalls in Bildung begriffenen tschecho-slowakischen und südslawischen Staat bezog, ist offenbar absichtlich als bloßer Verzicht auf Geschäftsführung formuliert. Nur indirekt kann sie auch als Verzicht auf die monarchische Stellung – und zwar nicht bloß für die Person des damaligen Monarchen, sondern als Zustimmung zur Änderung der Staatsform überhaupt – gedeutet werden, da der Monarch erklärt, die Entscheidung anzuerkennen, die Deutschösterreich – gemeint war offenbar der Beschluß einer Konstituante des deutschösterreichischen Staates ohne Mitwirkung des Monarchen – treffen werde. Doch ist dies rechtlich ohne Bedeutung. Denn auf Grund der alten österreichischen Verfassung wäre weder ein beschränkter noch ein unbedingter Thronverzicht möglich gewesen. Nach dieser Verfassung gibt es nur einen einzigen Endigungsgrund für das Recht oder die Organstellung des einzelnen

Gleichzeitig enthebe Ich Meine österreichische Regierung ihres Amtes. Möge das Volk von Deutschösterreich in Eintracht und Versöhnlichkeit die Neuordnung schaffen und befestigen. Das Glück Meiner Völker war von Anbeginn das Ziel Meiner heißesten Wünsche. Nur der innere Friede kann die Wunden dieses Krieges heilen.[2]

Karl m.p.   Lammasch m.p.

Monarchen, und das ist der Tod. Da die Verfassung einen Thronverzicht nicht ausdrücklich als Endigungsgrund statuiert, kann er auch nicht – etwa aus der Natur der Sache – angenommen werden. Eine Änderung der Staatsform aber war – als Verfassungsänderung – vom Standpunkt der alten Verfassung nur als sanktionierter Beschluß des Reichsrats möglich. [...]. Es ist insbesondere auch nicht möglich, die provisorische Nationalversammlung Deutschösterreichs als einen jener Nationalräte anzusehen, die das kaiserliche Manifest vom 16. Oktober erwähnte. Denn als ein solcher Nationalrat wäre die deutschösterreichische Nationalversammlung nicht befugt gewesen, Deutschösterreich als selbständigen Staat zu konstituieren. Weil und insofern sie dies tut, unterbricht sie die Rechtskontinuität gegenüber der alten österreichischen Verfassung, stellt sie sich bewußt auf eine revolutionäre Basis. Revolution aber ist, vom juristischen Standpunkt aus gesehen, nichts anderes als der Bruch der Rechtskontinuität. Und solcher Bruch bleibt auch dann noch Revolution, wenn er sich, wie in Deutschösterreich, ohne äußeren Kampf, ohne Blutvergießen vollzieht, [...]." Vgl. Kelsen, Die Entstehung der Republik Österreich, 14–15.

2   Vgl. zur Entstehung dieser Erklärung besonders in: HHStA, NL Friedrich von Wieser, fol. 1088–1089 (3.11.1918), fol. 1157–1160 (10.11.1918) und fol. 1162–1163 (12.11.1918); fol. 1158: „Renner kam in der Tat herüber, mit ihm auch Seitz. Die beiden besprachen mit Lammasch und einigen anderen Herren zu meiner grossen Überraschung in der Tat den Entwurf und brachten selbst einen Entwurf mit, der im grossen ganzen im gleichen Sinn gedacht war. Sie forderten keineswegs einfach die Abdankung des Kaisers, noch weniger den Verzicht für den Kronprinzen und die Dynastie, sondern liessen eine Fassung zu, bzw. schlugen selbst eine Fassung vor, welche die Entscheidung für später vorbehielt (wobei an die Konstituante gedacht werden konnte) und die die Verdienste des Kaisers hervorhob, die er um Friede und Verfassung hat. Die beiden Herren waren von den Gerüchten über einen bevorstehenden Putsch auch unterrichtet, und zwar hatten sie sie offenbar in noch bestimmterer Form gehört. Umso mehr war ich überrascht, dass sie meinten, eine solche Proklamation noch durchbringen zu können", und bei Josef Redlich, Schicksalsjahre Österreichs 2, 316–318 und unsere Nr. 213. Dazu auch aus der Rede Karl Renners vor der Konstituierenden Nationalversammlung Deutschösterreichs vom 27. März 1919, in: Karl Renner, Porträt einer Evolution, 149–151: „Diese Erklärung enthält keinen Verzicht auf die Thronrechte, weder für die Person noch für das Haus, sondern sie enthält bloß den Verzicht auf die Ausübung dieser Rechte, und dieser Verzicht ist noch zeitlich bedingt und befristet durch den Hinweis auf die später einzuholende Entscheidung des Volkes selbst. [...] Es war aber im Kreise des Staatsrates wie im Kreise aller Mitglieder der provisorischen Regierung klar, daß hier nur ein Provisorium geschaffen sei, das nach außen wie nach innen nicht ohne Gefahr war. [...] Die Konstituante hat entschieden für die Republik, und zwar mit aller Unzweideutigkeit und viel entschlossener als die Provisorische Nationalversammlung. Also war die resolutive Bedingung, die in der ersten Erklärung des Kaisers gestellt war, erfüllt. Man mußte demnach erwarten, daß von Eckartsau aus eine Erklärung erfolgte, die dem Volksvotum und dem Volkswillen Rechnung trägt. Diese Erklärung blieb jedoch aus."

124.
Gesetz über die Staats- und Regierungsform von Deutschösterreich (Republikerklärung)

Wien, 1918 November 12

Druck: Staatsgesetzblatt für den Staat Deutschösterreich, Jg. 1919, 1. Stück (15. 01. 1919), 4–6; ADÖ 1, 141–143 (Nr. 15A).

Erklärung Deutschösterreichs zu einer demokratischen Republik. Sie ist Bestandteil der Deutschen Republik. Übernahme der Rechte. Übertragung aller Rechte, die dem Kaiser zustanden, auf den deutschösterreichischen Staatsrat. Tilgung aller Prärogativen des Kaisers und der Mitglieder des kaiserlichen Hauses. Regelung der Wahlordnung bis zur Neuwahl der konstituierenden Nationalversammlung; Auflösung der k.u.k. u. k.k. Ministerien.

Kraft Beschlusses der Provisorischen Nationalversammlung verordnet der Staatsrat, wie folgt:

Artikel 1.
Deutschösterreich ist eine demokratische Republik. Alle öffentlichen Gewalten werden vom Volke eingesetzt.

Artikel 2.
Deutschösterreich ist ein Bestandteil der Deutschen Republik. Besondere Gesetze regeln die Teilnahme Deutschösterreichs an der Gesetzgebung und Verwaltung der Deutschen Republik sowie die Ausdehnung des Geltungsbereiches von Gesetzen und Einrichtungen der Deutschen Republik auf Deutschösterreich.

Artikel 3.
Alle Rechte, welche nach der Verfassung der im Reichsrate vertretenen Königreiche und Länder dem Kaiser zustanden, gehen einstweilen, bis die konstituierende Nationalversammlung die endgültige Verfassung festgesetzt hat, auf den deutschösterreichischen Staatsrat über.

Artikel 4.
Die k. u. k. Ministerien und die k.k. Ministerien werden aufgelöst. Ihre Aufträge und Vollmachten auf dem Staatsgebiete von Deutschösterreich gehen unter ausdrücklicher Ablehnung jeder Rechtsnachfolge auf die deutschösterreichischen Staatsämter über. Den anderen Nationalstaaten, die auf dem Boden der österreichisch-ungarischen Monarchie entstanden sind, bleiben ihre

Ansprüche an die erwähnten Ministerien wie auf das von diesen verwaltete Staatsvermögen gewahrt.

Die Liquidierung dieser Ansprüche ist völkerrechtlichen Vereinbarungen durch Kommissionen vorbehalten, die aus Bevollmächtigten aller beteiligten Nationalregierungen zu bilden sind.

Bis zum Zusammentreten dieser Kommissionen haben die deutschösterreichischen Staatsämter das Gemeinschaftsgut, soweit es sich auf dem Staatsgebiet der Republik Deutschösterreich vorfindet, als Treuhänder aller beteiligten Nationen zu verwalten.

Artikel 5.
Alle Gesetze und Gesetzesbestimmungen, durch die dem Kaiser und den Mitgliedern des kaiserlichen Hauses Vorrechte zugestanden werden, sind aufgehoben.

Artikel 6.
Die Beamten, Offiziere und Soldaten sind des dem Kaiser geleisteten Treueides entbunden.

Artikel 7.
Die Übernahme der Krongüter wird durch ein Gesetz durchgeführt.

Artikel 8.
Alle politischen Vorrechte sind aufgehoben. Die Delegationen, das Herrenhaus und die bisherigen Landtage sind abgeschafft.

Artikel 9.
Die konstituierende Nationalversammlung wird im Jänner 1919 gewählt. Die Wahlordnung wird noch von der Provisorischen Nationalversammlung beschlossen, sie beruht auf der Verhältniswahl und auf dem allgemeinen, gleichen, direkten und geheimen Stimmrecht aller Staatsbürger ohne Unterschied des Geschlechts.

Artikel 10.
Nach den gleichen Grundsätzen ist das Wahlrecht und das Wahlverfahren der Landes-, Kreis-, Bezirks- und Gemeindevertretungen zu ordnen. Die Gemeindewahlordnung wird noch durch die Provisorische Nationalversammlung festgesetzt, die Neuwahl der Gemeindevertretungen erfolgt binnen drei Monaten. Bis zur Neuwahl sind die bestehenden Gemeindevertretungen nach den Anweisungen des Staatsrates durch eine angemessene Zahl von Vertretern der Arbeiterschaft zu ergänzen.

Artikel 11.

Dieses Gesetz tritt mit dem Tage seiner Kundmachung in Kraft.

Auf Grund des § 7 des Beschlusses der Provisorischen Nationalversammlung vom 30. Oktober 1918 über die grundlegenden Einrichtungen der Staatsgewalt wird beurkundet, daß der obenstehende Beschluß von der Provisorischen Nationalversammlung am 12. November 1918 gefaßt worden ist[1].

Der Präsident: Dinghofer m.p.

Der Staatskanzler: Renner m.p.   Der Staatsnotar: Sylvester m.p.

---

1 Ebenfalls am 12.11.1918 beschloß die Provisorische Nationalversammlung folgenden Aufruf:
An das deutschösterreichische Volk:
Die durch das gleiche Stimmrecht aller Bürger berufenen Vertreter des Volkes von Deutschösterreich haben, in der Provisorischen Nationalversammlung unter den freigewählten Präsidenten vereinigt und beraten durch die von der Volksvertretung eingesetzten verantwortlichen Behörden, den Beschluß gefaßt, den Staat Deutschösterreich als Republik, das ist als freien Volksstaat einzurichten, dessen Gesetze vom Volke ausgehen und dessen Behörden ohne Ausnahme durch die Vertreter des Volkes eingesetzt werden.
Zugleich hat die Provisorische Nationalversammlung beschlossen, ihre Vollmachten unverzüglich, sobald die nötigsten Vorkehrungen getroffen sind, in die Hände des Volkes zurückzulegen.
Im Monat Jänner wird das gesamte Volk, Männer und Frauen, zur Wahl schreiten und sein äußeres Schicksal wie seine innere Ordnung allein, frei und unabhängig bestimmen.
Was dieses von Unglück heimgesuchte, schwergeprüfte Volk seit den Tagen von 1848 immer begehrt, was ihm die Mächte des Rückschritts ebenso hartnäckig wie kurzsichtig versagt haben, das ist nun inmitten des allgemeinen Zusammenbruches der alten Einrichtungen glücklich errungen.
Mitbürger ! Deutschösterreicher!
Wir stellen die Volksfreiheit unter den Schutz der gesamten Bevölkerung!
Wir fordern Euch auf, bereit zu sein, Eure Rechte, Eure Freiheiten, Eure Zukunft mit der Tatkraft, aber auch mit der Besonnenheit und Klugheit eines freien Volkes selbst zu wahren und zu beschirmen.
Jetzt, da die Freiheit gesichert ist, ist es erste Pflicht, die staatsbürgerliche Ordnung und das wirtschaftliche Leben wiederherstellen.
Der neue Staat hat ein Trümmerfeld übernommen, alle wirtschaftlichen Zusammenhänge sind aufgelöst, die Erzeugung steht beinahe still, der Güterverkehr stockt, ein Viertel der männlichen Bevölkerung wandert noch fern von der Heimat.
Die Vorsorge für das tägliche Brot, die Zufuhr von Kohle, die Bereitstellung der notdürftigsten Bekleidung, die Wiederaufnahme des Ackerbaues, die Aufnahme der Friedensarbeit in den Fabriken und Werkstätten ist unmöglich, wenn nicht sofort alle Bürger bereitwilligst und geordnet zur Tagesarbeit zurückkehren. Unsere armen Soldaten, die zur Heimat, zu Weib und Kind zurückkehren wollen, können nicht befördert und verköstigt werden, wenn unser Verkehr stockt!
Jeder, der den Anordnungen der Volksbehörden nicht Folge leistet, ist sein eigener, der Feind seines Nächsten und der Gesamtheit!

125.
Manifest König Karls IV. über seinen Verzicht „auf jede Mitwirkung an den Staatsgeschäften" für Ungarn

Eckartsau, 1918 November 13

Druck: IV. Károly Visszatérési Kísérletei 66 (Nr. 1).

Verzicht des Königs auf „die Mitwirkung an den Staatsgeschäften" in Ungarn.

Trónralépésem óta mindig arra törekedtem, hogy népeimet minél elöbb a háború borzalmaitól megszabadítsam, amely háború keletkezésében semmi részem nem volt.

Deutschösterreicher!
Wir sind nun ein Volk, sind eines Stammes und einer Sprache, vereinigt nicht durch Zwang, sondern durch den freien Entschluß aller. Jedes Opfer, das ihr bringt, gilt den Euren und nicht fremden Herren, noch fremden Völkern. Darum muß jeder mehr tun, als das Gesetz fordert! Wer über Vorräte verfügt, öffne sie dem Bedürftigen! Der Erzeuger von Lebensmitteln führe sie denen zu, die hungern! Wer überschüssige Gewandung besitzt, helfe die frierenden Kinder bekleiden! Jeder leiste das Äußerste!
Deutschösterreicher!
Euer Bürgergemeinsinn helfe den Volksbehörden, unser Volk vor der sonst drohenden Katastrophe zu retten!
Jeder denke vor allem an die nächsten Wochen und Monate. Für später ist gesorgt: In wenigen Monaten wird der Weltverkehr wieder frei sein.
Deutschösterreicher!
Bürger, Bauer und Arbeiter haben sich zusammengetan, um das neue Deutschösterreich zu begründen. Bürger, Bauer und Arbeiter sollen in den nächsten Monaten der höchsten nationalen, politischen und wirtschaftlichen Not zusammenstehen, einander bereitwilligst helfen und das Volk vor dem Untergang bewahren. Nach wenigen Monaten, so hoffen wir, kehrt in der Welt und kehrt in Deutschösterreich das normale Leben wieder.
Dann wird das gesamte Volk sich seine dauernde staatliche Ordnung geben. Bis dahin Vertrauen, Eintracht, Selbstzucht und Gemeinsinn!
Heil Deutschösterreich!
Auf Grund des § 7 des Beschlusses der Provisorischen Nationalversammlung vom 30. Oktober 1918 über die grundlegenden Einrichtungen der Staatsgewalt wird beurkundet, daß der obenstehende Beschluß von der Provisorischen Nationalversammlung am 12. November 1918 gefaßt worden ist.
Der Präsident: Dinghofer m. p.

Der Staatskanzler Renner m. p.   Der Staatsnotar: Sylvester m. p.

Vgl. dazu Adamovich/Funk, Österr. Verfassungsrecht, 68–69; Brauneder/Lachmeyer, Österr. Verfassungsgeschichte, 187–189; zur Genese und Verfasserschaft dieser provisorischen Verfassung: vgl. Kelsen, Die Entstehung der Republik Österreich, 17–76, bes. 17–31; Schmitz, Karl Renners Briefe aus Saint Germain, 33–49 und Nr. 146.

Nem akarom, hogy személyem akadályul szolgáljon a magyar nemzet szabad fejlödésének, mely iránt változatlan szeretettel vagyok áthatva.

Ennélfogva minden részvételről az államügyek vitelében lemondok és már eleve elismerem azt a döntést, mely Magyarország jövendő államformáját megállapítja.

Kelt Eckartsau, ezerkilencszáztizennyolc,november hó tizenharmadikán.

Károly s.k.[1]

126.
Gaetano Kardinal Bisleti an Kaiser und König Karl

Vatikan, 1918 November 15

TS 2990–2991, beglaubigte Kopie.

Kardinal Bisleti übermittelt dem Kaiserpaar den apostolischen Segen Papst Benedikts XV.

In questi momenti di angosciosa trepidazione per le Auguste Persone delle LL. Maestà Imperiali e Reali giunga Loro paterna parola di conforto del Santo Padre e la benedizione apostolica.

---

1 Deutsche Fassung des Manifestes: Seit meiner Thronbesteigung war ich immer bemüht, meine Völker aus den Schrecken des Krieges herauszuführen, an dessen Ausbruch ich keinerlei Schuld trage. Ich will nicht, daß meine Person ein Hindernis für die freie Entwicklung der ungarischen Nation ist, zu der ich mit unveränderlicher Liebe erfüllt bin. Deshalb verzichte ich auf alle Mitwirkung bei der Führung der staatlichen Geschäfte und erkenne im voraus die Entscheidung an, die die zukünftige Staatsform feststellt.
Gegeben in Eckartsau, 1918, den 13. November.
Karl e.h.
Zur Entstehung vgl. Nr. 213; Glaise-Horstenau, Katastrophe, 448–449: Nach der Ausrufung der Republik in Ungarn berief der neue Ministerpräsident Graf Mihály Károlyi „[...] einige Staatsrechtler der Budapester Universität und führende Politiker des alten und neuen Regimes zu einer Beratung ein. Die Professoren waren der einhelligen Auffassung, daß durch die Ereignisse die Pragmatische Sanktion und damit auch das Thronrecht des Hauses Habsburg-Lothringen von selbst erloschen seien. Ein tags darauf vorgelegtes Gutachten der Rechtsfakultät bestätigte diese Auffassung. Der Präsident des Magnatenhauses, Julius Baron Wlassics, trat jedoch dafür ein, aus Pietät den König nicht vor eine vollendete Tatsache zu stellen, sondern ihn von sich aus den der Nation erwünschten Entschluß fassen zu lassen. Fürst Nikolaus Esterházy, die Grafen Emil Széchenyi und Emil Dessewffy sowie Baron Wlassics erschienen zu diesem Zweck am 13. November in Eckartsau. Der König erklärte sich bereit, ein ähnliches Verzichtsmanifest wie in Österreich zu erlassen, womit die Bannerherren einverstanden waren." Vgl. auch Siklós, 111.

Egli, che nel Suo cuore di Padre, intuisce le Loro pene e le Loro ansie, prostrato dinanzi a Gesù prega per le loro Maestà ed offre per Esse la Vittima incruenta sull'Altare del Sacrificio.

Che se Sua Santità si è degnata di dare a me l'onorifico incarico di scrivere alle LL. Maestà, lo ha fatto perché conosce quanto grande sia l'affetto mio per le loro Auguste Persone.

In unione alle preghiere del Sommo Pontefice rivolgiamoci con fiducia al Signore, ricordando l'invito e le promesse che Egli stesso ci fa "<u>invocami nel giorno della tribolazione: ti libererò e tu darai a Me gloria</u>"[1].

127.
Volksbeschluß über die Gründung der ungarischen Volksrepublik

Budapest, 1918 November 16

Druck: Pester Lloyd Nr. 269 (65. Jg.) vom 16.11.1918, Abendblatt, 4.

Ungarische Republik-Erklärung.

Der Nationalrat Ungarns hat aus dem Willen des Volkes folgenden Volksbeschluß erbracht:[1]

I. Ungarn ist eine von jedem anderen Lande unabhängige und selbständige Volksrepublik.

II. Die Verfassung der Volksrepublik wird von der auf Grundlage des neuen Wahlrechtes dringend einzuberufenden verfassungsgebenden Nationalver-

---

1 Psalm 49, 15.

1 Am 29. Oktober 1918 fand im kroatischen Sabor in Agram (in Anwesenheit des Banus Mihalovich und des Generals Lukas Snjarić) ein Festakt statt, bei dem die staatsrechtlichen Bande Kroatiens-Slavoniens und Dalmatiens mit dem Königreich Ungarn und dem Kaisertum Österreich gelöst wurden. Der kroat.-ung. Ausgleich von 1867 wurde für nichtig erklärt. Dalmatien, Kroatien, Slavonien mit Rijeka [...] treten in den gemeinsamen souveränen Nationalstaat der Slowenen, Kroaten und Serben ein. Auf Antrag von Ante Pavelić erkennt der Sabor den Nationalrat der Slowenen, Kroaten und Serben als oberste Gewalt an. Narodni svet in Laibach ernennt am 31. Oktober die Nationalregierung für den slowenischen Teil des südslawischen Staates. Am 1. Dezember 1918 findet in Belgrad die feierliche Vereinigung der bisher habsburgischen Länder mit Serbien und Montenegro zum Königreich der Serben, Kroaten und Slowenen unter der Dynastie der Karadjordjević statt. Vgl. das stenographische Protokoll der Sitzung im Sabor vom 29. Oktober 1918, in: Dragoslav Janković/Bogdan Krizman, Grada o Stvaranju Jugoslovenske Drzave (01.01.–20.12.1918), Beograd 1964, 403–416 (Nr. 339).

sammlung festgestellt. Das Abgeordnetenhaus und das Magnatenhaus des ungarischen Reichstages lösen sich auf und hören auf.

III. Bis die verfassungsgebende Nationalversammlung nicht anders beschließt, übt die unter dem Ministerpräsidium Michael Károlyis stehende Volksregierung mit Unterstützung des Vollzugsausschusses des ungarischen Nationalrates die oberste Staatsmacht aus.

IV. Die Volksregierung schaffe dringend Volksgesetze:

1. über das allgemeine, geheime, gleiche, unmittelbare und sich auch auf die Frauen erstreckende Nationalversammlungs-, Munizipal- und Kommunalwahlrecht

2. über die Preßfreiheit

3. über die Volksgeschworenengerichtsbarkeit

4. über die Vereins- und Versammlungsfreiheit

5. über die Beteiligung der landwirtschaftlichen Bevölkerung mit Grund und Boden.

Die Volksregierung wird diese Gesetze dringend ins Leben rufen und durchführen.

V. Die diesen Beschlüssen widersprechenden gesetzlichen Verfügungen verlieren ihre Rechtskraft. Alle sonstigen gesetzlichen Verfügungen bleiben in Geltung.

Johann Hock, Präsident des Nationalrates[2]

128.
Kaiser und König Karl und Kaiserin und Königin Zita an Gaetano Kardinal Bisleti

o. O., o. D. [Eckartsau, 1918 November]

AOS, Tom. I, Index 486, beglaubigte Kopie[1]; TS 3259–3260 (dtsch. Übersetzung).

Dank des Kaiserpaares für die „parole di conforto", für das väterliche Interesse des Papstes und für seinen apostolischen Segen. Es hat sich ganz dem Willen Gottes ergeben und wünscht nur das Wohl seiner Völker. Ein Brief des Kaisers an den Papst ist auf demselben Weg abgeschickt.

---

2 Johann (János) Hock, seit 25.10.1918 Präsident des ungarischen Nationalrates. Vgl. András Siklós, Ungarn 1918/1919, Budapest 1979, 85 und 113.

1 Vermerk: Brief von Kaiser Karl und Kaiserin Zita an Kardinal Bisleti als Antwort auf ein Schreiben vom 15. November 1918, das der Kardinal im Auftrag des Heiligen Vaters schrieb.

Eminenza,

Coll'animo commosso l'Imperatore ed io abbiamo letto le parole di conforto che il Santo Padre ha avuto la bontà di mandarci a mezzo dell'Eminenza Vostra e La preghiamo di esprimere a Sua Santità tutta la nostra viva riconoscenza per tale prova di paterno interessamento, come anche, ed in special modo, per l'apostolica benedizione impartitaci, le Sue preghiere ed il Santo Sacrificio offèrto per noi al Signore.

La preghiamo anche di dire al Santo Padre che ambedue ci siamo rimessi con piena fiducia nelle mani di Dio, convinti che non ci abbandonerà mai e che tutto dipendendo dalla Sua Santa Volontà, qualunque cosa debba succedere non potrà esser che per il bene nostro e quello dei nostri popoli.

Col cuore tranquillo e fiducioso accettiamo dunque tutto ciò che piacerà al Signore di mandarci.

Qui giunta vi è una lettera dell'Imperatore per Sua Santità[2] la quale sarebbe importante arrivasse presto, sicuro e direttamente nelle mani del Sommo Pontefice. Possiamo abusare ancora della bontà di V.E. e pregarla di rimetterla? Anche a Vostra Eminenza ci è caro di esprimere i nostri sinceri ringraziamenti per le affettuose parole dedicateci e mentre ci raccomandiamo anche per l'avvenire alle fervide preghiere dell'Eminenza Vostra le inviamo i nostri più rispettuosi e cordiali saluti.

129.
Der Apostolische Nuntius in Wien, Teodoro Valfrè di Bonzo, an Kardinalstaatssekretär Pietro Gasparri

Wien, 1918 November 25

AE, Austria 654 [neu 1320 P.O.], Prot. 86.277, Ausfertigung.

Bericht über die Ausführung seines Auftrages, den Prager Erzbischof Graf Paul Huyn zum zeitweisen Rückzug aus seiner Diözese zu veranlassen. Bericht über die Situation in der Tschechoslowakei. Kritik an der österreichischen Kirchenpolitik, Darstellung des tschechischen Nationalismus. Diskussion über die Probleme der Kirche, die sich aus der Position der neuen tschechoslowakischen Regierung ergeben. Sorge wegen der Entstehung einer hussitischen Kirche.

---

2 Dieses Schreiben konnte bis jetzt nicht gefunden werden, vermutlich wurde es vernichtet.

Appena ebbi l'onore di ricevere il cifrato dell'Eminenza Vostra Reverendissima N. 165, mi affrettai a scrivere all'illmo Mgr. Huyn, Arcivescovo di Praga[1], a nome della Santa Sede, per manifestargli l'opportunità che egli si ritirasse temporaneamente dalla diocesi, lasciando al suo vicario generale tutte le facoltà necessarie.

Procurai che la mia lettera fosse improntata alla maggiore carità, escludendo che egli avesse una colpa qualsiasi nei motivi che ispiravano tale misura precauzionale.

L'Arcivescovo, che si trovava allora ad Eger, appena convalescente da un serio attacco della malattia spagnuola, che l'aveva colpito durante la visita pastorale e che aveva fatto temere per la sua vita, mi risponde ora dalla Baviera per dirmi quanto bene gli abbiano fatto le mie parole fra tanti motivi di dolore e per assicurarmi che, persuaso anch'egli che la sua presenza in Boemia non era ormai ad utilitatem Ecclesiae si era ritirato.

Io ho già prevenuto di cià l'Eminenza Vostra per mezzo del telegrafo, e penso che lo stesso Mgr. Huyn non avrà mancato, per mezzo della Nunziatura di Monaco[2], di scrivere direttamente all'Eminenza Vostra stessa.

Intanto, a quanto mi si riferisce, le nuove autorità costituitesi in Boemia, dopo la proclamazione della repubblica, avevano occupato per qualche tempo il palazzo arcivescovile, sequestrato l'automobile dell'Arcivescove e preso altre misure meschinamente vessatorie.

Debbo poi dire che, a mio debole avviso e secondo l'opinione di persone prudenti che non ho mancato di interrogare e che rispecchiano il sentimento generale, sarà molto difficile, anzi addirittura impossibile che Mgr. Huyn possa ritornare a Praga.

Presso la grandissima maggioranza del popolo ed anche in gran parte del clero è radicata l'idea che l'elezione di Mgr. Huyn sia stata preparata e voluta dai passato governo a solo scopo politico, per mandare cioè a Praga un Arcivescovo che, pel suo carattere energico, coi suoi sentimenti personali e con le tradizioni della sua famiglia, improntati alla più schietta partecipazione dell'idea austriaca e al più osservante attaccamento alla casa degli Absburgo, fosse anche e principalmente uno strumento della dominazione austriaca. Si disse anche, e si ripete pubblicamente ora, che il Governo centrale e precisamente il Signor Ministro Hussarek[3], che, sempre definito come ottimo cattolico, ha per tanti anni avuto in mano gli affari ecclesiastici dell'Impero, informandosi sempre ai principi del giuseppinismo ed alle opportunità politiche, volle l'allontanamento, certo assai criticato, del Cardinale Skrbenski[4], ritenuto troppo debole, per far posto a Praga a Mgr. Huyn di temperamento più forte. Tutto

---

1   Paul Graf Huyn, 1916–1918 Fürsterzbischof von Prag.
2   Vgl. Nrn. 9, 31, 50, 62, 64, 70, 74, 84, 85, 87, 96, 105, 106.
3   Vgl. Nr. 112.
4   Vgl. Nr. 87.

ciò ha offuscato agli occhi della maggioranza czeca le belle qualità sacerdotali che, senza dubbio, adornano Mgr. Huyn.

Questi, inoltre, di carattere focoso, spinto da uno zelo nobile ma spesso indiscréto, anche perché non possiede bene la lingua czeca, si è fatto un gran numero di nemici. Le sue prediche ed i suoi decreti erano continuamente criticati e presi in mala parte.

A queste ragioni personali si deve aggiungere l'odio senza limiti, odio che esplode ora con maggior violenza in quanto che è stato represso per tanti anni, che nutrono i czechi per tutto ciò che è tedesco. A pena qualcuno in Boemia osa dire oggi una parola di tedesco. Gli stessi prigionieri italiani hanno fatto ingènuamente questa osservazione. Appena lasciati liberi completamente essi sono stati in Boemia accolti festosamente dovunque. Per le vie, sui tramways ognuno vuole indirizzare loro la parola.

Qualcuno di essi che conosce qualche parola di tedesco, ha creduto di servirsene, ma è stato subito zittito: "Per carità, gli hanno detto, qualunque lingua, ma non la tedesca."

Ciò che è più doloroso però si è che con l'odio all'Austria si accompagna l'odio alla Chiesa Cattolica, che si dice essere sempre stata la fautrice più potente degli Absburgo ed uno dei mezzi per questi di dominare ed opprimere la Boemia. Cito quanto a questo proposito mi scrive Mgr. Sedlak[5], Ausiliare di Praga:

"Conditio rerum in Bohemia totaliter est immutata et res catholica hic in magno discrimine versatur.

Post infaustam cladem Bohemorum in Monte albo penes Pragam 8.XI.1620 regnum Bohemorum cessavit sui iuris esse, dynastia Habsburgorum occupavit terram. Bohemi inviti ad catholicam fidem conversi sunt. Germani, quamvis parva tertia pars incolarum, praevalebant et Bohemi per tria saecula omnimodo opprimebantur. Bello ex a. 1914 intendebant (mediante Imperio austriaco) Germano Borussi vim suam extendere in Orientem (Constantinopolim – Bagdad). Pro suo situ geographico Bohemia erat Germanis quasi lapis (obex) in via et Vienna erat Bohemis noverca maligna. Cum resipuit, jam nimis sero erat […] per tercentos annos ardebat in corde Bohemorum ignis latens et eripuit cum ingenti vehementia in tota terra die 28.X.1918. Dynastia Habsburgorum regno est spoliata et Bohemia cum Moravia, Silesia et Slovenia qua independentes terrae proclamatae sunt. Omnia jam prius minutissime praeparata erant. Omnium odium in dynastiam Habsburgorum et gentem germanicam per 3 saecula enutritum eripuit – et, quod maxime dolendum, etiam odium in religionem catholicam, Romam, Vaticanum. 'Ab uno tyranno jam liberati sumus', clamabant in mente habentes dynastiam Absburg, 'etiam alterum (Religionem catholicam) vincemus et delebimus; ipsa enim erat ancilla dynastiae, Eppiscopi erant creaturae imperatoris […].'

---

5   Johann Sedlák, Generalvikar, Dom-Archidiakon, Weihbischof in Prag.

Die I. Novembris a.c. ultra 300.000 hominum peregrinabant in Montem album ibique comburebant insignia et emblemata dynastiae Habsburgensis, sex oratores sub divo declamabant contra Habsburgos et catholicam religionem, Vaticanum et sim. Turba in urbem rediens in foro vetere Pragensi demolivit columnam pretiosam quam anno 1650 Ferdinandus erexit in honorem Beatae Mariae Virginis in memoria liberatae urbis. Columnam ornabat statua Beatae Mariae Virginis, quae prorsus deleta est in erronea opinione turbae columnam fuisse aedificatam in comtempum gentis Bohemicae'[6].

Regimen occupavit primo conventum nationalium 28 delectorum, qui illud factum condemnavit. Vicarius generalis, abbas Zavoral Strahovensis[7], et ego postulabamus illum conventum ut benevolum se praestaret ecclesiae catholicae, quod nobis promissum est."

Durante l'assenza di Mgr. Huyn, per invito del Vescovo ausiliare, si è recato Praga, e ci è rimasto una diecina di giorni, l'ottimo Mgr. Doubrava, Vescovo di Königgrätz[8], ben voluto dai czechi e che, essendo stato per molti anni rettore del Seminario, conosce bene il clero di quella diocesi e gode presso di lui molta simpatia. Mgr. Doubrava si è recato poscia a Vienna, pregato da me che desideravo di abboccarmi con lui. Egli giudica la posizione dell'Arcivescovo, al quale è affezionatissimo e del quale ha del resto la miglior opinione, come compromessa per sempre ed il suo ritorno a Praga come impossibile.

Intanto l'Assemblea nazionale czeca, che si era costituita subito dopo il manifesto dell'Imperatore, nella riunione del 14 corrente, come ho opportunamente telegrafato all'Eminenza Vostra, proclamò la Boemia come repubblica democratica independente.

Come Presidente della Repubblica fu acclamato il celebre fuoruscito Dr. Masaryk[9], che tutta la sua vita ha dedicato alla causa czeca.

Questi si trova tuttora in Francia, ma se ne attende il ritorno da un momento all'altro. Tutta la sua vita fu spesa nella propaganda a favore della libera Boemia, nel senso con cui era concepita dalla più gran parte dei patrioti czechi, ossia contro la chiesa cattolica. Le sue dottrine improntate al più puro materialismo, non fanno certo sperare nulla di buono per la religione.

Allo stesso tempo si è formato il nuovo Gabinetto czeco. Ne è presidente il celebre Dr. Kramář[10], quegli che, condannato a morte sotto l'antico regime, fu poi graziato, anche per l'intervento del Santo Padre.

---

6 Vgl. Jörg K. Hoensch, Geschichte Böhmens von der slawischen Landnahme bis ins 20. Jahrhundert, München 1987, 407–420; ders., Geschichte der Tschechoslowakischen Republik 1918–1978, Stuttgart 1978 (2. Aufl.).

7 Method Zavoral, Prälat, Abt des Prämonstratenser-Chorherrenstiftes am Strahov in Prag.

8 Josef Doubrava, 1903–1921 Bischof von Königgrätz, 1917/18 MöHH.

9 Thomas Garrigue Masaryk, Professor für Philosophie, 14.11.1918–14.12.1935 tschechoslowakischer Staatspräsident. Vgl. Masaryk, Die Weltrevolution, 416–425.

10 Dr. Karel Kramář, Führer der tschechischen Nationalbewegung, 1916 wegen Hochverrats zum

Il Kramář pure non è certo di sentimenti favorevoli alla Chiesa. Mi si dice però che egli sia un uomo naturalmente onesto e che nel tempo della sua prigionia abbia risentito una benevola influenza dal contatto del cappellano cattolico delle carceri. Egli, a quanto (?) mi si assicura, sarebbe favorevole allo stabilimento delle relazioni diplomatiche con la Santa Siede ed alla conclusione di un concordato ed alieno da qualsiasi eccesso in materia religiosa.

Degli altri Ministri – sono in tutto sedici -uno è il Premonstratense P. Zahradnik[11], nazionalista esaltato, la cui condotta sacerdotale però, a quanto qualcuno mi ha assicurato, non avrebbe lasciato a ridire, se così è lecito esprimermi quando si rifletta da un lato a tutta la sua azione politica, eccessiva, ai suoi discorsi nei quali, come ho segnalato, non si è peritato di criticare pubblicamente perfino la Santa Sede, e dall'altro alla sua condizione di sacerdote regolare.

Un altro dei ministri è buon cattolico, i restanti più o meno radicali o socialisti.

A quanto il prelodato Mgr. Doubrava mi diceva di poter ricavare da colloqui avuti con persone più o meno vicine al Governo, sembra che questi si vanti di aver in politica ecclesiastica (?) due principi, e cioè:

1) Chiesa separata dallo Stato sovrano

2) Favorire nella Chiesa non la rivoluzione ma la evoluzione: ossia tenersi fuori da tutto ciò che è domma e disciplina ecclesiastica, ma favorire quello che essi chiamano un adattarsi della Chiesa alle esigenze moderne. Il Guaio però si è che sotto il nome di evoluzione qualcuno vorrebbe far passare cose come l'abolizione del celibato, l'introduzione della liturgia slava, ecc.

Intanto l'Assemblea nazionale, che avrebbe avuto per mandato di preparare la via all'Assemblea costituente, non solo ha proclamato la repubblica, ma fa pressione perché siano trattate subito certe materie,specialmente di indole religiosa, che sarebbero senza dubbio di spettanza dell'Assemblea costituente, ma che invece la maggioranza dell'Assemblea nazionale vuole trattare subito, pensando che sia questo il momento più propizio ai suoi fini. Essa vuol far trovare l'Assemblea costituente di fronte ai fatti computi.

L'Assemblea nazionale si compone di 250 membri, dei quali 80 sono socialisti, 24 buoni cattolici, tra i quali 8 sacerdoti, due sacerdoti apostati, e il resto di radicali e nazionalisti. Molti dei radicali e socialisti si sono intrusi da se stessi o sono stati eletti con un programma puramente nazionalista e separatista nei riguardi dell'Austria. Essi invece vogliono ora spingere innanzi un

---

Tod verurteilt, 1917 von Kaiser Karl begnadigt; 14.11.1918–04.07.1919 Ministerpräsident der Tschechoslowakischen Republik. Vgl. Müller, Der Hochverratsprozeß gegen Dr. Karel Kramář und Nr. 54, Anm. 4.

11 Isidor Zahradník, tschechoslow. Eisenbahnminister 1918/19, Prämonstratenser im Chorherrenstift am Strahov in Prag; 1920 Übertritt zur huss. Kirche.

programma antireligioso che temono non potrebbero più far passare dopo le nuove elezioni per l'Assemblea costituente nelle quali il popolo, che sembra in parte ancora, specie nella campagna, addetto al clero, non guarderebbe più solo alle idee nazionali del candidato, ma anche a quelle religiose.

E'così che l'Assemblea nazionale si sta occupando di alcune riforme nel campo religioso. Le più esaltate contro la religione sono alcune donne deputatesse, socialiste e radicali.

Il Governo, e specialmente il Dr. Kramář, non vede di buon occhio, né il programma della maggioranza, né la fretta con cui eon cui essa vuol farlo approvare. Teme però di opporsi per il pericolo che essa lo faccia cadere da uno momento all'altro, ciò che provocherebbe l'ascensione di elementi estremi socialisti massimalisti.

I cattolici dal canto loro cercano di opporsi come meglio possono: sono però in minoranza.

Gli otto sacerdoti che fanno parte dell'Assemblea nazionale si sono riuniti ed hanno eletto a loro presidente il Dr. Stojan[12], ottimo sacerdote della diocesi di Olmütz. Questi si è recato oggi in Nunziatura per chiedere lume.

Egli voleva sapere innanzi tutto se era vera la notizia, che gli era stata data come certa da un deputato czeco, come proveniente dal Signor Beneš[13], Ministro boemo a Parigi, che cioè il Masaryk avesse per mezzo del Card. Bourne[14] stipulato un concordato con la S. Sede; fatto questo che, se vero, a parere del Rev. Stojan, avrebbe tagliato corto a tante questioni che la maggioranza dell'Assemblea nazionale vuole spingere.

Io ho risposto che la cosa non era a mia conoscenza e che perciò stesso, come pure per altre ragioni, mi pareva di poter escludere la conclusione del concordato. Lo Stojan avrebbe voluto allora una direttiva circa l'attitudine da osservarsi di fronte alle proposta di leggi lesive degli interessi e diritti della Chiesa.

Ho risposto che lui ed il gruppo cattolico cercassero di opporsi con tutti i mezzi d'accordo con l'Episcopato e facendo parlare la stampa cattolica, la pochissima che vi è ora in Boemia. Ho aggiunto anche, che a mio parere si dovrebbe insistere sopratutto nell'esigere che l'Assemblea nazionale si limiti al suo vero compito, quello di preparare le elezioni per la Costituente, ed intanto con tutti i mezzi mettere in guardia gli elettori. Il deputato ha tanto insistito per avere una parola che gli indichi un limite dentro il quale le proposte che dirò più sotto sarebbero almeno tollerate dalla Chiesa.

Sempre per lo stesso scopo egli, anche a nome dei suoi colleghi, caldeggerebbe l'invio in Boemia di un Rappresentante pontificio, anche, se non fosse

---

12 Msgr. Anton Stojan, Kanonikus und Propst in Kremsier, MöAH.
13 Edvard Beneš, 14.11.1918–18.12.1935 tschechoslowakischer Außenminister, 1921–1922 Ministerpräsident.
14 Francis Kardinal Bourne, 1903–1935 Erzbischof von Westminster.

possibile altrimenti, senza carattere diplomatico. Gli ho risposto esprimendogli varie difficoltà che mi sono sorte spontanee, non ultima delle quali la possibilità che, anche se la Santa Sede acconsentisse, se non vi fosse un'intesa, almeno tacita, col Governo, la persona inviata potesse trovarsi in imbarazzi, sopratutto se le frazioni estreme ne avessero preso pretesto per gridare contro lo straniero che si sarebbe, a loro avviso, voluto immischiare nei loro affari interni. Ho offerto allo Stojan l'opera mia come intermediario presso la Santa Sede. Egli mi ha ringraziato, accettando, ma facendomi notare che è tale in Boemia lo spirito di avversione all'Austria che anche per la Nunziatura di Vienna si nutrirebbero delle prevenzioni giacché si sospetterebbe potrebbe favorire l'Austria. La stessa corrispondenza della Nunziatura per la Boemia e viceversa è sorvegliata.

Ho poi colto questa occasione per manifestare confidenzialmente al Dr. Stojan le buone disposizioni della Santa Sede verso i nuovi Stati, ed il desiderio di Essa di entrare e mantenere con loro le cordiali relazioni che tutti i buoni desiderano. Ho invitato anche lui a tastare il terreno e riferirmi. Eguale passo avevo fatto presso i Vescovi al ricevere il cifrato dell'Eminenza Vostra N. 161. Finora non ho ricevuto risposta da loro e credo che si attenda, per ciè che tocca la Boemia, l'arrivo del Masaryk il quale solo ha l'ascendente necessario per imporre la propria opinione[15].

La maggioranza dell'Assemblea nazionale si agita per far approvare le seguenti leggi, i cui disegni sono stati presentati dal deputato Boucek[16].

1) Introduzione del matrimonio civile obbligatorio;

2) abolizione di tutti gli impedimenti matrimoniali ecclesiastici, riconosciuti ancora dal codice civile e cioè: vota solemnia – status sacerdotalis – disparitas cultus-criminis;

3) introduzione dei nuovi impedimenti cosidetti igienici;

4) divorzio;

5) togliere la facoltà teologica dall'Università;

6) nelle scuole tolto l'insegnamento religioso obligatorio; si insegnerebbe la cosidetta morale civile;

7) i beni dei Monasteri dovrebbero passare parte alla Repubblica, parte al mantenimento della Chiesa;

8) coi beni ecclesiastici si dovrebbe fare un fondo sul quale verrebbero retribuiti i sacerdoti;

9) separazione della Chiesa dallo Stato.

---

15 Rückkehr Thomas Masaryks nach Böhmen am 20.12.1918. Vgl. Masaryk, Die Weltrevolution, 383–385; Montgomery-Cuninghame, Dusty Measure, 303–309.

16 Václav Boucek, Rechtsanwalt in Prag, Mitglied von Masaryks Realistenpartei, vgl. Masaryk, Die Weltrevolution, 29.

Questo più o meno ciò che tocca l'Assemblea nazionale. Da parte del clero però, parlo di quella spinta e che si agita molto, è tutta una fioritura di proposte: Abolizione del celibato, liturgia slava, facoltà ai preti di eleggere i Vescovi, ecc. ecc.[17]

Si è poi fondata in questi giorni l'Unione del Clero czeco-slavo [sic]. Già da molto tempo i Vescovi si erano preoccupati di questa questione e, come l'Eminenza Vostra sa, ultimamente, dopo le promesse assicuranti che avevano avuto da molti del clero, si erano rivolti alla Santa Sede per la necessaria approvazione. Questa è venuta proprio in tempo, quando già si poteva temere che alcuni sacerdoti dovessero andare oltre senza attendere il permesso richiesto. Per l'Episcopato è stato un vero sollievo, sia perché la cosa è stata fatta così canonicamente, sia perché gli ha offerto il modo di far osservare ai sacerdoti che, avendo la S. Sede approvato la loro Unione, essi dovranno far onore ai loro impegni mantenendosi in stretto contatto con i loro Vescovi ed accettando in tutto le loro direttive. L'ottimo Mgr. Doubrava che conosce molitissimi die sacerdoti che vi fanno parte, ringrazia il Signore che la grazia da Roma era giunta in tempo e mi diceva di sperare bene. Egli sopratutto si è molto occupato, coll'ascendente che gli danno i suoi lunghi anni di rettorato del Seminario Minore, di chiamare a sé i principali membri dell'Unione e confortarli con parole appropriate a lavorare per la Chiesa in unione e soggezione all'Episcopato.

Nelle costituzioni dell'Unione i sacerdoti dicono tra l'altro: "vogliamo fare tutto in unione con i nostri Vescovi". I sacerdoti che la dirigono sono buoni ed è anche un buon segno che quelli che vi appartengono abbiano eletto a loro presidente un parroco di Praga, Baar[18], ottimo sacerdote, molto ben visto anche dall'Arcivescovo Huyn.

Mgr. Sedlak dal canto suo mi scriveva: "Magno adminiculo erit nobis hisce temporibus gravibus, Unio cleri bohemo-slovenici [sic], quae hisce diebus constituta est. Intendit laborare in unione cum S. Sede et Episcopis et potest fieri facto potens in pugna contra inimicos Ecclesiae." Veramente nella lettera diretta dall' Eminenza Vostra a Mgr. Huyn N. 82872[19], si permetteva di fondare delle unioni diocesane del clero, mentre quella che si è costituita è un'Unione nazionale. Io non ho mancato di farlo osservare a Mgr. Doubrava, il quale però mi disse che anche i Vescovi erano rimasti perplessi, ma che avevano creduto, coram Domino, stante la strettezza del tempo, di permettere la fondazione dell'Unione nazionale. Hanno voluto evitare che il clero czeco della Boemia si credesse trattato meno bene di quello tedesco che ha l'Unione nazionale ed hanno stimato con questo mezzo di attirare alla Santa Sede le simpatie del loro clero ed invogliarlo a lavorare con maggior ardore.

---

17 Vgl. Masaryk, Die Weltrevolution, 536–540.
18 Nicht näher verifizierbar.
19 Konnte nicht eruiert werden.

L'Unione per mezzo del suo presidente mi ha fatto pervenire l'accluso telegramma[20], al quale io ho risposto coll'altro che parimenti invio in copia e che mandai a Mgr. Sedlak perché lo comunicasse, se nulla vi fosse stato in contrario. Egli mi fa sapere di averlo comunicato per le ragioni suddette e per indurre quel clero, che certo apprezzerà l'atto grazioso del Santo Padre, a stringersi sempre più alla S. Sede.

Da quanto poi ho premurosamente domandato mi sembra di poter dire che il clero boemo in questi momenti così tristi sarà in grande parte fedele alla Chiesa, quantunque bisogna tener conto dell'influenza che certe situazioni politiche potrebbero avere su di lui. Così se p.e. si spingesse alla secolarizzazione di tutti i beni ecclesiastici, una parte die sacerdoti, certo quelli di meno spirito, potrebbe credere di trovarsi in una dura alternativa ed essere tentati di fare qualche passo doloroso, giacché bisogna anche aver presente che nell'Impero austriaco, col sistema in uso finora, il popolo non è mai stato abituato a pensare al sostentamento del proprio clero.

Inoltre forse potrà essere che l'Unione del clero boemo-slovacco faccia qualche passo presso la Santa Sede per la liturgia, ossia principalmente per l'uso della lingua slava, non però per ciò che tocca l'essenza die sacramenti. Così sembra che nessuna modificazione vorrebbero nella lingua latina pel Sacrificio della Santa Messa: però nella messa solenne il Vangelo e l'Epistola vorrebbero fossero cantati nella lingua del popolo, così nella distribuzione dell'Eucaristica, nell'amministrazione del battesimo, esclusa la formola sacramentale, ecc. ecc. Ciò dovrebbe valere anche per i sacramentali.

Quanto al celibato, è vero che vi è un certo numero di sacerdoti giovani che vedrebbero con piacere l'abolizione, però a quanto mi è stato riferito, sembra che si sia molto esagerato; giacché alcuni dei più esaltati hanno voluto far credere, ed in parte vi sono riusciti, di parlare a nome di molti.

Mi sono sforzato di fare, come meglio ho potuto, all'Eminenza Vostra un quadro della situazione politico-religiosa della Boemia, basandomi sulle informazioni che ho potuto avere da varie parti che mi sembrano attendibili.

Tornando all'Arcivescovo di Praga, visto che a detta delle persone più serie egli non potrà riprendere l'amministrazione della sua diocesi, io azzarderei l'idea che sarebbe forse opportuno di ottenere la sua rinunzia. Il Signor Tu-

---

20 Dieses Telegramm als Beilage zum Nuntiaturbericht Valfrè di Bonzos – Nuntio Apostolico Unio Cleri catholici bohemoslavonici in primo solemni conventu gratias Suae Sanctitati referens maximas exhibet filiale devotionis obsequium nec non inconcussam ad Sedem Petri fidelitatem promittens et adhaesionem expetit benedictionem apostolicam pro ecclesia catholica tuenda in nascentis reipublicae conditionibus. (f) Joseph Kuska Praeses Risposta: Quos tu Rev. Domine, nomine Unionis Cleri Catholici Bohemo-slavonici inconcussae fidelitatis, filialis devotionis ac firmae ad Petri Sedem adhaesionis obtuleras sensus, Sanctissimus Patri laetus offerre sategi. Hos Idem Beatissimus Pontifex paterne excipiens, benevolentis animi pignus, petitam benedictionism apostolicam impertitus est. [(f) = finito].

sar[21], Ministro di Boemia in questa capitale, dal quale mi recai tempo fa per
le questioni del vettovagliamento di Vienna, come avrò l'onore di riferire
all'Eminenza Vostra, mi toccò questo punto sul quale peraltro io cercai sempre di scivolare. Dalle sue parole però mi accorsi che il Governo è deciso a
chiedere l'allontanamento definitivo di Mgr. Huyn. Il Signor Tusar mi disse
anche che sarebbe venuto da me per parlare ex professo della cosa: ma ancora
non si è visto. La vacanza dell'arcivescovado di Praga sarebbe forse da un lato
una ragione per il Governo di rompere il ghiaccio presso la Santa Sede per
chiedere la nomina del successore, e dall'altro avrebbe una grande influenza
sul clero. In ogni modo offrirebbe l'occasione di chiamare a quella sede un prelato ben visto, influente, il quale, col suo ascendente, potrebbe in questi momenti rendere servigi incalcolabili.

130.
Kaiser und König Karl an den Fürsterzbischof von Wien, Friedrich Gustav Kardinal Piffl

Eckartsau, 1919 Jänner 15

AOS, Tom. I, Index 490, Entwurf[1].

Bitte an den Kardinal, die österreichischen Diözesanbischöfe und das öster-
reichische Volk von seinem Standpunkt in der Regierungsfrage und zur Staats-
form zu orientieren. Er ist und bleibt der rechtmäßige Herrscher Deutschöster-
reichs, er hat nie abgedankt und wird nie abdanken.

Den Kardinal bitten, er möchte jetzt noch vor den Wahlen auf die Katholiken
aller Diözesen Österreichs Einfluß nehmen und durch die Priester auf das
Volk wirken lassen, auf daß die Wahlen nicht nur christlich, sondern auch
monarchistisch ausfallen. Denn ohne Monarchie wird die Kirche in Österreich
bald zugrunde gehen. Man sieht ja, wie viel kirchenfeindliche Gesetze die revolutionäre Regierung in der kurzen Zeit ihres Bestandes geschaffen hat
(Ehe-Gesetzgebung, Gestatten der Freimaurerei)[2].

---

21 Vlastimil Tusar, 1918/19 tschechoslowakischer Gesandter in Wien; 1919/20 tschechoslowaki-
    scher Ministerpräsident.

1   Vermerke: der Brief ist am 15.01.1919 abgegangen; streng geheim von Kaiser Karl hand-
    schriftlich: Ich selbst muß vorläufig in strengster Zurückgezogenheit bleiben. Diktiert am
    15.01.1919. Karl.

2   Vgl. Felix Ermacora, Österreichische Verfassungslehre, Wien 1970, 358.Über die religiösen,
    weltanschaulich-politischen Zusammenhänge anläßlich deRegierungsverzichts von Kaiser

Ich würde den Kardinal bitten lassen, in dem selben Sinne die Diözesanbischöfe durch verläßliche Menschen orientieren zu lassen.

Mein Standpunkt in der Regierungsfrage ist folgender: ich bin und bleibe
der rechtmäßige Herrscher Deutsch-Österreichs. Ich habe und werde nie abdanken. Keine Konstituante, kein Plebescit kann an dieser Tatsache etwas ändern.[3]

Die jetzige Regierung ist eine Revolutionsregierung, da sie die von Gott eingesetzte Staatsgewalt beseitigt hat. Ich wundere mich immer, wenn den Katholiken eingeredet wird, daß Papst Leo XIII. die Republiken approbiert hätte;
dies ist ja grundfalsch, nachdem eine Republik, die das Recht eines anderen
beiseite gesetzt hat, niemals nach den Ansichten des großen Papstes als eine,
für die Katholiken rechtmäßige Staatsform gelten kann.

Die Genesis der ganzen Angelegenheit ist folgende: Wir wurden im Herbst
vorigen Jahres auf einmal durch die Nachricht überrascht, die Deutschen
würden die 14 Punkte des Wilson als Friedensbedingung annehmen, wenn wir
binnen kürzester Zeit nicht zustimmen würden, würden sie ohne uns das
Friedensangebot machen[4]; was blieb uns anderes übrig, als die 14 Punkte anzunehmen, nebenbei enthalten diese Punkte nichts, was wie ein Verzicht auf
angestammte Rechte aussehen würde.

Später kam dann das Verlangen Wilsons, den Tschechen ihre Staatlichkeit,
den Südslaven ihre Rechte anzuerkennen.[5]

Auch diesem Verlangen wurde nachgegeben[6], dies involviert auch keinen
Verzicht auf Böhmens Krone und auf die Herrschaft über die Südslavischen
Länder. Von Deutsch-Österreich war überhaupt gar keine Rede. Mein erstes

---

Karl, vgl. Lennhoff-Posner, Internationales Freimaurerlexikon, Sp. 1174: Am 5. November 1918
  wurde in einer Sitzung des Zentralausschusses auf Antrag von Dr. Karl Ornstein einstimmig
  der Beschluß gefaßt, eine Großloge von Deutschösterreich mit dem Sitz in Wien zu gründen.
  Am gleichen Tag ging ein Gesuch um einen Stiftungsbrief nach Budapest. Am 14. November
  ging die zustimmende Antwort ein, der das Patent folgte. Am 20. November wurde in einer gemeinsamen Arbeit aller Logen der Antrag auf Großlogengründung mit allen gegen eine
  Stimme gutgeheißen. Am 8. Dezember fand unter Vorsitz des letzten Obmannes des Zentralausschusses, Dr. Adolf Kapralik, die Konstituierung der Großloge von Wien statt, nachdem
  nochmals einstimmig der Gründungsbeschluß gefaßt worden war. [...] Die Großmeisterwahl
  wurde auf einen späteren Zeitpunkt verschoben. Sie erfolgte am 31. Mai 1919, erster Großmeister wurde Dr. Richard Schlesinger. Zum Datum des 08.12: Kaiser Ferdinand III. hatte
  1647 „sich, seine Kinder, Völker und Provinzen" der Immaculata Conceptio geweiht. Vgl. Anna
  Coreth, Pietas Austriaca, Wien 1982 (2. Aufl.), 55. Vgl. auch Nr. 213.

3   Vgl. Nr. 123, Anm. 1.
4   Zweite Deutsche Note an Präsident Wilson, Berlin, 1918 Oktober 12, in: Ludendorff, Urkun-
    den, 551 und Bihl, Deutsche Quellen, 477–478.
5   Vgl. Nr. 114 und The Papers of Woodrow Wilson 51, 383; vgl. auch Wilson an Thomas Masaryk
    vom 21.10.1918, in: ebd., 393; ferner Wilhelm August Ekengren an Robert Lansing, 29.10.1918,
    ebd., 505–506 und Thomas Masaryk an Robert Lansing, 29.10.1918, 506–507.
6   Vgl. Nr. 119.

Manifest sieht einen Bundestaat voraus, selbstverständlich unter meinem Szepter.[7]

Die einzelnen Nationalräte sollten in Einvernehmen mit der Regierung arbeiten, was nie geschah. Hingegen hatte sich schon vor dem Manifest widerrechtlich ein Deutscher Nationalrat gebildet.[8]

Dieser leitet sein Recht von den 14 Wilsonschen Punkten ab; von einem Nationalrat steht aber in den Wilsonschen Punkten nichts. Nebenbei war es von den Deutschen Österreichs höchst unpatriotisch, gerade so wie die von ihnen immer als Verräter gebrandmarkten Nationen vor ernsten Friedensverhandlungen die Bande mit dem gemeinsamen Vaterland zu zerreißen. Die Rede Hussareks wegen dem Selbstbestimmungsrecht der Völker geschah ohne mein Wissen.[9]

Mein zweites Manifest vom 10. November [recte 11] möchte ich mit einem Scheck vergleichen, welchen, mit vielen tausend Kronen auszufüllen, uns ein Straßenräuber mit vorgehaltenem Revolver zwingt.[10]

Die Leute der jetzigen Regierung erklärten, daß, wenn dieses Manifest nicht herauskäme, die Dynastie abgesetzt würde und die Sozialisten die Revolution machen würden, die jedenfalls sehr viele Opfer kosten würde; dazu sagte Minister Gayer[11], daß er gar keine Machtmittel zu einer wirksamen Bekämpfung der Revolution in der Hand habe.

Nachdem auf die Armee auch kein Verlaß mehr war und uns selbst die Schloßwache verlassen hatte, entschloß ich mich zur Unterschrift. Ich fühle mich durch diese absolut nicht gebunden.

Dies umso mehr, als sich der Staatsrat nicht daran gehalten hat. In meiner Proklamation steht: „Ich will die Entscheidung anerkennen, die Deutsch-Österreich trifft." Die Proklamierung der Republik am 12. November durch Abgeordnete, deren Mandat längst abgelaufen ist, und die im Volk jeden Halt verloren haben, kann nie und nimmer als der Ausdruck des Willens des Deutsch-Österreichischen Volkes angesehen werden. Durch dieses Machwerk der Sozialisten, werden die Wähler doch bis zu einem gewissen Grade beeinflußt. Der einfache Sinn der Bevölkerung kann nicht verstehen, wozu die altangestammte Monarchie abgeschafft werden soll, um durch eine kurzfristige

---

7 Vgl. Nr. 112.
8 21.10.1918 Konstituierende Sitzung der deutschsprachigen Mitglieder des cisleithanischen Abgeordnetenhauses im Niederösterreichischen Landhaus zu Wien als „Provisorische Nationalversammlung Deutsch-Österreichs".
9 Vgl. Fremdenblatt vom 22.10.1918 (Abendblatt), 1 und Nr. 182, Anm. 4.
10 Vgl. dazu Nr. 123 und „Bericht eines Augenzeugen bei der Unterzeichnung des Manifestes", in: TS 2607–2630 und Werkmann, Der Tote, 13–24.
11 Edmund Ritter von Gayer, seit 13.07.1917 Polizeipräsident von Wien, 11.06.–11.11.1918 österreichischer Innenminister.

Republik wieder zur selben Monarchie zu gelangen. Den Kindern in der Schule müssen ja schon die Köpfe verwirrt werden.

Das Gesetz, worin die Reichsdeutschen zu den Wahlen zugelassen werden, macht nach Wortlaut der Proklamation die jetzigen Wahlen ungiltig.[12]

Hätten sie damals nicht die Republik erklärt, wäre Deutsch-Österreich heute auf den Friedensverhandlungen vertreten; man würde bereits heute die Konturen des zukünftigen Friedens sehen, die Entente hätte uns sicher eine Anleihe gegeben, und wir wären mit Lebensmitteln besser versorgt worden. So stehen wir jetzt vor dem finanziellen Niederbruch, im Auslande wird heute die republikanische Emission unserer Banknoten nicht angenommen. Die Tschechen und Ungarn, an die wir für Lebensmittel angewiesen waren, hat die Republik, die einen, durch die vorherige Inkorporierung Deutsch-Böhmens in Deutsch-Österreich, die anderen durch das Verlangen nach den Westungarischen Komitaten, vor den Kopf gestoßen. Die Entente endlich, haben sie durch den Anschluß an Deutschland geärgert. Die famose Demobilisierung des Herrn Deutsch[13] hat uns nicht nur um Millionen geschädigt und die Juden reich gemacht, sondern auch die Armee gänzlich ruiniert und tausende brotlos gemacht.[14]

Zum Schluß, bitte ich, klären Sie das Volk auf: es gibt in Österreich keine rechtmäßige Republik und es gibt nur eine Monarchie mit ihrer angestammten Dynastie.[15]

---

12 Walter Goldinger, Der geschichtliche Ablauf der Ereignisse, in: Heinrich Benedikt (Hrsg.), Geschichte der Republik Österreich, 39–47;Brauneder-Lachmayer, Österreichische Verfassungsgeschichte, 187–193.

13 Dr. Julius Deutsch, 03.11.1918–15.03.1919 Unterstaatssekretär im Staatsamt für Heerwesen;15.03.1919–22.10.1920 Staatssekretär.

14 Zur Demobilisierung der Armee nach dem 06.11.1918 vgl. bei Arz, Zur Geschichte des großen Krieges, 380–381. Allgemein: Peter Broucek,Heerwesen in Österreich 1918–1938, in: Geschichte der Ersten Republik 1,Graz 1983, 212.

15 Dieser Brief, von Werkmann oder Wallis überbracht, versuchte die Veröffentlichung des Hirtenbriefes der österreichischen Bischöfe vom 23.1.1919 zu beeinflussen. Der Hirtenbrief wurde bereits am 05.11.1918 von Kardinal Piffl konzipiert! Vgl. dazu DAW, TB Wagner, Eintragungen vom 08.–13.11.1918.

131.
Exposé über die außen- und innenpolitischen Verhältnisse in Österreich-Ungarn

o. O., o. D. [1919 zwischen Jänner 23 und März 20][1]

PAMAE, Autriche 39, fol. 44–56.

*Dieser anonyme Zustandsbericht über die Situation der zerfallenden Donau-
monarchie dürfte von Kaiser und König Karl persönlich stammen. Er verwendet die Formulierung „Eile tut not!" auch in anderen Memoranden (vgl. Nr.
167).*

Der Umstand, daß trotz der Einstellung der Feindseligkeiten seitens der siegreichen Ententestaaten keine bahnbrechenden Maßnahmen getroffen wurden, welche die Aufrechterhaltung der Ordnung und Sicherheit, weiters die
Sicherung der Kultur in allen Ländern Zentraleuropas gewährleisten würden,
– hat es naturgemäß mit sich gebracht, daß im heutigen Deutschösterreich
und in Ungarn immer mehr chaotische Zustände um sich greifen.

Unverkennbar ist das zielbewußte Umsichgreifen der bolschewistischen
Ideen, welche im Großen und Ganzen auf die Weltrevolution abzielen. Dieser
Richtung entgegenzutreten, vermögen die bestehenden Regierungen in keiner Weise. Man darf ja nicht vergessen, daß in Deutschösterreich, wie in Ungarn die heutigen Regime nichts anders als die Resultierenden des hauptstädtischen Straßenterrors sind.

Jene neuen Staatengebilde, – Jugoslavien und Tschecho-Slovakei – welche
seitens der Entente anerkannt worden sind, waren schon in den letzten Monaten in der Lage, geordnete innenpolitische Zustände zu schaffen. Diese
Staaten genießen die werktätige Unterstützung der Sieger, konnten sich organisieren und auf allen politischen und wirtschaftlichen Gebieten die notwendigen Maßnahmen treffen, immer gestützt auf die Gewalt der siegreichen
Bajonette.

Deutschösterreich und Ungarn, in welchen Staaten die Revolution neue
Verhältnisse geschaffen hat, sind heute als Staaten noch nicht einmal anerkannt. Ihre wirtschaftliche und politische Existenz wird vom Areopag der Nationen noch nicht als gleichberechtigt betrachtet.

Alles, was in Wien und Budapest vor sich geht, ist ein Resultat der fortwährend wechselnden politischen Strömungen, welcher Wechsel, je nach dem
Kräfteverhältnis des aufgehetzten Straßenpöbels von Tag zu Tag Änderungen
unterworfen ist.

---

1   Datierung entsprechend der archivalischen Ordnung.

Während die Entente in ihrer politischen Stellungnahme gegenüber Deutschland große Ziele im Auge hat, wobei ja nicht zu leugnen ist, daß ihre Beziehungen zu der sich in Deutschland entwickelnden politischen Richtung für die Zukunft Europas in vieler Hinsicht maßgebend sind, – wird der Entwicklung der politischen Verhältnisse in Deutschösterreich und Ungarn überhaupt keine Wichtigkeit beigemessen und scheint bei den Ententestaaten gegenüber allen Zentraleuropa betreffenden Fragen eine vollständige Gleichgültigkeit zu herrschen.

Deutschösterreich und Ungarn sind allerdings jene Gebiete der früheren Donaumonarchie, die sich bedingungslos auf die Seite der Gegner der Entente geschlagen hatten. Sie haben ihren Existenzkampf aus nationalpolitischen Gründen an der Seite des Deutschen Reiches bis zum letzten Moment des Krieges ehrlich durchgefochten, welcher Umstand immerhin dazu beiträgt, ihre strengere Beurteilung seitens der Entente zu rechtfertigen. Es kann ja auch den Regierenden der Entente nicht verübelt werden, daß sie den früheren Gegnern alle jene Härten des Sieges zu fühlen geben, die eine weitere Kraftentfaltung der Unterlegenen vereiteln.

Nicht zu leugnen ist aber, daß das obstinate Schweigen der Ententestaaten und das Vermeiden einer jeder deutlichen Richtunggebung bezüglich der in Zukunft zu verfolgenden Politik in Deutschösterreich und Ungarn nichts anderes zur Folge haben kann als eine Vorschubleistung zugunsten jener Elemente, deren alleiniger Zweck der allgemeine Umsturz der Weltordnung und die Vernichtung aller Kultur ist.

Ich versuche im Folgenden, ein kurzes Bild der innerpolitischen Situation in Ungarn und in Deutschösterreich zu entwerfen:

A) [Ungarn]

In Ungarn wurde im Augenblick des militärischen Zusammenbruches durch die radikal-sozialistischen Elemente unter Beihilfe des Grafen Károlyi[2] ein

---

2   Michael (Mihály) Graf Károlyi von Nagykároli, 31.10.1918–21.01.1919 ungarischer Ministerpräsident. Vgl. seine Memoiren, Gegen eine ganze Welt. Mein Kampf um den Frieden, München 1924. Eine interessante Schilderung des schweizerischen Gesandten in Wien, Charles-Daniel Bourcart über die Persönlichkeit Károlyis vgl. in: BAR, E 2300, Wien 34, Wien, 1919 Februar 28: „Der Ministerpräsident Károlyi, der über allen Parteien steht, steht heute noch unter Kuratel. Er hat seinerzeit in Paris beinahe sein ganzes Vermögen im Spiel und in anderen Vergnügungen durchgebracht. Vor dem Krieg war er dann in Amerika, kurze Zeit darauf in Frankreich interniert und kehrte nach Ungarn reichlich mit Geld versehen zurück. Äußerlich wurde er von der Natur nicht begünstigt. Er ist der Typ des degenerierten Aristokraten, er schielt und da er einen Wolfsrachen hat, ist sein Sprechorgan unsympathisch. Als Redner wirkt er weder durch inhaltliche noch durch virtuose Eigenschaften, sondern durch den demagogischen Ton."

Zustand geschaffen, der die Herrschaft der kommunistischen Elemente in
Budapest befestigte und, unter Anlehnung an die aus Rußland stammende
bolschewistische Agitation, eine Schreckensherrschaft für das ganze übrige
Ungarn schuf.

Die Arbeiter der Hauptstadt, die auch heute die schrankenlose Macht ausüben, bilden die einzige Stütze der heutigen Regierung, die in Budapest
amtiert, jedoch keineswegs in der Lage ist, die Provinz zu beherrschen. Vergessen wir nicht, daß von den 18 Millionen Einwohnern des früheren ungarischen Staates nicht mehr als 300.000 organisierte Arbeiter sind, von denen
250.000 die Hauptstadt bewohnen und beherrschen. Ohne auf die Statistik
der Nationalitäten eingehen zu wollen, sei nur bemerkt, daß die 12 Millionen
zählende magyarische Einwohnerschaft des ungarischen Staates vorwiegend
in der Landwirtschaft tätig ist, und daß alle diese Elemente jenen politischen
Richtungen, die heute für die Politik der ungarischen Regierung maßgebend
sind, absolut fernestehen. Die nach dem Waffenstillstand eingetretene, allgemeine Desorganisation, die imperialistischen Eroberungen des tschechischen,
rumänischen und jugoslavischen Staats auf ungarischem Boden haben Zustände geschaffen, die es heute noch ermöglichen, daß einige wenige kommu-
nistisch-bolschewistische Agitatoren – gestützt auf die 250.000 organisierten
Arbeiter der Hauptstadt – ganz Ungarn beherrschen.

Das Schlagwort der Entente „il faut les laisser cuire dans leurs jus" mag ja
nach allem Vorhergegangenen der Originalität nicht entbehren; immerhin
dürfte es Zustände schaffen, welche die ganze Kultur Zentraleuropas zerstören, ohne der Entente politische Vorteile zu sichern.

Heute ist Ungarn ein Feld ungehemmter Betätigung der allerverschiedensten politischen Richtungen. Vorwiegend kehren sich alle Aktionen in erster
Linie gegen die immer mehr nach links abschwenkende sozialdemokratische
Regierung, deren vollkommenes Übergehen zum Bolschewismus nur eine
Frage von Monaten, vielleicht Wochen ist. Die gegen die Regierung gerichteten Aktionen entbehren derzeit vollkommen der Einheitlichkeit, weshalb
auch mit einem erfolgreichen Umsturz noch nicht gerechnet werden kann.

Die Tendenz der gegenrevolutionären Aktionen ist nicht unbedingt monarchistischer Natur. Es waren auch auf Wiederherstellung des Königtums gerichtete Putschversuche in der jüngsten Vergangenheit zu verzeichnen, jedoch
ist heute ein jeder derartige Versuch in der Hauptstadt selbst undurchführbar. Die Budapester Garnison, circa 30.000 Mann, steht ausschließlich der
sozialdemokratischen Partei zur Verfügung und bildet die einzige Macht, welche die Straße regiert. Außer diesem, rein der hauptstädtischen Arbeiterbe-
völkerung entstammenden Truppen, gibt es noch die sogenannte „Rote
Garde", die als extremer Flügel der sozialdemokratischen Partei der Regierung zur Verfügung steht. Vor Bildung einer der ungarischen Regierung unbedingt zur Verwendung stehenden militärischen Macht kann überhaupt

nicht damit gerechnet werden, von Budapest aus das Land zu regieren. Graf Károlyi, der seit jeher nichts anderes als ein Werkzeug und Aushängeschild der radikalen Partei gewesen war, ist heute vollkommen außerstande, welchen Einfluß immer auf die Innenpolitik auszuüben. Die Provinz erblickt in ihm den Verräter an der ungarischen Sache, die Hauptstadt und deren radikale Elemente ihr Werkzeug, mittels dessen sie Europa das Bestehen geordneter Verhältnisse vorzutäuschen suchen.

In der ersten Zeit war es dem Grafen Károlyi möglich, mit Hilfe der bürgerlichen Elemente in der Regierung (Lovászy[3], Batthányi[4]) einen Einfluß auf die Führung der Geschäfte auszuüben.

Diese Zeit ist nun vorüber, und heute ist Károlyi im wahren Sinne des Wortes der Gefangene des Kabinetts, das unter der absoluten Führung der sozialdemokratischen Partei steht. Diese ist heute noch nicht bedingungslos in das Lager des kommunistischen Bolschewismus eingezogen. Wenn in Ungarn von einer sozialdemokratischen Partei die Rede ist, darf man nicht vergessen, daß es sich hier um etwa 40–50 intellektuelle Agitatoren handelt, die durch Überrumpelung zur Macht gelangt sind und da sie auf keinerlei Unterstützung der magyarischen Elemente in der Provinz rechnen können, mit allen Mitteln die organisierte Arbeiterschaft aufzuhetzen und zu benützen trachten.

Eine ausgesprochen kommunistische Tätigkeit in innigstem Zusammenhang mit den russischen Bolschewisten betreibt Minister Kunfi[5], der auch das führende Element in den Budapester Arbeiter- und Soldatenräten darstellt. Kunfi hat auch gelegentlich seiner Reise in die Schweiz anläßlich des Berner Sozialistenkongresses mit den russischen Emissären neuerdings direkte Fühlung genommen.

Die Sozialistenminister Garami[6] und Boehm[7] hingegen stehen jener Bewegung ferner. Sie sind die gewesenen Vertreter der Gewerkschaften in der Hauptstadt und verfolgten in früherer Zeit eine äußerst gemäßigte und vernünftige Politik. Heute jedoch sind mehr oder weniger alle Elemente, die den Umsturz in den ersten Novembertagen bewirkten, in die allerradikalste Rich-

---

3 Martin Lovászy, 30.10.–26.12.1918 ungarischer Unterrichtsminister; 15.08.–04.09.1919 ungarischer Außenminister. Vgl. dazu auch in: BAR, E 2300, Wien 34, Wien, 1919 Februar 28 und August 14.

4 Theodor (Tivadar) Graf Batthyány de Német-Ujvár, 30.10.–13.12.1918 ungarischer Innenminister. Vgl. auch bei Nr. 87a.

5 Sigmund (Szigmond) Kunfi, 30.10.1918–19.01.1919 ungarischer Minister für Arbeit und Volkswohlfahrt, Führer der Linkssozialisten; 19.01.–21.03.1919 ungarischer Unterrichtsminister; 22.03.–24.06.1919 Volkskommissar für Unterricht. Vgl. Siklós, Ungarn 1918/19, 185–187.

6 Ernst Garami, 31.10.1918–21.03.1919 ungarischer Handelsminister.

7 Wilhelm Böhm, 18.01.–21.03.1919 ungarischer Kriegsminister; 22.03.–24.06.1919 Volkskommissar für Krieg und Sozialisierung. Vgl. seine Memoiren, Im Kreuzfeuer zweier Revolutionen, München 1924.

tung gedrängt, da an ein Zurückkehren zu den bürgerlichen Prinzipien seitens der Regierung insolange nicht zu rechnen ist, als der hauptstädtische
Straßenterror ungebrochen bleibt.

In der Provinz organisieren sich nun die allerverschiedensten Parteien mit
der ausgesprochenen Absicht, dem gegenwärtigen unhaltbaren Zustand ein
Ende zu bereiten. In Siebenbürgen organisiert sich das Ungarntum unter dem
Druck der rumänischen Greueltaten, die naturgemäß das ungarische Nationalgefühl stärken.

In Oberungarn und in der Slovakei sowie in Südungarn herrschen ähnliche Zustände.

Im allgemeinen steuert die ungarische Provinz zielbewußt dem Bürger-
kriege zu, indem auf den Moment gewartet wird, der es ermöglicht, von allen
Seiten der Hauptstadt zustrebend, die dortige vaterlandslose Regierung zu
stürzen und die Hauptstadt in ungarisch-nationale Hände zu bekommen. Dieser neue Umsturz und der mit Sicherheit zu erwartende Bürgerkrieg werden
aber Ungarns Kultur auf Jahrzehnte hinaus vernichten und einen Herd von
Unruhe und Unsicherheit schaffen, der auf ganz Zentraleuropa störend und
hemmend wirken wird. Das isolierte Ungarn wird ein Schauplatz der wider-
streitendsten Kämpfe werden. Man muß sich klar vor Augen halten, daß eine
gesunde Neuordnung sowohl in Ungarn als auch in Deutschösterreich nur unter Mitwirkung der siegreichen Westmächte angebahnt werden kann und
darf.

Die verschiedenen bürgerlichen und ungarisch-nationalen Strömungen unter einen Hut zu bringen, ist heute einzig und allein Graf Julius Andrássy[8]
imstande. Diesem haben sich die Führer der bürgerlichen und nationalen Parteien unbedingt zur Verfügung gestellt und würden ihn in seinen auf die Wiederherstellung der bürgerlichen Ordnung gerichteten Bestrebungen verläßlich unterstützen.

Allerdings könnte Andrássy auch nur dann erfolgreich vorgehen, wenn er
wüßte, auf welche Orientierung der Ententepolitik gegenüber Ungarn er rechnen könnte.

Andrássy wäre auch vermöge seines Ansehens in Deutschösterreich in der
Lage, eine Politik zu verfolgen, die den Zusammenschluß Ungarns mit
Deutschösterreich ins Auge fassen würde und damit den Anschluß an
Deutschland zu verhindern imstande wäre.

Die Existenz Ungarns ist im allgemeinen nur auf Basis einer mindestens
wirtschaftlichen Konföderation in Zentraleuropa denkbar.

Stabile Verhältnisse werden sich ohne Zweifel in Ungarn wie in Österreich
im weiteren Verlaufe nur auf bürgerlich-demokratischer Grundlage herstel-

---

8   Julius (Gyula) Graf Andrássy von Csik-Szent-Király und Krasnahorka, 24.10.–02.11.1918 letz-
    ter österr.-ung. Außenminister. Vgl. Nr. 87a.

len lassen. Für England und Frankreich ist es in die Augen springend, daß die
Gewähr für halbwegs stabile Zustände unmöglich im kommunistischen Regime gelegen sein könne, weil ja dieses zu fortwährenden Verschiebungen der
Parteiverhältnisse führen müßte, was naturgemäß auf die außenpolitische
Entwicklung von bedenklichem Einfluß wäre. Selbstverständlich kann auf
eine monarchistische Politik in der heutigen Entwicklungsphase nicht gerechnet werden; es kann sich gegenwärtig nur darum handeln, den hauptstädtischen Straßenterror zu brechen und geregelte Verhältnisse der bürgerlichen Ordnung wiederherzustellen.

B) Deutschösterreich

Während in Ungarn der vor sich gegangene Umsturz lediglich ein Symptom
der radikal kommunistischen Evolution in Osteuropa ist, sind die Verhältnisse, wie sie sich in Deutschösterreich entwickelt haben, in vieler Beziehung
auf den Einfluß der alldeutschen Ideen zurückzuführen.

Zur Zeit, als Graf Julius Andrássy den Sonderfrieden mit der Entente anstrebte, setzte unter dem Einfluß der deutschen Botschaft in Wien eine mächtige Agitation zugunsten des Anschlusses an Deutschland ein.[9]

Diese Aktion fand besonders in den Kreisen der sozialdemokratischen Parteien einen günstigen Boden, nachdem eben diese Parteien im Falle eines Anschlusses an Deutschland an Kraft und Einfluß mächtig gewinnen würden.
In Deutschösterreich existiert und wird stets eine ausgesprochene bürgerliche Majorität bestehen. Die große Gewalt der christlichsozialen Ideen, weiters die überwiegende Mehrzahl der Ackerbau und Viehzucht betreibenden
Bevölkerung bringt es mit sich, daß Deutschösterreich allein nie ein Staat radikal kommunistischer Richtung werden kann. Im Falle eines Anschlusses an
Deutschland würde die Macht der Sozialisten derartig wachsen, daß die allgemeine Sozialisierung Hand in Hand mit jener Großdeutschlands vor sich
gehen könnte. Der heutige überwiegende Einfluß der Sozialisten, deren radi-
kalster linker Flügel – genau wie in Budapest – unter Führung der Staatssekretäre Bauer[10] und Deutsch[11] im Zusammenhang mit der Leitung der bolschewistischen Bewegung in Moskau steht, arbeitet heute Hand in Hand mit
den alldeutschen Parteien, welche seit jeher unter der Ägide Berlins stand. Es
ist dem Terror der Sozialisten und Alldeutschen heute gelungen, eine mäch-

---

9 Vgl. Nr. 97 und BAR, E 2300, Wien 33, Wien, 1918 November 08 und 15–19: Berichte Bourcarts
   an den Bundesrat.
10 Otto Bauer, 31.10.–21.11.1918 Unterstaatssekretär; 21.11.1918–03.03.1919 Staatssekretär für
   Äußeres; 1919–1934 Mitglied des Nationalrates (sozialdemokratisch). Vgl. eine Charakteristik
   Bauers durch Bourcart, in: DDS 7/1, 113–118 (Nr. 63).
11 Vgl. Nr. 130.

tige Bewegung für den Anschluß an Deutschland auch in den Kreisen der
Christlichsozialen zu schaffen.

Dieser Anschluß, möge er heute auch von der neugebildeten Nationalversammlung beschlossen werden, ist für Deutschösterreich selbst in jeder Beziehung ein Nonsens.

Die Erkenntnis der schwerwiegenden Folgen würde sich in der Zukunft nur
zu bald bemerkbar machen. Die weitere Folge dieser heute vielleicht unter
dem Einflusse sozialistischer und großdeutscher Agitatoren geschaffenen Tatsache wäre eine Quelle fortwährenden inneren Kampfes, dessen Übergreifen
auch auf die wirtschaftspolitischen Beziehungen zu den Nachbarstaaten die
bösesten Folgen haben müßte. Eine rechtzeitige Stellungnahme der maßgebenden Staatsmänner der Entente könnte da maßloses Unheil verhüten.

Es kann und darf nicht dazu kommen, daß das von der Entente vielfach betonte Selbstbestimmungsrecht der Völker einzig und allein durch, unter dem
momentanen Einfluß parteipolitischer Interessen gewählte, Abgeordnete ausgeübt werde. Eine jede Absicherung der Staatsform, beziehungsweise [der]
Zugehörigkeit [und der] Grenzen, ist für das Leben der Völker das einschnei-
dendste und wichtigste Moment, dessen Entscheidung einzig im Wege einer
Volksabstimmung möglich sein darf. Eben diese Volksabstimmung wäre der
Umstand, der von den leitenden Kreisen der Ententeregierungen gefordert
werden müßte, falls die neugewählte deutschösterreichische Nationalversammlung sich für den Anschluß an Deutschland ausspricht.

Die wirtschaftliche Existenz der deutschösterreichischen Länder im Anschluß an das große Deutsche Reich bedeutet für alle Zeiten den Niedergang
aller wirtschaftlichen Interessen Deutschösterreichs.

Deutschösterreich lebte und lebt durch Wien, welches in jenem Momente
zur Provinzstadt herabsinkt, in dem es eine an der Peripherie des großen
Deutschlands gelegene Stadt wird.

Deutschösterreich ist in Lebensmitteln und Rohstoffen auf die Einfuhr angewiesen, und zwar auf die Einfuhr aus dem tschechischen Staate und aus
Ungarn, ohne deren Zufuhren die deutschösterreichische Industrie dem Un-
tergange preisgegeben wäre.

Es ist keine Frage, daß in weiterer Folge der kategorische Imperativ dieser
Wahrheiten in den meisten Kreisen Deutschösterreichs anerkannt werden
wird. Und die sich hieraus ergebende Reaktion der Ideen wird sich ohne Zweifel auf energische Weise geltend machen. Jedenfalls ist mit einer Stabilität der
Verhältnisse in Deutschösterreich im Falle eines Anschlusses an Großdeutschland nicht zu rechnen. Während der Peripetien der Waffenstillstandsverhandlungen seit dem Monat November ist es seitens der Entente verabsäumt worden, irgendwelche richtunggebende Erklärung bezüglich der
zukünftigen Konfiguration Zentraleuropas abzugeben.

Hiedurch wurde der politischen Intrige Tür und Tor geöffnet.

Deutschösterreich, wie oben erwähnt, heute vorwiegend unter dem sozial-kommunistischen Einfluß der Machthaber von Berlin stehend, verfolgt heute eine selbstmörderische, einzig von der Wiener Straße beeinflußte Politik, die naturgemäß den Bürgerkrieg und die Gegenrevolution vorbereitet. Wie in Ungarn so auch hier steuern die Verhältnisse einer vollkommenen Auflösung und einem fortwährenden politischen Kampfe entgegen.

Der politische Einfluß des tschechischen und jugoslavischen Staates vermag auch hier, wie in Ungarn, nur schürend zu wirken.

Wie Ungarn von Rumänen, Tschechen und Serben bedrängt, geknebelt und gedemütigt wird, ebenso sieht in der heutigen Entwicklungsphase das junge Deutschösterreich in diesen Nationalstaaten seine erbittertsten Feinde, welche durch ihre geographische und wirtschaftliche Lage die Möglichkeit haben, ihm den Lebensnerv abzuschneiden.

Ein intimes politisches Zusammengehen Deutschösterreichs mit Ungarn allein vermöchte stabile Verhältnisse zu schaffen, die auf eine längere Zeit die kulturelle Entwicklung in Centraleuropa gewährleisten.

C)

Um allen diesen Mißständen abzuhelfen, handelt es sich darum, daß die Entente mit verläßlichen Elementen Ungarns und Deutschösterreichs in Verhandlung tritt.

Unter verläßlichen Elementen wären solche zu verstehen, welche den Staaten der Entente für die Zukunft die Gewähr leisten:

Erstens, daß Zentral- und Osteuropa nicht ein Herd fortwährender bolschewistischer Revolutionen werde.

Zweitens, daß in Ungarn und in Deutschösterreich keine politische Richtung die Oberhand gewinnen wird, die den großen politischen Interessen der Entente entgegenarbeitet.

Die Staaten der Entente haben es bisher geflissentlich vermieden, mit den sogenannten nicht anerkannten Vertretern Deutschösterreichs und Ungarns in Verbindung zu treten. Dies mag ja in vieler Beziehung seine Berechtigung haben. Heute ist jedoch der Moment gekommen, wo die Staaten der Entente sich ins Klare kommen müssen, durch wen sie in Zentraleuropa Politik machen lassen wollen. Die machiavellistischen Intrigen sind bereits im Gang seitens der Regierungen Ungarns und Deutschösterreichs, die einzelnen Ententestaaten und deren Interessen und Ziele gegeneinander auszuspielen.

Auf Umwegen in Rom, Paris und London sowie bei den Vertretern Wilsons wird Anschluß gesucht und getrachtet, unter Hervorhebung der Sonderinteressen des einen oder anderen Ententestaates Vorteile zu erzielen, deren Gesamtresultat jedoch nichts anderes als eine Vergrößerung des Chaos sein kann.

Es wäre daher an der Zeit, einzelne Männer zu hören, die die einzige mögliche Lösung des centraleuropäischen Problems – im Einklang mit der Politik Englands und Frankreichs – zu lösen wünschen.

Andrássy, der wie oben erwähnt, den überwiegenden und wertvollsten Teil Ungarns hinter sich haben könnte und auch in Deutschösterreich Einfluß besitzt, wäre am ehesten geeignet, in unmittelbare Verbindung mit Paris und London zu treten.

Falls die berufenen Vertreter der Entente mit ihm einig geworden sind, läßt sich der ganze ihm zur Verfügung stehende Apparat, dessen journalistische und politische Organisation in Ungarn und Österreich im Ausbau begriffen ist, in den Dienst jener Richtung stellen, die eben von Paris und London abgegeben werden wird.

Eile tut not![12]

Da jede weitere Hinausschiebung einer energischen Einflußnahme das Chaos vergrößert und die Politik Zentraleuropas dem Herd der Weltrevolution zutreibt.

132.
Kaiser und König Karl an die Prinzen Sixtus, Xavier und René von Bourbon von Parma

Eckartsau, 1919 Mitte Februar

AOS, Tom. I, Index 573, beglaubigte Kopie.

Situationsbericht über die zerschlagene Donaumonarchie und die Möglichkeiten einer Restauration.

Herzlichen Dank für Euere Bemühungen, besonders bin ich René für seine Vermittlung verbunden.

Gottes Segen für Euere Arbeit!

In Deutschösterreich wäre es nicht schwer, die Republik umzuwerfen, aber da verfeindet man sich wegen zahlloser größerer oder kleinerer Grenzstreitigkeiten unwiderruflich mit allen anderen Völkern des bisherigen Österreich. Das Schlagwort, „Österreich den Österreichern" würde hier bei dem geringen Staatsbewußtsein und dem umso impetuoseren Nationalgefühl aller Völker gar nicht ziehen.

In ganz Österreich kann die Monarchie nur aus der zwingenden geogra-

---

12 Vgl. Nrn. 87a, 150 und Archiv Einsiedeln, NL Bossart: Kaiser Karl an Abt Thomas Bossart, undatiert, Vermerk: 04.04.1919 mit derselben Formulierung: „Eile tut not!"

phischen und wirtschaftlichen Notwendigkeit der Wiedervereinigung der Kleinstaaten entstehen. Hier kann kein zweiter Balkan werden, und die Dynastie ist das einigende Band zwischen den Völkern, ein Präsident des Bundes, welcher Nationalität er immer wäre, würde immer bei der anderen Nationalität auf Schwierigkeiten stoßen. Hätte ich Deutschösterreich allein zu regieren, so müßte ich mich entweder an das sozialistische Deutschland anschließen oder ein mittelalterlicher, heutzutage nicht mehr lebensfähiger Rumpfstaat werden. In Jugoslavien ist momentan nichts zu machen, da dort ein Chaos herrscht. Ungarn besteht eigentlich nur aus Pest. In Böhmen herrscht die Entente unumschränkt und würde <u>jedenfalls</u> die Republik verteidigen. Daher muß noch etwas gewartet werden.

Die Papiere des Ludwig[1] sind von keiner großen aktuellen, sondern mehr geschichtlichen Bedeutung. Ich habe überhaupt keine Politiker in die Schweiz entsendet, alle sind aus eigenem Antriebe gegangen; es ist mir auch fast unmöglich, weitere Fahrten solcher Politiker zu verhindern, da ich von ihrer Absicht in den meisten Fällen nichts erfahre.

133.
Instruktion Kaiser und König Karls für Prälat Ignaz Seipel

o. O. [Eckartsau], 1919, ca. Anfang Februar

AOS, Tom. II, Index 696, beglaubigte Kopie.

Aufforderung, nach den Wahlen im Volk und in der Presse unzweifelhaft die monarchische Idee zu propagieren und „wo selbe eingeschlafen ist", sie neu zu erwecken. Erwartet nach den Wahlen energische Politiker, die kraftvoll „alle zum Bolschewismus führenden Fehler" der gegenwärtigen Regierung beseitigen.

Ich danke dem ehemaligen Minister Dr. Seipel vielmals für seine freundlichen Mitteilungen und grüße ihn herzlichst. Ich vertraue vollkommen auf seine hohe, politische Einsicht, Voraussicht und auf seine bewährte Loyalität. Ich hoffe, daß – obgleich man jetzt nicht öffentlich mit der Monarchie hervortreten kann – man nach den Wahlen dennoch im Volke und in der Presse <u>un-zweifelhaft</u> die monarchische Idee propagieren wird und wo selbe eingeschlafen ist, sie neu erwecken wird. Das Volk bei uns ist ganz desorientiert und politisch noch ziemlich unreif. (Beispiel k.k. Tabak Trafik, Republik kein Krieg ohne Zustimmung des Volkes, Republik keine Steuern, Kaiser will, wenn auch

---

1 Ludwig Prinz Windisch-Graetz, vgl. Nr. 87a.

gerufen, nicht mehr kommen etc.) Monarchische Idee ist ja von selbst im Nachteile dadurch, daß Republik momentan unter Terror der Sozi herrscht. Der Österreicher ist von Natur aus indolent und gutmütig und haßt Aufregungen, daher besteht die Gefahr, daß, wenn nicht entgegengewirkt wird, die republikanische Staatsform aus Bequemlichkeit bleibt. „Es geht auch so", wie die Leute sagen.

Ich erwarte, daß nach den Wahlen energische Menschen an die Regierung kommen werden und mit Kraft alle zum Bolschewismus führenden Fehler der jetzigen Regierung beseitigen werden (Soldatenräte, Rote Garde, maßlose Arbeitslosenunterstützung, unwürdige Behandlung der Offiziere, Laxenburg, Burg, Familienfonds)[1].

134.
Kaiser und König Karl an den Fürsterzbischof von Wien, Friedrich Gustav Kardinal Piffl

Eckartsau, 1919 nach Februar 16

AOS, Tom, II, Index 697, beglaubigte Kopie.

Aufforderung an den Wiener Kardinal-Erzbischof, am Bündnis von Thron und Altar festzuhalten.

Die Wahlen sind ein entschiedener Mißerfolg[1], wir dürfen uns aber dadurch nicht niederdrücken lassen.

Das Heiligste Herz Jesu und die Heiligste Mutter Gottes haben das Haus Habsburg immer beschützt und errettet, ich vertraue fest auf den Endsieg und mit mir müssen alle gutgesinnten und gläubigen Österreicher mitvertrauen. Lassen Sie recht viel beten, den Gläubigen muß Patriotismus und Loyalität gepredigt werden, es muß jetzt klar und deutlich gesagt werden: Wir wollen eine Monarchie, denn Thron und Altar sind untrennbar verbunden. Der Gegner will den Kampf, wir müssen ihn aufnehmen. Mit Gottes Hilfe wird Alles zum Guten sich wenden.[2]

---

1 Vgl. zur Situation in Wien und in der ehemaligen österr.-ung. Monarchie, in: BAR, E 2300, Wien 34, Schweizerische Gesandtschaft in Wien, Politische Berichte 1919: Berichte von Charles Daniel Bourcart an den Schweizerischen Bundesrat, 07.01.; 08.01.; 09.01.; 10.01.; 17.01.; 27.01.; 01.02.; 07.02.; 14.02.; 22.02.; 28.02.1919; vgl. dazu auch Rennhofer, Seipel, 175.

1 Die Wahlen zur verfassunggebenden konstituierenden Nationalversammlung fanden am 16. Februar 1919 statt; die Christlichsozialen erhielten 35,93 % der Stimmen, das waren 69 Mandate.

2 Über die laufenden Kontakte des Kaisers mit dem Wiener Fürsterzbischof durch Hauptmann

135.
Kaiser und König Karl an König Georg V. von Großbritannien und Irland

Eckartsau, 1919 Februar 21

RA, GEO V, M 1466/4, Ausfertigung; AOS, Tom. I, Index 572, beglaubigte Kopie. Druck der deutschen Übersetzung der im königlichen Archiv von Schloß Windsor befindlichen Ausfertigung: Brook-Shepherd, Um Krone und Reich, 270.

Dank für die Entsendung von Colonel John Summerhayes.

Majesté,

Je suis heureux de pouvoir venir remercier Votre Majesté de la si délicate attention de m'avoir envoyé le colonel Summerhayes.[1]

Je suis fort touché de cet acte si courtois et, en même temps, j'en suis très reconnaissant.

Le colonel est un homme charmant qui remplit sa mission avec beaucoup de tact et d'amabilité.

La situation dans le monde entier est très difficile, surtout pour nous souverains. Que Dieu ait pitié de l'humanité souffrante et lui rende bientôt le repos dont elle a si besoin.

De Votre Majesté le bon frère et cousin.

Werkmann, Graf Wallis, Graf Polzer und Baron Schager, vgl. DAW, TB Wagner, Eintragungen vom 17.01., 22.01., 11.03., 26. und 28.03.1919.

1 Nachdem die brit. Regierung am 20. Jänner, am 01. und 14. Februar 1919 über den frz. General Franchet d'Esperay alarmiert worden war, daß das österr.-ung. Kaiserpaar ermordet werden sollte, wurde der in Wien stationierte Oberstabsarzt Colonel John Summerhayes zum Schutz des Kaiserpaares am 20.02.1919 nach Eckartsau gesandt. Vgl. dazu PRO, FO 371/3450, Prot. 199.831, unfoliiert, mit Telegrammen vom 20.01; 01., 09., 11., 14., 19. und 20.02. 1919 und Thomas Montgomery-Cuninghame, Dusty measures, 318–320, dem auch der Wiener Polizeipräsident Schober von einem solchen Komplott berichtete. Vgl. dazu auch analoge Nachrichten des ital. Hochkommissars in Konstantinopel, Sforza, an Sonnino, Pera, 1919 Februar 12, in: DDI, Ser. 6, II, 218 (Nr. 313).

136.
Kaiser und König Karl an Papst Benedikt XV.

Eckartsau, 1919 Februar 28

AE, Austria 696 [neu 1328 P.O.], Prot. 88.527, Ausfertigung[1]; AOS, Tom. I, Index 466, beglaubigte Kopie; in dtsch. Übersetzung auszugsweise: Kovács, Papst Benedikt XV., 357–359.
Druck: Rumi, 43–45.

Kaiser und König Karl informiert den Papst über die Ereignisse vom 11. November 1918, über seine Einstellung zu seinem Verzicht auf seinen Anteil an den Regierungsgeschäften. Er entwickelt das Konzept einer monarchischen Donaukonföderation zur Wiederherstellung der von ihm ererbten österreichisch-ungarischen Monarchie.

Comptant sur la bonté paternelle de Votre Sainteté, bonté que, depuis Son glorieux avènement, Elle n'a cessé de témoigner à ma personne ainsi qu'à ma maison et à mes états, j'ose espérer qu'Elle voudra bien m'excuser si la forme de cette lettre n'est pas ce qu'elle devrait être.

Mais j'éprouve un réel besoin de m'approcher de Votre Sainteté avec une confiance toute filiale et de Lui parler à cœur-ouvert. Aussi je La prie instamment de vouloir considérer cette lettre comme strictement confidentielle et exclusivement personnelle.

Dans les épreuves que la Divine Providence m'a envoyées, j'ai conservé le sentiment d'avoir toujours fait ce que j'ai cru être mon devoir et de n'avoir voulu, en toute chose, que le bonheur de mes sujets, de même que la plus grande gloire de Dieu et le triomphe de notre Sainte-Mère l'Eglise.

Ma situation actuelle – Votre Sainteté doit s'en douter – est des plus difficiles. Mais je ne perds pas courage et j'ai, surtout, confiance que le Sacré-Cœur de Jésus n'abandonnera pas ce Pays qui Lui est consacré[2].

C'est cette pensée qui nous donne le plus de force à l'Impératrice et à moi.

Du point de vue politique et juridique, voici quelle est ma situation:

Je n'ai pas renoncé au trône et je suis décidé à ne jamais abdiquer. Dans l'état austro-allemand, la révolution m'a forcé de signer une proclamation moyennant laquelle je déclarais vouloir m'abstenir, en attendant, de tout acte gouvernemental, laissant à la nation le soin de décider de l'avenir. Je ne me

---

1   Im Begleitbrief von Kaiserin Zita, Eckartsau, 1919 Februar 29, an Kardinal Bisleti an den Papst expediert. Vgl. AE, Austria 696 [neu: 1328 P.O.], Prot. 90.154.

2   Die Weihe Österreichs dem Herzen Jesu erfolgte durch Kaiser Franz Joseph am 08.12.1914, vgl. Krexner, Piffl, 122–123. Die Weihe der kaiserlichen Familie erfolgte am 20.10.1918 in Wartholz (NÖ). Vgl. Reichenau a. d. Rax, Pfarrarchiv, Pfarrchronik, 50.

considère nullement engagé par cette déclaration parce qu'elle m'a été extorquée à un moment où je ne disposais plus des moyens voulus pour étouffer la révolution. Mon armée se trouvait encore engagée au front, tandis qu'ici mes troupes m'avaient complètement abandonné, à tel point qu'il ne me restaient, finalement, pour me protéger, que les élèves de deux écoles militaires. Comme roi de Hongrie, également, sous la menace de voir ma maison à tout jamais détrônée, je me suis trouvé dans la nécessité de donner une déclaration semblable à l'autre.

Quel sera désormais, le sort de l'Autriche-Hongrie? Pour le moment, il est fort question de la réunion des provinces allemandes de l'Autriche à l'Allemagne, un projet qui agite très-fort les esprits, et qui a beaucoup d'adeptes dans les milieux radicaux et socialistes, et qui, s'il se réalisait, signifierait la fin de l'Autriche en tant qu'état catholique. Il écarterait à tout jamais cette autre solution que je considère comme la seule possible et désirable et offrante des garanties de durée et de consolidation et qui consisterait à faire renaître l'ancienne monarchie sous forme d'une fédération des états nationaux qui se sont organisés sur son ancien territoire.

Cette seconde solution compte également de nombreux partisans, surtout parmi les éléments modérés et conservateurs, parmi les honnêtes gens en général, mais la terreur qu'exercent les radicaux les paralyse et les empêche de se prononcer ouvertement dans ce sens.

Outre qu'ils ont la même foi, leur situation géographique, leur système économique, le réseau de leurs voies de communication, tout, en un mot, pousse ces peuples, riverains du Danube, à chercher et à trouver, sans trop tarder, la formule de l'union de leurs intérêts les plus vitaux. Ce n'est pas par pour hasard, ce n'est pas pour rien qu'ils ont vécu en union étroite durant des siècles.

J'admets que cette union, si elle doit se refaire, devra à la suite des événements, prendre une forme très changée et toute nouvelle.

Mais je ne vois cette fédération que comme monarchie avec son souverain légitime.

Tout président élu appartenant forcément, par ses origines, à un des états nationaux, ne pourrait donc être accueilli qu'avec méfiance par les autres nationalités et, par là, porterait en soi le germe de la discorde et de nouveaux désordres. Un inconvénient, un danger que ne présenterait la dynastie indigène, planant, pour ainsi dire, au dessus des différentes nationalités.

Cette monarchie fédérale aurait comme affaires communes à tous

1.) les rapports avec l'étranger (diplomatie)

2.) l'armée

3.) commerce, postes et chemins de fer, navigation avec un parlement fédéral et les ministres respectifs.

Pour tout reste, chaque état aurait son autonomie entière, sa constitution, même sa forme gouvernementale à soi.

J'ai la conviction qu'une confédération danubienne de ce genre, et monarchique, sera seule capable d'empécher que la vieille monarchie de ces ancêtres ne devienne, à l'instar des états des Balkans, le théâtre de guerres sanglantes et des luttes interminables.

Déjà les différentes petites républiques, à peine constituées, font la guerre, plus ou moins ouverte, à tout ce qui est catholique. Et considérant l'énergie des Allemands de l'Empire et connaissant, d'autre part le caractère faible et débonnaire de mes Allemands d'Autriche, tout me porte à craindre qu'une union politique de ces deux éléments ne pourrait se produire qu'au détriment du catholicisme.

C'est, je ne me le cache pas, ma propre cause que je plaide, en même temps que celle de notre religion. Mais l'autel et le trône, ces deux pouvoirs d'institution divine, ne sont-ils pas appelés à marcher de pair, étant seuls capables, par leur union, de rétablir l'ordre et, surtout, de le maintenir.

Puissent, Saint-Père, nos efforts réunis arriver à endiguer le bolchévisme qui, dans chacune de ces petites républiques approche à pas de géants. Les gouvernements étant impuissants à y porter remède, nous n'espérons le salut que d'une intervention étrangère.

Voilà ce que je tenais à soumettre à Votre Sainteté. Je La prie de vouloir m'excuser si j'ai abusé de Sa patience, mais qu'Elle veuille aussi considérer quel soulagement j'éprouve, au milieu de mes peines et de mes soucis, de pouvoir Lui dire toute ma pensée, de Lui parler avec la confiance d'un fils, faisant appel à Sa bienveillance paternelle et à Sa très haute sagesse.

Pour le cas où Votre Sainteté aurait quelque chose à me faire dire, à me communiquer, je La prie de daigner se servir, comme moi, de l'intermédiaire du Cardinal Bisleti[3].

137.
Der Apostolische Delegat in den USA, Erzbischof Giovanni Bonzano, an Kardinalstaatssekretär Pietro Gasparri

Washington, 1919 März 12

AE, Austria 654 [neu 1230 P.O.], Prot. 88.773, Ausfertigung.

Bemerkungen über den Präsidenten der neuen Tschechoslowakischen Republik, Thomas Masaryk, über seine Tochter Alice, ihre christlich-politische Agitation, und Auszüge aus dem seit Oktober 1918 in privaten Kreisen der USA zirkulierenden kleinen Werk Masaryks, „Das neue Europa, der slavische Standpunkt".

---

3 Vgl. Kovács, Papst Benedikt XV., 357–399.

I Delegati dell'Unione Nazionale dei Boemi Cattolici Americani, adunati in Congresso in Chicago, in data 3 corrente[1], mi inviarono un telegramma, pregandomi di esprimere la loro gratitudine al Santo Padre per il paterno affetto ed interesse dimostrato verso di loro e della nuova Repubblica Czeco-Slovacca[2].

Nel pregare Vostra Eminenza Reverendissima di degnarsi umiliare a Sua Santità questo devoto omaggio, mi permetto di aggiungere qualche notizia relativa al Signor Tommaso G. Masaryk, Presidente della Nuova Repubblica.

Alcuni giorni fa, i giornali americani annunciavano la partenza per la Boemia di una Signorina della Y.W.C.A. (Associazione Cristiana Femminile), la quale si recava colà per coadiuvare la Signorina Masaryk, sua amica, nel lavoro di ricostruzione in Boemia.

All'Eminenza Vostra è ben noto, come questa Associazione Cristiana della gioventù maschile e femminile, è essenzialmente protestantica e mira a far proseliti dovunque coi forti mezzi finanziarii, dei quali essa dispone. Fino a qualche mese fa, la Signorina Masaryk[3] era un membro attivo di questa Associazione a Chicago, e spiegava l'opera sua specialmente tra gli immigrati.

Giorni fa un buon Signore Cattolico Americano mi parlò del Signor Masaryk, esprimendo ben poca speranza per la libertà religiosa della nuova Repubblica. A conforto dei suoi poco lieti pronostici, egli citava un <u>Opuscolo</u>, che nello scorso Ottobre il Signor Masaryk aveva stampato <u>per circolazione privata</u>, e perciò non facile ad ottenersi.

L'Opuscolo è intitolato "<u>La Nuova Europa</u>" (<u>Punto di vista slavo), Autore Tommaso G. Masaryk, Presidente della Repubblica Czeco-Slovacca</u>"[4].

Il Signore Americano su citato ebbe in mano tale opuscolo, dal quale copiò i seguenti passi: (Pag. 1) I. Il significato storico della guerra. – I. La guerra è una guerra mondiale.

"Quando si considera la guerra, il fatto che colpisce di più è la sua estensione mondiale. Letteralmente il mondo intero ha sopportato per quattro anni le sofferenze di una guerra causata dall'attacco contro la Serbia da parte dell'Austria-Ungheria, aiutata dalla Germania. Tutto il mondo si è diviso in due campi. Austria e Germania hanno con loro soltanto la Turchia, Bulgaria <u>e la Curia Papale</u>; tutti gli altri Stati sono cogli Alleati. Soltanto alcuni dei piccoli Stati sono rimasti neutrali, ed anche in questi la maggioranza del popolo è in favore degli Alleati. Così praticamente tutta l'Umanità ha preso posizione

---

1 Kongreß der tschechischen Katholiken in Chicago am 03. März 1919.

2 Vgl. Nuntiaturberichte Valfrè di Bonzos vom 25.11.–01.12.1918 und Berichte über die Reise Valfrè di Bonzos nach Prag, in: AE, Austria 654 [neu 1230 P.O.], Prot. 86.276; 86.277; 86.278; 86.279.

3 Alice Masaryk, Tochter von Thomas Masaryk.

4 Vgl. T. G. Masaryk, Das neue Europa. Der slavische Standpunkt, Autorisierte Übertragung aus dem Tschechischen von Emil Sandeck, Berlin 1922.

contro la Germania ed Austria. Se il <u>consensus gentium</u> una volta era accettato come un argomento in favore dell'esistenza di Dio, questo consenso dell'
Umanità ha certamente un grande significato morale – : <u>Vox populorum, vox
Dei.</u>" (pag. 12–13) "L'Europa Centrale è composta di Stati monarchici e milita-
ristici. Questo sistema monarchico è in essenza medioevale, teocratico: la
Prussia-Germania, con la sua idea di parentela prussiana per grazia di Dio,
ha rinnovato l'Impero Medioevale; l'Austria-Ungheria, Stato del tutto artifi-
ciale, tenuto unito dalla dinastia e dall'esercito, per sé antidemocratico,
antinazionale, clericale, gesuitico, come la Prussia, si attacca all'idea dell'Impero del Medio Evo. Ambedue questi Stati, alla volontà del popolo oppongono
la finzione della volontà divina, di cui pretendono di essere araldi. La Turchia
è medioevale e di più incivile,barbara; la Bulgaria con a capo un parvenu Austro-Ungarico, il quale trova ogni mezzo onesto, si associa bene alla società
degli Hohenzollern ed Asburgo. Il Pontefice di Roma, da lungo tempo guidato
dal Gesuitismo, lavora a favore dell'Austria e Prussia. L'Austria è l'ultimo
grande Stato Cattolico, e la Germania luterana di Guglielmo, per influire
sull'Austria, sacrifica a Roma ed al Centro Cattolico la sua supremazia protestantica. Gesuitismo e Machiavellinismo sono allo stesso tempo la politica e
diplomazia di Roma Papale, della Prussia e dell'Austria. Gli Imperi Centrali
si unirono non soltanto per la posizione geografica dei loro territorii, ma anche per affinità spirituale interna."[5]

Se mi sarà possibile ottenere copia dell'opuscolo, mi farò un dovere di invi-
arla all'Eminenza Vostra. Dai brevi passi citati apparisce quale sia stato
l'atteggiamento del Signor Masaryk verso la Chiesa e la Santa Sede. E' da
augurarsi ch'egli abbia modificato tale atteggiamento, specialmente in seguito
alla visita che il Presidente Wilson[6], suo grande amico, ha fatto al Santo
Padre.

---

5   Vgl. Masaryk, Das neue Europa, 20, mit Übersetzungskommentaren.
6   Besuch Masaryks bei Präsident Wilson am 19.06.1918. Vgl. Masaryk, Weltrevolution, 316.

138.
Kaiser und König Karl an König Alfons XIII. von Spanien

Eckartsau, 1919 März 17

AOS, Tom. I, Index 86, beglaubigte Kopie, signiert; RA, GEO V, M 1466/11, Kopie[1].
Druck: Woodrow Wilson, Memoiren III, 215–217 (Dokument Nr. XXVII).

Information über die Situation im ehemaligen Österreich-Ungarn, Entwicklung des Konzeptes der Donau-Konföderation, Ersuchen um sofortige Hilfe der Entente gegen den sich rasch ausbreitenden Kommunismus.

Du hast mir seinerzeit angetragen, wenn ich irgend etwas auf dem Herzen habe, so soll ich mich nur confidentiell durch Deinen Courier an Dich wenden. Ich möchte Dich um einen großen Freundschaftsdienst bitten. Ich will Dir ehrlich und rückhaltslos die Situation hier in der Monarchie schildern[2].
Wäre es Dir nicht möglich, die Entente, die uns allein von dem Bolschewismus und vor dem gänzlichen Untergang durch Zerfall in viele unzusammenhängende Einzelstaaten retten kann, in diesem Sinne zu orientieren?
Nach dem Waffenstillstande löste sich meine brave Armee gänzlich auf, die seßhaften anständigen Teile derselben kehrten zu ihren Berufen zurück, jener Teil, sagen wir es ehrlich, das Gesindel, welches nichts zu verlieren hatte, aber auch meistens sich im Hinterlande herumgedrückt hat, bildete die neuen Armeen der Nationalstaaten. Daß diese Leute keine Stütze gegen den Bolschewismus sind, kannst Du Dir denken. Jede Regierung in diesen Nationalstaaten befleißigt sich, der Entente Sand in die Augen zu streuen, daß bei ihnen vollste Ruhe herrscht und Bolschewismus ausgeschlossen ist.
Glaube mir, ich stehe über den Nationen und habe natürlich nichts mit den nationalen Kämpfen zu tun, es wird in allen diesen neuen Staaten über kurz oder lang zum Bolschewismus ärgster Sorte kommen, und dieses Feuer wird auch auf die Ententestaaten übergreifen, wenn die Entente nicht <u>sofort</u> mit starker Truppenmacht dagegen eingreift. Die Regierungen sind <u>vollkommen ohnmächtig</u> und lassen sich von den Radikalen schieben. Die Mittel, den Bolschewismus und in fernerer Zukunft fortwährende Kämpfe zu verhindern, sind:

---

1 Vgl. RA, GEO V, M 1466/10: Alfons XIII. von Spanien an König Georg V. von Großbritannien und Irland, o. O., 1919 März 29. Vgl. dazu Brook-Shepherd, Um Krone und Reich, 285. Die Antwort Georgs V. an Alfons XIII., in: RA, GEO V, M 1466/12, o. O., o. D.: Wilson, Memoiren III, 215–217: Alfons XIII. von Spanien an Präsident Woodrow Wilson, o. O., 1919 März 25.

2 Analoge Schilderungen Bourcarts von Wien, 1919 März 11, 13, 24, 27, 28, in: BAR, E 2300, Wien 34. Nach seinem Telegramm vom 24.03.1919 würde die Bolschewisierung Österreichs in zehn bis zwölf Tagen eintreten, falls hilfreiche Gegenmaßnahmen der Entente ausbleiben.

1.) wie ich bereits erwähnte, daß die Entente Truppen schickt,

2.) daß Lebensmittel in größtmöglicher Menge kommen,

3.) daß die jetzigen Nationalstaaten bei Wahrung ihrer vollkommenen Selbständigkeit sogar in Bezug auf die Staatsform, Republik oder Monarchie zu einer Konföderation unter der Dynastie zusammen geführt werden, wo nur gewisse Belange gemeinsam wären.

a-Ein Präsident der Konföderation, von welcher Nationalität immer er wäre, würde immer für die anderen Nationalitäten ein Stein des Anstoßes sein. Nur die über den Nationen stehende Dynastie kann diese Aufgabe lösen-a (Äußeres, Handel, Heer und Zoll).

Wenn dies nicht geschieht, wird Österreich ein Balkan Nr. 2.

Glaube nicht, daß ich Punkt 3 aus egoistischen Motiven erwähnt habe, aber ich halte jede andere Lösung für recht verderblich für die mir von Gott anvertrauten Völker.

Es kommt noch etwas dazu, in Deutschland ist der Bolschewismus bereits sehr weit gediehen, da ist eine Operation schon sehr schwer möglich, bei uns ist er aber erst im Entstehen und da könnte man ihn noch durch eine schnelle Tat im Keime ersticken.

Beispiele, daß meine Befürchtungen richtig sind, könnte ich Dir viele anführen, aber nur einige kleine Beispiele:

In Baden[3], das Du ja kennst, ist ein Soldatenrat, der eigene Steuern einhebt. Die Regierung sieht diesem Treiben müßig zu.

In Ungarn werden viele Großgrundbesitze, die ja den Reichtum des Landes ausmachen, sozialisiert, das heißt, vom Staate beschlagnahmt und von irgend einem Sozialisten verwaltet. Der Herr bekommt kein Geld von seiner Herrschaft, muß aber alle Auslagen der Bewirtschaftung tragen.

In Böhmen ist ein Bolschewik namens Muna[4], der für ersten Mai den allgemeinen Umsturz anzeigt. Die Löhne sind exorbitant hoch, in Budapest muß man einem gewöhnlichen Privatkutscher 300 Kronen wöchentlich zahlen, der Mistbauer erhält täglich 150 K[ronen], Universitätsprofessoren sind gezwungen, um leben zu können, in ihrer freien Zeit Säcke zu tragen.

Die ung[arische] Regierung hat jetzt im Frieden in ein und einhalb Monaten drei Milliarden K[ronen] ausgegeben, wo z.B. das seinerzeitige um das dreifache größere Ungarn im Kriege nur monatlich 400 Millionen ausgab. Die Notenpresse ist ja geduldig wie in Rußland.

---

a–a Handschriftlich von Kaiser Karl eingefügt; fehlt in der Kopie an König Georg V.

3 Baden bei Wien, Sitz des AOK von Jänner 1917 bis November 1918. Vgl. Broucek, Glaise 1, 392–394; Rauchensteiner, 429.

4 Alois Muna, Gründer der tschech. kommunistischen Partei, Mitglied der Roten Garde, Dezember 1918 Rückkehr aus Rußland.

Wo wird das hinführen! Und so wie in Ungarn steht es fast in allen Staaten! Finanziell muß uns geholfen werden!

Verzeihe diesen langen Brief, aber es war nötig, einmal einem treuen Verwandten sein Herz auszuschütten!

[a]-Ich hoffe, daß Dich Fürstenberg[5] über die Affaire Leopold Salvator[6] aufgeklärt hat.[-a]

139.
Kaiser und König Karl an Erzherzog Leopold Salvator

Eckartsau, 1919 März 20

AOS, Tom. I, Index 575, beglaubigte Kopie.

Nachdem der Erzherzog ohne Erlaubnis des Kaisers und ohne Verständigung des Königs von Spanien die Monarchie verlassen hat und nach Spanien gefahren ist, ersucht Kaiser Karl um diesbezügliche Aufklärung.

Euere Liebden[1] haben ohne meine Erlaubnis die Monarchie verlassen und sind nach Spanien gefahren, ohne Seine Majestät den König hievon zu verständigen.

In Spanien haben Euere Liebden einen intensiven Verkehr mit Karlisten[2] gepflogen, obwohl es bekannt ist, daß diese Partei den Sohn Euerer Liebden Erzherzog Rainer[3] nach dem Tode Don Jaimes[4] als Prätendenten für den Thron Spaniens erklärt.

Ich erwarte daher eine Aufklärung durch Euere Liebden darüber, warum Euere Liebden plötzlich abgereist sind und nicht vorher – allenfalls brieflich – meine Genehmigung eingeholt haben sowie über den Umstand, daß Euere Liebden ohne Verständigung Seiner Majestät des Königs nach Spanien gereist sind und schließlich über das Verhalten Euerer Liebden in Spanien.

---

a–a Handschriftlich von Kaiser Karl eingefügt; fehlt in der Kopie an Georg V. und an Wilson.

5 Karl Emil Prinz zu Fürstenberg, 1913–1918 österr.-ung. Botschafter in Madrid, vgl. Nr. 80.
6 Vgl. Nrn. 139 und 213.

1 Leopold Salvator Eh. von Österreich. Vgl. Burckhardt, Memorabilien, 230–232.
2 Karlisten: Anhänger von Carlos V., Infant von Spanien (1788–1855), Karlistenkönig 1833–1845 und von dessen Linie.
3 Rainer Eh. von Österreich (1895–1930), Sohn von Eh. Leopold Salvator und von Blanca de Bourbon, Infantin von Spanien.
4 Don Jaime III. (1909–1931), als Karlistenkönig Carlos VIII., Sohn von Don Carlos, Hzg. von Madrid (als Gegenkönig Carlos VII. 1868–1909) und Margarita geb. Przn. von Bourbon von Parma, einer Schwester von Hzg. Robert von Bourbon von Parma.

140.
Der französische Botschaftsrat in Bern, Louis George Clinchant, an das französische Außenministerium

Bern, 1919 März 20/21

PAMAE, Autriche 39, fol. 74–77, 3 Telegramme.

Bericht von einer Begegnung bei dem Leiter der Abteilung für Auswärtiges beim Politischen Departement in der Schweiz, Charles Rodolphe Paravicini. Es waren die Botschafter Großbritanniens und der USA, sowie die beiden Schweizer Vertreter in Wien anwesend. Charles Daniel Bourcart und Carl Jacob Burckhardt berichteten von den Zuständen in Wien und in der zerfallenden Donaumonarchie.

Au cours d'une réunion chez M. Paravicini[1], où se trouvaient les Ministres de Suisse à Vienne[2], les Ministres d'Angleterre[3], et des Etats-Unis[4] et moi-même[5], M. Bourcart nous a dit que le Préfet de Police de Vienne[6] l'avait entretenu de ses craintes concernant l'explosion d'un mouvement bolchevik dans cette ville le mois prochain. Ce fonctionnaire ne dispose pour parer à cette menace que de 4.000 agents de police et de 40 mitrailleuses.

La « Volkswehr », qui compte une quinzaine de mille hommes bien armés et abondamment pourvus de mitrailleuses, est animée d'un mauvais esprit et d'ailleurs dans les mains du Ministre de la Guerre Deutsch[7] qui est un socialiste très avancé. D'autre part, l'arsenal de Vienne, qui occupe une vingtaine de mille ouvriers susceptibles de passer au bolchevisme, est une véritable forteresse recélant des armes et des munitions en abondance et même des vivres.

Le Préfet de police a dit au Ministre de Suisse que, si un seul régiment français, anglais ou américain venait tenir garnison à Vienne, il répondait du maintien de l'ordre, non seulement dans la capitale mais dans toute l'Autriche allemande. Les soldats alliés devraient, d'après lui, dès les premiers jours de leur arrivée à Vienne, aller s'installer à l'arsenal en invoquant comme pretexte

---

1 Charles Rodolphe Paravicini, 1917–1920 Leiter der Abteilung für Auswärtiges beim Politischen Departement in Bern.
2 Charles Daniel Bourcart, 1915–1925 schweizerischer Gesandter in Wien; Carl Jacob Burckhardt, vom 01.11.1918 bis Februar 1922 der schweizerischen Gesandtschaft in Wien zugeteilt. Vgl. Nr. 213.
3 Richard M. Lord Acton, 1919 britischer Geschäftsträger in Bern.
4 Pleasant Alexander Stovall, seit 1913 Gesandter der USA in Bern.
5 Louis George Clinchant, seit 22.02.1918 französischer Botschaftsrat in Bern.
6 Johannes Schober, Juli 1918 bis Juni 1921 Polizeipräsident von Wien.
7 Julius Deutsch, vgl. Nr. 130.

l'insalubrité des casernes qui leur auraient été affectées. Cette occupation pourrait s'effectuer de nuit, les ouvriers n'étant pas au travail à ce moment.

M. Bourcart estime que la mesure suggérée par le Préfet de police suffirait à préserver Vienne des dangers de la contagion bolchevik, si elle était prise immédiatement.

Tous les éléments tranquilles de la population appuieraient en effet, à l'entendre, en cas de troubles, l'action des troupes alliées, si celles-ci n'étaient pas italiennes. Il est même presque certain que des troubles ne se produiraient pas en présence des troupes alliées, les anarchistes viennois étant demeurés plus Viennois qu'anarchistes, c'est-à-dire qu'ils sont prêts à plier devant la manifestation d'une volonté quelconque.

M. Bourcart insiste d'autre part sur la nécessité de ravitailler promptement Vienne en denrées et en matières premières. La ville n'a, dit-il, que deux ou trois jours de vivres et des incidents comme ceux de Laybach peuvent l'affamer complètement, la ligne du Brenner étant souvent, en cette saison, coupée pendant plusieurs jours par des avalanches. Comme matières premières, celles dont l'envoi présente le plus d'urgence sont le charbon et le cuir. Les Tchèques n'envoient du charbon que très irrégulièrement. Ils ont interrompu leurs livraisons pendant la récente tension.

Actuellement, le train de Vienne à Feldkirch ne circule que deux fois par semaine, et ne transporte que des vivres, faute de combustible en quantité suffisante. Le charbon destiné aux usages domestiques fait presque complètement défaut.

Quant au cuir il est nécessaire à l'alimentation de l'industrie locale la plus importante.

M. Bourcart a développé avec beaucoup d'insistance les arguments souvent exposés par cette ambassade et qui militent en faveur d'une action des Alliés destinée a prévenir le rattachement de l'Autriche allemande à l'Allemagne.

A l'entendre, la grande majorité de la population serait encore opposée à ce rattachement; elle y serait cependant acculée si les puissances associées ne lui permettaient pas de prévoir leur appui en vue de la conclusion avec les autres Etats ayant fait partie de la double monarchie, d'arrangements destinés à assurer la vie matérielle de l'Autriche allemande incapable de se suffire à elle-même.

Aux dernières élections, le nombre des voix socialistes aurait été artificiellement grossi par les soldats du front qui, sans penser à la question du rattachement, ont marqué leur mécontentement par le vote en masse pour les candidats avancés. Le gouvernement allemand ferait d'autre part une propagande intensive en faveur du rattachement. Il aurait dans ce but acheté pour 15 millions de marks, le journal « Mitras »[8].

---

8   Nach Auskunft der Historischen Pressedokumentation der Österreichischen Akademie der

M. Bourcart[9] s'étonne que les puissances de l'Entente n'aient pas jusqu'ici
envoyé à Vienne de représentants politiques pour lutter contre une pareille
propagande et donner à la population autrichienne les directions que celle-ci
serait prête à accepter avec empressement. En sortant de chez M. Paravicini,
mon collègue d'Amérique m'a dit que d'après ses renseignements, son gouvernement[a]

141.
Kaiser und König Karl an den Fürsterzbischof von Wien, Friedrich Gustav Kardinal Piffl

Eckartsau, o. D. [1919 März vor 24]

AOS, Tom II, Index 705, beglaubigte Kopie.

*Kritik an der Christlichsozialen Partei und ihrem doppelgesichtigen Verhal-
ten. Warnung vor dem Bolschewismus, dem man entgegentreten müßte.*

Eminenz wissen, was ich immer für ein großes Vertrauen zu Euer Eminenz
hatte, daher richte ich auch diesen Brief an Sie. Ich erkläre hiemit feierlich,
daß, was die Christlichsozialen jetzt treiben, direkt den Untergang des Staates, zumindest aber das Zerstören ungeheurer geistiger und materieller Werte
unseres Volkes bedeutet. Alles, was die Partei zur Entschuldigung für ihre
Schwäche anführt, ist haltlos. Je mehr man den schlechten Elementen nachgibt, desto mehr verlangen sie. Zuerst gaben die Christlichsozialen Anfang
November bei der Republikserklärung nach, dann erklärten sie, daß sie bei
den Wahlen ihre monarchische Gesinnung erklären werden; nichts davon,
dann wollten sie nach den Wahlen die Monarchie unterstützen, dies geschah
auch nicht und nun gar wollen sie nicht gegen die Absetzung der Dynastie
und gegen meine Internierung oder Ausweisung stimmen.

Das ist keine anständige Partei mehr, da sind mir die Sozi fast lieber, die
wenigstens von Haus aus Republikaner sind.

Es handelt sich jetzt hauptsächlich darum, sich vor dem Bolschewikismus
zu schützen und die Nachgiebigkeit der guten Parteien führt direkt dazu, wie

---

a   Vorlage endet hier.

    Wissenschaften nicht verifizierbar. Es dürfte der „Wienr Mittag" damit gemeint gewesen sein.
    Vgl. unser Nr. 161 mit Anm. 17.
9   Vgl. dazu auch Bourcart an Bundesrat, Wien, 1919 April 11, in: BAR, E 2300, Wien 34.

in Rußland. Die Wiener Gemütlichkeit wird uns nicht vor dem Bolschewikismus schützen, nur Ordnung und Kraft kann uns davor bewahren; diese jetzige Regierung in ihrer Ohnmacht, fällt beim ersten Ansturm zusammen.[1] Wir haben keine Armee, hingegen das feige Einbrechergesindel der Volkswehr und die terroristische Rote Garde. Es kommt leider einmal bestimmt zum Kampfe auch mit der Waffe und da werden alle Gutgesinnten am Laternenpfahl enden. Wann der Kampf kommt, weiß ich nicht, aber kommen tut er gewiß, und durch ewiges Nachgeben wird er nur umso ärger werden.

Ich komme zum Schlusse.

Die Christlichsoziale Partei soll sich ermannen und soll wenigstens gegen Absetzung, Ausweisung etc. stimmen, denn wenn die Absetzung einstimmig beschlossen wird, ist eine Restauration sehr schwer möglich. Ich habe dies nur geschrieben, damit ich nicht durch Unterlassung einer Warnung etwas versäumt hätte, was mein Gewissen zeitlebens schwer belastet hätte. Es kommt zum Kampfe Eminenz, man darf ihn nicht provozieren, aber man muß darauf gefaßt sein und sich darauf vorbereiten. Es geht, mit Gottes Hilfe, wenn man nicht immer schwach ist. Die Kirche wird vor allem bei der Schwäche leiden, denn Ehereform etc. werden diese Herren auch nicht verhindern können.[2]

---

1 Sämtliche diplomatischen Berichte schildern die kommunistischen Agitationen in Wien, die sich auch mit Hilfe Otto Bauers verstärkten, weit gefährlicher, als das bisher von der österreichischen Historiographie wahrgenommen wurde. Siehe dazu Botz, Gewalt in der Politik, 37–46; ders., Kommunistische Putschversuche; im Gegensatz dazu PAMAE, Autriche 39, fol. 74–75; 76–77: Telegramm von Louis Clinchant an das frz. Außenministerium, Bern, 1919 März 20; März 21. Ebd., fol. 102r: Henry Allizé an das frz. Außenministerium, Wien, 1919 April 2. Ferner AE, Austria 696 [neu 1328 P.O.], Prot. 92.986, Valfrè di Bonzo an Gasparri, Wien, 1919 April 26 und AE, Austria 696 [neu 1328 P.O.], Prot. 89.808,Valfrè di Bonzo an Gasparri, Wien, 1919 April 3. Vgl. auch BAR, E 2300, Wien 34, Telegramm der schweizerischen Gesandtschaft in Wien an das Schweizerische Politische Departement, Abteilung für Auswärtiges, 1919 März 24; März 28; März 29; März 31; April 02; April 05.

2 Vgl. dazu DAW, TB Wagner, 11.03.1919: „Seipel für Zuwarten. Kaiser will nicht abdanken. Schager war bei Seipel; Großdeutscher Dr. [Ernst] Schönbauer dringt auf Absetzung; [Friedrich] Austerlitz auf Internierung"; TB Wagner, 26. 3.1919: „Werkmann brachte in Zigarrenetui Brief des Kaisers. Christlichsoziale mit Hauser waren für Verzichtleistung, Eminenz riet einstweilen abzuwarten. Lammasch und Seipel seien bei Eminenz gewesen und hätten mit ihm die Verzichtsurkunde beraten". Vgl. auch Rennhofer, Seipel, 180–181; Krexner, Piffl, 218–219.

142.
Feldkircher Manifest Kaiser und König Karls

Feldkirch, 1919 März 24

AE, Austria 696 [neu 1328 P.O.], Prot. 90.144, deutsche Ausfertigung mit italienischer
Übersetzung und französischem Begleitschreiben.
Druck: Rumi 45–46.; Werkmann, Der Tote auf Madeira, 35–38.

Der Kaiser sendet Papst Benedikt XV. und König Alfons XIII. von Spanien das
Manifest, das er, bestimmt vom Wiener Kardinal Piffl und vom Führer der
Christlichsozialen, Prälat Johann Nepomuk Hauser, nicht feierlich und öffent-
lich publizierte, um dem Frieden und der Zivilisation ein Opfer zu bringen.[1]
Feierlicher Protest gegen all jene Maßnahmen, die die Regierung, die provi-
sorische und konstituierende Nationalversammlung Deutschösterreichs, seit
11. November 1918 getroffen haben. Der Protest richtet sich auch gegen die für
die Zukunft angekündigte Thronentsetzung sowie gegen die Landesverweisung
des Kaisers und der Mitglieder des Hauses Habsburg-Lothringen.

In dem Augenblicke, da Ich Mich anschicke, Deutschösterreich zu verlassen
und den gastlichen Boden der Schweiz zu betreten, erhebe ich für Mich und
Mein Haus, dessen immerwährende Sorge das Glück und der Friede Seiner
Völker war, feierlichen Protest gegen alle Meine jahrhundertealten Herrscherrechte verletzenden Maßnahmen, die die Regierung, die provisorische
und die konstituierende Nationalversammlung Deutschösterreichs vom
11. November 1918 an getroffen haben und – wie die Thronentsetzung und
Meine sowie der Mitglieder des Hauses Habsburg-Lothringen Landesverweisung – für die Zukunft angekündigt wurden. Ich habe in Meiner Kundgebung
vom 11. November 1918 erklärt, Deutschösterreich die Entscheidung über
seine Staatsform anheimzugeben.
  Die deutschösterreichische Regierung nun hat Mein Manifest vom 11.
November 1918, das Ich in schwerer Stunde erlassen habe, beseitigt, indem sie
noch am gleichen Tage beschloß, der am 12. November 1918 tagenden provisorischen Nationalversammlung einen Antrag auf Proklamierung Deutschösterreichs zur Republik vorzulegen und damit der Entscheidung vorgriff, die gemäß
Meinem Manifeste nur das gesamte deutschösterreichische Volk treffen sollte.
  Am 12. November 1918 wurde dieser Antrag der deutschösterreichischen
Regierung unter dem Drucke der hierfür aufgebotenen Straße von einer provisorischen Nationalversammlung angenommen, deren Mitglieder sich das
Mandat, „das deutschösterreichische Volk zu vertreten", selbst erteilt hatten,

---

1 Kovács, Papst Benedikt XV., 362–363 mit Anm. 10 und 11; auch unter Nr. 213.

ohne sich als dessen berufene Repräsentanten betrachten zu dürfen, da sie aus dem alten österreichischen Reichsrate hervorgegangen waren, dessen über die verfassungsmäßige Funktionsdauer hinausgehende Wirksamkeit nicht die Zustimmung der Wähler fand. Hierbei ergab sich noch der Widerspruch, daß dieselben Elemente des Umsturzes, die die Zusammensetzung der provisorischen Nationalversammlung bis dahin heftig bekämpft hatten, gerade diese Versammlung dann das Schicksal Deutschösterreichs in einer seiner vitalsten Fragen bestimmen lassen wollten.

Die Konstituante, die, am 16. Februar 1919 gewählt, jene provisorische Nationalversammlung ersetzte, ist deren Beschlüssen hinsichtlich der Staatsform und des Anschlusses an Deutschland beigetreten.

Auch diesen Beschlüssen kommt keine bindende Kraft zu, weil die sogenannte Konstituante nicht die Meinung und den Willen Deutschösterreichs zum Ausdruck bringt: Die Öffentlichkeit auch außerhalb Deutschösterreichs weiß, daß die Wahlen für die Konstituante im Zeichen des Terrors standen, daß die Wähler, die am 16. Februar 1919 zur Urne schritten, keineswegs unbeeinflußt ihre Stimmen abgaben, sondern vielfach im Banne einer planmäßigen Verhetzung und unter dem Drucke einer sich Volkswehr nennenden Parteigarde standen. Die am 16. Februar 1919 gewählte Konstituante ist aber auch keine Vertretung der deutschösterreichischen Nation, wie sie die deutschösterreichische Regierung definiert hat. Weite Gebiete, die diese Regierung und die provisorische Nationalversammlung für Deutschösterreich reklamiert haben, sind – wie zum Beispiel die von Deutschen bewohnten Teile Südtirols, Böhmens, Mährens, Kärntens, Krains und der Steiermark – in dieser konstituierenden Nationalversammlung unvertreten, anderseits haben Ausländer – die in Deutschösterreich lebenden Reichsdeutschen – mitgewählt. Die willkürlich zusammengesetzte Volksvertretung eines Staates ohne Grenzen hat sich angemaßt, über Staatsform und Einordnung in ein größeres Staatensystem für einen völkerrechtlich noch nicht bestehenden Staat zu entscheiden. Was die deutschösterreichische Regierung, provisorische und konstituierende Nationalversammlung seit dem 11. November 1918 in diesen Belangen beschlossen und verfügt haben und weiterhin resolvieren werden, ist demnach für Mich und Mein Haus null und nichtig. Mein und Meiner Familie Verweilen in Eckartsau war niemals eine Anerkennung der die Rechtskontinuität unterbrechenden revolutionären Entwicklungen, sondern vielmehr ein Unterpfand des Vertrauens in das Volk, mit dem Ich und die Meinen die Leiden und Opfer des unseligen Krieges getragen haben. Inmitten dieses Volkes habe Ich auch nie für die Sicherheit Meiner Mir so teuren Gemahlin und Kinder gebangt.

Da aber die deutschösterreichische Regierung Mich durch ihren Kanzler[2]

---

2 Dr. Karl Renner, 30.10.1918–11.06.1920 Staatskanzler von Deutschösterreich. Zuletzt Rauscher, Karl Renner, 123–192.

wissen ließ, daß die Ablehnung ihrer Forderung nach Thronentsagung zur Internierung führen müßte[3], wenn ich nicht das Land verließe, und Mich kurz vorher dieselbe Regierung durch die Staatskorrespondenz als außerhalb des Gesetzes gestellt erklärt hatte[4], sah Ich Mich vor die bedeutungsvolle Frage gestellt, ob Deutschösterreich die Schmach zu ersparen sei, daß sein legitimes Oberhaupt mit den Seinen einer Woge preisgegeben sein solle, gegen die derzeit kein Damm besteht.

So verlasse Ich Deutschösterreich.[5] Tiefbewegt und dankbarst gedenke Ich in dieser Stunde der Millionen Getreuer, die in Mir und Meinem Hause die teure Heimat lieben. Dem Volksheere, das Mir Treue geschworen hat und Mir durch die Erinnerung an die gemeinsamen erhebenden und leidvollen Erlebnisse des Krieges treu verbunden bleibt, gilt Mein besonderes Gedenken. Im Kriege wurde Ich auf den Thron Meiner Väter berufen, zum Frieden trachtete Ich Meine Völker zu geleiten, im Frieden wollte und will Ich ihnen ein gerechter und treubesorgter Vater sein.[6]

---

3 Vgl. Brook-Shepherd, Um Krone und Reich, 291–292, mit Tagebuch von Oberst Strutt.
4 Zur offiziellen Haltung Bauers vgl. ADÖ 2, 65 (Nr. 199): Wien, 1919 März 22 und 75 (Nr. 202): Wien, 1919 März 25. Dazu auch Einführung, 11. Vgl. dazu auch die Rede Renners vom 27. März 1919, in: Fischer (Hrsg.), Karl Renner, 149–151. Auch Nr. 123, Anm. 2.
5 Der Termin der Ausreise Kaiser Karls ist auch im Zusammenhang mit folgenden, die österreichische Szene beleuchtenden Bemerkungen des schweizerischen Gesandten Charles D. Bourcart zu betrachten. Vgl. BAR, E 2300, Wien 34, fol. 30, Wien, 24.03.1919: „Die Verhältnisse, die ich bei meiner Rückkehr vorfand, lassen ein Dazwischentreten der Alliierten zwecks Verhinderung der Ausdehnung des Bolschewismus auf Österreich stets dringender erscheinen. Es wird von einer dem Staatskanzler Renner (Rechtssozialist) nahestehenden Seite nahegelegt, es möchten die Alliierten veranlaßt werden, die Stadt Wien sofort zu besetzen, wozu ein bis zwei gut ausgerüstete Regimenter genügen würden. [...] Man ist im Begriffe, Arbeiter und Soldatenräte zu bilden. Nach Ansicht meines Gewährmannes wird, falls nicht sofort Gegenmaßregeln ergriffen werden, der Bolschewismus in zehn bis zwölf Tagen triumphieren." Vgl. auch Botz, Gewalt in der Politik, 45–48.
6 Dokumentation über die Einreise Kaiser Karls und seiner Familie mit Gefolge in die Schweiz und telegraphischer Dank des Kaisers für die Aufnahme, in: BAR, E 2001 (B)–3, Bd. 48, Dossier 44/142/2, 1922 (I): Feldkirch und Bern: 1919 März 25 und 28.

DER KAISER IM ASYL (1919–1921)

143.
Papst Benedikt XV. an Kaiser und König Karl

Vatikan, 1919 März 26

TS 2951–2952, beglaubigte Kopie; AE, Austria 696 [neu 1328 P.O.], Prot. 88.527, Konzept.

Dank für den kaiserlichen Brief vom 28. Februar 1919, Zufriedenheit mit den hohen Gefühlen und mit dem kindlichen Vertrauen des Kaisers, der sich auch nach all den schweren politischen Ereignissen die besten Gesinnungen und das Wohlwollen für seine Völker erhalten hat.

Abbiamo letto col più vivo interesse la nobile lettera che la Maestà Vostra si è compiaciuta indirizzar Ci in data del 28 Febbraio p.p.[1] Innanzi tutto, Ci è grato esprimere a Nostra soddisfazione per gli alti sensi manifestati da Vostra Maestà e per la filiale fiducia che Ella ha voluto dimostrare verso la Nostra persona.

Di tutto cuore, poi, Noi facciamo voti per il migliore avvenire di coteste popolazioni, da Noi tanto benamate per il sincero loro attaccamento a questa Sede Apostolica e così care ancora a Vostra Maestà. Quando si pensi a tutto ciò che Ella ha fatto per il bene die popoli a Lei affidati dalla Provvidenza Divina, non reca meraviglia il constatare come nell'animo Suo, pur dopo i gravi rivolgimenti politici, permangano le migliori disposizioni ed i più cordiali sentimenti verso di essi.

Ci rallegriamo, in pari tempo, nell'apprendere da Vostra Maestà che la Sua salute è buona, tanto più che Noi eravamo alquanto preoccupati per le notizie poco rassicuranti che Ci erano pervenute al riguardo. La fede e l'abbandono in Dio, in cui Ella ha trovato conforto al passato, continueranno, senza dubbio, a sostenerLa nelle critiche circostanze attuali e ad infonderLe tutta la forza che il presente sacrificio richiede.

Noi, intanto, non cesseremo dal pregare caldamente il Signore, di cui arcani sono i consigli e misteriose le vie, ma pur sempre ordinate al nostro bene, affinché voglia conservare lungamente e felicemente la Maestà Vostra e tutti i Membri della Augusta Sua Famiglia; del che è pegno la speciale Benedizione Apostolica, che con paterno affetto e impartiamo[2].

---

1 Vgl. Nr. 136.
2 Kovács, Benedikt XV., 360.

144.
Gaetano Kardinal Bisleti an Kaiserin und Königin Zita

Vatikan, 1919 März 27

TS 2992, beglaubigte Kopie.

Der Kardinal bestätigt den Empfang des Briefes von Kaiserin und Königin Zita, datiert mit 23. Februar 1919, dem ein Brief von Kaiser Karl an Papst Benedikt XV. beigefügt war. Der Papst weiß um die Anhänglichkeit der Majestäten an seine Person und um ihre äußerst schwierige Situation. Die Gesandtschaft des Heiligen Stuhles in Bern kann zur Übermittlung der Korrespondenz herangezogen werden.

La lettera che la Maestà Vostra si degnò di scrivermi il 23 Febbraio mi giunse la settimana passata. Immediatamente, lo stesso giorno dell' arrivo, consegnai quella di Sua Maestà l'Imperatore Carlo nelle mani auguste di Sua Santità[1], la Quale mi dà quest'oggi l'onorifico incarico di trasmettere la risposta, e la carissima occasione di scrivere di nuovo a Vostra Maestà.

Che le parole del Pontefice Sommo, che ama teneramente le Loro Maestà, nelle quali riconosce figli affezionatissimi, Le confortino, Le illuminino in questo difficilissimo e dolorosissimo periodo della Loro vita, consacrata fin da primi istanti del Loro Impero alla gloria di Dio, al bene die Loro popoli.

Vostra Maestà poi mi pregava di ripetere al Santo Padre i sentimenti espressi nella Sua lettera a me diretta, ed io ho preferito di fargliela leggere per non diminuire punto quella sublime bellezza di fede vivissima, di cristiana eroica fortezza, di abbandono figliale nelle Volontà del Padre celeste, di che essa è documento. E per questo ha domandato che sia conservata insieme a quella di Sua Maestà l'Imperatore.

Dai giornali di ieri apprendo la Loro partenza dall'Austria e la Loro nuova residenza in cotesto domestico Castello di Wartegg[2], ove ha la consolazione di effondere il Suo cuore in quello materno e profondamente cristiano di S.A.R. la Duchessa[3] (della quale, purtroppo, non ho notizie da anni). Vostra Maestà mi dice di pregare, e lo faccio <u>con tutto l'animo mio</u> applicando quotidianamente il Divin Sacrificio della Messa.

Per norma della Maestà Vostra la Santa Sede ha un Incaricato ufficioso residente a Berna anche per la trasmissione a mezzo di corriere delle corrispondenze.

---

1 Vgl. Nr. 136. Der Brief von Kaiserin und Königin Zita an Bisleti konnte nicht eruiert werden.
2 Schloß Wartegg im Besitz der Familie von Bourbon von Parma.
3 Herzogin Maria Antonia von Bourbon von Parma, vgl. Nr. 2.

Ossequio Sua Maestà l'Imperatore, la Maestà Vostra, S.A.I.R. l'Arciduchessa Maria Josepha[4] S.A.R. la Duchessa e figli, ed implorando sopra ciascuno copiose benediziioni di grazia ed augurando quanto può desiderare un
cuore sinceramente affezionato mi confermo.

145.
Bericht des Apostolischen Protonotars, Msgr. Georges Prudent
Bruley de Varannes

St. Gallen, 1919 März 31

AOS, Tom. I, Index 100, beglaubigte Kopie.

*Im Beisein der Prinzen Felix und René von Bourbon von Parma übermittelt
Kaiser und König Karl Vorschläge an Frankreich und an die Entente, um die
rapide Ausbreitung des Bolschewismus in Zentraleuropa zu stoppen, die Aufteilung der Habsburgermonarchie nach dem Nationalitätenprinzip sowie den
Anschluß Deutschösterreichs an Deutschland zu verhindern. Dies soll durch
die Bildung einer internationalen Truppe in Verbindung mit zwei österreichischen Divisionen erfolgen.*

Sa Majesté l'Empereur d'Autriche m'a reçu dans son automobile, à 5 heures
ce soir, aux environs de St. Gallen présence seulement du Prince Félix de
Bourbon Parme, fiancé à la Grande-Duchesse régnante de Luxembourg[1]; le
Prince René de Bourbon-Parme[2] était au volant de la machine pour qu'il n'y
ait aucun témoin. L'entrevue a duré une heure et demie. Sa Majesté m'a dit
d'abord qu'Elle ne m'avait pas fait appeler pour plaider sa cause. Il est Habsbourg et comme tel n'abdiquera jamais, quels que soient les événements; mais
il considère comme un devoir absolu d'avertir officiellement la France et l'Entente que la situation est des plus graves dans son ancien Empire et que le
bolchevisme menace de tout submerger, sous peu, si on n'agit pas avec la dernière énergie sans perdre un instant. Ce mouvement gagnera tous les pays
avec une rapidité déconcertante; il faut absolument que non seulement l'Entente, mais tous les pays civilisés interviennent; ce qui reste d'éléments encore sains dans les pays ennemis doit aider à cette oeuvre de salut commun.
Pourquoi les anciens neutres ne prêteraient-ils pas leur concours, il y va égale-

---

4   Vgl. Nr. 1.

1   Vgl. Nrn. 3, 20, 68, Anm. 2, und 87a. Zu Großherzogin Charlotte von Luxemburg vgl. Nr. 248.
2   Vgl. Nr. 20.

ment de leur vie? Sa Majesté est en rapports journaliers avec le préfet de police de Vienne,[3] qui lui est tout dévoué. Ce préfet lui fait savoir que le président Bauer[4] est à bout et que l'armée n'obéit plus. Le général Boog,[5] qui la
commande, est un véritable bolcheviste. On dépense 42 millions de couronnes
par mois pour payer la garde nationale, ramassis de gens sans aveu. Quant à
la garde rouge, c'est une bande d'assassins. On pille partout sous prétexte de
réquisitions légales; on est venu jusque chez l'Empereur.

On donne 16 millions de couronnes par mois rien qu'aux chômeurs de
Vienne; aucun service ne fonctionne plus. L'Entente doit mettre de l'ordre sans
tarder, en envoyant des troupes internationales, mais pas d'Italiens, car leur
venue hâterait certainement le bolchevisme. Sa Majesté suggère l'idée suivante, dont la réalisation lui semble très importante: demander d'urgence à
l'Italie de permettre àquelques officiers autrichiens prisonniers chez elle, (officiers que l'Empereur désignerait et dont il est sûr) de venir soit au Tyrol soit
au Vorarlberg, soit ailleurs conférer avec la personne envoyéeà cet effet. Sa
Majesté saurait ainsi exactement quelles sont les troupes autrichiennes pri-
sonnières sur lesquelles on peut encore compter, et Elle espère en former deux
excellentes divisions qui combattraient aux côtés des alliés pour rétablir l'ordre vigoureusement; il faudrait naturellement que l'Entente fournisse à ces
soldats armes et munitions. Sa Majesté croit qu'à la vue de ces troupes, purement nationales, tous les éléments encore sains de l'Autriche s'uniront de
suite à elles pour combattre le bolchevisme et que les autres se tiendront tranquilles. Sous peu le désordre serait maîtrisé, mais il n'y a pas une minute à
perdre. Les Tchéco-Slovaques etc. [...] ne sont pas sûrs: leurs chefs trompent
l'Entente; ils ne sont pas maîtres de leurs soldats qui refusent d'obéir. Le but
des socialistes c'est l'union avec l'Allemagne, pour former un immense Soviet
qui bouleverserait l'Europe; il faut l'empêcher à tout prix en encerclant l'Allemagne. Car si l'Autriche allemande s'unissait à l'Allemagne, toutes les autres
petites nations voisines feraient de même, les Bohémiens comme les autres;
l'Allemagne ne tarderait pas à redevenir maîtresse dans les Balkans et à s'imposer aux Bulgares, Roumains, etc. – L'Italie elle-même ne demande qu'à s'unir
à l'Allemagne pour commercer, et la France plus que jamais se trouverait
isolée. Le préfet de police de Vienne ne pense pas que le gouvernement actuel
puisse tenir plus de huit à dix jours du train dont marchent les événements.

Le rattachement de l'Autriche à l'Allemagne ne correspond pas à la volonté
du peuple en général et Sa Majesté sait qu'à Vienne de purs Allemands ont
voté pour ce rattachement en se faisant passer pour Autrichiens. Enfin, Sa
Majesté a constaté que le partage de l'Autriche en différentes nationalités con-

---

3   Johannes Schober, vgl. Nr. 140.
4   Vgl. Nr. 131.
5   Adolf von Boog, 15.11.1918–01.07.1919 Kommandant der deutschösterreichischen Volkswehr. Vgl.
    dazu auch BAR, E 2300, Wien 34: Wien, 1919 Juni 20: Bourcart an Außenministerium.

stituerait une immense difficulté, tellement les nationalités sont mêlées, même d'un village à l'autre. Ce partage est presque impossible en soi sans blesser les uns ou les autres. Quant au Tyrol du Sud, si les Italiens le prennent, il créera chez eux un irrédentisme irréductible qui ruinera l'Italie. Les guérillas ne cesseront jamais et dans trois ans le Tyrol finira par s'arracher à ses oppresseurs d'une façon ou de l'autre. Ce qu'il importe en ce moment, ce ne sont pas telles ou telles frontières, telles ou telles formes de Gouvernement: c'est de détruire coûte que coûte le bolchevisme qui menace la civilisation entière.[6]

146.
Habsburgergesetze betreffend die Landesverweisung und Übernahme des Vermögens des Hauses Habsburg-Lothringen für den Staat Deutschösterreich.
1. Gesetz vom 3. April 1919

o. O. [Wien], 1919 April 3

Druck: Staatsgesetzblatt für den Staat Deutschösterreich, Jg. 1919, 71. Stück, Nr. 209[1].

Aufhebung der Herrscherrechte des Hauses Habsburg-Lothringen; Landesverweisung bei nicht ausdrücklicher Verzichtserklärung auf Mitgliedschaft zum

---

6 Eine interessante Interpretation dieser kommunistischen Putschversuche notierte C. J. Burckhardt, in: UB Basel, NL C. J. Burckhardt, Tagebücher und Briefe, fol. 27: Wien, 1919 Jänner 10: „Damals wurde der Vorstoß als ein Versuch der kommunistischen Extreme angeschaut. Ich hörte aber seither verschieden, die ganze Sache sei von der jüdischen Hochfinanz (Rothschild) gemacht worden, um die anarchistische Gefahr zu veranschaulichen, um die Besetzung durch Entente-Truppen zu erreichen. Diese Besetzung wird von den besitzenden Klassen sehr gewünscht." Vgl. auch PRO, FO 371/3415, fol. 387–391, 02.02.1919: Eh. Joseph August richtet an König Georg V. einen Hilfeschrei, um Ungarn vor dem Bolschewismus zu retten. Ebd., unfoliiert (Prot. 58.975), Bern, 1919 April 14: Lord Acton an das Foreign Office, Kaiser Karl sucht österr. Kriegsgefangene in Italien freizubekommen, um mit ihrer Unterstützung die Restauration zu beginnen. Dazu auch PAMAE, Hongrie 28, fol. 44r–47v, Wien, 1919 April 25: Allizé an Pichon über den Bolschewismus im Gebiet der alten österreichisch-ungarischen Monarchie. Über die Angst vor einer bolschewistischen Revolution in Wien, vgl. auch AE, Austria 710 [neu 1306], Prot. 88.049, Bern, 1919 März 28, Maglione an Gasparri: leitet Bitte von Lammasch weiter, daß seitens der Entente gegen den Bolschewismus in Österreich interveniert werden möge; ebd., Prot. 88.051: Wien, 1919 März 29, Valfrè di Bonzo an Gasparri über geplante Verlegung der Nuntiatur wegen drohender Putschgefahr in Wien; ebd., Prot. 88.719: Bern, 1919 April 05: Maglione an Gasparri über geplante Ausreise der ausländischen Botschafter wegen der drohenden Putschgefahr. Vgl. auch Nrn. 141 und 147.

1 Durch die Bundesverfassungsgesetze vom 30. Juni 1925, BGBl. 252/25, u. v. 26. Jänner 1928, BGBl 30/28, formuliert. (Vgl. Karl Hübel, Sühne für Habsburgs Verbannung und Beraubung,

Herrscherhaus; Aufhebung der dem Kaiser geleisteten Eide; Übernahme des hofärarischen Vermögens durch die Republik.

Die Nationalversammlung hat beschlossen:

I. Abschnitt.

§ 1.

1. Alle Herrscherrechte und sonstige Vorrechte des Hauses Habsburg-Lothringen sowie aller Mitglieder dieses Hauses sind in Deutschösterreich für immerwährende Zeiten aufgehoben.

2. Verträge über den Anfall von Herrscherrechten über das Gebiet der Republik Deutschösterreich sind ungültig.

Wien 1930, 26–27.) Durch den Artikel 149 der heutigen österreichischen Bundesverfassung wurde nur der erste dieser beiden „Habsburgergesetze", jenes vom 3. April 1919, Staatsgesetzblatt 209, nicht aber auch das vom 30. Oktober 1919, Staatsgesetzblatt 501, zum Verfassungsgesetz „im Sinne dieser gegenwärtigen österreichischen Bundesverfassung" erhoben. Denn dieser Artikel 149 der österreichischen Bundesverfassung lautet:

1. Neben diesem Gesetze haben im Sinne des Art. 44, Abs. 1, unter Berücksichtigung der durch dieses Gesetz bedingten Änderungen als Verfassungsgesetze zu gelten: Staatsgrundgesetz vom 21. Dezember 1867, RGBl. Nr. 142, über die allgemeinen Rechte der Staatsbürger für die im Reichsrate vertretenen Königreiche und Länder; Gesetz vom 27. Oktober 1862, RGBl. Nr. 87, zum Schutze der persönlichen Freiheit; Gesetz vom 27. Oktober 1862, RGBl. Nr. 88, zum Schutze des Hausrechtes; Beschluß der Provisorischen Nationalversammlung vom 30. Oktober 1918, StGBl. Nr. 3; Gesetz vom 3. April 1919, StGBl. Nr. 209, betreffend die Landesverweisung und die Übernahme des Vermögens des Hauses Habsburg-Lothringen; Gesetz vom 03. April 1919, StGBl. Nr. 211, über die Aufhebung des Adels, der weltlichen Ritter- und Damenorden und gewisser Titel und Würden; Gesetz vom 08. Mai 1919, StGBl. Nr. 257, über das Staatswappen und das Staatssiegel der Republik Deutschösterreich mit den durch die Artikel 2, 5 und 6 des Gesetzes vom 21. Oktober 1919, StGBl. Nr. 484, bewirkten Änderungen; Abschnitt V des III. Teiles des Staatsvertrages von St. Germain vom 10. September 1919, StGBl. Nr. 303 aus 1920.

2. Art. 20 des Staatsgrundgesetzes vom 21. Dezember 1867, RGBl. Nr. 142, sowie das auf Grund dieses Artikels erlassene Gesetz vom 5. Mai 1869, RGBl. Nr. 66, treten außer Kraft. Denn weil von dem in diesem Art. 149, Abs. 1, des österreichischen Bundesverfassungsgesetzes angeführten, auf dieses erste „Habsburgergesetz" vom 3. April 1919 folgenden Gesetze vom 8. Mai 1919, StGBl. 257, in eben diesem Artikel 149, Abs. 1, ausdrücklich erklärt wird, daß dieses Gesetz vom 8. Mai 1919 „mit den durch das Gesetz vom 12. Oktober 1919 bewirkten Änderungen" als Verfassungsgesetz zu gelten habe.

Vgl. dazu auch Protokolle der konstituierenden Nationalversammlung, Wien 1919 (= Beilage 83), betreffend die Landesverweisung und Übernahme des Vermögens des Hauses Habsburg-Lothringen. Vgl. auch die Rede Karl Renners vor dem Parlament am 27. März 1919, Fischer (Hrsg.), Renner, 147–156.

§ 2.

Im Interesse der Sicherheit der Republik werden der ehemalige Träger der Krone und die sonstigen Mitglieder des Hauses Habsburg-Lothringen, diese, soweit sie nicht auf ihre Mitgliedschaft zu diesem Hause und auf alle aus ihr gefolgerten Herrschaftsansprüche ausdrücklich verzichten und sich als getreue Staatsbürger der Republik bekannt haben, des Landes verwiesen. Die Festsetzung, ob die Erklärung als ausreichend zu erkennen sei, steht der Staatsregierung im Einvernehmen mit dem Hauptausschusse der National-versammlung zu.[2]

§ 3.

Der Gebrauch von Titeln und Ansprachen, die mit der Bestimmung des § 1 in Widerspruch stehen, ist verboten. Eide, die dem Kaiser in seiner Eigenschaft als Staatsoberhaupt geleistet worden sind, sind unverbindlich.

§ 4.

In der Republik Deutschösterreich ist jedes Privatfürstenrecht aufgehoben.

II. Abschnitt.

§ 5.

Die Republik Deutschösterreich ist Eigentümerin des gesamten in ihrem Staatsgebiet befindlichen beweglichen und unbeweglichen hofärarischen so-

---

2 Vgl. dazu die erläuternden Bemerkungen zu § 2 dieses Gesetzes in Nr. 83 der Beilagen zu den Stenographischen Protokollen der konstituierenden Nationalversammlung, Wien 1919, 110 und bei Seidl-Hohenveldern, Die Überleitung von Herrschaftsverhältnissen am Beispiel Österreichs, 8–9: „[...] Die Anwesenheit des ehemaligen Monarchen sowie der Mitglieder seines Hauses bedeutet eine dauernde Gefährdung der Republik, da diese Personen immer wieder der Mittelpunkt von reaktionären, monarchistischen Bewegungen werden können. Was speziell die Absichten des ehemaligen Kaisers betrifft, so gibt seine keineswegs vorbehaltlose Verzichtserklärung vom 11. November 1918 zu ernsten Bedenken Anlaß. Daß sie kein Thron-verzicht ist und nicht sein will, ist allgemein bekannt und wird überdies von monarchistischen Organen ausdrücklich betont. Der ehemalige Kaiser erklärte nur lediglich, auf jeden Anteil an den Staatsgeschäften zu verzichten. Und auch dieser beschränkte Verzicht ist lediglich für Deutschösterreich, nicht aber für die anderen auf dem Gebiete des ehemaligen Österreich ge-standenen Nationalstaaten ausgesprochen. In seinem Herrschertitel erhebt überdies der ehe-malige Monarch Ansprüche auf die Beherrschung von Staatsgebieten, die der Republik un-mittelbar benachbart sind und mit denen die Republik in Frieden und Freundschaft leben will. Die Republik hat das lebhafteste Interesse, daß sich innerhalb ihrer Grenzen nicht ein Heer politischer Unternehmungen bildet, die auf die Wiedereinsetzung der Habsburger in Böhmen, Ungarn, Polen, Jugoslawien usw. gerichtet sind. Aus diesem Grund ist es notwendig, alle Mit-glieder des Hauses Habsburg-Lothringen des Landes zu verweisen. Das gleiche gilt für die mit dieser Familie verschwägerten Mitglieder des Hauses Bourbon-Parma."

wie des für das früher regierende Haus oder für eine Zweiglinie desselben gebundenen Vermögens.

§ 6.

Als hofärarisches Vermögen gilt das bisher von den Hofstäben und deren Ämtern verwaltete Vermögen, soweit es nicht ein für das früher regierende Haus oder für eine Zweiglinie desselben gebundenes Vermögen oder aber nachweisbar freies persönliches Privatvermögen ist.

§ 7.

Das Reinerträgnis des auf Grund dieses Gesetzes in das Eigentum der Republik Deutschösterreich gelangenden Vermögens ist nach Abzug der dem Staate mit der Übernahme dieses Vermögens verbundenen Lasten zur Fürsorge für die durch den Weltkrieg in ihrer Gesundheit geschädigten oder ihres Ernährers beraubten Staatsbürger zu verwenden.

§ 8.

Mit dem Vollzuge dieses Gesetzes sind der Staatskanzler, der Staatssekretär für Finanzen und der Staatssekretär für soziale Verwaltung betraut.

§ 9.

Dieses Gesetz tritt am Tage seiner Kundmachung in Kraft.

Seitz[3] m.p.

Renner m.p.   Schumpeter[4] m.p.   Hanusch[5] m.p.

2. Gesetz vom 30. Oktober 1919
betreffend die Landesverweisung und die Übernahme des Vermögens des Hauses Habsburg-Lothringen

Druck: Staatsgesetzblatt für den Staat Deutschösterreich, Jg. 1919, Nr. 501; Ermacora (Hg.), Österreichische Bundesverfassungsgesetze, Wien 1989, 190–193.

Die Nationalversammlung hat beschlossen:

---

3 Karl Seitz, 1909–1918 MöAH, 1918–1934, 1945–1950 Mitglied der provisorischen österreichischen Nationalversammlung; 16.2.1919–Dezember 1920 Präsident des Nationalrates; 1923–1934 Bürgermeister von Wien.

4 Joseph Schumpeter, Nationalökonom, 15.3.–17.10.1919 Staatssekretär für Finanzen.

5 Ferdinand Hanusch, 1907–1918 MöAH (sozialdemokratisch), 21.10.1918–22.10.1920 Staatssekretär für soziale Verwaltung.

Artikel 1.

Das Gesetz vom 3. April 1919, StGBl. Nr. 209, betreffend die Landesverweisung und Übernahme des Vermögens des Hauses Habsburg-Lothringen, wird durch folgende Bestimmungen ergänzt und abgeändert:[6]

2. Dem § 6 sind folgende Absätze anzufügen:

1) Als hofärarisches Vermögen gilt das bisher von den Hofstäben und deren Ämtern verwaltete Vermögen auch dann, wenn dessen Anschaffung aus den Mitteln der Zivillisten erfolgt ist.

2) Solange der Nachweis der Zugehörigkeit eines von den Hofstäben und deren Ämtern verwalteten Vermögens zum freien persönlichen Privatgebrauch nicht durch Anerkenntnis der zuständigen staatlichen Stellen oder durch rechtskräftiges richterliches Urteil erbracht ist, darf die Staatsverwaltung über solche Gegenstände, welche als freies persönliches Privateigentum in Anspruch genommen werden, frei verfügen, ohne daß, wenn später die Eigenschaft als Privatvermögen festgestellt wird, dem Eigentümer ein anderer Anspruch als jener auf Übergabe des betreffenden Vermögensstückes seitens der Staatsverwaltung an ihn oder des Wertes derselben im Zeitpunkte des Inkrafttretens des Gesetzes vom 3. April 1919, StGBl. Nr. 209, zusteht. Als für das früher regierende Haus oder eine Zweiglinie desselben gebundenes Vermögen gilt das gesamte bewegliche und unbewegliche Vermögen, welches

---

6 Nach Karl Hübel, 27, kein Bundesverfassungsgesetz: „[...] wenn auch noch dieses zweite ein Bundesverfassungsgesetz hätte sein sollen, so hätte es lauten müssen: ‚Das Gesetz vom 3. April 1919, StGBl. Nr. 209, betreffend die Landesverweisung und Übernahme des Vermögens des Hauses Habsburg-Lothringen mit den durch die Artikel X, Y, Z des Gesetzes vom 30. Oktober 1919, StGBl. Nr. 501, bewirkten Änderungen und Ergänzungen.‘ Denn so ist ja, wie eben dieser Artikel 149, Abs. 1, der österreichischen Bundesverfassung mit der Anführung dieses Gesetzes vom 8. Mai 1919 zeigt, seit langem der gesetzestechnische Brauch: Erfolgt eine neuerliche Novellierung eines bereits novellierten Gesetzes, so werden bei der Bezeichnung des zu novellierenden Gesetzes auch immer die bereits erfolgten Novellen angeführt. Diese sonst ausnahmslose Gesetzestechnik in Österreich ist aber umso mehr im heutigen österreichischen Verfassungsrechte unbedingte Notwendigkeit, weil es daselbst ja einen Artikel 44 gibt, der ausdrücklich vorschreibt, daß Verfassungsgesetze oder in einfachen Gesetzen enthaltene Verfassungsbestimmungen als solche (‚Verfassungsgesetz‘, ‚Verfassungsbestimmung‘) ausdrücklich zu bezeichnen sind.‘ Dieser strengen Formvorschrift, wonach im heutigen österreichischen Verfassungsrechte ein Gesetz nur durch seine ausdrückliche Bezeichnung als ‚Verfassungsgesetz‘ zu einem solchen erhoben wird, wurde nun bezüglich des zweiten ‚Habsburgergesetzes‘ nicht entsprochen und ist deshalb dieses auch kein ‚Verfassungsgesetz‘, obwohl es wieder höchst lächerlicherweise seine bereits oben erwähnten beiden Novellen vom 30. Juli 1925 und 26. Jänner 1928 sind, die ausdrücklich als ‚Verfassungsgesetze‘ bezeichnet sind und damit der Formvorschrift des Art. 44 BVG. genügen.“

nicht hofärarisches Vermögen (Absatz 1) oder nachweislich freies persönliches Privateigentum eines Mitgliedes des früher regierenden Hauses oder einer Zweiglinie desselben ist. Zu diesem gebundenen Vermögen gehören insbesondere die nachstehenden, von der vormaligen „Generaldirektion des Privat- und Familienfonds Seiner k. u. k. Apostolischen Majestät", derzeit „Generaldirektion der Habsburg-lothringischen Vermögensverwaltung", verwalteten Vermögensmassen:

a) Der Familien- und der Avitikalfonds,
b) das Primogenitur-Familienfideikommiß der Sammlungen des Erzhauses,
c) die Familienfideikommiß-Bibliothek,
d) das Falkensteinsche Fideikommiß,
e) das Kaiser-Franz-Josef I.-Kronfideikommiß des Erzhauses Habsburg-Lothringen,
f) die Hofbibliothek.

3) Auf Grund dieses Gesetzes ist in den öffentlichen Büchern über das Grundeigentum (Landtafeln, Grundbücher) das Eigentumsrecht zugunsten der Republik Österreich an allen unbeweglichen Gütern grundbücherlich einzuverleiben, welche zu dem für das früher regierende Haus oder eine Zweiglinie desselben gebundenen Vermögen gehören. Insbesondere ist in den öffentlichen Büchern das grundbücherliche Eigentumsrecht zugunsten der Republik Österreich an allen Liegenschaften einzuverleiben, welche derzeit in den öffentlichen Büchern als Eigentum des Kaiserlichen Familienfonds, des kaiserlichen Avitikalfonds, des Kaiser-Franz-Josef I.-Kronfideikommisses und des Erzherzog-Friedrich-Fideikommisses einverleibt sind, und zwar unter gleichzeitiger Löschung aller auf diesen unbeweglichen Gütern haftenden Eigentumsbeschränkungen, insbesondere des Fideikommißbandes.

3. § 7 hat zu lauten:

1) Das Reinerträgnis des auf Grund dieses Gesetzes in das Eigentum der Republik Österreich gelangenden Vermögens ist nach Abzug der mit der Übernahme dieses Vermögens verbundenen oder dem Staate durch diese Übernahme erwachsenden Lasten zur Fürsorge für die durch den Weltkrieg in ihrer Gesundheit geschädigten oder ihres Ernährers beraubten Staatsbürger zu verwenden.

2) Die von den früheren Inhabern des gebundenen Vermögens über dessen Erträgnisse getroffenen Verfügungen, insbesondere Anweisungen von Apanagen an Mitglieder des vormaligen regierenden Hauses oder von Stipendien werden außer Kraft gesetzt, soweit sie sich nicht auf die Erträgnisse vor dem Inkrafttreten des Gesetzes vom 3. April 1919, StGBl. Nr. 209, beziehen.

3) Aufwendungen der bisherigen Fideikommißinhaber für das gebundene Vermögen sind von der Republik Österreich nicht zu ersetzen.

Artikel 2.

1) Dieses Gesetz tritt rückwirkend mit dem Tage der Kundmachung des Gesetzes vom 3. April 1919, StGBl. 209, in Kraft.

2) Mit dem Vollzuge dieses Gesetzes sind der Staatskanzler, der Staatssekretär für Finanzen und der Staatssekretär für soziale Verwaltung betraut.

Seitz m.p.

Renner m.p.

Reisch[7] m. p.   Hanusch m.p.

147.

Memoire von Professor Heinrich Lammasch an das französische Außenministerium

Bern, 1919 April 7[1]

PAMAE, Autriche 39, fol. 119r–121v[2].

Situationsanalyse des in Auflösung befindlichen Deutschösterreich, seine Bedrohung durch den Kommunismus mit der dringenden Bitte, das Land militärisch zu besetzen, um freie Wahlen zu gewährleisten.

L'Autriche est le dernier rempart contre le bolchévisme en Europe Centrale. La population de l'Autriche en général est essentiellement docile, autoritaire, catholique. Par sa nature elle n'incline ni du côté du nihilisme, ni de celui du communisme. Seulement la plus dure famine et le désespoir quant à toutes ses tendances pourraient l'entrainer dans cette igne, malgré tous les efforts des émissaires russes, allemands, hongrois et peut-être aussi italiens. Laissée sans aucun appui elle pourrait néanmoins s'abandonner à l'évangile nouveau. Le Gouvernement actuel, dont quelques membres (M. Deutsch et O. Bauer) inclinent vers ce côté ne l'empêchera pas. M. Deutsch a déjà déclaré ses sympathies avec le Soviet hongrois. Et il est le dépositaire de la force, c'est lui qui commande la « Volkswehr ».

---

7   Richard Reisch, 17.10.1919–November 1920 Staatssekretär für Finanzen; 1922–1932 Präsident der Oesterreichischen Nationalbank.

1   Lammasch war im März 1919 in Bern, um an einer internationalen Völkerbundkonferenz teilzunehmen. Vgl. ADÖ 1, 503–505 (Nr. 183).

2   Begleitschreiben des 1. Sekretärs der frz. Botschaft in Bern, Louis Clinchant, an das Außenministerium, fol. 119r.

Cette garde nationale est en assez grande partie une garde rouge. Mais selon le caractère autrichien même cette garde rouge ne consiste pas en de héros, qui se sacrifieront pour un idéal, mais plutôt de déserteurs, de marodeurs et de fainéants, qui désirent faire du butin pour eux-mêmes. Une force relativement petite suffira pour les tenir en échec. D'après l'armistice les Puissances alliées ont le droit d'occuper des points stratégiques. Mais il sera beaucoup plus opportun de se prévaloir d'un autre prétexte pour une occupation militaire. On demandera qu'un plébiscite décide en toute liberté sur la question du rattachement à l'Allemagne et sur la question du Tyrol allemand entre Neumarkt-Salurn et le Brenner. Pour protéger la liberté de ce plébiscite on demandera que des troupes alliées soient admises dans la sphère où ce plébiscite aura lieu. Le plébiscite devra avoir lieu, si tôt que possible, au mois de mai. Or l'occupation de certaines grandes villes devra s'effectuer immédiatement pour garantir la liberté du vote. Les troupes seront des Français, des Anglais et des Américains. A Vienne on pourrait aussi envoyer des Italiens, mixtes avec des troupes des autres nations, mais sous le commandement des généraux français, anglais ou américains. Un nombre de 30.000 suffira entièrement, je crois même 20.000 en seront assez. A Vienne 10.000, dans les autres capitales de province Innsbruck, Salzbourg, Linz, Graz et Klagenfurt 1000 et dans quelques centres industriels (Neunkirchen près de Vienne, Steyr près de Linz, Koeflach près de Graz, Vordernberg en Styrie) aussi 1000. Ils pourront parvenir à toute vitesse de la part de l'Italie par les trois routes du Brenner, de Gastein et du Semmering chaque jour aisément 3000 par chaque route. En deux jours le transport sera achevé.

Déjà l'annonce du plébiscite accompagnée de celle de l'envoi des troupes aura l'effet de renforcer les esprits d'ordre et d'intimider ceux du désordre. A Vienne il y a une force de police de 4.000 hommes, auxquels on peut se fier. Ils se rallieront aux troupes d'occupation très volontiers. La grande masse de la population accueillera les contingents étrangers comme libérateurs. Seulement il faut empêcher la distribution d'armes à la populace, en occupant si vite que possible l'arsenal de Vienne et les dépôts de munitions aux environs. Quant au Tyrol allemand méridional, évidemment il faut qu'il soit avant le plébiscite évacué de l'occupation italienne, et que la liberté du vote soit protégée par des troupes d'autres nationalités, si cela pouvait se faire par des Suisses.

Si on donne pour raison de l'occupation de l'Autriche la sauvegarde de la liberté du plébiscite, il serait peut-être possible d'obtenir l'assentiment du Gouvernement Suisse pour le transit de ces contingents par le territoire suisse. La neutralité n'en sera nullement compromise. Tout ce qu'on veut faire, devra être fait avec la plus grande accélération. Il s'agit de jours, peut-être d'heures.

---

3   17.04.1919: kommunistische Unruhen in Wien. Vgl. Botz, Die kommunistischen Putschversuche 1918/19, 13–23; ders., Gewalt in der Politik, 43–53.

Au 14 avril il y aura un congrès des Conseils des Soldats et des ouvriers de Vienne, qui proclamera la Commune.[3] Peut-être cela se fera même encore plus tôt. D'après les informations du Consul suisse à Prague, avec qui je parlais vendredi, Prague suivra Vienne en 24 heures. Tout y est préparé. L'entousiasme du succès s'y est évaporé et la famine y règne comme ailleurs. En Allemagne la situation devient pire de jour en jour et en suivra, sans aucun doute, le signal donné à Vienne. Alors toute l'Europe centrale sera envahie et l'Occident, quoi que vainqueur dans la lutte internationale, sera bien aussi exposé aux dangers intérieurs.

148.
Kaiser und König Karl an König Georg V. von Großbritannien und Irland

Wartegg, 1919 April 11

RA, Geo V. AA 43/224, Ausfertigung; AOS, Tom. I, Index 588, beglaubigte Kopie; deutsche Übersetzung der Ausfertigung, in: Brook-Shepherd, Um Krone und Reich, 300–301.

Dank für den Schutz durch Colonel Edvard L. Strutt, der den Kaiser und seine Familie vor dem Schicksal des russischen Zaren und dessen Familie bewahrt hat.

Monsieur mon Frère,

Arrivé sur le sol hospitalier de la Suisse, avec l'escorte militaire que le gouvernement de Votre Majesté a bien voulu mettre à ma disposition, je désire vous exprimer directement et sans délai, les sentiments de gratitude que me fait éprouver l'appui sûr et généreux de l'Empire britannique dans ces circonstances cruelles que je veux croire momentanées. Votre Majesté le savait mieux que personne: j'ai tout fait, dès les débuts de mon règne, pour arrêter cette guerre funeste, dont le prolongement insensé, plonge maintenant l'Europe dans une crise sociale qui, de proche en proche, menace de tout engloutir.

Je n'ai rien à me reprocher et cette certitude que Votre Majesté avait de mes actes est, sans doute, ce qui a fixé les dispositions courtoises du Gouvernement britannique, dont j'ai à vous remercier. Elles viennent ainsi de se manifester noblement à l'égard de mes chers enfants, de l'Impératrice, ma femme bien-aimée, de ma mère[1] et de moi-même.

Vous n'avez pas voulu que l'exemple injuste et sauvage, donné par la Russie égarée, se renouvelle contre moi et les miens. Je vous serais, quoi qu'il ar-

---

1 Ehn. Maria Josepha, vgl. Nr. 1.

rive désormais de nous, toujours très profondément reconnaissant de cet appui fraternel et effectif. Je n'ai eu qu'à me louer, en particulier, des dispositions prises par le Colonel Strutt,[2] qui m'a accompagné jusqu'ici, et dont le caractère, plein de droiture, a été hautement apprécié par moi. Dieu veuille Vous épargner de voir jamais, dans l'avenir, ce que j'ai dû voir auprès de moi.

Je suis, de Votre Majesté, le très obligé et le bon frère.

149.
Erklärung König Karls IV.

o. O., o. D. [1919]

AOS, Tom. I, Index 89, beglaubigte Kopie.

Signierte Erklärung König Karls IV. zum ungarischen Krönungseid und zu seinem Verzicht auf die Ausübung der Regierungsgeschäfte in Ungarn vom 13. November 1918.

Der oder[a] wurde gegen alles Recht und Gesetz zum König von Ungarn proklamiert.[1] Ich bin der gesetzlich gekrönte König und bleibe es. Der Eid, den ich am 30. Dezember 1916 geschworen habe, legt mir Pflichten auf, die ich immer treu erfüllt habe, aber er legt auch der Nation die Pflicht der Treue und der Achtung gegenüber <u>den Gesetzen</u> des Tausendjährigen Reiches des Heiligen Stephan auf.

Nach der Revolution, wo das Land bereits die gesetzliche Rechtskontinuität zerstört hatte, habe ich meine Proklamation de dato 13. November[2] erlassen, damit die damals tagende Nationalversammlung nicht die definitive Absetzung des Herrscherhauses proklamiert. Ich wollte damit das irregeleitete Volk [...] hindern, vor der ganzen Welt einen zweiten Verfassungsbruch zu begehen. Meine Erwartungen sollten sich jedoch nicht erfüllen. Die Nationalversammlung proklamierte die definitive Volksrepublik[3], <u>ohne</u> es zu einer Volksabstimmung kommen zu lassen und hatte hiedurch jede kommende Entscheidung des Volkes präjudiziert.

---

2 Vgl. Nr. 213.

a Name fehlt.

1 Vgl. zu den ungarischen Thronkandidaten Kovács, Krönung und Dethronisation, 418, 431; dies., Papst Benedikt XV., 384 und Nr. 181, Anm. 3.
2 Vgl. Nr. 125.
3 16. November 1918: vgl. Siklòs, Ungarn 1918/19, 111–116 und bei Nr. 213.

Ich halte daher meine Proklamation für null und nichtig und stehe einfach auf der Basis der Verfassungsgesetze vor dem November 1918.

150.
Der Abt des Benediktinerstiftes Einsiedeln, Thomas Bossart OSB, an Kaiser und König Karl

Einsiedeln, 1919 April 11

TS 2953, beglaubigte Kopie.

Abt Thomas[1] berichtet die vertrauliche Übersendung verschiedener Nachrichten, „Ansichten und Wünsche des Kaisers"[a], an Papst Benedikt XV. durch den Apostolischen Nuntius von München, Erzbischof Eugenio Pacelli.

Es sind gerade acht Tage, daß mir die hohe Freude zuteil geworden, Euer Majestät zu sehen und zu sprechen. Nie mehr werde ich diese Freude vergessen, und es drängt mich, Euer Majestät für all die große Güte nochmals meinen innigsten Dank auszusprechen.

Zugleich gestatte ich mir, Euer Majestät ehrfurchtsvoll zu berichten, daß der hohe Auftrag am letzten Monat pünktlich ausgeführt worden ist. Der Herr Prälat[2], der damit beauftragt worden, und der mich gebeten, Euer Majestät für das in ihn gesetzte Vertrauen recht herzlich zu danken, hat die Mission freudigst übernommen, und der Prälat[3], zu dem er gesandt wurde, hat denselben Auftrag mit großer Freude entgegengenommen und ausgeführt. Derselbe sagte, der hohe Auftrag stimme vollkommen mit seiner eigenen Auffassung überein und er sei sicher, daß sein Herr in diesem Sinne sein möglichstes tun werde. Dieser sein Herr, fügte der Prälat hinzu, indem er den Wunsch aussprach, daß Euer Majestät dies erfahren möchten, habe auch in der letzten Zeit, sobald ihm ganz authentische Informationen über die Unsi-

---

a   Formulierung von Kaiserin Zita am Briefkopf.

1   Thomas Bossart OSB, vgl. zu ihm Nr. 87 und Nr. 131.

2   Kazimir (Kazimierz) Skirmunt. Vgl. dazu AE, Austria 710 [1306], Prot. 89.846: Am 07.04.1919 übersandte Maglione an Gasparri ein Memoriale des polnischen Prälaten Skirmunt über dessen Audienz bei Kaiser und König Karl. Auf vertraulichem Weg ließ der Kaiser den Papst bitten, bei der Entente zu intervenieren, sie sollte Truppen gegen die bolschewistische Gefahr in Österreich zur Verfügung stellen. Der Papst möge die Entente dann bestimmen, den Kaiser in die Friedensverhandlungen einzubeziehen. Zu Skirmunt vgl. auch Bołeslaw Skirmunt, W Słuzbie Kosciola i Polski Ks Dr. Kazimierz Skirmunt, Wilno 1931.

3   Prälat Luigi Maglione.

cherheit der Lage Euer Majestät ausgesetzt waren, gesucht, sie beseitigen zu helfen.

Der Auftrag Euer Majestät, treu und genau auseinandergesetzt, konnte von dem Prälaten durch den eben eingetroffenen Courier schon Dienstag, den 8. April, an seinen Bestimmungsort abgeschickt werden, ist also schon seit einigen Tagen dorten eingelangt. Der Allmächtige segne all die edlen Absichten und all die treuen und restlosen Bemühungen Euer Majestät zum Heile Ihrer Völker!

Mit nochmaligem innigen Dank für all die mir erwiesene Güte und für das in mich gesetzte Vertrauen

151.
Kaiser und König Karl an König Alfons XIII. von Spanien

Wartegg, 1919 April

AOS, Tom. I., Index 586, beglaubigte Kopie.

Intervention für Generalmajor Prinz Felix von Schwarzenberg, der, in italienische Kriegsgefangenschaft geraten, unter Anklage gestellt werden soll.

Mein Feldmarschalleutnant Felix Prinz Schwarzenberg[1], der sich in italienischer Kriegsgefangenschaft befindet, soll dort unter Anklage gestellt werden, weil er, von seiner Division eingebrachten tschechoslowakischen Legionären, angeblich den Prozeß gemacht hat. Aus Gründen der Gerechtigkeit und Menschlichkeit bitte ich Dich, für den genannten General und alle in ähnlicher Lage befindlichen österreichisch-ungarischen Offiziere zu intervenieren. Schwarzenberg war jederzeit ein ritterlicher Soldat, seinen Untergebenen ein fürsorglicher Vorgesetzter.

Solange es eine österreichisch-ungarische Armee gab, konnte der Offizier, der einen Österreicher oder Ungarn – und das waren doch die Tschechen und Slovaken – im feindlichen Lager kämpfen sah, in diesem nur einen strafwürdigen Soldaten sehen.[2]

---

1 Prinz Schwarzenberg befand sich vom 03.11.1918–04.08.1919 in italienischer Kriegsgefangenschaft. Vgl. auch seine „Briefe aus dem Felde 1914–1918", in: Schwarzenbergisches Jahrbuch (1953), 7 ff.

2 Vgl. PRO, FO 371/3459, Prot. 58.975, Bern, 1919 April 14: Lord Acton, der britische Botschafter in der Schweiz, meldete bereits am 14. April 1919 nach London, daß Kaiser Karl österreichische Kriegsgefangene aus Italien freibekommen wollte, um mit deren Hilfe seinen Thron zurückzuerobern.

152.
Kaiser und König Karl an Gaetano Kardinal Bisleti

Wartegg, 1919 April 17

AE, Austria 696 [neu 1328 P.O.], Prot. 90.154, Ausfertigung.
AOS, Tom. I, Index 468, beglaubigte Kopie (datiert: 1919 April 18), Index 467, deutsches Konzept.

Der Kaiser bittet Gaetano Kardinal Bisleti, Papst Benedikt XV. Ergänzungen zu seinem Konzept derDonaukonföderation, die ein neutraler Staat und ein Bollwerk des Friedens sein sollte, mitzuteilen.

Je prie Votre Eminence d'exprimer à Sa Sainteté mes remerciements les plus sincères et les plus respectueux pour la lettre si paternelle qu'Elle a daigné m'adresser: elle m'a grandement consolé et réjoui[1].

Dans ma dernière lettre à Sa Sainteté[2], j'ai oublié deux points que je prie Votre Eminence de porter à Sa connaissance: premièrement, en constituant l'état fédératif il serait de grande importance de le créer neutre. L'histoire a démontré clairement qu'un état composé de plusieurs nationalités reste fermement un en temps de paix et même, pour cette raison, est une forte garantie pour le maintien de celle-ci. Par contre, en temps de guerre cet état est soumis à de violents tiraillements si l'une ou l'autre des nations qui en font partie se trouve dans le camp adverse.

Deuxièmement, que l'Autriche-Hongrie soit représentée à la Conférence de la paix, non seulement par les délégués des différents Etats nationaux qui se sont formés sur son ancien territoire, et qui actuellement sont en lutte les uns contre les autres, mais aussi par une représentation commune: car tant d'intérêts communs, surtout en questions financières, ne peuvent être avantageusement traités que s'ils sont représentés en bloc vis-à-vis des anciens adversaires. Les anciennes légations, bien qu'en état de liquidation, fonctionnent toujours puisque les petits etats nationaux à l'exception des Tchéco-Slovaques ne sont pas encore reconnus et, espérons-le, ne le seront pas d'ici longtemps. Quand à Vienne un diplomate désire avoir une information exacte, il ne s'adresse pas à M. Bauer, mais à l'ancien ministère des Affaires étrangères.[3]

Un grand avantage de la représentation commune serait que le courage des hommes politiques, qui encore aujourd'hui déplorent la désagrégation de l'Empire, serait puissamment soutenu. La crainte seule, que la manifestation de

---

1 Vgl. Nr. 143.
2 Vgl. Nr. 136.
3 Vgl. Kovács, Papst Benedikt XV., 360.

leurs sentiments désavantagerait leur petit état vis-à-vis des autres, surtout si cet état était le premier à se prononcer, retient beaucoup d'hommes politiques et les empeche de faire connaître franchement leurs opinions. C'est le premier pas qui coûte: alors les peuples liés entre eux depuis des siècles écouteront avec empressement la voix de la réconciliation et comprendront que leur véritable intéret est de redevenir unis.

La bonne et si gracieuse lettre adressée par Votre Eminence à l'Impératrice lui a causé une grande joie. Nous en avons été tous les deux touchés et vous en remercions de tout coeur. Nous demandons à Votre Eminence de vouloir bien nous continuer le secours de ses saintes prières qui nous obtiennent tant de grâces. Je prie aussi Votre Eminence de redemander à Sa Sainteté la Bénédiction Apostolique pour moi, ma famille et mes peuples.

153.
Papst Benedikt XV. an Kaiser und König Karl

Vatikan, 1919 Mai 05

TS 2955–2956, beglaubigte Kopie;
A.S.V., SSt 1919, Rubrica 254A, Fasz. 3, Prot. 90.249, Konzept.

Dank für das Feldkircher Manifest des Kaisers und Königs und Bestätigung der Mitteilungen durch Kardinal Bisleti.

Ci è pervenuta la nobile lettera, in data del 24 marzo p.p.,[1] con la quale Vostra Maestà si compiaceva rimetterCi il testo di un nuovo Manifesto, che Ella aveva in animo di pubblicare per sostenere dinanzi ai popoli la causa Sua e della augusta Sua casa.

Mentre La ringraziamo della filiale fiducia nella Nostra Persona, che Vostra Maestà ha voluto riaffermare con l'inviarCi il menzionato Manifesto, Ci rendiamo conto degli elevati motivi che L'hanno indotta a non pubblicarlo. – Questo nuovo sacrifizio che Vostra Maestà – come nella citata lettera opportunamente accenna – si è imposto per amor di pace e nella sincera volontà di far tutto il Suo possibile, onde stornare altre eventuali convulsioni e discordie dal Suo amato Paese, già si duramente provato dalla lunga guerra, sarà, non ne dubitiamo, condegnamente rimunerato dal buon Dio, giusto estimatore dei meriti.

Tenendo anche presente quanto Ella Ci faceva conoscere per mezzo della lettera al Signor Cardinale Bisleti, in data del 17 aprile p.p.,[2] L'assicuriamo,

---

1 Vgl. Nr. 142.
2 Vgl. Nr. 152.

ancora una volta, della paterna Nostra benevolenza e della fervida continuazione delle Nostre preghiere al Cielo, perché assista, conforti e conservi lungamente e prosperamente Vostra Maestà e tutti i Membri della Augusta Sua
Famiglia, mentre Le impartiamo di cuore la Benedizione Apostolica.

154.
Levicaut [?] an Joseph Graf Hunyady

o. O., 1919 Mai 06

AOS, Tom. I, Index 25, beglaubigte Kopie[1].

Joseph (József) Graf Hunyady soll Julius (Gyula) Graf Andrássy d. J., der in
der Schweiz ist, von den politischen Ansichten des Königs benachrichtigen und
ihn zur Mitarbeit an der Restauration des Königs in Ungarn bestimmen.

Im Allerhöchsten Auftrage habe ich Dir folgendes mitzuteilen:

Wie Du wohl selbst aus den Zeitungen entnommen haben wirst, treiben die
Dinge in Ungarn ihrer möglicherweise segensreichen Entscheidung zu.

Es ist denkbar, daß dort schon in wenigen Tagen, von der Entente erzwungen und unterstützt, ein bürgerlich-demokratisches Regime eingerichtet wird.
Damit würde die Frage brennend, wer in Ungarn die Führung der Geister
übernimmt und wohin diese Führung zielen wird.

Als noch Graf Károlyi[2] die Wahlen zu einer konstituierenden Nationalversammlung ausschrieb, einigten sich die bürgerlichen Parteien auf ein Programm und auf einen Führer: Graf Andrássy.[3]

Schon damals wollte Graf Andrássy in den Wahlkampf eingreifen und nach
Ungarn zurückkehren. Es ist kaum anzunehmen, daß heute ein anderer als
Graf Andrássy das Haupt der bürgerlichen Parteien werden würde. Unter diesen Umständen dürfte wohl Graf Andrássy früher oder später nach Ungarn
zurückkehren. Seine Majestät kennt sehr wohl die Anhänglichkeit des Grafen Andrássy an den monarchischen Gedanken und an Ah. Seine Person.
Seine Majestät hörte aber, daß Graf Andrássy sehr stark unter dem Eindrucke verschiedener aus Ungarn gekommener Nachrichten stehe, daß in Ungarn wohl die Restauration der Monarchie denkbar, aber die Zurückführung
des Königs Karl auf den Thron schwer möglich sei. Man erwäge daher die

---

1 Handschriftlicher Vermerk: „An Hunyady". Wer sich unter Levicaut verbirgt, konnte nicht eruiert werden.
2 Vgl. Nr. 131.
3 Vgl. Nr. 87 und Julius Graf Andrássy, Diplomatie und Weltkrieg, Berlin 1920, 313–320.

Ausrufung des Kronprinzen oder des Erzherzogs Joseph[4] oder einer fremden
Fürstlichkeit zum König. Seine Majestät ersucht Dich daher, Dich ehestens
zum Grafen Andrássy zu begeben und ihn, ohne ihm Einblick in diesen Brief
zu gewähren, in dem folgenden Sinne zu bearbeiten: Seine Majestät denkt
nicht einen Augenblick daran, auf die Stephanskrone zu verzichten. Seine
Majestät ist auch auf gar keinen Fall willens, den Kronprinzen[5] der neuen
Monarchie zur Verfügung zu stellen. Seine Majestät ist vielmehr überzeugt,
daß alle Gedanken, einen neuen König zu berufen, sofort vergehen werden,
wenn ein Mann von der Bedeutung des Grafen Andrássy seinen Freunden
und Anhängern und durch sie wieder weiteren Kreisen das Recht des gekrönten Königs und das Unrecht der an einen Gegenkönig denkenden Ungarn dar-
legt, und wenn alle rechtlich Denkenden daran festhalten, daß es in Ungarn
nur einen König, eben den einmal gekrönten, geben könne. Seine Majestät hat
den Krönungseid[6] geschworen und nur allzusehr gehalten. Seine Majestät hat
niemals daran gedacht, von dem Inhalt dieses Eides auch nur um Haares-
breite abzuweichen.

Wenn der König solches getan hätte, dann würde er sich wahrscheinlich die
Wenzelskrone und die Herrschaft über die jugoslawischen Gebiete gesichert
haben. Noch in der österreichischen Oktoberproklamation[7] kommt dieser Gedanke zum Ausdruck. Daß der König selbst in diesem kritischesten Augenblick nicht vom Krönungseide abwich, bewirkte, daß die Tschechen, die bis dahin nur daran dachten, sich einen eigenen Staat unter dem Szepter König
Karls zu gründen, nicht mehr glaubten, daß dies möglich sei und in der Folge
selbständig ihr Haus bestellten.[8]

Gegen die Tatsache, daß der König – was wahrlich notwendig gewesen wäre
– nicht den südslavischen Staat schuf, wiegen die auf Wekerle[9] zurückgeführ-
ten Ausstreuungen nichts, daß der König den Kroaten in camera caritatis alles mögliche versprochen und sie sogar aufgefordert haben soll, sich auf Kosten Ungarns zu nehmen, was sie nehmen wollten.[10] In so schwerwiegenden
Zeiten wie der jetzigen sollte wahrlich nicht mit Gewäsch, sondern mit den
Tatsachen gerechnet werden. Ferner: Die ganze Welt weiß, daß der König unschuldig ist an dem Ausbruch und der Dauer des Krieges, der auch Ungarn
an den Rand des Abgrundes gebracht hat. Wenn man aber nach Schuldigen
an dem unglücklichen Ausgang des Krieges sucht, so möge sich Ungarn erin-

---

4 Joseph August Eh. von Österreich, 27.10.1918: Ernennung zum „homo regius" durch König Karl
   IV.
5 Otto Eh. von Österreich.
6 Vgl. Nr. 28.
7 Vgl. Nr. 112: Völkermanifest Kaiser Karls vom 16. Oktober 1918.
8 Vgl. Nr. 115.
9 Vgl. Nr. 87a.
10 Vgl. Nr. 213 und Polzer-Hoditz, 543–546.

nern, daß der Zusammenbruch der Armee, der uns geradezu zur Kapitulation
zwang, durch die Tatsache verschuldet wurde, daß Wekerle die Forderung
Károlyis aufnahm, die ungarischen Truppen nach Hause zu berufen, und daß
diese Stellungsnahme [sic] der dem König und der Nation verantwortlichen
Regierung die ungarischen Divisionen an der Südwestfront meutern ließ; die
Folge war, daß die Südwestfront unter den bekannten Erschütterungen der
Monarchie zusammenbrach, die nach Ungarn zurückkehrenden Truppen sich
aber durchaus nicht an der Verteidigung der Balkanfront beteiligten, sondern
zur blutigen Revolution in Kroatien und selbst im Innern Ungarns beitrugen.
An diesen Tatsachen sollte wahrlich nicht gerüttelt werden, denn es wird die
Zeit kommen, wo wieder Geschichte geschrieben und nicht mehr gefälscht
werden wird.[11] Wenn in Ungarn wieder an die Aufrichtung einer Monarchie
gedacht wird, werden sich die monarchistischen Elemente auch die Frage vor-
legen müssen, ob es eine einseitige Treue gibt und was der Sinn des Krönungseides ist. Der Eid legt dem Monarchen Pflichten auf, <u>aber ebensosehr
dem Volk</u>. Der Monarch, der seinen Eid gehalten hat, kann mit Recht fordern,
daß auch ihm die Treue gehalten werde.

Es liegen verläßliche Nachrichten aus dem Lager der Entente vor, daß auch
sie sich wieder für die Frage der „Monarchie" zu interessieren beginnen. Vielleicht nicht aus Liebe zu diesem großen Gedanken, gewiß aber wegen der Erfahrungen, die sie mit den mitteleuropäischen Republiken gemacht hat. Die
Entente kann im Zentrum Europas nicht fortwährend wechselnde und regelmäßig immer weiter nach links gleitende Regime brauchen. Sie möchte daher
dem radikalen Geiste der Republik den konservativeren Gedanken der Monarchie entgegensetzen. Daß sie dann aber lieber einen Herrscher auf dem
Throne hätte, den sie bereits kennt, von dem sie weiß, daß er friedliebend und
dem deutschen Imperialismus, den Frankreich noch immer fürchtet, abhold
ist, als einen Monarchen, dessen Politik noch ein verschleiertes Bild von Sais[12]
darstellt, ist sicher. Eine Herrschaft König Karls würde daher sofort ein sicheres klares Verhältnis zu den übrigen Staaten schaffen, während einem anderen König gegenüber von allen Seiten Zurückhaltung geübt werden würde.
Das ungarische Bürgertum muß jetzt die Kraft aufbringen, sich zur Legitimität wieder durchzuringen und den Elementen der Unordnung und der Ge-
walttätigkeit entgegenzutreten. Seine Majestät hätte seinerseits natürlich
nicht die Absicht, in Ungarn ein Bach'sches Regime[13] einzuführen, sondern
würde seinen Zusagen in den Fragen der Selbständigkeit getreu bleiben. Was
der König z. B. in der Armeefrage versprach, entspräche ja übrigens vollkom-

---

11 Vgl. Szende, Die Ungarn im Zusammenbruch 1918, 127–171 und Plaschka, Innere Front 2,
   247–289.

12 Friedrich von Schiller, Das verschleierte Bild zu Sais, Ballade (1795).

13 Alexander Frh. von Bach, 1848–1855 Justizminister; 1849 Innenminister, vgl. Hantsch, Geschichte Österreichs 2, 346–364.

men den Forderungen der neuen Zeit, die mit dem Tage anbrechen würde, da sich die auf dem Boden Österreich-Ungarns neu entstandenen Staaten in irgend einer Form wieder nähern.

Erlaube nunmehr, daß ich auch noch rein privat etwas anfüge. Ich selbst bin überzeugt, daß die Frage des Staatsoberhauptes überhaupt nur so lange kontrovers sein wird, als noch um Ruhe und Sicherheit, um Republik oder Monarchie gerungen wird. Wenn einmal wieder die Monarchie in Sicht sein wird, werden die Menschen vor allem die Sorge haben, diese Monarchie zu sichern, und da werden sie sich wohl hüten, sie von Haus aus morsch zu machen, indem sie ein Regime der Gegenkönige etablieren. Denn, ich kann es auch von mir aus wiederholen, Seine Majestät wird nicht abdanken.

Ich ließ Dich den Protest lesen, den Seine Majestät anläßlich seiner Landesverweisung aus Deutschösterreich erlassen, vorläufig aber nur zwei Souveränen übergeben hat.[14] Du erinnerst Dich wohl, was darin über die Beseitigung der Proklamation gesagt ist, mit der sich Seine Majestät bereit erklärte, die Entscheidung Deutschösterreichs über seine Staatsform im voraus anzuerkennen. Was darüber in dem Proteste gesagt ist, gilt auch für die Proklamation, die de dato Eckartsau an Ungarn erlassen worden ist.[15] Auch in Ungarn haben die Machthaber die Proklamation beseitigt, indem sie ihren zweiseitig verbindlichen Charakter verletzten, die Entscheidung Ungarns übrigens gar nie anriefen, sie aber Tag für Tag präjudizierten und sie, wenn sie angerufen worden wäre, schon im voraus zu einer unfreien gemacht haben, indem sie Ungarn unter immer ärgerem Terror hielten. Diese Proklamation existiert also nicht mehr.

Nebenbei bemerkt ist aber nicht einmal in der Proklamation die Entscheidung über die Person des Königs, sondern nur die über die Staatsform freigegeben worden.[16]

Hier wird auch erzählt, daß selbst Windischgrätz[17] seit neuerer Zeit glaubt, daß eine Monarchie unter dem legitimen König nicht, unter einem andern Herrscher aber wohl denkbar wäre. Ich kann es kaum glauben, daß Windischgrätz nun auch so denkt. Hoffentlich würde aber auch das auf den Grafen Andrássy keinen Einfluß üben. Zum Schlusse noch eines: Sollte die Wahlbewegung Geld erfordern, so glaube ich wohl, daß sich eine gewisse Summe beschaffen ließe. Die Voraussetzung hiefür wäre aber wohl, daß sich die Persönlichkeiten, denen sie zur Verfügung gestellt werden soll, auf den Boden des Rechtes stellen, wie es oben dargestellt ist. Seine Majestät würde es wohl in-

---

14 Feldkircher Manifest, vgl. Nr. 142.

15 Vgl. Nrn. 123 und 125.

16 Vgl. dazu die Rede Karl Renners vor der konstituierenden Nationalversammlung Deutschösterreichs am 27. März 1919, in: Fischer (Hrsg.), Karl Renner, 149–150.

17 Vgl. Nr. 87a.

teressieren, möglichst bald etwas über den Erfolg Deiner Bemühungen zu hören.

155.
Kaiser und König Karl an Nikolaus Graf Revertera von Salandra

Wartegg, 1919 Mai 09

TS 2161–2162, beglaubigte Kopie

Kaiser und König Karl ersucht den zu den Friedensverhandlungen nach St-Germain-en-Laye delegierten letzten österreichischen Ministerpräsidenten Dr. Heinrich Lammasch über seine Position zu instruieren.

Ich habe mit großer Freude vernommen, daß mein Geheimer Rat und letzter Ministerpräsident Dr. Lammasch[1] an den Friedensverhandlungen[2] teilnehmen wird. Ich kenne Dr. Lammasch als einen loyalen, mir anhänglichen, treuen Mann und bin gewiß, daß er bei der Friedenskonferenz die Liebe zu seinem Vaterlande mit der beschworenen Treue gegenüber seinem Kaiserlichen Herrn zu vereinbaren wissen wird. Ich ermächtige Sie, dies Dr. Lammasch zu wissen zu tun.

1. Proklamation <u>keine Abdankung</u>, er weiß es selbst am besten, wollte [das] damals nicht schriftlich niedergelegt [haben]. Renner weiß es auch, daher seine Velleitäten wegen Abdankung![3]

2. Alles Selbstbestimmung der Nationen, Freiheit etc. ein Humbug; Wilson ein Schuft.[4] Reiner Diktatfrieden, daher herausschlagen, was möglich. Entente muß sich entscheiden, ob sie Großdeutschland oder Großösterreich will, denn wenn D[eutsch]-Ö[sterreich] zu Deutschland kommt, entsteht mit Ungarn ein sozialistisches Naumann-Mitteleuropa. Bei Großösterreich (Donaukonföderation) selbstverständlich deutsche Orientierung ausgeschlossen. Alpenrepublik würde über kurz oder lang dennoch wieder in wirtschaftliche Abhängigkeit von Norddeutschland geraten (Bahnen). D[eutsch]-Ö[sterreich]

---

1 Heinrich Lammasch, 27.10.–11.11.1918 letzter österreichischer Ministerpräsident. Vgl. über ihn zuletzt: Oberkofler/Rabofsky, Heinrich Lammasch, und Nr. 147.

2 Friedensverhandlungen in St- Germain-en-Laye vom 02.06. bis 10.09.1919; Staatsvertrag mit der Republik Deutschösterreich vom 10.09.1919.Vgl. Fellner/Maschl (Hrsg.), Saint-Germain im Sommer 1919; Schmitz, Karl Renners Briefe aus Saint-Germain. Saint-Germain 1919, Wien 1989.

3 Vgl. Nr. 123; DDS 7/1, 484–485; Brook-Shepherd, Um Krone und Reich, 265–266; 289–292; Karl Renner, Rede vor der Konstituierenden Nationalversammlung Deutsch-Österreichs am 27. März 1919, in: Fischer (Hrsg.), Karl Renner, 149–151.

4 Vgl. Nrn. 80, 86, 90, 92, 94, 95, 97, 104, 107, 111 und 114.

kann auf die Dauer auch nicht allein bestehen. Oberhaupt der Konföderation
nur monarchisch, da bei nationalem Präsidenten sofort Streitereien. Ich durch
Krieg nicht kompromittiert, wollte Frieden früher und ehrlicher als Wilson
schließen.[5] <u>Nichterwähnen der Dynastie reine Feigheit</u>, die berühmten Christlich-sozialen, Deutschsüdtirol:[6]

3.) D[eutsch]-Ö[sterreich] durch prov[isoriche] Nat[ional]-Versammlung beseitigt, sogenannte Constituante ein Unsinn, da Staat ohne Grenzen, Proklamation null und nichtig. Ganzer Staat große Unordnung, wenn nicht bald
durch Entente Ordnung gemacht wird, wird sich dort eine Diktatur durchringen müssen. Bürgerkrieg ist heute schon unvermeidlich. Eventuelle erste
Etappe zur Donaukonföderation wäre, daß Frankreich, damit es den Nicht-
anschluß D[eutsch]-Ö[sterreichs] an Deutschland zugesichert hat, das Zurückkehren der Dynastie als Herrscher von D[eutsch]-Ö[sterreich] ermöglicht.

4. Er, Geheimer Rat, durch niemand seines Eides entbunden, daher Verpflichtung <u>vor Gott</u> so zu reden.

156.
Kaiser und König Karl an den „ehemaligen" Erzherzog Franz Salvator

Wartegg, 1919 Mai 10

AOS, Tom. I, Index 590, Konzept, beglaubigte Kopie.

*Kaiser und König Karl beantwortet Eh. Franz Salvators „Verzicht auf die
Zugehörigkeit zum Erzhaus" gemäß des Habsburger Verfassungsgesetzes vom
3. April 1919.*

Mit Bedauern habe ich die Meldung darüber entgegengenommen, daß Sie und
Ihre Familie eine Erklärung über den Verzicht auf die Mitgliedschaft zum
Hause Habsburg-Lothringen und für die Republik[1] abgegeben haben. Gewiß
werden mir Euer Liebden und die Mitglieder Ihrer Familie auch in Hinkunft

---

5   Zu den Friedensversuchen Kaiser Karls vgl. Sachregister (Friedensbemühungen).

6   Vgl. Richard Schober, Tiroler Anschlußfrage und Südtirolproblem im Lichte der deutschen Di-
    plomatie, in: Innsbrucker Historische Studien 1 (1978) 129–171.

1   Erklärung Eh. Franz Salvators und seiner Familie für die Republik Deutsch-Österreich; Ver-
    zicht auf Zugehörigkeit zum Erzhaus gemäß Habsburger Verfassungsgesetz vom 03. April
    1919 „betreffend die Landesverweisung und Übernahme des Vermögens des Hauses Habsburg-
    Lothringen". Vgl. Nrn. 138 und 139; ebenso unterzeichnen die Söhne Franz Salvators Eh. Hu-
    bert und Eh. Theodor Salvator. Vgl. Nr. 213.

liebe Verwandte sein, als Mitglieder des Hauses und der Familie Habsburg-Lothringen können Sie aber nun nicht mehr gelten. Ihre Erklärung, daß Sie nur im staatsrechtlichen Sinne aus dem Hause geschieden sind, privatrechtliche Rechte, Forderungen und Ansprüche, insbesondere in vermögensrechtlicher Beziehung jedoch aufrechterhalten wollen, ändert daher nichts an der Tatsache, daß es solche Rechte, Forderungen und Ansprüche nicht mehr gibt. Ich muß sogar diesen Teil Ihrer an die niederösterreichische Landesregierung gerichteten Eingabe vom 18. April 1919[2] ausdrücklich mißbilligen, denn er kann in einem Teile der Öffentlichkeit die beklagenswerte Meinung hervorrufen, daß ein Mitglied des Hauses Habsburg-Lothringen die Familienbande zerriß, weil sie ihm weniger gelten als materielle Güter. Ehe Ich, dem Zwange gehorchend, Deutschösterreich verließ, habe ich wohl erklärt, daß unter besonderen Umständen die Mitglieder des Hauses in die Lage versetzt sein könnten, nach eigenem Ermessen zu handeln. Ich ließ aber keine Zweifel darüber, daß ich unter diesen „besonderen Umständen" nur das Weichen gegenüber physischer Gewalt verstanden habe. Durch meinen Herrn Bruder[3] ließ ich dann den Mitgliedern Meines Hauses eröffnen, daß ich den eventuellen Entschluß eines Mitgliedes der Familie, sich in Hinkunft Herzog von Lothringen zu nennen und auf Herrschaftsansprüche zu verzichten, nicht billigen könnte, daß ich aber daraus in Zukunft keine Konsequenzen ableiten wollte. Ihre Erklärung geht darüber weit hinaus und kann sich auch nicht auf jene besonderen Umstände berufen. Die entschuldigende Erwähnung des Falles Meines Herrn Vetters Erzherzog Joseph[4] ist irrig, sie stützt sich lediglich auf die Tatsachen widersprechenden Zeitungsmeldungen. Erzherzog Joseph hat weder mit Meiner noch ohne Meine Zustimmung eine Erklärung des Inhalts abgegeben, daß er aus dem Hause ausscheiden und sich in Hinkunft nur mehr Joseph Habsburg oder Alcsuthi József nennen wolle. Er hat sich lediglich zur ungarischen Republik bekannt. Dies geschah mit Meinem Wissen. Ich gestattete dies dem Erzherzog, da sein Leben unmittelbar gefährdet war.

---

2   Konnte bisher nicht eruiert werden.
3   Eh. Max von Österreich, vgl. Nrn. 4 und 213.
4   Vgl. Nr. 213.

157.
Kaiser und König Karl an Gustav Ador, Präsident des Bundesrates der Schweizerischen Eidgenossenschaft

o. O., 1919 Mai

AOS, Tom. I, Index 589, beglaubigte Kopie.

Dank für die Gewährung der Gastfreundschaft.

Arrivé sur votre sol hospitalier [a]–avec l'appui que m'a prêté le gouvernement britannique[–a] à Prangins, je désire vous exprimer à nouveau directement mes sentiments de gratitude; l'accueil courtois et plein de sympathie que je rencontre dans ce beau pays, où la liberté se fonde toujours sur un ordre public assuré, nous offre un asile nécessaire, à mes chers enfants, à l'Impératrice ma femme bien-aimée, à ma mère, à moi-même et à tous les miens, dans ces circonstances cruelles, que je veux croire momentanées.

J'ai tout fait, dès le début de mon règne, pour arrêter cette guerre funeste dont le prolongement insensé plonge maintenant l'Europe dans une crise sociale qui, de proche en proche, menace de tout engloutir. En m'adressant à vous, je sais que je m'adresse au modèle de la générosité de toute la Suisse qui a tant fait pour adoucir les maux déchaînés.

Je vous prie d'exprimer au Conseil Fédéral ma sincère reconnaissance, veuillez, Monsieur le Président[1], me croire votre très obligé et bon ami.

158.
Kaiser und König Karl an Papst Benedikt XV.

Prangins, 1919 Mai 25

AOS, Tom. I, Index 472, Telegramm, beglaubigte Kopie[1].

Bitte um Nachforschung über das Schicksal von Generalleutnant Prinz Felix Schwarzenberg.[2]

---

a–a In der Ausfertigung gestrichen.

1 Gustav Ador war vom 01.01.–31.12.1919 Präsident des Bundesrates der Schweizerischen Eidgenossenschaft.

1 Vermerk: Durch den Apostolischen Delegaten in Bern. Der deutsche Text ist vom Kaiser paragraphiert.
2 In italienischer Kriegsgefangenschaft 03.11.1918–04.08.1919; vgl. auch Nrn. 151 und 159.

Profondément touché de la bonté de Votre Sainteté, je trouve dans Sa dépêche une nouvelle preuve de Ses sentiments paternels qui prennent part à mes anxiétés et à mes douleurs. Me voici maintenant délivré de l'incertitude dans laquelle je me trouvais sur le sort de mon lieutenant général le prince de Schwarzenberg. Je prie Votre Sainteté de vouloir bien agréer la très vive reconnaissance que j'en ressens de tout coeur.

Moi et les miens, nous recevons avec une vive dévotion et beaucoup de joie la bénédiction apostolique que Votre Sainteté veut bien nous envoyer. Cette bénédiction nous rend plus forts pour supporter l'injustice, elle fortifie notre confiance dans l'avenir et aussi nous ne fléchirons jamais dans l'accomplissement des devoirs que Dieu nous a donnés.

Je suis de Votre Sainteté le très obéissant fils.

159.
Papst Benedikt XV. an Kaiser und König Karl

o. O., o. D. [Vatikan, 1919 nach Mai 25][1]

TS 2954, beglaubigte Kopie

Nachricht von der erfolgten päpstlichen Intervention zugunsten von Generalmajor Prinz Felix zu Schwarzenberg und anderer Offiziere, die in italienischer Kriegsgefangenschaft sind. Es folgert aus der Internierung des Generalmajors keineswegs, daß ihm ein Prozeß gemacht wird.

Accogliendo ben volentieri l'appello che Vostra Maestà Ci ha fatto in nome dell'umanità e della giustizia, abbiamo sollecitamente interposto Nostro intervento a favore del principe Generale Felice Schwarzenberg[2] e degli altri ufficiali Austro-Ungarici prigionieri in Italia, che trovansim analoga situazione. Siamo lieti di comunicarLe che dalle prime indagini eseguite in proposito, non risulterebbe che quel Generale trovisi sottoposto a processo. Augurando che notizia possa essere confermata per lui e per gli altri ufficiali, rinnoviamo a Vostra Maestà i sensi del Nostro paterno affetto e di tutto cuore impartiamo a Vostra Maestà e all' Augusta Famiglia l'Apostolica Benedizione.

---

1 Handschriftliche Datierung: April 1919; irrtümlich, vgl. Nr. 158.
2 Felix Medardus Hubert Prinz Schwarzenberg, Generalmajor a. D. Vgl. Schwarzenbergische Archive, Murau: NL Felix Prinz Schwarzenberg, Mitteilung der Apostolischen Nuntiatur, Wien, 1919 Februar 13, daß sich Felix Prinz zu Schwarzenberg im Lager forte Procolo, Provinz Verona, befinde. Er sei gesund und wurde ihm die Summe von 1.000 Kronen überwiesen.

160.
Kaiser und König Karl an Papst Benedikt XV.

o. O., o. D. [1919 /1920]

AOS, Tom. I., Index 479, Entwurf, beglaubigte Kopie[1]

*Reflexionen des Kaisers über seine eigene Situation und jene seiner Völker. Er
erkennt in der Schaffung einer Donaukonföderation die einzige Möglichkeit,
die in Auflösung begriffene Wirtschaftseinheit wiederherzustellen. Er selbst hat
keinen Einfluß mehr auf Geschäftsführung und Rechtsleben im Raum der alten Monarchie, er ist ohne Einfluß auf die Zusammenarbeit mit den Sieger-
mächten. Es gibt Symptome, daß sich die eine oder andere Macht der Ententestaaten mit seinen Ideen anfreundet. Er bittet den Papst als einzige Autorität,
an die er sich wenden kann, um seinen väterlichen Rat, damit er den Weg zum
Ziel findet.*

Il me revient de toutes parts que Votre Sainteté veut bien saisir chaque occasion qui se présente pour témoigner de la sollicitude paternelle qu'Elle
éprouve à l'égard de Ma Personne et de Ma Maison. C'est avec une reconnaissance toute filiale que Je reccueilleles échos des paroles bienveillantes prononcées au Vatican et J'en ressens au milieu de Mes nombreuses épreuves une
bien douce consolation. Aussi ai-Je le plus ardent désir de M'adresser avec
confiance à Votre Sainteté en La priant de vouloir bien ajouter à Son appui
moral des conseils pratiques qui seraient pour Moi d'une valeur inapprécia-
ble.

Mieux que personne, Très Saint-Père, Vous connaissez la situation grave de
l'heure présente, d'un coup d'œil sûr Vous embrassez le monde entier si démoralisé de nos jours par les doctrines des éléments subversifs. La guerre terrible
qui a bouleversé l'Europe pendant plus de quatre ans a miné tout ce que la religion et la culture avaient construit pendant des siècles; nous en voyons les
effets déplorables. Votre Sainteté comprendra sans doute que ce qui Me touche de plus près et ce qui M'émeut profondément, c'est surtout l'état de misère
indescriptible dont souffrent les peuples qui étaient soumis à Mon Sceptre.
Tous ces nouveaux états qui ont surgi sur les ruines de l'Autriche-Hongrie se
heurtent à des difficultés insurmontables dans la lutte qu'ils ont entreprise
pour se créer une existence viable. Les événements ont déjà démontré à
l'heure qu'il est que ces nouveaux états, sans liens économiques entre eux, ne

---

1 Vermerk: nicht abgeschickt! Mündlich mit Prälat Brenner besprochen. [Prälat Max Brenner
   war 1919–1922 Rektor der Anima in Rom.]

sauraient mener qu'une vie misérable. Il faut en déduire la conséquence que, malgré le fanatisme des uns et la haine des autres, on en arrivera nécessairement à un arrangement économique qui rendra à tous la paix, la sécurité et une certaine aisance qui pourra, avec le temps, redevenir la prospérité.

Je ne vois donc qu'une solution possible: la création d'une Confédération Danubienne basée sur l'indépendance politique de chacun de ces pays et sur une communauté économique de l'ensemble. Tous les autres moyens d'assainissement dont on ferait l'essai ne seraient que des palliatifs. Les Etats de cette Confédération Danubienne ne sauraient exister sans avoir à leur tête leur Souverain commun. Si J'énonce cette vérité, Très Saint-Père, Je ne Me sens pas guidé par le désir du pouvoir, mais par la conscience inextin[gu]ible de Mes devoirs de Chef d'Etat, surtout en présence des défaillances regrettables de nombreux de Mes sujets qui ont été entraînés à quitter le sein de l'Eglise Sacro-sainte et Romaine. Je suis certain de Me rencontrer avec Votre Sainteté dans la douleur que Me causent le mouvement schismatique dans la Tchécoslovaquie, la mésestime de l'Eglise en Autriche, l'oppression des Croates et [des] Slovènes, fils fidèles de l'Eglise Catholique ainsi que d'autres événements, signes de la décadence des mœurs dans les Etats qui sont formés sur le territoire de la Monarchie. L'Empereur-Roi fut dans chacun de ces Etats le protecteur naturel et convaincu de Ses sujets catholiques; ce protecteur leur fait maintenant d'autant plus défaut que ceux qui y gouvernent en ce moment ne se considèrent que commandataires de la volonté du peuple, si l'on peut désigner ainsi une partie relativement peu nombreuse de la population.

Profondément soucieux du sort de Mes peuples qui, tous, me tiennent également à cœur, Je voudrais contribuer dans la mesure de Mes forces à leur bien-être et à leur salut. La situation précaire dans laquelle Je Me trouve ne Me permet qu'une ingérence limitée dans les affaires dont, de droit, Je devrais avoir la direction. Je vois clairement qu'il ne M'est possible d'acquérir une plus grande influence que par la collaboration des Puissances victorieuses avec ceux qui, dans Mes propres états, Me sont restés fidèles. Il existe des symptômes qui permettent de conclure que l'une ou l'autre des puissances de l'Entente commencent à se familiariser avec les idées que Je viens d'exposer; elles hésitent cependant encore à prononcer d'une manière officielle ou seulement officieuse qu'elles étaient disposées à assurer aux Etats danubiens réunis sous Mon Sceptre le soutien nécessaire pour leur garantir l'existence: Mes fidèles d'autre part n'osent pas sans une pareille assistance faire un pas en avant. Ne Me trouvant pas en communication suivie avec les hommes d'Etat compétents de l'Entente, il M'est difficile de faire éclore et coordonner les désirs inexprimés existant de part et d'autre et de contribuer ainsi efficacement à la renaissance des Mes malheureux pays.

Votre Sainteté est en contact avec le monde entier, Elle est de plus la seule autorité que Je puisse admettre et à laquelle Je puisse M'adresser en toute confiance; animé de ce sentiment Je Me permets de Lui demander Son conseil paternel. Voudriez-Vous M'indiquer, Très Saint-Père, le chemin que J'aurais à prendre pour arriver au but.

Destiné par la Puissance Divine à régner sur des nations différentes et Me trouvant par là-même en dehors de leurs mésentendus et de leurs luttes, Je Me sens plus qu'aucun autre appelé à ramener avec l'assistance d'amis puissants Mes peuples égarés dans un commun bercail et doué de mettre dans les intérêts qui les touchent tous un jugement impartial.

Loin de Moi le désir de vouloir brusquer les choses dans un moment d'impatience, confiant dans la Providence, observateur attentif de tous les événements, Mon intention n'est autre que de contribuer dans la mesure du possible au salut de Mes peuples en mettant leurs destinées d'accord avec Mes droits imprescriptibles. Veuillez, Très Saint-Père, prendre en considération bienveillante la prière que Je Me permets de Vous adresser, veuillez Me guider sur le chemin ardu que le Ciel M'a désigné et croyez, Je Vous prie, en Ma reconnaissance filiale. En demandant instamment la Bénédiction Apostolique pour Moi et pour Ma Famille, Jc reste de Votre Sainteté [...].

161.
„De le début de mon règne".
Kaiser und König Karl über den Zerfall der Donaumonarchie

o. O., o. D. [Prangins, 1919 Mitte Juni bis September]

AOS, Tom. I, Index 93, beglaubigte Kopie.

Entwurf Kaiser Karls für seine politischen Analysen der zerfallenden Donaumonarchie.[1]

1. [Regierungsziel] Reich übernommen.
   <u>Hauptziel:</u> <u>Friede</u>, hiezu notwendig:
   a) Verhandlungen.
   Prinz Sixtus, Revertera, Armand, durch Papst mit Wilson positiv, negativ durch Nichtmitgehen mit boches[2] nach Brest-Litowsk. Brest-Litowsk nicht <u>einverstanden</u>, Bukarest zumindest Ansprüche (exigences) der DOHL (grand question), Brief Oberst Randa[3] Dynastie gerettet.

---

1   Es dürfte sich hier um das Konzept für Nr. 213 handeln.
2   Die Deutschen.
3   Vgl. Nr. 87a.

b) Friede im Inneren:
Amnestie, Nationale Autonomie, Föderalismus, Oktoberpatent immer ungarischer Eid hindernd im Wege. Südslaw[en]. Zuletzt Verdienst, daß Auseinandergehen der ganzen Monarchie unblutig erfolgte.[4]

Haupthindernis Dualismus seit 1866 [sic!], wo man die natürliche geschichtliche föderative Konstruktion der Monarchie endgültig aufgab, um ein Zweistaatensystem zu kreiren, wo zwei verantwortliche Ministerien waren, zwischen denen die unverantwortliche Krone immer zu entscheiden hatte, basiert auf der Vorherrschaft zweier Minoritäten der Deutschen und der Ungarn. Ich muß gleich betonen, daß es den Nationen in Österreich gar nicht schlecht ging, sie hatten dort vollst[e] kulturelle und sprachliche Freiheit, es gab ja keine Staatssprache, auch war jede Sprache staatlich gleichberechtigt. Die Vorherrschaft der Deutschen stak eigentlich mehr in den Köpfen der Deutschen selbst und äußerte sich meistens darin, daß die Deutschen jedem Gedanken einer Erweiterung der nationalen Rechte der Nichtdeutschen ein

---

4 Vgl. dazu Polzer-Hoditz. 558–560: „Am 22. Oktober 1918 – der Kaiser befand sich auf der Reise von Reichenau nach Debreczin und Gödöllö – empfing er im Hofzug den Reichsratsabgeordneten und nachmaligen tschechoslowakischen Minister Klofáč. General von Landwehr empfing ihn am Franz-Josefs-Bahnhof in Wien. Klofáč war von Prag gekommen und im Begriff, nach der Schweiz zu fahren, um mit Beneš zusammenzutreffen. Landwehr fuhr mit Klofáč nach Meidling. Als sie am Bahnhof auf den Hofzug warteten, sprach ersterer in sehr abfälliger Weise über die österreichischen Staatsmänner. Es war gegen halb neun Uhr abends, als Klofáč mit Landwehr den Hofzug bestieg. Er wurde sofort in den Arbeitsraum des Monarchen geführt. […] Der Kaiser ging dem Abgeordneten entgegen, reichte ihm die Hand und drückte ihm zunächst sein Beileid aus. Klofáč hatte erst vor einigen Tagen seinen ältesten Sohn begraben, der an den Folgen einer am italienischen Kriegsschauplatz erlittenen Verwundung gestorben war. Der Kaiser sprach anfangs tschechisch. Erst als Klofáč sich der deutschen Sprache bediente, wurde die Unterredung in dieser Sprache weitergeführt. Es sei schon genug Blut auf den Schlachtfeldern vergossen worden, bemerkte der Monarch, und er bitte, darauf einzuwirken, daß, was ferner geschehen möge, unblutig vor sich gehe. Klofáč erklärte, daß dies auch der Wunsch der tschechischen Nation sei. Nach seiner eigenen Darstellung sagte der Abgeordnete gerade heraus, die Tschechen könnten die Persekution nicht vergessen, welcher sie während der gesamten Dauer des Krieges ausgeliefert gewesen seien. Der Kaiser entgegnete: ‚Diese politische Persekution war der größte politische Unsinn!‘ Fortwährend erklärte Klofáč, daß größte Unglück für die Dynastie seien die letzten Regierungen (der Kaiser wendete nichts ein), vor allem Graf Czernin gewesen (der Kaiser nickte mit dem Kopf). Daß Czernin den Kaiser dazu bewogen habe, nach Deutschland zu reisen, um dem deutschen Kaiser zu verkünden, daß die Kanonen die Antwort auf Clemenceaus Enthüllungen erteilen werden, und daß der Kaiser auf den Gedanken einer militärischen und wirtschaftlichen Union mit dem Deutschen Reich eingegangen sei, habe die Entente gegen die Dynastie gestellt, dies habe die Situation herbeigeführt. Der Kaiser erwiderte darauf, daß die Umstände allzu schwierig gewesen seien. Man näherte sich Wien. Der Kaiser wiederholte seine eingangs gestellte Bitte und verabschiedete sich von dem tschechischen Führer. Dessen beabsichtigte Reise nach der Schweiz hatte er mit keinem Wort berührt." Zur letzten Begegnung von Klofáč mit Kaiser Karl vgl. auch Erdödy-Memoiren, 154–156.

starres „non possumus" entgegensetzten. Der sogenannte Oktroi, den die Deutschen zu ihren Gunsten wünschten, wurde von mir verworfen.[5] Es wäre dies die deutsche Staatssprache und ein großer Zentralismus gewesen. Der sogenannte deutsche Kurs des Dr. Seidler war eigentlich auch eine Lappalie, es handelte sich dabei um – sic! – ein Kreisgericht in Trautenau und die nationale Tilgung einiger Kreishauptmannschaften in Böhmen und die doppelsprachige Sektionierung des Landtages.[6] Anders standen die Sachen in Ungarn, dort gab es eine <u>Staatssprache</u>, keine höheren nationalen Schulen. Alle Behörden, außer den Gemeinden, amtierten ungarisch. Das Nationalitätengesetz vom Jahre 1867 wurde nie gehandhabt. Auch die Rechtssprechung war größtenteils ungarisch. Es gab auch Verurteilungen der Anderssprachigen wegen geringer Sachen. Die Kroaten, die eine gewissen Selbständigkeit (Subdualismus) hatten, litten viel unter den Ungarn.[7]

c) <u>Wiedergutmachung</u> (Reparation) der vom <u>Militär</u> in den ersten Kriegstagen begangenen namenlosen Ungerechtigkeiten.

ca) Verhandlungen gelangen nicht, da alle Minister nicht immer nach dem ihnen vom Kaiser gewiesenen Weg gegangen sind, detto: Unverständnis der Militärs. Parlamentarier (Sozi, die heute über die Sünden der „Regierenden" schimpfen, konnten sich nicht entschließen, mit Tschechen und Südslaven im alten Parlament einen Friedensblock zu bilden. Friedensresolution war im alten Parlament kaum zu erreichen). Alle Minister mehr oder minder für das Alleinseligmachende Deutschtum. In Ungarn, in dem Oligarchenparlament, war für Friedensbemühungen auch kein sehr geeignetes Terrain, da man vom Siege Deutschlands in nationaler ungarischer Beziehung alles erwartete.

Hauptfriedenshindernis:

Stalin[8], dessen maßlose Forderungen Prinz Sixtus Mediation zerstörte,[9] und DOHL, die uns bei Separatfrieden sicher angegriffen hätte und von einer Cedierung Elsaß-Lothringens auch gegen Compensation nichts wissen wollte (Revertera, Armand)[10].

---

5 Vgl. Polzer-Hoditz, 182–183.

6 Errichtung des Kreisgerichtes in Trautenau am 30. Juli 1918: „In konsequenter Fortführung der Institutionen der Seidlerschen Kreisverordnung wurde damit versucht, auf dem Gebiete der Gerichtssprengeleinteilung den Grundsatz der nationalen Trennung zu verwirklichen. Die Maßnahme brachte eine Separierung deutscher und eines gemischtsprachigen Gerichtsbezirkes von den Sprengeln der überwiegend tschechischen Kreisgerichte von Jicin und Königgrätz und damit eine Anerkennung eines rein deutschen Sprachgebietes auf dem Boden der Justizverwaltung zweiter Instanz." Vgl. Rumpler, Hussarek, 70 und Nr. 87.

7 Vgl. Polzer-Hoditz, 485–500.

8 Josef Stalin (Jossif Wissarionowitsch Dschugaschwili), 1917–1923 russischer Volkskommissar für die Nationalitäten.

9 Nachdem wir den Nachlaß von Prinz Sixtus nicht benützen durften, können wir dieses Problem nicht lösen.

10 Vgl. zu den Verhandlungen Revertera – Armand bei Steglich, Friedensversuche, XIII–XXXVIII.

cb) Friede im Innern, die Zeit war kurz und zu sehr mit den kriegerischen Ereignissen erfüllt und die constitutionellen Fesseln; wenigstens eines erreicht, keine der Nationen der Krone feind.

cc) Milit[ärisch] vollkommen erreicht, Sturz Conrads und des alten AOK. (Conrad früher sehr fähig, durch Heirat und Südslaven politisch für Deutschland und Öst[erreich] zu arbeiten unmöglich geworden. Erzherzog Friedrich eine große Null.)[11]

2. Revolution.

1. Deutschösterreich

Revolution der Feigheit. Bürgerliche, eigentlich monarchische Majorität ließ sich durch Straße und sozialistische Minorität hinreißen, Republik zu proklamieren. Staatsgewalt machtlos, da Hinterlandstruppen übergingen und Armee noch an der Front war. Meine Proklamation, die das Selbstbestimmungsrecht der Deutschöst[erreicher] anerkannte, wurde von der provisorischen Nationalversammlung, die aus Abgeordneten, die sich selbst Mandat verlängert hatten, dadurch außer Kraft gesetzt, daß sie ohne Befugnis des Volkes die Republik proklamierten und damit jede künftige Entscheidung der Bevölkerung präjudizierten.

Die darauf folgende Nationalversammlung, die sich konstituierende nannte, obwohl sie einen Staat ohne Grenzen repräsentierte, bestätigte auch wieder ohne Referendum diesen „bindenden" Beschluß einer prov[isorischen] Nationalversammlung. Die Proklamation ist dadurch weggefallen und für mich nicht mehr bindend.

Der Plan der Sozi ist sehr fein ausgedacht. Gleich im ersten Trubel des unglücklichen Kriegsausganges die Republik proklamieren, d.h. die Macht (Pouvoir) an sich reißen. Mit dieser staatlichen Macht, unterstützt durch die Rücksichtslosigkeit ihrer Prätorianergarde, des Räubergesindels der Volkswehr,[12] gleich darauf im Februar 1919 Wahlen zu machen, wo das Volk, hungrig für den Augenblick, leicht reizbar, für die Zukunft apathisch war. Dies erzeugte auf leichte Art den verhältnismäßig nicht so großen Wahlsieg der Roten.[13] Natürlich mußten bei dieser Wahlkampagne auch der ganze Lügenfeldzug gegen mich, gegen die Kaiserin und mein Haus herhalten. (Ich trinke, Kaiserin, Piave etc.[14] übrigens Analogon Königin von Belgien[15], Buch Conrad)[16]

---

11 Vgl. dazu bei Nr. 3.

12 Vgl. zur 1918 von Julius Deutsch gegründeten Volkswehr: Erwin Steinböck, Entstehung und Verwendung der Volkswehr, in: Saint-Germain 1919, 180–200 und Nr. 145, Anm. 5.

13 Die Wahlen zur verfassungsgebenden (konstituierenden) Nationalversammlung vom 16. Februar 1919 brachten den Sozialdemokraten 40,76%, das waren 72 Mandate.

14 Vgl. Nr. 99.

15 Elisabeth, 1900 Königin der Belgier. Vgl. Nr. 6 und Viktor Naumann, Profile, München 1925, 163–165.

16 Karl Friedrich Nowak, Der Weg zur Katastrophe, Berlin 1919.

Dieser Lügenfeldzug stammt hauptsächlich aus Deutschland (Deutschnationalen Kreisen) wegen meiner Friedensliebe und [weil] Kaiserin Französin und wurde von dem deutschen Botschafter in Wien nur gefördert.[17] Die Wiener Sozis sind aber auch Pangermanisten, denn sie erstreben genau so wie einst die Alldeutschen ein Großdeutschland, jedoch nicht ein monarchisches, sondern ein sozialistisches, eventuell bolschewikisches. In Österreich fühlen sich die Sozi trotz ihrer momentanen Herrschaft nicht sicher und suchen daher eine Anlehnung an das sozialistische Deutschland. Die öst[erreichischen] Sozi sind in gewisser Beziehung schlechter als die Deutschen, denn in Öst[erreich] lassen sich die gemäßigten Sozi von dem unabhängigen vulgo bolschewikischen Flügel (Bauer, Adler) treiben, wogegen die Deutschen diesem Treiben entschieden abhold sind. Es würde mich gar nicht wundern, wenn Renner, der Führer der gemäßigten Sozialisten, sein bolschewikisches Herz entdecken würde, was ein Noske[18] nie tun würde. Übrigens ist Renner ein Chamäleon, er würde gerade so ruhig k.k. Ministerpräsident wie auch Bela Kun[19] spielen. Noch im September 1918 versicherte er mich bei einem Empfang, dessen Veröffentlichung damals die Zensur aus Rücksicht für seine sozialistischen Grundsätze unterdrücken mußte, seiner vollständigen Loyalität und bat mich, Reden der Sozi nicht so ernst zu nehmen und zwei Monate darauf war er Staatskanzler.[20]

Die Ordnung in D[eutsch]-Ö[sterreich] ist nur eine äußerliche. Nur dadurch, daß die Regierung in Allem nachgibt, jeder, auch der unmöglichsten finanziellen Forderung der Proletarier gerecht wird, hat eigentlich niemand einen Prätext, eine Revolution zu machen. Entsteht aber einmal, was nächstens kommen muß, auch ohne Friedensbedingungen, der Staatsbankrott, und die übertriebenen Forderungen der Arbeitslosen, der Volkswehr und der Arbeiter können nicht mehr befriedigt werden, oder der Staat sieht sich etwa doch zu energischen Maßnahmen (wie jetzt die Reduktion der Volkswehr) gezwungen, so wird das jetzige Regime weggefegt.

---

17 Vgl. dazu PAMAE, Autriche 39, fol. 77: Bern, 1919 März 21: Clinchant an frz. Außenministerium, Telegramm; BAR, E 2300, Wien 34, Bourcart an Außenministerium, 1919 Februar 14: Ein deutsches Eisenkartell kauft den „Wiener Mittag" und stellt 15 Millionen Mark für die Propaganda des Anschlusses Österreichs an Deutschland zur Verfügung; BAR, E 2300, Wien 34, fol. 22–23: Bourcart vertraulich an Schweizer Bundesrat, Wien, 1919 Mai 22 und Mai 28; UB Basel, NL C. J. Burckhardt, Tagebuch, 1919 Februar 09, „Jetzt kommt der Anschluß zustand und zwar macht ihn eine aktive Minorität gegen diese träge unpolitische Menge, die alles wird mit sich geschehen lassen. Die Mehrheitssozialisten sind für Deutschland, seit Brockdorff [Ulrich Graf von Brockdorff-Rantzau, Februar bis Juni 1919 dtsch. Reichsaußenminister] jetzt auch auf die Angliederung hinarbeitet."

18 Gustav Noske, 1918–1920 sozialdemokratischer deutscher Reichswehrminister.

19 Adalbert (Bela) Kun, 22.03.–01.08.1919 Führer der ungarischen Räteregierung.

20 Vgl. Nr. 155, Anm. 3.

Die Ernährung ist katastrophal, aber die Machthaber bringen es doch immer noch dazu, daß das Gesindel, welches eventuell Krawall machen würde, am Allerbesten ernährt wird. Unter Gesindel verstehe ich Volkswehr, Arbeitslose etc. Das anständige Volk leidet schwer, stirbt, aber macht keine Erhebung. Der Österreicher ist leider zu geduldig, speziell der Bürgerstand. Die Volkswehr, [die] ich schon öfters erwähnt habe, raubt und stiehlt unter [dem] Motto „Requisition von Lebensmitteln", die sie dann im nächsten Gasthaus verzehrt. Sie verschlingt viel mehr Geld als seinerzeit die alte k.k. Armee im Frieden. In ihr eingestellt sind auch die drei roten Gardeba[taill]one, die aus lauter Kommunisten bestehen. In ihrer Kaserne[21] ist ein ganzes Fort mit ungezählter Munition, MG, Handgranaten etc., alles für einen eventuellen Putsch vorbereitet. Dies alles unter den Augen der Reg[ierung], die <u>zu feig</u> ist, dagegen aufzutreten. Alle Off[iziere] der Volkswehr müssen zuerst 40 Tage Probe-Dienstleistung machen, dann stimmt die Mannschaft ab, ob der Off[izier] bleiben kann. Man kann sich den Geist der Off[iziere] vorstellen!

Bei der Volkswehr entscheidet der Soldatenrat, das sind drei bis vier Soldaten per Komp[anie], fast durchwegs Sozi, denn ein Nichtsozi kann nichts ausrichten bei dieser herrlichen Parteigarde. Die Soldatenräte beschäftigen sich aber beileibe nicht nur mit militärischen Sachen, sondern auch sehr heftig im Vereine mit den Arbeiterräten mit Politik. (Dies eigentlich Regierung [des] latenten Bolschewismus).[22] So kam es, daß, als die Christlich-Sozialen in der Sozialisierungsfrage in der Nationalversammlung Schwierigkeiten machten, die Arbeiter- und Soldatenräte erklärten, die Nationalversammlung solle ja nicht glauben, daß sie ohne ihre Erlaubnis etwas bestimmen dürften, denn sonst würden sie die Nationalversammlung auseinanderjagen. Die Arbeitslosenunterstützung ist so teuflisch angesetzt, daß Bauernburschen, anstatt zu arbeiten, die Arbeitslosenunterstützung beziehen (16 Kr. im Tage). Die Reg[ierung] will sich halt[a] eine zweite, sehr gefügige zu Allem fähige Garde herstellen. Die Unsicherheit in Wien und am Lande wächst von Tag zu Tag. Der einzige ruhende Pol in dem ganzen Treiben ist der äußerst verläßliche Polizeipräsident Schober[23] mit seiner Polizei, er bleibt aber auch nur mir zu Liebe und ist mir treu ergeben. Wenn es lange dauert, wird sich aber auch diese einzige Macht im Staate, die ja doch nur 4000 Männer umfaßt, abbrauchen und durch den fortgesetzten Dienst niederbrechen. Die Reg[ierung], obwohl sie die Polizei braucht, tut alles, um sie durch sozialistische, bolsche-

---

a Umgangssprachlich: eben.

21 Vgl. Hecht, Fragen zur Heeresergänzung.

22 Über die Zustände bei der Volkswehr vgl. auch PAMAE, Autriche 39, fol. 102r, Allizé an Außenministerium: Wien, 1919 April 02; Nrn. 140 und 147; Botz, Gewalt in der Politik, 32–48.

23 Johannes Schober, Juli 1918–1921 Polizeipräsident in Wien, vgl. Nr. 140.

wistische Einflüsse zu verderben. Politisch streben die einzelnen Länder immer mehr weg von Wien, und jedes noch so kleine Land will seine größtmöglichste Selbständigkeit haben. Wenn heute in Wien eine Rätediktatur proklamiert werden würde, so ist es sicher, daß die Länder von Wien abfallen. Das „Los von der Hauptstadt" hat in Deutschösterreich eine ganz andere Bedeutung als in Deutschland. Wien muß von den Ländern versorgt werden und maßt sich doch an, eine Politik zu machen, die der der Kronländer zuwider ist. Das begründet und erklärt den tiefen Gegensatz zwischen Stadt und Land (munitié, deffance, contraste).[24]

In Tschechoslowakien steht die Sache auch sehr schlecht, ich bin überzeugt und ich bin ein alter Kenner böhmischer Verhältnisse durch achtjährige Garnisonierung, daß die Reg[ierung] die Entente belügt und die Situation zu rosig schildert. Der Aufbau des ganzen czechoslov[akischen] Staates ist ein ungesunder (geschichtlich – national) es sind in dem Staate außer der den Staat begründenden böhmischen Nation mit 6 Mill[ionen] Seelen noch ungefähr gerade so viele Deutsche, Ungarn, Ruthenen und Slowaken.

Sind die Mährer schon nicht sehr geschmeichelt, wenn sie von Prag etwas hören müssen, so sind die Slowaken schon gar nicht identisch mit den Czechen. Abgesehen davon, daß die einen ein Industrievolk, die anderen mehr ein Agrarvolk sind, die einen, die Czechen, in religiösen Sachen sehr indifferent sind, die anderen wieder tief religiös, ähnlich den Russen, sind, haben auch die Slowaken ihre eigene Literatur und waren vor allem niemals in einem Staate vereint.

Viele Nationen können in einem alten Staate beisammen bleiben, aber niemals in einem neuen willkürlich zusammengesetzten. Wirtschaftlich halte ich auch die Eisenbahnverbindungen zwischen Slowakei und Böhmen für sehr ungünstig, nachdem alle Bahnen nach Wien oder Budapest streben und neue Bahnen jetzt in unserer so teuren Zeit aus nur nationalen Gründen nicht gebaut werden dürften.

Südslavien krankt am Kampf zwischen Kroaten und Slovenen, die westlich orientiert und katholisch sind und zwischen den orthodoxen, östlich orientierten Serben.

Wenn das jetzige Chaos in Öst[erreich]-Ung[arn] bleibt, so wird sich D[eutsch]-Ö[sterreich] an Deutschland früher oder später anschließen. Ungarn wird sich auch [nach] Deutschland orientieren, weil es ein <u>Feind</u> der Slaven ist. Böhmen wird von Deutschland umklammert werden, wird notgedrungen auch sich wirtschaftlich gegen Deutschland orientieren. Italien wird mit Deutschland ein Bündnis eingehen, zu dem ja heute schon die Ansätze sind. Yugoslavien wird von Italien und Großdeutschland eingeschnürt und auch gezwungen, sich den beiden freundschaftlich zu nähern. Deutschland

---

24 Vgl. BAR, E 2300, Wien 34, Bourcart an Bundesrat: Wien, 1919 Juli 04: über die Tendenzen einer Angliederung Vorarlbergs an die Schweiz.

wird wieder einen Weg zum Balkan haben, der Traum mit Bagdad wird neu erwachen und die Westmächte werden durch diesen mächtigen Block ganz vom Osten abgeschnitten sein. Naumanns Mitteleuropa[25] wird entstehen und Frankreich wird so viele seiner tapfersten Söhne umsonst verloren haben.

[3.] Conclusion.

Nachdem die genaue Nationale Abgrenzung nicht möglich ist (siehe Deutschböhmen) und Eisenbahnen, Straßen, Wasserwege, Alles auf die Gemeinsamkeit hinweist, kann nur der von mir Herrn Poincaré[26] vorgeschlagene Weg eingehalten werden, umso mehr, als die D[eutsch]-Ö[sterreichische] Regierung in ihrer Mehrheit bolschewikisch ist und ein angedeuteter Druck der Entente, dem vielleicht auch [...] Nachdruck verliehen werden könnte, auf die Gutgesinnten, die namenlos schwach sind, stärkend wirken wird. Eine Schuld der Entente ist, daß sie niemals klar und deutlich erklärt haben, daß sie den Anschluß verbieten und im Falle, wenn der Anschluß dennoch von D[eutsch]-Ö[sterreich] beschlossen wird, ihn unter sehr schlechten Bedingungen für den Frieden dennoch inhibieren werden, wenn aber D[eutsch]-Ö[sterreich] folgt, ihm die und die besseren Bedingungen gegeben werden. Mit Andeutungen kann man bei den Herren à la Bauer nichts ausrichten, die werden von ihnen glatt absichtlich aus der bekannten Parteitaktik ignoriert, man muß ihnen öffentlich vor dem Volk sagen, was man will.

[4.] Polen-Galizien

Dort wird Grenze zwischen Ruthenen und Polen große Schwierigkeiten machen: Der San ist die eigentliche Sprachgrenze, nur ist Lemberg wieder eine ausgesprochen polnische Stadt. Überhaupt sind innerhalb des geschlossenen ukrainischen Sprachgebietes viele polnische Enklaven. Die Intelligenz der Städte ist hauptsächlich durch <u>äußerst</u> zahlreiche Beamtenschaft polnisch und die Großgrundbesitzer sind polnisch. Die Polen haben die Ukrainer und Ruthenen durch die äußerst corrupte, aber umso strenger polnisch nationale Beamtenschaft, die allerdings k. k. hieß, aber mit dem übrigen Österreich nichts zu tun hatte, bis aufs Blut sekkiert, so daß es sogar gelang, dieses gutmütige, ich möchte sagen, indolente Volk der Ruthenen zu einem offenen nationalen Widerstand zu zwingen. Die Ruthenen besaßen auch keine Universität, die Wahlkreise für den Reichsrat waren in Ostgalizien von den Polen so

---

25 Vgl. Friedrich Naumann, Mitteleuropa, Berlin 1915; Wierer, Föderalismus im Donauraum; J. Galántai, Oszkár Jászi's Conceptions on Federalism; Köhl, Föderationspläne im Donauraum; Jiří Kořalka, Deutschland und die Habsburgermonarchie 1848–1918, in: Die Habsburgermonarchie VI/2, 144–151; Le Rider, Mitteleuropa. Dazu auch BAR, E 2300, Wien 34, Bourcart an Bundesrat: Wien, 1919 Februar 28 bis März 01: „[...] Die Donauföderation wäre auch hier die Rettung; erfolgte nämlich der Anschluß Deutschösterreichs an Deutschland, so wird auch Ungarn aus dem Dilemma seiner Nöte zu diesem starken Nachbar[n] streben, und dann ist plötzlich Mitteleuropa realisiert [...]“

26 Vgl. Nr. 166: Brief Henri Seeholzers an Raymond Poincaré.

groß gemacht worden und die westgalizischen, rein polnischen so klein, daß immer die Polen im Reichsrat und im Landtage die Oberhand über die Ruthenen hatten. Wahlgeometrie. Das alte Österreich brauchte eben immer den Polenklub zu einer Regierungsmajorität, sie waren das Zünglein auf der Wage, ob gerade gegen oder mit den übrigen slawischen Parteien regiert wurde. Daher ließ man die Polen in Galizien schalten und walten, der k. k. Statthalter war eine Null, die Macht der Zentralbehörden hörte an der Brenta auf, dort begann die polnische Wirtschaft. Die Polen werden der Entente jetzt auch erzählen, daß Ostgalizien polnisch ist, das ist aber nicht wahr, ihre Statistiken sind falsch.[27]

Wenn die Polen nicht gezwungen werden, den Ruthenen eine an Selbständigkeit grenzende Autonomie zu gewähren, so wird in Ostgalizien niemals Ruhe sein. Der polnische Staatsgedanke, der dort im polnischen Großgrundbesitzer verkörpert ist, ist eben durch diesen verhaßt. Der armselige geknechtete ruthenische Bauer sieht mit scheelen Augen auf den reichen, in Saus und Braus lebenden polnischen Magnaten und jenseits der Grenze auch zur Zeit des kaiserlichen Rußlands ging es dem Bauern famos. Will man also Ruhe in Ostgalizien und keine agrar-spezialistischen Bauernunruhen, dann muß man auch eine gerechte Agrarreform einführen.

[5.] Rumänien

Ich glaube, daß auch Rumänien mit den vielen Ungarn und versprengt lebenden Deutschen einen schweren Stand haben wird. Wenn auch heute die in Siebenbürgen lebenden Sachsen sich mit dem jetzigen Regime abgefunden haben, so bedeutet das nicht viel, denn erstens ist jeder Deutsche Opportunist und trachtet, sich erst den neuen Gewalten gefällig zu zeigen, wenn aber einmal die Regierung mit den stolzen Sachsen etwas in Konflikt kommt, dann dürfte die Freundschaft gründlich aus sein. Größer noch ist die Abneigung der ungarischen Szekler[28] gegen die Rumänen, wenn sie auch heute, um den Bolschewismus zu vernichten, an ihrer Seite kämpfen. Freundschaftsbezeugungen sind heute vollkommen wertlos, denn in Ungarn wird momentan jede Macht geliebt, die gegen den Terror der Roten ist. Wenn es sich bewahrheitet, daß Rumänien auch Bukowina und den südlichen Teil Ost-Galiziens bekommt, dann ist wieder der Völkersalat fertig, denn Bukowina hat allein sechs Nationen.[29] Ob das Königreich dieser culturellen völkerversöhnenden Aufgabe gewachsen sein wird, ist mehr als fraglich.

---

27 Zur Problematik der Statistiken über die polnisch sprechende Bevölkerung in Galizien, vgl. Henryk Batowski, Die Polen, in: Die Habsburgermonarchie 3/1, 525–529.

28 Türkisch-magyarischer Volksstamm (Bauern, Viehzüchter) im östlichen Siebenbürgen, von den landnehmenden Magyaren als Grenzschutz angesiedelt. Kern der magyarischen Region in der späteren Volksrepublik Rumänien.

29 Deutsche, Tschechen, Polen, Ruthenen, Rumänen, Magyaren und Juden: Die Habsburgermonarchie 3/1, 38–39.

Rumänien ist der Balkanstaat par excellence, eine corrupte Gesellschaft. Ich weiß noch sehr gut, wie zur Zeit des Bukarester Friedens[30], als das Kriegs-glück den Zentralmächten hold war, sehr stark ein rumänisch-deutsches-österreichisches Bündnis gegen die Entente besprochen wurde. Wenn ich übri-gens damals nicht den König Ferdinand[31] gerettet hätte, hätten ihn die Deutschen dethronisiert und sein Volk hätte ihn nicht gehalten.

Zum Schlusse sei noch erwähnt, warum ich selbst und allein über öster-reichische Verhältnisse sprechen will, weil jeder Staatsmann des alten oder neuen Regimes einer Nationalität angehört und daher, wenn er auch noch so objektiv sein will, immer doch einen Hang zur Einseitigkeit hat, mir hingegen jede Nationalität gleich lieb ist.

[6.] Italienische Aspirationen

Was einmal das so heiß umstrittene Fiume anbelangt, so ist es wahr, daß die Stadtvertretung italienisch ist. In Wahrheit ist die Stadt eine echte Ha-fenstadt, ein Turmbabel aller Nationen, Italiener, Südslaven, Ungarn, Deut-sche etc. Woher kommt es aber, daß sich diese italienische Sprachinsel so lange erhalten konnte, wo die italienischen Küstenbewohner in den letzten Dezennien fast überall von den kinderreichen Südslaven verdrängt wurden? Das kommt von der ungarischen Politik her; man wollte den einzigen Hafen, den man hatte, in einen nationalen Gegensatz zu den ihn hart bedrängenden und ihn immer stürmischer und stürmischer fordernden Kroaten bringen. Magyarisieren ließ sich Fiume nicht, daher wurden die Italiener unterstützt, die wieder schlau, ihren Vorteil ausnützend, sich an Treue gegenüber dem un-garischen Staate überboten.

In Istrien sind in manchen Teilen ähnliche Verhältnisse, der Großteil der istrianischen Bevölkerung ist slavisch, die Küstenstädte im Westen und Sü-den, aber auch nur diese, sind italienisch. Im Osten und in Mittelistrien ha-ben die Städte ein starkes italienisches Äußeres, die Bevölkerung ist aber rein slavisch, manchesmal jedoch mit italienischen Stadtvertretungen. Dieses Cu-riosum kommt daher, daß bei uns im Küstenlande bis zur Zeit des Statthal-ters Hohenlohe[32] die Italiener, obwohl die Minorität bildend, sehr protegiert wurden, das heißt, daß viele heute, hauptsächlich jene, die von der Regierung etwas brauchten, die aber eigentlich Südslaven waren, sich aus Opportu-nitätsgründen als Italiener ausgaben, und [es] eigentlich als unnobel galt, Südslave zu sein. Der Grund der Haltung der Regierung war ein zweifacher, ein außenpolitischer, um das immer sehr bedrohte Bündnis mit Italien auf-

---

30 Friede von Bukarest, 07. Mai 1918 zwischen Vierbundmächten und Rumänien.
31 Vgl. Nr. 3.
32 Konrad Prinz zu Hohenlohe-Waldenburg-Schillingsfürst, 02.06.1906–03.02.1915 Statthalter von Triest, vgl. auch Nr. 61. Zu seiner Bedeutung: Polzer-Hoditz, 637 (Register).

recht zu erhalten und ein innerpolitischer, die Sympathie der Deutschen für die Italiener, um die Slaven nicht zu kräftig werden zu lassen.

In Dalmatien sind die von Italien beanspruchten Städte nicht italienisch. Eine Wiederaufrichtung des alten römischen Imperiums dürfte doch etwas schwer sein, denn dann müßten fast alle Hauptstädte ganz Europas italienisch werden (Paris, London, Wien). Görz und Gradiska und das Gebiet der Stadt Triest sind auch fast durchwegs slavisch. Nur in den Gegenden der Isonzoebene spricht man italienisch, aber auch diese Bevölkerung ist friaulisch. Das Coglio (zwischen Görz und Cormons) ist rein slavisch. Die Stadt Triest hat auch schon starken slavischen Einschlag und wird, wenn sie italienisch wird und dadurch aufhört, der Hafen eines großen Hinterlandes zu sein, durch die immense Konkurrenz Venedigs zu einem Fischerdorf herabsinken. Wenn wir noch ital[ienisch] Südtirol erwähnen wollen, so ist dieses Land wirklich italienisch, aber die Bevölkerung, ausgenommen einige Hitzköpfe, will aus wirtschaftlichen Gründen bei Österreich bleiben. Wenn heute dort eine richtige, nicht italienische Volksabstimmung stattfindet, wird sie sicher für uns ausfallen, denn die dortige Bevölkerung sind Weinbauern und können ihren Wein zu verhältnismäßig hohen Preisen im auch nicht weinreichen Österreich anbringen, aber ihr Handel wird selbstverständlich durch die fabelhaft billige süditalienische Concurrenz ertötet. Die nicht von der ital[ienischen] Okkupation vergewaltigten amerikanischen Trientiner haben sich für Tirol ausgesprochen. Noch ein Wort über die Ladiner. Dieses Volk ist und will nicht italienisch sein. Sie sind mit den Schweizer Rätho-Romanen stammesverwandt. Sie sind zum Großteil Holzschnitzer, die ihre Produkte nach Norden (Deutschland, Österreich) liefern. Sie haben leider keine eigenen Schulen, ihre Kinder gehen ins Grödnertale in die deutsche, im Ampezzanertale in die italienische Schule. Auch sie haben sich bei Wilson gegen die Einverleibung in Italien ausgesprochen.

Die größte Ungerechtigkeit ist aber die Brennergrenze. Meran, Bozen, Brixen und die Heimat Andreas Hofers, das Passeiertal, werden niemals italienisch werden, eine Irridenta wird entstehen, wie sie die Welt noch nie gesehen hat und sie wird so lange dauern als noch ein Tiroler im Lande lebt.[33]

---

33 Vgl. Schober, Die Tiroler Frage, 71–124.

162.
Kaiser und König Karl an den Apostolischen Nuntius in München, Erzbischof Eugenio Pacelli

o. O. [Prangins ?], 1919 Juni 01

AOS, Tom. I, Index 469, 470, 471, beglaubigte Kopien, dtsch. Entwurf (469), frz. Ausfertigung (470), ital. Beilage (471).

Kaiser und König Karl übermittelt Erzbischof Eugenio Pacelli Informationen über nationalistische Agitationen des Wiener Nuntius Teodoro Valfrè di Bonzo im Tiroler Klerus. Bischof Sigismund Waitz habe ihn davon in Kenntnis gesetzt.

Je viens de reçevoir de source absolument sûre et haut-placée, la nouvelle que d'après une instruction donnée par le Nonce Apostolique de Vienne, le clergé tyrolien serait influencé de la manière suivante. Voici la teneur authentique italienne de cette instruction[1] (Voir l'annexe ci-joint):

Je tiens à établir qu'une semblable propagande faite avant la paix conclue doit provoquer le clergé à un manque de fidélité, qu'elle doit, par cela-même, le mettre en contradiction avec la plus grande partie de la population, qui elle, est restée fidèle, et enfin que ce procédé peut impossiblement correspondre aux intérêts du St-Siège.

Cette initiative prise par le Nonce Apostolique de Vienne me prouve à nouveau que son Eminence n'est pas à la hauteur de sa tâche. J'ai eu déjà maintes fois l'occasion de constater ce fait; l'entreprise actuelle n'est qu'une nouvelle confirmation de mon opinion. Je vous prierais, Monseigneur,[2] de vous servir

---

1 Vgl. diese Beilage: AOS, Index 471: Remarque: L'annexe susmentionnée provient d'un rapport de L'Evêque Sigismund Waitz [Bischof von Brixen seit 1913], du 19 mai 1919 L'interesse d'Italia consiste:

1. evitare complicazioni di frontiera. 2. appoggiare il principio di nazionalità. 3. diventare una potenza continentale non semplicemente litoranea. 4. difendersi contro il bolschewismo e quindi servirsi degli elementi conservatori. 5. realizzare le sue aspirazioni e provvedere ai suoi bisogni coloniali promovendo un largo movimento di simpatia. 6. questa opera fu iniziata nelle zone d'occupazione con esito, che si direbbe buono. 7. il Tirolo fino al Brennero. – postulato che non si risente più. ma che spartisce il Tirolo, paese conservatore cui qualunque unione a nord e nordest minaccia un esistenza contraria alle sue spirazioni, e che intendosi con l'Italia potrebbe invece averne soddisfazione. La causa conservatrice ne avrebbe vantaggio. Anche il clero discorrendo di una situazione che concedendo ampie garantie all'Italia, conciliasse i reciproci interessi, ebbe ad accennare che questo poteva il meno peggio.

2 Vgl. die Antwort des Apostolischen Nuntius in München, Eugenio Pacelli, an Kaiser und König Karl mit der Zusage, den Inhalt der wichtigen Mitteilung diskret und je nach Opportunität weiterzugeben, Rohrschach, 1919 Juni 06, in: TS 2960, beglaubigte Kopie: « J'ai eu l'honneur

de ma communication de la manière qui vous semblera la plus avantageuse, en vous demandant toutefois de ne me nommer en aucun cas.[3]

163.
Der britische Geschäftsträger in Bern, Lord Richard M. Acton, an den brit. Außenminister, Earl George Curzon of Kedleston

Bern, 1919 Juni 02

PRO, FO 371/3450, Prot. 84.515, unfoliiert.

Lord Richard M. Acton sendet den Auszug eines Briefes von Prinz Ladislaus Lubomirski an ihn mit der Wiedergabe eines Interviews Lubomirskis mit Kaiser und König Karl in Prangins.

Extrait d'une lettre à Lord Acton du Prince Lubomirski:

« J'ai trouvé l'empereur très calme et j'ai été frappé par son optimisme et sa profonde confiance en l'avenir. Au cours d'un long entretien, il m'a exprimé sa conviction que tôt ou tard, les Habsbourg seraient appelés une fois de plus à assurer un rapprochement entre les pays danubiens et que ce rapprochement ne pourrait enfreindre en rien l'absolue indépendance des nationalités en question.

---

de recevoir la lettre que Votre Majesté Impériale et Royale a daigné m'adresser en date du Ier courant. Je tiens à L'assurer que je ne manquerai pas de faire un usage discret et opportun de l'importante communication contenue dans ladite lettre, selon la manière désirée pa Votre Majesté. Que Votre Majesté me permette de saisir cette occasion pour Lui offrir, ainsi qu'à Sa Majesté l'Impératrice et Reine, l'hommage de mon profond respect et de ma fidèle sympathie. Veuille le bon Dieu récompenser les hautes vertus et le dévouement inébranlable de Votre Majesté et de Son Auguste Epouse envers la Sainte-Eglise, et protéger et bénir par ces temps si difficiles Ses chers Enfants et toute Son Impériale et Royale Famille. De Votre Majesté le très dévoué et très obéissant serviteur »

3 Vgl. dazu den deutschen Entwurf: AOS, Index 469: „Von hochstehender, absolut verläßlicher Seite wird mir zur Kenntnis gebracht, daß die kirchlichen Kreise Tirols auf Grund einer vom Wiener Nuntius ergangenen Instruktion in folgender Weise bearbeitet werden. Es ist der authentische italienische Text. (Siehe Beilage). Ich stelle fest, daß eine solche Propaganda noch vor geschlossenem Frieden die Geistlichkeit zu einem Treubruch verleitet, daß sie die Geistlichkeit in einen Widerspruch zur überwiegend loyalen Bevölkerung bringen muß, und daß sie unmöglich den Interessen des Heiligen Stuhles entsprechen kann. Die Initiative des Wiener Nuntius beweist mir nur aufs neue, daß er den Erfordernissen seines Amtes nicht entspricht. Ich habe schon wiederholt Gelegenheit gehabt, dies zu konstatieren und finde in seinem jetzigen Vorgehen nur eine weitere Bestätigung meines Urteils. Ich bitte Sie, Monsignore, von meiner Mitteilung den Ihnen geeignet erscheinenden Gebrauch zu machen, aber keinesfalls zu erwähnen, daß die Information von mir herrührt."

C'est surtout un lien économique qui, à l'avenir, devrait relier ces territoires. Une telle solution s'impose, à son avis, et la retarder serait exposer aux
plus graves inconvénients les anciennes provinces de la Monarchie qui, habi-
tuées depuis de longs siècles à une vie économique en commun et menacées
actuellement par de graves troubles sociaux, ne pourraient reprendre leur ancienne prosperité que dans des conditions sensiblement analogues sous ce rapport aux anciennes. L'empereur ne m'a pas caché que c'est aux influences de
l'Allemagne qu'il attribuait son impopularité passagère dans ses anciens pays
de langue allemande. Selon sa convition, un tel état d'esprit ne pourrait être
qu'éphémère et disparaîtrait aussitôt, s'il devenait notoire que les Puissances
de l'Entente ne partagent pas le point de vue de l'Allemagne par rapport à
l'empereur. Quant à lui, ses sentiments envers les Alliés sont absolument
arrêtés, ainsi que son avis sur le caractère funeste de l'alliance avec l'Allemagne. C'est seulement dans une entente intime avec les Puissances de l'Occident qu'il voit un avenir prospère pour les peuples, dont hier il était le souverain. J'ajoute que l'empereur m'a laissé deviner que sa situation pécuniaire
était des plus difficiles. Les moyens menacent de s'épuiser en quelques mois.

Je n'ai pu résister à un mouvement de sympathie envers ce jeune monarque, si durement éprouvé, qui, au moment où l'existence matérielle de sa famille est en jeu, parlait de ses soucis personnels sur un ton de complet détachement en réservant toute sa sollicitude aux pénibles problèmes des peuples
dont le sort continue à l'occuper."

Ladislas Lubomirski.[1]

164.
Papst Benedikt XV. an Kaiser und König Karl

o. O., o. D. [Vatikan, 1919 Juni 09][1]

TS 2961, beglaubigte Kopie.

*Nachforschungen über Kriegsgefangene bei sämtlichen Behörden ergaben, daß
für Prinz Felix zu Schwarzenberg kein Strafverfahren anhängig ist. Es ist aus-*

---

1 PRO, FO 371/3450, Prot. 84515, Berne, June 02, 1919. Confidential. "[...] I have the honour to
transmit to your Lordship herewith extract from a letter addressed to me by Prince
Lubomirski in which he gives an account of an interview between himself and the ex-Emperor
Charles. I should explain that the writer, whose close relation with the French Embassy are
well known to your Lordship, asked and obtained permission of my French colleague to proceed to Prangins in response to an urgent summons from His Majesty."

1 Handschriftliche Datierung.

geschlossen, daß gegen ihn oder gegen andere österreichische Offiziere Kriegs-
gerichtsprozesse geführt und Todesurteile verhängt werden.

Da indagini che con ogni premura abbiamo fatte eseguire è risultato che nè
presso l'ufficio governativo dei prigionieri di guerra nè presso il tribunale
supremo di guerra e di marina nè presso la sezione di giustizia militare del
Comando Supremo Italiano sia in corso alcun provvedimento penale contro il
principe Schwarzenberg, prigioniero in Italia. E' stato altresì dichiarato essere
da escludere che presso qualsiasi tribunale di guerra sia in corso un processo
del genere contro il suddetto principe e che ve ne siano stati per la medesima
imputazione contro altri ufficiali austriaci, chiusisi con condanna a morte. Ben
lieti di poter dare a Vostra Maestà questa assicurante informazione Noi facciamo i migliori voti per la prosperità della Maestà Vostra e impartiamo con
particolare affetto a Lei e all'Augusta Famiglia, confortatrice e paterna, l'Apostolica Benedizione.

165.
Instruktionen Kaiser und König Karls für die
Friedensverhandlungen in St-Germain-en-Laye

o. O., o. D. [Wartegg oder Prangins, 1919 Mai/Juni]

TS 2163, beglaubigte Kopie, signiert[1].

Versuch, auf der Friedenskonferenz von St-Germain-en-Laye das Konzept der
Donaukonföderation zu lancieren.

[...] Brief geschrieben für Wohl [der] Völker und ganz Europas. Hauptsache
Wieder-Zusammenschluß aller Völker der Ö[sterreichischen] Monarchie in
einer hauptsächlich auf wirtschaftlicher Basis stehenden Konföderation.
Wenn dies nicht geschieht – Balkan bis Bodenbach.[2] Hiezu muß vor allem
energisch der Anschluß D[eutsch]-Ö[sterreichs] an Deutschl[and] verhindert,
weil Italien immer spekuliert, durch den Anschluß einen Bund mit Deutsch-
l[and] gegen die Westmächte zu schließen, wodurch selbe von Österreich <u>ab-
geschnitten.</u>

Hiezu muß Entente D[eutsch]-Ö[sterreich] wissen lassen, daß nur eine Regierung, die gegen den Anschluß ist, sich den anderen Nationalstaaten nähert
und neue Friedensdelegierte bestimmt, [die] auf die Hilfe der Entente beim

---

1 Vermutlich Konzept für Nr. 166.
2 Bodenbach an der Elbe (Böhmen, Erzgebirge).

Friedensschluß rechnen [können]. Daß die jetzige Regierung Bauer-Renner[3], die sozialistisch, pangermanistisch ist, und mit den Roten in Ungarn liebäugelt, der Entente nicht genehm ist. Dies müßte aber durch ein für alle Zeitungen bestimmtes Communiqué veröffentlicht werden. Denn alle zarten Andeutungen verstehen diese Herren nicht (siehe Cuninghame[4] und Allizé[5]). Es müßte auch unbedingt die Volkswehr, diese Parteigarde, abgeschafft werden. Ein elendes Gesindel! Die Entente müßte auch verlangen, daß in D[eutsch]-Ö[sterreich] Neuwahlen stattfinden, denn die heutige sogenannte Constituante entspricht nicht mehr, eben Staatsgrenzen (Nachfolgerin Öst[erreich]).

In Ungarn muß energisch Ordnung gemacht werden.

Tschechoslowakien, das infolge der großen Anzahl seiner nicht-czechischen Bewohner schwach ist, und Yugoslawien, wo auch die Kath[oliken], nach Westen orientierten Slowenen und Kroaten in ihrer Vereinigung mit Serbien nicht sehr glücklich sind, müssen von der Entente gezwungen werden, sich der Konföderation anzuschließen. In Paris müßten daher alle Successionsstaaten gezwungen werden, unter Vorsitz der Entente das bisher Gemeinsame ordnungsgemäß zu lösen. Hauptsächlich die finanzielle Sache, wo bisher ein Chaos herrscht. Dann muß auf derselben Konferenz die neue Gemeinsamkeit aufgebaut werden.

Wiederholung der Bitte zur mündlichen Unterredung einen Franzosen oder Engländer, der etwas zu sagen hat und einflußreich ist, diskret herzusenden, da ich über den Nationalitäten steh (sic!) und daher ein objektives Urteil habe.

---

3 Zweite Regierung Bauer-Renner: 15.03.1919–17.10.1919 (Bauer bis 26.07. Staatssekretär d. Äußern).

4 Sir Thomas Montgomery-Cuninghame, britischer Militärattaché in Wien und Prag 1918–1923, vgl. seine Memoiren, Dusty Measures. A Record of Troubled Times, London 1939, 329–348. Vgl. eine Charakteristik Cuninghames, in: BAR, E 2300, Wien 34, Bericht Bourcarts vom 31. März 1919: „[...] Cuninghame, vor dem Krieg Militärattaché in Wien, macht nicht den Eindruck eines hochintelligenten Diplomaten, es gibt aber Leute, die behaupten, es handle sich bei ihm um eine zur Schau getragene, aber geheuchelte Dummheit. Sein Auftreten ist oft lümmelhaft. Ich glaube nicht, daß er für die Gefahren des Bolschewismus das richtige Verständnis hat [...]."

5 Henry Allizé, 1919 französischer Sondergesandter in Wien, vgl. seine Memoiren, Ma mission à Vienne (Mars 1919 – Août 1920) und Hanns Haas, Henry Allizé und die österreichische Unabhängigkeit, in: Austriaca. Spécial Colloque: Deux fois l'Autriche – après 1918 et après 1945. Actes du Colloque de Rouen 1979, Rouen 1979, 241–288.

166.
Dr. Henri Seeholzer an den Präsidenten der Französischen Republik, Raymond Poincaré

Prangins, 1919 Juni 10 oder 19

AOS, Tom. I, Index 45, beglaubigte Kopie;
Druck in deutscher Übersetzung: Feigl, Kaiser Karl (1984), 298–300.

Dr. Henri Seeholzer als Rechtsanwalt mit Privatangelegenheiten von Kaiser und König Karl betraut, übermittelt dem Präsidenten der Republik Frankreich Notizen seiner Gespräche mit dem Kaiser vom 5. Mai und vom 3. und 19. Juni 1919. Sie beinhalten politische Vorschläge zur Begründung eines soliden Friedens, Maßnahmen zur Transformierung der im Zustand der Liquidation befindlichen Donaumonarchie in eine Donaukonföderation.

J'avais pris mes mesures pour porter à votre connaissance que je suis chargé depuis le 5 mai des intérêts privés de Sa Majesté l'Empereur Charles. C'est ainsi qu'il me fut donné d'avoir plusieurs entretiens personnels avec le souverain. Ce fut la première fois à Wartegg, le 5 mai, ensuite à Lucerne le 3 [juin] et enfin aujourd'hui au Château de Prangins. Vous savez par l'entremise de Monsieur Haguenin,[1] combien les intérêts français me tiennent à cœur. C'est[pour] cette raison que je considère comme mon devoir de vous faire part des notes que je pris cet après-midi en présence de l'Empereur sur la conversation que nous avons eue en tant que celle-ci ne se rapporte pas à des sujets de nature purement professionnelle. L'Empereur m'a développé ses vues précises sur la situation actuelle en même temps que la manière dont il envisage l'avenir. L'Empereur est préoccupé du bien de ses peuples et de la solidité de la paix future. Sans une paix solidement assise, le danger bolcheviste lui paraît imminent et inévitable. Or une paix ainsi comprise ne saurait se réaliser qu'à condition d'établir une entente économique entre les nations qui constituaient jadis la «Double-Monarchie». Cette entente s'impose par des intérêts communs qu'il serait tellement dangereux de vouloir ignorer, qu'il s'en suivrait un état de choses tel que nous l'avons sur la presqu'île des Balkans.

Dans ce but, toute union de l'Autriche allemande avec l'Allemagne doit être écartée à tout jamais. Si non, l'Italie persisterait dans sa tentative de créer avec l'Allemagne un grand bloc central qui couperait les puissances occidentales de l'orient. Il serait fort désirable que l'Entente notifie clairement au gouvernement de l'Autriche-Allemagne qu'un régime qui se déclarerait nettement

---

1 François-Emile Haguenin, Leiter des Pressebüros der französischen Botschaft in Bern 1918/19; Vertreter Frankreichs in der internationalen Ernährungskommission. Vgl. Nr. 108. Zu Ha-

et sans arrière pensée contre l'union, qui chercherait un rapprochement loyal avec les Etats nouvellement constitués et qui se ferait représenter par des délégués munis d'instructions conformes à ce programme, qu'un tel régime trouverait des vives sympathies au sein de la Conférence de Paris.

On ne s'est jamais exprimé clairement en ce sens et ceux qui sont actuellement au pouvoir à Vienne en ont profité pour induire en terreur l'opinion publique. C'est surtout le Dr. Bauer[2] qui a usé de tous les moyens pour convaincre le peuple que, dans ses intérêts, l'union avec l'Allemagne était la seule solution possible. Le fonctionnaire à velléité bolcheviste ne recule avant aucune intrigue pour arriver à ses fins et il est notoire qu'il entretient des relations très suivies avec la garde rouge hongroise. On assure même qu'il lui a fait parvenir des subsides considérables tels qu'aliments, obus, munitions etc. Une déclaration ainsi conque de la part de l'Entente devrait se faire par voie d'un communiqué officiel destiné à la presse toute entière, car l'expérience a demontré que des simples suggestions ne portent pas. Son Excellence Monsieur Allizé,[3] si universellement apprécié à Vienne, confirmera sans doute ce fait, basé également sur sa propre expérience.

La garde populaire, cet instrument des parties extrêmes, devrait Henry Allizé, être abolie; cette garde, au lieu d'être un instrument d'ordre et de sécurité, n'est guère autre chose qu'une bande sans discipline aucune. De plus l'Entente devrait exiger pour l'Autriche allemande de nouvelles élections basées sur la délimitation territoriale telle qu'elle aura été fixée. Mais avant d'exiger ces nouvelles élections, l'Entente doit statuer d'une manière absolument claire, quelles seront les conditions de paix dans le cas d'une renonciation définitive à l'union avec l'Allemagne et quelles seraient les conditions dans le cas contraire. L'effet moral en serait d'une importance extrême sur la mentalité publique et exercerait une influence transcendante sur le résultat des élections.

La prétendue constituante actuelle ne répond pas aux nouvelles conditions. L'Autriche allemande d'aujourd'hui ne saurait être considérée comme seule héritière de l'ancienne Monarchie autrichienne, de sorte que les droits et les charges de celle-ci doivent être distribués d'une manière équitable parmi les Etats qui viennent de se former. Là encore une entente s'impose.

Quant à L'Hongrie, il est de toute urgence d'y établir l'ordre. La Tchécoslovaquie, faible par le grand nombre de ses habitants non tchèques, et la Jougoslavie dont les populations slovènes et croates orientées vers l'ouest ne se sentent nullement à leur aise sous la domination serbe, devraient être vivement

---

guenin auch: Hugo von Hofmannsthal – Joseph Redlich, Briefwechsel. Hrsg. von Helga Fußgänger, Frankfurt/M. 1971, 41–42; 203–204.

2   Otto Bauer, vgl. Nr. 131.

3   Henry Allizé, vgl. Nr. 165.

engagées par l'Entente à consentir à l'entrée dans une confédération à base économique.

La totalité des États succédants à l'ancienne Monarchie devrait être formellement engagée à s'entendre sous la Présidence d'un délégué français ou anglais quant à la liquidation systématique de l'ensemble de leurs affaires jusqu'ici communes et solidaires, et en particulier des questions financières, dans lesquelles règne encore un chaos absolu. La reconstruction irait de pair avec la liquidation.

Enfin, l'Empereur est convaincu qu'il serait de grande utilité que l'Entente désigne un personnage compétent de nationalité française qui s'entretiendrait personnellement avec le souverain, dont les vues sont d'autant plus impartiales qu'il se trouve placé au-dessus des nationalités, n'appartenant, selon le droit public, ni aux unes ni aux autres.

Voici le compte-rendu exact de mes notes prises au fur et à mesure de ma conversation avec l'Empereur. Si vous me permettez, Monsieur le Président de la Republique, d'y ajouter une observation personnelle, j'oserais, dans l'intérêt de la France, appuyer le désir de l'Empereur en ce qui concerne la désignation de cet homme de confiance. Il me semble que c'est précisément la personnalité de M. Haguenin qui s'imposerait en cette circonstance.

167.
„Meine Ansicht über die österreichisch-ungarischen Verhältnisse"
Memorandum Kaiser und König Karls

o. O., o. D. [Prangins, 1919 zwischen Mitte Juni und September]

AOS, Tom. I., Index 92, beglaubigte Kopie[1]

An die Entente gerichtete Situationsanalyse der besiegten österreichisch-ungarischen Monarchie und Vorschläge zu ihrer Umgestaltung in eine Donaukonföderation.

---

1 Vermerk: Zur persönlichen Kenntnisnahme für Herrn Haguenin [vgl. Nr. 166]: Sie werden in Deutschland viele böse Gerüchte über mich und meine nächste Familie hören. Glauben Sie das alles nicht, es sind dies nur von den protestantischen Großdeutschen und der Wiener deutschen Botschaft erfundene böswillige Lügen, um meine Stellung zu untergraben. Ich war jenen Herrn ein Dorn im Auge, weil ich immer für den Frieden und kein Großdeutscher war. [Vgl. Nr. 161 mit Anm. 14 und Polzer-Hoditz, 536–538.]

Das Problem, welches durch die Desaggregation Ö[sterreich]-U[ngarns] auf-
gerollt worden ist, ist nicht <u>nur</u> von Bedeutung für die neu entstandenen
Staaten, sondern für ganz Europa.

Frankreich und England allein können verhindern, daß das altehrwürdige
Reich ein neues Mazedonien wird, ein Herd fortgesetzter Aufstände und ewiger Kriege. Die Frage liegt klar auf der Hand. Schafft die Entente die Donaukonföderation, das heißt, einen hauptsächlich wirtschaftlichen Bund aller sogenannten Sukzessionsstaaten, dann ist ihr <u>großer Sieg</u> auch für alle Zukunft
gesichert. Tut sie dies nicht, dann ist der Krieg von Seite der Entente <u>umsonst
geführt</u> worden. Die Erklärung hierfür ist sehr einfach. Kommt die Konföderation nicht zu stande, dann schließt sich D[eutsch]Ö[sterreich] über kurz
oder lang doch an Deutschland an. Es ist nämlich für Frankreich oder England sehr schwer, gegen ein Plebiszit (und dieses könnte heutzutage gegen
den <u>wahren Willen</u> der Bevölkerung, durch den Druck der Sozi und der Volkswehr wirklich für den Anschluß ausfallen) als demokratische Staaten auf die
Dauer zu opponieren. Nebenbei ist es auch nicht sicher, ob zu der Zeit des Ple-
biszites Frankreich wirklich die Macht und die Möglichkeit hat, seinen Willen mit Gewalt durchzusetzen. Schließt sich aber D[eutsch]-Ö[sterreich] an
Deutschland an, dann kommt Ungarn aus Sympathie, und weil es allein zu
schwach ist, automatisch dazu. Stalin[2] nähert sich ja heute schon Deutschland und wird sicher, treubrüchig wie immer, sehr bald mit Deutschland ein
Bündnis eingehen. Damit ist ein Block gegen Frankreich gegründet, der es
mit einer großen Mauer von Süditalien bis nach Hamburg, von dem Osten
Europas absperrt und der Deutschland via Ungarn den Weg nach dem Balkan öffnet. Ein Mitteleuropa Naumanns,[3] jedoch statt unter den Hohenzollern, unter Noske.[4] Die kleinen slawischen Staaten, Tschechoslowakei und
Yugoslawien, zwischen diesem mächtigen Block eingeengt, werden sich seinem Druck fügen müssen und dadurch schwere Erschütterungen erleiden.

Deutschland ist zwar heute geschlagen, aber ein viel Millionen Volk von der
Zähigkeit der Deutschen bleibt immer eine Gefahr, daher ist es auch notwendig, daß ein Staatenbund im alten Österreich besteht, der durch seine slavische Majorität immer gegen Westen gravitiert, die germanisch-italienische
Expansionspolitik verhindert.

Kommt die Konföderation zustande, dann ist auch innenpolitisch Ruhe.
[Alle] neuentstandenen Staaten sind noch sehr wenig konsolidiert, die Tschechoslowakei leidet noch sehr an den vielen fremdnationalen Staatsbürgern
und braucht viel Zeit, um die Slowakei, die auch in alter Zeit nicht zu Groß-
böhmen gehört hat und wirtschaftlich immer von diesem getrennt war, zu as-

---

2 Vgl. Nr. 161.
3 Vgl. Nrn. 51, 161 und 275.
4 Vgl. Nr. 161.

similieren. Yugoslawien leidet darunter, daß Kroaten und Slowenen sich nicht mit den Serben vertragen, weil erstere katholisch nach Westen orientiert, letztere orthodox sind und ihre Kultur eine östliche ist. D[eutsch]-Ö[sterreich] wird lange nicht die abgetrennten deutschen Gebiete verwinden können und finanziell sehr schwer kämpfen. Ungarn wird noch sehr lange an den Folgen des Bolschewismus leiden. Vom wirtschaftlichen Standpunkte ist es klar, daß, wenn Alles, was bisher gemeinsam war (Eisenbahnen, Straßen, Kanäle, Banken etc.) zerrissen wird, der ganze Handel in allen Staaten empfindlich geschädigt wird und der Wiederaufbau nach dem langen Kriege fast unmöglich wird. Was die Durchführung der ganzen Sache anbelangt, müßte die Entente dreierlei tun:

1. Energisches Eingreifen gegen Bela Kun[5] und Besetzung Wiens durch Ententetruppen, aber ja nicht durch Italiener.

2. D[eutsch]-Ö[sterreich] leichtere Friedensbedingungen, hauptsächlich finanzieller Natur geben.

3. Eine Konferenz aller Nationalstaaten unter Leitung Frankreichs (ja nicht Italiens) über die finanzielle Liquidierung der Monarchie einberufen.

Zu [Punkt] 1 es ist unbedingt notwendig, daß die <u>Volkswehr</u> in Wien mit Gewalt entwaffnet wird und an ihre Stelle die von der Entente gewünschte Sicherheitstruppe von 30.000 Mann verläßlicher Soldaten errichtet wird. Bis die rote Parteigarde der Volkswehr nicht verschwunden ist, ist an keine Konsolidierung der Verhältnisse zu denken. Dies wird natürlich auf den Widerstand der bolschewikischen Regierung Bauer[6]-Deutsch[7] und deren kommunistischen Gefolgschaft stoßen, daher muß auch die Entente diese Regierung stürzen, indem sie <u>öffentlich</u> erklärt, daß sie einer Regierung, die immer den Anschluß wollte und mit dem bolschewikischen Ungarn [ge]liebäugelt hat, kein Vertrauen für die weiteren Friedensverhandlungen entgegenbringt. Dies alles müßte natürlich in Anwesenheit der Ententetruppen im Einvernehmen mit der bürgerlichen Majorität der Nationalversammlung geschehen, hoffentlich werden dazu diese feigen Bürgerlichen Mut bekommen.

Zu [Punkt] 2 man muß aber öffentlich klipp und klar gleich sagen, daß diese Erleichterungen nur für den Verzicht auf den Anschluß und für die Konföderation gegeben werden. (Ich sage immer, öffentlich erklären, weil, wenn die Sachen nicht auch dem Volke klar vor Augen geführt werden, der Bolschewik Bauer und Konsorten jede Anregung der Entente mißachten und behaupten, es sei keine offizielle Erklärung.)

Zu [Punkt] 3: Die bisherigen Bestimmungen des Friedens können nur einen Rahmen bilden, das Detail muß jedoch zwischen den Staaten der Monar-

---

5 Vgl. Nr. 161.
6 Vgl. Nr. 131.
7 Julius Deutsch, 15.03.1919–20.09.1920 Staatssekretär für Heerwesen; vgl. Nrn. 130, 161.

chie vereinbart werden. Bei dieses Konferenzen müssen die Staaten dazu geführt werden, einzusehen, daß ihr Heil nur in der Konföderation liegt, denn
jeder von den Staaten will im Innersten seines Herzens den Zusammenschluß, nur hat jeder Angst, wenn er als erster anfängt, von den übrigen geschädigt zu werden. Im Innern müßte jeder Staat vollständig selbständig sein,
der Kitt wäre nur ein wirtschaftlicher. Die Führung dieses Bundes kann nur
<u>monarchisch</u> sein, wenn auch einzelne Staaten Republiken bleiben (wie im al-
ten Deutschland bei Hamburg), denn nur die über den Nationen stehende Dynastie Habsburg froissiert keine Nation, jeder Präsident, welcher Nation immer er wäre, erregt Anstoß bei den anderen Nationen. E i l e t u t N o t !
Zur Klärung aller Details dieser großen Frage wäre es unbedingt notwendig, daß ein Abgesandter Frankreichs zu mir käme, denn nur ich, so unbescheiden es klingt, kenne von einem unparteiischen Standpunkte aus alle Nationen der Monarchie, ihre Vorteile ebenso wie ihre Schwächen. Noch eines.
Ich habe als Kaiser und König <u>niemals</u> abgedankt und bin entgegen allen sonstigen Behauptungen der legitime Herrscher der ganzen Monarchie.
Nun zu den einzelnen gestellten Fragen!
Zu einer Restauration in D[eutsch]-Ö[sterreich] wird es über kurz oder lang
kommen, sehr erleichternd wäre die Sache, wenn die Entente merken ließe,
daß die Erleichterungen in finanzieller Hinsicht zu Punkt 2 über Fürsprache
des Kaisers erfolgt [sind]. Der Großteil des Volkes ist monarchisch, nur haben
alle maßlose Angst vor den Sozi. Die Republik begeistert eigentlich niemen-
den. Die Leute sind durch den Hunger und den langen Krieg ganz apathisch.
Die Beamtenschaft, Priester und der größte Teil der Offiziere ist monarchisch.
Nur ein Teil der Arbeiterschaft und das „Gesindel" (Volkswehr, Arbeitslose
etc.) sind für die Republik, aber hauptsächlich, weil für sie die Regierung bei
der Verteilung der Lebensmittel sorgt. <u>Der Papst wünscht nur selbstverständlich eines, das ist die Wiederherstellung der größten katholischen Monarchie.</u>
In Böhmen ist die Landbevölkerung auch vollkommen monarchistisch, nur
die Stadtbevölkerung ist zum größten Teile republikanisch.
In Jugoslavien sind die Verhältnisse ähnlich wie in Böhmen, die Kroaten
sind in der überwiegenden Majorität kaisertreu. Die Muselmanen in Bosnien
sind auch kaisertreu, ebenso wie die Kroaten in diesem Lande. In Ungarn ist
es nur eine Frage der Zeit, aber das Königtum kommt bestimmt wieder. Vor
dem Symbol des Königtums, der Stefanskrone, haben sogar Bela Kun und
Konsorten so sehr Respekt, daß sie sich nicht getrauen, die Krone anzugrei-
fen. Ich bin immer ein Gegner des Deutschen Bündnisses gewesen, weil der
Preuße immer Österreichs Feind war. Der Anschluß D[eutsch]-Ö[sterreichs]
an Deutschland ist meiner Ansicht nach der größte Unsinn, den es geben
kann. Das Volk will ihn nicht, weil es selbst ja gut weiß, daß er seinen <u>Unter-
gang</u> bedeuten würde. Nur die Sozi wollen ihn, weil sie sich ohne Deutschland
schwach und machtlos fühlen. Aber, wie schon erwähnt, der Terror ist groß

und da weiß man <u>nie</u>, wie weit die Angst bei den Menschen geht. Der einzige sichere Damm gegen den Anschluß ist die Monarchie in D[eutsch]-Ö[sterreich], denn ich, der ich bei den Deutschnationalen fast als Hochverräter bezeichnet bin, werde doch niemals gegen das Wohl meiner Völker und mein eigenstes Interesse handeln.

Mein politisches Bekenntnis ist, daß ich nur in einer Freundschaft mit den Westmächten das Heil meines Vaterlandes sehe.

In allen Staaten der Monarchie kann sich der Katholizismus nur dann entwickeln, wenn der katholische Herrscher auch der Kirche jede mögliche Unterstützung leiht. Die Republiken haben es in der kurzen Zeit zustande gebracht, ein kirchenfeindliches Gesetz nach dem anderen zu erlassen. In D[eutsch]-Ö[sterreich] Einschränkung des religiösen Unterrichtes[8], in Böhmen Trennung von Kirche und Staat[9]. Die christlich-soziale Partei ist leider führerlos, eine Wetterfahne, die sich nach dem Winde dreht, eine Opportunistenpartei im wahrsten Sinne des Wortes, wenn die Monarchie wiederkommt, werden sie wieder von Loyalität triefen. Šušteršić[10] ist in Lausanne, hat an politischem Ansehen gänzlich verloren.

Mit engl[ischer] Königsfamilie besteht nur die Relation, daß ich bei der Krönung König Georgs in Vertretung Kaiser Franz Josefs war[11], und der König sich öfters gerne an diese Begegnung erinnert hat. Lammasch ist ein alter Mann ohne große Energie, dem die Friedensverhandlungen in St-Germain[12], wo er drei Wochen saß, ohne jemand Ernsteren sprechen zu können, viel von seinem Vertrauen zur Entente genommen haben. Er ist aber durchaus kaisertreu.

Nochmals: Eile tut Not, denn der Respekt, den die Entente im November noch bei den Völkern genossen hat, ist sehr im Abnehmen. Speziell

---

8 Am 10. April 1919 verfügte der Sozialdemokrat Otto Glöckel, als Staatssekretär für Unterreicht, daß ab nun jede Art von Zwang zur Teilnahme an religiösen Übungen untersagt sei und auch die Nichtteilnahme auf die Klassifikation des Schülers keinen Einfluß haben dürfe. Trotz heftiger Proteste der Kirche blieb dieser sog. „Glöckel-Erlaß" bis zum Frühjahr 1933 in Geltung. Vgl. Herbert Dachs, Schule und Politik. Die politische Erziehung an den österreichischen Schulen 1918 bis 1938, Wien 1982, 39–43.

9 Vgl. AE, Austria 654 [neu 1320 P.O.], Prot. 88.539, Wien, 1919 März 08: Valfrè di Bonzo an Gasparri über seine Reise nach Prag und seine Gespräche mit Masaryk und Beneš; ebd., Prot. 87.602, Wien 1919 Februar 8: Valfrè di Bonzo an Gasparri über religiöse Situation in Böhmen und die Absicht Masaryks, eine tschechische Nationalkirche zu errichten.

10 Ivan Šušteršić, Landeshauptmann von Krain, Führer der staatstreuen Slowenen, von 1918–1922 im Exil in der Schweiz. Vgl. Rumpler, Hussarek, 80 und Nr. 108, Anm. 2 sowie Janko Pleterski, Dr. Ivan Šušteršić (1863–1925), Ljubljana 1998.

11 Vgl. Nr. 2.

12 Heinrich Lammasch war von Mai bis August 1919 Mitglied der österreichischen Delegation in St-Germain. Vgl. Franz Schuhmacher, Lammasch in St-Germain, in: Heinrich Lammasch. Seine Aufzeichnungen, sein Wirken und seine Politik, 198–203; Allizé, Ma mission à Vienne, 129–145.

die Yugoslaven sind sehr abgekühlt von der Entente. Die finanziellen Angelegenheiten der Familie dürfen nie mit den politischen vermengt werden,
denn letztere, die das Glück meiner Völker im Auge haben, müssen hoch über
den ersteren stehen, die nur das Schicksal einiger weniger Menschen betreffen. In Politik hat laut Verfassung kein Mitglied des Hauses drein zu reden.
Monarchie?

Ich habe heute wie auch in Zukunft vor Gott die Verpflichtung, für meine
Völker zu sorgen, eine Verpflichtung, von der mich kein Friedensvertrag und
kein Parlament der Welt entheben kann. Mein großes Ziel ist, den Frieden für
Mitteleuropa zu erreichen, und dies ist nur durch die Konföderation möglich.

168.
Kaiser und König Karl an Papst Benedikt XV.

Prangins, 1919 Juni 23

AOS, Tom. I, Index 474, beglaubigte Kopie (Entwurf deutsch[1]); A.V.S., SSt. Rubrica 254
A, Fasz. 3, Prot. 93.418, Ausfertigung.

Dank für die finanzielle Hilfe des Papstes sowie für dessen Bemühungen für
Prinz Felix Schwarzenberg und andere in italienischer Kriegsgefangenschaft
befindlichen Offiziere. Bedauern über die Verunglimpfung des Wiener Aposto-
lischen Nuntius Valfrè di Bonzo in einem Pamphlet, dessen Vorwort Graf
Franz Conrad von Hötzendorf verfaßte.

---

1 Vermerk. Der deutsche Text ist vom Kaiser paraphiert, der Brief ging aber auf französisch ab.
   „Mit innigster Rührung und kindlicher Dankbarkeit empfing ich die Hilfe, die Eure Heiligkeit
   mir zu gewähren die Gnade hatten. Ich weiß zu wohl, daß Eure Heiligkeit nicht mit irdischen
   Gütern gesegnet sind, umsomehr muß ich Eurer Heiligkeit Fürsorge für meine und der Mei-
   nen materielle Lage als einen Beweis wahrhaft christlicher Nächstenliebe und besonderen
   Wohlwollens ansehen und ich werde sie auch immerdar in diesem Geiste schätzen. In aller
   Trübsal bin ich im Glauben nie wankend geworden, ich habe nie verzagt. Der Apostolische Segen Eurer Heiligkeit und das mir schon wiederholt bekundete väterliche Wohlwollen machen
   und erhalten mich stark. – Nicht minder danke ich Eurer Heiligkeit für die Bemühungen, das
   Schicksal meines Feldmarschalleutnants Prinzen Schwarzenberg und vieler meiner braven,
   in italienischer Kriegsgefangenschaft befindlichen Offiziere klarzustellen. Die gute Botschaft
   hat mich herzlich gefreut und ich bin nun sicher, daß die vom päpstlichen Stuhle für diese Opfer des Krieges bekundete Fürsorge ihnen weiteres Ungemach ersparen wird. – Ich möchte
   die Gelegenheit benützen, um zu der Verunglimpfung Stellung zu nehmen, die Eurer Heiligkeit Wiener Nuntius in einem von meinem Feldmarschall Grafen Conrad bevorworteten, von
   Novak [sic] verfaßten Buche ‚Der Weg zur Katastrophe' widerfuhr. Ich habe von dieser, der
   Wahrheit hohnsprechenden Verunglimpfung mit Entrüstung Kenntnis genommen und beklage es, Eurer Heiligkeit keine andere Genugtuung als meinen empörungsvollen Wider-

J'ai reçu avec une profonde émotion et avec une reconnaissance filiale les ressources que Votre Sainteté a eu la grâce de me transmettre. Je ne sais que trop que Votre Sainteté n'est guère largement muni des biens de ce monde; c'est autant plus que je considère la généreuse prévoyance de Votre Sainteté en ce qui concerne ma situation matérielle ainsi que celle de ma famille comme l'expression de sentiments vraiment chrétiens et d'une bienveillance toute particulière; j'en apprécierai sans cesse la haute valeur. Toutes les épreuves n'ont jamais ébranlé ma foi, je n'ai jamais perdu courage. La Bénédiction Apostolique et les preuves réitérées de bienveillance de Votre Sainteté maintiennent mes forces et m'en donnent toujours davantage.

De plus je Vous remercie bien sincèrement, Très Saint-Père, des mesures qui ont été prises pour élucider le sort de mon lieutenant-maréchal Prince de Schwarzenberg ainsi que de mes autres braves officiers qui se trouvent en captivité italienne. La bonne nouvelle a réjoui mon cœur, et je reste assuré que la sympathie si généreusement témoignée par le Saint-Siège contribue à l'amélioration de leur sort et leur épargne bien des tribulations. Je voudrais profiter de cette occasion pour préciser mes vues et mes sentiments au sujet de certaines diffamations dont le Nonce de Votre Sainteté à Vienne a récemment été victime par la voie d'une publication munie d'une introduction par mon maréchal Comte Conrad et rédigée par Novak [sic] sous le titre « Der Weg zur Katastrophe ».[2] C'est avec indignation que j'ai pris connaissance de ces diffamations faites au mépris de la vérité, et je regrette de ne pouvoir donner à Votre Sainteté d'autre satisfaction que celle d'un démenti formel et hautement proclamé à l'adresse de ce pamphlet honteux et mensonger.

---

spruch gegen diese pamphletistischen Auslassungen bieten zu können. Ich bin Eurer Heiligkeit sehr gehorsamer Sohn."
Vgl. auch Brief Kaiser und König Karls an Papst Benedikt XV., AOS, Tom. I., Index 473, beglaubigte Kopie:
[Prangins, 1919 Juni 08]
« Ayant appris, par le Comte Pálffy, que Votre Sainteté aurait exprimé l'intention de s'intéresser à la situation pécuniaire de ma Maison, je m'empresse de L'assurer combien nous sommes touchés, moi et les miens, de cette nouvelle preuve de sympathie et de bienveillance. Je prie Votre Sainteté de vouloir accueillir l'expression de ma très profonde reconnaissance ainsi que l'assurance que Sa sollicitude vraiment paternelle ne peut qu'augmenter l'attachement et le dévouement filial qui nous anime déjà pour Sa Personne Sacrée. Votre bonté, Saint-Père, me sert de consolation et me donne du courage en ces temps si difficiles. »

2   Vgl. Karl Friedrich Nowak, Der Weg zur Katastrophe, Berlin 1919, 224–225 mit Einführung: Brief Conrads vom 18. März 1919, XI–XIII; ders., Der Weg zur Katastrophe. Quellenmäßig belegte Ausgabe, Berlin 1926, mit Kapitel: „Zur Entstehung des Buches", IX–XXIV. Zu Nowak vgl. auch Broucek, Glaise 1, 353–355.

169.
Kaiser und König Karl an König Alfons XIII. von Spanien

Prangins, 1919 Juni 23

AOS, Tom. I, Index 96, beglaubigte Kopie

Situationsanalyse der sich auflösenden Donaumonarchie; Beurteilung der politischen Zukunft der Nationalstaaten und Europas. Als einzige Überlebenschance für die Völker der Donaumonarchie erkennt Kaiser und König Karl ihre Wiederherstellung auf der Grundlage der Donaukonföderation.

Mon cher Cousin,

C'est avec une joie bien vive et avec une reconnaissance profonde que j'ai reçu ta lettre du 27 mai 1919[1]; elle est pour moi un ouveau témoignage des sentiments que [tu] portes à nos liens de famille et de la sympathie qui t'anime pour mon sort et p[our] celui de l'humanité tout entière. En effet, les chefs d'Etat et les éléments actifs des nations devraient en arriver à une entente pour combattre les menées subversives des sectaires, qui poursuivent non pas le bien des nations mais surtout leurs propres buts éminemment égoistes. Partageant avec toi les mêmes vues chrétiennes sur l'organisation mondiale,[2] je me flatte d'être parfaitement compris si je te parle du mouvement qui, en ruinant le bonheur et le bien-être des peuples, menace de réduire par ses conséquences la terre en un amas de cendres. Tu as eu la grande bonté de faire part au Roi d'Angleterre, ainsi qu'à Messieurs les présidents de la Rép[ublique] F[rançaise] et des Etats-Unis d'Amérique, des observations que j'ai faites dernièrement au sujet des événements qui se passent sur le territoire de la Monarchie austro-hongroise.[3] Ces chefs d'Etat ont accueilli favorablement cette communication et je suis heureux de voir dans ce fait le premier rayon d'espoir qui me soit accordé en vue du sort de mes peuples qui se partagent dans une même mesure l'amour que je leur ai voué. Les événements qui ont eu lieu ne démontrent que trop combien les craintes exprimées dans ma lettre du 17 mars 1919 étaient fondées.[4] Permets-moi de t'en faire un court exposé. Aujourd'hui comme hier Vienne se trouve être victime de la terreur d'un soi-disant gouvernement de coalition, dont les membres socialistes chrétiens sont pour ainsi dire les statistes brutalisés, les pseudo-socialistes, c'est-à-dire

---

1 Dieser Brief konnte bis jetzt nicht gefunden werden.
2 Vgl. Nrn. 51, 52 und 53.
3 Vgl. Nr. 138. Der Brief an den französischen Präsidenten fehlt.
4 Vgl. Nr. 138.

les bolchevistes, les vrais acteurs en scène. La journée de St-Germain-en-Laye a fourni la preuve que c'est là en effet la vraie répartition du pouvoir. Les ouvertures des Gouv[ernements] alliés et associés du 2 juin 1919 auraient dû raisonnablement déterminer les éléments de l'ordre à se débarrasser d'un régime dont les sympathies pour une Allemagne tant socialiste qu'impérialiste, dont la fronde contre l'Entente garantissant l'existence du peuple de l'Autriche allemande, sont indubitablement responsables de la paix dictée à St-Germain. Et pourtant ils n'osèrent jusqu'ici aucune résistance contre le fameux Dr. Bauer,[5] cet allié de Lénine et de Béla Kun![6] Par contre le communisme le plus radical ne tarda pas à s'affirmer. Conduites par des agents soldés hongrois et russes qui prétendent se trouver sous la protection d'une grande Puissance, les bandes rouges se ruèrent le 15 juin 1919 sur la direction de la police viennoise,[7] ce dernier rempart de l'idée de l'ordre, – non pas pour s'emparer d'un pouvoir qu'ils détiennent depuis longtemps, mais pour déchirer le voile même qui cache encore d'une manière précaire le régime bolcheviste dans l'Autriche allemande socialiste. Elles voulaient donc joindre au pouvoir effectif le pouvoir formel. Ce qui fut cependant conjuré grâce à l'énergie sans exemple de la police viennoise et de son attachement à toute épreuve à l'incomparable préfet de police, peut se réaliser un de ces jours, si les Gouv[ernements] alliés et associés, croyant devoir persister dans la légitime défense contre un régime que Weimar et Berlin voudraient voir transplantée à Vienne, maintenaient une paix qui scellerait la destruction de l'Autriche allemande.

Il en est tout autrement dans les ci-devant provinces faisant partie aujourd'hui de l'Autriche allemande.[8]

---

5   Vgl. Nr. 131
6   Vgl. Nr. 120.
7   Vgl. dazu Botz, Gewalt in der Politik, 164–170.
8   Vgl. dazu BAR, E 2300, Wien 34, Bourcart an das Politische Departement, Wien, 1919 Juni 20:
„[...] Seitdem in Ungarn das Geld ausgeht, ist die kommunistische Agitation in Wien aufs heftigste angewachsen. Die einst so reiche frühere Hauptstadt wäre auch jetzt in ihrem tiefsten Niedergang noch ein ersprießliches Beutefeld für die Pester Diktatoren. Über die Art der kommunistischen Propaganda unterrichtet Sie meine Beilage Nr. 1, Arbeiterzeitung 16. Juni [...] Die Arbeiterräte, mit Friedrich Adler an der Spitze, sind gegen Putsche zu diesem Zeitpunkt; und zwar lediglich aus taktischen Gründen; sie wollen die Ernte abwarten und die Ereignisse in Deutschland. Die Situation aber entwächst ihnen. [...] Die kommunistische Organisation liegt nicht mehr in den Händen der früheren Führer, Friedländer etc.; diese haben vor dem kürzlich in Wien anwesenden Lenin nicht bestanden. Lenin hat einen künftigen Diktator mitgebracht, unter vielen Namen, die dieser trägt, soll [Ernst] Bettelheim sein eigener sein. Bettelheim geht ein mystischer Ruf gewaltiger persönlicher Eigenschaften voraus, seine Existenz in Wien hat den volkstümlichen Reiz des Geheimnisvollen; er wohnt in der Kaserne des Volkswehrbattaillons [Nr.] 41 und niemand wagt seine Verhaftung. Staatssekretär für Heerwesen Deutsch wagt es nicht, Volkswehr gegen Volkswehr kämpfen zu lassen; die Polizei kann es nicht wagen, den Kampf gegen das Militär aufzunehmen. Bettelheim geht selten aus, erscheint er einmal auf der Straße, so trägt er österreichische Uniform und ist von 40 Mann sei-

L'idée y devient de plus en plus saillante que la renonciation aux tendances pangermanistes pourrait bien sauver sa propre existence et créer de puissants amis. Besoin ne serait que d'un mot précis venant de Paris non pas adressé aux archives secrètes de Bauer, mais au peuple de l'Autriche allemande, qui indiquerait clairement qu'il y a des destinées futures en dehors de l'Allemagne; ces provinces [sont] induites en erreur par Vienne et ses gouvernants. Vienne seule et une poignée de revenus ultranationalistes voient [...] point de salut dans l'union avec l'Allemagne et vient la nécessité de crier un lieu entre les jeunes états nouveaux.

J'ai toujours eu vivement conscience d'être Empereur d'Autriche et Roi de Hongrie; c'est pour cette raison que je n'ai jamais perdu de vue une seule des nations qui habitent le sol de la Monarchie, et c'est pourquoi je ressens aujourd'hui peut-être plus profondément que jamais les souffrances de chacune d'elles sans en excepter celles qui n'ont jamais caché leurs sympathies envers les Puissances alliées et associées. Je ne peux pas leur en vouloir d'avoir toujours repoussé l'idée de l'hégémonie allemande qui avait été inaugurée par Bismarck et à laquelle Andrássy avait succombé. J'en suis d'autant moins irrité, que j'ai toujours considéré cette idée comme un malheur non seulement pour l'Autriche-Hongrie en général mais aussi pour les Autrichiens de race allemande en particulier; ce malheur, l'Autriche allemande en souffre effectivement aujourd'hui, – et bien d'autres avec elle. C'est ainsi que mes regards se tournent tout aussi bien vers Prague que vers Zagreb et Budapest.

La poussée de l'armée rouge de Hongrie, qui est moins hongroise qu'anarchiste et internationale, a entravé la consolidation du jeune état tchéco-slovaque et a clairement démontré pour la première fois que la rupture de lieus anciens se produisant simultanément avec une complication étrangère expose cet état même à de graves dangers sociaux et politiques. La lutte entre les nations de l'Autriche-Hongrie qui se livrait dès l'origine sur le terrain de la culture, pouvait être considérée jadis comme un „spectacle intéressant"; elle est devenue sanglante et constitue maintenant une tragédie émouvante. Aussitôt que l'armée tchéco-slovaque battit en retraite devant les régiments rouges de Bela Kun, elle pouvait échapper à l'effet des armes matérielles mais elle tombait en

---

ner Kaserne eskortiert. Und immer noch wäre die Situation zu retten, mit einem Bataillon Engländer spielend, sagt mir ein hoher Polizeibeamter.

Auch Ungarn wäre mit einer einfachen diplomatischen Aktion zu gewinnen, würde man den Ungarn unter der Bedingung, daß das Regime Kuhn [sic] abdanke, Rohstoffe und Nahrungsmittel versprechen; der Diktator würde sich keinen Tag halten, denn schon beginnen die Hungerkrawalle und die Arbeiter fallen ab. Aber in drei Wochen ist es zu spät, dann beginnt die ungarische Ernte. [...] Die Connivenz der Italiener mit Kuhn [sic] dauert an. Geld aus Ungarn geht für Propagandazwecke via Italien nach Frankreich. Und die Italiener machen auch privatim Riesengeschäfte [...]" Lenin war nicht in Wien! Vgl. den Bericht Schobers vom 01.07.1919 an den Staatsrat, in: Botz, Gewalt in der Politik, 293–299, bes. 297.

proie aux armes spirituelles qui viennent de l'Orient. Dès lors, la mentalité so-
viétiste se fit sentir au sein des troupes tchécoslovaques, et c'est une coinci-
dence uniquement fortuite mais néanmoins significative, que le gouvernement
de Prague, qui personnifie l'unité de la nation et de la société tchécoslovaque,
fait voir des crevasses et des fissures qu'il est plus difficile de jour en jour à dissimuler. Les nouvelles des parties des états serbes, croates et slovènes, qui
comptaient naguère parmi les royaumes et pays représentés au parlement autrichien ou parmi les pays de ma sainte Couronne hongroise, sont peu nombreuses. Mais ces rares nouvelles faut déjà connaître que ce n'est pas la paix
que leur procura la révolution de l'automne 1918. C'est de Hongrie que vient le
poison bolcheviste, tandis que c'est contre Belgrade que se tournent des pro-
fondeurs intérieures la conscience et l'esprit d'indépendance des nations cro-
ate et slovène – qui, du point de vue historique ainsi que de celui de la culture
et des besoins économiques, sont séparées de l'ancienne monarchie serbe; il
n'en est guère autrement de la race serbe en Hongrie. La Croatie est en flam-
mes, et l'influence de Belgrade ne saurait atteindre Laibach que dans les questions concernant la résistance contre l'Autriche allemande et l'Italie. La terre
fertile entre la Drau, le Danube et la Save est imprégnée dès aujourd'hui du
sang de ses citoyens, et les luttes intestines – tout homme compétent devra
l'admettre, – n'y prendront jamais fin aussi longtemps que Zagreb dépendra de
Belgrade et que Belgrade se tournera contre Vienne et Budapest.

La Hongrie est gouvernée par Béla Kun. La Russie s'enivre de ses succès,
l'Allemagne et l'Autriche allemande en tout ravies et son règne se trouve être
prolongé par mainte influence étrangère. Cette Hongrie rouge sert de pont
entre la Russie bolcheviste et l'Ouest conservateur, entre le nord allemand et
le midi italien. C'est sur ce pont que se décidera la lutte pour la paix sociale de
l'Europe. Quelle sera son issue? Qu'on n'oublie pas que le pilier se trouvant
sur le territoire de l'Autriche allemande aux bords de la Leitha est pourri jusqu'à la moelle, et les flots rouges peuvent rouler au-delà de cette barrière vers
l'Occident. Par dessus cette barrière, les Puissances peuvent se tendre la
main, unissant Hambourg à la Sicile, érigeant un nouveau bloc d'états qui
donnerait libre passage à n'importe quel courant venant de l'Est et arrêterait
tout autre qui viendrait de l'Ouest.

Je vois avec profonde amertume que mon idée absolument exacte de donner à mes peuples la tranquilité politique, la réconciliation réciproque et le
bien-être économique, en projetant de les rendre politiquement libres et indé-
pendants les uns des autres tout en les maintenant unis du point de vue économique, – je vois avec amertume, dis-je, que cette idée a succombé aux bou-
leversements qui frayèrent la voie aux exaltés de couleur sociale radicale ou
nationaliste et impérialiste, mais non pas au peuple envisageant l'avenir et la
prospérité durable de ses enfants. Mon programme politique aurait été de
taille à concilier les contradictions entre l'Europe orientale et occidentale d'une

part, et l'Europe centrale de l'autre. Il aurait écarté de la sphère des dangers d'une hégémonie universelle les peuples habitant les rives du Danube, projets qui portent une partie des responsabilités de la guerre et qui n'étaient appuyés que par quelques-uns de mes peuples.

Je vois aussi avec profonde tristesse que les états qui se sont formés sur le territoire de l'ancienne Monarchie austro-hongroise sont ballottés d'un côté et de l'autre par de plus puissants qu'eux et qu'ils ont de la peine à se ressaisir. De même que la vie doit s'éteindre si on sépare les uns des autres les muscles du cœur humain, les états qui se constituent dans les limites de la Monarchie des Habsbourg sont condamnés au dépérissement et finalement à la mort si les liens qui les unissent sont violemment rompus.

Celui qui, basé sur une autorité forte et effective, leur enjoindrait de reprendre les institutions qui ont fait preuve de fécondité au cours des siècles, et d'éliminer tout ce qui reposait sur une communauté factice et forcée, – celui-là même serait leur sauveur et délivrerait le monde de troubles continuels et de dangers sérieux. Je ne vois point ce sauveur dans les états nationaux mêmes; mais je peux t'ouvrir mon cœur, à toi, mon proche parent qui partage mes sentiments; en agissant ainsi je me décharge au moins d'une partie du fardeau dont le poids pèse tous les jours et à toute heure sur mes épaules. Voilà l'explication de la franchise avec laquelle je te parle. J'aurais un jour à te remercier au nom des états nationaux, si tu voulais te baser sur la confiance entière que je te porte pour être, sous forme confidentielle, l'interprète de mes idées et de mes sentiments auprès de ceux qui, assumant avec un courage et une abnégation admirables de lourdes responsabilités, ont entrepris la tâche ardue de frayer un chemin aux peuples à travers les décombres amassés par une guerre impitoyable.

Si je m'adresse encore à ta patiente attention en te signalant, pour ton information <u>personnelle</u>, certaines cordes sensibles au sujet de la formation des nouveaux états nationaux, je le fais parce que tu as souvent été en Autriche-Hongrie et que tu connais, par les relations suivies que tu y as entretenues, les pays dont Dieu m'a confié les destinées. Je t'exprimerai donc ma conviction qu'un lien commun s'impose pour tous ces pays dont je voudrais, en prenant la Tchécoslovaquie pour exemple, formuler la situation de la manière suivante: cet état menace fort de devenir une mauvaise copie de la plus ancienne Autriche centralisée avec tous ses défauts et tous ses abus; même sans l'intervention d'une grande guerre mondiale, elle se trouverait tôt ou tard dans une situation comparable à celle qui est créée [?] actuellement pour l'Autriche-Hongrie tout entière. Dans l'état tchécoslovaque, son nom seul l'indique, on évoque un fantôme national, qui est en contradiction flagrante avec les faits réels. Les Tchèques et les Slovaques, quoique parents de race, sont entièrement séparés du point de vue historique et économique. La plus grande partie des territoires slovaques est située en Hongrie, tandis que les Tchèques ha-

bitent exclusivement l'ancienne Autriche; par conséquent, les Tchèques
rattachent leur histoire, leur culture, leurs aspirations sociales et économiques
à l'Autriche, les Slovaques à la Hongrie. Chemins de fer, routes et canaux ne
les unissent pas directement, mais se dirigent vers Vienne d'une part, vers
Budapest de l'autre, et si je m'exprime ainsi c'est moins des villes mêmes que
je veux parler mais bien plutôt des sphères d'intérêt économique. De plus,
l'état tchécoslovaque s'est incorporé des millions d'ámes de race absolument
étrangère, Allemands, Magyares, Polonais, Ruthènes! – Il se trouvera donc devant l'alternative d'exercer la terreur du point de vue national, ou d'assumer
le rôle d'une Autriche-Hongrie moderne; dans le premier cas la formation de
cet état tel que nous le voyons constitue une injustice morale, dans le second
l'isolement absolu du nouvel état serait tout au moins superflu.

Dans l'état des Serbes, des Croates et des Slovènes, des théorèmes contra-
dictoires s'entrechoquent. Lorsqu'ils s'unirent, les Serbes étaient inspirés de l'i-
dée d'une Grande Serbie, les Croates au contraire de celle d'une Grande Croatie. Quant aux Slovènes ils se laissèrent guider non pas par une idée pratique,
mais par un rêve, qui les a jetés dans les bras d'une union qu'ils déplorent déjà
amèrement. Croates et Slovènes parlent une langue différente [de celle des
Serbes], ils diffèrent même dans l'écriture, et leur religion n'est point [la
même]. Déjà en 1914 les régiments croates étaient remplis de haine contre les
Serbes et faisaient preuve d'une grande valeur. Les Croates et les Serbes de la
Hongrie habitent des régions fertiles; ils sont riches et par conséquent très
développés comme culture; les Serbes au-delà de la Save et du Danube sont,
au contraire, pauvres et leur éducation scolaire laisse beaucoup à désirer. De
là une mentalité, un caractère absolument différents des deux côtés de la limite tracée par les rivières. Les Serbes, Croates et Slovènes n'ont trouvé qu'un
seul point de rapprochement qui les a détachés de l'ancien bloc: la haine contre l'Italie, et la préoccupation que la Monarchie austro-hongroise pourrait bien
ne pas être de force à modérer les appétits féroces de son voisin mégalomane.

Puisque j'en suis arrivé à parler de l'Italie, je voudrais ajouter que le rôle de
ce pays est plus que singulier. Quoique battus par les armes comme ils y avaient toujours été habitués de la part des armées Impériales, les Italiens, selon
une vieille tradition, veulent cette fois encore tirer profit des victoires de leurs
alliés; ce n'est point assez: ils entendent obtenir plus que les vainqueurs eux-
mêmes. Leurs exigeances territoriales font preuve de leur soif de conquêtes;
leur ambition de créer une grande Allemagne dont l'alliance serait désirable
et recherchée, est contraire aux désirs et aux intérêts de leurs alliés d'aujour-
d'hui, surtout à ceux de la France; peu leur importe, la fidélité aux traités n'a
jamais été un point de leur programme. En combattant l'idée d'une confédération danubienne, l'Italie se tourne surtout contre un autre de ses soi-disant alliés: l'état Croate-Serbo-Slovène. Ceci est clair. Mais contre qui se di-
rige l'appui que l'Italie accorde, d'après les informations les plus sûres, au

gouvernement soviétique de la Hongrie? Il s'explique de la manière suivante: une Hongrie bolcheviste se choque et se cogne contre la Tchécoslovaquie; elle se rapproche simultanément d'une Autriche allemande qui – en tant que gouvernement – ne cache point ses sympathies bolchevistes. Une Hongrie bolcheviste appuie l'union avec l'Allemagne et par conséquent elle est favorable au projet italien d'un bloc germano-italien. De plus, l'appui du gouvernement soviétique fait naître l'espoir que Béla Kun et ses compagnons renonceront à pousser une pointe en Italie, où le terrain ne leur serait que trop favorable.

Le problème austro-hongrois, on ne peut guère l'appeler autrement – ne manque pas d'une extrême complexité. Pour le comprendre à fond, une étude théorique ne saurait être suffisante, on doit avoir vue sur les lieux et avoir pris racine dans le pays. La question devient encore plus compliquée par le fait qu'on n'entend aujourd'hui que les voix stridentes des partis extrêmes, et non pas celle de l'arbitre impartial qui se trouve placé au-dessus des querelles domestiques, qui a de l'affection pour tous et voit ainsi avant tout les liens utiles et féconds, et moins ce qui divise, nuit et sépare. Voilà ce qui me détermine à te parler aujourd'hui si longuement et avec tant de détails. Tu comprendras, je le sais, par mon langage, avec quelle ardeur, malgré tant d'épreuves, mon cœur bat pour le bien de mes peuples qui par eux-mêmes sont incapables de trouver leur chemin. Il résulte de tout ce qui précède que d'une part l'union de l'Autriche avec l'Allemagne doit être écartée à tout jamais, et que de l'autre les états nationaux doivent être forcés à mener à bonne fin la liquidation de ce qui leur fut commun et de constituer de nouveaux liens sur une base fédérative.

170.
Kaiser und König Karl an Msgr. Georges Prudent Bruley des Varannes

o. O., o. D. [Prangins, 1919 Juli 03]

AOS, Tom. I, Index 97 und 504, beglaubigte Kopie

Absolut geheime Mitteilung: Vor dem Friedensschluß von St-Germain-en-Laye (10.09.1919) hatte Kaiser und König Karl die Möglichkeit, über die französische Botschaft in der Schweiz vor einem Anschluß Deutschösterreichs an das Deutsche Reich zu warnen. Politische Analysen und Entwicklung des Konzepts der Donaukonföderation im Fall einer Restauration der Habsburgermonarchie.

Une personne de l'Ambassade de France se serait exprimée de la façon suivante: « La France et l'Angleterre redoutent beaucoup un rattachement de l'Autriche à l'Allemagne, et surtout que tôt ou tard ce rattachement se fasse fatalement malgré le traité de paix. Les chrétiens sociaux sont très faibles et complètement tyrannisés par le régime rouge. Les socialistes travaillent de toutes leurs forces pour aboutir à une grande Allemagne socialiste. Quant à la France et à l'Angleterre, états démocratiques, il serait fort difficile pour eux de s'opposer à un plébiscite ou un vote de la ligue des nations, si celle-ci venait à s'exprimer pour le rattachement. »

S. M. croit pouvoir dire ce qui suit: L'Entente impose au gouvernement de l'Autriche allemande des conditions de paix écrasantes pour contrebalancer les avantages que les Allemands retireraient du rattachement. Le gouvernement n'a ni la force d'exécuter, ni celle de garantir l'exécution de ce traité, le pouvoir lui manquant complètement.

Je puis paraître me faire l'avocat de ma propre cause, mais c'est uniquement la conviction que j'ai qui me fait parler. L'unique moyen qui reste à la France d'empêcher le rattachement, c'est la restauration de la monarchie en Autriche comme en Hongrie, et le rattachement sur une base économique de tous les états nés sur le territoire austro-hongrois.

Tout le mensonge allemand n'a qu'un seul point de vérité, c'est que l'Autriche allemande ne peut subsister longtemps; elle est inapte à vivre dans les conditions présentes, cela n'a pas besoin d'être expliqué. J'ai donné le conseil à l'Entente d'exprimer un manque de confiance à M. Bauer[1] et au gouvernement actuel; mais naturellement ce moyen n'aurait qu'un effet momentané. La maison de Habsbourg ne peut comme maison catholique faire une politique germanophile; sa politique, au contraire, est de se diriger vers les Slaves. Aussi nos Autrichiens allemands ont-ils attaqué constamment les Habsbourg en disant que cette maison était trop peu allemande. A moi personnellement ils ont reproché mon amnistie politique de 1917.[2] Je sais très bien que la France ne peut s'intéresser ouvertement à la restauration, surtout à cause de l'Italie, mais si elle veut à tout prix empêcher le rattachement, elle pourrait au moins indirectement y contribuer largement.

Tous les hommes politiques voudraient savoir ou deviner ce que l'Entente, et surtout, ce que la France veut. Donc si la France me faisait savoir indirectement par une personne sûre, qu'elle ne s'opposerait pas à un mouvement monarchiste, et que si chez nous on laissait tomber l'idée du rattachement, il y aurait une amélioration sur quelques points des conditions de paix, cela rendrait du courage aux bien-pensants en Autriche. Le reste je le ferais moi-même. Il est tout autant dans mon intérêt que dans celui de la France que tout ceci reste absolument secrèt.

---

1 Vgl. Nr. 169.
2 Vgl. Nr. 54.

Je puis garantir à la France, que si l'Autriche allemande et la Hongrie – qui elle aussi penche vers l'Allemagne – reviennent sous mon sceptre, et que tous les états formés sur le sol de la monarchie se rallient dans les questions économiques, le rattachement à l'Allemagne aura à tout jamais vécu. En ce qui concerne la démocratie, je suis comme je l'ai toujours dit, tout à fait pour une démocratie saine. Ce que l'on fait aujourd'hui en Autriche, ce n'est pas de la démocratie, c'est [du] terrorisme pur et simple. Le peuple ne veut rien savoir du rattachement à l'Allemagne, mais si sous les formes démocratiques d'aujourd'hui un référendum se faisait, je crains bien que le rattachement ne soit voté.

Notre peuple qui est fatigué, et qui n'a jamais eu des vues politiques lointaines, vit dans la terreur des socialistes. C'est de cette façon aussi que ce peuple, monarchiste de cœur, a été poussé dans la révolution contre sa propre volonté.

Je crains bien qu'aujourd'hui, en France, on ne veuille croire à tout ceci. Si le rattachement se fait, la France a inutilement perdu des milliers de ses meilleurs fils, et le militarisme prussien recommencera tout de suite. A l'Autriche allemande se joindra la Hongrie, et un jour viendra où les Tchécoslovaques et les Yougoslaves pourront être en grand danger, d'autant plus qu'aujourd'hui déjà, l'Italie cherche l'amitié de l'Allemagne. De cette manière la « Mittel-Europa » serait faite, et au lieu des Hohenzollern ce sera Noske qui serait à sa tête. C'est moi, un ami de la France, qui vous l'assure. Le prince Rupprecht de Bavière a une chance, paraît-il, de rallier une grande partie de mes pays alpestres sous son sceptre. Pour empêcher cela, mes fidèles veulent me persuader de faire de la politique pangermaniste. Je ne le ferai jamais.

171.
Interview eines englischen Journalisten mit Nikolaus Graf Revertera von Salandra

o. O., 1919 Juli

AOS, Tom. II, Index 706, beglaubigte Kopie.

Die derzeitige chaotische Situation Österreich-Ungarns ist das Ergebnis gescheiterter Friedensversuche und blockierter Umgestaltungsprogramme der österreichisch-ungarischen Monarchie in eine Donaukonföderation. Das Konzept Kaiser Karls zur Errichtung der Donaukonföderation ist die einzige Möglichkeit zur Lösung der österreichisch-ungarischen Frage. Nur so würde unter

englischem und französischem Schutz ein Anschluß Deutschösterreichs an
Deutschland verhindert.

I had the opportunity of meeting Count Revertera, who, for the present, is
staying in Fribourg.[1] His part as well as his personal relations to the Emperor
Charles[2] enable him to give certain informations which may be of interest,
and this is the conversation I had with him:

I began by expressing the desire to be received by the Sovereign, so as to be
able to offer to my readers some details as to the life His Majesty is living in
Prangins and as to His views about present and future.

"Your wish", so answered the count, "is hardly to be granted, the Emperor
established as a rule to receive very few visitors and especially to avoid all interviews which might not only lead to a mistaken interpretation of anything
he would say, but could eventually become a source of complications for
Switzerland, of whose generous hospitality He is availing Himself always." –
"I quite appreciate this point of view", was my answer, "but would you kindly
give me certain informations which I consider as highly valuable?" – "I dont
[sic] see, why I should not. The intensions [sic] of His Majesty were generally
known since His accession to the throne and they have not changed ever since.
Under the present circumstances the Emperor does not busy Himself actively
with politics. He considers Himself as a spectator who is naturally greatly interested in the events of the day. From His retreat He keenly follows all that is
going on. [a]–No doubt, the moment must come for appealing to Him–[a] when the
destinies of the Austro-Hungarian states will have to be definitely settled. His
program is the only possible one and for this simple reason it will have to be
put to execution one day or another."

"Would you give me some indications as to His program?"

"Certainly, and to make things perfectly clear, you will allow me to go back
as far as the first days of His reign, that is to the end of the year 1916. When
the last emperor Francis Josef closed his eyes, he left to his heir a most em-
barrassing succession. The world was on fire. Moreover Austria-Hungary was
no longer practicable, showed evident signs of disaggregation. The young sovereign judged the situation with the greatest accuracy and spontanously [sic]
formed the following program:

---

a–a Dieser Artikel wurde von Kaiser und König Karl eigenhändig redigiert. Seine Korrekturen
sind im Textkommentar ausgewiesen und im Briefkonzept Werkmanns an Graf Nikolaus Revertera enthalten, Gland, 1919 Juli 15: AOS, Tom. II, Index 706.

1   Nikolaus Graf Revertera von Salandra wohnte bei seiner Schwiegermutter Dona Françoise
Aldobrandini, geb. Comtesse de La Rochefoucauld, in der Villa Bethléem in Fribourg.
2   Vgl. Nrn. 87a, 190 und 245.

1. Put an end to the war which He had always hated and dissaproved [sic] of.

2. Reconstruct His Empire on a federative base, granting to each one of the different nationalities which composed it and for which he felt an equal affection any amount of independency which would be considered desirable.

The carring [sic] through of this program naturally implied huge difficulties which might have been a test to the most intelligent, capable and energetic man. Nevertheless the Emperor set Himself courageously to work. His efforts to obtain peace are well known. I can h[a]rdly recount them all but I will avail myself of this opportunity to speak of the negotiations in which I took an active part. In July 1917 I was sent to Switzerland as to meet Comte Armand who had been designated by the French Government in accordance with Mr. Lloyd George to the effect of setting themselves in contact with the Foreign Office in Vienna.[3]

A separate peace would have led us straight to our aim. Honour, however, forbade us anything having the likelihood of treason towards our allies. Anyone as a gentleman, will easily comprehend this motive. So as to get out of this dilemma, a single road was open, and this was taken: obtain from the Entente for all allies acceptable conditions and these, once granted, do our utmost to secure the adhesion of Germany. After long pourparlers which lasted till the end of August, a project was handed over to me. It was composed of two different parts: the first referred itself to territorean [sic], economical and commercial conditions in relation to the principal belligerant [sic] powers: the second bore the inscription: 'Note specialement à l'adresse de l'Autriche-Hongrie', and exposed the wishes of the Entente on the subject of the federalisation of Austria-Hungary such, in fact, as Emperor Charles had conceived it. As concerns the first document, it is no doubt exacted some conditions from Germany, which Berlin hardly could approve of, but these exigencies were not conditions sine qua non and one would have been willing to "parley" in case Germany would have shown herself conciliant in the two principal questions:

Full and complete restitution of Bel[gium] including the entire restauration [sic] of all damages caused by the war,

evacuation by Germany of all occupied territories and the restitution of Alsace-Lorraine to France such as had been settled in 1814 (all but the territories belonging nowadays to the Swiss Confederation).

Once having come to an agreement as to the two above points, everything might and should have been settled, all the more so, as Germany would have obtained important territorial and commercial compensations in the East and in the colonies for the restitution of Alsace-Lorraine freed from all charges.

---

3 Vgl. dazu die Aufzeichnungen des Grafen Nikolaus Revertera über die Fribourger Besprechungen, Juni 1917 bis März 1918, in: Steglich, Friedensversuche, XIV–XXXVIII, 1–93.

As to the 'note specially addressed to Austria-Hungary', it ran as follows:

this war can end with the germanisation of Austria which result both France and England would consider as most unfortunate and which would clearly prove to be most unfavourable to the true interests of Austria-Hungary and to the population of the austro-hungarian Monarchy.

It can lead to the disagregation of Austria: this is by no means the aim, that France and England are following, in spite of certain unauthorizised [sic] affirmations which have been made to the contrary.

The real future of Austria which would have all the sympathies of the Entente is exactly the one, which the Emperor Charles seems to have aimed at. According to what the Entente knows of the generous initiative of the Sovereign, He would earnestly consider the federalisation of all the nations united under His authority. This federation would imply a large autonomy of the states composing it and would answer to the democratic aspiration of its population. This fact would by itself put a stop to all antagonism between new Russia and Austria and the deep abyss which separates the latter from the Slave [sic] masses would be filled up.

Poland, once set in freedom and constituted, delivered from all military antagonism with ist eastern neighbours, would gravitate towards the Danubian Confederation and would all the more naturally and intimately bind itself to it, as its first sovereign might eventually be a member of the House of Habsburg.

Far from opposing the forming of a federation as above described, the sympathies of France and England would be so attracted towards it, that it would lead to a true alliance, so as to enable its economical development.

In case further events would bring with them a separation between Austria and Germany, Austria's desire of recuperating her influence on the German population, that used to be under her guidance, would be considered by France and England as a most natural one, as well as the realisation of this same desire in as much as Austria would believe it usefull [sic] according to the interests of its populations.

Austria could in this case, entirely rely upon France and England against any german scheming.

France will strive to obtain good neighbourly relations between Serbia and Austria-Hungary.

Rectifications of frontiers between Austria and Montenegro are possible.[4]

A mutual benevolence and even a reciprocal reliance between Austria-Hungary and France should be obtained. ᵃ⁻It must be admitted without any fear

---

4   Vgl. dazu REZL, Nachlaß Burián, Fasz. 8/37: 1915 November 30: Eh. Carl Franz Joseph an Burián über seine Gespräche mit Kaiser Wilhelm II. und den Frieden mit Montenegro. Dank freundlicher Mitteilung von John Leslie (†).

of exaggeration that then [sic] terms of this note are very nearly identical with the program of the Emperor Charles, at all events so far as the proposed confederation is concerned.⁻ᵃ It wou[l]d have been a blessing not only for the Double Monarchy but for the whole of Europe, if that line of contact had been accepted.⁵ Unhappily this laboriously constructed edifice was unable to resist the storm of opposition that arose from all parts.⁶ Germany refused (permanently) to discuss in any way the Alsace-Lorraine question, she considered it as a noli me tangere. The german-austrians and the magyars of Hungary revolted themselves against the idea of a confederation, in which their hegemony would be condemned to dissappear. The opposition of Berlin turned into threatenings: if you negotiate on his base, we were told, we march into Bohemia with an army of five corps, – and this threat seemed likely to be put into execution at that moment, because Russia's defeat had left considerable masses of troops to Germany's disposal. Just fancy our situation! Austria-Hungary threatened from every side, by her enemies as well as by her allies, and the most dangerous quarrels among her own subjects!⁷

It is not surprising that Count Czernin very nearly lost courage. Not feeling himself strong enough to assume the most heavy responsibilities and not seeing the possibility of adopting the program of his Sovereign, he was ready to resign ᵇ⁻and had even proposed a successor.⁻ᵇ Yet a crisis of this sort in such a critical moment seemed to offer great inconveniences. ᶜ⁻Things were postponed and the negotiations were interrupted.⁻ᶜ The following events are too well known as that I should insist upon them, but I wish to show that the Em-

---

a–a Vermerk: Sollte korrigiert werden auf: damit wurde nichts anderes gesagt, als was ich bereits das Föderalisierungsprogramm Kaiser Karls genannt habe.

b–b Vermerk: ist wohl zu viel gesagt. Graf Czernin will sich allerdings mit Rücktrittsplänen befaßt haben, diese Pläne haben sich aber nicht zu seiner mit der Empfehlung eines Nachfolgers verbundenen formellen Demission verdichtet.

c–c Vermerk: wird – man muß die Wiener Maulhelden kennen – zweifellos interpretiert werden: „Man fand nicht den Mut, sich nach der einen oder anderen Seite hin zu entscheiden." Wäre es nicht besser zu sagen, daß, während der Kaiser alles tat, um zu einem ehrenvollen und gerechten Frieden, der nicht das Antlitz von Versailles und St. Germain getragen hätte, zu gelangen, die Bundesgenossen in Berlin und die Pangermanisten in Wien opponierten, die Sozialdemokraten und die slawischen Nationen keine positiven Friedensarbeiten leisteten. Dadurch würde das Verschulden an der Fruchtlosigkeit aller Bemühungen um den Frieden von Haus aus auf die Schuldigen gewälzt werden. Sie könnten nicht mehr angreifen, sondern sich höchstens verteidigen.

5 Vgl. Nr. 61.

6 Vgl. dazu oben Anm. 3.

7 Vgl. dazu TB Redlich 2, 228, Eintragung vom 20.08.1917: „[...] Czernin habe dem Kaiser gesagt, wenn wir von Berlin abrückten, die Deutschen Böhmen und Galizien besetzen werden und daß in Wien und Böhmen und in den Alpenländern eine deutsche Revolution entstehen werde [...]"

peror had clearly foreseen the future and that the centre of Europe would certainly not be in the present state, with dangers threatening from all sides, if He could have followed His own inspirations.

Chaos is witnessed now in the Austro-Hungarian states. The old Monarchy is split up into several parts, each part of which, from the economical point of view, depends one from the other. Is federation still possible? Perhaps not in the form which had been scetched [sic] out two years ago, but a federative bond is certainly indispensable for young states which are bound together by their economical and most vital interests. It is clear, for instance, that a German-Austria of six to seven millions inhabitants, two and a half millions of which belong to the town of Vienna, cannot possible live its own life. She must be economically be bound to her neighbours. On the other hand, her union with Germany seems at all points of view hardly desirable.

[a]-This union, however, only responds to the wish of the socialists and of the pangermanistic minority, that is to say, to the two parties, actually in power.[-a] The above solution should once and for ever be discarded and this can only be obtained through the creation of a Danubian Confederation. The Entente had understood this much. Why does she then seem to have altered her mind? Why does she follow a line which has brought us to a state of disorder witnessed of late in the Balcan [sic] states, instead of using the only possible means of securing durable peace in Central Europe. The situation is not in any way without danger for the Western Powers. Without mentioning the ever threatening bolchevism [sic], it might'nt cut away their way to the East by leading to the formation of a great central block headed by Germany. Can this prove to be the real interest of France and England? I can hardly believe so, their view must in this case, entirely have changed since summer 1917.

[b]-As to the head of Danubian Confederation, can you conceive anything better than the one which imposes itself of its own accord not only through tradition, but especially by ist impartiality and by the simple fact, that it is placed above all nationalities? – the Sovereign.[-b]

The more I consider all the foregone events the more I am convinced that Emperor Charles' program is the only possible solution to an inextricable problem such as seems to have become the Austro-Hungarian question. There would still be a lot to say on this interesting subject, but I cannot enter to day [sic] in every detail and, besides, it is growing late, still I would be glad to think, that through this short notice, I have, to a certain point, helped to disperse the mists which, for the great majority of the public, cover the future of

---

a–a Vermerk: entspricht nicht ganz den Tatsachen. Die Pangermanisten, das sind die Mitglieder des „Großdeutschen Verbandes", befinden sich in der Opposition.

b–b Vermerk: bliebe wohl besser weg, damit nicht das Interview als ein Akt spezifisch monarchistischer Propaganda gewertet werde.

our unhappy country. The Austria-Hungarian Monarchy has been put to pieces. What is called Austria now is only a german-speaking part and a very small part too, of the Austrian Empire.

a-People seem to believe that this small country is the legal heir to the whole. Is it ignorance or is it the tendency to hold in hand a responsible factor, who would have to bear alone, or nearly so, the weight of heavy conditions?–a

The moment has come for reconstructing all that has been destroyed. So much time having been lost, this task has become a very hard one. But the case is not beyond hope as long as one gives proof of good will and energy.

Enough for today in answer to your desire for informations. I must, however, kindly request you to bear in mind, that both, my Imperial Master and His immediate surrounding are, under the present circumstances, absolutely not busying themselves in any active way whatever with political questions."

172.
Kaiser und König Karl an den Apostolischen Nuntius in München, Erzbischof Eugenio Pacelli

Prangins, 1919 Juli 22

AE, Austria 674 [neu 1408], Prot. 94.289, Ausfertigung.

Der englische Kardinal Francis Bourne, Erzbischof von Westminster,[1] soll informiert werden, daß einflußreiche Persönlichkeiten zugunsten der Einheit von Deutsch-Tirol um seine Intervention bei der englischen Regierung ersuchen werden. Als gefürsteter Graf von Tirol unterstützt der Kaiser diese Bitten.

C'est de tout cœur que je vous prie, Monseigneur, d'avoir la grande bonté et de ne pas me refuser votre aide en ce qui suit:

---

a–a Vermerk: Hier ist zu bemerken. Deutschösterreich trägt selbst die Schuld daran, daß es als der alleinige Erbe Österreichs angesehen wird. Um nur Eines auszuführen: Deutschösterreich hat den Kaiser von Ganzösterreich [sic] entthront. Es wäre nicht opportun, gegen die Auffassung der Entente zu streiten, Deutschösterreich als den Haupterben Österreichs anzusehen, weil damit erst in weiterer Folge, das Recht Deutschösterreichs anerkannt werden würde, in den Rechts- und Pflichtenkreis des Kaisers von Ganzösterreich [sic] einzugreifen.

1 Francis Kardinal Bourne, vgl. Nr. 129. Vgl. dazu auch AE, Austria 674 [neu 1408], Prot. 95.284, Westminster, 1919 September 11: Intervention von Kardinal Bourne bei Victor Wellesley, Under Secretary of State for Foreign Affairs, Foreign Office, White Hall, zugunsten der Einheit Tirols, das von der Friedenskonferenz eine unabhängige Staatsform erhalten möchte. Vgl. dazu auch Schober, Die Tiroler Frage, 218–280.

Ne vous serait-il pas possible de faire savoir au cardinal anglais Bourne que l'on me mande du Tirol que des personnages influents se sont adressés au cardinal en le priant d'intervenir auprès du gouvernement anglais en faveur de l'union des parties allemandes du Tirol actuellement séparées. Moi, comme comte princier du Tirol, je ne peux que m'unir instamment à cette prière.

En vous remerciant, Monseigneur, de toutes les amabilités que vous avez eues jusqu'ici pour moi...

173.
Kaiser und König Karl an König Georg V. von Großbritannien und Irland

o. O., o. D. [Prangins, 1919 August]

AOS, Tom. I, Index 43, beglaubigte Kopie[1].

Der Zustand Österreichs auf der Grundlage der Pariser Verträge kann so nur vorübergehend sein. In Abstimmung zum Vertrag von St-Germain-en-Laye muß die alte österreichische-ungarische Monarchie wiedererstehen. Nur die Donaukonföderation kann eine deutsche Hegemonie in Zentraleuropa verhindern.

Monsieur Mon Frère,

Les secours généreux que l'Angleterre et les Puissances alliées et associées sont sur le point d'assurer à l'Autriche à la Conférence de Paris M'ont profondément touché. Mais ces secours ne peuvent soulager que pour le moment. Si tous les pays de l'ancienne Autriche-Hongrie doivent se relever économiquement et si, en accord avec le traité de St-Germain, on est décidé d'empêcher l'union de l'Autriche allemande avec l'Allemagne, il est indispensable de réunir les états héritiers de l'ancienne Monarchie dans une unité économique tout en sauvegardant leur entière indépendance politique.[2] En travaillant à créer cette confédération qui constituerait un contre-poids contre l'Allemagne du Nord, il semble qu'on serve les intérêts de l'Europe toute entière.

Si l'Angleterre entre dans ces vues et admet ce principe, si elle est décidée à donner à cette idée une politique d'appui dans le présent et dans l'avenir, Je

---

1 Vermerk: Concept eines Briefes an S.M., den König von England, in der Fassung, wie er von Seiner Majestät genehmigt wurde. Dieser Brief konnte in den Royal Archives, Windsor Castle, nicht gefunden werden.

2 Vgl. Nr. 169.

ne demande qu'à établir avec elle les bases d'une action ayant pour but d'empêcher une fois pour toutes l'agrandissement de l'Allemagne aux dépens de l'Autriche et l'établissement de l'hégémonie allemande en Europe Centrale.

J'assure V. M. de la sincère amitié et haute considération avec laquelle Je suis, Monsieur Mon Frère, de Votre Majesté le bon frère

174.
Informationen Kaiser und König Karls für den französischen Botschaftsrat in Bern, Georges Louis Clinchant

o. O., o. D. [1919 Juli/August]

AOS, Tom. I, Index 91, beglaubigte Kopie.

Nachdem Deutschösterreich infolge der Friedensverträge auf die Dauer allein nicht lebensfähig sein kann, ist die Restauration der Donaumonarchie die radikale Lösung der Anschlußfrage.

M. Clinchant[1] hat in einer Unterredung, die er mit einem Herrn hatte, seine Ansicht dahin ausgesprochen, daß Fr[ankreich] und Engl[and] sehr fürchten würden, daß trotz aller heutigen Friedensbestimmungen früher oder später dennoch der Anschluß Österreichs an Deutschland perfekt würde. Die Christlichsozialen seien schwach und von den Roten gänzlich terrorisiert. Die Sozi [Sozialdemokraten] arbeiten zielbewußt auf ihr Programm [hin]. Nur einiges zu bemerken.

Die Entente legt einer deutschösterreichischen Regierung, die gänzlich ohnmächtig ist, einen Friedensvertrag auf, der den Gebietszuwachs, den Deutschland dadurch erfährt, wettmachen soll. Nun ist diese Regierung nicht imstande, die Durchführung zu garantieren, denn es existiert keine Staatsgewalt.

Ich rede jetzt in eigener Sache, aber [wäre] es nicht meine Überzeugung, würde ich es nicht sagen. Das einzige wirksame Mittel, das Frankreich für die Verhinderung des Anschlusses hat, ist die Wiedererrichtung der Monarchie in Österreich und in Ungarn und dann Wiedervereinigung aller Sukzessionsstaaten auf wirtschaftlicher Basis. Deutsch-Österreich kann, wie jedermann bekannt, nicht auf längere Zeit allein bestehen, daher muß es wieder gegen seine alten Brüder hinorientiert werden. Die ganze großdeutsche Lüge hat ja nur einen Kern von Wahrheit, das ist, daß Deutsch-Österreich auf die Dauer allein nicht bestehen kann.

---

1 Vgl. Nr. 140.

Ich habe der Entente geraten, dem Dr. Bauer[2] und der jetzigen Regierung ihr Mißtrauen auszudrücken, aber dieses Mittel ist eben nur ein Auskunftsmittel, die radikale Lösung der Anschlußfrage ist die Monarchie. Das Haus Habsburg kann schon als katholisches Haus keine großdeutsche Politik betreiben, seine Zukunft liegt im Anschluß an die Slaven.

Was wird dem Hause und speziell mir in Deutsch-Österreich vorgeworfen: wir wären zu wenig deutsch und mir speziell sind die Leute wegen der Ansichten gram. Ich weiß ganz genau, daß Fr[ankreich] auch schon wegen Italien nicht offen für eine Restauration eintreten kann, aber wenn Frankreich wirklich den Anschluß verhindern will, so kann es doch inoffiziell viel dazu beitragen. Man lauscht ja bei uns mit offenen Ohren, was die Entente, speziell Frankreich will. Daß alles geheim bleibt, ist sowohl in meinem als auch in Frankreichs Interesse gelegen. Wenn mir Frankreich inoffiziell durch irgend eine Mittelsperson erklären würde, daß es eine Ordnung der Dinge im monarchischen Sinne unterstützen und bei Fallenlassen des Anschlusses gewisse Friedenspunkte mildern würde, würde dies allen, den zahlreich Gutgesinnten in Österreich das Genick stärken. Das übrige mache ich schon! Ich kann Frankreich garantieren, daß, wenn Deutsch-Österreich und Ungarn, welch letzteres doch auch sehr deutschen Einflüsterungen zugänglich war, wieder monarchisch werden und alle Sukzessionsstaaten sich wirtschaftlich zusammenschließen, der Anschluß für immer und ewig begraben ist.

Was das Demokratische anbelangt, so stehe ich, was ich oft bewiesen habe, voll auf dem Standpunkte einer gesunden Demokratie. Was aber heute in Deutsch-Österreich getrieben wird, ist nicht Demokratie, das ist Terror. Das Volk will den Anschluß nicht, aber wenn unter den heutigen demokratischen Verhältnissen ein Referendum Platz greifen würde, wäre es möglich, daß es für den Anschluß ausfällt. Unser Volk ist heute müde, hat keinen politischen Weitblick, fürchtet sich vor dem furchtbaren Terror der Sozi[Sozialdemokraten]. Gerade so ist ja das im Herzen monarchische Volk gegen seinen eigentlichen Willen in die Revolution gedrängt worden. Ich fürchte, daß vielleicht heute in Frankreich all dies nicht eingesehen wird. Aber ich, als großer Freund Frankreichs, hätte es nicht über mich gebracht zu schweigen, denn wenn der Anschluß zustande kommt, hat Frankreich Tausende seiner besten Söhne umsonst verloren und der deutsche Militarismus erblüht aufs neue. An Deutsch-Österreich schließen sich dann Ungarn an, Tschechoslowakien und Südslawien werden erdrückt, umso mehr als Italien heute schon die Freundschaft Deutschlands sucht. Mitteleuropa ist fertig statt unter Hohenzollern unter Noske.[3]

---

2 Vgl. Nr. 131.
3 Vgl. Nr. 161.

Ich bitte Sie, Herrn Clichant von dem Inhalt dieses Briefes zu benachrichtigen, ohne natürlich zu erwähnen, daß ein Herr mir seine Äußerungen wiederholt hat.[4]

Die Verpflegslage bei uns ist wieder so katastrophal, könnte man da nicht mehr helfen? Kronprinz Rupprecht von Bayern[5] soll Aussicht haben, große Teile meiner Alpenländer unter seinem Szepter zu vereinigen, daher drängen meine Anhänger, ich soll jetzt auch ins pangermanistische Horn blasen, ich tue es <u>natürlich nicht</u>.

175.
Kaiser und König Karl an König Alfons XIII. von Spanien

[Prangins], 1919 August 22

AOS, Tom. I, Index 600, beglaubigte Kopie.

Betrifft die Konfiskation der habsburgischen Familiengüter gemäß Artikel 208 des Staatsvertrages von St-Germain-en-Laye. Bitte an den König von Spanien,[1] allen Einfluß aufzubieten, daß die Familiengüter, die als Privateigentum zu betrachten sind, erhalten bleiben. Kaiser und König Karl kann keinerlei politische Konzessionen zu ihrer Erhaltung machen (z. B. Thronverzicht).

L'article 204 [tatsächlich Artikel 208] de la Convention de la Paix[2] proposée à l'Autriche approuve la résolution prise par les Etats qui succédaient à l'Autriche-Hongrie, concernant la mesure de <u>confiscation</u> des biens appartenant à ma Maison.

Cette mesure illégale me donne bien des soucis, vu qu'elle serait apte à dénuer les membres de ma Maison de toutes conditions d'existence.

La responsabilité envers ma Maison m'oblige à recourir encore une fois à Tes sentiments de consanguinité dont autant de fois Tu as bien voulu donner la preuve.[3] Je Te prie donc de faire valoir Ton influence pour la modification

---

4 Vgl. Nr. 216. Sehr ephemerer Niederschlag dieser Gedanken im Bericht Clichants an den frz. Außenminister Ribot, Bern, 19.09.1919. Bezieht sich auf den Bericht eines amerikanischen Diplomaten, der zu Besuch in Wartegg war. Vgl. PAMAE, Hongrie 6, fol. 41r–v.

5 Vgl. Nr. 2.

1 Auf dem Weg über den spanischen Gesandten in Bern, Francisco de Reynoso.

2 Vgl. Der Staatsvertrag von St. Germain-en-Laye, Wien 1919, 124–126.

3 Vgl. Nrn. 146 und 168. Die diplomatischen Interventionen an die englische Regierung bezüglich der Enteignung der kaiserlichen Familie wurden vom Heiligen Stuhl am 29.6.1919 durchgeführt. Vgl. dazu AE, Austria 725 [neu 1312], Prot. 91.121; 92.340; 92.341; 92.963 und PRO, FO 371/3450, Prot. 97.532; auch Schager, Die Konfiskation des Privatvermögens.

dudit article dans le sens qu'une liquidation des fonds de famille (comprenant les biens appartenant à ma Maison comme telle), ainsi que de toute autre propriété privée (de ma Maison) des membres ou branches, ne puisse se faire que contre dédommagement.

Cependant, je tiens à souligner que l'accomplissement de Ma demande ne pourrait nullement dépendre de concessions politiques, comme la résignation du Trône de ma part etc. Jamais je ne saurai faire de pareilles concessions, quoique le maintien de la proposition contenue dans l'article 204 [sic! 208] m'exposerait avec ma famille à des privations indéfinissables. En espérant que gráce à Ta haute influence Tu réussiras à nous faire échapper à un triste avenir, je Te remercie de tout cœur pour Ton aide, concours toujours suivi de succès.

N.B. Trois pages à la machine (Article 204 [sic! 208] des conditions de Paix avec l'Autriche) y étaient jointes. Elles n'ont pas été copiées.

176.
Kaiser und König Karl an den General der Infanterie, Ignaz Verdross Edlen von Drossberg

Prangins, 1919 September 01

AOS, Tom. I, Index 104, beglaubigte Kopie.

Begrüßung nach der Rückkehr aus der Kriegsgefangenschaft.

Als Mir seinerzeit Ihre und der Tiroler Truppen Gefangennahme gemeldet wurde, war es Mein fester Wille, Sie und die Tiroler Truppen an der Grenze zu begrüßen, sobald der Gegner die Heimkehr möglich machte. Es war Mir leider nicht vergönnt, Meinen Entschluß durchzuführen.

Mit Ihnen, den Ihrigen und dem Sie mit Recht so hoch verehrenden Tiroler Volke habe ich Mich aber von ganzem Herzen gefreut, als Ich erfuhr, daß Sie, lieber General der Infanterie von Verdross,[1] der teuren Heimat wiedergegeben sind. Aus der Ferne sende ich Ihnen Meinen bewegten Gruß und heiße Segenswünsche.

Nie wird bei Mir die Erinnerung verblassen an die unvergänglichen Ruhmestaten, die Sie im Rahmen des unter Meinem Kommando gestandenen XX. Korps an der Spitze der Tiroler vollbrachten. Von Vielgereuth bis auf die Spitze der Priaforà führte Sie und Ihre unübertrefflichen Soldaten ein Sie-

---

1   Ignaz Verdross Edler von Drossberg, 1916 Kommandant der 8 ITD (Kaiserjäger); zu Kriegsende in italienische Kriegsgefangenschaft geraten. Vgl. auch Nr. 20.

geszug ohnegleichen.[2] Als Kommandant der Kaiserjägerdivision und schließlich des Mir so teuren Edelweißkorps haben Sie an Ehren und Siegen reich
gekämpft. Mit Ihren Helden fielen Sie – ein treuer, mit seinen Kriegern in
Freud und Leid verwachsener Führer – in Kriegsgefangenschaft. Mit teilneh-
mender Sorge habe Ich dann die leider so spärlichen Nachrichten über Ihr
und aller kriegsgefangenen Soldaten hartes Los vernommen. Nun sind Sie
frei – Ich bin wahrhaft glücklich ob der Kunde, daß Sie die herrliche Tiroler
Heimat mit jener Herzlichkeit empfangen hat, die einem warmen Dankgefühl
entspringt. Meinen lieben General der Infanterie will auch ich begrüßen. Ich
sende Ihnen jenen Orden der Eisernen Krone 1. Klasse, den Mir Generaloberst Freiherr von Dankl[3] im Steinbruchlager am Fuße des Plaut im Auftrage weiland Meines erlauchten Großoheims überreicht hat.[4] Es ist nachdem
die Edelweiß- und die Kaiserjägerdivision – als erste – den feindlichen Ring
durchstoßen hatten. Nehmen Sie dieses Zeichen der Erinnerung an gemeinsam verlebte Ruhmestage in dem Bewußtsein entgegen, daß Ich Ihrer und der
Tiroler Truppen Liebe, Treue und Opferwilligkeit nicht vergesse.

177.
Promemoria von Moritz Graf Pálffy an den Heiligen Stuhl

Bern, 1919 Oktober 20[1]

AE. Austria 697 [neu 1340 P.O.], Prot. 97.555, Ausfertigung.
TS 2965–2968; AOS, Tom. I, Index 470, beglaubigte Kopie[2].

Über die katastrophale Situation in Ungarn und über die Notwendigkeit, daß
König Karl nach Ungarn zurückkehrt. Bitte um Intervention beim Kabinett

---

2 Vgl. Österreich-Ungarns letzter Krieg 4, 255–266; 320.
3 Viktor Dankl von Krasnik wurde am 17.08.1917 in den Freiherrenstand, am 10.11.1918 in den
   Grafenstand erhoben. 1915 Landesverteidigungskommandant von Tirol; 09.05.1916 GO; 1917
   Oberst sämtlicher Leibgarden; vgl. auch Nr. 3.
4 Dankl überreichte am 20.05.1916 den Orden der Eisernen Krone 1. Klasse mit Kriegsdekora-
   tion an Eh. Carl Franz Joseph. Vgl. dazu KA, Militärische Qualifikationen Eh. Carl Franz Josephs; AOS, Tom. II, Index 1469 (1916 Mai 22): Eh. Carl an Ehn. Zita: „[...] Die Güte des Kaisers hat mich zu Tränen gerührt. Ich bin heute den ganzen Tag weich, ich habe, wie ich eben
   jetzt erfahre, was noch bei keinem General der Fall war, den Orden für ‚glänzende Führung'
   des Korps bekommen, sonst heißt es immer ‚erfolgreich'. Dies ist eine besondere Auszeichnung. Fritz hat einen AOK-Befehl erlassen, wo meine Dekorierung drinnen steht. Es ist dies
   schon zu viel, aber es ist ja Alles für die todesmutigen Truppen. [...]"

1 TS 2964; AOS, Tom. I., Index 470, Cifra Gasparri an Maglione.
2 Vermerk: Promemoria, welches Graf Moritz Pálffy [Moritz Graf Pálffy von Erdöd, öster-

von St. James und beim ungarischen Episkopat, der nicht nur de facto, sondern auch de jure ein politischer Faktor ist. Dieser möge seinen moralischen und spirituellen Einfluß für das Legitimitätsprinzip aufbieten. Darstellung des Amtsverständnisses von König Karl als König von Ungarn.

La situazione caotica nella quale si trova attualmente l'Europa centrale ed occidentale, il pericolo minacciante d'una distruzione completa di tutti i valori morali e materiali richiedono imperiosamente un regolamento pronto e definitivo dei problemi che vi hanno attinenza, se non si vuol fare dell'Europa l'arena perenne per tutti quei elementi sovversivi, i quali pensano unicamente all'appagamento del proprio egoismo, edendo nel principio "ôtes toi que je m'y mette" la suprema massima politica. Nell'Ungheria, strappata da poco tempo dalle mani di avventurieri criminosi e sanguinante ancora da tante piage, si impone per l'ora attuale la somma legge, di tentare tutti i mezzi per salvare il paese della rovina completa, per assicurargli al meno la sua esistenza. Per raggiungere questo scopo urgentissimo ed importantissimo, sarebbe nel'interesse tanto dell'Ungheria stessa quanto di tutti gli altri paesi danubiani, anzi sarebbe anche indispensabile al continente intiero il ritornare quanto prima all'ordine ed al lavoro prodottivo.

Tutti in questo sfortunato paese – senza differenza di partito e di posizione sociale – richiamano ad alta voce il ritorno dell'ordine, per poter ormai consacrare tutti gli sforzi disponibili all'opera gigantesca della ricostruzione.

Il popolo soffrente, trovandosi sul orlo [del] precipizio, non vede l'ora che venga il salvatore che possa ricondurlo sulla via della salute.

E, da vero, non mancano i pretendenti a questo titolo di onore. Da tutte le parti si fanno strada uomini che ricolmano il popolo ungherese di promesse seducenti. Vi sono degli Ungheresi, come pure dei rappresentati di altre nazioni. Ciascuno di questi pretendenti carca per mezzo di emissarii agevoli, di appropriarsi una qualunque "clientela" e di riunire intorno alla sua bandiera il massimo numero possibile di parteggiani. E evidente che questi intrighi e macchinazioni, che si incrociano e si combattono reciprocamente, non possono rendere al paese la calma tanto agognata. Anzi, aprono la strada a nuove discordie, a nuove risse e preparano la lotta di tutti contra tutti! Si tratta perciò di cercare e di trovare la via per mettere d'accordo questo sfortunato paese e di farlo uscire dallo scompiglio nel quale si trova attualmente.

Ci pare che non vi sia altro modo per poter realizzare questo scopo che di restabilire la continuità di diritto facendo valere simultaneamente il principio di legalità. Forse non c'è popolo al mondo che sia più affezionato al principio

---

reichisch-ungarischer Geschäftsträger beim Heiligen Stuhl 1909–1918 (seit 26.05.1915 mit Amtssitz in Bern)] im Auftrag Kaiser Karls im Oktober 1919 per vatikanischem Kurier dem Staatssekretär Kardinal Gasparri übersandte.

monarchico del popolo ungherese. La parola "Re" ha in Ungheria un suono speciale, quasi mistico e non c'è dubbio che tutti gli sforzi pel ritorno d'una situazione politica sana e durevole dovranno mirare ad ultimo fine al ristabilmento della Monarchia.

Ora, non si è svolto neppure un mezzo lustro che Re Carlo fu incoronato tra l'entusiasmo fremente di tutta l'Ungheria colla corona di San Stefano. L'atto sollenne dell'incoronazione presta al Re unto un carattere indelebile con tutti doveri e diritti, che ne derivano. L'incoronato conserva questo carattere fino al momento che non abbia rinunciato expressamente ai suoi diritti.[3] Voler distruggere questo principio sanzionnato dalla legge e dalla tradizione molte volte secolare significherebbe gettare sempre più l'Ungheria nel labirinto dell'anarchia, nonchè annientare i fondamenti religiosi sui quali l'edificio dello Stato ungherese riposa da più di mille anni. Di conservare questo nobile legato secolare e di far rifiorire il pensiero cristiano, abbuiato da tanti errori e tanti imbrogli, ci pare nell'ora attuale, nella quale la depravazione morale fa nascere tanti orrori, più necessario che mai!

E, siccome il primo portatore della corona di San Stefano fu destinato dalla Divina Provvidenza ad introdurre il Vangelo di Cristo nelle regioni del Danubio centrale, siccome i suoi successori furono chiamati a proteggere l'Occidente contra l'invasione dell'Islamismo, cosi l'Ungheria di domani avrà dinanzi a sè il nobile compito di far fronte al Oriente scismatico e di combattere l'idra semitica che consuma il suo midollo.

Ora, per poter assolvere questa augusta missione, è indispensabile che l'Ungheria ritorni a coteste istituzioni, le quali sono la sorgente di ogni vero progresso.

Le devastazioni causate dalla lotta fra legitimità ed usurpazione in Francia, Spagna, nel Portogallo e nell'Ungheria stessa ci sembrano essere un esempio che dovrebbe prevenire tutti quelli che manifestano la velleità di tentare tali esperimenti. Solo il ritorno alla continuità del diritto potrebbe ristabilire l'ordine ed il benessere in Ungheria e rendere la calma ai paesi danubiani, potrebbe incoronare di nuova gloria il pensiero cristiano.

Rispondo quindi a un desiderio di circoli politici ungheresi che sono imperturbabilmente devoti e fedeli alla Santa Sede – e che fortunatamente vanno di giorno in giorno aumentando di numero e d'influenza – osando esporre le precedenti considerazioni alla suprema autorità cattolica, pregando contemporaneamente nel nome loro umilmente il Santo Padre, di volgere il Suo sguardo verso questa nobile nazione, prestandole aiuto nella sua tremenda situazione.

Il <u>Convento Nazionale</u> deciderà della forma futura di stato della Ungheria. Sia la Republica, sia la Monarchia che sarà scelta, l'accetteremo ugualmente

---

3 Vgl. Kovács, Krönung und Dethronisation, 408–411.

in omaggio alla volontà del popolo. Però le correnti e le disposizioni attuali nella nostra patria ci fanno presumere che la grande maggioranza della nazione si pronuncierà pel restabilimento della Monarchia.[4] Quantunque questa eventualità ci colmarebbe di gioia, non ci nascondiamo il sommo pericolo nel quale si trovarebbe questa povera Ungheria, già abbastanza provata, se non si riuscisse a raccogliere in tempo utile i partigiani die differenti candidati alla Sacra Corona, intorno ad una sola bandiera e cioè a quella dell'unico candidato legittimo, il Re Carlo IV.

Se la Santa Sede non è aliena dal condividere il nostro punto di vista, – ci pare che l'altissimo Esponente del principio della legitimità in terra, il Sommo Pontefice, non potrà essere di opinione opposta – il benevolo aiuto della Santa Sede per salvare l'Ungheria potrebbe manifestarsi nei due modi seguenti:

In via d'un passo confidenziale presso il Governo Inglese affinché il Gabinetto di S. James si trovi pronto a far "cenno" al capo della missione militare inglese a Budapest, il Col. Troubridge[5], che l'Inghilterra darebbe in caso della restaurazione monarchica in Ungheria preferenza fra i differenti candidati eventuali al trono, al candidato legitimo, ovvero che il Capo della detta Missione sia almeno avvertito che il Governo Inglese "non si opporrà a una restaurazione legittima."

La seconda via sarebbe quella di ricordare al Vescovato ungherese, il quale rappresenta non solamente "de facto" ma anche "de iure" un fattore politico, che in caso d'una restaurazione monarchica, decretata dal Convento Nazionale, il suo dovere sarebbe senza dubbio quello, di appoggiare con tutta la sua influenza morale e spirituale il "principio de legittimità".[6]

---

4   Vgl. dazu die Berichte Clinchants an Pichon über die Situation in Ungarn, Bern, 1919 Juni 17, in: PAMAE, Hongrie 28, fol. 268r–270r und Bern, 1919 August 11, in: PAMAE, Hongrie 29, fol. 200r–200bis. Über die Tendenzen einer monarchistischen Restauration in Ungarn, auch BAR, E 2300, Wien 34, Bourcart an Bundesrat, Wien, 1919 Oktober 14–16.

5   Sir Ernest Troubridge, 1918 Vorsitzender der alliierten Kontrolle der Donauflotte; 1919–1924 Präsident der internationalen Donaukommission.

6   Vgl. Nrn. 214, 219, 222; Kovács, Papst Benedikt XV., 385–388; PRO, FO 371/3450, Prot. 134.973, Prag, 1919 September 29: Sir Cecil Gosling an Earl Curzon: Graf Colloredo Mannsfeld habe ihm mitgeteilt, daß Kaiser Karl optimistische Aussichten für seine Rückkehr nach Wien hätte; er habe verschiedenen Exil-Österreichern in der Schweiz den Orden vom Goldenen Vlies verliehen und auch seine ehemaligen Offiziere nicht vom Treueid entbunden. Nach Ansicht von Cecil Gosling distanziere sich der tschechische Adel von diesen Unternehmungen.

178.
Oltener Protokoll
Die Erzherzöge Max, Friedrich, Albrecht und
Eugen an Kaiser und König Karl

Olten, 1919 Oktober 27[1]

AOS, Tom. II, Index 710, beglaubigte Kopie.
Druck: Werkmann, Der Tote auf Madeira, 90–91.

Die in der Schweiz weilenden Mitglieder des Hauses Habsburg-Lothringen er-
klären Kaiser und König Karl ihre unerschütterliche Treue und Anhänglich-
keit an seine Person. Sie distanzieren sich von jenen Verwandten, die die von
der österreichischen Regierung geforderte Verzichtserklärung geleistet haben.

Die in der Schweiz weilenden Mitglieder des Hauses stehen auf dem Boden
der Pragmatischen Sanktion. Sie erblicken heute und in der Zukunft nur in
Euerer Majestät das Oberhaupt des Hauses und der Staaten, zu deren Herrscher die Göttliche Vorsehung Euere Majestät am 21. November 1916 berufen
hat. Sie haben sich daher neuerlich am 27. Oktober 1919 zu Olten auf die Bekundung dieser Überzeugung geeint und sind nun vor Euerer Majestät erschienen, um Euerer Majestät mit der Unterbreitung dieses Familienbe-
schlusses einen neuerlichen Beweis ihrer unerschütterlichen Treue und
Anhänglichkeit zu erbringen. Einige Mitglieder des Hauses konnten leider
der Oltener Versammlung nicht beiwohnen. Wir bitten daher Euere Majestät,
jene tunlichst von den gefaßten Beschlüssen verständigen zu wollen.
  Die Zusammenkunft am 27. Oktober bot auch die Gelegenheit, die Frage
der Stellung der Erzherzoge und Erzherzoginnen im Staate zu erörtern. Diese
Erörterung führte zu dem Entschluß, die Zustimmung Euerer Majestät zu
dem Verzicht auf jene Ehrenvorrechte und Praerogative der Mitglieder des Allerhöchsten Hauses zu erbitten, die dem demokratischen Geiste der Zeit wi-
dersprechen. Im Zusammenhang mit der hiemit erbetenen Allerhöchsten Entschließung geruhen Euere Majestät, auch eine Revision des Familienstatutes
ins Auge fassen zu wollen.
  Die vor Euerer Majestät erschienenen Mitglieder des Hauses möchten
schließlich noch ihrer Überzeugung und der Hoffnung Ausdruck verleihen,
daß ihre Beschlüsse dazu beitragen werden, dem Hause und den Staaten, deren Schicksal durch Jahrhunderte miteinander innig verknüpft waren, eine
glückliche Zukunft zu bereiten.

---

1 Vermerk: S[einer] M[ajestät] überreicht am 29. Okt[ober] 1919.

ᵃ⁻Diejenigen Mitglieder des Hauses, die den von der österreichischen Regierung geforderten Verzicht geleistet haben, sind für alle Zukunft weder sukzessionsfähig noch zählen sie zu dem Erzhause. Dotationen aus dem Familienfonds werden in Hinkunft nur den sukzessionsfähigen Mitgliedern des Erzhauses zukommen.⁻ᵃ ²

179.
Kaiser und König Karl an den Erzbischof von Wien, Friedrich Gustav Kardinal Piffl

Prangins, 1919 November 04

AOS, Tom. I, Index 491, beglaubigte Kopie[1]

Kaiser Karl bittet den Wiener Erzbischof, seinen Einfluß bei den Geistlichen aufzubieten, um der von Gott gesetzten Ordnung wieder zum Sieg zu verhelfen.

So furchtbar auch heute noch das Los des Meinem Herzen so teuren Österreich ist, so lassen doch manche Zeichen erkennen, daß ein Wandel zum Besseren sich vorbereitet. Sie nehmen zu, die einsehen, daß der Versuch, an Stelle einer von Gott eingesetzten Ordnung gegen Gott streitende Mächte zu setzen, der Allgemeinheit schweren Schaden an Leib und Seele gebracht hat. Sie sehen, daß ihnen die Abkehr von den alten, mit ihnen fühlenden Gewalten einen Frieden des Unrechts verschafft hat, und daß selbst die Sieger ihres Friedens nicht froh werden können, dieses Friedens, der ohne die Anrufung des göttlichen Segens geschlossen wurde. So schmerzlich es Mir auch ist, nicht die Leiden meiner Völker teilen und ihnen augenblicklich wirksam beistehen zu

---

a–a Beifügung auf Antrag von Eh. Albrecht. Vgl. Werkmann, Der Tote, 91.

2 Vermerk: Seine Majestät übersandten den Wortlaut des Oltener Protokolls und der beigefügten Erklärung allen nicht in der Schweiz weilenden Erzherzogen mit einem a.h. Handschreiben folgenden Inhalts:
Euer Liebden!
Die Erzherzoge Max, Friedrich, Albrecht Franz [sic!] und Eugen sind am 29. d. M. vor mir erschienen, um mir die am 27. d. M. spontan gefaßten Beschlüsse vorzulegen. Gemäß der Bitte der genannten Erzherzoge übermittle ich auch Euer Liebden eine Abschrift der mir am 29. d. M. abgegebenen Erklärung. Villa Prangins, am 30. Oktober 1919. Karl m. p.

1 Dieser Brief dürfte Kardinal Piffl durch Frh. von Schager überreicht worden sein. Vgl. Krexner, Piffl, 229.

können, so hält mich doch der Trost aufrecht, daß die Zeit der Prüfung vor-
übergehen wird, für Mich sowohl wie für Meine Landeskinder.

Ich möchte alles tun, um diese Zeit abzukürzen, denn, wenn Ich auch, der
Gewalt der Verhältnisse weichend, noch in der Ferne weile, so fühle Ich Mich
doch heute wie immer vor Gott für das Schicksal der Völker verantwortlich,
deren Führung Gottes Gnade in meine Hand gelegt hat. In diesem Streben
rufe Ich nebst der Hilfe Gottes den Beistand erprobter treuer Ratgeber und
Diener an. Zu den vornehmsten habe Ich stets Eure Eminenz gezählt. Und
Ich bin gewiß, daß Mein Ruf an Sie auch in dieser Stunde nicht ungehört bleiben wird.

Ich weiß es, daß Sie Mich, die Meinen und Meine Völker in Ihr Gebet
einschließen, Ich bitte Sie aber nun, auch Ihren großen Einfluß aufbieten zu
wollen, daß in unserem ganzen, weiten Vaterlande die Geistlichen nach Kräften und Umständen alles tun mögen, um je eher dem Rechte und der Gesit-
tung wieder zum Siege zu verhelfen. Es liegt Mir ferne, eine Entwicklung
überstürzen zu wollen, deren Gang nicht von uns allein abhängig ist. Ich wünsche jedoch, daß nichts versäumt werde, was den Leiden und Sorgen Österreichs ein früheres Ende bereiten könnte. In der den Kampf gegen alles Heilige und Hohe führenden <u>Republik</u> sehe Ich aber den <u>Urgrund jener Leiden
und Sorgen.</u>

180.
„Memorandum nach dem Conzept Seiner Majestät" Kaiser und König Karls

o. O., o. D. [Prangins, 1919 Dezember]

AOS, Tom. I, Index 41, beglaubigte Kopie.

*Bei der Entstehung der Donaukonföderation, die dem Anschluß Österreichs an
Deutschland entgegenwirkt, müßten die Verträge von St-Germain-en-Laye und
Neuilly-sur-Seine revidiert werden. Die neuen Kleinstaaten sind nicht allein
als Nachfolgestaaten der alten Monarchie zu betrachten, es gehören auch jene
slawischen Staaten dazu, die nun Verbündete der Alliierten sind.*

Le traité de St-Germain, avec beaucoup de sagesse, s'est opposé à la réunion
de l'Autriche avec l'Allemagne. Néanmoins nous constatons un mouvement
unioniste dans les pays autrichiens de langue allemande, et ceci pour deux raisons, dont l'une est plausible et l'autre trompeuse. La première se base sur le
fait que l'Autriche, telle que nous la voyons aujourd'hui, séparée de ses voisins,
livrée à elle-même, est incapable de suffire à ses propres besoins. La seconde, –

la raison trompeuse, – par laquelle on induit les peuples en erreur, táche de démontrer que le salut repose uniquement dans l'union à l'Allemagne. Si cette
union se faisait, la Hongrie serait nécessairement forcée à se rattacher au bloc
allemand et, par conséquent, les populations slaves, – la Tchécoslovaquie et la
Yougoslavie, – seraient pour ainsi dire serrées dans des tenailles. Il en résul-
terait cette Europe Centrale dont Naumann a évoqué l'image, ce bloc massif
qui séparerait à jamais l'Europe occidentale des Balkans. Une création de ce
genre rendrait illusoires pour l'Entente les fruits d'une victoire remportée au
prix d'immenses sacrifices. Cette énorme agglomération sinon entièrement
germanique, du moins sous l'hégémonie absolue de l'Allemagne, n'est compatible ni avec les intérêts de l'Angleterre, ni avec ceux de la France, et aucune
de ces Puissances ne saurait en admettre la création.

Pour parer à ce danger il n'y a qu'un seul moyen: la création d'une union
économique entre les différents pays qui composaient l'Autriche-Hongrie. On
leur garantirait leur indépendance politique absolue, mais on nouerait des
liens économiques qui les rendraient viables à brève échéance. Les nombreuses questions qui tiennent à un aussi vaste projet devraient être étudiées avec
soin par des experts de grande compé[tence]; il s'agirait évidemment de
l'union monétaire et douanière, de conventions qui rétabliraient le trafic et la
liberté de circulation, conventions qui auraient pour objet les voies de communication telles que chemins de fer, canaux etc., puis la poste, le télégraphe,
le téléphone, enfin la représentation des intérêts économiques à l'extérieur.
Pour en arriver à cette fédération il faudrait concéder à l'Autriche et à la Hongrie une révision des traités de St-Germain et de Neuilly, révision faite dans
ce sens que ces petits états ne seraient plus considérés comme les seuls héritiers de l'ancienne Monarchie et ne seraient pas contraints d'emporter toutes
les charges, – sous la condition toutefois qu'ils tendraient la main à leurs anciens compagnons.

Il faudrait, d'autre part, faire comprendre aux états slaves que l'Entente
[les] considère comme ses alliés, qu'un appui économique de large envergure
ne leur serait accordé que dans le cas où ils formeraient une grande union économique entre la plupart des états de l'ancienne Autriche-Hongrie. Tout autre procédé ne serait qu'un expédient qui engloutirait de grosses sommes à
fond perdu.

a–Was die Frage der Zustimmung der betreffenden Völker zu dieser Lösung
anbelangt, so kann man nur sagen, daß

1. alle Wahlen oder Abstimmungen der letzten Zeit unter Terror der betreffenden Regierungen gestanden sind,

2. daß in den jetzigen chaotisch wirtschaftlichen Verhältnissen ein klarer
Volkswille unmöglich,

---

a–a In der Handschrift Kaiser Karls beigefügt.

3. daß viele Völker der Monarchie noch auf einer sehr niedrigen Intelligenzstufe stehen und daher an Agitatore[n] vollständig preisgegeben.[-a]

[b-]En ce qui concerne la question du droit des peuples de disposer eux-mêmes de leur sort, il importe de faire les remarques suivantes.

1. toutes les élections et les votations qui ont eu lieu dans ces derniers temps portent l'empreinte de la terreur exercée par les Gouvernements respectifs;

2. dans la situation actuelle où le chaos économique est à l'ordre du jour, la volonté du peuple ne peut guère se manifester clairement;

3. il est à considérer que les habitants de certaines parties de l'ancienne Monarchie sont fort peu avancées en matière politique et par conséquent entièrement abandonnées aux manœuvres des agitateurs.[-b]

181.
Aide-mémoire von Kaiser und König Karl für Papst Benedikt XV.

o. O., o. D. [Prangins, 1919 vor Dezember 02]

TS 2180–2182 (deutsche Fassung), beglaubigte Kopie.
AE, Austria 670 [neu 1331], Prot. 68, französische Ausfertigung (verkürzt)[1].

Information über den Zustand der einzelnen Länder der ehemaligen österreichisch-ungarischen Monarchie. Nachdem England sich für die „Entwirrung" des österreichischen Problems zu interessieren scheint, bittet der Kaiser, in England zu intervenieren. Die englische Regierung möge den Rat des Kaisers einholen.

Aide mémoire

Das gewaltige entsetzliche Chaos, in das die Öst[erreichisch]-Ung[arische] Monarchie gestürzt wurde, gibt mir, hoffe ich, die Berechtigung, mich an den

---

b–b In anderer Handschrift.

1 Vgl. unter derselben Signatur: Luigi Maglione an Gasparri, Bern, 1919 Dezember 02: das Aide mémoire wurde von Graf Nikolaus Revertera überbracht; Vatikan, 1919 Dezember 25: Empfangsbestätigung: der Papst hat das Aide-mémoire zur Kenntnis genommen. Kaiser Karl soll benachrichtigt werden, daß sich der Papst mit einem Brief über seinen Geschäftsträger an die Sekretärin von „Save the Children Fund", Miss Englantyn Jebb, und an Kardinal Francis Bourne als Präsidenten der „Westminster Catholic Federation" um Hilfe gewandt hat. Außerdem hat der Papst dem Erzbischof von Wien während dessen Aufenthalt in Rom den Betrag von 100 Millionen Lire zur Linderung der Not übergeben.

Vater der Christenheit in zwei mir sehr am Herzen liegenden Angelegenheiten zu wenden.

1. Die Verpflegung Wiens und Österreichs ist auf einem solchen Tiefstand angelangt, daß Leute auf der Straße verhungern. Wenn auch im Auslande lebend, stehen mir die mir von Gott anvertrauten Völker gerade so nahe wie bisher, daher bitte ich S[eine] H[eiligkeit] auf das ergebenste und dringendste, sich für diese armen Leute bei allen in Betracht kommenden Staaten gnädigst verwenden zu wollen. Eine solche Intervention würde bei der hohen Stellung S[einer] H[eiligkeit] die schönsten Früchte tragen. Die Österreicher müßten auch wissen, daß sich E[ure] H[eiligkeit] um ihre Existenz bemüht haben, denn wenn diese hochherzige Tat des Papstes bekannt wird, kann sie nur die besten Früchte tragen.

2. England scheint sich für die Entwirrung des österreichischen Problems in dem von mir E[urer] H[eiligkeit] bereits angedeuteten Sinne zu interessieren.[2] Bei all den tausend Strömungen, die nun in der ganzen Monarchie herrschen, ist es leicht möglich, daß die besten Absichten der Engländer nicht realisiert werden können, weil sie falsch informiert werden. Ich bitte daher E[ure] H[eiligkeit], wenn es tunlich ist, den Engländern auf die E[urer] H[eiligkeit] richtig scheinende Art suggerieren zu wollen, meinen Rat in dieser Angelegenheit einzuholen. Es klingt dies furchtbar unbescheiden, aber ich bin der Einzige in der Monarchie, der über den Parteien und über den Aspirationen der einzelnen Völker steht, und ich glaube daher, wo alle Völker mir gleich nahe stehen, ziemlich unparteiisch zu sein.

Ich erwähnte eingangs das Chaos, dieses wird nicht besser, sondern von Tag zu Tag schlechter, trotz aller Versicherungen der neuen Staaten.

In Tschechoslowakien herrscht die Diktatur der Legionäre, die jetzt noch durch diejenigen aus Serbien, trotz des versuchten Widerstandes der Regierung, vermehrt werden. Eine große Gefahr einer Diktatur à la Lenin [und] Trotzkij. Die Regierung steht auf schwachen Füßen. Von der Bevölkerung, die zur Hälfte aus Böhmen, zur anderen Hälfte aus Slowaken, Deutschen und Ruthenen besteht, ist nur die böhmische Hälfte für den Staat, die andere nicht böhmische Hälfte mit den Slowaken ist direkt staatsfeindlich. Die Slowaken sind und wollen keine Böhmen sein. Sie sind gute, überzeugungstreue Katholiken, was von den Böhmen leider nicht immer behauptet werden kann, und die Slowakei ist <u>wirtschaftlich</u> [auf] Ungarn angewiesen. Als Resultat dieser Umstände ist als sicher anzunehmen, daß die jenseits der Karpaten liegenden Teile der Tschechischen Republik sich von derselben trennen werden, ein Umstand, der den jungen Staat zumindesten schwer erschüttern, vielleicht ganz vernichten kann.

---

2 Vgl. Nr. 177.

In Deutschösterreich herrscht Hungersnot, die Arbeiter und Soldatenräte treiben ihr Unwesen, die Kronländer wollen nicht beim „roten" Wien bleiben, die Großstadt ist viel zu groß für den kleinen Staat, jeder kleine Ort will eine selbständige Sowjetrepublik bilden. Die Macht der Regierung reicht gerade bis zu den Toren der Ministerien. Ein Durcheinander sondergleichen. In Jugoslawien wollen die katholischen, westlich orientierten Kroaten und Slowenen nicht bei den orthodoxen und östlich orientierten Serben bleiben. Natürlich fortgesetzte Aufstände, Widersätzlichkeiten gegen die Behörden etc. Die in den Zeitungen gemeldeten Aufstände sind ja immer von der jugoslawischen Regierung als gering bezeichnet, dies ist nicht wahr, dieser Staat ist in Auflösung.

In Ungarn, wo ja gute Ansätze vorhanden sind, können die Leute nicht einsehen, daß das ewige Spielen mit vielen Thronkandidaten[3] verderblich ist. Die Mehrzahl dieser Staaten ist auch direkt religionsfeindlich.

Die neueste Idee der Monarchisten in Ungarn und Deutschösterreich ist jetzt, den kleinen Kronprinzen[4] als Herrscher zu nehmen. Dies wird, so lange ich lebe, nie geschehen. Ich bin und bleibe der Herrscher. Diese Kronprinzenidee hat nur den Zweck, daß irgend ein Klüngel, der heute an der Macht ist, als Vormundschaft weiter herrschen will, und daß das Kind, vom Staate erzogen, moralisch gänzlich zugrunde geht. Heute, in einer Zeit, wo eine scharfe Hand erforderlich ist, will man ein Kind zum Kaiser haben! Es ist natürlich klar, daß wenn der Kleine Kaiser würde, ich nicht weiter die Erziehung in streng katholischem Sinne führen könnte, das würde schon die Vormundschaft nie zulassen.

Bitte um apostolischen Segen!

---

3 Als ungarische Thronkandidaten galten: Eh. Albrecht, Sohn von Eh. Friedrich (vgl. DBFP 12, Nr. 280, 336–338); Eh. Joseph August (vgl. Nr. 154); Thomas von Savoyen Herzog von Genua (vgl. DBFP 6, Nr. 138, 186); Arthur William Duke of Connaught and Strathearn, Earl of Sussex (vgl. Nr. 2) und ein Prinz von Teck (vermutlich Alexander von Teck Earl of Athlone oder George Francis 2. Marquis of Cambridge, vgl. BAR, E 2300, Wien 34, Wien, 1919 September 24 und November 14); dazu auch Nr. 149.

4 Eh. Otto von Österreich, Kronprinz.

182.
Kaiser und König Karl an Dr. Ignaz Seipel

Prangins, 1919 Dezember 03[1]

AOS, Tom. I, Index 19 und 106; TS 3223–3225, beglaubigte Kopien.

Kaiser und König Karl erwartet von Prof Dr. Ignaz Seipel, daß er die öster-
reichische Bevölkerung über die Ungültigkeit seines Manifestes vom 11. No-
vember 1918 und sämtlicher seit dem 12. November 1918 erlassenen Gesetze
aufklärt.

Lieber Dr. Seipel!

In einem historischen Momente wende Ich mich an Sie, meinen Minister und
Geheimen Rat. In Ungarn ist die Restauration nicht mehr ferne und da handelt es sich darum, auch in Österreich die Wege für dieselbe zu ebnen. Ein
großes Hindernis für die Entwicklung und eine Quelle der unklaren Auffassung bei allen Gutgesinnten ist Mein Manifest vom 11. November [1918].[2] Sie
wissen ja nur zu gut, daß Ich auf dem Standpunkt stehe, daß diese Erklärung
null und nichtig ist. Sie wissen ja selbst als verantwortlicher Minister und
Mitverfasser dieses Manifestes, daß dasselbe nur deshalb erflossen ist, weil
sonst, bei jeglichem Mangel an zuverlässigem Militär, eine blutige Revolution
entstanden wäre, deren wir nicht Herr geworden wären. Weiters hat die famose provisorische Nationalversammlung, die mit ihren längst volksfremden
ängstlichen Abgeordneten am 12. November [1918] die glorreiche Republik unter dem Druck der Straße proklamiert hat, mit dieser Erklärung für alle Zukunft die freie Entschließung des österreichischen Volkes, die in Meinem Manifest durch die Worte, was Deutsch-Österreich verlangt, gefordert war,
präjudiziert. Daher hat die provisorische Nationalversammlung selbst das
Manifest außer Kraft gesetzt; infolgedessen sind alle Gesetze, die seit dem 12.
zugunsten der Republik und gegen Meine Herrschergewalt und gegen Mein
Haus erlassen wurden, revolutionär und daher für Mich und jeden Patrioten
ungültig.

Sie wissen ja auch, daß das Oktobermanifest[3] die Bildung von National-
versammlungen vorsah, jedoch nur im Einvernehmen mit der k.k. Regierung

---

1   In AOS und TS fehlerhaft datiert: 03. Dezember 1920, vgl. Rennhofer, Seipel, 191–195. Renn-
    hofer kannte diesen Brief nicht, er brachte jedoch den Aufsatz Seipels in der „Reichspost" vom
    21.12.1919, der als Reaktion auf diesen Brief zu betrachten ist.
2   Vgl. Nr. 123 mit Anm. 1.
3   Vgl. Nr. 112.

auf gesetzlichem Wege und natürlich unter Ausschaltung der Frage der Regierungsreform. (Letzteres kommt klar zum Ausdruck durch die, zwei Tage nach dem Erlaß des Manifestes [!] erfolgte Regierungserklärung des Barons Hussarek[4] vor dem Herrenhaus. Das Manifest selbst schweigt von dieser Sache, da die Betonung dieses Umstandes, weil selbstverständlich, als überflüssig betrachtet wird.) Diese Voraussetzungen wurden nicht eingehalten, daher ist auch dieses Manifest ungültig.

Ich erwarte nun von Ihnen, lieber Dr. Seipel, daß Sie Ihr ganzes patriotisches Wirken dahin konzentrieren werden, in allen Kreisen der Bevölkerung selbst und durch Ihre Freunde dieser einzig richtigen Rechtserkenntnis zum Durchbruch und zum Siege zu verhelfen. Das Volk muß aufgeklärt werden, wer sein Herr ist und was an ihm gesündigt wurde, ohne Rücksicht auf momentane politische Vor- und Nachteile.[5]

183.
Kaiser und König Karl an Erwin Frhn. von Schwartzenau

Prangins, 1919 Dezember 08

AOS, Tom. I, Index 103, beglaubigte Kopie.

Dank für die Bereitschaft Schwartzenaus, sich der monarchistischen Restauration zur Verfügung zu stellen. Situationsanalyse. Notwendigkeit, die „vergiftete öffentliche Meinung zur Wahrheit zurückzuführen".

Die Versicherung Ihrer unerschütterlichen Treue und Ihrer Bereitwilligkeit, die Hingabe an Mich auch durch die Tat beweisen zu wollen, hat Mich aufs tiefste gerührt und erfreut, wenn ich Mich auch bei Ihnen, einem Meiner Getreuesten niemals eines anderen versehen habe.[1] Ihre Bitte, vorbehaltlos über Sie zu verfügen, soll erfüllt werden, denn in den schweren Zeiten, die wir durchmachen und die noch bevorstehen, bedürfen Ich und das Vaterland der

---

4 Max Frh. Hussarek von Heinlein, 25.07.–27.10.1918 österreichischer Ministerpräsident. Seine Regierungserklärung vom 21.10.1918, in: Stenographische Protokolle über die Sitzungen des Herrenhauses des Reichsrates 1917 und 1918, 37. Sitzung der XXII. Session, Wien 1918, 1176–1179. Vgl. auch Nr. 130, Anm. 7.

5 Vgl. Nr. 130.

1 Erwin Frh. von Schwartzenau, 31.10.–20.12.1916 österreichischer Innenminister; 30.04.1917 – Nov. 1918 Erster Präsident des Verwaltungsgerichtshofes. Vgl. zum Plan der Bildung eines Ministeriums u. a. mit Schwartzenau, in: DAW, TB Wagner, fol. 95r, Eintragung vom 04.12.1919. Vgl. auch Polzer-Hoditz, 467–468.

Männer von erprobter, fester Gesinnung und staatsmännischer Einsicht. Ich
begegne Mich mit Ihnen in der Zuversicht, daß – einer inneren Notwendigkeit
gehorchend – aus den Trümmern des alten Österreich ein neues Österreich
früher oder später erstehen wird, und daß der zeitliche Gang dieser Entwicklung durch die fortschreitende Erkenntnis von der europäischen Notwendigkeit eines wohlkonsolidierten Donaustaatengebildes und durch den dringend
gebotenen sittlichen Läuterungsprozeß bestimmt sein wird.

Es liegt Mir ferne, eine solche Entwicklung überstürzen zu wollen, wenn
Mich auch Meine Anteilnahme an den Geschicken der Völker, deren Führung
Mir Gott anvertraut hat, sehnlichst wünschen läßt, daß sich die Abkehr von
radikalen Schlagworten und Methoden sobald als irgend möglich vollziehe.
Nun will Mir aber scheinen, daß das Beispiel, das Ungarn nach einer Periode
fürchterlichster Leiden gibt, dann daß das über Österreich hereingebrochene
namenlose Elend bei gleichzeitigem vollständigen Versagen der republikanischen Gesetzgebungs- und Verwaltungskunst auch die Bevölkerung Österreichs rascher als noch vor kurzem erhofft, zur Erkenntnis der am 12. November 1918 und in der Folge begangenen Fehler und zu dem Willen führt, das
an Herrscher und Heimat begangene Unrecht gutzumachen. Die südslavischen Teile der alten Doppelmonarchie sind schon seit längerem des Loses
überdrüssig, das Belgrad über sie verhängt hat.

Auch in den tschechoslowakischen Landen beginnt sich der alte Geist der
Treue – wenn auch noch schüchtern – zu regen. Gewiß ist die loyal gesinnte
Bevölkerung Österreichs sich noch nicht der ihr innewohnenden Kraft bewußt, sich durch Rückkehr zu dem, was am Alten gut war, ein besseres
Schicksal zu bereiten; die furchtbaren Sorgen des Alltags lähmen den politischen Willen; Ich verzeichne immerhin mit Befriedigung, daß die Erkenntnis
von der Notwendigkeit und Gerechtigkeit Meiner und damit Meiner Völker
Sache aufdämmert und auch der sittliche Läuterungsprozeß bereits eingesetzt hat. Ich begrüße daher doppelt Ihren weisen Vorschlag: Befähigte und
charaktervolle Männer sollten sich zu gemeinsamer Arbeit zusammenfinden,
um vor allem den notwendigen gründlichen Wandel der öffentlichen Meinung
anzubahnen und möglichst weite Kreise für ihre Ziele zu gewinnen, dann mit
den übrigen Sukzessionsstaaten Fühlung halten, endlich für den geeigneten
Augenblick die Einsetzung einer den sofortigen Beginn besserer wirtschaftlicher und politischer Zustände gewährleistenden Regierung vorzubereiten.

Wenn es gelingt, die vergiftete öffentliche Meinung zur Wahrheit zurückzuführen, so ist das halbe Werk getan. Die Republik ist ja im altkaiserlichen
Österreich überhaupt nur möglich geworden, nachdem die Wahrheit syste-
matisch in ihr Gegenteil verkehrt worden war.

Ich bin anderseits überzeugt, daß das Werk der Erneuerung des monarchischen mit seinen alten Weggenossen im festen Vereine lebenden Österreich
nur dann ohne größere Erschütterungen gelingen wird, wenn Ihr erwähnter

Vorschlag ohne irgendwelchen Verzug in Ausführung gebracht und die jetzt zerstreut wirkenden Organisationen und Patrioten zu gemeinsamer Arbeit straff zusammengefaßt werden. Mir wurde bekannt, daß sich gerade vor kurzem in Wien ein Komitee gebildet hat, dem ähnliche Ziele vorschweben. Im Interesse der Einheitlichkeit aller dem gleichen großen Ziele dienenden Bestrebungen lade Ich Sie ein, sich mit dem Sektionschef Dr. Albin Freiherrn von Schager[2] der Generaldirektion Meiner Privat- und Familienfonds in Wien, Hofburg, dieserhalb in Verbindung zu setzen. Ich will und kann Ihre wertvolle, selbstlose Arbeit beim Werke der Restauration nicht missen. Mir allerdings ist es, da Ich in der Ferne weile, augenblicklich nicht anders möglich, zum Segen Meiner Völker zu wirken, als indem Ich das Interesse der großen, uns bis vor kurzem feindlichen Staaten für den Frieden und die materielle Wohlfahrt Meiner alten Lande immer wieder wachrufe und wacherhalte. Ich freute Mich Ihrer Zuversicht und baue für alle Zukunft auf Ihre tatbereite Ergebenheit!

Ihr wohlgeneigter

184.
Kaiser und König Karl an König Alfons XIII. von Spanien

Prangins, 1919 Dezember 20

AOS, Tom. I, Index 611, beglaubigte Kopie.

Bitte an den König von Spanien, sich anläßlich des Weihnachtsfestes für die Rückführung kriegsgefangener Österreicher und Ungarn aus Sibirien und anderen Ländern einzusetzen.

Zita et moi vous souhaitons à Toi, à la Reine[1] et à Ta Mère[2] de joyeuses fêtes de Noël ainsi qu'une heureuse nouvelle année. Que toutes les bénédictions du Ciel soient avec vous.

A l'occasion de ces fêtes, qui sont essentiellement des fêtes de famille, je Te prie de vouloir bien Te souvenir des nombreux infortunés Autrichiens et Hongrois qui, comme prisonniers de guerre, attendent en Sibérie et en maintes autres régions le moment si ardemment désiré de leur rapatriement. D'après les

---

2 Albin Frh. Schager von Eckartsau, 1917 in der Militärkanzlei des Kaisers; nach 1918 Verwalter des kaiserlichen Privat- und Familienfonds.

1 Viktoria Eugenia (Ena) Prinzessin von Battenberg, seit 1906 Gemahlin König Alfons XIII. von Spanien.
2 Maria Christine Ehn. von Österreich, Mutter König Alfons XIII.

rapports qui me parviennent, la plus grande difficulté qui s'oppose à ce rapatriement provient du fait que le traité de St-Germain exige de l'Autriche, si
réduite et financièrement si faible, de subvenir aux frais de transport; or, elle
n'en a pas les moyens.

La Hongrie se trouvera sans doute, après la conclusion de la paix, dans une
situation analogue à celle de l'Autriche.

Tu T'assurerais la reconnaissance de tant de milliers de familles infor-
tunées en voulant bien intervenir auprès des Puissances alliées et neutres,
afin qu'elles viennent en aide aux prisonniers autrichiens et hongrois, soit en
ouvrant des crédits en leur faveur, soit en mettant à leur disposition les navi-
res indispensables à leur rapatriement.[3]

185.
Kaiserin und Königin Zita an Papst Benedikt XV.

o. O., o. D. [Prangins, 1919 Dezember 21]

AOS, Tom. I, Index 464, beglaubigte Kopie.

*Kaiserin und Königin Zita bittet anläßlich des Weihnachtsfestes Papst Bene-
dikt XV., sich für die in Sibirien kriegsgefangenen österreichischen und ungarischen Soldaten zu verwenden. Die gegenwärtigen Regierungen von Österreich
und Ungarn können die Spesen für den Rücktransport der Kriegsgefangenen
nicht aufbringen.*

A l'occasione delle Sante Feste di Natale mi permetto di venire presentare a
Vostra Santità i miei voti più profondamenti sentiti come anche quelli dell' Imperatore e di tutta la mia famiglia. Imploriamo il Signore di benedire e custo-
dire la Santità Vostra in questi tempi tanto difficili e teniamo a deporre ai
piedi di Vostra Santità l'omaggio della nostra assoluta e filiale fedeltà alla
Santa Sede.

L'appoggio che Lei, Santissimo Padre, ha degnato prestare alle misure prese
dal Governo Federale Svizzero in favore die prigionieri di guerra mi ha commosso in modo particulare.

Fra tante sofferenze che in questo momento tormentano l'umanità, poco
venne sono che possano più profondamente muoverci a compassione quanto
la tragica sorte dei fedeli soldati austriaci ed ungheresi i quali, dopo essersi
sacrificati per il loro Imperatore e Re e per la patria loro, si trovano tutto in
Siberia ed altrove aspettando invano il giorno della [restituzione] dei prigio-

---

3 Vgl. dazu auch Nrn. 185 und 186.

nieri di guerra: pare essere che l'Austria attuale non si trovi in condizioni finanziarie sufficenti per sopportare le spese del trasporto tale che sono state prescritte dalla conferenza della pace. Credo che l'Ungheria si troverà in condizioni similari. È dunque stato progettato di domandare agl'altri paesi un prestito o aiuto di trasporto per rimpatriare questi infelici.

Preghiamo Vostra Santità di appoggiare questo progetto raccommandandolo caldamente alla misericordia della Santità Vostra in questi Santi giorni de Natale.

Baciando il Sacro Piede prego la Santità Vostra di voler impartire l'Apostolica Benedizione a l'Imperatore, a me ed a tutta la nostra famiglia.

186.
Papst Benedikt XV. an Kaiserin und Königin Zita

Vatikan, 1919 Dezember 30

TS 2969–2970, beglaubigte Kopie.

Der Papst dankt für die Weihnachtswünsche; er übernimmt die Transportspesen für die Rückkehr der Kriegsgefangenen aus Sibirien. Er hat das Rote Kreuz in Genf und das Amerikanische Rote Kreuz um Kooperation ersucht, damit die Gefangenen von Wladiwostok aus per Schiff zurückgeholt werden können. Noch sind keine konkreten Resultate dieser Bemühungen bekannt. Zur Rückführung der Gefangenen aus Wladiwostok will der Papst auch die kaiserliche japanische Regierung einschalten.

Oltremodo graditi Ci sono giunti gli auguri che Vostra Maestà, anche a nome dell'augusto Suo Consorte e di tutta la Sua famiglia, si compiaceva inviarCi in occasione delle Sante Feste Natalizie. Ricambiamo tali auguri con paterno affetto, tanto più vivo, quanto più dura la prova a cui i disegni imperscrutabili di Dio hanno sottoposto l'Imperiale loro Casa. Il Re divino, fatto segno di contradizioni fin dal suo nascere, non farà Loro mancare, ne siamo intimamente convinti, tutti gli aiuti ed i conforti per sostenere tale prova.

Dalla Sua lettera abbiamo altresi rilevato il vivissimo interessamento che Vostra Maestà porta in favore dei poveri prigionieri trattenuti in Siberia. Questa nobile Sua sollecitudine non Ci sorprende minimamente, ben conoscendo da quali sentimenti di magnanimità e di carità sia stato sempre animato il Suo cuore.

A tal proposito Ci piace assicurarLa che il pietoso argomento del pronto rimpatrio di quelli infelici è stato già ed è tuttora oggetto delle Nostre paterne premure. Infatti, alcuni giorni or sono, in vista sopra tutto delle non lievi spese necessarie al trasporto dei prigionieri stessi, Noi abbiamo ordinato che venissero fatti opportuni passi presso il Comitato Internazionale della Croce Rossa, residente in Ginevra, a fine di conoscere se ed in quale misura la benemerita istituzione avrebbe voluto cooperare con Noi in un'opera così umanitaria e caritatevole. In modo particolare poi abbiamo interessato i buoni offici della Croce Rossa Americana perchè intervenga presso il Governo degli Stati Uniti onde ottenere che siano inviati a Vladivostok alcuni Vapori per il trasporto desiderato. Non ancora Ci è pervenuta notizia del risultato di tali pratiche. Non appena però esso Ci sarà notificato, e Ci auguriamo sia favorevole, è Nostro intendimento di rivolgerci altresì all'Imperiale Governo Giapponese affinché voglia incaricarsi del concentramento die prigionieri in Vladivostok.

Nella certezza che tali ragguagli riescano graditi alla Maestà Vostra, impartiamo di cuore a Vostra Maestà, al Suo augusto Consorte ed a tutta la Famiglia la Benedizione Apostolica.

187.
Politische Reflexionen Kaiser und König Karls

o. O., o. D. [Prangins 1920]

AOS, Tom. I, Index 35. beglaubigte Kopie.

Notizen über Thronbehauptung. Keine Abdankung zugunsten des Kronprinzen; Gedanken zur Amnestie (1917), zu den Sixtus-Briefen (1917) und Kommentar zu den Leitbildern der öffentlichen Meinung.

Verantwortung vor der Geschichte trägt immer der Monarch.[1] Ist denn der für den Krieg verantwortliche Minister des Äußeren Leopold Graf Berchtold[2] landesverwiesen [und] beraubt worden oder die Dynastie? Wird in der ganzen Welt Wilhelm II. oder Bethmann Hollweg[3] verfolgt? Ich lasse mir von <u>niemandem</u> ein [...] Dank. [?]

---

1 Vgl. dazu Polzer-Hoditz, 387: „[...] Auch zu einem späteren Zeitpunkt [15. Juli 1917], auf einem Spaziergang durch den Wartholzer Park, klagte mir Seine Majestät, daß er keine Minister finden könne, welche die Verantwortung übernehmen wollen für eine mutige, klare Politik. [...] Die Minister verschanzen sich hinter ihrer verfassungsmäßigen Verantwortlichkeit, und ich kann mich darüber nicht hinwegsetzen, weiß aber sehr gut, daß doch schließlich ich die Verantwortung zu tragen habe. Weiland Kaiser Franz Joseph hat mir wiederholt eingeschärft, daß die ganze Ministerverantwortlichkeit in Wirklichkeit doch nur eine Farce ist. In Wahrheit tragen wir, und nur wir die Verantwortung. Weiland Seine Majestät hat mir oft gesagt, ich soll das nie vergessen [...]."

2 Vgl. Nrn. 3 und 15.

3 Vgl. Nr. 3.

Wie kann es heute Nebenregierung oder Nebeneinflüsse geben, wo keine Regierung und kein verfassungsmäßiger Einfluß besteht. Ich finde es sehr merkwürdig, daß gutgesinnte Leute sozialdemokratische Wahlschlagworte und Ansichten eidbrüchiger Minister sich zu eigen machen. Es haben niemals <u>Nebeneinflüsse</u> bestanden. Ich habe pflichtgemäß die Meinung verschiedener Leute gehört und mir aus all dem meine eigene Meinung gebildet. Das Volk glaubt immer, der Kaiser könne keine eigene Meinung haben und suchen nach dunklen Ratgebern, die gar nicht existieren.[4] Die Hauptfaktoren, die die Leute immer für die Nebenregierung anführen, sind die Amnestie und der Sixtusbrief. Die Amnestie war meine eigene Idee und <u>ich</u> habe [sie] dem Ministerpräsidenten Seidler vorgeschlagen, in einem Moment, wo es innerpolitisch keinen anderen Ausweg gab und im Ausland unsere ernste Friedensgeneigtheit bewiesen hat.[5]

Den Sixtusbrief[6] bereue ich nicht eine Sekunde lang, ich würde heute geradeso handeln, wenn ich in der selben Lage wäre. <u>Ich</u>, der Kaiser, habe über Krieg und Frieden zu entscheiden[7] und vor <u>Gott</u> habe <u>ich</u> die Verantwortung, wenn irgend eine Gelegenheit versäumt würde, diesem nutzlosen Blutvergießen ein Ende zu machen. Minister kommen und gehen, aber die [stellen] Zeugnis aus, ob ich fähig bin, zurückzukehren oder nicht.

Ich habe mich von früh bis abends abgemüht, um meinen Völkern den Frieden zu geben, um den Leuten, die heute solchen von unseren Feinden erfundenen Schlagworten (Nebenregierung, Unterrockspolitik etc.) nachjagen, ihre Söhne und Verwandten zu retten. Es ist dies <u>krasser</u> Undank und den Ottomännern[8] kann gesagt werden, daß ich einen solchen Unsinn, wie daß ein achtjähriges Kind heute in dieser schweren Zeit herrschen soll, niemals meine Unterstützung leihen werde. Ich werde das Kind nie herausgeben, lieber soll es nie mehr zur Monarchie kommen. Monarchie ohne Legitimität ist schlechter als die Republik, da ich nicht abgedankt habe und <u>niemals</u> abdanken werde.[9] Übrigens sollen jene Leute aus der Geschichte lernen, daß gerade eine Vormundschaft die größte Quelle aller Intrigen ist und war, immer zum Unglück des Landes. Was Frankreich anbelangt, so ist dieser Staat heute der Führende in der Entente und England hat ihm die Präponderanz am Kontinent überlassen. Seit der Niederlage Rußlands steht Frankreich stark da. Was

---

4   Vgl. Redlich, Tagebuch 2, 267–268; 270.

5   Vgl. Nrn. 54 und 87a. Der Kaiser hatte sich im Schweizer Exil von seinem ehemaligen Ministerpräsidenten Seidler eine Denkschrift über die Amnestie ausarbeiten lassen. Vgl. Auszüge aus dieser Denkschrift Seidlers, in: Werkmann, Deutschland als Verbündeter, 99–104; Kosnetter, Seidler, 32–42 und bei Polzer-Hoditz, 421–433, 441 und 443.

6   Vgl. Nr. 35.

7   Vgl. Nrn. 48, 122.

8   Vertreter der Ansicht, der Kaiser solle zugunsten von Kronprinz Otto abdanken.

9   Vgl. Nrn. 123 und 125.

ihre Angst wegen gewisser Persönlichkeiten betrifft, so wissen sie ja ganz genau, daß ich bei jenen Leuten genau ihre guten und auch ihre schlechten Eigenschaften zu beurteilen weiß. Sie sind gewiß nicht ideal, aber man hat nichts besseres.

188.
Instruktionen und Richtlinien Kaiser und König Karls zur Errichtung der Donaukonföderation

o. O., o. D. [1920 erste Jahreshälfte]

AOS, Tom. I, Index 79, beglaubigte Kopie[1].

Vorstellung über die einzelnen Stadien der Rückführung der Nachfolgestaaten in den gemeinsamen Staat der Donaukonföderation.[2]

Allgemeine Richtlinien.

Hauptziel Donaukonföderation, das heißt, wirtschaftlichen Zusammenschluß aller sogenannten „Sukzessionsstaaten" unter ihrem legitimen Herrscher. Da ein wirtschaftlicher Zusammenschluß zu einem Wirtschaftsganzen die Aufhebung jeder Zollgrenze zwischen den Staaten und eine gemeinsame Zollgrenze bedingt, muß auch die Vertretung nach außen wenigstens für das heute wichtigste wirtschaftliche Fach gemeinsam sein.

Eine gemeinsame Zollgrenze bedingt aber auch einheitliche Verteidigung der Konföderation. Ich stelle mir dabei aber vor, daß jeder Staat sein eigenes Außenministerium haben kann und (auch seine eigene Armee als Kontingent zur Bundesarmee beistellt). Dem Kaiser stünde ein Kanzler, Staatsrat [und] Wirtschaftsminister zur Seite, (die einem Bundesparlament verantwortlich wären, die die wirtschaftliche Außenpolitik festlegen.

Die Staatsform der Bundesstaaten kann verschieden sein, auch Republiken sind denkbar (Hamburg im Deutschen Reiche). Dieser Staatenbund [kann] entsprechend seiner rein wirtschaftlichen Tendenzen keine aktive und schon gar keine aggressive militaristische Außenpolitik betreiben, er möchte mit allen Staaten im besten Einvernehmen leben und eine Art neutralisierter Völkerbund sein. In diesem Bund darf kein Staat über dem anderen stehen, sie müssen alle, ob größer oder kleiner, gleichberechtigt sein. Streitigkeiten zwischen den Staaten entscheidet ein von allen Staaten beschickter Gerichtshof. Der Kaiser darf nie in zwischenstaatliche Streitigkeiten hinein-

---

1   Vermerk: Auf Telegrammformularen geschrieben.
2   Vielleicht Konzept für Nr. 272.

gezogen werden. Der Kaiser (ernennt den Kanzler und die Wirtschaftsminister) übt den Oberbefehl über die Bundestreitkräfte aus und repräsentiert den Bund nach außen. Dies sind allgemeine Richtlinien, die natürlich nach den Verhältnissen geändert werden können und müssen.

Österreich[isches] Kaiserreich nach englischem Muster, jedoch angepaßt an unsere Verhältnisse. Strenge Einhaltung der Länderautonomien. Kein Militarismus, eventuell Schweizer Milizsystem bei besonderer Schonung der bäuerlichen Kreise. Donaukonföderation wie früher skizziert mit allen Mitteln anstreben, da Österreich allein lebensunfähig.

Geheime Instruktion für Schager:[3]

Endziel der Donaukonföderation ist natürlich <u>nach einer langen Entwicklung</u> Großösterreich ein Bundesstaat der autonomen Völker Österreichs. Der Kaiser herrscht wieder in allen Staaten direkt, es besteht eine Armee, jeder Staat ist durch einen verantwortlichen Minister vertreten. Die ganze Regierungsgewalt liegt bei einer gemeinsamen Regierung.

Dies wird die natürliche Entwicklung sein, denn wenn man die Macht wieder voll in der Hand hat, ist es ein leichtes, die einzelnen Präsidenten wegzubringen. Die einzelstaatlichen Regierungen werden schon aus rein [...] finanziellen Gründen immer mehr restringuent werden, bis sie endlich zu besseren Landmannministern herabsinken. Die Völker werden für unnütze Ministerspielereien in einer abgeklärteren Zeit kein Geld haben. (Siehe Entwicklung in Deutschland)

Ich bin dafür, jetzt im Moment den Völkern alle ihre Extrawünsche zu geben (von mir aus acht Minister des Äußern). Sie werden es von selbst aufgeben.

Was die militärischen Organisationen in den einzelnen Ländern anbelangt, so stehe ich auf dem Standpunkte, daß denselben zwei Hauptaufgaben zukommen.

1. Propaganda für den Zusammenschluß (Donaukonföderation), was [nur] in dem eigensten Interesse der Öff[entlichkeit] selbst ist und für die Dynastie und Person des Herrschers (gegen Gerüchte und Lügen etc.). [Sie kann] von Mund zu Mund und schriftlich (Presse, Flugschriften) [erfolgen].

2. Einer bürgerlichen, monarchistische Tendenzen verfolgenden Regierung [ist] eventuell auch mit Waffengewalt im Einvernehmen mit der betreffenden politischen Partei zum Siege zu verhelfen. (Es ist nicht notwendig, daß diese Reg[ierung] gleich die Monarchie auf ihre Fahnen schreibt, nur ihre Tendenzen müssen darauf gerichtet sein.)

3. Bei bolschewikischen Unruhen [ist] einzugreifen.

4. Gegenüber Ausländern [ist] immer im Sinne der Propaganda zu wirken.

Ad Punkt 2: Es ist in diesem Falle notwendig, mich vorher zu verständigen, denn ich kann von hier aus beurteilen, ob der außenpolitisch richtige Moment hiezu [gekommen] ist.

---

3 Vgl. Nr. 183.

Mein Vertrauensmann hier in der Schweiz ist Graf Revertera[4] er bekommt die Berichte politischen Inhaltes, soweit sie nicht zu meiner ausschließlich eigenen Kenntnis bestimmt sind, zugesendet. Mein Vertreter in Wien in politischen Angelegenheiten ist Baron Schager; an ihn soll sich jeder Gutgesinnte um Rat wenden, er weiß meine Ansichten, und [es] gilt, was er Politikern sagt, als von mir gebilligt.

Beide Herren haben miteinander Verbindung zu halten. Schager soll mehrere Männer um sich versammeln, die in den einzelnen Ländern angesehen sind und mit den dortigen Organisationen in Verbindung stehen und mit ihnen die laufenden Angelegenheiten beraten.

Wie in Österreich sollen in jedem Staat ähnliche Organisationen ins Leben gerufen werden, hiebei soll Schager helfen und beraten.

Jede mögliche Gelegenheit ist auszunützen, um mich entweder mündlich, was immer das bessere ist, oder schriftlich über alle Ereignisse in der Monarchie zu informieren. Diese Direktiven gelten für das alte Kaisertum Österreich, aber man darf in all dem nicht kleinlich sein.

Für Ungarn ist hier in der Schweiz Baron Bornemisza[5], für Ung[arn] selbst, Graf Kuno Klebelsberg[6] [zuständig].

189.
Kaiser und König Karl an Ladislaus (Zdzislaus) Fürst Lubomirski

Prangins, 1920 Jänner 02

AOS, Tom. I, Index 108, beglaubigte Kopie.

Erläuterung des kaiserlichen Restaurationskonzeptes: „[…] Meine Absichten waren und sind zu dem stets auf der natürlichen Entwicklung von unten nach oben, aus den Völkern heraus, aufgebaut. […]" Über die finanzielle Grundlage für die Restauration.

Ich habe mir die beiden heute besprochenen Angelegenheiten nochmals gründlich überlegt und teile Ihnen[1] zu Ihrer Orientierung folgendes mit:

---

4 Vgl. Nr. 87a.
5 Julius (Gyula) Baron Bornemisza, 1920–21 ungarischer Gesandter in Bern.
6 Kuno Graf Klebelsberg Frh. zu Thumberg, 03.12.1921–16.06.1922 ungarischer Innenminister; 16.06.1922 – 19.08.1931 ungarischer Unterrichtsminister.

1 Ladislaus Fürst Lubomirski, Mitglied des polnischen Regentschaftsrates, vgl. Nr. 163.

Wenn ich auch unbedingt auf dem Standpunkte stehe, daß Ich als gekrönter König Ungarns einem Rufe Ungarns, meine Herrscherrechte auszuüben, Folge leisten muß, so habe ich doch in Betracht zu ziehen, daß das nächste Ziel jeder Politik die Wiedervereinigung aller Donaulande sein muß. Sie bildeten geographisch und wirtschaftlich ein Ganzes und werden es auch in Zukunft bilden müssen, wenn sie einzeln gedeihen und Mitteleuropa den Frieden geben sollen. In diese natürliche Entwicklung jetzt durch eine übereilte Lösung der Frage der Wiederherstellung des legitimen Königtums in Ungarn eingreifen, hieße, die Teile dieser künftigen Donaukonföderation in einen Kampf gegeneinander zu treiben. In diesem Kampfe würde meine Stellung gegenüber meinen verschiedenen Untertanen kompromittiert werden (noch mehr natürlich die eines illegitimen ungarischen Königs [gestärkt], der den Ehrgeiz hätte, das Oberhaupt der Donaukonföderation zu werden). Es würde aber auch das Zustandekommen der Donaukonföderation wegen der Verfehdung der Gliedstaaten in einem alle schädigenden Maße hinausgeschoben werden. Ich verweise nur darauf, daß die Wiederherstellung der Monarchie in Ungarn jetzt zum Anschlusse der Slovakei an Ungarn und damit zu einem blutigen Konflikt zwischen Prag und Budapest und die westungarische Frage zu schweren Differenzen zwischen Österreich und Ungarn führen müssen. Mit anderen Worten: Der König von Ungarn müßte gegen sich selbst als Kaiser von Österreich, König von Böhmen etc. kämpfen.

Meine Absichten waren und sind zudem stets auf der natürlichen Entwicklung von unten nach oben, aus den Völkern heraus, aufgebaut. Daß dieses Ziel das einzig richtige war und ist, zeigt der Umstand, daß überall die Ansätze zur Donaukonföderation zu sehen sind, eine Föderation, die ich aber nur mit einer monarchischen Spitze für möglich halte.

Was meine finanzielle Lage anbelangt, verweise ich darauf, daß ich hier Teile des Familienschmuckes, einzelne Effekten des sogenannten Kronfideikommisses und einzelne Effekten des Familienfondes besitze. Der Familienschmuck hat mit dem Staatseigentum nichts zu tun, er befand sich seit jeher im freien Privatbesitze meiner Familie. Das sogenannte Kronfideikommiss stammt aus nachweisbar freiem Privateigentum weiland Seiner Majestät des Kaisers und Königs Franz Joseph.

Der Familienfond ist ein gemeinsames freies Privateigentum meiner Familie. Diese drei Vermögensmassen, die leider keine große Summe ausmachen, mit dem Staatseigentum in Verbindung zu bringen, ist eine vollkommene Verkennung der wahren Verhältnisse, juristisch und staatsrechtlich ein Unding, ein Eingriff ins Privatrecht, den der Friedensvertrag sonst stets vermieden hat.[2] Ich

---

2 Staatsvertrag von St-Germain-en-Laye, Artikel 208, 124–126; diese verschwommene Ansicht bei Alphonse de Sontheimer, Vitrine XIII. Geschichte und Schicksal der österreichischen Kronjuwelen, hrsg. von *** (= Alexander Lernet-Holenia), Wien 1966, 9–33. Vgl. dazu auch

bitte, dem Grafen Patek[3] zu sagen, daß die oben erwähnten politischen Grundsätze jenen Politikern, die sich die politischen Anschauungen des Herrn Clemenceau[4] zu eigen gemacht haben oder sie unterstützen, nicht als die meinigen dargestellt werden dürfen, sondern als die des Grafen Patek. Wollen Sie diesen Brief nach Durchsicht verbrennen.

190.
Nikolaus Graf Revertera von Salandra an Friedrich Frhn. von Wiesner

Fribourg, 1920 Jänner 21

TS 2165–2168, beglaubigte Kopie.

Über die Veröffentlichungen der Mission des Pinzen Sixtus von Bourbon von Parma in „L'Opinion" und über die Behauptung von Graf Ottokar Czernin-Chudenitz, Kaiser und König Karl habe im Friedensvermittlungsversuch mit Prinz Sixtus nicht im Einvernehmen mit ihm gehandelt. Hinweis auf die baldigst bevorstehende Restauration.

Als ihr letzter freundlicher Brief mich erreichte, war der erste Teil desselben durch die inzwischen eingetretenen Ereignisse bereits überholt, und die „Briefaffaire" hatte die Öffentlichkeit neuerdings in Aufregung versetzt. Ich muß gestehen, daß die Enthüllungen des Prinzen Sixtus in „L'Opinion" mich peinlich berührten, und zwar weniger wegen ihres in der Hauptsache schon bekannten Inhaltes, als vielmehr wegen der im Hintergrunde lauernden Gefahr eines bösen Nachspieles.[1]

Im vorigen April, als ich den Prinzen in Wartegg sah, war es mir ziemlich klar geworden, daß er sich mit dem Gedanken trage, das Bild seiner Mission von 1917 bei Gelegenheit vor der Öffentlichkeit zu entrollen; über den Zeit-

---

Rede Otto Bauers vom 02.04.1919, in: Stenographische Protokolle der konstituierenden Nationalversammlung, Wien 1919, 162–163; ADÖ 2, 79–81 (Nr. 206).

3 Stanislaus Graf Patek, 13.12.1919–09.06.1920 polnischer Außenminister.

4 Vgl. Nr. 87a.

1 Vorabdrucke von Dokumenten der Friedensmission von Prinz Sixtus, in: L'Opinion 02.01.1920; Daily Telegraph, 02.01.1920; L'Illustration, 03.01.1920. Dazu Stellungnahme Czernins in NFP vom 17.01.1920, Abdruck in: Polzer-Hoditz, 604–606. Zur Diskussion vor der Publikation der Mission Sixtus im britischen Kabinett und über die Verärgerung von Lloyd George vgl. RA, GEO V, Q 1316/11–13.

punkt, welcher hiezu gewählt werden würde, war ich mir aber nicht im klaren. In diesem Augenblicke wurde ich durch die Tatsache umsomehr überrascht, als das Versprechen gegeben, jedoch nicht eingehalten worden war, vor einer eventuellen Veröffentlichung die Bürstenabzüge behufs Durchsicht und Prüfung zu unterbreiten. S. M. stand der Sache fern, nahm jedoch das Factum mit erstaunlichem Gleichmut hin und sagte mir nur, „da nun die Bombe doch einmal platzen müsse, sei es vielleicht gut, wenn dies im gegenwärtigen Augenblicke geschehe und nicht später."[2] Heute können wir bereits feststellen, daß die Publikation – obwohl sie viel commentiert wurde und hauptsächlich in Deutschland großes Geschrei auslöste – keinen wesentlichen Schaden hat, ja sogar in Frankreich insofern von Nutzen war, als sie zweifelsohne ein klein wenig zum Sturze des „Tigers" beitrug.[3] Wie sie bei uns gewirkt hat, können Sie besser beurteilen als ich. Anfangs war ich in dieser Hinsicht nicht ohne Sorge. Eines aber steht fest, daß nämlich der Prinz lediglich egoistische Zwecke mit seiner Publikation verfolgte und keinen Augenblick darüber nachgedacht hat, ob er seinem Schwager damit nütze oder schade.

Als ich unlängst den Prinzen Xavier[4] darüber interpellierte, weshalb sein Bruder sich bemüßigt gefühlt habe, gerade jetzt vor die Öffentlichkeit zu treten, behauptete er, es sei dies unter englischem Drucke geschehen.[5] Ich kann

---

2 Aus mündlichen Mitteilungen Kaiser Karls an Sixtus von Bourbon von Parma, in: AOS, Tom. I, Index 67, undatiert:„ [...] Was bereits publiziert ist, hat bereits so oder so seine Wirkung gezeitigt. Man kann in Österreich sagen, man wollte ja einen Separatfrieden schließen, aber nicht gegen Deutschland Krieg führen, die Hilfe der Entente hätte man nur zum Schutze der Neutralität Österreichs gegen Ludendorffische Experimente gebraucht. ‚Run' [?] wäre Dir sehr dankbar und hauptsächlich sehr erfreut, wenn Du noch vor der Publikation des Buches nach Prangins kommen würdest. Noch eine Sache wäre zu erwähnen, das ist, daß durch die Veröffentlichung und den darauf folgenden Hexensabbat in der italienischen Presse klipp und klar bewiesen wurde, daß die ganze Familie und voran Zita nicht, wie immer behauptet wird, italienophil ist, eine Sache, die speziell in der Armee von großer Bedeutung ist."

3 Georges Clemenceau (le tigre) war bis 18.01.1920 französischer Ministerpräsident.

4 Vgl. Nr. 12.

5 Dazu PRO, FO 800/152, fol. 133r–134r, Minute Waterloos an Curzon, London, 1919 Dezember 11: "Lord Burnham came to see me this afternoon and told me in confidence (though of course with permission to tell you) that he had had an offer from some Frenchmen who had just come to London of the purchase for publication in the 'Daily Telegraph' simultaneously with publication in France, of the facsimile of two letters written by the Emperor Charles of Austria to Prince Sixte of Bourbon, also a note by Count Czernin and a memorandum by Prince Sixte of his interview with President Poincaré on his return from Vienna with what practically amounted to an offer of a separate peace by Austria. [...] The above-mentioned documents have now been obtained in original (no doubt sold by Prince Sixte) and are to be published anyhow in France. For a price (if he decides to pay it) Lord Burnham would have the right to reproduce facsimiles at the same time. What we wished if possible to obtain advice about, was whether there would be any harm from the national point of view in his doing so. As the result of Monsieur Clemenceau's announcement in the French Chamber, the story is now pretty

das nicht recht glauben, denn, wenn es auch höchst wahrscheinlich ist, daß
Lloyd George[6] sich Clemenceaus entledigen wollte, so ist doch kaum anzunehmen, daß er gerade diese Schießwaffe von zweifelhafter Tragweite aus seiner Rüstkammer hervorgeholt hätte. Wie dem auch sei: jetzt ist die Czernin-
Affaire akut geworden, und diese macht mir viel Kopfzerbrechen. Sie wissen
vielleicht schon, daß Czernin mir unter [de]m [gleichen Datum des Monats]
geschrieben und seinem Briefe das Konzept einer von S. M. zu unterfertigen-
den Erklärung beigelegt hat, welche feststellen sollte, daß U[nser] A[ller]
Gn[ädigster] Herr in der „Briefaffaire" nicht im Einvernehmen mit Seinem
Außenminister gehandelt hat. Diese Erklärung halte er, Czernin, im Hinblick
auf bevorstehende weitere „Angriffe" für notwendig.[7] Diese Zumutung eines
ganz ungewöhnlichen Vorgehens war nicht leicht zu vertreten, umso weniger,
als sie meinen persönlichen Gefühlen widerstrebte. S. M. machte aber jedem
möglichen Zaudern sofort ein Ende, indem Er bestimmt und unumwunden erklärte, von einem solchen Vorgehen könne absolut keine Rede sein. Damit war
der Fall erledigt – oder ist es wenigstens vorläufig, und ich kann mir doch
nicht vorstellen, daß Czernin trotz seines Temperamentes sich hinreißen lassen wird, zu weit zu gehen. Er ist ja ein Gentleman und denkt im Grunde seines Herzens gerade so wie wir. Um nochmals auf die oben gestreiften französischen Ereignisse zurückzukommen, so höre ich von allen Seiten, daß
Clemenceau trotz seines zur Schau getragenen Gleichmutes die erlittene Niederlage nicht verwinden kann und innerlich tobt. Er dürfte seine Demütigung
kaum lange überleben. Wenn auch die Annahme, daß die Sixtus-Affaire zu
seinem Sturze beigetragen haben mag, nicht allzu ernst aufzufassen ist, so ist
es doch anderseits kaum zu bezweifeln, daß seine Politik uns gegenüber ein
Stein war, über den er gestolpert ist. Ich verweise nochmals auf die „seconde
République" und auf die damalige Situation Louis Napoleons[8], welche – wie

---

    well-known and publication of the four documents will, so far as I can see, do no more than
    convict Count Czernin of lying."

6 Vgl. Nr. 39.

7 Dazu: Denkschrift des Kanzlers des Ordens vom Goldenen Vlies [Graf Arthur Polzer-Hoditz].
    Als Manuskript gedruckt o. O., o. D. [ÖNB: 1.483.639 – C.Neu]. Aus Kapitel 3: „[...] Zu Beginn
    des Jahres 1919 [sic! es war 1920] verging sich Graf Czernin an seinem eigenen, <u>wehrlosen</u>
    Monarchen in einer Weise, die der Ordenspflicht geradezu Hohn spricht. Er richtete an einen
    Herrn der Umgebung des Kaisers einen Brief, in welchem er die Unterfertigung einer Er-
    klärung vom Kaiser forderte, daran die Drohung knüpfend, er werde, falls man ihm die Er-
    klärung verweigere, mit der Veröffentlichung von Dokumenten vorgehen, die sich in seinen
    Händen befänden. Die Erklärung war im Wortlaut vorgeschrieben und dem Briefe beigelegen;
    für die Abgabe der Erklärung war eine ganz kurze Frist gestellt. Die Drohung wurde im Auf-
    trage des Kaisers mit einem ablehnenden Brief zurückgewiesen.[...]" Ich danke Graf Franz
    Czernin-Chudenitz für den Hinweis auf diese Denkschrift. Auch: Nrn. 87a, 87b; Singer, Czer-
    nin, 311; Griesser-Pečar, 335 – 336.

8 Napoleon III., Kaiser der Franzosen 1852–1870.

ich Ihnen neulich auseinandersetzte, – mit jener Clemenceaus eine unverkennbare Analogie aufweist. – Die Wahl Paul Deschanels[9] ist speziell von uns freudig zu begrüßen. Im armen, geschändeten Hause auf dem Ballhausplatz muß noch ein Bericht von mir aus dem Jahre 1917 zu finden sein, in welchem ich über diesen Mann spreche.[10] Das damals ausgesprochene Urteil soll heute noch richtig sein: Deschanel gilt als geradezu austrophil.[11] Wenn ich also auch nicht mehr viel auf das entnervte Frankreich baue, von dem kaum mehr eine Kraftäußerung zu erwarten ist, so berührt es immerhin angenehm, einen Freund statt eines Feindes an maßgebender Stelle zu wissen. Orientieren müssen wir uns trotzdem gegen England zu, denn nur von dort kann tatkräftige Hilfe kommen. Amerika scheint sich leider von selbst auszuschalten. Was Sie von einem „Kanzler in partibus" sagen, mag gewiß richtig sein, ist aber praktisch schwer durchführbar, weil weder ein Österreicher über ungarische, noch ein Ungar über österreichische Verhältnisse genügend informiert ist. Und so hat sich in einer gottlob unschädlichen Form der alte Dualismus wieder geltend gemacht: meine Wenigkeit für Österreich, Bornemisza[12] für Ungarn.

Vorläufig geht es auf diese Art ganz gut, denn Bornemisza und ich verstehen einander vollkommen; wie wird es aber später werden, wenn die Ereignisse in Ungarn vor jenen in Österreich heranreifen? – und das scheint bevorzustehen. – Ihre Mitteilungen über die bayerische Propaganda haben mich sehr interessiert, obwohl ich dieser Bewegung keine übermäßige Bedeutung beimesse. Von verschiedenen Seiten waren mir bereits Meldungen zugekommen, die jedoch, auf ihren inneren Inhalt geprüft, nie ein beachtenswertes Resultat geliefert haben. Da nun die Sache auch von Ihnen, also von einer mir sehr maßgebenden Seite, neuerdings zur Sprache gebracht wird, habe ich mich behufs näherer Informationen an einen Gewährsmann gewendet, der in der Lage ist, mir reinen Wein einzuschenken, und es gewiß auch tun wird. Seine Antwort ist noch ausständig. – Baron Schager[13] wird Ihnen seine hiesigen Eindrücke gewiß mitgeteilt haben; ich habe daher diesem Brief kaum mehr etwas hinzuzufügen. Hoffentlich höre ich bald wieder von Ihnen!

---

9 Paul Deschanel, 1912–1920 Präsident der französischen Abgeordnetenkammer, Februar–September 1920 Präsident der frz. Republik, vgl. Nr. 19.
10 Vgl. die Berichte Reverteras über seine Mission in der Schweiz, Juli–September 1917, in: HHStA, PA I, 523.
11 Vgl. Laroche, Le courant austrophile, 149–151.
12 Vgl. Nr. 188.
13 Vgl. Nrn. 183, 188, 213, 221 und 232.

191.
Aux Groupements de la Maçonnerie universelle

Neuchâtel, [1920]

Archiv der KUL, Freimaurersammlung, Druck.

Informationen über die Existenz eines internationalen Bureaus der universellen Freimaurerei, das, seit 1902 bestehend, von der Schweizer Großloge Alpina (Bern) organsiert und dirigiert wurde. Mit Statuten vom 11. September 1910, einer Liste von freimaurerischen Gruppierungen, die Verbindungen halten und jenen, die gelegentliche Unterstützung zahlen. Übersicht über die Beiträge von 1906 bis 1919.

Aux Groupements de la Maçonnerie universelle
BB. CC. FF.,

Il a été fondé en 1902, par la Grande Loge Suisse Alpina,[1] à la suite de diverses demandes:
Un Bureau international de relations maçonniques.
Ce Bureau s'est ouvert le 1er janvier 1903 à Neuchâtel (Suisse) et a pu rendre déjà des services appréciables. Il a été reconnu que cette institution était appelée à un développement utile et qu'elle mérite d'être encouragée par les groupements maçonniques réguliers. Il a rendu pendant la guerre d'innombrables services à de très nombreux frères prisonniers de guerre de tous les pays.
L'heure est venue d'établir cette utile institution sur une base administrative et financière solide, identique à celle des Bureaux internationaux déjà existants à cette heure.
D'après ses statuts, ce Bureau a <u>pour but</u> de créer entre les diverses Puissances maçonniques un lien destiné à les renseigner et à faciliter leurs relations, <u>sans porter atteinte à leur indépendance et souveraineté</u>; à effectuer l'échange des journaux, rapports et autres documents; à fournir les informations qui pourraient être utiles; à réunir et à signaler à l'attention des intéressés tous les ouvrages et toutes les publications qui sont de nature à favoriser l'œuvre maçonnique universelle.
La Grande Loge Suisse Alpina avait reçu la mission d'organiser et de diriger ce Bureau, mais depuis bien des années, elle a renoncé à rester seule responsable de cette entreprise, et a demandé aux groupements adhérents de

---

1 Gegründet 1844. Vgl. Lennhoff-Posner, Internationales Freimaurerlexikon: Schweiz, Die Großloge „Alpina", Sp. 1442–1444.

nommer un Comité général, chargé de la Direction de l'œuvre. Des circonstances diverses et la guerre surtout, ont retardé la réunion projetée de délégués. Cette réunion aura lieu, nous l'espérons du moins, en 1920.

Les frais de ce Bureau sont couverts par une contribution annuelle <u>facultative</u> payée par les groupements qui consentent à lui donner leur appui. Plusieurs ont accepté de payer une somme annuelle représentant fr. 10.- (dix francs) par Loge se rattachant à leur obédience, d'autres, comme les Loges hollandaises de Java et Sumatra fr. 20.- par mois et par membre, d'autres enfin fr. 5.- par Loge et par an. Il n'y a à cet égard aucune règle fixe, tout est laissé à la décision bienveillante des Loges et des Frères.

Nous ne croyons pas qu'il soit nécessaire de démontrer les avantages nombreux de cet intermédiaire d'une neutralité absolue, ni d'énumérer les services de tout genre qu'il est appelé à rendre pour le succès de l'œuvre maçonnique. La prospérité du Bureau international dépend de l'intérêt qu'il rencontrera auprès des groupements de la Maçonnerie universelle, et nous conservons le ferme espoir qu'un jour viendra où toutes les Puissances maçonniques régulières donneront leur appui à cette entreprise.

Nous venons donc vous convier à prêter votre concours au Bureau international de relations maçonniques <u>en lui accordant votre adhésion</u>. Nous joignons à la présente circulaire deux exemplaires de l'acte d'adhésion, en vous priant, dans le cas où vous seriez disposés à répondre favorablement à cet appel, de nous retourner l'un des deux exemplaires, muni de vos signatures. Agréez, bb. cc. FF., l'assurance de nos sentiments les plus fraternels.

[**Beilage I**: Unterschriften unter diesem Zirkular]

Au nom des groupements adhérents-fondateurs du Bureau international de relations maçonniques:

Le Directoire Ecossais rectifié en Helvétie:
Le Grand Prieur: Ernest Rochat.
Le Grand Chancelier: A.J. Nicole.
Genève, 17 Octobre 1919
Le Suprême Conseil maç. Chef d'ordre du Luxembourg:
Le Grand Maître: Junck.
Le Grand Secrétaire: Schroeder.
Luxembourg, 28 Septembre 1919
Le Grand Orient Lusitanien Uni de Portugal:
Le Grand Maître: Antonio Maria da Silva.
Le Grand Secrétaire: J. Teixeira Simoés.
Lisbonne, Octobre 1919

Le Grand Orient des Pays-Bas:
Le Grand Maître: M. S. Lingbeek.
Le Grand Secrétaire: H. P. van Nieuwenburg.
La Haye, le 3 Octobre 1919
Le Suprême Conseil de Suisse:
Le S. G. C.: Dr. Paul Maillefer.
Le Grand Chancelier: Albert Wellauer.
Lausanne, Novembre 1919
Le Grand Orient Espagnol:
Le Grand Maître: Luis Simarro.
Le Grand Secrétaire: José Lescura.
Madrid, Octobre 1919
Le Grand Orient de France:
L'un des Vice-présidents du Conseil de l'Ordre: A. Mille.
Paris, le 1 Octobre 1919
La Grande Loge de France:
Le Grand Maître: Wellhoff.
Le Grand Secrétaire: A. Martin.
Paris, Octobre 1919
Le Grand Orient de Belgique:
Le Grand Maître: Ch. Magnette.
Le Grand Secrétaire: George Petre.
Bruxelles, le 14 Octobre 1919

Le Comité provisoire du Bureau est composé des FF. Dr. Schwenter, Grand Maître de la Grande Loge Suisse Alpina, à Berne,

Dr. H. Haeberlin, ancien Grand Maître de la Grande Loge Suisse Alpina, à Zurich,

ALF. Ls Jacot, ancien Grand Maître adjoint, à Neuchâtel,

F. Zimmermann, Grand Secrétaire de la Grande Loge Suisse Alpina, à Berne.

Le représentant du Bureau auquel les réponses doivent être adressées est le Fr. Ed. Quartier-La-Tente, Beaux-Arts 26, Neuchâtel (Suisse).

[**Beilage II:** 1910 September 11]

Statuts du Bureau International de Relations Maçonniques

Art. 1.
Il est créé entre les Puissances maçonniques, qui adhèrent aux présents statuts, un Bureau international de relations maçonniques chargé de faciliter les relations entre elles, <u>sans porter aucune atteinte à leur indépendance et à leur souveraineté</u>. Le siège du Bureau est en Suisse.

Art. 2.

Les organes du Bureau international sont:

1. L'Assemblée des délégués.

2. Le Représentant du Bureau (Directeur).

Art. 3.

L'Assemblée des délégués est constituée par les Grandes Loges, Grands Orients ou Suprêmes Conseils intéressés, adhérents au Bureau international. Chacun de ces Groupements ésigne un délégué ayant voix délibérative. Le remplacement par des délégués d'autres Groupements maçonniques est autorisé sans que le nombre puisse dépasser 3. L'Assemblée des délégués décide à la majorité des voix l'admission de nouvelles Puissances maçonniques, fixe la cotisation annuelle obligatoire, et se prononce sur toutes les questions importantes.

L'Assemblée se réunit une fois par an. La convocation aux assemblées ainsi que la liste des tractanda doivent être envoyées au moins trois mois à l'avance.

Art. 4.

Le Bureau international a pour mission:

1. De transmettre aux Puissances maçonniques toutes les informations et résolutions qui intéressent la Franc-Maçonnerie et qui favorisent leurs relations fraternelles;

2. de constituer une bibliothèque et des archives pour réunir tout ce qui concerne l'œuvre maçonnique universelle;

3. de rédiger l'organe du Bureau le « Bulletin » au moins 4 fois par an en différentes langues;

4. de publier un Annuaire de la Maçonnerie universelle;

5. de publier éventuellement des travaux maçonniques de valeur;

6. de rédiger les procès-verbaux des séances de l'Assemblée des délégués et d'en publier le résumé dans le « Bulletin ».

Art. 5.

Les dépenses du Bureau sont couvertes:

1. Par une cotisation annuelle obligatoire desPuissances maçonniques adhérentes. Cette cotisation est fixée par l'Assemblée des délégués et doit être payée dans le premier trimestre.

2. Par des dons et legs.

Art. 6.

Les présents statuts abrogent les statuts provisoires du 1er janvier 1903 et entreront en vigueur dès le 1er janvier 1911.

La révision peut en être demandée dans les assemblées périodiques des Puissances maçonniques adhérentes au Bureau. Adoptés par l'Assemblée des délégués à Bruxelles le 11 septembre 1910.

Beilage III

Principales contributions reçues par le Bureau international de 1906 à 1919.

			Adhérents	1906
				Fr.
1903	Janv.	1	Grande Loge Suisse Alpina, *Berne* .	500
1903	.	1	Suprême Conseil de Suisse, *Lausanne*	40
1903	.	1	Directoire Ecossais rectifié, *Genève* .	30
1903	.	21	Grand Orient Espagnol, *Madrid* . .	500
1903	Fév.	6	Grand Orient Rio Grande do Sul . .	500
1903	.	27	G. L. de Luxembourg, *Luxembourg* .	10
1903	Mars	2	Grand Orient de France, *Paris* . . .	1000
1904	Juin	1	Großloge „Zur Sonne", *Bayreuth* . .	200
1904	Nov.	7	Grande Loge de France, *Paris* . . .	250
1904	.	19	Grand Orient des Pays-Bas, *La Haye*	700
1904	.	1	Fünf unabhängige Logen von *Leipzig*	40
1904	.	14	Grand Orient de Belgique, *Bruxelles*	190
1904	.	14	Grand Orient Lusitanien Uni, *Lisbonne*	200
1904	.	14	Eklektische Großloge von *Frankfurt* .	150
1904	.	14	G. Loge Nationale d'Egypte, *Le Caire*	150
1904	.	23	Grande Loge de Grèce, *Athènes* . .	100
1905	Janv.	22	G. O. de la Rép. Argentine, *Buenos-Aires*	500
1905	Juin	15	Symbol. Großloge v. Ungarn, *Budapest*	250
1905	Août	20	Suprême Conseil de *Guatemala* . .	40
1906	Sept.	20	Suprême Conseil Néerlandais, *La Haye*	120
1907	Nov.	20	Section du Grade de Maître Néerlandais, *S'Gravenhage*	—
1909	.	—	Grand Orient du Paraguay, *Asuncion*	—
1910	Mai	—	Grand Orient d'Italie, *Rome* . . .	—
1911	.	30	Suprême Conseil de Grèce, *Athènes* .	—
1911	Sept.	23	Grande Loge du Chili, *Santiago* . .	
1911	.	23	Grand Orient et Suprême Conseil de l'Uruguay, *Montevideo*	—
1911	.	23	Suprême Conseil du Paraguay, *Asuncion*	
1914	Fév.	—	Suprême Conseil de Serbie, *Belgrade*	
1917	Déc.	30	Grande Loge de Bulgarie, *Sofia* . .	
1918			Grande Loge de l'Ukraine, *Kiew* . .	—
			Dons spéciaux:	
			Grand Collège des Rites du G. O., *Paris*	—
			Suprême Conseil de Portugal, *Lisbonne*	- -
			Grand Lodge of the District of Columbia of *Washington*	—
			Suprême Conseil de *Washington* . .	—
			Prov. G. L. of Netherlands India, *Batavia*	—
			Sup. Cons. de France, Rue Puteaux, *Paris*	—
			Grand Orient de Brésil, *Rio de Janeiro*	—
			G. L. de Maryland (Etats U.), *Baltimore*	- -
			Rite Ecossais de la Vallée de *Manile* (Philippines)	—
			G. L. de Manitoba à *Winnipeg* (A. N.)	—
			Grande Loge de Queensland, *Brisbane*	—
			Grande Loge de North Dakota, *Fargo*	—
			Grande Loge de l'Utah, *Salt Lake City*	—
			Zuidhollandische Logebond, *Rotterdam*	—
			G. Orient de Turquie, *Constantinople*	—
			Suprême Conseil de Mexique, *Mexiko*	—
			Suprême Conseil d'Italie, *Rome* . . .	—
			Loge „O.", Yucatan (Mexique), *Merida*	—
			G. L. d'Alabama (U.S.A.), *Montgomery*	—
			Grande Loge d'Angleterre, *Londres* .	—
			Grande Loge de Venezuela, *Caracas* .	—
			Grande Loge de Massachusetis, *Boston*	—
			G. L. Nouvelle-Zélande, *Christchurch*	—
			Verein deutscher Freimaurer, *Köstritz*	

Au nom des Puissances maçonniques adhérentes au Bureau international de relations maçonniques:

Le Représentant général/ Ed. Quartier-la-Tente/ Beaux-Arts 26/ Neuchâtel (Suisse)

1907	1908	1909	1910	1911	1912	1913	1914	1915	1916	1917	1918	1919
Fr.	Fr.	Fr.	Fr.	Fr.	Fr.	Fr.	Fr.	Fr.	Fr.	Fr.	Fr.	Fr.
800	340	600	340	310	340	340	340	340	350	350	1350	350
40	40	40	40	40	40	40	40	40	40	40	40	40
30	30	30	30	50	30	30	50	50	50	50	50	—
500	500	500	500	500	500	500	500	- -	...	...	...	250
300	200	300	300	300	300	300	270.50	—	. -	...	—	—
35	10	20	50	50	50	50	50	150	50	50	—	—
1000	1000	1500	1500	1500	1500	1500	1500	1500	1500	1000	1000	1000
200	200	200	200	200	200	200	200	--	...	—	—	
250	250	500	500	500	500	500	500	—	141.20	—	..	500
300	300	300	300	300	300	300	300	300	300	300	300	300
40	40	40	40	40	40	40	—	...	...	...	..	
210	210	210	210	230	230	240	240	...	...	...	...	
200	200	200	200	200	200	200	300	300	300	300	300	300
150	150	150	150	150	150	150	150	...	...	..	—	
200	150	150	..	—	—	100	100	..	...		...	200
100	100	120	125	125	125	—	—	..	...		—	
—	—	—	—	—	—	300	—	100	—	...	—	300
250	250	250	250	250	250	250	250	200	...	...	200	—
40	50	50	—	...	—	—	—					
120	140	145.50	145.50	145.50	145.50	145.50	145.50	—	41.35	131.45	131.45	...
—	50	50	50	50	50	50	50	.	50	50	50	50
..	—	50	—	75	75	75	—	...	...	...	...	
...	--		250	250	500	250	250	250	250	250	250	—
—	--	—	—	—	45	55	55	55	50	50	50	50
—	100	100	100	100	100	100	100	88.25	84.60	113.10	102.80	—
—	—	...	50	100	156.40	157	155	...	—	—	225.50	—
...	—	—	—	—	75	...	—	—	...	—		
--	—	—	..	...	—	75	...	—	—	—		
...	—	...	...	—	—	—	...	—	100	100	...	
....	...	..	...	—	—	...	...	..	—	—	2000	
....	—	...	..	—	—	...	...	—	—	—.	100	
—	—	—	...	—	—	...	...	—	—	150	150	
...	—	103.35	105	103.62	103.60	103.50	103.55	105.70	100	103	103	109.10
—	...	—	...	103	103	...	100	103	100	—	106	—
—	—	—	...	—	—	—	—	...	...	—	1516	—
—	—	—	..	—	15	15	—	...	...	—	15	15
—	—	—	...	—	50	...	300	...	200	—	200	—
—	—	—	...	—	—	—	—	1310	—	—	432	
—	—	—	...	—	—	—	...	...	—	—	90	—
...	—	—	...	—	...	—	...	...	—	230	241	—
..	—	—	...	—	...	—	...	...	—	—	—	127.55
—	—	—	...	—	—	—	...	...	—	—	—	248.13
—	—	—	...	—	—	—	...	—	—	—	—	493.58
—	—	—	...	—	50	—	...	...	—	—	—	20
—	—	—	...	—	—	—	...	...	—	—	—	150
—	—	—	...	—	—	—	...	...	—	—	—	271.30
—	—	—	...	—	—		...	...	—	—	—	200
—	—	...	...	—	—		...	...	—	—	—	50
—	—	—	...	—	—	—	...	...	—	—	—	257.50
—	—	?-	—	—	...	...	250	...	—	—	—	—
..	...	...	....	40	...	...	...	...	—	—	—	100
...	...	...	...	128	—	...	...	2622	...	..	—	—
61.40	61.40	62.50	..	-	—	-.	...	—				
—	...	—	100	100	98.26	98.26	—					

192.
Kaiser und König Karl an Papst Benedikt XV.

Prangins, 1920 Jänner 25

AE, Austria 751 [neu: 1441], Prot. 2436, Ausfertigung;
TS 2971, beglaubigte Kopie.[1]

Kaiser und König Karl renunziert seine Patronatsrechte auf Privat- und Familiengüter, auf Avitikal- und Kronfideikommißgüter im Bereich der gesamten osterreichisch-ungarischen Monarchie.

Ex canone 1451 Codicis Juris Canonici clare dignoscentes gratum esse Sanctae Matri Ecclesiae, si patroni iuri patronatus quo fruuntur renuntient, libenter iuri patronatus quod nobis circa beneficia ecclesiastica in diversis Austriae – Hungariae locis competit ex integro renuntiamus.

Quam renuntiationem Sanctitas Vestra benignissimc acceptare dignetur. Eiusdem Sanctitatis Vestrae <u>obsequens filius</u>

193.
Bruno Steiner, Frh. de Valmont, an Dr. Henri Seeholzer

Bern, 1920 Februar 03

AOS, Tom. I, Index 615, beglaubigte Kopie mit Beilagen

Bruno Steiner[1] übermittelt Korrekturen politischer Informationen über Kaiser Karl für Paul Deschanel und Alexandre Millerand. Antwort auf die Kundge-

---

1 AGL, Zizers Nr. 52: Begleitschreiben an Luigi Maglione: „Eure Exzellenz empfangen beigeschlossen ein für Seine Heiligkeit bestimmtes Schreiben Seiner Majestät des Kaisers und Königs Karl, in welchem Seine Majestät im Sinne des Canon 1451 des Codex Iuris Canonici auf das Allerhöchstdesselben bezüglich gewisser kirchlicher Beneficien zustehende Patronatsrecht verzichtet. Es handelt sich um das Patronatsrecht, das Seiner Majestät als dem Herrn bestimmter Besitzungen (Privat- und Familienfondsgüter, Avitical- und Konfideikomißgüter) in Österreich-Ungarn zukommt. Sollte es notwendig sein, zu der allgemein gehaltenen Erklärung Seiner Majestät noch ein genaues Verzeichnis der Beneficien, die hier in Frage kommen, hinzuzufügen, so könnte man es aus Wien beschaffen, doch wäre dazu ein Zeitraum von 4 bis 5 Wochen notwendig." Vermerk: Hier ist das Papier abgerissen und der zweite Teil nicht aufzufinden.

1 Vgl. BAR E 2001 (B)-/3, Bd. 48, Dossier 44/142/2, 1922 (I): Schonta an das politische Departement, Prangins, 1920 Jänner 05: Mitteilung en über die Aufnahme des ehemaligen österreichisch-ungarisch Konsuls Bruno Steiner in die Suite Kaiser Karls. Zur Charakteristik Stei-

bung der Pariser Botschafterkonferenz gegen die Wiederkehr des Hauses Öster-
reich nach Ungarn.² *Information über die finanzielle Situation.*

Ihre Erkrankung hat zum größten Bedauern die beabsichtigte Zusammenkunft und abschließende Besprechung verhindert. Unmittelbar nach Ihrer
Abreise veröffentlichten die Zeitungen eine Kundgebung der Pariser Botschafterkonferenz, worin gegen die Wiederkehr des Hauses nach Ungarn Stellung genommen wird. Das erwähnte Communiqué kann wohl Ihrer Aufmerksamkeit und Beurteilung nicht entgangen sein und Sie werden gewiß daraus
schon selbst den Eindruck gewonnen haben, daß die darin enthaltene Argumentation den Tatsachen widerstreitet. Desungeachtet kann ich es mir nicht
versagen, auf Grund der mir bekannten an maßgebender Stelle vorherr-
schenden Auffassung zu Ihrer Information und zur Regelung Ihrer Sprache,
die in der Kundmachung der Botschafterkonferenz relevierten (sic!) Argumente mit nachfolgenden Bemerkungen zu beleuchten.

Vor allem ist die Behauptung hinfällig, daß die „Wiedereinsetzung" des
Hauses das Wiederaufleben des Bündnisses mit dem Deutschen Reiche zur
Folge haben würde.

Gerade das Gegenteil ist wahr, denn die Person unseres Herrn ist die beste
und geradezu einzige Garantie gegen die Anbahnung intimerer Beziehungen
zu Deutschland. Unter seinen Auspizien wäre und bliebe die Entrierung eines
Bundesverhältnisses mit Deutschland oder ein politisch-ökonomischer Anschluß an das Reich <u>ausgeschlossen. Das kann in bestimmtester Weise versichert werden.</u>

Ich persönlich bin dessen überzeugt, daß die Verhinderung der Rückkehr
unseres Herrn auf den Thron auf dem Gebiete der ehemaligen österreichisch-
ungarischen Monarchie mit der Zeit gerade den Einfluß Deutschlands stärken und unaufhaltsam zum Anschlusse Deutschösterreichs an Deutschland
führen müßte. Es steht auch mit der Wahrheit in Widerspruch, wenn man der
Dynastie die „Unterdrückung und Unterjochung" der Nationalitäten imput-

---

ners nach Analysen des Wiener Polizeipräsidenten Schober, die man laut Bourcart „[...] als
das objektivste und zuverläßigste (sic!) nehmen kann, was der Informationsdienst im heutigen Österreich bietet [...]", vgl. BAR, E 2001 (B)-/3, Bd. 49, Dossier 44/142/2 1922 (III.), Bourcart an Politisches Departement, Wien, 1921 Mai 09: „Bruno Steiner geht aus der Konsulats-
carriere hervor, er ist Jude. Sein Vater, Gabor Steiner, war zuerst Direktor des Wiener
Varietés Ronacher, dann des Vergnügungsetablissements Venedig in Wien, er floh, wegen Betruges steckbrieflich verfolgt, nach Amerika.
Der Sohn wird als eine ‚wertlose Figur' und als windig taxiert. In der Schweiz nobilitierte ihn
der Kaiser; Herr Steiner soll sich selbst das Epitheton de Valmont als Erinnerung an den Genfersee ausgewählt haben." Dazu auch Wiesflecker, Nobilitierungen, 248.

2 Erklärung der Botschafterkonferenz, die die Rückkehr der Habsburger-Dynastie auf den ung.
Thron ablehnt, Paris, 1920 Februar 02, vgl. DBFP XII, 110–111 (Nr. 80); PAMAE, Hongrie 31,
fol. 1–5. Das Datum der Botschafterkonferenz ist in DD, 15 falsch angegeben.

tiert. Auch hier ist das Gegenteil wahr. Die Dynastie und vor allem unser Herr war unablässig bestrebt, die Nationalitätenzwiste auszugleichen, Härten zu mildern und Gegensätze zu versöhnen.

In Österreich waren die einzelnen Völkerschaften sicherlich nichts weniger als unterdrückt. (Ich verweise unter anderem auf die Stellung der Polen.)

In Ungarn mochten die einzelnen Völkerschaften sicherlich Anlaß zu Beschwerden haben. Aber auch hier war die Krone unablässig bestrebt, vermittelnd einzuwirken.

Bei der den Monarchen durch die ungarische Verfassung auferlegten größeren konstitutionellen Bindung war die Aktion des Königs sehr erschwert.

Diese ausgleichende, vermittelnde Tätigkeit der Krone erfährt übrigens in einer von den Ungarn an die Alliierten gerichteten Note[3] eine Bestätigung, indem darin der Vorwurf erhoben wurde, daß die Dynastie zum Schaden des ungarischen Staates die Rumänen in Ungarn protegiert habe.

Obschon Kaiser Karl im Kriege an der staatsrechtlichen Struktur des Reiches wegen der Unfähigkeit des österreichischen Parlamentes und wegen der Intransigenz des ungarischen Gentryparlamentes weder auf konstitutionellem Wege noch – solange die Armee im Felde stand – durch einen Staatsstreich grundlegende Änderungen vornehmen konnte, so hat doch Seine Majestät dennoch das Möglichste für die Nationalitäten getan.

Der Kaiser hat die Amnestie in Österreich erlassen (welche speziell den tschechischen Führern zugute kam).[4]

Er hat die Prozesse gegen die Siebenbürger Rumänen gemildert oder aboliert, was bei der damaligen Stimmung sehr schwer war.[5]

Kaiser Karl wollte ferner alsbald nach seiner Thronbesteigung im Jahre 1917 das allgemeine Wahlrecht in Ungarn einführen und damit den dortigen Nationalitäten eine gerechte Vertretung geben. – Diese Absichten scheiterten an dem Widerstand der Majorität des ungarischen Parlaments.[6] Kaiser Karl verhinderte im Jahre 1917 den sogenannten „octroi", welcher nach der unsinnigen Absicht zahlreicher damals maßgebender Kreise den Deutschen in Österreich die Praeponderanz verschaffen sollte.[7]

Dieses unter so großen Mühen und Schwierigkeiten begonnene Werk wurde im Jahre 1918 mit ungefüger Hand von Clemenceau und Czernin zerstört. Dazu kamen damals die deutschen Erfolge im Westen. Kaiser Karl wurde von der Bevölkerung und zwar auch von der nichtdeutschen und auch von den aristokratischen Kreisen als Verräter am deutschen Bündnisse ver-

---

3   Dieses Dokument konnte bis jetzt nicht aufgefunden werden. Vgl. zur Gesamtproblematik Boroviczény, Der König und sein Reichsverweser, 51–55.

4   Vgl. Nr. 54.

5   Vgl. Polzer-Hoditz, 430 (sehr allgemein).

6   Vgl. Polzer-Hoditz, 408–420.

7   Vgl. Polzer-Hoditz, 388–394.

schrien. Bei den Deutschen galt Kaiser Karl als Slavenfreund, was damals soviel als Hochverrat bedeutete. Als Rückwirkung kam der sogenannte „Deutsche Kurs" in Österreich, den Kaiser Karl zu mildern und abzuschwächen trachtete. Aber auch dieses Regime war im Grunde harmlos. Es handelte sich bei all dem Geschrei um das Trautenauer Kreisgericht, auf welches ein altes Postulat der Deutschen gerichtet war, und um die Sektionierung des Böhmischen Landtages, d.h. um die Teilung des Landesausschusses in eine tschechische und deutsche Sektion, ferner um die Untersagung einiger südslawischer Versammlungen, in denen gegen den Staat gehetzt wurde.[8]

Es waren dies gewiß keine weltbewegenden völkertrennenden Angelegenheiten. Kaum war die Aufregung über die Clemenceau-Kontroverse verraucht, als Kaiser Karl das Oktobermanifest erließ, worin er im Einvernehmen mit der österreichischen Regierung die Bildung von Nationalstaaten unter seinem Szepter bezweckte.[9]

Das Oktobermanifest konnte, da ihm die ungarische Verfassung entgegenstand, nicht auch für Ungarn in Wirksamkeit treten. Jedoch wäre es den Nationalitäten in Ungarn desungeachtet möglich gewesen, sich an die österreichischen Staatsgebilde gleicher Nationalität anzuschließen.

Dieses vielverlästerte Manifest kam <u>nicht</u> durch des Kaisers Schuld so spät, erreichte aber dennoch ein Ergebnis, das für die Zukunft höchst bedeutsam sein wird: es erleichterte und bahnte das unblutige Auseinandergehen der Nationalitäten an. Es ist überhaupt ausschließlich Kaiser Karls Verdienst, daß es ungeachtet der chaotischen Verhältnisse im Jahre 1918 nicht damals in der Monarchie zum Kampfe aller gegen alle kam.[10]

Völkerversöhnung war die Parole Kaiser Karls, und es ist eine Verletzung der Wahrheit und Gerechtigkeit, wenn die Pariser Botschafter-Konferenz sich

---

8 Zur südslawischen Frage vgl. Polzer-Hoditz, 492–500 und Privatarchiv Eidlitz, NL Seidler, Prinz Friedrich Lokowitz, MöAH, an Prinz Zdenko Lobkowicz, kaiserl. Generaladjutant, Wien, 1918 Juni 23: „[...] möchte ich doch über die Gravamina der Slowenen noch einiges bemerken, weil ich gestern endlich in der Lage war, eine längere Unterredung mit Dr. Korošec zu haben. Er hat mir die schon neulich mitgeteilte Nachricht bestätigt, daß der Hauptgrund ihrer Stimmung das Verbot sämtlicher slowenischer Versammlungen und das Gestatten der deutschen Volkstage in fast rein slowenischem Gebiete sind, wodurch die Stimmung eine sehr arge geworden sei. Außerdem hat aber auch die bekannte Audienz der deutschfreundlichen Slowenen, die bei den übrigen gehaßt und verachtet werden, speziell ihn sehr gekränkt, insbesondere weil angeblich über ihn bei der Gelegenheit vollkommen unwahre Verleumdungen vorgebracht worden wären. Durch die zahlreichen rückkehrenden Gefangenen und speziell durch jene, welche den Kadern wieder durchgegangen sind, wird in den südslawischen Gebieten der Bolschewismus stark verbreitet und die Stimmung ist eine sehr gefährliche." Dazu auch: Feliks J. Bister, „Majestät, es it zu spät ..." Anton Korošec und die slowenische Politik im Wiener Reichsrat vis 1918, Wien 1995, 286–291.

9 Vgl. Nr. 112.

10 Vgl. Polzer-Hoditz, 554, 559–560.

nicht scheut, gerade gegen ihn die in der jüngsten Kundgebung enthaltenen Behauptungen und Vorwürfe zu erheben. Dieser Überzeugung werden wohl auch Sie auf Grund der vorstehenden Ausführungen sich nicht verschließen können, an welche ich noch folgende Ersuchen zu knüpfen habe:

I. Seien Sie gebeten, Herrn Deschanel und Monsieur Millerand im Sinne des seinerzeit an Poincaré gerichteten Briefes zu orientieren.[11]

II. Wollen Sie an geeigneter Stelle hervorheben, daß Seine Majestät als Chef des kaiserlichen Hauses erklärt, daß die herzogliche Familie Hohenberg nicht zum kaiserlichen Hause gehört. Die Sequestration des Hohenbergischen Vermögens, welche mit der Begründung erfolgt ist, daß die Mitglieder dieser Familie zum kaiserlichen Hause gehören, ist daher ungerecht.[12]

Es ist richtig, daß die Mitglieder des Hauses Hohenberg ebenso wie die Mitglieder des kaiserlichen Hauses weder österreichische noch ungarische Staatsbürger waren. Dies erklärt sich aber dadurch, daß weiland Franz Ferdinand, ihr Vater, keine Staatsbürgerschaft hatte und man nach dessen Tode vergaß, für dessen aus morganatischer Ehe entsprossenen Kinder[13] um Verleihung einer Staatsbürgerschaft anzusuchen.

III. Der Friedensvertrag von St-Germain enthält die Bestimmung, daß einige vom kaiserlichen Hause angeblich unrechtmäßig vertragene Objekte künstlerischen oder historischen Charakters den betreffenden reklamierenden Staaten zurückzustellen sind.[14] Es wäre sehr wünschenswert, daß für die Vertreter des kaiserlichen Hauses die Ermächtigung erwirkt werde, von der Reparationskommission in dieser Sache gehört zu werden, da mit der Qualifikation „Widerrechtlich vertragene Objekte etc." Mißbrauch getrieben wurde.

IV. Ferner käme noch die Heimbeförderung der österreichischen und ungarischen Kriegsgefangenen in Frage, welche auf Kosten der österreichischen und ungarischen Regierungen erfolgen soll. Dies ist aber aus dem Grund unmöglich, weil keine der beiden Regierungen über die hiezu erforderlichen Fonds verfügt.[15] Es müßte daher die Entente hier zu Hilfe kommen, andernfalls würden die Leute geradezu in die Reihen der „Roten Armee" getrieben. Sie werden nach Maßgabe der Lage und Stimmung, die Sie an Ort und Stelle vorfinden, am besten erkennen, in welcher Weise Sie den Ihrer Vertretung anvertrauten Interessen am besten dienen können. Immerhin soll ich Ihnen als

11 Vgl. Nr. 166 und Schreiben des Grafen Nikolaus Revertera an Raymond Poincaré, Bern, 1919 Juni 10, in: Steglich, Friedensbemühungen, XXIV, Anm. 36.
12 Vgl. zur Sequestrierung des Hohenberg-Vermögens, in: Staatsvertrag von St.-Germain, Art. 208, 125 (allgemein).
13 Sophie (1901–1991), Max (1902–1964) und Ernst (1904–1954) von Hohenberg.
14 Vgl. Staatsvertrag von St.-Germain, Art. 195, 196 mit Anhang I–IV, 109–112.
15 Vgl. die Rückführung der österreichischen Kriegsgefangenen auf Kosten des Papstes bei Nrn. 185 und 186.

Grundsatz nahelegen, die französische Regierung für alles zu interessieren und mit England zu unterhandeln. Es würde mich freuen, wenn Sie mir telegraphisch den Empfang meines gegenwärtigen Schreibens ehestens bestätigen wollen.

Beilage[a]

1. Erklärung der Botschafter vom 3. II. [19]20 (sic!) gegen [das] Haus.

a) Hoffnung en alliance avec l'Allemagne ist doch bei mir <u>ausgeschlossen</u>.

b) système d'oppression et domination des autres races: aufgelegter Unsinn im Gegenteil, Dynastie immer bestrebt, die Härten auszugleichen. In Öst[erreich] waren die Völker wirklich nicht unterdrückt, in Ungarn <u>ist Unrecht geschehen</u>, jedoch war die Dynastie auch hier bestrebt, vermittelnd einzugreifen. Bei der konstitutionellen größeren Bindung in Ungarn war aber die Arbeit sehr erschwert. Es ist ja merkwürdig, daß gerade Ungarn in einer Note an die Alliierten „wegen der Unterdrückung der Nationen", ohne es zu wollen, diese vermittelnde Tätigkeit der Dynastie bestätigt. „Die Rumänen waren immer der Dynastie treu" sagen sie und meinen damit, die Dynastie hätte zum Schaden des ungarischen Staates die Rumänen in Ungarn protegiert.

Obwohl ich im Kriege in der staatsrechtlichen Struktur des Reiches wegen der Unfähigkeit des öst[erreichischen] Parlamentes und der Selbstüberhebung des ung[arischen] Gentryparlamentes auf konstitutionellem Wege und wegen des im Felde stehens der Armee im Wege eines Staatsstreiches nichts grundlegend ändern konnte, habe ich dennoch, was möglich war, gemacht. Ich habe die Amnestie in Öst[erreich] erlassen, ich habe in Siebenbürgen Prozesse gegen die Rumänen gemildert oder <u>aboliert</u>, was sehr schwer bei der damaligen Stimmung war. Ich habe in Ungarn das allgemeine Wahlrecht schon 1917 einführen wollen, was den Nationen eine gerechte Vertretung im Parlament gegeben hätte. Aber die ung[arische] Majorität war hiefür nicht zu haben.

Ich verhinderte im Jahre 1917 in Öst[erreich] das sogenannte Oktroi, welches die deutsche Präponderanz in Öst[erreich] verschafft hätte. Ein unsinniger Wunsch zahlreicher damals maßgebender Kreise.

Mit roher Hand zerstörten im Jahre 1918 Clemenceau mit Czernin mein, mit so großen Schwierigkeiten begonnenes, Werk. Gleichzeitig kamen die deutschen Siege im Westen, ich wurde vom Großteil der Bevölkerung, selbst den Nicht-Deutschen, ja bis in die Aristokratie hinauf als Verräter an deutschen Bündnis etc. verschrieen, bei den Deutschen galt ich als Slavenfreund, was damals soviel als Hochverrat bedeutete.

---

a <u>Vermerk:</u> Diesem Schreiben liegt ein aus Notizbuchblättern bestehendes „Brouillon", von Kaiser Karl selbst geschrieben, bei.

Als Rückwirkung kam der sogenannte „Deutsche Kurs" in Öst[erreich], den ich trotz allem zu mildern trachtete. Aber auch er war nicht sehr gefährlich, es handelte sich bei allem dem Geschrei nur um das Trautenauer Kreisgericht in Böhmen, ein altes Postulat der Deutschen und die Sektionierung des böhm[ischen] Landtages (d.h. Teilung in eine böhm[ische] und deutsche Sektion des Landesausschusses und um Untersagung einiger südslawischer Versammlungen, wo gegen den Staat gehetzt wurde. Ich glaube, daß dies keine weltbewegenden, völkertrennenden Sachen [waren].

Kaum war die Clemenceau-Sache etwas verraucht, erließ ich das Oktobermanifest, worin ich die Bildung von Nationalstaaten im Einvernehmen mit der öst[erreichischen] Regierung unter meinem Szepter bezweckte. Dieses vielgelästerte Manifest kam <u>nicht</u> durch meine Schuld zu spät, erreichte aber <u>dennoch</u> ein Ziel, das für die Zukunft riesig wichtig ist, es erleichterte das <u>unblutige</u> Auseinandergehen der Nation. Es ist überhaupt mein <u>Verdienst</u>, daß trotz der chaotischen Verhältnisse im Jahre [19]18 durch meine Vorsicht es nicht damals schon zum Kampfe Aller gegen Alle gekommen ist und trotz aller dieser mühsamen Arbeit wagt es die Botschafterkonferenz so zu reden. Völkerversöhnung war immer meine <u>Parole.</u>

II. Deschanel und Millerand im selben Sinn, wie seinerzeitiger Brief an Poincaré orientieren.

III. Hohenberg nicht zu kaiserlichem Hause gehörig, was ich hiemit als Chef des Hauses bestätige. Es ist daher ungerecht, daß die Tschechen das Hohenbergische Vermögen sequestrieren als Mitglieder des Hauses. Es ist richtig, daß die Hohenbergs, wie die Mitglieder des Hauses weder österreichische noch ungarische Staatsbürger waren. Dies erklärt sich aber daher, daß ihr Vater keine Staatsbürgerschaft hatte und man nach dessen Tode vergaß, für die Kinder um eine Staatsbürgerschaft anzusuchen.

IV. Im Friedensvertrage von St-Germain ist eine Bestimmung enthalten, daß vom Hause widerrechtlich vertragene Kunstgegenstände an die betreffenden Staaten zurückgegeben werden (Belgier etc.). Es wäre gut, wenn man erreichen könnte, daß auch der Vertreter des Hauses von der Reparationskommission zu diesem Punkte gehört würde, denn mit dem Ausdruck „widerrechtlich vertragen" kann großer Mißbrauch getrieben werden.

V. Die öster[reichischen] und ung[arischen] Gefangenen in Sibirien müssen auf Kosten der österreichischen respektive ungarischen Reg[ierung] heimbefördert werden. Nun haben keine von beiden Reg[ierungen] Geld hiezu. Die Entente muß da pekuniär helfen, sonst treiben sie die Leute direkt in die Reihen der Roten Armee.

VI. Conclusion: Mit Eng[land] unterhandeln, Frankreich für Alles <u>interessieren.</u>

Das Oktobermanifest konnte wegen der ung[arischen] Verfassung nicht auch für Ungarn giltig sein. Es hätten sich übrigens die ung[arischen] Teile der betreffenden Nationen freiwillig an den betreffenden öst[erreichischen] Nationalstaat anschließen können.

194.
Kaiser und König Karl an Nikolaus Graf Revertera von Salandra

Prangins, 1920 Februar 07

TS 2169–2170, beglaubigte Kopie.

Stellungnahme zu einem Brief von Graf Ottokar Czernin-Chudenitz an Graf Revertera und Czernins Darstellung seiner Rolle beim Vermittlungsversuch des Prinzen Sixtus.

Ich danke Ihnen vielmals für Ihren Brief und für den unverschämten Brief des Czernin.[1]

Was er da mit seinem „Ehrenwort", das er seinem deutschen Kollegen geben mußte, sagte, ist zumindest etwas merkwürdig. Im späten Frühjahr 1917, als wir den Deutschen etwas von den „Negotiationen des Prinzen Sixtus"[2] sagten, jedoch ohne Angabe irgend welcher Details und hauptsächlich ohne irgend welche Namensnennung, fragte ihn die „Deutsche Verantwortliche" Stelle, ob die Sache nicht vom <u>Prinzen Sixtus</u> ausgehe, worauf Czernin sein <u>Ehrenwort</u> gab, daß dies nicht der Fall sei. Wenigstens hat er es uns damals so gesagt!

Czernin wußte zu der Zeit, als diese schriftliche Erklärung abgegeben wurde, ganz genau, wie überhaupt jedermann, daß der Clemenceauische Brief der <u>richtige</u> war.[3]

---

1 Vgl. Nr. 190 mit Anm. 7 und HHStA, PA I, 1092a, fol. 257–258 (Verteidigung Czernins vor dem Gericht des Ordens vom Goldenen Vlies). Dieser Brief Czernins konnte von uns bis jetzt nicht gefunden werden. Vgl. Singer, Czernin, 311 und Griesser-Pečar, 336 und TS 3490: „[...] Graf Czernin, der kurz nach der Erpressung des Ehrenwortes seine Demission als Minister des Äußeren gab, kam nach einem Erholungsurlaub aus dem Süden zurück, ging ins Ministerium des Äußeren, behob dort, ohne eine Erlaubnis zu erfragen, eine Mappe voll mit Dokumenten, worunter sich auch der Entwurf des zweiten Sixtus-Briefes befand, und nahm sie mit sich. Als Kaiser Karl in Prangins war, versuchte Czernin, ihn zu erpressen, indem er beide Dokumente zusammen publizieren wollte. Es machte damals den Eindruck, daß eine solche Publikation eine Restauration ganz in Frage stellen könne. Nichts bewog Kaiser Karl dazu, auf die Erpressung einzugehen. [...]" Zum Erpressungsversuch Czernins vgl. auch Polzer-Hoditz, 382–383 (mit fehlerhafter Datierung). Zum Nachkriegsverhalten Czernins vgl. Nr. 213.

2 Vgl. Nr. 87a) mit Anm. 102; Steglich, Friedensversuche, 469–474: Graf Wedel vor dem Parlamentarischen Untersuchungsausschuß am 18. Dezember 1922.

3 Vgl. Nr. 35 mit Anm. 1.

Er benutzte den moralischen Zwang, der auf mir lastete, damit, wie er selbst sagte, er vis à vis den Deutschen persönlich gedeckt ist.[4] Ein hübscher Minister, der seinen Kaiser braucht, um ihn zu decken! Übrigens gibt sich Czernin selbst ein großes Zeugnis geistiger Armut, wenn er sich einbildet, daß, wenn ich auch die ganze Sache zugegeben hätte, man nicht doch den Deutschen gegenüber alles hätte leugnen müssen. Hätte man den Deutschen damals reinen Wein eingeschenkt, so wären bei der damaligen Hurrahstimmung deutsche Truppen bei uns einmarschiert, unsere Armee wäre bei der Deutsch-nationalen Stimmung im Offizierskorps auseinandergeflattert. Das Kataklysma von Ende 1918 nur noch in verstärkterem Maße und durch die Schuld von oben. Ich glaube, daß, wenn man Czernin damals alles gesagt hätte, er wahrscheinlich dennoch nicht reinen Mund gehalten hätte. Die Dynastie wäre in Gefahr gewesen! Dabei war auch Czernin – und das ist seine Entschuldigung seit Brest Litowsk – nicht mehr ganz zurechnungsfähig. Noch eine Frage, woher hat Czernin überhaupt jene <u>Akten</u>, diese sind <u>Akten des Ministeriums des Äußeren</u>, die sich Czernin zu einem unkorrekten Zwecke abgeschrieben hat.

Wer hat ihn seines Minister- und Offizierseides entbunden, vielleicht er selbst! Der Erklärung könnte man vielleicht noch ein gewisses Eigentumsrecht des Czernin zusprechen, aber auch dies ist sehr fraglich. Er sagte mir, nachdem ich unterschrieben hatte, er wolle diese Erklärung für sein Familienarchiv, für seine Söhne haben. Wie stimmt dies mit seinem auf Seite 2 erwähnten Ausspruch [überein]?[5] Ein konfuses Haus!

195.
König Karl an Edmund (Ödön) Beniczky von Benicz und Mícsinye und Anton (Antal) Frhn. von Lehár

Prangins, 1920 Februar 11

AOS, Tom. II, Index 736 und 737, beglaubigte Kopien.[1]

Dank für Ihre Treue, auf die er auch in Zukunft rechnet.

Dr. Vázsonyi Vilmos[2] titkos tanácsosom által, nagy örömmel vettem tudomást hüséges magatartásáról; Öntöl különben nem is vártam volna mást. A

---

4 Vgl. Nr. 87a, Nr. 34.
5 Nr. 87a.

1 Getrennte, jedoch gleichlautende Briefe.
2 Dr. Vilmos Vázsonyi, ungarischer Justizminister, 15.06.–19.08.1917 und 26.01.–08.05.1918.

magyar történelem legnehezebb napjaiban rendületlen maradt. Én és forrón szeretett magyar népem Önnek ezért köszönettel tartozunk. A jövőben is számítok Önnek kipróbált ragaszkodására és hűségére.

196.
Papst Benedikt XV. an Kaiser und König Karl

Vatikan, 1920 Februar 13

AE, Austria 751 [neu 1441], Prot. 3436, Konzept; TS 2972, beglaubigte Kopie.

Dank für die komplette Renunziation der Patronatsrechte über die geistlichen Benefizien in allen Gebieten, die zur österreichisch-ungarischen Monarchie gehörten, was die Ausübung des päpstlichen Pastoralamtes in diesen Gebieten erleichtern könnte.

Con la più viva compiacenza Noi abbiamo ricevuto la lettera di Vostra Maestà, in data del 25 gennaio scorso, con la quale Ella si dava premura di notificarCi la Sua completa rinunzia al diritto di patronato sopra i benefici ecclesiastici in tutte le regioni che facevano parte dell'Impero austro-ungarico. Questo atto, la cui nobiltà e generosità punto Ci sorprendono, essendo a Noi ben nota la profonda devozione che Ella professa verso questa Apostolica Sede, è tale da accrescere in Noi, se è possibile, la stima e l'affetto che abbiamo sempre nutriti verso la Sua Augusta Persona.

Nel porgerLe, pertanto, i Nostri più cordiali ringraziamenti per siffatta rinunzia, che grandemente Ci facilita l'esercizio del Nostro supremo ufficio pastorale in quelle regioni, preghiamo fervidamente il Signore che anche in questa vita voglia ricompensarLa del generoso Suo atto, e in pegno di ciò impartiamo, con effusione di cuore, a Lei e a tutta la Sua famiglia l'Apostolica Benedizione.[1]

---

1 Vgl. Nr. 192; Kovács, Papst Benedikt XV., 376, Anm. 65.

197.
Kaiser und König Karl an den Erzbischof von Wien,
Friedrich Gustav Kardinal Piffl

Prangins, 1920 Februar 17

AOS, Tom. I, Index 492, 493, beglaubigte Kopie[1].

Dank für die Beantwortung seines Handschreibens. Indirekte Diskussion mit dem Hirtenbrief der österreichischen Bischöfe vom 23.1.1919,[2] in dem sie ihre Position zur Staatsform der Republik mit dem Hinweis auf die Enzyklika Papst Leos XIII. „Immortale Dei" von 1885 begründen.

Mit aufrichtiger Freude und warmem Danke habe Ich die Botschaft vernommen, die Eure Eminenz auf Mein letzthin an Sie gerichtetes Handschreiben durch den Sektionschef Dr. Albin Freiherrn Schager von Eckartsau an Mich gelangen ließen.[3] Ihre Anhänglichkeit und Treue ist Mir ein großer Trost und Unterpfand einer glücklicheren Zukunft für Kaiser und Reich. Ich bitte Eure Eminenz auch weiterhin Meiner und der Meinigen im Gebete gedenken zu wollen. Wenn die Kirchenfürsten fortfahren, für die Einrichtung einer christlichen Staatsordnung zu wirken und ihre Geistlichen zu gleichem Tun anzuhalten, so bahnen sie jener glücklichen Ordnung den Weg, die der Heilige Vater Leo XIII. in Seinem Rundschreiben vom 1. November 1885[4] in so beredter und überzeugender Weise geschildert hat. Mit Schmerz mußte ich jedoch erfahren, daß einzelne Priester und irregeleitete katholische Laienkreise in jenem päpstlichen Handschreiben eine Anerkennung und Billigung einer Republik durch den Heiligen Stuhl erblicken wollen, einer Republik, wie sie in Österreich aus dem Umsturz vom November 1918 entstand. Sie vermeinen, sich zur Unterstützung ihrer Auffassung auf zwei Stellen jener Epistola En-

---

1 Dieser Brief ist im Zusammenhang mit den Beratungen über die österreichische Verfassung, die am 10. November 1920 in Kraft trat, zu sehen. Kardinal Piffl war in die Sondierungen und Beratungen mit einbezogen. Vgl. DAW, TB Wagner, fol. 92, 11.XI.1919, Bischofskonferenz wegen der Verfassung, fol. 93, 11.XI.1919; fol. 96, 5.XII.1919; fol. 99, 27.I.1919. Vgl. zur Entstehung der Verfassung von 1920: Felix Ermacora, Die Entstehung der Bundesverfassung 1920, 1–4, Wien 1989–1990; Kelsen, Die Enstehung der Republik Österreich, 69–76. Dazu auch: Kovács, Bischöfe, 163–168.

2 Hirtenbrief der Erzbischöfe und Bischöfe Deutschösterreichs vom 23.01.1919, in: Wiener Diözesanblatt 57 (1919), 4–6.

3 Vgl. Nr. 179 und DAW, TB Wagner, fol. 95: Besuch Schagers am Nachmittag des 4.XII.1919 bei Kardinal Piffl.

4 Papst Leo XIII, 1878–1903. Vgl. Immortale Dei vom 01.11.1885, in: Denzinger/Schönmetzer, 617–620 (Nr. 3165–3179).

cyclica berufen zu können, die da lauten: „Die Herrschergewalt ist aber an
sich mit keiner Staatsform notwendig verknüpft; sie kann die eine oder andere Form annehmen [...]" Und „Alle diese ihre (d.h. in dem Rundschreiben
angeführten Bestimmungen) aber sprechen sich keineswegs gegen irgendwelche der verschiedenen Staatsformen aus [...]" Der irreführenden Behauptung, aus diesen Sätzen sei auf die Rechtmäßigkeit jeder republikanischen
Verfassung zu schließen, vermag allerdings nur jener Glauben zu schenken,
dem die Kenntnis schon der nächsten Nachsätze und noch vielmehr des
ganzen übrigen Textes des Rundschreibens vorenthalten blieb. Denn der Heilige Vater Leo XIII. ließ sich also vernehmen:

„Die Herrschergewalt ist aber an sich mit keiner Staatsform notwendig verknüpft; sie kann die eine oder andere Form annehmen, <u>wenn diese das gemeinsame Wohl und Gedeihen wirksam fördert. Mag aber die Staatsverfas-
sung sein, welche sie wolle, immer haben jene, welchen die Gewalt innewohnt,
vor allem auf Gott hinzublicken, den höchsten Regenten der Welt und Ihn als
Vorbild und Richtschnur in der Leitung des Staates im Auge zu behalten</u> [...]"
und „Alle diese Bestimmungen aber sprechen sich keineswegs gegen irgendwelche der verschiedenen Staatsformen aus, <u>denn in keiner liegt ein der katholischen Kirche feindseliges Element, vielmehr sind sie bei weiser und gerechter Durchführung höchst dienlich zur gedeihlichen Entwicklung des
Staatswesens.</u> [...]"

Wer wollte nun behaupten, daß jene, denen heute die Gewalt in Österreich
innewohnt, vor allem auf Gott hinblicken und ihn als Vorbild und Richtschnur
in der Leitung des Staates im Auge behalten, und daß in keiner republikanischen Verfassung ein der katholischen Kirche feindseliges Element liege?

Als hätte der Heilige Vater im Hinblicke auf die jüngste Zeit die Sehergabe
des Propheten besessen, so stellte Er in Seinem weisen Schreiben einen Vergleich zwischen alter und neuer Zeit auf, die auch die alte und die neue Zeit
so manchen europäischen Staates auch Österreichs sein könnte. Voll Wehmut
klagt Er: „[...] Es gab eine Zeit, da bildete die Lehre des Evangeliums die leitenden Gesichtspunkte in der Staatsregierung, Gesetze, Institutionen, Volks-
sitten, alle Ordnungen und Beziehungen des Staatslebens hatten ihren hohen und segensreichen Einfluß erfahren, da war der Religion Jesu Christi in
der Öffentlichkeit jene Auszeichnung gesichert, wie sie ihr gebührt, da blühte
sie überall unter dem wohlwollenden Schutze der rechtmäßigen Obrigkeit
und Regenten, da waren Staat und Kirche in glücklicher Eintracht und durch
gegenseitige Freundesdienste verbunden. Diese Staatsordnung trug über alles Erwarten reiche Früchte, die noch nicht vergessen sind, wofür unzählige
Geschichtswerke Zeugnis geben, welche die Arglist der Feinde in keiner Weise
weder fälschen noch verdunkeln kann. [...]" Und der Heilige Vater malt und
beurteilt das Bild jenes „Neuen Rechtes", wie es geschaffen worden ist, wie
folgt: „Oberste Voraussetzung aller dieser Lehren ist der Satz, alle Menschen,

wie sie ihrer Natur und Art nach gleich sind, seien auch gleich im staatlichen Leben; ein jeder sei darum derart unabhängig, daß er in keiner Weise einer fremden Autorität sich verpflichtet erkenne, daß es darum ihm freistehe, über alles zu denken, was er mag, zu handeln, wie es ihm beliebt. Niemand habe Gewalt, anderen zu befehlen. Auf Grund solcher Prinzipien erkennt die Gesellschaft in der Regierung nur den Ausdruck des Willens des Volkes, das selbstherrlich allein sein Gebieter ist, und darum seine Organe wählt, denen es die Regierung überträgt, nicht als ein ihnen zukommendes Recht, sondern als seinen Bevollmächtigten, welche in seinem Namen ihren Auftrag üben. Da ist denn von Gottes Herrschaft keine Rede mehr, wie wenn er nicht existierte oder keine Sorge trüge für die menschliche Gesellschaft, oder wie wenn die Menschen, der einzelne sowohl als die Gesellschaft, Gott gegenüber zu nichts verpflichtet wären, oder als ob man sich eine Regierung denken könnte, die ihren Ursprung, ihre Gewalt und ihre Autorität anderswo als in Gott hätte. Es liegt am Tage, daß eine also geartete bürgerliche Gesellschaft, nichts anderes ist als eine Massenherrschaft, und weil man sagt, alle Gewalt und alles Recht ruhe im Volke, so folgt, daß eine solche Gesellschaft in keiner Weise sich Gott gegenüber verpflichtet erachtet, eben darum auch keine Religion öffentlich bekennt, auch nichts weniger als bestrebt ist, nach der allein wahren Religion zu forschen und die eine wahre den andern falschen vorzuziehen und ihr ihren Schutz angedeihen zu lassen; sie wird vielmehr alle für gleichberechtigt erklären, solange das Staatswesen nicht durch dieselben geschädigt wird. Dem entsprechend mag dann ein jeder von der Religion halten, was er will, eine nach Gutdünken annehmen oder auch gar keine, wenn eben keine ihm zusagt. Was sich hieraus mit Notwendigkeit ergeben muß, ist klar: das Gewissen ist von jedem objektiven Gesetze entbunden, dem Belieben eines jeden ist es anheim gegeben, ob er Gott verehren will oder nicht; eine grenzenlose Denkwillkür und Zügellosigkeit tritt ein in der Veröffentlichung der Meinungen. [...]" Der Heilige Vater sagt uns auch, wie solches „Neues Recht" entstehen kann und Er sagt uns, daß es ein Unrecht ist: „[...] Mit der Lehre von einer Gewalt, die ohne irgend welche Beziehung auf Gott im Volke von Natur aus ruhe, wurde der Menge geschmeichelt und wurden so manche Begierden entflammt, aber diese Lehre sei jeden vernünftigen Grundes bar und nicht imstande, die öffentliche Ruhe und Sicherheit auf die Dauer zu erhalten. [...] Ja, gerade durch derartige Theorien ist es soweit gekommen, daß gar manche in dem Grundsatze, es könne ein Aufstand vollkommen berechtigt sein, eine besondere politische Weisheit erkennen. Man geht eben von dem Gedanken aus, der Regent sei nur ein Mandatar des Volkswillens; hieraus ergibt sich die Notwendigkeit, daß alles auch gleich wandelbar ist wie dieser, und die Regierung sich immer vor Zusammenrottungen zu fürchten hat. [...]"

In unvergleichlicher Erhabenheit und Klarheit zeichnet der ehrwürdige Greis auf dem Stuhle Petri das Bild der christlichen Staatsordnung:

„[...] Heilig sei dem Fürsten Gottes Name; und dies sollen sie als eine ihrer wichtigsten Pflichten erachten, der Religion huldvoll sich zu erweisen, ihr wohlwollende Schirmherren zu sein, im Namen und kraft des Gesetzes sie zu verteidigen und in keiner Weise eine Bestimmung oder Entscheidung zu treffen, welche auf irgendeine Art sie versehen könnte [...] Wahrhaftig, in einer solchen Staatsordnung, wie Wir sie eben geschildert haben, ist Göttliches und Menschliches in geziemender Weise unterschieden [...]. Die häusliche Gesellschaft empfängt die notwendige Festigkeit durch die Heiligkeit der einen und unlösbaren Ehe. [...] Da hat die staatliche Gesetzgebung nur das allgemeine Beste im Auge, ruhend auf der Wahrheit und Gerechtigkeit, erhaben über die wandelbaren Neigungen und das betrügerische Urteil der Menge. [...]"

Nichts von alledem findet sich in der Republik Österreich! Ich aber habe Mich in christlicher Demut und durch den katholischen Glauben gefestigter Überzeugung als Fürst von Gottes Gnaden bekannt, als ein Fürst, der alle Gewalt von Gott empfing, um sie nach Gottes Willen zu gebrauchen und diesen Gebrauch vor dem ewigen Richterstuhle Gottes zu verantworten! Mit dem Geiste und dem Herzen empfange Ich immer wieder die Wahrheit und Weisheit des am 1. November 1885 erlassenen Päpstlichen Rundschreibens. Ihrer sollte auch die große Masse des Volkes teilhaftig werden, auf daß sie ablasse von einem Wahne, der ins Verderben führt. Die unwissende Menge vor diesem Unheil zu bewahren – dazu rufe ich die erprobte Hilfe Eurer Eminenz und durch Eure Eminenz die des ganzen katholischen Klerus an!

[a]–Der Umsturz war ein Aufstand. Das Novembermanifest durch Drohungen, gegen die man machtlos war, erzwungen. Euer Eminenz sind ja in Kenntnis aller dieser Dinge. Ich erkläre an dieser Stelle nochmals, daß ich mich als der alleinige rechtmäßige Fürst von Gottes Gnaden an diese Proklamation absolut nicht gebunden erachte. Ich wollte ja beim Verlassen des österreichischen Bodens eine Proklamation an das Volk erlassen, worin ich das Ungesetzliche und Verbrecherische der jetzigen, von mir absolut nicht anerkannten Revolutionisierung öffentlich dartun wollte, aber gutgesinnte Kreise haben mich gebeten, davon abzustehen, damit die Kommunisten dies nicht zum Anlasse nehmen, die Räteregierung auszurufen. Ich habe aber dennoch meine Proklamation dem Heiligen Stuhle[6] und dem König von Spanien mit-

---

[a]–a Handschriftlicher Zusatz des Kaisers, der dann gestrichen und in die Begleitinstruktion, die jedoch fehlt, aufgenommen wurde.

5 Vgl. Nr. 123.

6 Vgl. das Feldkircher Manifest vom 24.03.1919 unter Nr. 142. Die Prälaten Seipel und Hauser, hinter denen Kardinal Piffl stand, hatten mit ihren Hinweisen auf die kommunistische Agitation – für 15. April 1919 war in Wien ein kommunistischer Putsch geplant – den Kaiser be-

geteilt. Der schlagendste Beweis meines Standpunktes ist der, daß ich weder Militär noch Geheime Räte des von ihnen mir vor Gott geleisteten Eides entbunden habe. Viele Leute führen als Grund ihrer Treue zur Republik das Oktobermanifest an, aber auch dies ist hinfällig. Das Oktobermanifest wollte Nationalstaaten auf gesetzlichem Wege im Einvernehmen mit der k.k. Regierung und selbstverständlich unter meinem Szepter begründen. Wenn auch das Wort, unter meinem Szepter, nicht ausdrücklich angeführt ist, so ist dies doch erstens selbstverständlich und zweitens kommt dies klar und deutlich in der Rede des Baron Hussarek[7] vor dem Herrenhause (gehalten 2 Tage nach dem Erscheinen der Proklamation) zum Ausdrucke.[–a]

198.
König Karl an den Kommandanten der ungarischen Nationalarmee Nikolaus (Miklós) Horthy von Nagybánya

Prangins, 1920 Februar 23

AOS, Tom. I, Index 39, beglaubigte Kopie.

Dank für den Treuebeweis und die Annahme des Rates, derzeit noch nicht nach Ungarn zu kommen. Warnung vor politischen Beziehungen zu Italien.

Ihnen und Meiner ungarischen Armee Meinen königlichen Gruß!

Mit besonderer Freude habe ich die Botschaft vernommen, die Sie Mir durch Rittmeister Révhegyi[1], einen Meiner braven Offiziere, zukommen ließen.

Die Versicherung unerschütterlicher Treue, die Sie damit für sich und die ganze Armee abgegeben haben, hat Mich tief berührt. Es liegt Mir daran, Ihnen zu sagen, daß Ich Mich nie eines anderen versehen habe.

Gerne habe ich Ihren Ratschlag entgegengenommen, derzeit noch nicht in Mein heißgeliebtes Königreich Ungarn zu kommen. So schmerzlich Mich auch

---

stimmt, die Publikation des Feldkircher Manifestes zu unterlassen. Vgl. Brook-Shepherd, Um Krone und Reich, 299: „[...] Sie hatten, so erinnert sich die Kaiserin jener Vorgänge, Karl bestürmt, er solle nicht die Fackel in das österreichische Pulverfaß werfen, während er selbst sich in Sicherheit bringe. Die voraussehbare Reaktion des Kaisers auf diesen Appell war, lieber stillzubleiben, als jene zu gefährden, die sich noch als loyal bekannten.[...]" Vgl. auch Nr. 213.

7   Rede Hussareks vom 18.10.1918, vgl. Nr. 112 und Nr. 182 mit Anm. 4, 5.

1   Albert (Béla) Révhegyi, Rittmeister, Vertrauter Horthys. Vgl. PAH, Journal Pallavicini, 14: die Audienz von Révhegyi war am 22.02.1920.

die lange Trennung berührt, so beuge Ich mich doch der Notwendigkeit in der sicheren Überzeugung, daß es Ihrer Umsicht und Klugheit gelingen wird, die Wege zu ebnen, die die mit ihrem König vereinigte ungarische Nation [zu] dauerhaftem Glücke entgegen führen können.

Besonders segensreich müßte es sein, wenn jener Zeitpunkt mit dem Tage zusammenfiele, da auch die schweren, zwischen den Nachbarn heute noch bestehenden Differenzen bereits einer friedlichen Austragung Platz gemacht haben.

Ich möchte Ihnen daher auch Meine Sorge ans Herz legen, mit jenen Staaten, wenn irgend tunlich, ernste Konflikte zu vermeiden und propagandistische Mittel, die in Nachbars Land wirken wollen, wohl zu erwägen, denn die Bolschewikisierung eines anderes Staates erweist sich gemeiniglich als ein zweischneidiges Schwert. Beziehungen zu Italien anzuknüpfen und zu pflegen, ist mir wohl kaum möglich und wenig empfehlenswert. Sie, als einer Meiner hervorragendsten Marineoffiziere, kennen den Erbfeind! Ich vermöchte vielleicht zu vergessen, aber ich trage Sorge, daß Italien sich unter der Maske eines Freundes ins Vertrauen schleicht, um es eventuell übel zu vergelten.

Für die Delegierung des Rittmeisters Révhegyi, der sehr bedeutungsvoll und interessant zu berichten wußte, sage Ich Ihnen nochmals herzlichen Dank in der Hoffnung, daß es Ihnen noch öfter gelingen wird, Mir Bericht zukommen zu lassen.

S. M.

ᵃ⁻Gott mit Ihnen Allen.⁻ᵃ

199.
König Karl an den ungarischen Reichsverweser Nikolaus (Miklós) Horthy von Nagybánya

Prangins, 1920 März 12

AOS, Tom. II, Index 733, beglaubigte Kopie.

Bitte, die von Dr. Albert (Béla) Glacz vorgeschlagene Pressekampagne für die Rückkehr des Königs tatkräftig zu unterstützen.

---

a–a In der Handschrift des Kaisers.

1 Dr. Albert (Béla) Glacz de Bártfa, Konzeptbeamter im zu liquidierenden österr.-ung. Ministerium des Äußern.

Dr. Glacz Béla[1], akinek irántam való hűsége és forró hazaszeretete Előttem ismeretes, előterjesztést tett Nekem egy sajtóakczió iránt, mely hivatva lenne, Magyarország javára és üdvére irányuló törekvéseimet előmozdítani.

Felkérem Önt, kedves tengernagy, hogy nevezett urat ebbeli törekvéseiben a leghathatósabban támogassa.[2]

200.
Der ungarische Reichsverweser Nikolaus (Miklós) Horthy von Nagybánya an Arthur Frhn. von Bolfras

o. O., o. D. [Budapest, 1920 März]

Privatarchiv Franz Czernin, Wien, Kopie.

Über seine Position als Reichsverweser zwischen dem gekrönten König und dem „Willen des Volkes".

Seit beiläufig acht Monaten ist dies mein erster Brief! – Ich kann gar nicht sagen, wie mich Deine lieben Zeilen – Exzellenz – erfreuten und wie dankbar ich für deine warmen Worte bin, aber – so unwahrscheinlich es auch klingen mag – bis heute fand ich nicht die Zeit zu antworten.

Das Schicksal hat mich gegen meinen Willen auf diesen unendlich schweren Posten geschoben, ich habe die Hoffnung und das volle Vertrauen, daß ich mit Gottes Hilfe die vorgesteckten Ziele erreichen werde.

Der schönste Moment meines Lebens wäre, wenn ich nach getaner Arbeit, ein starkes reiches Ungarn einem mit offenen Armen erwarteten rechtmäßigen Herrn übergeben könnte.

Dies ist die schwerste und heiklichste Frage, an der man jetzt nicht rühren darf. Ich bin mein Leben lang ehrliche grade Wege gewandelt, von denen ich nicht abweichen werde, kann mich andersteils schwer gegen den Willen des Volkes stemmen.

Ich mache aus meiner ehrlichen Gesinnung kein Hehl, will mein Leben lang jedem Menschen offen in die Augen sehen können. Wir hören so wenig

---

2 Unter demselben Datum erging an Dr. Glacz folgendes königliches Schreiben, in dem die Freude über seine Treue und Vaterlandsliebe ausgedrückt und tatkräftige Unterstützung für seine journalistische Arbeit gewünscht wird: vgl. AOS, Tom. II, Index 734, beglaubigte Kopie: „Legutóbbi kihallgatása alkalmával örömmel láttam, hogy Hozzám való hűsége és hazafias gondolkodásmódja az idők folyamán változatlan maradt és hogy szilárd elhatározása, ebben a szellemben a cselekvés terére lépni. Ön nem csak ismeri nézeteimet, hanem azokat magáéivá is tette. Őszintén kívánom ezért, hogy a magyar haza javára különösen hírlapi téren kifejtendő tevékenysége minden oldalról leghathatósabb támogatásra találjon."

von drüben, von all' unseren lieben Freunden. Hoffentlich wird der normale Verkehr bald aufgenommen werden können, sonst werde ich persönlich nachsehen müssen.[1]

201.
Informationen von König Karl für den ungarischen Reichsverweser Nikolaus (Miklós) Horthy von Nagybánya und für Dr. Gustav Gratz

Lausanne, 1920 April 06

AOS, Tom. II, Index 729, 730, 731, 732 (= identisch mit Index 31), beglaubigte Kopien; Druck: Horthy, Confidential papers of Admiral Horthy, 11–14 (engl. Übersetzung).

Als Brief einer unbekannten Person dem Reichsverweser zur Kenntnis gebracht: Vorschlag des Grafen Joseph (József) Hunyady für eine „Garantie-Erklärung" des Königs im Fall seiner Rückkehr. Diese von Ministerialrat Jobb vorgelegt (= Anlage 1); Brief des Königs an Graf Hunyady (= Anlage 2).

Hunyady Józsi,[1] a Felséges úr föudvarmestere a napokban kiküldötte ide Jobb ministeri tanácsost a föudvarmesteri hivatalból, azzal a feladattal, hogy Ő. F. -ét felkérje, adna egy nyilatkozatot az
1. alatt csatolt pontok értelmében. A Felséges úrnak azt mondotta Jobb, hogy ez a nyilatkozat azért szükséges, mert a kisgazdák nagy része nem legitimista és egy ilyen nyilatkozat áthozná őket a törvényes király pártjára; a dolog ezért sürgős volna. Ő. F. semmit sem kíván tenni, a Te tudtod nélkül, mert Benned feltétlenul bízik és Te vagy arra hivatva, hogy megítéljed, milyen a situatió otthon. Ő nem barátja az ilyen nyilatkozatoknak, egyrészt, mert addig, amíg a Schweizban él, nem akarna politikát csinálni; nincs ugyan Schweizzal szemben lekötve, de annyit mégis csak meg kell hogy tegyen, hogy a vendégszeretetet ne visszonozza avval, hogy kellemetlenséget okozzon ezen országnak; már pedig ha ezen lépése (ha megteszi) nyilvánosságra jut, akkor az Entente casus-t csinál belőle és kész a kellemetlenkedés. Másrészt egy ilyen nyilatkozat elronthatná a chance-okat az Entente-nál is.
Mivel innét nem lehet megítélni, hogy egy hasonló nyilatkozatra otthon tényleg nincs-e szükség és meglehet, hogy Hunyady nak igaza van Ő. F. kész

---

1 Signierter Vermerk von Arthur Frh. von Bolfras, 1921 Oktober 27: „Nach Horthys Ernennung zum Reichsverweser Ungarns beglückwünschte ich ihn und erhielt hierauf von ihm das obige Schreiben. Ich konstatiere dies nach den Ereignissen vom Oktober 1921".

1 Vgl. Nr. 20.

volna azt a

2. alatt mellékelt formában megtenni, ha Te is szükségesnek látod. Máskép, mint levél formában nem igen teheti megés csak természetes, hogy ezt a levelet föudvarmesteréhez intézi, ki mostan legelsö alkalmazottja és bizalmassa. Ez a levél nem fog elmenni, amíg Te magadrìl nem hallatsz[a] és akkor is fog kelleni találni módozatot arra, hogy a levéllel ne lehessen visszaélni[b] és ne jusson nyilvánosságra, legalább nem úgy, hogy baj keletkezzék ebből. Én úgy képzelem magamnak a dolgot, hogy Hunyady a levelet Neked adja át megőrzés végett és Te aztán találnál módot arra, hogy kitudódjék[c] hogy Ő. F. hogy gondolkozik, anélkül hogy a levél maga publikáltassék.

Kérlek légy oly kegyes és tudasd válaszodat mentől előbb, ugyan azon az úton, a melyen ezt a levelmet kaptad; ha netalán sürgős volna a dolog, azaz a nyilatkozatot sürgősen meg kellene tenni, adass fel egy sürgönyt a közvetítő[d] által, mely csak annyit tartalmazzon, hogy: Sache dringend sofort erledigen.

Isten Veled, kedves barátom, szívböl üdvözöl igaz hivad[2]

Anlage 1

o. O., 1920 April[a]

AOS, Tom. II, Index 732

Rudolf Jobb: Entwurf, Annahme des Friedensvertrages von Trianon (4. Juni 1920), der Pragmatische Sanktion in Artikel 1, 2, 3 außer Kraft setzen wird;

---

a   Handschriftlich überschrieben: hören läßt.

b   Handschriftlich überschrieben: mißbrauchen.

c   Handschriftlich überschrieben: bekannt werden.

d   Handschriftlich überschrieben: Vermittler.

2   Einfügung im Schreiben an Dr. Gratz und anderer Wortlaut: én személyesen ugyan a Pirincz [?] és a Duczi [Julius Andrássy d. J.] kezét látom ebben /arra kérnélek, tudasd velem mentől előbb véleményedet erről a dologról. A proponált alakban semmi esetben nem lehetne azt megtenni, de Ő. F. kész volna azt a 2. alatt mellékelt formában kiadni. A H.[unyady] -hoz intézett levél talán a legszerencsésebb megoldás, mivel H.[unyady] mint föudvarmester a nagyságos legfőbb jelenlegi bizalmassa és hivatalnoka. Természetesen módot fog kelleni találni arra, hogy a levéllel, ha tényleg megíródik, senki vissza ne élhessen; [handschriftlich darüber geschrieben: mißbrauchen] azt hiszem, az lenne a legjobb, hogy H.[unyady] utasítást kapjon, hogy a levelet a kormányzónak adja át, ki aztán gondoskodjék arról, hogy annak tartalma elterjedjen [handschriftlich überschrieben: sich verbreiten] anélkül hogy a levél maga nyilvánosságra jusson. Én különben egyúttal Horthynak is írók ugyan ilyen értelemben, az ő véleményét kikérve. Ha netalán sürgősnek tartanád a levél megírását, úgy arra kérlek, küldjél egy rövid számjelsürgönyt, melyben à mots couverts megérteted ezt velem.

a   Handschriftlicher Vermerk

König teilt mit Nation das Recht von Krieg und Frieden, die Rechtsbrecher sollen ohne Rache zur Verantwortung gezogen werden. Restauration der Gesamtmonarchie nur mit Zustimmung des ungarischen Parlamentes.

1a. Elfogadja a békét, és elismeri azon országok teljes állami függetlenségét, amelyek a monarchia országaiból alakultak, és egész erejét a magyar nemzet boldogítására fogja fordítani.

1b. A béke megszüntette az 1723 évi törvény II. dekretumának 1, 2, 3 czikkeinek /Pragmatica Sanctio/ azon összes pontjait amelyek a Habsburg birtokok feloszthatatlan, elválaszthatatlan, kölcsönös és együttes birtoklására vonatkoznak, nem fogja tehát a magyar állami hatalmat arra használni, hogy más családi jogait erőszakkal érvényesítse.

2. Meg fogja a kormányt bízni, hogy előterjesztéseket tegyen, a melyek a magyar alkotmány és a magyar szabadság megerősítésére alkalmasak, valamint az öröklési rendet egy a nemzet érdekeinek és méltóságának megfelelő módon megállapítja. Különösen kijelenti, hogy a hadüzenet és békekötés jogát törvényesen megállapítandó módon a nemzettel kivánja megosztani.

3. Szeretettel és nem boszúérzéssel [sic] jön, azonban nem fogja megakadályozni, hogy azok akik bűncselekményekkel a törvényes rend felbontását okozták, ezért felelősségre vonassanak és hogy azok megbűntessenek, akik politikai ürügy alatt közönséges bűncselekményt követtek el. Nem kívánja, hogy azok akik elmenetele óta kénytelenek voltak a tényleges állapotokhoz alkalmazkodni és ezekbe beilleszkedtek, ebből bármikép kárt szenvedjenek.

4. Amennyiben a régi monarchia más részének jogara alá való csatolása lehetővé válnék, ez csakis a magyar törvényhozás hozzájárulásával lesz esz-

---

3 Vgl. dazu undatierte Reflexion von Kaiser Karl, in: AOS, Tom. I, Index 90, beglaubigte Kopie: „Sanctio pragmatica besteht, Österreich rechtlich nie aufgelöst, nur durch Revolution in Nationalstaaten zerfallen. Oktobermanifest hatte immer das föderale Österreich, das sich auf legaler Weise aufbaut, vor sich, aber immer unter dem in der Sanctio pragmatica bestimmten Herrscher. D[eutsch]-Ö[sterreich] Proklamation de dato 11. November ungültig, da nur durch Gewalt ertrotzt und nebenbei durch darauf folgende Republikerklärung einer provisorischen Nationalversammlung, wodurch der freie Wille D[eutsch]-Ö[sterreichs] präjudiziert wurde. Proklamation vom 11. November, die jedoch immer nur für D[eutsch]-Ö[sterreich] Geltung hatte, daher null und nichtig. Ungarische Proklamation de dato 13. November ebenso ungültig, da durch Drohung mit Absetzen des Hauses erzwungen, von einem illegalen Minister-Präsident contrasigniert, der seines Ministereides entbunden war.
   Auch wurde die Regierungsverzichtserklärung niemals von einem legalen Parlament matrikuliert, da das legale Parlament weggejagt war. Ich daher legitimer König, alles andere, Revolution, wird von mir nicht anerkannt! [Vgl. dazu Kelsen, Die Entstehung der Republik

közölhető.[3]

Anlage 2
Kaiser und König Karl an Joseph (József) Graf Hunyady

Prangins, 1920 April 04

AOS, Tom. I, Index 731, beglaubigte Kopie.
Deutscher Entwurf: AOS, Tom. I, Index 31, beglaubigte Kopie.[4]

Erklärung über sein Verhalten nach seiner Rückkunft. Er will die ungarische Staatsmacht nicht verwenden, um Herrscherrechte seiner Familie mit Gewalt geltend zu machen.

Kedves gróf Hunyady!

Király jogaim gyakorlásának annak idején újra való felvételekor következőek volnának irányelveim:

Minden alkalommal bebizonyított őszinte békeszeretetem mellett ki van zárva, hogy visszatértem után Magyarországot bármely okból új háborúba belevinném, ellenben mindenkép arra fogok törekedni, hogy az ország összes szomszédaival békében és barátságban élhessen.

Különösen pedig nem akarom soha felhasználni a magyar állami hatalmat arra, hogy családom egyébb uralkodói jogait erőszakkal érvényesítsem, azonban egész erőmet a magyar nemzet boldogítására fogom fordítani.

A visazatértemkor kinevezendö felelős kormányt meg fogom bízni az iránt,

---

Österreich, 14–15] Palatinat. Sofortiges Telegramm über Haltung. Ich stehe auf dem selben Standpunkt wie vor der Revolution.

Selbstständige Armee. Personalunion, jedoch wirtschaftlich ziemlich eng. Freundschaft mit […] als B[undes]genossen. Donaukonföderation auf wirtschaftlichen Gebieten.

Kaiser im Anfang vielleicht nur eine Art Präsident des Bundes, alle Staaten inwendig selbständig, sogar eventuell einige Republiken, aber nicht Ungarn.

4   1. Bei meiner immer und zu jederzeit bewiesenen Friedensliebe ist es ausgeschlossen, daß ich nach meiner Rückkunft, Ungarn aus irgend welchen Gründen in einen Krieg hineinziehen würde, sondern trachten werde, mit allen Nachbarn in Frieden und Freundschaft zu leben. Insbesondere würde ich nicht die ungarische Staatsmacht dazu benützen, um andere Herrscherrechte der Familie mit Gewalt geltend zu machen.

2. Ich werde die von mir zu ernennende verantwortliche Regierung beauftragen, mir Vorschläge zu erstatten, welche für den Ausbau der verfassungsmäßigen Rechte und der Freiheit der Nation geeignet sind und insbesondere wünsche ich unbedingt die „schöne" große Verantwortung für Kriegserklärung und Friedenschluß in einer noch zu bestimmenden Weise mit der Nation zu teilen.

3. unverändert." Vgl. Boroviczény, Der König und sein Reichsverweser, 83–89; Kovács, Papst Benedikt XV., 381.

hogy nekem olyirányú előterjesztéseket tegyen, amelyek a magyar alkotmány és szabadság megerösítésére alkalmasak, különösen pedig a hadüzenet és békekötés nagy felelősségét, egy még törvényesen megállapítandó módon, feltétlenül a nemzettel kívánom megosztani. Szívemben szeretettel és nem boszuérzéssel akarok visszatérni, ennélfogva nem kívánom, hogy azok, akik a forradalom kitörése óta kénytelenek voltak a tényleges állapotokhoz alkalmazkodni és ezekbe beilleszkedni, ebből bármikép kárt szenvedjenek, azonban nem akarom megakadályozni azt sem, hogy azok, a kik bűncselekményekkel a törvényes rend felbontását okozták, ezért felelősségre vonassanak és hogy azok megbüntessenek, akik politikai ürügy alatt közönséges bűncselekményt követtek el.

Felhatalmazom Önt, hogy ezeket szükség esetén nevemben kijelenthesse.

202.
Kaiser und König Karl weiht sein Haus und sein Reich dem heiligen Joseph

Prangins, 1920 April 21

AOS, Tom. I, Index 488, beglaubigte Kopie.

Heiliger Joseph, Du Haupt und Hüter der Heiligen Familie, dessen machtvolle Hilfe Meine Ahnen in schwerer Zeit erfahren haben[1]. Ich wähle Dich heute neuerlich zum besonderen Beschützer und Fürsprecher. Voll Vertrauen stelle ich Mich, Mein Haus und Mein Reich unter Deinen Schutz. Steh' Mir vom Himmel aus gnädig bei im Kampfe gegen die finsteren Mächte, die sich wider göttliches und menschliches Recht auflehnen. Führe Mich aus der Verbannung ins Vaterland zurück und weise meinen irregeleiteten Völkern den Weg, der sie im Frieden unter Meinem Szepter vereinen soll. Freudigen Herzens werde Ich diesen Akt vertrauensvoller Hingabe an Dich, heiliger Schutzpatron, öffentlich und feierlich wiederholen. Dies gelobe Ich. Amen.

---

1 1675 weihte Kaiser Leopold I. die österreichische Monarchie dem hl. Joseph. Vgl. Anna Coreth, Pietas Austriaca. Österreichische Frömmigkeit im Barock, Wien 1982 (2. Aufl.), 75.

203.
Kaiser und König Karl an König Georg V. von Großbritannien und Irland

Prangins, 1920 April 30

AOS, Tom. I, Index 99, beglaubigte Kopie.

Information über die Situation der österreichisch-ungarischen Länder nach den Verträgen von St-Germain-en-Laye und Versailles und über den wirtschaftlichen Druck, der Österreich zum Anschluß an Deutschland veranlassen würde. Er bittet, das Konzept der Donaukonföderation zu unterstützen. Es ist möglich, wenn auch England sich für diese Idee entscheidet.

In diesen Tagen haben sich zu Paris die Vertreter mehrerer der Alliierten und Assoziierten Mächte mit Abgesandten im Kriege neutral gebliebener Länder vereinigt, um über Maßnahmen zur Linderung der Not in einigen europäischen Staaten, besonders auch in Österreich, zu beraten.

Eure Majestät fühlen gewiß, wie nahe Mir diese Nachricht gegangen ist. Habe Ich Mich während des unseligen Krieges unablässig bemüht, Meinen Völkern den Frieden wiederzugeben, so würde Ich auch jetzt Meine Anstrengungen mit denjenigen der Führer der großen Mächte vereinigen wollen, um die Leiden zu lindern, die für Meine Völker nach geschlossenem Frieden noch kein Ende gefunden haben. Ich zweifle nicht, daß die zu Paris versammelten erleuchteten Männer Mittel und Wege finden werden, um die bitterste Not für eine gewisse Zeit zu bannen.[1]

Ich vermag jedoch nicht zu übersehen, daß die größte so bekundete Hilfsbereitschaft nicht die Quelle aller Übel in den Ländern an der mittleren Donau zum Versiegen bringen kann, denn diese Quelle fließt aus dem Zerfall der alten Wirtschaftsgemeinschaft. Die Alliierten und Assoziierten Mächte schienen mit den Bestimmungen der Friedensverträge von St-Germain und Versailles, die den Zusammenschluß von Österreich und Deutschland untersagen, anzudeuten, daß das Heil der Zukunft für die Staaten an der mittleren Donau nicht im Eintritt in neue politische und wirtschaftliche Kreise gesucht werden könne. Von der Richtigkeit dieser Meinung durchdrungen und von aufrichtiger Sorge um einen festen und dauerhaften Frieden erfüllt, beklage Ich es sehr, daß hier und dort Bestrebungen sich kundtun, die eine Mißachtung des eben erwähnten politischen und wirtschaftlichen Prinzips bedeuten.

---

1 Vgl. die internationalen Konferenzen vom 21. und 22. April 1920 in Paris bezüglich Kreditvergaben für Zentraleuropa, in: DBFP XII, 171–172 (Nr. 140): "[...] The British credit is intended primarily for Austria, but might be used for Poland and Hungary and possibly other countries in so far as surplus may remain after providing for Austria.[...]"

Ich glaube andererseits, daß nur eine vom Auslande ausgehende Propaganda, dann die Erkenntnis der Lebensunfähigkeit des alleinstehenden Österreich, endlich der noch bestehenden [Beziehungen] zwischen dem einen und dem anderen der Sukzessionsstaaten auch Teile der österreichischen Bevölkerung in jene Bewegung verwickelt hat.[2]

Ich bin sicher, daß die auf den Anschluß Österreichs an Deutschland gerichtete Agitation, die dem Friedensgedanken und den wirtschaftlichen Interessen der Donauländer widerspricht, allsogleich zum Stillstand käme, wenn sich für die ehemals in Österreich-Ungarn vereinigten Länder ein Weg zur Wahrnehmung der alten Wirtschaftsinteressen auftun würde. Dieser Weg müßte zu einem vorwiegend auf wirtschaftlichen Interessen basierten Bund jener in nationaler Beziehung unabhängigen Völker führen.

Je tiens à vous assurer que, si l'Angleterre entre dans ces vue et admet ce principe, si elle est décidée à donner à cette idée unpolitique d'appui dans le présent et dans l'avenir, je ne demande qu'à établir avec elle les bases d'une zu diesem Ziele führenden Aktion.

J'assure Votre Majesté de la sincère amitié et haute considération avec lesquelles Je suis [...][3]

204.
Aladár von Boroviczény an den ungarischen Reichsverweser Nikolaus (Miklós) Horthy von Nagybánya

Wien, 1920 Mai 01

Druck: Boroviczény, Der König und sein Reichsverweser, 73–75;
Horthy, The confidential papers of Admiral Horthy, 14–16 (englisch).

Information über die politische und antidynastische Einstellung von Hauptmann Julius (Gyula) Gömbös von Jáfka, Präsident der MOVE.

Euer Durchlaucht![a]
Aus einer Agramer Quelle, die sich bisher als sehr gut informiert erwiesen hat, erhalte ich die Mitteilung, daß dort folgende Meldung durchgelaufen ist:

---

2 Vgl. Nr. 140 mit Anm. 9.
3 Aus Anrede und Ende des Briefes ist zu schließen, daß er an König Georg V. von Großbritannien und Irland gerichtet war. Allerdings war er in Windsor Castle, Royal Archives, nicht zu finden. Vielleicht blieb er im Konzept und wurde nicht expediert.

a Vermerk in Boroviczénys Buch: „Fälschliche Übersetzung des ungarischen Titels Föméltóságú, den Horthy als Reichsverweser führt. Er bedeutet ‚Hoher Würdenträger'."

der Hauptmann Gömbös[1], Präsident der ‚MOVE'[2], entwickelte dieser Tage sein politisches Glaubensbekenntnis. Hiernach liegt die einzige Möglichkeit für ein Fortkommen Ungarns in der Zukunft darin, daß Ungarn sich ausschließlich in seiner nationalen und Rassenreinheit auslebe. Aus diesem Grunde hält er es für unerläßlich, daß alles Fremde und jeder fremde Einfluß aus der Entwicklung unseres nationalen Lebens ausgeschlossen bleibe. Daher hält er auch in der gegenwärtigen Lage die Schaffung des ‚Nationalen Königreiches' für den einzigen Ausweg.

Gömbös will sich aus diesem Grunde jenseits der Theiß zum Abgeordneten wählen lassen. Er hat diesbezüglich mit den radikalen Flügeln der beiden großen Parteien der Nationalversammlung bereits Fühlung genommen. Laut seinen eigenen Ausführungen geht sein Plan dahin, daß, wenn er einmal in die Nationalversammlung gelangt ist, er sich dort kraft seiner schon heute bestehenden Beziehungen zum Präsidenten der Nationalversammlung wählen läßt. Unter seinem Vorsitze wird dann das Haus ‚die Rolle des Debicziner Parlamentes'[3] spielen, es wird die Habsburger dethronisieren und den gegenwärtigen Reichsverweser Ungarns, Horthy, zum König ausrufen. Nach den Worten Gömbös' wird in diesem Falle der Reichsverweser die Krone entweder annehmen – und in diesem Falle wird er, Gömbös, dem Lande einen nationalen König gegeben haben – oder aber er wird die Krone nicht annehmen und wird sich in diesem Falle zurückziehen müssen, also der Verwirklichung des nationalen Königreiches nicht mehr im Wege stehen können. Auf jeden Fall aber wird ein solcher Schritt entweder die Sache mit einem Schlage zur Verwirklichung oder der Verwirklichung näher bringen und die Rolle des Reichsverwesers und seine Aktionsfreiheit scharf beleuchten, zugleich es ihm unmöglich machen, in der Zukunft der Sache der Habsburger zu dienen.

Was weiters ihn, Gömbös, persönlich betrifft, erwähnte er, daß die Habsburger, die seine Macht und seinen Einfluß kennen, es wiederholt versucht haben, sich ihm zu nähern und ihn durch Versprechungen für sich zu gewinnen. Gömbös sei aber in der Geschichte bewandert und sitze nicht auf, er will nicht das Schicksal Zrinyis oder Fragepans[4] teilen. Er glaubt keinem Habsburger und hält sie des Thrones in Ungarn für unwürdig. Mein Agramer Gewährsmann fügte hinzu, daß das einzige rechtliche Bindeglied, welches heute

---

1   Julius (Gyula) Gömbös von Jáfka, ab Jänner 1919 Präsident der MOVE; 1932–36 ungarischer Ministerpräsident.

2   MOVE = Magyar Országos Véderö egyesulet, ungarischer Landwehrverein, Geheimbewegung im Offizierskorps.

3   Sitz der gegenrevolutionären Regierung seit Ende April 1919. Vgl. Boroviczény, Der König und sein Reichsverweser, 19–23.

4   Peter Graf Zrínyi und Franz Frangepány, Mitglieder der ungarischen Magnatenverschwörung gegen Leopold I., 1671 in Wien hingerichtet. Vgl. Franz Theuer, Tragödie der Magnaten. Die Verschwörung von Muray bis zum Ödenburger Reichstag, Wien 1979 (Register 372–376).

noch zwischen Ungarn und Kroatien besteht, die heilige Krone sei, welche auf dem Haupte eines Habsburgers ruhe. Kroatien kann nur durch die Rechtskontinuität und durch die Treue zum gekrönten König zu Ungarn zurückgeführt werden. Ein übertriebener Chauvinismus in Ungarn kann in Kroatien jede noch für uns günstige Stimmung und Strömung vernichten und Kroatien in seinem Kampfe gegen die Serben in die Arme anderer Verbündeter treiben, vielleicht in die der Bulgaren, die, wenn sie in den südslawischen Staat eintreten würden, die Bildung einer Balkangroßmacht erreichen könnten, in welcher nicht die Serben, sondern die Kroaten und die Bulgaren das Übergewicht hätten. Dies sei aber eine weniger natürliche Lösung als jene mit Ungarn, und man würde sie auch nur dann wählen, wenn Ungarn die Zusammenarbeit mit Kroatien unmöglich machen würde.

Ich habe es für meine Pflicht gehalten, die mir zufällig zur Kenntnis gelangten Nachrichten, welche mir authentisch erscheinen, zu Deiner hohen Kenntnis zu bringen. Ich glaube, man könnte Gömbös unschädlich machen, wenn Du ihn in einer seiner Eitelkeit schmeichelnden hohen Stellung vor die Öffentlichkeit gelangen lassen würdest, wo er sich in kürzester Zeit durch seine politische Ungeschicklichkeit verbrauchen würde. Seine große Anziehungskraft ist, besonders im Kreise der jungen Offiziere, ausschließlich die Folge seiner Geheimnistuerei.

Mit vielen herzlichen Grüßen verbleibe ich untertänig Dein treuergebener Boroviczény m.p.

205.
Kaiser und König Karl an den General der Infanterie Ignaz Verdross, Edlen von Drossberg

Prangins, 1920 Mai 15

AOS, Tom. I, Index 105, beglaubigte Kopie.

Erinnerung an die italienischen Siege der Tiroler Kaiserjäger des Edelweißkorps unter der Führung des Generals.

Heute jährt sich zum vierten Male der Tag, an dem das Edelweißkorps glorreichen Angedenkens zum Angriffe über die Hochfläche von Folgaria[1] geschritten ist. Im Gedenken an jene große Zeit richte Ich das Wort an den letz-

---

1   Zur Schlacht von Folgaria (15.05.1916) = Beginn der k.u.k. Offensive in Südtirol zwischen Rovereto und Val Sugana (Brenta-Tal) vgl. Nr. 20; Österreich-Ungarns letzter Krieg, 4, 255–261; Rauchensteiner, 339–343 und Karte 336–337.

ten Mir so lieben Kommandanten jenes Korps.[2] Voll Wehmut, doch auch mit
Stolz, erinnere Ich Mich der Tage, da ich zum ersten Male unter die Führer
und die Truppen trat, die mit Gottes gnädiger Hilfe so Herrliches vollbringen
sollten. Mit den Kaiserjägern eröffneten auch Sie die Schlacht. Wichtige
Stützpunkte des Italieners fielen binnen weniger Stunden. Dann ging es in
einem Siegeszuge sondergleichen in italienische Lande. Ihnen war das Solda-
tenglück beschieden, das nur dem Tüchtigen treu bleibt. Sie waren die Ver-
körperung Tirolischen Geistes und Gemütes. Und Sie blieben es. So hingen
denn an Ihnen die Tiroler Truppen und in der Folge die Braven des ganzen
Korps. In dieser Erinnerung entrollt sich vor Mir das Bild herrlicher Tage.
Doch Ich vergesse auch nie und nimmer der vielen Helden, die den geheilig-
ten Tiroler Boden mit ihrem Blute gefärbt haben.

Aus dieser kostbaren Saat werden und müssen wieder herrliche Früchte erwachsen. Die Leben so vieler Tausender treuer Söhne ihrer Heimat können
nicht um einer Zukunft willen verhaucht worden sein, die der traurigen
schmachvollen Gegenwart gliche. Gott wird meine Tiroler nie verlassen! Er
möchte Mein Gebet erhören, das Meiner heißgeliebten gefürsteten Grafschaft
gilt! Auf die Gräber der Gefallenen aber lege Ich in diesen Tagen in Gedanken
ein nie verwelkendes Lorbeerreis.

Sie, Mein Kamerad aus den Kämpfen um Tirol, stehen Mir dabei zur Seite
und vereinigen sich mit Mir gewiß in den Wünschen und Hoffnungen, die der
Heimat gelten.

206.
Kaiser und König Karl an König Alfons XIII. von Spanien

Prangins, 1920 Mai 20

AOS, Tom. I, Index 619, beglaubigte Kopie.

*Kaiser Karl bittet König Alfons von Spanien bei König Albert von Belgien zu
intervenieren, daß der Schatz vom Goldenen Vlies in Wien sicher deponiert und
nicht außer Landes gebracht wird.*

Mon ancien ambassadeur le Prince Charles de Fürstenberg,[1] a porté à ma
connaissance le message que Tu as eu l'obligeance de me transmettre au su-

---

2   Ignaz Verdross, Edler von Drossberg war 1916 Kommandant der 8. ITD (Kaiserjäger); 1918
    Kommandant des XIV. Korps (Edelweißkorps) und seit 01.05.1918 General der Infanterie. Vgl.
    Nr. 20 und 176.

1   Vgl. Nr. 138.

jet du trésor de la Toison d'Or. Je T'en remercie bien cordialement et j'y suis d'autant plus sensible que je vois dans cette démarche une nouvelle preuve de l'intérêt que Tu portes à tout ce qui concerne ma Maison.

Ai-je besoin de T'assurer que j'aurais le plus grand plaisir à profiter de Ton aimable proposition en Te confiant la garde de ce précieux héritage qui témoigne du glorieux passé de mes ancêtres. A cette époque-ci, où tous les principes de droit et de justice sont foulés aux pieds, à l'abri de toute atteinte. Malheureusement à l'heure actuelle, le trésor de la Toison d'Or est entre les mains du gouvernement de Vienne et celui-ci en est pour ainsi dire responsable vis-à-vis de l'Entente qui, par le traité de St-Germain,[2] a reconnu à la Belgique certains droits sur ce trésor.

Sans doute je proteste contre cette stipulation qui, contrairement à toute conception légale, porte atteinte à mes droits imprescriptibles ainsi qu'à ceux de l'Ordre de la Toison d'Or.[3]

Aucune démarche n'a encore été faite du côté de l'Entente, mais la question reste ouverte, et c'est là le danger. Il y en a encore un autre: celui de bolchevisme ou de graves désordres qui occasionneraient des pillages. Dans cette éventualité, le trésor, quoiqu'il soit confié à la garde du gouvernement, courrerait de grands risques, car des bandes indisciplinées ne se laisseraient arrêter par aucune considération. Dans un moment pareil, les Puissances de l'Entente, toujours selon le traité de St-Germain, auraient le droit d'intervenir pour maintenir les <u>prétendus droits</u> de la Belgique. Cépendant il me répugne de croire que le Roi Albert[4] pourrait invoquer ces droits fictifs en sa propre faveur et se prêter ainsi à un acte de spoliation unique. Après T'avoir exposé la situation, j'en viens à formuler les désirs que Tu m'as si aimablement engagé à exprimer.

Tant que le trésor de la Toison d'Or se trouve entre les mains du gouvernement de Vienne, il serait utile de veiller à ce qu'aucun objet n'en soit détourné malgré toutes les obligations prises à St-Germain. Cette espèce de contrôle pourrait facilement être exercée d'une manière non officielle par le représentant de l'Espagne à Vienne.[5] De plus, dès que celui-ci constaterait un danger imminent venant d'un côté ou de l'autre, Tu me rendrais un vrai service en voulant bien intervenir en ma faveur auprès du Roi des Belges qui, comme je viens de le dire, a un excellent prétexte pour s'intéresser à un dépôt auquel on lui a reconnu des droits. C'est dans ce cas de danger extrême que je compte sur Ton amitié, mais il me semblerait dangereux de toucher à la question tant se borner sic en attendant à exercer la surveillance dont je T'ai parlé.

---

2 Vgl. Der Staatsvertrag von St-Germain-en-Laye, Wien 1919, Art. 196, Anlage II b, 111.
3 Vgl. Annemarie Weber, Der österreichische Orden vom Goldenen Vlies, Wien, phil. Diss. 1971; F. Kalff, Funktion und Bedeutung des Ordens vom Goldenen Vlies, Bonn, phil. Diss. 1963.
4 Albert I., König der Belgier 1909–1934.
5 Vermutlich Don Manuel Alonso de Avila, spanischer Geschäftsträger in Wien seit 1918.

En agissant ainsi, un nouveau titre à ma reconnaissance Te sera assuré et
Tu rendras en même temps hommage à la justice qui, de nos jours, trouve si
rarement un défenseur. Je Te prie, mon cher Cousin, de croire à mes sentiments d'affectueux attachement et de sincère dévouement avec lesquels [...]

207.
König Karl an den ungarischen Reichsverweser Nikolaus (Miklós) Horthy von Nagybánya

Prangins, 1920 im Mai

AOS, Tom. I, Index 33, deutscher Entwurf, beglaubigte Kopie;[1]
Druck: Horthy Miklós Titkas iratai, ed. Szinai Miklós/Szücs Lászlo, Budapest 1963,
24–26, ungarische Ausfertigung (Faksimile);
Horthy, The Confidential Papers of Admiral Horthy, 17–18 (englische Übersetzung).

*Der König informiert den Reichsverweser, daß er noch im Laufe des Jahres die
Regierungsgewalt an sich nehmen wird und ersucht ihn, seine Rückkehr vorzubereiten.*

Mit aufrichtigem Dank habe ich Ihre letzte Nachricht bekommen und mit
warmer Erkenntlichkeit verfolge ich Ihre für mich so günstige Aktion. Die bis
jetzt erreichten Resultate erhöhen noch das Vertrauen, das ich in Sie seit jeher gesetzt habe. Ungarn wird in den nächsten Tagen genötigt sein, den Friedensvertrag zu unterschreiben.[2] Ich hoffe mit aller Inbrunst, daß danach alle
eine bessere Zukunft verbürgenden Kräfte zusammengefaßt werden. Ich, der
gekrönte und gesalbte König, bin Mir, da Ich auf keines Meiner Rechte verzichtet habe, auch vollkommen Meiner damit verbundenen Pflichten bewußt
und will daher an der Sammlung und Wiederaufrichtung des Lebens im
Lande teilnehmen. Ich gewärtige, wenn ich wieder Anteil an den Regierungsgeschäften nehme, keine Einsprache von Seiten der Entente, da mir solches
aus dem Munde leitender Persönlichkeiten Frankreichs zur Kenntnis gekommen ist.[3]

---

1 Vermerk: Nicht in der Handschrift Seiner Majestät. Vgl. dazu Boroviczény, Der König und sein
   Reichsverweser, 65–67; Feigl, Kaiser Karl (1987), 281–282; Kovács, Papst Benedikt XV., 380.
2 Vertrag von Trianon vom 04. Juni 1920, ratifiziert am 26. Juli 1921.
3 Vgl. PAMAE, Hongrie 31, fol. 122r–125r, Budapest, 1920 Mai 12, Fouchet an Millerand: Die
   Prinzen Sixtus und Xavier sind in Budapest, um die Rückkehr ihres Schwagers vorzubereiten. Die Rückkehr des Königs wird plötzlich sein, ein fait accompli. Die Restauration Karls
   wird über Ungarn auch Wien erfassen.

Im Interesse der Bewahrung und Konsolidierung des ungarischen Besitzstandes will Ich noch im Laufe dieses Jahres wieder die Regierungsgewalt an mich nehmen, ich ersuche daher Eure Durchlaucht, Mir aus Ihrer klaren Erkenntnis der Lage den für Meine Rückkehr auf den Thron geeignetsten Augenblick bekannt zu geben, indem Ich auch die Nation um Mich scharen will, die Mir die Stephanskrone aufs Haupt gesetzt hat. Ich ersuche Eure Durchlaucht, mit gleicher Hingebung und Treue wie bisher und gestützt auf Meine lieben Getreuen, die Ihr Vorbild in Ihrer Treue nie wankend werden ließ, Meine Rückkehr vorzubereiten. Eurer Durchlaucht jederzeit bewiesene Energie und Ihr Weitblick bieten Mir die Gewähr, daß es Ihnen und allen Meinen unter Ihrer Ägide stehenden Mitarbeitern gelingen wird, Ihr Werk unter Gottes gnädigem Beistand zum glücklichen Ende zu führen.

Mit unwandelbarer königlicher Liebe.

208.
Kaiserin und Königin Zita an Papst Benedikt XV.

Prangins, 1920 Juni 05

AE, Austria 751 [neu 1441], Prot. 7665, Ausfertigung.

Kaiserin Zita widerruft ihre Präsentationsrechte als Königin von Böhmen für Benefizien in der Diözese Königgrätz.

Beatissime in Christo Pater,
Domine reverendissime!

Bohemiae Reginae competit ius praesentandi ad beneficia ecclesiastica in civitatibus: Chrudim, Dvur Kralové nad Labem [Königinhof], Jaroměř, Mýto Vysoké [Vysoké Mýto], Nový Bydžov, Polička et Trautenau [Trutnov] quae omnes in diocesi Reginachradecensi sitae sunt.

Cum ex Canone 1451 Codicis Juris Canonici eluceat id esse in votis Sanctae Sedis Apostolicae, ut patroni iuribus suis renuncient, iuri praesentandi ad beneficia in antecedentibus enumerata libenti animo renuncio. Quam renunciationem Sanctitas Vestra benigne acceptare dignetur.

Eiusdem Sancitatis Vestrae

ᵃ⁻obsequens filia Zita⁻ᵃ

---

a   Von der Hand der Kaiserin.

209.
Kaiser und König Karl an Feldmarschall Hermann Kövess, Frhn. von Kövessháza

Prangins, 1920 Juni 29

AOS, Tom. I, Index 102, beglaubigte Kopie.

Handschreiben über die Gültigkeit des Soldateneides.

Ich habe zu meinem Bedauern vernommen, daß unter einem Teil Meiner Offiziere Zweifel über die Gültigkeit des Mir geleisteten Soldateneides bestehen.

Der Eid besteht nach wie vor zu Recht.

Ich habe keinen Soldaten seines Eides entbunden. Es wurde Offizieren und Mannschaft lediglich gestattet, den neu entstandenen Nationalstaaten Gelöbnisse unbeschadet jenes Eides zu leisten.[1]

Für die Anzweiflung der Gültigkeit des Eides ist weder die Berufung auf Mein Oktobermanifest 1918[2] noch die auf Mein Novembermanifest 1918[3] am Platze. Nach dem Oktobermanifest, das übrigens nur an Österreich gerichtet war, sollten Nationalstaaten auf dem verfassungsmäßigen Wege, also unter ihrem angestammten Herrscher, entstehen.

Meine Erklärung vom 11. November 1918 ist unter dem Drucke der Unmöglichkeit militärischen Widerstandes gegen die Revolution entstanden; ein Kampf hätte unter diesen Umständen zur Opferung der Gutgesinnten geführt, ohne den Sieg der Gasse zu verhindern. Dieses Manifest ist also null und nichtig, weil es einer Zwangslage seine Entstehung verdankt. Es sind aber auch später noch viele Tatsachen und Umstände hervorgekommen, die jenes Manifest als nicht mehr existent erscheinen lassen. Zu Ihrer persönli-

---

1 Vgl. dazu Arz von Straussenburg, Zur Geschichte des großen Krieges, 374–375: „[…] Der Übertritt von Offizieren der alten Armee in die neuen nationalen Heere war nicht unerwünscht, da hiedurch nicht nur eine große Anzahl braver und verdienter Männer eine entsprechende Versorgung finden konnte, sondern weil durch sie vielleicht auch der Geist und die Hingabe zu treuer Pflichterfüllung in die neuen Organisationen übertragen werden konnte. Auf Grund dieser Erwägungen bat ich den Kaiser, den Offizieren und Militärbeamten den Übertritt zu bewilligen und ihnen, falls zum Eintritte in eine nationale Armee ein Gelöbnis gefordert werde, die Ablegung eines solchen an Eides Statt zu erlauben. Am 1. November 1918 erteilte der Kaiser die Genehmigung dazu, doch hielt er sich nicht für berechtigt, war auch nicht dazu gewillt, die Offiziere von dem ihm geleisteten Eide zu entbinden. Noch war ja auch die Hoffnung nicht ganz geschwunden, die nationalen Staaten, oder wenigstens einige von ihnen, wieder zu einem Ganzen zusammenfügen zu können. […]" Dazu auch Fremdenblatt Nr. 298 vom 1.XI.1918, 3; Arbeiter-Zeitung Nr. 299 vom 02.XI.1918, 6 und Nr. 124, Artikel 6.
2 Vgl. Nr. 112.
3 Vgl. Nr. 123.

chen Informierung hierüber sende ich Ihnen eine Abschrift des Seiner Heiligkeit dem Papste und Seiner Katholischen Majestät übergebenen Protestes de dato Feldkirch 24. März 1919.[4] Mein für Ungarn bestimmtes Manifest de dato Eckartsau 13. November 1918[5] ist aber gegenstandslos geworden, da in Ungarn das Königtum wiederhergestellt ist, das Manifest aber die Person des Staatsoberhauptes nie in Frage gestellt hat.

Dieses Mein Handschreiben ist streng geheim zu behandeln, es ist nur für Sie, lieber Feldmarschall Baron Kövess[6], bestimmt, auf daß es Ihnen als Grundlage zur Aufklärung der Offiziere diene.

210.
Papst Benedikt XV. an Kaiserin und Königin Zita

Vatikan, 1920 Juli 06

AE, Austria 751 [neu 1441], Prot. 8589, Konzept; Druck: Rumi, 46.

Dank für die Renunzierung ihrer Präsentationsrechte für geistliche Benefizien als Königin von Böhmen.

La lodevole premura con la quale Vostra Maestà si è compiaciuta rimettere nelle Nostre mani la rinunzia al diritto di patronato, di cui godeva come regina di Boemia, sopra alcuni benefici ecclesiastici di quella regione, Ci ha procurato la più viva soddisfazione. In tale atto, invero, Noi abbiamo ravvisato una nuova e sicura prova della Sua profonda devozione verso questa Apostolica Sede, della quale Ella ha voluto assecondare anche i semplici voti.

Mentre, quindi, ci affrettiamo a porgerle i Nostri più vivi ringraziamenti per la nobile Sua risoluzione, Noi preghiamo fervidamente il Signore affinché anche in questa vita voglia rimeritarLa di tale Sua generosità. Come pegno intanto del celeste favore ed a testimonianza della Nostra paterna benevolenza, Noi impartiamo ben di cuore a Lei, al Suo Augusto Consorte e a tutta la Sua Imperiale famiglia l'Apostolica Benedizione.[1]

4　Vgl. Nr. 142.
5　Vgl. Nr. 125.
6　Vgl. Nrn. 3 und 20. Kövess war seit 05.08.1917 Feldmarschall und der letzte Chef des Generalstabes. Vgl. Arz, Zur Geschichte des großen Krieges, 368; Rauchensteiner, 620–622.

1　Vgl. Nr. 208.

211.
Kaiser und König Karl an Joseph (József) Graf Hunyady

Prangins, 1920 Juli 22

AOS, Tom. II, Index 735, beglaubigte Kopie.

Der Zeitpunkt seiner Rückkehr nach Ungarn ist von der inneren Situation des Landes wie von den internationalen Voraussetzungen abhängig. Der König bittet den Grafen das Einvernehmen mit dem Reichsverweser Admiral von Horthy zu pflegen, „[...] dessen treuester Ergebenheit ich jederzeit sicher bin. [...]"

ᵃ⁻Szeretett magyar Királyságomba való visszatérésem Saját legfőbb óhajom és biztosra vélem, hogy ez egy nem túl távol fekfő időpontban lehetséges is lesz. Ezen időpontnak meghatározásánál azon gondolat vezet, hogy ezt akkor fogom elérkezettnek látni, ha szeretett Magyar Nemzetemnek abból a legtöbb haszna lesz és ezért nem csak az ország belső helyzetét kell gondosan megfontolnom, hanem visszatérésemnek nemzetközi feltételeit is.

Máskülönben súlyos és gyógyíthatatlan károknak tenném ki a Magyar Szent Korona országait.

Ugyanazon szeretet, mely a magyar nemzetbe fektetett bizalommal párosul, nem engedi meg Nekem, a koronás, alkotmányos Királynak, hogy akármilyen nyilatkozatot (sic) tegyek egy általam kinevezett felelős ministerium alkotmányos hozzájárulása nélkül és azt annál kevésbbé, minthogy ilyen nyilatkozatok az Altalam 1916 deczember 30-ikán letett koronázási esküt érintenék. Ezen eskü által még akkor is kötve éreztem Magamat, mikor a magyar nemzetnek egyes részei túltették magukat az ezen esküböl kifolyó hűségi kötelezettségen és nem engedhetem meg, hogy ezen eskü, mely a király és a nép részére egyaránt a legerösebb biztosíték, a legtávolabbról is érintessék.

Ugy mint eddig továbbra is bízom hiveimnek céltudatos és kitartó munkájában, kik közé Önt is, kedves Hunyady Gróf, örömmel számíthatom; ezen munkának az a kimondott célja, hogy a szegény megpróbált országot végre kivezesse a forradalom zavaraiból és egy szilárd alapot teremtsen a király és a nemzet állandó, zavartalan együttműködésére. Felkérem Önt, hogy ezen célból a kormányzóval, Horthy tengernaggyal egyértelmüleg járjon el, kinek odaadó hűségében mindenkor bízom.⁻ᵃ

---

a–a Übereinstimmend mit dem deutschen Entwurf eines am selben Tag an Prinz Ludwig Windisch-Graetz gerichteten Schreibens. Vgl. AOS, Tom. I, Index 49, beglaubigte Kopie mit anderer Einleitung: „[...] Ich habe die Tatsachen und Meinungen, die Sie Mir gestern vorgetragen haben, noch einmal sorgfältig erwogen, konnte aber zu keinen anderen Schlüssen kommen,

212.
Vidierte und signierte Vereinbarung von Prälat Dr. Ignaz Seipel mit Kaiser und König Karl

Prangins, 1920 August 08

AOS, Tom. I, Index 63, beglaubigte Kopie.

Prälat Seipel verpflichtet sich für die Donau-Konföderation und für die legitime Monarchie einzutreten, auch für den Fall eines Anschlusses Deutsch-Österreichs an Deutschland.

Ich habe mit Prälat Geheimen Rat Dr. Seipel[1] folgendes vereinbart:

als denjenigen, die Ich Ihnen sogleich mündlich bekanntgegeben habe. Ich lege Wert darauf, Meine Ansicht noch einmal auszudrücken und ich erwarte von Ihrer erprobten Anhänglichkeit an Meine Person und Ihrem warmen Gefühl für die ungarische Nation, daß Sie Ihre nützliche Tätigkeit mit dieser Meiner unerschütterlichen Meinung in Einklang bringen werden. Ich habe Ihre Absicht zur Kenntnis genommen, zur Wahrnehmung rein privater Angelegenheiten nach Paris fahren zu wollen. Da Ich es für schädlich hielte, wenn Sie dort politische Gespräche pflegen oder irgendwie Politik machen würden, sähe Ich mich gegebenfalls genötigt, die maßgebenden französischen Stellen wissen zu lassen, daß Sie nicht nur ohne Meinen Auftrag sondern sogar gegen Meinen ausgesprochenen Willen handeln." Dazu auch PAMAE, Hongrie 6, fol. 55r, Zürich, 1920 Juli 21: [...] Dr. Seeholzer an Peretti: Prinz Ludwig Windisch-Graetz hat kein Mandat im Auftrag Kaiser Karls zu verhandeln. Er opponiert gegen den Willen des Kaisers. [...]

1 Vgl. Nr. 87a. Ignaz Seipel verbrachte den 7. und 8. August 1920 in Prangins; vgl. dazu Werkmann, Seipel bei Kaiser Karl im Exil, in: Kaiser Karl Gedächtnis Jahrbuch 1936, 2–4; Rennhofer, Seipel, 216; DAS, NL Waitz: Franz Joseph Waitz, Dr. Sigismund Waitz – Fürsterzbischof in schwerer Zeit. Sein Leben und Wirken nach seinen Aufzeichnungen und vorhandenem Aktenmaterial, Kap. IX, B, 10–11: Waitz erzählt, wie Prälat Seipel beim Kaiser in der Schweiz war, um sich von dem Vorwurf zu reinigen, die damalige christlichsoziale Partei arbeite auch gegen das Kaiserhaus. Dazu Waitz: „[...] Wenige Tage hernach kam ich nach Prangins. Bischof Seydl erzählte mir vom Besuch des Prälaten Seipel. Ich fragte ihn, ob ich mit den Majestäten reden solle, was Seydl bejahte. Ich sprach sodann mit dem Kaiserpaar und sagte ungefähr Folgendes: Ich begreife es, daß Ihre Majestäten beim ersten Erscheinen eines Vertreters der christlichsozialen Partei ihre gewaltige Enttäuschung und ihren Kummer aussprachen über das große Unrecht, das dem Kaiserhaus zugefügt worden ist, andererseits müsse man aber auch würdigen, in welch schwieriger Lage sich damals die christlichsoziale Partei befunden habe, als die Gefahr war, daß der Kommunismus in Österreich obenauf käme. Dem Prälaten Seipel stehe ja nur die christlichsoziale Partei zur Verfügung, um die Rückführung des Kaisers durchzuführen und die müsse er zuerst gewinnen. Bei dieser Unterredung habe ich, wie noch nie, die reiche Begabung der Kaiserin Zita erfahren können, denn ich erkannte, wie sie als Kaiserin und Mutter die Sache betrachtete, empfand und fühlte. Prälat Seipel erfuhr von dieser Unterredung und freute sich darüber [...]." (Wir danken dem Hw Herrn Franz Josef Waitz (†) für die uns persönlich am 21.01.1988 gestattete Publikationserlaubnis.) Über den tatsächlichen Inhalt und den Zweck der Seipel-Audienz vgl. Nr. 216.

1. Längstens bis Neujahr 1920–1921 wird sich Prälat Seipel und seine nächsten Freunde für die Donaukonföderation und für die legitime Monarchie aussprechen und deklarieren auch dann, wenn es ihm bis zu diesem Zeitpunkte nicht gelungen wäre, die ganze oder einen ansehnlichen Teil der Christlichsozialen auf diese Basis zu vereinigen.

2. Im Falle die Christlichsoziale Partei, zu welchem Zeitpunkt immer, sich in ihrer Majorität für den Anschluß ausspricht oder die Gefahr drohend ist, daß dieser Fall eintritt, wird Prälat Seipel im Punkte 1 erwähnte Deklaration sofort abgeben. Dasselbe tritt auch ein, wenn die Motion der Großdeutschen, gleichzeitig mit den Wahlen auch eine Volksabstimmung über den Anschluß in irgendwelcher Form immer zu verbinden, in der Nationalversammlung durchgeht oder die sichere Aussicht hat, angenommen zu werden.

3. In dem sehr traurigen Falle, daß der Anschluß an Deutschland wirklich perfekt wird, bleiben Prälat Seipel und seine Freunde unentwegt auf dem Standpunkte der <u>Donauföderation und Monarchie</u>.

4. Es wird die hiesige Aufgabe sein, die Entente dazu zu bewegen, die Volksabstimmung in Westungarn[2] zuzulassen, wodurch sich die Kluft zwischen Österreich und Ungarn schließen würde.

Vidi Seipel m.p.

213.
Persönliche Aufzeichnungen Kaiser und König Karls
(21. November 1916 bis 24. März 1919)

Prangins, 1920 September 08

AOS, Tom. II, Index 694, beglaubigte maschinschriftliche Kopie mit beigefügten Annotationen von Kaiserin Zita. Druck: bearbeitet und teilweise gekürzt: Feigl, Kaiser Karl (1984), 200–283; ders. (1987), 146–229.

Handschriftliche Zusammenfassung über die wichtigsten Ereignisse und Probleme von seinem Regierungsantritt bis zu seiner Ausreise aus Österreich, allgemeine Charakteristik der handelnden Personen und Beurteilung der Situation.

Diese Schrift ist verfaßt ohne Mithilfe der amtlichen Dokumente. Sie bezweckt, die Gründe der verschiedenen Maßnahmen zu erörtern und gewisse, bisher wenig bekannte Nebenumstände aufzuzeigen.

---

2 Volksabstimmung in Ödenburg und Umgebung, 14.–16.12.1921: Ödenburg und sieben Gemeinden bleiben bei Ungarn. Vgl. Goldinger, Die Entstehung der Republik Österreich, 88–94.

Mein Bestreben von Anfang, ja sogar vor Anfang meiner Regierung war auf zwei Hauptpunkte konzentriert: den Frieden im Inneren und den Frieden nach Außen. Im Voraus will ich, jetzt, wo man alle Ereignisse klar überblickt, bemerken, warum beides nicht gelang. Der äußere Friede scheiterte an der Unersättlichkeit Italiens- kein Kaiser von Österreich konnte unbesiegt dem welschen Erbfeind Österreichs einzigen, großen Hafen – Triest – abtreten.

Der Friede im Inneren scheiterte an der maßlos dummen Haltung der Deutschen und Ungarn. Man kann die österreichische Frage auf zweierlei Art lösen, entweder parlamentarisch oder durch Staatsstreich. Ersteres war mit dem Ungarischen Gentryparlament und dem nie arbeitenden österreichischen Reichsrat unmöglich, für letzteres fehlte die Armee, die ja draußen im Felde stand und auch schon Ende 1916 nicht mehr das alte, verläßliche Instrument war, wie vor dem Jahre 1914.[1]

Unter Lösung der österreichischen Frage kann ich mir nur eine föderalistische Lösung denken, wo jedes Volk gleichberechtigt und frei ist und nur die für das Zusammenleben der Völker notwendigen Klammern (Armee, Äußeres, Wirtschaftliches) vorhanden sind. Dies ist die geschichtliche Entwicklung und entspricht den alten Traditionen unseres Hauses. Wie schon oben erwähnt, konnte diese einzig richtige Lösung nur gegen den Unverstand der Ungarn und Deutschen erreicht werden. Ein Kampf gegen die am Krieg am meisten interessierten Nationen bei einer nicht mehr sicheren, von fast ausschließlich deutsch-österreichischen, Deutschlands militärische Größe bewundernden Offizieren geführten Armee, hätte zum Zusammenbruch geführt. Dieser Zusammenbruch wäre aber dann nicht die Folge des unglücklichen Krieges, sondern die Schuld Wiens[a] gewesen.

Im Nachfolgenden will ich die Schritte darlegen, die unternommen wurden, um das obenerwähnte Ziel zu erreichen.

a) Gleich nach der Regierungsübernahme fing ich an, im AOK Ordnung zu machen. Ich übernahm das Oberkommando selbst[2] und stellte den FM Erzherzog Friedrich[3] kalt. Dann zwang ich das AOK von Teschen nach Baden zu

---

a   Über Wien in der Handschrift des Kaisers: des Kaisers

1   Analog: Polzer-Hoditz, 184–187, 231–232.
2   Armee- und Flottenbefehl vom 2.12.1916, gedruckt bei Hoyer, 72; vgl. Nr. 26.
3   02.12.1916–12.02.1917 Stellvertreter des Kaisers im AOK. Vgl. Conrad, Private Aufzeichnungen, 343 (Register) und Nr. 3. Dazu auch die Charakteristik seines Generaladjutanten FML Herbert Graf Herberstein, in: StLA, TB Herberstein, fol. 23–24, 1914 August 28: „[...] Der Erzherzog scheint wirklich gar nicht im Bilde zu sein und es macht sich bei ihm immer mehr und mehr eine beängstigende geistige und physische Trägheit und Apathie bemerkbar. Er merkt es anscheinend gar nicht, daß er ganz ausgeschaltet wird und die wichtigsten Dinge erst hinterher erfährt. Dabei ist er aber gleich energisch bei der Hand, wenn es gilt, etwas Unangenehmes von sich abzuwälzen." Ebd., fol. 328, 1915 Dezember: „[...] Nach dem Essen blieben wir noch ca eine halbe Stunde, länger war der Erzherzog nicht zu halten, da er in seiner

übersiedeln, gegen den Willen des Chefs des Generalstabs,[4] da ich dasselbe
stets unter meinen Augen haben wollte, und ich nicht weit von den Zentralstellen sein konnte; anderseits weil es für ein hohes Kommando gut ist, wenn
es gerade in der Mitte zwischen der Nord- und Südfront seinen Standpunkt
hat. Kurz darauf ging auch Conrad, und Arz[5] wurde Chef des Generalstabes.
Auch die sonstigen Offiziere des AOK wurden zum großen Teil gewechselt.

Die Gründe für die Sprengung des AOK sind mannigfaltig. Eh Friedrich
war ein guter Mensch, aber gänzlich unfähig und ohne irgend einen eigenen
Willen. Speciell dem Chef des Generalstabes gegenüber war er eine reine
Puppe. Conrad war ein zweifellos sehr fähiger General; er war auch vor dem
Krieg von der ganzen Armee vergöttert. Seit Kriegsbeginn aber vermied es
der sonst so jugendliche und agile Conrad, durch seine Umgebung beeinflußt,
außer einigen wenigen Frontbesuchen, den so nötigen Contakt mit der Truppe
aufrecht zu erhalten, verschloß sich in sein Büro in Teschen und operierte mit
den Divisionen wie mit den Kasterln am grünen Tisch, nur auf die nicht immer einwandfreien Meldungen der Armeen angewiesen. Dann hatte der im
64. Lebensjahre stehende General im Kriege eine verhältnismäßig junge, geschiedene Frau „geheiratet".[6] Abgesehen davon, daß diese Tat bei einem Großteil der Armee scharf kritisiert wurde, begann im Hauptquartier eine Weiber-
und Protektionswirtschaft. Ein Hauptfehler des Feldmarschalls war sein
gänzlicher Mangel an Menschenkenntnis, wodurch es kam, daß er immer von
seiner Umgebung schlecht beraten wurde und das AOK in allen personellen
Angelegenheiten große Schnitzer machte und voreilig Existenzen ruinierte.
Sein Reglement für die Fußtruppen und die Gefechtsführung war ein sehr angenehm zu lesender Roman, aber viel zu wenig präzis und beachtete zu wenig den für unseren verhältnismäßig schwachen und von vielen Feinden bedrohten Staat so notwendigen Verteidigungskrieg. Das Wort „nur im Angriff

---

Schüchternheit immer Angst vor Gesprächen hat, bei welchen er eine selbständige Meinung
aussprechen müßte. Es spricht da nicht nur seine Schüchternheit, sondern auch hauptsächlich der Umstand mit, daß er infolge seiner geistigen Trägheit nicht immer über die Sachlage
orientiert ist und Angst hat, daß man das merkt. [...]"

4   Franz Conrad Frh. von Hötzendorf (seit 15.07.1918 Graf), vgl. Nr. 3 und Conrad, Private Auf-
    zeichnungen, 262–263, 266–268. Die Übersiedlung nach Baden erfolgte am 05./06.01.1917.

5   Artur Frh. Arz von Straussenburg, 27.02.1917–31.10.1918 Chef des k.u.k. Generalstabes. Vgl.
    Artur Arz, Zur Geschichte des Großen Krieges 1914–1918, Wien 1924. Die Enthebung Conrads
    als Chef des Generalstabes förderte die Entstehung des Pamphlets von Karl Friedrich Nowak,
    Der Weg zur Katastrophe (Berlin 1919, vgl. auch die quellenmäßig belegte Ausgabe Berlin
    1926, IX–XVII). Conrads Ressentiments und Revanchegelüste erzeugten das entstellte und
    bösartig karikierte Bild Kaiser Karls (205–244), das verschiedentlich von der Historiographie
    für wahr gehalten und so überliefert wurde. Zuletzt bei Rauchensteiner, 709 (Register).

6   Virginia (Gina) Conrad von Hötzendorf, geb. Agujari-Karasz, geschiedene Edle von Reining-
    haus. Seit 1915 Ehe mit Franz Conrad von Hötzendorf. Vgl. Gina Gräfin von Hötzendorf, Mein
    Leben mit Conrad von Hötzendorf, Leipzig 1935, 38–39; Conrad, Private Aufzeichnungen, 342
    (Register) und Nr. 21, Anm. 8.

liegt das Heil" hat vielen braven Soldaten unnütz das Leben gekostet. In politischen Sachen war Conrad, vielfach auch durch seinen Mangel an Menschenkenntnis, ein großer Dilettant; er war stark deutsch orientiert; dabei schwebte ihm eine Art Trialismus vor: Österreich – Ungarn – Südslavien bei Unterdrückung der anderen Nationen. Er hatte für die Tüchtigkeit der deutschen Armee eine unbegrenzte Hochachtung, was ihm kein Soldat übel nehmen wird, dabei aber kränkte er, vielleicht unbewußt, den Stolz der eigenen Armee. Die gemischten Rekrutendepots, wo ruthenische Soldaten von preußischen Unteroffizieren abgerichtet wurden und der gegenseitige Offiziersaustausch waren für die Armee schwer zu ertragen. Besonders gegen Letzteres habe ich als Heeresfrontkommandant meine schwersten Bedenken gerichtet. Ich habe damals gesagt: „Wie kann man glauben, daß ein preußischer Offizier einen tschechischen oder anderssprachigen Mann im Momente des Angriffes zum Einsatz seines Lebens anspornen kann, wenn er weder dessen Sprache noch Sitte, noch Eigentümlichkeiten kennt, umgekehrt kann ich es mir bei unseren deutschsprechenden Offizieren und der reichsdeutschen Mannschaft viel eher denken." Beide Angelegenheiten sind ein schlagender Beweis der Truppenfremdheit des AOK.[7]

Feldmarschalleutnant Metzger[8], der Chef der Operationsabteilung, war ein braver Soldat, reich an Ideen, aber durchdrungen von der Unfehlbarkeit Conrads. Von den übrigen Herren ist noch Oberst Slameczka[9] zu erwähnen, der durch seine scharfe Feder sehr viel geschadet hat.

Ich entließ den etwas verknöcherten Baron Burián[10] und nahm den Grafen Czernin[11], weil er ebenso wie ich, den allerschleunigsten Friedensschluß zu seiner obersten politischen Richtlinie erhoben hatte. Czernin zeigte sich, wie sich später herausstellte, als ein Blender. Er war gewiß sehr gescheit, aber

---

7 Vgl. KA, NL Brougier, fol. 225–228, Konzepte, Entwürfe: Eh. Carl Franz Joseph an das AOK in Teschen, Chodorów, 1916 September 06: „[...] Die Einteilung deutscher Offiziere als Bataillon- oder Kompanie-Kommandanten bei ungarischen oder gar slawischen Regimentern ist unmöglich, da ein solcher Kommandant im entscheidenden Augenblick nicht mit der Mannschaft reden kann und sie auch in jeder Lage nach einem fremden Reglement unterweist. Bei tschechischen Regimentern würden die bei ihnen ohnehin verhaßten Deutschen nur noch mehr Anlaß zu einer Massendesertierung geben. Bei ungarischer oder kroatischer Honvéd ist ein unüberwindliches Hindernis die ungarische oder kroatische Kommandosprache. [...] Ich wäre der Meinung, ob man nicht die deutschen Offiziere zu den betreffenden Regimentskommanden einteilen würde, ohne daß dieselben ein Kommando führen würden. [...]"

8 Joseph Metzger, Chef der Operationsabteilung des Generalstabes 1910–1917, vgl. Nr. 3 und Broucek, Glaise 1, 559 (Register).

9 Oskar Slameczka, Oberst im Generalstabskorps, 28.07.1914–01.07.1917 Stellvertreter des Chefs der Operationsabteilung des AOK und mit geheimen und politischen Angelegenheiten und dem Verkehr mit den Verbündeten beauftragt. Vgl. auch Broucek, Glaise 1, 563 (Register).

10 Stephan (István) Graf Burián von Rajecz, am 22.12.1916 als Außenminister entlassen.

11 Ottokar Graf Czernin-Chudenitz, vgl. Nr. 87, Polzer-Hoditz, 183–214.

nervös und fahrig. Er hatte fort neue Ideen, die sich überstürzten und führte keine zu Ende. Er war maßlos ehrgeizig und scheute vor keinem Mittel zurück, seinen Ehrgeiz zu befriedigen.

Ich entfernte ein böses Gewächs des Alten Österreich: Director der Bodencreditanstalt Doctor Sieghart[12]. Als kleiner jüdischer Conzeptpraktikant im Finanzministerium, von Graf Taaffe[13] aus der Taufe gehoben, wurde er in kürzester Zeit Sektionschef im Ministerratspräsidium und die rechte Hand des Baron Beck[14]. Die öffentliche Meinung erzählt von vielen „merkwürdigen Begebenheiten" aus dieser Zeit. Nach Becks Abgang wurde er Director der Bodencredit und jede österreichische Regierung buhlte um seine Gunst, dies ging so weit, daß ihm zahlreiche Akten der Ministerien gezeigt wurden. Der Grund hiefür war, daß Sieghart durch das Geld seiner Bank fast alle Zeitungen gewonnen hatte und daß er zahlreiche einflußreiche Leute bis in die höchsten Kreise sich durch seine „Gefälligkeiten" verpflichtet hatte: Diese entsetzliche Corruption konnte nur dadurch aufhören, daß Sieghardt die Geldquelle dieser Bank verstopft wurde. Seine politische Gesinnung entsprach der jeweiligen Conjunctur. Es ist merkwürdig, daß die Entfernung dieses Mannes selbst in Frankreich Aufsehen erregte.[15] Ich habe auch sonst alles getan, um nach Möglichkeit die Corruption zu bekämpfen. Ich verpönte das österreichische Vertuschungssystem und ließ bei den „Skandalprozessen" (Lustig, Odeskalki [sic], Kranz, Leinweber)[16] freien Lauf der Gerechtigkeit.

b) Daß diese wenig schönen Ereignisse in einem großen Kriege sich hauptsächlich auf militärischem Gebiet zutrugen, ist nur selbstverständlich. Diese Tatsachen erschütterten die Stellung des Kriegsministers. Es ist meine heiligste Überzeugung, daß der brave, alte Soldat Krobatin[17] an allen diesen

---

12 Rudolf Sieghart, bis 23.12.1916 Gouverneur der Bodenkreditanstalt. Wiederwahl am 21.11.1919 (bis 1929).Vgl. Sieghart, Die letzten Jahrzehnte einer Großmacht, 177–182, vgl. Nr. 20.

13 Eduard Graf Taaffe, 1879–1893 österreichischer Ministerpräsident.

14 Max Vladimir Frh. von Beck, 1906–08 österreichischer Ministerpäsident, 1915 bis 1934 Präsident des Obersten Rechnungshofes. Vgl. Allmayer-Beck, Ministerpräsident Baron Beck, 326 (Register: Sieghart).

15 Über französische Reaktionen zur Absetzung Siegharts vgl. TS 3029: „[...] Sixtus erzählte [...], als er der Friedensverhandlungen wegen während des Krieges nach Laxenburg kam, folgenden Vorfall: Er begegnete an dem Tage auf der Straße in Paris einen seiner gewesenen Professoren von der katholischen Universität in höchster Aufregung, ein solches Extrablatt in der Hand haltend, der ihm zurief: ‚Quel courage! Quel Courage! Votre beau frère a renvoyé Sieghart!' Und er fügte ernst hinzu: ‚J'éspère qu'il ne payera pas de son trône et de sa vie!'"

16 Vgl. KA, MKSM 1917, 57–3: Schlußbericht in der Strafangelegenheit des Rittmeisters a. D. Hugo von Lustig, und ebd., Strafprozeß gegen Dr. Josef Kranz (Präsident der Allgemeinen Depositenbank) und Genossen wegen Preistreiberei (29.03.1917). Eugen Zoard Prinz Odescalchi beging am 03.04.1917 Selbstmord. Leinweber nicht verifizierbar.

17 Alexander Frh. von Krobatin, 09.12.1912–10.04.1917 österreichisch-ungarischer Kriegsminister.

Unregelmäßigkeiten so unschuldig ist wie ein neugeborenes Kind; daher verlieh ich auch diesem verdienten General nach seinem Rücktritt das Kommando der 10. Armee, was ihn riesig freute. Er war mit seiner Gradheit und Offenheit, die niemandem mißtraute und durch die er von seinen Soldaten vergöttert wurde, mehr zum Frontsoldaten als zum Kanzleimann geeignet. Hier muß auch noch zweier Angelegenheiten gedacht werden, der Milchgeschäfte des Erzherzogs Friedrich[18] und der Dörrgemüse des Erzherzogs Leopold Salvator. Was den ersten Fall anbelangt, so ist das Hinaufschnellen der Milchpreise ein ungeschicktes Manöver der Beamten, das ihrem Herrn sehr geschadet hat, besonders weil dieser so reich war. Warum Fritz bei seinem vielen Gelde nicht der Allgemeinheit zu Liebe pecuniäre Opfer bringen konnte, ist mir unerklärlich. Ich erfuhr von der ganzen Milchangelegenheit erst während der Revolution. Die Dörrgemüse-Geschichte verhielt sich folgendermaßen. Der Erzherzog Leopold oder sein Sohn[19] besaßen in Galizien ein Gut Izdebnik, welches für die Heeresverwaltung mit einem Gewinn von 1% Dörrgemüse lieferte. Dieser Gewinn ist keineswegs als „übermäßig" zu bezeichnen. In der ganzen Sache spielte eine dunkle Rolle ein gewisser „Consul" Kraus[20]. Man kann aber dennoch den Erzherzog nicht davon freisprechen, daß er gerne Geschäfte entrierte, die in seiner hohen Stellung unmöglich waren. Zum Beispiel hatte er eine Erfindung bei Autos gemacht, führte sie beim Militär ein, weil er sie für praktisch hielt, ließ sich aber trotzdem im Krieg per Auto die Prozente geben. Ich befahl ihm, keine Prozente mehr anzunehmen und die schon erhaltenen zu ersetzen, was er nach bestem Können auch tat. Der Erzherzog fand an all den Sachen nichts daran, es fehlte ihm und Erzherzogin Blanka[21] eben die Gabe zu erkennen, daß das, was für einen gewöhnlichen Menschen noch recht und billig ist, für einen Erzherzog bereits einen Fehltritt darstellt.

Ich entließ den Ministerpräsidenten Koerber[22], weil er ein Wurschtler[a] des alten Systems war und ernannte den Grafen Clam[23] zum Ministerpräsiden-

---

a Umgangssprachlich: konzeptloser Mensch.

18 Über die wirtschaftliche Bedeutung von Eh. Friedrich vgl. bei Rauchensteiner, 400.

19 Eh. Leopold Salvator, vgl. Nr. 20 und Nr. 138. Sein Sohn, vermutlich Eh. Karl Salvator d. J. oder Anton. Vgl. Fremdenblatt Nr. 357, 1918 Dezember 31: über Heereslieferungen zwischen 25.10.1914 und 01.06.1917 aus den Salvator'schen Gütern in Izdebnik und über die Überprüfung der Preise für Dörrgemüse und ihre Angemessenheit. Vgl. dazu auch Burckhardt, Memorabilien, 232.

20 Konnte nicht verifiziert werden.

21 Blanka de Bourbon, Infantin von Spanien, seit 1889 Ehe mit Eh. Leopold Salvator. Eine Charakteristik der Erzherzogin bei Burckhardt, Memorabilien, 230–232.

22 Ernest von Koerber, 28.10.–20.12.1916 österreichischer Ministerpräsident, vgl. Polzer-Hoditz, 638 (Register), besonders 391–395.

23 Heinrich Graf Clam Martinic, 20.12.1916–22.06.1917 österreichischer Ministerpräsident und

ten, von dem ich erhoffte, daß er als Tscheche keinen großen Widerspruch bei
den Slaven finden würde. Er hatte zwar noch in seinem Programm das Oktroi, welches den Deutschen in Österreich die Vorherrschaft gesichert hätte
und das Deutsche zur Staatssprache erhoben hätte, aber ich zog die definitive
Entscheidung so lange hinaus, bis Czernin nach der russischen Revolution erklärte, jetzt wäre dieser absolutistische Akt aus außenpolitischen Gründen
unmöglich. Der Grund, warum nicht offen gegen diesen deutschen Wunsch
angekämpft werden konnte, war der, daß das Nationalgefühl der Deutschen
in Österreich und hiemit ihre so kindische Herrschsucht durch die deutschen
Siege ins Maßlose gestiegen war und man in diesem unglückseligen „Schulter an Schulter"-Krieg unsere Deutschen nicht offensichtlich brüskieren
konnte. Diese dumme deutsche Politik gegenüber den anderen Nationen, von
Berlin aus unterstützt, zieht sich wie ein roter Faden unheilvoll und jede Reform hindernd durch die ganze Politik der Jahre 1917 und 1918.

Noch ein Wort über den Abgang Clams. Nachdem das Parlament eröffnet
worden war, die Opposition der Slaven begonnen hatte, und [...] selbst die
sonst gegen Entgelt so regierungstreuen Polen schwankend wurden, war das
Ministerium „au bout de son latin". Graf Clam war sich der Unhaltbarkeit der
Lage voll bewußt und wurde nicht, wie gewisse Leute behaupten, von mir
selbst „abgesägt". Ich empfing im Einvernehmen mit dem Grafen Clam den
Führer der Slowenen Dr. Korošec,[24] der mir ebenso die großen Schwierigkeiten, die dem Kabinett drohen, schilderte. Ich teilte den Inhalt des Gespräches
mit Korošec dem Ministerpräsidenten mit und erklärte ihm gleichzeitig, daß
nun auch ich seiner öfters geäußerten Ansicht beitreten würde, daß die Lage
des Kabinetts unhaltbar sei. Bald darauf demissionierte Graf Clam.[25] Das
Gerücht mag dadurch entstanden sein, daß eben am Tage der Audienz Korošec, Clam mit den Polen zum so und sovielten Male verhandelte und diese
Verhandlungen gewisse Aussichten auf Erfolg hatten. Trotz alledem war das
Kabinett durch die Oktroy-Frage dermaßen kompromittiert, daß sein Sturz
ob mit oder ohne Polen nur eine Frage von Tagen war. Daher entschloß ich
mich, lieber das Kabinett demissionieren zu lassen, unter die Oktroy-Frage
einen dicken Strich zu machen und ein neues Kabinett zu berufen. Sein Nachfolger wurde zuerst provisorisch, dann definitiv Doktor Seidler.[26] Die Welt hat

---

Ackerbauminister. Vgl. Höglinger, Ministerpräsident Heinrich Clam-Martinic; Polzer-Hoditz,
634 (Register), besonders 398–403, 405–406.

24 Anton Korošec, katholischer Priester, 1906–1918 MöAH (slow.-klerikal), Führer der Slowenischen Volkspartei; Obmann des kroat.-slow. Klubs im Reichsrat. Vgl. Höglinger, Clam,
180–181; Polzer-Hoditz, 407, 492, 495–496; der Empfang für die südslawischen Spitzenpoliti-
ker (Korošec, Krek, Pogačnik, Spinčić und Šušteršić) fand am 21.05.1917 bei Kaiser Karl statt.
Vgl. Bister, Majestät, 209.

25 Zur Demission des Kabinettes Clam am 22. Juni 1917 : Höglinger, Clam, 194–208.

26 Ernst Seidler Ritter von Feuchtenegg, 23.06.1917–25.07.1918 österr. Ministerpräsident. Vgl.
Kosnetter, Seidler; Nr. 87 und Polzer-Hoditz, 641 (Register).

über diesen Mann verschieden geurteilt, eins ist aber sicher, kein Ministerpräsident in Österreich hatte es so schwer wie er und er war ein treuer, unbedingt verläßlicher Diener seines Herrn. Nebenbei war es in Österreich furchtbar schwer, einen Ministerpräsidenten zu finden, der, wie wir aus Obgesagtem wissen, ein Deutscher sein mußte, dabei aber nicht deutschnational fühlen durfte, den Slaven „erträglich" sein mußte und dabei nicht aus der alten „Rüstkammer" sein durfte. Die kriegerischen Verhältnisse brachten es mit sich, daß der Anwärter auf die Ministerpräsidentschaft auch mit Pest, Ballhausplatz und Baden harmonieren mußte. Man kann sich denken, daß die Auswahl keine große war. Am 2. Juli 1917 kam die Amnestie[27] heraus, die zu so viel Mißdeutung Anlaß gegeben hatte. Die Gründe für dieselbe waren außenpolitischer und innenpolitischer Natur; außenpolitisch sollte der Entente bewiesen werden, daß die Monarchie allen ihren Völkern ein gerechter Hort ist, [a-]ein Umstand, der bei den Westmächten die Friedensgeneigtheit gegenüber Österreich jedenfalls stärken mußte,[-a] innenpolitisch sollte die Versöhnung der Völker angebahnt werden. Die militärischen Gerichte hatten während des Krieges so viele übereilte, man muß sogar sagen, ungerechte Verurteilungen erfließen lassen und so viele nicht genügend fundierte politische Prozesse entriert, daß bei der Fülle des Materials eine individuelle Begnadigung unmöglich war. Es ist unwahr, daß Kabinettsdirektor Graf Polzer[28] in irgend einer Hinsicht der Initiator der Amnestie war.[29] Er verfaßte nur auf meinen Befehl den Entwurf. Ich allein hatte die Idee der Amnestie und besprach dieselbe mit Ministerpräsident Doctor Seidler, der derselben freudig zustimmte. Es ist unwahr, daß es sich bei der Amnestie größtenteils um Tschechen gehandelt hat. Es wurden 114 Tschechen und 94 Deutsche amnestiert, dann noch eine große Anzahl anderer Nationalitäten, so daß die Nichttschechen die Tschechen überwogen. An diesen zahlreichen militärischen Urteilen tragen neben untergeordneten, übereiligen militärischen Dienststellen, Conrad und sein AOK die Schuld, die immer mit „starker deutscher Hand" regieren wollten und dabei unseren wirklichen politischen Verhältnissen fremd gegenüber standen. Als Beispiel für diese famosen Urteile führe ich an: am

---

a–a Handschriftliche Einfügung des Kaisers.

27 Vgl. Nr. 54.

28 Arthur Graf Polzer-Hoditz, seit 15.03.1917 Kabinettsdirektor des Kaisers; 07.02.–22.11.1917 Leiter der kaiserlichen Kabinettskanzlei.

29 Vgl. dazu Annotation von Kaiserin Zita: „[…] Ich möchte aufmerksam machen, daß der Kaiser hier nicht von der ‚Gerechtigkeit' spricht, weil er nur eine politische Seite der Amnestie beleuchtet. Gerechtigkeit und der Wunsch der Versöhnung zwischen unseren Völkern war das Motiv. Er gab den genauen Inhalt des Textes Graf Polzer zur Fassung. Es war auch eine lange und gründlich überlegte Tat. Diesbezüglich ist es unerläßlich, das Kapitel darüber im Buche Polzers, der Zeuge war, wie wenige Andere, nachzulesen. Ich war ebenfalls Zeuge davon, da lange dagegen […]" Dazu auch Polzer-Hoditz, 421–457.

Anfang des Krieges wurden in Dalmatien Leute erschossen, die unter dem Rufe „Zivio Kral Franz Josef" starben. In Cattaro wurde von einem jungen Generalstabshauptmann der Bischof von Cattaro[30], als Geisel für die Wasserleitung ausgehoben. Der Bezirkshauptmann Hofrath Budisavljević[31] der dagegen Einspruch erhob, wurde als serbophil seines Postens enthoben und nach Wien ins Ministerium einberufen; erst im Jahre 1917 wurde er über meinen ausdrücklichen Befehl wieder in Cattaro in seine Würde eingesetzt. Der Prozeß Kramář[32] wurde auf ganz unsicherem Beweismaterial aufgebaut. Kramář wurde ganz ungesetzlich auf Befehl des AOK im Hinterland in Prag verhaftet, ein Vorgehen, das Kaiser Franz Joseph dem AOK sehr verübelt hat und zu einer sehr energischen Rüge Anlaß gab.

Alle hohen Staatsfunktionäre sagten zu Kramářs Gunsten aus, wie konnten sie auch glauben, daß ein Mann, der noch vor einem Jahr mit Einverständnis des Ballhausplatzes in Belgrad mit den Serben über die Möglichkeit eines freundlichen Verhältnisses zwischen Serbien und der Monarchie verhandelt hat und immer betont hat, daß er zwar auf tschechischer Basis stehend ein Gegner des Deutschen Bündnisses, aber dennoch ein guter Österreicher sei, plötzlich über Nacht ein Hochverräter geworden wäre. Kramář war ein Kriegsgegner, verhielt sich bei allen patriotischen Anlässen passiv, war aber kein Verbrecher. Der Prozeß schien im Sande zu verlaufen, da wurde er durch einen Wink von Teschen neu belebt und die gehorsamen, jedenfalls nicht blinden Richter verurteilten ihn zum Tode. Klofáč[33] saß drei Jahre in Untersuchungshaft, ohne daß man genügend Material für den Prozeß fand. Eine Kellnerin aus dem Gailtal (Kärnten), die sich weigerte, den Offizieren sofort Bier zu geben, wurde zum Tode verurteilt, jedoch nicht executiert. Der Führer des Deutschen Nationalverbandes, der sonst gutmütige, aber nicht sehr erleuchtete Kärntner Abgeordnete Prof. Waldner[34] und der brave Tiroler Bauernabgeordnete Niedrist[35] wurden aus nichtigen Gründen eingesperrt. So könnte man noch viele Beispiele erwähnen. Der außenpolitische Eindruck war im ersten Moment ein sehr guter, nur fehlte dann im weiteren Verlauf das dankbare Echo aus dem eigenen Lande. Die Deutschen, die im ersten Moment durch ihren Obmann Prof. Waldner (siehe oben) ihren Dank ausdrücken ließen, fingen dann auf einmal an, furchtbar auf die Amnestie zu schimpfen.

---

30 Vladimir Boberić, griechisch-orthodoxer Bischof von Cattaro,
31 Waldemar Budisavljević, Edler von Predor, Bezirkshauptmann von Cattaro.
32 Vgl. Nr. 129 mit Anm. 9.
33 Vaclav Klofáč, Gründer der tschechischen National-sozialen Partei, 1901–1918 MöAH, 14.11.1918–April 1920 tschechischer Verteidigungsminister, vgl. Nr. 99, Anm. 1; Nr. 161, Anm. 4.
34 Viktor Waldner, Prof. f. Zivilrecht an der Universität Innsbruck, 1907–1918 MöAH.
35 Karl Anton Niedrist, 1907–1918 christlich-sozialer Reichsratsabgeordneter, 1916 für Kritik an der Militärverwaltung: ein Jahr Landesverweisung.

Die Abgeordneten hatten die Frechheit, mir sagen zu lassen, sie wären in ihrem Inneren zwar mit der Amnestie einverstanden, mußten aber dennoch wegen der Stimmung ihrer Wähler dagegen auftreten. Es kam zu unliebsamen Szenen im Parlament, wo die Slawen „Hoch Kaiser Karl", die Deutschen „Hoch die Armee" schrien. Die Tschechen nahmen die Amnestie kühl auf und erklärten sie als die Wiedergutmachung eines ihnen angetanen Unrechts.[36] Trotz aller bösen Erfahrungen stehe ich heute noch auf dem Standpunkt, daß die Amnestie notwendig war, denn ohne sie wäre das Chaos des Jahres 1918 der Dynastie wegen ihrer „Härte gegenüber den Völkern" in die Schuhe geschoben worden. Die verschiedenen Friedensfühler, die ausgestreckt wurden, sind größtenteils bekannt. Der einzige, der wirklich eine gewisse Aussicht auf Erfolg hatte, war der durch die Vermittlung des Prinzen Sixtus.[37] Die meisten anderen, von zünftigen Diplomaten geführt, waren in ihrem Inhalt so „vorsichtig" und daher unklar, daß niemand sie wirklich ernst nahm. Ich persönlich versuchte durch Vermittlung des Heiligen Vaters[38] zum Frieden zu gelangen; es handelte sich hiebei meistens um Italien, wo, wie bei den Negotiationen des Prinzen Sixtus, der Standpunkt aufrecht erhalten wurde, daß Österreich nur dann zu kleinen Conzessionen an den Erbfeind bereit wäre, wenn Italien Österreich gleichwertige Entschädigungen geben würde. Hiebei möchte ich die Gerüchte erwähnen, die da behaupten, ich hätte über Bitte des Papstes oder der Kaiserin verboten, italienische Kirchen und Städte mit Bomben zu belegen. Dies ist teilweise richtig, teilweise unrichtig. Ich habe verboten, daß offene Städte, die in einer gewissen Entfernung von der Front waren und militärisch ohne Bedeutung waren (keine Kommanden, keine Truppenansammlungen), nicht mit Bomben angegriffen werden sollten und teilte diesen Befehl dem Heiligen Vater mit dem Zusatz mit, daß ich bei nicht reziprokem Vorgehen der Italiener gezwungen wäre, diesen Befehl[39] zu widerrufen.

Die Gründe, die mich zu diesem Befehl bestimmt hatten, waren: erstens militärischer Natur, zweitens außenpolitischer Natur, drittens zum Schutze der eigenen Bevölkerung. Militärisch: schon bei der Offensive im Jahre 1916 machte ich als Korpskommandant die Erfahrung, daß die eigenen Flieger, obwohl numerisch schwächer als der Gegner, anstatt diesem den Einblick in die eigene Situation zu verschließen und ihm das ungehinderte Bombenwerfen hinter der eigenen Front zu verwehren, fortgesetzt große Raids machten, wobei sie gewöhnlich mehrere der so kostbaren Apparate einbüßten und das Ziel, die Zerstörung irgend eines Wasserwerkes oder Bahnhofes auf Hunderten von

---

36 Über die Wirkung der Amnestie, vgl. Polzer-Hoditz, 431–433, 443; Nowak, Der Weg zur Katastrophe (1926), XLII–XLIII und Nr. 55.

37 Vgl. Nrn. 35, 41, 49.

38 Vgl. Nrn. 30, 32, 44, 45, 46, 50, 59.

39 Vgl. Nrn. 76, 77.

Kilometern hinter der feindlichen Front, nicht im Verhältnis zu dem Schaden stand, der durch die feindlichen Flieger angerichtet wurde; (nebenbei gelangen die Zerstörungen meistens nicht). Der Zweck war, eben durch diesen Befehl, die von den Fliegern so beliebten Raids einzudämmen.[40]

Außenpolitisch: der Papst wußte davon und, ich bin ᵃ⁻bei seiner Friedenssehnsucht⁻ᵃ überzeugt, daß er diesen Akt der Humanität auch unserem Gegner zur Kenntnis gebracht hat, was wieder geeignet gewesen wäre, unseren Feinden den wohltuenden Unterschied zwischen unserer und der deutschen Kriegführung vor Augen zu führen. Es ist ja Tatsache, daß gerade die Bombenangriffe, bei denen unschuldige Frauen und Kinder zum Opfer fielen, den Haß zwischen den Kriegführenden zur Siedehitze brachten.

Schutz der eigenen Bevölkerung: Ich hoffte, daß die Italiener so vernünftig wären, in diesem Falle unsere großen Städte den ihren zu liebe zu verschonen; es war ja auch zu hoffen, daß sie, die so dicht gedrängten Fabriken des Steinfeldes schonen würden, damit nicht Neustadt und die umliegenden Orte Schaden leiden. Eine Intervention der Kaiserin in dieser Angelegenheit hat selbstverständlich nicht stattgefunden. ᵇ⁻Ein interessantes Detail dieser Frage: Der große Friedensmann Czernin klagte eines Tages während einer Audienz heftig über dieses Verbot: „So viele Mütter gäben ihre Söhne freudig für Kaiser und Vaterland her und viele dieser Söhne würden Flieger, die jetzt dadurch in größerer Gefahr schwebten, da die Italiener die Flak aus ihren Städten herausziehen und an die Front bringen würden. Diese größere Gefahr für ihre Lieben würden diese Mütter jenem Verbot und damit dem Kaiser in die Schuhe schieben." Czernins Sohn hatte sich eben zu den Fliegern gemeldet. (Nebenbei glaube ich nicht, daß die Italiener dies auf einen bloßen Befehl des feindlichen AOK hin taten sie werden halt neue Flaks bekommen haben.)⁻ᵇ

Ein zweites Gerücht besagt, das Gasschießen wäre aus Rücksicht für die Italiener und zum Schaden der eigenen Truppen verboten worden. Die Wahrheit ist folgende: Kaiser Franz Joseph verbot das Verwenden von giftigen Gasen, ausgenommen der Feind würde als erster dieses ebenso grausame als völkerrechtswidrige Mittel verwenden. So wurde es auch gehandhabt.

Es wird behauptet, es wäre verboten gewesen, Brandbomben zu verwenden, die Wahrheit ist, daß unsere Industrie Brandbomben nicht erzeugen konnte. Wir sind weit vom eigentlichen Thema abgeschweift. Die ungeschickten Erklärungen des Grafen Czernin vor dem Wiener Gemeinderat[41] und die darauffolgende Controverse mit Clemenceau zerstörte für den Augenblick je-

---

a–a Eigenhändige Einfügung des Kaisers.
b–b Einfügungen in der Vorlage.

40 Vgl. Österreich-Ungarns letzter Krieg, 6, 63–68.
41 02.04.1918: Rede Czernins vor den Vertretern des Wiener Gemeinderates, vgl. Fremdenblatt Nr. 88 vom 03.04.1918.

den Frieden im Inneren und im Äußeren. Im Inneren, da von Berlin genährt, der alldeutsche Wahn ins maßlose gestiegen war, im Äußeren, daß kein Staat mit Österreich, das à la Trotzki [sic] jede geheime Conversation preisgab, mehr verhandeln wollte. Näheres über die Clemenceauaffaire siehe Beilage.[42]

Der schwerste Vorwurf, den man gegen Graf Czernin erheben muß, ist der, daß er die mit staatlichen Geldern gekaufte Presse nach seiner Demission nicht anwies, nun nicht mehr seiner persönlichen, sondern der offiziellen Politik zu dienen. Es entstand in der Presse eine Campagne für Graf Czernin und gegen den Kaiser und wie leicht wäre es damals gewesen, durch Hinweis auf meine Friedensliebe die trotz allem Siegfriedlerwahnsinn der Intelligenz und Politiker dennoch friedenssehnsüchtige Volksstimmung für meine Aktionen zu gewinnen.[43] Das Volk glaubt alles, was man ihm darstellt, hätte man ihm gezeigt, daß der Kaiser vernünftiger war wie ihre Führer, so wäre an Stelle des wüsten Schimpfens eine große Begeisterung getreten.

Man kann sich übrigens beruhigen, Popularität ist wie eine Seifenblase, kaum hat ein von seinen Völkern vergötterter Herrscher etwas getan, was der kurzsichtigen, von jüdischen Schmocks und sonstigem Gesindel beeinflußten öffentlichen Meinung nicht paßt, mag die Sache noch so sehr dem Volk zum Besten sein, so ist die „Liebe der Völker" verflogen. Für einen Herrscher gibt es nur eines, er muß in schicksalsschweren Entscheidungen nur so handeln, wie er es vor Gott verantworten kann. Es ist merkwürdig, daß gerade damals die „Proletarier" für den Kaiser waren, […] einerseits, weil sie die Friedensbestrebungen anerkannten, anderseits aus Opposition gegen Intelligenz und Bürgertum. Es kam in Favoriten zu Demonstrationen; Verlaß ist aber auf diese Bevölkerungsschichten nicht. Einige Zeit nach der Clemenceau-Sache wurde mir aus glaubwürdiger Quelle mitgeteilt, die Statthalter und Landespräsidenten hätten sich, knapp vor Beginn der Clemenceau-Sache, Graf Czernin gegenüber geäußert, sie würden im Falle eines Putsches auf Czernins Seite stehen; unter Putsch war zu verstehen, daß Graf Czernin sich erst gegen die bestehenden Gesetze zum Diktator über Österreich und Ungarn aufgeworfen hätte. Aus derselben Quelle erfuhr ich, daß einige österreichische Minister im Juni oder Juli 1918 sich mit der Absicht trugen, mich zu bitten, die Kaiserin wegzuschicken.[44] Gewiß ist aber, daß zur Zeit der Clemenceau-Affaire sich Graf Czernin auffällig dafür interessierte, was im Falle, daß der Kaiser und König an der Ausübung der Regierungsgeschäfte verhindert sei, nach den österreichischen und ungarischen Gesetzen zu geschehen habe. Czernin sagte mir gegenüber immer, es handle sich darum, daß, wenn ich an der Front wäre und sei durch Streiks oder partielle Aufstände für einige Zeit

---

42 Vgl. Vineta-Fragment, Nrn. 87a, 87b.
43 Vgl. Polzer-Hoditz, 536–537.
44 Vgl. HHStA; NL Friedrich von Wieser, Eintragungen vom Juni und Juli 1918, passim.

verhindert [...] zurückzukehren, niemand an der Zentralstelle die Regierung führen würde; er nannte hiebei den Namen des Erzherzogs Friedrich. Die Sache kam sogar bis vor einen Kronrat, verlief aber dort, wie bei allen ähnlichen Gelegenheiten, im Sande.[45] Das höchste, was sich Czernin leistete, war aber, daß er mir zumutete, „um die Prinzen von Parma vor dem Erschießen zu erretten",[46] mich als halb geistesgestört à la Kaiser Ferdinand[47] erklären zu lassen und mich nach Reichenau oder Brandeis in voller Einsamkeit zurückzuziehen. Mittlerweile würde er, Czernin, alles in Ordnung bringen und ich könnte nach längerer Zeit unter dem Jubel der Bevölkerung und Te Deum bei St. Stephan als „geheilt" zurückkehren. Ich wies diese Zumutung zurück, worauf er demissionierte.

Wie oft sich die Mittel zum Schutze meiner Schwäger bei Czernin änderten, beweist folgende Tatsache: Am Abend bevor der dieses Ansinnen stellte, preßte er mir das bekannte Communqué[48], wo von Fälschungen gesprochen wurde, telefonisch mit den Worten ab: wenn das Communiqué herauskommt, so garantiert er mit seinem Kopf für das Leben der Prinzen, wenn es nicht herauskommt, wird er sich erschießen. Czernin war eben ein Narr. Wie recht hatte General Csicserics, als er mir im Winter von Brest Litowsk aus geheim telegrafierte, ich solle mich um einen neuen Minister des Äußeren umsehen, denn Graf Czernin sei nervenkrank.[49] Die sogenannte Erzherzog-Versammlung, die sich angeblich mit den aus der Clemenceau-Affaire für das Erzhaus resultierenden Fragen beschäftigte,[50] machte damals viel von sich reden. Schober[51] und seine so verläßliche Polizei hielten trotz eifrigster Nachforschung die Sache für unbegründet. Einzig und allein Erzherzog Friedrich erschien in diesen Tagen bei mir, um als „ältester Erzherzog" über die damals herrschende Mißstimmung zu berichten. Seine Ausführungen waren aber nicht sehr klar. Ich erwiderte ihm, ich würde, wenn ich wieder in dieselbe Lage käme, genau so für den Frieden arbeiten, das dumme Gerede der Leute wäre mir höchst einerlei und ich wäre überzeugt, daß die ganze Angelegenheit bald durch neue Eindrücke aus dem Gedächtnis der Leute verschwinden würde.

---

45 Alexander Demblin, Minister gegen Kaiser, 78–79, das unausgefertigte Kronratsprotokoll: 93–94.

46 TS 3521; Zur Publikation des Sixtus-Briefes durch Clemenceau: PAMAE, Papiers d'Agents – Archives Privées, 198, Clemenceau 1, 34r–41r; Druck: Sixte de Bourbon, L'offre de paix séparée, 351–359.

47 Ferdinand I., Kaiser von Österreich 1835–1848.

48 Vgl. das Kommuniqué vom 12. April 1918, in: August Demblin, Czernin und die Sixtusaffaire, 74–75; Alexander Demblin, Minister gegen Kaiser, 78, Text des Kommuniqués, 161–162.

49 Vgl. Nr. 21 und Nr. 87; Alexander Demblin, Minister gegen Kaiser, 228, Anm. 247 bringt das Telegramm.

50 Vgl. dazu, in: Opitz/Adlgasser (Hrsg.), Der Zerfall der europäischen Mitte, 146; Werkmann, Deutschland als Verbündeter, 253: angeblich am 20. April 1918.

51 Johannes Schober, vgl. Nr. 140.

Eine Folge der Dummheiten Czernins war der „deutsche Kurs", den die österreichische Regierung nun gehen mußte; ich war über ihn gewiß nicht entzückt, aber er war doch noch das einzige Mittel, den „furor teutonicus" etwas zu mäßigen.[52] Konnte man bei der Starrhalsigkeit der Italiener nicht von Deutschland los, so mußte man die Deutsch-Österreicher an der Stange halten und deren namenlos kurzsichtige Politik verlangte jenen Kurs.

Ich habe den Deutschen so oft gesagt: „Laßt doch allen Nationen ihre Freiheit, ihr Deutschen werdet ja von selbst durch Eure höhere und ältere Kultur und durch Eure zentrale Lage die geistige Führung haben. In den jetzigen Zeiten ist es unmöglich, mit Bajonetten die Herrschaft einer Minorität aufzurichten, sie würde sich ja so nicht halten." Im übrigen ist es auch von Seiten der Slaven ungerecht und übertrieben, den deutschen Kurs als eine große Härte ihnen gegenüber darzustellen, die sie gewissermaßen zwang, die vielhundertjährige Verbindung zu zerstören. Es handelt sich bei der ganzen Sache um sage und schreibe das Kreisgericht in Trautenau,[53] einem langjährigen Wunsche der Deutschen, um die Sektionierung des böhmischen Landesausschusses und endlich um das Verbot einiger staatsfeindlicher Versammlungen der Süd-Slaven. Das Kreisgericht Trautenau ist eine zu minime Lappalie, um den „gerechten Zorn" des ganzen großen böhmischen Volkes hervorzurufen; die ganze Sache ist eben eine nationale Spielerei der Abgeordneten und ein gutes Handelsobjekt der Parteien, das den Böhmen verloren ging. Ein trauriges Denkmal der Unfähigkeit und der Schwunglosigkeit des österreichischen Parlaments! Die Zweiteilung des böhmischen Landesausschusses war auch nichts neues, denn schon seit Jahren gab es einen deutschen und einen böhmischen Landeskulturrat, und gerade diese autonome Behörde funktionierte sehr gut. Bei der Politik der Süd-Slaven muß man unterscheiden zwischen staatsfeindlich und dynastie- und monarchiefeindlich; staatsfeindlich im Sinne des Kaisertums Österreich war ja schon auch die Maideklaration des Südslavischen Klubs,[54] welche bei Zerreißung des Österreichischen Staatsverbandes einen selbständigen Staat, jedoch innerhalb der Grenzen der Monarchie und unter der Dynastie schaffen wollte. Gestützt auf das österreichische Gesetz verlangten die Deutschen von der Regierung ein Verbot gegen jene Versammlungen, die, wie oben erwähnt, staatsfeindliche Tendenzen verfolgten. Die Regierung kam dadurch in eine begreifliche Verlegenheit, da es ihr widerstrebte, gegen Bürger vorzugehen, die dem Kaiser und dem Gesamt-Vaterlande treu waren. Sie erließ zwar das gewünschte Verbot, aber ge-

---

52 Vgl. dazu Robert Lansing, in Nrn. 90, 92, 94.

53 Vgl. dazu Nr. 161 mit Anm. 6.

54 Südslawische Maideklaration vom 30. Mai 1917. Vgl. dazu Bister (unsere Nr. 193, Anm. 8), 217–220. Gründung eines einheitlichen Staates von Serbien-Montenegro-Dalmatien und Bosnien unter Teilnahme von Heinrich Graf Clam-Martinic, Generalgouverneur von Montenegro, vgl. Höglinger, Clam, 209–220.

handhabt wurde es fast nicht. Ich will ja nicht leugnen, daß gewisse Schreier schon damals mit beiden Füßen in Serbien standen, aber der Großteil des Volkes dachte wie die Maideklaration.

Gleich nach der Affaire Clemenceau fuhr ich nach Spa, da die Deutschen damals in Anbetracht der Seitensprünge Österreichs eine engere militärische und wirtschaftliche Bindung verlangten. Damals ist es uns gelungen, die überschlauen Preußen furchtbar hinein zu legen. Wir verfaßten, von beiden Monarchen unterschrieben, einen großen Staatsakt,[55] worin die enge militärische und wirtschaftliche Bindung versprochen wurde, ª⁻unter der einen Bedingung freilich,⁻ª daß die Verhandlungen über Polen einen die beiden Vertragsteile befriedigenden Abschluß finden würden. Letzteres war natürlich unmöglich. Das hat der alte Burián doch vorzüglich gemacht!

Der Empfang in Spa war ziemlich kühl; der Kaiser wollte mir zuerst eine Moralpauke halten, die ihm nicht glückte. Er fing über den Einfluß der Damen an zu reden, gemeint natürlich Kaiserin, Erzherzogin Marie Therese, Herzogin von Parma; ich erwiderte ihm, er hätte mit Ausschaltung von Dameneinflüssen ganz recht, und ich hätte mich seit meinem Regierungsantritt sehr bemüht, die einzige politisierende Dame der Verwandtschaft auszuschalten, jedoch sei ich bis zum heutigen Tag der Erzherzogin Isabella noch nicht Herr geworden – tableaux![56] Dann sagte er, was für einen Eindruck würde es auf seine Soldaten machen, wenn sie erfahren, daß die Schwäger des Kaisers von Österreich, seines Verbündeten, auf der gegnerischen Seite kämpften; ich sollte trachten, die Prinzen ins neutrale Ausland zu bringen. Ich erwiderte ihm, sie wären keine Prinzen meines Hauses, ich hätte daher auf ihre Handlungen keine Ingerenz; Kaiser Franz Josef, dem sie sich im Anfange des Krieges mit Serbien zur Verfügung gestellt hatten, ließ sie jedoch nicht bei uns dienen und gestattete ihnen das Verlassen des Landes; daß sie dann später aber als Franzosen gegen Deutschland gekämpft hätten, wäre selbstverständlich.

Es fand eine Besprechung mit dem deutschen Kaiser, den Ministern und den Generälen Hindenburg, Ludendorff und Arz statt, bei der ich nochmals die leidige Clemenceau-Affaire in der offiziellen Darstellung streifte. Ich leugnete auch hier, im besten Glauben, das Bestehen des zweiten Briefes, den ich, auch wegen seiner geringeren Bedeutung, in dem Trubel dieser aufgeregten

---

a–a Nachträgliche Einfügung des Kaisers.

55 Vgl. Monarchenvertrag von Spa, Nr. 93 und HHStA; PA I, 524, fol. 23r–24v, Aufzeichnung über die Kreuznacher Besprechung vom 17. und 18. Mai 1918; zum verhängnisvollen Mißverständnis des Vertrages von Spa durch Lansing vgl. Nr. 94; ganz mißverständlich Rauchensteiner, 568 mit Anm. 1541–1545.

56 Vgl. dazu Annotation von Kaiserin Zita: „[...] Ehn. Isabella, die eine Art Agentin des Kaiser Wilhelm war, Nachrichten gebend und Einflüsse ausübend. [...]". Zu Ehn. Isabella, geb. Prinzessin Croy, Gemahlin von Eh. Friedrich vgl. auch Nr. 87a.

Zeit vollständig vergessen hatte. Erst im Jahre 1919 [sic 1920] erfuhr ich wieder von dessen Existenz als ich bereits in der Schweiz war.[57] Die Anwesenheit der Prinzen in Laxenburg mußte geleugnet werden, da sie ja ohne Wissen der belgischen Regierung[58] dort waren und sie infolgedessen, wenn man draufgekommen wäre, kriegsgerichtlich erschossen worden wären.

Während der Besprechung über die Militärkonvention äußerte sich Kaiser Wilhelm in seiner Plötzlichkeit: auch Bayern wäre mit der Militärkonvention sehr zufrieden. Also ein größeres Bayern sollten wir werden! Dies waren ja die genauen Worte, mit denen ich zu Hause immer die Idee der Militärkonvention zurückwies. Ludendorff, der seine innersten Pläne enthüllt sah, war sehr aufgebracht gegen seinen kaiserlichen Herrn. Abends waren die Preußen sehr aufgeräumt, hielten sich für Sieger; sie hatten unsere polnische Falle nicht bemerkt. Dieser „Sieg" war aber der letzte des alten Preußentums. Die Marneschlacht[59] war verloren gegangen, und der sozialistische Geist hatte die Armee zersetzt. Hier muß ich eine Österreich beschämende Tatsache erwähnen. Weder Fmlt Baron Klepsch[60] noch Botschafter Prinz Hohenlohe[61] wußten uns über die Schwere der Lage Deutschlands und seiner Armee, die ja senkrecht zur Katastrophe trieb, seriös zu berichten. Fmlt Baron Klepsch war ein sehr eleganter Offizier und großer Hofmann, beim Kaiser sehr beliebt, der sich aber mehr bei der militärisch unorientierten Suite des Kaisers aufhielt und nicht erreichen konnte, von den militärisch maßgebenden Stellen über die wahre Lage informiert zu werden. Man kann sich denken, wie viele Nachteile die Unorientiertheit über die militärische Lage des Bundesgenossen in einem Coalitionskrieg für die eigene Armee bringen kann, weit mehr als politische Unorientiertheit. Botschafter Prinz Hohenlohe, als überzeugter Anhänger Deutschlands und Duzbruder des deutschen Kaisers, glaubte, durch diese Umstände ohne weiteres von den Deutschen über alle politischen Vorgänge aufgeklärt zu werden. Er irrte sich aber hierin; die Deutschen, die seine Schwäche kannten, benutzten diese und zeigten ihm nur das, was ihnen an-

---

57 Zu diesem Brief Nrn. 41 und 194.

58 Vgl. dazu Albert I. Carnets et Correspondance, 403–404: König Albert I. an Prinz Sixtus, La Panne, 1917 März 25: « [...] Vous êtes fort aimable de me proposer de me raconter le résultat du voyage que vous avez entrepris à la demande du président de la République. Je vous prierais de ne pas vous en donner la peine. Je veux rester étranger à cette mission et suis résolu à me mêler ni de près ni de loin à des actions secrètes sur la nature et l'opportunité desquelles je n'ai pas été consulté. Les devoirs de ma situation m'imposent d'autant plus cette conduite qu'il s'agit de parents ayant demandé de servir dans l'armée belge et en portant l'uniforme. [...] »

59 Marneschlacht am 08. August 1918.

60 Alois Klepsch-Kloth Frh. von Roden, 1915–1918 k. u. k. Delegierter im Deutschen Großen Hauptquartier. Vgl. Broucek, Aus den Erinnerungen des Feldmarschalleutnants Alois Klepsch-Kloth von Roden, 385–401.

61 Gottfried Prinz zu Hohenlohe-Schillingsfürst, 12.08.1914–22.11.1918 österreichisch-ungarischer Botschafter in Berlin, vgl. Nrn. 3, 15.

genehm war. Man muß dem Botschafter den Vorwurf machen, daß er nicht
genügend aktiv war und keine „Vertrauensleute" besaß. Die Ereignisse in Berlin knapp vor der Revolution[62] wurden mir eigentlich erst durch die Flut der
„Enthüllungen" bekannt.

Ich war im August wieder in Spa, welch ein Unterschied gegen das Frühjahr![63] An Stelle der frohen, man kann fast sagen übermütigen Siegeszuver-
sicht war ein tiefer Ernst getreten; man hatte schwere, kaum ersetzliche Verluste erlitten, trotzdem war von Verzagtheit keine Spur. Umso unerklärlicher
war daher für die Öffentlichkeit das plötzliche Zusammenklappen der DOHL
im Oktober 1918. Man hatte eben überall den Bogen überspannt, sachliche
Mahnungen in den Wind geschlagen. Wie oft hatte ich gesagt: „Machen die
Kaiser nicht bald selbst den Frieden, so machen ihn die Völker über ihre Köpfe
hinweg" und „macht man nicht im Moment eines eigenen Sieges einen Frieden
ohne Annektion und ohne Kriegsentschädigung, ja sogar mit kleinen eigenen
Opfern, so wird man einst in einer militärisch ungünstigen Lage um Frieden
betteln müssen und das bedeutet die Katastrophe". – Ich war nach Spa gekommen, um die Deutschen zu einem möglichst baldigen gemeinsamen Frieden zu bewegen. Wir kamen auf der Formel überein, im Herbste, wenn sich die
militärische Situation stabilisiert haben würde – was die DOHL als sicherste-
hend betrachtete – sich gemeinsam an eine neutrale Macht – die Königin von
Holland[64] war damals durch Kaiser Wilhelm in Aussicht genommen – mit der
Bitte um Friedensmediation zu wenden. Mir dauerte dies aber zu lange und
ich fürchtete, daß sich entweder die Front im Westen nicht stabilisieren werde,
oder aber, wenn sie sich stabilisiert hätte, die deutschen Militärs wieder, wie
bei allen diesen Anlässen, nichts von Frieden würden wissen wollen.[65] Ich fuhr

62 Vgl. Ludendorff, Kriegserinnerungen, 186–219.
63 Zusammentreffen Kaiser Karls mit Kaiser Wilhelm am 14.08.1918 im Deutschen Hauptquartier in Spa; vgl. dazu die Bemerkung Ludendorffs in: Urkunden der Obersten Herresleitung,
   394; vgl. auch Rauchensteiner, 594–595; Bihl, Deutsche Quellen, 449–451; Hintze, 482–484
   (Nr. 153), 485–489 (Nr. 155, 158); Burián, 281–282; Scherer/Grunewald, 4, 280–281 (Nr. 192):
   Hofzug, 1918 August 10: Lersner an AA über die Vorbereitung des Besuches von Kaiser Karl .
64 Wilhelmina, Königin der Niederlande 1890–1948, vgl. Nr. 106.
65 Dazu in den Memoiren Wilhelms II., Ereignisse und Gestalten, 233–234: „[…] Sehr erschwe-
   rend für den über Holland beabsichtigten Schritt war es, daß Österreich zu keinem klaren
   Einverständnis zu bringen war, sondern seine erbetene Erklärung endlos hinschleppte. Sogar
   eine mündliche Verabredung des Kaisers Karl mit ihm wurde bald nachher unter Buriáns Einfluß von ihm wieder umgestoßen. Die niederländische Regierung war von mir schon benachrichtigt und hatte ihre Bereitschaft erklärt. Inzwischen hatte Österreich ohne unser Wissen
   das erste Sonderfriedensangebot gemacht und brachte dadurch den Stein ins Rollen. Kaiser
   Karl war wohl unter der Hand schon von sich aus mit der Entente in Fühlung getreten und
   längst entschlossen, uns allein zu lassen. Er handelte nach dem von ihm zu seiner Umgebung
   geäußerten Plan: ‚Wenn ich zu den Deutschen gehe, dann stimme ich ihnen in allem zu, und
   wenn ich nach Hause komme, dann tue ich, was ich will.' So kam es, daß meine Regierung und

daher bald darauf zum König von Bayern.[66] Ich schilderte ihm die verzweifelte Lage unserer Mächtegruppe, und er sagte mir zum Schluß dieser Ausführungen spontan: „Also haben wir diesen Krieg verloren?" Ich bat ihn nun inständig als ältester und mächtigster Bundesfürst Kaiser Wilhelm klipp und klar die Situation zu schildern und kategorisch auf einen möglichst baldigen Friedensschluß zu drängen. König Ludwig war einverstanden, und wie ich später erfuhr, fand eine bayerische Demarche in Berlin statt. Die Münchner sahen überhaupt die Dinge klarer als die Preußen. Bei der Erwähnung meines damals so traurigen Besuches in München, darf ich nicht eines braven, wohlverdienten Mannes vergessen, des bayrischen Gesandten, Baron Tucher,[67] der mich bei der ganzen Aktion riesig unterstützte. Ich hielt ihn früher nur für einen Kunstkenner, ich überzeugte mich aber, daß er ein feiner, kluger, politischer Kopf sei, der gänzlich antisiegfriedlerisch war.

Im Juni 1918 fand die verunglückte Piaveoffensive statt;[68] mannigfach sind die Gründe, die ihr Scheitern bedingten.

Erstens die Anlage. Das AOK beabsichtigte, aus dem Raum Cismon – Monte Grappa – Quero den Hauptangriff zu führen und im ersten Anlauf sich den Ausgang in die Ebene zu erkämpfen und so bald als möglich Bassano – Romano d'Ezzelino – Asole – Corunda zu erreichen. Im weiteren Verlaufe sollte die große Bahn Verona – Treviso unterbrochen werden. Zur Unterstützung des eigenen Angriffes Nebenoperation, mit 10 Divisionen aus dem Raum Oderzo in der allgemeinen Richtung auf Treviso vorstoßen. Der Grund, warum das AOK die Angriffsrichtung über den Monte Grappa wählte, war, einerseits die kürzeste Linie zur Venetianischen Ebene zu benützen, anderseits die Piavefront aufzurollen und Verschiebungen der Italiener von der Tiroler zu der Piavefront durch Zerstörung der Bahn zu erschweren.

Im Februar fand mit FM Conrad in Baden eine Besprechung über die Operation statt. Der FM verwarf mit aller Entschiedenheit die Idee des AOK und wollte den Hauptstoß auf den Setti Commune führen und den Stoß zwischen Brenta und Piave als Nebenoperation betrachten. Er führte Gründe an, die einleuchtend waren, nämlich daß im Raum zwischen Brenta und Piave ein Karrenweg zur Front führe, auf dem allein die Munitionierung und Verpfle-

---

ich von Wien aus fortgesetzt getäuscht wurden, ohne daß wir etwas dagegen tun konnten, da man von dort immer durchfühlen ließ: ‚Macht Ihr Schwierigkeiten, dann lassen wir Euch im Stich, d. h. unser Heer ficht nicht mehr an Eurer Seite.' Das aber mußte in der Lage, in der wir uns befanden, aus militärischen wie politischen Gründen, wenn irgend möglich, vermieden werden." Burián, 281–290.

66 König Ludwig III. von Bayern 1913–1918, vgl. Nr. 20. Der Besuch in München war am 28.8.1918. Vgl. KA, GASM 1918, 21/20; vgl. auch DDS 6, 780–784 (Nr. 443), Ch. D. Bourcart an F. Calonder, Wien, 1918 September 01., 03. und 04.; unser Band 1 mit Anhang 1.

67 Heinrich Baron Tucher-Simmelsdorf, bayerischer Gesandter in Wien 1889–1919.

68 13.06.–06.07.1918, vgl. Österreich-Ungarns letzter Krieg 7, 235–364; Fiala, Die letzte Offensive Altösterreichs; Rauchensteiner, 570–581; Arz, 262–278; Regele, 93–103.

gung einer ganzen Armee zu effectuieren unmöglich wäre; die Seilbahnen würden von dem Gegner, der infolge des Besitzes der Höhen guten Einblick in das eigene Hintergelände hatte, ständig abgeschossen; die Hauptattacke-linie Primolano – Arsia – Feltre stehe konstant unter feindlichem Feuer.

Aus allen diesen Gründen könnte die zum Angriff nötige Artillerie kaum in Stellung gebracht werden. Auf den Setti Communi hingegen wären Straßen vorhanden, auf denen auch schwere Artillerie vorangebracht werden könnte und der große Wald nördlich unserer Stellungen begünstige jedwede Trup-penverschiebung und Stellungswechsel der Artillerie. Das AOK entsandte den GM Baron Waldstätten[69], Chef der Operationsabteilung, an die Front, um den Angriff an Ort und Stelle zu erkunden und um mit den Truppenführern zu sprechen. Sowohl die Recognoscierung an der Front, als auch die Rück-sprache mit den Führern gelangte zu denselben Resultaten, Angriff nach Con-rads Plan. Ich befahl daher den Angriff beiderseits der Brenta. Es wurde der Anlage des Angriffs zum Vorwurfe gemacht, zu breit zu sein. Dies ist nicht richtig. Der Durchbruchraum des Hauptangriffes war bei über 20 angesetz-ten Divisionen 29 km. Der Nebenangriff des FM Boroević war bei zirka 15 angesetzten Divisionen fast ebenso breit. Dies alles berechnet nach den Be-fehlen des AOK. Die wirklichen Fehler der Detail-Anlage waren, daß die Hee-resgruppe FM Boroević ihren Nebenangriff durch überängstliche Sicherung der Flanken (Angriff auf Montello und des Corps Csicserics auf Meolo)[70] brei-ter machte, als vom AOK anbefohlen war und daß die Heeresgruppe Conrad übersah, daß dem für die eigenen Verschiebungen so günstigen Walde ge-genüber, knapp hinter den feindlichen Stellungen ebenso ein Wald lag, der es dem Gegner ermöglichte, knapp vor dem Angriff die von uns so schön ermit-telten und bereits in Karten eingezeichneten Batterien zu verschieben, sodaß die gegnerischen Batterien beim Beginn des Angriffs nicht niedergekämpft waren. Außerdem hatte der Feind im Walde uns nicht bekannte Stellungen ausgeworfen und Maschinengewehrnester etabliert. Die erste am Waldrand gelegene Stellung gab der Gegner ziemlich leicht preis und ließ unsere Trup-pen in den Wald folgen, wo sie sich plötzlich gegenüber einer wohlausgebau-ten Stellung sahen, die von der eigenen Artillerie gar nicht beschädigt war und auch, als man sie sah, nur sehr schwer artilleristisch bekämpft werden konnte. Hier verbluteten sich die besten Regimenter. Dies hätte die Heeres-gruppe Conrad voraussehen müssen.

Zweitens: die Verpflegung. Die Notlage blieb natürlich nicht ohne Rück-wirkung auf die Front. Die Verpflegsportionen wurden kleiner und kleiner; der schwere Gebirgskrieg zehrte an den Kräften der Menschen. Dennoch trachtete das AOK, die Soldaten vor der Offensive möglichst gut zu verpfle-

---

69 Vgl. Nr. 20.
70 Vgl. Nrn. 21, 87a und Österreich-Ungarns letzter Krieg, 7, 293.

gen, in der stillen Hoffnung, nach geglückter Offensive aus den reichen Vorräten der Italiener leben zu können. Trotz aller Anstrengungen der Quartiermeisterabteilung und der allerbesten Stimmung der Truppe waren die Leute
durch die vorangegangenen Entbehrungen nicht mehr so leistungsfähig wie
einst. Die bereits eingestellten älteren und ganz jungen Jahrgänge waren ja
auch durch die Not im Hinterland stark hergenommen.

Drittens Munition: Obwohl die Dotationen reichlich waren und für die Offensive genügten, brachten doch die fortwährenden Streiks im Hinterland Unordnung in die Munitionsversorgung.

Viertens: Überlegenheit des Gegners durch bessere Verpflegung und aus-
giebigere Munitionierung.

Fünftens: die Ungunst der Witterung. Die Piave führte kurz nach der Fluß-
forcierung solch ein Hochwasser, wie es seit einem Jahrhundert nicht gesehen
war; alle Brücken, die zu den kämpfenden Truppen führten, wurden immer
und immer wieder trotz heldenmütiger Arbeit der Pioniere zerstört, natürlich
war ein Verpflegs– und Munitionsnachschub fast unmöglich. Von dieser Cala-
mität war nur die Heeresgruppe Boroević heimgesucht. Wie bei jeder verunglückten Operation, so auch bei dieser, erfindet die Öffentliche Meinung
Gründe für das Mißlingen, die nichts weniger als stichhältig sind. Es wurde
behauptet, daß die Führung versagt hat, die österreichische Führung wäre
nichts wert, wir hätten Deutsche gebraucht. Dies ist grundfalsch. Bis auf die
zwei erwähnten Fehler gab die Führung zu gar keiner Klage Anlaß: alle Führer eiferten im edlen Wettstreit, das Beste zu leisten. Alte Generäle und Oberste waren in der ersten Linie draußen, um die vielen unerfahrenen Offiziere
in den schweren Aufgaben des Angriffs zu unterweisen. Brigadiere führten
Sturmkolonnen. Es wurde weiters behauptet, Verrat hätte eine Rolle gespielt.
Ich halte überhaupt nichts vom Verrat; bei einer großen modernen Armee
sind für eine Offensive so große Vorbereitungen notwendig (besonders Eisen-
bahnzüge), daß der Gegner sie merken muß. Im weiteren Verlauf der Vorbereitungen merkt der Gegner auch genau die geplanten Einbruchsrichtungen.
Ich konzediere nur, daß dem Gegner die genaue Zeit des Angriffes unbekannt
ist, daher ist es Pflicht jedes Führers der Truppe, möglichst lang die Stunde
zu verbergen, denn „Verräter" gibt es bei der besten Truppe. Diese „soi-disant"
Verräter sind meistens Feiglinge, die um ihre Haut Angst haben, überlaufen
und dem Gegner mehr oder minder richtige Angaben machen. Auch bei den
Deutschen waren Überläufer und Verräter an der Tagesordnung.

Vor der zweiten Marneschlacht[71] soll den Franzosen eine ganze deutsche
Disposition zugekommen sein und dies bei den national fast ganz einigen
Deutschen! Um wieviel leichter ist dies bei unserem national-verhetzten Völ-
kerkonglomerat. So sehr die Erzählungen über Verrat übertrieben wurden, so

---

71 08.–11.08.1918: Schlacht bei Amiens, „schwarzer Tag im Westen".

sehr schadet die leider dem Österreicher und speziell dem Offizier zur zweiten Natur gewordene Tratschhaftigkeit in solchen Fällen. Einige Tage vor Beginn der Offensive sollen in Wien bereits ganz außenstehende Menschen (Fiaker) Tag und Stunde des Angriffs gewußt haben; woher? Es ist bei diesen
Tratschereien kein böser Wille, sondern grenzenlose Unvorsichtigkeit und
Leichtgläubigkeit – darin sollen wir von den Deutschen lernen!

Eine weitverbreitete Legende ist auch, daß wir ungenügend Gasgranaten
gehabt hätten[72] und diese bei den italienischen Gasmasken wirkungslos blieben. Die von mir eingeleitete strenge Untersuchung hat ergeben, daß Gasmu-
nition im Verhältnis genügend[a] vorhanden war, daß es dasselbe Gas war, das
die Deutschen bei Tolmein benutzt hatten, und daß es „an vielen Stellen" sehr
gut gewirkt hätte.[73] Daß „nicht überall", sondern nur an „vielen Stellen" erklärt sich daher, daß das Gas – wie auch der deutsche Gasreferent aus dem
Westen bestätigte – je nach den Windverhältnissen verschieden wirkt. Ein
kleiner Windstoß kann bewirken, daß eine ganz „vergaste" Batterie vollkommen unversehrt bleibt. Im Westen geschah es, daß ein Stab durch ein mit
Gelbkreuz vergastes Feld ritt, ohne Schaden zu nehmen, da das Gas infolge
starken Luftdrucks an der Erde haften blieb. Speziell im Gebirge wechseln ja
die atmosphärischen Einflüsse von Minute zu Minute. Bei einigen gefangenen Italienern hatte man allerdings eine neuartige französische Maske gefunden gegen die unser Gas wirkungslos ist. Diese Masken waren aber nur
Proben und nicht allgemein eingeführt. Wozu wurde die Offensive bei allen
diesen Widerwärtigkeiten dennoch unternommen? Nach menschlicher Voraussicht waren die Chancen des Erfolges größer als die Möglichkeit eines
Mißerfolges. Die Truppe brannte darauf, die Italiener zu schlagen. Man darf
es nicht verhehlen, daß auch die bessere Verpflegung in Italien und das ange-
nehmere Kämpfen in der Ebene gegenüber den Strapazen des Gebirgskrieges
(speziell im Winter) viel zur Hebung der Angriffsfreudigkeit beitrugen. Die
Kommandanten waren des Erfolges sicher; noch am Abend vor dem Angriffe
meldete die Heeresgruppe Boroević, daß sie vollkommen bereit sei und Conrad meldete, daß bis auf kleinere, unbedeutende Mängel alles fertig sei. Bekanntlich ist keine Offensive jemals bis auf den letzten Knopf fertig, immer
gibt es noch etwas zu verbessern. Am 13. Juni (Tag vor dem Angriffe) fragte
ich persönlich durch Telefon den FM Boroević, ob es wirklich den Tag darauf
losgehen sollte; er bejahte. Conrad war ja an Ort und Stelle, um jederzeit berichten zu können. Es wird dem AOK der Vorwurf gemacht, gehetzt zu haben,

---

a   Vom Kaiser nachträglich eingefügt.

72 HHStA, NL Wieser, 642–643, 1918 Juli 06: Bei der Truppe grassierte das Gerücht vom „Zita-
    Gas". Auf Befehl der Kaiserin sollte auf Italiener nur mit Tränengas und nicht mit dem reich-
    lich vorhandenen Zyan-Gas geschossen werden.
73 Dazu: Conrad, Private Aufzeichnungen, 84–86.

ein späterer Zeitpunkt wäre für die Offensive günstiger gewesen. Dies ist unrichtig. Die Heeresgruppen meldeten, wie oben erwähnt, daß sie fertig seien. Das höchste Kommando muß endlich einen Tag bestimmen, an dem die größtmöglichste Menge an Truppen, Munition und Verpflegung in dem doch verhältnismäßig schmalen Angriffsraum konzentriert wird; nebenbei wurde, über die Bitte der Front, das Datum des Angriffs mehrmals geändert, bis man sich auf den 14. Juni einigte. Es ist doch für jeden denkenden Menschen klar, daß man so große Menschen- und Materialansammlungen nicht auf längere Zeit so eng beisammen lassen kann; bei den Menschen leiden Stimmung und Gesundheit, bei dem Material sind die Gefahren des Verderbens und Explodierens sehr groß. Es wurde behauptet, einige Kommandanten der Heeresgruppe Conrad wären mit Conrad nicht einig gewesen über Richtung und Zeitpunkt des Angriffes. Ich halte dies für eine spätere Rechtfertigung, denn ich erinnere mich genau einer Meldung, worin die volle Übereinstimmung der Unterführer mit Conrad über die ganze Offensive erwähnt war. Nachher ist halt immer leicht reden. Das Merkwürdige bei dieser Offensive war, daß den Nebenoperationen im Anfang voller Erfolg beschieden war, der aber dann durch den Mißerfolg der Hauptoperationen natürlich auch aufgehoben wurde; so am Monte Grappa, so am Montello und bei Meoló. Ich nahm die am Montello tapfer kämpfenden Truppen trotz Widerspruches des Korpskommandanten Ludwig Goiginger[74] hinter die Piave zurück, denn die Verluste standen nicht im Verhältnis zum Zweck. Dieser Berg wäre ein schönes Sprungbrett für eine neue Offensive gewesen, aber diese war für den Moment unmöglich. Drei Wochen hätte man nach Aussage des Korpskommandanten trotz des mörderischen konzentrischen Artilleriefeuers der Italiener bei häufigen Wechsels der abgekämpften Truppen den Montello halten können, dann aber hätte man unbedingt vorwärts gehen müssen, was, wie bereits erwähnt, aus technischen Gründen unmöglich war. Die noch weiter anzuführenden Tatsachen werden diese Unmöglichkeit noch mehr erhärten.

Die Piave führte Hochwasser, riß alle Brücken ab, wodurch sie Munitionisierung und Verpflegung fast unmöglich machte, und es regnete unaufhaltsam weiter. Die Brücke zum Montello stand im Kreuzfeuer der Italiener, last not least Verpflegungskalamität, irgendwo im Hinterland war der Verpflegsfaden abgerissen, dringende Aushilfe tat Not. Ich entsandte General Fürst Fürstenberg, den Intimus des deutschen Kaisers, und den ungarischen Ernährungsminister Prinz Windisch-Graetz zu den Deutschen – betteln. Wir erreichten einiges, jedoch nur genügend für den Stellungskrieg.[75] Zu dumm ist

---

74 Ludwig Goiginger, Kommandant des 24. Korps seit 08.03.1918; seit 09.05.1915 FML; 06.06.1918 FZM.

75 Maximilian Egon II. Fürst zu Fürstenberg, seit 1907 Vizepräsident des ÖHH, GM in der k.u.k. wie in der deutschen Armee; kgl. Preußischer Oberstmarschall; Ludwig (Lajos) Prinz Win-

die Ansicht, daß Arz und meine Anwesenheit an der Front und die hiedurch
bedingte Entfernung von Baden das Funktionieren des Befehlgebungsappa-
rates übel beeinflußt hätte; der Kommandant und der Generalstabschef dürfen sich nie trennen; besonders wo, wie bei mir, politische und militärische
Leitung in einer Hand lag. Der Kaiser gehört bei einer so großen Schlacht an
die Front und bei der heutigen Leichtigkeit der Verbindungsmittel kann man
von überall her eine Schlacht leiten.

Das AOK ist eine so hohe Kommandostelle, daß es nach Ausgabe der An-
griffsbefehle nur in den alleräußersten Fällen eingreifen soll und in so einem
Falle kann es sich niemals um ein bis zwei Stunden handeln.

Die einzige Consequenz, die das AOK aus der verunglückten Offensive zog,
war der Abschuß Conrads;[76] warum, ist aus Vorstehendem ersichtbar. Conrad
fiel allerdings auf die Butterseite. Arz bat mich öfters um seine Enthebung,
die aber nicht bewilligt wurde.[77]

General der Kavallerie Fürst Schönburg[78] überreichte mir ein Pro-Memoria, worin er mir nahe legte, im AOK die Scheinstellung wie Kaiser Wilhelm
in der DOHL (nach der verunglückten ersten Marneschlacht)[79] einzunehmen,
nominell den Oberbefehl zu führen, in Wirklichkeit den Generalstabschef „die
Verantwortung" tragen zu lassen. Der alte Wekerle[80] hat einst einen sehr richtigen Ausspruch getan: „Majestät, die Verantwortung ist für die Katz."[a] Die
Richtigkeit dieses Ausspruches habe ich während meiner Regierungszeit und
ganz besonders nach den Umwälzungen glänzend bestätigt gefunden. Wo und
wann haben die Verantwortlichen nach der Revolution ihre Kaiser und Herren gedeckt? In der Not, wo die Verantwortungsfreudigkeit doppelt am Platz
ist, scheinen die vielen, vor Gott geschworenen Eide nicht zu gelten; oder
glauben diese Leute vielleicht, daß sie sich derselben durch Sattlergehilfen,
Portiere etc., für die sie früher kaum ein herablassendes Lächeln hatten, entbinden lassen können? In der Revolution hieß es, einige wenige Treue ausgenommen, nur sich selbst rechtfertigen, sich auf den Kaiser ausreden, selbst
der große, alles voraussehende und – denkende Mann zu sein. In normalen
Zeiten war so oft die Verantwortlichkeit ein Pressionsmittel der betreffenden
Minister, um die dem Herrscher unangenehmen Sachen zu erreichen: dies

---

a Umgangssprachlich: umsonst.

disch-Graetz, vgl. Nr. 87a; Scherer/Grunewald, 4, 218–220 (Nr. 139): Spa 1918 Juni 24: Grünau
an AA und l.c., 231 – 232 (Nr. 148): Berlin, 1918 Juli 01: Bussche an Grünau.

76 Conrad, Private Aufzeichnungen, 73–74; 86–88; Nowak, Der Weg zur Katastrophe (1926),
LIV–LIX, XIV.

77 Arz, Zur Geschichte des großen Krieges, 262–277.

78 Aloys Frst. Schönburg-Hartenstein, GdK an der Isonzofront, 11.11.1918 GO, vgl. Nrn. 2, 3 und
87a.

79 05.09.1914: 1. Marneschlacht.

80 Alexander (Sándor) Wekerle, vgl. Nr. 87a.

wurde natürlich dem betreffenden Verantwortlichen bei seinen Leuten hoch angerechnet, man sprach von seinem Rückgrat, von Männerstolz vor Fürstenthronen und vom aufrechten deutschen Mann. Und als das Unangenehme für den Minister kam? Ich bin daher sehr froh, daß ich die Insinuationen Schönburgs abwies, Schönburg versuchte einen zweiten Vorstoß. Bei einer kurzen Frontreise nach der Offensive redete Schönburg Arz folgendermaßen an: „Exzellenz, Sie besitzen nicht das Vertrauen der Armee." Arz war ganz niedergeschlagen, bat neuerlich um seine Enthebung, die ich wieder nicht gewährte, und tröstete ihn, so gut es ging. Der Schluß war eine große Nase[a] für Schönburg.

Im Februar 1918 war eine Meuterei bei der Flotte in Cattaro ausgebrochen[81] und gleichzeitig hörte man, daß auch bei der übrigen Flotte ein schlechter disciplinwidriger Geist eingerissen war, der sich in offenem Murren und Schimpfen über die sehr gute Menage äußerte. Ich entsandte Admiral Erzherzog Karl Stefan[82] nach Pola und Cattaro. Sein Bericht über den Marinekommandanten und über die Admirale war vernichtend; Schwäche, Energielosigkeit und zu hohes Alter. Ein Admiral hatte, als er mit seiner Flottenabteilung nach vier Jahren Krieg zum ersten Mal aus Pola auslaufen mußte, einen Weinkrampf. Der Erzherzog sagte mir noch scherzend: „Als ich die Admirale sah, die meine Akademiekameraden waren, mußte ich unwillkürlich selbst in den Spiegel sehen, ob ich auch so alt geworden wie jene." Er proponierte mir den sehr tüchtigen Linienschiffskapitän Horthy[83], der im Kriege die „Novara" mit so viel Erfolg geführt hatte und infolgedessen bei der Marine uneingeschränktes Vertrauen besaß, zum Flottenkommandanten zu machen, das Flottenkommando mir direkt zu unterstellen und als mir zugeteilten Admiral, den Admiral Keil[84] nach Wien zu kommandieren. Die Aufgabe Keils sollte sein, mir über alle Angelegenheiten der Marine zu referieren und die eventuell vom Flottenkommando proponierten Operationspläne zur Genehmigung vorzulegen. Der Wirkungskreis des Flottenkommandos sollte ein rein operativer sein, alle sonstigen Angelegenheiten, die dem Großadmiral Haus[85] so viele kostbare Stunden gekostet hatten, sollten sich Keil

---

a   Umgangssprachlich: Verweis.

81 Plaschka, Innere Front 1, 107–154; ders., Cattaro – Prag. Revolte und Revolution.

82 Karl Stefan Eh. von Österreich, Admiral, dazu Plaschka, Innere Front 1, 146 mit gegenteiliger Darstellung und Nr. 3.

83 Die Ernennung von Nikolaus (Miklós) Horthy von Nagybánya zum Konteradmiral und Kommandanten der österreichisch-ungarischen Flotte erfolgte am 27.02.1918.

84 Franz von Keil, Admiral.

85 Anton Frh. von Haus, Großadmiral seit 1916. Kaiser Karl nahm am 10.02.1917 persönlich in Pola am Begräbnis von Admiral Haus teil. Vgl. KA, MKSM 1917, 80–1/1–6; ebd., GASM 1917, 5/4.Vgl. auch unseren Band 1, Anhang 1. Dazu auch Paul G. Halpern/Anton Haus, Österreich-Ungarns Großadmiral, Graz 1998.

und Marine Sektion teilen. Ich genehmigte diese Anträge, denen auch der in dieser Angelegenheit herangezogene ehemalige Marinekommandant Graf Montecuccoli[86] beistimmte. Hiebei bewunderte ich die Geistesfrische des greisen Admirals. Obwohl durch diese Verfügung auch viele sonst tüchtige Admirale übergangen wurden, war ich doch sehr erfreut über die tadellose Haltung der Praeterierten, die entweder ohne Kränkung in Pension gingen oder sich freudig dem rangjüngeren Vorgesetzten unterstellten. Ein schönes Zeugnis für den Geist unserer Seeoffiziere.

Anfang 1918 war man glücklich, daß man endlich die Aussicht hatte, zu einem Frieden mit Rußland zu gelangen. Hauptsächlich, weil man dadurch auf eine große Entlastung der West- und italienischen Front rechnete. Wie bekannt, waren die Verhandlungen mit den Bolschewiken sehr mühsam. Sie verstiegen sich zu unendlichen sozialistischen Tiraden, die die Geduld auf eine harte Probe stellten. Sie trachteten, eben die Verhandlungen fort in die Länge zu ziehen, denn die Streiks bei uns und in Deutschland erweckten in ihnen die Hoffnung auf eine baldige Revolution bei den Zentralmächten und auf darauffolgende Verhandlungen mit „ihresgleichen". Fast gleichzeitig mit den Bolschewiki trafen in Brest Litowsk auch einige ukrainische Jünglinge ein, um im Auftrag der Rada[87] in Kiew mit uns zu verhandeln. Graf Czernin, vom richtigen Standpunkte ausgehend, endlich der kriegsmüden Bevölkerung wenigstens einen Friedensschluß zu zeigen, stürzte sich mit Feuereifer auf diese Verhandlungen. Die Ukrainer versprachen Getreide, und dies wirkte bei uns allen hoch und niedrig wie ein Zauberwort. Graf Czernin ließ sich aber durch den schlauen General Hoffmann[88] bewegen, weitergehende Concessionen zu machen, als zur Erreichung unseres Zweckes vielleicht notwendig war: nämlich die Zuerkennung des Cholmerlandes an die Ukraine und die Garantie von Seiten der österreichischen Regierung für eine weitgehende Autonomie der Ukrainer in Galizien. Beides wirkte wie das rote Tuch für die Polen. Es war bestimmt die Absicht des geriebenen Preußen, uns hiedurch für lange Zeit mit den Polen zu verfeinden und diese den deutschen Aspirationen willfähriger zu machen. Graf Czernin kam mit dem Resultat seiner Besprechungen nach Wien zurück; vom Einflusse Hoffmanns wußte ich damals noch nichts.[89] Trotz der für den Sieger gegenüber einem so schwachen Staate sehr

---

86 Rudolf Graf Montecuccoli degli Erri, Admiral seit 30.04.1905; 05.10.1904–01.05.1913 Marinekommandant und Chef der Marinesektion im Reichskriegsministerium.

87 Volksvertretung in der Ukraine.

88 Vgl. Nr. 87a.

89 Vgl. dazu die Annotationen von Kaiserin Zita: „[...] Czernin sagte aber nichts von seiner Beratung durch General Hoffmann. (Hier wäre an die triumphale Heimkehr Czernins zu denken, des ersten Friedensbringers, der sich dies bestellt hatte und nicht einmal den Namen des Kaisers nannte)." Vgl. auch Archiv der Bundespolizeidirektion Wien, Schober-Archiv, Memorandum von Albin Schager-Eckartsau über die Ursachen des politischen Kurswechsels von Graf Czernin.

harten Bedingungen, stimmte ich angesichts unserer desparaten Ernährungslage beim Kronrat in Laxenburg diesem zu. Ich war der Ansicht, daß, wenn die eigenen Untertanen verhungern, man nicht große Polenpolitik betreiben kann. Arme Leute kochen mit Wasser. Am 9. Februar wurde der Friede mit der Ukraine unter den im Kronrat verhandelten Bedingungen geschlossen.[90] Die Besprechungen mit den Russen gingen einstweilen weiter. Wir versuchten auch, für die Befreiung des Zaren[91] zu wirken, aber es wurde uns gesagt, daß, wenn wir, die Zentralmächte, nur einen Finger für ihn rühren, die Bolschewiki ihm den Prozeß wegen Einverständnis mit dem Feinde machen würden, und wie er ausgegangen wäre, dafür gibt der unglückliche Ludwig XVI. das beste Beispiel. Den Deutschen ging endlich der Geduldsfaden aus. Die Bolschewiki hatten in einer Radiodepesche die deutschen Soldaten zum direkten Ungehorsam gegen ihre Vorgesetzten aufgefordert. Auf das hin kam der Befehl von Spa, den Waffenstillstand zu kündigen. Ich war gerade in Siebenbürgen auf Inspizierung.[92] In Erzsébetváros [dt. Elisabethstadt, rumän. Dumbraveni] meldete mir Graf Czernin die geänderte Sachlage. Ich befahl ihm, die deutsche Waffenstillstandskündigung nicht mitzumachen, sondern zu trachten, trotz alledem im Wege von Verhandlungen mit den Russen zu einem Modus vivendi zu gelangen. Die Bemühungen Czernins waren von Erfolg begleitet. Wir kündigten den Waffenstillstand nicht, sondern sowohl wir als die Russen erklärten beim Auseinandergehen, daß zwar de jure kein Friedenszustand zwischen uns bestehe, daß aber der Krieg de facto aufgehört habe. Daher kam es, daß unsere Truppen in ihren Positionen stehen blieben, während die Deutschen vorrückten. Es fragt sich nun, warum wir trotzdem in die Ukraine eingerückt sind. Die ukrainische Rada, die bereits in Brest Litowsk neben den Russen mit uns verhandelt hatte, und die wir durch den Friedensschluß vom 9. Feber 1918 als Regierung eines selbständigen Staates anerkannt hatten,[93] bat uns und die Deutschen, in ihrem Lande Ordnung gegen die roten Räuberbanden herzustellen und versprach uns dafür Getreide und Rohmaterialien. Unsere Aktion war daher eine reine polizeiliche Maßregel zum Schutze unserer eigenen Länder gegen den Bolschewikismus; bei unserem Mangel schienen uns auch die wirtschaftlichen Perspektiven sehr verlockend. Es entstand natürlich sofort ein Streit wegen eines gemeinsamen

---

90 Vgl: Komjáthy, Protokolle, 627–633; HHStA, PA I, 1092a, NL Czernin, Kaiser Karl an Graf Czernin, 1918 Februar 08: Dank für den Friedensschluß mit der Ukraine, was den „schönsten Tag" der bisherigen Regierungszeit des Kaisers darstellte.

91 Nikolaus II., Zar von Rußland 1896–15.03.1917 (Abdankung), mit seiner Familie am 17.07.1918 hingerichtet. Vgl. Nr. 3.

92 Reise Kaiser Karls nach Budapest und zur Heeresfront Eh. Joseph, 07.–12.03.1917; vgl. Anhang 1.

93 09.02.1918: Friedensvertrag mit der ukrainischen Volksrepublik in Brest Litowsk: Österreich Ungarns letzter Krieg, 7, Anlageheft, 1–8; Bihl, Brest-Litovsk, 120–128, 137–145.

Oberbefehls. Wir standen auf dem Standpunkte, daß dieser gemeinsame
Oberbefehl unnötig sei, und daß jede der verbündeten Armeen ihrem respek-
tiven Oberkommando direkt unterstehen solle. Die Deutschen waren gegenteiliger Ansicht, weil sie hofften, daß sie dadurch für sich mehr wirtschaftliche Vorteile herausschlagen und uns benachteiligen könnten. Die DOHL
bewog sogar Kaiser Wilhelm dazu, mir folgendes Telegramm zu senden: „Auf
Grund der seinerzeitigen Abmachung gebe ich Dir zur Erwägung, die österreichische Armee in der Ukraine dem Generalfeldmarschall von Eichhorn zu
unterstellen. Wilhelm."[94] Also eine Art Befehl. Ich erwiderte: „Da sich die
seinerzeitigen Abmachungen nur auf militärische Operationen der Verbündeten beziehen, und unser Einmarsch in die Ukraine nur die Pacifizierung eines Landes, mit dem wir Frieden haben, darstellt, so kann ich mich leider Deiner Anregung nicht anschließen." Auf diese Depesche langte nie eine Antwort
ein. Damit war der Zwischenfall erledigt. Später, als wir wieder einmal gezwungen waren, uns an die Deutschen um Nahrungsmittelaushilfen zu wenden, konzedierten wir, daß zwar die militärischen Angelegenheiten getrennt
bleiben, die wirtschaftliche Aufbringung im Lande aber gemeinsam unter
deutscher Führung bewerkstelligt werden sollte. Ich erwähnte vorhin im Telegramm die Abmachungen mit den Deutschen. Diese waren folgende: Als ich
die Regierung antrat, war der Vertrag über den gemeinsamen Oberbefehl „aus
dem Jahre" 1916 gültig.[95] Ich übernahm den Oberbefehl über meine Armee
und konnte daher als Kaiser nicht einem anderen Kaiser unterstehen. Nach
Verhandlungen mit den Deutschen wurde folgendes stipuliert: Der gemeinsame Oberbefehl hört auf. Strittige Fragen bereinigen die Generalstabschefs,
können sich diese nicht einigen, so besprechen sich die beiden Kaiser und
kommen diese auch zu keinem Resultate, so überlasse ich, als der jüngere,
dem Kaiser Wilhelm die Entscheidung.[96] Dies wurde aber den zwei kleinen
Verbündeten nicht mitgeteilt. Selbstverständlich wurde eine solche Entscheidung Kaiser Wilhelms nie akut, weil alle militärischen Stellen im Interesse
eines guten Einvernehmens bemüht waren, eine so odiose Sache vom Kaiser
fernzuhalten. Oberwähntes Telegramm war jedenfalls ein ballon d'essai[a] der
DOHL, ob man einknicken oder nackensteif bleiben wird.

Von den Bukarester Verhandlungen ist nur erwähnenswert, daß wir fort
und fort mäßigend auf Deutsche und Bulgaren einwirkten. Ich richtete an
Graf Czernin trotz Einspruches der auf Grenzrektifikationen erpichten unga-

---

a Frz: Probeballon.

94 Vgl. Nr. 87a.

95 Arz, Zur Geschichte des Großen Krieges, 127–129; Österreich-Ungarns letzter Krieg, 5,
    267–269.

96 Vgl. Nr. 25; Österreich-Ungarns letzter Krieg, 5, 723–724; dazu auch: AGL, Broucek, Kaiser
    Karl als Inhaber des allerhöchsten Oberbefehls (Manuskript), 79–81.

rischen Regierung den telegraphischen Befehl: an den Grenzrektifikationen für Ungarn darf der Friede nicht scheitern. Ich veranlaßte die österreichische Regierung, auch nach Bukarest zu gehen als Gegengewicht gegen die bereits dort befindlichen eroberungslustigen Ungarn. Österreich verlangte für die Vergrößerungen Ungarns gewisse Gegenkonzessionen, was den Ungarn wenig schmeckte. Ich stand auf dem von mir bei der Mission Randa[97] eingenommenen Standpunkte, daß wir und Deutschland nicht das Recht hätten, als Monarchen das rumänische Königshaus abzusetzen. Meine Ansicht drang nach langen Kämpfen durch, obwohl die Deutschen und einige ihnen ergebene rumänische Politiker eine hartnäckige Opposition machten.

Als einmal während der Verhandlungen wegen der Dobrudscha die Rumänen gar nicht nachgeben wollten, und wir mit dem Abbruch des Waffenstillstandes[98] drohten, legten wir den Deutschen nahe, die ganze Front gegen Rumänien entweder dem Erzherzog Friedrich oder Eugen zu unterstellen. Dies wiesen die Deutschen mit der Bemerkung ab, man dürfe nicht FM Mackensen beleidigen. In Wirklichkeit waren sie um ihr Prestige besorgt und fürchteten vielleicht, daß ein österreichisches Kommando nicht so energisch die Operationen führen würde, da ich mich nur mit größtem Widerwillen zu dieser Drohung an Rumänien entschlossen hatte.[99]

Eines muß man den Deutschen lassen, sie unterstützen ihre Führer durch dick und dünn, besonders wenn die Betreffenden einmal durch die vorzügliche deutsche Propaganda eine gewisse Popularität erreicht haben, auch dann, wenn dieselben in Wirklichkeit nicht jene Genies sind, zu denen sie das Volk gemacht hat. Das Fehlende muß eben der Generalstabschef ersetzen, und wenn etwas nicht stimmt, fällt dieser. Ich will gewiß nicht dem guten alten Mackensen nahe treten, der immer ein besonderes Herz für unsere Truppen hatte, aber seine Berühmtheit waren seine schöne Erscheinung, seine tadellose Husarenuniform und sein schönes Pferd, aber so wie er, waren vom Standpunkte der Truppenführung, die meisten großen Namen, Hindenburg, Woyrsch, Bülow etc.[100] Wir müssen daraus lernen, daß wir es leider verabsäumt haben, unsere gewiß ebenso tüchtigen Generale durch Presse und Schule zu Volkshelden zu stempeln, die unsterblich in der Geschichte weiterleben. Und das alles aus einer falsch verstandenen Bescheidenheit, leider auch aus Neid und Mißgunst der nicht so glücklichen Kameraden, und weil das AOK leichtsinnig aus geringen Anlässen die höheren Führer abschoß. Ein zweiter Trick, dessen sich die Deutschen „hauptsächlich" auf dem Balkan-

---

97 Vgl. Nr. 87a.

98 Waffenstillstand mit Rumänien am 09.12.1917 in Foçsani.

99 Vgl. Mackensen, Briefe und Aufzeichnungen, 347.

100 Remus von Woyrsch, preußischer Generalfeldmarschall; Karl von Bülow, preußischer Generalfeldmarschall an der Spitze der 2. Armee im Westen, April 1915 gesundheitsbedingtes Ausscheiden.

kriegsschauplatz bedient haben, ist folgender: Eines Tages taucht ein deutscher, Divisionär Kommandant der X. Division, auf und mit ihm kommt
selbstverständlich ein Korpskommandant. Und fragt man nach der Ordre de
bataille dieser „deutschen" Division, so erfährt man, daß ein deutsches Bataillon und acht bulgarische Bataillone ihre Kampfkraft darstellen. Der Korpskommandant erhält natürlich einen Abschnitt, in dem seine „deutsche Division" und zwei nicht deutsche Divisionen stehen. Also für ein Bataillon ein
ganzes Abschnittskommando. Auf diese Art trachten sie, überall ihren Einfluß geltend zu machen. Man kann daraus lernen!

Es wurde in diesen [...] Zeilen so viel über die Verpflegung gesprochen, daß
es notwendig ist, auch über jene Männer zu sprechen, die die Verantwortung
für diese dornenvolle Aufgabe trugen; General Landwehr, der die ganze Verpflegung im großen leiten sollte, war dadurch in allen seinen Handlungen
sehr gehindert, daß sich Ungarn „aus konstitutionellen Gründen" geweigert
hatte, ein gemeinsames Verpflegsamt zu errichten. Er konnte eigentlich immer nur Ratschläge erteilen und die betreffenden Ernährungsministerien,
das österreichische, das ungarische und das kroatische, folgten seinen Rat-
schlägen, wenn es ihnen paßte.[101] Der österreichische Ernährungsminister,
Generalmajor Höfer[102], war sehr fleißig und sehr gewandt, war er ja doch früher im Etappenoberkommando tätig gewesen, nur physisch hielt er diese auf-
reibende Tätigkeit nicht aus. Mit dem ungarischen Ernährungsminister Graf
Hadik[103] war das Arbeiten sehr schwer, er wollte für Österreich nie etwas geben, erst sein Nachfolger, Prinz Windischgrätz, sah die Notwendigkeit, auch
für Österreich etwas zu tun, fand aber, trotzdem er energisch requirieren
wollte, überall zuletzt auch bei den requirierenden Truppen nur Widerstand;[104] Ungarn war ja im Kriege kolossal egoistisch. (Der Krieg war ja doch
– wenn auch die Ermordung des Erzherzogs Franz den letzten Anstoß gab, die
Schuld Ungarns. Es reizte die Serben durch Vieheinfuhrverbote, angeblich
zum Schutze der eigenen Landwirtschaft.) Der Krieg war gerecht. Die Ermordung des Erzherzogs Franz, von der internationalen Freimaurerei ange-
zettelt, war der letzte Anlaß dazu.[105]

---

101 Ottokar Landwehr von Pragenau, General, Vorsitzender des österreichisch-ungarischen
   Ernährungsausschusses. Vgl. Landwehr, Hunger, 103–154; Windisch-Graetz, Vom roten zum
   schwarzen Prinzen, 156–314.
102 Anton Höfer, Generalmajor, 05.01.1917–26.02.1918 Minister o.P., Leiter d. Amtes f. Volksernährung.
103 Johann (János) Graf Hadik von Futak, ungarischer Ernährungsminister 23.08.1917–
   25.01.1918. Vgl. Windisch-Graetz, Vom roten zum schwarzen Prinzen, 171.
104 Windisch-Graetz, Vom roten zum schwarzen Prinzen, 246–247.
105 TS 666: „[...] Ich weiß, daß die Freimaurer das Haus Österreich grimmig gehaßt haben. Ich
   weiß auch, daß, als [...] Erzherzog Thronfolger Franz Ferdinand das Wort geprägt hatte: ‚Los
   von Rom heißt: Los von Österreich', ihm von den Freimaurern das Todesurteil gesprochen

Die Freimaurerei hatte seit dem eucharistischen Kongresse[106] beschlossen, „Austria esse delendam".[107] Dennoch waren speziell von ungarischer Seite Fehler geschehen, die dem Gegner die so gewünschte Handhabe zum Schüren gegen die Monarchie gegeben haben. Wenn schon es die gesamte Monarchie abgelehnt hatte, den Serben den Ausgang zur Adria zu gewähren, so waren es doch rein ungarische agrarische Interessen, die beim „Schweindelkrieg"[108] ausschlaggebend waren, und ungarische „staatliche" Interessen haben die Lösung der südslavischen Frage verhindert. Wenn ich diese Maßnahmen kritisiere, so geschieht es nicht aus der Annahme heraus, daß dadurch der Weltkrieg verhindert worden wäre, den Freimaurern standen immer Mittel und Wege zur Verfügung, den Krieg dennoch zu führen – aber man sollte es dem Gegner nicht zu leicht machen, Prätexte zu finden. Es war nicht praktisch, Serbien vom Meere abzusperren, denn jeder Staat, wenn er auch noch so klein ist, braucht einen Hafen, und dieser Hafen hätte uns nicht schaden, im Gegenteil nützen können, wenn wir die Bahn hingebaut und ihn dadurch unter unsere Kontrolle gestellt hätten. Der „Schweindelkrieg" wurde so hart geführt, daß Serbien buchstäblich in seinen eigenen Schweinen erstickt ist, was die Serben natürlich reizte und sie in das gegnerische Lager trieb. Die Nichtlösung der so brennenden südslavischen Frage und die ungeschickten fortgesetzten Sticheleien der Kroaten durch Ungarn sind sicher von allem Vorgenannten die schwersten Fehler.

Der Trialismus, alle Südslaven der Monarchie in einem Österreich und Ungarn gleichberechtigten selbständigen Staat vereinigt, wäre des Rätsels Lösung gewesen, aber dagegen bäumte sich der doktrinäre ungarische Staatsrechtsgedanke auf, solange bis auch dieser Gedanke zugrunde ging.[109] Es ist

---

wurde und daß seine Ermordung in Sarajewo eine Folge davon war. Ich weiß auch, daß das letzte Telegramm, das vor der verhängten Postsperre in Sarajewo noch hinausging, die Meldung von der erfolgten Ermordung an die Großloge in Paris beinhaltete. [...]."

106 XXIII. Internationaler Eucharistischer Kongreß in Wien, 12.–15.09.1912. Vgl. Bericht über den XXIII. Internationalen Eucharistischen Kongreß in Wien, 12. bis 15. September 1912, Wien 1913.

107 TS 2859: „[...] Der endgültige Beschluß der Freimaurerei, die österreichisch-ungarische Monarchie zu liquidieren, ist anläßlich des eucharistischen Kongresses in Wien im Jahre 1912 gefaßt worden. Kaiser Karl hatte bereits wenige Tage später davon Nachricht. Aus einer Mitteilung, die Kaiser Karl über einen Beschluß der Großloge von Frankreich (die Sitzungen fanden in Bern, Genf, Paris und Rom statt und auch die deutschen Freimaurer waren zugezogen) zugegangen ist, ergibt sich die Tatsache, daß schon im Jahre 1915 der Untergang des Hauses Habsburg und die detaillierte Aufteilung der österreichisch-ungarischen Monarchie beschlossene und beschworene Angelegenheit war. [...]" Vgl. auch Nrn. 12, 17, 18, 19.

108 Grenzsperre gegen Serbien nach Kündigung des Handelsvertrages mit Serbien von 1892 im Februar 1905; Einfuhrsperre für serbisches Schlachtvieh am 07. Juli 1906: „Schweinekrieg" Österreich-Ungarns mit Serbien (1906–1911). Vgl. Die Habsburgermonarchie 6/1, 623–626.

109 Vgl. Nr. 3; Polzer-Hoditz, 74–81 (über die Beziehung Eh. Carls zu Eh. Franz Ferdinand) und 134–142 (über die Situation in Ungarn).

kein Wunder, wenn die Österreicher den Ursprung des Krieges bei Ungarn suchten und dabei umso empörter waren, daß Ungarn ihnen, als sie hungerten und Ungarn noch zu essen hatte, nichts gab. Die ungarische Intelligenz, die doch weitschauender hätte sein sollen als der nur für seine Scholle lebende Bauer, hat es verabsäumt, die Leute über ihre Pflichten gegenüber ihrem siamesischen Zwilling, Österreich, aufzuklären, nur aus Kurzsichtigkeit, weil sie froh waren, Österreich, dem schwarz-gelben Tyrannen von 1848, eine hinauf zu hauen, ohne zu bedenken, daß sie damit selbst ihrem Vaterlande das Grab schaufelten. Und wer hielt den Ungarn die „Nationalitäten" im Zaum? Die k.u.k. gemeinsame Armee.

[a]–In Anbetracht dieser Umstände erwartete Östereich mit Recht, daß beide Staaten der Monarchie gleichmäßig an den Lasten des Krieges beteiligt sein würden. Da Ungarn aber die Österreicher vielfach im Stich ließ, verwandelte sich die große Verbrüderung im Anfang des Krieges nur zu bald in Gleichgültigkeit und später in Haß, der leider noch heute, wo die zwei Staaten mehr denn je aufeinander angewiesen wären, fortbesteht. Es muß aber hier auch bestätigt werden, daß die Tschechen, [...] besonders im letzten Kriegsjahre, wenig für die Verpflegung der notleidenden Gebiete Österreichs taten, obwohl gerade diese Gebiete vielfach der jetzigen Tschechoslowakischen Republik angehören (Randteile Böhmens) oder von ihren Yougoslavischen [sic!] Brüdern bewohnt werden (Küstenland, Dalmatien).[–a]

[b]–Die bisherige Besprechung über Verpflegung bezieht sich meist auf die Verpflegung der Zivilbevölkerung, die Approvisionierung der Armee erfolgte mit den Ernährungsministern.[–b] [110] Zwar arbeiteten die militärischen Stellen, besonders Oberst Zeynek[111] der Quartiermeisterabteilung, unter den schwierigsten Verhältnissen sehr brav, aber viele Köche versalzen die Suppe. Es zieht sich wie ein roter Faden durch die Geschichte aller am Kriege beteiligten Staaten, daß alle großen Entschließungen, seien es solche politischer oder wirtschaftlicher Natur, durch Doppelregierungen, eine militärische und eine civile, erschwert wurden. Im Anfang des Krieges hat das AOK in jeden wichtigeren Akt der Ministerien Einsicht bekommen und seine Meinung dazu abgegeben. Natürlich verzögerte dies den Dienstbetrieb ungeheuer, später, als ich zwecks Vereinfachung das AOK übernahm, befahl ich, nur diejenigen Akten dem Chef des Generalstabes vorzulegen, die irgendwie militärisch Bedeutung hätten. Der eben geschilderte komplizierte Verpflegungsapparat

---

a–a Niederschrift Kaiserin Zitas nach dem Diktat Kaiser Karls.
b–b In der Handschrift Kaiser Karls.

110 Windisch-Graetz, Ein Kaiser kämpft für die Freiheit, passim; ders., Vom roten zum schwarzen Prinzen, passim; Löwenfeld-Russ, Im Kampf gegen den Hunger; Landwehr, Hunger; HHStA, NL Friedrich von Wieser, Aufzeichnungen Juli – August 1918.
111 Theodor Ritter von Zeynek, seit 10.01.1917 Chef der Quartiermeisterabteilung des AOK.

mußte aber eben aus den bereits erwähnten verfassungsrechtlichen Gründen aufrecht erhalten werden, denn das Kriegsministerium und die Quartiermeisterabteilung, als gesetzlich anerkannte gemeinsame Stellen, konnten auf Ungarn [...] Druck ausüben, und so wurde wenigstens die Verpflegung der schwer kämpfenden Truppe trotz der ungeschickten Ausgleichsgesetze gesichert.[112] Für die Zukunft muß es als oberstes Prinzip gelten, gesetzmäßig bereits in normalen Zeiten festzulegen, daß im Kriegsfalle die ganze Verpflegung, die militärische wie die zivile, einem für alle Staatsgebiete mit außergewöhnlichen Vollmachten ausgestatteten Ernährungsdiktator unterstellt wird. Die Ernährung in schlechten Zeiten ist überhaupt ein kaum zu lösendes Problem. Die freie Wirtschaft hat enorme Preissteigerungen zur Folge – der Arme bekommt gar nichts, der Reiche lebt gut – die staatliche Bewirtschaftung bewirkt, daß der Bauer das Getreide versteckt, um es teilweise als eigenen Vorrat für noch schlechtere Zeiten zu behalten, teilweise den Reichen zu übermäßigen Preisen im Schleichhandel zu verkaufen. Resultat: der Arme erhält sehr wenig, kaum genug zum Leben, der Reiche lebt vom Schleichhandel. Keine Requisition hilft wirklich gegen die Hamsterei der Bauern, sie vergraben ihr <u>Getreide</u>, die ländliche agrarische Bevölkerung lebt infolgedessen besser als die städtische, keine noch so scharfen Gesetzbestimmungen nützen gegen den Schleichhandel. Ich glaube, daß das einzig mögliche ist, beide Systeme zu kombinieren, nämlich den Bauern ein gewisses Kontingent zur Ablieferung vorzuschreiben und die Überproduktion dem freien Handel zu überlassen. Der Bauer erhält für die richtige Kontingentablieferung eine Prämie. Die Zentralen, die so viel böses Blut gemacht haben, sind deswegen so schädlich, weil darinnen nur lauter Juden amtieren, die kolossale Geschäfte machen. Die staatliche Bewirtschaftung aller übrigen zum Leben notwendigen Gegenstände hat auch [nicht] gestimmt, denn kaum wurde ein solcher Gegenstand vom Staate übernommen, als er auch schon spurlos verschwunden war. Die Händler hatten ihre Waren versteckt, um sie entweder im Schleichhandel sofort teuer zu verkaufen, oder sie, wenn möglich, bis zu einer besseren Konjunktur aufzuheben.

Ein sehr schwieriges Problem ist auch der Einfluß des Staates auf die Preisbildung und sein Kampf gegen den Wucher; ersteres kann, glaube ich, durch Richtpreise, niemals durch Höchstpreise erreicht werden; letzteres kann nur durch die Gerichte ausgetragen werden. Aber es geht leider auch hier meistens so, daß man die kleinen Diebe hängt, die großen aber laufen läßt. Bei den Höchstpreisen geht es genau so wie bei der vorher beschriebenen staatlichen Bewirtschaftung. Diese Händler, Wucherer, Juden etc. sind so schlau, daß man

---

112 Adamovich/Funk, Österreichisches Verfassungsrecht, 62–69; Der österreichisch-ungarische Ausgleich 1867, hrsg. von L. Holotík, Bratislava 1971. Dazu auch Komjáthy, Protokolle, 615–627 (Nr. 33), 634–648 (Nr. 35), 669–676 (Nr. 38).

bei Hausdurchsuchungen fast niemals etwas findet. Diese von mir geäußerten Ansichten sind nur meine aus eigener Erfahrung geschöpften persönlichen Meinungen, und gerade in diesem Fach mehr denn irgendwo anders „errare humanum est". Um wenigstens in einem gewissen Maße die einheitliche Leitung zu ersetzen, berief ich die verschiedenen Ernährungsminister und Referenten zu Besprechungen zusammen, die öfters trotz meiner großen Arbeitsüberlastung unter meinem Vorsitz stattfanden. Bei Besprechungen wird meist viel gequatscht[a] und wenig gehandelt, daher kann so etwas nie eine einheitliche Leitung ersetzen. Ich habe auch sonst mir fast täglich über die Ernährungslage berichten lassen, ich habe fort auf die Ungarn [...] Druck ausgeübt, um Mehrlieferungen zu erzielen und habe getrachtet, jede sich bietende Gelegenheit auszunützen, um die Not der Bevölkerung zu lindern. Dabei bekam ich fortgesetzt Hilferufe aus den notleidenden Gegenden. Ich kann sagen, daß jeder, der sich an mich gewendet hat, etwas erhielt, wenn seine Bitte gerechtfertigt war. Man macht mir in Österreich den Vorwurf, ich hätte zu wenig auf Ungarn einen Druck in der Verpflegung Cisleithaniens ausgeübt; in Ungarn heißt es, der König hatte zu viel für Österreich gesorgt und zu wenig die Interessen Ungarns wahrgenommen. Es ist eben klar, was ein gemeinsamer Verpflegungsminister machen kann und muß, kann nicht der unverantwortliche Kaiser und König machen. Hierin zeigt sich wieder die Absurdität der Ausgleichsgesetze von 1867. Der unverantwortliche Herrscher hat zwei verantwortliche Regierungen und muß in so und so vielen Sachen ungedeckt Entscheidungen zwischen den zwei Staaten fällen und verfeindet sich natürlich mit dem Staate, zu dessen Ungunsten er eine Entscheidung faßt.

Die sogenannte gemeinsame Regierung ist ja nur den Delegationen verantwortlich und dabei auch nur für die wenigen Ressorts, die sie vertreten: Äußeres, Krieg, Bosnien, Herzegovina und die geringen gemeinsamen Finanzangelegenheiten; daher ist bei solchen Sachen wie Ernährung, die tief in die Volksseele einschneiden, ein direkter Befehl des Kaisers von Österreich zum Nachteile des Königs von Ungarn kaum möglich. Ein Reichskanzler muß sein, der alle zwischenstaatlichen Entscheidungen des Kaisers deckt und die höhere Leitung aller Angelegenheiten, die die ganze Monarchie angehen, in der Hand hält. Ein alter österreichischer Fehler ist es, den auch ich sehr oft begangen habe, jede Entscheidung durch zu viel Sitzungen, Beratungen und Sachverständigenurteile zu verzögern. Man beratet und brütet, und die Entscheidung kommt zu spät oder fällt orakelhaft aus. Ein wichtiger Entschluß muß selbstverständlich beraten werden, aber kurz und durch möglichst wenige Leute. Das Volk glaubt oft, daß in Ministerräten sehr interessante, geheimnisvolle Sachen geprüft werden; dem ist nicht immer so. Man fällt leicht in den ebenfalls österreichischen Fehler, das Unwichtige breitzutreten und das Wichtige, wenn

---

a   Umgangssprachlich: getratscht.

schon das Ende naht, durchzupeitschen. Ich sage dies, um jeden, der eine Sitzung zu präsidieren hat, anzuflehen, ja immer das Wichtigste zuerst vorzunehmen und ja keine großen Abschweifungen vom eigentlichen Thema zu dulden. Die Leute hören sich gerne reden. Ein anderer Fehler von uns ist der, das Mögliche, das uns geboten wird, auszuschlagen, um das unmögliche Mehr anzustreben, angeblich, weil man immer mehr verlangen muß. Resultat: Man macht die Leute kopfscheu und erreicht justament gar nichts. Jeder vernünftige Diplomat und Politiker wird mir die Richtigkeit dieser Behauptung bestätigen. Wir sind immer kleinlich nörgelnd und nie großzügig.

Ein weiterer, aber vielleicht der ärgste Fehler ist, daß viele Minister, anstatt für alle Handlungen in ihrem Ressort die Verantwortung jedermann gegenüber zu übernehmen, oft sich auf Befehle des Kaisers – die oft so gar nicht existiert haben – berufen, speziell, wenn es etwas Unangenehmes ist. Dies ist jedenfalls mit ein Grund, daß soviel gegen die Dynastie gehetzt wurde.[113] Alle obgenannten Fehler bis auf den letztgenannten belasten auch das Konto des 1867er Ausgleiches.

Es ist Aufgabe eines Herrschers, sich auch um den technischen Aufschwung eines Landes zu kümmern, im Kriege war bei der großen sonstigen Arbeitsüberbürdung in dieser Hinsicht nicht sehr viel zu machen; ich berief dennoch den FZM Schleyer[114] als technischen Referenten an meine Seite. Er berichtete mir sehr oft über den Fortschritt und über Neuerfindungen auf dem, bei der damaligen Not wichtigsten Gebiete der Erzeugung von Ersatzstoffen für jene lebensnotwendigen Sachen, die infolge der Blockade nicht mehr erhältlich waren. Er machte vorerst selbst Proben in diesen Dingen, und ich wies ihn dann an die betreffenden Ministerien.[115] Wie schon bekannt, war es wegen der Kurzsichtigkeit der Deutschen in Österreich, nach den Enthüllungen Czernins und in Anbetracht der deutschen Siege im Westen unmöglich, ohne Gefahr einer Revolution, in Wien und in den deutschen Städten der Kronländer von einem vernünftigen Frieden, der natürlich gewisse Opfer gekostet hätte, zu reden. Erst als leider allmählich das, was ich seit 1916 gepredigt hatte, eintrat und der Menge klar wurde, daß ein Sieg mit den Waffen ausgeschlossen ist, konnte man wieder von Frieden reden.

Jetzt aber fielen die Leute von einem Extrem ins andere, zuerst Siegfrieden, dann Frieden um jeden Preis. Ich benützte sofort die Lage, um neue Friedensfühler auszustrecken.[116] Ich zwang Burián zu seinem Friedensschritte vom September 1918.[117] Die Deutschen waren gegen diesen Friedensschritt, sie

---

113 Vgl. Nrn. 83, 99.
114 Leopold Schleyer von Pontemalghera, 1918 Feldzeugmeister, technischer Referent Kaiser Karls.
115 Vgl. Polzer-Hoditz, 560–563.
116 Vgl. Nr. 108.
117 Vgl. die Friedensnote Kaiser Karls vom 14.09.1918, in: HHStA, PA I, 965, fol. 469r–473r;

wollten die Königin von Holland um eine Mediation bitten, wir waren gegen
die Mediation, weil wir der Ansicht waren, daß direkte Besprechungen mit
den Feinden eher zum Ziele führen würden. Hintze[118] war im August (sic!) in
Reichenau, und bei einer sehr heißen Fahrt nach Wien und bei einer ebenso
heißen Unterredung hatte ich den Mann soweit, daß er unsere Ansicht teilte.
Den nächsten Tag widerrief er wieder alles. Wir blieben aber fest bei unserer
Ansicht und unternahmen ohne Zustimmung Friedensschritte bei den Feinden. Das Telegramm Kaiser Wilhelms, das im Buch des General Cramon[119]
veröffentlicht wurde, kam bereits nach unserer Demarche in meine Hände.
Dies wäre das letztemal gewesen, daß die Entente mit dem alten Österreich
hätte verhandeln können, sie wollte es nicht, die Freimauerei hatte anders beschlossen.[120]

Wir kommen nun zum Ende der alten Monarchie trotz all dem AEIOU.

Bulgarien war abgefallen, die Entente in Serbien und im Westen siegreich,
nur die Front gegen Italien stand fest. Kurze Zeit hindurch war es Österreich,
das Reserven hatte, und die Deutschen mußten uns für die bedrohten Fronten um Truppen angehen. Ein seltener Fall im Weltkriege![121]

Nun zurück zu den innerpolitischen Vorgängen. Waren es bei Verhandlungen mit den Feinden unsere Deutschen, die uns Schwierigkeiten machten, so
waren es außer den Deutschen die Ungarn, die unüberwindliche Hindernisse
bei der Lösung der inneren Fragen in den Weg legten. Ihr staatsrechtlicher
Doktrinarismus verbat ihnen, irgend eine südslavische Lösung ins Auge zu fassen. Nicht einmal die großkroatische Lösung wollten sie (Kroatien, Bosnien,
Herzegovina und Dalmatien als kroatisches Reich unter der Stephanskrone
vereint). Sie wollten Bosnien und Herzegovina direkt unter Ungarn haben und
eventuell Dalmatien an Kroatien hingeben. Dabei war aber Dalmatien österreichische Provinz und der König von Ungarn hatte im Königseide geschworen,
sie an Ungarn anzugliedern; dabei war der Kaiser von Österreich als solcher
verpflichtet, die Integrität des österreichischen Staates zu wahren.[122]

521r–524r; vgl. auch Ludendorff, Urkunden, 517–520. Über die französische Reaktion auf
diese Note: BAR, E 2300, Paris 1918, Karton 71, fol. 143: 1918 September 19: Dunant an Politisches Departement; Nr. 106.

118 Paul von Hintze, Juli – Oktober 1918 Staatssekretär des deutschen Auswärtigen Amtes, vgl.
Nr. 106. Nach Hintze, Dokumente, 562, Anm. 1 (Nr. 196) war Hintze am 04.09.1918 zu Audienz und Frühstück im Reichenau; l.c. 563–575 (Nrn. 197–201) über seine Meinungsänderung
und die Gespräche mit Burián.

119 August von Cramon, preußischer Generalmajor, seit Kriegsbeginn bevollmächtigter deut-
scher General beim AOK. Das Telegramm in: Cramon, Deutschlands Schicksalsbund mit
Österreich-Ungarn, 212–215. Telegramm samt dazugehörendem Schriftwechsel bei: Scherer/
Grunewald, 4, 334 – 340 (Nrn. 236–242); vgl. auch unsere Nr. 106 mit Anm. 5.

120 Vgl. Nrn. 17, 19, 29, 37, 51, 52, 53 und 82.

121 Rauchensteiner, 588–591 und ephemer bei Ludendorff, Kriegserinnerungen, 195–199.

122 Vgl. Nr. 28; Polzer-Hoditz, 485–492.

Seit dem Frühjahr 1918 wurde zwischen der österreichischen und ungarischen Regierung über das südslavische Problem verhandelt. Der Auftrag hiezu wurde in einem Kronrat im Mai[123] erteilt und das Ergebnis war null. In dieser Situation bekamen wir ganz unerwartet die Nachricht, die Deutschen hatten die 14 Punkte Wilsons angenommen.[124] Die DOHL sah sich, bisher vom Siege oder zum mindesten von dem Festhalten der Westfront überzeugt, plötzlich der Niederlage gegenüber, verlor die Nerven und verlangte, ähnlich wie ich es von unserer öffentlichen Meinung erwähnt habe, plötzlich von der Wilhelmstraße sofortige Friedens- und Waffenstillstandsverhandlungen.[125] Es wäre besser gewesen, man hätte den Ernst der Lage früher erkannt, es hat an Warnungen von unserer Seite nicht gefehlt! Ich muß hier <u>wahrheitsgemäß</u> konstatieren, daß nicht wir, das morsche Österreich, der Kadaver, es waren, die zuerst militärisch zusammengebrochen sind und um Frieden gebeten haben, sondern das starke Deutschland.[126] Bei der Revolution war es ähnlich, zuerst mußte Deutschland das Zeichen hiezu geben, dann erst folgte Wien, das alles nachäffen muß, was in Berlin geschieht.[127]

Bei Bekanntgabe ihrer Friedensbereitschaft ließen uns die Deutschen 24 Stunden Bedenkzeit mitzumachen oder nicht, erklärten aber, daß sie den Schritt <u>jedenfalls</u> unternehmen würden. Es blieb uns nichts anderes übrig, als uns der deutschen Anregung anzuschließen, da wir ja den Krieg allein nicht weiterführen konnten und wollten, obwohl gerade diese 14 Punkte uns mehr berührten als die Deutschen.[128] Wir hatten aber doch die Hoffnung, die

---

123 Kronrat vom 20. Mai 1918: Komjáthy, Protokolle, 661–669.

124 Am 04. Oktober 1918.

125 29.09.1918. Die gegenteilige Darstellung bei Wilhelm II., Ereignisse und Gestalten, 234: „[...] Der Abfall Ungarns und Österreichs hat die Krisis für uns gebracht. Hätte Kaiser Karl nur drei Wochen länger die Nerven behalten, dann wäre vieles anders gekommen. Andrássy hatte aber – nach seinem eigenen Einverständnis – schon längst hinter unserem Rücken mit der Entente verhandelt. Somit glaubte sich Kaiser Karl guter Behandlung seitens der Entente sicher. Nach unserem Mißerfolge am 8. August hatte General Ludendorff erklärt, daß er einen militärischen Sieg nicht mehr verbürgen könne. Die Anbahnung von Friedensverhandlungen sei daher notwendig. Da es der Diplomatie nicht gelungen war, aussichtsreiche Verhandlungen anzuknüpfen, die militärische Lage sich infolge der revolutionären Wühlarbeit noch verschlechtert hatte, forderte Ludendorff nunmehr am 29. September an Stelle der Friedensverhandlungen die Anbahnung eines Waffenstillstandes.[...]" Vgl. auch Ludendorff, Kriegserinnerungen, 198–200.

126 Vgl. Nr. 111.

127 Ausbruch der Revolution in Berlin: 08./09. November 1918, vgl. Bihl, Deutsche Quellen, 504–509 (Nr. 251); Ausbruch der Revolution in Wien, 11.–12. November 1918. Vgl. dazu AZ, 11.11.1918, 1: über die Besetzung der Hofburg; Fremdenblatt, 13.11.1918, 5: über Sturmszenen und Panik und das Vorgehen der Roten Garden mit Gewehrfeuer gegen das Parlament am 12.11.1918. Dazu auch Arz, Zur Geschichte des Großen Krieges, 380–383; Bauer, Die österreichische Revolution, 103–104; Botz, Gewalt in der Politik, 30–36; Spitzer, Seitz, 62–64.

128 Vgl. Nr. 111.

große Dehnbarkeit der 14 Punkte beim Friedensschluß zu unseren Gunsten interpretieren zu können. Selbst Wekerle war vom ungarischen Standpunkt aus mit der Annahme einverstanden. Bald nachdem unsere Friedensbitte abgegangen war, erhielten wir vom Heiligen Vater[129] und aus der Schweiz vom Herrn Skrzynski[130] die Mitteilung, die Entente erwarte von uns auf innerpolitischem Gebiete einen deutlichen Beweis unseres guten Willens, die Monarchie auf föderalistischer Grundlage umzubauen; täten wir dies, so würde uns dies für die Zukunft nützen.[131]

Es war für mich kein Zweifel mehr, man mußte nach außen hin eine radikale Änderung zeigen, obwohl der Erfolg bei den bereits auseinanderstrebenden Völkern, die in ihrem Unverstand nach voller Freiheit lechzten, zumindest sehr problematisch war. Es war ja sicher, daß die Bildung reiner Nationalstaaten von den Tschechen und den Polen schlecht aufgenommen werden würde, weil erstere ihre historischen Grenzen also mit Deutschböhmen wünschten, letztere die Teilung Galiziens in polnisch Westgalizien und ruthenisch Ostgalizien fürchteten. Aber wir glaubten damals leider zu viel an Herrn Wilson und dessen Schlagwort Selbstbestimmungsrecht der Völker, nationale Staaten etc. und verwandelten trotz obiger Bedenken das Kaisertum Österreich durch das Oktobermanifest in einen Bund von Nationalstaaten.[132]

Die von Ungarn gemachte Einschränkung, daß die Länder der heiligen Stephanskrone unberührt blieben, focht mich nicht stark an, denn ich war überzeugt, daß die staatliche Freiheit der Nationen in Österreich die ungarischen Konnationalen veranlassen wird, aus eigener Kraft die nur mehr so dünne Scheidewand der rotweiß grünen Grenzpfähle zu durchbrechen. Nichts ist so viel angegriffen und mißdeutet worden als gerade dieses Manifest.[133]

Der entscheidende Grund für mich, dieses Manifest herauszugeben, war der bereits erwähnte außenpolitische. Es ist nicht wahr, daß dieses Manifest irgendwie die Entscheidung über die Staatsform den Völkern überließ, die Staatsform war gegeben und das Manifest setzt sie als selbstverständlich voraus. Ich habe zu Ministerpräsident Hussarek,[134] als er mir den Text vorlegte, bemerkt, ob es nicht gut wäre, die Worte „unter meinem Szepter" hinzuzufügen. Er aber meinte, dies verstehe sich von selbst. Das Manifest ist aber durch die

---

129 Vgl. Nr. 109.

130 Ladislaus (Władysław) Ritter von Skrzynno-Skrzynski, seit 04.04.1916 der österreichisch -ungarischen Gesandtschaft in Bern als Legationsrat zugeteilt. 1921–1937 polnischer Botschafter beim Heiligen Stuhl.

131 Rumpler, Hussarek, 102–103; Bogdan Krizman, Die Tätigkeit der österreichisch-ungarischen Diplomatie in den letzten Monaten vor dem Zusammenbruch, in: Plaschka/Mack (Hrsg.), Die Auflösung des Habsburgerreiches, 83–114.

132 Vgl. Nr. 112.

133 Polzer-Hoditz, 556–558.

134 Vgl. Nr. 112.

sich überstürzenden Ereignisse gegenstandslos geworden, da die Voraussetzungen, die es enthielt, von den Völkern durch die Revolution über den Haufen geworfen wurden. Es heißt darin, alles solle auf gesetzlichem Wege im Einvernehmen mit meiner Regierung geregelt werden. Ist dies geschehen? Die Folge des Manifestes war ein geradezu tolles Anwachsen der nationalen Begeisterung in Ungarn. Man wähnte sich frei von den „schwarz-gelben Ketten", man sah die Freiheit Ungarns im rosigsten Lichte und glaubte, Ungarn sei in Abrahams Schoß. Man vergaß aber dabei, daß jener Feind an den Grenzen Ungarns stand, der bereits den großen Teil ungarischen Bodens den Tschechen, Rumänen und Yougoslaven versprochen hatte. Dieses Volk ist wirklich politisch unreif, es „berauscht sich" an Schlagworten und vergißt dabei die Wirklichkeit.

Gerade im Interesse Ungarns wäre es damals gewesen, sich mit Österreich oder mit Bruchstücken dieses Landes zu vereinigen, um im Momente der Gefahr nicht isoliert zu sein. Und übrigens, das „schwarz-gelbe Joch" war eher ein rot-weiß-grünes Joch, denn die Entscheidung in den meisten gemeinsamen Angelegenheiten traf Ungarn, da es als sogenannter Nationalstaat stärker als Österreich war.[135]

Am 21. Oktober traf die Antwortnote Wilsons[136] ein, die außer der Annahme der 14 Punkte die Anerkennung der Tschechoslowakei als selbständigen kriegführenden Staat und weitgehende Autonomie für Yougoslavien verlangte. Burián zögerte mit der Antwort, wollte in einer Note dagegen polemisieren, aber die Ereignisse liefen schneller. Graf Andrássy stimmte unter dem Druck der Verhältnisse am 25. [sic!] den Ententebedingungen bei.[137]

Ich habe noch zwei Sachen vergessen, die seinerzeit großen Staub aufgewirbelt haben und stark verdreht worden sind, das ist die Audienz der sämtlichen Abgeordneten des alten Österreich vor dem Manifest in Baden, und das zweite ist die Audienz der Kroaten im Oktober in Reichenau.[138]

Die Audienz hatte stattgefunden mit Wissen und Zustimmung des verantwortlichen Ministerpräsidenten Hussarek. Ich gebe selbst zu, daß der damalige Moment für eine solche Audienz bei der herrschenden politischen Spannung ungeschickt war. Die Stimmung aller war sehr gereizt, umso mehr, als schlechtes Wetter war und wegen eines verfehlten Arrangements keine Wagen am Bahnhof waren. Bei dieser Audienz haben merkwürdigerweise die Böhmen Staněk[139] und Tusar[140] nichts von der Slowakei gesprochen. Ich er-

---

135 Polzer-Hoditz, 115–142, 557.
136 Vgl. Nr. 114; Meisels, 158–161; Foreign Relations 1918, Suppl. 1, vol. 1, 368: Washington, 1918 Oktober 19: Lansing an Ekengren.
137 Annahme der Entente-Bedingungen am 27.10.1918 durch Julius (Gyula) Graf Andrássy. Vgl. Andrássy, Diplomatie und Weltkrieg, 307; Nrn. 118 mit Anm. 1, 119.
138 12. 10. 1918: Rumpler, Völkermanifest, 40–41 mit Anm. 93.
139 František Staněk, mährischer Abgeordneter.
140 Vgl. Nr. 129.

wähnte dieses Detail und habe es auch damals dem ungarischen Ministerpräsidenten telegraphiert[141], weil ich überzeugt war, daß die Fama in beiden
Lagern betreffs dieses Streitobjektes den Inhalt der Audienz in dem ihr günstig scheinenden Sinn verdrehen wird.

Die Audienz der Kroaten fand über Bitte Wekerles statt. Da ich aber bei
den damaligen Zeiten sehr mißtrauisch und vorsichtig war, so befahl ich, daß
der kroatische Minister des Kabinetts Wekerle, Unckelhäusser[142], mit den
Kroaten zu kommen habe, damit ich vorher mit ihm das besprechen könne,
was ich den Kroaten sagen werde. Wir kamen darin überein, den Kroaten mitzuteilen, die Regierung wäre bereit, auf Grund der von den Kroaten in der
Adresse an mich anläßlich meiner Thronbesteigung dargelegten Wünsche,
mit ihnen zu verhandeln. Und so und nichts anderes wurde in der Audienz gesprochen. Die Kroaten waren in Reichenau mit Allem einverstanden, kaum
zuhause angekommen, genügten ihnen diese Konzessionen nicht. Alles, was
die Károlyiregierung über diese Audienz ausgestreut hat, ist unrichtig.

Mitten während der Revolution, ich glaube Anfang November 1918, waren
die Mitglieder der Frankpartei, Ivo Frank[143] und Pazman[144], bei mir, sogar im
Einvernehmen mit Tisza. Sie glaubten damals noch, ein sehr selbständiges
Kroatien unter der Stephanskrone erreichen zu können. Ich habe im Laufe
der Zeit viel getan, um wenigstens Kroaten und Ungarn zu versöhnen, wenige, weitblickende Politiker auf beiden Seiten waren bereit, sich brüderlich
die Hand zu reichen, der Großteil war aber zu verbohrt, um den wirklichen
Vorteil wahrzunehmen.

Die Ungarn steiften sich auf Krönungseid und Verfassung, wobei sie aber
den Kroaten nicht einmal das geben wollten, was ihnen der 67er-Ausgleich zu-
sicherte.[145] Die Kroaten hingegen waren in zwei Teile gespalten, ein Teil, der
aber fast gar keinen Anhang im Volke hatte, aber darum umso lauter schrie,
war für die Losreißung der südslavischen Länder von der Monarchie, der übrige
kaisertreue Teil der Kroaten, 90 Prozent des Volkes, wollte Selbständigkeit innerhalb der Monarchie, erwartete stumm ergeben seine Rettung von Wien, erhob aber fast niemals seine Stimme, sodaß Wien an ihnen keine Stütze gegen
Budapest hatte. Ungarn wußte sehr gut den ersteren, illoyalen Teil der Kroaten vor seinen Regierungswagen zu spannen und den loyalen, der ohnehin nicht
lärmend war, durch geschickte Wahlmanöver fast ganz mundtot zu machen.
Diesen Politikern schien der schwarz-gelb-großösterreichisch-föderalistische

---

141 Vgl. Rumpler, Hussarek, 89 mit Anm. 36.
142 Karl Unckelhäusser, 19.07.1917–30.10.1918 ungarischer Minister für Kroatien und Slawonien.
143 Vgl. Nr. 3.
144 Josip Pazman, Theologe, kroatischer Politiker, Mitglied d. ung. Abgeordnetenhauses, Mit-
    glied der Rechtspartei.
145 Artikel I von 1868; vgl. Hodimir Sirotković, Die Verwaltung im Königreich Kroatien/Slawo-
    nien 1848–1918, in: Die Habsburgermonarchie II, 481–498.

Kurs für den ungarischen Globus gefährlicher als die hochverräterischen Umtriebe mit dem „schwachen" Serbien, so wurde jene serbisch-kroatische Koalition als Majorität im Sabor gegründet, die die biegsamen, aber unverläßlichen eigenen Serben gegenüber der braven kroatischen Majorität protegierte, vor den Ungarn in ihrer falschen Art katzbuckelte und, als die Monarchie zerfiel, sich mit fliegenden Fahnen zu den Karageorgiewitsch [Karadjordjevic][146] gesellte. Nur so war es möglich, daß alle jene Nadelstiche, die Ungarn fortgesetzt den Kroaten versetzte, im Sabor keinen unüberwindlichen Widerstand fanden. Aber trotz aller Wahlcorruption seitens Ungarns hätte das kroatische Volk dennoch lauter seine Stimme erheben können, und dies wäre nur zum Wohle, nicht nur der Monarchie, sondern auch Ungarns gewesen.

Unter all diesen Umständen und nach einem unglücklichen vierundeinhalbjährigen Kriege begann die Revolution in den Ländern der Stephanskrone. In Kroatien und Südungarn waren bereits seit Mitte 1918 bei den Kadres Insubordinationen, Desertionen und direkte Aufstände vorgekommen, die Deserteure, gegen 10.000, machten die Wälder unsicher (Grüne Kadres).[147] Dabei kämpften Truppen aus den selben Gegenden an der Front heldenhaft. Der eigentliche Beginn der Revolution war die Besetzung Fiumes durch die Kroaten. Fiume war ein Streitpunkt von alters her; wer recht hat hierin, ob Ungarn oder Kroatien, ist sehr fraglich; nur eines ist sicher, diese ungarische Enklave mitten im kroatischen Gebiet ist geographisch ein Unding. Die Italianität Fiumes ist entgegen anderen Küstenstädten (Spalato, Ragusa etc.) nur durch die Ungarn aufrecht erhalten worden, die die Italiener aus Angst vor den Kroaten in jeder Hinsicht protegierten. Dafür waren die dortigen Katzelmacher[a] für Ungarn sehr „loyal". Siehe serbo-kroatische Koalition! Diese Besetzung[148] sowie die in der damaligen schweren Zeit so hochwichtige Angelegenheit, daß das Infanterieregiment Nr. 75 bei unserem sonst übrigens sehr hübschen und begeisterten Empfang in Debreczin[149] vorschriftsmäßig das „Gott erhalte" gespielt hat, riefen, durch Károlyi[150] geschürt, im Abgeordnetenhause einen solchen Sturm hervor, daß Wekerle, um dem sicheren Mißtrauensvotum zu entgehen, im offenen Hause demissionierte. Ich war gerade

---

a   Umgangssprachlich: geheime italienische Verräter.

146 Serbische Herrscherdynastie.

147 Plaschka/Haselsteiner/Suppan, Innere Front, 2, 81–89; Ivo Banac, Emperor Karl has become a comitadij: The Croatian Disturbances of autumn 1918, in: The Slavonic and East European Review 70 (1992), 284–305; vgl. auch Privatarchiv Eidlitz, NL Seidler, August 1918: Vertrauliche Information über südslawische Nationalisierung und über die Gründung einer demokratischen Partei.

148 Plaschka/Haselsteiner/Suppan, Innere Front, 2, 185 – 189.

149 23.–26.10.1918 Besuch des Königspaares in Ungarn anläßlich der Einweihung der neuen Universität in Debrecen (Debreczin). Vgl. unseren Band 1, Anhang 1.

150 Vgl. Nr. 131 und Károlyi, Gegen eine ganze Welt, 441–447.

damals auf der Reise von Debrecen nach Gödöllö und erfur den Ernst der Lage erst abends in Gödöllö.[151] Ich ließ gleich den Militärkommandaten von Agram, GdI Mihaljević[152], kommen, aber auch er konnte nur melden, daß das Militär in Kroatien den Unruhen nicht gewachsen sei. Dieser General war der vorletzte Funktionär, den ich aus Kroatien sah, ein paar Tage darauf kam unter unsäglichen Mühen der Banus Mihalovich[153] nach Wien, um mich, da es keine eigentliche ungarische Regierung mehr gab, um Instruktionen zu bitten, ob er gewisse Verwaltungszweige, dem Zwange gehorchend, dem aus dem Sabor gebildeten Nationalrate[154] übergeben dürfe. Ich antwortete ihm, ich könne ihm wegen meines Krönungseides die Zustimmung hiezu nicht geben, aber bei dem Mangel jeglichen verläßlichen Militärs kann ich ihm nur sagen, „Ultra posse nemo tenetur". Wie sich die Dinge in Kroatien weiter entwickelten, weiß ich nur durch Gerüchte, offizielle Berichte bekam ich keine mehr. In Budapest begannen nun langwierige Verhandlungen wegen der Kabinettsbildung. Keiner der Kandidaten, weder Hadik noch Bárczy[155] wollten gerne in dieser schwierigen Zeit die Zügel der Regierung ergreifen. In Budapest tagte bereits ein ungesetzlicher Nationalrat unter Károlyi. Ein Umstand, der lange Zeit geleugnet wurde, daneben war eine demissionierte geschäftsführende königliche Regierung. Am Abend vor meiner Abreise nach Wien empfing ich Graf Károlyi, der bereit war, ein Ministerium zu bilden, dessen Programm sofortiger Friedensschluß und eine limitierte Bodenaufteilung und Autonomie gewesen wäre. Gerade während ich mit Graf Károlyi die näheren Modalitäten besprach, ließ Graf Andrássy aus Wien sagen, er müsse demissionieren, wenn sein Schwiegersohn ungarischer Ministerpräsident würde. Ich unterbrach daher die Verhandlungen mit Károlyi und bewog ihn, mit nach Wien zu fahren, um die Verhandlungen mit Andrássy und Lammasch aufzunehmen. Daß dies ein großes Glück war, werde ich später darlegen. Nun ein paar Worte über Károlyi und Andrássy. Károlyi war während des Krieges im Parlamente wertvoll, weil er der einzige war, der, freilich aus ganz selbstsüchtigen Gründen, den für die ganze Welt so notwendigen Frieden wollte. Das war aber auch seine einzige brauchbare Eigenschaft. Von Natur aus mit einem schweren Sprachfehler behaftet und hiedurch immer in Sorge, lächerlich zu erscheinen, haßte er die ganze Welt und mißtraute ihr, dabei wollte er krampfhaft eine Rolle spielen. Ein richtiger Desperado und Schädling der menschlichen Gesellschaft, der zu jeder herostratischen Tat bereit war, wenn sie nur von ihm

---

151 Ankunft in Gödöllö am 24. Oktober: vgl. Anhang; dazu auch Erdödy-Memoiren, 153–154; Demission Wekerles: Geyer, 417–419.

152 Michael Mihaljević, General der Infanterie, ab 29.09.1918 Kommandant des VI. Honvéd-Distriktes in Zagreb.

153 Anton (Antun) von Mihalovich, 1917–1918 letzter Banus von Kroatien.

154 Vgl. Nr. 127 mit Anm. 1.

155 Vermutl. István von Bárczy, Bürgermeister von Budapest.

reden machte. Er wollte sich an den Leuten, die in ihm kein Genie erblickten, rächen. Es frägt sich nun, warum ich damals daran dachte, ihn zum Ministerpräsidenten zu machen. Dies ist sehr einfach zu erklären. Man wußte damals noch nicht, daß die Entente, deren Intimus zu sein er vorgab, ihn so mir nichts dir nichts fallen lassen würde.

Man hoffte immer noch, durch ihn leichtere Bedingungen beim Friedensschluß zu erlangen, und dieser Möglichkeit mußten andere Bedenken weichen. Interessant sind die Wandlungen, die dieser Mann durchmachte; vor 15 Jahren noch Anhänger Tiszas und Gegner jedwelcher Wahlreform, im Jahre 1918 Schrittmacher für Béla Kun.[156] Ich will den guten, braven Lammasch[157] absolut nicht auf eine Stufe mit Károlyi stellen, aber auch seine Berufung in zwölfter Stunde als Friedensapostel und Völkerversöhner entsprang ähnlichen Erwägungen, jedoch davon später bei Österreich. Graf Andrássy, ein unbedingt königstreuer Mann, in den alten chauvinistischen ungarischen Adelsideen aufgewachsen, war, bis er den unvermeidlichen Zusammenbruch vor Augen sah, ein unbedingter Anhänger des von seinem Vater[158] geschlossenen Bündnisses. Er ist in hohem Maße von seinen politisch sehr ambitiösen „Damen" abhängig; ich glaube, er, der morose Mann, hätte sich schon längst vom politischen Leben zurückgezogen, wenn er gedurft hätte. Er ist, das muß jeder ihm zugestehen, außenpolitisch von seinem Vater her sehr gebildet und hält sich auf diesem Gebiete fort auf dem Laufenden. Er hat sich sein ganzes Leben lang darauf vorbereitet, einst die Stellung seines Vaters einzunehmen, und das Schicksal hat es gewollt, daß gerade er, als sein höchster Wunsch in Erfüllung ging, das Lebenswerk seines Vater, das auch sein politisches Axiom war, zerstören mußte. Seine markanteste Eigenschaft ist ein großes Talent für die Kritik. Er kann aber nichts Neues, Besseres aufbauen, sondern nur, allerdings sehr geistreich, an dem Bestehenden nörgeln. Er wäre vielleicht ein sehr guter Sektionschef im Ministerium des Äußeren bei einem sehr draufgängerischen Minister. Seine Innenpolitik war eigentlich nur von persönlichem Hasse gegen Tisza geleitet.

Im Prinzip waren diese zwei Staatsmänner einig, sie standen beide auf der Basis des 1867er-Ausgleiches, aber die beiderseitige Abneigung verhinderte jede Zusammenarbeit. Die ganze Politik drehte sich zum Schaden des Landes darum, ob Andrássy mit dem linken oder rechten Fuße aufgestanden war. Ich nahm Andrássy zum Minister des Äußeren, einerseits weil ich es für gut fand,

---

156 Über Károlyis Beziehungen zur Entente vgl. PAMAE, Paix séparée 103, fol. 234–237, Bern, 1917 November 30: Paul Beau an das französische Außenministerium; Károlyi, Gegen eine ganze Welt, 451–515.

157 Vgl. Nr. 55.

158 Julius (Guyla) Graf Andrássy der Ältere, 1867 ungarischer Ministerpräsident; 1871 österreichisch-ungarischer Minister des Äußeren, vgl. Francis Roy Bridge, in: Die Habsburgermonarchie VI/1, 257–258.

daß gerade ein begeisterter Anhänger des Dreibundes diesen in der äußersten
Not kündige – die Entente sollte sehen, daß die Abkehr von Preußen eine allgemeine sei – anderseits, weil es an anderen geeigneten Personen mangelte.

Österreich erheischte mittlerweile meine Anwesenheit. Um aber den Ungarn zu dokumentieren, daß ich wieder zurückkehren wolle, ließ ich die Kinder in Gödöllö. In Ungarn kann man also nicht behaupten, daß der König geflohen ist, mit ebensowenig Recht wie in Österreich schon früher mein bereits
seit Monaten Ungarn versprochener Aufenthalt in Gödöllö als Flucht bezeichnet wurde. Ich kam in der Früh in Wien an, nicht wissend, welcher Gefahr wir entronnen waren. Es war beabsichtigt gewesen, den Hofzug nicht aus
Ungarn herauszulassen und mich wahrscheinlich gefangen zu setzen. Nur
wegen der Mitfahrt Károlyis standen die Eisenbahner von ihrer Absicht ab.[159]
Dies alles meldete mir Graf Hunyady[160] lange Zeit nachher; seine Informationen wurden […] im Prozeß gegen die Mörder Tiszas bestätigt.

Ich versuchte in Österreich, ein großes Liquidierungsministerium bei Beteiligung aller Nationen unter Lammasch zusammenzubringen, das den alten Gesamtstaat auflösen und die gegenseitigen Beziehungen der neuen Nationalstaaten regeln sollte. Aber die Tschechen, Südslawen und Polen waren
bereits ihrer Wege gegangen und lehnten daher die Beteiligung ab.[161]

Das österreichische Parlament ging auseinander, ohne eigentliche Auflösung. Ich ernannte daher ein Beamtenkabinett Lammasch,[162] das eigentlich
nur in Deutschösterreich anerkannt war, aber auch dort tagtäglich mehr
durch den Nationalrat verdrängt wurde.[163] Lammasch war ein schwarz-gelber Patriot mit gesunden föderalistischen Ideen, aber leider Professor à la Wilson, an den er wie an ein Evangelium glaubte. Er schwärmte von Selbstbestimmungsrecht der Völker, Völkerbund, 14 Punkten etc. Ich glaube auch,
daß die Enttäuschung, die ihm der nicht idealistische Friede brachte, seinen
frühzeitigen Tod bewirkt hat.[164] Ich nahm damals Lammasch zum Ministerpräsidenten, weil er der einzige Mann war, bei dem die Möglichkeit bestand,
daß die Nationalitäten trotz ihrer Absage mit ihm sprechen würden. Aber all
dies war schon zu spät, irgend eine ordnungsgemäße Lösung der österreichischen Frage war unmöglich, die Ereignisse überstürzten sich und führten zu
dem heutigen Chaos in Mitteleuropa.

---

159 Vgl. Andrássy, Diplomatie und Weltkrieg, 307–310.
160 Joseph (József) Graf Hunyady von Kéthely, ab 11.05.1918 Erster Obersthofmeister Kaiser
    Karls, vgl. Nr. 20; Károlyi, Gegen eine ganze Welt, 473–474.
161 Vgl. dazu Nrn. 115, 118, 122, 127.
162 Am 27.10.1918. Vgl. Josef Redlich, Heinrich Lammasch als Ministerpräsident, in: Lammasch/
    Sperl (Hrsg.), Heinrich Lammasch, 154–185; Kelsen, Die Entstehung der Republik Öster-
    reich, 11–18.
163 Vgl. Adamovich/Funk, Österreichisches Verfassungsrecht, 68.
164 Heinrich Lammasch erlag am 06.01.1920 einem Herz- und Nierenleiden: Huber, Heinrich
    Lammasch, 211b.

Vielfach ist die Ansicht verbreitet, wenn Lammasch früher gekommen wäre, hätte er Österreich retten können; dies ist falsch, er war sicher ein sehr pflichttreuer Mann, aber dem Professor fehlte die für jede staatliche Umgestaltung so notwendige <u>Energie</u> und außerdem habe ich bereits alle Gründe auseinandergesetzt, die eine solche grundlegende Veränderung unmöglich machten.

In Wien hatte sich, seitdem ich vor kaum einer Woche das letztemal dort war, vieles geändert; keiner getraute sich mehr, in Uniform zu gehen. Einen unauslöschlichen Eindruck machte mir eine Kleinigkeit; der Schloßhauptmann von Schönbrunn[165] war in Zivil zum Empfang erschienen, das übertrieben ängstliche Stallmeisteramt hatte die Kronen von den Autos, Wagen und Livreen entfernen lassen. Alles aus Angst, man darf die Leute nicht reizen. Für die damals herrschende Angst ist es bezeichnend, daß die Regierung mich bat, am 4. November nicht in Uniform und nicht korporativ in die Kirche gehen zu müssen.[166] Die militärische Lage wurde immer unhaltbarer. Die Verpflegung der Armee wurde immer schlechter und schlechter, dabei tobte in Venezien die Schlacht. Die Truppen vorne kämpften meisterhaft, nur die Reserven begannen zu versagen und wollten ihren schwer fechtenden Kameraden nicht zu Hilfe eilen. Im Hinterland herrschte Revolution und Anarchie. Ich entschloß mich daher, einerseits mit den Italienern direkte Waffenstill-

---

165 Ludwig Ruprecht, Schloßhauptmann von Schönbrunn.

166 Über die Kaisermesse am 04.11.1918 in St. Stephan in Wien, vgl. Spitzmüller, 308; Krexner, Piffl, 199–200 und HHStA, NL Friedrich von Wieser, Tagebucheintragung vom 4.11.1918, fol. 1102–1103: „[...] Im Hochamt in der Stephanskirche war das Ministerium in Zivil (ohne Lammasch, der mit Fieber zu Bett liegt), dann Flotow, Spitzmüller und die Präsidenten der übrigen Zentralbehörden (Ernst von Plener). Auch der Präsident des Herrenhauses, Alfred III. Fürst Windischgrätz, war anwesend, und zwar in seiner Jägeruniform. Die Stadt Wien war vertreten, ob durch den Bürgermeister weiß ich nicht, aber sicherlich durch einen Vizebürgermeister. Auch Prinz Aloys Liechtenstein war für das Land da. Von den übrigen Geheimräten und Generalen war fast niemand zu sehen. Max Hussarek war anwesend. Von den neutralen Vertretern war niemand da. Der Nuntius war auf seinem Platz. Karl Czapp von Birkenstetten war in Uniform als der einzige General erschienen. Ich sagte zu ihm: ‚Es freut mich, Sie hier zu sehen, und zwar in Uniform. (,Unentwegt‘, sagte er.) Ich weiß von Offizieren Ihrer Division, daß sie immer voran waren. Sie sind auch heute voran, es freut mich.‘ Das Hochamt selbst wurde in der üblichen solennen Weise abgehalten, nur konnte ich nicht recht entnehmen, ob beim Tedeum der Glückwunsch für den Kaiser gesprochen wurde. Der Kardinal verlas eine Formel, in der auch die Worte ‚hostes superare‘ noch immer zu hören waren, aber er verlas sie so verschwommen, daß ich sie mit Ausnahme dieser zwei Worte, auf welche ich stützte, nicht verstehen konnte. Klar und unzweideutig erscholl aber nach der Beendigung der Formel von der Orgel die Volkshymne. Ich hätte am liebsten geheult und dankte, daß ich so im Winkel stand, daß niemand sehen konnte, wie ich mich anstrengen mußte, um die Bewegung der Tränen zurückzuhalten. Daß ich dieses Ende der Volkshymne werde erleben müssen, hätte ich nie geglaubt. Immerhin zwei Mächte haben sich heute in Österreich bewährt: die Kirche und die Musik, sie sind ungebrochen [...].“ Vgl. auch DAW, TB Wagner, Eintragungen vom 03. und 04.11.1918; Redlich, TB 2, 313.

standsverhandlungen zu pflegen, anderseits über Andrássys Rat Sonderfrie-
densverhandlungen anzubahnen.[167] Dieser Sonderfriedensschritt in höchster
Not unternommen, als bereits die ungarischen Truppen die Front verließen
und die alpenländischen Regimenter meuterten, rief in Wien einen Sturm der
Entrüstung hervor. Offiziere rissen sich ostentativ auf offener Straße die Kap-
penrose herunter, und man schrie, mit dem Kaiser, mit einem Verräter, will
man nichts mehr zu tun haben. Dies war der Auftakt zur Revolution. Wie
recht hatte ich, als ich immer sagte, daß ein Sonderfrieden nur dann möglich
sei, wenn man günstig abschneidet, sonst wäre dies im Zentrum, in Wien, die
Revolution. Es geschahen natürlich wie immer in solchen Zeiten Ungeschick-
lichkeiten. Man darf in so aufgeregten Zeiten niemals große Volksaufläufe
provozieren, denn man weiß nie, wo so etwas endet. Diesen Fehler beging
Windischgrätz. Als Sektionschef im Ministerium des Äußeren arrangierte er
mit Landwehr, beide in bester Absicht, einen Demonstrationszug zu Ehren
Andrássys und des Sonderfriedens.[168]

Die Sache fiel kläglich aus, nur bezahltes Gesindel beteiligte sich daran, die
Rede Andrássys vom Balkon des Ballhausplatzes aus war auch nicht sehr gut
und vor allem nicht ordentlich deutsch. Es wurde befehlsgemäß „Hoch" ge-
brüllt, aber auch keineswegs allgemein. Diese an und für sich unwichtige
Demonstration veranlaßte die Gegner, den nächsten Tag eine imposante
Gegenkundgebung zu machen, wo natürlich von Revolution und Republik
gesprochen wurde. Es war dies das erstemal, daß große Volksmassen ohne Widerstand in die innere Stadt gezogen waren.[169] Dies war natürlich ein schreckliches Beispiel für die Zukunft. Durch die Geschicklichkeit der Polizei gelang
es, daß es nirgends zu Tätlichkeiten kam. Bei der gänzlichen militärischen
Ohnmacht des Staates mußten solche Aufläufe schließlich zur Katastrophe
führen. Schober und Minister des Inneren Gayer[170] waren wütend auf Windischgrätz, der mir vor „seiner Beeinflussung der öffentlichen Meinung" nur
gemeldet hatte, daß ein Fackelzug vor dem Ballhausplatz stattfinden und daß
dies mit dem Bürgermeister[171] besprochen werde. An einem der vorhergehen-

---

167 03.11.1918: Abschluß des Waffenstillstandes zwischen Österreich-Ungarn und der Entente in
     Villa Giusti bei Padua; vgl. Andrássy, Diplomatie und Weltkrieg, 307–313; Wagner, Der Waf-
     fenstillstand von Villa Giusti 03. November 1918. Vgl. auch Nrn. 119, 121.
168 Vgl. Windischgrätz, Vom roten zum schwarzen Prinzen, 382–384; HHStA, NL Wieser, fol.
     1131: 1918 November 7: „[…] Es wurde wiederum gesagt, dass die Kundgebung für den Frie-
     den vor dem Grafen Andrássy, die mit einer Loyalitätskundgebung vereinigt war, den un-
     mittelbaren Anlaß zur Kundgebung auf der Rampe des Parlaments gegeben habe. Eine Sa-
     che, die umso schlimmer war, weil die Friedenskundgebung zunächst nur für den Grafen
     Andrássy Stimmung machen sollte. (Deshalb hat sich Prinz Windisch-Graetz für sie einge-
     setzt.) […]."
169 Vgl. Plaschka/Haselsteiner/Suppan, Innere Front, 2, 320–328.
170 Vgl. Nr. 130.
171 Richard Weiskirchner, 1912–1919 Bürgermeister von Wien.

den Tage bezog das letzte Mal das seit Beginn des Krieges zu Wachzwecken in Wien garnisonierende Battaillon des mährischen Infanterieregiments 99[172] die Burgwache regelmäßig. Als die Musik spielte, erschienen die Kaiserin und ich, wie früher öfters an einem Fenster der Hofburg, von der angesammelten Menge stürmisch akklamiert. Als wir dann die Burg im Auto verließen, lief uns die Menge unter fortgesetzten Hochrufen nach. Das war unser letzter Burgbesuch, denn den Tag darauf war das Infanterieregiment Nr. 99 bereits durchgegangen, und ein Hauptmann mit deutschösterreichischer Kokarde bezog die Wache, aber auch diese deutschösterreichische Kompanie verlief sich während des Wachdienstes, sodaß Polizei den Schutz der Burg übernehmen mußte.

Auch auf die Garden war kein absoluter Verlaß. In Schönbrunn, wo wir wohnten, war auch ein ungarisches Bataillon des Infanterieregiments 69,[173] das die Wache halten sollte, abmarschiert und das kaiserliche Schloß ohne irgend eine Bewachung. In der Nacht wachten in dem ganzen ausgedehnten Komplex nur ein paar Burggendarmen, ein Gardeoffiziersposten vor meiner und der Kinder Tür und fünf bis sechs treue Herren in der Galerie, auch die Dienerschaft, bis auf einige wenige Ausnahmen, hatte sich wahrscheinlich aus Furcht verzogen. So lag das ganze Schloß einsam da und nur der Herrgott hat es in diesen unruhigen Zeiten beschützt.

Das Kriegsministerium disponierte ein gemischtes Bataillon von den besten alpenländischen Regimentern 14, 59 etc.[175] von Neustadt nach Wien zu meinem Schutze, von dem kriegsstarken Bataillon kamen in Wien nur die Offiziere und 14 Mann an. Endlich kamen junge Neustädter Akademiker, noch nicht geschworene Soldaten, auf die Wache nach Schönbrunn. Es war dies zwei Tage vor meiner Abreise nach Eckartsau, nachdem wir fast acht Tage ohne Schloßwache gewesen waren. Und diese braven, netten, begeisterten Buben, ungefähr 40 an der Zahl, sollten allein mit der auch sehr verläßlichen, aber an Zahl gänzlich ungenügenden Polizei Wien und die kaiserliche Residenz gegen 300.000 Arbeiter halten?[175] Bei der Schilderung dieser traurigen Verhältnisse darf ich nicht zu erwähnen vergessen, daß viele kaisertreue Offiziere, als sie die eben geschilderte Lage in Schönbrunn erfuhren, zum Schutze des Kaisers herbeigeeilt waren und sich in die Garde einteilen lassen

---

172 Vgl. Plaschka/Haselsteiner/Suppan, Innere Front 2, 339.

173 Plaschka/Haselsteiner/Suppan, Innere Front 2, 338.

174 IR 94 mit 94 % Deutschen und IR 59 mit 95 % Deutschen, vgl. Plaschka/Haselsteiner/Suppan, Innere Front 2, 336, 338.

175 Nach den Erinnerungen von Carl Wolff, Kommandant der Leibgarden 1918, KA, NL Wolff, B 851, fol. 4, kamen von 1000 Mann nur 60 und 15 Offiziere. Die Militärakademiker trafen am 3. November ein. Nach Wolf waren außer den Militärakademikern noch 200 Mann der Leibgardeinfanterie, 20 Mann Reitereskadron und je 4 Offiziere der I. Arcièren – und der königlich-ungarischen Leibgarde im Dienst.

wollten. Da griff aber der revolutionäre Staatsrat ein – die k.k. Regierung hatte keine Gewalt mehr – und erklärte dies als unbefugte Werbung. Die kompetente Gardebehörde, die die ganze Angelegenheit sehr lau und sehr bürokratisch betrieben hatte, fürchtete sich und ließ die Sache auf sich beruhen. Heute muß man ja deutlich erkennen, daß ein Widerstand zwecklos und sogar schädlich gewesen wäre, aber damals? Volles Lob verdient Oberst Wolff[176] der Garde, der sich immer gehalten hat und nicht eine Sekunde von meiner Seite gewichen ist.

Nun zurück zu Ungarn. Wie bekannt, fuhr Károlyi mit mir nach Wien. Die Besprechungen mit Lammasch und Andrássy fielen ins Wasser, da ersterer gerade nicht zu Hause war, letzterer aber seinen Schwiegersohn nicht empfangen wollte. Mittlerweile hatte ich Erzherzog Josef kommen lassen, um ihn als homo regius nach Ungarn zu senden.[177] Er sollte dort trachten, ein Konzentrationskabinett aller Parteien zusammen zu bringen. Er meldete mir von seiner Front, daß die ungarischen Truppen absolut nicht mehr in Tirol kämpfen wollten, daß sie ihr engeres Vaterland gegen Serben und Rumänen verteidigen zu müssen glaubten, und jeder Hinweis darauf, daß die Ungarn auch Tirol verteidigten, würde nutzlos sein. Er selbst, der bei den ungarischen Truppen sehr beliebt war, war an die Front zu ihnen gefahren und hatte diesen Eindruck mitgebracht. Wie war all dies gekommen? Die Hetze Károlyis und seiner Leute, die man schon bei der Meuterei der Flotte im Feber 1918 gemerkt hatte, hatte den Boden gut vorbereitet. Aber die Reden der Abgeordneten in Pest von der Selbständigkeit Ungarns, von der Bedrohung der Grenzen durch Rumänen und Serben, der Ruf, „ungarische Truppen zum Schutze Ungarns", dem auch die Regierung beipflichtete und schließlich das Bekenntnis des stärksten Ungarn, Tiszas, „Wir haben den Krieg verloren", wirkten verheerend auch auf die Gutgesinnten und schlugen damit dem Faß den Boden aus. Daß Siebenbürgen gegen einen zweiten unvorhergesehenen Einmarsch Rumäniens militärisch ungeschützt gewesen wäre, ist eine Lüge, die nur für die politische Hetze erfunden wurde. Ich habe mit dem Chef des Generalstabes oft die Situation an der rumänischen Grenze besprochen, und wir sind jedesmal zur Überzeugung gekommen, daß die dort dislozierten Truppen genügt hätten, um den ersten rumänischen Anprall abzuwehren. Mehr hätte man damals bei dem Krieg auf vielen Fronten nicht erwarten können. Wäre dieser erste rumänische Überfall gescheitert, […] hätte man Mittel und Wege gefunden, weitere Truppen nach Siebenbürgen zu transportieren. Wekerle ließ sich von diesem Geschrei der Parlamentarier und einigen Meldungen unorientierter, überängstlicher Obergespane ins Bockshorn jagen und drängte das AOK fort, ohne Erfolg, Siebenbürgen mehr mit Truppen zu dotieren. Daß aber

---

176 Vgl. Anm. 175 oben und Luedin, Leibgarden, 170–175.
177 Windischgraetz, Vom roten zum schwarzen Prinzen, 392–416.

wir recht hatten, beweist, daß Rumänien trotz unserer offenkundigen militärischen Schwäche solange vor unseren Truppen in Siebenbürgen Angst hatte, als die Revolution diese Truppen nicht auseinander getrieben hatte.

Nun zurück zur Sache. Ich hatte Károlyi in Wien vor seiner Abreise sagen lassen, ich würde ihn nicht mehr in Audienz empfangen, da ich bereits Erzherzog Josef zum homo regius designiert und ihm daher die Verhandlung mit den Politikern zur Lösung der Kabinettskrise übertragen hätte. Erzherzog Josef und Károlyi benützten die gemeinsame Reise nach Pest zu einer Aussprache, die ziemlich günstige Resultate erwarten ließ. Aber am Pester Bahnhof siegte wieder das Demagogentum Károlyis über seine Vernunft. Ein ungeheures Publikum bejubelte ihn beim Verlassen des Pester Bahnhofes, wogegen der Erzherzog bei einem Hintertürl hinausschleichen mußte. Große Reden wurden gehalten, es wurde erwähnt, daß der große Károlyi in Wien betrogen worden war, und Rufe gegen den König wurden laut. Ich glaube, daß dies bei Károlyi der psychologische Moment war, wo er alle moralischen Fesseln abstreifte und sich der Revolution, mit der er bisher so lange gespielt, nun mit Haut und Haar verkauft hatte.[178] Nachdem Károlyi im Laufe des nächsten Tages geschwankt hatte, ob er einem Konzentrationskabinett beitreten solle oder nicht, entschied er sich für letzteres und so waren am Abend des 29. Oktober die Konturen eines Kabinettes Hadik[179] ohne Károlyi und seiner Partei sichtbar. Hadik stellte noch einige Bedingungen, die sich auf eine gewissen Kontrolle des AOK und des Kriegsministeriums durch Ungarn bezogen, und endlich wurde verlangt, daß ungarische Truppen an die bedrohten Landesgrenzen disponiert werden, dies war ja bereits im Rahmen der Möglichkeit geschehen. Nach Rücksprache mit Arz und Stöger-Steiner[180] stimmte ich am späten Abend diesen Vorschlägen zu.

Am nächsten Morgen um 4 Uhr wurde ich durch das Telephon geweckt, am Apparat war Erzherzog Josef, Hadik und Fmlt. Lukachich[181], der Militärkommandant von Budapest. Sie geben mir folgende Situationsmeldung: Revolution tatsächlich ausgebrochen, großer Teil der Budapester Garnison sei für Károlyi und schütze den revolutionären Nationalrat. Treu gebliebene Truppen, hauptsächlich Bosniaken, zum Angriff bereit, ist der Angriff durchzuführen? Ich antwortete: „Angriff durchführen, wenn Aussicht auf Erfolg." Rückantwort: „Aussicht auf Erfolg besteht nicht." Daher gab es nur eines, mit Károlyi verhandeln. Diese Episode wirft kein gutes Licht auf jene Kommandanten, die noch vor kurzer Zeit versichert hatten, daß die Budapester Garnison vollkom-

---

178 Károlyi, Gegen eine ganze Welt, 475–479.
179 Vgl. zum Kabinett Hadik, Broucek, Glaise 1, 505 und 513.
180 Vgl. Nr. 87a.
181 Géza Lukachich von Somorja, Militärkommandant von Budapest, vgl. Lorenz, Kaiser Karl,
534–535.

men verläßlich ist. Ich habe nicht angreifen lassen, da ein Echec bei einer Revolution schlechter ist als Passivität. Geschlagene Truppen in einem Bürgerkrieg vermehren gewöhnlich die Reihen der Gegner, und das unnütz vergossene Blut gereicht den Gutgesinnten und der gerechten Sache nur zum Schaden. Sehr merkwürdig ist der plötzliche Umfall der Polizei, die noch vor wenigen Tagen, als einige Demonstranten in die Burg eingedrungen waren, mit gewohnter Energie und Tüchtigkeit – die Pester Polizei war jederzeit vorzüglich gewesen – die Leute auseinandertrieb und jetzt plötzlich für den Nationalrat gewonnen war. Ich glaube, daß es hier sowohl wie beim Militär an der Wachsamkeit der Vorgesetzten gemangelt haben muß, die nicht merkten, wie allmählich das Gift des Umsturzes durch Agitatoren unter ihre Leute getragen wurde. Ein solches Versagen kann für Unorientierte plötzlich und unerwartet kommen, aber ohne vorhergegangene Wühlarbeit ist so etwas unmöglich. Die Vorgesetzten hatten eben den so unumgänglich notwendigen Kontakt mit der Mannschaft verloren. Um 9 Uhr früh wurde mit Károlyi verhandelt. Károlyi übernahm die Kabinettsbildung als königlich ungarischer Ministerpräsident und legte mitsamt den unmöglichen Ministern, die er sich erwählt hatte, den vorgeschriebenen Eid in die Hände des Erzherzogs Josef ab.[182]

Mit Mühe erhielten wir mit Gödöllö telephonische Verbindung, da die Budapester Telephonzentrale bereits von den Revolutionären besetzt war. Ich hieß die Kinder, die noch dort weilten, per Auto nach Schönbrunn kommen. Knapp vor der Abfahrt meldete ein Offizier dem Prinzen René[183], der die Kinder begleiten sollte, daß es bereits unmöglich wäre, das Schloß zu verlassen, da von Budapest telephoniert worden sei, daß Autos mit Maschinengewehren am Wege nach Gödöllö wären, um die Kinder abzuholen. Kurz gefaßt, ich befahl Prinz René dennoch wegzufahren, und der Durchbruch gelang. Nur seinem kühnen Entschlusse ist es zu verdanken, daß die Kinder nach einer sehr anstrengenden Fahrt, aber ohne Zwischenfall in Wien ankamen. Später wurde gemeldet, daß, kurz nachdem die Kinder weg waren, wirklich ein Panzerautomobil in Gödöllö erschien, um den Kronprinzen nach Budapest zu bringen, denn das Volk wolle ihm [a–]angeblich dort als König huldigen. Wie konnte man ihm huldigen, da Barrikaden Ofen und Pest trennten und an den Straßen geschossen wurde?[–a] Ich glaube, in Wirklichkeit wollte man den Kronprinzen als Pfand behalten, um von mir alles mögliche zu erpressen. Auf der Fahrt nach Wien sahen die Begleiter der Kinder überall, wie Gendarmen von roten Banden entwaffnet wurden, und die Soldaten überall teils freiwillig, teils unfreiwillig ihre Kappenrosen ablegten.

---

a–a Handschriftliche Einfügung von Kaiserin Zita.

182 Károlyi, Gegen eine ganze Welt, 507–515.
183 Vgl. Nr. 20.

In Preßburg, wo die Kinder im Palais Friedrich eine kurze Rast gehalten hatten, brach die Revolution zum Glücke erst dann aus, als sie den Ort wieder verlassen hatten. Gottes Schutz ruhte sichtlich auf ihnen.

Am Nachmittage des nächsten Tages (des 31.) war wieder einmal die Situation in Wien kritisch geworden, man weiß ja, daß es bei Revolutionen – wie bei einer stürmischen See Wellentäler und Wellenberge gibt – und man riet mir, die Regierung nach Preßburg zu verlegen, weil dies eine ruhige kleine, sehr zentral gelegene Stadt wäre. Ich rief den Minister des Innern, Graf Batthyányi[184] telephonisch auf, der mir mitteilte, ich könne jetzt nicht hingehen, da die Situation es nicht gestatte. Gleich darauf kam Károlyi ans Telephon und schilderte mir die Verhältnisse in den schwärzesten Farben. Damals schon erhoben sich Stimmen, die meine Abdankung verlangten, ich antworte: „Ein ungarischer König dankt nie ab." Gegen Abend wurde gemeldet, daß der Nationalrat und Soldatenrat die Republik verlangen. Károlyi bat, seines Eides entbunden zu werden, da die Republik bei dem Mangel jeglicher staatlicher Machtmittel – die Bosniaken waren mittlerweile auch in Unordnung nach ihrer Heimat zurückgekehrt – unaufhaltsam sei, und die Revolutionäre ein Blutbad unter den noch im Eide stehenden Ministern anrichten würden. Ich entband ihn daher des Eides.[185] Dies war falsch, denn diese Minister wären sicher nicht erschlagen worden. Károlyi wäre trotzdem an der Macht geblieben und hätte, was für die Zukunft besser gewesen wäre, seinen Ministereid gebrochen. Damals knapp vor Abschluß des menschenmordenden Krieges scheute man sich vor jedem neuen Opfer eines menschlichen Lebens. Was Erzherzog Josef anbelangt, hat er sich in der ganzen Revolution tadellos benommen. Er wurde über seine Bitte als einziger Soldat der Armee seines Eides entbunden und leistete – allerdings ohne mein Wissen – dann der Republik den Bürgereid.[186] Dies alles aber nur, um die ungarischen heimkehrenden Truppen, auf die er großen Einfluß zu haben wähnte, unter sein Kommando zu bekommen und mit ihrer Hilfe den legitimen König wieder einzusetzen. Daß dies mißglückte, ist nicht seine Schuld! Er hatte außer acht gelassen, daß man doch nie durch Paktieren mit dem Schlechten Gutes stiftet, wenn auch die Absicht rein ist.

Nun zurück zu Österreich! Die Lage wurde immer schlechter und schlechter. Über die tschechische und slowenische Revolution[187] wußte man so gut wie gar nichts. Abgeordneter Pantz[188] und Teufel[189] erschienen beim Kabi-

---

184 Theodor (Tivadár) Graf Batthyány, vgl. Nr. 87a.

185 Vgl. Windischgrätz, Vom roten zum schwarzen Prinzen, 392–416; Lorenz, Kaiser Karl, 536.

186 Diese Eidesleistung erfolgte am 17.11.1918, dazu Pester Lloyd Nr. 270 vom 17.11.1918 (Morgenblatt) 3–4.

187 Vgl. Nr. 129.

188 Vgl. Nr. 87a.

189 Oskar Teufel, deutsch-radikaler Abgeordneter, 1911–1918 MöAH.

nettsdirektor Seidler,[190] um ihm zu erklären, daß im deutschösterreichischen Nationalrat die Majorität für die Republik sei, und der Kaiser seinen Thron nur dadurch und allerdings auch da nur mit geringer Wahrscheinlichkeit retten könnte, wenn er vor die Nationalversammlung trete und erkläre, er wäre ein deutscher Fürst. Das ist natürlich ein Unsinn, aber charakteristisch für die damaligen Gedankengänge der „Gutgesinnten". Kurze Zeit darauf bat mich Lammasch, den Kabinettsdirektor Seidler, der die Leute angeblich reize, zu entfernen. Ich antwortete, ich würde Seidler nichts davon sagen, aber wenn er, der sein alter Freund war, ihm dies aus politischen Gründen nahelegen würde, hätte ich nichts dagegen. Es ist merkwürdig, daß alle Leute, die mir treu ergeben waren, auf einmal politisch unmöglich wurden und gehen mußten, wohingegen jene Leute, die nicht so treu waren, auch in alle Zukunft politisch eine Rolle spielen konnten. So war es bei den Gutgesinnten Polzer, Seidler, und wenn die Revolution nicht dazwischen gekommen wäre, auch Hunyady.[191] Alle diese Leute hatten Fehler, wie jedermann auf der Welt, Polzer vielleicht manchmal unvorsichtig beim Reden, Seidler war kein Bismarck und Hunyady etwas voreilig in seinen Entschlüssen und Reden, aber sie waren alle treu wie Gold und das ist die <u>Hauptsache</u>. Die weniger treuen Leute hatten auch Fehler, viel größere als die erstgenannten, aber die Loge war ihnen wohlgesinnt! Das sagt Alles! In den Ministerien machten sich die deutschösterreichischen Funktionäre immer breiter und verdrängten langsam die k.u.k. Minister. Unter diesen Umständen beabsichtigte ein Teil der Minister des Kabinettes Lammasch zu demissionieren, ich aber bat sie, auszuharren, denn damals hoffte man, noch durch ein günstiges Abkommen mit der Entente die Ordnung wiederherzustellen. Dann war der Waffenstillstand erfolgt, und die Revolution in Deutschland, doch darüber später. Am 9. [10.] November sandte ich einen Brief an den Kardinal [Piffl] mit der Bitte, auf die Christlichsozialen und ihren Präsidenten, Geheimen Rat Hauser,[192] einzuwirken, damit sie nicht für die Republik stimmen möchten. Der Kardinal sprach mit Hauser und dieser gab ihm sein Ehrenwort, daß er persönlich gegen die Republik stimmen und seine Partei auch im monarchistischen Sinne beeinflussen werde. Wie er gestimmt hat, weiß ich nicht, jedenfalls war er, Hauser, nach wenigen Tagen Präsident der Republik. Als der betreffende Herr[193], der den Brief überbracht hatte, zum Kardinal hineinging, verließ Sei-

---

190 Ernst Seidler Ritter von Feuchtenegg, Kabinettsdirektor des Kaisers vom 25.07.–09.11.1918.

191 Polzer-Hoditz, 550–556; HHStA, NL Wieser, fol. 1130: 1918 November 7.

192 Johann Nepomuk Hauser, christlich-sozialer Politiker, 1908–1918 MöAH, 1917 Klubobmann der christlich-sozialen Partei; 30.10.1918 2. Präsident der deutschösterreichischen provisorischen Nationalversammlung und einer der Vorsitzenden des Staatsrates. Vgl. Josef Honeder, Prälat Johann Nepomuk Hauser, Wien, phil. Diss. 1964, 174–199.

193 Karl Werkmann Frh. von Hohensalzburg, seit 15.01.1917 Pressechef des Kaisers, folgte ihm ins Exil. Vgl. TS 2611–2617.

pel das Zimmer.[194] Der Kardinal erwähnte jenem Herrn gegenüber, die Regierung bereite eine Erklärung des Kaisers vor, die den Christlichsozialen freie Bahn ließe. Diese Nachricht dürfte von Seipel gestammt haben. Der Kardinal bat auch, diese Erklärung zu unterzeichnen. Den ganzen 10.[November][195] über wartete ich auf das angekündigte Manifest, erst am 11. um 11.10 Uhr vormittags erschienen die Minister Gayer und Lammasch. Bereits während des Ministerrates waren die sozialistischen Abgeordneten erschienen und hatten die formelle Abdankung verlangt, aber schließlich sich, wenn auch widerstrebend, mit dem Manifest einverstanden erklärt, jedoch nicht im Namen der revolutionären Regierung, sondern für ihre Partei. Die beiden Minister erklärten, daß, wenn das Manifest bis 12 Uhr mittags nicht erscheinen könne, die 200.000 Wiener Arbeiter die Arbeit niederlegen und die Ausrufung der Republik mit Gewalt in Schönbrunn erzwingen würden. Ich fragte Gayer, ob irgend eine Möglichkeit bestehe, die Revolution niederzuschlagen. Mit Tränen in den Augen versicherte er mir, daß wir gar keine wirksamen Machtmittel mehr hätten. Es blieb daher nur die Wahl, einige Gutgesinnte vor den Toren Schönbrunns zwecklos zu opfern und damit jede Möglichkeit einer Restauration im besten Falle auf lange Zeit hinauszuschieben, im ungünstigsten Falle diese für immer zu begraben oder aber dieses zweideutige Manifest zu unterzeichnen. Ich entschied mich für das Letztere und unterschrieb schweren Herzens. Dieses Manifest ist ungültig, da es erzwungen ist. Die weiteren inhaltlichen Gründe, die seine Ungültigkeit beweisen, finden sich in jenem Protest, den ich beim Verlassen des Landes von der österreichischen Grenze aus an den Heiligen Vater und an den König von Spanien gesendet habe. Ich hatte ursprünglich den Plan, jenen dem Protest beigeschlossenen Aufruf „An meine Völker" von Feldkirch aus in Österreich publizieren zu lassen, aber alle Gutgesinnten, der Kardinal an der Spitze, baten mich, davon abzusehen, da dies

---

194 DAW, TB Wagner, Eintragung vom 10.11.1918; Rennhofer, Seipel, 153; HHStA, NL Friedrich von Wieser, fol. 1152–1169: TS 2620–2630 (Werkmann). Augenzeugenbericht über die Beratungen vor der Unterzeichnung des Manifestes vom 11.11.1918.

195 Schilderung vom Verhalten der Wiener Bevölkerung im Schloßpark von Schönbrunn am 10.11.1918: KA, B 851, NL Wolff, fol.4–5: „[...] Das schöne Wetter lockte viele an diesem Sonntag nach Schönbrunn. Ihre Majestäten und Kinder waren im Kammergarten. Die fast laublosen Alleen gestatteten leicht ein Einsehen des Kammergartens seitens des Publikums. Daher sammelte letzteres sich nach und nach im Halbkreis um das Schloß und den Kammergarten. Da es schon einige tausend Personen waren, mußte ich Garden als Absperrungsspalier verwenden. Ich ersuchte das Publikum, den Majestäten beim Heraustreten aus dem Kammergarten und bei der Rückkehr in das Schloß ja nicht nachzudrängen, sonst würden die folgenden Kinder umgeworfen werden. Erst bei eintretender Dunkelheit kamen die Majestäten, dahinter die Kinder. Sofort ertönten seitens des Publikums unausgesetzte Hochrufe und die Worte ‚Da bleiben, nicht von uns gehen!' Majestäten dankten und gingen rasch. [...]" Identisch bis auf das Datum: HHStA, NL Wieser, fol. 1113: 1918 November 05.

den Kommunismus fördern würde![196] Da ich nicht mehr im Lande weilte, und ich daher die Qualen des eventuellen Kommunismus nicht mit meinen Leuten teilen konnte, es somit als ein Heldenstück, begangen innerhalb der schützenden Grenzen der Schweiz betrachtet worden wäre, habe ich davon abgesehen und nur den Protest mit dem Aufruf an die beiden obgenannten Souveräne geleitet mit dem Beifügen, daß ich ihn zu geeigneter Zeit publizieren würde.

Nun zur Übergabe der Flotte[197] und zu dem Waffenstillstand. Die Übergabe der Flotte an den yougoslawischen Staat unter Wahrung der Rechte aller „Sukzessionsstaaten" erfolgte, da […]die Yougoslawen sich mit Gewalt in den Besitz der Flotte gesetzt hatten, und es zu einem ungleichen Kampf zwischen den etlichen treu gebliebenen Matrosen und der Übermacht der Rebellen gekommen wäre. Auch hätten die Italiener diese Meuterei dazu benützt, […] um sich der Flotte zu bemächtigen und daraus eine „granda vittoria" zu machen und die Rechte der übrigen Staaten an dem Material zu wahren. Alle verantwortlichen Stellen hatten diese Lösung vorgeschlagen, so Admiral Horthy als Flottenkommandant, so Admiral Keil und die Marinesektion. Die Disziplin ließ seit der Meuterei in Cattaro trotz Horthys Strenge in der Marine immer mehr nach. Es ist auch gräßlich, Jahre lang im Hafen von Pola oder Cattaro zu sitzen, gar keine Abwechslung zu haben, dabei verhältnismäßig gut genährt zu sein, so etwas muß endlich Meutereien erzeugen. Man versuchte, die Mannschaft öfters abzulösen, auf Schiffe zu geben, die Convois zu führen hatten oder sonst ausliefen. Aber dies läßt sich bei der Marine im großen Stile wegen der vielen Professionisten, die eigentlich fast immer an demselben Orte gebraucht werden, schwer durchführen. Trotz alledem erfolgte die Flottenübergabe würdig, Horthy schiffte sich unter den regelmäßigen Ehrenbezeugungen aus, die alt ehrwürdige Flagge wurde vorschriftsmäßig eingezogen und die yougoslawische gehißt.[198] Kaum war aber diese Zeremonie vorüber, als wüste bolschewikische Szenen einsetzten (Soldatenräte etc.) Die Waffenstillstandsbedingungen wurden am zweiten bekannt, sie waren ungeheuer hart, aber dennoch entschloß ich mich, nach Anhörung der militärischen und politischen Ratgeber, darauf einzugehen, gleichzeitig wurden die Nationalräte vom Inhalt verständigt und angewiesen, ihre Zustimmung zu geben. Aber die Verbindung mit den außerhalb Wiens befindlichen Nationalräten war unmöglich. Nur der deutsch-österreichische war zur Hand, ich beschloß daher, seine Vertreter selbst zu empfangen, um sie, die ja leider tatsächlich die

---

196 Nr. 142. Zu der kommunistischen Gefahr, die sich von Ungarn nach Österreich auszubreiten drohte, über die Bildung von Arbeiter- und Soldatenräten und über den Generalstreik, vgl. BAR, E 2300, Wien 34, Bourcart an das Außenministerium, 24., 28., 29. und 31. März 1919; Botz, Gewalt in der Politik, 43–72.

197 Plaschka/Haselsteiner/Suppan, Innere Front, 2, 235 – 243.

198 Plaschka/Haselsteiner/Suppan, Innere Front 2, 235–239; Boroviczény, Der König und sein Reichsverweser, 12.

Macht ausübten, dazu zu bewegen, in patriotischem Geiste die Verantwortung für den Abschluß des Waffenstillstandes mitzutragen.[199] Um 2 Uhr erschienen in Schönbrunn der alte Dr. Adler[200], Seitz[201], Geheimer Rat, Handelsminister a. D. Urban[202], Meier (sic!)[203] (sogenannter Kriegsminister) und noch einige ähnliche mehr. Ich trat, gefolgt von GM Zeidler[204] und zwei Flügeladjutanten ein, explizierte ihnen die militärische Lage und bat sie um ihre Stellungnahme in der Waffenstillstandsfrage. Hierauf verließ ich sie, damit sie beraten könnten und ließ ihnen das Telegramm mit den Waffenstillstandsbedingungen, Situationsmeldungen und den Telegrammwechsel zwischen mir und Kaiser Wilhelm auf dem Tisch liegen.[205] Ich hatte nämlich dem Kaiser Wilhelm zwei Tage vorher erklärt, zu einer Zeit als die Situation noch besser war, und wir schon um Waffenstillstand gebeten hatten, ich würde, falls der Feind Bedingungen stellte, die einen Durchmarsch durch unser Gebiet zur Bedrohung der Deutschen im Rücken enthielten, dieselben ablehnen und an der Spitze meiner Deutschösterreicher, auf die anderen Nationen wäre nicht mehr zu zählen, mich dem italienischen Vormarsch entgegenstellen. Der Kaiser dankte mir dafür.[206] Aber jeder Widerstand war unmöglich, seitdem die Eliteregimenter 59 und 14 bereits gemeutert hatten. Nach ihrer Besprechung trat ich wieder ein, und der alte Adler erklärte, er sähe ein, daß ein Waffenstillstand unbedingt notwendig sei, daß aber sie, die Deutschösterreicher, die den Krieg nicht begonnen hatten und an ihm unschuldig wären, nicht die Verantwortung für den Waffenstillstand tragen wollten. Ich bemerkte hiebei, wie Urban fortgesetzt leise auf Adler einredete, er möge ja alle Schuld auf das alte Regime laden. Feiner Kavalier. Ich erklärte hierauf, ich seie auch unschuldig am Krieg, und daß die Sache so ausgefallen wäre, seien jene schuldig, die meine Friedensbestrebungen nicht unterstützt hätten. Der alte Adler gab mir vollkommen recht. Es entspann sich dann zwischen diesen Gaunern eine Debatte über den Krieg, in dessen Verlauf Meier (sic!) erklärte, im Jahre 1914 wäre jeder mit Begeisterung in den Krieg gezogen. Als ich sah, daß die De-

---

199 Österreich-Ungarns letzter Krieg, 7, Anlageheft, Waffenstillstands –und Friedensverträge, 45–46; Arz, Geschichte des Großen Krieges, 363–367; Wagner, Waffenstillstand von Villa Giusti, passim. Spitzmüller, 289–309; Redlich, Tagebuch 2, 312 – 316; Andrássy, 316–320; HHStA, NL Friedrich von Wieser, fol. 1075–1082.

200 Dr. Viktor Adler, Führer der österreichischen Sozialdemokraten, 31.10. bis 11.11.1918 Staatssekretär für Äußeres, vgl. dazu auch Redlich, TB 2, 313.

201 Dr. Karl Seitz, vgl. Nr. 146.

202 Karl Urban, 20.12.1916–23.06.1917 Handelsminister; bis 1918 MöAH (deutsch-fortschrittlich).

203 Josef Mayer, Staatssekretär für Heerwesen, 30.10.1918–19.02.1919.

204 Egon Frh. Zeidler – Daublebsky von Sterneck, GM, Generaladjutant in der Militärkanzlei, seit 18.05.1918 Vorstand der MKSM.

205 Dazu Spitzmüller, 289 und 295.

206 Diese Telegramme, in: Amtliche Urkunden zur Vorgeschichte des Waffenstillstandes 1918, 224–225 (Nrn. 88, 89).

batte uferlos zu werden begann, hob ich die Sitzung auf. Wir hatten aber doch nicht die Hoffnung verloren, den Staatsrat noch herumzukriegen. Gegen Abend kamen noch ungünstigere Meldungen von der Front. Der Tenor war, Waffenstillstand so schnell als möglich, bevor Alles zu Grunde geht. Ich war zuerst dafür, den Waffenstillstand sofort abzuschließen, aber dann sandte ich dennoch den Generalstabschef hinein zum Staatsrat, um ihm die Gefahren der Situation auseinanderzusetzen. Die Sitzung dieser Körperschaft war gerade beendet gewesen, und Arz traf nur mehr einen Teil der Herren, die seinen Ausführungen zustimmten, aber eben keine wirklichen Beschlüsse fassen konnten. Angesichts dieser Tatsachen gab ich um drei Uhr nachts die Zustimmung zum Waffenstillstandsabschluß und legte das Oberkommando nieder, da es ja keinen Krieg mehr gab.[207] Die Hauptschuld für die Befehle und Gegenbefehle jener Nacht[208] trug die deutschösterreichische Regierung, die immer einer klaren Stellungnahme auswich, und es nicht einmal der Mühe wert fand, diese Nacht sich in Permanenz zu erklären.[209]

---

207 Arz, Zur Geschichte des Großen Krieges, 368–371.

208 Über die „Befehle und Gegenbefehle" in der Nacht vom 2. auf 3. November 1918 vgl. die Korrespondenz Dr. Alexander Spitzmüller Frh. von Harmersbach mit Alfred Frh. von Waldstätten, dem stellvertretenden Chef des Generalstabes vom 09.01.1918 bis Kriegsende, vom 20. und 24. Jänner 1950. Darin kommt auch der letzte gemeinsame Ministerrat, der in der Nacht vom 02. zum 03.11.1918 unter dem Vorsitz des Kaisers in Schönbrunn zusammentrat, zur Sprache. Man einigte sich zuerst auf die Annahme, dann auf die Ablehnung der Waffenstillstandsbedingungen. Da der Befehl auf Annahme bereits abgegangen war, konnte er nicht mehr storniert werden. Vgl. KA, B/878, NL Waldstätten.

209 Vgl. dazu die Erinnerungen von Karl Seitz, in: Spitzer, 60–61: „[...] Die Flügeltüren zum kaiserlichen Kabinett öffneten sich. Ein junger schreckensbleicher Mann stand vor uns, der Kaiser. Er teilte uns mit, daß die Front nicht mehr zu halten sei. Er zeigte uns an Operationsplänen, daß sich die ungarischen Teile der Armee zurückgezogen und die Linie dadurch wie ein Sieb durchlöchert hatten. Ein sofortiger Waffenstillstand sei unabweislich. Er bitte um unsere Zustimmung zum Abschluß eines Waffenstillstandes. Danach zog er sich zurück, um uns Gelegenheit zu einer internen Beratung zu geben. Die Vertreter aller Parteien waren einer Meinung. Die Macht, die den Krieg begonnen hat, muß die Verantwortung bis zum Ende tragen. Alle Mitglieder des Staatsrates baten Victor Adler, dies dem Kaiser mitzuteilen. Victor Adler sprach ruhig, jedes Wort wägend. Daß unverzüglich ein Waffenstillstand geschlossen werden müsse, stehe fest. Aber die Zumutung, das Volk mit dem Verbrechen der toten Monarchie zu belasten, es mit der Monarchie zu identifizieren, müsse der Staatsrat zurückweisen. Das alte Österreich stirbt, das neue will leben und in der Welt bestehen. Der Faktor, der den Krieg begonnen hat, habe ihn auch zu beenden. Der Kaiser war bestürzt, fassungslos. Um Mitternacht ließ uns der Kaiser noch einmal ersuchen, den Waffenstillstand vom Staatsrat genehmigen zu lassen. Wir konnten ihm natürlich keine andere Antwort geben, und endlich erkannten die Herren, daß sie allein und ohne Parlament zu handeln haben, wie 1914 der Kaiser und seine Generäle unter Umgehung des Parlaments den Krieg begonnen hatten." Vgl. ferner einen Augenzeugenbericht, in: TS 2602–2604: „[...] Der Kaiser hielt es für richtig, den Fall dem eben erst gebildeten deutschösterreichischen Staatsrat vorzulegen, da die Frage des Waffenstillstandes in erster Linie den deutschösterreichischen Staat

Später wurde der Vorwurf erhoben, durch die Schuld des AOK seien viele tausend Soldaten in Gefangenschaft geraten, da wir die Feindseligkeiten um 30 Stunden früher einstellten als die Italiener.[210] Dies ist grundfalsch. Erstens waren zur Zeit, als wir den Waffenstillstand anbefahlen, die italienischen Durchführungsbestimmungen mit der Zeitangabe des Einstellens der Feindseligkeiten noch nicht in Schönbrunn eingetroffen. Ich glaube, das war ein Trick der Italiener, um umso schmerzloser den großen Sieg mit den vielen Gefangenen melden zu können, von dem General Diaz[211] selbst sagte, er brauche ihn für die öffentliche Meinung. Zweitens war unsere Front durch Meuterei und Abmarsch der Ungarn, Böhmen etc. durchlöchert wie ein Sieb, so daß jeden Moment die Möglichkeit war, daß der Feind durch solch ein Loch durchspaziert, und dann die etlichen braven Truppen, die noch die Front halten, nutzlos massakriert werden. Drittens war die Etappe in voller Auflösung, alle Magazine brannten, die Straßen waren von zurückflutenden Truppen, Trains etc. verstopft. Es bestand die Gefahr, daß diese Horden sich sengend und brennend über das Hinterland ergießen, daß die Truppen an der Front verhungern und keinen abschnittweisen Rückzug durchführen können. Unter diesen Umständen war Alles besser als Kämpfen und ich glaube, daß die Angehörigen jener Soldaten, die damals kriegsgefangen genommen wurden anstatt nutzlos hingeschlachtet zu werden, heute die Umsicht des AOK loben werden, da ihnen hiedurch ihre Lieben erhalten wurden.[212]

---

berühre. Die Staatsräte ließen sich Zeit, sie erschienen erst um halb vier in Schönbrunn. Der Kaiser legte dem Staatsrat die Lage dar und lud sie dann für Abgabe ihrer Meinung ein. Es kam zu folgendem Dialoge: Adler: ‚Wir waren es nicht, die den Krieg gewollt haben.‘ Der Kaiser: ‚Ich auch nicht.‘ Einige Stimmen: ‚Wir wissen es.‘ Adler: ‚Der Faktor, der das Volk in den Krieg geführt hat, möge es aus dem Elend herausführen.‘ Der Kaiser: ‚Die Suche würde lang dauern. So lange können die Soldaten an der Front nicht warten. Und wenn dieser Faktor nicht bald gefunden wird, wer will dann die Verantwortung für nutzlos vergossenes Blut tragen?‘ Die Besprechung hatte kein praktisches Ergebnis. Die Nacht verging mit Beratungen. [...] Der Staatsrat hatte wohl versprochen, weiter zu beraten und dem Kaiser seine definitive Entschließung bekanntgeben zu wollen, aber Stunde um Stunde verging, ohne jede Nachricht vom Staatsrat. Daraufhin entschied der Kaiser um 9.15 früh, daß die Feindseligkeiten zu beenden seien. Es war der 3. November früh. [...]“

210 Vgl. zum Zusammenbruch an der italienischen Front: Wagner, Waffenstillstand von Villa Giusti, 228–230; Rauchensteiner, 616–624 (ignoriert die detaillierte Darstellung bei Spitzmüller, 290–308); Neck, Österreich im Jahre 1918, 99–121.

211 Vgl. Nr. 77.

212 Dazu UB Basel, NL C. J. Burckhardt, A I, 9 Tagebücher und Briefe in Abschriften: Impressionen aus Wien (30.10.1918) und Salzburg (07.11.1918), fol. 5, 11–12: Wien, 30.10.1918: „[...] Die Andern kommen zurück, die vorderen Linien kämpfen und die Etappe hat sie verlassen, die Etappe strömt auf allen Straßen den Großstädten zu, mit Eisenbahnzügen kann nicht mehr demobilisiert werden [...]“ Salzburg, 07.11.1918: „[...]Als wir wieder durch den Kai [...] zurückgekehrt waren, empfing uns ein sehr verrücktes Schauspiel. Wie wir eben zur Türe herauskommen, geht eine wahnsinnige Schießerei los, und da sehen wir einen Zug von etwa 60 Wagen, der völlig bedeckt ist von gewalttätig heimziehenden Militärs. Alle Treppen, die ganze

Noch etwas! Károlyi und seine Regierung, vor allem der königliche ungarische Kriegsminister und Pazifist Oberst Linder,[213] wollten zu jener kritischen Zeit an alle ungarischen Truppen den Befehl erlassen, die Waffen niederzulegen. Ich ließ den Befehl, der nebenbei ungesetzlich war, durch das AOK nicht weiterleiten, wie dann die Truppen stellenweise doch davon erfuhren, weiß ich nicht.[214]

Nach der Unterzeichnung des deutschösterreichischen Manifestes tauchte die Frage auf, was nun geschehen sollte. Der Staatsrat erlaubte mir gnädig, in Schönbrunn zu bleiben. Schober wollte, ich solle in die Burg gehen, andere wollten, ich solle nach der Schweiz. Ich erklärte, ich bleibe im Lande, aber nicht in Wien unter den fortgesetzten Chikanen [sic!] des Staatsrates, sondern ich begebe mich, und zwar sogleich, nach dem der Familie gehörigen Gut Eckartsau. Ich wollte nicht in Wien bleiben, weil dort der Staatsrat fortgesetzt einem mit Abdankung und ähnlichem seckiert hätte, anderseits sowohl Burg als Schönbrunn hofärarisch waren und ich überzeugt war, daß die revolutionäre Regierung das Hofärar sofort als Staatseigentum erklären würde, und ich gar nicht gewillt war, von der Gnade dieser Gauner zu leben und von ihnen eventuell hinausgeworfen zu werden. Eckartsau anderseits war Privateigentum, dabei nicht weit von Wien, was den Machthabern gottlob ein Dorn im Auge war, und infolge seiner Ökonomie und Jagd war ein Verhungern ausgeschlossen. Mein Land wollte ich nicht freiwillig verlassen, denn wer ungezwungen seine Getreuen in der Not im Stiche läßt, hat seine Partie ausgespielt.[215] Einer schönen Tat muß ich hiebei Erwähnung tun. Bourcart,[216] der

---

Lokomotive, die Ketten, Puffer, die ganzen Dächer voll, daß man vom Zug überhaupt nichts mehr sah. [...] Aus diesem grauenhaften Riesenwurm aus Menschen bestehend, schoß und knallte es nun nach allen Seiten; zwei Offiziere führten uns in Deckung; wir meinten zuerst, es handle sich um einen Kampf mit der Bahnhofswache; in Wirklichkeit aber waren es regellose Truppen von der Piavefront, die seit vier Tagen nichts mehr gegessen hatten und nun in einer Art von Hungerwahnsinn ihre ganze Munition ziellos verschossen [...]." Auch Arz, Zur Geschichte des Großen Krieges, 376–380.

213 Adalbert (Béla) Linder, Oberst, 30.10.–09.11.1918 ungarischer Landesverteidigungsminister. Vgl. eine Charakteristik, in: BAR, E 2300, Wien 34, Wien, 1919 Februar 28.

214 Dazu: Arz, Zur Geschichte des Großen Krieges, 363–366, speziell: 365–366: „[...] Se. Majestät ließ [...] dem Obersten Linder bekanntgeben, daß er die Verantwortung vor der Geschichte nicht übernehmen könne, worauf Linder ausdrücklich erklärte, die ungarische Nation werde das Niederlegen der Waffen durch die ungarischen Truppen übernehmen und tragen. Da die Annahme des Waffenstillstandes beschlossen und die allgemeine Einstellung der Feindseligkeiten, um weiteres Blutvergießen zu vermeiden, für den 3. November in Aussicht genommen worden war, wurde, um den, die Dynastie bedrohenden Schritten vorzubeugen, kurz nach 9 Uhr abends der fragliche Befehl unter ausdrücklicher Betonung, daß die ungarische Nation dafür die volle Verantwortung trage, freigegeben [...]"

215 Dazu passim: Tagebuch von Friedrich von Wieser, HHStA, NL Friedrich von Wieser, fol. 1075–1160 (Tagebucheintragungen vom 02.–11.11.1918).

216 Charles-Daniel Bourcart, 1915–1925 Gesandter der Schweizerischen Eidgenossenschaft in Wien, vgl. Nr. 140 und DDS 7, 71 mit Anm. 2. Vgl. über ihn auch im Nachlaß von Carl J.

Schweizer Gesandte und die übrigen neutralen Gesandten proponierten mir, mich unter ihrem gemeinsamen Schutze ins Ausland zu bringen. Ich lehnte natürlich unter <u>vielem Dank</u> ab. Bourcart war immer für Österreich und für mich sehr freundlich und hat dies auch während meines hiesigen Aufenthaltes bewiesen.[217] Der holländische Gesandte Jonkherr Van der Weede [sic!][218] hat mir hier in der Schweiz sagen lassen, er würde Alles, was in seinen Kräften stünde, für uns [...] tun.

In Eckartsau spielten sich nur drei politisch interessante Episoden ab. Die Anwesenheit der Ungarn, die Wahlen zur „Constituante" und die Vorbereitung der Revolutionäre für meine Abdankung oder für unsere Landesverweisung. Am 13. November kamen die Ungarn nach Eckartsau und verlangten eine ähnliche Erklärung, wie sie für Österreich erlassen worden war.[219] Der Führer dieser Deputation war Baron Wlássics.[220] Er erklärte mir, wenn ich dieses Manifest nicht erließe, die Dynastie <u>am nächsten Tage</u> abgesetzt würde. Ich verfaßte ein anderes, viel schwächeres Manifest, wo von Eid, Stephanskrone etc. die Rede war. Die Herren aber erklärten, dies nicht annehmen zu können, da heutzutage diese Worte <u>keine Zugkraft</u> mehr hätten. Sie betonten weiters, daß Károlyi heute der einzig mögliche Mann sei, der in Ungarn unter diesen schrecklichen Verhältnissen regieren könnte. Sie hofften offenbar, daß er von der Entente für Ungarn ähnliche Bedingungen erreichen würde, wie sie die Böhmen durch ihren Verrat erreicht haben. Ich muß gestehen, daß auch ich diese Möglichkeit ins Auge faßte und erst nach dem Empfang Károlyis durch Franchet d'Esperay[221] eines Besseren belehrt wurde. Ich habe bis heute nicht entdeckt, warum Károlyi damals nach Belgrad ging, wo

---

Burckhardt (er war dem Gesandten zugeteilt), UB Basel, A I, 9 Tagebücher und Briefe 1918/19, fol. 29: 10.01.1919: „[...] Er ist vor allem sehr fleißig; er besitzt eine ausgeprägte diplomatische Schulung, d.h. die ganze Technik des Berufes beherrscht er spielend; im weitesten Maß kennt er die verwickelte Entstehung der Verhältnisse, seine politischen Beziehungen sind lückenlos, überall hat er seinen Mann, in offiziellen Kreisen ist er angesehen. Ich sah ihn bis jetzt nie einen Fehler machen, dagegen mangelt ihm bisweilen rasche Initiative, er ist grenzenlos vorsichtig. Er besitzt keine außerordentlichen Züge, aber er ist loyal, klug und hat viel doigté [Fingerspitzengefühl] dubiosen Machenschaften gegenüber." Auch Burckhardt, Memorabilien, 318–320.

217 PAMAE, Autriche 39, fol. 74–75, Bern, 1919 März 20: Clinchant an Außenministerium über die Intervention Schobers durch Bourcart um militärische Hilfe der Entente, damit in Wien keine bolschewistische Revolution ausbricht.

218 Willem Marcus Jonkheer Weede van den Berencamp, seit 10.09.1905 außerordentlicher Gesandter und bevollmächtigter Minister der Niederlande in Wien.

219 Vgl. Nr. 125.

220 Julius (Gyula) Wlássics, Präsident der ungarischen Magnatentafel.

221 Louis-Felix Franchet d'Esperay, französischer General, seit Juni 1918 Befehlshaber des alliierten Expeditionskorps in Saloniki. Zum Besuch Károlyis bei Franchet d'Esperay in Belgrad: Siklós, Ungarn 1918/1919, 117–123; Pomiankowski, Der Zusammenbruch des ottomanischen Reiches, 417–418.

doch der Weber'sche Waffenstillstand[222] die ungarische Grenze als Demarka-
tionslinie vorsah. Ich unterschrieb den ursprünglich vorgeschriebenen Text,
weil man der Drohung der Absetzung gegenüber keine Machtmittel hatte,
und ich eine offen ausgesprochene Absetzung für katastrophal und irrepara-
bel hielt. Die Dynastie ist ja doch in Ungarn nicht so sehr verankert wie in
Österreich, und wenn schon das letztere sich von ihr abgewendet hatte, so
hielt ich es für meine Pflicht, in ersterem Lande das Menschenmöglichste zu
retten. Dieses Manifest ist ebenso unter Drohung erzwungen. Formell ist es
nicht richtig, weil es nicht von einem vereideten königlich ungarischen Ministerpräsidenten kontrasigniert und es nicht durch ein verfassungsmäßiges
Parlament matrikuliert ist. Ungültig ist es auch, da am nächsten Tag die Nationalversammlung durch Proklamierung der Republik jede freie Entscheidung des Volkes präjudiziert hat. Dadurch war es möglich, daß durch die republikanische Propaganda das Ansehen des Königs und der Dynastie schwer
erschüttert wurde.[223] Zwei Beispiele. Der König hätte den Kroaten in Reichenau Teile Ungarns versprochen, wenn sie nur unter seinem Szepter bleiben würden. Wir wissen, daß in Reichenau verhandelt wurde.[224] Ich weiß
auch jetzt, daß wegen der Verbreitung dieses Gerüchtes die Ungarn am
31. Oktober am Telephon meine Abdankung verlangten. Der König hätte die
Abberufung des Banus Mihalovich verhindert!

    Die Sache verhält sich so: Vizebanus Nikolić[225] und einige Politiker waren
in Pest bei Wekerle gewesen, um über kroatische Angelegenheiten zu verhandeln. Sie hatten ihn ordentlich über die Ohren gehaut und ihm gewisse für
Ungarn günstige Versprechungen gemacht. Bei diesem Anlasse machte Wekerle die Bemerkung, der König sei mit dem Banus unzufrieden und wünsche
seine Entfernung. Dies sagte dieser verantwortliche Minister und beruft sich
auf seinen König zu jener Zeit, Ende Sommer 1918, wo ganz Kroatien ein Pulverfaß war, das jeden Tag zu explodieren drohte. Es war natürlich wahr, daß
über des Banus' Amovierung in „camera caritatis" gesprochen wurde, aber der
König durfte in die Sache nicht hineingezogen werden. Die kroatischen Politiker hatten nichts Eiligeres zu tun, als die Nachricht vom Sturze des Banus
in Agram zu verbreiten, und der Banus selbst, der auf einer Reise war, erfuhr
hievon auf einer Zwischenstation. Schnell entschlossen fuhr er nach Wien und
klagte mir sein Leid. Da ich das Vorgehen Wekerles, sowohl gegenüber meiner Person als auch der des Banus als dem höchsten Beamten Kroatiens ge-

---

222 Viktor Weber Edler von Webenau, GdI 1917, bis 10.07.1917 Militärgeneralgouverneur von Mon-
    tenegro; November 1918 Leiter der k.u.k. Waffenstillstandskommission in Villa Giusti bei Pa-
    dua.
223 Vgl. Nr. 127.
224 Vgl. zur Audienz der Kroaten in Reichenau, Rumpler, Hussarek, 87–89 (Anm. 36).
225 Vladimir Nikolić-Podrinskí, Vizebanus von Kroatien, vgl. Rumpler, Hussarek, 89–90 mit
    Anm. 36.

genüber, für unqualifizierbar hielt, erklärte ich dem Banus, er müsse auf seinem Posten bleiben. Wekerle gegenüber aber gab ich unverhohlen meiner Mißbilligung Ausdruck und erklärte ihm, daß ich dem Wunsche der ungarischen Regierung nach Amovierung Mihalovichs nach dem, was vorgefallen war, jetzt absolut nicht stattgeben könnte. So blieb Mihalovich bis zum Ende, da eine ziemlich lange, nach oben geschilderten Ereignissen von den Ungarn proponierte Banus-Kandidatur des Ministers Unckelhäusser daran scheiterte, daß die Kroaten gegen den starren Willen der Ungarn unbedingt auf einem aus der Majorität des Sabor hervorgegangenen Banus bestanden.

So sieht man, wie das Volk verhetzt wird, und so ein Volk soll frei über die Königsfrage bestimmen, obwohl ich eine Volksabstimmung, ob sie so oder so ausgefallen wäre, nie anerkannt hätte, denn ich bin König von Gottes Gnaden und nicht von Volkes Gnaden. Wie diese ungarischen Politiker schwankend sind, zur Zeit Károlyis galten ihre alten Ideale (Krone, Eid etc.) nichts mehr, zur Zeit des Kommunismus wäre es das beste gewesen, wenn Ungarn vom Erdboden verschwunden wäre und heute, nachdem „Armee und Volk Ordnung gemacht haben", möchten sie wieder die Macht ausüben. Später, nach gelungener Gegenrevolution wurde behauptet, daß das Volk nicht auf der Seite Károlyis war, dies ist nicht richtig, neunzig Prozent hielten ihn zu Anfang seiner Herrschaft für den Erretter Ungarns.[226]

Eine Frage ist in Österreich und Ungarn oft aufgetaucht, die der Gültigkeit des mir von der Armee geleisteten Eides. Dieser ist unbedingt gültig, ich habe mich zu wiederholten Malen speziell in den ersten Tagen des Eckartsauer Aufenthaltes auf das kategorischeste geweigert, die Armee des Eides zu entbinden. Die beiden ungültigen Manifeste vom 11. und 13. November bezogen sich nur auf Ungarn und Deutschösterreich, auf die übrigen Länder nicht. Ich habe im Oktober der Armee gestattet, Nationalkokarden zu tragen und auf ihre Nationalstaaten Gelöbnisse zu leisten.[227] Bei der Ablegung der Gelöbnisse war es aber, da der Eid nicht aufgehoben war, als selbstverständlich vorausgesetzt, daß dieses Gelöbnis nicht im Widerspruch zum Eid stehe.

Die ganze österreichische Beamtenschaft und die Beamten des Auswärtigen Dienstes, ausgenommen Kämmerer und <u>Geheime Räte</u>, deren Eid gleich dem der Soldaten zu halten ist, sind ihres Treugelöbnisses entbunden. Warum dieser Unterschied? Der Eid der Armee ist ein persönlicher und die Armee ist dasjenige Machtmittel, auf dem der ganze Staat ruht, von den Beamten hoffte man, daß sie auch im revolutionären Staate ihre kaisertreue Gesinnung beibehalten und sich ihrer bei der Ausübung ihres Berufes daheim und im Ausland erinnern werden. Von Soldaten sind ihres Eides nur entbunden FM Erzherzog Josef und die Garde des Gardeeides. Letzteres hatte folgenden Grund.

---

226 Károlyi, Gegen eine ganze Welt, 508–510.
227 Vgl. Nrn. 116, 209 mit Anm. 1.

Nach dem Umsturz verblieb die Garde in der Gardekaserne in Wien. Dies war
der revolutionären Regierung ein Dorn im Auge und sie erklärte, nachdem es
keinen Kaiser mehr gäbe, solle es auch keine Garde geben und stellte an das
Gardekommando das Ultimatum, sie würde, wenn ihr die Garde bis zu einer
bestimmten Stunde nicht übergeben sei, dieser jegliche Verpflegung sperren.
Da ein Widerstand dieser paar Soldaten Wahnsinn gewesen wäre, anderseits
der Gardeeid viel strenger war als der gewöhnliche Eid, mußte man zu oben
erwähnter Maßregel schreiten.[228] Einige Burggendarmen (Gardeinfanterie-
kompanie) unter Kommando des Oberst Wolff waren nach Eckartsau zum
Schutze des Schlosses mitgegangen, auch diese mußten nach der Eidesent-
bindung zurück nach Wien und die brave Polizei übernahm die Wache. Es war
ein trauriger Anblick, als die letzten Garden, bereits mit der deutschösterreichischen Kokarde geschmückt, Eckartsau verließen.[229]

Jetzt kommt eine große Lüge Renners.[230] Eines schönen Tages fuhr Renner
nach Eckartsau, um sich an Ort und Stelle zu überzeugen, ob ich krank wäre.
Ich empfing ihn aber nicht, und er hatte nur eine Unterredung mit Schonta
und sah einen Tafeldecker, der ihm einen kleinen Imbiß vorsetzte. Zuhause
angelangt aber, erzählte er im Kabinettsrate, daß er bei mir gewesen wäre.[231]
Der ganze Aufenthalt in Eckartsau war wirklich kein angenehmer.[232] Jeden

---

228 Vgl. Erwein Lobkowicz, 344–352.

229 KA, B 851 NL Wolff fol.7.

230 Dr. Karl Renner, 31.10.1918–22.10.1920 österreichischer Staatskanzler, vgl. auch Nr. 123 und
   Nr. 142 und zuletzt Rauscher, Karl Renner. Vgl. dazu die Rede des Staatskanzlers Renner vor
   der Konstituierenden Nationalversammlung Deutschösterreichs am 27. März 1919, in: Fi-
   scher (Hrsg.), Karl Renner, 147–156: „[...] beschloß der Staatsrat, in einer Sitzung, daß das
   Direktorium zu beauftragen ist, in dieser Angelegenheit weitere Schritte zu unternehmen.
   Diese weiteren Schritte mußten allerdings deshalb unterbleiben, weil der frühere Träger der
   Krone in der zweiten Hälfte des Dezembers erkrankte und bis in den Jänner hinein tatsächlich nicht imstande war, die Geschäfte seines Hauses und die eigenen Geschäfte zu führen.
   Da in der Öffentlichkeit Beunruhigung darüber herrschte, ob diese Krankheit tatsächlich
   vorliege, habe ich selbst in der ersten Woche des Jänner Eckartsau besucht und dort festgestellt, daß tatsächlich der Gesundheitszustand nicht nur des gewesenen Kaisers, sondern
   auch seiner Familie nicht derart war, daß die Mission des Direktoriums zu erfüllen gewesen
   wäre. [...]“

231 Vgl. Schonta, parallel dazu im Tagebuch von Kaiserin Zita, bei: Brook-Shepherd, Um Krone
   und Reich, 266–267.

232 Zur Situation in Eckartsau aus dem Curriculum vitae Schagers, in: WStLA, Landesgericht
   für Strafsachen, Wien I, Vr. 4917/32, Karton 51, fol. 174v–175r: „[...] Als nun Kaiser Karl mit
   seiner Familie und einer kleinen Begleitung seit 11. November 1918 in Eckartsau saß, wurde
   ich wiederholt nach Eckartsau gerufen, um zu raten und zu helfen. Insbesondere setzte ich
   anfangs die Beschaffung von Benzin für den Motor zur Beleuchtung des Schlosses durch,
   brachte Trinkwasser von Wien nach Eckartsau und stellte die Verbindung mit den Wiener
   Behörden wegen Bewachung des Schlosses her, da seine Bewohner einerseits von den Tschechen und anderseits von wildernden Volkswehrhaufen aus Hainburg ständig bedroht waren. Mit der Zeit fuhr ich jeden zweiten Tag nach Eckartsau, wobei ich dort nächtigte. [...] Es

Tag war man gefaßt, daß irgend ein Gesindel heraus kommen würde. Man hörte und las oft über Drohungen. Dabei war auch die Sicherheit in der Umgebung sehr gering. Als mein Jäger eines Tages von der Jagd nach Hause fuhr, wurde ganz in der Nähe des Schlosses auf ihn geschossen. Gottlob, ohne ihn zu treffen. Bei Marchegg auf einer mir gehörigen Jagd hielt die Volkswehr, die angeblich die Leithabrücke bewachen sollte, eine Hasenjagd mit Mannlichergewehren ab, man kann sich denken, wie dieses Herumschießen gefährlich war. Die Wilderei nahm dermaßen überhand, daß man ein Revier überhaupt nicht betreten konnte, selbst die Jäger mußten mit der Gendarmerie zusammen gehen, weil fortgesetzt Zusammenstöße mit den Wilderern, meistens abgerüsteten Soldaten, stattfanden und ich nicht wollte, daß meine Jägerei von der Schußwaffe Gebrauch macht, damit es nicht heißt, ein Mensch ist wegen der Jagd des Kaisers erschossen worden. Bei diesen Kämpfen wurde auch ein Gendarm erheblich verwundet. Einmal kam auch irgend ein hoher Rat Soldaten oder ähnliches bis in den Stall, um dort die Anzahl der Pferde und Autos aufzunehmen, angeblich um zu sehen, ob ein ärarisches Auto dort widerrechtlich wäre. Diese waren noch recht anständig und gingen bald fort. In Orth war einmal eine ähnliche Kommission, um den Verkauf des Wildes zu kontrollieren.

Ein Zeichen der Zeit ist auch folgendes. Die Bezirkshauptmannschaft hatte den 80prozentigen Wildabschuß anbefohlen, nur ist diese Maßregel undurchführbar, da jeder Jäger weiß, daß man, selbst wenn man wollte, den Wildbestand in einem Jahr nicht um 80 Prozent vermindern kann, das Wild zeigt sich bei solcher Massakriererei überhaupt nicht mehr. Nun gibt man einfach einen viel geringeren Wildbestand der Behörde an als man hat und schießt davon die 80 Prozent ab. Nun telephoniert eines Tages ein höherer Kavallerieoffizier und Graf, er sei bei irgend einer Wirtschaftsvereinigung und wolle mit einem Oberleutnant Soldatenrat kommen und bei uns Wild abschießen. Es ist nämlich auch nach dem alten ärarischen (?) Gesetz möglich, daß die Bezirkshauptmannschaft, falls der Jagdinhaber seinem 80prozentigen Abschusse trotz Mahnung nicht nachkommt, irgend jemand bestimmt, der diesen Abschuß vornimmt. Dies war aber hier, glaube ich, nicht der Fall. Nach mehreren Besprechungen wurden die zwei Herren im Reviere Orth auf die Jagd geschickt, sie schossen, glaube ich, sechs Stück Hochwild und erklärten hierauf im Namen des Soldatenrates, daß der 80prozentige Abschuß geschehen sei, bei einem übrig bleibenden Stand von vielleicht 300 Stück Hochwild. Man muß hohe Protection haben, de facto wurde bis zu meiner Abreise kein weiterer Abschuß gefordert.

---

gelang mir auch, den Widerstand der Volkswehr in Großenzersdorf gegen meine Fahrten durch mein Auftreten in Uniform und mit Waffen zu brechen und diese schließlich immer gefährlichere Wegfalle zu umgehen. [...]"

Bei Preßburg auf kaum 30 Kilometer waren fortgesetzte Kämpfe zwischen Tschechen, ungarischen Truppen und roten österreichischen Bataillonen, man hörte fort schießen und Kanonendonner.[233] Bei Marchegg waren die Tschechen vielleicht noch näher, und man sprach fortgesetzt, daß sie nach Wien vorrücken würden, trotz der gegenteiligen Ansicht vieler Getreuer erklärte ich, auch im Falle eines tschechischen Vormarsches in Eckartsau zu bleiben. Beide, Deutschösterreicher und Tschechen, seien meine Untertanen und beide seien gleich Rebellen. Der tschechoslowakische Kommandant ließ übrigens sagen, daß er im Falle eines Vormarsches Eckartsau in einem großen Bogen ausweichen werde.

Nun zu den Wahlen im Feber 1919.[234] Ich will nur das schildern, was sich in Eckartsau und Umgebung zugetragen hat. Es war eine christlich-soziale und eine deutsch-nationale Wählerversammlung. Der christlich-soziale Kandidat, ein Monarchist im Herzen und außerdem Advokat meiner Güter in Großenzersdorf,[235] erklärte, als ihn ein Sozi, der die Versammlung kontrollierte, nach seiner Gesinnung fragte, (er) lebe und sterbe als Republikaner. Dies mißfiel den Eckartsauer Bauern, die dann dem Großdeutschen ihre Stimme gaben, weil dieser, die den Christlich-sozialen ungünstige Stimmung ausnützend, erklärte, er sei Monarchist nach englischem Muster. Was sich die Bauern unter englischem Muster vorstellen, ist mir nicht ganz klar, jedenfalls hielten sie die Aussprüche des deutsch-nationalen Redners für sehr gescheit. Bei beiden Versammlungen spielten lokale Interessen die Hauptrolle (Straße, Fabriken etc.) und den Bauern mißfiel der Proporz, weil sie eben den wählen wollten, der ihnen, aber nicht den Abgeordneten der Partei genehm war. Die Bauernschlauheit findet oft schnell den Pferdefuß heraus; es ist vollkommen richtig, daß durch den Proporz den alten Abgeordneten ein zu großer Einfluß auf die Wahl der neuen Abgeordneten gegeben ist. Es scheinen auch die Pfarrer in der besten Absicht, den christlich-sozialen Kandidaten durchzubringen, Fehler begangen zu haben: „wer nicht christlich-sozial wählt, von dem wäre es besser, er wäre nicht aus dem Felde heimgekehrt." Resultat: die Pfarre wählte großdeutsch. Es ist unglaublich, was die Leute für Märchen zu Wahlzwecken unter die Leute gebracht haben. Ein sehr braver Jäger begegnete in seiner Gemeinde einem Bauern, der sich unbändig freut und dem Jäger zuruft:

---

233 Montgomery-Cuninghame, Dusty Measures, 315, 320.

234 Die Wahlen zur verfassungsgebenden Nationalversammlung fanden am 16. Februar 1919 statt: Goldinger, 46–47.

235 Über die Herrschaft Großenzersdorf, die zur Familienfonds-Dömane Orth a. D. gehörte, vgl. Denkschrift betreffend die rechtliche Natur des Eigentums an mehreren in Deutsch-Österreich befindlichen Vermögensmassen des Kaisers und des Erzhauses Habsburg-Lothringen, verfaßt im Dezember 1918 von der Anwaltskanzlei Dr. Stritzl-Artstatt, Wien 1924, 7–8; Schager, Konfiskation, 82–83.

„Gottlob, jetzt wird der Tabak billiger, seit dem die Tabak-Trafiken nicht mehr k.k. sind, bekommt ja der Kaiser nicht mehr den Gewinn vom Tabakverkauf, und da wird der Preis ja sofort sinken." Es war dem Jäger sehr schwer, den Bauern von seiner Idee abzubringen. Man sieht, wie gearbeitet wird! Und solcher Märchen gibt es viele.

Mittlerweile war nach den Wahlen die Situation immer kritischer geworden, immer mehr häuften sich die Anzeichen für einen Angriff auf Eckartsau. Die letzte Phase war, daß die Rote Garde verlangte, sie wolle an Stelle der Polizei die Wache beziehen. Dabei seckierte mich die Regierung fort, ich solle Eckartsau verlassen und nach Persenbeug oder Ischl gehen, ich erklärte kategorisch, nein. Meine Gründe hiefür, die ich aber der Regierung nur teilweise mitteilen ließ, waren, erstens möglichst in der Nähe Wiens zu bleiben, man konnte ja nie wissen, wie sich die Dinge wenden und man rechnete ja damals noch stark mit einer aktiven militärischen Hilfe der Entente gegen das österreichische Chaos, zweitens gehörte Eckartsau mir und Persenbeug und Ischl der Tante Valerie,[236] und drittens war die Verpflegung, wie schon erwähnt, in Eckartsau gesichert und woanders hätte sie die Regierung, um irgend eine Pression auszuüben, sperren können. Wäre man an einen schlecht verpflegten Ort gekommen, wie zum Beispiel Persenbeug oder Ischl, so hätte die Bevölkerung uns, die neuen Esser, mit scheelen, feindseligen Augen betrachtet. Das Umgekehrte war bei der reichen, satten Bevölkerung des Marchfeldes. Es wurde den Bürgern von Eckartsau gedroht, die Roten würden ihnen den roten Hahn aufs Dach setzen, wenn ich noch länger bleibe. In dieser Not erschien der rettende Engel, der englische Oberst.[237] Mein Schwager Sixtus[238] hatte sich in Paris die Füße wundgelaufen, um die Alliierten auf die Gefahr, die uns drohte, aufmerksam zu machen und warnte sie mit dem Hinweis auf den armen Kaiser von Rußland.[239] Ihm ist es zu verdanken, daß in letzter Stunde Hilfe kam.[240] Bei seinen Besprechungen mußte er auch nolens volens mit den Böhmen sprechen. Der erste Böhme, Kramářs Sekretär, wollte von einer Unterstützung nichts wissen, erst als er bis zu Kramář selbst gelangte,

236 Ehn. Marie Valerie, jüngste Tochter Kaiser Franz Josephs, verh. mit Eh. Franz Salvator, vgl. Gabriele H. Steier, Die Erzherzogin. Studien zu ihrer Erziehung und gesellschaftspolitischen Situation im 19. Jahrhundert, Wien, phil. Diss. 1990, 348–350.

237 Edward Lisle Strutt D.S.O., britischer Oberst, begleitete 1919 den Kaiser und dessen Familie in die Schweiz. Vgl. seine Memoiren, in: PRO, FO 371/6102, fol. 72–74 (1921 April 05), gedruckt bei Brook-Shepherd, Um Krone und Reich, 274–297.

238 Vgl. zur Intervention von Prinz Sixtus für das Kaiserpaar, in: PAMAE, Autriche 39, fol. 34: Rom, 1919 Jänner 23: Barrère an Außenministerium: Übermittlung eines Telegrammes von General Franchet d'Esperay mit Informationen, u. a. von Prinz Sixtus, das Leben des Kaiserpaares sei in Gefahr.

239 Zar Nikolaus II. war mit seiner Familie am 17.07.1918 hingerichtet worden.

240 Brook-Shepherd, Um Krone und Reich, 268–270.

erklärte dieser: „Der Kaiser hat mir das Leben gerettet, ich will auch das seinige retten und wenn nötig mit Waffengewalt."[241]

Der erste englische Oberst hieß Summerhayes[242] und war, was wir einen Oberstabsarzt I. Klasse nennen; seine Aufgabe bestand, außer unserem Schutz, darin, über meinen Gesundheitszustand – ich hatte gerade die Grippe überstanden – den Engländern zu berichten und zu melden, ob ich trinke. Also das Gerücht war schon bis nach England gedrungen. Er war ein sehr lieber, freundlicher, mitfühlender Mensch, großer Jäger vor dem Herrn, der seinen ersten Hirsch in Eckartsau schoß, aber als Arzt hätte ich lieber einen anderen gehabt. Ich versuchte, ihn für eine militärische Hilfe Englands zugunsten der Wiederherstellung der Ordnung in Österreich zu interessieren, aber erst sein Nachfolger, Oberst Strutt, unternahm, leider vergebens, in dieser Richtung ernstliche Schritte.

Bereits vor dem Umsturz wandten sich mehrere Herren, darunter Graf Ottokar Czernin, sowohl an mich wie an Graf Andrássy mit der Bitte, die Entente zu ersuchen, Wien zu besetzen, um die Ordnung aufrecht zu erhalten. Dies war damals bei der aufgeregten Volksstimmung weder von meiner Seite noch von Seite der k.k. Regierung aus möglich, denn wer dies zu jener Zeit gewagt hätte, wäre wegen Landesverrat von der erzürnten Masse gehängt worden. Aber nach dem Umsturz, als das Volk aus dem Taumel erwacht war, hielt ich selbst eine ausländische Besetzung Wiens für unumgänglich notwendig,[243] um dann mit Hilfe der treu gebliebenen Offiziere unter wohlwollender Duldung der Entente die alten Verhältnisse wieder herzustellen. Daß dies damals spielend gegangen wäre, beweist ein Ausspruch Otto Bauers aus dem Winter 1918–1919: „Wenn der Kaiser mit sechs britischen Soldaten nach Wien kommt und ein Ministerium ernennt, so fällt die ganze Republik auseinander." Ob dies damals ein Glück gewesen wäre und sich die Monarchie hätte auf Dauer halten können, kann man, glaube ich, heute schon negativ beantworten. Die Österreichische Regie-

---

241 Vgl. Nr. 54 mit Anm. 4, Nrn. 115, 129; Masaryk, Weltrevolution, 422–423.

242 John Summerhayes, englischer Colonel, vgl. Nr. 135; Montgomery-Cuninghame, Dusty Measure, 318, 320. Brook-Shepherd, Um Krone und Reich, 272.

243 Vgl. Nrn. 131, 138, 145, 167; auch UB Basel, NL C. J. Burckhardt, A I 9, Tagebücher und Briefe in Abschriften. Aus Mitteilungen an Prof. Fleiner vom 10.01.1919: Czernins Parteigründung soll Christlichsoziale, Deutschnationale, binden, die Hochfinanz gewinnen. Czernin hat sich die Hilfe von 2000 Offizieren gesichert, die Propaganda machen und die Sabotage der Wahlen verhindern sollen. Er tritt mit seiner Partei (Bürgervereinigung 1918) nicht für die neuen Ehegesetze ein, um die Christlichsozialen nicht zu verletzen, er teilt mit den Deutschnationalen den Programmpunkt Republik. Die Sache aber zersplittert sich, Czernin ist kompromittiert, zu glatt, zu einfallsreich, ohne Beständigkeit, auch mit krankhaftem Mangel an Gesinnungsgedächtnis behaftet. Standesgenossen hassen in ihm den ehrgeizigen Renegaten, den Bürgerlichen hat er zu große Manieren, die Offiziere und weite Beamtenkreise halten zu ihm. Er hofft auf die Präsidentschaft. Analog dazu BAR, E 2300, Wien 34, Wien, 1919 Jänner 03–09: Sammelbericht Bourcarts an den Bundesrat.

rung war über die Entsendung des englischen Obersten sehr entrüstet, sie glaubte nicht, daß die Mission unpolitisch und nur eine Maßnahme für meinen Schutz sei. Otto Bauer äußerte sich: „Wenn die Engländer den Kaiser schützen wollen, so sollen sie ihn zu sich nach England nehmen"[244], und die Sozis sannen auf Rache, wie, wird man später sehen. Die Italiener, dieses feige Gesindel, wollten ein Bild haben, welches in Eckartsau in der Kapelle hing, bloß weil es ein italienischer Meister war und es, glaube ich, aus Modena stammte, obgleich Italien gar keinen irgendwie festgelegten Anspruch darauf hatte. Der revolutionäre Staat bewilligte den Italienern diesen Raub. Ich ließ aber das Bild in unser Schlafzimmer bringen und nach Wien sagen, falls die italienische Waffenstillstandskommission nach Eckartsau komme, würden sie das Tor verschlossen finden. Sie müßten, um zum Bilde zu gelangen, sowohl die Verwegenheit haben, das Haustor aufzusprengen, als auch bis in unser Schlafzimmer vorzudringen. Die Italiener schreckten doch vor diesen äußersten Konsequenzen zurück, die sie vor der ganzen Welt als Einbrecher stigmatisiert hätten, und bis zur Zeit, als ich Eckartsau verlassen hatte, hing das Bild an der Wand, was weiter geschehen ist, weiß ich nicht.[245] Sogar die <u>Borsobibel</u> reklamierten sie, obwohl gewiegte Juristen ihnen erklärt hatten, daß ihr Vorgehen falsch sei. Ich ließ die Borsobibel[246] verschwinden, wohin sie gekommen ist, weiß ich selber nicht. Aus Rache konfiszierten sie wertvolle Handschriften aus der Hofbibliothek.[247] Oft und oft wurde ich gebeten, die Bibel heraus zu geben, sogar noch

244 PRO, FO 371/3450: Wien, 1919 Februar 19/20: Cuninghame an War Office.

245 Vgl. dazu Johann Rainer, Die italienische Militärmission in Wien 1918–1920, in: Festschrift Hermann Wiesflecker zum sechzigsten Geburtstag, hrsg. von Alexander Nowotny und Othmar Pickl, Graz 1973, 267–280, und Freise, Die Tätigkeit der alliierten Kommissionen in Wien. Vgl. dazu auch Hans Tietze, Die Entführung von Wiener Kunstwerken nach Italien, Wien 1929; Alphons Lhotsky, Die Verteidigung der Wiener Sammlungen kultur- und naturhistorischer Denkmäler durch die Erste Republik, in: MIÖG 63 (1955), 614ff.; Jedlicka, Ende und Anfang, 95.

246 Vgl. dazu BAR, E 2200/10, Wien 1919, Karton 1: Protestnote des Generaldirektors der Privat- und Familienfonde Sr. k. u. k. Apostolischen Majestät an den Schweizer Gesandten in Wien, Charles D. Bourcart, Wien, 1919 März 09: Beschwerde über die Forderung der italienischen Waffenstillstandskommission in Wien über die Herausgabe von Kunstwerken, u. a. der zweibändigen „Borsobibel" von Crivelli, die aus der Estensischen Sammlung stammte und auf dem Erbweg von Eh. Thronfolger Franz Ferdinand in das Privatvermögen von Kaiser Karl übergegangen war. Über den weiteren Verbleib dieser Bibel auch BAR, E 2001 (B) 3, Bd. 49, fol. 447r–v: Notiz des Schweizer Legationsrates Dr. Carl Egger über eine Unterredung Kaiserin Zitas mit Dr. Henri Seeholzer am 17.01.1922, bei der es um finanzielle Transaktionen zur Ablösung dringender Bankverpflichtungen und für die Auszahlung von Zuschüssen an Mitglieder des kaiserlichen Hauses und die in Luxemburg befindliche Suite ging. Dr. Seeholzer sollte u. a. die berühmte Borsobibel um ca. 5 Millionen Schweizerfranken und den „Florentiner"-Diamanten (nicht unter 10 Millionen Schweizerfranken) zum Verkauf anbieten.

247 Vgl. dazu die Schilderung von Hofrat Dr. Donabaum vom 01. März 1919 über diese Vorgänge in der Hofbibliothek, in: Jedlicka, Ende und Anfang, 95.

als ich schon in der Schweiz war, ich tat es aber nicht, denn erstens weiß ich nicht, wo die Bibel ist, zweitens geben die Italiener, wenn man ihnen heute die Bibel ausliefert, die Handschriften nicht zurück und behalten sich zum Nachteile Wiens beides. Nach dem Friedensvertrag gehört ihnen die Bibel und sonst noch alles, was sie wollen, und die kunstsinnige republikanische Regierung wird keinen Finger für all das rühren.

Der englische Oberst war bei dem Vorgehen gegen die Italiener bei der Affaire mit dem Bilde ganz auf meiner Seite. Es ist überhaupt merkwürdig, wie geringschätzig alle Alliierten die Italiener behandeln.

Nun kommt der Schluß: die Ausweisung. Viele Christlichsoziale wunderten sich, warum nach dem Novembermanifest die Sozis noch meine Abdankung oder Landesverweisung forderten, da sie das Manifest bereits für ein Art Abdankung hielten. Renner wußte aber die Sache besser. Am 11. November, nach Unterzeichnung des Manifestes, ließ ich Lammasch, der gerade bei Renner weilte, ans Telephon kommen und sagte ihm, es möchte ein Schriftstück ausgefertigt werden, worin erklärt wird, daß das Manifest keine Abdankung sei. Lammasch weigerte sich, dies schriftlich niederzulegen, teilte aber Renner über meinen Befehl diese meine Absicht mit.[248] Ich ließ dann Flotow[249] kommen, dem ich befahl, ein ähnliches Schriftstück im Haus-, Hof- und Staatsarchiv oder bei sich zu hinterlegen, er aber getraute sich nicht.

Es mehrten sich die revolutionären Stimmen, die eine Klärung der Situation, das heißt Abdankung oder Landesverweisung, verlangten. Die Sozis erklärten, sie hätten Mittel und Wege, ihr Ziel zu erreichen, man solle sich nur gedulden. Nun geschah eine Sache, die ich nicht beweisen kann, aber die ziemlich nahe auf der Hand liegt. In Wien war Englands militärischer Vertreter, ein Oberst Cuninghame[250], ein Feind des Obersten Strutt, ein einmal

---

248 Vgl. oben und Rede Renners vor der Konstituierenden Nationalversammlung vom 27. März 1919, in: Fischer (Hrsg.), Karl Renner, 151: „[...] Die Konstituante hat entschieden für die Republik, und zwar mit aller Unzweideutigkeit und viel entschlossener als die Provisorische Nationalversammlung. Also war die resolutive Bedingung, die in der ersten Erklärung des Kaisers gestellt war, erfüllt. Man mußte demnach erwarten, daß von Eckartsau aus eine Erklärung erfolgte, die dem Volksvotum und dem Volkswillen Rechnung trägt. Diese Erklärung blieb jedoch aus. Nun hat unsere Staatsregierung und in ihrem Namen der Staatssekretär des Äußeren und der Staatskanzler den auswärtigen Vertretungen gegenüber wiederholt erklärt, daß sie mit Rücksicht auf die innere Konsolidierung des Freistaates darauf bestehen müssen, daß eine ausdrückliche Verzichtserklärung erfolge, und zwar nicht nur für die Person, sondern auch für das Haus, und daß sie mit Rücksicht auf die Ungewißheit der Dinge, vor denen wir stehen, es für das Allerzweckmäßigste hält, wenn der frühere Kaiser und seine Familie das Land verlassen. [...]"

249 Ludwig Frh. von Flotow, 02.11.–11.11.1918 Leiter des Ministerium des Äußern; 12.11.1918–08.11.1920 Leiter des zu liquidierenden Ministeriums des Äußern. Vgl. dazu Flotow, November 1918, 332.

250 Sir Thomas Montgomery-Cuninghame, Colonel, Dezember 1918–Oktober 1919 Chef der briti-

wegen Angelegenheiten in Kreta gespritzt[a] gewesener, dann wieder rehabilitierter Offizier, vor dem Kriege Militärattaché in Wien, ein Mann, der eine politische Rolle spielen will, dabei Freimaurer und guter Freund Renners. An diesen scheint sich nun die Regierung gewendet und ihm suggeriert zu haben, meine Sache sei in Österreich verloren, ich sollte wenigstens mein Leben retten.[251] Dies scheint er nach England gemeldet zu haben und hat auch Strutt in diesem Sinne informiert. Es war nämlich merkwürdig, den Tag vorher hatten die Engländer dem Oberst Strutt telegraphiert, ich solle nur in Österreich aushalten, denn wenn man an Ort und Stelle bliebe, würde Alles wieder leichter in Ordnung kommen. Den Tag darauf kam ein Telegramm, die Situation in Österreich sei unhaltbar. Strutt hat mich unverzüglich nach der Schweiz zu geleiten.[252]

Beide Telegramme kamen aber gleichzeitig in Wien an, da die Verbindungen mit London nicht sehr gut funktionierten. Den selben Tag ließ Renner Strutt kommen[253] und erklärte ihm erstens, wenn ich im Lande <u>ungestört</u> bleiben wolle, müßte ich abdanken, zweitens, wenn ich im Lande bleiben und nicht abdanken wolle, so würde ich interniert werden, drittens, wenn ich nicht abdanken würde und nicht interniert werden wollte, so müßte ich ins Ausland gehen.

Da die erste Lösung ausgeschlossen, die zweite Lösung aber unmöglich war, da die Internierung gleichbedeutend gewesen wäre mit Bewachung durch die Rote Armee und schließlich Schicksal des armen Kaisers von Rußland, entschied ich mich für die dritte Lösung. Diese Erwägung wurde mir umso leichter, als Deutschösterreich ja doch nur ein Teil des alten Vaterlandes und nicht dieses selbst war, andersteils ich das Gefühl hatte, meine Pflicht gegenüber dem Lande erfüllt und solange es menschenmöglich war, zuhause ausgeharrt zu haben. Ich sagte mir anderseits, daß ich im Auslande, wo ich mit jedermann, auch mit den ehemaligen Feinden, leichter sprechen konnte, der gerechten Sache vielleicht mehr nützen konnte als in der Abgeschiedenheit von Eckartsau.

Ich war ja auch in Eckartsau de facto der Gefangene der Regierung, denn ich konnte keinen Besuch empfangen, der nicht der Regierung gemeldet wurde, und man mußte sehr vorsichtig sein, denn in jedem Falle wurde ein politischer Zweck, Umsturz, Verschwörung etc. gewittert.

---

a   Umgangssprachlich: entlassen.

schen Militärmission in Wien, vgl. Nr. 165. Seine Memoiren, Dusty Measure, 319–326; ferner Hoffmann, Die Mission Sir Thomas Cuninghames in Wien; ders., The British Military Representative in Vienna 1919, in: The Slavonic and Eastern Review 12 (1974) 252–271.

251 Vgl. Nr. 123, Anm. 2.

252 Vgl. die Korrespondenz des britischen Außenministeriums mit Oberst Strutt und Colonel Cuninghame vom Februar/März 1919, in: PRO, FO 371/3450, Prot. 46.690.

253 Dazu Strutt-Memoiren, in: Brook-Shepperd, Um Krone und Reich, 290–292.

Als einmal die Erzherzogin Karl Stefan[254] in Eckartsau war, die wahrlich apolitisch ist, wurde schon von Wien gesagt, der Kaiser empfange zu viel Besuche.[255] Ich versuchte aber trotzdem noch zwei letzte Mittel, um in der Monarchie bleiben zu können. Klofáč hatte mir seinerzeit, als er von mir vor seiner Reise in die Schweiz Oktober 1918 empfangen worden war, versichert, ich könnte jederzeit, ob Böhmen Königreich oder Republik sei, damit rechnen, im Falle der Not in Brandeis einen Zufluchtsort zu finden, umsomehr, als mich die dortige Gegend in ihr Herz geschlossen hätte.[256] Auch nach dem Umsturze machte der damalige tschechoslowakische Gesandte Tusar[257] Andeutungen in dieser Richtung, nur meinte er, daß eine Übersiedlung nach Böhmen bei der Animosität zwischen der deutsch-österreichischen und tschechischen Bevölkerung mir die Rückkunft nach Wien unmöglich machen würde. Ich bat daher Strutt, Erkundigungen einzuziehen, ob eine Reise nach Brandeis möglich wäre. Strutt frug Cun(n)inghame, der nach einer Anfrage in Prag die Fahrt bei der unsicheren Lage der Tschechoslowakei als unmöglich bezeichnete.[258] Ich glaube heute, daß hierin Cun(n)inghame, der auch gleichzeitig Militärattaché in Tschechoslowakien war, vollkommen Recht hatte. Meiner Ansicht nach wäre dort die Absperrung von der Außenwelt noch größer und das fortgesetzte Drängen nach Abdankung intensiver gewesen, da ja dort die Staatsgewalt dennoch mächtiger ist als in Deutschösterreich. Knapp vor unserer Abreise ließ ich noch durch die revolutionäre Regierung in Tirol anfragen, ob wir vielleicht nach Schloß Ambras bei Innsbruck gehen könnten. Die Antwort war negativ. Ich glaube, Renner hat nicht die Landesregierung, sondern nur seinen Parteigenossen Abram[259] gefragt. Den definitiven Entschluß erleichterte mir Renner durch seine offizielle Erklärung, ich stehe außerhalb des Gesetzes, was gleichbedeutend ist, ich sei in dem Staate Deutschösterreich vogelfrei. Ein Freibrief für jede Mordtat![260]

Ein sehr betrübender Zwischenfall trat ein. Zwei oder drei Tage vor meiner Abreise meldeten die Erzherzöge Max[261], Eugen[262] und Albrecht[263] sich zur Audienz an. Ich bestellte sie für den nächsten Tag nachmittag, sie erklärten

---

254 Maria Theresia Ehn. von Österreich, Prinzessin von Toskana, seit 1886 verh. mit Eh. Karl Stephan, vgl. Steier, Die Erzherzogin, 331.

255 Vgl. dazu auch bei Albin Schager-Eckartsau, in: WStLA, Landesgericht für Strafsachen, Wien I, Vr. 4917/32, Bericht über die Situation des Kaisers in Eckartsau.

256 Polzer-Hoditz, 558–559 und Nr. 161, Anm. 4.

257 Vlastimil Tusar, 1918–1919 tschechischer Vertreter in Wien.

258 Masaryk, Weltrevolution, 423.

259 Simon Abram, 1907–1918 MöAH (sozialdemokratischer Vorsitzender in Tirol).

260 Vgl. AZ, 21. März 1919, 2–3; Fremdenblatt, 21. März 1919, 3 (Morgenblatt).

261 Eh. Max von Österreich, Bruder Kaiser Karls, vgl. Nr. 4.

262 Eh. Eugen von Österreich, vgl. Nr. 1.

263 Eh. Albrecht von Österreich, Herzog von Teschen, Sohn von Eh. Friedrich und Ehn. Isabella, geb. Prinzessin von Croy.

aber, noch den selben Tag kommen zu wollen und brachten den Grafen Hunyady mit. Ich ließ zuerst Hunyady kommen und fragte ihn, was die Erzherzöge herführe. Er erklärte mir: „Euer Majestät müssen abdanken und im Lande bleiben." Dies sei sein und der Erzherzöge Vorschlag. Ich erwiderte kategorisch nein und befahl ihm, den Erzherzögen meinen ablehnenden Standpunkt bekannt zu geben bevor ich sie empfangen hatte. Die Erzherzöge, sichtlich verlegen, traten ein. Erzherzog Eugen erklärte mir, dies sei der schwerste Tag seines Lebens. Er mußte mir aber versichern, daß das Volk erwarte, daß ich aus dem Manifest vom 11. November die Konsequenzen ziehe und für die ganze Monarchie abdanke. Meine Ausreise unter dem Schutze unserer bisherigen Feinde, der Engländer, würde in Offizierskreisen den denkbar schlechtesten Eindruck machen. Ich sollte in den alten Erbländern bleiben und den Titel Herzog von Lothringen annehmen, so würde am leichtesten die Monarchie wieder zustande kommen. Dann sprachen noch die zwei anderen Erzherzöge. Ich antwortete zu all dem mit ernster Miene: Ich nehme an, daß Ihr Herkommen aus rein patriotischen Motiven entsprungen ist. Ich werde daher aus Ihrem Vorgehen keine Konsequenzen ziehen und die ganze Sache geheim halten. Ich erkläre aber hiemit, daß mein Entschluß, das Land unter englischem Schutze zu verlassen, feststehend ist, daß alles überlegt ist, und daß mein Manifest, weil erzwungen, ungültig sei. [a-]Erzherzog Albrecht machte noch den Einwurf, ob vielleicht der Kronprinz wenigstens in Österreich bleibe, dieser Ausspruch war umso befremdender, als damals viel über Ottos Scheinkaisertum unter Erzherzog Eugens Vormundschaft gesprochen wurde.[-a] Ich verneinte kurz und entließ sie.

Sie oder Kreise, mit denen sie Besprechungen gehabt hatten, taten noch einen weiteren Schritt, von dem ich erst nach ihrer Abfahrt erfuhr. Sie gingen ins Ministerium des Äußeren und verlangten ohne meine Zustimmung, daß dort ein Abdankungsmanifest verfaßt werde. Die Beamten waren aber anständiger als diese Herren. Rhemen[264] sowohl als Wiesner[265] und Flotow weigerten sich auf das entschiedenste, so ein Schriftstück auszuarbeiten. Schließlich und endlich fanden sie irgendwo ein Individuum, ich weiß nicht wo, das ein Manifest verfaßte. Schager wurde beauftragt, das Schriftstück noch spät abends nach Eckartsau zu bringen. Die Erzherzöge waren bereits nach Wien zurückgekehrt. In gerechtem Zorn zerriß ich das Papier, ohne es gelesen zu haben.

Die Gründe, warum ich jede Abdankung ablehnte, waren, daß damit im Falle einer Restauration keine Sicherheit für die Legitimität bestand. Eine Herrschaft eines illegitimen Souverains ist immer die Quelle des Bürgerkrie-

---

a–a Linke Randmarginalie.

264 Hugo Rhemen von Barensfeld, Beamter des Außenministeriums.
265 Friedrich Frh. von Wiesner, 1917–1918 Pressechef im Ministerium des Äußern, vgl. Nr. 3.

ges und nie von Dauer, und daß andersteils eine ohne unbedingten Zwang abgegebene Abdankungserklärung nicht ein Fetzen Papier ist, den man jederzeit widerrufen kann, wie es manche Gutgesinnte (Marsovszky[266] z. B.) meinten. Das Bleiben im Lande wäre auch nach der Abdankung keine Annehmlichkeit gewesen, die Mehrzahl der Gutgesinnten würde einen verachten, und ihre Bemühungen für eine Restauration hätten kein sichtbares Ideal, auf das sie sich konzentrieren könnten. Die Revolutionäre würden der Abdankung mißtrauen, jeden Besuch, jede Begegnung als monarchistische Agitation ausschrotten und zum Schlusse einen noch trotzdem einsperren oder landesverweisen. Ich sehe dabei von höheren Beweggründen ab, wie, daß man die Krone, die von Gott verliehen ist, auch festhalten muß.[267]

Kurz vor der Abreise mußte Strutt noch zu Renner. Dieser erklärte ihm, er könne den Kaiser dennoch ohne Abdankung nicht nach der Schweiz gehen lassen. In diesem Augenblicke zeigte sich die ganze Seelengröße Strutts. Ohne irgend einen Auftrag gehabt zu haben, auf eigene Verantwortung und mit dem sicheren Bewußtsein, im Falle etwas heraus käme, von seiner Regierung desavouiert, eventuell seiner Offizierscharge entkleidet zu werden, zog er ein Papier heraus und sagte drohend zu Renner: „Wenn Sie den Kaiser nicht ohne Abdankung hinaus lassen, so werde ich hier sofort ein Telegramm aufsetzen, daß die Blockade verschärft wird." Auf das hin gab Renner nach. Diese Handlung, von der er mir gegenüber niemals Erwähnung tat, werde ich Strutt niemals vergessen, er ist ein Gentleman durch und durch. Dann verlangte er von Renner die Beistellung meines Extrazuges und fügte hinzu: „Es wird ein hoher Eisenbahnbeamter mitfahren, und wenn dem Zuge etwas geschieht, werde ich diesen Herrn auf der Stelle von meinen englischen Soldaten füsilieren lassen." Die Regierung bat nur, daß man den Fahrplan des als Ententezug zu führenden Zuges geheimhalten möge.[268]

---

266 Moritz (Móric) Marsovszky, Legationsrat, ungarischer Geschäftsträger in Wien 18.01.– 21.09. 1919.

267 Vgl. dazu auch TS 2623 vor der Unterzeichnung des Manifestes vom 11.11.1918: „[…] Die Kaiserin wurde gerufen, der Kaiser überreichte ihr das inhaltsschwere Blatt, die Kaiserin überflog es, ohne es wirklich zu lesen und brach los: ‚Niemals – Du kannst nicht abdanken!' Die Kaiserin war so ergriffen, daß sie jeden Versuch der Aufklärung überhörte. Sie fuhr fort: ‚Niemals kann ein Herrscher abdanken. Er kann abgesetzt, kann seiner Herrscherrechte verlustig erklärt werden. Gut. Das ist Gewalt. Sie verpflichtet ihn nicht zur Anerkennung, daß er seine Rechte verloren habe. Er kann sie verfolgen, je nach Zeit und Umständen, aber abdanken – nie – nie – nie! Lieber falle ich mit Dir hier, dann wird Otto kommen. Und wenn wir alle fallen – noch gibt es andere Habsburger!' […]"

268 Vgl. dazu Tagebuch Strutt, in: Brook-Shepherd, Um Krone und Reich, 290–292; DDS 7/1, 484–485; 495, über das britische Zugeständnis an die Schweiz, wenn sie Kaiser Karl als Flüchtling aufnimmt, würden ihr daraus keine Schwierigkeiten entstehen (London, 1919 März 13). Die konfidentielle Versicherung an die Schweiz (London, 1919 März 15) wiederholt diese Zusage.

So kam der Tag der Abreise. Ich bestellte mir noch Teile meiner Umgebung zum Abschied hinaus. Es erschienen Arz, alle Flügeladjutanten, Nagy von der Kabinettskanzlei,[269] Zeidler etc. Es war Sonntag. Der Schullehrer spielte in der Schloßkapelle zum Schlusse der Messe das „Gott erhalte". Ich hörte damals die so schönen Klänge zum letzten Male in Österreich. Alle Augen wurden feucht.[270] [Am] Vormittag empfing ich auch die Vertreter und die Pfarrer der umliegenden Gemeinden, alle erklärten mir zum Schlusse, unter Tränen „Auf baldiges Wiedersehen!" Ich verabschiedete mich von der braven Polizei und von der ganzen Dienerschaft. Vor der Abreise gab uns Bischof Seydl[271] den Reisesegen, und wir fuhren auf den Bahnhof Kopfstetten. Eine große Menge war dort angesammelt, um uns [a]–Lebewohl zu sagen. Es waren Bauern, schön decorierte Soldaten, einige Beamte der Herrschaft. Als der Zug sich in Bewegung setzte, läuteten die Glocken wie bei einem Kaiserbesuch zu normalen Zeiten, und die ganze Bevölkerung rief „Auf baldiges Wiedersehen!" In Wien-Hütteldorf war bei der Durchfahrt des Hofzuges eine Aufwartung der Gutgesinnten geplant. Schober aber widerriet dieser Absicht, da die Sozialisten vielleicht dann, auf den Zug aufmerksam gemacht, diesen aufgehalten oder die Bahnlinie gesprengt hätten. Eine ähnliche Absicht bestand in Innsbruck, wurde dann aber auch aus denselben Gründen fallen gelassen. Die Reise ging glatt vonstatten. Am Arlberg kreuzten wir in einer Station mit einem nach Innsbruck fahrenden Zuge, die Passagiere erkannten uns und grüßten uns sehr freundlich. Prof. Ude[272], der in diesem Zuge saß, sagte laut: „Das ist eine Schande für Österreich", und niemand widersprach. In einem anderen Waggon sagte ein Bauer zu seinem Sohn: „Da schau dir das an! Das ist ein Stück Geschichte – aber ein trauriges!" Und Strutt sagte: „Und solche Leute sollen Republikaner sein!"

Um 4 Uhr [15.48!] kamen wir an die schweizerische Grenze und wurden von Borsinger[273] im Namen des Bundesrates und von einem General im Namen der Armee [sic][274] begrüßt. Zahlreiches schweizerisches Militär war zu unserer Ehre ausgerückt. Der Empfang in der Schweiz war sehr herzlich.[275]

---

a–a Textvorlage in der Handschrift von Kaiserin Zita.

269 Géza Frh. von Nagy, Sektionschef der Kabinettskanzlei.

270 Vgl. Brook-Shepherd, Um Krone und Reich, 292–293.

271 Vgl. Nrn. 101, 110.

272 Johannes Ude, seit 1910 Professor für Dogmatik an der Universität Graz; Prof. Ude war im März 1919 Teilnehmer an einer Völkerbundkonferenz in Bern. Vgl. dazu BAR, E 2200/7, Wien 1919, Karton 1.

273 Dr. F. J. Borsinger, Sekretär im Politischen Departement der Eidgenössischen Konföderation.

274 Oberst Bridler, Befehlshaber der 6. Schweizer Infanteriedivision, begrüßte das Kaiserpaar im Namen des Bundesrates, Dr. Borsinger im Namen des Bundespräsidenten.

275 BAR, E 2001 (B)–3, Bd. 48, Dossier 44/142/2, fol. 43–45: Bericht von F. J. Borsinger an den Schweizerischen Bundesrat vom 26. März 1919 über die Einreise Kaiser Karls und seiner Fa-

Noch ein paar Worte über die Angelegenheiten der Familie. Nachdem ich nach meiner Abreise in die Schweiz mich nicht mehr mit deren Angelegenheiten direkt befassen konnte, so übertrug ich diese Agenden teilweise dem Erzherzog Eugen. Am letzten Tage, bevor ich wegfuhr, waren schon Gerüchte aufgetaucht, daß die Regierung von jenen Erzherzögen, die im Lande bleiben wollten, eine Erklärung verlangen würde, daß sie auf Titel, Rang und Sukzessionsfähigkeit verzichte[ten] u[nd] der Republik treue Bürger zu sein sich verpflichteten. Ich setzte Max, der mich um Direktiven bat, ein Schriftstück auf, folgenden Inhalts: Wenn jemand der Erzherzöge, um im Lande zu bleiben, auf seine Erbansprüche verzichtet und sich offiziell „Herzog von Lothringen" nennt und <u>kein</u> Versprechen abgibt, welches ihn als treuen Bürger der Republik kennzeichnet, so kann ich dies zwar nicht gutheißen, werde aber in Zukunft aus seinem Vorgehen keine ihm nachteilige Consequenzen ziehen. Über diesen Rahmen hinaus zu gehen ist unstatthaft. Mündlich jedoch ließ

---

milie am 24. März um 15.48 in Buchs: „[…] Am Montag, den 24. März 9 Uhr morgens fuhr ich mit Oberst Bridler und seinem Adjutanten, Oberleutnant Schätti, nach St. Gallen, wo sich der Stabschef der VI. Division, Oberstleutnant Haeberlin, uns anschloß. Über Rohrschach, St. Margarethen gelangten wir um 1 Uhr nach Buchs und setzten uns umgehend telephonisch mit Bern und Feldkirch in Verbindung, da es laut Bericht unserer Gesandtschaft in Wien nicht ausgeschlossen schien, daß der kaiserlichen Familie österreichischerseits im letzten Augenblick Schwierigkeiten gemacht würden; die englische Begleitmannschaft hatte Weisung erhalten, sich mit Waffengewalt einem Versuch von Personen- oder Gepäckkontrolle entgegenzustellen. Aus Feldkirch wurde uns um 2 Uhr mitgeteilt, daß der Zug zwischen Innsbruck und Bludenz im Anrollen sei. Kurz nach 3 Uhr erhielten wir weiteren Bericht, daß er Feldkirch anstandslos passiert und fahrplanmäßig um 3 Uhr 48 in Buchs ankommen werde. Oberst Bridler ließ den Bahnhof nun militärisch absperren. Abgesehen von einigen Offizieren und zwei Brüdern der Kaiserin, den Prinzen Felix und René von Bourbon-Parma, welche aus Wartegg eingetroffen waren, und die ich einlud, mit dem kaiserlichen Zug zurückzufahren, war bei dessen Ankunft niemand zugegen. Oberstleutnant Strutt, […] verließ als erster den Zug. Ihm folgte Graf Ledóchowski und stellten wir uns gegenseitig vor. Ledóchowski meldete darauf Oberst Bridler beim Kaiser, und nachdem sich dieser verabschiedet, wurde ich vom Kaiser und der Kaiserin empfangen. Ich begrüßte sie im Namen des Bundespräsidenten, nachdem mir Oberst Bridler beim Verlassen des Salons mitgeteilt hatte, daß er dies bereits im Namen des Bundesrates getan habe. Der Kaiser und die Kaiserin waren sichtlich bewegt und zeigten sich tief erkenntlich für das Entgegenkommen der Schweiz in dieser für sie so schwierigen Zeit. […] In Staad war die Herzogin von Parma am Bahnhof; der Kaiser verließ den Zug in Zivil, während er in Buchs noch die alte Uniform eines Infanteriegenerals mit goldenem Vliess [sic] und goldener Tapferkeitsmedaille getragen hatte. Ich hatte Weisung gegeben, daß unsere Automobile für die kurze Fahrt nach Wartegg zur Verfügung stehen sollten und bestiegen der Kaiser und die Kaiserin, nachdem sie sich von Oberst Bridler und mir verabschiedet hatten, mit der Herzogin von Parma meinen Armeestabwagen, die Kinder das Automobil von Oberst Bridler und das Gefolge zwei weitere Wagen des Grenzschutzkommandos. Mit Ausnahme des Obersten Strutt und des Grafen Ledóchowski, welche sich im ‚Anker' zu Rohrschach einquartierten, nahm alles in Wartegg Wohnung; der Zug […] kehrte selbigen Abends nach Österreich zurück. […]" Auch Tagebuch Strutt, in: Brook-Shepherd, Um Krone und Reich, 293–297; Werkmann, Der Tote, 35–39, 45–46.

ich ihnen dazu sagen: durch „unangenehme Consequenzen" soll ausgedrückt werden, daß sie zwar die ihnen verliehenen Orden, Titel, kurzum alles jenes, was ein österreichischer Herzog haben kann, behalten, jedoch die Mitgliedschaft zum Erzhause und alle rein aus dieser Zugehörigkeit erfließenden Rechte, Titel und Prärogativen für immer verlustig sein werden.

Eine zweite Anfrage von Max war: wie jene Mitglieder, welche eventuell von keinem Lande eine Einreisebewilligung bekommen, also aus Deutsch-Österreich nicht heraus könnten, sich zu verhalten hätten. Ich antwortete: Daß, falls sie sich wirklich nach allen Seiten hin bemüht hätten, ohne eine Einreisebewilligung zu erreichen und sie dann durch Bedrohung am Leben oder Internierung (was in jenen Tagen das gleiche bedeutet) gezwungen würden, die Erklärung abzugeben, so würde ich es ihnen nicht anrechnen; wenn sie jedoch durch eigenes Verschulden in diese Lage geräten, es als freiwillige Erklärung ansehen. Die Erzherzöge waren hiedurch genügend aufgeklärt und eine Entschuldigung, meine Ansicht nicht gekannt zu haben, gibt es nicht, umsomehr als auch andere: Erzherzog Eugen, Schager, Hunyady und die Advokaten tätig waren, um sie über meinen Standpunkt zu unterrichten. Erzherzog Leopold Salvator[276] frug sich, bevor er seine unwürdige Flucht antrat, bei mir an, ob er nach Eckartsau kommen könnte; ich mußte aus bekannten Gründen seinen Besuch ablehnen, aber daraus zu konstruieren, daß es ihm nicht möglich war, Instruktionen einzuholen, ist falsch. Hunyady war ja in Wien, der jederzeit herauskommen konnte und Briefe gelangten – wenn bei ihm deponiert – uneröffnet nach Eckartsau. Nach meiner Abreise fanden unter Egis[Eh Eugen von Österreich] Vorsitz mehrere Familienräte statt. Zuerst faßten sie den einhelligen Beschluß, die vom Staate geforderte Erklärung nicht abzugeben und auszureisen. Da aber kamen Einflüsterungen von weiblichen Familienmitgliedern und vielleicht auch sonstigen Frauen und sechs Erzherzöge[277] sprangen aus und unterschrieben die staatliche Erklärung. Angezeigt hat mir seinen Austrittsentschluß nur Erzherzog Franz Salvator und Hubert Salvator; von den anderen erfuhr ich es durch die Zeitung.[-a]

Allgemeine Charakteristik der handelnden Personen, einige Erfahrungen und Schlußworte.

Kaiser Wilhelm:[278]

In seiner Art ein treuer Freund Österreichs, der aber alles durch die preußi-

---

276 Vgl. Nr. 20 und BAR, E 2300 Wien 34, Wien, 1919 Jänner 9.

277 Verzichtserklärungen gemäß Habsburgergesetz gaben ab: Eh. Franz Salvator, Eh. Hubert Salvator, Eh. Theodor Salvator, Eh. Leopold Salvator, Eh. Josef Ferdinand, Eh. Heinrich Ferdinand.

278 Vgl. zu Wilhelm II. zuletzt: Röhl (Hrsg.), Der Ort Kaiser Wilhelms II. in der deutschen Geschichte.

sche Brille betrachtet.[279] Hätte gerne in Österreich germanisiert. Von unseren inneren Verhältnissen, wie fast alle Deutschen, keinen blauen Dunst. Er ist nicht der Alles-Zertrümmerer und Zerstörer, als der er nach seinem Reden vor dem Kriege erschien. Er war auch während des Krieges für den Frieden, nur hinderten ihn daran seine säbelrasselnden Generäle (Hindenburg und Ludendorff). Er war überhaupt der Sklave dieser Herren, er hatte, trotzdem er viel redete, nichts zu sagen. Er war nicht der große Mann, der „envers et contre tous" seinen Willen durchsetzte. Er war im Hauptquartier eine Null und nicht das Scheusal, das den Weltkrieg verursacht hat, als das ihn die Entente hinstellt. Er war gutmütig und wollte leben und leben lassen. In seinen Äußerungen vergaß er oft, daß er der Kaiser ist und nicht ein forscher Premierleutnant. Er hatte ein rührendes Gottvertrauen und eine hohe Meinung von seiner ihm von Gott übertragenen Mission. Er sagte zu Ministern, die ihm von ihrer großen Verantwortung sprachen: „Ich habe eine höhere Verantwortung als Sie, das ist die vor Gott, und diese Verantwortung können Sie mir nicht abnehmen." Er ist auch ein sehr guter Familienvater.

Das gerade Gegenteil ist König Ferdinand von Bulgarien, energisch, zielbewußt, falsch und hintertrieben, außerordentlich gescheit, aber von maßloser Eitelkeit. Er ist kaum Soldat, dafür umso mehr Politiker. Er hatte ja in seiner Jugend in Österreich gedient, ritt bei der Kavallerie ängstlich und schlecht, bei der Infanterie holte er die Post ab. Trotz seiner militärischen Unfähigkeit wußte er doch, die bulgarische Armee auf ein hohes Niveau zu bringen, und setzte die rechten Leute auf den rechten Platz. Die Politik war aber sein Lieblingsfach. Er hielt sich bis zum Beginne des Krieges nur dadurch, daß er sowohl Rußland als auch uns vorspiegelte, er sei des Betreffenden bester Freund und dabei beide düpierte. Er war riesig mißtrauisch, er las oft die Post seiner Leute und jedes Telephon oder sonstiges Gespräch mußte ihm hinterbracht werden. Er wußte von jedem Fremden, der sich im Lande aufhielt, und jedes kleinste Ereignis in Bulgarien mußte ihm gemeldet werden. Er war für seine Person riesig ängstlich und fürchtete sich vor Attentaten, er behauptete immer schon 18 glücklich überstanden zu haben. Ein Beispiel: Ich war Heeresfrontkommandant in Chodorów und der König kam, um meine Front zu besuchen.[280] Ich meldete mich bei ihm am Bahnhofe, und wir bestiegen dort sein Auto, um an die Front zu fahren. Im Auto befahl er mir, mich rechts in den Fond zu setzen, links von mir Kronprinz Boris[281], und er nahm neben dem Chauffeur Platz. Ich weigerte mich natürlich, aber es nützte nichts. Wir fuhren in rasendem Tempo dahin, was auf den galizischen Straßen einem Selbst-

---

279 Die Beurteilung Kaiser Karls durch Wilhelm II. u. a. Wilhelm II., Ereignisse und Gestalten, 227, 233–234.
280 Vgl. Nr. 20 mit Anm. 71–73. Der Besuch fand am 15. und 16.09.1916 statt.
281 Vgl. Nr. 2.

mord gleichkommt. Später erst erfuhr ich, wozu alles dies wäre, der König will immer auf dem Platz sitzen, wo man den König am wenigsten vermutet, damit, wenn ein Attentat stattfindet, er nicht getroffen werde, ich bin überzeugt, daß die übermäßige Schnelligkeit auch einem ähnlichen Zwecke dient. Er ist fort gekränkt, denkt den ganzen Tag darüber nach, ob nicht jemand irgend eine Handlung begangen hat, in der Absicht, ihn zu kränken, dabei will ihn niemand kränken. Der Grund hiefür ist einerseits sein grenzenloses Mißtrauen jedermann gegenüber, anderseits weil er selbst gerne den anderen kleine Nadelstiche versetzt und sich mit großer Freude öfters feierlich versöhnt, weil er hofft, bei jeder Versöhnung einen kleinen Profit herauszuschlagen.

Er hält riesig auf Zeremoniell – wehe, wenn einer auch unabsichtlich dagegen sich verstößt, und auf Ahnenkult, wenn sie auch nicht gerade seine Ahnen sind. Er ist ein kleiner Gernegroß und etwas Parvenu. In Österreich ist er des Kaisers, unseres Allergnädigsten Herrn treuester Diener und ungarischer Magnat, lebt nur für das Interesse Österreichs und haßt Preußen. In Deutschland warnt er den Kaiser Wilhelm vor Österreich und bekennt sich als Deutscher. Es scheint, daß er in der Clemenceau-Affaire Zeit sogar eine Art Bündnis mit Deutschland gegen seinen „Allergnädigsten Herrn" geschlossen hat, das wirksam werden sollte, im Falle Österreich aus dem Bündnis austreten würde. Dieses Doppelspiel Ferdinands erfuhr ich von Kaiser Wilhelm selbst auf einer Fahrt an die italienische Front.

Dem König von Sachsen[282] versicherte er, er sei ein Wettiner und sei stolz darauf. Dies habe ich von meinem Onkel selbst gehört, der noch über diesen Familiensinn Ferdinands sehr erbaut und sehr erbost war, als ich ihm sagte, der Bulgare sage jedem etwas anderes und sage, er sei Österreicher, dem Kaiser Wilhelm, er sei Deutscher und den Bourbonen, er sei eigentlich Bourbone. Das Verhältnis Kaiser Wilhelms zu Ferdinand war kein herzliches, da die erwähnten Eigenschaften des Königs dem Kaiser mißfielen, dennoch hielt ihn Kaiser Wilhelm gegenteiligen Mahnungen zum Trotz für einen ehrlichen Bundesgenossen, der uns auch in der Not nicht verlassen würde.

Ich mißtraute Ferdinand immer. Kaiser Wilhelm war der Ansicht, daß er sich für Deutschland schon zu weit exponiert habe, um noch zurück zu können. Ich bin überzeugt, obwohl ich es nicht beweisen kann, daß er, via des amerikanischen Gesandten, der noch in Sofia war, mit der Entente verhandelte. Es ist doch auffallend, daß Amerika, trotz fortgesetzer Friedensbemühungen den Krieg erklärte, wogegen es mit Bulgarien während der ganzen Zeit die diplomatische Verbindung aufrecht erhielt.[283] Seinen Verrat

---

282 Friedrich August III. König von Sachsen 1904–1918.
283 Vgl. Nr. 108; zu den bulgarisch-amerikanischen diplomatischen Beziehungen u. a.: PAMAE,

vom September 1918[284] werfe ich ihm nur insoferne vor, als er es unterlassen hat, uns vorher von seiner Absicht zu verständigen. Denn, wenn ein Monarch die Möglichkeit hat, sein Volk aus einem aussichtslosen Krieg auch zum Nachteile seiner Bundesgenossen herauszuführen, so ist er <u>vor Gott</u> verpflichtet, es zu tun. Die Pflicht gegenüber seinem Volke ist größer als Bündnispflicht. Wir hätten ja auch bestimmt, wenn es möglich gewesen wäre, einen Sonderfrieden geschlossen, aber wir haben die Deutschen loyal von unserer Friedensgeneigtheit unterrichtet. Czernin richtete Anfang 1917 an den Reichskanzler[285] ein Telegramm, worin mit einem Sonderfrieden gedroht wird, wenn Deutschland nicht binnen sechs Wochen über Elsaß-Lothringen mit Frankreich redet.[286] Kaiser Wilhelm glaubte sogar nach dem Bulgarischen Waffenstillstand noch an die Treue Ferdinands, er hätte ihm telegraphiert, er sei Deutschland treu, nur seine Armee und Malinov[287] hätten ihn im Stiche gelassen; und dies wurde in Berlin für wahr gehalten. Nach seiner Abdankung wollte der Bulgare sich nach Ebenthal zurückziehen, ich aber schickte ihm Berchtold[288] nach Lundenburg entgegen mit der sehr inständigen Bitte, Österreich zu verlassen. Man konnte für seine persönliche Sicherheit nicht garantieren und dann würde seine, meines Schwagers[289] Anwesenheit in Österreich auf die öffentliche Meinung sehr schlecht wirken und zu allen möglichen Kommentaren Anlaß geben. Ferdinand lag gerade in seinem Extrazuge im Bette in einem Spitzennachthemde und mit Braceletten an den Armen und Ringen an den Fingern. Berchtold, dem seine Mission am Anfang höchst

---

Paix séparée, 103, fol. 108–110: Washington, 1917 Mai 03 (?): Jusserand an Ribot: Mitteilung über eine Unterredung Vivianis mit Lansing. Der Wunsch der Vereinigten Staaten, der sich aus dieser Konversation ergäbe, sei evident: nämlich im Krieg gegen Deutschland alles mögliche zu unternehmen und den Separatfrieden mit Österreich-Ungarn und Bulgarien voranzutreiben. Lansing schätze den bulgarischen Botschafter in Washington, der ihm dabei als Instrument dienen solle. L. c., fol. 119: Rom, 1917 Mai 15: Barrère an frz. Außenministerium: Resümee einer Konversation Vivianis mit Lansing über einen möglichen Separatfrieden mit Bulgarien und über die Rolle König Ferdinands. Zur Kriegserklärung der USA an Österreich-Ungarn, von der Bulgarien und die Türkei nicht betroffen waren: Papers of Woodrow Wilson, 45, 194–202: o. O., 1917 Dezember 04: An Annual Message on the State of Union.

284 26.09.1918 bulgarisches Waffenstillstands- und Friedensangebot an die Entente. 29.09.1918 Waffenstillstand von Prilep.

285 Theobald Bethmann Hollweg, vgl. Nrn. 3, 38, 187.

286 Vgl. dazu Meckling, Czernin, 24–26.

287 Aleksander Malinov, bulgarischer Ministerpräsident; nahm 1918 an den Waffenstillstandsverhandlungen teil. Über seine Sondierungen in den USA seit Juni 1918: For. rel. 1918 , Suppl. 1, vol. I, 279: Sofia, 1918 Juni 27: Murphy an Lansing; l. c., 283–284: Bern, 1918 Juli 09: Stovall an Lansing; l. c., 290: Sofia, 1918 Juli 09: Murphy an Lansing; l. c., 292–293: Sofia, 1918 Juni 29: Murphy an Lansing.

288 Vgl. Nr. 3.

289 Ferdinand I. war von 1893–1899 mit Maria Luise Prinzessin von Bourbon von Parma, einer Halbschwester von Kaiserin Zita, verheiratet.

peinlich war, hatte durch diesen Anblick seine Sicherheit bald wiedergewonnen. Nun begann Ferdinand, Komödie zu spielen. „Alles hat mich verlassen, sogar mein Allergnädigster Herr zweifelt an meiner Loyalität", und er ließ seinen sehr verschlafenen Sohn Kyrill[290] und einen ebenso verschlafenen Generaladjutanten ins Coupé kommen und rief aus: „Mein Sohn, der Kaiser beschuldigt mich, verraten zu haben, verteidige Deinen Vater, sage die Wahrheit". Der arme Kyrill war zu schlaftrunken, um die Situation zu überblicken, der General ebenso. „Also auch ihr, mein Sohn und mein General verläßt mich und bringt nichts zu meiner Verteidigung hervor", jammerte Ferdinand. Jetzt erst begriffen die zwei und begannen, Berchtold die Lage in Bulgarien zu erklären. Sie sprachen in demselben Sinn wie des Königs Telegramm an Kaiser Wilhelm. Sie erwähnten auch, was vollständig richtig ist, daß Bulgarien schon lange über Mangel an Bekleidung und Ausrüstung geklagt hatte, aber nichts außer Versprechungen erhalten habe. Bei uns war halt auch nichts mehr vorhanden. Es ist wahr, daß manche Truppenteile in Bulgarien bloßfüßig kämpften und daß die Entbehrungen viel zur Lockerung der Disziplin beitrugen. Nach einem geheimen Dechiffrement wäre aber der ganze Zusammenbruch der bulgarischen Armee zwischen Bulgarien und den Feinden abgekartet gewesen. Die Wahrheit über diese ganze Angelegenheit wird nie recht herauskommen! Die Unterredung endigte damit, daß Ferdinand den nächsten Tag nach Koburg abdampfte.[291] Noch einige Begebenheiten, die den Charakter des Königs illustrieren. Krönung in Budapest. Der König wollte als ungarischer Magnat daran teilnehmen. Ich ließ ihm sagen, er könne als ausländischer Souverän nicht hinkommen, umsomehr, als ich dem türkischen Kronprinzen[292] auch abgewinkt hätte, und er sei in meinen Augen nicht Magnat, sondern König. Auf das hin große Kränkung, fingierte Ohnmacht! Schluß: König durfte von einem Oratorium aus zusehen; ebenso wie der kleine Otto und war darüber auch verstimmt. Hier will ich gleich erwähnen, daß ein Souverän nicht bei einer Krönung offiziell zugegen sein kann, weil dies ein staatsrechtlicher Akt ist, bei dem der zu krönende Herrscher der höchste sein muß, und nicht aus Courtoisie einem fremden Potentaten den Vortritt lassen kann (siehe englische Krönung), und daß zweitens Ferdinand niemals ungarischer Magnat sein kann, weil er als bulgarischer König nicht ungarischer Staatsbürger sein kann.

Im Jahre 1918 war infolge der vielen Truppen- und Verpflegungstransporte und des hohen Reparaturstandes an Lokomotiven und Wagen die Bahn in Un-

---

290 Kyrill, jüngerer Sohn von König Ferdinand I. von Bulgarien.

291 Zum Zusammenbruch der bulgarischen Front: Arz, Geschichte des Großen Krieges, 296–306; Österreich-Ungarns letzter Krieg, 7, 501–505; Bogdan Krizman, Der militärische Zusammenbruch auf dem Balkan im Herbst 1918, in: Österreichische Osthefte 10 (1968) und bei Rauchensteiner, 602.

292 Mohammed (Mehmet) VI.

garn stark verstopft. Dies interessierte aber Ferdinand gar nicht, er fuhr von
Sofia verspätet weg, kam natürlich verspätet an der Grenze an und änderte
einmal sogar während der Fahrt in der Nacht seine Reiseroute, weil er irgend
einen oberungarischen Bischof besuchen wollte. Durch diese Umlegung mußten 30 Züge angehalten werden. In Alcsut änderte er an einem Tage glaube
ich dreimal die Abfahrtszeit seines Zuges, sodaß die Bahnbeamten nicht mehr
wußten, woran sie waren. Ich ließ Ferdinand durch die ungarischen Bahnen,
durch das Kriegsministerium und durch das AOK ersuchen, in Zukunft den
Fahrplan seines Zuges genau einzuhalten und keine plötzlichen Änderungen
desselben vorzunehmen. Abgesehen von der Unordnung, die dadurch auf den
Bahnen entsteht, kann man bei nicht genauer Einhaltung des Fahrplanes keineswegs für die Sicherheit des Zuges garantieren, und man sei gezwungen,
falls der Zug vom Ausland verspätet eintrifft, diesen hinter allen Lastzügen
fahren zu lassen. Auf das hin großer Ärger, auf diesbezügliche Note des
Kriegsministeriums an das bulgarische Kriegsministerium setzte der König
eigenhändig eine freche Bemerkung, und das Resultat war, daß der König fast
gar nicht mehr nach Österreich kam.

Ferdinand drängte sich auch bei allen möglichen Gelegenheiten auf, aus
Angst, man könnte ihn absichtlich übergehen. Bei Max' Hochzeit[293] waren nur
Geschwisterkinder eingeladen, Ferdinand wußte aber doch so lange zu betteln, bis er eingeladen wurde. Sein Erstaunen war aber maßlos groß, als
meine Schwiegermutter[294] ihm sagte, sie sei nicht bei der Hochzeit, da, wie er
wisse, nur Geschwisterkinder eingeladen seien. Bis dahin hatte er die Sache
mit den Geschwisterkindern nur als Vorwand betrachtet, um ihn auszuschließen. Max hatte wenigstens den Vorteil eines schönen Hochzeitsgeschenkes,
denn mit Geschenken war er sehr splendid. Er war oder ist vielmehr ein sehr
großer Kunstkenner, in der Geschichte riesig versiert, ein universell gebildeter Mensch und ein sehr angenehmer Causeur. Spricht viele Sprachen, intri-
giert und politisiert mit Vorliebe.

Der Sultan[295] war ein sehr lieber alter Herr, der echte Typus eines Orientalen. Seine langjährige Gefangenschaft hat ihn älter gemacht als seine Jahre,
aber man würde sich sehr täuschen, wenn man glauben würde, er sei geistig
minderwertig; wenn es galt, eine große Entscheidung zu treffen, so liefen doch
alle die so selbstbewußten Männer (Enver[296] etc.) zu ihm und der alte Herr
traf meistens den Nagel auf den Kopf. Die leitenden Männer hatten doch

---

293 Der jüngere Bruder Kaiser Karls, Eh. Max, heiratete am 29.11.1917 Prinzessin Franziska zu
   Hohenlohe-Waldenburg-Schillingsfürst.
294 Herzogin Maria Antonia von Bourbon von Parma, vgl. Nr. 2.
295 Mehmet V. Mohammed Reschad, 1909–1918 türkischer Sultan.
296 Enver Pascha, 1914–1918 türkischer Kriegsminister, vgl. Nr. 20; Pomiankowski, Der Zusammenbruch des Ottomanischen Reiches, 435 (Register).

großen Respekt vor ihm. Wenn etwas speziell beim Zeremoniell während unserer Anwesenheit nicht stimmte, war er sehr unzufrieden.

Der Besuch in Konstantinopel war das schönste, was ich je gesehen habe.[297] Ich hatte befohlen, daß fast alle Hofwürdenträger, und zwar in ihren großen Uniformen, mitzugehen hätten, alle Generale in Gala, ich selbst als ungarischer General mit einer großen Agraffe aus dem Kronschmucke am Kalpak. Die imponierte den Orientalen kolossal, sie meinten, dies müsse ein großer und mächtiger Herrscher sein, der so viele Diener habe. Die Umgebung Kaiser Wilhelms hatte den Fehler begangen, ihn nicht aufmerksam zu machen, daß er von zu wenig Suiten, ich glaube drei, begleitet gewesen war, und daß er, sowie seine Herren, nur feldmäßig adjustiert waren. Alles dies mißfiel den Bewohnern Konstantinopels.

Noch eine sehr merkwürdige Eigenschaft haben die Türken, auf die mich Musil[298] aufmerksam machte. Sie sehen nicht gerne, wenn ein fremder Herrscher, der eine türkische Uniform erhalten hat, diese während seines Aufenthaltes mehr als einmal trägt. Die Türken empfingen uns viel freundlicher als den deutschen Kaiser, da auch Zita mit war, und so das ganze eben ein Fürstenbesuch und nicht ein militärischer Courtoisieakt war. Es war ganz Konstantinopel auf den Füßen, ich glaube, daß das friedliebende österreichische Volk den ebenso gesinnten Türken lieber war als die „durchhaltenden Preußen". Auch der Hof tat alles, um unseren Besuch glanzvoller zu gestalten als den vorhergehenden. Das Zeremoniell ist sehr streng bei den Türken und klappt sehr gut. Der schönste Anblick war als wir in alten türkischen Galawagen mit einer Schwadron – Garde als Eskorte nach Dolma Baghtsche fuhren, der schneeweiße Marmorpalast, vom Vollmond beschienen, am Ufer des Meeres gelegen und dabei im feenhaft beleuchteten Tor die Gestalt des alten Sultans, ganz ein Stück aus „Tausend und einer Nacht".

Sehr merkwürdig sind die Aussprüche des Sultans; einmal beim Diner, Zita und ich saßen gerade rechts und links von ihm, ließ er uns durch den Dolmetsch sagen, er sei ein Dorn. Ich machte ein etwas erstauntes Gesicht, auf das hin ließ er sagen, er sei ein Dorn zwischen zwei Rosen, gemeint war, er verhindere uns, nebeneinander zu sitzen, was uns lieber gewesen wäre als seine Gesellschaft. Echt orientalisch. Kaiser Wilhelm klopfte sich beim Diner auf die Schenkel und redete und lachte sehr laut, dies fand der alte Sultan sehr „un comme il faut", hatte Angst, daß der Kaiser auch ihm auf die Schen-

---

297 Kaiser Karl und Kaiserin Zita hielten sich vom 19. bis 21. Mai 1918 zu einem Staatsbesuch in Konstantinopel auf. Vgl. KA, MKSM 1918, 8–1; ebd., GASM 1918, 21/1; vgl. unseren Bd. 1, Anhang 1; ferner Pomiankowski, Der Zusammenbruch des ottomanischen Reiches, 342–353; Jung, Der k. u. k. Wüstenkrieg, 160.

298 Alois Musil, Prälat, Orientalist, vgl. Bauer, Wahrheitssucher in der Wüste; Nr. 7, Anm. 2; Nr. 34, Anm. 1. Zu Musil auch die Bio-Bibliographie, in: Die Kath.-Theol. Fakultät der Universität Wien, Festschrift zum 600-Jahr-Jubiläum, hrsg. v. E. Ch. Suttner, Berlin 1984, 410–411.

kel klopfen würde und sagte später: „Dieser Mann hat keine Ahnen." Den jetzigen Sultan[299] kannte ich nur als Thronfolger,[300] ich glaube, er ist sehr schlau und neigt im Herzen zu den Alttürken.

Zweier Leute wäre zu erwähnen, von denen behauptet wurde, sie hätten einen politischen Einfluß auf mich und würden einflußreiche Mitglieder der Nebenregierung sein, diese sind Professor Musil und Professor Schmidt.[301] Natürlich ist dies von A bis Z erlogen. Musil ist, wie jedermann bekannt, ein großer Orientforscher und machte einst eine Forschungsreise mit meinem Schwager, Prinz Sixtus.[302] Er lernte den Professor daher näher kennen, und es freut mich immer, seinen so geistvollen Ausführungen zuzuhören. Sein Lieblingsthema und gleichzeitig sein Herzenswunsch war, daß Österreich, sein von ihm über alles geliebtes Vaterland, einen entscheidenden Einfluß im Orient erhalte. Ich hatte leider in all dem nur zu recht. Unsere Vertretungen und Konsulate im Orient waren reine Bürokraten, die den österreichischen Handel und das österreichische Prestige im Allgemeinen wenig unterstützten. (Der Ballhausplatz konnte sie auch wegen der inneren so verworrenen Verhältnisse pekuniär wenig unterstützen.) Wegen der inneren so verworrenen Verhältnisse und der Kurzsichtigkeit unserer Staatsmänner und Politiker mangelte es ihnen an Geld, und die Türken, welche wußten, daß bei uns die Fahnen- und Emblemfrage weit höher stehe als kommerzielle Angelegenheiten, liebten uns, aber taten, was sie wollten. Die Deutschen waren verhaßt, aber die dortige Bevölkerung wußte, wenn etwas geschieht, was jenen nicht recht ist, liegt ein Eskadre vor Konstantinopel. Und bei uns wurden höchstens lange, unverständliche Noten geschrieben, die der Orientale in blumenreicher Sprache erwiderte und kostbare Zeit wurde vertrödelt. Es kommt noch etwas dazu, der österreichische Kaufmann ist nicht auf jener Höhe wie sein ausländischer Konkurrent. Erstens ist der Kaufmannsstand bei uns wenig geachtet, überhaupt ist das Interesse in den höheren und höchsten Kreisen für alles Kommerzielle sehr gering, zweitens will unser Kaufmann immer vom Staate bevormundet werden, er will selbständig nichts risquieren, der Staat soll ihm für jeden Verlust garantieren und drittens will er in kürzester Zeit ein Millionär werden; anfangs sendet er gute Ware, bei der er weniger verdient, später aber immer schlechtere Artikel, bei denen er infolge der billigen Erzeugung und der gleichbleibenden Preise großen Profit erhofft. Er täuscht sich, der schlaue Türke durchschaut ihn und geht zu seiner Konkurrenz über. Gerade in unserem Vielnationalitätenstaate ist es doppelt notwendig und nütz-

---

299 Mehmet VI., 03.07.1918–17.11.1922 türkischer Sultan, durch Kemal Atatürk gestürzt.
300 Vgl. Nr. 2.
301 Wilhelm Schmidt SVD, vgl. Nr. 68; ferner Lorenz, Zwei große Gelehrte am Hofe Kaiser Karls: Alois Musil und Wilhelm Schmidt, 270–290.
302 Diese Reise fand vom Februar bis Juni 1912 statt. Dazu ausführlich: Bauer, Alois Musil, 170–185.

lich, die Leute von den kleinen innerpolitischen nationalen Kämpfen abzuziehen und ihnen ein großes Arbeitsfeld im Auslande zu zeigen, wo sie sehen, wie kleinlich die ganzen Streitereien sind und wie ein großes gemeinsames Vaterland allein ihnen wirksam helfen kann.

Damit will ich aber, wie schon einmal betont, nicht sagen, daß sich der Handelsmann allein auf den Staat verlassen soll, erst wenn er selbst sich müht und arbeitet, soll ihn der Staat unterstützen. Unsere jungen Leute sitzen gerne hinter dem warmen Ofen und beschäftigen sich mit kleinlicher Lokalpolitik, hinaus in die Welt! Und als gute österreichische Patrioten mit einem weiten Horizont und mit Verachtung der Kleinigkeitskrämerei kehren sie zurück. Unsere österreichischen Kolonien im Ausland hielten immer musterhaft zusammen, es gab kaum nationale Reibereien zwischen ihnen! Um in diesen Belangen eine entscheidende Besserung anzubahnen, gründete Musil mit einigen Patrioten eine orientalische Gesellschaft, die es sich zur Aufgabe stellte, junge Österreicher, angehende Kaufleute in den Orient zu Studienzwecken zu senden und junge Orientalen nach Österreich zu bringen, damit sie dort unsere Kultur und unsere Sprache kennen lernen. So hoffte man, durch gegenseitige intensive Berührung beiderseitiges Interesse anzubahnen und Handelsbeziehungen anzuknüpfen. Man plante die Errichtung einer eigenen Schule und eines Internates für die Orientalen in Wien, in Konstantinopel hingegen eine österreichische Akademie für Meeresforschungen. Ich interessierte mich sehr für das ganze Unternehmen, im Jahre 1918 waren bereits junge Orientalen zu Studienzwecken in Wien, aber der Umsturz begrub, wie so vieles andere, auch dieses Unternehmen. Ich ernannte Musil für seine großen Verdienste zum Geheimen Rat, eine für einen Professor noch nie dagewesene Auszeichnung, derentwegen ihm seine Kollegen neidisch waren. Ich glaube, daß gerade dieser Neid eine der Quellen der vielen Gerüchte über ihn waren.[303] Professor Schmidt, Missionsgeistlicher aus Mödling, naturalisierter Österreicher, Deutscher von Geburt, war Feldkurat bei meiner Heeresfront in Galizien gewesen, später als ich zur Regierung gelangt war, beauftragte ich ihn, an der Front „Soldatenheime" zu errichten.[304] Es gab bereits

---

303 Vgl. dazu Bauer, Alois Musil, 265–275.
304 Vgl. Nr. 68. Über die Beziehung von Kaiser Karl zu P. Schmidt SVD vgl. Archiv der Missionsprokur St. Gabriel (Mödling), NL Franz Graf Ledóchowski SVD: Brief von Kaiserin Zita an P. Franz Graf Ledóchowski SVD, Zizers, 1961 Dezember 24/25: Dank freundlicher Mitteilung des Archivars von St. Gabriel, P. Mathias Schager SVD (†): „[...] Als Kaiser Karl die siegreiche Offensive gegen Italien im Jahre 1916 verlassen mußte, um eiligst die durchbrochene russische Front zu übernehmen, erhielt er dort einen deutschen Generalstabschef, General von Seeckt, und zahlreiche deutsche Offiziere zu seinem österreichischen Stab. Auf der Hinauffahrt durch Wien, wo er sich nur wenige Tage zur Berichterstattung bei Kaiser Franz Joseph und Besprechungen militärischer Natur aufhielt, traf er auch meine Mutter, die Herzogin von Bourbon-Parma und bat sie, sie möge ihm einen Geistlichen finden, der bei seinem

früher etliche Soldatenheime, von der Truppe selbst angelegt und oft von ob-
skuren Vereinen unterstützt, aber in diesen wurde den Soldaten sehr
schlechte Lektüre gegeben und die Kinoaufführungen und sonstigen Darstel-
lungen waren weder bildend noch belustigend, sondern nur gemein. Schmidt
widmete sich seiner Aufgabe mit Feuereifer, er errichtete über 300 gut gelei-
tete Soldatenheime, daß er vielleicht im Übereifer hie und da einen faux pas
machte, ist nur begreiflich. Einmal in Jičín ging der Zug aus irgend einem
Grund nicht weiter, und Schmidt, der in demselben saß, machte dem Stati-
onsvorstand und dem Bahnhofskommandanten daraus Vorwürfe, er müsse
weiter fahren, hätte dringend zu tun etc. und das Wortgefecht wurde noch etwas heftiger, ich glaube, er erwähnte, er hätte einen Auftrag von mir. Aus dieser Kleinigkeit wurde eine Riesenaffaire und Schmidt wurde hierauf nicht,
wie bisher mir direkt, sondern dem Feldbischof[305] unterstellt. Es ist ja jedenfalls unklug, sich in so einer aufgeregten Zeit auf meinen Befehl zu berufen,
wenn der Betreffende ihn auch von mir erhalten hat; anderseits muß man be-

---

Hauptquartier als Feldkaplan fungieren könne. Dieser müsse außer wahren Eifer, auch wirklich gebildet, taktvoll, bescheiden sein und doch das volle Ansehen seiner Stellung wahren
können. Sein Stab sei zum guten Teil aus deutschen, daher vielfach protestantischen Offizieren zusammengestellt worden, was für den Feldkaplan eine schwierige Stellung repräsen-
tieren würde. Denn damals war ‚Hänselei‘ und ‚Präpotenz‘ in diesen Kreisen gegenüber katholischen Geistlichen leider recht verbreitet.
Ich weiß nun nicht, ob Mödling Kaiser Karls Idee oder die der Herzogin war, ich glaube Letztere: da gibt es eine absolut sichere Auswahl in St. Gabriel bei den SVD-Patres. So wandte
sich die Herzogin im Auftrage des Kaisers, damals Thronfolger, mit der Bitte hin, ob sie einen solchen Pater hätten und gewillt wären, ihn dem Erzherzog Thronfolger als Feldkaplan
zur Verfügung zu stellen.
Wenige Tage später erschien P. Schmidt in Galizien im Hauptquartier als Feldkaplan. Ich
glaube nicht, daß Pater Schmidt vorher schon bei der Armee war. Das entzieht sich meiner
Kenntnis. Kaiser Karl erzählte mir später, daß P. Schmidt in seiner gewohnten, stillen, bescheidenen Weise bei Tisch und im Offizierskreis erschien. Die Sticheleien begannen sehr
bald, die Pater Schmidt unbeachtet ließ. Da wurden sie stärker und schon am folgenden Tag
fiel eine Bemerkung, die Pater Schmidt freundlich aufschauend, so höflich treffend und doch
so unpersönlich gegenüber den Interpellanden beantwortete, daß ein erstauntes Schweigen
eintrat. Nach wenigen Tagen war Pater Schmidt von allen Offizieren als ein ungemein gebildeter, gütiger Geistlicher anerkannt, dem man aber nicht ‚auf die Füße treten‘ durfte und es
in Anbetracht seiner Persönlichkeit auch gerne vermeiden wollte. Mit Kaiser Karl verband
ihn eine tiefe und wahre Freundschaft und war P. Schmidt damals auch zweifellos sein
Beichtvater […].“ Vgl. zu P. Schmidt zuletzt: Ernest Brandewie, When Giants walked the
Earth. The Life and Times of Wilhelm Schmidt SVD, Fribourg 1990 (= Studia Instituti An-
thropos 44), u.a. Kapitel IX : The First World War. Vgl. auch KA, NL Brougier, TB, fol. 91:
„[…] 18.08.1916, 9.30 vormittag feierliche Feldmesse. Sehr gute Ansprache des neu einge-
rückten Feldkuraten P. Schmidt; österreichische und deutsche Soldaten des Kommandos sind
ausgerückt […].“
305 Emmerich Bjelik, 01.06.1911–1918 geistlicher Feldvikar der österr.-ung. Armee, 1913 Titularbischof von Tarsos.

greifen, daß in jener Zeit auch ein Priester seine Nerven verlieren konnte, und daß ein Deutscher, der den österreichischen Schlamp[a] nicht gewohnt ist, sich sehr schwer in denselben einleben kann.

Der Feldbischof war auch nicht gut auf ihn zu sprechen, weil er vielleicht zu viel Soldat war und es nicht begreifen konnte, wie eine Militärperson im Hauptmannsrang direkt dem Kaiser unterstehen konnte. Ich muß schon leider sagen, daß Bjelik überhaupt nicht auf der Höhe der Situation stand; er verpatzte die Eheangelegenheit Conrad und eines anderen Generals, er mischte seine Feldkuraten, speziell die aktiven, nicht genug auf, er glaubte immer, weil laut Dienstvorschrift genügend Geistliche an der Front waren, daß wirklich kein Mangel sei, bedachte aber nicht, daß veraltete Dienstvorschriften nicht einem so ungeheuren Weltkrieg entsprechen und die Seelsorge doch noch etwas wichtiger ist als papierene Vorschriften. Viele Geistliche, die sich antrugen, sogar ohne Gehalt als Feldkuraten zu dienen, wurden abgewiesen. Er führte Aufträge, die ich ihm gab, ungeschickt aus. Hier erwähne ich nur, daß es immerhin geschehen kann, daß ein oder der andere Verwundete behauptet, er hätte längere Zeit keinen Geistlichen gesehen, und daß einige von seiner Kompanie gestorben waren, ohne Tröstung der Religion. Dies ist im Gebirgskrieg bei vorgeschobenen kleinen Abteilungen immer möglich, man kann eben nicht für jede 10 Mann einen Geistlichen haben, weil so viele nicht sind, aber trotzdem hätte den Kuraten mehr Aktivität nicht geschadet.

Charakteristisch für Bjelik ist die Affaire des Generalmajors Janda[306]. Es ist wahr, daß der Fall eine besondere Tragik enthielt, aber ein Bischof kann doch nur seine Vorschriften im Auge haben. Dieser General heiratete katholisch, während des Krieges stellte es sich heraus, daß seine Frau nicht nur antiösterreichisch gesinnt war, sondern auch einen seiner Buben zum Diebstahl verleitet hatte. Auf das hin ließ sich der General scheiden und seine zwei Buben im Alter von 13–15 Jahren blieben bei ihm. Nun konnte er den einen von ihnen in keine gute Anstalt geben, weil er gestohlen hatte, und mußte ihn daher zuhause erziehen lassen. Nun wollte keine Erzieherin bei ihm, dem Junggesellen, bleiben, weil sie für ihren Ruf fürchtete, und ein Erzieher war für ihn, den pekuniär nicht glänzend gestellten Offizier, zu kostspielig und der Junge zart und weich, brauchte eine Frauenhand. Nun wollte er in seiner Not, wo er keinen Ein- und keinen Ausweg mehr fand, Ungar werden und, obwohl katholisch geschieden, eine sehr achtbare Dame heiraten, die für seine Söhne eine zweite Mutter gewesen wäre. Das Ehegesuch kam zu mir, ich berief den Feldbischof, besprach die Angelegenheit mit ihm und bat ihn, die Sache mit dem General zu besprechen. (Er soll nun dem General gesagt haben, dies

---

a   Umgangssprachlich: Schlamperei.

306   Friedrich Janda, Generalmajor.

hörte ich erst später, „ich als katholischer Bischof kann es ihnen bei Lebzeiten ihrer ersten Frau nicht erlauben, aber S.M. ist gnädig, er wird es schon tun".) Nach der Besprechung mit Janda kam Bjelik zu mir und sagte mir: „Ich als katholischer Bischof kann keine Erlaubnis geben, aber Majestät sind nicht Bischof, aber Herrscher über alle, auch über Ungläubige."

Der Feldbischof soll nun nach Aussage des Generals diesem gesagt haben, katholisch könne er ihn nicht trauen, aber in Anbetracht der so berücksichtigenswürdigen Umstände verstehe er, wenn er seinen Vorsatz ausführe, nur soll er schriftlich versprechen, daß er seine zweite Frau nach dem Tode seiner ersten Frau katholisch heiraten werde. [a]–Der General möge nur nichts von dieser Anschauung des Bischofs dem Kaiser berichten, weil dieser sonst jenen wegen Laxheit in Rom anzeigen konnte. Dies stand natürlich mit dem im Widerspruch, was ich durch Entsendung des Feldbischofs erreichen wollte, nämlich, daß er als katholischer Bischof den General von seinem Vorhaben abbringt.–[a] Das echt österreichische System, sich es mit niemandem zu verderben.

Die Eheangelegenheit Conrad[307] war nach demselben Grundsatze behandelt worden, er kann es nicht erlauben, aber man muß verhindern, daß Conrad <u>protestantisch</u> wird. Ich glaube, Conrad hatte dem Bischof in einem Brief diese Eventualität angedeutet. Es ist wahrscheinlich, daß diese Stellungnahme Bjeliks den Kaiser Franz Joseph zu seinem Entschlusse gebracht, diese so unmögliche, und im Gegensatze zum Falle Janda, gar nicht notwendige Ehe zu gestatten.

Ich sagte dem Feldbischof einst, als er nach Pola zu einer geistlichen Inspektion der Flotte ging, er solle trachten, den religiösen Geist der Offiziere zu heben, damit sie auf die damals schon recht radaulustige Mannschaft einen guten Einfluß üben. Was macht er? Er geht hin und sagt: „Seine Majestät wünscht, daß Ihr mehr Eure religiösen Pflichten erfüllt." Natürlich Resultat: gegenteilige Wirkung. Nun zurück zu Pater Schmidt. Ich gab ihm für die Soldatenheime den Auftrag, alles Schlechte von denselben fernzuhalten, aber unschuldige Lustigkeit und Bildung recht zu pflegen und den Soldaten gute Prinzipien einzuimpfen, jedoch nicht auffallend, denn wenn die Leute das Gefühl haben, sie müßten nach den Mühen des Dienstes auch noch in eine Predigt gehen, so kommen sie nicht. Eine Hauptsache ist auch, daß die Innenräume gemütlich und warm sind.

Bei dieser Besprechung fällt mir die katholische Presse ein, die auch Schmidt so am Herzen lag. Auch sie muß gut ausgestaltet, das heißt, reich an Nachrichten und Artikeln auf allen Gebieten sein, dabei nicht aufdringlich

---

a–a Zwischen den Zeilen eingefügt.

307 Vgl. über diesbezügliche Unterredungen von Eh. Friedrich und seinem Adjutanten, Herbert Graf Herberstein, mit Kaiser Franz Joseph unter Nr. 21.

den katholischen Standpunkt betonen, sondern so wie die schlechte Presse tropfenweise das Gift ihren Lesern eingibt, müssen gutgesinnte Zeitungen allmählich ihren Abonnenten katholische Ansichten beibringen. Man braucht hiezu viel Geld, man muß die „Neue Freie Presse" aus dem Felde schlagen, die Christen müssen für ihre Presse Opfer bringen. Man nehme sich ein Beispiel an den Juden, wie die alles, was jüdisch ist, unterstützen. Es ist ein Skandal, daß es im katholischen Österreich keine große katholische Zeitung gibt, und in Deutschland hat die katholische Minorität erstklassige Zeitungen von internationalem Ruf. Unsere katholische Zeitung muß auch im Ausland gelesen werden, das Ausland muß wissen, daß Österreich ein katholisches Land ohne jüdische Vormundschaft ist.[308] Die zahlreichen kleinen, gutgesinnten Blätter wirken sicher in ihrem Leserkreise sehr günstig, aber jedermann, der sich politisch, wirtschaftlich und ökonomisch orientieren will, muß, wenn auch widerstrebend, zur Judenzeitung greifen. Dies muß und wird aufhören.

Dieser Schmidt, der Geheime Rat Musil, meine Schwiegermutter, die Herzogin von Parma, der Generaladjutant Prinz Lobkowicz und der ungarische Ernährungsminister Windischgrätz bildeten also die so berüchtigte und verpönte Nebenregierung. Eine merkwürdige bunte Zusammenstellung!

Von der Gefährlichkeit Musils und Schmidts habe ich ja bereits gesprochen. Die Herzogin von Parma kümmerte sich <u>nie</u> um Politik, schon prinzipiell nicht. Ich habe die Bitte an sie gestellt, mit meinen Schwägern, Prinz Sixtus und Xavier, in Verbindung zu treten.[309] Jeder, der den Prinzen Lobkowicz kannte, weiß, daß er peinlich <u>jedes politische Gespräch</u> vermeidet und eher faul ist und gerne gut lebt. Er ist der Prototyp des Satzes, „leben und leben lassen".[310] Ich würde zu gerne wissen, wer die Märe verbreitet hat, daß Windischgrätz mein Intimus war, ich glaube, er selbst ist dieser Version nicht ganz fremd.[311] Er war als Ernährungsminister selbstverständlich oft bei mir, da ja Ungarn in Verpflegssachen der gebende Teil war, und sprach dabei gerne von seinen politischen Plänen. Dies war ja sein Recht als verantwortlicher Minister und dies <u>umsomehr als die Ernährungslage</u> in innigem Zusammenhange mit der Ruhe und Ordnung im Innern und einem baldigen Friedensschlusse stand. Ich hielt Windischgrätz für einen braven, ehrlichen, schneidigen Menschen, aber nicht für einen ernsten Politiker. Ich habe auch

---

308 Vgl. dazu Istruzioni per Mons. Teodoro Valfrè di Bonzo, Nunzio Apostolico di Austria-Ungheria, in: AE, Austria 527 [neu: 1118 P.O.], Prot. 20.387, Kapitel IV, Azione Cattolica: (Text von der Hand Eugenio Pacellis), „[...] Uno dei paesi, in cui domina la stampa giudaico-massonica (sul tipo della Neue Freie Presse), e dove mancano invece dei giornali quotidiani pienamente e solamente cattolici, è senza dubbio l'Austria. I giornali cattolici quotidiani esistenti attualmente non sono all'altezza della causa che propugnano [...]."
309 Sixte de Bourbon, L'offre de paix séparée, 36–37 und TS 4225.
310 Dazu Nr. 284.
311 Vgl. dazu die Windisch-Graetz-Memoiren, Ein Kaiser kämpft für die Freiheit; Schonta, 90–91.

seine hochpolitischen Ratschläge geprüft, aber nicht befolgt, und habe ihn
auch nie zum ungarischen Ministerpräsidenten designiert. Ich habe ihn in der
Schweiz vielleicht zwei- bis dreimal gesehen. Ich habe sein Buch[312] nicht gutgeheißen und habe ihn auf die Folgen solcher Enthüllungen aufmerksam gemacht,[313] die auch prompt eingetreten sind. So also sah die Nebenregierung
aus. Diese aber besteht in den Augen der Leute bei jedem Staatsoberhaupte.
Die Leute glauben nämlich, daß jeder Herrscher zu beschränkt ist, selbst
eigene Gedanken zu haben und schnüffeln immer nach geheimnisvollen Ratgebern, die nicht existieren. Am meisten belustigt es mich, wenn Minister von
Nebeneinflüssen reden, wenn sie solche für schädlich halten, so sollen sie demissionieren, wenn sie sie für gut halten, so sollen sie sie decken, schweigen
und sich schämen, daß sie nicht die gute Idee hatten. Eine sehr beliebte Vari-
ante der Nebenregierung ist der angebliche Einfluß der Kaiserinnen oder Kö-
niginnen. Sie ist aber auch so alt, als Monarchien bestehen, schon in Rom
sprach man vom Einfluß der Kaiserinnen, und in der Neuzeit wurde dasselbe
vom deutschen Kaiser Wilhelm I.[314], dem Begründer des Preußisch-Deutschen
Reiches behauptet. Es ist ja begreiflich, daß Mann und Frau über die Dinge
sprechen, die ihnen beiden am nächsten liegen, das ist bei Monarchen die Politik für das Wohl der Völker und für die Erhaltung der Macht auch für spätere Generationen. Hat ein Mann eine Frau, die sich für seine Sorgen, Nöte
und Freuden nicht interessiert, so ist die Ehe gewöhnlich keine glückliche, gerade so ist es auch in den höchsten Kreisen. Wenn sogar die Herrscherin mit
ihrem Mann nicht harmonieren würde, so müßte sie dennoch ein Interesse an
der Macht der Dynastie haben, schon wegen ihrer Kinder. Hat eine kluge
Frau am Throne nun eine kluge Idee, so ist es doch Pflicht des Mannes, diese
sich gut zu überlegen und sie eventuell in die Tat umzusetzen, Pflicht der
Frau ist es, jedermann gegenüber ihre Urheberschaft an dieser Idee zu be-
streiten.

Erzherzogin Isabella, die Gemahlin des Erzherzogs Friedrich, intrigierte
rastlos gegen die Kaiserin in erster Linie und gegen mich in zweiter Linie. Sie
war gekränkt, daß ich trotz ihrer Anstrengung keine ihrer Töchter geheiratet
und sie nicht den erhofften Einfluß erreicht hatte, und zweitens, da durch die
Kaltstellung ihres Gemahls sie nicht einmal mehr im AOK etwas zu sagen
hatte. Die Gründe, warum ich Erzherzog Friedrich enthoben habe, sind bereits erwähnt worden, hauptsächlich weil es eine unbedingte Notwendigkeit
war, Civil- und Militärgewalt in einer Hand zu vereinigen. Es war ein Unglück, wenn Erzherzogin Isabella während der Kommandoführung ihres Ge-

---

312 Ludwig Windischgrätz [sic], Vom roten zum schwarzen Prinzen. Mein Kampf gegen das k. u.
    k. System, Berlin 1920.
313 Schonta, 90–91 und Nr. 211.
314 Wilhelm I. von Hohenzollern, 1861 König von Preußen, 1871–1888 deutscher Kaiser.

mahls etwas Wichtigeres aus Teschen erfuhr, sie konnte es nicht für sich behalten. Erzherzog Friedrich wußte übrigens von dieser ihrer Eigenschaft und handelte danach, aber sie trachtete, auf verborgenen Wegen etwas zu erhaschen.

Während meiner Regierung hatte ich zweimal Grund, mich mit ihr zu beschäftigen. Die erste Angelegenheit war folgende: Sie hatte an den König von Spanien durch die spanische Botschaft unter anderem telegraphiert, daß die Schwäche der Regierung in Österreich den Staat zugrunde richte. Den genauen Wortlaut weiß ich nicht mehr, aber der Text ist mir damals vorgelegen.[315]

Dieses Telegramm, ans Ausland gerichtet, involviert in Kriegszeiten ein Vergehen, das mit Kerker geahndet wird. Ich berief Erzherzog Friedrich nach Budapest, teilte ihm dort die Sache mit und sagte ihm, ich wäre gezwungen, der Erzherzogin Preßburg als ständigen Wohnsitz anzuweisen und ihr das Verlassen dieses Ortes zu verbieten. Nach meiner Rückkunft nach Baden erschien die Erzherzogin bei mir, bat mich um Verzeihung, kniete sich sogar vor mir nieder. Ich ließ ihr für diesmal die Strafe nach.

Ende Sommer 1918 besuchte sie ihre Tochter Isy[316] in Deutschland und hielt sich am Wege bei dem König und der Königin von Bayern[317] und am badischen Hofe auf. Dort sagte sie, der Kaiser müsse sich entweder von seiner Frau trennen oder auf die Krone verzichten. Dies zu einer Zeit, wo die Aufregung im Volke bereits eine große war. Ich erfuhr dies durch den Jesuitenpater Graf Nostitz[318], dem es Ohrenzeugen erzählt hatten, die bereit waren, die Wahrheit ihrer Aussagen eidlich zu bekräftigen. Leider kam der Umsturz dazwischen, und die Sache konnte nicht mehr ordnungsgemäß ausgetragen werden.

Es ist vielfach behauptet worden, daß Graf Clam auf die Bitte des Abgeordneten Korošec hin durchs Telephon zur Demission gezwungen worden wäre. Dies ist unrichtig! Graf Clam sah schon lange selbst ein, daß seine Demission unvermeidlich sein würde, nur ich war nicht dafür. Mit seinem Wissen, ich glaube sogar auf des Ministerpräsidenten Bitte hin, wurde Korošec empfangen, der mir die Auffassung der Lage durch Graf Clam selbst vollinhaltlich bestätigte. Dies telephonierte ich Graf Clam und sagte ihm, daß ich nun auch seine Demission für unvermeidlich halte, worauf das Kabinett demissionierte.[319]

---

315 Die Papiere des geheimen Nachrichtendienstes wurden durch den Zusammenbruch Österreich-Ungarns verstreut; wir konnten dieses Telegramm nicht finden.

316 Isabella Ehn. von Österreich, 1912 verheiratet mit Prinz Georg von Bayern; 1913 Ehe aufgelöst.

317 Maria Theresia Ehn. von Österreich, Prinzessin von Modena, seit 1868 verheiratet mit Ludwig III. von Bayern.

318 Robert Graf Nostitz-Rieneck SJ.

319 Die Demission erfolgte am 21.06.1917, vgl. Polzer-Hoditz, 405–406.

Graf Tisza, der auf so hinterlistige Weise während der ungarischen Revolution ermordet wurde,[320] war durch und durch Gentleman und Grandseigneur, ein gläubiger Protestant, der auch die religiöse Überzeugung der anderen Confessionen ehrte, persönlich außergewöhnlich tapfer und schneidig. Mit über 50 Jahren rückte er als Oberst der Honvedkavallerie ein und war draußen in der ersten Linie, obwohl es ihm ein leichtes gewesen wäre, sich irgendwo von einem Kommando aus bequem den Krieg anzuschauen. Mit 50 Jahren, obwohl halb blind, ritt er noch Rennen. Er war ein großer Mann, und kein führender Staatsmann der Mittelmächte reichte auch nur annähernd an ihn heran. Seine einzige Schattenseite war sein Eigensinn, er war ein eingefleischter Chauvinist, hielt die alleinige Herrschaft der Ungarn in Trans- und der Deutschen in Cisleithanien für ein Dogma, war für den Zentralismus in den beiden Ländern und für den 1867er Ausgleich zwischen den Ländern. Allen föderalistischen Gedanken war er abhold und war naiv in der südslawischen Frage. Er war ein erbitterter Gegner einer Wahlreform auf breiter Grundlage, die sicher die Völker Ungarns untereinander, wenn nicht versöhnt, so doch einander näher gebracht hatte. Er war kein Kriegshetzer, ersehnte den Frieden und wirkte in diesem Sinne auf Deutschland.[321]

Das Duell ist verboten,[322] dies bleibt ein nicht umzustoßender Grundsatz, es wird aber jetzt die Aufgabe sein, gesetzlich strengste Bestimmungen zum Schutze der Ehe zu treffen!

Noch ein Wort wegen der Heimkehrer! Als nach Brest Litowsk zahlreiche Kriegsgefangene heimkehrten, mußten sie zuerst wegen der Gefahr der Verschleppung ansteckender Krankheiten ein paar Wochen in Lagern im Etappenbereich konzentriert bleiben, bevor sie auf Urlaub zu ihren Familien zurückkehren konnten. Diese paar Wochen nahe der Heimat, ohne ihre Angehörigen sehen zu können, waren für die Leute sehr schwer und erbitterten viele, aber man konnte in dem Falle aus höheren Rücksichten nicht weichherzig sein. Ich sandte zahlreiche Geistliche in die Lager, um die Leute zu trösten, und beauftragte den Generaloberst Roth[323] und den Oberstleutnant Baron Mattencloît[324] die Lager zu visitieren, mit den Leuten zu reden, sich ihre Klagen und Wünsche vortragen zu lassen und ihnen meine Grüße zu überbringen. Dies bewährte sich sehr gut und viele unnütze Härten konnten abgestellt werden. Ich hörte sogar, daß ein übereifriger Kommandant eines Lagers die armen Leute hinter Stachelzäunen einsperrte, ähnlich wie die

---

320 Graf Tisza wurde am 31.10.1918 von meuternden Soldaten in seinem Wohnhaus in Budapest ermordet.

321 Polzer-Hoditz, 642 (Register: Tisza).

322 Vgl. Nrn. 67, 78; vgl. auch AE, Austria 616 [neu: 1212], Prot. 53.198: Valfrè di Bonzo an Gasparri über Duellverbot für Militär, Wien, 13.11.1917.

323 Joseph Roth Ritter von Limanowa-Lapanów, seit 01.02.1918 Generaloberst, vgl. auch Nr. 3.

324 Emmerich Frh. von Mattencloît, Oberstleutnant, 1899–1906 Erzieher Eh. Carls.

Kriegsgefangenen! Eine große Hauptsache ist auch, daß die Leute nach über-
standener Kontumaz, möglichst lange in die Heimat beurlaubt werden, leider
war dies bei unserem Mangel an Soldaten nicht immer so möglich, wie es
wünschenswert gewesen wäre.

Eine Sache konnten wir von den Deutschen lernen. Ihre Heimkehrer mußten geradeso kontumaziert werden, aber der Soldat erhielt bereits beim Betreten des heimatlichen Bodens durch zahlreiche patriotische Vereine Liebesgaben, Ansichtskarten, Bücher etc. und wurde gleichzeitig von allen Leuten,
von höheren und niederen, als lieber Kamerad und wiedergekehrter Sohn der
Heimat auf das herzlichste begrüßt, so daß er sofort das Gefühl hatte, wieder
zuhause zu sein. Bei uns gab es nur spärliche Liebesgaben; erst auf wieder-
holtes Drängen erhielten die Heimkehrer irgendwelche Kleinigkeiten, aber
meist nachdem sie schon längere Zeit durch das Lagerleben verbittert waren.
Auch das Begrüßen der Heimkehrer fand zu mechanisch statt.

Eine viel umstrittene Frage ist, soll der Monarch viele Audienzen geben,
viele Leute sehen, viele Politiker hören, oder soll er sich im Hintergrunde halten und alles durch die Brillen der Offiziellen ansehen. Ich stehe auf dem
Standpunkte, außergewöhnliche Zeiten erheischen auch außergewöhnliche
Mittel. Zur Zeit der Bedrängnis des Krieges und der Hungersnot soll jeder zu
seinem Vater, zum Kaiser, kommen können. In normalen Zeiten hingegen sollen Bittende auch zum Kaiser gelangen können, aber Politiker und Allesbes-
serwisser sollen mehr an die Minister gewiesen werden. Damit will ich nicht
der Chinesischen Mauer das Wort reden, der Kaiser muß auch nicht offizielle
Informationen erhalten und die Sorgen des Volkes kennen. Im Krieg waren
Audienzen aus der Natur der Sache heraus zwangloser, im Frieden müssen
sie formeller sein. Zu zwanglose Audienzen bewirken leicht, daß die Leute
[a]–aus der Hand fressen–[a] wollen.

Ich glaube, durch diese Darstellung der Tatsachen bewiesen zu haben, was
ich gleich anfangs behauptete, daß in der kurzen Zeit von zwei Jahren der
Friede im Inneren nicht herzustellen war und daß auch der Friede nach
außen am Hasse Italiens zum Scheitern verurteilt war. Aber dennoch mußte
rastlos gearbeitet werden, um das Ziel vielleicht trotzdem zu erreichen. Schon
die Völker hatten das Recht zu verlangen, daß kein Mittel unversucht gelassen werde, wenn sie auch durch gewissenlose Demagogen verleitet, diesen
einzigen Weg zu ihrem Heil nicht erkannten. Die große Masse des Volkes läuft
den Schreiern nach, der ruhige Politiker und der vor allen Dingen Gott für
seine Völker verantwortliche Kaiser müssen eben Wege gehen, die <u>sie</u> für richtig halten und dürfen sich nicht immer durch die so schwankende Volksmei-
nung beeinflussen lassen. Nach einer gewissen Zeit kommt dann auch beim
Volke das Einsehen, und die Volkswut richtet sich gegen die ihnen blind fol-

---

[a]–[a] Umgangssprachlich: distanzlos.

genden Konjunkturpolitiker. „Unsere Politiker sind studierte Leute", hört man
das Volk sagen, „die mehr Einblick in alles haben als wir, die sollen es besser
wissen als wir und sich nicht durch Augenblicksstimmungen leiten lassen."

Meine Friedensarbeit war doch nicht umsonst; daß Österreich heute in
ganz Europa mehr geschätzt und geliebt wird als Deutschland ist momentan
von der Welt nicht zugegeben, dennoch das Verdienst meiner Bestrebungen.
Der Friede im Inneren wird auch kommen! Die temporäre Trennung der Völker war notwendig, weil ohne schwere innere Erschütterungen niemals der
so unglückselige Dualismus zu beseitigen gewesen wäre. Von innen heraus
wären immer nur Detaillösungen der großen Probleme bedingt durch die
schwarz-gelben und rot-weiß-grünen Grenzpfähle entstanden, die niemals zu
einer Befriedigung der Nationen beigetragen, immer neue Irredenten ausgelöst hätten. So können heute die Völker ihren nationalen Rausch voll aus-
kosten, um dann ernüchtert durch die eiserne Notwendigkeit wirtschaftlicher,
jahrhundertealter Zusammenhänge, wieder in das altehrwürdige, jedoch
wohnlicher eingerichtete Haus einzuziehen.

A.E.I.O.U.[325]

8. September 1920, Fest Maria Geburt.

214.
König Karl an den Fürsterzbischof von Esztergom (Gran), János Kardinal Csernoch

Prangins, 1920 September 09

Primási Leveltár, NL Csernoch, Cat. B/2439/ 1920, Ausfertigung.

*Der König hofft, daß Bischöfe und Priester das Volk auf seine Rückkehr ent-
sprechend vorbereiten; er wünscht, in die Schweiz einen verläßlichen Priester
gesandt zu bekommen, um seine Mitteilungen mündlich zu überbringen.*

Mélyen meghatott a magyar püspökök hódolata és Eminenciádnak, valamint
a püspöki karnak ezért Király köszönetemet fejezem ki Bízom abban, hogy a
püspöki méltóságok ugymint az összes paság vetélkednek abban a törekvés-
ben, hogy a népet a megkoronázott apostoli király viszsatérésére előkészitsék.
Eminenciádnak nagyon hálás volnék, ha mentől előbb egy megbizható papot

---

325 Devise Kaiser Friedrichs III.

küldene ki Hozzám Schweizba, mivel sok minden üzenni valóm volna Eminenciád számára, amit levélbe foglalni nem lehet.[1]

215.
Kaiser und König Karl an Prälat Dr. Ignaz Seipel

Prangins, 1920 September 15

AOS, Tom. I, Index 107, beglaubigte Kopie.
Druck: Rennhofer, Seipel, 216.

Ermutigung für die entscheidende Phase des österreichischen Wahlkampfes.

In dem Augenblicke, da in Österreich der Wahlkampf in die entscheidende
Phase tritt, liegt mir daran, das Wort an Sie, lieber Dr. Seipel, zu richten.

Sie nehmen an diesem Kampfe als einer der Führer der auf das christlichsoziale Programm vereinigten Wähler teil, Anfeindungen aller Art, Mühen
und Sorgen sind daher Ihr Los.

Mit Meinem Gruße will und soll Ihnen in diesen schweren Tagen eine
Freude bereitet sein. Ich weiß es, der Weg, der zu Österreichs Glück und Heil
führt, ist beschwerlich. Ich sehe aber Österreichs Volk wieder diesen Weg suchen, den es in den Novembertagen 1918 Mir zum Schmerze, ihm zum Unglück verlassen hat. Ihrem Berichte und später hiehergelangten Nachrichten
habe Ich entnommen, daß sich in Österreich ein Aufschwung der Geister vollzieht, daß das Volk sich von den Wirrungen der Revolution zu befreien trachtet, daß es sich wieder nach Recht und Ordnung sehnt und in diesem Drange
immer mehr Meiner gedenkt, der auch ferne der Heimat nicht aufgehört hat,
die teure Scholle und ihr Volk zu lieben.

Ich wünsche Ihren so anerkennenswerten Bemühungen um einen guten
Ausfall der Wahlen den besten Erfolg und spreche Ihnen und allen Meinen
Getreuen für dieses Werk Meinen herzlichen Dank aus.

Ich werde Mich freuen, bald wieder von Ihnen zu hören.

---

1 Vgl. Gergely, 82–83, Protokoll der Bischofskonferenz vom 27.10.1920. Dr. Aurel Martin, Direktor des S. Imre Collegiums von Buda, wurde als Kurier in die Schweiz gesandt. Die Nachricht
des Königs wurde am 10. Februar 1921 der Bischofskonferenz mitgeteilt. Vgl. Gergely, 87–88;
János Kardinal Csernoch, 1913–1927 Fürsterzbischof von Esztergom (Gran), Primas von Ungarn.

216.
Protokoll des französischen Außenministeriums
über den Besuch von Dr. Henri Seeholzer bei Jules Laroche und
M. Peretti de la Rocca

Paris, 1920 Oktober 11

PAMAE, Autriche 41, fol. 256r-v

Dr. Henri Seeholzer soll sich französischer außenpolitischer Unterstützung versichern, bevor Kaiser und König Karl die Bitte eines Teiles der Christlichsozialen Partei Österreichs erfüllt und ihre Wahlpropaganda mit einer Million Schweizer Franken subventioniert.

Secret[a]
Visite de M. Seeholzer[1]

M. Seeholzer, annoncé par le télégramme de M. Allizé[2], s'est présenté ce matin, à 11 heures, chez M. Laroche,[3] qui conformément aux instructions de M. Berthelot[4] l'avait convoqué. M. Seeholzer a exposé que l'Empereur Charles d'Autriche avait été l'objet de la part des chrétiens sociaux d'une demande de subvention de un million de francs suisses pour leur propagande électorale.[5] Comme il s'agit d'un parti d'ordre, l'Empereur aurait désiré répondre à cette demande, mais pour diverses raisons, il s'est trouvé que la décision n'a pu être prise en temps utile et que les élections sont trop prochaines pour qu'une telle subvention puisse être efficace. D'ailleurs les chrétiens sociaux ont été obligés d'inscrire sur leur programme le rattachement à l'Allemagne, ce qui montre la force du mouvement annexionniste. Néanmoins, l'Empereur serait d'avis de les soutenir, mais il ne l'aurait pu faire, sans être assuré de trouver en France l'appui nécessaire, car s'il n'avait pas remboursé le prêt, au bout de trois mois, il aurait été obligé d'engager ses bijoux.

---

a   Vermerk.

1   Vgl. Nr. 166. Über die Vollmacht Seeholzers, im Namen Kaiser Karls mit Frankreich zu verhandeln, vgl. BAR, E 2001 (B)-/3, Bd. 48, Dossier 44/142/2, 1922 (I), fol. 147 und 148, 1920 August 27.
2   Henry Allizé, seit 05.03.1920 französischer Gesandter in Bern, vgl. Nr. 165.
3   Jules Laroche, seit 01.10.1920 stellvertretender Generalsekretär des französischen Außenministeriums.
4   Philippe J. Berthelot, seit 30.09.1920 Generalsekretär des französischen Außenministeriums. Vgl. zuletzt: Barré, Le Seigneur-Chat Philippe Berthelot.
5   Vgl. Nrn. 212, 215.

M. Seeholzer avait reçu d'ailleurs, avant de partir pour Paris, un coup de téléphone de l'Empereur Charles, lui demandant de venir le voir. Comme il n'avait pu le faire, l'Empereur s'est rendu à Zurich, pour le voir avant son départ. Il a pris des notes sur cette conversation de laquelle il résulte que, d'après les renseignements de l'Empereur, il se prépare actuellement chez les Allemands de Bohême un mouvement qui dépasse même les Chefs, en vue d'une prochaine explosion du sentiment public pour le détachement de la Bohême des parties allemandes, ainsi d'ailleurs que de toutes les parties non tchèques peuplées d'Autrichiens ou de Hongrois. L'Admiral Horthy[6] est tout à fait étranger à ce mouvement.

L'Empereur pense que sa restauration seule peut empêcher le rattachement de l'Autriche à l'Allemagne et l'évolution de la Hongrie vers l'Allemagne. M. Seeholzer venait donc en entretenir M. de Peretti comme suite aux conversations qu'ils avaient eues ensemble et dans lesquelles M. de Peretti[7] lui avait dit qu'on ne verrait pas en France d'un mauvais œil la restauration de l'Empereur Charles. Comme M. Laroche s'étonnait de cette déclaration et faisait allusion aux directions en sens contraire donnée à l'Ambassade de la République à Berne, M. Seeholzer a répondu qu'au contraire, il venait de voir M. l'Ambassadeur de la République à Berne[8] qui l'avait reçu, en présence du Chargé

---

6 Vgl. Nr. 217.

7 Peretti de la Rocca, Politischer Direktor im französischen Außenministerium. Dazu BAR, E 2001-B/3, Karton 41, Memorandum des Politischen Departements der Schweiz, o. O., 1920 August 27: „[...] Ich erfahre aus absolut zuverlässiger Quelle, daß Peretti Della Rocca im Auswärtigen Amt in Paris, Dr. Seeholzer, dem Anwalt Kaiser Karls, offiziell zu Handen Kaiser Karls mitgeteilt habe, daß Frankreich gegen eine Wiedererrichtung der Monarchie in Ungarn und Österreich keine Einwendungen erheben werde. Daß Frankreich gegen die Beibehaltung der Monarchie in Ungarn nichts einzuwenden hatte, ist uns schon bekannt. Neu ist nun aber der Umstand, daß die gleiche Politik auch auf Österreich ausgedehnt wird, daß also Frankreich mit der Wiederrichtung der Donau-Doppelmonarchie einverstanden ist. [...]" Vgl. auch BAR, E 2001(B)-/3, Bd. 48, Dossier 44/142/2, 1922 (II.), fol. 83–85, Bern, 1921 April 11, Notiz des Politischen Departements der Schweiz: „[...] Er, Dr. Seeholzer, erinnert daran, daß im Sommer 1920 Herr Perretti della Rocca, politischer Direktor des französischen Ministerium des Äußeren, ihn formell ermächtigt habe, Karl mitzuteilen, daß die französische Regierung nicht nur sich einer Restauration der Habsburger nicht widersetze, sondern ihr eher günstig gestimmt sei. Karl möge ruhig in Prangins zuwarten, es könne der Moment kommen, wo ihn entweder die ungarische Nation rufen werde, oder noch wahrscheinlicher, daß man ihn geradezu dringend bitten werde, sofort die Regierung zu übernehmen. Damals wütete bekanntlich noch der russisch-polnische Krieg und Polen war dem ständigen Zusammenbruche nahe. Die Franzosen wußten, daß die Tschechen sagten: <Nous sommes les amis de France, mais pas du tout les ennemis de la Russie>, so daß sie, wie unsere eigenen Nachrichten übrigens voraussehen ließen, höchst wahrscheinlich mit Geschütz und Wagen zu den siegreichen bolschewistischen Armeen übergegangen wären. Herr Dr. Seeholzer sagt, er habe damals diese Mitteilungen Herrn Perretti della Roccas auch Herrn Bundesrat Motta mitgeteilt. [...]" Randvermerk Mottas: „Unrichtig!"

8 Henry Allizé, vgl. oben Anm. 2.

d'Affaires (sic), et que tous deux s'étaient exprimés dans le même sens, à savoir qu'une restauration de l'Empereur Charles serait favorable aux intérêts
français et paraissait seule de nature à empêcher les Allemands dont il s'agit.
M. Laroche lui a dit que, dans ces conditions, l ne pouvait que référer de cette
conversation t qu'il le verrait ultérieurement s'il y avait lieu.[9]

217.
Ansprache des ungarischen Reichsverwesers Nikolaus (Miklós) Horthy von Nagybánya an die in Stuhlweißenburg eingezogenen Truppen

Székesfehérvár (Stuhlweißenburg), 1920 Oktober 17

Druck: IV. Károlyi Visszatérési Kisérletei,
Füzet I, 68.

Es ist allgemeine Ansicht, daß Ungarn treu zu seiner tausendjährigen Ge-
schichte als Königreich weiterzubestehen hat. Zuerst müssen außenpolitische
Probleme gelöst, muß eine innere Konsolidierung herbeigeführt werden. Das
Resultat dieser Bemühungen wird ein starkes Ungarn unter dem gekrönten
König sein, den die Nation begeistert und mit offenen Armen empfängt.

Ujabban mind sürübben lehetett észlelni olyan törekvéseket, amelyek a király
személyének kérdését igyekeztek előtérbe tolni. Mindnyájan egyetértünk abban, hogy ez az ország, meg nem tagadva ezeréves multját, mint királyság
folytassa életét a nemzetek nagy közösségében és mindnyájan szeretnők Szent
István koronáját régi fényében tündökölve látni. Odáig azonban még nagy
külpolitikai feladatok és a belső konszolidáció nehéz munkájának befejezése

---

9 Vgl. PAMAE, Autriche 41, fol. 261r–262v, minute Paris, 1920 Oktober 14 (15). Der französische
   Außenminister Georges Leygues an Henry Allizé: Bericht über Besuch Dr. Seeholzers im französischen. Außenministerium in fast wörtlicher Abschrift mit folgendem Schluß: « [...] Il a été
   répondu à M. Seeholzer que le Gouvernement français ne pouvait en aucune façon envisager la
   restauration des Habsbourg, et encore moins y coopérer. Il ressort des propos tenus par M.
   Seeholzer que celui-ci cherche visiblement à prêter à ses différents interlocuteurs un langage
   qu'ils ne lui ont pas tenu. Il a dû reconnaître lui-même qu'il reproduisait inexactement certains propos qu'il attribuait à des fonctionnaires du Département. Je tiens à vous le signaler,
   parce que M. Seeholzer prétend que vous lui avez exprimé l'opinion qu'une restauration de
   l'Empereur Charles serait favorable aux intérêts français et paraissait seule de nature à
   empêcher le rattachement de l'Autriche à l'Allemagne. Il est bien évident que cette assertion
   est de tous points inexacte puisque les instructions que je vous ai adressées ne laissent aucun
   doute sur l'attitude du Gouvernement français à cet égard. [...] » Vgl. auch Nr. 174.

vár reánk. Azok, akik a király személyének kérdését idő előtt felvetik, a nemzet egységét bontják meg, az ország polgárainak lelkét, forradalmasitják, megakasztják a belső konszolidációt és ezzel bénitják külpolitikai cselekvő képességünket is.

Jól tudom, hogy vannak olyanok is, akiket nem a mult hagyományaihoz való ragaszkodás vezet, hanem önző célokból vagy egyenesen azzal a gonosz szándékkal tartják ébren az ily kérdéseket, hogy ezáltal megzavarják és megakasszák azt a gyógyulási folyamatot, amelyre a nemzetnek a háború és a forradalmak pusztulásai után szüksége van. Sőt akadnak, akik kölcsönös bizalmatlanság ébresztése és széthúzás előidézése végett, a rágalmak és gyanúsítások piszkos eszközeivel dolgoznak, nem kimélve hol jó, hol rosszhiszemüleg az én személyemet sem. Holott mindenkinek tudnia kellene, hogy Magyarországnak a királyi hatalom gyakorlása szünetelésének idejére, a nemzetgyülés által, a legfőbb hatalom helytartójául megválasztott kormányzója nem élhet vissza e hatalommal, nem nyúlhat a királyi hatalom, nem nyúlhat a királyi trón után. Én igy fogom fel kötelességemet. Értsék meg kötelességüket mások is. Aki nem érti meg, azzal meg fogjuk értetni. Kísérletezésre idő nincs, aki nem alkalmazkodik a jogrendhez, az bündhődni fog. Az első év küzdelme után a második évet az imperativ megnyugtatás jegyében óhajtom megkezdeni, amelynek Isten segítségével idővel gazdag és hatalmas Magyarország lesz az eredménye, koronás királlyal az élén, akit a nemzet lelkesedve fogad, tárt karokkal.[1]

---

1 Zur Loyalität Horthys gegenüber König Karl, die Karl Renner bezweifelte, vgl. BAR, E 2300, Wien 35, Bourcart an das Politische Departement, Wien, 1920 September 17: „[...] In Bezug auf die Thronwerber bezeichnete Renner den Reichsverweser Horthy als in erster Linie in Betracht kommend; er traut dessen Loyalismus gegenüber König Karl nicht recht; so sei es auffallend, daß die Soldaten auf den Kokarden ihrer Mützen statt des früheren Monogramms des Königs jetzt ein H tragen müssen; auch sei der dem protestantischen Kleinadel entsprossene Horthy vor acht Tagen zum Katholizismus übergetreten [hier irrt Renner], was ihm erst die Qualifikation verleihe, um als Apostolischer König die heilige Stephanskrone auf das Haupt zu setzen. Besonderen Nachdruck legt der Staatssekretär auf die Bemühungen Frankreichs, sich in Ungarn eine Sonderstellung sowohl in wirtschaftlicher als in politischer Beziehung zu schaffen. Renner meint, die Franzosen hätten dabei wenig Glück gehabt, indem sie auf englische und rumänische Opposition gestossen seien. Aus meiner Unterredung mit dem französischen Gesandten Lefèvre-Pontalis habe ich allerdings auch den Eindruck gewonnen, daß dessen Sympathien auffällig nach Budapest hinneigen; so kritisierte er namentlich die von Renner bei der Entente unternommenen Schritte, um eine Beschleunigung der Übergabe Westungarns zu erreichen; man könnte doch einen Staat nicht verhalten, einen Vertrag auszuführen, den er noch nicht einmal ratifiziert habe. Bei anderen Anlässen haben die Franzosen nicht immer so scharf auf die Einhaltung der Form gehalten. [...]"

218.
Cölestin Schwaighofer von Deggendorf OFMCap an Kaiser und König Karl

o. O., o. D. [Rom, 1920 November][1]

TS 2937, beglaubigte Kopie.[2]

Chiffrierte Mitteilung, daß Papst Benedikt XV. die Taufpatenschaft für das zu erwartende kaiserliche Kind (Ehn. Charlotte, geb. 1.3.1921) aus politischen Überlegungen nicht annehmen könne. Erst nach geglückter Restauration, die der Papst erhoffe, sei er gerne bereit, bei einem in Ungarn geborenen Kind als Taufpate zu fungieren. Ermutigung für die ungarische Restauration.

Pax!

Weißherr[3] zeigte wieder mit warmen Worten von der Hochschätzung der Anfrager. Betreffend Anfrage selbst antwortete er dem Sinne nach: „In gegenwärtiger Situation würde Annahme beiden Teilen Mißlichkeiten einbringen, wäre also nicht klug. Anders jedoch, wenn Anfrager etwa Februar schon drunten wären. Aber gerne bei nachfolgendem Zuwachs, der drunten erscheinen wird." Ich fühlte durch, daß man betreffs Hinunterkommens Ungarn in froher Hoffnung ist. Brief folgt, sobald ich in nächster Woche Weißherr nochmals gesprochen werde haben.

Weißherr fragte mich gleich, ob ich Bischof Ernst[4] gesehen habe. Derselbe hat, wie ich merkte, gefallen.

---

1 Antwort auf die mündlichen Mitteilungen des Kaiserpaares an Papst Benedikt XV., die P. Cölestin Schwaighofer am 31. Oktober 1920 anläßlich seiner Audienz in Prangins übernahm. Vgl. Kovács, Papst Benedikt XV., 383.

2 Signierte Bemerkungen von Kaiserin Zita: „Brief von P. Cölestin Schwaighofer, November 1920. Antwort auf die Bitte, die Patenschaft für das im Februar oder März erwartete Kind (Charlotte) durch Seine Heiligkeit Papst Benedikt XV. zu übernehmen. ‚Weißherr' ist der Papst. Revmo Ernst = Bischof Seydl. Fidelis = P. Cölestin." [Diese Chiffren gebrauchte P. Cölestin auch in seiner Korrespondenz mit Msgr. Rudolph Gerlach, die im BKA, NL Cölestin Schwaighofer, liegt.] Die Antwort des Hl. Vaters geht dahin, daß er die Patenschaft übernehmen würde, falls Seine Majestät um die Zeit bereits in Ungarn zurück sein würde. Später kam eine noch dringlichere Aufforderung durch Seine Heiligkeit und nach dem ersten fehlgeschlagenen Versuch sandte er Seinen Majordomus in die Schweiz mit der nochmaligen Bitte, es vorzubereiten und durchzuführen." [Riccardo Sanz de Samper, seit 1914 im päpstlichen Dienst, 1919 Majordomus Papst Benedikts. XV., vgl. Kovács, Papst Benedikt XV., 393].

3 Vgl. Bemerkung von Kaiserin Zita, Anm. 2.

4 Vgl. Anm. 2.

Gott helfe weiter
Fidelis m. p.[5]

219.
König Karl an die Erzbischöfe und Bischöfe Ungarns

Prangins, o. D. [1920 zwischen Oktober 27 und November 11]

Primási Leveltár, NL Csernoch Cat. D/a 3808/1921;
Druck: Gergely, 77–78.

Der König teilt durch Dr. Aurel Martin mit, daß er im Frühling 1921 nach Ungarn zurückkehren und seinen Thron wieder einnehmen will. Weder in Ungarn noch in Österreich wird er abdanken. Er rechnet im allgemeinen weder mit Schwierigkeiten der Alliierten noch im besonderen mit solchen der Franzosen. Nur die Tschechen und Jugoslawen, deren Einfluß bei den Alliierten sinkt, werden opponieren. Alle dem widersprechende Nachrichten aus den Budapester Entente-Missionen resultieren aus ihrer schlechten Orientierung. Der König verwirft eine auch nur provisorische Thronbesteigung von Erzherzog Joseph und das Programm eines ungarischen Nationalkönigs. Die zukünftige Größe Ungarns und die Wiederherstellung seiner territorialen Integrität kann nur durch seine Wiedervereinigung mit Österreich unter einem gemeinsamen Souverän garantiert werden.

Alle seit dem 31. Oktober 1918 erlassenen ungarischen Gesetze sind ungültig, es werden nur solche juridisch in Kraft treten, die der König sanktioniert. Er ersucht Primas und Episkopat, dem Volk zu Bewußtsein zu bringen, daß es einen gekrönten König hat und besonders die Jugend in der religiösen Belehrung auf die Königstreue hinzuweisen. Vor allem erwartet er vom Militärbischof, daß er das Militär im Geist der Königstreue bewahrt und stärkt.

Őfelségének eltökélt szándéka, hogy a békeszerződés ratifikálása után 1921. Tavaszán újból elfoglalja Magyarország trónját. Sem Ausztria, sem Magyarország trónjáról semmi körülmények között lemondani nem fog. Visszatérését Magyarországba a tavasznál tovább nem halaszthatja, mert a nép hozzászoknék az uralkodó nélküli állapothoz. Őfelsége összeköttetései révén úgy van értesülve, hogy az alliált hatalmak, nevezetesen a franciák nem támasztanak nehézséget az ő visszatérésének, egyedül a csehek és a jugoszlávok elleneznék azt, de ezek befolyása az alliált hatalmaknál csökkenőben van. Minden ellenkező értesülés, amely a Budapesten müködő különböző entente – missiók

---

5   Vgl. Anm. 2.

köréből indul ki, ezen missiók tájékozatlanságából ered. Őfelsége a leghatározottabban ellenzi, hogy József főherceg csak ideiglenesen is elfoglalja a trónt.
„A nemzeti király" eszméjét értelmetlen s káros gondolatnak tartja, mert
Magyarország jövő nagyságának és területi épsége helyreállításának biztosítékait épen abban látja, ha Magyarország Ausztriával ismét egy uralkodó
alatt egyesül.

Mindazokat a törvényeket, amelyek 1918. okt. 31. óta Magyarországon hozattak, érvényteleneknek tekinti s csak azok fognak törvényerőre emeltetni,
amelyeket Őfelsége szentesíteni fog.

Mindezek alapján Őfelsége arra kéri a Hercegprimás[1] úr Őeminenciáját s
a nagyméltóságú püspöki kar tagjait, hogy a népet az ő viszszatérésére előkészítsék, a papság és tanítóság a szószékről illetve az iskolában a népet és tanulóifjúságot a vallásosság mellett a királyhoz való hűségre neveljék és oktassák. A köztudatba kell belevinni, hogy Magyarországnak van törvényesen
megkoronázott királya, ki iránt mindenki hűséggel tartozik. E hűség ellen
irányuló agitáció és szervezkedés csak polgárháborút vonna maga után, mert
Őfelsége törvényes jogairól lemondani nem fog.

Különösen hangsúlyozta Őfelsége, hogy a tábori püspök úrtól elvárja, hogy
semmi alkalmat nem fog elmulasztani, hogy a hadsereg a királyhűség szellemében megtartassék és megerősíttessék".[2]

220.
König Karl an den ungarischen Reichsverweser Nikolaus
(Miklós) Horthy von Nagybánya

Prangins, 1920 November 08[09]

Druck: Werkmann, Der Tote auf Madeira, 141–142;
Horthy, The confidential papers of Admiral Horthy, 30–31 (engl. Übersetzung).

*Erklärung des Königs über sein Verhalten nach einer eventuellen Rückkehr auf
den ungarischen Thron: Er will die ungarische Staatsmacht nicht benützen,
um mit Gewalt die Herrscherrechte seiner Familie in den einst habsburgischen
Ländern geltend zu machen. Er ist auch entschlossen, die Rechte von Krieg
und Frieden mit der ungarischen Nation zu teilen.*

---

1 Vgl. Nr. 214.
2 Vgl. Nr. 222, Anm. 4.

Lieber von Horthy![1]

Es ist jetzt notwendig geworden, daß auch Ich Meine Auffassung über die bei Erörterung der Königsfrage aufgetauchten Probleme Meiner heißgeliebten ungarischen Nation kund tue, da immer häufiger und drängender der Wunsch nach Kenntnis dieser Meiner Meinung laut wird.

So erkläre und bekräftige Ich:

Ich teile die Ansicht, daß die auf den unteilbaren und unlösbaren Besitz der ungarischen und der übrigen Erbländer Bezug nehmenden Bestimmungen der Pragmatischen Sanktion außer Kraft getreten sind und der G. A. XII: 1867 erloschen ist.[2]

Mit Rücksicht darauf, daß hiernach Ungarn die volle staatliche Unabhängigkeit wiedererlangt hat, stimme Ich auch der Meinung zu, daß Ich nach Wiederübernahme der Herrschergewalt in Ungarn[3] die Herrschergewalt in

---

1 Vgl. Nr. 201, Anlage 2.

2 Gemäß dem Friedensvertrag von Trianon zwischen Ungarn und der Entente vom 04. Juni 1920.

3 Vgl. BAR, E 2300, Wien 35, Wien, 1920 November 03, Bourcart an das Politische Departement der Schweizerischen Eidgenossenschaft: „[...] Was die kürzlich im ungarischen Parlament gesammelten Unterschriften zu Gunsten eines National-Königtums betrifft, so wird mir erklärt, daß dies nicht allzu ernst zu nehmen sei, daß manche der Unterzeichner mit sich reden lassen würden. Auch Graf Bethlen, der kürzlich in einer Aufsehen erregenden Rede den Verzicht seitens des Königs von Ungarn auf jede andere Krone verlangte, soll [...] auf der Suche nach einer Formel sein, welche König Karl die Rückkehr erlauben würde ohne einen unter allen Umständen geltenden Verzicht auf andere Kronen zu leisten. Allerdings von legitimistischer Seite wurde mir erklärt, 20% der ungarischen Bevölkerung seien offene Legitimisten, 20% offene Anti-Habsburger; von den restierenden 60% seien 50% im stillen Legitimisten. [...] Zu Gunsten des Legitimismus wird von maßgebender Seite darauf hingewiesen, daß die Entente mit der Wiederherstellung des Habsburgers im stillen einverstanden sei; es scheinen geheime Besprechungen in diesem Sinne gepflogen worden zu sein, und mein Gewährsmann schien nicht einmal eine ernste Opposition von Seiten Italiens zu befürchten. Er wies darauf hin, daß die Rückkehr der Habsburger deshalb auch der Entente und allen anderen Staaten erwünscht sein müsse, weil der legitime Herrscher sich am leichtesten mit den nun einmal gegebenen Verhältnissen abfinden könne. Seine Kraft beruhe auf seiner Legitimität ob das Land nun kleiner sei oder seine frühere Größe wieder erreiche. Auch seien die Habsburger an das Verzichten gewöhnt (Lombardei, Venetien, Toskana etc.). Ein Nationalkönig oder sonstiger Herrscher müsse seine Berechtigung zur Macht erst begründen, was nichts anderes bedeute, als der baldige Ausbruch von Revanchekriegen. Der legitime Souverän brauche in seinem Herzen nicht auf die Wiedererlangung der verlorenen Gebiete zu verzichten, er könne aber warten und, eventuell sogar ohne Krieg, wenigstens einen Teil der verlorenen Provinzen wieder erlangen. Man suche diesen Gesichtspunkt auch in Prag und Bukarest zur Geltung zu bringen. [...]" Vgl. auch BAR, E 2300, Wien 35, Wien, 1920 November 20, Bourcart an das Politische Departement: „[...] Was die Königsfrage betrifft, so kann ich Ihnen aus ganz sicherer Quelle mitteilen, daß nunmehr eine Formel gefunden ist, welche es König Karl erlauben soll, den ungarischen Thron wieder zu besteigen, ohne deshalb auf die österreichische Krone gänzlich zu verzichten. Der König hat den betreffenden Revers unterschrieben und dem Reichsverweser einhändigen lassen, damit er im gegebenen Moment davon Gebrauch machen könne. Im wesentlichen ist

einem anderen Staate nur nach einem zwischen Ungarn und diesem anderen
Staate abzuschließenden Übereinkommen oder aber unter Wahrung der
vollen staatlichen Unabhängigkeit Ungarns, insbesondere bezüglich der Leitung der auswärtigen Angelegenheiten, der auswärtigen Vertretung und der
Selbständigkeit der ungarischen Armee übernehmen könnte. Da schließlich
Ungarns Gut und Blut auch Meiner Ansicht nach ausschließlich im Interesse
Ungarns und nicht für andere dem Lande fremde Zwecke und Ansprüche verwendet werden dürften, wäre Ich entschlossen, das Recht, Krieg zu erklären
und Frieden zu schließen, mit den verfassungsmäßigen Faktoren der Nation
auf eine durch Gesetz zu bestimmende Art zu teilen.

Als konstitutionellem König – ein solcher will und werde ich wie ehevor
sein – ist Mir gleichwie gewiß auch jedem Ungarn bewußt, daß sich die aus
dieser Meiner Auffassung ergebenden, König und die ganze Nation verpflich-
tenden Akte erst dann werden setzen lassen, wenn Ich, der gekrönte ungarische König, umgeben von einer verantwortlichen ungarischen Regierung, wieder die Herrschergewalt in Ungarn ausübe. Meine vorstehende Erklärung,
welche Meiner unerschütterlichen Auffassung über gewisse schwerwiegende
Probleme Ausdruck gibt, soll schon jetzt Zeugnis von Meiner Überzeugung ablegen:

Der gekrönte ungarische König ist eins mit seiner heißgeliebten ungarischen Nation und in dieser Einigkeit wird ihr wieder eine Zukunft, würdig ihrer althergebrachten Tugenden, erblühen!

Ich flehe Gottes reichsten Segen auf Mein teures Ungarn herab!

Meiner heißgeliebten ungarischen Nation – Meinen königlichen Gruß!

Ich lade Sie, lieber Horthy, den von Meinem und der ungarischen Nation
Vertrauen getragenen Reichsverweser, ein, Mein Wort der Nation zu vermitteln.[4]

---

darin auf die Pragmatische Sanktion, d. h. auf die Unteilbarkeit des Habsburgerreiches und
auf den sogenannten Ausgleich zwischen Österreich und Ungarn verzichtet; der König teilt
das Recht, Krieg zu erklären und Frieden zu schließen mit dem Parlament; eine Realunion
mit einem anderen Staate, auch mit Österreich, ist nur auf Grund freier Vereinbarungen zwischen den beiden Staaten zulässig; eine Personalunion ist denkbar, aber nur, wenn sie keinen
Krieg auslöst. Die zur Anwendung gekommene Formel hat die Zustimmung der hauptsäch-
lichsten, nicht von vorneherein antihabsburgischen royalistischen Führer Ungarns, so namentlich des Grafen Bethlen, [...] dann des nationalistischen Albert Apponyi, des Georg Pallavicini, Julius Andrássy und des Verwesers Horthy selbst.

In Prangins hält man den Augenblick noch nicht für gekommen, die Königsfrage akut werden
zu lassen. Die Rückkehr der Habsburger riskiert einen sofortigen Krieg mit der Kleinen Entente zur Folge zu haben; man glaubt annehmen zu dürfen, daß die Lage in etwa sechs Monaten vom legitimistischen Standpunkte aus eine bessere sein dürfte. [...]"

4 Über die eigentliche Einstellung Horthys zum König und über seine Haltung zu England, vgl.
   PRO, FO 371/4861, fol. 94r–117v, 1920 Oktober 11: Athelstan Johnson an Curzon: "[...] My own
   personal view is that, unless the Entente can see their way to show Admiral von Horthy that

221.
Kaiser und König Karl an Albin Schager, Frh. von Eckartsau

Prangins, 1920 November 14

AOS, Tom. I, Index 625, beglaubigte Kopie.

Schager ist zum Vertreter des Kaisers bei allen die Restauration anstrebenden monarchistischen Elementen mit dem Sitz in Wien ernannt. Instruktion über die Koordination seiner Tätigkeit mit dem politischen Sekretär des Kaisers, Hauptmann Karl Werkmann, in Prangins.

Um die Einheitlichkeit und den Erfolg der jetzt an Bedeutung gewinnenden politischen Arbeit zu sichern, bestimme Ich:

Mein Vertreter bei allen, die Restauration anstrebenden monarchistischen Organisationen und Elementen, in welchen Ländern immer, insbesondere auch bei dem Wiener Zentralkomitee des Johannes Prinzen Liechtenstein[1], ist Sektionschef Dr. Albin Freiherr Schager von Eckartsau[2] mit dem Sitze in Wien. Mein politischer Sekretär ist Hauptmann Karl Werkmann[3] mit dem Sitze in Villa Prangins. Sektionschef Dr. Freiherr Schager von Eckartsau hat

---

they are ready to give him some support in his difficulties (and it should not be forgotten that his Highness is our creation), there is a serious risk of Hapsburg plots continually disturbing the peaceful development of the country, and, perhaps, leading to a Putsch, which might be momentarily sucessful. [...]" und PRO FO 371/4862, fol.73r–74r:1920 Dezember 08: Athelstan Johnson an Curzon: "[...] With regard to the Hungarians, he Horthy told me he was convinced that 95 per cent of the nation could never willingly receive the ex-Emperor Karl back again, and that, as he knew neither the 'Great Entente' would suffer his return, it was 'nonsense talking about the question'. He deplored the inevitable result which this „non possumus" gave to every intriguer, both inside and outside the country, to run a Habsburg candidate, the more so as the enemies of Hungary were now giving up their propaganda campaign of a 'White Terror' in Hungary, and changing their ground by endeavouring to frighten the Powers with the bogey of a Habsburg. He himself, and he banged the table repeatedly, meant to remain where he was until he could yield his place to another with safety of his country. [...]"

1 Johannes II. Prinz von und zu Liechtenstein, Frühjahr 1920 Mitglied des Wiener Adelskreises „Wiener Kasino" mit Sitz im Palais Berchtold, Wien IX. Vgl. die Charakteristik Liechtensteins durch C. J. Burckhardt in dessen Memorabilien 223–224: „[...] Johannes Liechtenstein [...] war Marineoffizier, später Marineattaché in Rom. Während des Krieges mit Italien kommandierte er einen Kreuzer, auf dem er sich auszeichnete. Er war wohl der schönste Charakter, den ich während dieser vier Jahre in der österreichischen Gesellschaft fand; ein Mann von einer felsenfesten Treue, großem Ernst und absolutem Mut, mit dem er sich als Führer der Karlisten außerordentlich exponierte. Er hatte etwas bei einem Mann rührend Reines an sich. [...]"
2 Vgl. Nrn. 183, 213.
3 Vgl. Nr. 213.

von den einzelnen Sektionen des Wiener Zentralkomitees und von den Länderkomitees periodisch Situations- und Tätigkeitsberichte einzuholen und mit eigenen sowie fallweise ihm zukommenden Meldungen, Nachrichten und Informationen tunlichst häufig Mir vorzulegen. Öftere mündliche Berichterstattung, dann die Veranlassung mündlicher Berichterstattung über einzelne Fragenkomplexe durch speziell informierte Personen wird ihm aufgetragen. Direkt an Mich gewiesene politische Berichterstatter haben über den Mir jeweils erstatteten Bericht und die von Mir erhaltenen Aufträge auch Hauptmann Werkmann zu informieren, der hierüber sowie über die hier gewonnene Auffassung der Lage und die sich hieraus ergebenden Folgerungen jeweils Sektionschef Dr. Freiherrn von Schager zu informieren hat.

Diese Lageberichte und Weisungen unterliegen Meiner Genehmigung. Hauptmann Werkmann wird dem Sektionschef Freiherrn von Schager auch alle Meine Befehle politischer Natur vermitteln und auch alle, nicht nur auf dem Wege direkter mündlicher Berichterstattung gewonnenen Berichte politischer, staatsfinanzieller und sonstwie staatsökonomischer Natur periodisch zu senden haben.

Von hier mit Befehlen in die Monarchie fahrende Personen haben sich nach wie vor, vor Durchführung ihrer Aufgabe, beim Sektionschef Freiherrn von Schager zu melden und ihn über ihre Aufgabe zu informieren, damit die Autorität der Wiener Zentralleitung ungeschmälert erhalten bleibe. Die Behandlung von Audienzansuchen[4] politischer Persönlichkeiten, dann von Persönlichkeiten, die aus politischen Gründen – wozu auch Huldigungen zu zählen sind – um Audienzen bitten, fällt in die Kompetenz des Hauptmann Werkmann. Über bedenkliche Audienzgesuche oder solche Gesuche hier gar nicht bekannter, oder nicht genügend bekannter Personen hat Hauptmann Werkmann nach Erstattung seines Vortrages mit Sektionschef Freiherrn von Schager das Einvernehmen zu pflegen. Ohne solche vorangängige Verhandlung zustande gekommene Audienzen hat Hauptmann Werkmann fallweise nachträglich dem Sektionschef Freiherrn von Schager mitzuteilen. Desgleichen sind bei Hauptmann Werkmann alle hier wie immer einlaufenden Loyalitätskundgebungen nach Abstattung des Dankes durch Meinen Flügeladjutanten[5] zu sammeln und dem Sektionschef Freiherrn von Schager alle vierzehn Tage anzuzeigen.

Alle hier aus der Monarchie einlangenden, für Mich oder Ihre Majestät bestimmten Unterstützungsgesuche sind Mir, beziehungsweise Ihrer Majestät zur Entscheidung vorzulegen und dann an Sektionschef Freiherrn von Schager unter Mitteilung der Entscheidung zur eigentlichen Erledigung zu über-

---

4   Über Audienzen im Haus Roll, nahe Prangins, von denen angeblich Werkmann nichts wissen
    durfte, vgl. Windisch-Graetz, Ein Kaiser kämpft für die Freiheit, 121–159.
5   Emmerich Schonta Frh. von Seedank, vgl. Nr. 213.

senden, doch sind die Gesuchsteller von hier aus von der Übersendung zu verständigen. Über Unterstützungsgesuche, die irgendwelche politische Bedeutung haben können, hat Mir Hauptmann Werkmann Vortrag zu erstatten.

222.
Der Erzbischof von Esztergom (Gran), János Kardinal Csernoch, an König Karl

Estergom (Gran), 1920 November 18

Primási Leveltár, NL Csernoch, Cat. B 2763/1920, fol. 16–19;
Druck: Reisner, 170–173 (fehlerhaft).

Antwort Csernochs auf den Brief des Königs (vgl. Nr. 219), in dem er seine Rückkehr nach Ungarn und die Wiederausübung seiner Thronrechte ankündigte. Der Primas übermittelt dem König Nachrichten und Auskünfte aus den Budapester Entente-Missionen, die ihm Erzherzog Joseph und Horthy gaben. Danach wollte die Kleine Entente im Einvernehmen mit der Großen Entente Ungarn in drei Fällen besetzen: würden die Turbulenzen keiner allgemeinen Ordnung weichen, kehrte der König zurück und übte wieder seine Thronrechte aus oder würde in diesem Lande eine Militärdiktatur beginnen.

Horthy berichtete von der englischen Mission, England würde die Rückkehr des Königs nicht dulden. Käme er nach Ungarn zurück, könnten auch die Hohenzollern nach Deutschland zurückkehren. Aus dem Widerspruch dieser Nachrichten zu den Informationen des Königs zieht Csernoch den Schluß, die Große Entente betriebe ein Doppelspiel. Es könne zwar auch nur diplomatische Taktik sein, daß Frankreich nichts gegen den König unternehmen werde, jedoch die Kleine Entente warte nur darauf, Ungarn zu vernichten. Die führenden Kreise hielten Ungarn für noch zu wenig organisiert und zu unkonsolidiert, daß der König zurückkehre. Obwohl es sicher sei, daß sich das Volk an den Zustand gewöhne, je länger der König abwesend sei, müßten die Auffassungsunterschiede über das ungarische Königtum zuerst überbrückt werden. Ungarns isolierte Situation und seine wirtschaftliche Not würden es zwingen, Verbündete zu suchen, die keinen gemeinsamen Herrscher wollten. Erzherzog Joseph sei nur dann bereit, den ungarischen Thron zu besteigen, gäbe es keine anderen Möglichkeiten, ihn für die Dynastie der Habsburger zu retten. Der Primas habe den Erzherzog auf die damit verbundenen Gefahren hingewiesen, auch darauf, daß Ungarn bereits einen gekrönten König habe, dem alle zur Treue verpflichtet wären.

Der Militärbischof Zadravecz und der Bischof von Vesprem, Ferdinand (Nándor) Rott, gehörten zur Gruppe jener, die eine baldige Rückkehr des Kö-

nigs wünschten und die Drohungen der Entente nicht als ernst zu nehmend betrachteten. Westungarn sei nach dem Vertrag von Trianon ohne Volksbefragung an Österreich übertragen worden, der König möge seinen Einfluß aufbieten, damit diese Übertragung nicht durchgeführt würde. Die Bischöfe hätten sich bei ihrer letzten Konferenz zum politischen Standpunkt der Legitimität bekannt, den sie auch vor Klerus und Volk vertreten wollten.

Hódoló tisztelettel vettem Felségednek megbizottam utján küldött üzenetét s azon elhatározását, hogy Magyarországba való visszatérését a jövő tavasznál tovább nem halaszthatja, mert a nép hozzászoknék az uralkodó nélküli állapothoz. S minthogy Felséged arról is méltóztatik értesíteni, hogy értesülései szerint az entente hatalmak, neveztesen a franciák nem támasztanak nehézséget a visszatérésnek, kötelességemnek tartottam az itteni vezető körökkel érintkezésbe lépni s velök Felségednek legmagasabb szándékát közölni s különösen arra vonatkozólag meggyőződést szerezni, vajjon a nagy-entente hatalmak nem mutogatnak-e nekünk arczot, amelynek Felséged felé forditott fele békét hirdet mig az amelyet itt mutognak a háborút hirdeti. Még mielőtt küldönczöm kiment volna, alapos értesülést kivántam szerezni a budapesti entente missiók utján az entente hatalmak hangulatorol[1] s akkor azt az értesitést kaptam tőlük, hogy a franciák és angolok határozottan ellene vannak Felséged visszatérésének, az olaszok pedig bizonyos ideális szempontból nézvén az ügyet, s kevésbbé ellenzik. Felséged legmagasabb üzenetének vétele után fölkerestem József főherceg és Horthy[2] kormányzó urakat. A főherceg urral november 11-én beszéltem s ő a következőket mondotta nekem. Két nappal előbb volotnála [Hamelin][3] tábornok, a francia missiónak elnöke s azt a közlést tette mag előtte, hogy kormányának megbizásából jár s hogy a kis entente a nagy entente megbizásából és jóváhagyásával megfogja szállni Magyarországot a kővetkező három eset egyikében:
　　1. Ha Budapesten a zavaros állapotok meg nem szünnek s a jogrend teljesen helyre nem áll.
　　2. Ha Felséged visszajönne s elfoglalná a trónt és
　　3. Ha katonai diktatura lépne fel ebbe az országban.
　　A főherceg ur, nézetem szerint, helyesen azt válaszolta neki, hogy ő mint olyan, aki semmiféle hivatalos állást be nem tölt az országban, nem érzi magát jogosultnak az ily közlések átvételére, de egyébként a maga részéről azt tudomásul veszi. Másnap beszéltem Horthy kormányzó urral, aki azt

---

1　Dazu AE, Austria 812 [neu: 1467], Prot. 14.013: Budapest, 1920 November 16, Schioppa an Gasparri, analoge Informationen.
2　Vgl. Nrn. 87a, 213.
3　General Hamelin, Deuxième Bureau de l'etat Major der französischen Armee; Chef der frz. Militärmission in Budapest.

mondotta nekem, hogy a napokban járt nála az angol politikai megbizott s tudtára adta, hogy az ő kormánya semmikép sem fogná tűrni, hogy Felséged visszajöjjön elfoglalni Magyarország trónját, mert ha Felséged visszajöhetne, akkor visszatérhetnének a Hohenzollernek is Németországba, már pedig ő[a] egyformán viseltek háborút a Hohenzollernek és a Habsburgok ellen. Minthogy ezek szerint Felséged értesülései s az itt közlöttek között határozott ellentét van, nem tudok mást feltételezni mint azt, hogy az entente kétszinű játékot üz s azalatt mig Felséged ottani közegeinek kedvezőknek látszó kijelentéseket tesz, addig itt saját közegei által világos s félre nem érthető módon az ellenkezőt állitja.

Különben lehetséges az is, hogy az csak diplomaciai fogás és a franciáknak Felségeddel szemben használt kijelentései ugy értendők, hogy ők ugyan maguk semmit sem tesznek tényleg Felséged ellen de megteszi helyettök, az ő jóváhagyásukkal a hálára kötelezett s készéges eszközük a kis entente. Ez pedig annál inkább megtenné mert alig várja a pillanatot, hogy a halottaiból feltámadt Magyarországot végleg tönkre tegye. Igy állván a dolog itt a vezető körökben az a nézet uralkodik, hogy Magyarország még nincs annyira szervezve és megerősödve, hogy Felséged máris elfoglalhatná a trónt.Valjon a tavaszkor lehetséges lesz-e már, azt határozottan senkisem állithatja. Lehet igen és lehet, hogy nem. Nekünk, akik örömmel várjuk Felségedet, mindent el kell követnünk, hogy a népet Felséged eljövetelére előkédzitsük, mert annyi bizonyos, hogy minél tovább tart Felséged távolléte, a nép annál inkább elszokik a királytól. Igaz ugyan, hogy vannak itt egyesületek, amelyek felszinen tartják a királyság eszméjét, de ezekben nézetem szerint nincs nagy közönet, sőt ezek inkább ártanak az ügynek, mintsem használnak. Ezek ugyanis nemzeti királyságrol beszélnek és semmiféle közösséget nem akarnak Ausztiával legfőlebb csak personál uniót s azt hangoztatják, hogy Felséged a magyar nemzetnek beleegyezése nékül semmiféle más trónt el nem fogadhat, mert a monarchia szétbomlása folytán megszünvén a közös birtoklás, megszünt a pragmatika sanctio, is. Mindezek azonban most oly nézeteltérések, amelyk azt hiszem annak idején áthidalhatók lesznek. Magyarországot ugyanis elszigetelt helyzete, anyagi eszközeinek csekély volta arra fogja kényszeriteni, hogy szövetségeket keressen s ezeket semmi fogja annyira vonzani, mintha valamely formában közös uralkodójuk lesz. József főherceg urral közöltem Felségednek legmagasabb üzenetét. Ebbeli szándékáról ő már más alkalommal is beszélt velem s mint akkor, most is ujolag kijelentette, hogy ő csak akkor vállalkoznék reá, ha máskép semmikép sem tudná megmenteni a trónt a dinasztia számára. Figyelmeztettem az ebben rejlő veszedelmekre s ami fő arra, hogy nekünk Felségedben törvényesen megkoronázott királyunk van, akinek mindnyájan hűséggel tartozunk. Ő azonban azt hiszi hogy csak a végső eset-

---

a ők fehlerhaft in der Vorlage.

ben és egyedül a trón megmentése czéljából vállalkoznék, hogy annál inkább biztositsa a trónt Felséged számára. Es megvagyok győződve arról, hogy Őfensége jóhiszemű tévedésben van, mert ámbár Felséged iránti hűségében kétség nem fér, mégis esetleges vállakozása oly bonyodalmak okozójává válnék, amelyek kiszámithatlanok. Reméljük, hogy erre nem is fog kerülni a sor.

A tabori püspök[4] urral is közöltem Felséged legmagasabb óhatját, amit ő hódoló tisztelettel tudomásul is vett s az szerint fog eljárni. Ő különben föltétlen és odaadó hive Felségednek akire mindenkor számithat Felséged. Azok közé tartosik, akik óhajtandónak tartják, hogy Felséged mielőbb elfoglalja a trónt s azt hiszi, hogy az entente fenyegetődzéseit nem kell komolyan venni.

A veszpremi püspök[5] urral is közöltem Felségednek üzenetét. Már akkor egyeztem meg vele, hogy ki fog utazni, amikor megkellett volna tartani Svájszban a palestinai kongresszust. Ez a kongresszus azonban az utolsó perczben elhalasztatott s igy az ő utja is elmaradt, de ezt ő pótolni fogja.

Ez alkalommal bátorkodom Felséged lemagasabb figyelmét a nyugat-magyarországi ügyre tiszteletteljesen felhivni. A szerencsétlen trianoni békeszerződés a nyugati Magyarországnak német lakta vidékét Sopron városával együtt Ausztriának itélte oda anélkül, hogy az odavaló lakosságot megkérdezte volna. Az átadás még nincs végrehajtva, de ha arra kellene kerülnie a sornak, az minden egyébtől eltekintve már azért is roppant káros hatással volna politikai helyzetünkre, hogy megingatná a már tényleg elszakitott nemzetiségekben a hitet, hogy Magyarország képes volna visszacsatolni őket, amikor képtelen volt megtartani azokat is, akik eddig hozzá tartoztak. Kormányférfiaink nézete az, hogy ha Felséged kegyesen hatni méltőztatnék az osztrák politikai körökre, hogy alkudjanak meg Magyarországgal vagy Nyugatmagyarország átadását legalább ne szorgalmazzák, hogy időközben olyan fordulat állhatna be, amely a kérdésnek reánk nézve kedvező megoldását hozná magával.

Végül legyen szabad alázattal megemlithetnem, még mielőtt küldönczöm visszaérkezett volna Felségedtől, a püspöki kar október 27-én tanácskozást tartott elnökletem alatt, amelyben egyhangúlag határozatba ment, hogy a püspöki kar a legitimitás álláspontján, Felségedhez mint törvényesen megkoronázott királyunkhoz ragaszkodik, ebben a szellemben neveli papságát és a híveket.[6]

---

4 Stefan (István) Zadravecz, 1920–1926 ungarischer Militärbischof.
5 Ferdinand (Nándor) Rott, 1917–1939 Bischof von Veszprem.
6 Budapest, 1920 Oktober 27. Vgl. Gergely, 82–83.

223.
Kaiser und König Karl an den Erzbischof von Salzburg, Ignaz Rieder

Prangins, 1920 November 20

AOS, Tom. I, Index 494, beglaubigte Kopie.[1]

Dank für sein Treuebekenntnis und Bitte um den Beistand zur Restauration der Monarchie.

In der letzten Zeit sind Mir von so vielen Priestern der Erzdiözese Salzburg Kundgebungen treuester Anhänglichkeit und rührender Sorge um Mich und die Meinen zugekommen, daß Mir daran liegt, Sie, lieber Fürsterzbischof Dr. Rieder[2], hievon in Kenntnis zu setzen. Jene Kundgebungen waren Mir Beweise unerschütterten dynastischen Gefühls, nicht minder aber auch des herrlichen Einflusses, den der von Mir aufrichtig geschätzte und geliebte Inhaber von St. Rupertus' Stuhl offenbar nimmt. Ihnen hiefür herzlich zu danken, ist Mir Bedürfnis.

Glauben Sie Mir, lieber Fürsterzbischof Dr. Rieder, es vergeht kein Tag, an dem Ich nicht Meiner Landeskinder in heißem Gebete gedächte und Ich flehe auch zu Gott, daß Er Mir die Kraft erhalte, sobald, als Er es in Seinem unerforschlichen Ratschlusse bestimmt, wieder für das Wohl Unserer heiligen Kirche und Unseres innigst geliebten Vaterlandes wirken zu können.

Daß Ich für dieses Werk auch auf Ihren Beistand zähle, soll Ihnen Mein kaiserlicher Gruß sagen, den Ihnen Mein Flügeladjutant[3] zu übermitteln hat.

---

1 Mit gleichem Datum gingen ähnliche Briefe an: Dr. Adam Hefter, Bischof von Gurk (AOS, Tom. I, Index 495), Dr. Michael Napotnik, Bischof von Lavant (AOS, Tom. I, Index 496), Dr. Johannes Maria Gföllner, Bischof von Linz (AOS, Tom. I, Index 496) und Willibald Hauthaler O.S.B., Abt von St. Peter, Salzburg (AOS, Tom. I, Index 497).

2 Ignaz Rieder, 15.12.1918–1934 (Fürst)erzbischof von Salzburg. Nach Opitz-Adlgasser, 337–338 (Nr. 225): Wien, 1919 November 07: Benndorf an Außenministerium über die Rolle des niederen Klerus innerhalb der monarchistischen Bewegung.

3 Emmerich Schonta von Seedank, vgl. Nr. 213.

224.
Kaiser und König Karl an den Weihbischof von Brixen, Sigismund Waitz

o. O., o. D. [Prangins, 1920 Dezember 16]

DAS, NL Waitz; Bischof Waitz und das österr. Kaiserhaus,
Kap. 9, Abschrift.

Der Kaiser dankt Weihbischof Sigismund Waitz für den Stimmungsum-
schwung in der Tiroler Bevölkerung zugunsten der Restauration.

Ich verzeichne am Ausgange des Jahres mit lebhaftester Befriedigung einen
Aufschwung des Geistes in ganz Österreich und besonders in den schönen
Bergländern, deren Oberhirte Sie sind.[1] Wenn die Völker, denen ich durch
Jahre all' Mein Sinnen und Trachten und Meine beste Arbeit geweiht habe,
immer mehr sich von den revolutionären Gedanken abwenden, die sie zu Meinem bitteren Leide zum 12. November 1918 geführt haben, so dürfen Sie, lieber Bischof, sich ein Hauptverdienst zusprechen, Ich anerkenne das gerne.[2]
      Ich weiß dem Allmächtigen Dank, daß er Mir in schweren Tagen Sie als
treuen, weisen Berater erhalten hat, den Ich schon in jüngeren Jahren schätzen und lieben gelernt habe.[3] Fahren Sie fort, Ihren Diözesanen das leuch-
tende Vorbild mannhafter Tiroler Treue zu sein!
      Ich aber sende Ihnen, lieber Bischof, zum Feste des Herrn, unseres Göttli-
chen Heilandes, und zum Jahreswechsel meine besten, aus tiefstem Herzen
kommenden Wünsche.
      Gott erhalte Sie Mir noch viele, viele Jahre!
      Ihr wohlgeneigter
      Karl

---

1   Vgl. über Bischof Waitz Nr. 162.
2   Vgl. dazu auch Schober, Die Tiroler Frage auf der Friedenskonferenz von Saint Germain, 605
    (Register).
3   Vgl. Hans Jablonka, Waitz – Bischof unter Kaiser und Hitler, Wien 1971, 31.

225.
Kaiser und König Karl an Kaiserin und Königin Zita

Disentis, 1921 Jänner 04

AOS, Tom. II, Index 1575, beglaubigte Kopie.

Kaiser und König Karl, der sich nach einer Grippe in Disentis erholt, bittet seine Gemahlin, ihn noch nicht zu besuchen. Aus verschiedenen Nachrichten über die Familie und über die Zustände im ehemaligen Österreich-Ungarn sind Pläne für eine Restauration zu erkennen.

Es tut mir so leid, daß Du jetzt nicht kommen kannst. Ich habe Dich ja so lieb! Aber zweimal, d.h. viermal diese Riesenreise in Deinem Zustande kann ich nicht verantworten. Mir geht es gut, nur bin ich noch sehr müde und matt.

Ich bin sehr froh, daß N. S.[1] so klar geantwortet hat. Großmama[2] ließ sagen, daß Josef[3] ihr schrieb, daß Albrecht[4] mit MOVE[5] packelt. Bei diesen Angaben muß man etwas vorsichtig sein, die zwei sind sich nicht sehr grün[a]. Albrechts Vorgehen mir gegenüber ist eine glatte Gehorsamsverweigerung.[6] Ich glaube nur noch, daß ihn vielleicht Egi[7] hersendet.

Hat man doch endlich die mit der Beulenpest unter die Haube gebracht.[8] Mir hat Deine Schilderung von Prangins so gefallen, es ist doch zu lieb von Dir, an das Sonnenbad gedacht zu haben. Du bist ein Gutes, Liebes. Das so freudige hoffnungsvolle <u>Gott erhalte</u> hat mich sehr gerührt. Schager[9] sagte mir: In Österreich stehe es innenpolitisch sehr schlecht, rastlose Streiks, schwache Regierung. Man hofft nun, daß Mayr[10] „krank" wird und als Kompensation für seine Krankheit als Gesandter hierher oder nach Berlin kommt.

---

a　Umgangssprachlich: sich nicht mögen.

1　Die Chiffre konnte nicht aufgelöst werden.
2　Ehn. Maria Theresia, vgl. Nr. 13.
3　Eh. Joseph, vgl. Nrn. 87, 154, 213, 222.
4　Eh. Albrecht, Herzog von Teschen, vgl. Nr. 213 und bei Werkmann, Der Tote, 100–101 (über dessen eigenmächtige Reisen nach Ungarn); Broucek, Lehár, 216–217. Vgl. auch BAR, E 2300, Wien 35, Wien, 1920 Dezember 28: über einen bevorstehenden Besuch von Eh. Albrecht in der Schweiz.
5　MOVE = Magyarországos védö egyesület, ungarische Landessschutzvereinigung, gegründet von Julius Gömbös von Jákfa.
6　Vgl. dazu Nr. 230.
7　Eh. Eugen, vgl. Nrn. 1, 3, 20, 21.
8　Nicht verifizierbar.
9　Vgl. Nrn. 183, 213, 221.
10　Michael Mayr, christlich-sozialer Reichsratsabgeordneter, 1919 Staatssekretär, 20.11.1920–01.06.1921 Bundeskanzler.

Ich hoffe, daß er hierher nicht kommen wird, da er ein unverläßlicher Mensch ist. Umsomehr als die Schweiz selbst durch Baumberger[11] gebeten hat, einen monarchistisch gesinnten österreichischen Gesandten herzubekommen, der ein Gegengewicht gegen Czechen etc. bilden könnte. Wenn Mayr „krank" geworden ist, soll Schober[12] Ministerpräsident (sic!) werden, mit Redlich[13] als Finanzminister, Homann[14] und Banhans[15] als Minister. Schober beurteilt die Lage folgendermaßen. Es wird wahrscheinlich zu einem Zusammenstoß mit den Sozialisten kommen, wahrscheinlich gegen Frühjahr, dabei wird Teuerung, schlechter Stand der Valuta mitwirken. Dies kann entweder von selbst kommen aus irgend einem nichtigen Anlasse oder aber er – Schober – hätte bereits soweit die Macht in der Hand, daß er die Sache vom Zaune bricht, d.h. bei irgend einem Streike, denselben einfach bricht. Dazu braucht er aber außer der Polizei Machtmittel und hiezu sollen unsere Organisationen dienen, dazu wäre aber Geld notwendig. Es wäre so gedacht, daß im Momente, daß die Sache brenzlig[a] würde, unsere Organisationen in die heute noch ganz verläßliche Polizei und Gendarmerie eingeteilt würden. Dies glaubt er die sicherste Art, um Österreich bis zum Frühjahre zur Monarchie zu bringen. Man könnte auch weiter wursteln[b] (Evolution), aber da könnte man sicher noch ein Jahr warten. Er hofft auch viel auf außenpolitische Ereignisse im Frühjahre (Zerfall der Tschechoslowakei, Deutschland bolschewistisch, Vormarsch der russischen Bolschewiken). Seine Meldungen, die er aus Norddeutschland hat, sind katastrophal. Er sagt, alles treibe dem Bolschewismus zu. Folge, daß Bruno[16] und Werkmann[17] vor Ledo[18] und Schonta[19] rangieren würden. Das ist natürlich unmöglich. Daher habe ich Brunos Anregung abgeschlagen und damit wird Werkmann auch beruhigt sein. Ich sage Dir dies nur, damit Du es weißt, aber mache dergleichen, als wenn Du nichts wüßtest. –

---

a Umgangssprachlich: gefährlich.
b Umgangssprachlich: unüberlegt und ziellos arbeiten.

11 Dr. Georg Baumberger, der Chefredakteur und Generalsekretär der Internationalen Katholischen Union und Kantonsrat in Zürich, vgl. DAW, BIKO, Karton 11, Wien, 1918 Februar 05: Bericht Seipels über die Tagung der Internationalen Katholischen Union.
12 Johannes Schober, 21.06.1921–24.05.1922 österreichischer Bundeskanzler, vgl. auch Nrn. 140, 145, 161, 169, 213.
13 Josef Redlich, Historiker, 1901 Dozent für Verwaltungsrecht an der Universität Wien, 27.10.–11.11.1918 österreichischer Finanzminister; 1910, 1913, 1921 Gastprofessur in den USA.
14 Emil Homann von Herimberg, 23.06.–30.08.1917 und 25.07.–11.11.1918 Minister für öffentliche Arbeiten.
15 Karl von Banhans, 23.06.1917–11.11.1918 österreichischer Eisenbahnminister.
16 Bruno Steiner de Valmont, Vermögensverwalter Kaiser Karls in der Schweiz, vgl. Nr. 193.
17 Vgl. Nrn. 213 und 221.
18 Wladimir Graf Ledóchowski, Flügeladjutant Kaiser Karls.
19 Vgl. Nrn. 213 und 221.

Wallis[20] geht es gut. Pintér[21] ist nicht mehr bei Josef, sondern wieder bei der Armee. Czernin[22] war öfters bei Schober, welch Letzterer ihm energisch die Meinung sagte, es hat Ersterem einen großen Eindruck gemacht. –
Die Stimmung in Westungarn soll nicht so anti-ungarisch sein wie Jobb[23] es schildert. Wegen der Isabeys[24] aus dem Nachlaß Kaiser Franz Josephs befinden sich dieselben nicht mehr im Besitz der Erben, sondern wurden dieselben bald nach dem Tode Kaiser Franz Josephs dem Kunsthistorischen Museum gewidmet. Die Wiener Advokaten hatten seinerzeit ohne meine Kenntnis eine Eingabe an die französische Reparationskommission wegen des Vermögens gemacht; nun kam die Antwort, daß man in Böhmen nichts machen könne, nachdem laut Friedensvertrag aller Besitz des Hauses der czechischen Republik übergeben wurde. In Österreich und Ungarn jedoch würden die beschlagnahmten Güter unter das Generalpfandrecht der Entente fallen; sei es aber nachgewiesen, daß die Güter reiner Privatbesitz sind, so würde das Pfandrecht aufgehoben. Ob es aber dann wieder an den Staat zurückfällt, haben sie nicht erwähnt. Diese etwas augurenhafte Erklärung soll aber ein gewisses Entgegenkommen sein. Mir ist die Sache ganz[a]

226.
Aus einem Bericht von Karl Werkmann, Frh. von Hohensalzburg, an Kaiser und König Karl

Prangins, 1921 Jänner 20

AOS, Tom. II, Index 718, beglaubigte Kopie.

Über Kontakte mit Aristide Briand zum österreichisch-ungarischen Problem und zur Errichtung der Donaukonföderation.

---

a   Die Fortsetzung des Briefes fehlt.

20 Georg Graf Wallis, vgl. Nr. 1.
21 Hermann Ritter von Pintér, k.u.k. Major, Militärattaché.
22 Vgl. Nrn. 3, 87a, 87b und 213.
23 Rudolf Jobb, vgl. Nr. 201.
24 Es handelt sich um 17 Miniaturen-Portraits von der kaiserlichen Familie (von Franz I. bis Napoleon Franz Joseph, Herzog von Reichstadt) von Jean-Baptiste Isabey aus den Jahren 1812–1815. Vgl. Gemälde und Zeichnungen im Privatbesitze Seiner kaiserlichen und königlichen Apostolischen Majestät Franz Joseph I., Wien 1901, 111–114. Laut Inventar des Kunsthistorischen Museums Wien befinden sich diese Miniaturen heute nicht dort. Dank freundlicher Auskunft von Dr. Klaus Demus und Dir. Dr. Karl Schütz, Wien.

Meines bescheidenen Erachtens würde es sich daher empfehlen, durch eine Besprechung mit A[ristide] B[riand][1] vor dem angegebenen Datum nur so viel zu erreichen, daß A[ristide] B[riand] auf der internationalen Ministerkonferenz keine Forcierung der west-ungarischen Angelegenheit sowie keine Stellungnahme gegen Donaukonföderation und gegen Habsburg, daher auch keine Verquickung der Österreich jetzt zu gewährenden bescheidenen Hilfe mit irgendwelchen, den Gedanken der Donaukonföderation und der Restauration abträglichen politischen Verpflichtungen Österreichs zulasse. Dieses Junktim soll, wie Pf[lügl?][2] aus Völkerbundkreisen erfahren hat, von Italien gefordert werden. Seeholzer[3] sollte dann zweckmäßigerweise so lange in Paris bleiben, bis der englische und der italienische Kollege A[ristide] B[riand]s die französische Hauptstadt verlassen haben. Dann wäre mit A[ristide] B[riand] persönlich eingehendst über das österreichisch-ungarische Problem zu sprechen.

Wenn erreicht werden würde, daß sich ein Vertrauensmann A[ristide] B[riand]s direkt mit Eurer Majestät in Verbindung setzt, wäre der erste positive Erfolg erreicht …

Diese Tatsache – Ablehnung des Anschlusses Österreichs an Deutschland durch Frankreich – könnte jetzt in der Weise ausgewertet werden, wie ich es in meiner Denkschrift zu tun versucht habe; Österreich bedarf dringendst der Hilfe, diese ist aber so lange nicht zu haben, als nicht die politische Zukunft Österreichs feststeht; daher schaffe man in dieser Hinsicht ehestens Tatsachen. Das wäre also eine Argumentation für die Donaukonföderation im österreichischen, nicht gegen das deutsche Interesse.

227.
Wladimir Graf Ledóchowski an den Apostolischen Delegaten in Bern, Msgr. Luigi Maglione

Disentis, 1921 Jänner 22

AOS, Tom. I, Index 483, beglaubigte Kopie.

Bittet im Auftrag von Kaiser und König Karl, einen beigefügten Gratulationsbrief an Kardinal Teodoro Valfrè di Bonzo weiterzuleiten und den Papst zu informieren, daß Eh. Josef Franz ohne vorherige Information und Zustimmung des Familienoberhauptes der Einladung des Königs von Italien nach Rom am 31. Dezember 1920 gefolgt ist.

---

1 Aristide Briand, französischer Außenminister, vgl. Nr. 51.
2 Wahrscheinlich Emmerich von Pflügl, 1921–1938 österreichischer Botschafter beim Völkerbund. Vgl. Nr. 61.
3 Wahrscheinlich Dr. Henri Seeholzer. Vgl. Nrn. 166, 216.

Chargé de la part de Sa Majesté l'Empereur et Roi, je vous prie d'avoir la grande bonté de bien vouloir faire expédier la lettre ci-jointe, adressée à Son Eminence Monsieur le Cardinal Valfrè di Bonzo[1], à sa Haute destination.

Mon Auguste Souverain me charge en outre de prier V.G. en Son nom de bien vouloir transmettre en haut lieu le message suivant: Ainsi que S. M. vient d'apprendre, Son cousin, l'Archiduc Joseph Franz[2] aurait été invité à Rome par le Roi d'Italie[3]. L'Archiduc est parti le 31. décembre de Hongrie pour l'Italie. Dans le cas ou l'Archiduc aurait accepté cette invitation, Sa Ma tient à ce que Sa Sainteté sache que ce voyage a été entrepris sans que Sa Majesté en eut été préalablement informé. Elle n'y aurait dans aucun cas donnée Son autorisation.[4]

228.
Papst Benedikt XV. an Kardinalstaatssekretär Pietro Gasparri

Vatikan, 1921 Jänner 24

AE, Austria 821 [neu: 1420], Prot. 15.545, Konzept.

Der Papst weist den Kardinalstaatssekretär an, sämtlichen beim Heiligen Stuhl vertreten Regierungen zur Kenntnis zu bringen, daß Österreich nach dem Friedensvertrag von Saint-Germain ohne äußere Hilfe nicht lebensfähig ist. Die Mächte, vor allem jene, die den Friedensvertrag unterzeichnet haben, sollen sich konkret an den Prinzipien von Gerechtigkeit und Humanität orientieren.

---

1 Teodoro Valfrè di Bonzo wurde am 15.11.1919 zum Kardinal kreiert und am 21.12.1920 von Wien abberufen. Im beigefügten Gratulationsbrief, Prangins, 1920 Jänner 01, AOS, Tom I, Index 475, dankt der Kaiser dem Nuntius für seine Arbeit als Apostolischer Nuntius in Wien, vor allem, was er für die Kriegsgefangenen im Auftrag des Papstes geleistet hat.

2 Sohn von Eh. Joseph von Ungarn und Prinzessin Auguste von Bayern. Über die Tendenzen von Eh. Joseph, unabhängig vom Familienoberhaupt den ungarischen Thron zu erreichen: PRO, FO 371/6101, fol. 78r, Thomas Hohler an Earl Curzon, Budapest, 1920 Dezember 31; über den Versuch von Eh. Josef Franz, mit Hilfe der italienischen Prinzessin Jolanda den ungarischen Thron zu bekommen: PRO, FO 371/6102, fol. 18r, Wien, 1921 April 01: Lindley an Curzon.

3 Viktor Emanuel III., vgl. Nr. 9.

4 Vermerk: Beiliegend zwei Blätter in der Handschrift Kaiser Karls, offenbar als Weisung für obigen Brief: „Wie ich nachträglich erfahre, wurde mein Vetter Erzherzog Josef Franz vom König von Italien nach Rom eingeladen. Der Erzherzog ist am 31. Dezember von Ungarn nach Italien abgereist. Falls der Erzherzog diese Einladung des Königs angenommen hat, so liegt es mir daran, Seiner Heiligkeit zur Kenntnis zu bringen, daß diese Reise erfolgt ist, ohne daß sie mir vorher angezeigt wurde. Ich hätte meine Einwilligung hiezu nicht erteilt." Vgl. auch Nrn. 230, 231.

Eminence,

La condition singulièrement triste, dans laquelle se trouve présentement l'Autriche, à la suite de la guerre et du traité de paix, offre une telle gravité que Nous ne pouvons garder plus longtemps le silence.

Cette noble et illustre Nation, qui au cours des siècles s'est acquis tant de mérites dans la défense de la foi et de la civilisation chrétienne, a perdu toute son antique splendeur et a été réduite à environ six millions d'habitants dont presque le tiers est groupé dans la seule ville de Vienne. Et tandis qu'autrefois cette Capitale était le centre d'un vaste Empire d'où lui venaient des richesses, des ressources et des produits de tout genre, elle ressemble aujourd'hui à une tête séparée du corps et se débat au milieu des horreurs de la misère et du désespoir. Le commerce est arrêté, les industries sont paralysées, la monnaie est tombée dans un discrédit complet et l'on ne voit pas comment l'Autriche pourra trouver en elle-même les moyens qui lui permettent d'exister comme Etat et de donner du pain et du travail à sa population.

Les conséquences d'une pareille situation se font sentir d'une manière terrible dans toutes les classes sociales, spécialement parmi les indigents, les malades, les enfants, en faveur desquels Nous avons, à plusieurs reprises, fait appel à la charité des cœurs généreux. Il est vrai que plusieurs Gouvernements, émus de pitié devant des constatations si douloureuses, ont promis aide et assistance au malheureux Pays. Mais quand bien même ces secours seraient accordés avec toute la sollicitude désirable, ils resteraient inefficaces, puisque, comme Nous l'avons dit, l'Autriche ne possède pas les éléments d'une vie propre et indépendante.

En mettant en relief cette situation lamentable, Nous n'avons pas l'intention de rechercher où se trouvent les responsabilités ou les fautes. Nous déplorons seulement, et l'opinion publique est sur ce point unanime, que la condition actuelle de l'Autriche soit absolument intolérable, puisqu'elle enlève à une Nation entière la possibilité de se procurer les moyens de subsistance que le Créateur a mis à la disposition de tous les hommes.

En élevant la voix, Eminence, Nous sommes certains d'interpréter les sentiments d'humanité et de fraternité chrétienne qu'éprouve tout cœur bien né et que tous les peuples civilisés, sans distinction de vainqueurs, vaincus ou neutres, ont clairement manifestés en face du malheureux sort de l'Autriche. Cependant, Nous n'avons pas le dessein de proposer une solution pratique de la question, car celle-ci est d'un caractère éminemment politique, et il appartient aux Gouvernements de la résoudre, spécialement à ceux qui signèrent le Traité de paix.

Quant à Nous, mus par la charité du divin Maître, qui s'étend à tous les hommes, particulièrement à ceux qui souffrent, Nous Nous bornons à Vous inviter, Eminence, à attirer sur ce grave sujet l'attention du Corps Diplomatique accrédité près le Saint-Siège, spécialement de ceux qui pourront agir plus efficacement, afin qu'ils se fassent, auprès de leurs Gouvernements respectifs, les interprètes de Notre désir, et que ceux-ci, s'inspirant des principes élevés d'humanité et de justice, arrivent aux moyens de les mettre pratiquement en honneur.

Animé de cette vive confiance, Nous Vous accordons, Eminence, avec les sentiments d'une bienveillance toute paternelle, la Bénédiction Apostolique.[1]

229.
Der Apostolische Nuntius in Budapest, Erzbischof Lorenzo Schioppa, an Kardinalstaatssekretär Pietro Gasparri

Budapest, 1921 Februar 03

AE, Austria 812 [neu: 1420], Prot. 17.510, Ausfertigung.

Bericht über ein Gespräch mit Graf Albert Apponyi nach dessen Rückkehr von der Völkerbund-Konferenz aus Paris und einer Zwischenstation bei Kaiser und König Karl in der Schweiz. Analyse der französischen und englischen Standpunkte am Vorabend des ersten habsburgischen Restaurationsversuches in Ungarn. Man befürchtet für Frühling 1921 eine Invasion der Roten Armee in Ungarn.

Il Conte Alberto Apponyi[1], una delle personalità più in vista nel campo intellettuale e politico ungherese, è ritornato in questi giorni da Parigi. Lo scopo del suo viaggio è stato quello di rispondere all'invito di participare alla riunione del Comizio direttivo della Società internazionale per la Lega delle Nazioni. Sebbene pertanto la missione del Conte Apponyi non fosse stata ufficiale, pure, data la sua personalità ed il fatto che egli era stato capo della Missione ungherese per la discussione del Trattato del Trianon, non era difficile pensare che, una volta a Parigi, egli si sarebbe intrattenuto con quegli uomini politici sulla situazione dolorosa della sua Patria. Ho cercato perciò di vederlo, appena saputolo a Budapest: ed ora credo non senza interesse riferire a Vostra Eminenza

---

1   AE, Austria 821 [neu:1420], Prot. 15.581: Vatikan, 1921 Jänner 25: Gasparri an den Apostolischen Nuntius in Wien, Msgr. Francesco Marchetti-Selvaggiani: „[...] Questa sera Osservatore Romano pubblicherà Lettera Pontificia al Cardinale Segretario di Stato affinché interessi, per mezzo membri Corpo Diplomatico, i diversi Governi a trovare soluzione pratica situazione intollerabile fatta all'Austria destituita mezzi esistenza [...].“ Der Osservatore Romano brachte zwar einen sehr ausführlichen Kommentar dieses Papstbriefes auf der Titelseite der Ausgabe vom 26. Jänner 1921, jedoch keine Publikation. Der zweieinhalb Spalten lange Aufsatz popularisiert und entschärft das Schreiben Benedikts XV.

1   Albert Graf Apponyi, 1920 Leiter der ungarischen Friedensdelegation in Trianon.

Reverendissima quanto l'illustre uomo mi ha cortesemente detto circa i colloqui avuti nella capitale francese e le impressioni che egli ne ha riportate. Il Conte Apponyi ha potuto parlare a lungo e – come mi ha asserito – a cuore aperto col Sig. Millerand[2] Presidente della Repubblica. Il Capo della Nazione francese gli ha affermato che il suo Governo farà di tutto per aiutare l'Ungheria nella sua difficile opera di ricostruzione, ma (è la formola esatta che ha impiegata il Sig. Millerand, rilevava il Conte) rispettando sempre gli impegni presi con gli Alleati. Naturalmente (mi faceva riflettere l'Apponyi) questa formola è abbastanza elastica per potere concretamente nutrire delle speranze a favore dell'Ungheria. Avendo in seguito il Conte Apponyi accennato alla lettera con la quale lo stesso Sig. Millerand accompagnava la trasmissione del testo del Trattato del Trianon al Governo Ungherese, si è impegnato un caloroso contradittorio, nel quale Millerand ha cercato di attenuare il valore delle promesse contenute in quella lettera ed il Conte Apponyi si è sforzato di dimostrargli che quelle promesse andavano al di là dei poteri ordinari, di cui deve essere investita la Commissione delle delimitazioni. Il Sig. Millerand – come mi affermava il Conte Apponyi – non ha risposto agli argomenti da lui esposti e la conversazione non ha avuto un risultato concreto.

Spontaneamente poi il Sig. Millerand ha posto il discorso sulla questione dinastica della monarchia ungherese ed ha senza riserve affermato che l'Intesa non permetterà mai il ritorno degli Absburgo sul Trono d'Ungheria. Il Conte Apponyi ha risposto che la Nazione non può non protestare contro questo intervento dell'Intesa nella politica interna dell'Ungheria e che soltanto sotto l'imposizione della forza dovrà accettare il prolungarsi della anormale situazione del Regno senza Re, giacché non può pensarsi, secondo il Conte, ad altra soluzione che non sia quella del ritorno del Re già coronato con la Corona di S. Stefano, fintanto egli è in vita o non abdichi al trono. A questo proposito il Conte – che ha visitato il Sovrano in Svizzera – mi ha assicurato, che è stato scongiurato il colpo di testa che il Re Carlo si proponeva di compiere nella prossima primavera, di ritornare cioè a qualunque costo in Budapest, e di cui ebbi l'onore di riferire a Vostra Eminenza col mio rispettoso rapporto N. 126 del 16 nov. p. p.[3]

Il Conte Apponyi non ha potuto parlare col Sig. Briand[4] essendo costui allora troppo occupato per la crisi ministeriale. Ha invece avuti dei colloqui coi Sigg. Paléologue[5] e Berthelot[6], ambedue capi del dipartimento politico al Mi-

---

2 Alexandre E. Millerand, französischer Ministerpräsident und Außenminister; 19.01.–
   23.09.1920; 23.09.1920–10.06.1924 französischer Staatspräsident.
3 AE, Austria 812 [neu: 1420], Prot. 14.013: Budapest 1920 November 16: Schioppa an Gasparri:
   "La Questione Monarchia in Ungheria."
4 Vgl. Nr. 226.
5 Maurice Paléologue, Leiter der politischen Abteilung im französischen Außenministerium, vgl.
   Nr. 11.
6 Philippe Berthelot, vgl. Nr. 216.

nistero degli Esteri francese. Il Conte mi riassumeva così, i discorsi avuti coi due predetti Signori. Il Paléologue sostiene la tesi che la politica orientale francese deve avere l'Ungheria come centro. Il Berthelot invece è convinto che a Praga è la chiave della politica francese per l'Oriente ed è un entusiasta ammiratore del Sig. Beneš[7] Ministro degli Esteri della Czeco-Slovachia. Differenza di vedute non leggera, mi soggiungeva sorridendo il Conte; ma che purtroppo potrà far cambiare l'atteggiamento della Francia verso l'Ungheria secondo che prevarrà l'influenza di Paléologue o di Berthelot.

Il Conte ha avuto occasione di spiegare a Parigi anche il punto di vista del Governo di Budapest (col quale si era abboccato prima di partire) circa la questione dell'Ungheria occidentale. Egli ha fatto chiaramente comprendere che l'Ungheria non può cedere su questo punto e che se può e deve sopportare che i suoi nemici le tolgano parte dei suoi territori, non può e non deve sopportare che l'Austria, l'alleata e la sorella di ieri, profitti della occasione per strapparle anch'essa dei territori. L'Apponyi afferma di avere compreso che l'Intesa, qualora l'Ungheria riesca ad intendersi con l'Austria intorno al grave problema, non farebbe difficoltà, e lascerebbe correre.

Il mio interlocutore mi ha detto di avere anche esposto a Parigi il pericolo minaccioso di un'invasione dell'armata rossa allo Est, nella prossima primavera.[8] Secondo lui però, specialmente le Autorità militari francesi non prendono sul serio tale pericolo. Esse ritengono poco probabile che l'esercito dei Soviets si azzardi ad una operazione militare di grande stile su di un punto così lontano dalla propria base. E poi a Parigi si teme, secondo l'Apponyi, che il pericolo rosso sia un pretesto da parte dell'Ungheria onde ricomporre il suo esercito e tentare qualche rivincita.

L'impressione riassuntiva del Conte Apponyi è la seguente, che cioè la Francia non sarebbe del tutto contraria ad aiutare l'Ungheria anche politicamente, ma essa si è troppo impegnata con gli Alleati e specialmente con la piccola Intesa. Oggi il nemico più fiero dell'Ungheria, conchiude il Conte, è l'Inghilterra. Il Labour Party ha nella sue mani Lloyd George,[9] e questo partito, i cui rappresentanti al ritorno da una visita all'Ungheria hanno fatto relazioni esageratamente spaventose del terrore bianco ivi regnante, non permettono al Primo Ministro Inglese altra politica che quella attuale di una aperta e dura ostilità.

---

7 Edvard Beneš, vgl. Nr. 129.

8 Vgl. dazu auch DBFP XXII, 48–49 (Nr. 26), Kriegsministerium an das Außenamt vom 10.2.1921 (B.B. Cubbitt) mit Beilagen: Generalstabsnote über die bolschewistische Bedrohung Zentraleuropas vom 02.02.1921.

9 Vgl. Nr. 39.

230.
König Karl an den ungarischen Reichsverweser, Nikolaus (Miklós) Horthy von Nagybánya

Prangins, 1921 Februar 09

AOS, Tom. II, Index 743, beglaubigte Kopie.

Frh. Julius (Gyula) Bornemisza, der ungarische Gesandte in Bern, ist gebeten, dem Reichsverweser Horthy den Standpunkt des Königs zur Italienreise von Eh. Joseph Franz und zur Spanienreise von Eh. Albrecht mündlich mitzuteilen.

Im Allerhöchsten Auftrage bitte ich[1] Sie, Seiner Durchlaucht, dem Herrn Gouverneur, nur mündlich zu melden:

Seine Majestät läßt dem Gouverneur Seinen königlichen Gruß entbieten und möchte ihm, von dem Wunsche erfüllt, ihm einen Beweis des Vertrauens zu geben und ihn daher auch über Angelegenheiten des Allerhöchsten Hauses zu unterrichten, Folgendes mitteilen:

Wie bekannt, hat sich Herr Erzherzog Joseph Franz zur Hochzeit Wittelsbach-Savoyen[2] nach Italien begeben und dabei auch in Rom aufgehalten.[3] Diesem Aufenthalt ist die Meldung vorangegangen, daß es zu einer Verlobung des Herrn Erzherzogs Joseph Franz mit Prinzessin Jolanda[4] kommen werde. Seine Majestät hat den Herrn Erzherzog Joseph wissen lassen, daß er die Reise Höchstdessen Sohnes nach Italien für inopportun hielt und einer Verbindung mit dem Hause Savoyen niemals zustimmen könnte. Eine solche Verbindung müßte das Gefühl katholischer Kreise und besonders den Heiligen Vater kränken, dies bedeutete zudem die Kapitulation vor demjenigen Italien, das sich nicht nur im Kriege als erbittertster Feind der Monarchie erwiesen hat, sondern auch heute noch darauf ausgeht, seine Machtsphäre bis über Ungarn zu erstrecken. Eine solche Verbindung müßte zudem den Verdacht erwecken, daß ein Mitglied des Hauses Habsburg von Italien gehegte illegitimistische Pläne, wenn auch nur scheinbar, unterstütze, ein Verdacht, der niemandem unerwünschter sein würde als dem Herrn Erzherzog Joseph, Höchstden Seine Majestät wegen Seiner wiederholt bekundeten und spontan immer wieder versicherten Loyalität besonders schätzt.

Herr Erzherzog Albrecht Franz, Höchstdessen Treue gleichfalls anerkannt wird, hat kürzlich in der Schweiz geweilt und sich bei dieser Gelegenheit um

---

1 Der Nachrichtenübermittler ist unbekannt.
2 Konrad Prinz von Bayern heiratete am 08.01.1921 Maria Bona von Savoyen.
3 Vgl. Nrn. 225, 227, 231.
4 Jolanda Margerita, Tochter von Emanuel Philibert (Emanuele Filiberto) Herzog von Aosta.

eine Audienz, sozusagen im letzten Augenblicke, beworben.[5] Da Seine Majestät krank in Disentis war, konnte die Audienz nicht zu dem vom Herrn Erzherzog erbetenen Termin gewährt werden, sondern es mußte ein späterer Tag in Aussicht genommen werden. Daraufhin ließ der Herr Erzherzog melden, daß er sich vorher nach Spanien begeben werde. Von dieser Reise erst jetzt in Kenntnis gesetzt, befahl Seine Majestät, daß der Herr Erzherzog noch vor Antritt der Reise nach Spanien sich Allerhöchstenorts zu melden habe. Obwohl dieser Befehl wiederholt erteilt worden war, hat sich der Herr Erzherzog unter Anführung nicht genügend stichhaltiger Gründe ohne persönliche Abmeldung nach Spanien begeben. Seine Majestät wird den Herrn Erzherzog nach Höchstdessen Rückkehr dieserhalb rügen. Ich bitte Sie, hochverehrter Herr Gesandter[6], diese Tatsachen Seiner Durchlaucht in geeignet erscheinender Weise zu hochdessen ausschließlich persönlicher Kenntnis mitzuteilen und dieses Schreiben sogleich zu vernichten.

Nachdem ich mich so des mir zuteil gewordenen Allerhöchsten Auftrages entledigt habe, benutze ich auch diese Gelegenheit, um Ihnen, verehrter Baron, den Ausdruck meiner Hochachtung zu erneuern.

231.
Kaiser und König Karl an Erzherzog Joseph August

Prangins, 1921 Februar 15

AOS, Tom. I, Index 51, beglaubigte Kopie.

Stellungnahme zum politisch labilen Verhalten von Eh. Joseph August und zur Italienreise seines Sohnes Eh. Joseph Franz.

Die Reise des Bischofs von Veszprem[1] gestattet mir, Dir auf Dein Schreiben vom 31. Jänner[2] Antwort zukommen zu lassen.

Ich wiederhole, daß ich in Dich uneingeschränktes Vertrauen setze; deshalb ist mir so sehr daran gelegen, daß Du meine Auffassung in allen auftauchenden Fragen genau kennst; so bin ich sicher, daß Du meiner wohlgewogenen Meinung in treuer Anhänglichkeit an mich Rechnung tragen wirst.

---

5 Vgl. Nrn. 213, 225.
6 Frh. Julius (Gyula) Bornemisza, vgl. Nrn. 188, 190.

1 Ferdinand (Nándor) Rott, Bischof von Veszprem (Weißprim), reiste zur Taufe von Ehn. Charlotte nach Prangins. Die Taufe war am 02.03.1921. Vgl. TS 3541. Zu Bischof Rott vgl. unter Nr. 222.
2 Wir konnten diesen Brief nicht finden.

Du hast mir wiederholt dargelegt, daß Du im Interesse der legitimen Lösung, die allein Dir vorschwebt, genötigt seiest, ein Doppelspiel zu spielen,[3] um mir Deine Anhänger in dem Dir geeignet erscheinenden Augenblicke zuzuführen. Ich würdige die gute Absicht, kann aber dieser Taktik auf keinen Fall beipflichten. Sie würde nur dazu führen, daß das unkompliziert denkende Volk irregeführt wird und in dem Dir vorschwebenden entscheidenden Momente nicht zu erkennen vermöchte, was Recht und was Unrecht ist. Du würdest Dich Verdächtigungen aller Art aussetzen und der guten Sache – gegen Deinen mir wohlbekannten Willen – geschadet haben. Ein klares Bekenntnis, eine ernste Mahnung an diejenigen, die auf Dich hören, wird dagegen zur Folge haben, daß die Reihen der Legitimisten gestärkt werden und daß so manche auswärtige Macht verzichtet, Prätendenten aufzustellen und zu unterstützen, die gar nicht Prätendenten sein wollen. Die Tatsache, daß nach dem offenen Hervortreten der Grafen Apponyi[4], Andrássy[5] und Anderer die legitimistische Bewegung einen entschiedenen Fortschritt zu verzeichnen hat, beweist – unter anderem – die unzweifelhafte Richtigkeit meiner Auffassung. Wir dürfen zudem die von außen kommenden Schwierigkeiten nicht zu hoch einschätzen; die großen Mächte werden der vollzogenen Tatsache nicht opponieren und die kleinen werden ohne die Hilfe der großen nichts Ernstes unternehmen.

Übrigens kann kein Ungar zugeben, daß die Krönungsfrage anders als eine rein innere Angelegenheit des Landes aufgefaßt und behandelt werde.

Was nun die Herzensangelegenheit Deines Sohnes anbetrifft,[6] so muß ich Dir mitteilen, daß Deine Einwendungen mich keines anderen Sinnes werden ließen. Auf meine Zustimmung wird niemals zu rechnen sein; ich hoffe aber nach den aus Italien hierher gelangten Nachrichten, daß diese Episode nunmehr ihr Ende gefunden hat. Ich wünsche es, weil es meine Überzeugung ist, daß eine solche Verbindung jedem treuen Sohne der katholischen Kirche schwer auf dem Gewissen lasten müßte und weil es unrecht ist, vertraute Beziehungen zu dem Hause Savoyen zu unterhalten, das sich an den Rechten der Kirche und des Heiligen Vaters so schwer versündigt hat.

Ich kann nicht gelten lassen, daß Dein Sohn incognito in Italien geweilt habe. Er ist dem König[7] gewiß nicht als Conte di Csaba, sondern als Erzher-

---

3 Zum Verhalten von Eh. Joseph August vgl. auch PAMAE, Hongrie 33, fol. 52–56: Budapest, 1921 Jänner 31: Fouchet an Briand, und PAMAE, Hongrie 60, fol. 90–97: Budapest, 1920 November 06: Fouchet an Leygues und l.c., fol. 200–205: Budapest, 1921 März 08: Fouchet an Briand.

4 Vgl. Nr. 229.

5 Julius (Gyula) Graf Andrássy, vgl. Nr. 131.

6 Vgl. Nrn. 227, 230.

7 Vgl. Nrn. 9, 227.

zog vorgestellt worden, und die Presse der gesamten Welt hat auch nicht von dem italienischen Aufenthalte eines Conte di Csaba, sondern von dem des Erzherzogs berichtet.

Dein Vorwurf, niemand hätte sich um Euch gekümmert, als Ihr zur Zeit der Sovjetherrschaft in Bedrängnis geraten waret, ist ungerechtfertigt. Die Dir entgegengebrachte Gesinnung hat mich an Deinen Schicksalen jederzeit regen und tätigen Anteil nehmen lassen.

Wie Du aber selbst wissen mußt, war Ungarn zur Zeit Bela Kuns[8] hermetisch vom Auslande abgeschlossen; die Machthaber jener Zeit haben nichts in die Öffentlichkeit dringen lassen, was ihnen nicht genehm war. So erfuhr ich spät und nur gerüchtweise, daß die Bolschewisten Dich und Deinen Sohn gefangen genommen hätten. Auf diese mich tief berührende Nachricht habe ich sogleich die Hilfe eines angesehenen Amerikaners in Anspruch genommen, um Euch, wenn irgend möglich, die Freiheit wieder zu geben. Ich habe auch einen Getreuen, der sich anheischig gemacht hatte, Deinen Sohn zu befreien, plein pouvoir gegeben und jede Belohnung verheißen. Bald nach der Befassung des erwähnten Amerikaners mit Schritten, die zu Eurer Befreiung führen sollten, erfuhr ich, daß Ihr tatsächlich frei geworden seid. Ob meine Bemühungen zu diesem glücklichen Ereignis einen Anteil hatten, weiß ich nicht. Mir genügte die Freude, Euch frei zu wissen. Dafür dankte ich Gott!

232.
Kaiser und König Karl an Johannes Prinz von und zu Liechtenstein

Prangins, 1921 März 20

AOS, Tom. I, Index 617, beglaubigte Kopie

Verleihung des Ordens vom Goldenen Vlies und Ermutigung für seine Arbeit zugunsten des Legitimitätsgedankens.

Ich habe Sie zum Ritter des Ordens vom Goldenen Vliese ernannt. Mein betreffendes Handschreiben wird Ihnen gesondert zugehen.[1] Darüber hinaus möchte ich Ihnen sagen, daß Sie in jener Meiner Entschließung Meinen be-

---

8 Vgl. Nr. 161. 1919 erfolgte die Geiselnahme der beiden Erzherzöge Joseph August und Joseph Franz durch die Räteregierung. Vgl. Brigitte Hamann (Hrsg.), Die Habsburger. Ein biographisches Lexikon, Wien 1988, 194–196.

1 Vgl. AOS, Tom. I, Index 160; vgl. unsere Nr. 221.

sonderen Dank und Meine Anerkennung für Ihre unerschütterlich Treue und opfermutige Haltung in schwerster Zeit erblicken sollen.[2] Ich verbinde damit den Ausdruck Meines Vertrauens, daß Sie fortfahren werden, alle Mir Getreuen und die dem Legitimitätsgedanken noch zu Gewinnenden zu mutiger Bekundung und Durchsetzung ihres politischen Glaubensbekenntnisses zusammenzufassen und sie zum Siege führen werden.[3] Kraftvoll und klug unterstützt von Meinem Vertreter Dr. Albin Freiherrn Schager von Eckartsau,[4] von dem Gesandten Dr. Friedrich Ritter von Wiesner[5] und vielen anderen jedes Lobes würdigen Männern wird es Ihnen gelingen, dem revolutionären Zwischenspiele in Österreich nun bald ein Ende zu bereiten.

233.

Kaiser und König Karl an Papst Benedikt XV.

o. O., o. D. [Prangins, 1921 vor März 31]

AE, Austria 873 [neu: 873 P.O.], Prot. 19.023 (Beilage), Ausfertigung; AOS, Tom. I, Index 485, beglaubigte Kopie;
Druck: Rumi, 46–47.[1]

Kaiser und König Karl informiert Benedikt XV. von seinem ersten Restaurationsversuch.

---

2 Vgl. AOS, Tom. I, Index 625.

3 Vgl. Walter Rabe, Die Wiener kaisertreuen Corps der Ersten Republik, Wien 1976, 3–4; Gerhard Schultes, Der Reichsbund der Katholischen deutschen Jugend Österreichs. Entstehung und Geschichte, Wien 1967 (= Veröffentlichungen des Kirchenhistorischen Instituts der Katholisch-Theologischen Fakultät der Universität Wien, 4), 138–145.

4 Vgl. Nr. 183.

5 Vgl. Nr. 213.

1 Vgl. dazu signierte Bemerkung von Kaiserin Zita: „Dieser Brief hatte einen doppelten Zweck: erstens den Segen und das Gebet vom Hl. Vater zu erflehen in diesem so großen Unternehmen. Zweitens: da diese Rückkehr auf spezielle Bitte des Hl. Vaters geschah, dieser aber ausdrücklich betonte, seine Staatssekretarie (sic) noch irgendwelche andere Personen dürften von seiner Intervention wissen, sollte dieses Schreiben gleichzeitig sozusagen ein Alibi für den Hl. Vater sein. Für den unwahrscheinlichen Fall, daß irgend ein Verdacht auf seine Urheberschaft zu diesem Schritte fallen könnte, wäre dieser Brief der beste Beweis dagegen. – In einem Entwurf empfiehlt SM seine in der Schweiz zurückbleibende Familie dem Schutz des Heiligen Vaters. Diese Bitte fiel in der endgültigen, französischen Fassung weg, um die Empfehlung dieses Anliegens nur auf seine gottgewollten Pflichten und nicht auf persönliche Sorgen zu lenken. Zita m.p." Vgl. Kovács, Papst Benedikt XV., 388 u. Anm. 122 und 123.

Très Saint-Père,

De tous les états dont la Providence Divine m'avait confié le sort, c'est la Hongrie qui s'est, la première, ressaisie. Depuis la chute du bolchevisme[2] on a pu constater, dans ce pays, les efforts de tous les gens de bien, tendant à se placer sur la base du droit et à rétablir l'esprit chrétien sur lequel il reposait.

Malheureusement, en l'absence de Roi Légitime, divers courants se sont formés, subversifs la plupart et contraires au rétablissement de l'ordre.

La consigne, donnée fort sagement par le Gouvernement et acceptée par les chefs des partis, et selon laquelle la question de la royauté devrait être éliminée, cette consigne nul ne l'observe plus. Bien au contraire, tout l'intérêt des législateurs se concentrant sur la question dynastique, le malheureux pays, au lieu de se consolider et de se remettre de ses désastres, se trouve en butte à la lutte des partis.

Aussi n'est-ce pas par pure ambition, mais inspiré, surtout, des sentiments des devoirs qui m'incombent comme Roi couronné, et qui me sont aussi, sinon plus sacrés que mes droits, que j'ai pris la décision de me rendre en Hongrie, dans l'espoir de mettre fin, par ma présence, à ces luttes intestines.

Ce n'est, bien sûr, pas sans mûre réflexion que je m'y suis décidé, et c'est de tout mon cœur que j'ai prié le Tout Puissant de m'éclairer et de me désigner la voie à prendre pour assurer, à mon peuple, le bonheur et la tranquillité.

Il est inutile de dire qu'en ce moment si grave et solennel mes pensées et mes regards se reportent avec une confiance toute filiale vers Votre Sainteté, en implorant Sa Bénédiction qui jamais ne m'a été aussi nécessaire.

234.
Manifest König Karls IV. an die ungarische Nation

Szombathely (Steinamanger), 1921 April 02

Druck: Károlyi Visszatérési, Füzet, Nr. 31, 141–142;
deutsche Übersetzung: Boroviczény, Der König und sein Reichsverweser, 128–130.

In dem Graf Paul Teleki übergebenen, am 07. April 1921 publizierten Manifest erklärte der König der Nation die Motive seiner Rückkehr und der bevorstehenden Abreise. Ungarn könne nur unter der Leitung seines gekrönten Königs zur inneren Ruhe und Ordnung gelangen. Da seine momentane Anwesenheit gefährliche Komplikationenen hervorrufe, reise er ab. Die Nation solle den vom Parlament gewählten Führer unterstützen.

---

2 Vgl. Nr. 229, Anm. 7.

Visszatértem Magyarország áldott földjére, mert távol szeretett hazámtól, melyhez feloldhatatlan szent eskü és vérem szava köt, minden perc szenvedés rám nézve. Visszatértem, mert szentül meg vagyok győződve, hogy e súlyosan megpróbált ország csakis koronás király vezetése alatt tudja visszaszerezni teljes belső nyugalmát és azon törvényes rendet, mely előfeltétele hazánk újbóli felvirágozásának.

Azok a gyászos emlékü események, melyek az 1918 és 1919. években játszódtak le, éppúgy fordultak az ország alkotmánya és törvényei ellen, mint a koronás király ellen, de a magyar nép akotmányhűsége és józansága nem hagyja magát sokáig félrevezetni és most megnyugvással látom, hogy Magyarország a megújhodás útján van. Az elemi erővel ránk zúdult események folytán megszünt az 1867 iki kiegyezés és a pragmatika szankciónak a feloszthatatlan és elválaszthatatlan birtoklásra vonatkozó része és helyreállt Magyarország teljes állami függetlensége, melyet gondosan megőrizni nekem is egyik főtörekvésem. Ezzel a nemzet élete és fejlődése új alapot nyer. Szívem sajog, hogy ki vagyok zárva abból, hogy a megujhodás munkájában sorsüldözött nemzetemmel együtt vállvetve közremüködhessem. Egy nyugodt, belsőleg konszolidált erős és független Magyarország oly közös európai érdek, a békének oly fontos biztosítéka lévén, nem hihetem, hogy külállamok törekvéseimet, melyek csakis a konszolidáció, a békés rend és tartós nyugalom helyreállitását és biztosítását célozzák, meg akarhatnák akadályozni. Minthogy azonban meggyőződtem arról, hogy apostoli királyi uralkodói jogköröm elfoglalása most nehéz és elviselhetetlen megpróbáltatásoknak tenné ki a nemzetet, ezt pedig lelkiismeretemmel össze nem egyeztethetem, ismét távozom: de távol a magyar nemzettől is minden erőmet és minden időmet, ha kell véremet is hazámnak akarom szentelni, melytől elszakadni, melyhez hütlenné válni sohasem fogok. Bízom az isteni gondviselésben, hogy el fog érkezni az a pillanat, amikor ismét szeretett hazámban maradhatok, közös erővel, közös célokban, közös munkára egyesülvén nemzetemmel. Amíg ez a pillanat bekövetkezik, a magyar nemzetet a magam részéről is arra kérem, támogassa azt a férfiút, ki a nemzetgyülés bizalma alapján jelenleg az államfő nehéz és súlyos feleősséggel járó tisztjét betölti és akitől a magam részéről is bizalommal várom azoknak az érdekeknek gondozását, amelyek Magyarország ősi alkotmányos törvényei szerint a király és a nemzet harmonikus együttmüködését kívánják.

31. melléklet.

A magyar napisajtó 1921. április 7-iki számában az alábbí közlemény jelent meg:

Őfelsége IV. Károly király Szombathelyről való távozásakor azt kívánta, hogy avégből, hogy jövetelének és távozásának indító okai az ország előtt világosak legyenek, hozzám intézett következő kijelentését hozzam nyilvánossá-

gra. Ennek a kivánságnak azzal teszek eleget, amidőn a nekem irásban áta-
dott kijelentés szószerinti szövegét közzéteszem.

Teleki Pál gróf.[1]

A király kijelentése a kövelkező:[2]

---

1 Vgl. zu Paul (Pál) Graf Teleki Nr. 237.

2 Zur Entstehung dieses Manifestes vgl. Nr. 237 und KA, B/19 (NL Gratz), Mappe 13, 03. April
1921: „[...] Nach Tisch empfing S. M. – im Bette liegend – zuerst Rakovsky, dann Széchen.
Beide empfehlen ihm die Abreise. Gegen drei Uhr wurde ich [Gustav Gratz] zu Seiner Majestät berufen. Er befand sich im Bett und hatte die von mir aufgesetzte Erklärung, die inzwischen textiert wurde, vor sich liegen. (Einschaltend muß ich noch erwähnen, daß eine Stunde
vorher der Arzt Fitz William und der Times Correspondent Mc Cartney in Steinamanger ein-
trafen. Ersterer brachte mir einen für S. M. bestimmten Zettel [...] ungefähr folgenden Inhaltes: ‚Auftraggeber wünscht weiteres Aushalten. Eckart‘ [= Schager von Eckartsau] Ich übergab den Zettel Hunyady, damit er ihn S. M. vorlege.) Der König konnte sich lange nicht
entschließen, das vor ihm liegende Schriftstück zu unterschreiben. Er fragte mich, ob ich wirklich gewissenhaft dazu raten könne. Ich verwies darauf, daß wir am Vormittag stundenlang
die Lage mit Teleki diskutierten. Er müsse es gehört haben, da die Diskussion im Nebenzimmer stattfand. Wir prüften die Lage von allen Seiten, aber selbst, wenn wir zugeben müßten,
daß die Budapester Nachrichten gefärbt sind, halte ich doch einen Erfolg gegenwärtig bereits
für aussichtslos. Horthy werde die Regierungsgewalt nach dem, was vorgefallen, freiwillig
jetzt nicht übergeben und ihn dazu zu zwingen, dazu fehle es S. M. an der nötigen Macht. S. M.
fragte hierauf, ob ich den ihm von Schager geschickten Zettel gelesen habe. ‚Sie wissen doch,
wer unter dem Auftraggeber gemeint ist? Es ist Briand.‘ Ich sagte, daß das an der ganzen Situation auch nicht viel ändere und berief mich auf eine Mitteilung Lindleys, der anfangs selbst
für das Ausharren war, jetzt aber zugab, daß die Jugoslawen wahrscheinlich marschieren
werden. Der König nahm einen Bleistift zur Hand, um zu zeichnen, legte ihn dann aber wieder
nieder und warf die Frage auf, ob er nicht einen Minister ernennen solle, um das Schriftstück
zu kontrasignieren. Ich widerriet, da das ein Regierungsakt wäre und die Erlassung eines solchen im Widerspruch zum Eckartsauer Versprechen stünde. Er fragte darauf, ob nicht einer
seiner letzten Minister (Kabinett Wekerle) die Kontrasignierung übernehmen würde, da diese
Minister (mit Ausnahme Wekerles) niemals enthoben wurden. Ich verwies auf die Unmöglichkeit, einen solchen Minister zu finden und schlug vor, daß das, was S. M. unterzeichnet,
bloß eine mündliche Mitteilung darstellen solle, die der König durch mich, als Vertreter der
Regierung, nach Budapest gelangen läßt. [Die Bedingungen, unter denen das Manifest zu publizieren war, bei Boroviczény, Der König und sein Reichsverweser, 128–129: „Seine Majestät
erklärte vor Dr. Gratz als Vertreter der Regierung mündlich seine diesbezügliche Zustimmung,
welche von Dr. Gratz schriftlich niedergelegt wurde. Die Erklärung Seiner Majestät lautete:
‚Mit Rücksicht auf die Nachrichten, welche Mir die ungarische Regierung bezüglich der
außenpolitischen Lage zur Kenntnis gebracht hat, bin ich bereit, Mich in die Schweiz zurück-
zubegeben, wenn die ungarische Regierung sich verpflichtet, die beigeschlossene königliche
Erklärung im Wege der Regierung in angemessener Form der Öffentlichkeit kund zu geben,
und, wenn Meine Rückreise in vollkommener Sicherheit und unter Wahrung aller Meiner Person gebührenden Ehren sowie Mein freier Aufenthalt auf dem schweizerischem Gebiete unter denselben Bedingungen wie bisher gewährleistet wird. Ich werde Meine Rückreise antre-
ten, sobald ich von Meiner Krankheit hergestellt bin.“]
Das wurde angenommen und wieder setzte S. M. den Bleistift zur Unterschrift an, um ihn
wieder niederzulegen. Er kam auf das obige Telegramm Berzeviczkys [liegt nicht vor] zu spre-

235.
König Karl an den Bischof von Szombathely (Steinamanger), János Graf Mikes

o. O., o. D. [Szombathely (Steinamanger), 1921 nach April 1]

AOS, Tom. II, Index 726, beglaubigte Kopie.[1]

Dank für die Gastfreundschaft des Bischofs während des ersten Restaurationsversuches. Dank für seine Treue und seinen Patriotismus, die sich auch auf seine Diözese übertragen haben. Bitte, weiterhin die patriotischen Pflichten zu erfüllen und die Diözese in sein tägliches Gebet einzuschließen.

Azon vendégszeretetért, mellyel Engem legutóbbi Magyarországon való tartózkodásom alatt palotájában látott, hálás köszönetemet fejezem ki.

Köszönöm továbbá azon hűséges és hazafias magatartását, melyet az egész ottartózkodásom idején tapasztaltam úgy Püspökséged mint egész alája rendelt egyházmegyéje részéről. Világosan láttam ebből, hogy a példásan vallásos, királyhű és hazafias szellem főpásztorától az évek során összes híveinek lelkébe átszállott, ami a főpásztori működés legszebb gyümölcse és rendíthetetlen Királyi bizalmamnak további záloga. Bízom benne, hogy e kitűnő szellem ébrentartása által Püspökséged hazafiúi kötelességének mindenkor eleget teend, és kérem, hogy Királya és Hazája igaz ügyét mindennapi imáiban foglalva kérje a Mindenható Istent, hogy azok diadalra juttatásával Hazánkat ismét naggyá és dicsővé tegye.

---

chen und wollte daraus in den unterstrichenen Sätzen herauslesen, daß die ungarische Regierung den Staaten der Kleinen Entente erklärt habe, sie werde keinen Widerstand leisten. Ich vertrat die Ansicht, daß diese Annahme irrig sei. Berzeviczky zielte bloß auf die wiederholten Erklärungen der ungarischen Regierung, daß sie alles aufbieten werde, um S. M. zum Verlassen des Landes zu bewegen. Der König wollte diese Erklärung nicht akzeptieren, rief Hunyady herein und ließ das Telegramm hereinbringen, was erst nach geraumer Zeit gelang. Als es endlich hereingebracht wurde, mußte ich ihm den Passus vorlesen, übersetzen und erläutern. Erst dann, nach einer längeren Pause, setzte er den Bleistift an und unterzeichnete das Schriftstück. Ich meldete ihm hierauf, daß ich damit meine Mission als abgeschlossen betrachte und nach Budapest zurückfahren werde, wo ich sofort meine Demission geben wolle. S. M. billigte diesen Entschluß: ‚Tun Sie das‘, meinte aber dann doch, ich möchte warten, bis er aus Ungarn abreise. Es kam auch die Frage eventueller Zwangsmaßregeln (noch vor der Unterzeichnung) in Betracht, die gegen S. M. angewendet werden könnten. Er überlegte lange und meinte dann: ‚Nein, damit man sagen könnte, die Regierung habe Mir gegenüber Zwangsmaßregeln anwenden müssen, damit ein Krieg vermieden werde, das geht nicht.‘ [...]"

1 Vermerk: Briefentwurf an Bischof Mikes mit Korrektur von der Hand Kaiser und König Karls. Der deutsche Teil des Textes ganz von der Hand des Kaisers. Vgl. auch Nr. 237.

Die Muttergottes, die Patronin des regnum Marianum, unser großer König Stephan und der Heilige Imre segne unser armes Vaterland.

236.
Erklärung Kaiser und König Karls für die schweizerische Bundesregierung

Hertenstein, 1921 Mai 05

AOS, Tom. I, Index 69, beglaubigte Kopie[1]

Erklärung, daß sich die Schweiz am Restaurationsversuch nicht beteiligte.

Bei meiner Ausreise hat

1) kein Schweizer mitgewirkt, kein Schweizer etwas davon gewußt.
2) Keine Schweizer Behörde wurde bestochen und keine hat eine unkorrekte ungesetzliche Handlung begangen.
3) Kein Schweizer Paß.[2]

---

1 Vermerk: Erklärung Seiner Majestät an Oberst Pfyffer, der im Auftrag der Bundesregierung gekommen war.
2 Vgl. dazu DDS 8 (1988), Nr. 81, 233–238; AE, Austria 837 [neu: 1483], Prot. 20.776:Bern, 1921 Mai 11: Maglione an Gasparri; Kovács, Papst Benedikt XV., 390–391. Oberstdivisionär (Hans?) Pfyffer von Altishofen hatte den König von Ungarn diskret zu überwachen und alle zehn Tage an den Chef der außenpolitischen Abteilung des politischen Departements der Schweizerischen Eidgenossenschaft, Paul Dinichert, zu berichten. Vgl. BAR, E 2001 (B)-/3, Bd. 48, Doss. 44/142/2, 1922 (II), fol. 95, Bern, 1921 April 15; l. c., fol. 98, Luzern, 1921 April 18. Zusammenfassende Darstellung der Ausreise Kaiser und König Karls, die Auflagen für seine Wiedereinreise in die Schweiz, in: BAR, E 2001 (B)-/3, Bd. 49, Doss. 44/142/2, 1922 (III), fol. 131, Bern, 1921 April 29: „Er scheint [...] zu Fuß in der Gegend von Prangins die Grenze des Pays de Gex überschritten zu haben, wo er ein bereitgestelltes Automobil vorfand, das ihn nach Straßburg brachte. Dort stieg er in den Expreß nach Wien, und zwar in das Schlafwagencoupé Nr. 12 ein, welches von Paris aus reserviert war und wo er von einem Unbekannten (wohl Xavier von Parma) zwei Pässe erhielt.
1. einen des amerikanischen Roten Kreuzes lautend auf den Namen William Codo.
2. einen spanischen auf den Namen Sanchez.
[...] Einem Mitglied der Luzerner Regierung hat Karl mitteilen lassen, daß er weder einen schweizerischen noch einen gefälschten Pass für die Ausreise benutzt habe.“

237.
„Tagebuchaufzeichnungen Seiner k. u. k. Apostolischen Majestät über die Osterreise nach Ungarn in 1921" (26. März–6. April 1921)

Hertenstein, 1921 Mai 13

Privatarchiv Boroviczény, NL Aladár von Boroviczény, Wien, Abschrift.[1]
Druck: Verballhornt und mit anderen Texten kombiniert: Werkmann, Aus Kaiser Karls Nachlaß; gekürzter und bearbeiteter Nachdruck: Feigl, Kaiser Karl (1984), 352–365, ders. (1987), 298–311.[2]

Darstellung des ersten Restaurationsversuches nach dem Diktat Kaiser und König Karls, das nach seinen unmittelbaren stichwortartigen Notizen erfolgte.

---

1   Drei von Boroviczény persönlich signierte Vermerke:
    a) Der Kaiser diktierte dem Hauptmann Karl Werkmann seine an Ort und Stelle gemachten, schlagwortartigen Notizen ins Stenogramm.Vorliegende Abschrift wurde vom Kaiser durchgelesen und nach an Seiten 7, 10, 11, 14, (Crouy) 15 und 18 durchgeführten Correcturen gutgeheißen.
    Hertenstein, am 13. Mai 1921. Boroviczény m. p.
    b) Seine Majestät übergab mir diese Abschrift mit dem Auftrage, sie gelegentlich meiner bevorstehenden Reise nach Ungarn nach bestem Wissen und Gewissen zu verwerten.
    Hertenstein, den 13. Mai 1921. Boroviczény m. p.
    c) Für die richtige Abschrift. Boroviczény m. p.
    Original deponiert 03.12.1923
    Auf diese Fassung bezog sich auch die Anmerkung von Agnes von Boroviczény, geb. Gräfin Schönborn, die sie während der Lektüre von Brook-Shepherd, Um Krone und Reich, 317, notierte: „Papas Version, im kurzen Tagebuchstil des Kaisers, war die richtige. Seine Majestät hatte dem Papa gesagt, er soll das Tagebuch in Budapest veröffentlichen. Papa tat dies auf decidiertes Anraten der Budapester Königstreuen ca 1920 [sic!] nicht, weil Seine Majestät ja damals noch nicht mit Horthy gebrochen hatte, brachte das Tagebuch nach Prangins [sic!] zurück, überzeugt, Seine Majestät würde ihn daraufhin, mehr oder weniger in Ungnade, entlassen. Er gab dem Papa das Tagebuch wieder zurück und sagte: ‚Sie sind mir dafür verantwortlich, daß es einmal so herauskommt.' Papa konnte aber natürlich nichts tun, als das Tagebuch dann plötzlich mit einem Vorwort von Ihrer Majestät herauskam nach Seiner Majestät Tod. Das Original war in sehr knappem Tagebuchstyl, das gedruckte im typischen Werkmann-Styl. Das Original gab Papa in die Bibliothek des Fürstprimas in Vác." Dort konnte es bis jetzt nicht aufgefunden werden. Diese von Boroviczény überlieferten „Tagebuchaufzeichnungen Seiner k. u. k. Apostolischen Majestät" stimmen mit den tagebuchartigen Notizen des damaligen königlich ungarischen Außenministers Dr. Gustav Gratz vollständig überein. Vgl. KA, B/19 (NL Gratz), Mappen 12 und 13. Ebenso übereinstimmend ist der Bericht von Anton Frhn. von Lehár, in: Lehár, Erinnerungen, 177–210. Vgl. auch Aladár von Boroviczény, Der König und sein Reichsverweser, 117–119; Windisch-Graetz, Ein Kaiser kämpft für die Freiheit, 173–175.
2   Vgl. dazu auch bei Erdödy-Memoiren, 218–263.

[a]–Ich fuhr am Charsamstag [26. März 1921] um 11.30 Uhr vormittags von der Ecke Landscrongasse mit dem Auto des Chauffeurs Mayr[3], der früher bei meiner Großmutter[4] war, ab, und zwar über Graben, Stephansplatz, Kärntnerstraße, Paulanerkirche, Wiedner Hauptstraße über die Spinnerin am Kreuz, die ganze Triesterstraße bis nach Wiener Neustadt. Die Straßen sind elend, die holperig gepflasterte Triesterstraße noch immer die beste. Die Laxenburger Allée ist wie ein Karrenweg. Alle Städte konnten mit größter Geschwindigkeit durchfahren werden. Es existieren wieder die alten Wegmauten, mit Schlagbaum. Von Wiener Neustadt fuhren wir durch den großen Föhrenwald, Frohsdorf[5] links lassend, nach Seebenstein[6]. Beim Parktor des Schlosses in Seebenstein wartete Schlederer[7]. Wir fuhren nun weiter über Aspang, Mönichkirchen, Pinggau nach Sinnersdorf an der österreichischen Grenze. Es war ein wunderbarer Tag. Ein merkwürdiges Gefühl, unerkannt in der Heimat zu sein.[–a]

[b]–Die Straßen in Steier sind so schlecht, wie sie es auch früher waren. Mönichkirchen hat sich zu einem großen Kurort entwickelt. Für die Osterfeiertage wurden schon viele Wochen früher die Zimmer bestellt. Man sah sehr viele Dirndln und Touristen. In Sinnersdorf war österreichische Paßrevision, die sehr schnell von Statten ging. Die österreichischen Finanzorgane, so wie die Gendarmen machten einen sehr guten Eindruck. Sie sind gut angezogen, sauber, anständig. An der ungarischen Grenze war ein alter Gendarmeriewachtmeister aus Debreczin, der richtige braune Sohn der Puszta, der nicht recht wußte, was er mit einem Passe anfangen sollte. Daneben ein Soldat in weißen Sommerzwilchhosen. Nun ging es weiter im Auto nach Pinkafö. Das war eine Freundlichkeit der österreichischen Grenzorgane. Das Auto hatte nicht das Recht, die Grenze zu überschreiten. In Pinkafö aßen wir im Gasthause Jenner[8]. Nach zwei Tagen wieder das erste warme Essen. Schnitzel mit Gurken. Der Wirt hob sich Besteck und den Rest der Gurken zum Andenken auf. Es war interessant zu sehen, wie die Leute auf fremdes Geld fliegen. Das Schnitzel bezahlten wir mit französischen, den Wagen mit schweizerischen Franken. Von Pinkafö fuhren wir mittels Wagen über Oberwarth, wo gerade die Auferstehungsprozession war. Wir knieten nieder und ließen–[b] [c]–den Zug an uns vorbeiziehen. Die Garnison war ausgerückt, und zwar in unseren al-

---

a–a Werkmann, 37.
b–b Werkmann, 38.
c–c Werkmann, 39.

3 Josef Mayr, Chauffeur bei Ehn. Maria Theresia.
4 Maria Theresia Ehn. von Österreich, vgl. Nr. 13.
5 Schloß Frohsdorf in Niederösterreich, Sitz des Herzogs von Chambord.
6 Schloß Seebenstein in Niederösterreich, 1921 im Besitz des Herzogs von Braganza.
7 Schlederer, Leibchauffeur Kaiser Karls.
8 Nach Erdödy-Memoiren, 228–229: Gasthaus Lehner.

ten, guten Uniformen, die Artillerie mit Kartouche. Es war ein erhebender
Moment, die ersten alten Uniformen wiederzusehen. Ein Mann meinte, „[da]
hat sich der Tamás einen spassigen Bimpf[a] aufgezwicktd[–c]!"[9]

Von Oberwarth fuhren wir nach Petersdorf, St. Mihály. Dort erhofften wir
von Herrn Schey ein Auto zu bekommen. Dieser Herr ist ein großer Patriot,
Legitimist, ehemals Jude und Freund des Tamás. Wir waren in dessen Wohnung und sprachen mit seinen Töchtern. Die eine, die Jüngere, bot sich, obwohl sie nicht wußte, wer ich war, an, als Stubenmädchen nach Prangins zu
gehen. Ich fragte die Leute aus, wie wohl der König aussehe. Ich dachte immer, sie würden Photographien bringen und nahm sogar die Brille ab, doch
erkannte mich niemand. Zum Schlusse tranken sie alle auf das Wohl des Königs und beschimpften mich, weil ich nicht „ex" getrunken hatte, aber der
Wein war mir zu schwer. Schey selbst hatte einen kleinen Schwips. Wir fuhren nun mit den Pferden des Herrn Schey, das Auto war dienstuntauglich, auf
der directen Straße nach Steinamanger. Wir trafen etwa um 10[h] abends vor
dem bischöflichen Palais in Steinamanger ein. Der [b–]Bischof[10] hatte gerade ein
Souper, und zwar war bei ihm Minister Vass[11] eingeladen. Als Tamás den Diener zum Bischof hinaufschickte, um für sich und einen zweiten Herrn um ein
Nachtquartier zu bitten, war der Bischof eher ungehalten. Aber als guter
Hausherr kam er doch zu uns herunter, in den großen Saal des bischöflichen
Palais. Er gab uns beiden die Hand, dann entstand eine Pause, worauf Tamás
fragte, ob der Bischof nicht erkenne, wer sein Begleiter sei. Der Bischof erklärte, er kenne diesen Herrn nicht. Auf das hin erklärte Tamás sehr feierlich,
das sei Seine Apostolische Majestät, der König. Der Bischof stutzte und nahm
mich ins Nebenzimmer, wo er mich fragte: „Sind Sie es wirklich?" Ich bejahte.
Damit war das Eis gebrochen. Der Bischof zitterte am ganzen Körper; er war
furchtbar aufgeregt. Er sagte nur, er müsse den Minister Vass von meiner Anwesenheit verständigen. Vass war ebenso erstaunt und bestürzt, wie der Bischof, benahm sich aber sehr korrekt, indem er sofort zu mir kam und erklärte, er sei von dieser Stunde an nicht mehr Minister.[–b c–]Ich säuberte mich
nun etwas und bekam ein wohlverdientes Abendessen. Mittlerweile mußte,
wie immer in Ungarn, ein Politiker zu Rate gezogen werden. Es erschien der

---

a Umgangssprachlich: einen komischen Menschen mitgenommen.
b–b Werkmann, 40.
c–c Werkmann, 41.

 9 Tamás (Thomas) Graf Erdödy, vgl. Nr. 41. Kaiser Karl trug einen Automobilanzug mit einer
   sogenannten Autobrille, laut Angaben des Friedberger Bezirksinspektors Wiener an die Stei-
   rische Landesregierung: StLA, Landesregierunsakt Zl. E 93–951/1921: Friedberg, 1921 März
   31.
10 Johann (János) Graf Mikes von Zabola, 1911–1936 Bischof von Steinamanger (Szombathely).
11 Josef Vass, Prälat, seit Juni 1920 ungarischer Ernährungsminister.

Abgeordnete Lingauer[12]. Noch vorher hatte ich den Obersten Lehár[13] zitiert, der freudestrahlend herbeikam, sich sofort meldete und über meine Anwesenheit gar nicht erstaunt war. Er meinte, das habe er sich täglich erwartet. Der Bote, der zu ihm gesandt worden war, war der Oberleutnant von Almássy[14], ein Bekannter des Bischofs, der viel bei ihm verkehrt und die Pfadfinder in Steinamanger in patriotischem Sinne erzieht. Nach dem Souper fanden sofort Beratungen statt.[-c] [a-]Der Abgeordnete Lingauer wünschte, daß Pronay[15] nach Steinamanger kommen sollte, um hier unter Aufsicht zu sein.[-a] Ich hatte anfangs die Absicht, noch in der Nacht ein Manifest zu erlassen, und es dem Reichsverweser derart bekanntzugeben, daß es eine Stunde später publiziert und die Truppen beeidet wären. Dieser Manifestentwurf lautete: „Dem Drange Meines Herzens folgend, bin Ich in die geliebte Heimat zurückgekommen und habe mit heutigem Tage die Regierung wieder übernommen. Gott mit uns!" Die Herrn meldeten mir aber, daß Graf Teleki[16] und der Oberkommissär für Westungarn, Graf Sigray[17], in Iváncz, nahe Steinamanger, auf [b-]dem Gute des Letzteren wären, und daß man sie auf telephonische Verständigung in ungefähr zwei Stunden haben könnte.[-b] [c-]Nach Rücksprache mit dem Obersten Lehár entschloß ich mich, die beiden Herren kommen zu lassen. Es wurde ihnen durch einen Offizier mitgeteilt, daß ein großes Unglück geschehen würde, wenn sie nicht gleich nach Steinamanger kämen. Sie waren alle im Bette – es war zwei Uhr morgens – [27. März 1921] und erschraken fürchterlich. Bis die Herren kamen, entwarf ich mit dem Minister Vass eine Botschaft an den Reichsverweser,[18] die per Hughes hätte abgegeben werden sollen. Lehár war dafür, ihm sofort den Militär-Mariatheresien-Orden und die Herzogswürde zu verleihen. Minister Vass war dagegen; er fürchtete, den Reichsverweser dadurch zu verletzen. Gegen halb fünf Uhr früh kamen Teleki und Sigray an. Beide waren entsetzt. Sigray etwas weniger. Mittlerweile hatte Lehár zum Schutze von Steinamanger ein Bataillon aus Güns kommen lassen. Teleki erklärte sofort, es gäbe nur zwei Möglichkeiten: Entweder sofort

---

a–a Bei Werkmann gestrichen bis auf „der Abgeordnete Lingauer"; in Boroviczénys Publikationsfassung gestrichen.

b–b Werkmann, 42.

c–c Werkmann, 45.

12 Albin Lingauer, Legitimist, Hrsg. der westungarischen Provinzzeitung Vasvármegye.

13 Anton (Antál) Frh. von Lehár, Oberst, 1919 Militärkommandant in Westungarn.

14 Ladislaus (László) von Almássy, 1916 Leutnant d. R. im Husarenregiment Nr. 11.

15 Paul (Pál) Prónay de Tit-Próna et Blatnicza, 1918 Rittmeister im Husarenregiment Nr. 13, Oberstleutnant in der Honvéd-Armee in Westungarn, 1921 Bán des Burgenlandes.

16 Paul (Pál) Graf Teleki von Szék, 15.03.–24.09.1920 und 16.12.1920 bis Jänner 1921 ungarischer Außenminister; 19.07.1920–07.04.1921 ungarischer Ministerpräsident.

17 Anton (Antál) Graf Sigray, 1919 Regierungskommissar für Westungarn.

18 Vgl. Lehár, Erinnerungen, 179–180.

zurück in die Schweiz, oder nach Budapest. Ich erklärte ihm natürlich, ein
Zurück gäbe es nicht. Alea jacta est. Teleki selbst war der Meinung, daß sich
der Reichsverweser bei meiner Ankunft melden würde. An einen⁻ᶜ ᵃ⁻ernstli-
chen Widerstand seinerseits glaubte niemand, nicht einmal Lehár. Ich entschloß mich aus zwei Gründen, nach Budapest zu gehen: Erstens wäre es im
Falle der Loyalität des Reichsverwesers zweckdienlicher gewesen, gleich an
Ort und Stelle den ganzen Regierungsapparat zu übernehmen und zweitens
hielt ich Steinamanger als Zentrum der Westungarischen Bewegung im Hinblick auf Österreich für nicht sehr geeignet. Ich befahl daher, daß Ministerpräsident Graf Teleki mit dem Minister Vass um 6.30 Uhr früh per Auto nach
Pest zu fahren habe, um den Reichsverweser aufzuklären.[19] Ich selbst wollte
eine Stunde später fahren, um, falls sich in Pest Schwierigkeiten ergeben
würden, noch rechtzeitig vor Pest hierüber orientiert zu werden. Ursprünglich wollte Graf Teleki nach Pest fliegen, ich habe aber diesen Weg doch für
unsicher gehalten.⁻ᵃ ᵇ⁻Die Sache verzögerte sich etwas, und wir fuhren eine
Stunde später als Teleki weg. Ich fuhr mit Sigray, Oberst Jármy[20] und noch
einem Offizier. Am Volant saß Almássy. Teleki verirrte sich aber am Wege und
kam daher erst eine Stunde nach mir in Pest an. Auf dem Wege nach Pest
schlief ich entweder oder ich beschäftigte mich mit der Bildung des Cabine-
tes. Ich fragte Sigray, ob er eventuell die Regierung übernehmen würde. Er
erklärte es zu tun, wenn sich kein Besserer finden sollte. Ich wollte als Programm der Regierung haben: Gesetzmäßigkeit und Sparsamkeit. Wir kamen
etwa um 2 Uhr in Ofen an und fuhren vor das Gebäude des Ministerpräsidi-
ums. Dort stellten wir das Auto ein, und ich schickte Sigray und Jármy voraus, um den Reichsverweser von meiner Ankunft zu unterrichten. Sigray kam
nach kurzer Zeit mit ziemlich langer Nase zurück.⁻ᵇ Er sagte: „Eure Majestät
müssen sehr energisch sein." Am Burgtor erwartete mich Hauptmann Magasházy[21], der Flügeladjutant des Reichsverwesers ᶜ⁻in feldmäßiger Uniform
mit rot-weiß-grüner Feldbinde. Er führte mich in ein Appartement der Burg,
wo aber nicht geheizt war.⁻ᶜ Ich erklärte daher, direct zum Reichsverweser gehen zu wollen.[22] Als ich ins Flügeladjutantenzimmer trat, kam mir bereits
Horthy mit verstörter Miene entgegen und er sagte sogleich in seinem Ar-

---

a–a Werkmann, 46.
b–b Werkmann, 53.
c–c Werkmann, 54.

19 Vgl. Lehár, Erinnerungen, 180–181.
20 Andreas (Andor) Jármy von Nagyszolnok, Oberstleutnant.
21 Ladislaus (László) Magasházy, 1920–1929 Adjutant Horthys.
22 Vgl. dazu die abweichende, verschiedenen „on-dit"-Fassungen folgende Version bei Emerich
    Graf Csáky, Vom Geachteten zum Geächteten, hrsg. von Eva-Marie Csáky, Wien 1992,
    308–314.

beitszimmer: „Das ist ein Unglück, Eure Majestät müssen sogleich zurück."[23] a-Ich sagte ihm: „Ich will ein Ministerium bilden und Sie zum Armeeoberkommandanten machen." Er lamentierte, das bedeute den Ruin Ungarns, die Kleine Entente würde einmarschieren, die Armee sei nicht verläßlich, es könnte zu Blutvergießen kommen. Es sei nicht einmal ein halbes Prozent Wahrscheinlichkeit, daß die Sache gelingen würde, ich würde keinen Ministerpräsidenten finden und so fort. Ich erwiderte ihm, ich würde trotz alledem ein Ministerium bilden, ich hielt die Gefahr der Kleinen Entente [für] nicht groß, erzählte ihm von der Mission Briands[24] erklärte ihm, daß mir das Schießen gar nicht imponieren würde, einen Ministerpräsidenten würde ich schon bekommen, eventuell den Minister Vass. Im weiteren Verlaufe der Conversation machte ich ihn auf die Scene in Schönbrunn aufmerksam,[25] als damals unsere weiß-rote Fahne noch wehte und nach sehr schmerzlichen Ereignissen eingezogen worden war, und er mir versichert hatte, er würde mir wieder zu meinen Rechten verhelfen. Ich hielt ihm auch vor, daß ich ihn als kleinen Kapitän zum Marinekommandanten gemacht hatte, aber er blieb auf seinem Standpunkt. Auf meine Mitteilungen über die Mission Briands gab er zu erkennen, daß er nicht recht daran glaube, die Franzosen hätten schon zu

---

a–a Beginn der freien Bearbeitung durch Werkmann; die Textmaterie erscheint dort auf 56–67 verschiedentlich zerrissen.

23 Nach Gratz: KA, B/19 (NL Gratz), Mappe 12: „[...] wo ihm Horthy entgegenkam. Beide fielen einander in die Arme und zogen sich dann zu einer Unterredung zurück, die über zwei Stunden dauerte. [...]"

24 Aristide Briand, 1921–1922 frz. Ministerpräsident. Zur „Mission Briand", in: PRO, C 6930/189/21 Tagebuch Strutt, fol. 82r–86r und gedruckt bei Brook-Shepherd, Um Krone und Reich, 311–314. Über die schwankende Haltung Briands, der sich seit Herbst 1920 vorsichtig Papst Benedikt XV. genähert hatte: Kovács, Benedikt XV., 389 mit Anm. 124; Oudin, Briand, 396, 410. Vgl. auch PAMAE, Hongrie 34, Paris, 1921 April 03: Briand an Fouchet, Dementi seines Einverständnisses mit einer habsburgischen Restauration in Ungarn. Vgl. auch DBFP XXII, 95 (Dokument 77), Bericht Hohlers über den 1. Restaurationsversuch und ebd., 111 (Dokument 84), Anm. 5: Telegramm Hohlers, in dem er den Impuls für den Restaurationsversuch der Herzogin von Parma und ihren Söhnen zuschreibt. Vgl. auch Nr. 226 und KA, B/19 (NL Gratz), Mappe 12, Bericht von Gustav Gratz über seine erste Audienz beim König, Mittwoch, 30. März 1921, nachmittags: „[...] Ich begrüßte ihn mit den Worten, daß ich den Augenblick seiner Wiederkehr sehnsüchtig herbeigewünscht, mir ihn aber allerdings anders vorgestellt hätte. Unter den gegebenen Verhältnissen sei eine Übernahme der Regierungsgewalt ausgeschlossen. S. M. erwiderte, er müsse erklären, wie er zu dem Gedanken gekommen: ‚Vor einiger Zeit ließ Briand meinen Schwager Sixtus zu sich rufen', – er habe ihn gerufen, nicht Sixtus hat sich bei ihm gemeldet, – und er sagte ihm: ‚Dites à votre beau-frère etc. er möge nach Ungarn zurück, der Zeitpunkt sei günstig; Frankreich und England – denn auch letzteres sei einverstanden – werden formell protestieren und sich damit zufrieden geben. Die Kleine Entente werde Lärm schlagen, aber auch dieser Lärm ist nicht hoch zu bewerten.' Ich [Gratz] setzte auseinander, daß die inneren und die äußeren Schwierigkeiten zu berücksichtigen seien. [...]"

25 Vgl. zur Szene in Schönbrunn bei Boroviczény, Der König und sein Reichsverweser, 11–14.

viel versprochen. Als sich die Sache in die Länge zog: „Ich bleibe auf meinem
Standpunkte. Ich lasse Ihnen fünf Minuten Zeit, sich die Sache zu überlegen."
Aber auch nach fünf Minuten war nichts zu erreichen. Nun, da ich sah, daß
auf diesem Wege nichts zu erreichen sei, proponierte ich folgendes: „Ich gehe
jetzt nach Steinamanger zurück, nehme dort die Truppen Lehárs und versuche, in Steiermark und Österreich Ordnung zu machen", wozu er sich, wenn
auch mit Widerstreben, bereit erklärte. Schon vorher hatte ich ihn gefragt,
was er jetzt machen werde, ob er mich wohl einsperren würde, worauf er
lachte. Während der ganzen Conversation behauptete er, durch seinen der
Nationalversammlung geleisteten Eid gebunden zu sein.[26] Er[-a] bestritt seine
Eidespflicht mir gegenüber. Später sagte er allerdings, [a-]jeder anständige
Mensch würde sich trotzdem an den alten Eid gebunden halten. Als er mir
sagte, er hätte Verpflichtungen gegenüber der Nation, erwiderte ich, auf mich
schauen in diesem Momente meine Ahnen von Rudolf von Habsburg an her-
nieder. Er meinte, er begreife das nur zu gut. Vor dem Weggehen sagte ich
ihm: „Sie bleiben auf Ihrem Standpunkt, ich auf meinem." Und vorher noch
hatte ich ihm gesagt: „Sie bleiben hier als mein General", was er bejahte. Er
erzählte mir unter anderem auch, daß er bei einem angekündigten Putsch zu
Gunsten des Erzherzogs Josef erklärt [hätte], ihn im Blute ersticken zu wollen. Ich war in der Burg in der Uniform Lehárs, als Oberst erschienen. Ich
verließ dann das Zimmer durch einen Nebengang und ging mit Magasházy
wieder möglichst unbemerkt zum Auto und fuhr weg. Ich hatte den Reichsverweser gebeten, er möge den Politikern sagen, ich sei schon wieder aus Ungarn draußen. Da wir so alles abgemacht zu haben schienen, verlieh ich dem
Reichverweser beim Abschied das Großkreuz des Maria-Theresien-Ordens.[27]
Wir fuhren nun um ca. 4.30 Uhr vom Ministerratspräsidium in aller Eile weg,
damit nicht die Sache verraten werde, oder der Reichsverweser seinen Entschluß bedauerte. Ich ließ nicht einmal die Wache in der Burg ins Gewehr treten und befahl dem Flügeladjutanten Magasházy nicht zu auffallend „Habt
Acht" neben mir zu gehen. Die alten Garden hatten mich aber doch erkannt.
Es wurde ihnen jedoch verboten, von meiner Anwesenheit zu sprechen. Da
aber einige von ihnen vor dem Verbote ausgegangen waren, dürfte das Verbot
wirkungslos geblieben sein.

Interessant ist noch folgende kleine Episode: Bevor ich das Arbeitszimmer
des Reichsverwesers verließ, fragte ich ihn, ob der mich begleitende Magasházy verläßlich sei, ich hätte vielfach das Gegenteil gehört. Der Reichsverweser versicherte aber, er sei verläßlich und schweigsam wie wir alle.[-a]

---

a–a Freie Bearbeitung durch Werkmann, 59, 62, 63, 68, 69, 70.

26 Horthy hatte am 01.03.1920 vor der Nationalversammlung feierlich geschworen, die Unabhängigkeit Ungarns zu schützen. Vgl. Kovács, Benedikt XV., 379–380.
27 Vgl. Lehár, Erinnerungen, 210, mit Kommentar 268, Anm. 345.

ᵃ⁻Wir fuhren von Budapest über Stuhlweißenburg [Székes-Fehérvár] wo wir
vom Korpskommando aus nach Steinamanger [Szombathely] meine Rückkunft ankündigten. Es herrschte ein fürchterlicher Samum, ein Wind mit
Staub, so daß man kaum vor sich hinsehen konnte. Hinter Stuhlweißenburg
[Székes-Fehérvár] platzte unser letztes Pneumatik. Wir mußten ein altes
picken, was sehr lange Zeit in Anspruch nahm. Mit diesem gepickten kamen
wir bis Várpalota, von wo aus ein Weiterfahren unmöglich war. Wir trafen
Oberst von Lorx[28], der dort ein Lehrregiment hat. Er bewirtete uns. Er bewohnt das Kastell von Várpalota mit seiner Familie schon seit einem Jahr und
ist mit seinem Dienste sehr zufrieden.⁻ᵃ ᵇ⁻Hinter uns kam ein Regierungsauto
mit Graf Teleki und Sigray, die nach Steinamanger fuhren. Sie baten mich
einzusteigen, aber nach ihrer schwächlichen Haltung wollte ich nicht mit ihnen fahren. Sie fuhren weiter.⁻ᵇ Zum Glück traf bald eines unserer drei Autos
ein, die von Steinamanger gestartet waren und das unterwegs in einen Graben gefallen war und sich die Lenkstange verbogen hatte, so daß die Insassen
die Lenkstange bei einem Dorfschmiede geradebiegen lassen mußten. Glücklicherweise hatte der Unfall für die Insassen keine üblen Folgen gehabt. Fast
gleichzeitig kam auch das dritte Auto an, das uns bis Pest [Budapest] gefolgt
war und dort in der Hofgarage neue Pneumatiks gefaßt hatte. Nun wurden
wir endlich flott. ᶜ⁻Die Nacht war sehr kalt. Ich hatte nur einen dünnen Hu-
saren-Sommerpaletot und darüber einen schwarzen Mantel des Bischofs. Ich
fror wie ein Schneider; dabei wurde der Wind immer stärker und wir waren
übernächtig. Um 2 Uhr früh [28. März 1921] hatten wir wieder eine Panne.
Ich verließ nun das Auto Almássys und setzte mich in das Fliegerauto, eben
jenes, welches die Lenkstange verbogen gehabt hatte. Es war seitlich zu
schließen, und so konnte der Wind nur von vorne blasen. Ich hielt das bereits
für ein Paradies. Um halb sechs Uhr früh kamen wir in Steinamanger an. Die
zweite Nacht gänzlich ohne Schlaf. Oberst Lehár war erwacht und meldete
mir folgendes: Horthy hatte ihm telegraphiert, er solle mich bewegen, sofort
das Land zu verlassen. Magasházy hatte ihm auch telephoniert, „Karl hat
Pest verlassen", worauf Lehár replizierte: „Seine Majestät." Beniczky[29] und
Szmrecsányi[30] wären über Befehl Horthys in Hajmáskér angehalten worden,
als sie zu mir kommen wollten. Szmrecsányi soll sich angeblich geäußert ha-

---

a–a Werkmann, 85.

b–b In Boroviczénys Publikationsfassung gestrichen. Textkorrektur durch den Kaiser.

c–c Werkmann, 89–91.

28 Viktor Lorx von Ruszkin, vgl. Nr. 3.

29 Edmund (Ödön) Beniczky von Benicz und Micsinye, führender Politiker der Christlichnatio-
    nalen, Legitimist; 12.09.1919–01.03.1920 ungarischer Innenminister.

30 Georg (György) Szmrecsányi, Vizepräsident der ungarischen Nationalversammlung, Legiti-
    mist.

ben, nun würde Horthy aufgehängt werden. Auf das Telegramm Horthys hin telegraphierte ich ihm: „In Anbetracht der geänderten Verhältnisse fordere ich Sie auf, sich mir zu unterstellen und ich vertraue auf die Bereitwilligkeit meines bewährten Admirals. (Ungefähr)" Es kam die Antwort, er könne sich nicht unterstellen, werde sich aber, wenn ich die Herrschergewalt übernehme, fügen.[31] Es wurde nun mit Sigray ein Manifest verfaßt, welches gegenüber dem ersten nur eine kleine Zugabe, einen Hinweis auf meine Friedensliebe enthielt. Es war ausgemacht worden, daß Teleki provisorisch unter mir die Regierung fortführt, er sofort nach Budapest zurückkehrt und dort alles für meine Ankunft in ca. zwei Tagen vorbereitet. Für das Manifest lehnte er die Verantwortung ab.[32] Am Nachmittag des Montag [28. März 1921] empfing Horthy die Entente-Gesandten.[33] Er teilte ihnen meine Ankunft mit. Ich hatte ihm durch Teleki befehlen lassen, den Gesandten gegenüber zu erklären, die Königsfrage wäre gelöst. Ich glaube, daß er diesem Befehl nicht nachgekommen ist.[34] Er hatte, wie ich hörte, schon damals den Spanischen König auf ra-

---

31 Vgl. Lehár, Erinnerungen, 186: „Depesche König Karls an Horthy: Lieber Admiral Horthy! In Anbetracht der geänderten Verhältnisse verlange Ich Ihre unbedingte Unterwerfung unter Meine Befehle. Von Ihnen, Meinem treuen Admiral, bin Ich gewiß, wie Ihre Entscheidung ausfallen wird. Karl. Horthy antworte darauf: Bitte S. M., diesen Befehl zurückzuziehen, ich werde dann darauf erst nachmittags antworten. Ich fürchte aber sehr, wenn ich die Regierung übergeben werde, die Anarchie kommen wird, oder der Erzherzog Josef, und dann eine Katastrophe für das Land kommen werde."

32 Dieses Manifest befindet sich nach den Tagebuchaufzeichnungen von Gustav Gratz im Nachlaß Gratz, konnte aber dort nicht gefunden werden. Lehár, Erinnerungen, 189: „Um drei Uhr nachmittag [28. 3. 1921] wurde ich mit Teleki zum Hughes gerufen. – Horthy teilte mir mit, daß er unter gewissen Voraussetzungen bereit sei, die Regierung an S. M. zu übergeben, daß er sich aber vorbehalten müsse, bis dahin die Maschinerie in der Hand zu behalten. [...] Teleki ging mit der Depesche sofort zu S. M. – S. M. ließ Horthy hierauf hughesieren: S. M. danke Horthy für seine loyale Haltung." Vgl. weiter Lehár, Erinnerungen, 190, Teleki an Reichsverweser Horthy: „Aus einer kurzen Unterredung, die ich fortsetze: Der König dankt für Ihre Loyalität. Im Falle Ihrer Demission wünscht er nicht Josef als Militärkommandanten in Budapest, sondern Lukachich. Wünscht das Manifest heute zu erlassen und den Truppen den Eid abzunehmen. Nach halb zwölf gehe ich zum Hughes-Apparat."

33 Vgl. die Berichte Hohlers und Fouchets über ihren Besuch bei Horthy in: PAMAE, Hongrie 34, fol. 70–78, Fouchet an Briand, Budapest, 1921 April 04: « Avec la perspicacité qu' assurent parfois les consciences droites, cet homme assez médiocre, mais honnête et conscient de sa responsabilité, eut le courage de résister aux ordres formels de celui qui, à ses yeux, restait, par droit divin, le maître de la Hongrie aussi longtemps que la main royale n'aurait pas signé l'acte d'abdication. » Vgl. auch Hohler an Curzon, 1921 April 01, in: DBFP XXII, 106 (Nr. 77). Vgl. Lehár, Erinnerungen, 190: Teleki an Graf Khuen-Héderváry, Außenministerium: Aufforderung des Königs an Khuen, zum französischen Hochkommissar zu gehen mit der Bitte, dessen Sekretär nach Steinamanger zu schicken. Der König will eine Botschaft an Briand richten. Vgl. auch PRO, FO 371/6103, fol. 30r–33v, Hohler an Curzon, Budapest, 1921 April 07.

34 Vgl. den Bericht Hohlers an Curzon, Budapest, 1921 März 29, der die tatsächliche Einstellung Horthys zeigt; auch seine Bereitschaft, den König gefangenzunehmen, in: DBFP XXII, 95–97 (Nr. 66).

diotelegraphischem Wege gebeten, mir ein sauf-conduit zurück nach der Schweiz zu verschaffen.[35] Die Gesandten waren nicht sehr freundlich. Die unangenehmsten waren der Serbe[36] und der Engländer[37] [...] Der Letztere erklärte, der König verfolge habsburgische Politik und setzte die dynastischen Interessen über die des Landes. Am Abend erklärte Horthy, das Manifest nicht zu veröffentlichen. Er befahl Zivil- und Militärbehörden, nur ihm zu gehorchen[38].−c a−Am nächsten Tage, Dienstag, [29. März 1921] kamen Andrássy[39] und Bethlen[40] zu mir in Audienz. Beide brachten dieselbe Proposition: Zurück in die Schweiz, sonst Gefahr für die Nation, aber vorher eine Proclamation erlassen, um aus der Situation den größtmöglichen Nutzen zu ziehen. Andrássy trug dies mehr ruhig vor, dabei mit Ausfällen gegen Horthy, Bethlen mehr mit der kalvinischen Steifnackigkeit. Er übermittelte mir auch Aufträge Horthys, ich sollte bald abreisen, niemanden empfangen, etc., was ich nicht zur Kenntnis nahm. Aus den Anregungen Andrássys construierte ich mir die letzte friedliche Lösung. Ich telegraphierte dem Reichsverweser: „Ich verstehe Ihre Politik nicht. Entweder hätten Sie mich neulich in Budapest verhaften lassen sollen, oder aber sich mir unterwerfen. Um den Bürgerkrieg zu bannen, schlage ich Ihnen folgendes vor: Ich ernenne Sie zum königlichen Statthalter und beeide Sie. Ich bleibe als König mit allen königlichen Ehren im Lande, werde über alles im Laufenden erhalten und übernehme zu günstiger Zeit die Regierung. Ich verlange die Auflösung des Hauses." Unter der Hand ließ ich ihm sagen, daß die Auflösung des Hauses nicht Conditio sine qua non

---

a–a Werkmann, 95.

35 Vgl. BAR, E 2001 (B)-/3, Bd. 49, Dossier B 44/142/2, 1922 (III), fol. 118a, Notiz des Grafen Nikolaus (Miklós) Bánffy über die Reaktion der ungarischen Regierung auf den ersten Restaurationsversuch, Beilage zum Bericht Bourcarts, Budapest, 1921 April 21: „[...] Am 28. März wurde an die hiesige königlich spanische Gesandtschaft die Anfrage gerichtet, ob nicht etwa für Seine Majestät ein Sauf-conduit erwirkt werden könnte. Die spanische Gesandtschaft hat sich in diesem Sinne telegrafisch an ihre Regierung gewendet. Ohne die Antwort der königlich spanischen Regierung abzuwarten, hat das königlich ungarische Ministerium des Äußeren noch an demselben Tage an die königlich spanische Gesandtschaft die formelle Bitte gerichtet, bei ihrer Regierung wegen Ausstellung eines Sauf-conduit's die nötigen Schritte zu unternehmen. [...]" Vgl. auch Anm. 22 oben.

36 Nach DBFP XXII, 95–97 (Nr. 66): Dr. M. Miloyevic (Milojevitch).

37 Thomas Hohler, britischer Hochkommissär in Budapest, 1920–1924, ab 1921 im Rang eines bevollmächtigten Ministers.

38 Vgl. Lehár, Erinnerungen, 192: „Im Lebensinteresse des Reiches und des Königs kann Seine Durchlaucht der Herr Gouverneur seine Macht als Staatsoberhaupt nicht übergeben. Eventuell von Szombathely oder nicht vom Gouverneur ernannten Stellen kommende Befehle sind daher nicht zu befolgen, sondern hierher zu melden. Auch Oberst Lehár in Szombathely handelt ebenso."

39 Julius (Gyula) Graf Andrássy von Csik Szent-Király und Krasznahorka, Führer der ungarischen Legitimisten, vgl. Nrn. 87a, 131.

40 Stephan (István) Graf Bethlen de Bethlen, 15.04.1921–19.08.1931 ungarischer Ministerpräsident.

sei, und daß der Eid auch nicht öffentlich abgelegt werden müsse, nur in Anwesenheit zweier Geheimer Räte.[-a]

[a-]Die Antwort war ein Brief, in dem er mich seiner Loyalität versicherte und erklärte, er könne keinen öffentlichen Eid ablegen und ein geheimer nütze nichts.[41] Mittlerweile hatten zwischen Teleki, Andrássy und Gratz[42], der aus Wien gekommen war, Beratungen über die politische Lage, das Manifest,[43] etc. stattgefunden. Ich erklärte aber, nicht mit diesem vierblättrigen [sic] Kleeblatte, sondern nur mit Gratz zu verhandeln. Das ist wirklich ein braver Mann. Er war immer für das Aushalten und arbeitete mit mir als Minister des Horthy gegen die Pester Regierung.[b] Als obgenanntes Kleeblatt [sic] etwa vier Tage verhandelt hatte, wollte es eine Abschiedsaudienz, natürlich mit langem Gerede. Ich gewährte die Audienz, machte sie aber sehr kurz und

---

a–a Werkmann, 103–104.
b   Von Werkmann und Boroviczény in einer Abschrift gestrichen. Einfügung von Kaiser Karl
     nach den Worten Pester Regierung: Ein schwarz-gelber Ungar durch und durch.

41 Diese Korrespondenzen liegen nicht vor. Dazu aber KA, B/19 (NL Gratz), Mappe 12: „Am Donnerstag [31. März 1921] um 10 Uhr empfing mich S. M. Er sagte, er hätte mich gebeten, mit ihm in Verbindung zu bleiben, weil ich der ruhigste sei. Die anderen, besonders Bethlen, hätten ihn zu sehr aufgeregt und er müsse seine Nerven beisammenbehalten, ‚wer weiß, wozu man sie noch braucht'. Ich lese ihm den Manifestentwurf vor. Er meint, er sei im allgemeinen gut, nur der letzte Passus, das Vertrauen auf Horthy, müsse er sich überlegen. Horthy habe Sonntag doch nicht so gehandelt, wie er es von ihm erwartete. Er habe den Befehl auf Übergabe der Regierungsgewalt durch den Ungehorsam verweigert. Ich nehme Horthy in Schutz, gebe meiner Überzeugung von seiner vollsten Loyalität Ausdruck. Der König bemerkt, das möge zutreffen, aber Horthys Umgebung sei nicht loyal. Wir kommen auf die Frage der Abreise zu sprechen. Er erklärt, daß er keinen Entschluß treffen könne, bevor die Antwort auf ein Telegramm eingetroffen sei, das er durch Teleki dem Reichsverweser übermitteln ließ. Nachmittag fuhr S. M. nach Körmend. [...] Was die Antwort betrifft, die S. M. von Horthy erwartete, verhält sich die Sache folgendermaßen: S. M. hatte den Gedanken, mit Horthy nochmals zusammenzukommen. Horthy sollte ihm in Anwesenheit von je zwei Geheimen Räten einen nicht für die Öffentlichkeit bestimmten Treueid schwören. Tut er das, sei der Kaiser [sic] bereit, abzureisen, das Manifest zu akzeptieren. [...] Per Hughes [kam] die vorläufige Antwort von Horthy an S. M. [...] Sie war in ungarischer Sprache gehalten. [...] Horthys Mitteilung besagte, daß er dem König aufrichtig ergeben sei, all seine Bemühungen seien darauf gerichtet gewesen, seine Rückkehr zu ermöglichen. Einen Dethronisationsbeschluß war er auch mit Gewalt zu verhindern entschlossen. Jetzt sei die Situation schwieriger geworden, trotzdem hoffe er, sie retten zu können. Er habe keinen sehnlicheren Wunsch, als seinen jetzigen Posten verlassen zu können und in Prud [?] zu leben, habe auch keinerlei Ehrgeiz für sich, beschwöre jedoch mit Rücksicht auf Gesamtlage S. M. nicht zu [insistieren]. [...] Der König, dem ich diese Passage deutsch vorlas, schien im Allgemeinen befriedigt zu sein. Ich suchte ihm zu beweisen, daß eine so feierliche Versicherung, die übrigens Horthy in einem Brief, den ihm Hunyady am nächsten Morgen überbringen wolle, ebensoviel wert sei, wie ein Eid."
42 Vgl. zu Gustav Gratz Nr. 242 und Erwin Matsch, Sechs Außenminister aus der alten österreichischen Monarchie, in: Archiv für Kulturgeschichte 64 (1982), 183.
43 Vgl. Nr. 234.

feierlich, schnallte das Bajonett um und hielt folgende Ansprache: „Es ist mein unwiderruflicher Wille, über den nicht mehr discutiert wird:

1. Ich bleibe im Lande, solange ich nicht sehe, daß daraus ein Krieg für Ungarn entsteht. Innerpolitische Gründe sind mir nicht maßgebend. (Die Politiker befürchteten damals eine Dethronisation im Parlamente.)

2. Das Manifest ist gut, ich behalte mir vor, daran noch Korrecturen vorzunehmen.

3. Dr. Gratz bleibt in Steinamanger." Hierauf dankte ich ihnen. Einer fragte noch, warum ich das Land nicht verlassen wollte, worauf ich erwiderte: „Weil ich ein zu guter Ungar bin." Hierauf Händedruck und gnädiges Kopfnicken. Bevor sie wegfuhren, ließen sie noch fragen, was unter Korrecturen zu verstehen sei. Ich ließ antworten: „Keine die großen Ideen störenden."[a][44]

[a]–Mittlerweile waren die Ultimata von der Kleinen Entente gekommen. Ein tschechisches, im Namen der Rumänen und Serben, ungezählte serbische. Das schwächste war das eigentliche rumänische. Gratz verlangte, daß die Ultimata schriftlich wiederholt würden, weil er glaubte, daß die Gegner sich dazu schwer entschließen würden.[45] Dann wies er das Ministerium an, bei den Großmächten gegen die Einmischung der Kleinen Entente in innere ungarische Angelegenheiten zu protestieren. Er befahl auch, man solle den Rumänen sagen, daß ich im Jahre 1918 dem König Ferdinand[46] gegen den Willen der Deutschen den Thron gerettet hätte. Gratz hatte mir zuerst vorgeschlagen, dem Könige direct diese Sache zu telegraphieren, bat mich dann aber wegen der Siebenbürger, die eine solche Message vielleicht als Preisgabe ihres Landes an Rumänien gedeutet hätten, davon abzusehen. Die beiden ersten Befehle Gratz' wegen der schriftlichen Wiederholung der Ultimata und wegen des Protestes bei den Großmächten sollen, wie mir mitgeteilt wurde, vom Ministerpräsidenten Teleki als unnütz storniert worden sein. Dies war ein Hauptgrund für die Demission Gratz'.[47] Bei allen diesen diplomatischen Arbeiten war der

---

a–a Werkmann, 125–126.

44 Vgl. dazu auch Lehár, Erinnerungen, 202–203.

45 Die Proteste der jugoslawischen, rumänischen und tschechoslowakischen Repräsentanten beim ungarischen Außenminister Dr. Gustav Gratz vom 29. und 30. März 1921, in: PD 2, 285 (Nr. 260); 285–286 (Nr. 261); 288 (Nr. 265); 291–292 (Nrn. 270, 271); 294–295 (Nr. 273). Vgl. auch Ádám, Richtung Selbstvernichtung, 32–35.

46 Ferdinand I. (aus dem Hause Hohenzollern-Sigmaringen) 1914–1927 König von Rumänien. Vgl. Nrn. 3, 87 und 161 und PRO, FO 371/6103, fol. 6r über das loyale Verhalten des Königs.

47 Vgl. dazu KA, B/19 (NL Gratz), Mappe 13: „Erst Montag, am 3. April [= 4. April] mittags ein Uhr traf ich in Budapest ein. [...] Um halb fünf Uhr war ich bei Horthy, der mir den Verlauf seiner Unterredung mit S. M. erzählte; er machte den Eindruck der Verlegenheit, [gebrauchte] S. M. gegenüber eine Art gönnerhaften Ton und überraschte mich mit der Leichtigkeit, mit der er zugab, daß er auch zur Anwendung von Zwangsmaßnahmen gegen S. M. bereit sei. Von ihm ging ich zu Teleki, dem ich – wie übrigens auch Horthy – mein Demissionsgesuch mündlich mit folgendem begründete:

Spiritus Rector der ehemalige Botschafter Graf Széchen[48], der sich in der
selbstlosesten und patriotischesten Weise in den Dienst der Sache stellte. Er
hat auch am Manifeste[49] mitgearbeitet. Er war nach Steinamanger geeilt, sobald er im Ödenburger Comitate erfahren hatte, daß ich angekommen war.
Das gefährlichste an der außenpolitischen Lage war, daß die ungarische Regierung erklärt hatte, keinen Widerstand zu leisten. Anderseits ist so ziemlich
erwiesen, daß der linke Flügel der Kleinen Landwirte-Partei irgendwie mit den
Serben packelte. Weiters besteht ein Brief des ehemaligen Hauptmannes Gömbös[50] worin er den Serben die Freundschaft anträgt, und dafür als Preis die
Dethronisation des Hauses versprach. Diesen hochverräterischen Brief hatte
Teleki in der Hand.[-a] [a-]Es wäre seine Pflicht gewesen, Horthy hievon zu verständigen.[-a] [b-]Man sieht also: Wenn auch die Regierung die Erklärung, keinen
Widerstand zu leisten, nicht den Serben gegeben hat, so bestanden doch

---

a–a Gestrichen bei Werkmann und in Boroviczénys Publikationsfassung.
b–b Werkmann, 126–128.

1. Es war ein Fehler, daß die entscheidende Hauptunterredung am Sonntag bloß zwischen König und Gouverneur, zwei unverantwortlichen Persönlichkeiten, stattfand. Wäre ein verantwortlicher Faktor – die Regierung – eingeschaltet worden, so hätte die Angelegenheit rascher,
besser, würdiger und korrekter erledigt werden können.
2. Daß S. M. von Budapest sofort zurückgeschickt wurde, sei ein überflüssiger Affront gewesen. Die Kanonen wären nicht gleich losgegangen, wenn S. M. eine Nacht in Budapest zuge-
bracht hätte, und es sei gar nicht nötig gewesen, ihn wie einen Aussätzigen zu behandeln.
3. Unser Verhalten der Entente gegenüber entbehrte jede Würde. Wir machten den Eindruck,
daß wir ein Ultimatum herbeisehnen. Meine aus Steinamanger geäußerten Wünsche nach
dieser Richtung blieben mit Unterstützung Telekis unberücksichtigt.
4. Durch die Nationalversammlung vom 1. April – besonders durch die Resolution Meskós, sei
der Gouverneur in offenen Gegensatz zum König gestellt worden. [Vgl. dazu Mária Ormos,
„Soha amíg élek!" Az utolsó koronás Habsburg puccskísérletei 1921-ben, Budapest 1990,
70–71.] Ebenso in dem Horthy'schen Armeebefehl (der noch während Telekis Anwesenheit in
Steinamanger dort eintraf, aber auf Anordnung Telekis dort nicht publiziert wurde).
5. Ich kann mich des Eindrucks nicht erwehren, daß S. M. durch gefärbte Nachrichten irregeführt wurde und ich natürlich in Steinamanger ebenso. Beweis: die falsche Übersetzung des
Beschlusses der Botschafterkonferenz, die Widersprüche in den militärischen Informationen.
6. Der Umstand, daß Teleki von mir verlangte, daß ich S. M. über Dinge, die sich auf die wesentlichen Bedingungen seiner Abreise bezogen, im unklaren lasse (Schweizer Aufenthaltsfrage) und daß er an eine militärische Entfernung S. M. dachte, macht mein Verbleiben im Kabinett unmöglich.
7. Ich kann es nicht hinnehmen, daß Kánya zu meiner Kontrolle nach Steinamanger entsendet wurde und von dort hinter meinem Rücken in direktem Verkehr mit Budapest stand.
Ich räumte noch Montag abends meinen Schreibtisch und hoffte, meine rasche Enthebung
durchsetzen zu können. 743
48 Nikolaus (Miklós) Graf Szécsen von Temerin, seit 1916 ungarischer Hofmarschall; 23.01.1911–
10.08.1914 österreichisch-ungarischer Botschafter in Frankreich.
49 Vgl. Nr. 234.
50 Julius (Gyula) Gömbös von Jákfa, vgl. Nr. 204.

Kanäle, durch die es der serbische Gesandte leicht hätte erfahren können. Es bestand bei den Bestgesinnten die Furcht, daß die Kleinen-Landwirte den Serben suggerieren würden einzumarschieren, und vielleicht irgend ein ungarisches Dorf anzuzünden und die Schuld auf den König zu wälzen.

Nach dem letzten Vorschlage an Horthy versuchte ich noch das letzte Mittel, das der Gewalt. Mit den Truppen Lehárs nach Pest [Budapest] zu marschieren war unmöglich, denn erstens ist die Distanz zu groß, und war der Anschluß der anderen Garnisonen unsicher und zweitens ist Ungarn so schmal, daß jederzeit ein Einbruch der Gegner erfolgen kann. Entscheidend ist aber, daß Lehárs Truppen, 1500 Feuergewehre, auf die ganze Grenze von ungefähr 150 Kilometer verteilt waren. Diese abzuziehen hätte bedeutet, die Serben einzuladen, in Ungarn einzufallen. Es gab nun noch ein zweites Mittel: Osztenburg[51]. Als Hunyady[52] am Donnerstag [31. März 1921] eintraf, fragte er mich, ob Osztenburg am Freitag [1. April 1921] oder Samstag [2. April 1921] auf Dienstag [5. April 1921] das System in Budapest umstürzen dürfe. Ich bejahte. Später wurde der Termin verschoben. Gleichzeitig erklärte man, ich sollte am bestimmten Tage um 2 Uhr früh in der Maria-Theresien-Kaserne sein, und zwar durch die Somogy und die Donau mit einem Nachen übersetzend, hingelangen. Sie erklärten, 700 Mann zu haben, der zwei Regimenter in Pest nicht sicher zu sein, die Artillerie vielleicht zu haben. Auf das hin ließen Lehár und ich die Sache als aussichtslos fallen.[−b]

Am Montag [4. April 1921] jedoch ließen sie sagen, sie würden es dennoch machen. Es scheint ihnen aber doch der Mut im letzten Moment gefehlt zu haben. Es war zuletzt vereinbart, daß die Sache um 2 Uhr früh losgehen sollte und sie bis 4 oder 6 Uhr früh per Hughes nach Steinamanger [Szombathely] melden würden. Beniczky hätte momentan die Regierung übernehmen und mit dem für die Schweiz bereitgestellten Zuge nach Budapest fahren sollen.[53] Für alle diese Manöver mußte ich krank werden, um die Krise hinauszuziehen. Anderseits mußte ich gegen Dienstag [5. April 1921] wieder wohler werden, und so mußte schließlich am Dienstag abgereist werden. Die montägige Verständigung, daß die Sache doch stattfinde, war mir nicht rechtzeitig gemeldet worden, sondern erst, als der Offizier bereits weg war.

---

51 Julius (Gyula) von Morawek-Osztenburg, Hauptmann im Feldjägerbataillon Nr. 26, militärischer Hauptbeteiligter am 2. Restaurationsversuch.

52 Joseph (József) Graf Hunyady von Kéthely, 1. Obersthofmeister des Kaisers ab 11.05.1918, vgl. Nr. 20, 61, 154, 201 und 213.

53 Vgl. dazu KA, B/19 (NL Gratz), Mappe 13: „[...] Am 4. [April] nachmittsgs suchte mich Benicky auf und fragte mich, [...] ob ich ihn versichern könne, daß für den Fall des Verbleibens S. M. in Ungarn auswärtige Verwicklungen zu befürchten seien. Auf meine bejahende Antwort entfernte er sich. Erst nachträglich wurde mir bekannt, daß militärische Kreise für Montag abends einen Putsch zugunsten des Königs geplant hätten, der dann auf die von mir erhaltene Information hin abgeblasen wurde [...]."

Ich möchte noch einiges über [den] Weißen Terror sagen. Es wird erzählt, daß nach Ermordung des Redacteurs der Népszava die Mörder de[n] Soldaten, der Zeuge der Tat war und dies auch den Offizieren gegenüber zugegeben hatte, gleichfalls in die Donau geworfen haben. Beide Mörder wurden über Befehl der Kanzlei des Reichsverwesers freigelassen. Einer der Mörder soll ein Rittmeister Graf Crouy[54] gewesen sein. Dieser Ehrenmann tauchte übrigens auch in Steinamanger [Szombathely] auf.

Dem Sohne eines Rabbiners wurden die Hoden weggeschnitten und auf einem Teller dem Vater überbracht. Ein Offizer, der früher dem Pronay-Detachement angehört hatte, erzählte, daß jüdische Frauen gezwungen wurden, mit großen Hunden Unzucht zu treiben.

Bei der Gruppe Lehár kamen keine Atrozitäten vor. Nur einmal wurde ein Redacteur gezwungen, einen gegen die Offiziere gerichteten Articel zu verschlingen und es wurde ihm Tinte nachgegossen.

In den letzten Tagen meines Aufenthaltes in Steinamanger [Szombathely] verschärfte sich die Kontrolle der Regierung. [a–]Es ist bezeichnend, daß Horthy als Wache nur Leute des Proneydetachements hat. Gratz wurde durch Kánya,[55] Lehár durch Hegedüs[56] kontrolliert. Horthy erließ einen sehr merkwürdigen Armeebefehl, den zu publizieren Lehár sich weigerte und Teleki wieder erklärte, diese Weigerung als Ministerpräsident zu billigen. Steinamanger wurde künstlich von der Außenwelt abgesperrt. Es gab neun Kontrollstationen zwischen Budapest und Steinamanger. Oberst Lehár ließ dennoch einen amerikanischen Journalisten kommen, dem er mitteilte, daß meine Anwesenheit die Gesetzmäßigkeit bedeute, daß es jetzt weder Roten noch Weißen Terror mehr gebe.[57] Dies scheint in Budapest mißfallen zu haben, denn Lehár erhielt am Tage vor meiner Abreise den Befehl, sich nach Budapest zu begeben. Er erklärte, solange in Steinamanger zu bleiben, als der König dort bleibe, worauf er enthoben wurde.[58] Ich habe niemals Pronay und Héjjas[59] gesehen. Ich kenne sie auch gar nicht.[–a]

[b–]In der Zeit des Steinamangerer Aufenthaltes kamen: von den Kroaten ein von der Frankpartei[60] gesandter Doctor, der mir klipp und klar erklärte, die

---

a–a Werkmann, 128 ff. (mit Adaptionen). Auf Wunsch des Kaisers hier gestrichen.
b–b Werkmann, 113 ff. (mit Adaptionen). Auf Wunsch des Kaisers hier gestrichen.

54 Peter Graf Crouy-Chanel, Oberleutnant d. R. im Feldartillerieregiment Nr. 109, vgl. Lehár, Erinnerungen, 193.
55 Koloman (Kálmán) Kánya von Kánya, 1920–1925 Kabinettschef im ungarischen Außenministerium.
56 Paul (Pál) Hegedüs, April bis Juli 1921 Kommandant des 3. Honvéddistriktes Steinamanger.
57 Vgl. Nr. 234, Anm. 1.
58 Vgl. Lehár, Erinnerungen, 204–206.
59 Iván Héjjas, 1919 Oberleutnant d. R. und Mitglied des „Erwachenden Ungarn" (EME = Ébredö Magyarok Egyesülete).
60 Frankpartei nach Dr. Ivo Frank, Führer der kroatischen Reinen Rechtspartei, vgl. Nr. 3.

Kroaten wollten weder von Ungarn, noch von Österreich etwas wissen, sondern nur die Dynastie haben. Er erzählte Lehár, daß die Kroaten noch viel
Geld brauchten und noch nicht fertig seien. Weiters sah ich Rittmeister
Riedl,[61] der eine Bewegung in Steiermark entfachen und es dazu bringen
sollte, daß ich bei der Durchfahrt durch Österreich in Steiermark aufgehalten
werde. All dies scheiterte an der allgemeinen Feigheit. Ich habe ihm für den
Bischof Schuster[62] eine von mir paraphierte Erklärung übergeben, die Mitteilungen über die Vorgänge im November 1918 und über die angebliche Eides-
entbindung enthält. Ich habe Riedel aber verpflichtet, daß er diese Erklärung
nach Kenntnisnahme durch den Bischof und [durch] Professor Ude[63] ver-
brenne; er könne eine Kopie ohne meine Paraphe machen, aber auch diese
Arbeit dürfe nicht für Zeitungen verwendet werden. Rintelen[64], der sich überhaupt sehr anständig benahm, erklärte, die Steiermark würde sich von Österreich als Herzogtum lostrennen und zu ihrem früheren Herrscher zurückkehren, falls die Sache in Ungarn gut gehe (durch Lehár). Major Milássovics[65]
meldete aus Wien, daß dort vor sechs Monaten nichts zu machen sei. Ich gab
ihm nichts mit. Nur Rittmeister Riedel und Oberleutnant Wachsmann[66] bekamen Briefe für Ihre Majestät, die auch angekommen sind. Milássovics kam
noch ein zweites Mal. Fitz Williams[67] gab ich einen Brief für Ihre Majestät.
Ich habe auch Schager[68] geschrieben, daß die Situation unhaltbar werde. Er
sollte das Tiroler und das Steierische Komitée verständigen, daß ich auf der
Durchfahrt eventuell aufgehalten werde. Boroviczény hat Fitz Williams kommen lassen, um den Ententeleuten zu zeigen, daß ich wirklich krank sei.–b

61 Nikolaus (Miklós) Riedl, Rittmeister, Oberst der k. u. Landwehr (Honvéd). Vgl. Steiner, Sche-
    matismus, 211.
62 Leopold Schuster, 1893–1927 Fürstbischof von Seckau.
63 Johannes Ude, vgl. Nr. 213.
64 Anton Rintelen, Professor für Zivilprozeßrecht an der Universität Graz; 27.05.1919–25.06.1926
    und 23.04.1928–13.11.1933 Landeshauptmann der Steiermark.
65 Karl (Károly) Milássovics, Major im Infanterieregiment 99, Mitarbeiter Lehárs.
66 Konnte nicht eruiert werden.
67 Fitz Williams, englischer Arzt, vgl. PD 2, 318 (Nr. 304), [Szombathely], 1921 April 03, Gratz an
    den ung. Gesandten in Wien, Masirevich. BAR, E 2001 (B)-/3, Bd. 48, Dossier 44/142/2, 1922 (II),
    fol. 66: Wien, 1922 April 04: Bourcart vertraulich an Motta: « […] Le chargé d'Affaires de Hon-
    grie en m'annonçant ce matin l'indisposition du roi Charles. […] On assure, sans que mon in-
    terlocuteur puisse me l'affirmer d'une manière absolue, que le parti socialiste et la finance juive
    auraient offert leur appui à l'ancien souverain par opposition au régime chrétien-national ac-
    tuel. […] Lorsque vous recevrez ces lignes vous saures si l'empereur est parti ou s'il a réussi à
    gagner du temps. L'indisposition de Charles a été constatée par le médecin anglais de la Léga-
    tion de Vienne mais mon collègue d'Angleterre tient à ce que ce soit le médecin de la mission de
    Budapest qui prenne la responsabilité de déclarer si le catarrhe est de nature à rendre le voyage
    impossible. […] » Vgl. auch Kovács, Papst Benedikt XV., 389–390 mit derselben Aussage.
68 Vgl. Nr. 183.

ᵃ⁻Die Budapester Regierung soll befohlen haben, daß jede Demonstration zu unterbleiben habe. Die Localbehörden hielten sich jedoch nicht an diese Weisung und verständigten die Bevölkerung anderthalb Stunden vor der Abreise. Diese kam trotz der schlechten Witterung in Massen und stellte sich auf dem Hauptplatze auf. Ich erschien auf dem Balkon, die Menge sang die Volkshymne und alles rief: „Auf Wiedersehen, auf baldiges Wiedersehen!" – Einige sagten: „Die, die jetzt den König hinaustrieben, sollen bald weggehen." Es waren Schulkinder, Abgeordnete, Eisenbahner etc. anwesend. Im großen Saale des bischöflichen Palais waren der Adel, die Geistlichkeit, Graf Sigray und der Vizegespan Herbst⁶⁹ zur Abschiedsaufwartung erschienen. Als ich die Treppe hinunterging, trat die Wache ins Gewehr und wir fuhren mit Sigray langsam zur Bahn, allerorten von der Bevölkerung stürmisch begrüßt und mit Wiedersehensrufen begleitet. Auch am Bahnhofe waren zahlreiche Menschen, die in dieselben Rufe ausbrachen, als sich der Hofzug in Bewegung setzte. Bevor der Zug den Steinamangerer Bahnhof verließ, wurde er noch einmal angehalten, da Telegramme aus Budapest gekommen waren. Die Menge lief dem Hofzug nach.⁻ᵃ Ich hatte nämlich nach Budapest sagen lassen, daß ich nur unter drei Bedingungen wegfahren würde:

Die Regierung hätte die Verantwortung zu übernehmen

1. daß das Manifest publiziert wird;⁷⁰

2. daß die Reise meinem Range entsprechend vor sich gehe und ich in der Schweiz genau so wie früher leben könne;

3. daß alle jene, die treu zu mir gehalten haben, keine Nachteile erlitten.⁷¹ Schon am Samstag [2. April 1921] war die Note der großen Entente gekommen, und gleichzeitig drohende Meldungen über die Serben.⁷² Auf das hin wollte man eine Entscheidung haben. Ich berief mich auf meine Erkrankung; die ungarische Regierung möge machen, was sie wolle, da sie ja nicht die meinige sei.

ᵇ⁻Am Sonntag [3. April 1921] ließen sie sagen, wenn ich die Erklärung auszureisen, nicht bis 6 h abends gegeben haben würde, müßten sie um 4 h früh

---

a–a Werkmann 139–140 mit erfundenen Adaptionen; in Boroviczénys Publikationsfassung gestrichen.

b–b Werkmann, 113, 117, 125: zerissene Textmaterie. Vom Kaiser hier selbst gestrichen: „Ich stimmte zu, da ich dachte, daß nachts Osztenburg handeln würde."

69 Géza Herbst, Vizegespan des Komitates Steinamanger (Szombathely).

70 Das Manifest wurde am 7. April 1921 publiziert. Vgl. Nr. 234.

71 Dazu Kaiser Karl: „Diesen letzteren Punkt nahm ich noch auf, da Graf Erdödy mir gemeldet hatte, er würde gemäß einer Verständigung des Präsidenten der Steinamangerer Polizei [Joody?] nach meiner Abreise verhaftet werden."

72 Vgl. PAMAE, Hongrie 33, fol. 206–207: [Paris], 1921 April 01: Entwurf von Jules Cambon für eine gemeinsame Erklärung der Entente-Staaten gegen eine habsburgische Restauration in Ungarn; Budapest, 1921 April 03: Übermittlung des Protestes der Alliierten an den ung. Premierminister Paul (Pál) Teleki, in: PD 2, 317 (Nr. 303); PAMAE, Hongrie 34, fol. 1–3: Belgrad, 1921 April 02: Stimmungsberichte über drohende Reaktionen der Serben, sie versichern, daß sie zu mobilisieren beginnen.

den Befehl zu gewissen Evakuierungen geben. Mittlerweile war aber irgend eine Mitteilung gekommen, die die Situation wieder als etwas günstiger erscheinen ließ. Fitz Williams hatte mir auch das Albach-Telegramm[73] gebracht. Auf das hin hat Gratz eine Art Erklärung verfaßt, die ein Zurückgehen gestattet hätte, (mit Berufung auf die mir durch die ungarische Regierung zugekommenen Mitteilungen über drohenden Krieg habe ich mich entschlossen, auszureisen. Dann folgten die drei Bedingungen.Übrigens bin ich jetzt krank, und ich werde erst nach meiner Genesung abreisen.) So wäre es möglich gewesen, zu sagen, die Mitteilungen der ungarischen Regierung waren nicht richtig. Anderseits möglich, die Genesung hinauszuschieben.

---

73 Der deutsche Wortlaut des Albach-Telegrammes: „Dringende Bitte, unseren Klienten sofort zu ermutigen, Vertrauen zu bewahren und sich zu halten. Von hier nichts zu befürchten. Man wird die Nachbarn beruhigen." Vgl. Werkmann, 121. Vgl. auch Brook-Shepperd, The Last Habsburg, 271. Auch BAR, E 2001 (B)-/3, Bd. 48, Dossier 44/142/2, 1922 (II.), fol. 83: Aktennotiz des Berner Bundesrates über den Besuch Dr. Seeholzers vom 11. April 1921 [vgl. Nr. 216, Anm. 6]: „[...] Über den neulich stattgefundenen Ministerrat in Rambouillet will Dr. Seeholzer wissen, daß im Verlauf desselben Präsident Millerand, Briand und Barthou ganz entschieden für den damals in Steinamanger weilenden König Karl Stellung genommen haben. Es wurde mit Majorität des Ministerrats beschlossen, pro forma die Entente-Note betreffend das Veto gegen die Habsburger in Budapest in Erinnerung zu rufen, im übrigen keinen Mann gegen Ungarn zu mobilisieren und, falls die kleine Entente es zu Blutvergießen kommen lassen sollte, ihr sofort in den Arm zu fallen, um dies zu verhindern. [...] In Ungarn unterstützen die Deutschen mit großen Mitteln die MOVE-Organisationen, welche bekanntlich gegen die Horthy-Regierung intrigieren und alldeutsche Propaganda treiben. Es ist dies ein Beweis mehr dafür, daß alle aus Deutschland kommenden Nachrichten mit allergrößter Vorsicht aufzunehmen sind, da sie von der alldeutschen Propaganda stammen, welche es zu ihrem Lebenszweck gemacht hat, die Habsburger unmöglich zu machen, um zum allerwenigsten den Anschluß Deutschlands an Österreich sicherzustellen." Vgl. dazu auch den langen Bericht des ung. Vertreters in Paris, Praznovsky, an Dr. Gratz, Paris, 1921 April 06, in: PD 2, 327–331 (Nr. 320): "[...] His Majesty expected to find affirmative support in the first place from the Hungarians and, second, in the Austrian legitimist circles. This is further evidence of the fact that His Majesty was misled by some of his irresponsible advisers. In my opinion there was only one fact on which His Majesty could have relied with some assurance of reality and that was the support of France, provided that the attempt had succeeded. [...] Moreover, it is also certain that there are influential persons, although perhaps not in the Government, who would gladly see the restoration of the King to the throne. It is possible that from these quarters His Majesty was encouraged either through the Queen of Rumania or through Prince Sixtus of Parma, and he was promised active support in case his putsch succeeded. [...] A further circumstance which throws some light on the French position is the conference which I have already reported orally to Your Excellency and which was also the subject of my code telegram Nr. 136. The day before I left Budapest, that is to say, on March 19, the Prince of Parma had a conference with several French Generals and politicans in which several members of the Cabinet and Marshall Lyautey also participated. The purpose of the conference was to discuss the chances of the King's return. [...] I am convinced that this conference was in some way or other responsible for His Majesty's decision to return to Hungary. [...]"

Am Montag [4. April 1921] ließ man mir sagen, man wolle, daß ich am Dienstag [5. April 1921] wegfahre. Ich vermute, daß sie gar nicht an meine Krankheit glaubten. Mindestens hielten sie die Sache für nicht gefährlich. Teleki sagte einmal, er hätte amtiert mit einer Kopfwunde mit 39 Grad Fieber. Da könne ich also auch fahren.[-b]

[a-]Vor meiner Abreise demissionierte Cziráky[75], der sich überhaupt vorzüglich benommen hatte. Auch wollte Sigray, nachdem er mich an die Landesgrenze gebracht hatte, demissionieren. Man redete ihm aber ab, da die Gefahr bestand, daß Dömötör[76] Oberkommissär werden würde, der sich in der Königsfrage sehr schlecht benommen hatte. Glänzend haben sich benommen: Bischof Graf Mikes, Hunyady, Graf Széchen, Marsovsky[77], Boroviczény, Graf Josef Károly[78], Markgraf Pallavicini[79], der Polizei-Präsident[80] und die Polizei von Steinamanger, die Offiziere und Truppen des Korps Lehár. Der Zug verließ also Mittags [5. April 1921] Steinamanger [Szombathely.][-a]

[b-]In Körmend fand eine Huldigung der Familie des Fürsten Batthyány statt, der sich übrigens auch sehr gut benommen hat, und mir sein Schloß zur Verfügung gestellt hatte.

In Rátot stieg die Gräfin Sigray[81] eine Amerikanerin, ein, die auch eine begeisterte Anhängerin ist. Überall war natürlich auch viel Bevölkerung. Besonders rührend war es in St. Gotthard. Es erschien der Stuhlrichter mit dem Legitimistenabzeichen im Knopfloch. An der Grenze in Gyanafalva kam allmählich der ganze Ort heraus. Zigeuner spielten. Ich dachte während der

---

a–a Werkmann, zerrissene Textmaterie.
b–b Werkmann, 148–149.

74 Vgl. Nr. 234.
75 Josef (Jószef) Graf Cziráky de Denesfalva, Obergespan von Ödenburg, 1920 Regierungsbeauftragter in Westungarn.
76 Michael (Mihály) Dömötör, Regierungskommissar 1918, April–Juni 1920 ungarischer Innenminister.
77 Vgl. Nr. 213.
78 Josef Graf Károly von Nagykároli, Obergespan in Stuhlweißenburg, Legitimist.
79 Alexander (Sándor) d. J. Markgraf Pallavicini, k. u. k. Kämmerer, Mitglied des ungarischen Magnatenhauses.
80 Nach Werkmann: Joody.
81 Aus einem politischen Situationsbericht der französischen Militärmission in Ungarn vom 01.12.1920 erfährt man, daß Gräfin Harriot Sigray, Amerikanerin und Frau des ungarischen Legitimisten Anton (Antál) Graf Sigray, Gräfin Bissingen und Mr. Grant Smith, der amerikanische Hochkommissar in Budapest, zusammen in die Schweiz gereist sind, um König Karl klarzumachen, daß der Moment für seine Restauration in Ungarn gekommen wäre. Man erwartete dort seine Ankunft im März 1921. Vgl. PAMAE, Hongrie 32, fol. 195r–196r. Im Bericht des Departements pour Justice et Police, Lausanne, 1921 April 05, werden die Vorbereitungen für den ersten Restaurationsversuch Kaiser Karls in der Schweiz analysiert. Es wird dort erwähnt, daß Gräfin Sigray bereits vor Kaiser Karl in Steinamanger (Szombathely) eingetroffen war. Vgl. BAR, E 2001 (B)-/3, Bd. 49, Dossier 44/142/2, 1922 (III.), fol. 109a.

Fahrt noch immer daran, die Reise zum Scheitern zu bringen. Ich proponierte den ungarischen Herren, es möge einer an meiner Stelle in die Schweiz fahren und ich würde in Ungarn bleiben. Dann schlug ich vor, das Volk solle den Zug nicht weiterlassen, was ja auch gut gewirkt hätte. Aber niemand hatte den Mut dazu. Es waren mittlerweile allerdings bedrohliche Meldungen gekommen. Lehár hatte gemeldet, daß zahlreiche Flüchtlinge die Grenze überschritten und die Mobilisierungskundmachung mitgebracht hätten. In Gyanafalva wurde neuerlich gemeldet, daß die Kriegsgefahr imminent sei.

Bezeichnend für die ungarischen Verhältnisse ist es auch, daß der Hofzug so geleitet wurde, daß er um 10 Uhr von Steinamanger [Szombathely] wegfuhr und eine Stunde in Rátot stand, damit Teleki zur Zeit der Eröffnung des Abgeordnetenhauses erklären könne, der König habe Steinamanger [Szombathely] bereits verlassen. Die Sache gelang aber nicht ganz, da ich gewartet hatte, bis die Bedingungen erfüllt waren. So war eine Verzögerung von einer Stunde entstanden, so daß auch die Eröffnung des Abgeordnetenhauses verschoben werden mußte. Von Gyanafalva fuhren Hegedüs, Sigray und Boroviczény nach Fehring voraus, um mit den Ententeleuten die Übernahme des Zuges zu besprechen. Es wurde ein Protokoll aufgesetzt, in dem von Seiner Apostolischen Majestät die Rede ist, was die Ententeleute unterschrieben. Nun kamen sie aus Fehring mit einer Maschine nach Gyanafalva zurück und wir fuhren nach Fehring. In Gyanafalva besichtigte ich die Gendarmerieschule in der Stärke von ungefähr 60 Mann; sie sahen sehr hübsch aus. In Fehring blieb noch einen Augenblick die ungarische Gendarmerie. Erst als alle Formalitäten erledigt waren, marschierten sie stramm mit Kopfwendung ab.[-b]

[a-]Die ungarische Begleitung, und zwar Mikes, Hunyady, Feldm[arschall] Hegedüs, Sigray, der Vizegespan und eine Deputation von Offizieren mit Oberst Seidel[82] brachen in ein dreifaches „Eljen" und auf „Wiedersehen" aus. Es ist nicht wahr, daß die Arbeiter dagegen „Abzug" riefen.[83] Wir fuhren nun über [die] Laßnitzhöhe nach Graz. Wo keine Gendarmen standen, winkten die Leute wie in alten Zeiten. In Graz hielten wir außerhalb des Bahnhofs. Es waren dort sehr verdächtige Gestalten zu sehen, wie ich überhaupt den Eindruck hatte, daß die Sozialdemokraten eine Heerschau über Gauner abhielten. Wir wurden dann in Frohnleiten angehalten und blieben dort 6 Stunden 10 Minuten stehen. Der Grund war, daß die Kommunisten den vorhergehenden Schnellzug ganz durchsucht hatten, um mich zu finden. Sie wollten dann eine Deputation zu mir entsenden, um mich aufzufordern, nicht mehr nach Öster-

---

a–a Werkmann, 150–151.

82 Robert Seidel oder Eugen Seydl, vgl. Lehár, Erinnerungen, 264, Anm. 274.

83 Vgl. das Faksimile des ungarischen Übergabeprotokolls, in: PD 2, zwischen 324 und 325. Dort 324, Nr. 315 die Mitteilung von Masirevich an Dr. Gratz, Wien, 1921 April 05, daß das österreichische Eisenbahnpersonal „Abzug!" gerufen hätte.

reich zurückzukehren. Dies wurde von den Ententevertretern abgelehnt, ebenso ein Empfang durch die Ententevertreter. Endlich einigten sich die Herrschaften darauf, daß Steinhäusl[84] diese Message dem Boroviczény mitteilte, ohne directe Verpflichtung, mir die Sache weiterzusagen. Wir nützten den Zwischenfall aus und trachteten zu erreichen, daß die Entente den Zug wieder nach Ungarn zurückfahren lasse. Ich ließ die Ententevertreter durch Boroviczény aufstacheln. Der Franzose[85], der sehr an Migräne litt und der Italiener[86] waren schon dafür gewonnen. Nur der Engländer[87] wollte nicht. Er sagte, man könnte das nicht ohne die Gesandtschaft machen und meinte: "I will knock them out." Überhaupt hat er am meisten mit dieser Gesellschaft verhandelt, und er fuhr auch nach Bruck voraus. Ich ließ Steinhäusl kommen und sagte ihm, er solle Schober[88] bewegen, daß er die Verantwortung für die Weiterfahrt ablehne und so die Rückfahrt nach Ungarn ermögliche. Wäre Cun(n)inghame[89] an Stelle des englischen Offiziers gewesen, so hätte man die Rückfahrt nach Ungarn erreicht. Ich ließ sogar durch einen Mittelsmann den Kommunisten Bier versprechen, wenn sie weiter Lärm schlagen würden, aber nichts half. Dem Zuspruch der Genossen Sever[90] und Müller[91], sie mögen die Partei in keine Verlegenheit bringen, gelang es schließlich, das Kompromiß Steinhäusl-Boroviczény und die Versicherung freier Durchfahrt zu erlangen.[–a] Um halb zwei Uhr früh [6. April 1921] fuhren wir von Frohnleiten weg. Wir kamen 10 Minuten später nach Bruck, wo 10 Minuten Aufenthalt war. Die Kommunisten waren im Restaurant und sollen die Fensterscheiben zerschla-

---

a–a Werkmann, 151–156, stark redigiert.

84 Otto Steinhäusl, Präsidialchef des Wiener Polizeipräsidenten.

85 Colonel F. Hinaux, Mitglied der interalliierten Militärkommission in Österreich.

86 Colonello Graf Franchini-Stappo.

87 Lieutnant-Colonel Charles W. Selby, Mitglied der interalliierten Militärkommission für Österreich. Vgl. seinen Bericht an das britische Außenministerium vom 07. April 1921, in: PRO, FO 371/ 6102, fol. 175r–179v. Selby schildert in diesem Bericht den genauen Verlauf der Eskorte für den König von der ungarischen bis zur schweizerischen Grenze. Die Eskorte setzte sich zusammen aus: Oberst Hinaux für Frankreich, Oberstleutnant Graf Franchini-Stappo für Italien und Oberstleutnant Selby für Großbritannien als alliierte Repräsentanten; Felix Strautz als Vertreter des österreichischen Außenministeriums; Landeshauptmann Albert Sever und der Sozialdemokrat und Vertrauensmann der Eisenbahnergewerkschafter Rudolf Müller als Deputierte; 14 Vertreter der österreichischen Polizei, acht Vertreter des Bundesheeres und acht Vertreter der Soldatenräte. Selbys Darstellung deckt sich im wesentlichen mit den Aussagen des Kaisers; besonders ausführlich wird seine Vermittlertätigkeit mit den Sozialdemokraten in Bruck dargestellt. Eine parallele Berichterstattung über diese Reise von Oberst Hinaux: PAMAE, Hongrie 34, fol. 132r–138r.

88 Vgl. Nrn. 140, 213.

89 Sir Thomas Montgomery-Cun(n)inghame, 1920–1923 britischer Militärattaché in Wien und Prag, vgl. Nrn. 165, 213.

90 Albert Sever, Landeshauptmann von Niederösterreich.

91 Rudolf Müller, Sozialist und Vertrauensmann der Eisenbahnergewerkschafter.

gen und gegen den Perron zu gedrängt haben. Die Volkswehr stand da und sollte das verhindern. Als die Situation kritisch wurde, ließ der Ententeoffizier laden. Daraufhin wich die Volkswehr nach rechts und links aus. Dies sollte wohl das Zeichen der Souveränität Österreichs sein. Man hörte im Wagen gut, wie die Masse gröhlte. Ein Volksredner schrie fortgesetzt „Nieder die Monarchie!" und „Hoch die Republik!" und daß ich ein Massenmörder sei. Das soll der Bürgermeister von Bruck, namens Pichler[92] gewesen sein. Nach diesem Zwischenfall ging die Fahrt ganz glatt weiter. Überall wurden nur Arbeiter und Sozis gezeigt. In Innsbruck wurde viel gewinkt. Einen merkwürdigen Eindruck machte mir der Bahnhof von Innsbruck. Das österreichische Militär sieht aus wie die ehemaligen Ringelspielleute in „Venedig in Wien" [im Wiener Prater]. Die Städtische Polizei wie preußische Infanterie. Daneben stand ein italienischer Stationschef. Eine hübsche Zusammenstellung. Wir begegneten auf der Strecke Innsbruck–Feldkirch zwei Zügen, in denen mich Leute erkannten und eigentlich recht freundlich waren. Von dem in den Zeitungen gemeldeten Zwischenfall in Feldkirch[93] weiß ich nichts. Bei der Abfahrt in Feldkirch stellte sich die Wiener Polizei in zwei Gliedern auf und wußte nicht, ob sie salutieren sollte oder nicht. Endlich hat ein beherzter Unteroffizier doch salutiert. Sehr stramm benahmen sich zwei Christlichsociale Offiziere, die ganz vorschriftsmäßig grüßten. Die Provocation durch einen Major Meier oder Müller ist mir nicht aufgefallen.[94] Ich habe diesen Mann überhaupt nicht gesehen. Zum Schluß muß ich noch feststellen, daß ich erst in Feldkirch von den Aufenthaltsbeschränkungen örtlicher Natur in der Schweiz erfuhr und die sonstigen Bedingungen erst in Buchs durch Oberstleutnant Kissling[95]. Wenn

---

92 Anton Pichler, 1919–1925 Bürgermeister von Bruck/Mur. Vgl. auch Berichte des Landesgendarmeriekommandos an das Präsidium der Steirischen Landesregierung und an das Landesgendarmeriekommando 1 in Graz bezüglich Durchreise „des früheren Kaiser Karls durch Bruck an der Mur", Bruck/Mur, 1921 April 06, in: StLA, Landesregierungsakt Zl E 93–951/1921; dazu auch den Bericht Bourcarts an Motta, Wien, 1921 April 05–07 über die Bemühungen Friedrich Adlers, im Auftrag des österreichischen Bundeskanzlers, Dr. Michael Mayr, die Arbeiter in Bruck/Mur zu beruhigen, in: BAR, E 2001 (B)-/3, Bd. 48, Dossier 44/142/2, 1922 (II.), fol. 72; und BAR 2300, Wien 36: Wien, 1921 April 10: Bourcart an Motta über die diplomatische Tätigkeit der einzelnen Entente-Vertreter und des ungarischen Gesandten in der Nacht vom 05. zum 06. April 1921 in Wien.

93 Die revolutionäre Stimmung in Feldkirch zeigte eine auf einen Galgen aufgehängte Puppe in Offiziersuniform, vgl. Horst Zimmermann, Die Schweiz und Österreich während der Zwischenkriegszeit, Wiesbaden 1973, 19.

94 Vgl. AZ, 33. Jg., Nr. 94, 07. April 1921, 2.

95 Oberstleutnant Kissling, Sekretär des Schweizerischen Militärdepartementes; vgl. dazu DDS 8, 175–178 (Nr. 60), besonders Anm. 2: „[...] Dieser [Kissling] wird dem Exkaiser eröffnen, daß der Bundesrat, ohne die Frage des dauernden Aufenthaltes in der Schweiz damit zu präjudizieren, beschlossen habe, ihn provisorisch wieder in das Land einzulassen, daß er aber, da ein Aufenthalt in einer Großstadt und im Grenzgebiet und auch die Rückkehr nach dem Kanton

die ungarische Regierung von all dem gewußt hat, so hat sie die ihr gestellten Bedingungen nicht eingehalten.[96]

Waadt ausgeschlossen ist, in der Zentralschweiz Aufenthalt zu nehmen habe. Ferner soll dem Exkaiser gegenüber nachdrücklich darauf hingewiesen werden, der Schweizerboden eigne sich für ihn nicht mehr zu einem längeren Aufenthalt und es wäre besser, wenn er sich entschlösse, anderswo ein Asyl zu suchen. Der Exkaiser soll überdies verhindert werden, auf der Reise an seinen neuen Aufenthaltsort Vertreter der Presse zu empfangen." Vgl. auch BAR, E 2001 (B)-/3, Bd. 48, Dossier 44/142/2, 1922 (II.), fol. 68: Bern, 1921 April 07: Bericht des Chefs der Abteilung für Auswärtiges an die Schweizer Gesandtschaft in Wien über die Ankunft Kaiser Karls in der Schweiz: „[...] Unser Telegramm von gestern Abend hat Ihnen mitgeteilt, daß der Ex-Kaiser Karl ohne Zwischenfall in Buchs unsere Grenze überschritten hat. Seine Gemahlin war ihm entgegengereist und fuhr mit ihm nach Luzern weiter. Von Feldkirch aus hatte der mitreisende Vertreter des ungarischen Ministerium des Äußeren telephonisch in Buchs angefragt, ob der Zug einfahren könne. Oberstleutnant Kissling, Sekretär des Militärdepartements, welcher zur Übernahme des Kaisers nach Buchs kommandiert worden war, antwortete, dies sei der Fall, frug aber, ob dem Kaiser die Bedingungen des Bundesrates bekannt seien. Der ungarische Legationsrat behauptete, davon keinerlei Kenntnis zu haben und schien vorauszusetzen, daß man ohne weiteres nach Prangins werde reisen können. Die Mitteilungen des Delegierten des Bundesrates schienen ihn sehr zu überraschen. Nachdem wir sowohl Ihnen [Bourcart] zu Handen der zuständigen Stellen als der hiesigen ungarischen Gesandtschaft die Bedingungen des Bundesrates mitgeteilt hatten und letzterer zu Handen ihrer Regierung sogar deren Text übergaben, welche dieselbe sofort nach Budapest weiterleitete, können wir uns nicht erklären, wieso die Zugbegleiter davon keine Ahnung hatten. Wir nehmen an, daß die Bedingungen einfach bei irgendwelchem Ministerium liegen geblieben sind. Zwischen Feldkirch und Buchs wurde offenbar dem Ex-Kaiser Bericht erstattet, so daß dieser bei seiner Ankunft [15.30] die Mitteilungen unseres Delegierten ohne weiteres entgegennahm. Der angebliche ‚Diener‘ Alexander Pallavicini entpuppte sich, wie wir vermutet hatten, als Markgraf Pallavicini. Außer ihm und dem Diener Fabian begleitete den Kaiser auch ein ungarischer Arzt. Die Weiterreise erfolgte ohne irgendwelche Störungen bis Luzern, wo die kaiserliche Familie im Hotel ‚National‘ abstieg. Die luzernischen Behörden hatten den Bahnhof vollständig absperren lassen und einen vorzüglichen Ordnungsdienst eingerichtet. [...] Der Bundesrat hat, nachdem die pendente Untersuchung über seine Ausreise noch nicht abgeschlossen ist, noch keinen Beschluß gefaßt, ob er den weiteren Aufenthalt des Kaisers in der Schweiz gestatten wird. Vorläufig haben wir ihm zu verstehen gegeben, daß man keine Bedenken dagegen hätte, wenn er sich in ein anderes Land begeben würde."

96 Vgl. dazu TS 1924–1925: „[...] Während [Kaiser Karl] nach dem ersten Restaurationsversuch noch in Steinamanger [Szombathely] war, hat das ungarische Ministerium des Äußeren mit dem Staatsdepartement in Bern verhandelt, um die Bedingungen zu erfahren, unter welchen die Schweiz [Kaiser Karl] weiteres Asyl gewähre. Es wurde diesbezüglich ein chiffrierter Telegrammwechsel vorgenommen. Ich [Borovicény] bin später selbst in Budapest und in Bern der Sache nachgegangen und habe festgestellt, daß die neuen Bedingungen von der ungarischen Regierung verheimlicht worden sind. [...] Der Gesandte Kánya, Chef der politischen Abteilung des Budapester Ministeriums, hat es selbst zugegeben und gesagt: ‚Man bedient sich eben aller Mittel, wenn man eine Abreise will.‘ Die Schweiz hatte aber Bedingungen gestellt, bevor [Kaiser Karl] Ungarn verlassen hat und eine entsprechende Zusicherung der Annahme vom ungarischen Ministerium des Äußeren erhalten. [...] noch bevor [Kaiser Karl] Schweizer Boden betrat, erklärte er, er wolle auf dem Gebiet des Fürstentums Liechtenstein bleiben,

(Rákovszky[97] war in Steinamanger [Szombathely]; ich habe ihn aber wegen schwerer Verkühlung nur kurze Zeit gesprochen; er war auch für das Zurückfahren. Manche Legitimisten, die kommen wollten, wurden nicht nach Steinamanger [Szombathely] gelassen.)

238.
Kaiser und König Karl zum Verhalten von Eh. Joseph August

o. O. [Hertenstein], 1921 Mai

AOS, Tom. II, Index 722, beglaubigte Kopie.

Eh. Joseph August hatte nach dem ersten Restaurationsversuch des Königs den Reichsverweser Horthy besucht, weshalb ihm der Zutritt zum König und Familienchef entzogen wird.

1) B[oroviczény] gibt an, daß überhaupt von Putsch keine Rede war.

2) Erzherzog[1] konnte nicht wissen, ob ich nicht die beiden Abgeordneten sehen wollte. Einen Putsch für den König gibt es nicht, da dies nur die Fortsetzung des legalen Zustandes wäre.

3) Der Erzherzog konnte immer und jederzeit bei mir anfragen.

4) Die Aufwartung bei Horthy, nachdem er die Übergabe der Regierung verweigert hatte,[2] ist ein Affront gegen den König und eine Unmöglichkeit für einen Erzherzog. Ausreden wie, daß die Entente dies schlecht aufgefaßt hätte, oder daß dann der Aufenthalt des Erzherzogs im Lande unmöglich gewesen wäre, sind Unsinne, denn im schlimmsten Falle ehrt jedermann eine bedingungslose Treue.

---

wenn neue Bedingungen gestellt werden. Noch in Schaan fragte [er], ob es neue Bedingungen gäbe. Es wurde ihm geantwortet, es gäbe keine, als die schon bekannten. Dazu nur, [er] habe sich nicht in Zürich, Basel, Genf, Bern und im Kanton [Waadt], sondern im Kanton Luzern aufzuhalten. Dies wurde [ihm] gemeldet, worauf er der Weiterreise zustimmte. In Buchs meldete sich [bei ihm] ein Schweizer Oberst, der zu seinem Empfange gesandt war und ihm die mit der ungarischen Regierung vereinbarten Bedingungen schriftlich überreichte. Darunter war auch ein Punkt, daß [Kaiser Karl] die Schweiz nicht ohne Genehmigung der Schweizer Bundesregierung verlassen dürfe. [Kaiser Karl] nahm diese Bedingungen nicht an, sondern erklärte, er werde sich bemühen, baldigst einen anderen Asylort ausfindig zu machen. Daraufhin durfte er die Weiterreise fortsetzen. [...]"

97 Stephan (István) von Rákovszky, ab 1920 Präsident der ungarischen Nationalversammlung.

1 Eh. Joseph August, vgl. Nrn. 154, 213, 227, 230.
2 Vgl. dazu Nr. 237 und Kovács, Papst Benedikt XV., 391.

5) Einen Zwist im Hause gibt es nicht, wenn ein Mitglied eine unkorrekte Handlung begeht. Der König ist Richter und steht weit über den Mitgliedern des Hauses.

Conclusion:

Infolge der Haltung des Erzherzogs bin ich nicht geneigt, den Erzherzog jetzt und in der Zukunft zu empfangen.[3]

239.
Protokoll eines Gesprächs von Kaiser und König Karl
mit Paul Dinichert

Hertenstein, 1921 Mai 18

TS 2877–2882, beglaubigte Kopie.[1]

Vereinbarung von Kaiser und König Karl mit dem Chef der außenpolitischen Abteilung des politischen Departements der Schweizerischen Eidgenossenschaft über sein weiteres Verbleiben in der Schweiz.

---

3 Vgl. dazu auch Boroviczény, Der König und sein Reichsverweser, 154–182.

1 Aufschrift:
   Seine kaiserliche und königliche Apostolische Majestät hat am 18. Mai 1921 um 3.05 Uhr nachmittag den Minister Dinichert, Chef der außenpolitischen Abteilung des politischen Departements, im Schloßhotel Hertenstein in nahezu einstündiger Audienz empfangen.
   Vermerke: Unmittelbar nach der Audienz niedergeschrieben, nach während der Audienz gemachten schlagwortartigen Aufzeichnungen. Schloßhotel Hertenstein, am 18. Mai 1921. 5 Uhr nachmittags. Boroviscényi [sic] m. p. Die Konversation wurde im Vorstehenden, wie ich selbst feststellen konnte, dem Sinne nach vollkommen richtig wiedergegeben. Schloßhotel Hertenstein, am 18. Mai 1921. 5 Uhr nachmittags. K. Werkmann m. p. Gesehen! 18. Mai 1921. Karl m. p.
   Vgl. dazu auch TS 1925: „[...] Im Auftrag [Kaiser Karls] war ich [Boroviczényi] dann selbst zweimal im Schweizer Staatsdepartement und habe unzweideutig der Schweizer Regierung dargetan, daß diese Frage noch vollkommen offen sei und daß [Kaiser Karl] beabsichtige, einen anderen Asylort zu finden. Ich stellte dort auch die Frage: ‚Würden Sie eine solche Erklärung abgeben?‘ Die Antwort war ‚Nein‘. Ich erklärte dann noch einmal, daß [der Kaiser] kein Versprechen geben könne, daß er nicht nach Ungarn gehe, wenn er von dort gerufen würde. Es kam dann auch zu direkten Verhandlungen zwischen [Kaiser Karl] und dem Schweizer Minister Dinichert, über die ich unmittelbar darauf ein Gedächtnis-Protokoll abfaßte. Daraus geht eindeutig hervor, daß die Abmachungen [des Kaisers] mit der Schweiz einzig und allein festlegten, daß [der Kaiser] der Schweizer Bundesregierung melden werde, wenn er einen Asylwechsel vornehmen werde. Die Rückkehr in die Heimat ist aber kein Asylwechsel."

Minister Dinichert[2] begrüßte Seine Majestät mit der Ansprache „Majestät" und fragte an, welche Sprache, deutsch oder französisch, Seiner Majestät zu sprechen genehm wäre. Seine Majestät entschied sich für die deutsche Sprache. Minister Dinichert entschuldigte sich nun vor allem, daß es zu seiner Pflicht gemacht wurde, Seine Majestät in seiner Ruhe während des leider so kurz befristeten Aufenthaltes in der Schweiz zu stören; der Bundesrat entsandte ihn jedoch in der Annahme, daß es wohl zum Vorteile Seiner Majestät und auch der Schweiz wäre, in einer direkten Aussprache eine Verständigung herbeizuführen. Der Bundesrat sei sich dessen bewußt, daß es sich hiebei um die Erörterung einer beiderseits als unerquicklich befundenen Lage handle, welche erträglich zu gestalten der Gegenstand der ständigen Bemühungen des Bundesrates gewesen sei. Die bisher bestandene Lage habe durch die Eröffnung Seiner Majestät, daß Allerhöchstdieselbe Seinen Aufenthalt bis August befristet habe, eine Änderung erfahren. Der Bundesrat sei jedoch angesichts dieser geänderten Lage, um jedes Mißverständnis auszuschließen, gezwungen, bei der hiemit erfolgten Erteilung der Aufenthaltsbewilligung bis zu dem gewünschten Termin zu erklären, daß er an den Aufenthalt Seiner Majestät in der Schweiz folgende Wünsche knüpfe:

1.) Enthaltung von jedweder politischen Tätigkeit;

2.) Bekanntgabe der Abreise Seiner Majestät drei Tage vorher;

3.) daß die Residenz Seiner Majestät, wenn der Bundesrat recht verstanden habe, Hertenstein, also die mittlere Schweiz, bleiben werde. Wenn Seine Majestät im Laufe des Sommers einen Residenzwechsel zu vollziehen beabsichtige und dies dem Bundesrate bekanntgebe, so werde der Bundesrat sicherlich keine Schwierigkeiten machen und eine Verständigung hierüber werde ganz bestimmt möglich sein. Es sei von einem Aufenthalte in Disentis[3] gesprochen worden. Auch darin sei eine Verständigung mit dem Bundesrate gewiß möglich. Der Bundesrat müsse auf die Bekanntgabe des Residenzortes im Interesse der internationalen Verpflichtungen der Schweiz Wert legen, aus welchen Verpflichtungen die Beschränkung erwächst, daß die ständige Residenz kein Grenzort sein dürfe. Seine Majestät warf an dieser Stelle die Frage ein, ob es notwendig wäre, auch kleinere Ortsveränderungen, wie z. B. Ausflüge, dem Bundesrate vorher anzuzeigen, worauf Minister Dinichert mit einem entschiedenen „Nein" antwortete. Seine Majestät präzisierte nochmals, was er unter solchen kleineren Reisen verstehe: z. B. Ausflüge auf den Rigi, nach Fluelen, nach Schaffhausen zum Besuche des Rheinfalles, worauf Mini-

---

2 Vgl. dazu die „Aufzeichnung über die im Auftrage des Bundesrates mit König Karl von Ungarn in Hertenstein stattgehabte Unterhaltung" von Paul Dinichert, in: BAR, E 2001 (B)-/3, Bd. 49, Dossier B 44/142/2, 1922 (III), fol. 161, Ausfertigung; verkürzte Fassung gedruckt in: DDS 8, 255–257.

3 Ältestes Benediktinerkloster im Bündner Oberland (Graubünden), 1880 restauriert und unter Abt Bonifaz Duwe (1916–1925) zu neuer Blüte gelangt.

ster Dinichert betonte, daß es nicht notwendig sei, diesen Gegenstand genauer zu umschreiben, sobald es sich nicht um Reisen, die länger als zwei Tage in Anspruch nehmen, handelt. Minister Dinichert bat Seine Majestät, den Bundesrat zu verständigen, sobald unvorhergesehene Umstände an Seine Majestät herantreten sollten, welche im Rahmen dieser Besprechungen nicht erwähnt worden seien.

Seine Majestät resumierte nun, daß also die Punkte, die die Schweiz aufstellte, folgende seien: die Enthaltung von politischer Tätigkeit, drei Tage vorhergehende Anzeige der Abreise, wenn Er in sein neues Exil abreisen werde. Seine Majestät stellte in Aussicht, den Bundesrat von Seinen Plänen bezüglich Seines künftigen ständigen Aufenthaltsortes nach Möglichkeit vertraulich am laufenden zu erhalten.

Minister Dinichert legte hierauf dar, daß Bundesrat Motta[4] nach reiflicher Überlegung zu der Auffassung gelangt sei, daß eine Aufenthaltsänderung Seiner Majestät, soweit hierdurch die Schweiz betroffen werde, nicht die europäische Friedenspolitik, welche die Schweiz verfolge, stören sollte. Dieser Standpunkt sei eine Konsequenz der internationalen und der geographischen Lage der Schweiz, welche ihr die Verpflichtung auferlegt, durch Vorgänge, welche auf Schweizer Boden zurückzuführen sind, weder die Ruhe noch die Interessen der angrenzenden Staaten stören zu lassen. Die Schweiz müsse im Falle des Eintrittes solcher internationaler Komplikationen – der Auffassung Mottas gemäß – sagen können, daß sie ihrerseits alles getan habe, was ihre Pflicht gewesen sei. Seine Majestät betonte dagegen, nicht zu seinem Vergnügen in die Schweiz gekommen zu sein, sondern einer Zwangslage gehorcht zu haben, worauf Minister Dinichert erwiderte, daß auch die Schweiz sich in der Frage der Asylgewährung wegen der Ruhe Europas in einer Zwangslage befunden habe. Seine Majestät bemerkte, daß Er die Lage der Schweiz genügend verstehe und würdige und wiederholte nun nochmals, daß Er den Minister dahin verstanden habe, Sich politischer Tätigkeit zu enthalten, die Abreise in Sein neu zu wählendes Exil drei Tage vorher dem Bundesrate bekanntgeben sowie weiters mitteilen zu sollen, wenn Er in der Schweiz selbst Reisen von längerer als zweitägiger Dauer unternehme. Minister Dinichert erklärte nun, daß der Bundesrat wünsche, Seiner Majestät durch diese Anzeigepflicht keine Unannehmlichkeiten zu bereiten, und er bat Seine Majestät, sich, was die Form dieser Anzeige anbetreffe, vollkommen frei zu fühlen und sie so geartet zu wählen, wie es Ihm am bequemsten sei; das heiße, diese Anzeige je nach Belieben mündlich, durch Entsendung eines Herrn seiner Suite zum Bundesrate, schriftlich oder telefonisch besorgen zu lassen oder einen Herrn von Bern zu sich kommen zu lassen. Es wäre dem Bundesrate nur

---

4   Josef Motta, Bundesrat; 01.01.–31.12.1920 Präsident des Bundesrates der Schweizerischen Eidgenossenschaft.

daran gelegen, daß eine jede Ungewißheit nach Möglichkeit vermieden bleibe, und daß er bis gegen Ende August erfahre, was Seine Majestät zu tun beabsichtige. Seine Majestät versicherte hierauf nochmals, den Bundesrat nach Möglichkeit auf dem laufenden halten zu wollen, und zwar sowohl über die mit anderen Staaten einzuleitenden Verhandlungen als auch über eventuell erfolgende Entschlußfassungen und Er betonte weiters, daß dies selbstverständlich nur streng vertraulich geschehen könne. Gleichzeitig teilte Seine Majestät mit, daß ein in Spanien in Aussicht genommener Aufenthalt schon jetzt als unmöglich erscheine.

Minister Dinichert fragte hierauf, aus welchem Grunde Seine Majestät sich eigentlich zu erklären bewogen gefühlt habe, in der Schweiz bloß einen befristeten Aufenthalt nehmen zu wollen, worauf Seine Majestät antwortete, daß dieser Entschluß in Würdigung der schwierigen Lage des Schweizer Bundesrates spontan gefaßt worden sei.[5] Seine Majestät reihte hieran die Frage, ob es Schwierigkeiten machen werde, wenn nach Ablauf des Ende August Termins Seine Majestät allein abreisen würde, die Allerhöchste Familie noch eine Zeitlang in der Schweiz bleiben wollte, da es vielleicht nicht möglich sei, mit Kindern von heute auf morgen abzureisen, worauf Minister Dinichert erklärte, daß diese Frage zwar im Bundesrate bisher nicht aufgeworfen wurde und der Bundesrat nicht in die Lage kam, sie zu erörtern, er aber von sich aus sofort erklären könne, daß diese Frage keine Schwierigkeiten entstehen lassen dürfe. Es werde gewiß möglich sein, daß die Allerhöchste Familie noch einige Zeit weiter in der Schweiz bleibe. Der Bundesrat werde sich gewiß erleichtert fühlen, wenn er erfahre, daß bezüglich des ständigen Aufenthaltes Seiner Majestät keine Schwierigkeiten bestünden.

Hienach ist die Frage der eventuellen Ausflüge Seiner Majestät nochmals erörtert worden, wobei Minister Dinichert neuerlich erklärte, daß der Bundesrat für Ausflüge, wie z. B. auf den Rigi, kein Interesse habe, wenn der Ausflug mit keinem längeren Aufenthalte irgendwo verbunden wäre, und auch Ausflüge in die Grenzgebiete, wie z. B. in den Kanton Graubünden, wenn sie nicht länger als zwei bis drei Tage dauerten, dem Bundesrate niemals eine Schwierigkeit bedeuten würden, worauf Seine Majestät bemerkte, daß es Ihm

---

5   Über die vertrauliche Aufforderung des Schweizer Bundesrates, Kaiser Karl möge die Schweiz verlassen, und über dessen Entschluß, bis August 1921 zu bleiben, vgl. Auszug aus dem Protokoll der Sitzung des schweizerischen Bundesrates, in: BAR, E 2001 (B)-/3, Bd. 49, Dossier B 44/142/2, 1922 (III.): „[...] Auf Grund der Beratung wird beschlossen: Der Rat nimmt Akt von der Mitteilung des Königs, wonach er sich entschlossen hat, die Schweiz zu verlassen. Er billigt die vom politischen Departement aufgestellten Bedingungen und ist gewillt, dem Wunsch des Königs, für den Fall, daß dieser die Bedingungen annimmt, durch Gestattung des weiteren Verbleibens in der Schweiz bis Ende August 1921 zu entsprechen." Dazu auch AE, Austria 837 [neu: 1483], Prot. 20.776, Bern, 1921 Mai 11, Luigi Maglione an Pietro Gasparri; auch Kovács, Papst Benedikt XV., 390–391.

sicherlich ferne liege, dem Bundesrate Schwierigkeiten machen zu wollen. Minister Dinichert erwähnte hierauf, daß die Erklärung Seiner Majestät, in der Schweiz bloß einen befristeten Aufenthalt nehmen zu wollen, die eben erwähnte Absicht Seiner Majestät erkennen ließ und den Bundesrat sehr beruhigt habe. Der Umstand, daß der Bundesrat bisher bezüglich des ständigen Aufenthaltes Seiner Majestät keinen Entschluß gefaßt habe, beweise auch, daß auch der Bundesrat Schwierigkeiten vermeiden und die Entscheidung frei von allen fremden Einflüssen erbringen wollte.

Es folgte eine kurze Konversation über das Wetter und die schöne Lage Hertensteins, worauf sich das Gespräch den schwierigen, unerquicklichen Verhältnissen in Österreich und Ungarn zuwandte. Minister Dinichert versicherte, die Notlage Österreichs kennengelernt zu haben, da sowohl die Schweiz wie auch der Völkerbund sich bemüht hätten, die Notlage zu mildern.

Seine Majestät bemerkte, daß eine Hilfe rasch kommen müßte, denn der Hunger in Österreich dauere schon sieben Jahre an, welcher Umstand der Demagogie freie Bahn lasse und die Menschen zur Verzweiflung treibe. Unter solchen Umständen könne leicht etwas Unerwartetes geschehen, wie ein Anschluß an Deutschland oder die Ausrufung der Sowjetrepublik. Minister Dinichert bemerkte hierauf, daß der Anschluß Österreichs an Deutschland der Schweiz ein empfindlich unangenehmes Ereignis sein würde, da er das jahrhundertelange politische Gleichgewicht an den schweizerischen Grenzen stören würde. Die auswärtige Politik der Schweiz war auf ein Gleichgewicht zwischen vier angrenzenden Großstaaten basiert. Es kann daher der Schweiz nicht gleichgiltig sein, wenn sie auf einmal von ein und demselben Großstaate von zwei Seiten her umklammert werde. Seine Majestät erwiderte, daß es der Schweiz auch nicht gleichgiltig sein könne, wenn in Österreich, also an der Ostgrenze der Schweiz, chaotische Zustände herrschten, welche auf die Schweiz rückwirken müßten, gleich wie es der Schweiz, die selbst Vielnationalitätenstaat ist, wertvoll sein müßte, an einen ebensolchen Staat – wie er ein rekonstruiertes Österreich sein werde – zu grenzen. Minister Dinichert erwiderte, daß Österreich eine geschichtlich erwiesene Notwendigkeit wäre, die Schweiz daher daran glaube, daß ein Österreich, größer oder kleiner, wieder entstehen werde. Aus dem Chaos, welches jetzt herrsche, müsse sich etwas herausbilden; die Frage sei nur, wie und wann das sein werde, worauf Seine Majestät der Hoffnung Ausdruck verlieh, daß die Wiedererstehung Österreichs sich ohne ein wirkliches Chaos vollziehen werde.

Hiernach kam Seine Majestät auf die Zustände in Rußland zu sprechen. Er erwähnte, daß es nach den bisherigen Meldungen schon ziemlich klar sei, daß man sich vor keinem roten Angriff zu fürchten brauche. Minister Dinichert sagte, daß man von Rußland so gut wie gar nichts wisse. Es seien Leute wohl aus Petersburg und Moskau gekommen; sie wüßten aber bloß, was sich an diesen Orten ereignet hätte, ohne davon Kenntnis zu haben, was sich 10 km

weiter abspielte. Seine Majestät meinte, daß eine Konsolidierung wohl lange
Zeit brauchen werde, worauf Minister Dinichert erwiderte, daß die Bestrebungen einzelner Staaten, mit Rußland kommerzielle Beziehungen anzubahnen, auf den heiß gehegten Wunsch zurückzuführen seien, in Rußland wieder
konsolidierte Verhältnisse zu sehen, kommerzielle Beziehungen jedoch nicht
ohne eine vorhergegangene politische Verständigung möglich wären. Er
glaube daher, daß die Aufnahme kommerzieller Beziehungen wohl noch einige Zeit auf sich warten lassen werde, denn ein jeder der Staaten warte darauf, daß der Andere sie beginne. Bahnte jedoch ein Staat Beziehungen an, so
würden die übrigen Staaten rasch folgen. Seine Majestät beglückwünschte die
Schweiz, die Sovjetvertreter, die doch nur Propagandisten seien, hinausgeworfen zu haben, worauf Minister Dinichert erwiderte, daß es der Schweiz bei
der Haltung Englands und Italiens sehr schwer fallen werde, dem Drängen
der eigenen Industrie nach Wiederaufnahme der Handelsbeziehungen mit
Rußland zu widerstehen. Sehr unerquicklich sei auch die finanzielle Lage in
allen Ländern, auch bei den Siegerstaaten. Es müsse eine Gesundung kommen, sonst ginge ganz Europa zugrunde. Seine Majestät wies auf die erfreu-
liche Besserung der ungarischen Valuta hin, worauf Minister Dinichert erwiderte, daß die Schweiz in letzter Zeit gute Nachrichten aus Ungarn erhalte
und auf rege Beziehungen zwischen Ungarn und der Schweiz hoffe. Ungarn
erzeuge Artikel, welche die Schweiz brauche, wegen der Valutafrage sei es
aber nicht möglich, den Handel durch Kauf und Verkauf abzuwickeln, es sei
vielmehr ein Austausch von Erzeugnissen notwendig. Er befürchte, daß die finanzielle Krise im Laufe dieses Jahres sich noch verschärfen, dann aber rasch
eine Gesundung eintreten werde.

Seine Majestät hob hierauf die Audienz auf.[6]

240.
Wladimir Graf Ledóchowski an Paul Dinichert

Hertenstein, 1921 Juni 17

AOS, Tom. II, Index 744; TS 2883, beglaubigte Kopien.

Über die Asylfrage.

Seine Apostolische Majestät haben in der Eurer Exzellenz gewährten Audienz die gelegentliche Informierung des Eidgenössischen Bundesrates über die
weitere Entwicklung der Aufenthaltsfrage in Aussicht genommen.

---

6 Vgl. dazu auch Brook-Shepherd, Um Krone und Reich, 332–333, ganz irrtümliche Darstellung.

Auf Allerhöchsten Befehl habe ich nun die Ehre, Eurer Exzellenz zur <u>ver-</u><u>traulichen</u> Kenntnisnahme mitzuteilen, daß die mit der Königlich spanischen Regierung vor längerer Zeit eingeleitete Fühlungnahme noch zu keinem Ergebnis geführt hat.[1]

Es wird daher jetzt auch die Königlich schwedische Regierung sondiert, welche Aufnahme ein Gesuch Seiner Apostolischen Majestät wegen eines Aufenthaltes in Schweden bei Seiner Majestät dem Könige[2] finden würde.[3]

Ich bitte Euer Exzellenz, die Versicherung meiner ausgezeichneten Hochachtung entgegenzunehmen.

241.
Kaiser und König Karl an Gaetano Kardinal Bisleti

Hertenstein, 1921 Juli 13

AOS, Tom. I, Index 484, beglaubigte Kopie, paraphiert.

Der Kampf der Feinde des Kaisers, die gegen ihn alle Mittel anwenden, ist auch ein Kampf gegen die heilige Kirche. Das stärkt seine Annahme von seiner guten Sache. Mit Geduld und unbegrenztem Vertrauen erhofft er, daß mit Gottes Hilfe seine guten Rechte triumphieren werden, die er nur zur Ehre Gottes und zum Wohl seiner Völker gebrauchen wird.

La lettre de Votre Eminence du 8 juin[1] m'a causé une joie bien sincère, et la sympathie, exprimée en des termes si chaleureux, m'a été droit au cœur. C'est, en effet, dans les paroles et dans les promesses de Notre Seigneur que je m'efforce de puiser toute la confiance, tout le courage, qui me sont nécessaires dans l'accomplissement de ma tâche.

Je constate chaque jour, avec une satisfaction toujours croissante que mes adversaires, ceux qui s'opposent par tous les moyens au succès de ma cause, sont, en grande partie, ceux-là même qui ont voué haine et destruction au Royaume de Dieu et qui s'acharnent le plus contre la Sainte-Eglise, et ceci me confirme dans la conviction que ma cause est la bonne.

---

1   Vgl. DDS 8, 290–292; 302–303; vgl. auch Kovács, Papst Benedikt XV., 392–393, 395.
2   Gustav V. Adolf, 1907–1950 König von Schweden.
3   Vgl. auch KA, B/19 (NL Gratz), Mappe 13: über die Intervention von Dr. Gustav Gratz im Namen der ungarischen Regierung beim Schweizerischen Bundesrat Motta zugunsten der Verlängerung des schweizer Asyls vom 23. Juni 1921: „[...] Allgemeiner Eindruck eher der, daß Verlängerung des Aufenthaltes möglich ist."

1   Konnte bisher nicht gefunden werden.

Aussi je compte, avec patience et avec une confiance inébranlable, sur l'aide et l'assistance du Très-Haut pour voir, un jour, triompher mon bon droit, droit dont je ne désire user que pour la Gloire de Dieu et pour le bien des peuples que la Divine Providence m'avait confiés.

Les prières de Votre Eminence, dans le présent et dans l'avenir, me sont donc particulièrement précieuses et nécessaires et c'est de tout cœur que l'Impératrice et Moi l'en remercions.

De santé, nous allons tous bien, Dieu merci, nous et nos Enfants. Ma Mère aussi tient à remercier Votre Eminence de Son bon souvenir et de Sa bénédiction. Je saisis cette occasion pour assurer Votre Eminence de la parfaite considération avec laquelle je suis de Votre Eminence le très affectionné

Ch[arles]

242.
Kaiser und König Karl an Prinz René von Bourbon von Parma

o. O. [Hertenstein?], o. D. [1921 Juni oder Anfang Juli]

PAMAE, Hongrie 38, fol. 225r;
englische Übersetzung: PRO, FO 371/6112, fol. 159–163.[1]
Druck: Pester Lloyd Nr. 279 (68. Jg.), 1921, Dezember 13, Seite 6;

Der König dankt seinem Schwager René von Bourbon von Parma für das positive Verhandlungsergebnis mit Frankreich im Hinblick auf seine Rückkehr nach Ungarn.

---

1 Laut Bericht des britischen Hochkommissars in Budapest, Thomas B. Hohler, an den britischen Außenminister Curzon, wurde dieser Brief vor dem 23. Dezember 1921 der ungarischen Nationalversammlung vorgelegt, als man über die Ursachen des zweiten Restaurationsversuches diskutierte. Julius Gömbös, Führer der Anti-Karlisten, konnte die Pläne König Karls ausforschen. (Vgl. dazu: Feigl, Kaiserin Zita, 490–491; über das Verhalten der ung. Regierung: Ádám, Richtung Selbstvernichtung, 38–39.) Hohler führt aus: "[…] In addition to the above document M. Gömbös stated that he possessed a letter addressed to a ‚leading Hungarian personage' – presumably written in June last – in which the ex-King intimated his intention to return to Hungary in July, and declared that a prominent French royalist had informed him that in the event of his regaining the throne, no opposition would be raised by the Briand Government. M. Gömbös did not produce the original text of these documents, and he admitted that apart from certain phrases and the actual signature of the ex-King, he had only succeeded in securing a copy of the letter to Prince René. In reply to an interpellation M. Gömbös pointed out that after events were sufficient to prove the genuiness of the contents of this letter, and that although unable, for political reasons, to disclose the source hence it came, he would never have ventured to give publication to such a document if it had appeared to him to be of doubtful authenticity."

Lieber René![2]

Dankbar nahm ich Deine mit dem französischen General Franchet d'Esperay[3]
gepflogenen erfolgreichen Verhandlungen zur Kenntnis. Ich bin bereit, dem
Abkommen zuzustimmen, wenn die französische Regierung meine gerechten
Ansprüche auf den ungarischen Thron anerkennt.

Übrigens sehe ich eine Vertretung der ungarischen Interessen darin, wenn
ich mich bei der Übernahme des königlichen Machtkreises der Kleinen Entente anschließe. Die Ausbildung und Führung der ungarischen Armee wird
von hervorragenden französischen Offizieren übernommen, und schließlich
werde ich, dem Wunsche der großen Mehrheit des Landes entsprechend, eine
ausschließlich franzosenfreundliche Politik machen. Du weißt wohl, mit welchen Gefühlen ich für die talentierte französische Nation erfüllt bin und was
für ein Bewunderer dieses schönen Landes und seiner tapferen Armee ich
stets gewesen. Gleichzeitig werden Windischgraetz[4] und Graf Paul Teleki[5] in
Sachen der ungestörten Anerkennung meiner Rückkehr nach Ungarn in London Verhandlungen pflegen. Die Kleine Entente wird sich in ihrem Verhalten
im allgemeinen nach Frankreich und England richten. Schließlich wurde
durch Dr. Gratz[6] und Apponyi[7] bei dem Völkerbund eine Aktion ins Werk gesetzt, die nach unseren Berichten meine dringende Gegenwart erfordert.
Diese führenden Politiker Ungarns charakterisieren meine weitere Abwesen-

---

2   Vgl. Nr. 20.
3   Vgl. Nr. 213. Über die Rolle des Cercle Franchet d'Esperay, der frz. Royalisten und des Prin-
    zen Sixtus von Bourbon von Parma beim ersten Restaurationsversuch, vgl. den Bericht des
    frz. Konsuls in Antwerpen an Briand, Antwerpen, 1921 April 06, in: PAMAE, Hongrie 34, fol.
    107–109.
4   Ludwig Prinz Windisch-Graetz, vgl. Nr. 87a.
5   Vgl. Nr. 237.
6   Dr. Gustav Gratz, 18.01.–17.04.1921 ungarischer Außenminister. Vgl. PRO, FO 371/6103, fol.
    44r–47r, Rede von Dr. Gustav Gratz vor dem Parlament und Nrn. 201, 237. Vgl. auch KA, B/19
    (NL Gratz), Mappe 13, Nachträge und Ergänzungen: 15. April 1921: Am 14. April erhielt Gu-
    stav Gratz von Kaiser und König Karl über Boroviczény folgende mündliche Mitteilung:
    „S. M. wolle spätestens am 06. Juni [am 06. April war er von Steinamanger abgereist, also
    nach Verlauf von zwei Monaten] in Ungarn eintreffen. Er habe von Frankreich Vorwürfe er-
    halten, daß er im Januar Aktion nicht einhielt. Man sagte ihm auf französischer Seite, er solle
    den Versuch wiederholen. Übernehme er die Gewalt, so werde Frankreich keine Schwierig-
    keiten machen. Doch müsse das bald geschehen, denn Frankreich müsse seiner Politik eine
    Orientierung geben, auch werde Briand, der für diese Politik gewonnen sei" [Text bricht hier
    ab.] Vgl. auch den ung. Brief König Karls IV. an Dr. Gustav Gratz vom 10. April 1921, in dem
    er seinen Entschluß einer Wiederholung des Restaurationsversuchs mitteilt. Auch gibt er An-
    weisungen für propagandistische Erklärungen wegen seiner Abreise nach dem ersten Re-
    staurationsversuch. Die Kleine Entente war interessiert, die Restauration vor der Lösung der
    westungarischen Frage zu verhindern. Vgl. ebd., Mappe 13.
7   Vgl. Nr. 229.

heit vom Lande als katastrophal vom Standpunkte der Konsolidation, da das Land von einigen Abenteurern beherrscht wird.

Ich bitte Dich, dem französischen General Franchet d'Esperay hierüber mit der Bitte zu berichten, er wolle dies in geeigneter Form Briand zur Kenntnis geben.

Ich danke vielmals für Deine opferbereiten Bestrebungen, die ich Dir niemals vergessen werde.[8] Karl.

243.
Kaiser und König Karl an den Präsidenten der Französischen Republik Alexandre Millerand

Hertenstein, 1921 Juli 28

AOS, Tom. I, Index 632, beglaubigte Kopie. Deutscher Übersetzung: Feigl, Kaiser Karl (1984), 321–322; ders., Kaiser Karl (1987), 267–268.

Bitte an den Präsidenten der Französischen Republik um Intervention für die Bewilligung der von Bundeskanzler Johannes Schober am 09. Juli 1921 beantragten Kredite zugunsten der notleidenden Bevölkerung Österreichs.

Pendant la durée de mon règne, simultanément avec mes efforts consacrés au rétablissement de la paix, je n'ai rien négligé pour, dans la limite du possible, procurer à mes sujets les vivres les plus nécessaires et pour les maintenir dans la possibilité de travailler. Les circonstances ne me permettent pas, aujourd'hui, de partager la misère qui ne cesse de peser sur mes peuples, mais cela ne m'empêche pas de la ressentir, pour eux et avec eux, au point de vouloir saisir toute occasion pour améliorer leur sort. Dans ce but, j'ai l'honneur de

---

8 Julius (Gyula) Gömbös von Jákfa hatte während der Debatte im ungarischen Parlament über die beiden Restaurationsversuche des Königs die Kopie dieses Briefes verlesen. Vgl. Pester Lloyd Nr. 279, 6: Er äußerte dazu: „[...] Nach dem Osterputsch hatte sich Karl mit einer Denkschrift an Briand gewendet. Ich besitze hierüber ein Schreiben, aber nur in der Kopie: vom Original besitze ich nur einige Sätze und die Unterschrift des Königs Karl. Aufrichtig, ich hatte nicht genug Geld, um das ganze Schreiben erstehen zu können. Aber die Kopie will ich vorlesen [...]." Gömbös weiter: „Hier habe ich ein aus unabhängiger Quelle herrührendes Schreiben, das den Inhalt des vorstehenden gleichfalls bestätigt. Abgesehen von geheimen Abkommen mit Frankreich momentan auch Aktion wegen des Völkerbundes im Zuge. Zu diesem Behufe haben Dr. Gratz und Apponyi, die vor einiger Zeit in Hertenstein weilten, ein genaues Programm aufgestellt, das seine Zustimmung gefunden hat. [...] Auch ein Bericht der Tribuna bestätigt, daß eine Aktion beim Völkerbund eingeleitet wurde." Zu Gömbös vgl. Nrn. 204, 237.

vous prier, Monsieur le Président, de bien vouloir intervenir dans la question
des crédits à accorder à l'Autriche.[1] Dans ce but, je m'adresse avec une entière
confiance au Chef de l'Etat et, par sa puissante entremise, je fais appel aux
cœurs nobles et généreux de tous les Français, convaincu que les passions
déchaînées par la guerre n'ont pu effacer, dans cette grande Nation, les sentiments chevaleresques et empreints de charité qui l'ont toujours distinguée.

D'après les déclarations faites le 9 juillet dernier par le chancelier fédéral
d'Autriche[2], devant une commission de l'assemblée nationale, le gouverne-

---

1   Vgl. dazu auch: PAMAE, Hongrie 35, fol. 198–201: Bern, 1921 August 05: Henri Allizé an
    Außenministerium übermittelt: Bericht eines französischen Informanten über seine Unterre-
    dung mit Kaiser und König Karl in Hertenstein, 1921 Juli 07: Der Kaiser äußerte sich zu den
    Zuständen in Polen und Rumänien und sprach über die Notwendigkeit, Österreich Kredite zu
    gewähren, wozu ein energischer Entschluß Frankreichs dringend erforderlich wäre. Er sprach
    auch über die Bedingungen Schobers, für das Amt des Bundeskanzlers zur Verfügung zu ste-
    hen, die unter anderem die Ablehnung der Entente für Plebiszite in der Steiermark und
    Oberösterreich beinhaltete. « [...] L'informateur a obtenu, tout récemment, au Chateau d'Her-
    tenstein, une audience de Sa Majesté l'ex-Empereur Charles d'Autriche. On croit devoir com-
    muniquer à toutes fins utiles, les points qui ont paru retenir plus spécialement l'attention de
    l'ex-Empereur, au cours de cet entretien: [...] La question des crédites à la République d'Au-
    triche et celle du rattachement. S. M. s'est étendue assez longuement sur la propagande faite,
    en Autriche, pour le rattachement. D'après lui, les résultats de cette propagande sont intime-
    ment liés à l'octroi, à bref délai, de crédits à l'Autriche. Ses paroles textuelles sont les suivants:
    ‹ L'entreprise du rattachement sera arretée nette: 1. Si la Societé des Nations solutionait rapi-
    dement et favorablement la question des crédits à l'Autriche, et 2. si la France, qui est, en réa-
    lité, l'initiatrice de ces efforts pour sauver l'Autriche, se mettait résolument en avant et signi-
    fiait, par son attitude autant que par ses paroles, aux populations autrichiennes que c'est à
    elle principalement que l'Autriche doit les secours financiers qui lui parviennent. ›
    L'attitude résolue et énergique de la France suffirait á reduire momentanement à néant l'ef-
    fort des pangermanistes pour la campagne des plébiscites, laquelle n'aurait pas de racines pro-
    fondes dans les masses populaires et ne rencontrerait actuellement un accueil favorable que
    parce que la situation financière de l'Autriche est désespérée.
    L'entourage de l'Empereur se réjouit grandement du choix de M. Schober comme Chancelier
    de la République d'Autriche. Ce dernier d'ailleurs aurait consulté l'ex-Souverain avant d'ac-
    cepter le poste qui lui était offert. L'Empereur lui aurait fait savoir qu'ayant une confiance en-
    tière dans son jugement, il s'en rapportait à lui, M. Schober, pour accepter ou refuser, suivant
    ce qu'il croirait devoir être de l'intérêt de la Patrie. On affirme à Hertenstein que M. Schober a
    mis deux conditions à son acceptation au Poste de Chancelier:
    a) que l'Autriche ne ferait plus de politique;
    b) que la Diète de Styrie renonçerait au Plébiscite prévu dans cette province pour le 3 juillet.
    La Diète de Styrie a accepté les conditions de M. Schober – ou, plutôt, a accepté d'ajourner le
    plébiscite jusqu'en automne pour permettre, d'ici là, à l'Entente, d'accorder les crédits à l'Au-
    triche. Et si, à cette date, les crédits sont accordés, elle renoncerait définitivement à son pro-
    jet. Le Plébiscite de la province de Haute-Autriche doit suivre le sort de celui de Styrie.
    L'Empereur a ajouté que la chute de M. Schober serait le signal des plébiscites dans toutes les
    Provinces de la République d'Autriche et serait considérée comme le triomphe du rattache-
    ment et de la politique pangermaniste. [...] »
2   Johannes Schober, 21.06.1921–24.05.1922 österreichischer Bundeskanzler, vgl. Nr. 140.

ment autrichien est décidé à baser, désormais, sa politique extérieure sur le traité de paix et à écarter tout ce qui pourrait entraver son action visant à obtenir, de l'étranger, l'aide financière dont le pays a besoin.

Il me semble que cette politique devrait trouver un accueil favorable auprès des Puissances les plus susceptibles d'accorder des crédits à l'Autriche. Dans cet espoir, et croyant le moment venu, je viens joindre ma voix à celle de ce peuple malheureux.

Je tiens à vous signaler, Monsieur le Président, quelle consolation ineffable ce serait pour moi, en ces temps d'épreuves, de voir l'Autriche secourue d'une manière prompte et efficace, et je crois inutile de vous assurer de la reconnaissance que je vouerais, à tout jamais, aux bienfaiteurs de ce pays infortuné. Je saisis la présente occasion pour vous exprimer, Monsieur le Président, l'assurance de mon estime sincère et parfaite.

244.
Kaiser und König Karl an König Georg V. von Großbritannien und Irland

Hertenstein, 1921 Juli 28

AOS, Tom. I, Index 631, beglaubigte Kopie.[1]

Bitte an König Georg V. um Intervention, daß die vom österreichischen Bundeskanzler Johannes Schober am 09. Juli 1921 beantragten Kredite bewilligt werden.

Tout le temps de mon règne, je n'ai eu qu'un but en vue, celui de contribuer au rétablissement de la paix. A l'intérieur j'ai considéré comme mon principal devoir de procurer à mes sujets les vivres les plus indispensables et de leur assurer la possibilité de travailler. A la suite des événements, je ne me trouve pas dans le cas de partager la misère que mes peuples ont toujours encore à supporter. C'est de loin que je les vois livrés aux pires privations, mais j'en souffre tout autant que si j'étais parmi eux, et toute ma sollicitude tend à trouver un moyen d'adoucir leur sort. D'après les déclarations du Chancelier fédéral d'Autriche, faites le 9 juillet dernier[2] devant une commission de l'Assemblée nationale, le gouvernement autrichien est décidé à baser, désormais,

---

1 Die Ausfertigung dieses Briefes konnte in den Royal Archives, Windsor Castle, nicht gefunden werden.
2 Vgl. Nr. 243.

sa politique extérieure sur le traité de paix et à écarter tout ce qui pourrait entraver son action visant à obtenir des crédits.

Cette politique ne manquera pas de trouver un accueil favorable auprès des Puissances les plus susceptibles d'accorder à l'Autriche l'aide financière dont elle a besoin.

C'est le moment où, me souvenant des inoubliables preuves de magnanimité que Votre Majesté m'a données jadis, je viens joindre ma voix à celle de mon peuple si éprouvé, en priant Votre Majesté de bien vouloir intervenir, de Son Auguste Personne, dans la question des crédits susmentionnés.

Sachant comme quoi la vaillante et noble Nation Anglaise et son sage gouvernement ont, de tout temps et en toute chose, obéi aux sentiments d'humanité vraie et sincère, je me flatte que ce n'est pas en vain que je viens faire appel au cœur généreux de Votre Majesté, persuadé qu'Elle pourra sans peine se rendre compte de la consolation que j'éprouverais, au milieu de mes peines, à voir l'Autriche secourue d'une manière prompte et efficace. Et je n'ai guère besoin de mentionner à Votre Majesté la sincère et immuable gratitude que s'assureraient, dans mon cœur, les bienfaiteurs de mon peuple infortuné.

Je saisis la présente occasion d'exprimer à Votre Majesté l'assurance de ma sincère amitié et haute considération avec lesquelles je suis, Monsieur mon Frère, de Votre Majesté le bon et reconnaissant frère

245.
Signierte Erklärung von Nikolaus Graf Revertera von Salandra

Miglarino-Pisano, 1949 Jänner 09

TS 2872, beglaubigte Kopie.

Über Versuche verschiedener Schweizer Freimaurer, zu Kaiser und König Karl politische Kontakte zu finden.

Zur Zeit meines Aufenthaltes in Fribourg (Schweiz), der in die Jahre 1918 bis 1921 fällt,[1] stand ich bekanntlich in enger Beziehung zu Seiner Majestät Kaiser Karl, der sich anfangs in Wartegg, dann aber ständig in Prangins am Genfersee aufhielt.

In jenen Tagen geschah es, daß öfters Persönlichkeiten, die sich in irgendeiner Angelegenheit dem Kaiser nähern wollten, meine Intervention anriefen. Und so kam es, daß auch die Berner Freimaurerloge an mich herantrat, um Seine Majestät in ihre Netze zu verstricken. Ihr Vorsteher, ein gewisser

---

1 Vgl. Nr. 171.

Dr. Rundzieher?[2] (die Franzosen sprechen diesen Namen „Ronzier" aus), erschien eines Tages bei mir und ersuchte mich, Seiner Majestät nachstehenden Vorschlag zu machen: „Der Kaiser möge sich entschließen, der Freimaurerei beizutreten, dann könne ihm die Garantie dafür erteilt werden, daß er binnen zwei Jahren den Thron wieder besteigen könne." Meine Antwort lautete: Ich hielte es für meine Pflicht, Seiner Majestät von diesem Vorschlag Meldung zu machen, könne aber im vorhinein versichern, der Kaiser werde sich ganz bestimmt im negativen Sinne äußern. Und so kam es auch. Seine Majestät wies den Antrag auf das Entschiedenste zurück und fügte hinzu: „Lieber auf alles verzichten, als einer kirchenfeindlichen Organisation beitreten."[3] Als ein anderer hervorragender Freimaurer, ein gewisser Herr von Szék[4], der angeblich zum Herzog von Connaught[5] in guten Beziehungen stand, einen neuerlichen Versuch in dieser Richtung unternahm, war das Endergebnis natürlich das gleiche. Die religiöse Überzeugung des Kaisers hatte zu tiefe Wurzeln, als daß Seine Majestät sich zu einem solchen Compromiß herbeigelassen hätte.[6]

---

2 Konnte nicht verifiziert werden.

3 Vgl. dazu auch PA AA, Politik 11, Nr. 2, Bd. 2, Wien, 1921 August 01, Scharfenberg an Auswärtiges Amt, Berlin, über Tendenzen französischer Logen, die Restauration Karls von Habsburg zu protegieren und zu finanzieren. Vgl. Kovács, Papst Benedikt XV., 391–392 und Riegelmann, Die europäischen Dynastien in ihrem Verhältnis zur Freimaurerei, 134.

4 Konnte nicht verifiziert werden.

5 Arthur William Herzog von Connaught, seit 1901 Großmeister der Vereinigten Großlogen von Großbritannien; vgl. über ihn auch Nr. 2.

6 Vgl. dazu auch TS 2872, Vermerk [Datum und Schreiber unbekannt]: „Der österreichische Geschäftsträger in Bern, Baron [Friedrich] Seidler, machte mündlich folgende Mitteilungen: [...] Ein Anwachsen einer, zumindest latenten, monarchistischen Stimmung in Österreich ist unverkennbar. Dieselbe hat auch in die Kreise der Hochfinanz übergegriffen. Von durchaus zuverlässiger Seite hören wir, daß die Freimaurer in Österreich für die Restaurationspläne zugänglich sind, weil sich diese Organisation der Hauptsache nach aus Angehörigen der besitzenden jüdischen Klassen zusammensetzt, die geordnete wirtschaftliche Verhältnisse nur durch die Wiederherstellung der Monarchie herbeiführen zu können glauben. Sie stehen bereits mit amerikanischen Freimaurern in Verbindung, doch sollen diese eine Mitwirkung des Grafen [Ottokar] Czernin nicht ungern sehen [...]." Vgl. das Dementi bei Lennhoff-Posner, Internationales Freimaurerlexikon, Sp. 1177.

246.
Testament Kaiser und König Karls

Hertenstein, 1921 Oktober 15

Referat für Selig- u. Heiligsprechung der Erzdiözese Wien,
Causa Caroli e Domo Austriae, Tom. IX., Kopie.

Der Kaiser und König überträgt für seinen Todesfall Regentschaft und Vor-
mundschaft an Kaiserin und Königin Zita. Sollte sie vor der Großjährigkeit
des Kronprinzen sterben, hätte der Bruder des Kaisers, Eh. Maximilian, die
Regent- und Vormundschaft zu übernehmen, in weiterer Folge nach der Ord-
nung der Pragmatischen Sanktion der jeweils nächste männliche Agnat.

Mein letzter Wille!

Des Menschen Schicksal liegt in Gottes Hand. Täglich kann mich der liebe
Gott in seinem unerforschlichen Ratschlusse von dieser Welt abberufen. Die
Pflicht gegenüber meinem Hause und meinen Völkern gebietet mir, daß ich
für jenen Fall in klarem Bewußtsein Verfügungen treffe.
    Ich ordne daher an:
    Die Regentschaft und die Vormundschaft für mein zur Thronfolge berufe-
nes Kind führt auf die Dauer seiner Minderjährigkeit meine vielgeliebte Gemahlin, Ihre Majestät, die Kaiserin und Königin. Sollte Ihre Majestät vor mir
oder mit mir oder nach mir, aber vor der Großjährigkeit dieses meines Kindes
in das ewige Leben eingehen, so hat mein geliebter Bruder Erzherzog Maximilian die Regentschaft und die Vormundschaft auf die gleiche Dauer zu
führen. In weiterer Folge hätte Regentschaft und Vormundschaft jeweils auf
den nächsten männlichen Agnaten im Sinne der aus der Pragmatischen
Sanktion fließenden Thronfolgeordnung überzugehen.
    Der auf diese Weise bestimmte Regent ist auch der Vormund meiner übri-
gen Kinder und der Chef des Hauses.
    Gegeben zu Hertenstein, am 15. Oktober 1921[1]
    Karl.[2]

---

1   Das Testament wurde am Morgen des 12. Jänner 1923 im Obersthofmeisteramt durch die Gra-
    fen Andrássy, Apponyi, Csekonics und Hunyady eröffnet. Die Ultra-Legitimisten stellten fest,
    daß es nicht vom Parlament gegengezeichnet war, anerkannten aber die Königinwitwe als ge-
    genwärtige Regentin. Vgl. PRO, FO 371/8858, fol. 153: Budapest, 1923 Jänner 15: Thomas Hoh-
    ler an das britische Außenamt.
2   Vermerk: „Die Unterzeichneten bestätigen, daß Seine Apostolische Majestät den vorstehen-
    den ‚Letzten Willen' aus Allerhöchsteigenem Entschlusse bei klarem Bewußtsein vor ihnen
    Allerhöchsteigenhändig niedergeschrieben und gefertigt hat."

247.
Kaiser und König Karl an den Präsidenten der Schweizerischen Eidgenossenschaft, Edmund Schulthess

Hertenstein, 1921 Oktober [21]

BAR, E 2001 (B)-/3, Bd. 49, Dossier B 44/142/2, 1922 (III.), fol. 266a–b, Ausfertigung; Druck: DDS 8, 358–359, Dokument 128.

Kaiser und König Karl informiert den Präsidenten des Bundesrates der Schweizerischen Eidgenossenschaft von seiner Rückkehr nach Ungarn. Er empfiehlt seine Kinder dem Schutz der Schweiz und dankt für die zweijährige Gastfreundschaft.

Hochachtbarer, vielgeliebter Freund![1]

Meine ungarischen Getreuen haben Mich unter Darlegung schwerstwiegender Gründe aufgefordert – meiner <u>eidlichen</u> Pflicht gemäß – mit der Königin unverzüglich nach Ungarn zu kommen und haben ihrerseits alle Vorbereitungen getroffen, damit Unsere Abreise binnen wenigen Stunden erfolgen könne. So hat mich eine unabweisbare heilige Pflicht in die Heimat zurückberufen, um ihr den <u>inneren und äußeren Frieden</u> zu geben, welchem Gedanken Ich selbst in der Kriegszeit vor den Augen aller Welt gedient habe.

Der rasche Entschluß, der Mich und die Königin für kurze Zeit von unseren innigst-geliebten Kindern trennt, fiel Uns wahrlich nicht leicht. Unseren Kindern gilt in dieser Stunde Unser ernstes Sorgen. Wir haben sie der Fürsorge einiger weniger Unserem Hause treu ergebener Personen anvertraut. Wir wären aber trotzdem voll Unruhe und Pein, wüssten Wir sie nicht mit ihrer Umgebung in der treuen Hut der Eidgenossenschaft. Diesem Schutze empfehlen wir sie angelegentlichst.

Hiefür sowie für die herzliche Gastfreundschaft, die Mich und die Königin durch mehr als zweieinhalb Jahre umfing, nehmen Sie unseren bewegten Dank entgegen. Indem Wir Uns selbst dem Machtschutz Gottes unterstellen, flehen Wir auch Gottes Segen auf das herrliche schweizerische Land herab.

Hertenstein, am 15. Oktober 1921
Albin Freiherr Schager von Eckartsau
Emmerich Schonta von Seedank, Fregattenkapitän
Aladár Boroviczény von Kisvárda
Karl Freiherr Werkmann von Hohensalzburg.

1   Edmund Schulthess, Präsident des Bundesrates der Schweizerischen Eidgenossenschaft für die Jahre 1917, 1921, 1928 und 1933.

Ich bin in vollkommener Achtung
Karl[2]

248.
P. Cölestin Schwaighofer von Deggendorf OFMCap
an Kardinalstaatssekretär Pietro Gasparri

Rom, 1921 Oktober 22

AE, Austria 837[neu:1483], Prot. 26.615,[1] Ausfertigung; BKA, NL Cölestin Schwaighofer, X, 151, Fasz. 57/9., deutsches und italienisches Konzept.

Bericht an den Kardinalstaatssekretär über seine Incognito-Zusammenkunft
mit dem österreichischen Kaiserpaar auf dem Kreuzweg zwischen Hofkirche
und Kapuzinerkloster in Luzern, vier Wochen vor Beginn des zweiten Restau-
rationsversuches.

---

2   Folgende Anmerkung in: BAR, E 2001 (B)-/3, Bd. 49, Dossier B 44/142/2, 1922 (III.), fol. 266b
    und in: DDS 8, 358–359: „[...] Cette lettre a été remise à G. Motta par le Baron de Hye, le 22
    octobre 1921 à 14ʰ30. Dans une notice du Département politique datée du 24 octobre 1921, on
    lit les renseignements suivants: Herr Regierungsrat Heinrich Walther (chef du Departement
    militaire et de la Police du Canton de Lucerne) telephonierte Samstag, den 22. Oktober nach-
    mittags 2 Uhr, aus Luzern zu Handen von Herrn Bundesrat Motta, er habe soeben den Be-
    such des Herrn von Schonta gehabt, der ihm erklärte, er hätte von König Karl den schriftli-
    chen Auftrag erhalten, ihm Folgendes mündlich mitzuteilen:
    1. der König empfehle seine Kinder und seine Getreuen, die er in Hertenstein zurücklasse,
    dem Wohlwollen der Behörden und er versichere, daß sie über seine Absichten in keiner Weise
    orientiert gewesen seien.
    2. stelle er fest, daß er anläßlich des vor einer Woche erfolgten Besuches von Herrn Walther in
    Hertenstein noch nicht von der beabsichtigten Abreise gewußt hatte. Die Nachrichten, die ihn
    zu der Abreise nach Ungarn veranlaßt hätten, seien ihm erst im Laufe dieser Woche zuge-
    kommen. Man habe ihn wissen lassen, daß seine Rückkehr nach Ungarn notwendig sei, um
    dort die Gefahr einer Anarchie zu verhindern. [Laut TB Gratz wurde der ungarische Kurier
    am 08.10.1921 in die Schweiz gesandt, die Antwort des Königs, zu kommen, traf am 19. Okto-
    ber ein. Vgl. KA, B/19 (NL Gratz), Mappe 13.]
    3. der König stelle mit aller Rücksichtnahme auf einen hohen Beamten des schweizerischen
    Bundesrates fest, daß er niemals das Versprechen gegeben habe, die ihm unterbreiteten Be-
    dingungen anzunehmen. Er habe die Bedingungen wohl angehört und sie im Lauf der Unter-
    redung einzeln sogar wiederholt, er habe aber niemals geäußert, er nehme sie an. Gleichfalls
    habe er die Bedingungen, die ihm bei seiner früheren Einreise durch Herrn Oberstleutnant
    Kissling unterbreitet worden seien, bloß entgegengenommen, ohne darauf weder mit einem
    Ja, noch mit einem Nein zu antworten. [...]" Vgl. Nrn. 237, 238 und 239.

1   Mit Brief P. Cölestin Schwaighofers OFMCap an Kardinalstaatssekretär Pietro Gasparri,
    Rom, 1921 Oktober 22.

Colloquio coll'Imperatore d'Austria in presenza dell'Imperatrice, il giorno 20. Settembre 1921

L'adunanza doveva essere preparata colla massima discrezione perché, come si crede, l'Imperatore è rigorosamente sorvegliato, ed anche tutto ciò che lo circonda, e riguarda. Però l'Imperatore dice che le Autorità lo trattano molto bene, e che per il momento egli penserebbe di rimanere in Svizzera. Egli vive colla famiglia sua in "Hertenstein" in un albergo affitato, che insieme con un giardino si trova in un sito privato sulle rive del lago di Lucerna (Vierwaldstättersee) circa due ore da Lucerna. L'Imperatore è molto amato dalla popolazione di questo luogo dove tutto è cattolico; egli è amato specialmente per il suo buon esempio. Questo mi diede motivo di ricordare che dal principio ho espresso francamente i miei timori, per il fatto che egli prese, al suo tempo, alloggio a „Prachin" [sic] sul lago di Ginevra, e cioè per due motivi:

"Io rappresentai l'opinione che, se i Habsburghi prendono il loro rifugio in Svizzera, allora dovrebbero cercare un Cantone cattolico (non il Wattland pro

---

Am 26.11.1921 hatte P. Cölestin Audienz bei Papst Benedikt XV.; stichwortartiges Memoriale, vermutlich nach der Audienz entstanden, vgl. BKA, NL Cölestin Schwaighofer, X, 151, Fasz.57: "Audienza presso Sua Santità 26.11.21." Vgl. dazu Nr. 272, Anm. 1. Dazu auch TS 1921–1924: „[...] Unter der Regierung seiner Heiligkeit, des Papstes Benedikt XV., war der Vatikan in seiner kirchenpolitischen Richtung zugunsten der Restaurationsbestrebungen eingestellt. Der Heilige Vater hat persönlich die Sache der Restauration mit allen ihm zu Gebote stehenden Mitteln gefördert. [...] In dieser Beziehung war ich [Boroviczény] wiederholt Träger von politisch bedeutsamen Messages zwischen dem Exilkaiser und sogar dem Heiligen Vater persönlich. Der Heilige Vater, Benedikt XV., sprach sich wiederholt für die Notwendigkeit der Durchführung einer Restauration in Ungarn aus. Er sah im kommunistischen Osten eine ungeheure Gefahr für Europa aufsteigen und war der Überzeugung, daß nur eine katholische Monarchie in Österreich-Ungarn ein genügendes Bollwerk gegen diese Gefahr sei. Er gab mir gelegentlich einer Audienz als ungarischer Geschäftsträger offiziell die Genehmigung, meine Regierung zu mahnen, daß es an der Zeit wäre, mit einer diesbezüglichen propagandistischen Tätigkeit zu beginnen. Ich leitete diese offizielle Aufforderung auch in einem offiziellen Bericht nach Budapest weiter und erhielt dafür eine Nase. [...] Der Heilige Vater [...] sagte zu mir, man dürfe die Restauration nicht verschieben, sondern man müsse mit aller zulässigen Eile die jeweiligen Umstände mit größter Vorsicht ausnützen, die Restauration anstreben. [...]
Im Laufe des Sommers 1921 meldete sich bei [Kaiser und König Karl] der Maggiordomo Seiner Heiligkeit, Seine Exzellenz, Monsignore Riccardo [Sanz] di Samper. Er kam, um die Sache zu tarnen, zu ihm Bekannten auf Besuch in die Schweiz und verlangte, daß [Kaiser und König Karl] mit ihm dort zusammentreffen solle. Um möglichst das Geheimnis zu wahren, nahm [der Kaiser] zu dieser Unterredung Ihre Majestät, einige seiner Kinder und mich mit und gab allem das Aussehen eines Ausfluges. Die Unterredung erfolgte zwischen dem Kaiser und dem Maggiordomo Seiner Heiligkeit unter vier Augen.
[...] Der Wille, schon so bald nach Ungarn zu fahren, war aber nach der Message des Monsignore [Sanz] di Samper beim [Kaiser] noch nicht vorhanden. Erst weitere, mir nicht näher bekannte Nachrichten aus Rom, ferner die Verhandlungen mit Baron Schager und mehreren ungarischen Politikern haben diesen Willen ausgelöst. [...]"

testante), perché in un tale territorio si comprenderebbe meglioi sentimenti di mentalità e di religione. Io ricordavo che il castello geneologico dei Habsburghi si trova nella Svizzera centrale cattolica. Come secondo punto già avevo citato le parole prima, e ho richiamato alla memoria: 'Prachin' è situato molto vicino alla frontiera francese."[2] Un gran numero della popolazione e della popolarità in Austria, ha delle pregiudizi dannosi in riguardo ai Sovrani. È' una differenza – lo dissi francamente e letteralmente – fra le nozioni: "germanici cittadini del impero e tedeschi appartenenti alla razza tedesca". "Nessuno che riflette oggettivamente, può pretendere che i Habsburghi siano entusiasmati verso l'impero germanico. L'anno 1866 era una grande ingiustizia recata ai Habsburghi. Con una speciale accentuazione dissi: se un vestito è stato bottonato male, bisogna disfare tutta la bottonatura e ricominciare da quel punto dove si ha sbagliato per la prima. E questo era 1866. D'altronde, dissi, i Habsburghi sono una famiglia tedesca per razza. Certamente riguardante la prudenza e la religione, si deve stare bene colla Francia; è un grande sbaglio specialmente da noi in Baviera, che ciò non si consenta abbastanza; ma queste relazioni dall'altra parte, non debbono essere troppo pubbliche, perché allora sarebbe impossibile di ritornare in Austria, che è di razza tedesca!"

Io trovai dall'Imperatore una disposizione molto ottimista, e cioè che la pluralità dei voti in Austria si potrebbe cambiare e con facilità, e di questo ottimismo ho preso la conseguenza dispiacente che l'Imperatore ignora assolutamente la profonda offesa fatta a lui ed alla Imperatrice, in Austria. E per questo rimasi molto afflitto, ciò che non ho neanche nascosto. Ho ripetuto l'idea mia, già espressa l'anno passato: "I buoni cattolici in Francia saranno affezionati ai Habsburghi per ragioni politiche e dopo religiose, ma la Francia ufficiale, nel momento critico, farebbe sedere l'Imperatore fra due scanni, cosìche egli caderebbe per terra."

Un alto personaggio del mondo eclesiastico diplomatico che connosceva la mia espressione dell'anno scorso fatta, all'occasione dell'escursione di pasqua dell'Imperatore d'Ungheria[3]; m'ha detto: "Ella era un Profeta." A questa occasione venni a parlare dell'ultimo viaggio dell'Imperatore in Ungheria e gli dissi: "Secondo ciò che sento, vi erano due partiti – dei quali uno: giudicava la cosa come cosa prudente. Io non ho l'impressione che tutti i circoli eclesiastici siano stati abbastanza orientati in riguardo a questo punto." – "O invece può dirmi, Ella, il contrario?" – L'Imperatore mi rispose: "Ora essi tutti sono orientati perfettamente." (Questo discorso aveva luogo, a pioggia dirrotta, sulla croce-via che conduce dalla cosidetta "chiesa della Corte" a Lucerna, al convento dei cap-

---

2 Vgl. dazu Politisches Departement an den Staatsrat des Kantons Waadt, Bern, 1921 April 08, über das Verbot des Kantons Waadt vom 01. April 1921, daß Kaiser Karl das Territorium dieses Kantons wieder betritt. In: BAR, E 2001 (B)-/3, Bd. 48, Dossier 44/142/2, 1922 (II.), fol. 69.
3 Vgl. Nr. 237.

puccini.) L'anno scorso l'Imperatore si lagnò severamente che dalla Baviera si facevano delle trame segrete per l'annessione del Tirolo alla Baviera. Anche l'Imperatore, l'anno passato, si era specialmente lagnata del Principe eredita-rio di Baviera[4] come propagandista di queste cose. Io ho potuto dire in questo riguardo, durante l'ultimo colloquio: "Referendosi a questo affare ho parlato con il nostro onorandissimo Re e con il Presidente del Consiglio die Ministri della Baviera 'Kahr'[5] e ho l'assicurezza assoluta e l'impressione la più sicura, che i Circoli ufficiali della Baviera totalmente stanno lontano da queste cose. In occasione del sessantesimo genetliaco della Granducchessa di Lussemburgo[6] del tempo passato, m'incontrai col Principe ereditario di Baviera. L'ho infor-mato delle lagnanze di Sua Maestà, e ho formato le mie opinioni in modo se-guente: 'Noi, patrioti bavaresi, siamo legittimisti e perciò non possiamo essere illegittimisti nei fatti esteri. Se anche la popolazione del Tirolo e dell'Austria strappato politicamente da Baviera, appartiene etnograficamente e storica-mente alla stirpe bavarese, i diritti però della dinastia dei Habsburghi a que-sti territori sono talmente garantiti, che sarebbe contro il nostro principio della legittimità di provocare un'annessione alla Baviera, finché ancora esiste una scintilla di speranza, che i Habsburghi possono riacquistare i loro diritti, del tempo passato'." Il Principe ereditario non contradisse, e in nessun modo, que-sta deduzione logica, e mi assicurò, che la breve visita progettata da parte sua l'anno scorso, visita in città Austriaca, riguardava solamente cose private, e che essa non aveva da fare con una propaganda. Mi sembrava che l'Imperatore non si dava completamente pace, nonostante le mie spiegazione in riguardo.

Parlammo anche della crisi in Baviera, la quale aveva il principio proprio in quei giorni; la quale era causata principalmente per causa di contestazioni di competenza tra Berlino e Monaco. L'Imperatore mostrò grande interesse per l'orientazione nella questione "Fino a qual segno esiste in Baviera la tendenza per il distaccamento dal Regno tedesco?" Gli esplicai che noi in Baviera soff-riamo molto sotto la tendenza della Centralisazione a Berlino, e per questo si trova dappertutto fino ed anche nei circoli molto elevati il desiderio di un dis-taccamento, ma che tra i rappresentanti di questa opinione non c'è un politico da prendere in sul serio il quale dicesse che questa separazione si potrebbe fare, e che secondo l'opinione dei migliori bavaresi, i quali riflettono a mente fredda, una tale separazione mai si potrebbe fare. Secondo il loro parere un tale tentativo conduebbe a uno sciopero generale degli operai; a una guerra civile; a una esecuzione dell'Impero contro la Baviera; e finirebbe con una completa sconfitta, la quale sarebbe completata forse dall'intervento dall'Intesa. L'Impe-

---

4 Kronprinz Rupprecht von Bayern, vgl. Nr. 2.

5 Gustav Ritter von Kahr, 1920–11.09.1921 bayerischer Ministerpräsident, 1917–1924 Regie-rungspräsident von Oberbayern.

6 Charlotte Großherzogin von Luxemburg seit 15.01.1919.

ratore sa, da molti schiarimenti datigli ripetutamente nel corso degli anni,
1. che nelle mie esposizioni non mi sono lasciato determinare dalle mie proprie
iniziative, ma soltanto espongo le esperienze fatte, trattando confidenzialmente
con personalità competenti, 2. che io, conforme alla mia condizione, mi tengo
ansiosamente lontano dalla politica, nel senso della parola, e che presto solo il
mio servigio come interpositore, fin che si tratta di interessi della Santa
Chiesa. Ma sta nell'interesse della Santa religione cattolica, come già ho spie-
gato spesso: "Che la Baviera non venga ancora di più infetta del prussianismo,
e per conseguenza del protestantismo. Questo pericolo non viene soltanto dalla
sinistra, ma anche da destra. Da sinistra si presenta con una oltraggiosa cura
verso una forte centralisazione a Berlino. Da destra viene il pericolo per mezzo
di personalità [...] di confessione protestante, dalla Germania del Nord, le quali
[...] di trarre la disposizione conservativa, tranquillamente crescente, alla maggior parte del popolo bavarese sottomano nelle acque pangermaniche protestante, con grave dispendio di grandi mezzi finanziari. Essi cercano di prestar
mano per un triomfo del militarismo e finalmente anche del pangermanismo
(protestante) 'via Monaco' che per ora nemmeno può ottenersi da Berlino." Rap-
presentando questi principi mi posso riferire a importanti membri del mio
santo Ordine, membri, i quali nelle ore più gravi, hanno rappresentati gli interessi della chiesa cattolica, dell'Impero germanico, tanto con i "Wittelsbacher"
(S. Lorenzo da Brindisi – Hyacinto a Sale[7] ed altri) quanto anche presso i
Habsburghi (V. Marco d' Aviano[8] e altri). Posso anche sempre ripetere che non
mi sono mai offerto con importunità, ma interpellato, rispondèi e rispondo con
franchezza. Per spiegare la situazione abbastanza plasticamente io dissi
all'Imperatore: "Noi siamo seduti in una carozza di cui cavalli presero la mano.
'Erzberger'[9] guidava per 10 passi di troppo verso la sinistra [...] 'Kahr' passo
troppo verso destra; tutte e due credevano di far il meglio; ma le due direzioni
finivano nella fossa." Infine potei dire all'Imperatore quali tentativi sono stati
fatti per dare da mani incompetenti qualche scritti, riguardanti l'Austria, che
eventualmente sarebbero rilasciati da Erzberger. Per quanto io potei giudicare
[le] cose, Erzberger era sempre pieno di spirito cattolico, un amico fedele
dell'Austria, senza però di venir meno ai doveri principali verso la patria.
Credo che nei suoi scritti rilasciati non vi erano delle notizie compromettenti
per l'Imperatore, per l'Imperatrice o per congiunti più stretti. [...] ho spesso ri-
marcato che in questi circoli si stimava molto la buona [...tà] del deputato uc-
ciso, ma che si era convinta anche, che uomini di grandi pensieri e di grande
attività <u>mancano</u> spessissimo di <u>prudenza</u> e <u>discrezione</u> senza volerlo. E perciò

---

7 Laurentius von Brindisi (1559–1619) und Hyacinth von Casale (1575–1627), Kapuziner als
   Diplomaten in kaiserlichen und päpstlichen Diensten.
8 Vgl. Nr. 71.
9 Vgl. Nr. 13.

si è stato tanto cauto trattando con il detto Signore. Anche quell'affare tanto discusso in tutto il mondo, in riguardo all'ottenimento "Rapporto Czernin all'Imperatore", sembra in realtà essere avvenuto in modo assolutamente innocente e non intenzionato da ambedue le parte.[10]

L'Imperatore e l'Imperatrice approfittarono dell'appuntamento e del nostro colloquio per m'incaricare di far menzione a Sua Santità del loro baciamano e della promessa di un'inalterabile fedeltà; e di pregare il Santo Padre per la sua orazione in questi tempi tanto gravi. Tutte e due lasciavano l'impressione di grande patimento a causa dell'attuale situazione tanto opprimente, ed avevano l'aria sofferente.

Non ho potuto far uso del permesso di trasmettere la Benedizione apostolica, che solo in modo semplicissimo, caminando sulla crocevia (Kreuzweg), mentre pioveva a torrenti. La Benedizione è stata ricevuta con grande devozione e riconnoscenza.

249.
Aktenvermerk des französischen Außenministeriums

Paris, 1921 Oktober 23

PAMAE, Hongrie 36, fol. 180r–v[1]

Aktenvermerk über den Besuch des Prinzen Sixtus von Bourbon von Parma beim Generalsekretär des französischen Außenministeriums Philippe Berthelot sowie die Stellungnahme des Prinzen zum zweiten Restaurationsversuch König Karls in Ungarn.

Visite du Prince Sixte à M. Berthelot

Le Prince s'apprêtait à partir pour la Roumanie (où il s'intéresse à une affaire de [...] Il devait quitter Paris le mardi 29 octobre et se félicite beaucoup d'avoir retardé de quelques jours son départ (qui devait primitivement avoir lieu le 15 octobre). S'il était parti à cette date, il se serait trouvé à Budapest en ce moment, et que n'aurait-on pas dit en Italie et ailleurs de ce voyage! Et cependant cela aurait été une de ces coincidences du hasard que les hommes ne sauraient prévoir.

Le Prince Sixte ne partira pas et attendra que la situation creée par la tentative de son beau-frère (ex-empereur Charles) pour monter sur le trône de

---

10 HHStA, PA I, 1092a NL Czernin, fol. 202–204; DBA, NL 97 (= Erzberger)/18, Tagebucheintragungen vom 22., 23. April und 03. September 1917; und Steglich, Friedensversuche, 423.

1 Mit aufgeklebter Visitkarte von Prinz Sixtus von Bourbon von Parma.

Hongrie soit éclaircie et réglée. Il s'inquiète beaucoup pour sa sœur l'ex-impératrice Zita, qui a accompagné son mari en avion et qui est ainsi mêlée à tous les risques et dangers de cette aventure. Le Prince donne sa parole d'honneur qu'il n'était au courant de rien et a été aussi surpris que tout le monde des nouvelles et des journaux [en parle].

Il ne peut comme homme blámer le geste de son beau-frère. Mais il comprend très bien qu'il n'y a aucune chance de succès.

Le Secrétaire Général des Affaires Etrangères a remercié le Prince Sixte de sa visite et de ses déclarations. Il lui a dit qu'il ne doutait pas un instant de sa parole. Sur le fond même, il a confirmé que la tentative de l'ancien Empereur n'avait aucune chance de réussir. Les puissances ont pris une position tout à fait nette et se sont engagées collectivement à empêcher toute tentative de restauration des Habsbourg. [...] cite que les pays de la Petite Entente sont décidés àintervenir par les armes à Budapest si c'est nécessaire. Déjà les ministres alliés ont élevéune protestation collective à Budapest[2] et, d'après les journaux, le gouvernement hongrois en exercice a répondu qu'il empêcherait l'entrée du roi Charles sur le territoire hongrois.

La Conférence des Ambassadeurs a été convoquée pour demain lundi,[3] en vue des décisions à prendre immédiatement.

Enfin un échange de lettres entre l'ambassade d'Angleterre et le Ministère des Affaires Étrangères a marqué l'accord absolu des deux gouvernements sur la politique à suivre pour entraver la nouvelle tentative du roi Charles.[4]

L'ambassadeur d'Italie[5] a également annoncé sa visite à M. Berthelot pour ce matin.

250.
Unterredung Kaiser und König Karls mit Albert Graf Apponyi im Kloster Tihany

Tihany, 1921 [zwischen Oktober 28 und 31]

AOS, Tom. II, Index 740, beglaubigte Kopie.

Stichwortartige Überlegungen für den Fall seiner Dethronisation als König von Ungarn.[1]

---

2 Vgl. Nr. 237.

3 24.10.1921. Über den Inhalt der Konferenz vgl. BFP XXII, 474–475 (Nr. 418).

4 Vgl. DBFP XXII, 467–468 (Nr. 409): Budapest, 1921 Oktober 23: Hohler an Curzon.

5 Lelio Bonin Longare, November 1917 bis Jänner 1922 ital. Botschafter in Paris.

1 Folgende Interpretationen des Dokuments durch Kaiserin Zita:

Apponyi: Herzerfrischend und rührend

1.) Chef der Legitimisten Idee: Verhandlungen zwischen Nation und König zur Bereinigung

2.) Gegenstimmen der Gutgesinnten gegen Absetzung. Er: Rede null und nichtig über [18]48 überhaupt nicht mehr [18]67 gesprochen

3.) Bethlen bleiben. Besser für Herren. Ich: kann nicht mehr tun. Gesagt, daß ohne Bethlen Absetzung nicht durchdringt, unrichtig.

4.) Entrevue Abschied für Volk[2]

„Das Kommen Graf Apponyis nach Tihany und seine vollständige Treue, sowie sein Optimismus waren wirklich wohltuend.

Punkt 2 gibt die Ansicht des Königs wieder, daß die Gutgesinnten geeint gegen die Thronabsetzung stimmen. Graf Apponyi war dem entgegengesetzt, er vertrat die Ansicht, daß die Thronabsetzung null und nichtig sei, sie sei der Ehre einer Erwiderung gar nicht würdig, und berief sich hiebei darauf, daß die Thronabsetzung Kaiser Franz Josephs und der Dynastie im Jahre 1848, im Jahre 1867 nicht revoziert wurde. Es war nicht als ein Staatsakt oder Gesetz angesehen worden, sondern nur als eine revolutionäre Rede ohne Consequenz.

Ein Exodus aller Legitimisten vor der Verlesung würde am besten dessen Nichtigkeit beweisen. Der König widersprach dieser Ansicht und erklärte Graf Apponyi, daß die außenpolitische Lage eine scharfe Ablehnung im Parlament verlange, widrigenfalls die Mächte es als eine Erklärung des Volkswillens ansehen und die Monarchisten für eine so schwache Gruppe halten würden, daß sie nicht einmal fähig wären, im Parlament dem entgegenzutreten. Schließlich versprach Graf Apponyi nach dem Wunsch des Königs zu handeln, was er jedoch, leider, dann unterließ.[Vgl. dazu auch Kovács, Krönung und Dethronisation, 424–425.]

Ad Punkt 3: Graf Apponyi vertrat die Ansicht, daß es besser sei, Bethlen nicht zu stürzen, weil er vielleicht weniger hart für die Bestrafung der Herren eintreten würde. Der König erwiderte, daß Bethlen wohl nicht mehr tun könnte, als was er eben schon getan hätte. Die Ansicht, daß ohne Bethlen die Absetzung nicht durchdränge, hielt er für unrichtig.

Ad Punkt 4: Apponyi meinte, daß eine Art Abschiedsproklamation eventuell durchdringen könnte. Der König war nicht dafür, und zwar aus verschiedenen Gründen, es wäre unklug, die Hauptschuld auf die Entente zu werfen und andererseits könnte man in so einer Proklamation über ihr unrechtmäßiges Eingreifen in innere ungarische Angelegenheiten nicht hinweggehen. Zweitens wäre es in Anbetracht der in der Macht Horthys verbleibenden Offiziere und Beamten unklug, ihn durch die öffentliche Festnagelung der Wahrheit, soweit sie seine Haltung anging, noch mehr zu reizen. Dies wäre der Fall, wenn der König betonen würde, daß er den Irregeführten verzeiht.

Schließlich kamen der König und Apponyi überein, daß er nicht ermächtigt sei, über das, was in der Audienz gesprochen wurde, sich zu äußern, aber, daß seine Ansicht über die Empfindungen des Königs sei: Zurückweisung der Entente-Einmischung und in einer klugen Form die Liebe des Königs zu seinem Land und seinen Landeskindern, unter welchen sich die Irregeführten befänden.

Ad Punkt 5: Gibt Maßregeln für das weitere Verhalten der Beamten und Offiziere. Während einige, die in hohen Stellungen sind, als sichtbaren Protest ihre Stellungen niederlegen sollen, respektive nicht in die Regierung eintreten sollen, mögen die weniger Exponierten in Amt und Stellung bleiben, um mit legitimistischem Geist alles zu durchdringen.“

2 Vgl. AOS, Tom II, Index 741 mit Vermerk: Auf einem Briefpapier von der Hand des Kaisers notiert: [Darstellung des Gefechts von Budaörs:]

Verzeihung, ich für relative Verzeihung, Verführte, Irregeführte, ich überhaupt nicht dafür, da erstens Bitteres gegen Entente und zweitens Schönes
kann man nicht sagen. Fallengelassen, geeinigt. App[onyi]: Entrevue sagt er,
kann nichts sagen über Audienz, aber seine Ansicht über meine Ansicht
dürfte sein, Zurückweisung der Entente-Einmischung und etwas über Verzeihung. Sauerwein[3], Lehár.

5.) Verhalten[:] Kleine bleiben, durchdringen. Große als Protest einige weg,
nicht in Regierung

6.) Idee zu einer Art Manifest, siehe App[endix]; in pro memoria niedergelegt.[4]

„Da solche Episoden, wie jenes Gefecht, gewöhnlich in der Seele des Volkes lange haften bleibt,
ist es notwendig, folgendes festzustellen:

1. Wir wurden angeschossen, daher haben die Regierungstruppen das Gefecht begonnen.

2. Das Gefecht wurde von der erschreckten, nicht böswilligen Regierung über Drängen der Entente geführt gegen die territoriale Integrität, deren Repräsentant der gekrönte König ist.

3. Es sind dafür Anhaltspunkte vorhanden, daß die äußerste Linke und Gömbös gewisse Atta-
chen zu Serbien hat, und es wäre möglich, daß diese Leute, die nicht königstreu sind, aus
Angst vor dem König den Ernst der Lage der schwankenden Regierung gegenüber übertrieben haben."

[Vermerk:] Punkt 3 wurde vom Kaiser wieder gestrichen.

3 Jules Sauerwein, französischer Journalist, vgl. Nr. 263.

4 Dieses Manifest, in dem der König den ihm von der ungarischen Regierung zugemuteten
Thronverzicht ablehnt, wurde von Dr. Gustav Gratz textiert. Die ungarische Formulierung in:
KA, B/19 (NL Gratz), Mappe 13, 1921 Oktober 31. Deutsche Fassung bei Boroviczény, Der König und sein Reichsverweser, 336–337: „ Solange Mir Gott die Kraft gibt, Meinen Pflichten
nachzukommen, kann ich auf den ungarischen Thron nicht verzichten, an welchen Mich mein
Krönungseid bindet; Ich behalte Mir alle Rechte vor, die Mir als dem gekrönten König Ungarns auf Grund der Rechte der Heiligen Ungarischen Krone zukommen gerade so, wie Ich
auch allen aus der Krönung erwachsenen Pflichten der ungarischen Nation gegenüber nachkommen werde. Meine tiefste Überzeugung ist es, daß dieser Mein Standpunkt der einzige ist,
welcher der großen Tradition der ungarischen Nation sowie den, von vorübergehenden Begebenheiten unabhängigen, ständigen Interessen Ungarns entspricht.
Tihany, den 29–30. Oktober 1921
Karl m. p."

V. Der Kaiser im Exil (1921–1922)

251.
Kaiser und König Karl über den zweiten Restaurationsversuch und über die Deportation nach Madeira

o. O., [1921 Oktober 20/21, November 05–07]

AOS, Tom. II, Index 742, beglaubigte Kopie; Druck: Bearbeitung bei Feigl, Kaiser Karl (1984), 411–415, 485–487;
ders., Kaiser Karl (1987), 356–357, 431–433.

Bruchstücke aus dem stichwortartigen Tagebuch von Kaiser und König Karl über den Beginn des zweiten Restaurationsversuches und über die Deportation auf die Insel Madeira.[1]

Bemerkungen zu:

1921 Oktober 20:
Kenyeri ab 7 Uhr abends zu einem Wald bei einer Brücke, dort Andrássy und Lehár und dessen Adjutant Hauptmann Oswald[2], Sa[jtoskál] bei Herrn Rupprecht[3], dessen Sohn, Osztenburg[4] Offizier nicht anwesend, alter Diener erkannt. General Lehár erklärt die ganze Expedition. Sehr gutes Abendessen, Rührei und kaltes Wild. Gegen 10 Uhr 30 schlafen.[5]

1921 Oktober 21:
2 Uhr 30 ankommen Osztenburg, Gratz[6], Rakovszky[7]; nach Sopron durch zwei Zonen auf Trittbrett; Ozstenburggendarmerie [...] immer Osztenburg. 5

---

1 Vgl. dazu die ausführlichen, übereinstimmenden und ergänzenden Notizen von Gustav Gratz, in: KA, B/19 (NL Gratz), Mappe 13, 1921 Oktober 21–31. Auch Lehár, Erinnerungen, 222–225; Boroviczény, Der König und sein Reichsverweser, 283–340; Brook-Shepherd, Um Krone und Reich (nach dem Tagebuch von Eleonore Gräfin Andrássy), 342–370.

2 Emil Oswald, 1921 Hauptmann.

3 Herr von Rupprecht, Besitzer von Schloß Sajtoskál im Komitat Ödenburg.

4 Vgl. Nr. 237.

5 Vgl. PRO, FO 371/6107, fol. 109r-v: Bericht des Colonel R. St. G. Gorton über die Ankunft des Königpaares in Ödenburg (Sopron), 1921 Oktober 22.

6 Vgl. Nr. 242.

7 Während des zweiten Restaurationsversuches von Karl IV. zum ungarischen Ministerpräsidenten ernannt; mit dem König in Tihany gefangengesetzt.

Uhr Sopron Infantriekaserne des 48er I[nfantrie] R[egiments], dort gerade Tagwacht, vorher Begegnen eines Autos mit einem Ententler, ausgewichen. In der Offiziersmenage, dort kaltes Fleisch und Eier, alles, ganze Kaserne bereits wegen Übergabe an Österreich demontiert. Unsere Ad hoc hergerichteten Zimmer um 8 Uhr fertig, gehen schlafen. Mittags Gräfin Eszterházy[8], u[nd] Andrássy[9], gutes Essen aus Offiziersmesse, tauber Kellner, Stabsoberjäger und ungarischer Spion von Rumänen taub gehaut. Kragen aufnähen. Nachmittag Andrássy, Gratz, Rakovszky etc.

1 Uhr Hegedüs[10], geschworen, Verbindungen unterbrochen, nur unser Telegramm Hertenstein, daß gut angekommen, durchgelassen. 4 Uhr Mädchen in Nationaltracht. 4 Uhr 30 Eidesleistung, Defilierung, Ansprache Osztenburgs auch Hegedüs[11]. Abends Souper mit Graf Esterházy, Osztenburg, Boroviczény[12]. Nach Souper Obergespan Zsenberi[13] und Hw. Dr. Tormássy[14].

11 Uhr Bahnhof, einsteigen, viele Menschen.

1921 November 5: [15]

5 Uhr 30 geweckt, vor 8 Uhr mit Patrouillenboot Moldova, dort Rumänen, unsympathisch geschniegelter rumänischer Major. Französischer Marine Offizier, Zita Blumen. Fahrt mit geschlossenem Auto bei Tür ein rumänischer Pilot [in] reinstem Ungarisch: „kezet csokolom majd rentbe jona dolog." Auf Straße, Moldova unverläßlich eingesperrt, überall sehr freundlich gegrüßt, wie in alten Zeiten. Snagge[16] sich sehr gefreut. Vor Orsova eine Brücke in Reparatur, was Snagge bei Rumänen sehr wunderte.[17] Bis Orsova drei Stunden. Leute auf Straße geweint, Zug außerhalb der Station, Leute dem Zug zugewunken, rumänisches Militär mußte Leute zurückdrängen. Fahrt über Craiovwa, Slatina Pitesti, Ritila (vor Bukarest), Ploesti, Braila – Galati. Zahlreiche österreichische Waggons. Galati Täuschung der Bevölkerung, einen Quai an-

---

8 Marie-Henriette Gräfin Esterházy von Galántha, geb. Gräfin Cziráky.
9 Eleonore Gräfin Andrássy, geb. Gräfin Zichy-Zichet und Vásonykeö, verwitwete Gräfin (Theodor) Andrássy; seit 1909 verh. mit Julius (Guyla) Graf Andrássy.
10 Vgl. Nr. 237.
11 Vgl. Nr. 252, Anm. 1.
12 Boroviczény, Der König und sein Reichsverweser, 317–328.
13 Feigl, Kaiser Karl (1984), 411.
14 Geistlicher aus Ödenburg.
15 Vgl. PRO, FO 371/6109, fol. 45–52: Tihany, 1921 Oktober 27, 11.30 p. m., Bericht von Ch. W. Selby, Lt. Colonel R. A. der britischen Delegation von der Übernahme des in der Abtei Tihany internierten Königpaares durch Vertreter der interalliierten Militärkommission.
16 Arthur Snagge, Kapitän des britischen Monitors „Glowworm." Dazu: PRO, ADM 53/78036, Logbuch der Glowworm, 1921 November 01–05.
17 Vgl. dazu auch Nr. 263 und DBFP XXII, 572–575 (Nr. 519): Bukarest, 1921 November 11: Sir H. Dering an Curzon: Auf Wunsch König Ferdinands von Rumänien sollte die Reise des Kaiserpaares durch Rumänien so komfortabel als möglich verlaufen. Über die Durchführung der Reise durch Rumänien vgl. PRO, FO 371/6111, fol. 95–96.

gegeben, dort zahlreiche Menschen, am anderen abgefahren, am richtigen Quai. Corpskommandant und Polizeipräfekt wollten vorgestellt werden. Snagge abgewiesen. Rum[änischer] Major uns begleitet[e], durfte während der Eisenbahnfahrt nicht zu uns. Leut[nant] Wilson[18] mit seinen Matrosen verhindert, wollte eine Unterschrift, ebenso Polizeipräsident (ersteres Snagge, letzteres Hunyady[19] verhindert), auf „Prinzess Marie" eingeschifft, sauber, Koch bei Maxens Kommando in Südtirol als Koch gewesen. Hunyady ist gekommen mit Leopold via Bukarest. Rubido-Zichy[20] gesprochen. Rumänischer Minister des Innern wollte an Grenze abholen, von Entente nicht erlaubt? Hunyadys Wagen in Bukarest. Ungarischer Hofzug auch in Rumänien. Bukarest nur eine Straße, Fiaker, schöne Pferde und Pelze. Königlicher Palast minder, mitten in der Stadt (von Stadt Galati außer wie bei Braila gar nichts gesehen, nur Kuppeln der Kirchen, Hafenanlagen). Hunyady durch Polizeiauto in rasendem Tempo von Bahnhof nach dem Hafen gebracht. In Galati an Bord der „Marie" katholischen Pfarrer von Galati bestellt in der Nacht bei rumänischem Kriegsminister oder dessen Stellvertreter durch Snagge, geborener Italiener, studierte in Wien, 40 Jahre auf seinem jetzigen Posten, alter Mann mit weißem Bart. Messe bereits gelesen, wir schon gefrühstückt, daher auch Heilige Kommunion nicht möglich. Segen gegeben. „Marie" bis Sulina: Fahrt öde, mit mehr Schnelligkeit gefahren als erlaubt, da Snagge Mitglied der Donaukommission. Einem litauischen Dampfer begegnet mit Ochsen. Den selben wieder in Dardanellen gesehen.

Um 5 Uhr 30 Sulina, bietet gar nichts, einziges europäisches Haus, das der Donaukommission. Früher alte Exzellenzen, jetzt Offiziere Mitglieder. Legten an englischen 5000 Tonnen Kreuzer „Cardiff"[21] an. Kapitän Miedland Karwin [sic!][22] auf Jagd in den Sümpfen, Mannschaft meistens ausgegangen, kommt erst gegen 1/2 7 Uhr zurück, hat keine Befehle, wußte nicht, daß wir schon kommen. Vorläufig Konstantinopel, Auslaufen erst in der Früh. 8 Uhr abends überschiffen. Souper auf „Cardiff", schlafen auf „Cardiff", Zita Admiralskabine, ich Kabine des Kommandanten.

1921 November 7:
9 Uhr Auslaufen. Vorher Snagge verabschiedet, noch gesagt, Haltung En-

---

18 Konnte nicht eruiert werden.

19 Von Tihany bis Galatz wurde das Königspaar von Graf Alexander Esterházy und Agnes von Boroviczény, ab Galatz von Graf Joseph und Gräfin Gabrielle Hunyady begleitet. Vgl. PRO, FO 371/6109, fol. 61v: Budapest, 1921 November 04: Hohler an Curzon.

20 Franz Frh. von Rubido-Zichy von Zagorje, 1921–1924 ungarischer Botschafter in Bukarest.

21 Dazu PRO, ADM 53/72638, Logbuch der Cardiff, 1921 November 07–19.

22 Lyonell F. Maitland-Kirwan, Kapitän des Kreuzers „Cardiff", der das Kaiserpaar nach Madeira brachte. Tagebuch von Kaiserin Zita, in: Brook-Shepherd, Um Krone und Reich, 365–370; Feigl, Kaiserin Zita, 484–486; RA, GEO V, P 1659/7: Sir Horace Rumbold, britischer Hochkommissar in Konstantinopel, an König Georg V.

tente in Ungarn ist Sieg Deutschlands, fuhr über Constanza mit „Prinzess Marie" und von dort Bahn Galati. Ausfahrt mit Piloten seicht, viel Schlamm aufgewirbelt. Durch Schwarzes Meer noch hie und da Minengefahr, abgetrieben von türkisch griechischem Krieg[23], daher „Cardiff" Minenfänger eingelegt. Schöner Tag, blauer Himmel, viel Möven, Constanza von weitem gesehen. Meer ziemlich ruhig. Mit Zita viel draußen gesessen.

252.
Proklamation des ungarischen Reichsverwesers Nikolaus (Miklós) Horthy von Nagybánya und des ungarischen Ministerpräsidenten Stephan (István) Graf Bethlen

Budapest, 1921 Oktober 24

Druck: Károlyi Visszatérési, Füzet, 211 (Nr. 61).

Proklamation nach dem zweiten Restaurationsversuch Kaiser und König Karls: Gewissenlose Personen haben König Karl IV. zur Rückkehr bewegt, damit er seine Thronrechte wieder ausübt. In der gefährlichen Situation hätte das zur Vernichtung Ungarns geführt. Es ist der Treue des Heeres und der Nüchternheit der Bevölkerung zu danken, daß dieses Unternehmen mißlang.

A magyar nemzet sorsdöntő órákat élt át.[1] Lelkiismeretlen egyének IV. Károly királyt félrevezetve, rábírták arra, hogy uralkodói jogainak gyakorlása végett Magyarországba meglepetésszerűen visszatérjen, noha tudniok kellett, hogy

---

23 Türkisch-Griechischer Krieg, 1919–1921, ausgelöst durch die griechische Landung in Anatolien.

1 Zum Verlauf der Ereignisse, die zu dieser Proklamation führten:
PRO, FO 371/6105, fol. 136; fol. 169: Budapest, 1921 Oktober 22 und 23: Hohler an Curzon (Telegramme): 23rd october 1921, 10 a. m.: "King and his forces are now only a few miles outside the town Budapest. One can hear discharge of cannon but Minister for Foreign Affairs informs me that troops on either side refuse to fire on one another and he thinks that all is lost and that King will enter this afternoon." – "Feeling of lower classes is opposed to King; in middle classes there is tendency to be in his favour. Town at present is strongly patrolled and there is no disorder." Und PRO, FO 371/6107, fol. 123: Budapest, 1921 Oktober 28 Bericht Hohlers: "[...] As soon as we received the news that Carl had arrived in Szombathely, I and my collegues made the most energetic representations to the Hungarian Government, who, we found, were already taking all possible steps to prevent his advance. Their efforts were hampered not so much, I think, by Royalist or particulary Carlist sympathies as by that eternal question of the oath of loyalty to Carl, which had of course been taken at the time of the coronation by all officers and officials. The best instance of this is to be found in his Highness the

ez polgárháborúval, idegen megszállással s így az ország megsemmisülésével egyértelmű. Számítva a magyar király iránt a népben élő hagyományos tiszteletre, tervüket meglepetésszerűen akarták végrehajtani.

Hála a nemzeti hadsereg hűségének és a magyar nép józanságának, az ország sorsát talán mindörökre megpecsételő, ezen kísérlet nem sikerült. Azok közül is, akik megtántorodtak, sokan felismerve megtévesztésüket, a kötelességteljesítés helyes útjára visszatértek. Meleg köszönetemet és elismerésemet fejezem ki mindazoknak, akik, mint eddig is, minden sorsdöntő nehéz órában rendületlenül mellettem állottak és segítettek hazánkat a végveszedelemből megmenteni.

A teljes elismerés és köszönet szavával fordulok mindenekelőtt az események által leginkább érdekelt Dunántúl derék magyar népéhez, amely nyugodtságát túlnyomó részben zavartalanul megőrizte.

Örömmel és megnyugvással ragadom meg az alkalmat, hogy az egész ország színe előtt hálás elismeréssel emlékezzem meg Budapest székesfőváros lakosságának higgadt és hazafias magatartásáról is. Ezzel nehéz viszonyok között a hatóságok intézkedéseinek zavartalan keresztülvitelét segítette elű. Amidőn ezt teszem, külön is megemlékezem Budapest nagyszámú munkásságának hazafias viselkedéséről, amellyel kerül mindent, ami a rend fenn-

---

Governor himself, who has gone through real tortures of conscience over the matter. He told me, however, that as soon as he heard that Carl had again entered the country he no longer had the slightest doubt, and recognised that his duty to his country overrode all others, and that his oath was no longer binding towards one who had once again broken his own. General Hegedüs, whom I saw on the morning of the 23rd instant, in an outburst of very genuine feeling, described his plight when on the 21st October he suddenly found himself in the presence of his King, who asked him whether he intended to respect his oath. He replied that if His Majesty resumed the kingly power he must, but he refused to accept the command of the troops which was offered him. [...]"

Zur Abhängigkeit Horthys von der Entente, speziell von Großbritannien vgl. Nr. 220, Anm. 4. Dazu auch PAMAE, Hongrie 37, fol. 69: Budapest, 1921 Oktober 28: Fouchet an Briand: « [...] L'Admiral Horthy, dont la médiocrité politique est heureusement doublée d'une énergie réelle et du sens instinctif qu'offrent souvent les natures sincères et droites, fit cependant bonne contenance devant nos représentations. Il nous dit qu'il n'avait nullement changé d'opinion, qu'il continuait de blâmer de toutes ses forces le retour de Charles IV, comme dangereux pour l'existence même de la Hongrie, et nous promit de prendre toutes les mesures nécessaires pour s'opposer à la restauration du monarque.

Comme, il y a quelques mois, il avait déclaré à plusieurs personnes qu'il n'hésiterait pas à arrêter lui-même l'ancien souverain comme traître à sa patrie, en cas d'une nouvelle tentative de sa part, nous lui demandâmes alors de préciser les mesures dont il parlait. Les paroles du Gouverneur, quoique prononcées avec fermeté, semblaient en effet dissimuler un certain embarras, d'ailleurs naturel dans la situation vraiment terrible où il se trouvait, presque sans aucune troupe, par conséquent à peu près dépourvu de tout moyen d'action, et obligé sans aucun doute, s'il voulait réussir, de marcher lui-même contre l'homme toujours considéré ici, malgré tout, comme le Roi légitime de la Hongrie. [...] »

tartását megnehezítette volna. Bízom benne, hogy ezen események hatása alatt e sokat szevedett ország minden polgára, a múlt szenvedésein és veszélyein okulva, mindennemű pártoskodást, egyéni és osztályérdeket félretéve, egy emberként áll a haza jól felfogott érdeke mellé.

253.
Bemerkungen von Albin Schager, Frh. von Eckartsau, zum zweiten Restaurationsversuch König Karls

Wien, 1932 August 20[1]

WStLA, Landesgericht für Strafsachen,
Wien I. Vr 4917/32, signierte Ausfertigung.

Ausschnitt aus dem Curriculum vitae von Albin Schager von Eckartsau mit einer Darstellung vom Scheitern der militärischen Unternehmung des zweiten Restaurationsversuchs.

[...] Inzwischen kam der erste Restaurationsversuch des Kaisers Karl zu Ostern 1921, an dem ich nicht teilhatte, von dem ich aber nachträglich erfuhr, daß er die Duldung einzelner Ententestaaten gefunden hatte. Die Ausfertigung von Auszeichnungen an Helfer und die Herstellung einer Verbindung mit der in der Schweiz gebliebenen Kaiserin Zita waren meine einzigen Aufgaben.

Im Oktober 1921 nahm ich aber aktiv an dem Flugunternehmen des Kaisers und der Kaiserin nach Ungarn teil.[2] Hervorragende ungarische Politiker und Militärs hatten mich überzeugt, daß die Lage in Ungarn für das Unternehmen günstig sei und daß die große Entente ein Einschreiten der kleinen Entente verhindern werde, wenn sich der Kaiser drei Wochen in Budapest zu halten vermöge.[3] Das Unternehmen entsprach auch meinem Gedankengange,

---

1 Vermerk: Im Gefangenenhaus
2 BAR, E 4320 (A)-1, Bd. 18, Dossier 1921, Nr. 12, fol. 77 und BAR, E 2001 (B)-/3, Bd. 49, Dossier 44/142/2, 1922 (III.), fol. 362: Bern, 1921 November 25: Erhebungsbericht der Schweizerischen Bundesanwaltschaft an das Eidgenössische Justiz- und Polizeidepartement.
3 BAR, E 2001 (B)-/3, Bd. 49, Dossier 44/142/2, 1922 (III.), fol. 304a: London, 1921 Oktober 28: der schweizerische Botschafter in London, Paravicini, an den Chef des Politischen Departements, Motta, über die politischen Hintergründe des zweiten Restaurationsversuches: « [...] Rien ne prouve qu'il existe cette fois une influence semblable du côté français; mois, j'en suis convaincu, mais c'est là une impression personelle, basée sur aucun indice. Je ne puis pas m'imaginer que le Roi se soit lancé dans cette nouvelle folle aventure sans y avoir été poussé par quelque mirage particulièrement séduisant. Qu'il n'ait pas profité de la leçon de ce printemps

denn ich konnte damals noch nicht glauben, daß die österreichischen Deutschen auf das kleine Österreich beschränkt bleiben könnten, daß sich ihr Einfluß auf die verlorenen österreichischen Gebiete nicht wiederherstellen lasse und konnte nicht glauben, daß die Nachfolgestaaten bereits so konsolidiert seien, daß es unmöglich sei, sie zu überrennen und ein der österreichisch-ungarischen Monarchie ähnliches Gebilde unter deutscher und ungarischer Führung wieder zu schaffen. Dazu kam noch, daß meiner Ansicht nach diese Tat nicht nur eine Aufrollung der Friedensdiktate von St. Germain und Trianon, sondern auch von Versailles hätte zur Folge haben müssen, und daß es daher zu einer Neuordnung Mitteleuropas hätte kommen können.

Das Unternehmen ist mißlungen, weil es auf ungarischer Seite trotz allen Versicherungen schlecht vorbereitet war, weil man, statt nach Budapest vorzustoßen, wo 70.000 sozialdemokratische Arbeiter bereit waren, für den König gegen das ihnen unerwünschte System zu demonstrieren, die Zeit mit Beeidigungen verstreichen ließ und weil man trotz Warnung den König über die Aufnahme eines Kampfes bei Budaörs entscheiden ließ, statt ohne diese Entscheidung und auch gegen seinen Willen die schwache Gegenwehr von 1500 Studenten zu brechen.[4]

---

n'est pas pour moi un fait concluant, vu le manque de jugement de l'entourage de l'ex-Souverain, l'ambition iraisonnée de la Reine Zita et l'activité intrigante de la famille de Parme.[...] » Dazu auch in den Strutt-Memoiren, in: Brook-Shepherd, Um Krone und Reich, 311–314. Vgl. auch Carl J. Burckhardt an Hugo von Hofmannsthal, November 1921, in: Burckhardt – Hofmannsthal, Briefwechsel, 73–74: „[...] Was sagen Sie zur ungarischen Unternehmung des Kaiser Karl? [...] Kaiser Karl hat Urteilslosigkeit gezeigt, vor allem aber auch sehr viel Mut und Charakter, am meisten dadurch, daß er auf seine Anrechte nie verzichtet hat und dafür jede persönliche Bewegungsmöglichkeit, die Zukunft seiner Kinder und des gesamten Hauses materiell in Frage stellte. Aber das ungarische Abenteuer, jetzt zum zweiten Mal unternommen, ist nicht im Stil dieser Dynastie. Nach einer jahrhundertealten weltgeschichtlichen Sendung sollte man keine verfehlten Abenteuer riskieren. Horthy spielt keine schöne Rolle, aber eine unter den vorwaltenden Umständen nötige. Sicher ist in Ungarn das monarchische Gefühl noch überwiegend, aber ein Reichsverweser, ein Abwartezustand sind die einzige Lösung. Sicher werden die Engländer später das Zerschlagen der Donau-Föderation bedauern, es wird dann aber zu spät sein. [...] Alles läuft dem Begriff der katholischen Monarchie entgegen. Der kommende sozialistische Staat, der amerikanische Demokratismus, der Prayerbook-Geist in England, die immer noch affektbetonte Erinnerung an spanische Gegenreformation, Inquisition, die französischen nationalen Erinnerungen und Ängste ebensosehr wie der laizistische jakobinische Geist. Auch der deutsche Nationalismus ist heftig antihabsburgisch, und alle Nachfolgestaaten aus der alten Monarchie werden von Leuten regiert, die mit der anti-dynastischen Einstellung stehen und fallen, und schließlich ist der große steinerne Gast des ungemütlichen europäischen Symposion vorhanden, die Sovjet-Union, ohne deren Willen nichts mehr geschieht. [...]"

4 Dazu PRO, FO 371/6107, fol. 123: Budapest, 1921 Oktober 28, Hohler an Curzon: "[...] The most critical moment was the night of Saturday, the 22nd October, when the Government were doing their utmost to concentrate all the forces at their disposal, which were scattered in very

Die Gefangennahme des Kaisers und seine Verbannung auf Madeira, insbesondere aber sein Tod am 01.04.1922, trafen mich überaus schwer. Ich hatte nicht nur einen Kaiser, sondern einen Freund verloren, an dem ich mit allen meinen Gefühlen hing, den ich trotz seiner Schwächen wegen seiner menschlich besten Eigenschaften innigst verehrte. Der Schlag traf mich umso mehr, als ich mir auch Vorwürfe machte, an dem Unternehmen mitgewirkt zu haben, das schließlich seinen Tod zur Folge hatte. Ich konnte und kann darüber nicht hinwegkommen, obwohl mir der Kaiser noch aus Madeira schrieb, daß ich sein unerschütterliches Vertrauen besitze,[5] sowie er auf meine unverbrüchliche Treue baue. Ich war trotz allem gebrochen und konnte mich davon nie mehr erholen.[6]

---

small units all over the country. I am requesting my military attaché to furnish me with a report on this matter, but I am told that companies were often represented by ten or twenty men, that even up to the end of Sunday only 5,000 or 6,000 men could be collected; the students were called on to assist, and enrolled themselves very willingly, so that by Sunday afternoon some 5,000 of them were ready, but there were not enough arms, and those that there were of an old pattern. If this is true, it bears striking evidence of the activity of the Mission of Military Control, for the circumstances were such that the Government was obviously obliged, in self-defence and for self-protection even, to do their utmost to keep out Carl, and especially Rakovszky, his chief adviser, a man of unbridled temper and most violent political passion, who had even, inter alia, threatened over the telephone to hang all the Government as soon as he had caught them.

I find that it was this man who intercepted all messages to Carl, including the signed copy of our note of the 22nd October to the Hungarian Government, which was carried to him by the Rev. Dr. Vass, Minister of Cults, on the evening of that day.

In that night Admiral Horthy took steps to find out whether or not his orders were being carried out, and discovered, to quote one instance, that one regiment had not moved from its barracks and that its colonel had kept his orders to himself. He was immediately replaced and the troops marched without a word of protest."

5   Schager dürfte im Februar 1922 sein Amt zur Verfügung gestellt haben; der Kaiser dankte ihm laut Entwurf vom März 1922. Vgl. AOS, Tom. I, Index 125.

6   PRO, FO 371/6109, fol. 34–35: Wien, 1921 November 03: Lindley an Curzon über Schagers Publikation zum Fehlschlag des 2. Restaurationsversuches in der österreichischen Presse. Wiener Sonn- und Montagzeitung Nr. 44, 31. Oktober 1921, 5. Der Artikel ist in englischer Übersetzung beigefügt. Dazu auch BAR, E 2001 (B)-/3, Bd. 49, Dossier 44/142/2, fol. 389a (Druck: DDS 8, 386–389): Wien, 1921 Dezember 16: Charles D. Bourcart an den Chef des Politischen Departements, G. Motta, über Schagers Ausführungen zum 2. Restaurationsversuch. Zum angeblichen Verrat Schagers an Kaiser Karl: Feigl, Kaiserin Zita, 491–495.

254.
König Karl an Anton (Antal) Frhn. von Lehár

o. O., o. D. [Ende 1921]

AOS, Tom. II, Index 728, beglaubigte Kopie.

König Karl dankt Oberst Anton Lehár und seinen Truppen für Treue und Hingebung, die sie alle in den Tagen der größten Erniedrigung des Vaterlandes bewiesen haben. Er zählt auch weiter auf sie und rechnet mit ihnen.

Önnek és derék csapatainak mégegyszer legmelegebb királyi köszönetemet fejezem ki azon személyem iránti hűségük és odaadásukért, melyet hazánk legnagyobb megaláztatása idejében tanúsítottak.[1] Továbbra is bízom bennetek és számítok reátok.

Isten velünk

255.
König Karl an den ehemaligen ungarischen Justizminister, Wilhelm (Vilmos) Vázsonyi

Tihany, 1921 Oktober 27

Druck in deutscher Übersetzung:
Windisch-Graetz, Ein Kaiser kämpft für die Freiheit, 197–198.

Eine König Karl zugeschriebene Stellungnahme zum zweiten Restaurationsversuch.

Lieber Freund,

ich will Ihnen vor allem sagen, wie sehr ich bedauert habe, daß Ihre Krankheit die geplante Reise in die Schweiz verhindert hat. Ihr stets so kluger Rat hat mir in letzter Zeit sehr gefehlt. Wenn ich von den Vereinbarungen mit Bethlen und dem Inhalt seiner Fünfkirchner Rede[1] gewußt hätte, wäre ich be-

---

1 Vgl. dazu Nr. 251.

1 Zur Rede Bethlens in Pecs (Fünfkirchen) vom 21.10.1921 über die ungarische Königsfrage, vgl. AE, Austria 837 [neu: 1483], Prot. 27.240; Kovács, Krönung und Dethronisation, 419–420.

stimmt nicht gekommen. Horthys Gehaben und die drohende Auflösung der mir ergebenen Truppen[2] haben die Kaiserin und mich bewogen zu kommen. Alles, auch die Nachrichten aus den Nachfolgestaaten und aus Paris, schien meine Heimkehr zu begünstigen. Ich hatte den Franzosen versprochen, das Geheimnis streng zu wahren,[3] daher Windisch-Graetz nicht rechtzeitig verständigen können. Jetzt, nachdem alles anders gekommen ist, als ich dachte, bedaure ich, so viele meiner Anhänger zu Hause in Schwierigkeiten gebracht zu haben. Bin aber zufrieden, in Budaörs einen größeren Kampf und damit Blutvergießen verhindert zu haben. Die großen Ziele unserer Politik lassen sich nicht mit Gewaltmitteln erreichen. Ich hätte nie gedacht, daß ein ungarischer Offizier der alten k. u. k. Armee sich so weit entwürdigen würde, die Rolle Horthys zu spielen.

Ich habe böse Momente erlebt, da die Königin, welche mich trotz ihres gesegneten Zustandes begleiten wollte, in Biatorbágy dem Feuer der schweren 15er-Haubitzen ausgesetzt war, die Horthy, dem sonst keine Artillerie zur Verfügung stand, gegen unser Hauptquartier feuern ließ.

Nun, es ist noch glimpflich verlaufen. Andrássy[4] und Sigray[5] haben sich sehr bewährt. Rákovszky[6] ist ein prächtiger Kämpfer, aber als Politiker gefährlich.

Hier, in Tihany, erfuhr ich, daß wir der britischen Marine ausgeliefert werden, die uns wohl an die untere Donau und dann in die Kolonien bringen wird.

Grüßen Sie Windisch-Graetz von mir, ich hörte, er sei in Prag gefangen worden.[7] Nur nicht verzagen! Ich rechne weiter auf Eure Treue und auf das Festhalten an unseren Zielen, die ich weiter verfolgen werde. Glück auf – Gott gebe uns ein Wiedersehen!

---

2   Boroviczény, Der König und sein Reichsverweser, 253–258.

3   BAR, E 2001 (B)-/3, Bd. 49, Dossier 44/142/2, 1922 (III.), fol. 304a: London, 1921 Oktober 28: Paravicini an Motta: « [...] Il serait évidemment très intéressant de savoir s'il y a vraiment eu des influences françaises officielles, officieuses ou privées en jeu cette fois encore. [...] M. Seeholzer aurait été à Paris quelques jours avant la fuite de l'ex-Empereur. Selon mon informateur sous-nommé, il aurait du reste pris une part très active aux négociations de Paris dont je viens de vous faire le récit.[...] »

4   Vgl. Nrn. 131, 213.

5   Vgl. Nr. 237.

6   Vgl. Nrn. 237, 253 mit Anm. 2.

7   Vgl. dazu FA Windisch-Graetz, K 669 (1921–24): Prag, 1921 November 26: Advokat Dr. Alois Stompfe, Prag an Alfred III. Fürst zu Windisch-Graetz: „[...] Der Prinz ist interniert in Zlate Moravce (Slowakei) und zwar in einem Hotel. [...] Die Internierung ist ausschließlich und rein politischer Natur, wie lange diese dauern wird, kann der Polizeipräsident nicht angeben. [...]"

256.
Stephan (István) von Rákovszky, Gustav Gratz und Edmund (Ödön) Beniczky von Benicz und Micsinye an Anton (Antál) Frhn von Lehár

Budapest, 1925 März 07

KA, NL Lehár, B600 Nr. 3, Abschrift bzw. Übersetzung
aus dem Ungarischen.[1]

Erklärung ihrer Mitverantwortung am zweiten Restaurationsversuch König Karls IV.

Über die Vorgeschichte der Rückkehr Weiland Seiner Majestät des Königs Karl im Oktober 1921 wurden in Büchern und Zeitungsartikeln mehrere verschiedene Versionen veröffentlicht. Diesen gegenüber erklären wir ausdrücklich, daß wir für die damalige Rückkehr Seiner Majestät des Königs Karl sowohl in politischer Beziehung als auch gegenüber den Behörden mit Dir solidarisch die Verantwortung tragen, wie wir dies am 4. Oktober 1921 einstimmig ausgesprochen haben.[2]

Mit der Bitte, diesen Brief nach Deinem Belieben zu verwerten, bleiben wir mit herzlichen Grüßen.

---

1 Von Lehár handschriftlich signierter Vermerk: „Siehe meinen offenen Brief im Pester Lloyd vom 02.03.1924 und die Erklärung von Dr. Gustav Gratz im Pester Lloyd vom 04.03.1926 (die selbe Erklärung erschien zur gleichen Zeit auch im Neuen Wiener Tagblatt)"

2 Vgl. Boroviczény, Der König und sein Reichsverweser, 253–258, Dokument zitiert 253–255; Lehár, Erinnerungen, 273, Anm. 423; Werkmann, Der Tote auf Madeira, 253–265. Dazu auch TB Gratz, in: KA, B/19 (NL Gratz), Mappe 13, Eintragung 02.10.1921: „[...] Dann erklärte ich mich schweren Herzens bereit, das Gleiche [= dem König zur Verfügung zu stehen] zu tun. Meine Gründe waren, daß ich die Aktion für unvermeidlich hielt. [...] Ich behielt mir nur vor, die Botschaft für S. M. selbst zu formulieren. Mein erster Gedanke war, selbst in die Schweiz zu fahren. Aber die Reise kostete viel und ich ließ den Gedanken fallen. Ich mache mir noch heute einen Vorwurf dafür. [...]"

257.

Der Außenminister der Tschechischen Republik, Edvard Beneš, an den Präsidenten der Französischen Republik, Aristide Briand

Prag, 1921 Oktober 27

PAMAE, Hongrie 37, fol. 120v–121r, Ausfertigung;
PRO, FO 371/6108, fol. 71, Kopie.[1]

Der Außenminister der Tschechischen Republik fordert Präsident Briand auf, sich in der Habsburgerfrage definitiv zu entscheiden.

---

1   Dieses Telegramm wurde vom tschechischen Botschafter in Paris, Stephan Osusky, Briand und von diesem der Botschafterkonferenz vorgelegt. Seine Kopie ging über das britische Außenministerium. Mit selbem Datum wandte sich Beneš auch an Philippe Berthelot, er möge vor dessen Abreise nach Amerika zusammen mit Briand die Habsburgerfrage in seinem Sinn entscheiden. Vgl. PAMAE, Hongrie 37, fol. 62r–63r. Als Annex D des gedruckten Protokolls der Sitzung der Botschafterkonferenz vom 29. Oktober 1921, die von 11–13 Uhr am Quai d'Orsay stattfand. Die Antwort an Beneš als Annex E, fol. 121v., dies auch in DD, 125–126 (Nr. 55). Die Note an die diplomatischen Vertreter der Alliierten in Budapest über die Notwendigkeit der Königsabsetzung durch die ungarische Regierung, Annex F, fol. 122r. Dazu auch Barré, Le Seigneur-Chat Philippe Berthelot, 314, 330. Philippe Berthelot als Großmeister des Grand Orient bei Wichtl/Schneider, 125.
    BAR, E 2001 (B)-/3, Bd. 49, Dossier B 44/142/2, 1922 (III.), fol. 361: die interessanten Kommentare des Schweizer Botschafters in Wien über die Rollen von Beneš und Frankreich beim 2. Restaurationsversuch Kaiser Karls. In der Darstellung des 2. Restaurationsversuchs durch den österreichischen Bundeskanzler Schober wird vermutet, Beneš könnte den 2. Restaurationsversuch provoziert haben, „[...] um Karl endgültig zu diskreditieren und die Habsburgerfrage aus der Welt zu schaffen. Beneš habe es verstanden, durch seine Emissäre im Laufe des Sommers in Hertenstein Hoffnungen auf eine Revolution in der Slowakei zu erwecken und so den König für einen neuen Restaurationsversuch reif zu machen [...]."
    BAR, E 2300, Wien 36, Wien, 1921 November 26: Bourcart an das Politische Departement: „[...] Es wird Ihnen nicht entgehen, wie eigentümlich die Unterstellung der karlistischen Leibgarde (vor dem Oktoberputsch) unter ein französisches Kommando berühren muß, wenn man die verschiedenen Gerüchte über gewisse Begünstigungen des letzten Unternehmens König Karls in Betracht zieht. Ich mache darauf aufmerksam, daß dieses angeblich unter alliiertem bzw. französischem Kommando stehende Bataillon Osthenburg (sic!) dennoch, ohne daß man von einem Protest dieses Kommandanten oder einer anderen interalliierten Stelle etwas gehört hätte, sich dem Könige zur Verfügung stellen und mit ihm auf Budapest marschieren konnte. [...]" Dies geht aus den Aufzeichnungen Lehárs nicht hervor. Vgl. Lehár, Erinnerungen, 220–225; BAR, E 2001 (B)-/3, Bd. 49, Dossier B 44/142/2, 1922 (III.), fol. 305a: Wien, 1921 Dezember 03, Bourcart an Bundesrat: « [...] La Legation de France a été fort contrairée par l'entreprise manquée du roi Charles; non pas qu'on eûsse désiré la voir réussir dès maintenant, car on considère le moment comme inopportun, mais on aurait volontiers gardé le prestige du roi Charles intact pour pouvoir en jouer au moment voulu. M. Lefèvre-Pontalis m'a paru d'autant plus ennuyé qu'il craint que l'équipée du jeune monarque ne compromette les chances

Monsieur le Président,

Au dernier moment avant votre départ, je m'adresse à votre Excellence pour vous prier de vouloir bien prendre une décision définitive concernant l'attitude du Gouvernement français dans les questions de Hongrie[2] et donner l'ordre que pendant votre absence les représentants du Gouvernement français prennent des décisions qui je suppose, vont correspondre entièrement avec les nôtres.

Les événements les plus graves peuvent se passer dans l'Europe Centrale. Il est possible que nous soyons forcés de faire la guerre contre les Magyars. Ce n'est qu'avec votre appui qu'on pourra encore éviter le commencement des hostilités.

Nous demandons la déchéance de tous les Habsbourgs, l'application du Traité de Paix de Trianon, le désarmement de la Hongrie avec la possibilité de participation au contrôle des opérations de désarmement avec les grands Alliés, et enfin un dédommagement au moins partiel pour les frais entraînés par nos mesures de mobilisation.

Nous désirons vivement nous mettre d'accord sur tous ces points avec tous nos Alliés, particulièrement avec la France. Si nos négociations entreprises à ce sujet aboutissent heureusement jusqu'à lundi prochain, il nous sera possible d'ajourner l'action militaire immédiate et d'essayer de négocier avec la Hongrie sur les procédés d'exécution desdites conditions.

Fort de l'appui des Alliés, je pourrais exercer une pression efficace sur les Magyars et sauver ainsi la paix. Si, au contraire, on ne pourrait pas arriver à se mettre d'accord sur ces conditions et procédés, notre opinion publique, pour qui la question des Habsbourgs est vitale et essentielle, va me forcer à la guerre.

Je compte, Monsieur le Président, sur votre appui et je suis sûr que la solution proposée est dans l'intérêt commun de nos deux pays. Le Royaume des Serbes, Croates et Slovènes et la Roumanie sont du même avis que nous sur ces questions. Je crois que dans ces conditions la France ne saurait pas ne pas nous soutenir jusqu'au bout.

Je vous remercie d'avance, Monsieur le Président, et je m'excuse de vous déranger au moment de votre départ.

Votre très dévoué,

Benes. (sic!)

---

des Habsbourg en général, des Habsbourg ‹ [...] qui demeuraient malgré tout jusqu'ici des figures utilisables sur l'échiquier de la politique européenne › [...]. »

2 Vgl. Nr. 242, Anm. 6.

258.
Herzogin Maria Antonia von Bourbon von Parma
an Papst Benedikt XV.

Pianore, 1921 Oktober 28

AE, Austria 837 [neu: 1483], Prot. 26.613, Ausfertigung.

Die Herzogin informiert Papst Benedikt XV. über die Situation, in der sich ihr Schwiegersohn und ihre Tochter befinden. Sie bittet den Papst, nach Möglichkeit deren Lage zu verbessern und ihre Anhänger, denen die härtesten Bedingungen drohen, zu schützen.

Mi permetto di deponere ai piedi di Vostra Santità questa lettera per il tramito di Frère Wladimir Chanoin, des frères di St. Gabriel,[1] che da venti anni si trova dai miei figli in casa mia. Persona di completa fiducia e discretione.

Fiduciosa nella grande bontà e paterno affetto di Vostra Santità, mi rivolgo alla Santità Vostra, in un momento tanto tragico chiedendo il Suo appoggio e ajuto per l' Imperatore e la mia figlia Zita.

Come Vostra Santità sà, non è l'ambizione che li ha indotti a venire a questa decisione, ma il senso profondo del loro dovere e dopo matura riflessione e conoscenza della situazione grave che si preparava. Dio ha permesso anche questa volta che le forze massoniche collegate[2] hanno vinto, e gli fanno subire tutta la violenza del loro odio. Ambe due si trovano in una situazione delle più difficili perché i governi a tutti costi vogliono forzarli ad abdicare, minanciandoli, loro e i loro fedeli, delle condizioni le più dure se non acconsentissero a quest'atto.

Al loro sacro hanno prestato il giuramento di fedeltà reciproca con tanta solenità ed è basandosi su questo giuramento, che il popolo ungarese li richiamò. Hanno dunque il dovere assoluto di mantenere il loro diritto per loro e per i figli. Per loro persona possono fare i sacrifizi i più duri, ma è terribile di dovere pensare che dovrebbero sacrificare così anche i fedeli, se i governi insistino.

---

1   Nach Auskunft von P. Josef Alt SVD, Rom, war P. Wladimir Chanoin nicht Mitglied der Societas Verbi Divini. Er dürfte der Laienkongregation der Brüder von St. Gabriel zur Erziehung der Jugend (Fratelli dell'Istruzione Cristina di S. Gabriele) angehört haben.

2   Über die Zusammenhänge von Freimaurerei und Erstem Weltkrieg wie über die Zugehörigkeit von Beneš, Masaryk, Berthelot, Briand etc. zur Maçonerie, vgl. bei Wichtl/Schneider, 125, 168–169, 171–175, 202–234. Lennhoff/Posner, Internationales Freimaurerlexikon, Artikel Weltkrieg, Sp. 1688–1692, und Karl Heise versuchen, diese von Wichtl/Schneider behaupteten Fakten zu entkräften.

Mi rivolgo alla grande bontà di Vostra Santità, pregandola di fare il possibile per ammigliorare la loro sorte e, sopra tutto, fare cambiare le condizioni riguardante i loro fedeli. Ma senza fare pressione su Carlo e Zita per farli rinunziare ai loro diritti, cosa che forse verrà domandata a Vostra Santità.

Sarei anche molto riconoscente a Vostra Santità, se Ella potesse, naturalmente in segreto, e senza nuocere alla Vostra Santità, fare loro sapere che pensa a loro e manda la sua benedizione.

Prostrandomi ai piedi di Vostra Santità, e pregandola di volere benedirmi, me, e la mia famiglia, rimango di Vostra Santità obbedientissima e fedelissima figlia.[3]

259.
Kardinalstaatssekretär Pietro Gasparri an den Apostolischen Nuntius in Budapest, Erzbischof Lorenzo Schioppa

Vatikan, 1921 Oktober 29

AE, Austria 837 [neu: 1483], Prot. 26.686, Cifra.

Der Nuntius möge sogleich die Königin besuchen, nachdem er seinen Auftrag dem ungarischen Außenminister Bánffy mitgeteilt hat.

Decifrato ore 13 ½: spedito ore 14[a].

Ricevo adesso suo cifrato 43.

V. S.[1] si renda subito all'invito della Regina, avvertendone cotesto Ministro Esteri. Del resto non posso dare instruzioni, ignorando ciò che Regina desidera.

---

3 Vgl. PD III, 363 (Nr. 1202).

a Vermerk.

1 Lorenzo Schioppa, 10.08.1920–03.05.1925 Apostolischer Nuntius in Budapest.

260.
Der ungarische Ministerpräsident Stephan (István) Graf Bethlen an König Karl

Budapest, 1921 Oktober 29

Druck: PD III, 326–330.

Er ersucht König Karl IV., auf den ungarischen Thron zu verzichten, sonst drohe ihm die Dethronisation.

The critical phase of the situation, the weight of those resolutions which might have a decisive influence upon the future destiny of the Nation and the Dynasty, guiding in this hour the steps of the Nation und the King, oblige the responsible leaders of the Country to lay in full frankness before the crowned King their opinion of the situation and of the method by which the solution of the same might be reached at the last minute.

As Your Majesty did not deign to give an opportunity to the emissaries of the Government to submit their report orally as they were instructed, the Government feel themselves under an obligation to the Nation as well as to the crowned King to lay this written document before Your Majesty.

As may be known to Your Majesty, the three European Great Powers, as well as the group of Powers surrounding Hungary on three sides and known under the name of the Little Entente, have, under the influence of the events of the last days, in the most menacing form addressed their demand to the Hungarian Government concerning the immediate and final abdication of Your Majesty from the throne and Your Majesty's leaving the country. Two of the Little Entente Powers are making military preparations which give a compulsory meaning to this menacing demand. Were it to have had the slightest prospect of success, there is no doubt that the Nation would not have hesitated for a moment indignantly to reject this demand, deeply insulting to its dignity, and would have taken up arms in the defence of its crowned King and of its own liberty. But the actual proportions of the forces are known to Your Majesty as well: the country, exhausted by a long war, weakened by two revolutions and plundered by a merciless foreign occupation, dismembered by an intolerably ruthless Peace Treaty which was forced upon it, would be opposed, thoroughly isolated, to forces more than ten times superior. Under such conditions, to go to war would be equivalent to the suicide of the Nation, and to agree to this would be an unpardonable crime on the part of its leaders: first, a crime against the Nation, but also, at the same time, a crime against the Dynasty, the capacity for power of which is rooted in the Nation. To prevent this reprehensible suicide, to save the Nation and at the same time the Dynasty from a fatal danger, has till now been the only purpose of every act of the Government, and the same considerations guide them also today when they anxiously seek a way by which the Nation and the Dynasty may in these fatal hours escape from a situation which seems almost desperate.

Rejecting from the outset the idea of the suicide of the Nation as inadmissible, the Government is obliged to examine the prospects which, by yielding to the pressure from abroad and by preventing the danger which threatens from that side, are capable in the present circumstances of ensuring as far as is possible the maintenance of the above two points of view.

The main demand of the Foreign Powers, that of Your Majesty's abandoning the throne, could be met in two ways: either on the basis of Your Majesty's spontaneous decision or on the basis of the unilateral resolution of the representative body of the Nation. It is essential to consider which of these two solutions corresponds more to the purpose always held in view by the Government, that is, the best possible defence of the interests of Nation and Dynasty.

From the point of view of the ruling Dynasty, the unilateral resolution of the representative body of the Nation seems at first sight to be more advantageous, because such a resolution, made without the consent of the crowned King, would always be invalid from the point of view of public law, and for this reason would place no obstacles in the way of the re-establishment of the legal order once the circumstances were to alter in a favourable manner. But a thorough consideration of the possibilities brings one to the opposite conclusion. Such a motion could be submitted to the representative body of the Nation only by a Government with whose convictions the substance of such a solution was compatible, that is at least by a Government with very progressive views, if not one which follows extreme political principles. It is not unreasonable to doubt whether a Government devoted to such political purposes and a parliamentary majority led by them, would be disposed to exploit the only element contained in the Note of the Great Powers addressed to the Hungarian Government in the question of the throne, the only element favourable from the point of view of the Dynasty; that is, the fact that this note concerns exclusively the exalted person of Your Majesty, and does not express by one single word the demand for the abdication of the whole Dynasty from their rights of succession. The hypothesis may be more tenable that a Government of extremist views would not hesitate to make full use of the situation for the realisation of their political purposes. But even eliminating this hypothesis, it seems to be unavoidable that, at a discussion of the question in Parliament, from one extremist side or the other the extension of the effect of such a resolution to the whole Dynasty would be proposed, by which the attention of the Foreign Powers interested would be drawn to this aspect of the question. And these Powers would not fail to press for the solution which accorded with their own interests by the use of the powerful means at their disposal.

From the point of view of the future, too, submitting the question of the throne to the National Assembly seems to be fraught with danger. Apart from the fact that this proceeding would mean a precedent for the future which must be absolutely avoided, it can be reasonably supposed that a Government which does not derive its power from an internal political necessity, formed exclusively under pressure from abroad only for the purpose of making us yield to this pressure and to assist other countries to impose their will on us – such a Government would take advantage of the opportunity to consolidate for themselves the power which they had acquired in such an unexpected manner. Perceiving their weakness, they would be compelled to have recourse to the support of more and more extreme elements, and it is therefore to be feared that the same political developments might occur again which led from the November 1918 revolution, through every phase of radicalism to bolshevism. From this point of view as well, both the interests of the Nation and of the Dynasty equally require that the solution of the question by a unilateral resolution of the representative body should be avoided.

A further danger is, that if the National Assembly proclaims the dethronement, they might not stop at this stage but take further steps, and might not shrink from filling the vacancy on the Throne. In this case serious obstacles would be placed in the way of the heir presumptive[1] validating his right of succession if the situation should become ripe for its assertion.

As opposed to this, the spontaneous abdication of the crowned King would apply only to his own person. It would not affect the rights of the Dynasty and would not influence the legal order of the succession to the throne. The demand of the three European Great Powers concerning the person of Your Majesty alone, could be met by such a spontaneous abdication, so that it may be presumed that any further discussion of the question of the Dynasty could be avoided. In this case, the role of the National Assembly being restricted to taking cognizance of the decision of Your Majesty, could not furnish a basis for further dangerous developments in the future. The responsibility for this course could be assumed by any Government whose political convictions would afford guarantees of their intention to move towards consolidation and protect the rights of the ruling House.

A royal decision in this sense would not affect the legal order of the succession to the throne, and might therefore prevent the danger of the election of a usurper. It might at the same time facilitate – at some given moment when the situation was ripe for it, and when all political obstacles from abroad had been removed – the ascending of the throne by the legal successor without any complication for the Country.

Finally, the sacrifice made by the crowned King in abdicating in the inter-

---

1   Eh. Otto von Österreich, Kronprinz.

ests of the Country would create a new tie, based upon a feeling of unfading gratitude between Nation and Dynasty, which might even tighten the secular links joining these two factors.

When I take the liberty of submitting to Your Majesty in the foregoing the opinion of the Hungarian Government on the present grave situation and the way out of it, I do this in the hope, based on my unwavering belief in Providence, that the attachment of Your Majesty to the Hungarian Nation as well as your own interest and the interest of the Dynasty, will show Your Majesty the way by which the Country and at the same time the Dynasty can escape from the present critical situation and look towards a happier future.[2]

261.
Entwurf der Verzichtserklärung auf den ungarischen Thron für König Karl IV.

Tihany, 1921 Oktober 31

Faksimiledruck: PD III, zwischen 378 und 379 mit den Unterschriften von Horthy und Bethlen.

Abdankung zugunsten seines Sohnes, die gegengezeichnet, geheimgehalten, beeidet und beim Heiligen Stuhl deponiert wird. Das Dokument ist zu retournieren, wenn der Kronprinz nicht zum ungarischen König gewählt wird.

Tihanyban, 1921. év
    havának napján kelt és a magyar trónról való lemondásomat magában foglaló okiratot már most semmisnek és érvénytelennek jelentem ki. A magyar trónról való lemondásom azonban jogérvényessé válik abban a pillanatban, melyben a pragmatica sanctio értelmében trónutódlásra hivatott fiam a magyar koronával meg fog koronáztatni.

    Jelen okiratot úgy Magam mint azon mint tanúk aláíró személyiségek szigorúan titokban fogjuk tartani és ezt a titoktartást egyidejűleg külön esküvel megfogadjuk.

    Az okirat a Szentszéknek fog átadatni megőrzés végett azon kikötéssel, hogy az Nekem csak azon esetben fog kiszolgáltattatni, ha más személy mint utódlásra hivatott választatnék meg magyar királynak.[1]

---

2   Über die verschiedenen Diskussionen zur Alternative Thronverzicht oder Dethronisation des Königs: KA, B/19 (NL Gratz), Mappe 13, 24.–31.10.1921: „[…] Als ich Forderung des Thronverzichtes erwähne, König: ‚Das werden sie nie erleben!' (24.10.1921). […]"

1   Im Auftrag der ungarischen Regierung sollten die Grafen Emerich (Imre) Csáky und Koloman

262.
Protokoll über die Einschiffung des ungarischen Königspaares auf dem „Glowworm"

Baya, 1921 November 01

PAMAE, Hongrie 38, fol. 29, Telegramm;
Faksimiledruck: PD III, zwischen 380 und 381.

Die Ententeoffiziere bestätigen mit ihrer Unterschrift die Einschiffung des Königspaares in der Nähe von Baya auf dem britischen Monitor „Glowworm" am 1. November 1921.

Les soussignés[1] officiers de l'Entente représentant leurs gouvernements, certifient que le 1er novembre 1921 à 7 heures 30 du matin près de Baya, leurs Majestés le roi Charles et la reine Zita[2] se sont embarqués à bord du navire britannique le „Glowworm", en présence de Son Excellence Monsieur Kánya, ministre plénipotentiaire représentant le gouvernement hongrois,[3] et de M. le Colonel Siménfalvy[4] chargé du service de garde de Sa Majesté, qui ont signé avec eux le présent procès verbal, ainsi que le Commandant du navire britannique.[5]

(Kálmán) Kánya den König mündlich zur Abdankung bestimmen. König Karl empfing sie aber nicht; PRO, FO 371/6109, fol. 51, Bericht Hohlers an den britischen Außenminister mit Report von Colonel Selby; Bibliothek des Benediktinerstiftes Panonhalma (Ungarn), Manuskript BK 539/19d: Asztrik Vidoczy, Die historischen Tage der Abtei von Tihany; KA, B/19 (NL Gratz), Mappe 13: TB 26.–28.10.1921. Aus dem Tagebuch von Anton (Antál) Lepold vom 27. und 28.10.1921; Dévényi Ivánné, Csernoch János tevékenysége az ellenforradalmi rendszer első éveiben, in: Századok 11 (1977) 72–75; Eva-Marie Csáky (Hrsg.), Vom Geachteten zum Geächteten, 312; Kovács, Krönung und Dethronisation, 421, Anm. 69.

1   Unterschriften von: Colonel A. Guzzoni, Italien; Colonel F. Hinaux, Frankreich; Colonel Ch. Selby, Großbritannien; Kánya von Kánya Koloman (Kálman), Kabinettschef im ungarischen Außenministerium; Colonel Siménfalvy Tihamér, Ungarn; Lt. Commander Johnson, Großbritannien.
2   Zur Einschiffung in Baya das Tagebuch von Kaiserin Zita, in: Brook-Shepherd, Um Krone und Reich, 360.
3   Vgl. Nr. 237.
4   Tihamér Siménfalvy, Oberst, 1926 General.
5   Lieutnant Commander der britischen Marine, Johnson. Dazu AE, Austria 837 [neu: 1483], Prot. 29.711: Budapest, 1921 Dezember 16 (= Nr. 269): Schioppa an Gasparri: Protest König Karls IV. gegen die Auslieferung seiner Person an England, 1921 Oktober 31 (AOS, Tom II, Index 741): „Ich verwahre Mich gegen den Vorgang der ungarischen Regierung, mit welchem sie Mich auf Grund des Beschlusses der Botschafterkonferenz der Großmächte dem Kommandanten der britischen Donauflotille ausliefert, und protestiere dagegen, da nach dem ungari-

263.
Der Apostolische Internuntius in Den Haag, Erzbischof Lorenzo Schioppa, an Kardinalstaatsekretär Pietro Gasparri

Den Haag, 1928 Juli 28

AE, Austria 837[neu: 1483], Prot. 1789/28, Ausfertigung

Dementi von Erzbischof Schioppa in „De Maasbode" zum falschen Bericht von Jules Sauerwein in „De Telegraaf" vom 26. Juli 1928 über die Einschiffung des ungarischen Königspaares auf dem britischen Monitor „Glowworm" und von den von Sauerwein behaupteten politischen Tendenzen der katholischen Kirche.

Il noto pubblicista Jules Sauerwein[1] ha scritto nel "de Telegraaf" del 26 corrente – giornale liberale-giudaico-massonico di Amsterdam, assai diffuso – una lunga nota sul secondo Putsch dell'ex Imperatore Carlo. In questa nota il Sauerwein accenna anche al colloquio che io – allora Nunzio a Budapest – ebbi l'onore di avere coll'Imperatore e l'Imperatrice, a bordo del monitore inglese "Glowworm", nel momento stesso che i Sovrani, fatti prigionieri dell'Intesa, lasciavano l'Ungheria per prendere la via dell'esilio.

Il Sauerwein racconta parecchie fantasticherie, come per es, che io avrei offerta una vettura all'Imperatrice, la quale l'avrebbe rifiutata; che l'Imperatore

---

schen Gesetze Ich als Ungar das unabstreitbare Recht habe, Mich auf ungarischem Gebiet aufzuhalten.
Karl m. p."
Der ungarische Text in: KA, B/19, (NL Gratz), Mappe 13. TB 1921 Oktober 29; vgl. dazu unsere Nr. 250; über den Abtransport des Königspaares aus Ungarn durch die britische Donauflotille: PRO, FO 371/6109, fol. 60–61 [Druck: DBFP, 1, XXII, 546–548 (Nr. 494)]: Budapest, 1921 November 04: Hohler an Curzon. Auch PAMAE, Hongrie 38, fol. 19–29: Budapest, 1921 November 01: Fouchet an Briand.
Zur Diskussion der brit. Ministerkonferenz über die Verbannungsorte des gefangengenommenen Königs Karl – es wurden Malta, Spanien, Gibraltar, die Balearen, die Kanarischen Inseln genannt, „in any case an island was desirable": PRO, Cab. 23, fol. 65–67: Conclusions of a Conference of Ministers held in Mr. Chamberlain's Room, House of Commons, S. W., on Wednesday, 26th October 1921, at 5.0 p. m.; PAMAE, Hongrie 38, fol. 47r–75v, Protokoll der Sitzung vom 02. November 1921: Entscheidungen der Botschafterkonferenz über die Reise des Königspaares und über die Bedingungen seiner Verbannung nach Madeira; PRO, FO 371/6111, fol. 70–71: 1921 November 20: über die formelle Übergabe des ungarischen Königspaares durch die Admiralität des britischen Kreuzers „Cardiff" an den Gouverneur von Madeira.

1 Jules Sauerwein, französischer Journalist, außenpolitischer Chef des „Matin". Vgl. auch AE, Austria 837 [neu: 1483], Prot. 19.667, Bern, 1921 April 12: Maglione an Gasparri mit Beilagen aus „La Suisse" vom 12.04.1921: „Charles de Habsbourg à Lucerne" von Jules Sauerwein.

m'avrebbe dichiarato, che la camera assegnatagli sul monitore era assai confortabile. In verità di vetture neppure l'ombra in quella spiaggia deserta in cui avvenne l'imbarco dei poveri Sovrani; e la camera era tanto poco confortabile, che dai muri di essa pendevano delle disgustose caricature dell'Imperatore Francesco Giuseppe.

Ma il tratto serio della nota è che il Sauerwein pretende che io, insieme al Cardinale Csernoch ed al Ministro ungherese Kanya, avrei adoperato tutti i mezzi possibili per ottenere l'abdicazione di Carlo.

Per la verità ed anche per mostrare al pubblico che la Santa Sede ed i suoi rappresentanti non s'immischiano negli affari politici interni di alcun Paese, ho creduto opportuno far pubblicare dal cattolico e diffuso "de Maasbode" la seguente nota.

Dopo avere accennato alla pubblicazione del Sauerwein, la nota del Maasbode dice:

"Da fonte autorevole apprendiamo che – a parte le molte inesattezze e fantasticherie relative al colloquio di cui parla lo scritto del Sauerwein – quella parte, che accenna alle pene che Mgr. Schioppa si sarebbe dato, per ottenere l'abdicazione dell'Imperatore, non corrisponde alla verità."

Ho creduto mio dovere portare quanto sopra a conoscenza di Vostra Eminenza Reverendissima mentre chinato al bacio della Sacra Porpora.[2]

264.
Der ungarische Reichsverweser Nikolaus (Miklós) Horthy von Nagybánya an den Erzbischof von Esztergom (Gran), János Kardinal Csernoch

Budapest, 1921 November 03

Primási Levéltár, NL Csernoch, Cat. B. 3511/1921, Ausfertigung.
Druck: Reisner, 191.

Wegen der Abwesenheit des Primas wendet sich Horthy schriftlich an ihn. Die unerwartete Rückkehr des Königs hat innerhalb der ungarischen Katholiken antiprotestantische Stimmungen gegen die Regierung hervorgerufen, deren Mitglieder in der Mehrzahl Protestanten sind. Der Reichsverweser befürchtet das Wiederaufleben der konfessionellen Spannungen und eine Verschärfung der gesellschaftlichen Konflikte, was die Konsolidierung Ungarns behindern

---

2   Zum Abschiedsbesuch von Nuntius Schioppa beim gefangenen ungarischen Königspaar, vgl.
    Nr. 259.

würde. Horthy ist besorgt, daß beim ungarischen Katholikentag solche Stimmungen ausbrechen könnten.

Bizalmas [vertraulich]ᵃ

Súlyt helyeztem volna arra, hogy az alábbi ügyet Eminenciáddal élőszìval megbeszéljem. Minthogy azonban Eminenciád még szombaton délután székhelyére elutazott és az eddigi dispositiók szerint csak folyó hó közepe táján tér vissza Budapestre, a levél útját kellett választanom.

Arról értesültem, hogy ezt a nehéz helyzetet, amelyet IV. Károly Király Ő Felségének váratlan visszaérkezése teremtett, egyesek még súlyosbítják azzal, hogy a kormánynak az ország megmentése érdekében tett és Eminenciád által is bizonyára méltányolt intézkedéseiben felekezeti indító okokat és a katholicizmus ellen irányuló tendentiát keresnek ama tény alapján, hogy a minisztérium tagjai túlnyomó számban protestánsok. Értesülésem szerint ezek a hangulatkeltések észrevehető nyugtalanságot váltanak ki a katholikus körökben és alkalmasak arra, hogy a felekezeti viszálykodás tüzét élesztve a pártoskodás által amúgy is túlontúl megbontott magyar társadalomban a széthúzást és a kölcsönös bizalmatlanságot fokozzák és ezzel a keresztény nemzeti alapon való konszolidáció munkáját megzavarják.

Minthogy pedig értesülésem szerint attól lehet tartani, hogy [ezek] a minden alapot nélkülöző rosszhiszemű hangulatkeltések a katholikus köröket továbbra is nyugtalanítani fogják és hatásuk esetleg a közeljövőben tartandó katholikus nagygyülésen¹ is kifejezésre jut, indokoltnak tartottam azokra Eminenciád nagybecsű figyelmét felhívni. Eminenciád lekötelezne, ha ez ügyre vonatkozó saját észleleteiről és véleményéről engem ugyancsak tájékoztatni méltóztatnék. Amidőn arra kérem, hogy közlésemet bizalmasnak tekinteni méltóztassék, Eminenciádat őszinte tisztelettel köszöntöm.²

---

a Vermerk.

1 Der ungarische Katholikentag wurde vom 28. Mai bis 01. Juni 1922 abgehalten.

2 Vgl. auch bei Dévényi, 66, A. 83.

265.

Der Erzbischof von Esztergom (Gran), János Kardinal Csernoch, an den ungarischen Reichsverweser Nikolaus (Miklós) Horthy von Nagybánya

Esztergom, 1921 November 06

Primási Levéltár, NL Csernoch, Cat. B.
3511/1921, Konzept, eigenhändig signiert.

Der Kardinal und die katholischen Führer haben sich immer bemüht, die Königsfrage nicht als konfessionelle Frage zu betrachten. Sie vermieden sorgfältig, als sie zu den Rechten des gekrönten Königs Karl IV. und zu jenen der Habsburger Stellung bezogen, öffentlich das katholische Interesse zu betonen. Csernoch und die katholischen Bischöfe hatten dem König von beiden Restaurationsversuchen abgeraten. Er sollte abwarten, bis das vom auswärtigen Druck freigewordene Land ihn selbst zurückriefe. Die offiziellen Organe der katholischen Kirche hatten weder das Verhalten der ungarischen Regierung kritisiert, noch sich mit jenen Politikern identifiziert, die den König zur Rückkehr motivierten. Die Ursache der antiprotestantischen Stimmung liegt in der mangelnden Information und in der Tatsache, daß die Legitimisten meist katholisch, die Freien Königswähler meist protestantisch sind. Von ernstzunehmenden katholischen Kreisen wurde nicht kritisiert, daß sich Horthy oder die königliche Regierung von konfessionellen Gesichtspunkten bestimmen ließen. Es werde kolportiert, daß die Mehrheit der Protestanten, obwohl es unter ihnen auch Legitimisten gäbe, nicht Anhänger des Königs oder der Habsburger seien. Der Kardinal hatte auch den Ministerpräsidenten István Bethlen beruhigt und ihm und seiner Regierung das Vertrauen ausgesprochen. Die Quellen dieser gegen die Regierung Horthys gerichteten öffentlichen Meinung seien die an den Rand geschobenen und abgesetzten Politiker und Beamten. Es seien aber auch die Protestanten, die bei jeder ihrer Versammlungen mit konfessionell irritierenden Themen hervorträten. Der Kardinal versichert, daß er gegenüber der rechtlichen Macht loyal sei. Niemand solle sich grundlos über kirchliche Verfolgungen beklagen. Gegenüber dem Organisationskomitee des Katholikentages hätte der Kardinal ausdrücklich und entschieden gewünscht, daß absolut keine Diskussion über die Königsfrage, auch nicht verhüllt, abgehalten würde. An Fragen der Tagespolitik, die Glaubensinhalte und Moral nicht berührten, sei die Kirche desinteressiert und verhalte sich distanziert. Der Kardinal kennt die Grundsätze Horthys, den er als „Säule der ungarischen Konsolidierung" bezeichnet. Er ermutigt ihn, das Land mit „kräftiger und gerechter Hand" zu führen; er wird die Regierungen Horthys bereitwillig unterstützen, wenn sie Freiheiten und Rechte der Kirche nicht beleidigt, was er aus-

schließt. Jede Konfession solle aus eigener Kraft zum Wohl der Seelen und zum Wiederaufblühen Ungarns beitragen.

Bizalmas [vertraulich][a]
Fömeltóságú Horthy Miklós úr Magyarország Kormányzója Budapest[b]

Hálásan köszönöm Főméltóságodnak f. hó 3-án kelt nagybecsű levelét és bátorkodom a következőkben kifejezni. Magam és velem együtt a magyar katholikus vezetők mindíg azon fáradoztunk, hogy a királykérdést az ország ne tekintse felekezeti kérdésnek. Gondosan kerültük mindíg a nyilvánosság előtt a katholikus érdek hangoztatását, mikor IV. Károly király Ő Felségének mint megkoronázott királynak és a Habsburg-dinasztiának jogai mellett állást foglaltunk.

IV. Károly király első és második váratlan bejövetele előtt ismételten tanácsoltam én és tanácsolta a püspöki kar a királynak, hogy kalandra ne ragadtassa magát, hanem várja meg azt az időt, amikor a külföld nyomásától megszababulva az ország maga hívja vissza koronás királyát. Igy Ő Felsége mindkét vállalkozása tudtunk és tanácsunk ellenére történt. A magyar királyi kormány eljárását kritika tárgyává nem tettük s ameddig befolyásunk terjed, nem is engedtük meg a kritikát.

A katholikus egyház hivatalos szervei teljesen távol állanak azon politikusok kezdeményezésétől, akik Ő Felségének bejövetelét ajánlották. Hogy Főméltóságod által észlelt felekezeti hangulatkeltés egyes felelőtlen körökből kiindulhatott, annak oka a kellő tájékozottság hiánya és ama tény, hogy a legitimisták többnyire katholikusok, a szabadkirályválasztók többségben protestánsok. Én komoly katholikus helyről még nem hallottam azt az észrevételt, hogy akár Főméltóságod, akár a magyar királyi kormány az állásfoglalásban felekezeti szempontoktól befolyásoltatta magát. Azt azonban igenis hallottam, hogy a protestánsok többsége nem hive IV. Károlynak és a Habsburg-dinasztiának, bár akik ezt állították, készségesen beismerték, hogy a protestánsok között is vannak lelkes legitimisták és a katholikusok között exponált szabadkirályválasztók.

A beavatottak jól tudják, hogy mostani magyar királyi kormány összeállításánál sem Főméltóságodat sem Bethlen Istvánt[1] nem vezették felekezeti érdekek. Maga Bethlen gróf szükségesnek is látta ezt előttem hangoztatni, amikor én megnyugtattam, hogy mi katholikusok ezt jól tudjuk s Bethlenben és kormányában föltétlenül megbízunk. Az érzékeny nagy publikum előtt azonban föltünő volt az aránytalanul sok protestáns miniszter s így keletkezett a katholikusok közt az az ellenőrizhetetlen hangulat a protestánsok erős

---

a   Vermerk.
b   Aufschrift.

1   Stephan (István) Graf Bethlen, vgl. Nr. 237.

térfoglalásáról, amelyet állítólag más magas állami hivatalok betöltésénél is tapasztalnak. Ilyen hőreket többnyire [...] mellőzött politikusok és tisztviselők terjesztenek, akik mellőzöttségük indokát nem akarják másban felismerni, mint a vallásban.

De vannak is ilyen hírek és hangulatkeltések a katholikusok soraiban, Főméltóságod bizonyára meggyőződhetett róla, hogy a katholikusok a panaszaikat nem igen hangosan hirdetik, mindenesetre sokkal szelídebben és halkabban, mint a protestánsok az ő vélt sérelmeiket.

Igen sajnálatos, hogy a hazai protestánsok majdnem minden gyülekezés alkalmával foglalkoznak a felekezeti érzékenységet izgató tárgyakkal, ami katholikus oldalon kiváltja az ellenhatást. Épen e levél írása közben kapok egy fölterjesztést a budapesti egyházközségek központi tanácsától, amelyet van szerencsém másolatban csatolni, mert a tárgyat élesen megvilágítja.

Én a katholikus panaszkodókat mindig figyelmeztettem, hogy a törvényes hatalommal szemben lojálisak legyenek, vallási üldözésel senkit alaptalanul ne vádoljanak és mellőzöttségük okát inkább önmagukban keressék. Ilyen irányban fogok ezentúl is működni. S ha beigazolt sérelmek vannak, akkor a felelős és törvényes főrumnál keresek orvoslást minden feltünés nélkűl.

Szerencsétlen hazánkban a felekezeti villongások elkerülését senki sem óhajtja jobban, mint én. Mindent megteszek még áldozatok árán is, hogy a magyarok értsék meg egymást és az évszázados átkos gravaminális politikát temessék el örökre. Becsüljük meg és támogassuk azt, aki alkotni tud. Engedjük érvényesülni az igazi tehetséget, tiszteljük egymás jogait, de ne legyünk féltékenyek és kicsinyesek. Még mielőtt Főméltóságod nagybecsű levelét vettem, a katholikus nagygyűlés rendező bizottsága előtt kifejeztem azt a határozott akaratomat, hogy a királykérdés bármily burkolt formában való tárgyalása elmaradjon. Sérelmet vagy más a felekezeti békét veszélyeztető tárgyat ne tárgyalhassanak.

A katholikus vallás pozitív tan és pozitiv erő. Nekünk katholikusoknak nem polemizálni kell, hanem az igazságot hirdetni és alkotni Isten dicsőségére, az emberiség, az állam [sic] és az egyén lelki javára.

Főméltóságodat biztosítom, hogy míg élek, sohasen fogom megengedni, hogy valaki a magyar katholikus egyházat valamely politikai irányhoz lekösse. Bármily csábító is valamely irány támogatása, az egyház a napi politika kérdéseiben, amelyek nem érintik az egyház hitbeli és erkölcsi tartalmát, mindig tartozkodóan viselkedik, mert a politika nem az egyház hivatása. A politika támogathatja és üldözheti az egyházat. Azért egyes katholikusok mint állampolgárok kötelesek odahatni, hogy a politika az egyház szabad erőkifejtését ne akadályozza, sőt lehetőleg elősegítse. Egyéb kérdésekben az egyház érdektelen a politikában.[2]

---

2 Der ungarische Katholikentag wurde vom 28. Mai bis 01. Juni 1922 abgehalten, vgl. Nr. 264, Anm. 1.

Ismerve Főméltóságod fenkőlt gondolkozását, mindenkor a legnagyobb bizalommal és tisztelettel voltam s vagyok Főméltóságod iránt, akiben a magyar konszolidáció biztos oszlopát látom.

Ne kedvetlenítsék el Főméltóságodat múló hangulatok, melyek a kiszámíthatatlan tömeglélek produktumai. Vezesse az országot erős és igazságos kézzel.

Főméltóságod kormányait készségesen fogjuk támogatni, ha az egyház szabadságát és jogait nem sértik, amit kizártnak tartok. Mi katholikusok nem kérünk privilégiumokat. Szabadság és igazság kell nekünk és ezt szívesen biztosítjuk minden más felekezetnek is. Mutassa meg minden felekezet, mit képes produkálni önerejéből a lelkek javára és szegény hazánk felvirágoztatására.

266.
Dethronisationsgesetz für König Karl IV. und Gesetz über den Ausschluß des Hauses Habsburg vom ungarischen Thron

Budapest, 1921 November 06

Druck: DD, 149 (Nr. 64), französische Übersetzung.[1]

Die Pragmatische Sanktion ist aufgehoben, die ungarische Nation zieht das Recht der freien Königswahl an sich zurück, sie wird zu gegebener Zeit einen anderen Kandidaten zum König wählen.[2]

Art. 1.
Les droits de souveraineté du roi Charles IV sont abrogés.

---

1 Entwurf: 1921 November 03, vgl. Nr. 275, Anm. 9.
2 Vgl. dazu Protokoll der Botschafterkonferenz vom 02. November 1921, in: PAMAE, Hongrie 38, fol. 47r–75v; DDD, passim; DD, 151, 153, 163–167 (Nrn. 65, 66, 71–73); PRO, FO 371/6110, fol. 158r–160r, 176r–177v: Budapest, 1921 November 09: Hohler an Curzon; AE, Austria 837 [neu: 1483], Prot. 29.711: 1921 Dezember 16 (= unsere Nr. 269): Schioppa an Gasparri. Protest des Königs dagegen bei: Kovács, Krönung und Dethronisation, 423–426; unsere Nr. 269: „In Übereinstimmung mit der Verfassung und dem ungarischen Recht erkläre Ich, daß der Entschluß der Nationalversammlung bezüglich der Dethronisation, die unter dem Druck und unter der Gewalt des Auslandes erfolgt, illegal und ungültig ist, und Ich protestiere dagegen. Ich behalte mit aller Kraft auch in Zukunft alle Mich betreffenden Rechte in Übereinstimmung mit der ungarischen Verfassung, als Apostolischer König, der mit der Krone des heiligen Stephan gekrönt wurde.
Tihany, 1921, Karl m. p.“

Art. 2.
La Pragmatique Sanction, énoncée dans les articles 1 et 2 de la loi de l'année 1723 et réglant les droits de succession de la dynastie autrichienne (Domus austriaca), perd sa valeur juridique, ce qui rend à la nation le droit de procéder à une libre élection de son roi.

Art. 3.
La nation maintient l'ancienne forme de gouvernement, la royauté mais ajourne l'élection au trône à des temps ultérieurs et charge le ministère de présenter un projet à cet effet en temps voulu.

Art. 4.
La présente loi entre en vigueur du jour de sa promulgation.

267.
Der Erzbischof von Esztergom (Gran), János Kardinal Csernoch, an Kardinalstaatssekretär Pietro Gasparri

Esztergom, 1921 November 18

AE, Austria 837 [neu: 1483], Prot. 28.643, Ausfertigung.

Der Kardinal über seinen Besuch beim gefangenen Königspaar im Benediktinerkloster Tihany am 28. Oktober 1920 : Er dementiert falsche Journalistenkommentare in beigelegten italienischen Zeitungen sowie in der „Revue des deux Mondes".

Cum Rex Hungariae, Carolus IV. in monasterio Tihanyensi Ordinis S. Benedicti custodiretur, die 28. Octobris illum adivi.[1] De itinere meo ad Regem et de missione mihi – ut fertur – injuncta folia diurna et periodica plurima falsa conscripserunt. Etiam in ephemeridibus italicis falsa commentaria apparuerunt.

Ne Sedes Apostolica partes meas in tanto negotio ad sensum fictarum relationum dijudicet, coram Eminentia Vestra declarare cogor, quod ego nec propria sponte, nec a gubernio Hungarico vel ab alio quodam delegatus Regi Hungarico unquam persuadere voluerim, ut throno et dignitati regali semet abdicat.

Jam post primam rerum publicarum in Hungaria perturbationem praeses tunc gubernii Hungarici – infelix ille Michael Károly – me provocavit, ut ab-

---

1 Vgl. Kovács, Krönung und Dethronisation, 422 und Nr. 261, Anm. 1.

legationem e primis Status Hungarici dignitatibus coalescentem ad Regem ducerem, quae Regi formalem abdicationem suaderet. Licet tali provocationi ego, qui Regem coronavi, indignabundus restiterim, tamen postea in pagellis periodicis „Revue des deux Mondes" legi, me quoque suprafatae ablegationi interfuisse, imo scriptor falsae relationis distinctam allocutionem publicavit, quam ego coram Rege pronuntiassem. Litteris ad scriptorem datis statim falsitatem relationis insinuavi revocationemque fictae assertionis postulavi. Redactor revocationem promisit quidem, hucusque tamen eandem haud publicavit. Occasione ultimi mei ad Regem itineris folia quaedam scripserunt, me nomine gubernii Hungarici persuadere voluisse Regi, ut semet abdicaret. Quamvis haud quidem omiserim refutationem in foliis publicare, hoc non obstante falsum nuntium in folia regnorum externorum quoque irrepsit. Ideo non superfluum esse puto historicam veritatem de itinere meo ad Regem pandere.[2] Cum inopinatum Regis adventum in Hungariam approbare non potuerim,[3] imo cum Rex contra meum et plurium, qui Regi sincerrimi adhaerent, consilium egerit: optimum esse judicabam procul stare a negotiis nec ullam suscipere in causa hacce gravissima responsabilitatem. Capto tamen et in monasterio Tihanyensi commorante Rege, gubernium Hungaricum impensissime me rogavit, ut Regem visitarem, coram eodem totam situationem illustrarem, intentiones gubernii Hungarici patefacerem (Rex enim membra gubernii vel delegatos ejusdem suscipere recusavit), imminentia Regno Hungariae pericula proponerem, Regem edocere conarer, melius esse, si Ipse renuntiaverit, quam si Hungaria per nationes inimicas coacta fuerit ipsum throno privare.

Responsum meum praesentibus praeside gubernii et ministro cultus et publicae institutionis erat clarum nullumque dubium relinquens: „Regem libentissime visitabo ut Primas Regni, plenam mihi vindicans libertatem, ut Regi quod mihi placuerit, proponere possim. Missionem vel delegationem a gubernio Hungariae non accepto. Mandatum impetrandi a Rege renuntiationem nullomodo suscipere valeo ego, qui Regem coronavi et cui sensum communem

---

2 In der „Revue des deux mondes" 91 (1921) vom 01. und 15. November findet sich keine diesbezügliche Bemerkung. Raymond Poincarés „Chronique de la Quinzaine Histoire politique" vom 01. November 1921, 220–240, enthält keine derartige Anspielung. Die der offiziellen französischen Regierungslinie folgende negative Berichterstattung über den zweiten Restaurationsversuch stellt interessanterweise nur fest (S. 239): « [...] Le raid aérien de l'ancien empereur et de la jeune impératrice Zita n'a pas été sans réveiller, dans quelques milieux français, les sympathies qui s'étaient déjà manifestées lors de la première équipée du monarque déchu. Mais l'accueil que les magnats et une partie de l'armée hongroise ont fait à ce prétendant, qui, malgré toutes les apparences, ne tombait pas du ciel et dont l'arrivée était, depuis longtemps, préparée, a immédiatement soulevéles vives protestations de l'Italie et de la Petite Entente; et le Gouvernement de la République, fidèle, non seulement à son attitude antérieure, mais à ses obligations envers nos alliés, a tout de suite associé ses observations aux leurs. [...] »

3 Vgl. Nr. 222.

catholicorum Regi adhaerentium violare non licet. Insuper optime novi Regis mentalitatem, qui nunquam renuntiabit magisque periculum privationis subibit. Mihi quoque videtur, melius esse pro Rege, si sub pressione Potestatum externarum detronizatio ejus declarabitur, quam si Rex sua sponte renuntiaverit. Secus mens mea est, quod simplex renuntiatio Regis periculum belli et hostilis invasionis regni haud eliminaret, quia Potestates confoederatae formalem detronizationem postulabunt."

Audito meo responso praeses gubernii et minister cultus etc. tamen insistebant, ut Regem adirem ibique mentem meam libere panderem. Quod et feci. Regem absque ulla tergiversatione, sincere et aperte de situatione edocui, clare eidem declarans, me coram Eodem propria auctoritate comparuisse et a nemine esse delegatum; me in tantum solum cum consensu gubernii venisse, in quantum sine tali consensu, nec in claustrum utpote a militibus custoditum, intrare potuissem. Rex clementissime exauditis meis propositis, quae Ipse quoque approbare debuit, libere declaravit, quod nunquam renuntiabit; cum tamen praevideat, detronizationem esse secuturam, mihi exhibuit documentum propria manu exaratum, in quo contra detronizationem a conventu nationali statuendam protestatur meque requisivit, ut protestationem suam gubernio consignarem. Documentum hoc gubernio Hungarico tradere non omisi.[4] Nihil dubito, quin Sedes Apostolica meam gerendi rationem in tristissimis hisce temporibus approbat.

Adnotare adhuc liceat, interlocutioni meae cum rege habitae ipsam quoque reginam adfuisse et in pertractatione partem cepisse.

Rex et Regina sunt ecclesiae catholicae addictissimi, veri sancti et fide viventes, qui benevolentiam et auxilium Beatissimi Patris et ecclesiae catholicae omnino merentur. Attamen debile Regnum Hungariae contra apertam vim totius mundi Regem defendere et salvare non potuit. Licet catholici Hungariae tristissimam sortem Regis maxime lugeant, impossibile tamen fuit, quidquam facere. Agebatur enim de existentia vel suppressione totius attenuati regni, quod inimici huius penitus annihilarent, quin successisset regem salvare.

Maerenti corde, sed cunctis viribus conabimur, ne ecclesia catholica ob causam Regis persecutionibus politicis exponatur et damnificetur.[5]

---

4 Vgl. Nr. 269; PD III, 326–329.
5 Vgl. Schreiben Gasparris an Csernoch, Vatikan, 1921 Dezember 07, in: AE, Austria 837 [neu: 1483], Prot. 28.643, in dem er den Kardinal beruhigt und versichert, die Gerüchte nicht zur Kenntnis zu nehmen: "[…] Credo poi far cosa grata all'Eminenza Vostra nel parteciparle che il Santo Padre non ha mancato d'interessarsi per alleviar la sorte dell' infelice imperatore […]."

268.
Kardinalstaatssekretär Pietro Gasparri an den Bischof von Funchal (Madeira), Antonio Emanuele Pereira Ribeiro

Vatikan, 1921 November 25

AE, Austria 837[neu: 1483], Prot. 28.048, Konzept.

Der Bischof von Funchal möge dem Kaiserpaar im Exil alle Tröstungen der hl. Religion ermöglichen und ihm alle Aufmerksamkeiten zuteil werden lassen.

Mi è grato significare a Vostra Signoria Illustrissima[1] che la Santa Sede ha appreso con piacere la notizia delle premure da Lei usate nel procurare personalmente all'imperatore Carlo e alla sua Augusta consorte i conforti religiosi tanto ad essi necessarii nell'esilio.

Voglia continuare in seguito ad usar ogni attenzione verso gli ex-sovrani affinché siano a loro disposizione tutti quei mezzi spirituali di cui la nostra santa religione ridonda specialmente a consolazione di coloro che sono nell'avversità.

Vedo con piacere che Ella, per esercitare con tutta libertà tale sua missione religiosa, si è astenuta da ogni affermazione politica, e voglio sperare che in tale atteggiamento Ella si menterrà in avvenire anche in vista della difficile situazione interna portoghese.[2]

269.
Der Apostolische Nuntius in Budapest, Erzbischof Lorenzo Schioppa, an Kardinalstaatssekretär Pietro Gasparri

Budapest, 1921 Dezember 16

AE, Austria 837 [neu: 1483], Prot. 29.711, Ausfertigung, signiert.

Bericht über die Publikation der beiden Protestnoten von König Karl – gegen die mögliche Dethronisation durch die Nationalversammlung und gegen seine Auslieferung an den Kommandanten der englischen Donauflotille –, die unter dem Druck der Diskussion zwischen Legitimisten und freien Königswählern erst jetzt erfolgte.

---

1 Antonio Emanuele Pereira Ribeiro, Bischof von Funchal.
2 Auch Nr. 271; PRO, FO 371/6112, fol. 72–73: Budapest, 1921 Dezember 12: Die englische Regierung wurde über den ungarischen Ministerpräsidenten informiert, daß der Kardinalstaatssekretär den Bischof von Funchal angewiesen hätte, dem kaiserlichen Paar pastoral beizustehen.

Nel mio rispettoso rapporto N.1244 in data 2 Novembre p.p. accennai a Vostra Eminenza Reverendissima che Re Carlo IV, trovandosi ancora all'Abbadia di Tihany, durante l'ultimo suo soggiorno in Ungheria, aveva consegnato all' Eminentissimo Cardinale Csernoch una protesta da pubblicarsi, nel caso che l'Assemblea Nazionale avesse dichiarata la di Lui decadenza dal Trono unghe-rese.[1]

Finora il testo di detta Protesta è stato tenuto segreto da parte del Governo, a cui dal prelodato Cardinale fu consegnata per mezzo del Ministro die Culti Mgr. Vass.[2] Ora pero, in seguito ad una vibrata interpellanza al riguardo, pre-sentata in questi giorni all'Assemblea Nazionale – dove si sta discutendo, fra la lotta accanita e vivacissima tra legittimisti e liberi elettori del Re, la que-stione della violata immunità parlamentare, che sarebbe stata fatta con l'ar-resto dei deputati Stefano Rakovsky[3], Conte Andrassy[4], Conte Sigray[5] e Be-niczky[6] implicati nella nota avventura del Re – il Governo, che naviga in pessime acque, è stato costretto a pubblicare il testo della menzionata protesta reale. Oggi infatti l'ufficiosa Agenzia telegrafica ungherese riporta il testo della Nota, che è il seguente: "In conformità della Costituzione e della Legge Ungherese dichiaro illegale e senza valore la deliberazione della Assemblea Nazionale, avvenuta sotto la pressione e la violenza dell'Estero, circa la detro-nizzazione e protesto contro di essa.

Io conservo energicamente anche per l'avvenire tutti i diritti che mi appar-tengono, in conformità della Costituzione Ungherese, come Re Apostolico, coronato con la Corona di Santo Stefano. Tihany 1921. – firmato – Carlo."

Ugualmente viene oggi pubblicato il testo di un'altra protesta, che Sua Ma-està fece contro la consegna della Sua persona all'Inghilterra. Essa suona cosi: "Protesto contro il procedimento del Governo Ungherese, il quale, in seguito alla decisione della Conferenza degli Ambasciatori, mi ha consegnato al Co-mandante della Flottiglia inglese del Danubio; giacché, in conformità della Legge Ungherese, ho l'incontrastabile diritto di rimanere su territorio un-gherese. Tihany 1921. – firmato – Carlo."[7]

Queste le due proteste di Re Carlo IV, le quali evidentemente sono destinate ad eccitare ancora più gli animi eccitatissimi, specialmente in questi giorni in cui, come ho detto, si discute all'Assemblea Nazionale la questione della viola-zione delle immunità parlamentari per gli avvenuti arresti di deputati carlisti, ed a moltiplicare le polemiche violentissime della stampa, per cui è stata re-

---

1 Vgl. Nr. 267.
2 Vgl. Nr. 237.
3 Vgl. Nr. 251.
4 Vgl. Nrn. 131 und 213.
5 Vgl. Nr. 237.
6 Vgl. Nr. 237.
7 Nr. 262, Anm. 5; PD I, 573.

centemente abolita la censura. Intanto non credo inutile inviare qui unito (Allegato) a Vostra Eminenza il punto di vista giuridico della vessata questione del Re, quale è stato redatto, dietro mia richiesta, dal P. Tomcsányi S.J.,[8] competentissimo in materia, e dal quale risulta evidente tutta la illegalità e la ingiustizia che è stata consumata da questo Governo, sia pure sotto la minaccia delle due Intese, col dichiarare decaduto Carlo IV dal Trono Ungherese.[9]

270.
P. Ludwig (Lajos) Tomcsányi SJ über die ungarische Dethronisation

Budapest, 1921 Dezember

AE, Austria 837 [neu: 1483], Prot. 29.727
als Beilage zu Prot. 29.711, Ausfertigung.

Der von Nuntius Schioppa bestellte Gutachter[1] erkennt die Ungültigkeit der Dethronosation Karls IV. Die Minister Horthys haben das „Universum Jus Hungaricum" in sein Gegenteil verkehrt und ihre Treueide gebrochen.

De inijuriis Regi Apostolico nuper illatis.

I.

Ministri Gubernatoris Hungariae Regem suum coronatum hostium potestati tradendum curarunt.

Jamvero „Lex poenalis" nostra anni 1878 partis 2ae capitis I.mi § 126 num. 3 sanxit „crimen laesae majestatis committere eos qui Regem hostium potestati tradunt". Et eaedem „Leges poenales" (ibidem § 128) statuerunt eos qui hoc fecissent, carceri „per totam vitam" mancipandos esse

II.

Constitutionibus Regni nostri (legibus in corpore Codicis Juris Hungarici) cautum est ut I. non ultra sex menses differat coronationem (cfr. articulum 3. decreti anni 1790–91) quum Rex gubernaculum Regni adit. Deinde debet II.

---

8 Nr. 270; vgl. Kovács, Krönung und Dethronisation, 427.
9 Kovács, Krönung und Dethronisation, 427–428.

1 P. Ludwig (Lajos) Tomcsányi SJ war wie sein Mitbruder P. Adalbert (Béla) Bangha SJ 1919 auf den kommunistischen Proskriptionslisten: BAR, E 2300, Wien 34: Wien, 1919 Februar 28 – März 02: Bourcart an Politisches Departement, Abteilung für Äußeres.

„Diploma Regium" dare Statibus et Ordinibus ante coronationem, quo Diplomate se promittit curaturum ut et ipse servet subditique etiam servent leges, consuetudines et privilegia Regni. Tandem necesse est ut

III. quae in Diplomate spopondit ea servaturum se juramento confirmet hocque juramentum legibus Regni inserendum curet.

Haec tria praestare Rex debet ut <u>legitimus</u> Rex Regni nostri agnoscatur.

Haec tria se praestitisse <u>rationem ipse Rex reddere</u> debet.

Itaque Rex impletis supra statutis conditionibus tribus toto regni sui tempore <u>legi poenali subjectus est nulli</u>, ejus persona est sacrosancta (Majestas regia sacra) et inviolabilis. Ipse <u>soli Deo</u> responsabilis est pro omnibus quae privatus aeque ac publice in regendo facit, juridice rationem reddere Regno pro ejus factis debent consiliarii ejus (v.gr.ministri).

Andreae II. Regis Hungariae[2] tempore majores nostri his verbis Regis sui excessus coercendos statuerunt (cfr. Decreti anni 1222 articuli 31 § 31 n. 2.) „Si nos vel aliquis successorum nostrorum aliquo umquam tempore huic disposititoni nostrae contraire voluerit, liberam habeant harum auctoritate, sine nota alicujus infidelitatis tam Episcopi quam alii [...] Nobiles Regni, universi et singuli praesentes et futuri posterique <u>resistendi et contradicendi</u> Nobis et nostris Successoribus in perpetuum facultatem."

Hac quidem utique lege liberam habuerunt Hungari facultatem resistendi suo Regi ab anno 1222 usque ad annum 1687; sed recuperata a Turcis Buda in Comitiis publicis anno 1687 lex haec abolita est (cfr. Decreti anni 1687 articulum 4.). Itaque ex hoc tempore <u>resistendi et contradicendi</u> suo Regi facultatem hungari non habuerunt amplius; Rex ex hoc tempore plane inviolabilis est volente hoc ita Codice Juris Hungarici.

Ex his sane clarum est <u>Ministros</u> Nicolai Horthy Gubernatoris, quum detronisarunt Carolum IV Regem, <u>subvertisse universum Jus Hungaricum</u>, invalide fecisse, quod fecissent ideoque Carolum IV Regem esse nostrum etiam nunc post <u>detronisationem.</u> De Ministris loquor, Horthy, enim, utpote Gubernator, inviolabilis est juxta praescriptum Juris Hungarici, ut Rex ipse.

III.

Coronato Carolo IV juravimus nos – Regnum Hungaricum – fideliter in omnibus quae non sunt contra voluntatem Dei, obedientiam praestaturos. Et hoc juramentum etiam fregerunt Ministri Gubernatoris Horthy.[3]

---

2 Andreas II., 1204–1235 König von Ungarn.

3 Fritz Keller, Österreichisches und ungarisches Staatsrecht, Berlin 1917, 50–55; BAR, E 2300, London, 1921 November 13 und 14: Paravicini an Bundesrat: Bericht von der Debatte über das ungarische Dethronisationsgesetz im brit. Oberhaus (House of Lords) am 09.11.1921: « [...] que la plupart des nobles Lords sympathisent avec la nation hongroise [...] »

271.
Der Bischof von Funchal (Madeira), Antonio Emanuele Pereira Ribeiro, an Kardinalstaatssekretär Pietro Gasparri

Funchal (Madeira), 1921 Dezember 14

AE, Austria 837 [neu: 1483], Prot. 28.048, Ausfertigung.

Der Bischof berichtet von der Ausführung seines Auftrages, der Aufstellung eines Tabernakels im kaiserlichen Oratorium und von der Erlaubnis für den täglichen Empfang der heiligen Kommunion. Die Autoritäten von Funchal haben das Kaiserpaar mit allen Aufmerksamkeiten aufgenommen, und die Bevölkerung ist von seinem noblen und frommen Verhalten begeistert.

En accusant réception de Votre vénérée lettre du 25 novembre (N°. B 28.048), je suis heureux de constater que, en tout ce que j'ai fait envers les royaux et impériaux exilés, sans sortir de mission religieuse et en m'abstenant toujours à toute affirmation politique, j'ai prévenu les désirs du Saint-Siège. En interprétant tels désirs, je Leur avait proportionné [sic] la Sainte Messe quotidienne chez eux, et après la réception de la lettre de Votre Eminence j'ai permis entre autre que dans Leur oratoire privé, convenablement préparé à cela, L.L. Majestés aient aussi le Saint-Tabernacle, afin de Leur faciliter la grâce et si désirée consolation de la visite quotidienne au Très Saint-Sacrement et aussi de la communion dans les jours auxquels il ne soit pas possible, à défaut de célébrant, de Leur proportionner la Sainte-Messe dans Leur oratoire, comme il est arrivé déjà un dimanche et le huit décembre; manque de cela, L.L. Majestés sont sortis à deux reprises le même jour, c'est-à-dire de bonne heure pour la communion et un peu plus tard pour la Messe dans la Cathédrale: Le soin tout paternel du Saint-Siège en mettant à la disposition des augustes exilés toutes les consolations de la Religion Leur a produit la plus vive émotion, et Ils prient votre Eminence de déposer aux pieds de Sa Sainteté avec Leurs filiaux hommages, l'expression de toute Leur reconnaissance.

Il sera certainement très agréable à Votre Eminence de savoir que sans Leur exil, L.L. Majestés ont reçu jusqu'ici de la part des autorités locales toutes sortes d'attentions, et que toute la population de Funchal est charmée de Leurs nobles et pieux sentiments.[1]

---

1 Vgl. dazu auch Nr. 268.

272.
Reflexionen Kaiser und König Karls:
Die Einteilung und Verfassung eines neuen Österreichs und
dessen politische Ziele

[Funchal (Madeira), 1921 Dezember–1922 März]

AOS, Tom. I, Index 53, beglaubigte Kopie.

Strukturen und politische Tendenzen für ein neues Österreich. Nach gelunge-
nem dritten Restaurationsversuch[1] *sollte das Habsburgerreich in enger außen-*
politischer Verbindung mit Frankreich als Donaukonföderation, vier verschie-
dene Ländergruppen zusammenfassend, wieder erstehen.

---

1   Der Plan eines dritten Restaurationsversuches blieb streng geheim; er ist mit wenigen Noti-
    zen an Papst Benedikt XV. und an Albin Schager von Eckartsau zu belegen. Vgl. BKA, NL
    Cölestin Schwaighofer von Deggendorf X, 151, Fasz. 57: „[...] Audienza presso Sua Santità –
    26.XI.21, Carlo. Schioppa gesehen. 3x wird es glücken, Zita gut. Ragazzo. [...] keine neue mo-
    ralische Person, nicht abgedankt." Zur Begegnung von Nuntius Schioppa mit dem ungarischen
    Königspaar in Baja am 01.11.1921 vgl. Nrn. 259, 263; AOS, Tom. II, Index 722–723 mit Ver-
    merk: „Zwei kleine Zettel mit Weisungen, die vermutlich von Graf Hunyady mitgenommen
    wurden." Kaiser und König Karl an Albin Schager von Eckartsau, Madeira, 1921 Dezember
    01: „Im Bedarfsfall Zurückkehren möglich. Keine Aufsicht, viele Schiffe. Es ist für das Gelin-
    gen einer jeden Restauration unumgänglich notwendig, daß die treugesinnten Elemente aus
    allen Teilen Österreich-Ungarns in einer im voraus festzusetzenden Art hiebei mitwirken. Bei
    den zur Regelung dieser Fragen notwendigen Besprechungen haben Sie in meiner Vertretung
    anwesend zu sein." Vgl. auch Nr. 275. Dazu auch KA, B/19 (NL Gratz), Mappe 13: TB Gratz,
    1921 Oktober 24: „[...] Bevor ich geendet oder Konklusion abgeleitet, fällt mir die Königin ins
    Wort: ‚Sie werden sehen, das dritte Mal wird es gelingen.' [...]"
    Die Alliierten rechneten mit einem dritten Restaurationsversuch Kaiser Karls, vgl. DBFP
    XXII, 646–647 (Nr. 595): London, 1921 Dezember 29: Curzon an Hardinge: Mitteilung an die
    portugiesische Regierung: Forderungen zur Überwachung des Kaisers in Madeira: "[...] Two
    suggestions seem to merit consideration. Firstly, an Allied officer might, with the consent of
    the Portuguese Government, be attached to the person of the ex-Emperor, and be charged with
    the duty of reporting any suspicious circumstances. Secondly, the conference might adopt a
    resolution to the effect that any attempt to leave Madeira would automatically oblige the Al-
    lied Governments to transfer him to definite imprisonment in one of their more remote island
    possessions. This resolution might forthwith be conveyed to the ex-Emperor and be published
    in the European press.[...]"
    Anläßlich der Reise von Kaiserin Zita in die Schweiz im Jänner 1922 wurde ihr von Legati-
    onsrat Carl Egger am 18.01.1922 die Androhung der Botschafterkonferenz im Falle eines neu-
    erlichen Restaurationsversuchs mitgeteilt. Vgl. BAR, E 2001 (B)-/3, Bd. 49, Doss. 44/142/2, 1922
    (IV.), fol. 444r-v. PAMAE, Hongrie 39, fol. 20–21: Paris, 1922 Jänner 14: Briand an die franzö-
    sischen Diplomaten in Budapest, Rom und London über die Entscheidung der Botschafter-
    konferenz.

Verfassungsentwurf, streng geheim[a]

Die Einteilung und Verfassung eines neuen Österreichs und dessen politische Ziele.

[I. Einteilung und Verfassung eines neuen Österreich]

Das neue Großösterreich[2] oder wie man es sonst nennen will, besteht aus vier selbständigen Ländern durch Personalunion für ewige Zeiten verbunden. Jedes der Länder hat die gleiche Erbfolgeordnung, der zur Herrschaft nach dem Familienstatut berufene Agnat ist nach dem Tode seines Vorgängers automatisch Herrscher in allen vier Ländern. Das Familienstatut wird in allen vier Ländern gleichförmig publiziert und wird in die Staatsgrundgesetze einverleibt. Änderungen an diesen Bestimmungen können nur die vier Länder ge-meinsam und einstimmig mit Zustimmung des Kaisers durchführen.
Diese vier Länder sind:

1. Das Kaisertum Österreich.
Hauptstadt Wien mit den Kronländern
a) Niederösterreich in seinen historischen Grenzen ohne Wien, b) Oberösterreich, c) Salzburg, d) Tirol in seinen historischen Grenzen, e) Vorarlberg, f) Steiermark ohne das slowenische Untersteiermark, in Marburg und Umgebung Volksabstimmung, g) Kärnten in seinen historischen Grenzen. Dortige Winden sympathisieren mit Deutschen.

---

a Vermerk.

2 Zu den verschiedenen Föderalisierungsplänen der österr.-ung. Monarchie, vgl. Ernst Seidler, Aus schwerer Zeit. Persönliche und politische Erinnerungen, Wien 1924 (= Separatdruck aus der Neuen Freien Presse), 11–20; Polzer-Hoditz, 408–412, 477–478, 606–613 (Anhang XV, XVI). Im Privatarchiv Eidlitz, NL Seidler, finden sich Fragmente der seit 1917 laufenden Arbeit zur Umstrukturierung der Donaumonarchie in einen Bundesstaat: 1) Anton von Krasny, Verfassung des Bundes-Kaisertums Österreich, Wien, September 1918 2) Johann Andreas Frh. von Eichhoff, Beispiel eines Bundesvertrages zwischen den auf den Gebieten sowie im Anschlusse an die Gebiete der Monarchie entstehenden Nationalstaaten für den Fall der weitestgehenden Selbstständigkeit der einzelnen Staaten, Wien, 1918 Oktober 12. Grundlagen für die Erörterung einer Verfassungsrevision. Die Sitzung fand laut handschriftlichen Vermerken am 03. Oktober 1918 um 16 Uhr statt. Teilnehmer: Max Frh. Hussarek-Heinlein, Josef Luksch, Rudolf Edler von Laun, Johann Andreas Frh. von Eichhoff, Stefan (István) Graf Burián. Dazu auch Rumpler, Völkermanifest, 11–28, 86–87 (= Ministerratsprotokoll vom 15./16. Oktober 1918); Mitteleuropa-Konzeptionen in der ersten Hälfte des 20. Jahrhunderts, 67–150; Haselsteiner, Die Nationalitätenfrage in der österreichisch-ungarischen Doppelmonarchie und der föderalistische Lösungsansatz, in: Rumpler (Hrsg.), Innere Staatsbildung, 21–30.

2. Das Königreich Ungarn
in seinen historischen Grenzen ohne Kroatien und Slowenien besteht
   a) aus den rein ungarischen Komitaten, b) aus dem Banate Slowakei, c) aus dem Großfürstentum Siebenbürgen, d) aus dem Südbanate.

3. Die Länder der Wenzelskrone.
Hauptstadt Prag, bestehend aus a) dem Königreiche Böhmen, b) der Markgrafschaft Mähren, c) den schlesischen Herzogtümern.

4. Die vereinigten Königreiche Kroatien, Slawonien, Dalmatien und Illyrien,
bestehend aus a) dem eigentlichen Kroatien, Slawonien und den Kroaten der Markgrafschaft Istrien, b) Dalmatien mit seinem bosnischen, herzegovinischen, kroatisch-türkischen Hinterland, c) das Königreich Illyrien, bestehend aus dem Herzogtum Krain, vermehrt um den Cillier Kreis, die gefürstete Grafschaft Görz und Gradiska, der slowenische Teil der Markgrafschaft Istrien.

Nun zu den einzelnen Ländern.
   [1.] Österreich ohne Wien:
   Zwei Kammern, Abgeordnetenhaus wie bisher, Herrenhaus zu 50% gewählt, jedoch höheres Alter des passiven Wahlrechtes als Abgeordnetenhaus, 50% vom Kaiser ernannt, respektive Virilstimmen.
   Fünf Ministerien.
   1.) Inneres, Äußeres und Präsidium
   2.) Finanz und Krieg
   3.) Justiz
   4.) Arbeit und Ackerbau
   5.) Handel und Eisenbahnen.
   Heer 35.000 Mann Inf[anterie],
   2500 M[ann] Kav[allerie],
   2000 M[ann] Auto und Flieger,
   2000 M[ann] technische Truppen,
   9000 M[ann] Art[illerie] Friedensstand.
   Einjährige [bzw.] halbjährige Dienstzeit bei der Inf[anterie], bei den übrigen Waffen etwas höher.
   3 Korpsstäbe: Wien, Graz, Innsbruck.
   Wien für Niederösterreich,
   Innsbruck für Tirol, Salzburg, Oberösterreich und
   Graz für Steiermark und Kärnten.
   7 Brigadestäbe, 7 Dienststäbe. 2 in Wien, je 1 in Graz, Klagenfurt, Linz, Innsbruck, Bozen,

21 Inf[anterie] Reg[imenter] à [2 oder 4?] Bataillone,

4 Kav[allerie] Reg[imenter] [à 4 Esk[adronen] und 1 Maschinengewehr Esk[adron],

21 Artillerie Reg[imenter], 7 Kanonenreg[imenter] à 6 Piece Batt[erien],

7 Haubitzreg[imenter] à 4 Piece Batt[erien],

7 schwere Reg[imenter] à 4 ? 2 Piece Batt[erien].

Kompetenz der Landtage wie bisher, die doppelte Verwaltung vorläufig belassen. Stat[t]halter und Landeshauptmann, auch in Vorarlberg bleibt Alles beim alten. Im italienischen Landesteile Tirol bleibt auch wie bisher die italienische Amtssprache und der getrennte Landesculturrat.

Innere Amtssprache in ganz Österreich bis auf die vorhin erwähnte Ausnahme deutsch, jedoch muß jedes Amt auch die Eingaben österreichischer Untertanen anderer als der deutschen Zunge auch in ihrer Landessprache entgegen nehmen, nur kann das Amt in einer Gegend, wo die Sprache des betreffenden nicht landesüblich ist, eine beglaubigte deutsche Übersetzung verlangen. Die Entscheidung muß aber in der Sprache des Eingebers erfolgen.

In gemischtsprachigen Gebieten muß bis zur Landesstelle hinauf jeder Beamte der Landessprachen in Wort und Schrift mächtig sein, und alle mündlichen und schriftlichen Entscheidungen erfließen in der Sprache der Eingabe oder der Anfrage. Dies gilt natürlich für alle Ämter, sowohl politische Staatsämter, wie Landesämter, wie Finanz-Zoll-Gericht etc.

Bei den Zentralstellen hat in jedem Departement je ein Beamter der betreffenden Landessprachen mächtig zu sein. Bei den gemischtsprachigen Gemeinden, [...], bei denen wenigstens mehr als 9% der [...] fünf Jahre hindurch [...] seßhaften und steuerpflichtigen Bevölkerung österreichischer Staatsbürgerschaft sich zu einer anderen als der Nationalität oder [...] Nationalitäten [der] übrigen Gemeindeeinwohner bekennt, sind alle Gemeindeangestellten verpflichtet, dieser Sprache in Wort und Schrift mächtig zu sein. Die öffentlichen Ankündigungen haben [in] beiden Sprachen zu erfolgen, und wenn die Minorität es verlangt, müssen aus dem auf diese Minorität entfallenden Schulgeld und eventuell [mit] Zuschüsse[n] der Minorität den Kindern derselben in der Gemeindeschule Unterricht in ihrer Muttersprache erteilt werden.

Bei gemischtsprachigen Gemeinden, wo eine nationale Minderheit jedoch 25% übersteigt, ist auf Gemeinde-, respektive Landeskosten eine Minoritätsschule zu errichten. Zum Beispiel: eine Gemeinde hätte 10% Kroaten, 26% Slowenen, 64% Deutsche, so müßten die Gemeindeangestellten drei Sprachen sprechen, die Ankündigungen müßten in drei Sprachen sein, nur wären zwei Schulen, eine deutsche mit eventuell für die kroatischen Kinder kroatische[m] Unterricht und eine slowenische.

Bei Bezirkshauptmannschaften, Landesstellen etc. sind für die Gemischtsprachigkeit und unbedingte Kenntnis der Sprache in Wort und Schrift auch 9% der Gesamtbevölkerung ihres Verwaltungsbezirkes maßgebend. Kleine

Nationalitäten-Splitter, die in mehreren Gemeinden ansässig sind, haben das Recht, auf eigene Kosten in einer der Gemeinden eine Minoritätsschule zu errichten. Gymnasien und Universitäten zu errichten steht jeder Nation frei, nur natürlich auf eigene Kosten und nach dem Lehrplan und den sonstigen Vorschriften des betreffenden Staates. Nur kann der Staat die betreffende Schule nicht zwingen, in einer anderen als der Sprache der betreffenden Nation den Unterricht zu erteilen. 200.000 Seelen einer Nation in demselben Staatsgebiete haben das Recht auf ein staatliches Gymnasium, 1,000.000 auf eine staatliche Universität.

In Österreich sind außer dem Deutschen folgende Sprachen Landessprachen: slowenisch und italienisch. Da in den einzelnen Gemeinden noch sonstige Nationalitäten vertreten sind, so gilt diese allgemeine Regel nicht für die Gemeinden. Kommando- und Dienstsprache des Heeres sind deutsch.

Für **Wien** ist ein eigenes Statut vorgesehen, da diese Stadt die größte, bedeutendste, centralgelegenste des ganzen Donaubeckens ist. In Wien ist der Staatsbürger eines jeden dieser Staaten kein Ausländer und genießt die vollen Rechte eines Staatsbürgers, kann also nicht ausgewiesen, sondern nur in seine Heimatgemeinde abgeschoben werden, das aktive und passive Wahlrecht kann jedoch nur ein österreichischer Staatsbürger ausüben. Jedem Staatsangehörigen der Länder steht es frei, an den Wiener Lehranstalten zu lernen und sie können auch für sie errichtete Stipendien genießen. Sie können auch Schulen, Lehr- und Kunstanstalten jeder Art in ihrer Sprache und auf ihre Art errichten. Geschäfte betreiben können sie, wie die Österreicher. Vakante Lehrstühle an den Hochschulen, die mit Ausländern besetzt werden müssen, müssen in erster Linie mit Staatsangehörigen der vier Staaten besetzt werden.

Der <u>Kirche</u> wird nahegelegt, auch so vorzugehen. Das Frintaneum[3] wird wieder errichtet, das Herausgeben von Zeitungen in den Nationalsprachen wird unterstützt, dasjenige von Zeitungen in ganz fremden Sprachen wird eingeschränkt.

Auch für den Post-, Telegraphen- und Telephonverkehr Wiens mit den drei übrigen Staaten gilt Inlandstarif.

Auf allen Bahnen, Flüssen etc. aller vier Staaten sind Ermäßigungen und Erleichterungen für Wien.

Wien wird in oberster Instanz durch einen kaiserlichen und königlichen Statthalter verwaltet, der unter verantwortlicher Gegenzeichnung aller vier Ministerpräsidenten vom Kaiser ernannt wird und direkt via des Ministers

---

3 Das höhere Priesterbildungsinstitut zu St. Augustin, nach seinem Gründer Jakob Frint auch Frintaneum genannt, diente als Ersatz für die von den josephinischen Staatskirchengesetzen blockierte römische Ausbildung. Es war das „Germanikum der österreichischen Kaiser". Vgl. Walter Goldenits, Das höhere Priesterbildungsinstitut St. Augustin, Frintaneum, Wien, kath.-theol. Diss. 1969.

des kaiserlich und königlichen Hauses dem Kaiser untersteht. Seine Amtssprache ist die aller Völker der vier Staaten, und, da er allein nicht alle Sprachen beherrschen kann, so sind seine Statthaltereiräte da, die in den einzelnen Sprachen amtieren. Ihm untersteht der Bürgermeister, dem er als der Exekutive seine Befehle gibt. Dem Bürgermeister zur Seite stünde ein kleines Parlament mit zwei Kammern, und zwar wäre die erste Kammer hervorgegangen aus allgemeinen und geheimen Wahlen, ähnlich dem jetzigen Gemeinderate und eine zweite Kammer zu einem Viertel aus allgemeinen Wahlen, jedoch mit einem höheren Alter für das passive Wahlrecht und drei Viertel aus von dem Kaiser ernannten angesehenen Wiener Bürgern.

Der Bürgermeister wird in gemeinsamer Wahl von beiden Kammern gewählt. Wien wäre also ein Teil Österreichs, würde aber in gar nichts der österreichischen Regierung unterstehen. Alle staatlichen Finanz, Gerichtsbehörden würden dem Statthalter unterstehen. Nur das Österreichische Militär würde natürlich unter dem österreichischen Kriegsminister bleiben. Die Nationalstaaten könnten auch das Recht, in Wien Garnisonen zu unterhalten, bekommen.[4]

[2.] Das Königreich Ungarn:

Was nicht erwähnt wird, bleibt wie früher.

Fünf Ministerien wie Österreich.

<u>Heer:</u>

68.000 M[ann] Inf[anterie],

4800 M[ann] Kav[allerie],

21.000 M[ann] Art[illerie],

3000 M[ann] technische Truppen,

<u>5 Korpsstäbe</u> und zwar 3000 M[ann] Auto und Flieger.

West- und Südwestungarn in Pozsony [Bratislava],

für Mittelungarn in Budapest,

für Nordungarn in Kassa Kaschau [Kosice],

für Südostungarn in Temesvár [Timişoara, Temeschburg],

für Siebenbürgen in Hermannstadt [Sibiu].

<u>15 Divisionsstäbe</u> und <u>15 Brigadestäbe</u>,

45 Inf[anterie] Reg[imenter] à 3 Ba[taill]one,

8 Kav[allerie] Reg[imenter] à 4 Reit[er] Esk[adronen] und 1 M[aschinen-]g[ewehr] Esk[adron],

45 Art[illerie] Reg[imenter] je 15 K[anonen] Reg[imenter] à 6, 6piecige Batt[erien],

---

4   Ähnlich imperiale Konzepte für Wien von Otto Wagner, in: Otto Antonia Graf, Otto Wagner, 2, Das Werk des Architekten 1903–1918, Wien 1985 (= Schriften des Instituts für Kunstgeschichte, Akademie der bildenden Künste, Wien, 2, 2).

15 H[onved] Reg[imenter] à 4, 4piecige Batt[erien],
15 schwere [Regimenter] à 4, 2piecige Batt[erien].

<u>Banat, Slowakei mit den Ruthenen (Karpatho-Rußland)</u>[5]

mit einem vom König ernannten Zupan[6] an der Spitze, der slowakischer Nationalität sein müßte, neben ihm wäre der Landtag des Banates, dessen Kompetenzen denen des alten kroatischen Landtages entsprechen würden. Nur
müßten sie klar umschrieben sein. Die Sprache des Landtages wäre slowa-
kisch, ungarisch, deutsch und ruthenisch. Der Landtag würde keine Mitglieder nach Pest entsenden, sondern es würde im ganzen Königreich nach einer
neuen Wahlkreiseinteilung für das Parlament in Budapest gewählt. Die vom
Landtag beschlossenen Gesetze unterliegen der Sanktion durch den König
und heißen Gesetze des Banates und der Slowakei. Die Gesetze haben zwei
gleichlautende, gleichwertige Originaltexte, einen slowakischen, einen ruthenischen, letzteren in Cyrilika und die Unterschrift ist auch in beiden Sprachen. Hauptstadt: Kaschau [Košice].

Die <u>Ortsnamen</u> im ganzen Königreich werden offiziell nach der in der Sprache der Majorität der Einwohner gebräuchlichen Benennung bezeichnet.

<u>Südbanat</u> (Bacska, Banat, Vojvodina) mit einem Ban[7] an der Spitze. Spra-
chen des Landtages rumänisch, serbisch, deutsch, ungarisch. Die Gesetze des
Banates würden vier gleichlautende, gleichwertige Originaltexte haben und
vom König auch in diesen Sprachen sanktioniert werden, also rumänisch, serbisch, deutsch und ungarisch. Sonst alles wie bei Slowakei, nur daß der Ban,
welcher [einer] der vier Nationen entstammen darf, nur ein im Südbanat von
alters her ansässiger Mann sein muß. Hauptstadt: Szabadka Subotica o[der]
Temesvár [Timişoara, Temeschburg].

Das <u>Großfürstentum Siebenbürgen</u> wird von einem großfürstlichen Statthalter verwaltet, sonst aber mit den selben Kompetenzen wie der Zupan und
der Südban, er müßte alteingesessener Siebenbürger sein, welcher Nationalität einerlei. Die Sprachen des Landtages wären ungarisch, deutsch und
rumänisch. Die siebenbürgischen Gesetze werden in diesen drei Sprachen in
drei Originaltexten verfaßt und in diesen drei Sprachen die drei gleichwertigen Originaltexte vom König sanktioniert. Die Szekler[8] könnten innerhalb

---

5 Vgl. Nr. 3: Kriegserinnerungen Eh. Carls, gez. Ende mit 24.12.1914: „[…] Ich bin und bleibe ein
   Verehrer der kaisertreuen Ruthenen, ich habe dieses Volk während meines mehrmonatlichen
   Aufenthaltes in Ostgalizien kennen und lieben gelernt. Der Ruthene ist treu und ohne Falsch
   und nur durch die ‚polnische Sauwirtschaft‘ in ein falsches Fahrwasser gebracht […]“
6 Zupan = Statthalter.
7 Ban = Haupt der kroatischen Landesregierung.
8 Szekler: türkisch-magyarischer Stamm im östlichen Siebenbürgen (ca. 700.000 Bauern, Viehzüchter und Waldarbeiter); ungarische Mundart; von den landnehmenden Magyaren als
   Grenzschutz angesiedelt.

Siebenbürgens besondere Privilegien bekommen. Sonst wie Südbanat und Slowakei.

Hauptstadt: Klausenburg [Cluj-Napoca].

<u>Innere Amtssprache</u> ist in ganz Ungarn die ungarische. Komitats- und Staatsbehörden bleiben bis auf weiteres dieselben. Bei den Abgrenzungen der Banate keine Zerreißung der historischen Komitatsgrenzen. Minoritätenschutz, außer Amtssprache und Schulen wie in Österreich, nur müssen wegen der bestehenden konfessionellen Schulen kleine, nur hier nicht bekannte Änderungen vorgenommen werden. Statt Bezirkshauptmannschaft Komitat, statt Landesstelle Banat, statt Staatsbeamter Komitats- und Staatsbeamter etc. Der Banus, Statthalter, steht über den Obergespanen und ist dem Minister des Inneren unterstellt. Kommando- und Dienstsprache des Heeres ungarisch. Landessprachen alle gleichberechtigt, ungarisch, deutsch, slowakisch, ruthenisch, serbisch, kroatisch, rumänisch.

[3.] Länder der Wenzelskrone:
Kein gemeinsames Parlament, nur einige gemeinsame Minister (vorläufig) und für jedes der Länder einen dem Landtage verantwortlichen Minister und einen für den deutsch-böhmischen Landtag mit Sitz und Stimme im Ministerrat.

Das Hauptgewicht der Regierungstätigkeit würde in die <u>Landtage mit Kammern</u> wie [in] Wien verlegt, sodaß nur Eisenbahnen, Post und Telegraph, Krieg, Äußeres und ein gewisser Teil der Finanzen gemeinsam bliebe. Gesetze der Landtage, die nichts mit gemeinsamen Angelegenheiten zu tun haben, passieren [...?]

In <u>Böhmen</u> wäre aus nationalen Gründen nicht der gemeinsame Ministerrat. <u>Zwei Landtage</u>, beide mit dem Sitze in Prag (aus Bequemlichkeit: Nord- und Südböhmen beherbergt Deutsche; also das Zentrum Prag für beide das nächste), <u>ein deutscher</u> und <u>ein böhmischer</u>. Für gewisse gemeinsame Angelegenheiten des ganzen Landes treten die beiden Landtage zum <u>Generallandtag des Königreiches Böhmen</u> zusammen. Dem Generallandtag sind beide Minister und eventuell deren Sektionschefs verantwortlich. Der <u>Präsident</u> ist immer <u>abwechselnd ein Deutscher</u> und <u>ein Czeche</u>.

Der <u>mährische und der schlesische Landtag</u> haben auch früher mit zwei Nationalitäten sehr ruhig gearbeitet, so werden sie das auch in Zukunft tun. Die Minister der Landtage können aus den Landtagsabgeordneten [...] Sektionschefs für die einzelen Ressorts aussuchen. Diese sind auch dem Landtage verantwortlich, aber die gemeinsame Regierung geht sie gar nichts an. Ein Minister der Landtage kann sich auch Beamte als Sektionschefs nehmen. Dem Minister des Landtages in Mähren und Schlesien untersteht der vom König ernannte königliche Statthalter, welch ersterer auch die Ernennung vorschlägt und dafür die Verantwortung trägt. Der Statthalter für das Königreich Böhmen untersteht [...] dem den Vorsitz im gemeinsamen Ministerrat führenden Minister und er schlägt auch dessen Ernennung dem König vor. Die Statthalter sind aber keine Politiker, sondern Beamte; die übrige Beamtenhierarchie bleibt in den Ländern der Wenzelskrone wie vor der Revolution.

Wenigstens einmal im Jahre entsenden die drei Landtage Delegationen nach Prag, denen dann die gemeinsamen Minister verantwortlich sind und die über die notwendigen Gesetze für die etlichen gemeinsamen Angelegenheiten beraten. Die Gesetze der drei Landtage sowie die von den Delegationen beschlossenen [Gesetze] unterliegen der königlichen Sanktion.

Die Gesetze der Landtage von Mähren und Schlesien sowie des böhmischen Generallandtages haben zwei gleichwertige Originaltexte in deutscher und böhmischer Sprache, beide vom König in der betreffenden Sprache unterschrieben; nur der deutschböhmische und der czechischböhmische Landtag haben [...] ihre eigenen Sprachen.

In den drei erstgenannten Landtagen kann jeder Abgeordnete in seiner Sprache reden. Minoritätenschutz, äußere Amtssprache und Schulen wie bei Österreich bemerkt.

Über die innere Amtssprache in Mähren und Schlesien entscheidet der Landtag, im Königreich Böhmen ist sie deutsch und böhmisch. Jeder interne Akt muß also doppelsprachig sein. Der Verkehr mit den Zentralbehörden ist deutsch und böhmisch, die Entscheidungen der Zentralbehörden sind auch doppelsprachig. Die drei Landessprachen sind böhmisch, deutsch und polnisch. Die Ortsnamen werden offiziell nach der in der Sprache der Majorität der Einwohner gebräuchlichen Benennung bezeichnet.

Kommando- und Dienstsprache des Heeres böhmisch.

Heer:

45.000 M[ann] Inf[anterie],

3000 M[ann] Kav[allerie],

14.000 M[ann] Art[illerie],

3000 M[ann] technische Truppen,

2000 M[ann] Autotruppen und Flieger.

Korpskommando:

in Prag und Leitmeritz mit ihrem bisherigen Territorium,

in Brünn für Südmähren,

in Troppau für Nordmähren und Schlesien. (4 K[orps] K[ommando])

10 I[nfanterie] D[ivisionen] und 10 I[nfantrie] Brig[ade]stäbe,

30 I[nfanterie] Reg[imenter] à 3 Ba[taill]one,

5 Kav[allerie] Reg[imenter] und

10 Art[illerie] Brig[aden],

30 Art[illerie] Reg[imenter].

Genau dasselbe System wie in Österreich, Ungarn und Kroatien.

Die I[nfanterie] D[ivision] bestehend aus einem I[nfantrie]-Brig[ade]stab und einem Art[illerie] Brig[ade]stab.

3 Reg[imenter] 9 Bat[aill]one, 1 K[anonen] R[egiment],
6 Batt[erien] à 6 Gesch[ütze],
1 H[aubitzen] R[egiment] à 4 Batt[erien] à 4 Geschütze,
1 schweres R[egiment] à 4 Batt[erien], à 2 Geschütze.
[4?] Di[visionen] Kav[allerie],
2 Esk[adronen], eventuell 1 M[aschinen] G[ewehr] Esk[adron] (bei jeder 2. Division) ein Sapp[eur] und ein Pionier, 1 Telegraphkompanie.

Das Kav[allerie]reg[iment] besteht aus
vier Reiteresk[adronen] und 1 M[aschinen] G[ewehr] Esk[adron] (600 Mann),
das I[nfantrie] B[ataillon] zählt 500 Mann, 4 I[nfantrie] Komp[anien] und 1 M[aschinen] G[ewehr] Abteilung.

[4.] Kroatien – Slawonien – Dalmatien und Illyrien

Hauptstadt Agram, Gesamtparlament zwei Kammern, eine gewählt, eine vom König ernannt, ebendort […] Virilstimmen.

Die illyrischen (slowenischen) Abgeordneten, obwohl sie Mitglieder des Zentralparlamentes sind, formieren den illyrischen Landtag. Sie haben dort die Kompetenzen eines alten österreichischen Landtages, gehen aber ins Zentralparlament, wenn über ihre Kompetenz hinausgehende oder die Gesamtheit der vereinigten Königreiche betreffende Angelegenheiten beraten werden. Illyrien kann, wenn sich die Notwendigkeit ergeben sollte, auch einen Landtagsminister mit Sitz und Stimme im Zentralministerrat haben. Nur ist es unumgänglich notwendig, daß die neue Staatenbildung der vereinigten Königreiche stark zentralistisch von Agram aus regiert werde, denn Illyrien und Dalmatien waren nie Staaten, wohingegen der kroatische Staat alte Überlieferungen, Traditionen, eine 1000jährige Geschichte und ein starkes Staatsrechtsgefühl hat.

Dalmatien mit seinem kroatisch-muselmanischen Hinterlande (Westteil Bosniens und Herzegovinas, Ostteil könnte vorderhand bei Serbien bleiben) würde mit Kroatien zu einem Staatsgebilde verbunden. Nur wegen der ungleichen Art der bisherigen Verwaltung, Komitate in Kroatien, Bezirkshauptmannschaften in Dalmatien würde die dalmatinische Statthalterei (aber als reine politische Behörde II als vorläufige Instanz unter Agram), aufrecht erhalten bleiben. Was später geschieht, ist ziemlich einerlei. Auch die bosnischen Bezirksämter würden sich leichter in die österreichisch-dalmatinische Verwaltung als in die kroatische provisorisch einfügen lassen.

Ich hielte es für gut, wenn die vereinigten Königreiche, da ihnen für den Anfang der Beamtenapparat mangelt, provisorisch die alten österreichischen Beamten anstellen würden.

Innere Amtssprache kroatisch.

Minoritätenschutz, äußere Amtssprache und Schulen wie in Österreich. Kommando- und Dienstsprache des Heeres kroatisch. Die Gesetze des Centralsabors, die für [alle] vereinigten Königreiche gelten, haben in zwei gleichlautenden, gleichwertigen Originalen in kroatischer und slowenischer Sprache verfaßt und auch in beiden Sprachen vom König sanktioniert zu werden. Jene Gesetze des Centralsabors, die ohne Mitwirkung der Slowenen zustande kommen, also gewissermaßen als kroatischer Landtag erlassen werden, sind rein kroatisch verfaßt und werden auch kroatisch vom König sanktioniert. Die Gesetze des illyrischen Landtages sind natürlich rein slowenisch verfaßt und werden auch auf slowenisch sanktioniert. Landessprachen sind kroatisch, slowenisch, italienisch und deutsch. Die Ortsnamen werden offiziell nach der in der Sprache der Majorität der Einwohner gebräuchlichen Benennung bezeichnet.

Heer:

35.000 M[ann] Inf[anterie],

2500 M[ann]Kav[allerie],

9000 M[ann] Art[illerie],

2000 M[ann] Auto und Flieger,

2000 M[ann] techn[ische] Trupp[en],

3 Korpskommandos:

Agram für Kroatien und Slawonien,

Laibach für Illyrien,

Zara für Dalmatien.

7 (?) I[nfanterie] D[ivisionen], 7 (?) I[nfantrie] Brig[aden], 21 I[nfantrie] Reg[imenter],

4 Kav[allerie] Reg[imenter],

21 Art[illerie] Reg[imenter].

Triest hat, obwohl Territorium der vereinigten Königreiche, ein Extrastatut wie Wien.

Wegen Fiume finden direkte Verhandlungen zwischen Agram und Budapest statt. Diese leidige Frage zu entscheiden, hielte ich eine Volksbefragung für sehr geeignet. Diese müßte so gehandhabt werden, daß zwei Tage lang die Kroaten, zwei Tage lang die Ungarn das Volk aufklären können, dann eine Pause von 14 Tagen, wo kein Ungar und kein Kroate hinein darf, mit Militärkordon abgesperrt, dann die Volksabstimmung. Die Regierung und die Leitung der Abstimmung und das Militär für die Aufrechterhaltung der Ordnung und für die Absperrung könnte am besten aus Deutschböhmen sein, weil sie im Allgemeinen gerecht sind und an dem Ausfalle der Abstimmung kein wie immer geartetes Interesse haben.

[II. Politische Ziele eines neuen Österreich]

[1.] Allgemeines.
Der Zweck der Vereinigung der vier Länder unter einem Herrscher ist erstens ein wirtschaftlicher und zweitens daraus resultierend ein militärischer, die gemeinsame Verteidigung.

Hiefür müssen zuerst zwischen den Ländern die Zollschranken verschwinden und jedes Land hat nur seine autonome Zollgrenze gegen das weitere Ausland. Zur Herstellung des notwendigen Einklanges in wirtschaftlichen Dingen wird vom Kaiser ein Minister des kaiserlichen und königlichen Hauses ernannt.[9] Diesem Minister unterstehen außer den Angelegenheiten des Hauses die oberste Verwaltung von Wien und Triest, der Vorsitz im Obersten Wirtschaftsrate.

Der Oberste Wirtschaftliche Rat besteht aus Vertretern aller wirtschaftlichen Ministerien der vier Länder und hat den Zweck, durch direkte Verhandlungen mit den Regierungen oder, falls dies nicht gelingt, durch eine Verordnung des K.u.K. Ministers folgende Angelegenheiten zu regeln:

a) im Innern Erleichterung des Verkehrs in jeder Hinsicht, Eisenbahnanschlüsse, Schiffahrt, direkte Züge, direkte Billette, Tariferleichterungen für durchgehende Waren etc. Dies aber alles nur im Verkehr zwischen den Staaten, nicht eingreifend in die inneren Verhältnisse eines Staates. Z. B. der Oberste Wirtschaftliche Rat kann die Böhmen zwingen, einen direkten Zug Prag – Wien einzuleiten, aber der Verkehr eines Zuges Prag – Pilsen kümmert ihn nichts. Auch die Anschlüsse an die ausländischen Bahnen sind Sache der Länder.

b) Gemeinsame Richtlinien für die Wirtschaftspolitik gegenüber dem Auslande, gemeinsame Zollsätze nach außen. Der K.u.K. Minister ist einer jährlich einzuberufenden Delegation der Parlamente der Länder verantwortlich. (Die Marine muß vom Tage ihrer Aufstellung an gemeinsam sein, denn alle notwendigen Offiziere und Professionisten stammen aus allen vier Ländern, gemeinsamer Marineminister notwendig.)

Dem Kaiser als obersten Kriegsherrn aller vier Armeen steht ein von ihm ernannter Generalstabschef für die oberste Leitung der Operationen aller vier Länder zur Seite. Dieser General hat eine entsprechende kleine Anzahl von Mitarbeitern.

Seine Aufgabe im Frieden ist:
a) Vorbereitung eines gemeinsamen Aufmarsches und gemeinsamer Operationen aller vier Armeen.

---

9 Über die Verbindung von Geschäftsbereich des Außenministers mit der Funktion eines Ministers des kaiserlichen Hauses, vgl. Walter Goldinger, Die Zentralverwaltung in Cisleithanien – die zivile gemeinsame Verwaltung, in: Die Habsburgermonarchie, 2, 169.

b) Aufstellung gemeinsamer Richtlinien für die Ausbildung und Reglements der Truppen der vier Armeen.

c) Überwachung der Ausbildung der Generalstäbe der vier Armeen.

d) Einführung gleicher Bewaffnung, Munition, Ausrüstung und Etappeneinrichtungen.

[2.] Schluß und politische Pläne für die Zukunft.

Inneres.

Diese hier aufgestellten Regeln sind natürlich nur ein Skelett, und die Wirklichkeit wird daran noch vieles ändern, auch fehlen mir hierfür die Details, die nötigen Behelfe und selbst bei den allgemeinen Grundsätzen können mir eben wegen des gänzlichen Mangels an Behelfen und Fachleuten auch Irrtümer unterlaufen sein. Die hier flüchtig skizzierte Verfassung gilt auch nur für den allerersten Moment.

Ich stelle als oberstes Prinzip auf, man muß im Anfang den Völkern noch gewisse Spielereien lassen, wie selbständige Diplomatie, Heer, zahllose Ministerien etc. Man muß aber gleichzeitig mit allen Mitteln den Leuten beibringen, daß diese Spielereien, weil heute vier das tun, was früher einer getan hat, sehr teuer sind, und die Leute werden, durch eine gutgeführte Presse beeinflußt, ihren eigenen Vorteil wahrnehmen. Der Chef des Generalstabes wird eines schönen Tages einen K.u.K. Kriegsminister zur Seite bekommen. Der Oberste Wirtschaftliche Rat wird, wenn die Staaten alles glatt tun, vielleicht eine etwas längere Lebensdauer haben, im umgekehrten Fall wird die wirtschaftliche Notwendigkeit seine Umwandlung in ein tatkräftiges Ministerium beschleunigen. Aus ihm wird notwendigerweise aus den, mit dem Wirtschaftlichen untrennbar verbundenen außenpolitischen Fragen heraus, das K.u.K. Ministerium des Äußeren, vielleicht mit Funktion des Obersten Wirtschaftlichen Rates entstehen mit gemeinsamer Diplomatie und Konsulaten.

Aus den politischen Fragen entstehen militärische, gemeinsames Heer, Kriegsministerium. Aus der engen wirtschaftlichen Verbindung entsteht die gemeinsame Währung und ein ewiger Wirtschaftspakt, der in den Staatsgrundgesetzen der einzelnen Staaten verankert wäre.

Das innenpolitische Schlußbild wird sich also ungefähr so darstellen: ein Reichskanzler und gleichzeitig Minister des Äußeren und Vorsitzender im gemeinsamen Ministerrat, dem Kaiser und den Delegationen für alle zwischenstaatlichen Entscheidungen und seine Ressortangelegenheiten verantwortlich; ein gemeinsamer Kriegsminister und ein gemeinsamer Minister für Wien und Triest, den Delegationen verantwortlich. Gemeinsame Diplomatie, Konsularwesen, Heer und Marine.

Gemeinsame Währung.

Die einzelnen Länder sonst selbständig, der Kaiser wird eventuell für die Besorgung der kleinen Regierungsgeschäfte in den Ländern Vizekönige, Palatine oder Generalstatthalter ernennen, weil alle vier Länder und das Gemeinsame im Detail zu überblicken unmöglich ist. Man soll sich nicht in Details verlieren.

Außenpolitik.

Der Angelpunkt der Außenpolitik ist ein dauerndes inniges Bündnis mit Frankreich. Bündnisse, die nur auf Schwärmereien aufgebaut sind, halten nicht lange, nur die auf Interessengemeinschaft aufgebauten halten.

Frankreich und wir haben keine entgegengesetzten Interessen und beide haben zwei gemeinsame Feinde, die Preußen und die Italiener.

Der Dreibund war deshalb von unserem Standpunkt unnatürlich, weil sowohl Italien, wie Preußen – nicht Kaiser Wilhelm – auf Teile der Monarchie aspiriert haben, eigentlich unsere Feinde waren und unser Zerfall die einen gefreut, die anderen vielleicht kalt gelassen hätte. Unser ärgster Feind ist der Italiener und das war wieder der Freund Deutschlands. Ein siegreicher Ausgang des Weltkrieges wäre unser Untergang gewesen, wir wären durch unsere Deutschen und auch Ungarn zu freiwilligen Heloten Preußens gemacht worden, unsere Armee hätte sich am preußischen Sieg berauscht, den „forschen" Militärs mit Haut und Haar sich verkauft. Gegen die zwei damals mächtigsten Völker und gegen die Stimmung der eigenen Armee wäre ich nicht aufgekommen. Vielleicht säße ich auch in Madeira, aber das Zurückkommen wäre kaum möglich, denn die preußische Faust würde die ersten Jahre sicher nicht nachlassen. Damit ich recht verstanden werde. Wir wollen keinen Rachefeldzug gegen Preußen oder Italien, wir wollen von Italien nur unsere geraubten Gebiete zurück. Preußen wollen wir, wie später dargetan wird, friedlich aus den Angeln heben.

Italien ist aber nicht nur unser Feind, es ist ebenso Frankreichs Feind, denn der nimmersatte italienische Nationalismus wird, nachdem er seine Beute aus Österreich verschlungen hat, hungrig werden nach dem Tessin und später Savoien und Nizza.

Frankreich und wir sind auch als die zwei größten katholischen Staaten aufeinander angewiesen. Unsere beiden Völker stehen sich auch im Charakter sehr nahe und wir sind eine Kontinentalmacht, und es ist daher nur klug, die stärkste Kontinentalmacht zum Freunde zu haben.

Das Ziel unserer und Frankreichs auswärtiger Politik muß, nachdem wir uns mit Frankreichs Hilfe wieder zusammengeschweißt und gefestigt haben, ein doppeltes sein: erstens die friedliche Beseitigung von Preußens Hegemonie im Reich und die Verlegung des Schwergewichtes des Reiches nach dem Osten:

zweitens das Einbeziehen Rumäniens, Serbiens und Polens in unsere Interessensphäre. Das 70 Millionenvolk der Deutschen ist einmal da und man kann es nicht vom Erdboden verschwinden lassen. Wir müssen heute mühsam nachholen, was die Alliierten seit dem Waffenstillstande verabsäumt haben, nämlich die preußische Hegemonie zu brechen und Deutschland durch starke Föderalisierung zu schwächen. Nach dem Waffenstillstande wäre es ein leichtes gewesen zu sagen, wir verhandeln nicht mit dem Reich, sondern mit Bayern, Württemberg etc.

Man hätte dadurch ein schwaches, föderalistisches Deutschland, das, wenn den einzelnen Staaten auch noch kleine Konzessionen gemacht worden wären, zufrieden und nicht revanchelustig geworden wäre. Aber im Taumel einer einseitigen Idee der Wilsonschen Volksbeglückung befangen, ließen die Alliierten ein mächtiges einiges Reich unter Preußens Führung entstehen. Preußen kann nur vernichtet werden, wenn man die Fahne der Legitimität und des unterdrückten Rechtes entrollt. Der Staat Preußen ist eigentlich nur aus Eroberungen und Raub entstanden, gebühren tut ihm eigentlich nur die Mark Brandenburg und Berlin.

Zuerst muß Hannover wieder Königtum unter den Welfen werden. Die Welfenpartei ist ziemlich stark, nur muß man mit Geld nicht sparen. Mit Geld nicht sparen in diesen Sachen ist überhaupt das Um und Auf der ganzen Unternehmung, aber alles ist doch billiger als ein Krieg. Gleichzeitig muß Hessen-Nassau unter der Dynastie Nassau wieder entstehen, und in Sachsen muß eine ungestüme Volksbewegung entstehen, die die Rückgabe der Provinz Sachsen fordert, gleichzeitig muß in der Provinz Sachsen der Abfall von Preußen vorbereitet werden. Dann erhebt Österreich Ansprüche auf Schlesien.

Schleswig-Holstein wird seinem legitimen Herrscher zurückgestellt. Frankfurt wird wieder freie Stadt u.s.w. Diese Sache muß aber nicht nur finanziert, sondern auch politisch unterstützt werden. Die neu sich bildenden Staaten, respektive die Teile, die sich von Preußen loslösen, müssen hiefür gegenüber ihrem früheren Zustand unter preußischer Herrschaft gewisse Erleichterungen, hauptsächlich finanzieller Natur erhalten. Wenn diese Zertrümmerung Preußens gelungen [ist], muß man an die Restauration der übrigen Bundesfürsten schreiten. Ist diese perfekt, muß dann die Kaiserwahl stattfinden, und dabei muß der Kaiser von Österreich zum deutschen Kaiser gewählt werden.[10] Dieses Deutsche Reich hätte für Frankreich einen doppelten Vorteil, erstens, wird das Schwergewicht des Reiches vom Westen nach dem Osten, nach Wien, verlegt, damit Frankreichs Ostgrenze entlastet und zweitens, gibt es keine Aspirationen auf Elsaß-Lothringen mehr. Die letztere Wahrheit bekräftigt niemand Geringerer als Bismarck[11] selbst, er sagt: „Wir brauchen Elsaß-

---

10 Vgl. Nrn. 19, 248; HHStA, NL Wieser, fol. 474 (Eintragung vom 27.05.1918): „[…] im vorigen Jahr [1917] hätten sich Bayern, Württemberg, Sachsen und Baden an den Kaiser Karl angeschlossen (in der Tat habe ich damals von derartigen Stimmungen in Süddeutschland mit Spitze gegen Preussen gehört) und da hat man dann von Berlin aus Gegegenmassregeln getroffen. […]"

11 Vgl. Nr. 47.

Lothringen zur Einigung des deutschen Reiches (natürlich unter Preußens Führung), damit nicht der Süden in Versuchung komme, mit Frankreich zu kokettieren. Elsaß-Lothringen muß eine Scheidewand bilden zwischen dem Süden und Frankreich".

Die logische Folgerung daraus, [es gibt] kein großes Preußen mehr und der Kaiser von Österreich, gleichzeitig deutscher Kaiser, ist Bundesgenosse Frankreichs, man braucht kein Elsaß-Lothringen mehr.[12] Die zwei kleinen Staaten Serbien und Rumänien machten in ihrer Politik mehrere Metamorphosen durch. Im Anfang ihrer Selbständigkeit suchten sie naturgemäß Anschluß an ihren mächtigen Nachbarn Österreich. Sie wurden aber, ich muß es zu unserer Schande gestehen, nicht richtig behandelt und gingen immer mehr zu Rußland und zu den uns damals feindlich gesinnten Westmächten über.[13] Nach dem Weltkriege sind sie heute unbändig und größenwahnsinnig. Wenn Österreich wieder aufgestellt sein wird, wird es unsere Aufgabe sein, sie dauernd an uns zu fesseln, umsomehr als sie ja auch dem Flußsystem der Donau angehören.

Polen, welches, wie so oft ausgeführt wurde, strategisch in der Luft hängt, braucht unseren Flankenschutz und es wird Sache der französischen Diplomatie und unserer langjährigen polnischen Beziehungen sein, auch hier die richtige Lösung, Personalunion mit Österreich, zu finden.[14] Dieser Block von Calais bis ans Schwarze Meer und von Danzig bis Triest wird die ganze Welt beherrschen. England wird sich um unsere Freundschaft bemühen müssen. Italien wird eine quantité negligable, und wir können die große russische Frage gemäß unseren Interessen lösen.

Bei all diesen hochfliegenden Plänen haben wir Kleinösterreich, die schöne Bukovina, vergessen. Vergessen ist sie nicht, aber solange Galizien und mit ihm Polen nicht mit Österreich beisammen ist, hängt die Bukovina in der Luft, denn es gibt keine Verbindung oder nur eine sehr schlechte mit Siebenbürgen. Tritt die Frage einer Wiedereinverleibung der Bukovina vor der Vereinigung mit Polen an uns heran, dann müssen wir natürlich zugreifen und mit Polen wegen der Verbindungen ein Abkommen treffen.

---

12 Vgl. Nr. 19.
13 Vgl. Nr. 3.
14 Vgl. Leslie, Austria-Hungary's Eastern Policy in the First World War.

Anhang[a]

Gesamtstand:

Mann Inf[anterie]	183.000	Reg[imenter] 117
à Kavallerie	12.800	Reg[imenter] 21
à Artillerie	53.000	Reg[imenter] 117
techn[ische]	10.000	
Auto	9.000	
	267.000 M(ann)	

15 Korpsstäbe
39 Infantrie Divisionen
39 Brigaden
39 Artillerie-Brigaden

Österreich:

Mann Inf[anterie]	35.000	Reg[imenter]	21	Korpsstäbe	3
à Kav[allerie]	2.500	Reg[imenter]	4	Brigadenstäbe	7
à Art[illerie]	9.000	Reg[imenter]	21	Dienstteile	7
à techn.	2.000	[Kanon.Reg]	7		
à Auto	2.000	[Haubitzen-Regimenter] 7			
		[Schwere Regimenter] 7			
	50.500 M[ann]				

Kroatien:

Mann Inf[anterie]	35.000	Reg[imenter]	21		
		Div[isionen]	7	Korpskomm[anden]	2
Kav[allerie]	2.000	Reg[imenter]	4		
Art[illerie]	9.000	Reg[imenter]	21		
techn[ische]	2.000				
Auto [Flieger]	2.000				
	50.500 Mann				

Ungarn:

Mann Inf[anterie]	68.000	[…] Reg[imenter]	45	Div[isions] Stäbe	15
Mann Kav[allerie]	4.800	[…] Reg[imenter]	8	Brigadestäbe	15
Mann Art[illerie]	21.000	[…] Reg[imenter]	45		
techn.	3.000	Honvéd Reg[imenter]	15		

a Vermerk: Beitafel (auf zwei kleinen Blockzetteln von der Hand Kaiser Karls geschrieben).
Gehört zu Dokument. „Streng geheim" (Aufbau Österreichische Verfassung).

		Batterie Reg[imenter]	15
		Kanonenreg[imenter]	15
(Auto, Flieger)	3.000		
5 Korpsstäbe			
	99.800 Mann		

		Böhmen:	
Mann Inf[anterie]	45.000	I[nfanterie]Reg[imenter]	[30]
		I[nfanterie]Div[isionen]	10]
		I[nfanterie]Brigade Stäbe	10
[Mann] Kavallerie	3.000	K[avallerie]Reg[imenter]	[5]
[Mann] Art[illerie]	14.000	Reg[imenter]	[30]
		10 Brigaden	
[Mann] techn[ische] Trupp[en]	3.000		
Autotrupps, Flieger	2.000		
4 Korpskomm[anden]			

67.000 Mann

273.
Die Jagd vom 27.–30. Dezember 1921

[Funchal (Madeira), 1921 Dezember 27–30]

Beilage zu AOS, Tom. II, Index 746–747, beglaubigte Kopie.[1]

Wir fuhren am 27. XII. um $^3/_4$ 2 Uhr von der Villa Victoria per Auto ab und zwar: Antonio Vieira di Castro[2], ein Herr Bianchi[3] und ich. Die Fahrt ging über Cámara de Lobos, einem sehr nett gelegenen Fischerdorf, mit einem kleinen in Felsen eingebetteten Hafen und über dem Dorf ein kleiner Hügel. Ein richtiger Kegelstumpf, auf dessen oberem flachen Teile, einer großen Wiese, die Fischer in der Sonne ihre Netze trocknen. Von dort ziemlich steil hinan bis zur Höhe Cabo Girao, von wo eine herrliche Aussicht über den ganzen Golf von Funchal ist, dann in zahllosen Windungen bergab nach Ribeira Brava, wo wir den Dampfer „Victoria" besteigen sollten. Auf der Fahrt erzählte mit der

---

1 Vermerk: Beigelegt ein Blatt Papier mit vier hineingesteckten Schnepfenfedern, auf der einen Seite vom Kaiser notiert: Fonte de Bispo (Madeira) 29. XII. 1921; auf der anderen Seite, ebenfalls vom Kaiser vermerkt: Fonte de Bispo (Madeira) 29. XII. 1921. Achadas da Cruz (Madeira) 28. XII. 1921.

2 Antonio Vieira di Castro, Sohn des Vieira di Castro, Besitzer des Hotels Reid, vgl. Nr. 274.

3 Gabriel Bianchi di Casalanza.

Herr Bianchi, sein Großvater wäre österreichischer Konsul hier gewesen, und
Kaiser Max von Mexiko[4] sei der Taufpate seines Vaters gewesen, der bis zu
seinem kürzlich erfolgten Tode längere Zeit italienischer Konsul hier war. Er
selbst sei noch italienischer Untertan, aber er kenne Italien überhaupt nicht,
sei hier in Madeira geboren. Er scheint ganz Portugiese zu sein, spricht auch
gar nicht italienisch und will sich nicht naturalisieren lassen, solange hier
diese wenig beglückende Regierung am Ruder wäre. Er ist auch Verwandter
der österreichischen Bianchi di Casalanza. Antonio Vieira di Castro ist der
22jährige Sohn des Hauptbesitzers des Reid Hotels gleichen Namens.

Der kleine Hafen von Ribeira Brava ist mitten in den Felsen, man fährt mit
dem Auto durch ein[en] Tunnel durch zum Molo hin, wo aber nur Barken landen können, selbst die kleine Conche „Victoria" kann nicht anlegen. Die „Victoria" bemannt eine Barkasse, die sie im Schlepptau mitgeführt hatte, und
mit großem Geschrei werden wir eingeschifft. Das Geschrei ist, damit die Ru-
derer die richtige Welle zum Anlegen finden und man auch einen Wellenberg
hat, um bequem einzusteigen. Die See war etwas bewegt nach hiesigen Begriffen, nach Adria-Begriffen sehr bewegt. Je weiter wir jedoch mit der Conche fuhren, desto ruhiger wurde die See. Wir passierten Ponta do Sol, Magda-
lena do Mar und Arco da Calheta, wo ein Freund Vieira di Castros, Antonio
Barbeitoa, wohnt. Dieser hatte die Bevölkerung von meiner Vorbeifahrt benachrichtigt und alles hatte sich am Strande eingefunden und die Leute
schrien „Vivat!" Auf den Höhen krachten überall Böller. Von Jardim do Mar
aus sieht man bereits Paul do Mar und Ribeira das Gallinhas, den „Hafen"
von Paul do Mar. Dort ist das Anlegen mit der Barke sehr merkwürdig. Das
Ufer ist ein Steingeröll, von irgend einem Fluß heruntergewaschen. Nun legen die Leute vom Ufer aus ins Wasser und auf die Steine Balken und gehen
unter Geschrei bis über die Knie ins Wasser, dann werfen sie dem Boot einen
langen Strick zu und ziehen, wenn gerade die Barke am Wellenberge ist,
natürlich wieder unter entsprechendem Lärm das Fahrzeug mitsamt Insassen über die Balken hinweg ans Land. Die umgekehrte Prozedur eines Sta-
pellaufes! Von dem Ort, wo die Barke aus dem Wasser gerissen wird, bis zu
dem Wege, wo die Hamaks stehen, ist noch ein fußbrecherisches Gekraxel[a].
Man muß fort von einem großen Stein zu einem anderen voltigieren[b] und dabei ist nicht jeder gleich groß und manche sind auch schlüpfrig. Auch einen
kleinen Bach muß man so überqueren. Und gar bevor man auf den Weg
kommt, wird die Sache auch noch steil. Dabei muß man eine schöne Figur machen und den gewandten Seiltänzer markieren.

Am Wege bildete die ganze Gemeinde von Paul do Mar Spalier und grüßte

---

a   Umgangssprachlich: Kletterei.
b   Gewandtheitsübung am lebenden Pferd.

4   Maximilian Eh. von Österreich, Kaiser von Mexiko 1864–1867 (hingerichtet).

sehr freundlich, auch die Musikkapelle war ausgerückt und spielte etwas, was, weiß ich nicht, ich bin auch kein Musikkenner. Der „Diario" wußte zu berichten, daß es ausgesuchte Stücke waren. Nach dem Empfange bestiegen wir den Hamak, der uns nach Faja da Ovelha bringen sollte. Es ist dies eine Hängematte, in der man liegt, mit einem Polster im Rücken, und die auf einer langen Bambusstange mit starken Seilen befestigt ist. Wenn man ein- oder aussteigt, ist die Hängematte fast am Boden und die Leute halten nur die Bambusstange so hoch, daß man bequem durchkriechen kann. Geht es los, so heben die Leute, zwei an der Zahl, die Bambusstange auf ihre Schultern, manche auf die bloße Schulter, manche geben etwas, wie einen Fetzen darunter. Dann geht es im Schnellschritt, wie ein guter Gebirgspony, wenn es steil bergauf geht, und im Laufschritt, wie ein langsamer Einspänner, wenn es nicht sehr steil, oder eben, oder bergab geht. Es ist überhaupt fabelhaft, wie diese Portugiesen, aber nicht nur die Hamakträger, laufen können, auch der junge heute 38jährige Gouveia[5] läuft so. Der Monsignore[6] erzählte mir, daß er früher auf den Monte hinauf 20–25 Minuten ging, das sollte man dem Grünkranz[7] zumuten – [a–]„Gengen's langsam, Stangel!"[–a] Die Hamakträger haben meistens Schuhe an, wie man sie hier am Markte sieht. Lichtgelbe weiche Halbstiefel aus Naturleder. Manche haben auch nur auf einem Fuße einen Schuh an, auf dem andern sind sie barfuß. In der Hand tragen sie einen langen Stock mit einer Eisenspitze auf dem Ende und einer Holzgabel auf der anderen Seite. Den Stock benützen sie beim Bergaufgehen und steilen Bergabgehen wie einen Bergstock. In der Ebene legen sie ihn manchmal auf beide Schultern und den großen Bambusstock darauf, wahrscheinlich um die Schulter zu entlasten. Wenn sie rasten, rennen sie jeder seinen Stock in die Erde, mit der Spitze natürlich, und in die beiden Gabeln hinein legen sie das Bambusrohr, sodaß der Hamak mit seinen Insassen ruhig hängt. Es muß gar nicht leicht sein, ein Hamakträger zu sein. Denn abgesehen von der körperlichen Anstrengung, die schon phänomenal ist – die armen Leute schwitzen auch, trotzdem sie nur Hemd und Hose anhaben, daß es nur so rinnt und ihre Schultern werden ganz rot vom Tragen –, müssen sie auch im Takte gehen und laufen, sonst wird der Getragene zu Tode gebeutelt[b]. Daß dies gelingt, ist umso merkwürdiger, nachdem nicht immer die zwei selben Menschen zusammen sind, sondern bei drei Hamaks läuft immer noch einer mit, der fallweise einen ablöst. Ich glaube nicht, daß jedem das Hamakreisen sehr zusagt,

---

a–a Umgangssprachlich: „Gehen Sie langsam, Stangel!" Franz Stangel, kaiserlicher Oberjäger in
   Reichenau (NÖ).
b   Umgangssprachlich: geschüttelt.

5   Pedro Augusto de Goueiva.
6   Vgl. Nr. 274, Anm. 8.
7   Eduard Grünkranz, Hofjagdleiter in Reichenau (NÖ).

erstens kann man leicht durch die schwingende Bewegung seekrank werden, zweitens kann man leicht schwindlig werden, wenn man auf schmalen Wegen bei Abgründen vorbei getragen wird. Und gerade auf Madeira gibt es so zahllose tiefeingeschnittene Flußbette! Der Weg nach Faja da Ovelha, wie überhaupt die Hauptwege, sind mit den kleinen Steinchen, wie hier, gepflastert und geht es bergauf, sind dieselben Stufen wie in Funchal. Die Stufen sind sicher überall schon für den Hamak gemacht, denn vor den Schlitten, die in Madeira ein Russe eingeführt hat, war ja selbst in der Stadt der Hamak, außer den eigenen Füßen, das einzige Fortbewegungsmittel. Ohne Stufen würden die Hamakträger samt ihrer Last bald daliegen. Von Ribeira das Gallinhas bis Faja da Ovelha braucht man ¾ Stunden, Grünkranz bräuchte zwei Stunden. Faja da Ovelha liegt auf einem sanft ansteigenden Plateau, ungefähr einen halben Kilometer von dem steilen Abfall zum Meere. Bevor man das Plateau betritt, sieht man einen Aufzug, eigentlich Schwebebahn, die vom Meer zum Plateaurand führt. Sie gehört dem Herrn de Gouveia und befördert alle Waren, hauptsächlich Butter. Menschen können nicht fahren. Beim Aufzuge stand ein Jäger, der uns seine zwei geschossenen Rebhühner zeigte, gerade dort beim Steilabhang ist die Jagd gefährlich und mühsam. Dort sah ich zum ersten Male madeirensische Rebhühner, sie ähneln sehr unseren Haselhühnern und haben rote Ständer. In Faja da Ovelha wohnt Herr Augusto Cezar di Gouveia, bei dem wir übernachteten. Dieser ungefähr 65jährige Herr ist dort in der Gegend der Vertrauensmann aller Leute, wenn ihnen etwas am Herzen liegt, gehen sie zu ihm, er ist ihr juristischer und medizinischer Berater. Ein wunderschönes patriarchalisches Verhältnis, so soll es zwischen Landadel und Volk immer sein. Der alte Herr ist ein glühender Monarchist, und seitdem die Republik besteht, hat er, der keine 40 Kilometer von der Stadt entfernt wohnt, nie mehr den Fuß nach Funchal hineingesetzt! Das nenne ich Charakter!

Er empfing mich mit seinem Sohne Pedro Augusto di Gouveia in seinem sehr herzig gelegenen Hause. Beide verstehen Französisch, aber sprechen es nicht. Ich wohnte in einem sehr geräumigen Zimmer von peinlichster Sauberkeit und Reinheit. Auch zwei Badezimmer und Zubehör befanden sich im Hause. Das Bett in meinem Zimmer war sauberer als in Villa Victoria. Ich habe noch vergessen zu erwähnen, daß der Nachmittag unserer Hinreise vom schönsten Wetter begünstigt war, der Hinaufweg nach Faja da Ovelha bei Sonnenuntergang bis zur Dämmerung war feenhaft. Als wir oben ankamen, war es fast finster. Nach der Ankunft erhielten wir ein großartiges Souper, wie überhaupt die Verpflegung sehr reichlich und gut die ganze Zeit hindurch war. Wir waren bei Tisch die drei, die von Funchal gestartet waren und der Hausherr und sein Sohn. Bedient und serviert hat der Diener von Vieira di Castro. Er sprach nur Portugiesisch, und ich mit ihm Deutsch, gemischt mit Zeichen, und wir verstanden uns großartig.

Den nächsten Morgen wurde der Aufbruch zur Jagd für 6 Uhr 30 bestimmt. Ich bat daher, mich um 5 Uhr 30 zu wecken und Vieira di Castro versprach, es selbst zu übernehmen. Am nächsten Morgen wurde ich, glaube ich, erst gegen 6 Uhr geweckt, dann war erst ein Frühstück, dann verspäteten sich die Hamakträger, so daß wir erst gegen 7 Uhr 30 flott wurden. Das Wetter war nicht so schön wie am Tage vorher, zwar Sonnenschein, aber einige Wölkchen und Südwind. Ich hatte gefragt, ob ich meinen Mantel brauchen würde, mir wurde gesagt, es wäre nicht unbedingt notwendig. Ich ließ ihn zu meinem Schaden zuhause. Schon bei der Abfahrt in Faja da Ovelha war es etwas frisch, ich hoffte aber, daß die Sonne Afrikas uns bald wärmen würde. Mein Hamak war etwas früher gestartet als die anderen. Bianchi, der so nicht sehr kräftig ist, hielt es anscheinend für seine Pflicht, neben meinem Hamak einherzulaufen. Ich sagte ihm, er solle auf den seinigen warten, ich ließ den Hamak zweimal halten, endlich ging ich mit ihm ein kleines Stück langsam zu Fuß. Schließlich erreichte uns sein Hamak, ich atmete erleichtert auf. Der heutige Weg war nicht mehr gepflastert, sondern, solange es bergauf ging, ein sehr rutschiger Lehm – Hohlweg, später auf der Höhe nur stellenweise Lehm, sonst Grasnabe. Bergauf ging es durch Pinuswälder mit sehr viel blühendem Ginster, auf der Höhe sind Weideflächen, unterbrochen durch viele Flußläufe, deren beiderseitige Abhänge mit Lorbeer und sonstigem Buschwerk dicht bewachsen sind. Diese Abhänge sind das Terrain für die Schnepfen. Wir wurden durch Poiso nach Achadas da Cruz getragen. Unsere Jagdgesellschaft bestand außer uns dreien und dem jungen Gouveia, aus vielleicht 20 Treibern, von denen auch vielleicht vier als Schützen mit Gewehr ausgerückt waren, die natürlich wie alle „Kolofonis", das größte Waidmannsheil hatten, und vielleicht 25 Hunden, Köter aller Rassen und Nichtrassen. Als wir auf die Höhe gekommen waren, noch ungefähr eine halbe Stunde von unserem Jagdplatz, und dort die 20 Treiber getroffen hatten, fiel dichter Nebel ein und eisiger Wind pfiff. Ich habe schon viel in meinem Leben gefroren, auf Reitschule, Übungen etc., aber so wie in diesem Hamak in Afrika (sic!) mein ganzes Leben nicht. Ohne Mantel, nur mit einer gestrickten Jagdweste. Man schickte endlich so einen unglückseligen Hamakträger wieder hinunter nach Faja da Ovelha um den Mantel, aber 2 ½ Stunden oder etwas mehr, hin und zurück, er kam richtig, um 10h abgefertigt, um ½ 1 Uhr mit dem kostbaren Kleidungsstück.

Die Jagd begann um zirka ½ 11 Uhr und zwei solche Flußläufe wurden abgejagt. Die Jagdart ist ganz eigentümlich. Die Hunde sind dazu da, um die ziemlich zahlreichen Kaninchen zu jagen und sie, falls sie den Krallen oder vielmehr dem Schrott der zahlreichen „Kolofonis" entkommen sind, eventuell zu fangen. Durch dieses furchtbare Gekläff wird der ganze Busch roglig[a], und

---

a Umgangssprachlich: locker, aufgelöst.

die Schnepfen stehen auf. Auf den umliegenden Anhöhen sind Treiber postiert, die beobachten, wo die Schnepfen einfallen. Die Schützen treiben mit dem Rest der Treiber. Ist ein Schnepf aufgestanden, so geht ein Schütze oder zwei mit vier Treibern nach, die übrigen jagen weiter, beim nächsten Schnepf gehen wieder andere, so daß sich schließlich der Trieb in kleine Einzeltriebe auflöst. Da aber der ganze Trieb nicht sehr groß ist, die Treiber auch nicht berühmt in der „Linie" gehen und die Schnepfen meist tief streichen, weiß man nie, wohin man vor lauter Treibern, Beobachtern und Schützen hinschießen soll. Jeden Moment taucht irgendwo unvermutet aus den dichten, stark verwachsenen Büschen ein Kopf hervor. Es ist geschehen, daß eine Mulde, wo ein Schnepf eingejagt wurde, [an] ihren Rändern von Treibern fast ganz umstellt war, so daß man kaum schießen konnte. Die Jagd auf Rebhühner geschieht genau so. Sehr ähnlich aufgeregt wie bei uns in Böhmen und Niederösterreich über die Hasen, sind die dortigen Treiber über die Kaninchen. Sie schreien wahnsinnig, laufen ihnen nach, rufen und animieren die Hunde zu noch größerem Gekläff. Ist der arme Lampe angeschossen, trachten sie, ihn zu fangen, was bei dem dichten Gebüsch nicht sehr leicht ist, obwohl ich gesehen habe, daß es ihnen gelungen ist. Geschickt sind die Leute im Laufen, fabelhaft, und außer dem dichten Gebüsch sind noch große Steine, und das sehr steile, oft rutschige Terrain hinderlich. Ich habe einen Schnepfen in einen dichten Busch hineingeflügelt, nach einer Minute hat ihn der Bub gebracht und so ein Schnepf kann laufen. Die Schnepfen und Rebhühner passionieren die Treiber lange nicht so wie die Kaninchen, „tout comme chez nous".

Diesen Tag jagten wir nur bis ein Uhr, denn dann fiel so ein dichter Nebel ein, daß man fast nichts mehr sah. Es sind wirklich viel Schnepfen da, mir gingen in den 2 ½ Stunden vielleicht acht oder mehr Schnepfen und ein Rebhuhn auf. Das Schießen ist aber nicht nur wegen des Haupthindernisses der Ungeschicklichkeit der Treiber, sondern auch wegen der geringen Übersichtlichkeit des Terrains und des sehr schnellen zick-zack Fliegens der Schnepfen sehr erschwert. Ich schoß einen Schnepf und fehlte drei und ein Rebhuhn, ich hatte drei Jahre lang, außer dreimal in der Schweiz, nicht mehr gejagt.[8]

Um 12 Uhr war der alte Gouveia auch zu Fuß nachgekommen, auch kein kleines Stück für einen alten Herrn. Nach der Jagd frühstückten wir noch kalt auf der Höhe und gingen dann ein kurzes Stück, und wurden über die Höhen nördlich Ponta do Pargo nach Faja da Ovelha getragen. Ponta do Pargo, die Heimat des Monsignore Homen, ist das allerwestlichste Dorf der Insel. Es sieht auf die Entfernung zirka 1–2 Kilometer sehr freundlich aus mit vielen roten Dächern. In der Nähe ist ein großer Leuchtturm. Diesen Abend tat das warme Bad in Faja da Ovelha sehr wohl.

---

8 Die Jagdausflüge Kaiser Karls in der Schweiz fanden am 24.–25.09.1920 im Aargau und am 15.11.1920 in der Gegend der Habsburg statt.

Den nächsten Tag war Jagd in Fonte de Bispo. Die Gegend und die Jagd fast genau so wie gestern, nur etwas mehr Steine und kleine Felsen. Der Aufbruch auch wieder eine Stunde später, als angesagt. Das Wetter war aber viel besser und in der Früh sogar sehr klar; schöne Aussicht auf das Meer, gegen Mittag wieder einfallender Nebel und gegen 3 Uhr so dicht, daß man wieder die Jagd abbrechen mußte, gerade als auf Rebhühner getrieben wurde, und ich hatte so gehofft, ein madeirensisches Rebhuhn zu schießen. Der erste Trieb war an einem sehr tiefen Flußlauf, man mußte sehr viel laufen und es war sehr heiß, ich schoß einen Schnepfen, und einen an, – den man leider nicht fand. Den Tag vorher hatte mich speziell Bianchi begleitet, da man die anderen Schützen oft lange nicht sah, und an diesem Tage Vieira di Castro. Nach diesem Triebe wurden wir von den Hamakträgern wieder zur Höhe getragen und von dort aus gingen wir, nachdem wir noch etwas den auf Kaninchen jagenden „Kolofonis" zugesehen hatten, zur eigentlichen Quelle Fonte de Bispo. Bei dieser Quelle geht der begangenste Verbindungsweg zwischen dem Westen der Insel und dem Zentrum der Insel vorbei und dort rasten die Leute meistens und trinken. Wir begegneten einer ganzen Bauernfamilie, sechs bis sieben Köpfe hoch, die Samenkartoffel in einem zehn Stunden von ihrer Behausung entfernten Ort kaufen wollten. Sie hatten alle größere und kleinere leere Säcke, je nachdem, ob es Vater oder Mutter oder die Kinder waren. Sie gehen einen Tag hin zehn Stunden, kaufen ein und übernachten und kehren den nächsten Tag vollbeladen wieder ihre zehn Stunden zurück. In zwei Tagen zwanzig Stunden Fußmarsch. Sie tranken an der Quelle und gingen weiter. Dann kam ein Eierhändler, das Ei zu 250 Reis, hat er uns gesagt. Er trug seinen ganzen Eiervorrat in einem Korb auf seinem Kopfe. In Faja da Ovelha sind die Eier billiger; er sagte, er müsse sie so teuer verkaufen, da ihm viele am Transport gebrochen werden. Dann folgte ein Bauer mit feinem Maismehl. […] Es erinnert etwas an die Szenen aus der Heiligen Schrift bei den Brunnen im [Gelobten] Lande. Mittlerweile waren die Treiber über die Höhen gegangen und trieben nun den, zum ersten Trieb parallelen Flußlauf, der eben von der Quelle ausgeht, gegen uns zu. Es flog ein Schnepf auf, aber fiel ziemlich tief unten ein, ich lief hinunter und schoß ihn. Nr. zwei des heutigen Tages, eventuell Nr. drei, dabei aber blieb es auch. Nach dem auf diesen Trieb folgenden Frühstück – „Monseigneur, c'est la battue ou personne ne manque" – kam ein kurzer Trieb, wo auch Rebhühner eingefallen waren, ich sah keines, lief aber einem Schnepfen nach, von dem ich gesehen hatte, wo er eingefallen war. Mit mehreren Treibern klopften wir die ganze Gegend durch, aber er war nicht mehr da, es war auch dort namenlos dicht, ich mußte noch dazu, um das Terrain zu übersehen, auf einen Felsen steigen, von wo aus ich bestimmt gefehlt hätte.

Wie ich bereits früher erwähnte, war der nächste eigentliche Rebhühnertrieb wegen Nebel unmöglich. Dann wäre auch fast keine Zeit mehr gewesen, es war schon 3 Uhr h und um ½ 6 Uhr ist es finster. Mit dem Hamak kann man bei Nacht auf diesen nicht sehr guten Wegen nicht getragen werden und zu Fuß kommt unsereiner nicht recht weiter, wo der Hamak für die Strecke vom Rebhühnertrieb bis nach Faja da Ovelha 1 ½ Stunden braucht, braucht der nicht mit portugiesischen Lungen ausgezeichnete, sicher 2 ½ Stunden. Der Weg vom Rebhühnertrieb hinab führt auf der Crête, einer mit Gras bedeckten Rippe. Sie ist lehmig und durch Regen ausgewaschen, ein tiefer Hohlweg. Dabei sind mitten im Wege große Felsblöcke, die mit einer dünnen Schichte aus Lehm bedeckt sind. Man kann sagen, fast ein Glatteis, und über all dies trugen einen die Hamakträger, ich proponierte ihnen öfters auszusteigen, aber sie fanden es nicht notwendig. Endlich stieg ich doch aus, weil sich die armen Teufel zu sehr abrackerten. Aber auch neben dem Hohlweg, auf einem kleinen lehmigen Fußweg neben dem Grasabhang zu gehen, war keine große Freude.

Noch zwei kleine Enttäuschungen hatte ich mit den so sehnsüchtig erwarteten Rebhühnern. Noch als wir auf der Höhe ahnungslos ohne Gewehr neben den Hamaks standen, strich ein Rebhuhn schußgerecht neben uns vorbei, aber im dichten Nebel konnten wir nicht sehen, wo es eingefallen war. Später, weiter unten, in einem dichten Mais, ging einer von den Kötern, der mit uns rannte, zwei Hühner auf, aber da schon Schluß der Jagd war, und kein Wild mehr zu erwarten, waren die Gewehre nicht zur Hand. Die zwei waren vor dem Hund aufgeflogen, so nah und langsam, wie bei einer Augustjagd. Der eine Hamakträger hatte gesehen, wo sie eingefallen waren, und wir gingen an den Ort hin, nachdem wir vorher resultatlos noch zur Vorsicht den Mais durchgedrückt hatten. Dieser Ort, ein nicht sehr großes Feld am Waldrand, schien sehr nah, aber wie mühsam war es, hinzukommen. Zuerst mußte man unseren vorher beschriebenen mannstiefen lehmigen Hohlweg überqueren, dann glaubte man schön hinzukommen, aber nein, im Walde war noch ein ähnlicher Hohlweg zu passieren. Es ist überhaupt auf der Insel so, wenn man glaubt, irgendwohin, auch noch so nah, eben hinzugelangen, ist dies ausgeschlossen, es fließt eben von dem Gebirgsstock das Wasser in zahllosen Läufen herunter und benützt, was es findet, und Hohlwege scheinen sehr gesucht zu sein. Mit einem Worte, wir kamen endlich bei dem Felde an und stellten uns auf, Vieira di Castro auf der einen und ich auf der anderen Seite, die Hühner flogen auf, getrieben von den Hamakträgern, ich hörte sie nur, sah sie aber nicht. Vieira di Castro schoß, aber vergebens. Er hatte auf Anraten von einem der Männer seinen ursprünglichen Stand verlassen und hatte einen anderen, angeblich besseren, bezogen, aber gerade beim alten Stand flogen die Hühner vorbei, natürlich ganz nah. Später erfuhren wir, daß der junge Gouveia mit einem Teil der Treiber auf der Höhe weitergejagt habe, aber ich glaube, sie hatten wegen des dichten Nebels keinen großen Erfolg. Das schwierige bei der Jagdeinteilung ist, man muß schon bei Tageslicht, das jetzt

erst gegen 7 Uhr beginnt, von zuhause weg wegen der Hamaks, verliert also
zwei bis drei Stunden des schönsten Morgens. Gegen Mittag kommt meist der
Nebel, und wenn er auch nicht kommt, muß man um 3 Uhr wieder hinunter,
abermals wegen der Hamaks. Hin und zurück zu Fuß kann ein Nichtportu-
giese nicht leisten und noch hiezu die Jagd über Stock und Stein. Oben übernachten bei der Kälte ist auch nicht möglich, da fast kein Unterkommen ist.
Der alte Gouveia wollte schon auf der Höhe bei Fonte de Bispo ein Jagdhaus
bauen, das man im Sommer als Sommersitz benützen könnte. Ob er es tut,
weiß ich nicht. Es bleiben also für die Jagd mitsamt dem Weg von einem Was-
serlauf zum anderen, vier Stunden, und dabei noch oft bei Nebel. Man kann
es aber nicht anders machen.

Wir wurden also von dem letzten, mißglückten Rebhühnertrieb bergab bis
Sao Lourenço getragen und von dort, nachdem wir einige Zeit auf den jungen
Gouveia und seine Leute gewartet und die Hamakträger sich ausgeruht und
getrunken hatten, über zahllose Flußläufe bergauf, bergab nach Faja da
Ovelha. Den nächsten Morgen sollte ich erst um 8 Uhr vom jungen Vieira di
Castro geweckt werden. Aber ich wachte schon früher auf und ging in die,
vielleicht fünf Minuten unterhalb des Hauses befindliche Kirche. Sie ist innen ganz unter Gerüst, da sie neu ausgemalt wird, auch gibt es keine Bänke
und nur einen harten Holzboden zum Knien. Die Kirche war ziemlich voll, obwohl es Wochentag war, aber nur Frauen, keine Männer. Ich wartete vielleicht
zehn Minuten, bis ein Priester kam und ging vorne hin zum Altar und fragte,
ob er mir die heilige Communion geben könne. Er fragte mich gleich, ob ich
Sua Maestà wäre, was ich bejahte, worauf er mir die Hand küßte. Dann bekam ich an den Stufen des Altars einen Polster und einen Rohrsessel, und
nach ziemlich langen, wechselseitigen Gebeten des Priesters und des Volkes,
natürlich auf portugiesisch, begann nach 8 Uhr die heilige Messe, vor der ich
kommunizierte, mit vielen Weibern zusammen. Nach der heiligen Messe
kehrte ich nach ½ 9 Uhr nach der Villa zurück, niemand hatte mein Wegsein
bemerkt, denn die beiden Castro und Bianchi waren noch nicht fertig, der
junge Gouveia war nochmals in der Früh auf Rebhühner gegangen, allerdings
in die sehr schwierige Gegend der Felsen, er brachte zwei Stück heim. Nur der
alte Herr war auf, stand vor dem Hause, begrüßte mich und fragte, wo ich gewesen, hatte sich aber gleich gedacht, daß ich in der Kirche war.

Nach dem Frühstück besahen wir die Butterfabrik, die dem alten Gouveia
gehört und zirka ¼ Stunde vom Haus entfernt ist. Sie buttert 100 Kilo Butter
täglich und versendet das meiste nach Lissabon in Blechdosen zu fünf Kilo.
Es könnte natürlich viel mehr Butter erzeugt werden, die Arbeitszeit ist nur
drei Stunden im Tag, aber es wird nicht mehr Milch geliefert. Eine Maschine
in der Fabrik war österreichischer Provenienz, alles übrige deutsche Marken.
Der Oberarbeiter war einer von den „Kolofonis" vom Tage vorher. Am Wege
von und zur Fabrik war es sehr interessant zu konstatieren, wie die Bevölke-

rung jeden Fleck Erde, selbst die steilsten Lehnen, mit Hilfe von Steinmauern zum Anbauen benützt. Es erinnert dies vielfach an Italien und unsere südlichen Provinzen. Die Leute müssen doch eigentlich fleißig sein und nicht nur auf „den Bäumen wohnen".

Gegen Mittag kam der Pfarrer, um mir seine Aufwartung zu machen, er erzählte mir, daß in den staatlichen Volksschulen, und nur solche gäbe es, gar kein Religionsunterricht erteilt werde. Die Kinder kämen nur am Sonntag in die Pfarrei, um Katechismusunterricht zu bekommen, nur vor der ersten heiligen Communion erhielten sie diesen Unterricht täglich. Ein Skandal!

Antonio Barbeitoa[9] hatte dem Vieira di Castro telegraphiert, er möchte ihm telegraphisch die Stunde meiner Durchfahrt, vielmehr Vorbeifahrt an Calheta mitteilen, damit er mich mit seinen Leuten begrüßen könne. Vieira di Castro hielt es aber für klüger, ihm nicht zu telegraphieren, damit die republikanischen Behörden nicht, dahinter etwas Monarchistisches witternd, eifersüchtig würden und ein anderesmal einen solchen Ausflug verhindern würden, was ihm, Vicira di Castro, sehr peinlich wäre. Er sagte mir die Sache erst nachträglich beim Essen vor dem Wegfahren. Während dieses Essens brachte der alte Gouveia ein Hoch auf mich aus. Ich fragte leise den Vieira di Castro, ob es opportun sei, auf den König von Portugal ein Hoch auszubringen – es waren anwesend, außer den zwei Gouveias und den zwei Herren aus Funchal, der dortige Pfarrer und die alte Frau Gouveia, eine Cousine des Monsignore Homem, eine sehr liebe alte Dame, die ich erst den letzten Tag in der Früh kennen lernte – was er freudig bejahte. Ich stand also auf und sagte: „Je bois à la santé du roi de Portugale",[10] was Vieira di Castro sofort ins Portugiesische übersetzte. Die Freude dieser guten Leute war rührend, der alte Gouveia weinte dicke Freudentränen. Um ¾ 2 Uhr hieß es aufbrechen, ich bekam noch von der alten Frau Gouveia Blumen für Zita mit. Ich dankte diesen lieben Leuten von ganzem Herzen.

Wir wurden wieder per Hamak hinuntergetragen nach Ribeira das Gallinhas, auf dem Wege hinunter rutschte einer der Hamakträger aus und fiel hin, aber es geschah gar nichts, er tat sich nicht wehe, und ich setzte mich ganz sanft auf die Stufen. Was mir leid tat, war, daß er dann beschimpft wurde, obwohl er nichts dafür konnte. Er selbst war sehr unglücklich und, so gut ich konnte, tröstete ich ihn auf portugiesisch. Die Rückfahrt war genau so wie die Hinfahrt, nur daß in Ribeira das Gallinhas diesmal weniger Menschen waren. Die Einschiffung fand wieder so statt wie die Ausschiffung, nur diesmal als richtiger Stapellauf. In Calheta war trotz des ausgebliebenen Telegramms

---

9 Freund des Antonio Vieira di Castro jun.
10 Emanuel II. (Manoel), König von Portugal aus dem Hause Sachsen-Coburg-Gotha (1908–1910). Vgl. dazu Nr. 2 f., Anm. 18 oder Michael II. (Miguel) aus dem Haus Braganza im österr. Exil (1853–1927).

wieder großes Böller- und Raketenschießen, sogar auf dem Meere waren mehrere Barken trotz der ziemlich schlechten See. Das Schiff stoppte und drei Barken kamen ganz in die Nähe, zwei legten sogar an. In der ersten war Herr Antonio Barbeitoa selbst, er hielt eine sehr schöne kurze Rede, worauf mir ein armes, blasses, ich fürchte sehr seekrankes, weißgekleidetes Mädchen einen Blumenstrauß überreichte. Ich gab, so gut es bei der schlechten See möglich war, den Insassen die Hand und sagte: „obrigad". In der zweiten Barke, die anlegte, war wieder ein weißgekleidetes Mädchen, aber diesmal mit guten Farben, wahrscheinlich eine größere Seeheldin als ihre Kollegin, die mir auch Blumen übergab. Von meiner Seite wieder dasselbe wie beim ersten Schiff. Auch in Ponta do Sol und Ribeira Brava waren viele Leute am Molo, die recht freundlich grüßten. Ribeira Brava ist ziemlich republikanisch, der dortige Gutsbesitzer, ein Vicomte des gleichen Namens, war Republikaner.

Um 6 Uhr abends waren wir wieder in Villa Victoria. Ich muß noch etwas gestehen: wenn die Rückfahrt mit der „Victoria" noch 10 Minuten gedauert hätte bei der schlechten See, ich glaube, der Neptun hätte ein Opfer von mir gefordert.

Der allgemeine Eindruck des eben gesehenen Westteils der Insel ist folgender: Vom Meere weg bis auf ungefähr 600 Meter sind steile Felswände mit sehr schönen Formen, nur unterbrochen durch zahlreiche Flußläufe, die sich durch Jahrtausende mühsam ihren Weg durch das Felsgestein gebohrt haben. Über 600 Meter beginnt ein sanft ansteigendes Plateau, das, da man die tiefeingeschnittenen Flußläufe nicht sieht, eher einen ebenen, böhmischen Eindruck macht. Man erblickt viele Häuser und Dörfer und gut kultivierte Felder und wenig Bäume. Die südliche Vegetation, Feigenbäume etc., sieht man meist an der Talsohle der Flußläufe, dort ist es kühl und eine herrliche, würzige Luft weht einem entgegen. Über dem fruchtbaren Plateau beginnt die Region des Pinuswaldes. Die einzige Ansiedlung in dieser Region, die ich sah, erinnerte mich lebhaft an ein rumänisches Dorf in Siebenbürgen, die nur mit Stroh gedeckten kleinen Hütten und der lehmige Dorfhohlweg. Die ganze Region ist von wunderschönen gelb blühenden Ginsterstauden bedeckt. Die nächste Region ist die der mit Gras bewachsenen Weiden. Dort könnte man sich auf der Höhe des böhmischen Erzgebirges wähnen, nur wenn man einen Blick zu dem nächsten Flußlauf wirft, sieht man die südliche Vegetation. Die Weiden sind Eigentum der jeweiligen Gemeinde, und jeder Bauer läßt dort sein Vieh ohne Aufsicht weiden, nur eine Nummer hat jedes Stück und nie wird das Vieh gestohlen. Diese Weiden sind ähnlich wie in Steiermark durch „Viehgattern" von allem tiefergelegenen Land, wo das Vieh nicht weiden darf, abgesperrt. Ich sah Schafe und Kühe, letztere mager, lange Haare, was man in Wien „Beindlfleisch" nennt. Nur eine der Viehgattungen ist von der Weide ausgeschlossen und kann sogar im Betretungsfalle erschossen werden, das ist das Schwein, da es alles aufwühlt und die Quellen verunreinigt. Nach dem

Gesetz darf jeder Mensch auf der „Weide" die Schweine niederschießen, nur fürchtet sich ein jeder vor der Wut und der Rache des betreffenden Besitzers. Die „garde republiquaine" (Gendarmerie) hat vor meiner Anwesenheit in der Region 14 Schweine erschossen.

Das schöne an der ganzen Insel ist eben, daß neben südlicher Vegetation auch die unserer Klimate vertreten ist, beide in schönster Eintracht vereint. Was mir noch so bei verschiedenen Gesprächen erzählt wurde, gebe ich hier wieder. Die Insel Madeira war vor der Entdeckung durch die Portugiesen vollständig bewaldet. Die Portugiesen entdeckten zuerst die Insel Porto Santo und dann erst nach ein paar Jahren die Hauptinsel, da infolge der starken Bewaldung diese immer in Nebel gehüllt war. Aus Porto Santo holte sich Christof Columbus[11] seine Frau und dort ist es auch, daß er aus den im Meere herumschwimmenden Baumfrüchten zu erkennen glaubte, daß noch im Westen ein unbekanntes Land sein müsse. Als die Portugiesen in Madeira gelandet waren, zündeten sie aus Furcht vor wilden Tieren den ganzen Wald an und die Insel brannte vier Jahre lang. Vielleicht aus Angst, man könnte glauben, sie wollen in den Bäumen wohnen. Welch ungeheure Werte gingen auf diese Art zugrunde. In ganz geschützten, sehr kleinen Teilen haben sich Urwald und die ursprünglichen madeirensischen Baumsorten erhalten; die erste Ansiedlung war Machico im Osten der Insel, erst später wurde Funchal erbaut.

Die Besitzverhältnisse in Madeira werden mir verschieden geschildert, auf der einen Seite höre ich, meist Großgrundbesitz und wenig bäuerlicher Kleinbesitz, auf der anderen Seite das umgekehrte. Das eine ist sicher, daß es Großgrundbesitz und Kleinbesitz gibt, und daß der Großgrundbesitzer seinen Besitz durch Bauern bearbeiten läßt nach dem System der italienischen Mezzadrìa.[a] Die Leute, wenigstens in der Gegend von Faja da Ovelha, sind nicht arm und nicht verschuldet. Politisch ist die Bevölkerung der ganzen Insel – Ausnahmen bestätigen die Regel – monarchistisch gesinnt, ohne aber dabei an eine bestimmte Person zu denken, weder miguelistisch noch manuelistisch. Sie sehnen sich eben nach der Ordnung unter der Monarchie. Ich sagte auch bei meinem Trinkspruch nur, „e Roi de Portugale", welcher darunter gemeint ist, ist offen gelassen, jeder kann sich den seinigen darunter denken. Es ist sehr merkwürdig, daß sich gerade Teile der Landbevölkerung über unser Kommen so gefreut haben, es ist nämlich in Portugal eine alte Prophezeiung, daß, wenn der Adler vom Bosporus kommt, Portugal wieder groß und stark werden wird. Nun ist das Wappen der Doppeladler und wir kamen von Konstantinopel.

---

a   Italienisch: Halbpacht.

11 Christoph Kolumbus (Cristóbal Colón), 1451–1506, italienischer Seefahrer in spanischen Diensten.

Bei den Wahlen zur Kammer wird furchtbar geschwindelt. Es war zum Beispiel ein monarchistischer Abgeordneter mit 5000 Stimmen gewählt worden. Nun hatte dieser Mann einen Doppelnamen, sagen wir Castro Pamplona und als Taufnamen Josef. Nun wurde von der Wahlkommission konstatiert, daß die 5000 nicht auf einen entfallen, sondern 2000 auf Josef Castro und 3000 auf Josef Pamplona infolgedessen: entweder Wahl ungültig oder der Regierungskandidat kam durch, da weder ein Josef Pamplona noch ein Josef Castro bekannt sind. Die Verifizierung der Wahlen erfolgt, wie überall, durch die Verifizierungskommission der Kammer und da hat die regierende republikanische Partei die Majorität. Das Volk ist am flachen Lande sehr religiös, auch in der Stadt ist es nicht so schlecht, nur gibt es halt[a] dort auch schon Sozis etc. Die Pfarre Faja da Ovelha zählt 2000 Seelen, der weiteste Versehgang ist eine Stunde, der Pfarrer ist allein. Dieses Verhältnis geht an. Die ganze Diözese hat 52 Pfarreien auf 200.000 Einwohner, dasselbe Verhältnis. Die postalischen Verbindungen sind nicht so schlecht, von Funchal bis Faja da Ovelha einen Tag, allerdings alles von Menschen getragen, mit verschiedenen Relaisposten.

Viehmästung gibt es keine. Alles wird verkauft und verwertet, wie es die Natur selbst produziert. Preise: 4wöchige Ferkel 60–80.000 Reis, ein schönes Schwein 600.000–800.000 Reis, ein prima Schwein 100.000 Reis, ein Hendel[b], eierlegend oder Suppenhenne 10.000 Reis. Enten und Gänse sind sehr selten. Truthühner und Perlhühner sieht man, nur habe ich vergessen, nach dem Preis zu fragen. Bienen werden gezüchtet, jedoch nicht verkauft. Auf der Insel ist das System der Großgemeinden. Mehrere kleinere Orte, wie auch Faja da Ovelha, gehören zur Gemeinde Calheta. Die Großgemeinde hat ihren gewählten Bürgermeister und den Gemeinderat und neben dem Bürgermeister eine Art Dorfnotar, Dorfschreiber, der von der Regierung ernannt wird. Dieser Dorfschreiber, der wahrscheinlich gebildeter ist als der Bürgermeister und letzteren wahrscheinlich gänzlich unter seinem Einflusse hat, macht die Autonomie der Gemeinde meiner Ansicht nach illusorisch. Der junge Gouveia pendelt zwischen Faja da Ovelha und Funchal auf und ab und wohnt aber, glaube ich, in Funchal, hat aber viel wegen der Butterfabrik auch in Faja da Ovelha zu tun. Auf der Reise von hier nach Faja da Ovelha war ein Detektiv der „Guarda Republique Nr. 7" mit, zu meinem „Schutze". Einen Tag, den 28., war er auch mit auf der Jagd, aber nur zu seinem Vergnügen.[12]

---

a   Umgangssprachlich: eben.
b   Österreichisch: Huhn.

12 Zur Überwachung des Kaisers vgl. auch DBFP XXII, 646–647 (Nr. 595).

274.
Tagebuchaufzeichnungen Kaiser und König Karls von 1921/22

[Funchal (Madeira), 1921 Dezember 30 bis 1922 Februar 01][1]

AOS, Tom. II, Index 746–747, beglaubigte Kopie.

Tagebuchaufzeichnungen des Kaisers vom 30. Dezember 1921 bis 01. Februar 1922. Sie dürften für die Kaiserin, die zur Blinddarmoperation ihres Sohnes, Erzherzog Robert, nach Zürich reiste (04. Jänner bis 02. Februar 1922), angelegt worden sein.

Am **30. Dezember [1921]** kam ich um 6 Uhr von der Jagd zurück, die Beschreibung dieses so gelungenen Ausfluges liegt bei.[2]

Am **31. Dezember** kamen endlich nach neuntägiger Fahrt Gregoric[3], seine Frau[4], die Köchin Stöhr[5] und das Küchenmädchen Schmidt[6] mit dem englischen Dampfer „Pankraz" von Lehavre [sic] an. Sie beklagten sich hauptsächlich über die vielen schmutzigen Juden, die am Schiff waren.

Als wir in der Frühe nach der Messe in den Garten gehen wollten, öffnete sich das Tor und herein trat Graf Almeida[7] mit den drei weiblichen Bedienten. Es war eine große Freude, wieder die ersten heimatlichen Laute zu hören. Wir fuhren mit dem Auto, das die vier gebracht hatte, in die Stadt, Kommissionen machen, auf dem Wege begegneten wir Gregoric mit der Bagage. Ich habe nun endlich wieder Kleider, die zwei Anzüge, die ich seit zwei Monaten trug, waren schon polizeiwidrig. Meine Hemden, nur zum Teil meine eigenen, waren zum anderen Teile ausgeborgt und viel zu lang. Mein langersehnter Gucker[a] war da, und ich konnte die Nationalität eines jeden Schiffes im Hafen erkennen. Das liebe Bild von Mama mit Otto steht wieder auf meinem Schreibtische. Nur der, der es selbst mitgemacht, kann es ermessen, was es heißt, nach langer Zeit seine eigenen gewohnten Sachen wieder zu haben!

Am Abend desselben Tages, letzter Jahrestag, war Jahresschluß, gehalten von Monsignore Homen[8] genauso wie zuhause, mit Te Deum, Miserere, Ro-

---

a   Umgangssprachlich: Fernglas.

1   Mit Beilage über den Jagdausflug auf Madeira 1921 Dezember 27 bis Dezember 30.; Vermerk: von der Hand des Kaisers, vgl. Nr. 273.
2   Nr. 273.
3   Leopold Gregoric, seit 19.10.1911 Chauffeur bei Eh. (Kaiser) Karl.
4   Marie Gregoric.
5   Albine Stöhr.
6   Anna Schmidt.
7   Joao d'Almeida de Correia.
8   Antonio Homen de Gouveia, Kanonikus, Hauskaplan bei Kaiser Karl bis zur Ankunft von Msgr. Paul (Pál) Zsamboki.

senkranz und Segen, natürlich ohne Gesang. Gegen 10 Uhr gingen wir nochmals in die Kapelle und um 11 Uhr sollten wir ein kaltes Souper haben, aber es kam erst knapp um ½ 12 Uhr, als wir bereits zum Feuerwerk gehen sollten. Wir konnten gerade nur einige Bissen herunterschlingen. Dieses Feuerwerk, gerade zur Jahreswende, ist eine einzig allein in Madeira bestehende Sitte, und es kommen sogar Fremde von außen her, es anzusehen. Wir gingen zuerst auf das Fort Pintu, von wo man eine sehr gute Übersicht über die Stadt hat. Um Mitternacht fingen die Schiffssirenen an zu heulen, und die ganze Stadt war durch ungezählte hochgehende Raketen hell erleuchtet. Ein schönes Schauspiel, umsomehr als die Stadt steil am Abhange des Berges gelegen ist. Kurz nach Mitternacht kehrten wir in die Villa Victoria zurück und besahen uns von der Terrasse aus die Beleuchtung beim Hotel Reid. Es war extra ein Pyrotechniker aus Nordportugal gekommen, um das Feuerwerk abzubrennen. Zahllose Raketen stiegen auch hier in die Luft und warfen glühende Sterne, Kugeln und Goldlava herab. Zum Schluß gingen über 20 Raketen gleichzeitig in die Luft, und die englischen Hotelgäste brüllten „Hipp Hurrah" auf den König von England.[9] Das Feuerwerk soll heuer zu unseren Ehren besonders grandios gewesen sein, und die letzten 20 Raketen sollen auch uns gegolten haben.

Am **1. Jänner [1922]** herrlicher Tag, Spätfrühjahrswetter. Um 9 Uhr heilige Messe und heilige Communion. Um 2 Uhr 30 kommt der Bischof[10], um seine Neujahrswünsche darzubringen.

Am **2. Jänner [1922]** heilige Messe und heilige Communion wie gewöhnlich. Vormittag Kommissionen in der Stadt, spät nachmittags nochmals.

3. Jänner [1922] Einpacken für Zitas Abreise.[11] Nachmittag Gegenbesuch bei Bischof. Ich besuche allein mit Graf Almeida und Monsignore Homen anschließend das naturhistorische Cabinett des Priesterseminars, gegründet von einem deutschen Pater Schmitz und von Monsignore Homen vervollständigt. Es ist dies eine Sammlung aller Tiere und Pflanzen der Insel und auch zahlreicher Tier- und Pflanzenversteinerungen, welch letztere aus Porto Santo und dem Ostteil der Insel Madeira stammen. Besonders die Versteinerungen und die Incrustationen sind äußerst interessant. Auch die verschiedenen und manigfaltigen Holz- und Fruchtarten waren sehr lehrreich. Ich sah auch jene Spinne, deren Biß giftig ist. Sehr instruktiv ist auch die Eier- und Nestersammlung. Zahlreiche Funde an kleinen Muscheln stammen von einer

---

9 Vgl. Nr. 2a.

10 Vgl. Nr. 268.

11 Über die Reise von Kaiserin Zita in die Schweiz anläßlich der Blinddarmoperation ihres Sohnes Eh. Robert vom 04.1. bis 02.02.1922 vgl. den Schriftwechsel von Therese Gräfin Korff-Schmising-Kerssenbrock, Aja der kaiserlichen Kinder, mit dem Bundesrat der Schweizerischen Eidgenossenschaft und dem Protokollauszug der Bundesratssitzung vom 05.12.1921, in: BAR, E 2001 (B)-/3, Bd. 49, Dossier B 44/142/2, fol. 368–369: „Auf Grund der Beratung wird beschlossen:

Tiefseeforschung, die der Monsignore mit einem Engländer unternommen hatte. Während ich im Museum war, fuhr Zita in die Stadt und dann nachhause, fertig einpacken.

4. Jänner [1922]. Zuerst wird noch fertig gepackt, dann gehen wir in den Garten, um ¾ 11 Uhr kommt Graf Almeida mit der Frau Castro Pamplona[12] und teilt uns mit, daß der böse „S. Miguel" um 1 Uhr fortgeht, Zita möge sich um 12 Uhr einschiffen. Hierauf déjeuniert Zita, wir gehen noch herauf, lassen noch Zitas Jacke durch Frau Gregoric flicken und gehen in die Kapelle. In der Früh hatte schon Zita den Reisesegen durch Monsignore Homen erhalten.

Um 12 Uhr fuhren wir zum Hafen, wo uns, in Vertretung des Gouverneurs[13], der Generalsekretär[14], der Sekretär des Gouverneurs, Monsignore Homen, Herr Castro Pamplona[15] und sein Sohn empfingen, um Zita zum Schiff zu begleiten. Ich bat den Generalsekretär durch Almeida, auch auf das Schiff gehen zu können, was jener sofort bereitwilligst zusagte. Der Generalsekretär ist ein ziemlich alter, blinder, gut französisch sprechender Herr, dessen Großvater wegen seiner Gefolgschaft des Königs Miguel[16] zum Tode verurteilt war, aber dann begnadigt wurde. Der „S. Miguel" macht keinen sehr sauberen Eindruck, aber gottlob hatte es Herr Castro Pamplona, der mit dem Schiffskommissär sehr befreundet ist, erreicht, daß Zita, obwohl sie aus Sparsamkeit nur einen Platz bezahlt haben wollte, dennoch eine ganze Cabine für sich hatte. Wir gingen hinunter in die Cabine und plauschten[a] noch etwas. Um 1 Uhr verließ ich – auf ihr Drängen – „damit die Herren Generalsekretäre

---

a   Umgangssprachlich: plauderten.

   Das Einreisegesuch der Frau Zita von Habsburg wird für eine, nach den Umständen möglichst kurz anzusetzende, Frist gestattet und das politische Departement beauftragt, die Botschafterkonferenz durch Vermittlung der französischen Botschaft in Bern hievon zu verständigen. Während ihres Aufenthaltes in der Schweiz soll die Gesuchstellerin in geeigneter Weise überwacht werden."
   Die Genehmigung der Botschafterkonferenz vom 16. Dezember 1921, in: DBFP XXII, 625 (Nr. 573).
   Die Reise wurde in der Schweiz von Fritz Fischer von Ankern organisiert. Vgl. BAR, E 2001 (B)-/3, Bd. 49, Dossier B 44/142/2, fol. 403–446. Kaiserin Zita hatte einen portugiesischen Paß, lautend auf den Inkognito-Namen: Condessa de Lusace. Nach Dugast-Rouillé, 233, begleitete Constança Teles da Gama, die Gemahlin von Graf Almeida, die Kaiserin bis Paris. Oberst Obregon hatte im Auftrag des spanischen Königs die Kaiserin bis zur französischen Grenze begleitet. Von Paris bis Zürich waren die Reisebegleiter: Gabrielle de Sépibus, die Sprachlehrerin der kaiserlichen Kinder, und bis zur Schweizer Grenze Graf Saldanga, ein sich in Luxemburg aufhaltender Portugiese.

12 Schwägerin von Graf Almeida.

13 Augusto Correia Pinto Acacio, Zivilgouverneur von Madeira.

14 Nach Dugast-Rouillé, 235: Joao Torquado Corellio Rocha.

15 Schwager von Graf Almeida.

16 Michael (Miguel) I. von Braganza, 1828–1834 König von Portugal, 1834–1866 Exil in Österreich.

etc. nicht zu spät zum Essen kommen" – das Schiff, obwohl uns gesagt wurde, dasselbe werde erst um ½ 2 Uhr oder 2 Uhr auslaufen. Auf der Barkasse, auf der wir ans Land fuhren, stehend, winkte ich noch, solange man Zita sehen konnte. Am Quai sprach ich den Hafenkapitän an, der ein portugiesischer Fregattenkapitän ist und der auch damals am „Cardiff" war. Wir fuhren mit dem Auto nachhause, aßen dort schnell und fuhren 10 Minuten vor 2 Uhr wieder zum Hafen, von wo aus wir den „S. Miguel" verständigen ließen, wir würden von Machico aus Zita nochmals zu sehen trachten. Wir fuhren auch tatsächlich los, aber der Chauffeur ließ uns gleich auf der Straße gegen Machico halten, und der „S. Miguel" setzte sich bereits in Bewegung. Er fuhr ganz knapp beim Felsen vorbei, wir winkten, konnten mit dem Gucker die Leute auf Deck genau sehen, aber Zita war nicht zu sehen. Das Schiff war Luftlinie keine 500 Meter von uns. Wir fuhren dann noch ein Stück mit ihm parallel bis zum nächsten Orte, wo uns der Chauffeur erklärte, er habe kein Benzin mehr bis Machico, er hätte gerade genügend für die Heimfahrt. Wir besichtigten an jenem Orte die Kirche, die von außen versprach, innen schön zu sein, aber dies Versprechen nicht hielt. Um 3 Uhr 05 bei der Rückfahrt sahen wir den „S. Miguel" zum letzten Male, denn jene Ortschaft lag im Kessel, aber auch da nur mehr von weitem seinen Achter. Nachmittags blieb ich zuhause und im Garten, schrieb und las. 3 Uhr 15 um Monte nebelfrei.

5. Jänner [1922] früh heilige Messe und heilige Communion wie gewöhnlich, vormittags Commissionen in der Stadt. Thermometer, Docht für Ewiges Licht, ein Federmesser für mich und einen Kalender. Nachmittags Arbeit, Correktur des „Echo de Paris"-Artikels, kleiner Spaziergang im Garten, dann Tagebuchschreiben. In der Zeitung lese ich, daß bei den letzten Unruhen in Ägypten Johann Orth[17], ehemaliger Erzherzog, getötet worden sein soll!

Monte den ganzen Tag nebelfrei. Castro-Pamplona rät, keine Quinta zu kaufen, aber möglichst bald auf den Monte zu gehen. Die Mehrauslagen, reichlich gerechnet, sogar mit eigenem Auto und Chauffeur (unnütz) 100 Escudos pro Monat, also 1200 pro Jahr, man erspart also unbedingt 800 pro Jahr (Miete der Villa Viktoria 2000). Man kann aber sicher noch mehr ersparen. Ich fahre Samstag 7. nachmittags mit Almeida und Castro-Pamplona hinauf und werde dort weiteres sehen.

6. Jänner [1922]. In der Früh Spaziergang und Schreiben. Wenn ich heilige Messe und heilige Communion nicht extra erwähne, so ist alles wie gewöhnlich. Spaziergang heißt auch im Garten, wenn nichts Besonderes dazu bemerkt wird.

Nachmittags bei „Agentur Blandy" gewesen, um nachzufragen, ob „S. Miguel" bereits angekommen. Heute, Freitag, daher kein Telegramm. Heute

---

17 Eh. Johann Salvator (Johann Orth), Austritt aus dem Kaiserhaus am 07.10.1889, vgl. Wiesflecker, 44–73.

wollten sie den Herd zu setzen beginnen, aber die Leute kamen nicht, ich hätte sie auch heute am Feiertag nicht arbeiten lassen.

Morgen wird eine große elektrische Glocke beim Speisezimmer fertig, die man im ganzen Hause hören wird und zu der aus allen Zimmern Leitungen führen werden. Am Montag, den 9. mittags, wird Albine [Stöhr] das erstemal kochen. Monte den ganzen Tag nebelfrei, nur gegen abends Nebel bis in die Nähe, vielleicht 100 Meter ober dem Hause.

7. Jänner [1922]. In der Früh in der Stadt gewesen, bei Telegraphenamt nachgefragt, ob noch kein Telegramm. Almeida war bei Bank, Rocha Machado[18] um den Schwager zu holen, der ist aber krank. Vieira di Castro[19] konnte uns auch nicht begleiten, da er zu tun hatte. Mit dem Auto konnte man auch nicht, da es heute am Monte viel geregnet hat, jedoch ohne Nebel und der Weg zu glatt. Almeida, Gregoric und ich fuhren daher ungefähr 50 Minuten per Mulis hinauf, 5000 Reis[20] pro Person. Wir besichtigten das Haupthaus, das Nebenhaus für das nächste Mal lassend, da der Besitzer [...] nicht da war und wir ohne den Besitzer das Haus doch nicht betreten wollten. Dein Plan stimmte auffallend, jedoch ist die elektrische Beleuchtung noch gar nicht angefangen und dürfte deren Herstellung nach Aussage der Hausbewohner zirka einen Monat dauern. Ich fürchte, daß mein schöner Plan, bereits am 2. II. auf dem Monte zu sein, sodaß Zita und die Kinder gleich hinaufgingen, ohne mehr in die Villa Victoria zu kommen, ins Wasser fallen wird. Die Röhren, die wir das letzte Mal oben liegen sahen, sind keine Leitungen für das elektrische Licht, sondern Wasserleitungsröhren. Die Quinta wird zum Putzen und Einrichten viel Arbeit machen. Im [...] Haupthaus sind nur sieben Betten. Eine Waschküche einzurichten wird leicht sein. Es ist nur langweilig, daß Vieira di Castro auch Montag zu tun hat und der Schwager vielleicht noch nicht ganz gesund sein wird, man hätte mit denen alles besprechen und die Arbeiten hätten beginnen können. Gregoric hat rechts vom Eingang so eine Art hochgelegenen Keller entdeckt mit so langen Boxes wie für Pferde, darin kann er das ganze überflüssige Gerümpel unterbringen. Die Mimosen blühen noch nicht, die Orangen werden im Februar reif, die Veilchen sind jetzt in der Hauptblüte, die Bäume sind noch ganz kahl, die übrige Vegetation genau wie das letzte Mal. Wir fuhren herunter per Tobogan, 6000 Reis pro Person, sehr langsam.

Das Küchengeschirr aus Eisen unbrauchbar. Großer Mangel an Kästen und Bettzeug. Sehr schönes Geschirr und Glas, jedoch zu schön für Gebrauch und zu heiklig[a]. Es sind noch zwei kleine Wirtschaftshäuser ganz neben dem

---

a Österreichisch: heikel.

18 Luis Rocha Machado.
19 Vgl. Nr. 273.
20 Reis (span. Real), seit dem 14. Jh. in Spanien, Portugal und Südamerika geprägte Silber-

Haupthause, in dem einen kann man eine Waschküche unterbringen, eine
Schwemmanlage unter Flugdach ist bereits vorhanden und dann ist noch ein
großes Zimmer vorhanden, unmöbliert und schmutzig, in dem anderen sind
vier Räume vorhanden, auch unmöbliert und zu weißigen[a]. Vielleicht läßt sich
da noch etwas machen!

8. Jänner[1922]. Vormittags Spaziergang. Nachmittags von 2 Uhr–4 Uhr
mit Monsignore Homen in Sao Martinho gewesen. Das ist die Kirche, die man
von der Straße gegen Cámara de Lobos am Berge oben sieht. Die Kirche selbst
ist ganz neu, innen noch nicht fertig, aber der Stil soll nicht hübsch sein. Monsignore sagte mir, daß zur Zeit der Monarchie gewisse Kirchenpläne einem
staatlichen Kustos vorgelegt werden mußten, und einer dieser Kustoden hat
diesen Plan entworfen. Immerhin ist die Lage wunderschön und die Kirche
groß und licht. Die Aussicht ist großartig, man sieht die Felsen von Cámara
de Lobos, die gewiß steilste Felswand der Welt, die ganze Bucht von Funchal
und alle, die Bucht umsäumenden, Berge. Leider waren die Berge im Nebel,
nur der Pico Ruivo, der höchste Berg der Insel[21], ungefähr so hoch wie die
Rax[22], ein steiler Kegel, zeigte sich am Ende des Curral dos Freiras. Funchal
selbst hat vier Pfarreien, und zwar Sé[23], San Pedro, São Maria Maior, Santa
Luzia und die eigentliche Stadt geht bis zu der Raquel vor der Villa Viktoria,
dann zur Villa am Berge, die man am Weg zur Stadt linker Hand sieht und zu
den roten Häusern und bis zum gelben Fort an dem uns entgegengesetzten
Ende der Bucht. Alles übrige, was man sieht, ist der District von Funchal, dieser reicht im Westen bis zum Riba dos Socorridos und im Osten fast bis zur
Grenze des Horizontes. Er besteht aus Pfarreien, und zwar Sao Gonçalu,
Monte, São Roque, Santo Antonio, São Martinho. Die Beleuchtung des Meeres war wunderbar. Am Rückweg besuchten wir eine kleine Marienkapelle
„da Nazareth", die auf beiden inneren Längsseiten mit Majolikabildern ge-
ziert ist, darstellend auf der einen Seite zwei Heilige, auf der anderen Seite
eine Stadt mit Hafen und Meer. Leider haben Barbaren den Sängerchor in die
Bilder hineinversteift, so daß man Teile der Bilder ruiniert hat. Die Legende
besagt, daß in Portugal einmal ein Adeliger, D. Fuas Ronpinho, einem Hir-
schen nachgeritten wäre, plötzlich sei ihm die Mutter Gottes erschienen und
sein Pferd habe gebäumt und er sei vor einem tiefen Abgrund gestanden. Zum
Danke für diese wunderbare Rettung habe er dann in Estremadura eine Kir-

---

a   Umgangssprachlich: weiß ausmalen.

    münze. Bis 1910 in Portugal Währungseinheit. Dann Escudo (15. Jh.–1854 alte Goldmünze).
    „Reis" im Sprachgebrauch weiter verwendet.

21   Pico Ruivo, 1862 m Seehöhe.

22   Kalk-Gebirgsstock, 1800–2000 m Seehöhe bei Reichenau, NÖ, in der Nähe der kaiserlichen
    Villa Wartholz.

23   Sé, abgeleitet von lat. sedes, Bischofssitz, Kathedrale.

che zu Ehren der Mutter Gottes von Nazareth erbaut. Monte heute und gestern nebelfrei.

9. Jänner [1922.] Vormittags in der Stadt gewesen. Besprochen, daß wir, Almeida, Schwager und der junge Vieira di Castro, am 10. 01., 3 Uhr nachmittags, auf den Monte fahren, um alles zu besprechen. Fragte im „English store" nach einem Hund und nach Canaris für Zita, werde nächster Tage Antwort erhalten. Nachmittags Spaziergang.

10. Jänner [1922.] Vormittags Spaziergang, nachmittags Monte, auch Gregoric mit. Habe erfahren, daß Rocha Machado bereits angefragt hat, ob wir schon am Monte sind, und daß D. [?] in Lausanne, den er consultierte, erklärt habe, er habe nichts mehr an der Lunge. Ich explizierte dem jungen Vieira di Castro die Zimmereinteilung, und Gregoric besprach dann die Details mit ihm. Betten, Kästen, Waschküche, Dienerräume etc. Madame Castro Pamplona wird bei der Einrichtung mitwirken. Es ist überhaupt rührend, wie die Leute sich Mühe geben. Frau Castro Pamplona wollte Dich nach Lissabon begleiten, aber sie getraute sich nicht, etwas zu sagen und <u>wir</u> wollten sie nicht stören. So kommt man aus gegenseitiger Höflichkeit oft nicht zu dem beiderseitig gewünschten Resultat.

Von der Absicht seiner Schwägerin erzählte mir schon Almeida bald nach Zitas Abreise, heute bestätigte es mir auch ihr Mann. Im zweiten Hause waren wir wieder nicht. Es ist nämlich durch Vieira di Castro sen. von einem X gemietet, nun ist dieser X zurückgekehrt und wohnt aus Freundlichkeit des Vieira di Castro in seinem eigenen vermieteten Hause. Dieser X. geht aber Ende des Monats weg und dann kann man hinein. Die am 7. erwähnten Häuser werden hergerichtet, nur ist eines, das mit vier Zimmern, ziemlich baufällig und wird dessen Reparatur längere Zeit in Anspruch nehmen. Alles, was man verlangt, wird beigestellt, Kästen, Betten etc. Nur das elektrische Licht, da hapert[a] es, vorläufig ist der Dynamo noch gar nicht da, und ich glaube auch sonstige, aus der Schweiz bestellte Bestandteile, sind noch nicht da. Vor dem Sommer dürfte daher mit dem elektrischen Licht nicht zu rechnen sein. Petroleumlampen bekommen wir soviel wir wollen, nur brauchen wir noch einen Lampenputzer. Ich habe mich furchtbar geärgert, daß die blöde Entente mit den Sowjets spricht. Die Könige jagt sie weg, mit den Bolschewiken spricht sie. Der Anfang vom Ende! Ich fürchte, mein Plan – am 2. 2. schon am Monte zu sein – wird bestimmt ins Wasser fliegen. Vieira di Castro versicherte mich zwar, er werde sein Möglichstes tun, um bis Ende Jänner fertig zu werden, aber ich bezweifle, daß es ihm gelingen wird. Vieira di Castro erzählte uns, daß heute in der Früh unsere große Bagage gekommen ist. Ein Aviso ist schon da!

11. Jänner [1922.] Vormittags Spaziergang. Almeida geht zum Zollamt und zum Gouverneur. Dieser hatte nämlich gestern von seiner Regierung ei-

---

a Umgangssprachlich: holpern.

nen Wisch[a] bekommen, worin steht, daß mehrere Mitglieder der ungarischen Aristokratie angefragt hätten, ob sie kommen dürften, um hier Dienst zu tun. Die portugiesische Regierung ließ mich durch ihn fragen, welche Personen ich für den nötigsten Dienst brauchen würde, sie würden dann im Einvernehmen mit der Botschafterkonferenz diese Liste prüfen. Ich ließ ihm durch Almeida antworten, daß ich nicht wüßte, wer kommen würde, ich hätte darüber noch keine Nachricht. Dies tat ich, um erstens sich nicht einem Refus von Seiten der kleinen hochverräterischen Kläffer auszusetzen,[24] zweitens um den Herren die Route über England nicht zu verderben.[25] Pinto[26], dem ich auch noch sagen ließ, ich wüßte nur, daß das Erziehungspersonal und die Bedienung der Kinder kommen würden, bat ich um die Namen dieser Leute. Ich werde ihm sagen, ich wüßte sie nicht genau, das ist auch die vollste Wahrheit, ich weiß ja nicht, ob Dietrich[27], Teta[28] etc. kommt. Er erzählte dem Almeida, knapp zur Zeit von Zitas Abreise hätte er nochmals ein Telegramm bekommen, die Abreise zu verhindern, er tat es aber nicht. Sehr schön von ihm. Unsere Beherrscher sind nicht boshaft, sie sind mehr als dumm und boshaft. Hoch die Geheimdiplomatie, oder wie Almeida sagt, die Geheimnisse neben der Diplomatie.

Nachmittag kam die Bagage an. Alles in Ordnung, nur eine Kiste aufgesprengt, der Inhalt aber in Ordnung, drei Grammophonplatten zerbrochen. Es kamen ein Handschlitten und drei Ochsenschlitten. Die Schlüssel fehlen zu den Koffern, ich hoffe, sie kommen noch. Die portugiesischen Zollbehörden hier waren sehr nett, besahen nichts. Der Zollamtsvorsteher ist ein Bekannter von Almeida, er studierte mit ihm zusammen in einem portugiesischen Jesuitenkolleg, das dortige Kalksburg[29], nur war der eine intern, der andere extern. Sein Vater war ein Kanzleibeamter bei der portugiesischen Botschaft in Rom, noch bevor der „Quirinal" bestand unter dem Großvater Almeidas. Er kommt übermorgen zu mir, er entschuldigte sich riesig bei Almeida, daß er sich nicht gleich bei unserer Ankunft vorgestellt habe, er war aber damals nicht hier. Gestern kamen via Bischof von Funchal und einem Jesuitenpater Briefe von Mama[30] und Geschwistern, die nach Gibraltar hätten gehen sollen.

---

a Umgangssprachlich: Zettel.

24 Vermutlich Anspielung auf die Vertreter der Kleinen Entente, insbesondere Beneš.

25 Vgl. DBFP XXII, 633–634 (Nr. 581); DBFP XXIV, 127 (Nr. 11).

26 Vgl. DBFP XXIV, 132–133 (Nr. 15): zur Überwachung des Kaisers in Madeira. Vgl. auch PRO, FO 371/7618, fol. 148–149 (1922 April 01): Der Zivilgouverneur von Madeira (vgl. unsere Anm. 13) informiert den britischen Konsul S. Kay in Funchal vom Tod des Kaisers.

27 Joseph Dietrich, Volksschullehrer aus Innsbruck, Lehrer der Kinder Kaiser Karls im Exil.

28 Nicht verifizierbar.

29 Bekanntes Jesuitenkolleg am Stadtrand von Wien.

30 Vgl. Nr. 1.

Sie scheinen via Brombach[31] und Radel gegangen zu sein, denn die „Gib mir an Reis" – gibt auch ihren „Senf" dazu.

12. Jänner [1922.] Vormittags in der Stadt gewesen, Telegramme expediert und Briefe aufgegeben, dann einige Kommissionen für das Haus. Die Seefracht für das Gepäck macht 47 s 17 dg. (?)[32] Nachmittags mit Monsignore auf den Höhen zwischen São Martinho und Santo Antonio gewesen, herrliche Fernsicht, hauptsächlich auf den Pico das Torrinhas, der schon etwas den Dolomiten ähnelt. Monte heute, wie alle Tage nebelfrei.

13. Jänner [1922.] Vormittags Spaziergang, nachmittags auch. Anstände beim Küchenofen, da er keinen Zug hat und nicht backt, wird behoben. Heute stellenweise Regen, kein Nebel am Monte. Zitas Kanarienvogel singt sehr gut!

14. Jänner [1922.] Ganzen Tag sehr schlechtes Wetter, Sturm und Regen. 3 Uhr kommt das Telegramm mit der so schönen Nachricht über Robertls[33] glücklich verlaufene Operation, Gott sei Dank! Ich habe bereits gestern abends gedacht, ob das Datum 15. – ein Sonntag – wohl richtig wäre, oder, ob die gute Zita, um mir die Warterei auf ein vielleicht verspätetes Telegramm zu ersparen, ein späteres Datum genannt hat. Ich habe bereits heute bei der heiligen Communion das Gefühl gehabt, daß heute der Tag ist. Nach Erhalt des Telegramms bin ich gleich in die Stadt gefahren, um ein Antworttelegramm zu senden, da Almeida wegen eines Abszesses etwas unpäßlich war, abends war er wieder beim Souper, holte ich mir beim Vorbeifahren den Monsignore als portugiesischen Dolmetsch und Begleiter ab und wir fuhren zur Post.

Ich habe noch etwas vergessen zu beichten. Als ich zum Monsignore kam, mußte ich bei ihm auf Robertls Wohl ein Glas uralten Madeiras und dann auf unser gegenseitiges ein halbes trinken = 1 ½. Dieser Madeira ist vom Großvater einer heute über 80jährigen Frau eingefüllt [worden], vor dem Jahre 1800. Der Kork ist heute so bröselig und zerfällt gleich, daß man eine eigene Maschine haben muß für das Entkorken.

Beim Postschalter war der Beamte, der Sohn oder Enkel eines Miguelistenführers in Madeira, der fragte gleich, ob die Operation bereits überstanden wäre, worauf er auf die bejahende Antwort hin sehr herzlich gratulierte. Auch ein Mann in der Nähe des Postschalters, der den Monsignore kannte, freute sich sehr über die gute Nachricht. Ich werde morgen den Monsignore fragen, wer das war.

---

31 Nördlich von Basel in der Schweiz.

32 Vgl. AOS, Tom. I, Index 1590: Funchal, 1922 Jänner 12: „Grand Bagage bien arrivé le tous bien".

33 Robert Eh. von Österreich-Este, geb. 1915. Der Erzherzog mußte sich am 14.01.1922 im Paracelsus-Hospital in Zürich einer Blinddarmoperation unterziehen. Die Operation nahm Prof. Dr. Clairmont im Beisein von Prof. Dr. E. Feer, Direktor der Universitätskinderklinik Zürich vor: BAR, E 2001 (B)-/3, Bd. 49, Dossier B 44/142/2, 1922 (IV.), fol. 440–440a; 446: über den Operationsverlauf; PRO, FO 371/7618, fol. 69r–71v; 81r–84r: über die Reise von Kaiserin Zita in die Schweiz.

Am Monte regnet es natürlich heute auch, sonst habe ich heute, muß ich selbst sagen, überhaupt nicht aufmerksam geschaut. Auf den Bergen soll, nach Aussagen des Monsignore, „Schnee" liegen, eigentlich Grieß. Es ist sehr kalt, nur plus 10 Grad!

15. Jänner [1922.] Wetter etwas schöner, Monte meistens nebelfrei. Um mittags kam die, von Graf László[34] an Hunyady[35] empfohlene Amerikanerin, Mrs. Ernest Thompson Seton, die eigentlich Zita ihr Mitgefühl wegen der Operation ausdrücken wollte, zu mir. Die Genesis der Sache war folgende: Gestern am Abend läutete um 1/2 11 Uhr noch der Portier, um Almeida im Auftrage des amerikanischen Konsuls mitzuteilen, eine amerikanische Dame hätte einen Brief aus Paris von einem Grafen Sacena, einem reichen, erst von König Carlos[36] mit der Grafenwürde ausgezeichneten Manne. Nachdem dieser Mann hier angeblich Güter hat, dachten wir, er würde mir vielleicht etwas antragen, in den kühnsten Träumen sahen wir uns auch schon in Gold schwimmen. Almeida sagte sich für den nächsten Tag vormittags bei der Dame an, und ich sagte ihm, er solle dort erklären, Hunyady habe die Ermächtigung gegeben, alle seine Briefe hier zu öffnen. Große Enttäuschung: der reiche Portugiese war der Graf László Széchényi, der Portier hatte den ihm geläufigen Namen des Portugiesen mit Széchényi verwechselt und der viel- und heißerwartete Brief war eine Visitenkarte des Széchényi mit der Empfehlung an Hunyady für jene Dame. Die Dame ist eine Schriftstellerin, vielleicht sogar Journalistin – sie versprach, nichts zu schreiben, ich glaube etwas Blaustrumpf – und will in Ungarn die Tätigkeit der Frauen studieren. Da sie von Széchényi eine Empfehlung an Bánffy[37] hatte, ließ ich durch Almeida sondieren, ob sie in offizieller Mission hinreise, in welchem Falle ich sie, die zu einer Rebellenregierung ginge, nicht sehen wolle. Sie aber merkte etwas und fragte Almeida, warum er sie wegen ihrer Fahrt so ausfrage, worauf ihr Almeida offen den Grund sagte, auch das Wort Rebellen fiel. Ich hoffe, sie wiederholt es in Ungarn. Sie hatte, als Almeida das erstemal bei ihr war, ihm einen Brief für uns mitgegeben, wirklich selten nett, sie schloß mit den Worten, „daß die Aktion mißlang, ist nicht Ihre Schuld, sondern die der Zeit, in der wir leben." Sie war fünf bis zehn Minuten bei mir, ich ließ Almeida im Zimmer – man kann nicht wissen. Wir sprachen von Zita und den Kindern, daß Zita in Zürich sei, die Kinder in Wartegg bis auf Robert. Daß Zita die Kinder in Wartegg nicht sehen dürfe.[38] Dann sagte sie, daß sie die

---

34 Ladislaus (László) Graf Széchenyi von Sárvár und Felsö Videk.
35 Vgl. Nr. 20.
36 Karl (Carlos) I., König von Portugal und Algarbien 1889–1908.
37 Nikolaus (Miklós) Graf Bánffy de Losoncz, vgl. Nr. 259.
38 Vgl. BAR, E 2001 (B)-/3, Bd. 49, Dossier B 44/142/2, 1922 (IV.), fol. 423: Aktennotiz vom 07.01.1922 mit Paraphe Carl Eggers: „Die St. Gallischen Polizeibehörden sind dahin zu verständigen, daß während des Aufenthaltes der Kaiserin [!] in Zürich die Kinder in Wartegg zu-

Penfields[39] kenne, ich trug ihr Grüße für beide auf. Auf das hin wollte sie, daß ich ihren amerikanischen Frauen von irgend einer großen Blaustrumpfvereinigung auch Grüße sende, was ich mit der Bemerkung ablehnte, es könne dies als politische Betätigung aufgefaßt werden. Sie sah dies ein und fragte mich nur, ob ich ihren Bestrebungen Interesse entgegenbrächte, was ich bejahte. Wir sprachen auch von Demokratie, ich sagte, was für ein Land gut sei, passe nicht für ein anderes, und daß man bei uns meistens Demokratie mit Anarchie verwechsle. Sie sagte, ganz Europa sei nicht geschaffen für die Demokratie. „Außer der Schweiz", warf ich ein. Ich sagte dann, Demokratie sei meist Oligarchie einiger Führer, worauf sie erwiderte, das Volk brauche gute Führer, um regieren zu lernen.[40] Wann wird das berühmte „Volk" mündig, dachte ich mir. Natürlich niemals. Ein neues Schlagwort. Ich erfuhr, daß Penfields in Nizza leben und nachdem das Schiff der Dame in Mentone hält, so hofft sie, sie dort zu sehen. Sie interessierte sich speziell für den Namen Wartegg und wo dies sei, ich sagte ihr bei St. Gallen, was sie aber nicht kannte. Ich mußte ihr sogar den Namen buchstabieren. Ich erklärte ihr, es sei zirka 80 Kilometer von Zürich und nahe unserer Grenze. Nachdem sie weg war, schickte sie mir noch ein von ihr geschriebenes Buch über Silberfüchse und bat mich um eine Photographie mit Unterschrift. Natürlich brieflich an Almeida, mit Antwort bis 2 Uhr 30, dies war um 1 Uhr 45. Almeida antwortete ihr auf meinen Wunsch folgendes: ich sei jetzt momentan nicht zuhause, würde mich sicher über das schöne Buch sehr freuen, er wisse aber, daß ich hier überhaupt keine Photographien hätte.

Nachmittags war ein kolossales Leben in Funchal. Autos rasten mehr denn je, beim englischen Kasino standen soviel Ochsenfuhrwerke, wie am Tage des Derby vor dem Jockeyclub. Dies waren alles die Amerikaner vom Vergnügungsschiff, dasselbe mit dem die Dame gekommen war, daher die gestrige Nachtstunde und die heutige Eile.

16. Jänner [1922.] Heute nur vor- und nachmittags kurzer Spaziergang. Wetter schön, am Monte von 12 Uhr–17 Uhr Nebel. Heute kamen die lieben zwei Briefe von Zita,[41] die Freundlichkeit der Portugiesen und des Königs Alfons[42] haben mich sehr gerührt.

17. Jänner [1922.] Wetter schön und warm. Vor- und nachmittags Spaziergang. Heute war im Diario ein Artikel über die Madeiraweine im Hofkel-

---

verlässig überwacht werden. Eine gleichzeitige Ausfahrt der Kaiserin [!] mit ihren Kindern ist zu vermeiden."

39 Frederic C. Penfield, 26.09.1913–28.03.1917 Botschafter der USA in Wien.

40 Vgl. dazu PAMAE, Paix séparée 103, fol. 108–110, Washington, 1917 Mai (03?): Jusserand an Ribot über die Ansichten Robert Lansings zur Frage von konstitutioneller Monarchie und Demokratie.

41 AOS, Tom. I, Index 1589: Bestätigung der Post mit Telegramm des Kaisers vom 16.01.1922.

42 Vgl. Dugast-Rouillé, 233.

ler, auch der Prilewsky [sic!][43] kommt darin vor. Almeida hörte in der Bank, daß heute Proteste der ganz Radikalen gegen den Gouverneur beabsichtigt sind, weil er zu zuvorkommend gegen uns wäre. Monsignore, den ich darüber befragte, meinte, dies sei nur ein Manöver der politischen Gegner des heutigen Kurses, [es] werde in Lissabon dem Gouverneur nicht schaden, die in Lissabon würden diese Manöver schon kennen. Sprach heute Dr. Almada[44], einen Freund des Monsignore und sein und seiner Familie Arzt, und Arzt in der Anstalt der Kaiserin Doña Amélia, über die Quinta do Monte und über ihre Wirkung auf die Kinder. Er meinte, die Luft oben wäre sehr kräftig und gut! Heute kam gottlob die gute Nachricht über Robertls Befinden. Gegen 11 Uhr hier ausgetragen. Monte heute nebelfrei.

18. Jänner [19]22. Heute Monte den ganzen Tag nebelfrei. Heute sah Almeida den Lethbridge[45] und sagte ihm, daß ich kein Buch schreiben und mich auch nicht über Politik äußern will, da jemand, der noch eine aktive Rolle in der Politik zu spielen haben wird, sich heute nicht äußern darf. Er, Almeida, habe etwas für ihn zusammengestellt und er werde mit ihm am Freitag sprechen. Für Freitag 3 Uhr ist die Besprechung angesagt. Ich habe natürlich dem Almeida die Ideen für seine Besprechung gegeben.[46] Vielleicht werde ich nach der Besprechung den Lethbridge an einem anderen Tag auf kurze Zeit sehen, eigentlich nur für einen Händedruck. Ich hatte so viel Mühe, jetzt nicht „Hundedreck" zu schreiben.

Gestern wurde vom Gouverneur die Antwort auf seine Anfrage vom 11. urgiert, wir hatten bisher darauf vergessen. Heute ging Almeida zum Gouverneur und übergab dem alten Generalsekretär eine schriftliche Antwort, die er noch mündlich erklärte. Sie war genau so, wie am 11. erwähnt. Bezüglich der Kinder ließ ich ihm wegen der Gräfinnen und der Diener gar nichts sagen, nur daß wahrscheinlich Zsamboki[47] und Dietrich, die nur Lehrer wären und auch in der Schweiz jetzt die ganze Zeit bei den Kindern waren, kommen würden. Nachmittags fuhr ich allein mit dem Auto des Vieira di Castro auf die Höhen zwischen São Martinho und Santo Antonio und über die Straße von Cámara de Lobos zurück. Eine wunderschöne Fahrt mit herrlicher Aussicht, leider waren die höheren Berge nicht frei, mit Nebel bedeckt. Ich hoffe, diese Fahrt einmal mit Zita und den Kindern machen zu können. Bevor ich die Fahrt begann, hatte ich Almeida in der Stadt abgesetzt, der heute einen Thee

---

43 Karl Frh. Prileszky von Prilesz, Hofwirtschaftsdirektor am Hof Kaiser Karls, vgl. Schonta, Aus den Erinnerungen, 19.

44 Schwager von Constançia Téles da Gama d'Almeida, Arzt im Hospicio da Princesa, 1859 gegründet von Kaiserin Amélia, der zweiten Gemahlin von Pedro I. von Brasilien.

45 Englischer Journalist, vgl. Nr. 275.

46 Vgl. Nr. 275: Memorandum des Lethbridge.

47 Paul (Pál) Zsamboki, Säkularpriester der Erzdiözese Esztergom (Gran), ab Jänner 1921 Hauskaplan in Prangins; ab Februar 1922 in Funchal.

mit Bridge bei einer alten Dame hatte. Sonst schrieb und las ich viel. Morgen soll ich mit Monsignore, dem Bürgermeister und Almeida zum Ribo Frio reiten. Abritt 9 Uhr, zu Mittag Essen in Terreiro da Luta und dann nachmittags herunter. Vom Ribo Frio soll eine herrliche Aussicht auf den Norden der Insel sein. Aber das Wetter ist nicht sehr günstig, nebelig, auf den ganz hohen Höhen bewölkt und frisch. Oben am Ribo Frio soll auch „Schnee" sein. Heute wurden die zweiten, von Lissabon angeforderten 2000 Esk[udos] bezahlt.

19. Jänner 19[22] Heute fand der beabsichtigte Ausflug statt, aber das Wetter war neblig und später oben Regen. Der Bürgermeister nahm an dem Ausflug nicht teil, da ihm der Gouverneur nahegelegt hatte, es wäre für mich und sie beide besser, er ginge nicht mit. Ich ließ dem Bürgermeister durch Monsignore mein Bedauern ausdrücken und hinzufügen, daß ich seinen Standpunkt begreife und es mir sehr daran gelegen ist, ihm, der so riesig liebenswürdig ist, seine Stellung nicht zu erschweren.

Wir ritten etwas nach 9 Uhr von zuhause weg, ich auf einem Schwarzbraun mit ledernen Reithosen und gelben Stiefeln, Monsignore auf einem kleinen Braun mit einem geschwinden Röckel und einem großen roten Latz, schwarzen Hosen und schwarzen Gamaschen. Ich trug einen von den alten Jagdanzügen, den mit dem Gürtel und gelbe Gamaschen. Wir ritten durch die Stadt, dann über S. Lucia auf den Monte, wo die Pferde rasteten, und wir in die Kirche gingen und den Pfarrer kennen lernten. Von dort über Torreira di Lucia nach Poiso, eine Art staatlichem Hospiz auf der Paßhöhe, zwischen Norden und Süden der Insel, wo man Erfrischungen bekommt, und ich glaube, im Notfall sogar übernachten kann. Die Strecke von Monte bis über Torreira di Lucia führt meist durch Pinienwälder, das Wetter war bis Poiso annehmbar, im Anfang am Fuße des Berges noch Sonnenschein, bei Monte bereits trüb, weiter oben stellenweise Nebel, aber doch hie und da durchsichtig. Bis Torreira di Lucia inklusive ist es das Bild der Stadt Funchal und Umgebung, ungefähr wie am Monte, das einem von verschiedenen Punkten aus geboten wird, höher oben sieht man das Meer bei Santa Cruz, später den östlichsten, ganz schmal werdenden Teil der Insel. Das ist da, wo Du wahrscheinlich mit dem „S. Miguel" vorbeigefahren bist, wo wir auch mit dem „Cardiff" beim Ankommen vorbeifuhren und wo auch ein Leuchtfeuer ist. Bei dem Leuchtfeuer sagte noch der Kapitän Midland Karwin [sic!][48] auf meine diesbezügliche Anfrage, daß die Portugiesen ihre Leuchtfeuer gut im Stande hielten. Hinter Poiso sah es mit dem Wetter traurig aus, auf der Nordseite des Passes sah man nur dicke Wolkenballen. Ich wäre eigentlich sehr gerne umgekehrt, aber wenn man schon so weit war! Wir beschlossen, nur vorläufig bis zum Rande des Ribo Frio-Tales zu reiten und dann dort nach dem Wetter Ausschau zu halten. Es fing mittlerweile an fein zu regnen, der gewisse Sprühregen, der aber

---

48 Lyonel F. Maitland-Kirwan, vgl. Nr. 251.

auch nach einer gewissen Zeit sehr naß macht. Dieser dauerte mit kurzen Unterbrechungen an, bis wir wieder in Funchal waren. Gerade als wir zum Rande des Ribo Frio-Tales kamen, lichtete es sich etwas und man hatte einen kurzen Augenblick Aussicht über das Ribo Frio-Tal und ein Nebental, die Abhänge des Pico Ruivo und die Nordküste der Insel mit dem Meere. Wir hofften nun, daß es sich bald ganz aufheitern würde, umsomehr, als Leute auf dem Wege uns gesagt hatten, daß es im Norden schön sei. Wir setzten also unseren Weg hinab ins Ribo Frio-Tal fort, aber sofort setzte wieder der Regen ein, und als wir an die Talsohle kamen, war das Wetter so aussichtslos, daß wir anstatt auf Aussichtspunkte der anderen Lehne hinaufzureiten, umdrehten und zurück gegen Poiso ritten. Die Führer der Pferde waren gottlob schon beim Aufstig gegen Poiso zurückgeblieben, was mich sehr freute, denn dieses Gerenne der Leute ist auf die Dauer nicht anzuschauen. Den jüngeren der Führer trafen wir halbwegs zwischen der Ribo Frio Talsohle und Poiso auf unserem Rückwege, den älteren erst hinter Poiso. Als wir auf die Paßhöhe kamen, blies ein sehr starker Wind und peitschte den Regen einem ins Gesicht. Beim Rückwege stellten wir die Pferde für kurze Zeit ins Hospiz ein und gingen selbst in das Zimmer, wo gerade gekocht wurde und wärmten uns an dem prasselnden Feuer eines offenen Herdes, auf dem ein schwarzer Kochtopf stand. Monsignore hatte in einem kleinen Sack Cakes, Kuchen, Süßigkeiten, Madeirawein und Rum mitgebracht. Die Flasche Madeira, so eine alte wie ich am 14. beschrieben habe, wurde leider in diesem geistlichen Reisesack auf dem Transport zerbrochen. Sie war vielleicht schon zu alt und zerbrechlich für diesen Transport. Wir tranken also Rum, was bei der Kälte sehr gut tat, und die süßen Sachen dazu. Am Herunterweg nach Torreiro di Lucia begegneten wir einen sehr nett aussehenden Geistlichen, den Pfarrer von Santana vom Norden der Insel, der auf einem sehr herzigen Pony ritt. Überhaupt gibt es zwischen Süd und Nord der Insel keine Transportmittel außer den „pedes apostolorum", den Reitpferden und dem Hamak. Das Hamaktragen ist aber heute, wie vieles andere, wegen der hohen Löhne zu teuer, daher bleibt nur das Reiten. Monsignore erzählte uns, daß er in seinen jungen Jahren bis zu zwei Reitpferde selbst besessen habe, davon eines, ein Pony, das so schnell mit dem Reiter bergab ging, daß, wenn man gleichzeitig mit dem Zug am Monte wegritt, man früher unten in der Stadt war als der Zug. Wir sprachen kurz mit dem Geistlichen, der mir vorgestellt wurde, ich machte dem Monsignore ein Kompliment, daß die Geistlichen der hiesigen Diözese sich immer so gut benehmen und so nett wären. Monsignore sagte mir, der Bischof ließe auch in dem Seminar eine Stunde in der Woche Anstandslehre vortragen.

Es wird eine Autostraße vom Monte über Poiso nach dem Norden der Insel gebaut, aber es werden noch einige Jahre vergehen, bis sie fertig ist, man sieht bereits Wegsprengungen und bei Torreiro di Lucia Pflasterungen. Monsignore war in der monarchischen Zeit Vorsitzender der Junta General von

Madeira, Art Landtag der Insel, aber beschäftigt[e] sich hauptsächlich mit Straßenbau, später unter der Republik war er nochmals in diesem Landtage, ich glaube als Vorsitzender-Stellvertreter, daher weiß er von diesen Straßenprojekten. Während des ganzen Rittes wunderte sich Monsignore sehr, daß man bei uns nicht gerne bergab reitet, sondern absitzt. Ich saß bergab immer ab und Monsignore ritt daneben. Almeida saß bei einem sehr steilen Berg ab, sonst blieb er meistens zu Pferd. Der ganze Weg ist fast durchwegs gepflastert und mit Stufen beim Bergaufgehen. Auf dem Wege Torreiro di Lucia – Poiso sah ich in einem jungen Walde eine kleine Tanne, eine große Seltenheit für hier. Der Monsignore erklärte uns, daß die Wälder bei Torreiro di Lucia meistens dem Rocha Machado gehören, aber auch anderen Besitzern. Die Bäume sind meistens sehr jung und die Pflanzungen stellenweise furchtbar dicht, so daß sich die Bäume gegenseitig ersticken. Ich fragte, warum man so dichte Bestände hätte, der Monsigor sagte mir, es sei eigentlich nur zehnjähriger Umtrieb, und die Leute brauchten Stangen für die Weinberge und Holz zum Brennen und würden dieses Jahr diesen dichten Bestand zu 50% durchplentern. Ich glaube, um wirklich große Bäume für Masten zu haben, müßte 80jähriger Umtrieb sein und die Jungbestände zu 80–90% durchgeplentert werden. Baumschulen gibt es keine. Der Baumsamen wird „à la merci du Bon Dieu" von den Leuten in der Welt herumgestreut. In Ribo Frio haben die Leute eine entsetzliche Gewohnheit. Sie dürfen kein Holz schlagen und verbrennen daher die Bäume und verwenden die halb verkohlten Äste und sonst übrig bleibendes Holz zum Heizen.

Südlich unter Poiso ist ein staatliches Waldhüterhaus, auch eine Seltenheit hier im Süden, der Heger muß auch für die Wanderer von Nord nach Süd und umgekehrt Erfrischungen bereit haben; ich glaube, es ist seine, ihm vom Staate auferlegte Verpflichtung. In Torreiro di Lucia aßen wir zu Mittag, sehr gut und reichlich. Horsd'œuvre, Suppe, Fisch, zwei Fleische, Mehlspeise, Obst und Kaffee mit Bier und Tischwein, Champagner und Madeira. Erdäpfelsuppe mit Spargel, Sole Seezunge, Backhendl, wirklich sehr weich und gut, Entrecôte, Charlotte de Pommes. Dieses ganze Gastmahl sowie den ganzen Ausflug zahlte der Monsignore. Ich erfuhr erst in Torreiro di Lucia beim Zurückkommen davon, Almeida auch. Wir studieren jetzt darüber nach, wie wir uns revanchieren können. Das Hotel in Torreiro di Lucia gehört der Bahn, und die Directrice ist eine Deutsche aus Heidelberg, die schon neun Jahre oben ist und während des Krieges drei Jahre auf den Azoren interniert war.

Von Torreira di Lucia bis zur Stadt fuhren wir im Tobogan zu dreien, aber hinter dem Monte war etwas leichter Regen niedergegangen und hatte gerade das Pflaster etwas naß gemacht. Das ist wie Glatteis und wir konnten nur Schritt für Schritt fahren, die Toboganleute zogen ihre Schuhe aus, um nicht so sehr zu rutschen, engagierten unterwegs einen dritten Mann, der mittels eines rückwärts angebundenen Strickes bremste, und dennoch schnitt der

Strick durch das Zurückhalten so tief in die Hand des einen Mannes, daß er ganz rote Striemen hatte und mit seinem Kollegen auf der anderen Seite tauschen mußte. Ich proponierte auszusteigen, aber Monsignore sagte, man solle das nicht tun, sonst würden die anderen Toboganleute unsere hänseln, daß sie die Fahrt nicht zustande gebracht haben. Ich ließ sie fragen, ob es ihnen nicht angenehmer wäre, wenn wir ausstiegen, was sie verneinten. Monsignore meinte, sie würden es schon selbst sagen, wenn sie nicht mehr könnten. Um 1/2 6 Uhr abends waren wir ganz erfroren und durchnäßt wieder zuhause. Almeida legte sich gleich ins Bett, ich zog mich um und nahm ein Aspirin, das mich sehr gut erwärmte und schrieb an diesem literarisch hochwertigen Bericht. Ich muß noch genau die Zeiten angeben: Um 9 Uhr 30 Abritt von Villa Victoria, 10 Uhr 30 Monte, ab 10 Uhr 50, 11 Uhr 15 an Torreiro di Lucia, 12 Uhr Poiso an, 1 Uhr 10 Ribo Frio Talsohle, kurzer Aufenthalt von vielleicht 5 Minuten, nach 15 Minuten Poiso an, ab Poiso 2 Uhr 45m, 3 Uhr 15m an Torreiro di Lucia, ab Torreiro di Lucia 4 Uhr 45, an Villa Victoria 5 Uhr 30.

Am Monte ist die Gegend sehr ähnlich wie beim Eintritt in die Waldzone (siehe über die Jagd), nur keine Hohlwege und niedrigere Bäume, mehr Kultur, in der Weidezone mehr Felsen und die Flüsse tiefer eingeschnitten, im südlichen Teile sind auch die Flußtäler weniger bewachsen, ebenso im nördlichen, wie im westlichen Teile. Der einzige Ausblick auf den Norden, Rand des Ribo Frio-Tales, ähnlich wie in westlichen Teilen, nur alles viel großartiger und imposanter, die Rippen und die Flußtäler sind ausgebrochener und steiler. Sehr merkwürdig ist eigentlich, daß bei der doch verhältnismäßig geringen Frequenz auf den Wegen, alle Brücken Monumentalwerke der Steinbaukunst sind. Vielleicht wegen der Gefahr des Hochwassers!

Monsignore beabsichtigt ja, nach New York zu gehen. Ich fragte ihn, wann er führe, er sagte mir, sein Kompagnon, der lungenkrank sei, wäre jetzt in New York wegen eines Unternehmens mit einem Kapital von 1 Million Eskudos, bei welchem auch der Monsignore, von seinem Freunde gedrängt, beteiligt ist. Könne nun der Kranke die Sache nicht weiterführen, muß der Monsignore hin, aber er weiß noch nichts Bestimmtes.

Mein Pferd, auf dem ich ritt, ein Rotschimmel, schreckte sich vor Holz und Wäsche. Da aber die Schlacht, ihn weiterzubringen, in der Nähe von „Prezipissen" [= Abgründe] und Löchern stattfinden sollte, zog ich es vor, der Schlacht auszuweichen und ließ mich an den Klippen durch den sehr vertrauten Gaul, den Monsignore ritt, vorbeipilotieren. Almeidas Gaul schlug mit dem Kopf herum, bis er die Kinnkette aus den Hacken schlug, aber der Mann, der Führer, legte sie wieder ganz richtig ein. Hilvéty[49] hätte sich das erste Mal in Funchal kavalleristisch gefreut, denn dieses Galoppieren und Stechtraben am Pflaster hätte vom bloßen Sehen den armen Mann aus Gram und Zorn ins

---

49 Artur Hilvéthy, Generalmajor, vgl. AOS, Tom I, Index 287, Telegramm vom 18.06.1912.

Grab gebracht. Ich fragte durch Almeida den Führer, ob er bei der Kavallerie gedient hätte, was er verneinte. Das Sattelzeug und das Saumzeug war ganz anständig, auch die beiden Bügelriemen gleich lang. Es war halt[a] auch die beste Pferdemietanstalt von Funchal, wie der Monsignore stolz hervorhob.

Abends kamen zwei Brief von der Korferl[50] und den Kindern, einer vom 07.12. 1921 und einer vom 08.01. 1922, beide mit Stempel 13.01. Staad, und waren am 19.01. hier. Ich glaube, jemand in Wartegg hat es liegen lassen. Übrigens fabelhaft schnell vom 13. bis 19. Von Staad bis hierher. Zuerst konnte ich es gar nicht glauben und dachte, daß Staad den Stempel falsch gestellt hatte, aber die „Neue Züricher Nachrichten" vom 13., zweite Ausgabe mit der Erzählung von Zitas Ankunft, sind angekommen. Die ganze Schweiz, inklusive „mi freind"[b] können doch nicht das Datum versehen haben. Es ist ja möglich, am 13. abends ab Zürich, am 14. in der Früh in Paris, noch am 14. oder 15. mit Südexpreß weiter und am 16. abends in Lissabon und am 17. früh weiter. Jedenfalls eine Rekordleistung.

20. Jänner [19]22. Heute in zwölf Tagen ist Zita mit den Kindern da. Gottlob. Und sie kommen gerade am 02.02. Heute spricht Almeida mit Lethbridge. Ich habe alles mit ersterem vorher noch besprochen. Dieser Lethbridge hat eine Villa in unserer Nähe, ich glaube „Atlantic" heißt sie, für mehrere Monate gemietet und dorten findet die Entrevue statt.

Gestern hatte ich geträumt, daß die Kinder gekommen wären, sie hätten ja auch ursprünglich, wenn Zita nicht gefahren wäre, gestern den 19. kommen sollen. Ich habe, glaube ich, geträumt, daß der Rudolf mich nicht erkannt hätte. In der Früh bildete ich mir ein, es sei doch etwas Wahres daran und Du hättest die zwei Großen vorausgeschickt, aber dann sah ich, daß es mit dem Personal gar nicht ausgegangen wäre, eine Gräfin mit Dir, eine mit Robert. Heute steht auch im „Diario" ein Telegramm aus Lissabon über Robertls Operation. In den „Zürcher Nachrichten" las ich, daß in Ungarn anläßlich des Krönungstages eine feierliche Messe stattfand, bei der Gräfin Agnes mit ihrem Boroviczény erschien, Apponyi und Andrássy und alle legitimistischen Abgeordneten waren anwesend, ersterer stürmisch begrüßt, zum Schlusse „Eljen a Király". Alle zivilen Gefangenen sind jetzt, gottlob, losgelassen.[51]

---

a   Umgangssprachlich: eben.
b   Umgangssprachlich: „meine Freunde".

50 Gräfin Therese Korff-Schmising-Kerssenbrock, vgl. Nr. 280.
51 Vgl. Nr. 229; Nr. 237 und Nr. 269. Dazu PAMAE, Hongrie 39, fol. 14–15: Budapest, 1922 Jänner 11: Doulcet an Briand: « [...] Les légitimistes ne négligent d'ailleurs aucune occasion pour mêler leur propagande aux cérémonies du culte. Ils ont organisé à la cathédrale de Bude, où se fait le couronnement des rois, le 30 décembre et le 6 janvier des messes pour l'anniversaire du couronnement de Charles IV et pour la fête des rois. Ces messes ont été l'occasion d'ovations frénétiques aux chefs du parti, et notament aux Comtes Andrássy et Apponyi. [...] Des ma-

Ich bin heute etwas steif vom gestrigen langen Ritt. Almeida sagte mir, er
hatte von einem Arzt gehört, daß nur junge Leute nach einer langen Pause
Reitschmerzen bekommen, alte nicht. Er hat heute keine Reitschmerzen, nur
das Sitzen ist ihm etwas schmerzhaft, sonst ist er aber, gottlob, gesund.

Ich habe noch einiges von gestern nachzutragen. Man sah vom Rande des
Ribo Frio-Tales die Abhänge des Pico Ruivo, des höchsten Berges der Insel. Er
selbst war leider die ganze Zeit im Nebel. Mein Schimmel, der im Anfang einen durch Zappeln riesig ermüdete, hatte später, nachdem das erste Stall-
feuer verraucht war, einen sehr guten Schritt, war sehr geschickt, stolperte
nicht und stammte, erst kürzlich angekommen, vom portugiesischen Festlan-
de. Auf der Höhe in der Ebene trabte er auch sehr gut, nur muß der, der
ihn zugeritten oder jetzt geritten hat, eine sehr schwere Hand gehabt haben,
denn er lümmelte sich in den Zügel, wie die Fiakergäule beim Schießen. Ganz
auf der Vorhand. Die Portugiesen reiten stets bergauf und bergab und sitzen
unterwegs nicht ab. Wenn sie durchnäßt sind, stellen sie sich nie zum Feuer,
weil das gesundheitsschädlich ist, daher wurden wir vom Wirt des Hospizes
oder dessen Familie gewarnt, als wir zum Feuer gingen.

Monsignore hat in der Junta General selbst an Straßenprojekten mitgearbeitet. Die Directrice vom Hotel Torreiro da Lucia, mit der ich sprach, erzählte, daß sich heute wegen der gesunkenen Valuta schon viele Funchalesen
überlegen, die Sonntagsfahrt nach Torreira da Lucia zu unternehmen. Der Tobogan herunter ist schon fast zu teuer. Gute Geschäfte machen Bahn, Hotel
und der Monte nur, wenn ein großes Schiff kommt und Ausflügler, meist
Engländer und Amerikaner, an Land gehen. Der Schwager Rocha Machado
erzählte mir schon vor längerer Zeit, daß die Bahn, erbaut von einer hiesigen
Gesellschaft, unterstützt von englischen Schiffahrtsunternehmungen, heute
passiv ist, da die Angestellten während des Krieges, obwohl gar keine Ausflügler kamen, dennoch bezahlt werden mußten, und sie nun von den Über-
schüssen lebt, die ihr die früheren großen Vorkriegsgewinne gelassen haben.

[21. Jänner 1922.] Heute ist der 21.! Las in der Zeitung leider die Erkrankung des Heiligen Vaters, hoffe zu Gott, daß es nichts wirklich Ernstes ist.

---

nifestations sont organisées à tout propos. La dernière s'est produite à l'occasion du bal donné
par les étudiants en droit, sous la présidence de M de Boroviczény, jeune secrétaire de Léga-
tion, secrétaire particulier de Charles, qui a acompagné le roi dans son équipée et qui vient de
sortir de prison. A cette fête, tous les invités portaient le K monogramme de Charles, et plusieurs dames, dont Madame Rakovsky avait poussé la folie et l'absence de sentiment patrio-
tique jusqu'à se parer des anciennes couleurs du Habsbourg: noir et jaune. Ces excès ont pourtant provoqué l'indignation des étudiants patriotes qui ont organisé une contre-manifestation.
Samedi soir, un banquet a réuni dans une salle de restaurant tous les conspirateurs relâchés
de prison en attendant leur procès, et ils y ont acclamé le roi Charles en dégustant du potage
Prison de Fö-utca, du Fogas sauce Madère, des légumes à la Funchal, du filet de bœuf à la monitor, et en buvant de la bière de Budaörs et du vin royal de Tihany. [...] »

Richtete an Gasparri[52] folgendes Telegramm: „Apprends avec douleur maladie Sa Sainteté. prié nouvelles. Charles."

Heute sehr schön, Monte nebelfrei. Almeida war gestern bei Lethbridge
und unterhielt sich mit ihm lange über dessen erste, wichtigste Frage, über
das Verhältnis der Nationalstaaten zu dem politischen und finanziellen
Gleichgewicht Europas. Die Ausführungen Almeidas interessierten ihn sehr,
die Unterredung dauerte von 3 Uhr bis 6 Uhr. Heute fand sie wieder um 3
Uhr ihre Fortsetzung, und Almeida ist um 5 Uhr zurückgekehrt. Er sagte mir,
Lethbridge sei kein Freund einer englisch-französischen Allianz, gravitierte
mehr zu Deutschland und sei Katholik und stehe Northumberland[53] nahe. Ich
bin nicht orientiert, welche politische Richtung das ist. Almeida, von sich aus,
ohne daß ich vorher etwas wußte, bat den Lethbridge, er möge in der Sache
der berühmten 20[000]–15000 Pfund etwas helfen.[54] Wie ich nun höre, will
Lethbridge einem einflußreichen, englischen konservativen Abgeordneten mit
dem Schiff am 26. einen Brief schreiben, daß er die Sache im Parlament zur
Sprache bringe. Das ist also zu einer Zeit, wo Zita und die Kinder mit Gottes
Hilfe bereits reisen oder wahrscheinlich schon hier sind. Er ist auch bereit,
dafür zu sorgen, daß, wenn irgend ein englisches Visum für jemanden von
hier gebraucht wird, dies auf keine Schwierigkeiten stoße. Es wurde ihm noch
kein Name genannt. Wegen meines Buches hat er sich beruhigt, nur will er,
daß jemand aus der Suite ein Buch über unser Leben veröffentlicht. Auch das
habe ich abgelehnt. Ich habe auch Almeida gesagt, daß, wenn er nicht für die
englisch-französische Allianz ist, sich unsere politischen Wege trennen. Almeida meinte, man könne ihn für andere Sachen verwenden.

Heute nachmittag war der Bischof hier, er suchte eigentlich Almeida, aber
da ich gerade von dem Spaziergang zurückkam und Almeida nicht da war,
sprach ich mit ihm. Er gab mir einen Brief von Gasparri an ihn, worin ersterer den Bischof bittet, mir eine Mitteilung des ungarischen Gesandten beim
Heiligen Stuhle, Graf Somssich[55] zu übermitteln. Graf Somssich meldet: « Sa
Sainteté le Pape a prié le comte Somssich de ne pas quitter son poste de Ministre de Hongrie près le Saint Siège. Le comte Somssich prié par conséquent
Sa Majesté de bien vouloir ne pas le considérer comme ayant manqué à son

---

52 Kardinalstaatssekretär Pietro Gasparri, vgl. Nr. 9.

53 Vermutlich Henry George 7th Duke of Northumberland.

54 Verhandlungen über die Pension für den Unterhalt des Kaisers und seiner Familie vom 16. November 1921 bis 18. Februar 1922: PAMAE, Hongrie 7, fol. 110–115: Paris, 1922 Februar 18:
« Note pour la Conference des Ambassadeurs au sujet de la pension de l'ex-Empereur Charles », und l. c., o. O., fol. 117–118: Paris, 1922 Februar 22: « Resolution l'entretien et surveillance
de l'ex-Empereur Charles »; DBFP XXIV, 137 (Nr. 19): Paris, 1922 Jänner 23: Lord Hardinge
an Curzon: über die Überwachung des Kaisers und seine finanzielle Bedeckung.

55 Joseph (József) Graf Somssich de Saárd, 26.07.1920–1924 ungarischer Gesandter beim Heiligen Stuhl.

serment d'ancien diplomate Imperial et Royal (duquel du reste, il croit pouvoir se tenir comme délié) et spécialement à son serment de chambellan, si non obstant les événements du mois d'octobre dernier, il garde, sur la demande formelle du Saint Père, son post actuel. » Ich werde morgen antworten.

Heute ist Almeida wieder bei einem Thee bei einem Franzosen. „Weil i an alter Drahrer bin."[a]

Ich habe noch von vorgestern nachzutragen: Bei Paz Poiso sah ich solche vogelfreie weidende Hausschweine, wenn ich nicht gewußt hätte, daß es solche sind, hätte ich sie bestimmt für Wildschweine gehalten, denn sie sind ganz schwarz, ähnlich wie die ungarischen. Einen Moment wähnte ich mich im Lainzer Tiergarten.[56] Ich habe noch einiges von heute vergessen. Der Bischof wußte nicht, daß der Heilige Vater erkrankt sei, ich zeigte ihm die betreffende Zeitung und sagte ihm über das Telegramm an Gasparri und versprach ihm, wenn ich Nachricht erhalten sollte, ihm dies mitzuteilen.

Die Schwierigkeit der Besprechung zwischen Almeida und Lethbridge besteht darin, daß der eine nicht Englisch und der andere nicht Französisch oder Deutsch kann. Es ist nun ein weiblicher Dolmetsch dabei, eine Witwe, die aus dem Rheinlande stammt, auch eine Katholikin. Ich glaube, ihr Mann, auch ein Deutscher, war Spitzenhändler hier, dann war er auf den Azoren interniert. Nach seinem Tode ist sie zurückgekehrt, um nach dem Geschäft zu sehen, aber es war nichts mehr zu machen. Nun ist es vor dieser Deutschen ungeheuer schwer, etwas über englisch-französische Allianz und gegen Deutschland zu sprechen. Almeida hofft, daß, wenn die Gräfin kommt, er sie dann als Dolmetsch nehmen kann. Ich sagte vorher, Lethbridge habe sich sehr für die Beantwortung seines Punktes Nr. 1 interessiert, das ist richtig, aber als guter Engländer interessierte er sich sehr für die ganz zerrissenen Bahnen, aber auch gerade so für die Nationalitätenfrage in der Tschechei [Tschechoslowakei].

Monsignore und der alte Gouveia[57] sind Vettern. Gräfin Almeida schrieb ihrem Mann einen Brief, worin sie erzählt, daß Zita gegen 9 Uhr in Lissabon angekommen wäre, gleich in ihre (der Gräfin) Wohnung gefahren wäre, dort hätte die Gräfin mit Alkohol (auf einem Teller) Zitas Zimmer ausgeheizt. Zita hätte es vorgezogen, von Gräfin Almeida, als von irgend einer Hofdame, die sich auch zur Mitfahrt bis Paris angetragen hatte, begleitet zu sein. Sie schrieb, der französische Minister[58] wäre wenig empressiert gewesen, der spanische hingegen sehr charmant. Auf der Fahrt rühmt sie Zitas nette Art, Konversation zu machen. Von der Durchfahrt durch Spanien ist sie entzückt, Ob-

---

a   Wienerisch: „Weil ich ein alter Tänzer [in der Bedeutung von Nachtschwärmer] bin."

56 Kaiserliches Jagdgebiet am westlichen Stadtrand von Wien.
57 Cezar Augusto Gouveia, vgl. Jagdtagebuch, Nr. 273.
58 Charles-Jules Bonin, ao. Gesandter und bevollmächtigter Minister in Lissabon seit 28.06.1921.

regon sehr liebenswürdig, wachte die ganze Nacht vor Zitas Coupétür im Salonwagen. In Paris Nika, er und sie Ticky[59], er und sie René[60].

Die Geschichte dieser Dolmetscherin ist sehr lehrreich. Als sie und ihr
Mann auf den Azoren eingesperrt waren, war auch ein Jude dort, der unbedingt ein Christenmädchen heiraten wollte, das aber von ihm nichts wissen
wollte. Er sagte ihr: „In kurzer Zeit werden wir die Weltherrschaft haben und
da ist es gut, einen Juden zu heiraten." So geschehen <u>vor</u> Ende des Krieges!
Ihr Mann hatte hier das Spitzengeschäft mit einem getauften amerikanischen
Juden in Kompagnie. Als der Krieg ausbrach, bewog der Hebräer ihren Mann,
das ganze Geschäft auf seinen Namen zu schreiben, um alles vor Sequestration zu retten, und heute ist der Jude weg und kein Mensch, zumindest die
arme Frau, weiß nicht, wo er hin ist.

Lethbridge sagte Almeida ein Argument, das schwer zu entkräften ist, daß
nämlich die französisch-englische Allianz unhistorisch ist.

22. Jänner [19]22. Heute ist der „S. Miguel" angekommen, mit Berthelot[61]
und seiner Frau[61] an Bord, er soll nach den Azoren fahren, um auf dem Grabe
Gefallener einen Kranz niederzulegen und nach dem „Diario" soll er dann auf
einige Tage herkommen.

Ich habe gestern noch die Antwort auf Somssichs Meldung verfaßt. Sie liegt
bei.[63] Almeida geht jetzt um 2 Uhr zum Bischof und bringt ihm die Antwort
mit einem entsprechenden Begleitschreiben von ihm. Dann geht Almeida
noch zum „S. Miguel", um dem Schiffskommissär für alle Freundlichkeiten gelegentlich Zitas Reise zu danken. Die Nachrichten aus Rom in den Zeitungen
sind leider auch heute ungünstig, der Heilige Vater soll versehen worden
sein.[64]

Take Jonescu[65] ist nach kaum einmonatiger Ministerpräsidentschaft gestürzt worden. Fort mit Schaden!

Heute lief in den Hafen ein großer Dampfer mit einer ganz grünen Flagge
und in der Mitte ein weißer Kreis mit einem Bild darinnen, ein. Was das wieder für ein neu erfundener Staat sein mag?

Ich sprach heute mit Monsignore über das Schwindeln bei portugiesischen
Wahlen (siehe Jagd)[66]. Das mir in Faja da Ovelha erzählte Beispiel ist nach

---

59 Nicht zu verifizieren.

60 René von Bourbon von Parma, seit 1921 verheiratet mit Margarete Prinzessin von Dänemark.
    Vgl. Nrn. 20, 145, 242.

61 Philippe Berthelot, vgl. Nr. 216.

62 Sophie Berthelot, geb. Niaudet.

63 Fehlt in der Vorlage.

64 Papst Benedikt XV. starb am 22.01.1922.

65 Take Dumitru Ionescu, 21.06.1920–17.02.1921 rumänischer Außenminister; 18.12.1921–
    19.01.1922 Ministerpräsident.

66 Vgl. Nr. 273.

seinen Aussagen nicht gut gewählt, denn ein unrichtiger Name kann nach dem Wahlgesetz, wenn die lokale Wahlkommission will, die Ungültigkeit der Wahl bedingen. Die Stimmzetteln sind geschrieben, meistens gedruckt und nach dem Gesetz muß der offizielle Name voll ausgefüllt sein, auch wenn es ein Doppelname ist. Würde selbst die Wahlkommission, in Ansehung der Absicht des Wählenden, die Wahl für gültig erklären, so kann noch immer die Gegenpartei bei der Verifizierungskommission die Ungültigkeit der Wahl, wegen falscher Namensnennung anmelden und dies ist vollständig gesetzmäßig. Aber Monsignore erklärte, sie arbeiten mit viel gröberen Mitteln, Zuschieben von anderen Stimmzetteln an die Wähler, etc. Ganz schamlos.

Am 29. sollen in Portugal und hier die Wahlen sein. Ob sie noch sind, hängt von den Parteien ab, die Regierung scheint sie zu wollen. In Ribeira Brava, hier in der Nähe, haben sie für die Wahlkommission ein ganz enges Lokal ausgesucht, so daß der Tisch schon fast das Ganze ausfüllt und immer nur eine Person zur Wahl kommen kann, so daß man einer einzelnen Person, noch dazu in einem engen Raum, viel leichter andere Wahlzetteln zustecken kann. Der Monsignore sagt auch, daß der gewählte Bürgermeister einer Großgemeinde dem Schreiber koordiniert wäre (siehe Jagd), und daß der Schreiber Beamter des Staates und die Kompetenzen beider getrennt wären. Nur natürlich ist es oft schwer, wenn die beiden verschiedener politischer Ansichten sind ! In den einzelnen Pfarren sind dann auch noch kleinere staatliche Beamte, die vom Schreiber ernannt werden. In Portugal gibt es keine ständigen politischen Beamten wie bei uns, jeder Beamte ist Exponent der Regierung und fällt mit dieser. Natürlich kann sie die neue Regierung wieder bestätigen. Die Hierarchie der politischen Verwaltung wäre folgende:

Minister des Innern –

21 Distrikte mit den Gouverneuren an der Spitze,

Großgemeinde mit gewähltem Bürgermeister und Gemeinderat und der Schreiber,

Pfarrei (seit alten Zeiten ist die Pfarrei die niedrigste politische Einheit) mit einem niederen Staatsbeamten.

Dies scheint auch schon so zur Zeit der Monarchie gewesen zu sein, auch in Spanien bedingt ein Ministerwechsel Wechsel der höheren Beamten.

23. Jänner [19]22. Heute Wetter sehr schlecht, fast ununterbrochener Regen, Meer bewegt, Monte im Nebel. Gestern war eine Nachricht, welche dem Bischof jemand auf der Post erzählt und dieser dem Almeida wiederholt hatte, daß der Heilige Vater gestorben wäre, bis heute keine Bestätigung dieser Nachricht, auch kein Telegramm aus Rom. Ich hoffe noch immer, daß es nicht wahr ist.

Gestern schrieb mir jemand, er wolle Erzieher der Kinder werden, er sagte, er habe mich am Vormittage, als er im Meer badete, dort herunterkommen gesehen, und er zögerte, ob er nicht herauskommen sollte, um mir seine Bitte persönlich vorzutragen. Es ist wahr, ich habe, als ich gestern früh die gewisse Stiege zum Meer hinunter gegangen bin, einen Mann im Wasser gesehen. Dieses Zögern zeigt von einer guten Erziehung.

Ich freue mich schon sehr auf den Mont[e], denn hier dieses Auf- und Abgerase[a] allein immer auf denselben Wegen ist zum Auswachsen[b]. Almeida will ich nicht zum Spazierengehen einladen, denn ich habe Angst, ihn zu ermüden. In die Stadt zu gehen, hat auch nicht viel Sinn, Almeida hat meistens Kommissionen und allein gehe ich nicht gerne herum, es kommen immer so viel Menschen von den Schiffen, die einen womöglich ansprechen und ausfragen.

Heute hat Lethbridge seinem englischen Freunde einen ganz vernünftigen Brief über die Geldsache geschrieben und darinnen erwähnt, daß er von niemandem einen Auftrag hat. Der Freund soll über die ganze Angelegenheit eine Interpellation erreichen. Es ist dies ähnlich wie bei dieser Presse-Engländerin, die schließlich Almeida aus der Pönitentiarra befreite. Die Quinta do Monte wird bis 15. 2. fertig, heißt es, sagt vielmehr der junge Vieira di Castro. Mutter und Schwiegermutter des Rocha Machado, letztere auch die Mutter Vieira di Castros, sind rührend tätig, um die Quinta so bequem als möglich herzurichten. Einiges paßt ihnen noch nicht bei der Zimmereinteilung, sie möchten die Kapelle hinunter ins Vestibül geben und suchen für uns ein Schreibzimmer. Ich werde für das Schreibzimmer danken. Die Adresse der Presse-Engländerin des Almeida, Miß Thompson, hat die Gräfin Almeida und wenn sie am 28., wie es jetzt heißt, herkommt, wird Almeida auch die Thompson von sich aus für die Geldsache interessieren. Diese Thompson hat, als Almeida eingesperrt war, durch Artikel und Versammlungen die Regierung Grey[67] so weit gedrängt, daß sie Portugal, aber nicht durch die offizielle englische Vertretung, gezwungen hat, eine Amnestie zu erlassen.

24. Jänner [19]22. Der Heilige Vater ist leider doch gestorben. Es tut mir so leid, er war immer und in jeder Lebenslage so gut für uns. Der Herrgott möge es ihm lohnen. Offiziell hat der Bischof bis heute früh keine Verständigung erhalten, es haben daher auch noch nicht die Glocken geläutet.

Heute war das Wetter vormittags schön, nachmittags wieder Südwind, ab 4 Uhr Regen. Heute ist in der Zeitung gestanden, daß Zita mit ihrem „Schwager" am 22. in Lyon eingetroffen ist. Von den Kindern stand nichts darinnen, ich hatte einen Moment einen Schreck, daß sie nicht kommen würden, dann aber erinnerte ich mich daran, daß Zita mir feierlich versprochen hatte, die Kinder unter jeder Bedingung zu bringen, daß ich mich meines Zweifelns schämte.

Den Tod des Heiligen Vaters wissen wir aus Lissaboner [Lisboa] Telegrammen des „Diario", aber es ist sicher; auch die „wireless" sagen es; es scheint

---

a   Umgangssprachlich: rasen, auf- und absrennen.
b   Umgangssprachlich: sehr schwer zu ertragen.

67 Regierung Edward Grey, 11.12.1906–05.12.1916.

der Tod durch irgend eine englische Agentur wirklich ein paar Stunden zu früh mitgeteilt worden zu sein, als der Heilige Vater bereits bewußtlos war, aber noch lebte. In den „wireless" geben sie diesen Irrtum zu und sagen, daß der Tod etwas später eingetreten sei.

Heute nachmittag war ich mit Monsignore und Almeida am Monte. Ich wollte zuerst dort spazieren gehen und hatte eigentlich nicht die Absicht, die Quinta zu besuchen. Nachdem wir einmal außen um die Quinta herumgegangen waren, gingen wir, wegen der Kapelle doch hinein. Im Vestibül ist es unmöglich, da dort entweder die Leute den ganzen Tag durchlaufen müßten oder aber der einzige Eingang, ohne durch den Salon zu gehen, für immer versperrt wäre. Da aber der von Dir bestimmte Raum zu klein ist, und das Zsamboki-Zimmer nur einen Ausgang zum Salon hat – einen Ausgang zum Garten zu machen, dürfte auf Hindernisse stoßen –, so haben wir dieses Zimmer als Kapelle bestimmt. Monsignore bestimmte, wohin der Altar kommen sollte. Das Zimmer hat diese Form.[a] Der Altar kommt dahin, wo das Kreuz ist. Die Bücherstellagen aus Gräfin Kerssenbrocks Zimmer gehen nicht heraus, da sie an Ort und Stelle aus einem Stück Holz gemacht wurden und daher kein Fenster und keine Türe breit genug ist, um die Sache hinauszuschaffen. Ich bat Frau Rocha Machado, sich weiter keine Sorgen zu machen, sondern die Bücherstellagen einfach zu lassen. Als wir eintraten, lernten wir zuerst ein Fräulein Ribeira aus einer angesehenen madeirensischen Familie kennen, die bei der Frau Rocha Machado (Mutter) Gesellschafterin ist. Sie holte gleich die Frau Rocha Machado, eine ziemlich ältere Dame, klein von Statur mit Augengläsern. Ich dankte ihr sofort sehr herzlich für die Freundlichkeiten ihres Sohnes und für ihre eigene Liebenswürdigkeit, hier einzurichten. Ich drückte meine Freude aus über das Wohlbefinden ihres Sohnes. Sie sagte mir, ihr Sohn sei, sie müsse es gestehen, ziemlich neurasthenisch, aber, was ihr eine große Hoffnung auf baldige Besserung gebe, sei, daß er, wenn er etwas Angenehmes erfährt, nicht aufgeregt ist, sondern nur, wenn ihm etwas Unangenehmes widerfahre. Bei einem wirklich kranken Menschen müßte beides aufregen. Die Gesellschafterin setzte hinzu, daß der Lausanner Arzt bereits bei der vorletzten Untersuchung nichts an der Lunge konstatiert habe. Frau Rocha Machado ist eine geborene Französin, es war eine Freude, wieder einmal ein schönes Französisch zu hören. Almeida sagte mir, daß sie wahrscheinlich nicht sehr gut portugiesisch spreche, daß sie eine brave, aber einfache Frau sein soll. Woher Almeida diese auch nicht ganz sichere Weisheit hat, ahne ich nicht. Inzwischen gegen 4 Uhr fing es an zu regnen, und wir eilten zum Auto, um noch, bevor die Straße zu naß wird, wieder hinunter in die Stadt zu kommen. Um ½ 5 Uhr waren wir wieder zuhause. Der junge Vieira di Castro

---

a In der Vorlage einfach skizziert.

sollte denselben Nachmittag hinaufkommen wegen der für uns notwendigen Möbel, ich glaube, daß die schlechte Straße ihn abgehalten haben wird.

25. Jänner [19]22. Morgen kommt Gräfin Almeida. Er ist schon sehr aufgeregt und wird morgen von 7 Uhr früh an beim Hafen in der Bank Rocha Machado warten. Ich fürchte, sie wird aber erst später kommen, da das Meer nicht sehr gut war. In den Zeitungen steht heute, daß Zita in Wartegg war und in der anderen, daß sie das Spital überhaupt nicht verlassen hat.[68] Wahrheitsliebend!

Von dem Tode Seiner Heiligkeit ist scheinbar noch immer keine offizielle Verständigung beim Bischof eingelangt, ich habe Monsignore gebeten, er solle mir sagen, wenn etwas kommt, aber keine Nachricht und auch noch kein Läuten der Glocken gehört. Vielleicht hört man es auch nicht bis hierher. Heute zu Mittag sah ich den alten Vieira di Castro, der seinen Sohn als Dolmetsch mitbrachte, in Audienz. Das Gespräch drehte sich mehr um Wetter etc. Er erzählte mir nur, daß heute das Pfund 13.000 österreichische Kronen wert sei, da muß sich doch der Mann in dem Artikel, den ich neulich mit Zita las, getäuscht haben, worin stand, daß der Franc français auf 600 Kronen stünde, sonst müßte das Pfund 25.000 österreichische Kronen oder noch etwas mehr sein. Die Fahrt Madeira – Lissabon kostete mit dem Royal & Mail (Avon etc.) in Friedenszeiten 5 Pfund pro Person. Der alte Vieira di Castro sieht so ähnlich dem alten falschen Grafen Almeida[69] in Prag. Nachmittags um ½ 5 Uhr fuhr ich mit Almeida per Auto zuerst zur Schiffsagentur, die Ankunft des Schiffes der Gräfin zu erfragen, dann zu einer Holzhandlung, um Holz zu kaufen, da wir kein Holz hatten, um das Abendessen und das morgige Frühstück zu kochen. Auch im Hotel war keines aufzutreiben. Gregoric wollte schon mit Kohlenstaub oder mit Holz einer Kiste heizen. In dieser Handlung, die uns der Chauffeur anrekommandiert hatte, war alles Holz schon verkauft. Von dort fuhren wir zu einem Hause eines Freundes des Schwagers [Dr. Almada], um diesen und seine Tochter zu seinem Hause mitzunehmen, denn der Hauptzweck der Fahrt war der, daß Almeida mit der Schwägerin [Gemahlin von Dr. Almada] über die morgige Ankunft der Doña Constance reden wollte. Ich bin nur mitgefahren, um einen kleinen Giro[a] zu machen. Da schon das Auto da war, wollte ich auch gleich das Holz besorgen, eventuell darum,

---

a   Italienisch: Runde, Spaziergang.

68 BAR, E 2001 (B)-/3, Bd. 49, Dossier B 44/142/2, 1922 (IV.), fol. 447r–448v: „Bern, 1922 Jänner 18: Aktennotizen Carl Eggers über meinen Besuch bei der Ex-Kaiserin Zita am 17. Jänner 1922: [...] Die Ex-Kaiserin hat das Spital noch mit keinem Schritt verlassen, denkt auch nicht daran es zu tun und hat mit Ausnahme ihrer Kinder noch keine Besuche empfangen. Die Zeitungsmeldung von dem Besuch der Generaloberin von Mensingen ist reine Erfindung. Die Ex-Kaiserin wird die Schweiz voraussichtlich nur wieder mit Fräulein de Sépibus verlassen [...]."

69 Nicht verifizierbar.

während Almeida in Santa Luzia war, nach der Quinta do Monte zu fahren, weil dort immer Holz ist. Gregoric war auch schon in der Früh erfolglos bei einem anderen Holzdepot – beim Hafen – gewesen. An Stelle des Schwagers fuhr von diesem Hause aus ein Herr Jose Eça de Queiroz nach Santa Luzia mit, denn die Tochter Dr. Almadas kam erst nach 5 Uhr von der Stunde zurück. Dieser Herr ist der Mann der jungen Frau, die einmal Briefe nach Lissabon mitnahm, und die Hunyady beim Schwager, ihrem Vetter, kennenlernte und über deren Schönheit er so entzückt war. Der Herr war ein Compagnon D. J. Almeidas [?] bei einer der letzten Konterrevolutionen. Er ist sehr nett, und ich sagte ihm, meiner Ansicht nach müßten die konservativen monarchistischen Kreise ebenso eine Internationale bilden wie die Sozis. Sein Vater war ein sehr bekannter Schriftsteller und starb vor ungefähr 20 Jahren.[70] Auf dem Wege nach Santa Luzia blieb der Chauffeur wegen des Holzes noch einmal bei dem Greissler[a] stehen, dieser hieß Herr „Geschäft", Loja. Dieser Mann hatte das gewünschte Holz, und die Fahrt auf den Monte wurde erspart. Von Santa Luzia aus kehrte ich per Auto nachhause zurück und das Auto fuhr dann um Almeida [abzuholen] wieder hin.

26. Jänner [19]22. In der „Staatswehr"[71] las ich so eine erschütternde Geschichte. Ein alter Offizier, schwer krank, fühlt, daß seine letzte Stunde naht, geht zum Donaukanal, lehnt sich an das Geländer an, damit, wenn er stirbt, seine Leiche ins Wasser fällt und auf dem Friedhof der Namenlosen begraben wird, um seinen Angehörigen die Begräbniskosten zu ersparen.

Heute sagte mir der Monsignore sein politisches Glaubensbekenntnis: er ist Monarchist, aber für keine bestimmte Person, er anerkenne die Legitimität der Miguelisten, sei auch mehr auf ihrer Seite als auf der Seite der Konstitutionalisten (Manuelisten).[72] Unter der letzten Monarchie sei er auf dem Boden der Tatsachen gestanden und habe Politik betrieben, manchmal auch in Opposition gegen die Regierung. Nach der Proklamation der Republik[73] habe er sich ganz aus der Politik und vom Zeitungsschreiben zurückgezogen. Er hatte hier in Funchal drei katholische Zeitungen nacheinander, eine hieß auch „Diario de Madeira". Zur Zeit der Revolution war er in Lissabon und begab sich auf ein deutsches Schiff. Kaum war er vom Hause seiner Mutter in Lissabon weg, als auch schon Soldaten kamen, die ihn suchten. Er glaubt nicht, daß sie ihm etwas tun wollten, er wäre nur wie der Patriarch zu seinem persönlichen Schutz eingesperrt worden. Zu dieser Zeit war es schwer für

---

a Österreichisch: kleiner Händler.

70 Jose Eça de Queiros, bedeutendster Romancier des Realismus in Portugal (1846–1900).

71 „Demokratisches Organ aller Offiziere und Militärbeamten Deutschösterreichs", Wien 1918–1926. Fortsetzung als „Neue Staatswehr". Legitimistische Zeitschrift.

72 Vgl. Nr. 273, Anm. 10.

73 05.10.1910.

Priester, sich auf der Straße zu zeigen, sie wurden insultiert. Monsignore kannte alle diese Republikaner aus dem Parlament, umsomehr, da sie auch manchmal beide, die Katholiken und Republikaner, gemeinsam in Opposition gegen die Regierung waren. Daher ist er überzeugt, sie hätten ihm nichts getan. Monsignore war nie auf den Azoren und nie in den portugiesischen Kolonien, aber er weiß von allem sehr genau Bescheid, da er auch über die Azoren und die Kolonien im Parlament sprechen mußte. Die Cap-Verde-Inseln sind so wasserarm und es regnet manchmal ein ganzes Jahr nicht. Da sterben die Leute an Hunger und Durst. Nur die Engländer besitzen Kohlengruben dort. Mozambique wäre sehr reich, sogar ein Goldbergwerk, das <u>nicht</u> exploitiert wird, aber halt[a] die Wirtschaft! Portugal habe überhaupt ungeheure Schätze. Monsignore sagte mir, er habe einzelne sehr gute englische Freunde, aber die englische egoistische Politik verabscheue er. Er sagte mir dies à propos der Intriguen gegen D[on] Miguel.

Offizielles über den Tod des [Heiligen] Vaters war bis heute in der Früh noch immer nichts von der Nuntiatur beim Bischof. Die Glocken haben auch noch nicht geläutet. Der Bankier des Rocha Machado, wie er heißt, weiß ich nicht, erzählte dem Almeida, die englische Regierung habe die portugiesische gefragt, warum Zita weggelassen wurde, worauf die portugiesische die Demission des Gouverneurs den Engländern antrug. Der englische Minister in Lissabon aber sagte, dies sei nicht mehr notwendig, da Zita so schon fort wäre.[74] Wenn dies wahr ist, verstehe ich genau, warum neulich eine Demon-

---

a   Umgangssprachlich: eben.

74 PAMAE, Hongrie 7, fol. 72r–v.: Lissabon [Lisboa], 1922 Jänner 31: Bonin an Poincaré: Über die Gespräche der englischen, französischen und italienischen Botschafter mit dem ehemaligen portugiesischen Außenminister, Dr. Alberto da Veiga Simoes, über die Art der Behandlung der kaiserlichen Familie und über die Durchführung der Beschlüsse der Botschafterkonferenz: « […] Le Ministre des Affaires Étrangères ne laisse pas de reconnaître les motifs importants qui ont décidé la Conférence des Ambassadeurs à faire connaître aux ex-souverains les mesures qu'elle a l'intention d'appliquer si l'un d'eux appuie une restauration de la dynastie des Habsbourg ou s'il l'ex-empereur essaye de fuir de la résidence qui lui a été assignée. Cependant, et avec le respect dû à la Conference des Ambassadeurs, il ne semble pas que les intérêts du Portugal et même ceux des autres nations plus directement préoccupées par la question du trône hongrois exigent ou du moins indiquent que les décisions de la Conference soient notifiées à la famille royale destituée par le Gouvernement qui lui offre l'hospitalité. Ces décisions, sans doute justifiées, ne laissent pas de presenter une sévérité que le Gouvernement Portugais n'a pas le désir de manifester à des étrangers qui n'ont commis sur son territoire aucun acte hostile ou incorrect. Les communications dont il s'agit pourraient, comme leur appartenant mieux, être faites aux ex-souverains par les Consuls des trois nations bien que, si cela paraissait utile, il n'y ait aucune difficulté à ce que la transmission se fasse par l'entremise de l'autorité administrative de Funchal, une fois que la notification sera signée par les mêmes Consuls. […] » Dazu auch DBFP XXIV, 150–151 (Nr. 29), Lissabon [Lisboa], 1922 Februar 16, Sir Carnegie an Lord Hardinge über die Sicherheitsmaßnahmen zur Überwachung Kaiser Karls in Madeira:

stration gegen Pinto geplant war, die Leute werden etwas von seiner Freundlichkeit, neulich Zitas Abreise nicht verhindert zu haben, erfahren haben, gleichzeitig vielleicht auch die Sache mit England und haben den Moment für gekommen gesehen, um den Statthalter auch noch durch innere Schwierigkeiten endgültig zu entfernen. Ich verstehe nun auch Pintos neuliche Vorsicht beim Ausfluge und sein Ausspruch „die Sache wäre nicht im Interesse Euer Majestät und nicht in seinem eigenen". Ich glaube aber, daß hinter England die Kleine Entente steht, und daß auf Drängen dieser Kläffer England die Sache in die Hand genommen hat, aber so spät ausführen ließ, daß bereits nichts mehr zu machen war. Denn wenn England Zitas Reise wirklich verhindern wollte, hat es die Mittel dazu.[75] Gräfin Almeidas Schiff, der „Lourenço Marques", ist bis jetzt 6 Uhr 15 abends nicht eingelaufen. 7 Uhr 30 ist er eingelaufen nach einer entsetzlichen Fahrt. Gleich bei der Ausfahrt aus dem Tejo erwischte ihn ein scharfer Südwest, so daß Gefahr bestand, daß er an das Land geschleudert würde, es rollte bis zu 32°, das meiste, was ein Schiff rollen kann, ohne zu kentern, ist 35°. Die Frauen schrien, alles im Salon flog hin und her. Dann begann es zu stampfen, und die Gräfin hatte im Bett das Gefühl, jedesmal aufzusitzen und dann wieder in die Pölster zurückzufallen. So ging es bis vielleicht vier Stunden vor Madeira. Das Schiff hatte schon zu Mittag hier sein sollen, aber der Kapitän mußte weit ab von Madeira bleiben, einerseits, um nicht an die Felsen geworfen zu werden, anderseits, um nicht die Wellen schneiden zu müssen, was für die vielen seekranken Damen noch ärger gewesen wäre und konnte nur in einem großen Bogen in den Hafen [einlaufen].

Die Gräfin, die erst von einer Grippe, die sie nach der Rückkehr von Paris erwischt hatte, für diese Fahrt aufgestanden war, mußte vom Schiffsarzt zweimal Einspritzungen erhalten. Dieser Schiffsarzt ist ein Sidonist und Royalist, war früher auf dem Lande Arzt, und als die Politiker im Arsenal im vorigen Oktober erschossen wurden, hielt er es für geratener, sich als Schiffsarzt auf hohe See zu begeben, damit ihm nicht Ähnliches passiere. Schöne Zustände! Er sprach auch von Ungarn, sagte, die dortigen Republiken seien nichts wert, wünschte unsere Rückkehr und meinte, warum wir noch nicht zurückkehren. Die Gräfin brachte das langersehnte Lysoform mit und, oh

---

"[...] Senhor [Alexandre Eça] de Vasconcellos [sic] [1922 Generaldirektor des politischen Departements des portugiesischen Außenamtes] informed me, that the French Minister had stated to the Minister for Foreign Affairs that the action taken for interning and controlling the ex-sovereigns at Madeira was most unpopular in France and that His Majesty's government were chiefly responsible for it [...]."

75 Über die Reise von Kaiserin Zita in die Schweiz und diverse Gerüchte: AE, Austria 837 [neu: 1483] Prot. 29.016; 29.751; 30.183; PA AA, Politik 11, Nr. 2, Bd. 2: Wien, 1922 Jänner 05; PRO, FO 371/6111, fol. 72r–75r; 371/7618, fol. 69r–71v; 81r–84r; DBFP XXIV, 132–133 (Nr. 15): Paris, 1922 Jänner 11: Lord Hardinge an Curzon.

Freude, einen neuen Sherlock Holmes[76] und zwei historische Bücher. Ich glaube, nach all der vielen geistigen Arbeit der letzten Zeit habe ich einen Sherlock verdient.

27. Jänner [19]22. Heute telegraphierte ich auf all das Gerede hin, das in den Zeitungen steht, an Zita via Oberst Obregon, daß ich sie mit den Kindern bestimmt für 02. II. 1922 hier erwarte.[77] Aber kaum war das Telegramm weg, als der spanische Vizekonsul mit dem Telegramm des Kabinettsdirektors des Königs Alfons kam, mit der schönen Nachricht, daß Zita bereits in Spanien ist, sich wohlbefindet und die Kinder in Paris wären, und daß alle am Samstag nach Lissabon fahren würden.[78] Ich weinte vor Freude und habe gleich ein Te Deum in der Kapelle gebetet. Dieses Alleinsein hier ist gräßlich, nieman-

---

76 Sherlock Holmes, weltbekannte Detektivfigur in den Kriminalromanen von Sir Arthur Conan Doyle, u. a. „The adventures of Sherlock Holmes" (1892).

77 Vgl. AOS, Tom. II, Index 750, Telegramm von Kaiser Karl an Kaiserin Zita mit Almeidas Unterschrift.

78 BAR, E 2001 (B)-/3, Bd. 49, Dossier B 44/142/2, 1922 (IV.), fol. 451–454: Bern, 1922 Jänner 23–24: Carl Egger über die Abreise der Kaiserin und jene der kaiserlichen Kinder aus der Schweiz: „[...] Herr Allizé diktierte folgenden Fahrtenplan: Abreise von Genf: Samstag 21.01.: 19.25; Ankunft Lyon: 23.17; Abreise Lyon: Sonntag 22.01.: 6.45 (!), Ankunft Bordeaux: 20.10. Abreise Bordeaux: Montag 23.01.: 3.55 (!), Ankunft San Sebastian: 8.54. Meinen Hinweis, die Reise dürfte doch für eine Dame, die sich überdies noch in anderen Umständen befinde, etwas ermüdend sein, quittierte Herr Allizé mit der kurzen Bemerkung, die Instruktionen der Botschafter-Konferenz seien darüber formell und ließen keine Änderung zu. Ich reiste Samstag, den 21. dieses Monats morgens 7 Uhr nach Zürich und begab mich sogleich ins ‚Paracelsus', wo ich noch einer Unterredung Dr. Seeholzers mit der Ex-Kaiserin beiwohnte.[...] Am Vorabend der Abreise unternahm die Ex-Kaiserin den einzigen Ausgang während ihres Aufenthaltes in Zürich, um sich in der Frauenklinik durch Herrn Prof. Walthard untersuchen zu lassen. [...] Auf Wunsch der Ex-Kaiserin fuhr ich mit ihr ins ‚Hotel de l'Ecu' Genf. Sie bat mich, noch mit ihr zu speisen und benützte diesen Anlaß, um mir zu Handen des Bundesrates zu sagen, wie sehr dankbar sie für all das große Entgegenkommen sei, daß die Schweiz ihr entgegengebracht hätte. Ich richtete ihr die mir von Herrn Bundesrat Motta aufgetragene Botschaft aus, wozu sie bemerkte, sie habe es als ganz selbstverständlich empfunden, daß wir besondere Maßnahmen hätten ergreifen müssen; sie hätte aber darunter gar nicht zu leiden gehabt, da sie ja nie ausgegangen sei. [...] Die Kinder, mit Ausnahme des Patienten, werden in den nächsten Tagen ebenfalls via Genf – Lyon – Bordeaux nach Lissabon [Lisboa] reisen, begleitet von der Gräfin Mensdorff und Herrn von Fischer-Ankern. Die erstere geht nach Madeira, Herr von Fischer-Ankern kehrt wieder zurück und wird dann ungesäumt nach Österreich ausreisen. Erzherzog Robert soll nach der Erholung in Begleitung der Gräfin Kerssenbrock im Monat Februar nach Madeira nachfolgen. [...]" Über die Ankunft von Kaiserin Zita in Madrid am 25.1.1922 und über ihre Weiterreise nach Lissabon [Lisboa], am 28.01.1922: BAR, E 2001 (B)-/3, Bd. 49, Dossier B 44/142/2, 1922 (IV.), fol. 447: Madrid, 1922 Februar 01: Mengotti an Politisches Departement: « [...] L'ex-souveraine est arrivée à Madrid le 25 janvier, où elle fut reçu à la gare par le Roi, puis conduite au Palais, où elle passa quelques jours. Elle quitta la capitale le 28 par le sud express d'Irun, qu'elle quitta à Medina pour prendre la direction de Lisbonne. La presse madrilène est unamine à souligner le caractère particulièrement amical de la réception de l'ex-souveraine par Alphonse XIII. [...] »

den, mit dem man reden kann, dabei geben sich ja Almeida und Monsignore alle erdenkliche Mühe, aber der eine ist alt und kränklich und der andere hat viel zu tun und man will beide schonen und nicht stören, und jetzt ist auch noch Almeidas Frau gekommen und da will man die beiden beisammen lassen. Abends vorgestern ist erst die offizielle Nachricht vom Ableben Seiner Heiligkeit gekommen und gestern sollen die Glocken geläutet haben, ich hörte nichts. Der Bischof hatte, als er gar keine Nachricht bekam, an die Nuntiatur in Lissabon telegraphiert, denn sie ist die Stelle, die ihn benachrichtigen sollte, und das scheint die Antwort zu sein. Das Requiem und [die] Absolution für Seine Heiligkeit ist Montag, ich gehe hin.

Heute schrieb sich ein Herr Campbell-Turner ein, der mit Wien irgendwelche Verbindungen hat, sein Name klingt mir bekannt, nur weiß ich nicht, wohin ich ihn stecken soll.

Nachmittags fuhr ich mit dem Auto in die Stadt, für mich eine schwarze Krawatte für das Requiem und für die Trauer nach Seiner Heiligkeit zu kaufen. Für das Haus besorgte ich feines Maschinen-Knochenöl für das Schmieren der Scheren im „Central", nun war der von den Kommis, der Englisch kann, nicht gleich da und mit dem Portugiesen kam ich auf keinen grünen Zweig. Er brachte mir auf „olio", das der Chauffeur, da der portugiesische Kommis dieses Wort nicht verstand, in „azeto" umtaufte, Tafelöl. Gerade als wir uns auf „olio di machino" geeinigt hatten, kam der Englisch sprechende Mann. Nun wußte ich wieder nicht, wie Scheren auf englisch heißt und die Knochen vom Öl hatte ich vergessen. Da kam die Füllfeder, die der Kommis in seiner Westentasche hatte, mir scheinbar zu Hilfe, ich erklärte ihm, wenn dieser Gegenstand zu ölen ist, das will ich haben. Und ich brachte triumphierlich, wie mir eben Gregoric meldet, Speiseöl-Olivenöl nachhause. Die Gräfin brachte ein Mittel gegen Ameisen mit, es ist dies das alte Originalmittel, heute verkauft man nur Ersatz. Die Gräfin sprach selbst mit dem Erzeuger; das Ersatzmittel ginge auch ganz gut, und er verkaufe es viel, meinte er, ließ sich aber doch herbei, gegen etwas höheren Preis das Originalmittel herzustellen. Es ist Gift, da keine Kinder und keine Hunde noch im Hause sind, so kann man es verwenden. Es wird in kleinen Wattebauschen, die mit dem Gift getränkt sind, überall da im Zimmer verteilt, wo die Ameisen herauskommen. Es soll probat wirken.

Der Monsignore sagte mir gestern, daß das Wasser hier für gewisse Leute zu gut ist, daher muß man „Eno's fruit salt", einen Teelöffel in ein Glas Wasser geben.

Ich habe noch vergessen, der spanische Vizekonsul spricht nur spanisch, ich sprach mit ihm durch Almeida als Dolmetsch. Ich dankte ihm natürlich und durch ihn auch dem Könige. Er sagte, er hätte schon früher wollen seine Aufwartung machen, er hätte dies auch dem Monsignore gesagt, aber er traute sich nicht ohne Befehl seiner Regierung. Nun der Befehl da ist, ist er mit Freuden sofort hergeeilt. 25 Minuten nach Erhalt des Telegrammes war er schon in der Villa Victoria – und bietet in allem seine Dienste an.

Die Gräfin ist von ihrer zweitägigen Seekrankheit wieder erholt. Die Gräfin erzählte heute abend sehr interessant von ihren Erlebnissen bei den Besuchen der eingesperrten Royalisten, von ihrem eigenen achtmonatigen Kerkerleben, von der Pönitentiaria, von den dortigen Revolutionen etc. Wir kamen durch ihre Anwesenheit in Dalmatien während der Revolution darauf zu sprechen. Sie meinte, in Österreich sei keine Revolution gewesen, die Teile hätten sich einfach von einander getrennt, es sei kein Blut geflossen, und daß wir so lange in Österreich bleiben konnten, ohne umgebracht zu werden, ist ihr, die portugiesische Revolutionen gewohnt ist, unbegreiflich. Sie meint, entweder fliehen, umgebracht werden oder die Regierung führen.

In Dalmatien hörte man zuerst unglaubliche Gerüchte, ich wäre ermordet, etc. Sie schrieb an den FML Weikersheim[79], was denn los sei, Almeida war gerade auf Urlaub in Wien und bekam zur Antwort einen nicht sehr tröstlichen Brief auf französisch mit dem Worte „catastrophe" geschrieben. Ihr liefen alle Diener, Köche etc., die Soldaten waren, andere Bedienstete hatten sie nicht, weg, einer unter dem Motto „jetzt regiert Wilson". Dazu kam dann der Mangel an Nahrungsmitteln, nur die Bauern aus der Umgebung brachten ihr Brot und Früchte. Dann kamen die ganz verhungerten hohlwangigen Truppen des Generaloberst Pflanzer-Baltin[80] durch. Die Offiziere traurig, aus ihrer Karriere geworfen, heimatlos. Österreich, für das sie so lange freudig gekämpft hatten, existierte nicht mehr. Ein Tiroler Offizier sagte, „früher wußte ich, daß ich Tiroler bin, nun weiß ich nicht mehr, was ich bin". Die Pferde, welche die Armee mitbrachte, die ersten Pferde, die man seit langem in Dalmatien wiedersah, da ja alle Pferde für die Armee requiriert waren, waren nur Haut und Knochen, ein wandelndes Skelett. Ein unauslöschlicher Eindruck für die Gräfin war folgendes: Wegen der vielen Soldaten hatten sie das Tor zu ihrem Garten geschlossen und es kamen drei Pferde, denen sie am Abend durch eine Ritze des Tores einiges Gras gab. Als sie am nächsten Morgen das Tor öffnete, lagen drei Pferdekadaver da. Die Bauern nahmen die Kadaver, banden sie mit einem Strick an ihre Wagen und führten sie nach Hause. Mittlerweile wurden die Truppen in Schiffe verladen, die Generäle versteckten ihre Lampasse unter ihre Mäntel. Die Fahrt war noch wegen der zahlreichen Minen gefährlich. Mit einem solchen Transport fuhr auch FML Baron Schnehen[81], ganz geknickt, „für mich ist alles aus", sagte er.

---

79 Karl Fürst Weikersheim, FML, Kommandant des Küstenrayons Ragusa (Dubrovnik).
80 Vgl. Nr. 3; Pflanzer-Baltin, seit Sommer 1918 Kommandant der „Armeegruppe Albanien", brachte im November 1918 160.000 Mann ungeschlagen aus Albanien zurück: Arz, Geschichte des Großen Krieges, 294–295, 374.
81 Maximilian Frh. von Schnehen, FML, k. u. k. Kämmerer, zugeteilt dem Kommando des 19. Korps.

Man riet der Gräfin, mit einem solchen Militärtransport nach Fiume zu fahren. Sie weigerte sich mit den Worten: „Entweder ist mein Mann in Wien bei der Revolution gefallen oder aber er kommt mich holen." Sie wußte, daß er in der Favoritenstraße bei der Großmama[82] war, und daß, wenn es notwendig war, er sicher bis zum letzten Blutstropfen für die gerechte Sache kämpfen würde. Als Hafenkapitän in Ragusa [Dubrovnik] fungierte immer noch der Fregattenkapitän Luxardo[83] und dirigierte den ganzen Abmarsch, aber schon mit einer nationalen Kokarde. Dies war aber erlaubt durch meinen Armeebefehl nach dem Manifest vom Oktober[1918].[84] In Ragusa [Dubrovnik] lief das erste Schiff mit der nationalen Fahne ein, und damit man es ja sieht, hatte es Scheinwerfer in denselben Farben. Die Verpflegung wurde immer schlechter, da wandte sie sich an einen Marquis Bonda in Ragusa [Dubrovnik], der die Verpflegung nach der Revolution angeblich leitete und sagte ihm auf französisch, deutsch und italienisch, da der Mann wenig Französisch und sie nicht viel Deutsch konnte, sie sei eine Offiziersfrau und wünsche etwas zu essen zu bekommen. Sie sprachen sich sehr hart, was das Resultat war, weiß ich nicht. Ich glaube, er ärgerte sich, daß sie eine österreichische Offiziersfrau war. Dann kam ein französisches Kriegsschiff an, die Gräfin [...] mit sehr gemischten Gefühlen, einerseits bekannte Laute, bekannte Uniformen, anderseits das Gefühl der besiegten Österreicherin. Endlich kam Almeida an, mit einem Sack Mehl am Rücken. Sie blieben dann noch einen Monat und wurden dann von einem französischen Torpedoboot nach Fiume [Rijeka] evakuiert. Bevor die Revolution ausgebrochen war, gaben die Almeidas für die Bauernkinder oft Jausen, da Almeida dort ein Fischereikommando und daher immer noch etwas zum Leben hatte. Bei diesen Gelegenheiten und auch sonst, machte die Gräfin die Erfahrung, daß sowohl Bauern als Schullehrer und Geistliche nichts vom Staate Österreich wissen wollten, aber mich und Zita sehr liebten. Das ist ja die Hauptsache, ob der Staat so oder so heißt, ist einerlei. Am meisten zu bedauern war der Graf Caboga[85], der immer sehr loyal und ein Europäer war, oft nach Wien ging und Kämmerer war. Er konnte nicht an den Umsturz glauben und mußte sich, als es Wirklichkeit wurde, sehr zurückziehen. In dem Orte, wo die Almeidas wohnten, war auch ein Lissa-Veteran, 80jährig, der gerne von den damaligen Zeiten erzählte. Der Pfarrer von dort sagte nach dem Umsturz, der Serbenstaat wäre ihm nicht recht, er hätte lieber eine Republik.

---

82 Maria Theresia Ehn. von Österreich, vgl. Nr. 13. Palais Eh. Karl Ludwig in Wien IV, Favoritenstraße 7. 1780 erbaut, 1872/73 von Heinrich Ferstel neu gestaltet. Nur der Gartentrakt ist erhalten. Vgl. Felix Czeike, Historisches Lexikon Wien, 2 (1993), 212–213.

83 Eugen Edler von Luxardo, FML seit 20.05.1918.

84 Vgl. Nr. 213.

85 Vermutlich Bernhard Graf Caboga, k. u. k. Oltn. der berittenen Landesschützen in Ragusa [Dubrovnik].

Die Franzosen, auf deren Torpedoboot sie heimfuhren, waren sehr nett, einer sagte dem Almeida: „Nous avons perdu la guerre tous les deux“, und wir müssen zusammenarbeiten.

Nun zu Portugal! Die Revolution in Portugal muß gräßlich gewesen sein. Man sah Menschen wie die Fleischhauer mit aufgestülpten Ärmeln, die Arme rot von Menschenblut. Die Gräfin kümmerte sich nie um Politik und sie hat auch nie bei einem Restaurationsversuch mitgewirkt. Sie kümmerte sich nur um die Royalisten in den zahlreichen Gefängnissen. Zur Zeit, als der Aufstand ihres jetzigen Mannes zusammengebrochen war und er verhaftet wurde, kümmerte sie sich gerade bei den Behörden um die Freilassung eines tuberkulösen Priesters, auch Monarchisten, der in den letzten Zügen lag und dessen einziger Wunsch war, noch in der Freiheit zu sterben. Da bekommt sie eines Abends von ihrer Mutter einen Brief, worin sie ihr mitteilt, daß bei ihnen am Lande Soldaten erschienen wären, die Doña Constança gesucht hätten. Sie, die eben in Lissabon war, fuhr mit dem Zug hinaus aufs Land, und im selben Coupé fuhr der Bürgermeister ihres Ortes, der bereits, ohne daß sie es wußte, die Verhaftungsorder gegen sie in der Tasche hatte. Als sie auf der Bahn ankamen, war ihr Bruder auf der Bahn, ziemlich blaß. Der Bürgermeister ersuchte sie, ihn zum Bürgermeisteramt zu begleiten, sie aber lehnte es ab. Er ließ sich aber nicht abhalten und ging mit noch einem zweiten gutgesinnten Herrn mit. Die Gräfin wollte den Bruder nicht mithaben, damit nicht die Familie in ihre Angelegenheiten hineingemengt werde. Am Bürgermeisteramt, das der Gräfin wohlbekannt war, da ihr Vater Bürgermeister war und sie als Kinder oft hingekommen waren, setzte sich der Bürgermeister nieder und hielt eine Ansprache über Vasco da Gama[86], den großen Patrioten, und über ihre, der Gräfin, nicht mehr zeitgemäße Gesinnung. Allmählich ging der Gräfin ein Licht auf und sie sagte: „Also bin ich verhaftet, wenn Vasco da Gama heute noch leben würde, säße er als Monarchist auch im Gefängnis.“ Die Gräfin glaubt, daß, wenn der gute Mann noch lange geredet hätte, wäre Vasco da Gama noch ein überzeugter Republikaner geworden. Sie wurde also in ein Zimmer des Bürgermeisteramtes gebracht, wo ein großer Revolutionsheld mit rotgrünen Schleifen aus einem Bilde auf sie niederblickte. Hier war ihr Vater Bürgermeister gewesen, der vor einundeinhalb Jahren aus Gram über die Republik an Herzleiden gestorben war.

Sie blieb dort die ganze Nacht mit Hut und Schleier am Kopfe, den nächsten Morgen wurde sie nach Lissabon gebracht und dort einen Tag lang irgendwo provisorisch festgehalten. Ihr Advokat, der auch bei der Gefängnisfürsorge mitgearbeitet hatte, kam in der Früh zu ihr und fragte sie, ob sie wirklich nichts gegen die Republik unternommen hätte, als sie dies verneinte,

---

86 Vasco da Gama Graf von Vidigueira, portugiesischer Seefahrer (1469–1524); von König Manuel I. von Portugal ausgesandt, um den Seeweg nach Ostindien zu finden.

meinte er nur: „Courage, ich hoffe, bis abends den Sachverhalt aufgeklärt zu haben." Am Abend kam er ganz niedergeschlagen daher und mußte seinen Mißerfolg einbekennen. Dann wurde sie in das nahe gelegene Frauengefängnis gebracht, ein merkwürdiges Gefühl überkam sie, als das Schloß einschnappte. Sie sollte mit mehreren anderen Frauen in ein gemeinsames Zimmer untergebracht werden, wo es nach schlechtem Tabak, den die Frauen rauchten, roch. Sie erklärte, in diesen Raum ginge sie nicht und kam dann in ein eigenes kleines Zimmer, wohin sonst die ansteckenden Kranken kommen. Zehn Tage, bis man alle ihre am Land saisierten[a] Schriften durchgelesen und alle von ihr betreuten Gefangenen verhört hatte, durfte sie niemanden sehen. Das war die ärgste Zeit für sie, sie ging den ganzen Tag im Zimmer auf und ab, ihren Hut neben sich liegend. Auf ihre saisierten Schriften hatte man „sehr gefährlich" geschrieben.

Nach langen zehn Tagen durfte sie endlich wieder Besuche haben und sie sagt, daß die folgenden acht Monate im Gefängnis eine der glücklichsten Zeiten ihres Lebens waren. Von allen Seiten erhielt sie Spenden für ihre gefangenen Royalisten und für deren Kinder und Gattinnen, Wäsche, Schuhe, Leinwand etc. Sie hatte den ganzen Tag mit Sortieren, Schlichten, Expedieren zu tun, so daß sie nicht einmal Besuche empfangen konnte. Die Bedienungsfrauen vom Gefängnis waren den ganzen Tag mit Sachen unterwegs. Nach acht Monaten wurde sie vor das Militärgericht gestellt, die Verhandlung bis zum Freispruch dauerte von in der Früh bis spät am Abend. Man sitzt, wie ich es verstanden habe, in einer Art Käfig während der Verhandlung. Nach dem Abschluß der eigentlichen Verhandlung bis zum Urteilsspruch dauerte es sehr lange, weil einerseits das Volk den Freispruch verlangte, anderseits ein Teil des Militärgerichtes die Verurteilung wollte. Im Militärgericht saßen vielfach Leutnants. Einen großen Eindruck machte der Gräfin, daß bei der Urteilsverkündigung die Degen gezogen wurden. Nach dem Freispruch wurde die Gräfin vom Volke die Stiege hinuntergetragen und alles mögliche wurde durcheinander geschrien, unten warfen die Leute unschädliche Betarden[b]. Ein Vetter erwischte sie und führte sie mit seinem Auto nachhause. Am nächsten Tage in der Früh war sie schon wieder in der Pönitentiaria und verlangte vom höchst erstaunten Gefängnisdirektor wieder, die Gefangenen zu besuchen; er erlaubte es. Von da an führte sie, wie sie mir selbst sagte, „le sceptre en Portugale". Sie konnte für die Gefangenen riesig viel erreichen. Die Pönitentiaria muß entsetzlich sein, länger wie zwei Jahre hält es fast niemand aus, die Leute werden meistens wahnsinnig, gleich in der Nähe ist das Narrenhaus, so daß die Sträflinge, die durch die lange Einzelhaft um ihre Sinne gekommen sind, dorthin gebracht werden und, wenn sie gesund sind, wieder

---

a   Französisch: beschlagnahmten.
b   Eine Art von Böllerschüssen.

zurück. Ein trauriges Hin und Her. Entsetzlich ist auch die Einkleidung der
Sträflinge – diese Grausamkeit existiert heute nicht mehr – in eine Kammer
tritt ein ganz normal gekleideter Mann mit seiner gewöhnlichen Haartracht
ein, und heraus kommt ein ganz kahl geschorener Sträfling in einem ganz
steifen Hemd ohne Kragen, mit einem Sträflingsanzug, einer Nummer auf der
Brust und am Rücken, und mit, von einem anderen Sträfling abgelegten, entweder zu kurzen oder zu langen Hose. Auch Almeida wurde so hergerichtet,
nur hatte er gegenüber den anderen Sträflingen, die nur alle acht Tage rasiert
wurden, das Privileg, jeden Tag den Barbier haben zu dürfen. Die Sträflings-
zellen sind so gebaut, daß der Sträfling sich bücken muß, wenn er Besuch bekommt. Die Österreicher wollten, daß Almeida auch als närrisch erklärt
werde, damit er im Narrenhaus besser behandelt werde, aber der entsendete
Narrendoktor konnte nur Almeida für pumperlgesund[a] erklären. In der Pönitentiaria war noch eingesperrt ein Müller, der immer klagte, daß man ihm die
Luft nicht gönne, er war vom Lande her und immer im Freien gewesen, auch
ein Royalist. In einem Gefängnis erzählte ein alter Polizist der Gräfin, „wie
hätte ich anders handeln sollen, ich habe ja meinem König den Eid geschworen." Sie besuchte überhaupt während ihrer ganzen[b] Tätigkeit in den Gefängnissen nur royalistische Gefangene. Die Gräfin sagte in der Pönitentiaria,
daß keiner von den Royalisten närrisch wurde, da sie ein reines Gewissen hatten. Furcht in der Einsamkeit kennt nur ein schlechtes Gewissen. Und richtig, nur einer wurde närrisch, der hatte so Angst wegen seiner Frau, die er
sehr liebte und die ein Baby erwartete. Fortsetzung morgen.

28. Jänner [19]22. Heute in der Stadt gewesen. Wieder mit Almeida Holz
besorgt, dann das endlich annähernd richtige Knochenöl, natürlich im „bazar
do povo" dann Gilletteklingen und Abziehapparat, Gillette, letzteren für
25000 Reis, ersteres beim English Store, letzteres beim Campanella, Ruada
Dr. Vieira Nr 44. Der dicke Chauffeur kommt nicht mehr, der englisch sprach,
und gut Besorgungen machte. Ich weiß nicht, was mit ihm los ist, ich will einmal fragen, es kommen jetzt immer andere, die nur portugiesisch sprechen.
Dieser Campanella, Ruado Dr. Vieira Nr. 44, ist sehr rekommandabel, hat
schöne Handschuhe, ist eigentlich ein Handschuhgeschäft, aber neben dem
hat er Filme, photographische Platten, Rasierapparate und Spielwaren.

Nachmittags am Monte in der Quinta bei ziemlichem Nebel, dabei aber
warm und nicht sehr feucht. Habe die unteren Zimmer angesehen. Sah wieder Frau Rocha Machado und Fräulein Ribeira, die wirklich unermüdlich
tätig sind. Sie fragten mich, ob sie das bessere der beiden Klaviere, das heute
in der Kapelle, Zsambokizimmer, steht, in den Salon bringen dürften. Sie wollen einen Stimmer, der auf den Azoren ist, kommen lassen, denn die hiesigen

---

a   Umgangssprachlich: ganz gesund.
b   Umgangssprachlich: gesamten.

wären zu schlecht. Ich fürchte, daß der Monte noch nicht sobald fertig wird. Frau Rocha Machado sagte mir, daß das Räumen das geringste wäre. Dadurch, daß das Haus bei der doch größeren Feuchtigkeit im Winter nur verschalt, leer steht, fände man viele sonstige kleine Schäden, zu deren Behebung Professionisten kommen müßten. Diese würden zu den Reparaturen länger brauchen, als die Räumerei dauert. Sie lassen das ganze Haus durch einen Doktor desinfizieren. Die Mimosen blühen schon. Wir fuhren hinauf und hinunter per Auto. Ich verstehe jetzt Geschwister, die immer unglücklich sind, wenn sie nicht in einem Haufen beisammen sind. Die Einsamkeit, speziell wenn man sie nicht gewohnt ist, ist etwas Gräßliches.

Fortsetzung von gestern: Ungefähr zwei Jahre nach ihrer Gefangenschaft wurde die Gräfin in einem schlechten Stadtviertel in der Nähe ihrer Wohnung mit Steinen beworfen. Es war, glaube ich, an einem Wahltag, die Leute waren schon etwas angeheitert. Als sie so dahergeht, hört sie Rufe: „Die Protectrice der Verräter!", und es fallen in ihrer Nähe Stücke Kalkes, die so von der Mauer herunterfallen und von dem Gesindel aufgeklaubt werden. Sie geht ruhig weiter, im selben Tempo, mit einer großen Selbstbeherrschung, sie denkt sich: trifft mich ein solcher Kalk, dann ist meine Geduld zu Ende. Richtig trifft sie ein solches Kalkstück am Rücken. Sie dreht sich um und geht mit ihrem Schirm auf die Leute zu und ruft ihnen zu: „Ihr Feiglinge." Die vordersten Leute bleiben verduzt stehen und auf einmal ertönt von überall „Bravo, Viva". Die Gräfin aber setzt ihren Weg fort und trachtet, so bald als möglich, in ihrem Haus zu verschwinden. Aber noch, als sie schon glücklich drinnen war, schrien die Leute vor dem Hause „Bravo", und von den Fenstern schimpften die Leute, daß man Frauen mißhandle.

Der Gräfin fällt es furchtbar schwer, an die Wiederauferstehung eines großen Österreich so felsenfest zu glauben wie Almeida und ich. Sie sah eben nie die gute Zeit, sie sah nur den Auflösungsprozeß. Sie begreift nicht einen Vielnationenstaat, ich glaube, daß man ihr die wirtschaftliche Notwendigkeit dieses Staates leicht erklären kann. Sie kennt nur ein Sammelsuri[a] von zahlreichen Nationalitäten, die merkwürdigen Trachten, die vielen Juden. Es macht auch viel, daß sie in ein im vierten Kriegsjahr stehendes Land hineingeschneit[b] wurde, ohne eine Landessprache zu können.

29. Jänner [19]22. Gottlob, wieder ein Tag näher der Zita und den Kindern. Heute ist hier Wahltag. Der Monsignore sagt, daß die katholischen Führer Narren seien. Er hätte ihnen zur Zeit des Sidonio Pais[87] eine Organisation für Madeira ausgearbeitet, die diese dann wieder ganz umgeworfen haben.

---

a Umgangssprachlich: Gemisch.
b Umgangssprachlich: zufällig hereinkommen.

87 Sidonio Pais, katholischer Parteiführer in Portugal.

Als Majoritätskandidaten werden die Republikaner durchkommen, ob die Katholiken den Minoritätskandidaten gewinnen, ist noch nicht sicher.

Wetter trüb und warm, Monte nebelfrei. Heute fand ich im Garten eine Saphirbrosche mit alter Fassung und Diamantenrauten herum. Es war ein großer, sehr klarer Saphir in der Mitte und zwei kleinere rechts und links. Ich suchte zuerst in der Nähe, ob ich nicht die Dame finde, der die Brosche gehört, dann wollte ich sie einem bekannten Bediensteten des Hotels übergeben, aber ich fand auch keinen, dachte dann auch, wenn er sie behält, muß ich sie am Ende bezahlen, ich hatte ja nur gewollt, dem Betreffenden den Finderlohn zuzuschanzen. Dann wollte ich aufs Bureaux gehen, dort beim Hoteleingang waren Leute – heute ist wieder ein Schiff aus Amerika angekommen – und ich ging nicht hinein. Endlich zeigte ich Almeida die Stelle, wo ich die Brosche gefunden hatte und er ging ins Bureaux und brachte eine schriftliche Fundbestätigung mit, daß er sie gefunden hat.

Heute war ein herrlicher Sonnenuntergang, das ganze Meer gelblich grün in der Nähe, und in der Ferne blau, die kleinen Inseln, Desertas etc. ganz rosa und das Meer um sie herum einen dünnen Streifen pastellblau.

Die Gräfin erzählte mir heute ihre Fahrten Österreich – Portugal hin und zurück im Kriege. Sie wurde in Steinach am Brenner krank, denn die Offiziersfrauen durften nicht in den Etappenraum. Schon während ihrer Krankheit in Steinach muß es gräßlich gewesen sein, da sie mit den Leuten gar nicht sprechen konnte. Ihre deutschen Brocken verstanden die Tiroler nicht, nur, glaube ich, über Kartoffeln konnten sie sich verständigen. Sie fuhr also mit einem österreichischen Paß nach Luzern, dort nahm sie ihren portugiesischen Mädchenpaß und fuhr mit ihm nach Paris, wo ihr ihre französische Freundin, die auch bei ihrer Hochzeit dabei war und sonst als schneidig gilt, sagte, „Wenn sie hier erfahren, daß Du eine österreichische Offiziersfrau bist und Dein Mann an der Front kämpft, wirst Du erschossen, was soll ich mit Dir machen?" Von dort fuhr sie weiter nach Spanien. Sie hatte schon früher gehört, daß sich der König[88], als richtiger Neutraler, aller durch den Krieg Betroffenen annehme. Sie fuhr daher von Medina nach Madrid, kannte aber dort niemanden vom Hof, kaufte sich einen Almanach und kam gerade auf einen General, der bei Hof Dienst tat und dessen Name ihr sympathisch war. Sie teilte diesem General mit, wer sie sei, daß sie Portugiesin wäre und durch den Krieg in eine unangenehme Lage geraten sei, sie bitte den König um Audienz, um nur ihm allein die Angelegenheit auseinanderzusetzen. Es kam ihr etwas zugute, was sie auch dem General schrieb. Ihr Vater war nämlich als 18jähriger junger Mann von zuhause weggegangen und hatte sich als spanischer Soldat unter General Prim[89] aus Lust an Abenteuern nach Marocco engagiert. Dort wurde er ver-

---

88 Alfons XIII., König von Spanien, vgl. Nr. 87a.
89 Don Juan Prim Marques de los Castillejos, General, 1869–1870 spanischer Kriegsminister.

wundet und kaum, daß er spürte, daß er verwundet war, rief er aus: „Jetzt habe ich das Kreuz verdient." Die Spanier haben nämlich ein eigenes Kreuz in einer ganz eigenartigen Form, das nur den Verwundeten gebührt. Der Vater litt noch längere Zeit an dieser Verwundung, als er starb – aber nicht infolge dieser Verwundung – nahm sich die Gräfin das Kreuz und trägt es heute noch. Als sie in Madrid war, war gerade die Zeit der Hinrichtung der Miss Cavel[90] und im Volke gärte es für und wider den Krieg, also gerade keine sehr günstige Zeit für eine Intervention. Nach zwei Tagen Warten erhielt sie von dem General im Auftrage des Königs ein Schreiben, worin ihr der König mitteilen läßt, daß eine Audienz einer Ausländerin, noch dazu in einer heiklen Angelegenheit, nicht geheim bleiben würde, daß er sie aber bitte, entweder ihm die Sache schriftlich mitzuteilen, oder aber die Angelegenheit seinem Privatsekretär, der vollstes Vertrauen verdiente, auseinanderzusetzen. Sie wählte das erstere und schrieb dem König, sie sei Portugiesin, aber, da ihr Mann in Österreich Offizier wäre, sei sie auch Österreicherin. Sie habe geheiratet als Portugal noch nicht im Kriege mit Deutschland war, sei jetzt sehr krank und müsse nachhause, um sich zu erholen. Sie würde jetzt gleich wegfahren, bäte aber den König, daß, wenn er hören sollte, daß eine Frau ihres Namens in Portugal verhaftet worden sei, er sich ihrer annehmen möge.

Sie reiste auch wirklich gleich ab, erreichte und passierte glücklich die portugiesische Grenze, die Zollwächter, Leute aus dem Norden ihres Landes, waren noch sehr nett mit ihr und meinten, sie schaue so schlecht aus, sie solle sich etwas in die Sonne stellen. Sie hatte innerlich ein sehr schlechtes Gewissen, diese Leute angeschmiert zu haben. Sie fuhr aber nicht direkt nach Lissabon, weil sie dort zu bekannt war, sondern zuerst nach Porto, wo sie eine alte Bediente hatte und mit ihr nach Lissabon [Lisboa], wo sie ganz weit weg von ihrer Mutter eine Zweizimmer-Wohnung nahm. Hier wurde sie sehr schwer krank, mußte in dieser kleinen Wohnung operiert werden und wurde eigentlich, um zuhause zu sterben, in die Wohnung der Mutter gebracht. Dort verblieb sie acht Monate, nur vier Personen wußten, daß sie es war, für alle anderen war ihr Zimmer das Zimmer einer Gouvernante, bei dem man leise vorbeigehen mußte. Auch als sie die zweimalige Lebensgefahr während ihrer Krankheit überstanden hatte und rekonvaleszent wurde, konnte sie die Sonne nur beim Fenster genießen und abends in der Dunkelheit etwas ausgehen. Unter den Mitwissern ihres Geheimnisses waren auch die Pamplonakinder, die aber das Geheimnis vorzüglich hüteten. Allmählich wurde aber die Geheimhaltung immer schwerer, die Mutter wurde nervös, weil sie Angst vor Entdeckung hatte, eine brave Tante, die sehr wahrheitsliebend, aber nicht sehr schlagfertig war, sagte, als man sie fragte, ob Doña Constança da sei, « o, ne m'en parlez pas ».

---

90 Konnte nicht verifiziert werden.

Als die Gräfin Österreich verlassen hatte, sprach alles vom Frieden (Anfang 1917), man glaubte ihn vor der Türe, und sie hatte sich in der Hoffnung gewiegt, Almeida werde imstande sein, sie schon in Lissabon [Lisboa] abzuholen. Aber der Friede kam nicht, und sie wollte nachhause. Dazu kam die Angst, daß das Gesindel, das sie früher schon ohne Grund Verräterin genannt hatte, jetzt mit einem Schein von Recht, wenn es von ihrer Anwesenheit erfuhr, gegen sie vorgehen könnte. Sie wandte sich an einen bekannten Herrn um einen Paß, aber der gutgesinnte Minister des Äußeren wurde gestürzt und es kam ein anderer, weniger verläßlicher. Mit einem Worte, sie erreichte auf direktem Wege nichts. Aber ihr bekannter Herr erzählte ihr viel von Schmugglern ohne Pässe, die so überhandnehmen würden, von verwischten Photographien auf Pässen, ob mit Absicht, weiß die Gräfin nicht, aber sie hörte gespannt zu. Ihre Schwester ist an einen Herrn Almada verheiratet, was sehr ähnlich klingt, nebenbei sehen sie sich als Schwestern auch sehr ähnlich. Diese Dame sollte nun mit ihrem Mann nach England fahren, der dort im Auftrage der portugiesischen Regierung etwas zu tun hatte. Nun, bevor sie diese Reise antraten, gingen sie aufs Land. Doña Constança sagte ihrer Schwester, bevor diese mit ihrem Mann aufs Land ging, sie werde ihren Paß stehlen, sie solle ihn in diese oder jene Lade geben. Die Schwester verstand und willigte ein. Nun handelte es sich darum, den „gestohlenen" Paß, der mit einer verwischten Photographie der Doña Constança versehen wurde, vom französischen Konsulate vidieren zu lassen. Der Diener wurde hingeschickt, um das Visum zu verlangen, da die Dame zu krank sei, um persönlich zu kommen, aber dem Diener wurde das Visum verweigert. Nun ging er auf Befehl der Doña Constança nochmals hin, gab dem Mann einen Obolus und dieser erklärte sich bereit, in die Wohnung zu kommen, um das Visum zu geben. Nun legte sich Doña Constança auf eine Chaiselongue mit einem Tuch über dem Kopf und stellte vor sich eine Hutschachtel, worauf ihre Schwester ihren Namen zufällig eigenhändig geschrieben hatte – die Schwestern haben sehr ungleiche Handschriften – ließ den Mann vom Konsulate kommen, erhob sich etwas zur Unterschrift und kopierte schnell die Unterschrift ihrer Schwester, Téles da Gama Almada.

Die Sache war umso spannender, als der Mann sich erinnerte, voriges Jahr der Doña Constança das Visum gegeben zu haben. So kam sie ganz glatt durch, obwohl sie immer Angst hatte, wenn ihr Name Almada bei der Grenze aufgerufen wird, nicht hinzuhören. Ein Gefühl, das ich sehr gut begreife, weil ich es aus eigener Gefahr kenne.

In Österreich kam die Unglückliche in die Transporte für die Piaveoffensive hinein und brauchte, sehr zusammengepfercht[a] mit Leuten aus der dritten Klasse, in der ersten, drei Tage von Buchs bis Wien. In Wien war es dann auch sehr schwer in einem Hotel Unterkunft zu finden, die Verpflegung war auch

---

a   Umgangssprachlich: zusammengedrängt.

schon schlecht und das endlich mühsam ergatterte[a] Hotelzimmer war unge-
heizt. Sie fand Wien seit dem letzten Male sehr zu seinem Nachteile verän-
dert (ungefähr neun Monate). Das nette Telegramm Zitas an Almeida ver-
schaffte diesem sogleich einen Urlaub, er ist ihr heute noch dafür so dankbar
und bald zogen beide in geheizte Zimmer des Hotels Wimberger[91] ein, dann
Schwarzau und Seebenstein. Entsetzlich, was diese Leute, er und sie, in
ihrem Leben durchgemacht haben, das eigene Schicksal kommt einem daneben so klein vor.

30. Jänner [19]22. Wieder ein Tag vorbei, Gottlob. Heute um 10 Uhr, das
heißt mit hiesiger Unpünktlichkeit ¼ 11 Uhr, war das Requiem für den Heiligen Vater mit Absolution, vom Bischof gehalten.

Nachmittags Monte mit Gräfin Almeida, Frau Castro Pamplona bei sehr
schönem Wetter per Auto. Nicht viel Neues. In dem kleinen Dienerhaus (mit
Waschküche) regnet es beim Plafond herein, daher muß das Dach repariert
werden. Von dem großen zweiten Hause des Vieira di Castro hörte ich noch
immer nichts, ich vergaß allerdings auch zu fragen, aber man kann auch nicht
fortgesetzt fragen. Die Möbel für die Quinta, die Gregoric angefordert hatte,
kommen nächstens.

31. Jänner [19]22. Heute muß Zita mit den Kindern auf der See sein.
Nachmittags mit Monsignore bei der Quinta des Blandy [?] oberhalb der
Straße nach Machico gewesen. Zuerst halbe Stunde per Auto auf der Straße
nach Machico, etwas weiter als der Ort, von wo aus ich das letzte Mal Zita zu-
winkte, dann zwei Stunden über einen kleinen Hügel zurück bis zum Haupt-
platz von Funchal zu Fuß. Die dortige Gegend erinnert etwas an die Heimat,
viel Wald, auch ein kleiner Schlag, wo man glaubt, da müßte ein Rehbock heraustreten.

Ich höre, daß die Wahlen in Portugal nicht so schlecht ausgefallen sind: 16
Monarchisten und vier Katholiken. Diese „Katholiken" sind nur katholisch,
aber im Geheimen auch monarchistisch. In Funchal ist der Minoritätskandi-
dat, ein Katholik, durchgekommen, Monsignore glaubt, daß, wenn die „Katholiken" das von ihm ausgearbeitete Statut angenommen hätten, sie hier auf
Madeira die Majorität bekommen hätten, auch für den Senat. Diese „Katholiken" sind aber doch etwas anderes als die Christlichsozialen bei uns. Sie be-
kennen sich nicht zur Republik, wenn sie sich auch nicht offen für die Monarchie aussprechen und dann sind sie an der Republiksgründung unschuldig.
Die Monarchisten sind halt[b] in drei Lager gespalten, die Legitimisten, die Manuelisten und die Integralisten, letztere vereinigen beide Richtungen in sich.
Sie bekämpfen sich auch untereinander.

---

a Umgangssprachlich: errungene.
b Umgangssprachlich: eben.

91 Wien 7, Neubaugürtel 34–36.

Wir sprachen auch über das so heikle Thema der Mitarbeit der Gutgesinnten im politischen Leben, wobei sie natürlich bis zu einem gewissen Grade die Gesetze der Republik anerkennen müssen, oder aber von ihrer gänzlichen Abstinenz. Monsignore ist der ersteren Ansicht, ich äußerte mich nicht. Monsignore meint, ein König hätte es heute in Portugal sehr schwer, da die Integralisten große Hitzköpfe wären, und ein Ministerium ruhiger Männer, deren es in Portugal noch einige gäbe, würde an ihrer Opposition schwer leiden, um selbst ein Ministerium zu bilden, sind sie zu jung. Die Prinzipien der Ständevertretungen hält Monsignore auch für gut und weiß, daß der Parlamentarismus am absteigenden Ast ist, aber er befürwortet eine langsamere Entwicklung. Ich habe erfahren, daß das Programm der Integralisten kein so einschneidendes ist wie das der Orelianer[92], hauptsächlich was die Vermögenssachen anbelangt. Ihr Traum ist eine Art großer Rat des Königs, aus den einzelnen Munizipien hervorgegangen und Wiederherstellung der alten Sitten. Sie sind jenen nicht grün[a], die mit dem Konstitutionalismus etwas zu tun gehabt haben, natürlich ist das übertrieben, wenn ich auch die Berufspolitiker nicht besonders liebe, so muß man sie doch am richtigen Ort verwenden. Monsignore ist für die absolute Monarchie.

Monsignore wurde vor Lethbridge gewarnt, er sei zu germanophil, dies in der Absicht, daß es mir wiederholt wird. Hier erzählt man schon wieder, ich würde jeden Abend mit Lethbridge konferieren, dabei kenne ich ihn gar nicht. Monsignore ist auch bis zu einem gewissen Grade prodeutsch, aber nicht prussophil. Er lobt ihre Sorge für die katholischen Missionen in ihren Kolonien, überhaupt ihr Talent, schlechte Kolonien herzurichten. Die deutschen Kolonien waren die Ausschußware, die niemand anderer wollte, da Deutschland die jüngste Kolonialmacht war. Er bewundert ihre Arbeitslust, ihre Opferfreudigkeit etc. Ich meinte, auch die Franzosen würden vieles von dem zugeben. Er meinte auch, daß, wenn auch die Deutschen seinerzeit mit den Bolschewiken packelten[b], dennoch nach ihrem Siege mehr Ordnung in Europa wäre, als heute. Er erzählte, daß Blandy, der Besitzer der Quinta, ein steinreicher Mann, dumm wäre, und soviel ich verstanden habe, seine Beamten allein arbeiten ließ und selbst als kleiner Beamter bei der Finanz tätig wäre. Sein Vater hinterließ nach seinem Tode nichts den Armen und nichts seinen Beamten, obwohl er sehr brave hatte und er so reich war.

1. Februar [19]22. Heute letzter Tag vor Zitas Ankunft. Vor 10 Uhr Telegramm vom König von Spanien an Zita erhalten.[93] Was mich mehr als der

---

a   Umgangssprachlich: nicht gewogen sein.
b   Umgangssprachlich: etwas heimlich vereinbaren.

92 Genannt nach dem christlich-sozialen Reformer Anton Orel. Dazu: G. Schultes, Orel: Katholisches Soziallexikon, 2. Aufl. 1980, col. 2011–2013.
93 Liegt nicht vor.

sehr freundliche Inhalt desselben gefreut hat, ist das Zeichen, daß Zita bald kommt.

Von gestern noch nachzutragen: Die Wahlen sind zwar verhältnismäßig gut ausgefallen, aber wie viele von den errungenen Mandaten der Konservativen wird noch die Verifizierungskommission als ungültig erklären? Von der Quinta Blandy ist ein wunderbarer Ausblick auf ganz Funchal, in der Nähe der Quinta Blandy ist ein Besitz des Schwagers der Gräfin Almeida, Almada. Dort sind die merkwürdigsten Baumarten, das Ganze ist eine Baumschule.

275.
Kaiser und König Karl zum „Memorandum von Lethbridge"

[Funchal (Madeira), 1922 Jänner 18–31]

AOS, Tom. II, Index 707, beglaubigte Kopie.
Bearbeitung und Druck: Feigl, Kaiser Karl (1984), 508–520; ders. (1987), 454–466.

Wirtschaftspolitische Analysen über die Folgen der Zerstörung der Donaumonarchie in Form einer Antwort auf neun aktuelle Fragen des britischen Journalisten Lethbridge. Die vorgelegten Fragen sind nicht erhalten.

Zum Memorandum von Lethbridge[1]
Es ist sehr schwer, ihm auf alle diese Fragen zu antworten, da erstens jedes Wort so und so gedeutet werden kann, zweitens wir nicht nur die Freundschaft Englands brauchen, sondern im erhöhten Maße jene der größten und stärksten Kontinentalmacht, Frankreichs. England interessiert sich mehr für das Wirtschaftliche und es ist Deutschland nicht ganz abhold, Frankreich interessiert sich mehr für das Politische und es haßt Preußen. In diesem Moment ist es die Quadratur des Zirkels, etwas zu schreiben, was keines von den beiden Ländern vor den Kopf stößt. Für uns ist Frankreich wichtiger als England, da es uns als Katholiken näher steht, unsere Volkscharaktere ähnlicher sind und wir eben am Kontinent leben. Das beste für uns wäre eine englisch-französische Annäherung in einer für (beide Länder) günstigen Donaupolitik, wodurch Italien im Schach gehalten wird. Italien muß ja schon wegen seiner offenen Küste und wegen seines Kohlenmangels tanzen, wie England pfeift. Damit aber England und Frankreich auf eine gleiche politische Basis in unserer Frage gebracht werden können, ist es notwendig, daß Frankreich einen Gegenwert zu Deutschland habe. England droht bei jeder Gelegenheit mit ei-

---

1 Lethbridge, Journalist, der sich in Funchal in einer Villa „Atlantic", nahe von Villa Victoria eingemietet hatte. Vgl. Nr. 274 mit Eintragungen vom 18., 20., 21., 22., 31.01.1922.

ner Sympathie für Deutschland, Frankreich muß dagegen wieder drohen können – mit Österreich. Daß die Nationalstaaten als Gegengewicht gegen
Deutschland gleich null sind, weiß jedes Kind. Daher muß Frankreich, schon
um in der auch für uns so wichtigen Allianz mit England bleiben zu können,
und dabei nicht von England abhängig zu sein, Österreich wieder aufrichten
helfen.

Schweigen ist Gold.

ad Frage 1:

Die vielen kleinen Staaten sind politisch und finanziell schädlich. Sie sind
ein Herd außen- und innenpolitischer Verwicklungen. Außenpolitisch, weil sie
sich erstens untereinander nicht vertragen, zweitens weil sie, wenn man die
bisherige Politik fortführt, rettungslos in die Arme eines „Großdeutschland"
getrieben würden. Warum sie sich untereinander nicht vertragen, ist klar auf
der Hand liegend. Ungarn wurde zerrissen und unter Serben, Rumänen und
Tschechen verteilt. Daß da keine Freundschaft bestehehen kann, ist begreiflich. Österreich wurde zerstückelt und seine deutschen Teile an die Nachbarn
übergeben. Die kleinen „Sieger" warten nur darauf, die kleinen „Besiegten"
noch ganz zu Boden zu werfen, die kleinen „Besiegten" warten nur auf ein Zeichen der Schwäche bei den „Siegern", um ihnen womöglich etwas von der
Beute zu entreißen. Aber selbst die „Sieger" sind untereinander nicht einig,
siehe [...] Polen und Tschechen, wegen der Tschechen, [...] Jugoslaven und
Rumänen wegen des Banats. Man lasse sich nicht täuschen durch von außen
diktierte Entrevuen und Freundschaftsbezeigungen. Die ganze Donaufrage
ist ein eiterndes Geschwür, das nur mühsam überdeckt ist, das aber jeden Tag
aufspringen kann. Und hinter diesem Chaos steht als drohendes Gespenst
Großpreußen. Gelingt Österreich der Anschluß an Deutschland, muß Ungarn
notgedrungen, da rings von Feinden umgeben, eine Satrapie Preußens werden. Ist dies einmal perfekt, dann sind Tschechoslovakei und Jugoslavien
ganz eingekreist von Preußen und dessen Vasallen und müssen sich unbedingt und vielleicht auch gar nicht so ungern an Berlin orientieren. Es gibt
heute in diesen Staaten bereits Stimmen für eine propreußische Politik. Polen wird dann einen sehr schweren Stand haben, rings von Feinden umgeben,
im Osten Rußland, im Westen und Süden Preußen und dessen Vasallen, im
Norden Litauen. Rumänien wird wieder einmal „volte face" machen und unter Marghiloman[2] oder unter irgend einem Nachfolger (Carp)[3] sich mit
Deutschland gutstellen. Italien wird sicher auch freundlich zu Deutschland
sein und da ist der letzte Weg für Jugoslavien, mit den Westmächten per mare
die Verbindung aufrechtzuerhalten, unterbunden. Dann ist Naumanns Mit-

---

2 Alexandru Marghiloman, vgl. Nr. 87.
3 Petru Carp, 10.1.1912–10.4.1912 rumänischer Ministerpräsident.

teleuropa[4] da, der Traum Berlin – Bagdad in nächste Nähe gerückt. Für was[a] dann der Weltkrieg mit seinen zahllosen Opfern?

Innenpolitisch tragen alle neuen Staaten den Keim des Verfalles in sich. Die **Tschechoslovakei** hat sechs Millionen tschechische Einwohner und sieben Millionen nicht tschechische, die zum größten Teile mit der heutigen Lage unzufrieden sind. In die sieben Millionen Nichttschechen sind auch die Slovaken miteingerechnet, da sie nie und nimmer Tschechen waren, auch nicht tschechisch reden und besonders seitdem sie die Tschechen genauer kennen, mit ihnen wenig sympathisieren. Einen solchen Staat, noch dazu bei der unglückseligen ungeographischen Formation desselben, kann ein Windhauch umblasen. Die Gründung dieser Republik ist weder vom ethnographischen, noch vom geographisch-wirtschaftlichen, noch vom historischen Standpunkt aus gerechtfertigt. (Siehe Beilage)[5] Heute, solange alle Leute noch müde und niedergeschlagen vom Weltkriege sind, kann jeder, der viel Lärm macht, herrschen, aber wenn die Völker einmal erwachen!

Die Tschechoslovakei ist ein schlechter Abklatsch des alten Österreich, ohne die Traditionen, die Geschichte und die günstigen wirtschaftlichen Verhältnisse desselben. Es haben im alten Österreich sicher Fehler bestanden, aber die Freiheit der einzelnen Völker war sicher keine geringere als die heute im Friedensvertrag den Minoritäten garantierte.[6]

Der **SHS-Staat**[7] leidet an seinen Kroaten und Slovenen, die halt[b] keine Serben sein wollen. Kulturell viel höher stehend als die Serben, trennt sie der

---

a   Umgangssprachlich: wofür.

b   Umgangssprachlich: eben.

4   Friedrich Naumann, 1907–1918 Mitglied des Deutschen Reichstages (freisinnig); 1919 Präsident der Deutschen Demokratischen Partei. Hauptwerk: „Mitteleuropa" (1915). Erstrebt Bund zwischen Österreich-Ungarn und dem Deutschen Reich mit föderativem Anschluß an Süd- und Ostmitteleuropa; dazu: Wierer, Der Föderalismus im Donauraum; zuletzt Le Rider, Mitteleuropa, 182 (Register). Vgl. auch Nnr. 51, 161.

5   **Beilage**: Die **Tschechoslovakei** umfaßt fünf bis sechs Nationalitäten, die Teile dies- und jenseits der Karpathen sind fast gar nicht verbunden, die Slovakei dependiert unbedingt von der ungarischen Ebene. Alle Flüsse, alle Bahnen der Slovakei gehen nach Ungarn. Das Holz der Karpathen muß größtenteils nach Ungarn geflößt werden. Die ökonomische Unmöglichkeit dieses Staates äußert sich auch darin, daß sein östlicher Teil, das sogenannte Karpato-Rußland, fast verhungert, da es von der ungarischen Ebene, die es bisher ernährte, getrennt ist. Militärisch ist es fast unmöglich, einen solchen Längenstaat, der an dem größten Teil seiner Grenze von Feinden umgeben ist, wirksam zu verteidigen, noch dazu bei einer eigenen nicht mehr staatsfreundlichen Bevölkerung. Vom historischen Standpunkte gehörte die Slovakei mit ganz kurzen Unterbrechungen immer zu Ungarn. Die Länder Böhmen, Mähren und Schlesien bildeten die Länder der Wenzelskrone, aber da fehlt wieder der Tschechoslovakei ein Teil Schlesiens.

6   Vgl. Staatsvertrag von Saint-Germain-en-Laye, Wien 1919: Abschnitt V, Schutz der Minderheiten, Artikel 62–82.

7   SHS-Staat (= Kraljevina SHS) Serbo-Hravatska-Slovenski, Königreich der Serben, Kroaten und Slowenen, am 1.12.1918 von Prinzregent Alexander Karadjordjević ausgerufen.

Unterschied der Religion, die Kroaten und Slovenen sind Katholiken, die Serben Orthodoxe. Die ersteren gehören zum civilisierten Abendland, die letzteren zum Balkan. Kroaten und Slovenen mitsamt den Mazedoniern, Albanern, Montenegrinern und den Türken warten nur auf den richtigen Moment, um Belgrad im Stich zu lassen.

Österreich hat nichts zu essen, die Centralregierung ist fast machtlos, von den sogenannten Bundesländern macht jedes, was es will, aber selbst in den einzelnen noch so kleinen Ländern zeigen sich Selbständigkeitsbestrebungen der einzelnen Gaue.[8] Ein Mangel jeglicher Autorität, eine allgemeine Auflösung. Es herrschen eigentlich die Straße und die Arbeiter- und Soldatenräte und wehe, wenn die Nationalversammlung etwas beschließen würde, was diesen Mächten nicht recht wäre, die Nationalversammlung wäre gewesen.

Das Militär ist fast gänzlich sozialistisch und ganz unverläßlich. Für die Aufrechterhaltung der Ordnung ist nur die Wiener Polizei und zum größten Teil die Gendarmerie zu brauchen. Wie lange aber auch dies bei der allgemeinen Demoralisierung halten wird, ist eine große Frage. Ich sehe sehr schwarz für die Zukunft, nur die Gutmütigkeit der Bevölkerung hat bisher größere Ausbrüche verhindert.

Die ganze[a] Anschlußbewegung hat bei dem Gros der Bevölkerung, ausgenommen natürlich die professionellen Hetzer und nationalen Heißsporne, keine tiefen Wurzeln geschlagen, nur das große Elend, die wirtschaftliche Unmöglichkeit dieses überall amputierten Staates und der gänzliche Mangel an Ordnung, treibt das sonst conservative Volk auf diese Bahn. Es erwartet sich hievon den Anschluß an ein großes Wirtschaftsgebiet und an die preußische Knute. Diese begreiflichen Wünsche des Volkes können auch auf anderem Wege erreicht werden.

In **Ungarn** herrscht heute eine Militärclique, die sich um Recht und Gesetz nicht kümmert. Solange dort ein Königreich ohne König besteht, wird nie eine wirkliche Ruhe eintreten. Nur der legitime König kann dort herrschen, denn sonst werden bei dem Temperament der Ungarn Parteien und Prätendentenkämpfe das ohnehin so arme Land ganz an den Rand des Verderbens bringen. Der illegitime König wird immer sich auf jene Partei stützen müssen, die ihn gewählt hat, und wenn er ihr nicht mehr zu Willen ist, wird sie ihn einfach wegjagen. Ein König wird dem anderen folgen, ein Gegenkönig dem anderen. Einer wird sich auf Frankreich stützen, ein anderer auf England. Dabei wird jeder auf den Widerstand der legitimistischen Partei stoßen. Ein Chaos sondergleichen. Der legitime König hingegen wird als gekrönter König von allen anerkannt; und das Land kann sich ruhig und friedlich entwickeln. Der legi-

---

a   Umgangssprachlich: gesamte.

8   Zuletzt exemplarisch: Hellwig Valentin, Die Idee einer „Kärntner Republik" in den Jahren 1918/19, Klagenfurt 1992.

time König steht über den Parteien und wird daher nicht in das kleinliche politische Gezänke hinabgezogen, er kann sich bei seinen Regierungshandlungen nur von der Sorge um das Wohl des Landes leiten lassen. Die jüngsten Vorfälle in Ungarn sind zum großen Teil schuld der Entente, die durch ihre namenlosen Drohungen die ohnehin schwache Regierung zur Waffenerhebung gegen ihren König getrieben hat. In Budapest wäre, wenn der König eingezogen wäre, die ganze Bevölkerung hoch erfreut gewesen. Daß die Ungarn aber heute noch auf dem Standpunkte der Legitimität stehen, zeigt die sehr unklare Fassung des auf Ententedruck entstandenen Dethronisierungsgesetzes. Die Einbegleitung zum Gesetz selbst sagt, daß die Nationalversammlung nicht befugt ist, den König abzusetzen und beruft sich auf äußeren Druck.[9]

In **Rumänien**, das noch am konsolidiertesten von allen Nationalstaaten ist, sind auch Schwierigkeiten, nicht nur mit den ziemlich zahlreichen Magyaren, sondern auch mit den befreiten eigenen Stammesgenossen. Die siebenbürgischen und bukowinaer Rumänen dünken sich als etwas Besseres als ihre Connationalen aus dem alten Königreiche. Da sie auch kulturell wirklich viel höher stehend sind, wollen sie, die neuerworbenen Provinzen, tonangebend sein, dies kränkt natürlich das Mutterland. Weiters ist die rumänische Verwaltung, ganz unparteiisch gesprochen, viel schlechter, als die auch nicht großartige ungarische war. Ein Beispiel: Als ich 1921 auf der Fahrt von Ungarn nach Madeira im Auto von Moldava nach Orsova fuhr – obwohl in Moldava die „unverläßlichen" Elemente tags vorher eingesperrt worden waren –, war die Bevölkerung, durchwegs ungarische Rumänen, ebenso freundlich als in normalen Zeiten. In Orsova weilten Leute auf der Gasse und ebendort mußte das rumänische Militär Leute zurückdrängen, die zu meinem Zuge wollten. Und das nach einer mißlungenen Sache.[10]

Es ist eben einer der Kardinalfehler der Friedensschlüsse, daß sie, sowohl bei Rumänien sowie bei Jugoslavien zugegeben haben, daß kulturell niedrigerstehende Völker über kulturell höherstehende [sic!] herrschen. Das kann sich auf die Dauer nicht halten. Ich habe absichtlich das Wort herrschen gebraucht, denn heute im Zeitalter der Freiheit wird viel geherrscht. Die Tschechen herrschen über die Slovaken und Deutschen, die Serben über die Kroaten und Slovenen, die Italiener über die Deutschen Südtirols und die Slovenen und Kroaten des Küstenlandes.

Die **finanzielle Lage aller Nationalstaaten** ist schlecht, bei manchen sogar katastrophal. Eine finanzielle Sanierung der Nationalstaaten ist nur

---

9 Vgl. Nr. 266 und AE, Austria 837 [neu: 1483], Prot. 27.865: Bericht Schioppas an Gasparri, Budapest, 1921 November 7. Schioppa referiert die Einleitung Bánffys zum Dethronisationsgesetz. Bánffy betonte, daß dieses Gesetz unter politischem Druck der ausländischen alliierten Mächte, ohne Rücksicht auf den Vertrag von Trianon entstand. Mit diesen Feststellungen ist die Gültigkeit des Gesetzes in Frage gestellt. Dazu auch: Nr. 266; Kovács, Krönung und Dethronisation, 423–426.
10 Vgl. Nr. 251.

durch ihren vorläufig ökonomischen Wiederzusammenschluß möglich. Die
Österreichisch-ungarische Monarchie war nicht, wie viele behaupten, ein Pro-
dukt dynastischer Politik, sie war eben eine wirtschaftliche Einheit. Das agrarische Ungarn belieferte das industrielle Österreich. Die Kohlen Böhmens
speisten die Fabriken Niederösterreichs. Die Halbfabrikate wurden in einem
Teile der Monarchie erzeugt, in einem anderen verarbeitet. Die Banken waren meist in der Zentrale, ihre Industrien in den heutigen Nationalstaaten
verteilt. Ein großer schiffbarer Strom, die Donau, durchströmte das ganze
Reich und das ganze Flußsystem war unter einer Herrschaft. Drei große
Schienenstränge verbanden Prag mit Wien, eine direkte Verbindung bestand
von Prag nach Triest, die Adria war außerdem durch zwei Hauptbahnen mit
dem Hinterlande verbunden. Zwischen Budapest und Wien bestanden auf beiden Ufern der Donau erstklassige Bahnen. Von Budapest aus gingen Bahnen
strahlenförmig nach allen Teilen Ungarns. Die Kohlenreviere Schlesiens und
Mährens waren einerseits mit Ungarn, anderseits mit Österreich verbunden.
Mit einem Worte, Handel und Industrie blühten. Das Leben pulsierte.

Und heute: Das agrarische Ungarn hat seine fruchtbarsten Teile, die
Bacska [Bačka] und das Banat verloren, die großungarische fruchtbare Tief-
ebene ist durch unnatürliche Grenzen zerstückelt, und der Friede von Trianon warf zwischen den zwei auf einander angewiesenen Torsos, Österreich
und Ungarn, den Zankapfel Westungarns[11]. Bei solch schweren politischen
Zerwürfnissen, noch dazu unter zwei Leidtragenden des Weltkrieges, leidet
natürlich auch alles Wirtschaftliche. Die Kohlen sind von der dazu gehörigen
Industrie, die Erzeugung der Halbfabrikate von dem Orte ihrer Fertigstel-
lung, die Banken und Unternehmer von ihren Industrien durch Zollschranken getrennt. Die Donau, soweit sie auf dem Gebiete der Monarchie fließt,
gehört heute zu fünf Staaten, ihr ganzes Flußsystem ist zerrissen. Alle Hauptbahnen sind heute für die einzelnen Staaten meist nur Nebenlinien. Zwei Beispiele: Früher gingen zwischen Wien und Prag auf drei Linien zirka zehn
Schnellzüge täglich, heute geht kein direkter Zug Prag – Wien, warum sollen
auch die Österreicher einen großen Wert legen auf eine Strecke Wien – Gruß-
bach oder Wien – Gmünd und die Tschechen auf die Strecke Prag – österreichische Grenze? Dabei bestehen Paßschikanen und Zollschwierigkeiten bei
allen diesen Grenzen der Nationalstaaten. Wenn man von Wien nach Toblach
reist, früher eine Nachtfahrt, muß man heute von Österreich nach Jugoslavien, von Jugoslavien wieder nach Österreich, um endlich in Italien zu landen, dies alles durch fast rein deutsche Gegenden. Drei Visa für eine Nachtfahrt, jeder weiß, was das für Schikanen und Laufereien[a] bedeutet. Die

---

a   Umgangssprachlich: Amtswege.

11 13.10.1921: Venediger Protokolle zur Regelung Westungarns (der Burgenlandfrage): Goldinger,
    Die Gewinnung des Burgenlandes, in: Geschichte der Republik Österreich, 81–94.

siegreichen Nationalstaaten wollen und können keinen freien und ehrlichen Verkehr gebrauchen, da auf beiden Seiten der Grenze eine Bevölkerung derselben Zunge wohnt. Sie fürchten, daß die Irredenta durch die gegenseitige Berührung noch größer wird.

Triest, der mit großem Aufwand erbaute Hafen Österreichs, ist heute ein Fischerdorf mit zwei großen extra dafür erbauten Bahnen. Eine dieser Bahnen haben die Italiener lange Zeit überhaupt nicht benützt, der Bahnhof Triest-St. Andrä war einfach gesperrt. Und dabei lechzen die anderen Nationalstaaten nach dem Zugange zum Meere. Dies sind nur einige Beispiele, entnommen aus dem großen wirtschaftlichen Chaos, das durch die Zerstückelung der Monarchie entstanden ist. Und hinter all dem Elend lauert grinsend die rote Fratze des Halb – oder echten Bolschewismus. Es ist ein Unrecht, in der heutigen Zeit der Automobile, der Telegraphen und Telephone, überhaupt des modernen Fortschrittes, der dringend große einheitliche Wirtschaftsgebiete erheischt, zur Befriedigung der Eitelkeit einiger Menschen, ein durch Jahrhunderte bestandenes Wirtschaftsgebiet durch eine Reihe kleiner lebensunfähiger Staaten zu ersetzen.

ad Frage 2:

Bayern wird sich nicht vom Reiche trennen, da es nicht kann. Es bekommt sonst keine <u>Kohle</u>. Die bayrischen [sic!] verständigen Führer wissen das ganz genau, solange das heutige „Reich" mit der Weimarer Verfassung[12] besteht, ist eine monarchische Restauration in Bayern ausgeschlossen. König Rupprecht[13] kann doch nicht unter der Oberherrschaft des Präsidenten Ebert[14] stehen. In Österreich besteht keine allgemeine Sympathie für Bayern, nur gewisse Kreise in Salzburg und Tirol sind für diese Lösung, der Großteil strebt zum „Reich" als Bundesstaat. Auch in Bayern ist die Begeisterung für einen Anschluß Österreichs nicht allgemein, man geht von dem logischen Standpunkte aus, daß Bayerns Stärke im Reiche heute vielfach von seiner, im Verhältnis zu den übrigen Teilen des Reiches günstigeren Ernährungslage abhängt. Kommt nun das ausgehungerte agrarisch passive Tirol und das nicht viel günstigere Salzburg dazu, muß Bayern sie ernähren und der dem Reiche gegenüber bestehende Vorteil geht verloren. Das nicht sehr schöne Prinzip lautet: „Ein Bettler muß Konzessionen machen, vor dem Reichen beugt man sich."

Ein einziger Moment könnte eintreten, daß sich Bayern, aber auch nur vorübergehend, vom Reiche trennen würde, das wäre, wenn im Norden des

---

12 Weimarer Reichsverfassung vom 19. August 1919 bestimmte die Staats- und Regierungsform des Deutschen Reiches (Weimarer Republik).

13 Nach dem Tode seines Vaters, König Ludwigs III. von Bayern (18.10.1921), trat Rupprecht von Bayern in die dynastischen Rechte des Königs von Bayern ein.

14 Friedrich Ebert, Sozialdemokrat, am 11.2.1919 von der Weimarer Nationalversammlung zum Reichspräsidenten gewählt.

Reiches der Bolschewismus ausbräche. Aber auch die Zeit dieser momentanen Trennung würde nur ausgenützt werden, um alle ordnungsliebenden Elemente ganz Deutschlands zu sammeln und gegen den Norden zu führen, um
die Bolschewiken zu stürzen. Daß sich in diesem, allerdings nicht sehr wahr-
scheinlichen Falle, dann Bayern nach der Wiedervereinigung große Sonder-
rechte ausbedingen wird, ist ziemlich sicher.

ad Frage 3:

In ganz **Deutschland** ist, meiner Ansicht nach, die kaiserliche Restauration noch in weite Ferne gerückt, und zwar wegen der Frage, wer Kaiser wird.
Die Hohenzollern werden nicht mehr die Kaiserkrone tragen, hört man allgemein. Daß König Rupprecht deutscher Kaiser wird, halte ich bei der heutigen
Lage Deutschlands für ausgeschlossen, das noch immer starke protestanti-
sche Preußen wird heute keinen katholischen Kaiser vertragen.

ad Frage 4:

Anglo-französische Entente sehr zu begrüßen, nur wie im Anfang angedeutet, ernste deutsch-englische Annäherung wäre ein Unglück für uns und
Frankreich. Dies aus zwei Gründen: der eine religiöser und der andere politischer Natur. a–Die beiden protestantischen Länder wären verbündet natürlich zum Schaden der beiden katholischen Staaten Österreich und Frankreich–a. Dieser englisch-deutschen Verständigung würde sich sofort Italien
anschließen und mit vollen Segeln, jetzt ohne Furcht vor England, auf ein
Bündnis mit Deutschland hinsteuern. Dann, wenn bis dahin das Chaos in
Österreich noch fortdauert, wird der Anschluß Kleinösterreichs perfekt und
dann „Hoch Großdeutschland", Naumanns Mitteleuropa Berlin – Bagdad!
Dann, Frankreich isoliert Englands Landweg nach Indien, zweifelhaft Italien,
Deutschlands engster Verbündeter. Lage wie vor 1914, nur günstiger für
Deutschland, da auch unter seinen Gegnern Rußland für lange Zeit fehlt und
wohin wenden? Und wer hat gesiegt?

ad Frage 5:

Die **„League of Nations"**[15] hat drei Grundfehler, erstens, daß zwei Großstaaten, Amerika und Deutschland, nicht Mitglieder sind, zweitens der Völkerbund mit den Friedensschlüssen verquickt ist, so daß er bei den Besiegten
als Bund der Sieger zum Schutze eben dieser, von ihnen als ungerecht emp-
fundenen Friedensschlüsse gedeutet wird und nicht als übernationales ge-

---

a–a Ursprünglicher Text lautete: Die beiden protestantisch freimaurerischen Länder wären die
    besten Freunde im Gegensatz zum katholischen Frankreich und dem katholischen Österreich.

15 Völkerbund (Societé des Nations, League of Nations), Staatenvereinigung zur Sicherung des
    Weltfriedens; Völkerbundsatzung vom 28. April 1919 – Teil I der Friedensverträge. Am
    16.01.1920 nahm der Völkerbund seine Tätigkeit auf. Vgl. auch Nr. 53. Zum Völkerbund und
    Österreich vgl. Nicole Piétri, La reconstruction économique et financière de l'Autriche par la
    Societé des Nations 1921–1926, Paris 1981 (Thèse de Doctorat d'État, non publié).

rechtes Forum. Drittens, daß dem Völkerbund keine, wie immer geartete Exe-
cutive zur Verfügung steht, um seinen Entschließungen Nachdruck verleihen
zu können. Die „League of Nations" appelliert immer an das Gewissen der
Welt, aber wie sieht dieses Gewissen heute leider aus? Die Völkerbundsidee
ist sicher eine erhabene und hohe, aber der jetzige Völkerbund genießt selbst
in einflußreichen Kreisen kein Ansehen und man bezeichnet ihn als Versor-
gungsanstalt für ältere Politiker und Diplomaten. Daß der Völkerbund es sich
gefallen läßt, daß die kleine Entente meine oder meines Hauses Restauration
in Ungarn, eine rein interne ungarische Angelegenheit, in Genf unwiderspro-
chen als casus belli bezeichnet, ist seiner als Friedensinstitution unwürdig.[16]
Nebenbei ist dies unbedingt gegen seine Statuten. Die meisten Entscheidungen des Bundes sind Kompromisse nach dem Prinzip „Wasch mir den Pelz und
mach mich nicht naß". Ich glaube, daß die alte Haager Konferenz[17] mehr geleistet hat.

ad Frage 6:

Zum Großteil in Frage 1 beantwortet. Allein[a] die Wiederherstellung der
Monarchie im alten Österreich, jedoch unter veränderten Formen, [b–]ist die
einzige Möglichkeit,[–b] die Finanzen von Central-Europa zu ordnen. Wir haben
früher bemerkt, daß nur die Wiederherstellung der alten Wirtschaftseinheit
eine Rettung aus dem Chaos darstellt. Diese Wirtschaftseinheit braucht,
wenn auch die einzelnen Völker große Selbständigkeit haben, dennoch ein
Oberhaupt. Dieses Amt kann nur die übernationale Dynastie übernehmen,
denn jedes nationale Oberhaupt wäre automatisch, selbst wenn ein nationaler Turnus eingeführt würde, immer den anderen Nationen ein Dorn im Auge.
Ich glaube, die Lösung wäre folgende: zuerst Restauration in Ungarn, der die
österreichische sehr bald folgen würde, und um diesen Kern müßten sich
dann die anderen Staaten herumgruppieren.[18] Aber zu all dem ist die wohlwollende Duldung, ja sogar Unterstützung durch die Entente notwendig.

ad Frage 7:

Die Wiederherstellung des polnischen Staates war nur ein Akt der Gerechtigkeit, denn es gibt kein patriotischeres Volk als das polnische und es gab selten in der Weltgeschichte eine größere Ungerechtigkeit als die Teilungen Po-

---

a „Einzig und" gestrichen.
b–b Im Text gestrichen.

16 Vgl. Nrn. 260, 266, 269.
17 Haager Konferenzen vom 18.05. bis 29.06.1899 und vom 15.6. bis 18.10.1907: Die erste Konferenz brachte den Abschluß einer Konvention über die Beilegung internationaler Streitigkeiten und über die Gesetze und Gebräuche des Landkrieges (Haager Landkriegsordnung). Im
   Haag wurde ein ständiger Schiedshof für friedliche Erledigung internationaler Streitfälle errichtet. Die Konferenz von 1907 führte zur Konvention über die Rechte und Pflichten der Neutralen im Landkriege und über die Seekriegsführung. Vgl. auch Nrn. 51, 122.
18 Vgl. Nr. 272, Anm. 1.

lens.[19] Die Feinde Polens, die Russen und Preußen, sind auch die Feinde der
Entente, und die Entente hat keinen sicheren Vorposten im Osten als den
wirklich vorzüglichen polnischen Soldaten. Vom katholischen Standpunkt gibt
es kein gläubigeres Volk als das polnische, und kein Volk hat in der jüngsten
Zeit für seinen Glauben so viel gelitten als das polnische.

Nur einen Fehler hat der polnische Staat, er ist zu exponiert, hat zu viele
Feinde und eine sehr schlechte militärische Lage. Im Osten die Russen, im
Westen die Preußen, im Norden die Litauer, im Südwesten die Tschechen sind
seine Feinde, er muß sich wie ein Igel nach allen Seiten verteidigen. Dagegen
gibt es nur ein Mittel: das ist, er muß einen starken Flankenschutz haben,
und diesen Flankenschutz kann ihm nur Österreich gewähren.

ad Frage 8:

Daß ich den **Bolschewismus** verabscheue, ist selbstverständlich. Die Verhandlungen, die Lloyd George und die Mächte[20] jetzt mit **Sovjet-Rußland**
führen wollen, ist ein gefährliches Spielen mit dem Feuer. Alle Bolschewiken-
Missionen, ob sie Vertreter Rußlands auf einer Konferenz, oder die durch die
Anknüpfung wirtschaftlicher Beziehungen notwendig gewordenen Handels-
vertretungen bei den einzelnen Ländern heißen, sind bolschewistische Propa-
gandabureaux, und ich glaube, daß wir heute in Europa allein schon genügend Zündstoff haben, um nicht erst welchen aus Rußland einführen zu
müssen. Weiters bis ich fest überzeugt, daß man außer Revolutionen nichts
aus Rußland importieren kann. Man darf nicht vergessen, daß noch bis vor
kurzem nur das angebaut war, was der Bauer zum Leben gebraucht hat, daß
die Bergwerke und Fabriken sozialisiert und enteignet waren. Was das für die
Produktion bedeutet, weiß jedes Kind, daß die Bahnen nicht funktioniert haben, daß die Macht der Sovjetregierung nicht sehr weit reicht, und daß an vielen Orten lokale Sovjets kleine selbständige Sovjetrepubliken bilden. Und das
Alles soll sich in der letzten Zeit, noch dazu bei der heurigen unermeßlichen
Hungersnot gebessert haben? Ich glaube nein.

Nach Rußland zu exportieren halte ich auch kaum für durchführbar, denn
wenn Rußland, wie früher gezeigt, nichts exportieren kann, so hat es keinen
Gegenwert für die Waren, die es importiert. Denn das Sovjetgeld dürfte doch
niemand honorieren, und daß jemand aus purem Sport diesen Halunken Kredit gewähren würde, ist auch ziemlich unwahrscheinlich. Denn würde man
auch privaten Unternehmen Kredit gewähren, die Sovjets würden es schon so
einrichten, daß dieses Geld wieder in ihre Taschen fließen würde. Eine traurige Wahrheit muß ich konstatieren, wenn man Rußland wie bisher seinem

---

19 1772, 1792, 1795. Zur polnischen Frage im Ersten Weltkrieg vgl. vor allem Leslie, Austria-Hungary's Eastern Policy in the First World War und Lemke, Allianz und Rivalität. Die Mittelmächte und Polen im 1. Weltkrieg.
20 Allizé, Ma Mission a Vienne, 77–78, berichtet über solche Bestrebungen von 1919.

Schicksal überläßt, wird es sechs bis sieben Jahre dauern, bis eine wirkliche Reaktion gegen den Bolschewismus stark genug ist, um das Sovjetsystem umzustoßen. Man muß sich eben die für uns fast unfaßbare Größe Rußlands vorstellen, und dann wird man erst einsehen, wie lange es braucht, bis eine Idee bei dem auch nicht sehr impulsiven Volke bis zur Tat reift.

Es war ein großer Fehler der Entente, daß sie nicht gleich nach dem Waffenstillstande öffentlich mit den russischen antibolschewistischen Formationen und eigenen Kräften die Sovjets zertreten hat. Dies wäre damals leicht gegangen und man hätte immer sagen können, die Preußen haben diese Unordnung bei unseren Verbündeten angestellt, um uns zu schädigen, jetzt müssen wir das wieder gutmachen. Anstatt dessen hat man zahllose Gegenrevolutionen offiziell oder nicht offiziell unterstützt, denen Gemeinsamkeit der Aktion und gründliche Vorbereitung gemangelt hat, und heute sitzt man mit ihnen an einem Tische. Ich bin überzeugt, daß es heute noch möglich wäre, die Sovjets von außen her zu stürzen. Wenn man alle russischen Antibolschewiken sammeln, sie wirklich vollständig mit guten Waffen versehen, dazu auch noch freiwillige Formationen aus allen übrigen Ländern werben würde, binnen einem Jahr gäbe es keine Sovjets mehr und die Ruhe in Europa wäre garantiert.

Die letzte Frage [8] wegen der Gefährlichkeit Rußlands für den Weltfrieden ist leicht beantwortet. Solange der russische Koloß, ob zaristisch oder bolschewistisch, oder anders regiert, nicht einen eisfreien großen Hafen an einem offenen Meere erhält, wird und muß er immer Kriege führen, abwechselnd im Osten und im Westen, um sich irgendwo den Weg zur See zu öffnen. Dieses Bestreben ist vollständig begreiflich.

ad Frage 9:
Über diese Frage mangeln uns die genügenden Informationen, hier stehen einem nur einseitig die „wireless" zur Verfügung. Jedenfalls wäre eine Abrüstung sehr zu begrüßen, denn die Kosten für die Heere und die Marinen sind für die Völker unerschwinglich und in der heutigen schweren Krisis kann man das Geld für andere Sachen viel besser verwenden. Die Idee der Abrüstung ist übrigens nichts Neues, bereits im Jahre 1917 haben wir erklärt, auf jede allseitige Abrüstung mit Freuden einzugehen.[21]

---

21 Vgl. Nr. 61.

276.
Kaiser und König Karl an König Alfons XIII. von Spanien

Funchal (Madeira), 1922 [Februar 05]

AOS Tom. I, Index 639, beglaubigte Kopie.

Dank für die Hilfe bei der Reise Kaiserin Zitas in die Schweiz. Bitte, Schrift-
stücke in Angelegenheit des Ordens vom Goldenen Vlies weiterzubefördern.

Sehr gerührt über den so schönen und herzlichen Empfang, den Du, Ena[1] und
Tante Christa[2] Zita bereitet habt, danke ich Dir von ganzem Herzen dafür.[3]
Es war dies für mich ein wahrer Lichtstrahl in dieser so trüben Zeit – Gestalten, die heute ausgestorben zu sein scheinen. Nochmals Euch Dreien allerin-
nigsten Dank!

Und wie soll ich Dir danken für Deine liebevolle Fürsorge für uns und für
die generöse Gastfreundschaft Zita gegenüber – der liebe Gott lohne es Dir.
Ich habe bereits nach Wien wegen der Liste der Güter schreiben lassen und
hoffe baldigst eine Antwort zu bekommen.[4]

Hier beiliegend meine offizielle Bitte wegen des Vliesordens, ich hoffe, die
Stylisierung ist Dir so recht.[5]

Nun noch eine weitere Bitte: die Postverhältnisse sind hier so unsicher, daß
ich Dir sehr dankbar wäre, wenn Du die große Güte hättest, dieses mein
Schreiben an den Ordenskanzler enthaltend: eine Abschrift meines Schreibens an Dich und die einschlägigen Befehle dazu, nach Wien gelangen zu lassen. Auch für diese, mir wirklich sehr am Herzen liegende Angelegenheit des
Goldenen Vlieses, sage ich Dir tausend Dank, denn Dein Schutz ist die einzige Rettung für diesen uns doch beide interessierenden, vielhundertjährigen
Schatz.[6] Ich habe so bedauert zu hören, daß Du die argen Ohrenschmerzen
hattest, hoffentlich tat Dir die Behandlung gut und spürst Du nichts mehr davon.

---

1 Viktoria Eugenia (Ena) von Battenberg, seit 1906 Gemahlin König Alfons XIII., vgl. Nr. 184.
2 Maria Christine, Mutter König Alfons XIII., vgl. Nr. 184.
3 Vgl. Nr. 274.
4 Vgl. Nr. 278.
5 HHStA, Archiv vom Orden des Goldenen Vlies, Karton LIV von 1922, Nr. 1a: Funchal (Madeira), 1922 Februar 05: Kaiser und König Karl an König Alphons XIII. von Spanien (Abschrift).
6 Zum Orden vom Goldenen Vlies vgl. bei Annemarie Weber, Der österreichische Orden vom
   Goldenen Vlies. Geschichte und Probleme, Bonn, phil. Diss. 1971; Margaretha Kalmár, Herr-
   schaftsauffassung und Sendungsbewußtsein habsburgischer und burgundischer Fürsten im
   späten Mittelalter, Wien, phil. Dipl. 1983 und unsere Nr. 279.

Zita und Kinder kamen – dank der Reiseerleichterungen, die Du ihnen verschafft hattest – gottlob wohl und nicht zu müde hier an. Du kannst Dir denken, wie glücklich ich bin, sie endlich hier zu haben.

Wie ich höre, hast Du Willy[7] zu einem Besuch bei Euch eingeladen; ich freue mich sehr für ihn, daß er diese Freude erlebt. Er ist ein braver junger Mann, der mir in all den schweren Jahren nur Freude gemacht hat.

Auf Wiedersehen, lieber Alfonso, nochmaligen Dank für alle Liebe und Güte und darf ich Dich bitten, meinen Handkuß Ena und Tante Christa ausrichten zu wollen.

277.
Memorandum der Alliierten Botschafterkonferenz

o. O., o. D. [Funchal (Madeira), 1922 nach Februar 22][1]

AOS, Tom. I, Index 57, beglaubigte Kopie.

Kaiser und König Karl möge zur finanziellen Bedeckung seiner Residenz in Madeira Angaben über die Minimalsumme, die er für seinen Lebensunterhalt benötigt, machen, detaillierte Aufstellungen seiner gegenwärtigen Ressourcen, des realen und persönlichen Eigentums; es steht jedoch keine Klausel der Friedensverträge zur Diskussion.

---

7   Eh. Wilhelm von Österreich, vgl. Nr. 87a.

1   Dieses Memorandum wurde vom britischen Konsul in Funchal, S. Kay, Kaiser Karl übermittelt. Zu den Diskussionen über die finanzielle Bedeckung für die kaiserliche Familie im Exil vgl. Nr. 274. Dazu auch PAMAE, Hongrie 7, fol. 110–115: Paris, 1922 Februar 18: « Note pour la Conference des Ambassadeurs au sujet de la pension de l'ex-Empereur Charles », mit dem Resümee der Ansichten der einzelnen Nachfolgestaaten der österreichisch-ungarischen Monarchie. In den Diskussionen hatten Beneš und der Vertreter des SHS-Staates die am negativsten ablehnende Haltung eingenommen. Man wollte eine schärfere Überwachung des exilierten Kaisers, besonders der Vertreter des SHS-Staates wünschte die Internierung des Kaiserpaares. Vgl. auch PAMAE, Hongrie 7, fol. 117–118: Paris, 1922 Februar 22: « Resolution Entretien et Surveillance de l'ex-Empereur Charles », worin beschlossen wurden: Recherchen zu unternehmen:
1. beim Kaiser selbst,
2. bei den Nachfolgestaaten, wieviel sie bereit wären zu zahlen, mit dem Beratungstermin 24.02.1922,
3. bei der Reparationskommission, die nach Art. 208 des Vertrages von St-Germain-en-Laye und Art. 191 des Vertrages von Trianon den Ertrag der Besitzungen des Kaisers in der ehemaligen Monarchie feststellen sollte.
Zur Überwachung des Kaisers nach seiner Übersiedlung in die Quinta do Monte: PAMAE, Hongrie 7, fol. 140: Paris, 1922 März 08: Memorandum Lord Hardinges an die Botschafterkonferenz.

Memorandum

After deliberating with the representatives of the Polish, Roumanian, Yugo-Slav and Czecho-Slovak Governments the Conference of Ambassadors has recognized the necessity of assuring to His Majesty, Emperor Carl an income which will permit him to meet the expenses incurred by his residence at Madeira, for which purpose his present resources are understood to be insufficient.

The Conference requests His Majesty to be good enough to indicate the minimum sum which would be necessary for this purpose.

Moreover, before fixing the amount of subsidy to be paid to His Majesty subject to conditions which will be communicated to him subsequently, the Conference considers it indispensable that His Majesty should furnish it directly with an exact and detailed statement of his present resources, especially of the real and personal property, wherever situated, of which he disposes. This statement should include all payments which His Majesty considers to be owing to him from whatever source. It is to be understood, of course, that no clause of the Peace Treaties affecting the private property of His Majesty can be called into question.

It is only after having received the above information that the Conference will be in a position to take a decision.

278.

Kaiser und König Karl an Albin Schager, Frhn. von Eckartsau

o. O., o. D. [Funchal (Madeira), 1922 März 02][1]

AOS, Tom. I, Index 59, beglaubigte Kopie.

Anweisung für Albin Schager von Eckartsau, den Verwalter des kaiserlichen Privatvermögens, die von der Alliierten Botschafterkonferenz gewünschte Aufstellung über die finanzielle Situation des Kaisers zu machen.

Für Eckart[2]

Bitte schicken Sie beiliegenden Brief auf sicherem und raschem Wege an Jozsi[3] und fügen Sie auch noch eine genaue Aufstellung der österreichischen und böhmischen Privat-, Familienfonds- und Kronfideikommißgüter bei mit

---

1 Vermerk von Kaiserin Zita: Von Seiner Majestät diktiert 1922.
2 Vermerk von Kaiserin Zita: Schager; vgl. auch Nr. 132.
3 Es handelte sich um eine mündliche Nachricht, die Schager an Graf Joseph (József) Hunyady von Kéthely zu überbringen hatte. Vgl. AOS, Tom. I, Index 57.

einer kurzen und klaren Notiz über ihren rein privatrechtlichen Ursprung und Charakter. Das wirkliche Mindestausmaß für das hiesige sehr teure Leben ist sechzigtausend Pfund. Jedwede politische Bedingungen werden glatt abgewiesen.[4] Außerdem hat die Entente die Verpflichtung, für den zwangsweisen Aufenthalt zu sorgen. Die Leute hier sind sehr entgegenkommend und übervorteilen gar nicht, jedoch ist das Leben hier überhaupt sehr teuer und steigen die Preise fortwährend.

279.
Kaiser und König Karl an König Alfons XIII. von Spanien

o. O., o. D. [Funchal (Madeira), 1922 März 02]

AOS, Tom. I, Index 640, beglaubigte Kopie, Entwurf eines Telegramms.

Dank für seine Bereitschaft, sich um den Schatz des Ordens vom Goldenen Vlies anzunehmen.

Ich danke Dir von ganzem Herzen für Dein liebes Telegramm, das so sehr von Deinem großherzigen Mitgefühl für mein Volk und mich zeigt.

Besonders aber bin ich Dir verbunden, daß Du Dich des Vliesschatzes annehmen willst, ich würde Dich sehr bitten, wenn Du Deinen Vertreter in Wien beauftragen würdest, sich in dieser Angelegenheit mit dem Kanzler des Vlieses, Graf Polzer[1], zu besprechen, da ich von hier aus mit Graf Polzer keine Verbindung haben kann.

Nochmals vielen, vielen Dank für alle Deine Freundlichkeit Dein stets getreuer und dankbarer Vetter.

---

4 PRO, FO 371/7621, fol. 60–67: „Aufstellung des Vermögens der Familie Habsburg-Lothringen und des verstorbenen Kaisers und Königs Karl", die Schager auf Aufforderung des Kaisers angelegt hatte; vgl. auch Schager von Eckartsau, Die Konfiskation des Privatvermögens der Familie Habsburg-Lothringen.

1 Arthur Graf Polzer-Hoditz, vgl. Nr. 213.

280.
Der Tod Kaiser und König Karls.
Interview von Graf Franz Czernin-Chudenitz mit Gräfin
Therese Korff-Schmising-Kerssenbrock

o. O., o. D.

Privatarchiv Franz Graf Czernin-Chudenitz, Tonbandabschrift.

Zusammenfassende Darstellung von der Todeskrankheit Kaiser und König Karls.

Wann waren nun die ersten Zeichen einer Erkrankung des Kaisers zu bemerken?

Am 9. März 1922 war der Kaiser mit den größeren Kindern unten in der Stadt Funchal, um für den an Grippe erkrankten vierjährigen Erzherzog Karl Ludwig, dessen Geburtstag am 10. war, kleine Geschenke zu kaufen, die in kleinen Strohmöbeln bestanden. Als S. M. zurückkam, sagte er, es war unten so heiß und hier am Monte so kalt, daß er den Temperaturunterschied sehr unangenehm empfunden habe. Am nächsten Tag, dem 10. März, war eben der Geburtstag von Erzherzog Karl Ludwig[1], es wurden ihm zu seiner großen Freude am Bett seine kleinen Strohmöbel überreicht, und da merkte die Kaiserin, daß der Kaiser nicht recht wohl war. Er wollte es zwar nicht zugeben, aber er hat, ich glaube sogar schon am Nachmittag, Temperatur gehabt.

Die letzten Tage des Kaisers sind vielfach beschrieben und geschildert worden. Wie haben Sie diese letzten Tage in Erinnerung?

In sehr großer Sorge der Kaiserin und der Kinder. Vom 14. März an war der Kaiser vollkommen bettlägerig, hatte hohes Fieber, große Atembeschwerden. Die Räumlichkeiten in der Villa Do Monte waren sehr klein. So war das Schlafzimmer der Majestäten räumlich so begrenzt, so daß man kaum Platz darinnen hatte. Ohne Wissen des Kaisers räumte die Erzherzogin Marie-Thérèse[2] ihr etwas größeres Zimmer aus, wurde alles dort hergerichtet und dann, als alles in Ordnung war, wurde dem Kaiser gesagt, er käme dort hinunter, er würde dort hinuntergebracht, weil er dort mehr Luft haben würde.

---

1   Zu Eh. Karl Ludwig vgl. Nr. 110.
2   Zu Ehn. Marie-Therese, vgl. Nr. 13.

Anfangs sträubte er sich, aber die Kaiserin sagte ihm: „Mach's bitte, sonst wäre die Großmama unglücklich." Er wurde dann hinuntergetragen.

Waren die Kinder von dem ernsten Gesundheitszustand des Kaisers unterrichtet, oder mußten Sie bemüht sein, sie vom Kaiser fernzuhalten?

Anfangs wußten die Kinder sehr wenig, wollten immer wieder hinein, aber der Kaiser selbst hat ständig gesagt, ich hätt' so gern die Kinder bei mir, aber bitte lassen Sie sie nicht herein. Ab und zu sind sie doch hingestürmt, und hauptsächlich haben sie beim Fenster hineingerufen: „Papali, wie geht's dir, wir möchten gern zu dir kommen", und ähnliche Dinge. Er hatte große Freude, die Kinderstimmen zu hören, aber war immer ängstlich, daß sie sich bei ihm anstecken würden.

Welche Krankheit hatten nun die Ärzte, die man aus Funchal gerufen hatte, festgestellt?

Zuerst einen starken Bronchialkatarrh, dann bald eine Lungenentzündung.

In manchen Büchern wird von einer ererbten Tuberkulose[3] gesprochen.

Das ist vollkommen irrtümlich. Von einer Tuberkulose war überhaupt gar keine Rede, sondern es war eben eine momentane Lungenentzündung.

Gräfin, haben Sie den Kaiser auch gepflegt?

Ich habe ihn nicht gepflegt, aber manchmal hat mich Seine Majestät kommen lassen, um genaue Nachrichten und Details über die Kinder zu erfahren. Er hat mich dann nach allem gefragt, was sie tun. Sowohl physisch wie geistig wollte er alle Nachrichten haben. Er wollte nur die Kinder nicht herein haben, um sie nicht anzustecken. Wie er sich aber dann die Letzte Ölung geben ließ, hat er der Kaiserin gesagt, das habe ich selbst gehört: „Hol mir den Otto, er soll sehen, wie ein Kaiser als Katholik stirbt."[4] Der Kleine wurde geholt, er kniete sich neben das Bett hin, das war dem Kaiser zu weit. Er hat gesagt, „der Otto soll hier heraufkommen, also zu meinem Kopfende kommen, daß er alles gut sieht". Der Kleine war natürlich erschüttert und hat sich geschüttelt

---

3 KA, Militärische Qualifikationen von Eh. Carl Franz Joseph: der Krankenprotokollauszug von 1909–1913 verzeichnet folgende Erkrankungen: Kehlkopfkatarrh, Angina, Nasen- und Rachenkatarrh, Laryngitis, Quetschung (1911), Gehirnerschütterung (1912), Folgezustände nach Knochenbruch (1913). 1912 wird dazu mitgeteilt: „dessen Gesundheitsverhältnisse lassen noch eine längere Dienstzeit gewärtigen".

4 Vgl. dazu Nr. 281.

vor Schmerz und vor Weinen. Da hat ihm seine Mutter gesagt, er soll sich festhalten, damit er dem Papa nicht noch mehr Sorge macht. Da hat er sich zusammengerissen. Nachher hatte der Kaiser gesagt, er hätte das dem Kind gern erspart, aber es war für sein Bestes und er sollte wissen, wie ein Katholik und ein Kaiser stirbt.

Wie war es dann in den letzten Stunden im Krankenzimmer?

In der Früh vom 01. April schien eine leichte Besserung. Das hat aber leider nur kurz gedauert. Das Fieber ist wieder sehr in die Höhe gegangen, der Kaiser wurde schwächer und schwächer und hatte sehr große Atembeschwerden. Die Kaiserin hat sich neben ihn gesetzt, um ihn zu halten. Er war so schwach, daß er nicht mehr wirklich aufrecht sitzen konnte. Sie hat sich dann aufs Bett gesetzt und hat ihn von vorn und von rückwärts gestützt. Hat dann den Eindruck gehabt, daß er vielleicht besser atmen könnte, wenn sie weiter weg wäre. Da hat er gesagt: „Nein, bleib bei mir. Halt mich und stütz mich." So hat sie ihn durch drei Stunden gehalten. Er wurde immer schwächer und schwächer, aber konnte eigentlich kaum mehr sprechen. Er hat aber immer noch gebetet: „Jesus, komm, ich opfere alles auf. Jesus, hilf mir."

Er ließ sich dann nochmals den Kronprinzen kommen – ja, bei der Gelegenheit hat er das gesagt, er soll nun wissen, wie ein Kaiser als Katholik stirbt. Wenn man ihn gefragt hat, ob er leidet – „nein, gar nicht". Er hat z. B. diesen portugiesischen Ärzten, obwohl er doch sehr schwach geworden war, ab und zu dann schon phantasiert hat, mit diesen Leuten ein einziges Mal am Todestag auf deutsch gesprochen. Dann hat er sich entschuldigt und hat auf französisch weitergesprochen, und wenn ihn die Ärzte frugen, wie es ihm geht, „je vais très bien", immer, immer. Und da hat man gesehen, wie sehr er gelitten hat.

Gräfin, wie war der Verlauf der Krankheit des Kaisers? Und wie war seine Betreuung durch die Ärzte?

Die wirkliche Pflege hat die Kaiserin gemacht. Wirklich Tag und Nacht. Durch 10 Tage, 12 Tage hat sie ihn ganz allein gepflegt, dann auf vieles Zureden hat sie die Hilfe von der Gräfin Mensdorff genommen, die eine geschulte Pflegerin war.[5] Auch die Erzherzogin Marie-Thérèse hat mehrfach mitge-

---

5   Vgl. dazu die Krankengeschichte Kaiser Karls nach den Notizen von Gräfin Viktoria Mensdorff-Pouilly, in: TS 3379–3413, insbesondere TS 3407: „[...] Beim Umlegen auf das andere Bett sagte der Kaiser ganz klar: ‚Ich erkläre es noch einmal feierlich, daß das Novembermanifest null und nichtig ist, weil es nur erzwungen wurde' und bald darauf: ‚Und das kann mir auch kein Mensch nehmen, daß ich der gekrönte König von Ungarn bin.' [...]"

pflegt, aber das hat Ihre Majestät nicht gern gehabt, weil sie doch schon eine alte Dame war und sie sich nicht anstrengen wollte. Die Ärzte waren wirklich sehr gut. Zuerst war ein älterer gerufen worden Leite Monteiro[6], dann rief er einen zweiten, Nuno Porto[7] da[zu], und zum Schluß haben sie einen dritten noch gebeten, der hat geheißen Rocha Machado [sic][8]. Man könnte den Eindruck haben, daß so auf einer fernen Insel die Ärzte nicht besonders gut waren, aber die waren wirklich alle drei ausgezeichnet.

Und war die kaiserliche Familie wirklich der Meinung, daß hier das menschenmögliche getan wurde?

Man war nicht nur der Meinung, sondern man hat es wirklich gesehen, und ich kann es bestätigen, sie haben getan, was sie konnten. Sie haben sich immer wieder zur Verfügung gestellt, sie sind in der Nacht gekommen. Sie haben, obwohl sie eigentlich in Funchal gelebt haben, oben am Monte in irgend einer anderen Villa übernachtet, um immer wieder nachsehen zu können. Sie haben ihr Äußerstes getan.

Wie hat nun der Kaiser selbst die Krankheit ertragen?

Mit einer ganz außergewöhnlichen Selbstvergessenheit und Stärke. Ich war doch eigentlich täglich bei ihm. Nicht ein einziges Wort der Klage, sondern er hat immer wieder auf Fragen geantwortet, es ginge ihm sehr gut, auch wenn man sehen konnte, wie sehr er l[itt].

Gräfin, wer war dann in der Todesstunde im Zimmer?

Die Kaiserin, die ihn seit dem frühen Morgen umfangen hielt, um ihn zu stützen, der Kronprinz, der neben seinem Bett gekniet ist, der Kaplan Zsamboki, der das Allerheiligste bei seinem Haupt hielt,[9] Erzherzogin Marie-Thérès und ich.

---

6 Dr. Carlos Leite Monteiro, Mediziner an der Universität von Coimbra.

7 Dr. Nuno Alberto Queriol de Vasconcelos Porto, Mediziner in Funchal.

8 Es handelte sich um Dr. Carlos Macados Santos, Arzt in Funchal.

9 Vgl. dazu die Aufzeichnungen von Monsignore Paul (Pál) Zsamboki, Kaplan Kaiser Karls auf Madeira seit Februar 1922, in: TS 3927–3934, insbesondere 3932: „[…] Am 01. April früh schien die Krise überwunden. Einer der vielen Entzündungsherde hatte sich aufgelöst. Doch als man den Kranken in ein frisch überzogenes Bett bringen wollte, wurden seine Lippen blau, die Glieder fast erstarrt. Zur gewohnten Zeit begann ich die hl. Messe. Gleich hernach wurde um die hl. Kommunion gebeten und um Aussetzung des Allerheiligsten. Seine Majestät empfing die hl. Kommunion mit großer Andacht und bat mit flehentlichem Blicke, das Allerheiligste möge im Zimmer bleiben. Vor der hl. Kommunion gab ich ihm die Absolution und nach-

Hat der Kaiser in den letzten Minuten seines Lebens selbst noch irgend eine Anteilnahme gezeigt, hat er ein Vermächtnis weitergegeben?

Das hat er nicht getan, aber man hat bis zum Schluß gesehen, daß er betet und mit Gott vereint war.

Hat man auch in Österreich damals, Ihren Erinnerungen nach, am Schicksal des Kaisers Anteil genommen?

Sogar einen sehr tiefen und einen erstaunlich allgemeinen. Immer wieder haben die verschiedenen Bevölkerungsklassen ihr Mitfühlen, ihr Mitbeten, ihr Mitbangen kundgetan.

Und die Bevölkerung auf Madeira selbst?

Der Kaiser hatte sich in der kurzen Zeit seines Aufenthaltes in Madeira eine unwahrscheinlich große Liebe des Volkes erworben. Als wäre der Vater der Bevölkerung gestorben, so groß war die Trauer und die Teilnahme an der Beerdigung. Alles begleitete den Kaiser zu seinem letzten Gang.[10]

Wie würden Sie eigentlich den Kaiser charakterisieren?

Aus den etwas mehr als vier Jahren, in denen ich das Glück hatte, dem Kaiser in seinen Kindern zu dienen, bleibt mir dieser unauslöschliche Eindruck: Nie ein abfälliges Urteil, nicht einmal über seine ärgsten Verleumder und Widersacher. Sein Handeln im kleinen wie im großen beruhte auf seiner Gottesliebe. Seine Selbstlosigkeit, seine Nächstenliebe in all ihren Einzelheiten, seine Gerechtigkeit sowie alle seine großen Eigenschaften, vor allem seine Stärke, die seine Verleumder Schwäche nannten, hatten jede einzelne seine Gottverbundenheit als Grund.

---

her den päpstlichen Segen und den Krankensegen. Er betete wieder eine Weile ganz in sich versunken und flüsterte Stoßgebete, von denen ‚Jesus, Dir leb ich, Jesus, Dir sterb ich' am meisten hörbar waren. So oft er das Allerheiligste erblickte, verneigte er sich und wollte seine Stirn bekreuzigen, doch fehlte ihm die Kraft dazu. Bald nach der hl. Kommunion stieg das Fieber wieder auf 40 Grad; er rang nach Atem. Wir öffneten das Fenster und erblickten nach drei Wochen wieder den ersten Sonnenstrahl. [...]"

10 Dazu Dugast-Rouillé, 237–247, das Kapitel „La mort du roi" nach den Aufzeichnungen des Grafen Joseph Károlyi. Károlyi war am 20.03.1922 in Madeira angekommen, um bei Kaiser und König Karl Hofdienste zu übernehmen. Er organisierte sein Begräbnis und leistete die beim Todesfall des Souveräns üblichen Dienste des Obersthofmeisters, nachdem sich Graf Joseph (József) Hunyady, der Erste Obersthofmeister, in Budapest aufhielt.

281.
„Zum letzten Mal ein rosa Kleid".
Otto von Habsburg zum Tod seines Vaters

o. O., o. D. [1972 April 01]

Druck: Die Furche, Nr. 14, 01. April 1972.

Erinnerungen des Kronprinzen an die Todesstunde seines Vaters.

Der Morgen des 1. April 1922 auf der portugiesisch-afrikanischen Insel Madeira war sonnig und klar. Wir Kinder waren schon früh hinausgeschickt worden in den blumenprächtigen tropischen Garten der Quinta do Monte. Tief unten, jenseits der Stadt Funchal, glitzerte der Atlantische Ozean, während hinter uns die dunklen vulkanischen Höhen der Toreiro de Luta in den tiefblauen Himmel ragten.

Ich erinnere mich an die schönen, bunten, roten und weißen Kamelienblüten, die von den Bäumen herabgefallen waren und die von uns in Ermangelung des heimatlichen Winters als Wurfgeschoße einer Schneeballschlacht verwendet wurden. Die Freude am Spiel war allerdings nicht uneingeschränkt.

Seit Tagen lag unser Vater im Vorderzimmer des ebenerdigen Hauses schwer erkrankt darnieder. Wie ernst es um ihn stand, hatte man uns allerdings nicht gesagt.

Als ältester von uns sieben wußte ich etwas mehr: vor wenigen Abenden hatte man mich aus dem Bett geholt, damit ich dabei sei, wenn der Priester ihm die Letzte Ölung spendete.

Knapp vor 9 Uhr an diesem 1. April betrat unsere Mutter den Garten. Sie trug ein leichtes rosa Kleid – es war das letzte Mal, daß ich sie in Farben sah.

Sie führte mich fort, zuerst ohne den Grund anzugeben. Als wir uns dann dem Haus näherten und die Geschwister außer Hörweite waren, sagte sie, daß mich mein Vater rufen lasse, um Zeuge zu sein, wie ein Christ zu seinem Schöpfer heimkehrte.[1] Durch drei Stunden, von neun bis zwölf Uhr, wohnte

---

1 Wie sehr diese Anordnung in der habsburgischen Tradition stand, vgl. die Schilderung des Sterbens König Philipps II. von Spanien nach Michael de Ferdinandy, Philipps II. von Spanien „lichter Tod" im Rahmen der „Todesgattung" seiner Sippe, in: Adler (Zeitschrift für Genealogie und Heraldik), 3. Folge, 10 (XXIV), 1974–76, 24–30: „[...] Ein kleiner Hof kniete um das Bett herum, der Kronprinz voran. So war es nach dem Wunsch des Kranken. Er folgte mit großer Aufmerksamkeit dem Gang der Zeremonie, antwortete klar und ruhig: bürdete sich bewußt und in Demut die von der Liturgie dem Sterbenden zugeteilte Rolle auf. Dann blieb er mit dem jungen Philipp allein. ‚Ich wollte, daß Ihr gegenwärtig seid bei diesem Akt' – sagte er zu ihm –, um zu sehen, wie alles endet.' Ich danke Dr. Peter Wiesflecker für den Hinweis auf diesen Aufsatz.

ich seinem Sterben bei. Meist kniete ich links vom Bett, an dessen Ende das
Allerheiligste stand. Es war kein leichter Todeskampf. Mein Vater war jung
und kräftig, und seine Natur widerstand zäh der zerstörenden Krankheit,
dem langsamen Erstickungstod. Und trotzdem war dieses Ende kein er-
schreckender Anblick: wenn auch der Körper noch so litt, der Geist war ruhig.
Wenige Stunden früher hatte er, sozusagen in Zusammenfassung seines Lebens, die Worte gesprochen: „Mein Bestreben war es immer, den Willen Gottes
zu erkennen und ihn zu befolgen, und zwar auf das vollkommenste." Seine
Aufgabe war damit erfüllt. Trotz der physischen Schmerzen für ihn und der
seelischen Erschütterung für uns, war sein irdisches Ende ein friedliches
Hinübergehen in eine bessere Welt.

Als mein Vater starb, war ich neun Jahre alt. Schon seit früher Kindheit
war ich zutiefst mit ihm verbunden, und gerade in den letzten Wochen auf
Madeira hatte er viel zu mir gesprochen. So hatte ich zumindest einen kindlichen Überblick über ein Leben erhalten, das wie wenige andere erfüllt war
von Rückschlägen und Enttäuschungen, das in menschlicher Hinsicht als gescheitert betrachtet werden kann.

Er hat den Frieden gewollt und mußte Krieg führen. Er hatte die Einheit
gesucht und mußte an verantwortlicher Stelle die Zerstörung des Vielvölker-
reiches mit ansehen. Zahlreiche Freunde hatten ihm den Rücken gekehrt, ja
ihn sogar verraten.

Und doch haben mir gerade die drei Stunden in dem Sterbezimmer der
Quinta do Monte gezeigt, daß meines Vaters Leben nicht unglücklich war. Als
ich ihn an seinem letzten Tag – in der Stunde der Wahrheit, wie es die Spanier
nennen – sah, wußte ich, daß sein Leben erfolgreich gewesen ist. Angesichts
des Todes gibt es keine Selbsttäuschung. Man bleibt allein, und diesseitige Er-
rungenschaft zählt nicht mehr. Wenn man seinem Schöpfer gegenübertritt,
gilt vor diesem nur Pflichterfüllung und guter Wille. Gott verlangt von den
Menschen nicht, ihm Siegesberichte zu bringen. Den Erfolg gibt er. Von uns
erwartet er nur, daß wir unser Bestes tun.

Diese Lehre ist mir, wie es mein Vater wollte, die wertvollste Erfahrung für
das spätere Leben geblieben. Sein Sterben hat mir gezeigt, daß es, solange das
eigene Gewissen ruhig ist, keinen wirklichen Fehlschlag geben kann. Und das
ist schließlich das einzige, wirkliche Geheimnis des Glückes – auch auf unserer Erde.

VI. Nachrufe

282.
Der Apostolische Nuntius in Wien, Erzbischof Francesco Marchetti-Selvaggiani, an Kardinalstaatssekretär Pietro Gasparri

Wien, 1922 April 04

AE, Austria 837 [neu: 1483], Prot. 2568, Ausfertigung.[1]

Die Reaktionen der Wiener Öffentlichkeit auf den Tod von Kaiser und König Karl.

La morte dell'Ex-Imperatore Carlo ha lasciato, almeno apparentemente, insensibile questa popolazione viennese, e credo si possa dire analogamente di tutta l'Austria. Nessun segno di lutto, all'eccezione di qualche isolata ed indisturbata bandiera nera: i negozi aperti, i concerti, i teatri e i divertimenti hanno come di consueto avuto luogo.

La stampa ha parlato più o meno riguardosa, eccettuati, naturalmente, il foglio socialista e quello comunista. La "Reichspost", organo die cristiano-sociali è uscito parzialmente listato a nero, ed ha pubblicato articoli assai sensati e molto rispettosi.[2] Il Capo dei cristiano-sociali, Monsignor Seipel, in una assemblea tenuta domenica sera, pronunziò parole improntate a vera simpatia verso il defunto.[3]

L'Eminentissimo Signor Cardinale Piffl, al quale l'ex-Imperatrice ha partecipato la morte dell'ex-Sovrano chiedendo suffragi, pontificherà giovedi prossimo, 6 corr. nella Cattedrale di Santo Stefano.[4]

I circoli monarchici viennesi cercano di darsi moto, ma non sono secondati: la popolazione per natura indifferente e leggiera, stretta com'è dalla miseria non reagisce, i socialisti lasciano fare, pronti però a gettarsi in piazza al primo movimento un po' serio. Insomma il giovane Imperatore Carlo, dopo un regno così breve e così sventurato, finisce i suoi giorni lontano dalla sua patria, che ne apprende con grande indifferenza l'annunzio della morte!

---

1   Einlaufbestätigung, Vatikan, 1922 April 29.
2   Vgl. Reichspost, XXIX. Jg. (1922), Nrn. 91 und 92 vom 02. und 03. April 1922.
3   Seipel hielt am 02.04.1922 die Trauerrede bei einer Frauenversammlung im Alten Rathaus in Wien; sie wurde am 03. April 1922 in der Reichspost veröffentlicht. Vgl. Rennhofer, 278–279.
4   Vgl. Nr. 285.

283.
Der Apostolische Nuntius in Budapest, Erzbischof Lorenzo Schioppa, an Kardinalstaatssekretär Pietro Gasparri

Budapest, 1922 April 5

AE, Austria 837 [neu: 1483], Prot. 3439, Ausfertigung.[1]

Bericht über das Verhalten der ungarischen Regierung anläßlich des Todes von König Karl IV.
   Beilagen:
1. *Todesanzeige des Obersthofmeisters Joseph (József) Graf Hunyady*
2. *Trauerrede von János Kardinal Czernoch beim Requiem in der Matthias-kirche am 04. April 1922*
3. *Proklamation der ungarischen Legitimisten, Budapest, 1922 April 02.*

La notizia della morte di Re Carlo IV giunse qui la sera del 1. corrente aprile. Immediamente si riuni un Consiglio di Ministri, sotto la presidenza dello stesso Governatore, e furono prese le disposizioni del caso.

La Gazzetta Ufficiale pubblicò un'edizione speciale nella forma medesima che fu redatta il 21 Novembre 1916 in occasione della morte dell'Imperatore Francesco Giuseppe. Il giornale annunciava così la notizia della morte di Carlo IV:

"Sua Maestà Imperiale e Reale Apostolica Carlo IV oggi, 1. Aprile 1922, in Funchal, si è placidamente addormentato nel Signore."

Tanto il Governatore Horthy[2], come il Presidente del Consiglio Conte Bethlen[3] il primo in nome proprio, il secondo anche in nome del Governo, spedirono caldi telegrammi di condoglianza a Sua Maestà l'Imperatrice e Regina Zita a Funchal.

Inoltre lo stesso Consiglio dei Ministri ordinò il lutto nazionale; la chiusura di tutti i teatri e locali di divertimenti per il giorno 2 e per quello dei Funerali; la esposizione della bandiera abbrunata a tutti gli edifici pubblici militari e civili; ed infine fu deciso di celebrare con tutta la pompa dovuta all'altissimo rango del defunto un solenne Funerale. Insomma il Governo Ungherese ha decretato per Carlo IV più o meno gli onori funebri che gli avrebbe concesso se ancora fosse stato effettivamente Re d'Ungheria.

Omaggio postumo al povero Sovrano, quattro mesi fa cacciato via a colpi di cannone dall'Ungheria, consegnato senza rimpianto nelle mani dei suoi ne-

---

1   Einlaufbestätigung, Vatikan, 1922 Mai 17.
2   Vgl. Nr. 198.
3   Vgl. Nr. 237.

mici, esiliato e detronizzato insieme a tutta la sua dinastia, ovvero sintomo che il Governo Ungherese alla prima occasione è pronto a considerare la legge della detronizzazione come un chiffon de papier?

I legittimisti pensano la prima cosa e considerano come lagrime di coccodrillo questo onore postumo reso allo sventurato Sovrano. L'Intesa, e particolarmente la Piccola Intesa, pensa la seconda cosa ed è molto preoccupata dell'atteggiamento del Governo di Budapest in questa occasione ed ha fatto anche dei passi presso questo Governo per avere opportune spiegazioni. Sicché Bethlen non è riuscito ad accontentare nessuno, ed è stato accolto dal grido "ecco l'assassino del Re" quando ieri è uscito della Chiesa, dopo i funerali; mentre i legittimisti erano calorosamente applauditi.

Si è fatta questione sull'atteggiamento di questo Corpo Diplomatico nella luttuosa circostanza. I Rappresentanti dell'Intesa hanno deciso di non esporre la Bandiera abbrunata, affermando che essi non potevano considerare il defunto Sovrano come Re d'Ungheria, e perciò non credevano doversi associare al lutto Nazionale. I Diplomatici della Piccola Intesa si sono associati a questa decisione. I Ministri di Spagna, di Germania, di Olanda, degli Stati Uniti ed io abbiamo esposta la bandiera come rappresentanti di Potenze neutrali nella questione Absburgese ed io l'ho fatto anche perché non mi pareva di poter dimenticare che il defunto Sovrano si fregiava del titolo di Re Apostolico.

Il medesimo dubbio è sorto circa l'assistenza ai Funerali. Il Governo edotto dell'affare delle bandiere, per evitarsi rifiuti spiacevoli, ha deciso di non invitare il Corpo Diplomatico. Io ebbi un invito personale dal Ministro degli Esteri, che credetti opportuno accettare per le ragioni sopra esposte, recandomi però alla Ceremonia in forma non solenne. Al servizio funebre intervennero pure i Ministri di Germania e degli Stati Uniti. Oltre ciò ho inviato un telegramma di condoglianza a Sua Maestà la Regina Zita e ho presentate le mie parti alle loro Altezze Reali l'Arciduca Giuseppe[4] e l'Arciduchessa Isabella[5] che perderono in Carlo IV il Capo della loro famiglia.

Il Funerale decretato dal Governo, e di cui ho parlato, ebbe luogo ieri in seguito ad un telegramma inviatomi dal Vescovo di Funchal, il quale oltre ad annunziarmi la morte del Re, aggiungeva che i funerali a Funchal avrebbero avuto luogo appunto ieri, notizia che mi affrettai a comunicare a questo Governo, il quale fino a quel momento non aveva avuto alcuna comunicazione diretta ed ufficiale della morte del Re.

La Cerimonia funebre, celebrata pontificalmente dal Cardinale Principe Primate, con assistenza di parecchi Vescovi e di tutti gli alti Prelati di Budapest, riuscì imponente, solennissima, lugubre quanto mai. Tutti erano compresi della sorte tragica del disgraziato sovrano, morto a soli 35 anni, in esi-

---

4 Vgl. Nrn. 213, 231, 238.
5 Vgl. Nr. 87a.

lio, povero, detronizzato, espulso con le armi dalla sua Patria e consegnato nelle mani dei nemici dai suoi stessi sudditi. E tutta questa tragedia si rifletteva sinistramente, tristemente nella Chiesa oscura e tetra, quella chiesa medesima che appena quattro anni fa, luminosa e gaia, accoglieva lo stesso Sovrano per coronarlo solennemente, con la sacra Corona di Santo Stefano, Re d'Ungheria! Quella tragedia si rifletteva nell'urto dei più contrari e violenti sentimenti di cui era animata la folla di Carlisti e Anticarlisti adunata intorno all' imponente Catafalco, sormontato da ben quattro Corone Reali: quella d'Imperatore, quella di Re d'Ungheria, quella di Re di Boemia e quella di Casa d'Absburgo. Vi erano anche due corone di fiori l'una del Governatore Horthy e l'altra del Governo!

E che quadro quella folla! Sul Trono il Governatore Horthy rappresentante di un Re che, secondo la legge, non esiste! Intorno alla Bara Ufficiali e soldati in posizione d'attenti, Ufficiali e soldati di quello stesso Esercito il quale quattro mesi fa aveva sparato il cannone contro il Re; a destra una folta schiera di legittimisti fra i quali Andrássy[6], Rákovsky[7], Gratz[8], ieri arrestati sotto l'accusa di alto tradimento e domani forse condannati all'ergastolo per aver preso parte al tentativo del Re. A sinistra Bethlen, Bánffy[9] tutto il Governo che in Novembre fece approvare dal Parlamento la legge che detronizzava gli Absburgo ed in fine uno di questi detronizzati Absburgo, l'Arciduca Giuseppe, in grande uniforme di Maresciallo, in tribuna separata, accolto e circondato da tutti gli onori di un Principe Reale!

Vostra Eminenza Reverendissima mi perdonerà se mi sono fermato troppo su questi dettagli, ma a me pare che essi escono dai limiti della cronaca minuta per assumere un significato che potrà facilmente mostrare la paradossale situazione politica di questo Paese.

Né è facile dire se dopo il luttuoso avvenimento tale situazione migliorerà. Certamente i legittimisti con la morte del Re hanno perduto due basi fortissime in favore della loro tesi sulla <u>continuità</u>. Oggi essi non possono più parlare del <u>Re coronato</u> con la Corona di Santo Stefano, né del <u>giuramento</u> a Lui prestato. Questi due fatti sono scomparsi collo scomparire della persona del Sovrano. Forse la loro tesi potrebbe guadagnare dal punto di vista sentimentale, giacché essi, i legittimisti, non mancheranno di commuovere l'anima popolare, sfruttando l'avvenimento della penosissima morte del <u>Re vittima</u>, del <u>Re martire</u> ecc. e della povera vedova, miserabile, con sette figli e l'ottavo prossimo a nascere! In ogni modo essi si sono riuniti ed hanno emanata in data del 2 corrente la seguente proclamazione: "L'Assemblea die Realisti di tutti i partiti constata ad unanimità che, in seguito alla morte di Re Carlo IV, suo figlio

6 Vgl. Nr. 131. Andrássy war seit 1921 der Führer der ungarischen Legitimisten.
7 Vgl. Nr. 251.
8 Vgl. Nrn. 237, 251.
9 Vgl. Nr. 259.

primogenito Ottone II è Re di Ungheria; solo la forza maggiore impedisce la sua coronazione.

L'Assemblea chiede all'unanimità che le spoglie mortali del defunto Re abbiano la loro sepoltura in Ungheria e che la Regina vedova e gli Orfani Reali possano soggiornare in Ungheria. L'onore della nazione Ungherese e la coscienza e l'umanità delle Nazioni civili esige che tale soggiorno sia reso loro possibile.

L'Assemblea constata inoltre che nelle attuali circostanze in conformità di un diritto consuetudinario ungherese, stabilito per una serie di precedenti più volte secolari, è la Regina vedova che è chiamata a rappresentare i diritti e gli interessi del Re minorenne."

Questo proclama fu immediatamente stampato e cominciato a distribuire nelle strade. Ma lunedi mattina 3 corrente le Redazioni die giornali ricevettero l'avviso ufficiale di non pubblicare la proclamazione medesima, pena la confisca dei giornali che avessero mancato a tale divieto. Ed anche la distribuzione per le strade fu impedita, e nei circoli politici si dice che il Governo intende procedere contro i firmatarii della proclamazione stessa per ribellione.

Il Governo ed i liberi elettori del Re ancora non si sono concretamente pronunziati, né hanno fatto conoscere che cosa intendono fare in seguito alla morte del Re. Alcuni fra di loro hanno però affermato che essi ora si sentono tanto più liberi e padroni della situazione, in quanto i due argomenti legittimisti del <u>Re coronato</u> e del <u>giuramento</u> sono venuti a cessare con la morte del Re.

Le prossime elezioni forse chiariranno questo punto, ma la scomparsa del Sovrano ha reso anche più critico il periodo elettorale per la maggiore agitazione degli animi, per la più intensa violenza con la quale i partiti si combattono, per la più grave confusione che si è prodotta dopo la scomparsa di colui che, malgrado tutto, portava ancora sul capo la Corona di Santo Stefano.

Si è cercato in questi giorni di commozione generale di tentare se non una conciliazione almeno una tregua fra le due parti in lotta, ma è tale la diffidenza, tale l'odio degli uni contro gli altri, che per ora ogni speranza è perduta e questo povero paese continuerà ad essere agitato da gravi lotte politiche le quali paralizzeranno anche la sua attività commerciale e finanziaria e produrranno una catastrofe incalcolabile. Intanto la sera stessa dei funerali del Re un attentato politico contro un Circolo elettorale ha costato la vita a ben sette persone ed ha ferito gravemente parecchie decine di presenti.

Non si conosce ancora quale sarà l'atteggiamento della Regina Zita. Il Conte Hunyady[10], Primo Gran Maestro della Corte, mi ha assicurato che avrebbe fatto pervenire alla Regina un telegramma pregandola a non fare alcun passo, né pubblicare il testamento del defunto, prima del di lui arrivo a Funchal, intendendo egli dare a Sua Maestà consigli di prudenza. Frattanto, mentre a

---

10 Vgl. Nr. 213.

tutti è stata data partecipazione ufficiale della morte del Re per mezzo della circolare, che ho qui l'onore di compiegare [...], a S. E. Rákovsky, autore del digraziato tentativo del passato ottobre, la Regina ha fatto inviare un telegramma speciale firmato per suo incarico personale dal Conte Giuseppe Károlyi[11] che è presso di Lei in Funchal, per partecipargli la morte del Sovrano "nostro Signore e Re" dice il telegramma.

Una voce che è accreditata anche in questi ambienti diplomatici vuole che l'Arciduca Adalberto [Albrecht][12], stia profondendo milioni di corone perchè dalle prossime elezioni risulti una maggioranza favorevole alla di lui candidatura al Trono Ungherese. Anche lui è un Absburgo ed anche contro di lui perciò vi è il veto delle due Intese: ma egli spera molto, perché, dicesi, è appoggiato dal Ministro Conte Bethlen. Ai Funerali del Re non è comparso, avendo poi fatto pubblicare che trovavasi indisposto, mentre il giorno dopo è stato visto a far visita ad una sua amica!

Beilage 1:
Todesanzeige des Obersthofmeisters Joseph (József) Graf Hunyady

J'ai l'honneur d'annoncer que Sa Majesté Impériale et Royal Apostolique l'Empereur et Roi Charles est religieusement décédé le 1 avril 1922 à Funchal.

Je prie de vouloir bien prendre connaissance de cette communication et le faire parvenir au lieu compétent.

Veuillez agréez l'expression de ma haute considération.

Le premier grand-maître de la cour:

Hunyady

Beilage 2:
Trauerrede des Erzbischofs von Esztergom (Gran), János Kardinal Csernoch, beim Requiem in der Matthiaskirche am 4. April 1922.

Defuncti Regis Caroli IV. elogium.

Carolus IV. Rex noster Apostolicus die 1. mensis currentis in longinquam regionem hostili vi relegatus obdormivit in Domino; totius gentis nostrae moerore ac dolore. Dum corpus eius exanime alieno solo reconditur, devotam facimus defuncti Regis memoriam.

---

11 Vgl. Nr. 237.
12 Vgl. Nr. 213.

Natus a piissima matre in spem succrescebat utriusque reipublicae, amoris patriae et in Ecclesiam pietatis eximia praebens documenta, ita ut omnes qui eum, furente bello, sacro Regni diademate redimitum vidimus, spem conceperimus felicissimi principatus, qui populum bello afflictum ad prosperitatem revecturus sit priorum temporum.

Revera inde ab initio sui principatus in eo erat, ut maximum prosperitatis impedimentum removeret gentemque nostram e nefando bello extricatam ad pacem humanitatis, religionis et prosperitatis fecundam reduceret. Compertum iam omnibus est, si votis eius humanae cupiditates non obstitissent, Regnum S. Stephani periculum exitiale fuisse evitaturum.

At providentissimus Deus, cuius investigabiles sunt viae impenetrabiliaque consilia, aliter de nobis decrevit et pientissimus Rex de bono reipublicae continuo sollicitus vota sua videre debuit irrita, ruinam totius Regni, potestatem publicam a faece populi adeptam, adeo ut moesto corde a regimine recedere coactus fuerit. In exilio vicissitudines temporum exspectabat, quae sibi populum redderent, quem nunquam non prosecutus est nobilissimi cordis affectu.

Mira animi constantia et tenaci in Deo fiducia adversa pertulit. Immota firmitate ferebat vitae suae calamitates, vir in adversis magis quam in prosperis admirandus.

Cuius fortitudinis fons erat fides et religio, qua inde a tenerrima aetate praecelluit. Quotidie sacro assistebat seque s. Synaxi muniebat. Quidquid aggressus sit, se divinae Providentiae commendavit veluti christiani principis exemplar. Aegritudo eius vix ingravescere coeperat, aeternitatis memor cupiit, ut sacramentis Ecclesiae confirmaretur. Parum vixit, explevit tamen tempora multa. Placuit Deo auferre eum de medio iniquitatum et tantis, brevi tempore, laboribus defunctum munere consolari sempiternae felicitatis. Humanae vitae acerbitate oppressus decessit serenissimus Rex relinquens nobis desiderium sui quod nunquam videtur delere posse diuturnitas.

Vale pia anima, Martyr Regni et Coronae Sancti Stephani, vive aeternum in pace Christi.

Beilage 3:
Proklamation der ungarischen Legitimisten nach dem Tod König Karls IV.

[Budapest, 1922 April 02]

PRO, FO 371, 7618/C 19970, fol. 190, englische Übersetzung.

Die Versammlung der ungarischen Legitimisten stellt einmütig das Nachfolgerecht für den Kronprinzen Eh. Otto fest. Sie erklären ihn zum König Otto II.,

obwohl seine Krönung durch höhere Gewalt verhindert ist. Der verstorbene Kö-
nig soll in Ungarn bestattet werden, die Königinwitwe möge im Land residie-
ren.

Proclamation of the Legitimists.

The conference of Legitimists belonging to various political parties unanimously establishes that, owing to the mournful death of King Charles IV, his
first-born son becomes King of Hungary as Otto II, although his coronation is
at present prevented by *force majeure.*

The conference further establishes that, under prevailing circumstances, in
virtue of the Hungarian right founded upon custom – a right created by many
centuries of ancient usage – it is the Queen Dowager who is qualified to represent the rights and interests of the king as long as he is a minor.

The conference unanimously demands that the body of the deceased King
be buried in Hungary, and that the Queen Dowager may reside in the country.

It is incumbent upon Hungarian national honour, as well as upon all the
civilised nations, to make these demands possible.

Count Albert Apponyi.
Count Julius Andrássy.
Stephen Rákovszky.
Count John Zichy.
Stephen Friedrich.
Prince Louis Windisch Graetz.
Stephen Haller.
Edmund Beniczky.
Count Joseph Hunyady.
Count Vladimir Zichy.
Dr. Gustav Gratz.
Baron Joseph Szterenyi.
Elemer Huszár.
Maurice Palugyayi.
Gabriel Ugron.
William Vázsonyi.
Count Joseph Cziráky.
Margrave Alexander Pallavicini.
Aladár Boroviczény.

284.
Zdenko Vincenz Prinz Lobkowicz an Alfred (III.) Fürst zu Windisch-Graetz

Prag, 1922 April 05

Familienarchiv Windisch-Graetz, K 629, Ausfertigung.

Der ehemalige erste Generaladjutant Prinz Lobkowicz an seinen Vetter zum Tod von Kaiser und König Karl.

Lieber Alfred!

Mit Deinem unsagbar lieben Brief hast Du mir eine große Freude bereitet. Nicht nur, daß Du überhaupt gleich lieb an mich gedacht hast, aber auch die Art, in der Du schreibst, hat mich tief gerührt.

Das Lob, das Du mir gütig spendest, kann ich wohl nicht sehr für mich in Anspruch nehmen, denn der religiöse Grund war schon gelegt, und ich hätte freilich nur verderben können, was ich ja, mit Gottes Hilfe, nicht getan habe. Da gebührt schon dem guten Georg Wallis[1] das Hauptverdienst, nach dem in dieser Hinsicht so musterhaften Beispiel der Mutter.[2]

Der heiligmäßige Verstorbene war ein so durch und durch edler Charakter, hatte ein so gutes, aufrichtig für Alle das Beste anstrebende Wollen, daß er wohl ein besseres Los verdient hätte. Der liebe Gott hat es aber anders gefügt, und der Kaiser wird jetzt, wie Du so richtig sagst, gewiß mehr wirken können als hier auf Erden, wo er doch nur den im wahren Sinn des Wortes übel ge-sinnten Menschen und anderen, die den ersteren so oder so aufgesessen sind, ein Dorn im Auge war.

Und warum? Weil er fromm und heiligmäßig gelebt hat, weil er wußte, daß er treu zu seiner Religion hält, was auch geschehen möge, <u>deshalb</u> wurde ihm jede Kleinigkeit, alles Menschliche, anscheinend Unvollkommene, gleich an-gekreidet, jeder Schmarrn[a], um mich so auszudrücken, gegen ihn ausgenützt. Er stand, ohne es in seiner Treuherzigkeit, die einen jeden für einen anstän-digen Menschen hielt, mit dem er sprach, zu ahnen, oft ganz allein gegen die Anderen.

Vor einem Kaiser wird gedienert; daß man sich dabei auch seinen Teil den-ken kann, daran dachte er in seiner Seelennoblesse nicht.

---

a   Umgangssprachlich: Nichtigkeit.

1   Erzieher Kaiser Karls. Vgl. Nr. 1.
2   Ehn. Maria Josepha. Vgl. Nr. 1.

Daß ich <u>politisch</u> gar keinen Einfluß hatte und gar keinen Versuch machte, einen solchen zu gewinnen (trotz immerhin verbreiteter andern Ansicht), kann ich nicht bedauern.[3] Ich war Soldat, der seinen Dienst versah, wie er es für richtig glaubte. Das Beispiel der politisierenden Generale der letzten Jahre hätte einen jeden andern wohl auch nicht gelockt!

Verzeihe, daß ich vielleicht langweilig geworden bin, aber es kam mir so in den Sinn und ich ließ mich gehen. Die arme, arme Kaiserin, noch nicht 30 Jahre alt, sieben, acht Kinder, was für einer Zukunft geht sie entgegen? Es packt einen ordentlich, wenn man daran denkt. Der Kronprinz ist eine so überaus sensitive Natur, so ernst für sein Alter, daß ich nicht ohne Sorge auch an diesen armen, noch nicht zehnjährigen Knaben denke!

Ihre Majestät ist aber eine so tüchtige, gescheidte Frau, und der liebe Gott wird ihr helfen.

Ich habe heute eine stille hl. Messe lesen lassen bei St. Kajetan, sie war recht gut besucht. Das ist Alles, was für den verstorbenen König von Böhmen geschehen konnte! Die Zeitungsartikel, wie mir scheint, gelingen doch nicht ganz so gemein, wie sie möchten. Was sie können, sagen sie ja und natürlich auch viel mehr, aber zu wirklichen Invektiven kommt's „beim besten Willen" nicht, aus Mangel an Material, da ja dem Armen faktisch nichts nachzusagen ist.

Aber, wie gesagt, schon zu lange langweile ich Dich. Bitte küsse der verehrten Kusine[4] die Hand von mir und grüße sonstige Deine, die etwa noch in Tachau[5] sind.

Nochmals innig für Deine guten Worte dankend

Dein treuer Vetter

285.
Der Apostolische Nuntius in Wien, Erzbischof Francesco Marchetti-Selvaggiani, an Kardinalstaatssekretär Pietro Gasparri

Wien, 1922 April 10

AE, Austria 837 [neu: 1483], Prot. 2568, Ausfertigung.

Bericht über das Requiem für Kaiser und König Karl in St. Stephan in Wien am 06. April 1922.

---

3   Zum apolitischen Verhalten von Lobkowicz bei Nr. 213.

4   Fürstin Gabriele Windisch-Graetz, geb. Prinzessin Auersperg, seit 1877 mit Alfred (III.) Fürst zu Windisch-Graetz verheiratet.

5   Schloß der Familie Windisch-Graetz in Böhmen.

Col mio umilissimo rapporto n. 2398 dei 4 corr.[1] riferivo all'Eminenza Vostra Reverendissima che il contegno di questa popolazione era rimasto più che calmo, quasi indifferente, all'annunzio della morte dell'ex-Imperatore Carlo.

Però, come Vostra Eminenza avrà appreso dai giornali di costí, il funerale celebrato nella Metropolitana di S. Stefano riuscí una solenne dimostrazione di venerazione e di attaccamento alla dinastia ed alla monarchia.[2]

L'amplissima chiesa non poté contenere quanti desideravano prendere parte alla mesta cerimonia, di guisa che l'intera piazza resto gremita di popolo durante il tempo dei funerali, a cui intervennero anche alte personalità politiche. Il Cancelliere della Repubblica e quattro Ministri, come persone private, erano nella Cattedrale mischiati tra la folla; i deputati cristiano-sociali vi andarono in massa.

Dopo la funzione fu improvvisata una dimostrazione monarchica che con canti e grida di "Evviva l'Imperatore Ottone" riuscì a recarsi innanzi al Parlamento, ove, dopo breve tempo, fu dispersa dalla polizia che operò vari arresti.

Al Consiglio Nazionale un deputato socialista interpellò il Cancelliere, domandando come mai egli, primo Ministro della Repubblica, aveva avuto l'ardire di recarsi ai funerali.[3] Il Signor Schober[4] rispose distinguendo tra la "dimostrazione" che egli biasimava, e il "servizio religioso": a questo ultimo egli era andato come semplice privato, per attestare la sua gratitudine verso un uomo, che allorquando era Sovrano, gli addimostrò la sua fiducia, lo colmò di favori ecc. L'interpellanza fu quindi lasciata cadere.[5] I socialisti e il partito nazionale-tedesco, che si erano opposti ad una commemorazione dell'ex-Imperatore nelle Camere, non sono rimasti troppo contenti dell'avvenuta dimostrazione. Ad essa peraltro giova non dare un troppo grande significato: poiché i dimostranti erano solo quelli che già sono a tutti noti pei loro sentimenti monarchici, mentre la grande maggioranza del paese è tuttora attaccata alla repubblica. Infatti gli operai, che vivono in una certa agiatezza e sono gli unici di cui sempre si parla, non vogliono tornare all'antico sistema colle relative limitazioni di diritti e col servizio militare; mentre i nazionali-tedeschi, sognando sempre l'unione alla Germania, sono (dopo le note rivelazioni del Principe Sisto di Borbone e dopo quanto si va pubblicando circa i tentavivi di pace separata da parte dell'Austria alle spese della Germania) sempre più contrari ad una sistemazione che potrebbe rendere vano ciò che essi desiderano.[6]

---

1 Vgl. Nr. 221.
2 Das Requiem in St. Stephan, Wien, fand am Donnerstag, 06. April 1922 um 9 Uhr statt. Dabei wurde das Mozart-Requiem aufgeführt. Vgl. Reichspost, XXIX. Jg. (1922), Nr. 96 vom 07. April 1922.
3 Vgl. Funder, 672–673.
4 Vgl. zu Schobers Haltung nach dem Trauergottesdienst in: PRO, FO 371/7618, fol. 200–204.
5 Vgl. Rennhofer, 278–279.
6 Zur Situation der österreichischen Bevölkerung nach 1918 vgl. UB Basel, NL C. J. Burckhardt,

286.
Der Erzbischof von Esztergom (Gran), János Kardinal Csernoch, über König Karl IV.

o. O., o. D. [1922]

Primási Levéltár Esztergom, NL Csernoch, Cat. B. 1448/ 1922, Konzept.

Der Primas von Ungarn über das Amtsverständnis des gekrönten ungarischen Königs Karl, des Trägers der heiligen Stephanskrone. Seine Erinnerungen an die Krönung und an seine letzte Begegnung mit dem König am 28. Oktober 1921 im Kloster Tihany.

A Korona vértanúja[1]

Istenben boldogult IV. Károly király lelkében mélyen belevésődött a magyar Szent Korona értelme. Trónraléptekor azonnal sürgette a koronázás mielőbbi megtartását. Lelkiismeretesen készült a nagy közjogi aktusra és mélyjelentőségű szertartásra.

Átgondolta, átelmélkedte annak minden részletét. Mint egy papjelölt a szentelés előtt, oly elfogult és összeszedett volt a király a koronázás előtt. Többször volt alkalmam az előkészület idején vele beszélni. Megfigyeltem őt a próbánál és a koronázásnál. Megható volt látni a felelősségérzés nehéz súlyának rányomódását fiatal lelkére. Nem a dísz, nem a pompa érdekelte, hanem a kötelesség, amelyet Isten, a nemzet és az egyház színe előtt vállal. Méltó akart lenni arra, amire kiválasztatott. Őszintén megtartani és beteljesíteni akarta azt, amire esküt és ígéretet tett. S mivel tudta, hogy a koronázásnál nemcsak a szónak, hanem minden tárgyi és cselekvési szimbolumnak értelme van, mindent megtudni és érteni kívánt. Viselkedése őszintén alázatos, át mégis méltóságos volt.

Mikor a koronázás előtt megkértem, hogy nekem és segédkező püspöktársaimnak ne adjon költséges emlékajándékot, mint elődei boldogabb időben tették a koronázások alkalmával, megindultan válaszolta, hogy fogadjam emlékül az ő és felséges neje egyszerű fotográfiáját, a kereteken a szent korona miniatur másával.

A I, 9, Tagebücher und Briefe 1918/19, fol. 7–9; 10–21; 35; Tagebücher und Briefe 1920, fol. 3–4; 7; 9–10; 31–33.

1 AE, Austria 837 [neu: 1483], Prot. 3439, vgl. Nr. 284, Beilage 2: Leichenrede des Kardinals Csernoch beim Requiem für Kaiser und König Karl in der Budapester Matthiaskirche am 04. April 1922.

Valahányszor fogadott rövid uralkodása idején, mindig megemlékezett valamely kötelességéről, amelyet a koronázáskor vállalt és imádságomat kérte, hogy hű maradjon mindenben, amit Istennek, a nemzetnek és az egyháznak ígért.

Legutoljára 1921 október 28 án Tihanyban találkoztam vele.[2] Aggódva léptem be szobájába. Azt hittem, megtört, a kegyetlen sors iszonyú csapásai alatt levert és vergődő királyt találok, akinek vigasztalására alig lehet szavakat, annál kevésbbé helytálló érveket találni. Nagyon csalódtam. A király fölött nem vonult el nyomtalanul a nagy vihar. Haja megfehéredett.

Arcán gondok mély vágásai. Ünnepélyesen komoly a megjelenése, amilyen az önérzetesen szenvedőké. Helyzetével teljesen tisztában van. Nem vár magyarázatot vagy vígasztalást. Ismeri a végső következményeket. De azért redületlenül bízik és hisz.

A kötelességemet akartam megtenni, amikor eljőttem. Mint koronás királynak nemcsak jogaim, de kötelességeim is vannak. Meg kell védenem a szent-korona jogait és fényét. Igazságosan akarom kormányozni az országot, a nemzetnek adósa vagyok. Megkíséreltem mindent. Nem sikerült eddig. El vagyok készülve további áldozatokra. Életem utolsó leheletéig kitartok a vállalt kötelesség útján. Bármit is kell szenvednem, Krisztus Urunk többet szenvedett.

Ilyen léleknek fölösleges a vígasztalás. Kikényszeríti csodás erejével a bámulatot. Áldozatos élete végén […] méltó volt az utolsó szó: "Fölajánlom életemet váltságul népemért."

287.
P. Cölestin Schwaighofer von Deggendorf OFMCap an Papst Pius XI.

Rom, 1923 Februar 01

BKA, NL Cölestin Schwaighofer, X, 151, Fasz. 57/8a,
Konzept fragmentarisch.

Gratulationsbrief zur Krönung Papst Pius' XI., Beurteilung der Restaurationsversuche von Kaiser und König Karl.

[…] den besonderen Segen Euerer Heiligkeit erflehe. Verschiedene Mitglieder des genannten hohen Hauses hätten ja manches klüger machen können, auch nach

---

2   TB Anton (Antal) Lépold: Devenyi Ivánné, 72–76.

dem erleuchteten Urteil des verstorbenen Heiligen Vaters[1], aber es herrscht im ganzen Hause ein heiligmäßiger Zug der Frömmigkeit und damit verbunden eine Ohnmacht gegenüber der teuflischen Weltdiplomatie unserer Zeit.

Ich fühlte das so besonders, als ich vier Wochen vor dem Ausflug S. M., des verstorbenen Kaisers Carl, nach Ungarn in einer sehr schwierigen Incognito-Zusammenkunft in der Schweiz vor Vertrauensseligkeit warnte, worüber ich voriges Jahr einen eingehenden Bericht S. E. dem Herrn Cardinal Staatssekretär einreichte.[2]

Der heute beginnende Monat bringt der Erdenrunde den Tag der Erwählung und Krönung Eurer Heiligkeit.[3]

288.
Wilhelm Miklas an den Erzbischof von Wien, Friedrich Gustav Kardinal Piffl

Horn, 1923 April 01

DAW, NL Piffl, Ausfertigung;
NL Wilhelm Miklas, Abschrift.

Am Jahrestag des Todes richtete Wilhelm Miklas als Regierungsrat, Abgeordneter und vormaliger Staatssekretär für Kultus und Unterricht an den Wiener Erzbischof die Bitte, das Material für die Seligsprechung von Kaiser und König Karl zu sammeln und den Heiligen Vater im Namen der Katholiken Österreichs um die Einleitung des Beatifikationsprozesses zu ersuchen.

Eure Eminenz!

Ostern 1923!

Nach der Passion die glorreiche Auferstehung des Herrn!

Die Wiederkehr dieses größten Jubelfestes der Christenheit ist mir willkommener Anlaß, Euer Eminenz aus ganzem Herzen die ergebensten Segenswünsche und Ostergrüße zu übermitteln.

Aber ich habe heuer in diesen Ostertagen noch einen ganz besonderen Grund, mich bittlich an Euer Eminenz, den Doyen des österreichischen Episkopats und berufenen Wortführer des katholischen Volkes Österreichs, zu wenden.

---

1 Papst Benedikt XV., vgl. Nr. 274.
2 Vgl. Nr. 248.
3 Achille Ratti, 1922–1939 Papst Pius XI., Krönung: 12. Februar 1922.

An dem <u>gleichen</u> Tage nämlich, an dem wir heuer das Fest der Auferstehung des göttlichen Heilandes begehen, <u>jährt sich</u> auch <u>zum erstenmal</u> der Tag, an dem fern von der österreichischen Heimat der edle Dulder und Bekenner <u>Kaiser Karl</u> seine reine heilige Seele dem Schöpfer zurückgab.

Was sterblich an ihm gewesen, ruht vorläufig noch im stillen Grab auf dem fernen Madeira, bis es dereinst, so Gott will, wieder die österreichische Heimat bergen wird als kostbares Saatkorn für den Tag der Auferstehung. Seine unsterbliche Seele aber ruht am allerheiligsten Herzen des Erlösers, dessen inniger Verehrer der Verewigte schon auf Erden gewesen und triumphiert mit dem glorreich auferstandenen Heiland.

Ein Jahr erst ist seit dem Heimgang Kaiser Karls um, und schon sprechen Tausende nicht nur in Österreich, sondern auf dem Erdenrunde von ihm nicht anders als von einem <u>Heiligen des Himmels.</u>[1]

Sollte diese Volksstimme trügen? Oder sollte darin ebenso wie in dem sinnvollen Zusammentreffen des ersten Jahresgedächtnistages mit dem Ostersonntag des Jahres 1923 nicht viel mehr die glückliche Vorbedeutung, ja die Verheißung liegen, daß dem im Leben so unglücklichen, im Tode triumphierenden Kaiser Karl auch auf Erden noch der Ruhm eines Heiligen der katholischen Kirche und die Ehre der Altäre zuteil werde, und daß auch unserem katholischen Volk und Vaterland dereinst noch der Tag der Auferstehung erscheinen wird?

Und Heilige, fürwahr Heilige aus unsrem Stamm braucht unser Volk als Vorbilder und Fürbitter in diesen Tagen der Trübsal!

Meine innige Bitte an Euer Eminenz lautet daher: Mögen Euer Eminenz als der erste kirchliche Würdenträger Österreichs und als berufenster Anwalt der österreichischen Katholiken gnädigst alles veranlassen, daß jegliches Material über den am 1. April 1922 auf Madeira verstorbenen Kaiser Karl I. von Österreich, den Volksstimme als Heiligen bezeichnet, gesammelt, nach kirchlichen Vorschriften gesichtet und geprüft und sodann im Namen der Katholiken Österreichs an den Heiligen Vater in Rom die ehrfurchtsvolle Bitte um Einleitung des Beatifikationsprozesses gerichtet werde.

Ich weiß wohl, wie ernst und streng die Kirche in einem solchen Falle vorgeht und wie lange gewöhnlich es dauert, bis solch ein kirchlicher Prozeß abgeschlossen ist. Aber unsere Zeit lebt rascher als frühere Jahrhunderte, und Gottes unerschöpfliche Gnade, Güte und Liebe kann es auch anders fügen. Auch St. Elisabeth von Thüringen ist schon vier Jahre nach ihrem Tode zur Ehre der Altäre erhoben worden.[2] Und „in unserer Zeit", so schrieb ich jüngst aus einem besonderen Anlaß einem Waldviertler Dechanten, „nach der großen

---

1 Vgl. Johanna Homa, La Storia della Fama di Santità e della Venerazione Privata del Servo di Dio Carlo della Casa d'Austria (mschr.), Archiv der Gebetsliga.

2 Elisabeth von Thüringen (1207–1231): Heiligsprechung durch Papst Gregor IX.: 27.05.1235.

Weltkatastrophe, da wachsen die Heiligen Gottes wie die Pilze nach dem Regen."

Warum sollte nicht auch aus unsrem österreichischen Volke neue Heilige zur Ehre der Altäre gelangen, ein heiliger Kaiser Karl und desgleichen eine heilige Frau, geborene Gräfin Ledóchowska[3] ich meine die Gründerin und erste Vorsteherin der St. Petrus Claver-Sodalität und deren Name und Taten für das Werk der Glaubensverbreitung in Afrika mit unvergänglichen Lettern im Buche des Lebens eingetragen sind. Merkwürdigerweise stammen beide ihrer Geburt nach aus der St. Pöltner Diözese und beide starben fern von ihrer österreichischen Heimat.

Vielleicht gibt mir der vorangeführte Umstand auch die Legitimation zu meiner an Euer Eminenz gerichteten Bitte. Bin ich doch der Obmann des „Katholischen Volksbundes der Diözese St. Pölten", der vom Diözesanbischof offiziell anerkannten Katholiken Organisation der Diözese. Zudem vertrete ich den nördlichen Teil der Diözese auch im österreichischen Nationalrat, und zwar gerade jenen Teil, in dem nahe der Gnadenstätte der lieben Gottesmutter auf dem Taferlberg, nahe der Gruft von Artstetten, die an den schaurigen Anfang des ungeheuren Völkerringens erinnert, auch Schloß Persenbeug über dem alten Nibelungen-Strom thront, wo Kaiser Karl das Licht der Welt erblickte und seine Kinderjahre verlebte.

Die beste Legitimation aber für meine Bitte wird wohl das Material über Leben und Sterben Kaiser Karls sein, das die kirchlichen Behörden sammeln und prüfen werden. Indem ich Euer Eminenz nochmals herzlich bitte, alle notwendigen Schritte zur Beatifikation des vor Jahresfrist auf Madeira heimgegangenen Kaisers Karl einzuleiten, folge ich nur einem Drange meiner Seele und einem Wunsche meines Herzens. Alles Weitere überlasse ich vertrauensvoll der Weisheit der katholischen Kirche und dem eucharistischen Weltheiland cuius misericordiae non est numerus!

289.
Gertrud von le Fort an die Präsidentin der Kaiser-Karl-Gebetsliga, Emilie Gehrig

Oberstdorf/Allgäu, 1961 März 25

Archiv der Gebetsliga, Ausfertigung.

Gertrud von le Fort schließt sich der Kaiser-Karl-Gebetsliga für den Völkerfrieden an.

---

3   Maria Theresia Gräfin Ledóchowska, Einleitung ihres Seligsprechungsprozesses 1928.

Nehmen Sie Dank für Ihren freundlichen Brief und die ihn begleitende Sendung. Ich schließe mich gern Ihrer Gemeinschaft an und bete für die Heiligsprechung des letzten österreichischen Kaisers, obgleich mir beim Gedenken an sein Leben und Leiden unwillkürlich die Worte einfielen, die einmal ein frommer Mensch im Blick auf die für Papst Pius X.[1] erstrebte Heiligsprechung ausrief: „ Ihn brauchen sie nicht erst heilig zu sprechen, er war heilig." Sie werden dieses Wort nicht mißverstehen, ich gebe es hier nur weiter, um die Ehrfurcht auszudrücken, die mich vor der Gestalt Kaiser Karls bewegt, mit der ich mich oft beschäftigt habe – sie war in einer stürzenden Zeit ein Lichtpunkt für Viele.

Ich verehre in Kaiser Karl auch das Haus Habsburg, das jahrhundertelang die Krone des Heiligen Römischen Reiches trug: mein Vater hat mich früh gelehrt, daß dieses Reich das edelste Blatt der Gesamtgeschichte Ihres und meines Volkes war.

Daß Ihr Buch[2] vergriffen ist, tut mir sehr leid; ich hoffe, es erlebt bald eine neue Auflage – ich wünsche es schon um der schweren und trotzdem gnadenreichen Zeit, die mit diesem Werk verbunden war.

---

1 Pius X., Papst 1903–1914. Seligsprechung: 03.06.1951, Heiligsprechung: 29.05.1954.
2 Emmy Gehrig, Seligsprechung eines Kaisers, Breitenfurt bei Wien 1962 (Selbstverlag der Gebetsliga).

Provenienzverzeichnis

WIEN

Österreichisches Staatsarchiv

Haus-, Hof- und Staatsarchiv (HHStA)
3A; 20A; 22A; 27A; 30; 32; 33A; 34A; 35A; 38; 47A; 50; 51A; 56A; 57; 62; 63A;
64; 66; 80; 80A; 81; 86; 87A; 88A; 91; 93; 93A; 97A; 101; 103; 106A; 110; 117A;
122; 122A; 123A; 190A, 213A, 276A*.

Kriegsarchiv (KA)
20A; 21; 21A; 24; 25; 26; 47A; 54; 54A; 63A; 67; 68; 87A; 113; 113A; 116; 117;
176A; 213A; 256; 256A; 280A.

Allgemeines Verwaltungsarchiv (AVA)
123.

Archiv der Bundespolizeidirektion Wien
213A.

Wiener Stadt- und Landesarchiv (WStLA)
213A; 253.

Diözesanarchiv (DAW)
48A; 54A; 87A; 97A; 110A; 130A; 134A; 141A; 183A; 197A; 213A; 225A; 288.

Referat für Selig- und Heiligsprechung der Erzdiözese Wien
Causa Caroli de Domo Austriae, Tomus IX
246.

SALZBURG

Diözesanarchiv (DAS)
212A; 224.

---

* Vermerk: A neben den Zahlen verweist auf Anmerkungen zum angeführten Dokument.

ST. PÖLTEN

Diözesanarchiv (DASP)
68A.

Archiv der Kaiser-Karl-Gebetsliga
23A; 47A; 49A; 288A; 289.

MÖDLING

Archiv der Missionsprokur St. Gabriel
67A; 68A; 213A.

HEILIGENKREUZ BEI BADEN (NÖ)

Stiftsarchiv
79A.

REICHENAU AN DER RAX

Pfarrarchiv
136A.

GRAZ

Steiermärkisches Landesarchiv (StLA)
3A; 20A; 21A; 47A; 213A; 237A.

MURAU

Schloss, Schwarzenbergische Archive
159A.

LONDON

Public Record Office (PRO)
35A; 39; 39A; 49; 56; 83; 83A; 117A; 135A; 145A; 151A; 163; 163A; 175A; 177A; 190A; 213A; 220A; 227A; 237A; 242; 242A; 246A; 251A; 252A; 253A; 257; 261A; 262A; 266A; 268A; 274A; 278A, 283; 285A.

WINDSOR CASTLE

ROYAL ARCHIVES (RA)
35A; 39A; 42A; 135; 138; 138A; 148; 190A; 251A.

PARIS

ARCHIVES DU MINISTÈRE POUR LES AFFAIRES ÉTRANGÈRES (PAMAE)
7A; 8; 8A; 11; 11A; 15; 16; 39A; 44A; 49A; 61; 61A; 83; 86A; 89A; 92A; 95; 95A;
108; 108A; 131; 140; 141A; 145A; 147; 147A; 161A; 174A; 177A; 207A; 211A;
213A; 216; 216A; 231A; 237A; 242; 242A; 243A; 249; 252A; 257; 257A; 262;
262A; 266A; 272A; 274A; 277A.

WASHINGTON

LIBRARY OF CONGRESS
90; 94; 97; 97A; 104; 107; 111.

VATIKAN

ARCHIVIO SEGRETO VATICANO (A.S.V.)
6; 7; 9; 10; 12; 13; 18; 19; 22A; 60A; 153.

ARCHIVIO DELLA SEGRETARIA DI STATO = ARCHIVIO DEL CONSIGLIO PER GLI ECCLESIATICI
ATRAORDINARII (AE)
22; 22A; 27; 27A; 31; 31A; 32; 32A; 33; 33A; 41A; 44;64; 64A; 65; 65A; 70; 75A;
76; 76A; 77; 78; 79; 79A; 84; 84A; 85A; 86A; 96; 97A; 98; 98A; 100; 100A; 101;
103A; 105; 105A; 106; 109; 110; 110A; 112A; 129; 136; 136A; 137; 137A; 141A;
142; 143; 145A; 150A; 152; 167A; 172; 172A; 175A; 177; 181; 192; 196; 208; 210;
213A; 222A; 228; 228A; 229; 233; 239A; 248; 255A; 258; 259; 262A; 263;
263A; 266A; 267; 267A; 268; 269; 270; 271; 274A; 275A; 282; 283; 283A; 285;
286A.

ARCHIVUM CONGREGATIONIS PRO CAUSIS SANCTORUM (ACCSS)
Acta Ordinaria Scriptorum Causae Caroli de Austria (AOS)
Tomus I:
5; 21; 22; 23; 34; 45; 46; 47; 55; 58; 60; 70; 71; 85; 128; 130; 132; 135; 136; 138;
139; 145; 148; 149; 151; 152; 154; 156; 157; 158; 160; 161; 162; 162A; 166; 167;
168; 168A; 169; 170; 173; 174;175; 176; 177; 177A; 179; 180; 182; 183; 184; 185;

187; 188; 189; 190A; 193; 197; 198; 201; 201A; 202; 203; 205; 206; 207; 209; 211A; 212; 215; 221; 223; 223A; 227; 227A; 231; 232; 232A; 233; 236; 241; 243; 244; 253A; 272; 274A; 276; 277; 278; 278A; 279.

Tomus II:
2; 3; 4A; 20; 34A; 35A; 41; 42; 42A; 43; 63; 87; 87A; 88; 89; 133; 134; 141; 171; 171A; 176A; 178; 195; 199; 199A; 201; 211; 213; 225; 226; 230; 235; 238; 240; 250; 250A; 251; 254; 262A; 272A; 273; 274; 274A; 275.

Beilagen zu:
Transsumpta Processus Ordinarii Causae Servi Dei Caroli de Austria (TS)
1; 5A; 17; 19A; 34A; 35; 35A; 39A; 41; 41A; 44; 47; 55; 59; 62A; 64A; 69; 89A; 126; 128; 130A; 143; 144; 150; 153; 155; 159; 162A; 164; 165; 177; 177A; 181; 182; 186; 190; 192; 194; 194A; 196; 213A; 218; 231A; 238A; 239; 240; 245; 245A; 248A; 280A.

BERN

SCHWEIZERISCHES BUNDESARCHIV (BAR)
48A; 87A; 99A; 131A; 133A; 138A; 140A; 141A; 142A; 145A; 161A; 165A; 169A; 170A; 177A; 181A; 193A; 213A; 216A; 217A; 220A; 225A; 236A; 237A; 239A; 247; 247A; 248A; 253A; 255A; 257A; 270A; 272A; 274A.

BASEL

UNIVERSITÄTSBIBLIOTHEK (UB)
145A; 161A; 213A; 285A.

EINSIEDELN

ARCHIV DER BENEDIKTINERABTEI EINSIEDELN
131A.

MÜNCHEN

BAYERISCHES KAPUZINERARCHIV (BKA)
4; 74; 75; 218A; 248; 248A; 272A; 287.

BONN

POLITISCHES ARCHIV DES AUSWÄRTIGEN AMTES (PA AA)
30A; 41A; 245A; 274A.

KOBLENZ

DEUTSCHES BUNDESARCHIV (DBA)
8A; 17A.

LÖWEN

ARCHIV DER KATHOLISCHEN UNIVERSITÄT LÖWEN (KUL)
51A; 82; 191.

BUDAPEST

REFORMÁTUS EGYHÁZ ZSINATI LEVÉLTÁRA, NL BURIÁN (REZL)
171A.

ESZTERGOM

PRIMÁSI LEVELTÁR (ARCHIVUM PRIMATIALE)
28; 214; 219; 222; 264; 265; 286.

ERZABTEI PANNONHALMA

BIBLIOTHEK
261A.

STÁTNI ARCHIV KLATOVY (KLATTAU), TSCHECHIEN

FAMILIENARCHIV WINDISCH-GRAETZ
48A; 87A; 255A; 284.

VYŠKOV (WISCHAU), TSCHECHIEN

BEZIRKSMUSEUM (NL Alois Musil)
7A.

PRIVATARCHIVE

PRIVATARCHIV HABSBURG (PAH)
87b.

FRANZ GRAF CZERNIN–CHUDENITZ (†), WIEN
68A; 200; 280.

DR. FRANZ VON BOROVICZÉNY, WIEN (NL Aladár von Boroviczény)
237.

DR. JOHANNES EIDLITZ (†) WIEN (NL SEIDLER)
99; 193A; 213A; 272A.

NL WILHELM MIKLAS, HORN
288.

FRANZÖSISCHE PRIVATSAMMLUNG, PARIS
29; 37; 51; 52; 53.

DRUCKE
14; 36; 40; 48; 72; 73; 92; 102; 112; 114; 115; 115A; 118; 119; 120; 121; 123; 124;
    125; 127; 142; 146; 146A; 204; 207; 217; 220; 234; 242; 242A; 252; 255; 260;
    261; 262; 264; 266; 281.

QUELLEN- UND LITERATURVERZEICHNIS

A) ARCHIVALISCHE QUELLEN
WIEN
ÖSTERREICHISCHES STAATSARCHIV:
HAUS-, HOF- UND STAATSARCHIV (HHSTA):
  Archiv des Ordens vom Goldenen Vlies
    Karton LIII, LIV
  Politisches Archiv (PA):
    PA I 85, 469, 496, 500, 504, 505, 523, 524 808, 826, 962, 964, 965, 1057,
    1092a.
    PA III 175
    PA IV 59
    PA XI 255, 256, 272
    PA XXVII 57, 58
  Obersthofmeisteramtsakten (OMeA)
    1917, 65/13
    1918, 65/13
  Allgemeine Urkunden – Reihe (AUR)
    1918 Mai 12
  Nachlässe
    Albin Schager von Eckartsau
    Friedrich von Wieser
    Moritz Graf Esterházy
KRIEGSARCHIV (KA)
  Militärkanzlei Seiner Majestät (MKSM) 1916–1918
  Generaladjutantur Seiner Majestät (GASM) 1916–1918
  Ministerium für Landesverteidigung, 996
  Präsidium des k. u. k. Kriegsministeriums 1918
  Armeeoberkommando (AOK), Operationsabteilung (OP)
  Militärische Qualifikationen
    Eh. Carl Franz Joseph
    Eh. Max
  Nachlässe
    Rudolf Brougier, B 133
    Dr. Gustav Gratz, B 19
    Anton Frh. von Lehár, B 600
    Hans von Seeckt, B 892
    Alfred Frh. von Waldstätten, B 878
    Carl Wolff, B 851

ALLGEMEINES VERWALTUNGSARCHIV (AVA)
  MRPräs 1918

WIENER STADT- UND LANDESARCHIV (WStLA)
  Landesgericht für Strafsachen, Wien I

ARCHIV DER BUNDESPOLIZEIDIREKTION WIEN
  Schober-Archiv

DIÖZESANARCHIVE:
WIEN (DAW)
  Bischofskonferenz (BIKO), Karton 11
  NL Piffl
  NL Wagner Tagebücher
REFERAT FÜR SELIG- UND HEILIGSPRECHUNG DER ERZDIÖZESE WIEN,
  Causa Caroli e Domo Austriae
  Tomus IX
SALZBURG (DAS)
  NL Waitz
ST. PÖLTEN (DASP)
  Präsidialakten 12
  Archiv der Kaiser-Karl-Gebetsliga

MÖDLING
ARCHIV DER MISSIONSPROKUR ST. GABRIEL
  NL Franz Graf Ledochowski SVD

HEILIGENKREUZ BEI BADEN (NÖ)
STIFTSARCHIV
  Rubrik 5, Fasz. FFH

REICHENAU AN DER RAX
PFARRARCHIV
  Pfarrchronik

GRAZ
STEIERMÄRKISCHES LANDESARCHIV (StLA)
  FA HERBERSTEIN
    TB FML Herbert Graf Herberstein, EP 64–EP 66
    Landesregierungsakt Zl. E 93–951/1921

MURAU

SCHLOSS, SCHWARZENBERGISCHE ARCHIVE
  NL Felix Prinz Schwarzenberg

LONDON

PUBLIC RECORD OFFICE (PRO)
  FO 800/152; 800/200; 800/213
  FO 371/3134; 3415; 3448; 3450; 3459; 4861; 4862; 6101; 6102; 6103; 6105;
    6107; 6108; 6109; 6111; 6112; 7618; 7621; 8858
  FO/ C 6930/189/21
  Cab 23/16
  ADM 53/72638
  ADM 53/78036

WINDSOR CASTLE

ROYAL ARCHIVES (RA)
  GEO V AA 43–224; M 1466; P 1659; Q 1316

PARIS

ARCHIVES DU MINISTÈRE POUR LES AFFAIRES ÉTRANGÈRES (PAMAE)
  Série A-Paix, Autriche-Hongrie, Paix séparée 103; 104
  Europe 1918–29, Autriche 39; 41; 57
  Europe 1918–29, Hongrie 6; 7; 28; 29; 31; 32; 33; 34; 35; 36; 37; 38; 39; 60
  Papiers d'Agents – Archives Privées 037, Papiers Charles-Roux 1
  Papiers d'Agents – Archives Privées 198, Papiers Clemenceau 1

VATIKAN

ARCHIVIO SEGRETO VATICANO (A.S.V.)
  SSt. Rubrica 244, B 1; D 2; E 1
  SSt. Rubrica 254A
  Cardinali 2
  Spogli Benedetto XV
ARCHIVIO DELLA SEGRETARIA DI STATO = EHEMALS: ARCHIVIO DEL CONSIGLIO PER GLI
AFFARI ECCLESIASTICI STRAORDIANARII (AE)
  Stati Ecclesiastici 216 [neu: 1317] vol. I; III; IV; XI; XII; XVII
  Stati Ecclesiastici 163 [neu: 1402]
  Italia 443 [neu: 843]; 477 [neu: 843]
  Austria 491[neu:1555 P.O.]; 527[neu: 1118]; 567[neu:1162, 1306]; 616[neu:
    1212]; 624[neu: 1240 P.O.]; 654 [neu: 1320 P.O.]; 655: [neu: 1259]; 670
    [neu: 1331]; 674 [neu: 1408]; 696 [neu: 1328 P.O.]; 697 [neu: 1340]; 710
    [neu: 1306]; 725 [neu: 1312]; 751 [neu: 1441] ; 812[neu: 1467]; 821[neu:
    1420];837[neu: 1483]; 873 [neu: 873 P.O.].

ARCHIVUM CONGREGATIONIS PRO CAUSIS SANCTOERUM (ACCSS)

Acta Ordinaria Scriptorum Causae Caroli de Austria (AOS)

Index: 19; 25; 27; 31; 33; 35; 39; 41; 43; 45; 49; 51; 53; 57; 59; 63; 67; 69; 79; 83–84; 86; 89; 91–94; 96–100; 102–108; 125; 160; 287; 451; 454; 457; 459–466; 469–476; 479; 483–486; 488; 490–497; 504; 572–573; 575; 586; 588–590; 600; 611; 615; 617; 619; 625; 631–632; 639–640; 692–694; 696–697; 705–707; 710; 718; 722–726; 728–737; 740–744; 746–747; 750–751; 755–761; 1423; 1469–1470; 1480; 1496; 1512; 1520–1529; 1531–1566; 1575; 1589.

Transsumpta Processus Ordinarii Causae Servi Dei Caroli de Austria (TS)

666; 1921–1925; 2161–2162; 2165–2170; 2180–2182; 2602–2630; 2798–2809; 2853–2856; 2859–2861; 2872; 2877–2883; 2924–2925; 2937–2941; 2951–2956; 2960–2961; 2963; 2965–2972; 2982; 2985–2992; 3029; 3223–3225; 3259–3260; 3379–3413; 3490; 3514–3521; 3541; 3555–3556; 3927–3934; 4224–4228; 9060–9064.

WASHINGTON
LIBRARY OF CONGRESS

Manuscript Division, Papers of Robert Lansing

BERN
SCHWEIZERISCHES BUNDESARCHIV (BAR)

E 2300 Wien 32; 33; 34; 35

E 2200/10 Wien 1919

E 2200/7 Wien 1919

E 2001 (B)-/3, Bd. 41; 48; 49

E 2300 Paris 71

E 2300 London 13

E 4320 (A)–1, Bd. 18

BASEL
UNIVERSITÄTSBIBLIOTHEK

NL Carl J. Burckhardt

EINSIEDELN
ARCHIV DER BENEDIKTINERABTEI EINSIEDELN

NL Abt Thomas Bossart

MÜNCHEN
BAYERISCHES KAPUZINERARCHIV (BKA)

NL Cölestin Schwaighofer von Deggendorf OFMCap, X, 151

BONN
POLITISCHES ARCHIV DES AUSWÄRTIGEN AMTES (PA AA)
  Österreich 86, Nr. 1, Bd. 21
  Päpstlicher Stuhl 3/2, Bd. 22/23
  Politik 11, Nr. 2, Bd. 2

KOBLENZ
DEUTSCHES BUNDESARCHIV (DBA)
  NL 97 (Erzberger)

LÖWEN
ARCHIV DER KATHOLISCHEN UNIVERSITÄT LÖWEN (KUL)
  Freimaurersammlung

BUDAPEST
REFORMÁTUS EGYHÁZ ZSINATI LEVÉLTÁRA (REZL)
  NL Burián

ESZTERGOM
PRIMÁSI LEVÉLTÁR (ARCHIVUM PRIMATIALE)
  NL Csernoch

ERZABTEI PANNONHALMA
BIBLIOTHEK:
  BK 539/19d

STÁTNY ARCHIV KLATOVY (KLATTAU), TSCHECHIEN
FAMILIENARCHIV WINDISCH-GRAETZ
  K 629; 669; NL Alfred III. Fürst Windisch-Graetz

VYŠKOV (WISCHAU), TSCHECHIEN
BEZIRKSMUSEUM
  NL Alois Musil

LUBLIN
UNIVERSITÄTSBIBLIOTHEK

PRIVATARCHIVE

Franz Graf Czernin-Chudenitz (†), Wien

Dr. Franz von Boroviczény, Wien

  NL Aladár von Boroviczény

Johannes Eidlitz, Wien

  NL Seidler

  Habsburg, Kassette 22 (128)

NL Wilhelm Miklas, Horn

Französische Privatsammlung, Paris

B) VERÖFFENTLICHTE QUELLEN

I. Akten- und Dokumentensammlungen

AMTLICHE URKUNDEN ZUR VORGESCHICHTE DES WAFFEN-
STILLSTANDES 1918.
Auf Grund der Akten der Reichskanzlei, des Auswärtigen Amtes und des
  Reichsarchivs herausgegeben vom Auswärtigen Amt und vom Reichsmini-
  sterium des Innern, Berlin 1924 (2. Aufl.).
AUSSENPOLITISCHE DOKUMENTE DER REPUBLIK ÖSTERREICH
  1918–1938.
Bd. 1: Selbstbestimmung der Republik. 21. Oktober 1918 bis 14. März 1919.
  Hrsg. von Klaus Koch, Walter Rauscher und Arnold Suppan, Wien 1993 (=
  Außenpolitische Dokumente der Republik Österreich 1918–1938, 1. Hrsg.
  von Arnold Suppan).
Bd. 2: Im Schatten von Saint-Germain. 15. März 1919 bis 10. September 1919.
  Hrsg. von Klaus Koch, Walter Rauscher und Arnold Suppan, Wien 1994 (=
  Außenpolitische Dokumente der Republik Österreich 1918–1938, 2. Hrsg.
  von Arnold Suppan).
Bd. 3: Österreich im System der Nachfolgestaaten. 11. September 1919 bis
  10. Juni 1921. Hrsg. von Klaus Koch, Walter Rauscher und Arnold Suppan,
  Wien 1996 (= Außenpolitische Dokumente der Republik Österreich
  1918–1938, 3. Hrsg. von Arnold Suppan).
BENEDIKT Heinrich, Die Friedensaktion der Meinlgruppe 1917/18. Die
  Bemühungen um einen Verständigungsfrieden nach Dokumenten, Akten-
  stücken und Briefen, Graz 1962 (= Veröffentlichungen der Kommission für
  Neuere Geschichte Österreichs, 48).
BIHL Wolfdieter (Hrsg.), Deutsche Quellen zur Geschichte des Ersten Welt-
  kriegs, Darmstadt 1991 (= Ausgewählte Quellen zur deutschen Geschichte
  der Neuzeit, 29).

BURCKHARDT Carl J./MERTZ-RYCHNER Claudia (Hrsg.), Hugo von Hofmannsthal – Carl J. Burckhardt. Briefwechsel, Frankfurt/M. 1991 (= Fischer TB 10833).

I DOCUMENTI DIPLOMATICI ITALIANI. Ministero degli Affari Esteri. Commissione per la pubblicazione dei documenti diplomatici. Quinta Seria: 1914–1918, vol. I–XI, Roma 1954–1986; Sesta Seria: 1918–1922, vol. I–II, Roma 1956–1980.

DOCUMENTS DIPLOMATIQUES relatifs au déthrônement des Habsbourgs, ed. Ministère royal hongrois des affaires étrangères, Budapest o. J.

DOCUMENTS DIPLOMATIQUES concernant les tentatives de restauration des Habsbourg sur le thrône de Hongrie. Août 1919 – Novembre 1921. Ed. République tchéchoslovaque. Ministère des étrangères, Prag 1922.

DOCUMENTS DIPLOMATIQUES SUISSES, 1848–1945, vol. 6–8, Bern 1981–1988.

DOCUMENTS ON BRITISH FOREIGN POLICY 1919–1939, First Series, ed. by E. L. Woodward and Rohan Butler, vol. VI. (1919), London 1956; vol. XII (1920/21), ed. by Rohan Butler, J. P. T. Bury and M. E. Lambert, London 1962; vol. XXII (1921/22), ed. by W. N. Medlicott, Douglas Dakin and Gilliam Bennett, London 1980; Vol. XXIV (1922/23), London 1983.

ENGEL-JANOSI Friedrich (Hrsg.), Die politische Korrespondenz der Päpste mit den österreichischen Kaisern. 1804–1918, München 1964.

ESZER Ambrogio O.P./STORTI Nicola, La Monarchia Austro-Ungarica e la Santa Sede 1912–1917 in documenti dell'Archivio Segreto Vaticano, in: Römische Historische Mitteilungen 29 (1987), 405–458.

FELLNER Fritz/MASCHL Heidrun, St-Germain im Sommer 1919. Die Briefe Franz Kleins aus der Zeit seiner Mitwirkung in der österreichischen Friedensdelegation, Mai bis August 1919, Salzburg 1977 (= Quellen zur Geschichte des 19. und 20. Jahrhunderts, hrsg. Von Fritz Fellner, 1).

FELLNER Fritz (Hrsg.), Dichter und Gelehrter. Hermann Bahr und Josef Redlich in ihren Briefen 1896–1934, Salzburg 1980 (= Quellen zur Geschichte des 19. und 20. Jahrhunderts, hrsg. von Fritz Fellner, 2).

HINTZE Paul von, Marineoffizier, Diplomat, Staatssekretär. Dokumente einer Karriere zwischen Militär und Politik, 1903–1918. Eingeleitet und hrsg. von Johannes Hürter, München 1998 (= Deutsche Geschichtsquellen des 19. und 20. Jahrhunderts, hrsg. von der Historischen Kommission bei der Bayerischen Akademie der Wissenschaften, 60).

[HORTHY] SZINAI Miklós/SZÜCS László (ed), The Confidential Papers of Admiral Horthy, Budapest 1965.

KOMJATHY Miklós, Protokolle des gemeinsamen Ministerrates der Österreichisch-ungarischen Monarchie (1914–1918), Budapest 1966 (= Publikationen des Ungarischen Staatsarchivs II/10).

LINK Arthur S. (ed.), The Papers of Woodrow Wilson, vol. 40–64, Princeton
1982–1991.

ÖSTERREICH-UNGARNS LETZTER KRIEG 1914–1918. Hrsg. vom Österreichischen Bundesministerium für Heereswesen bzw. Landesverteidigung
und vom Kriegsarchiv, Bd. 1–7 nebst Beilagen und Registerband, Wien
1930–1938.
OPITZ Alfred/ADLGASSER Franz (Hrsg.), Der Zerfall der europäischen
Mitte. Staatsrevolution im Donauraum. Berichte der sächsischen Gesandtschaft in Wien 1917–1919, Graz 1990 (= Quellen zur Geschichte des 19. und
20. Jahrhunderts, 5).

PAPERS AND DOCUMENTS relating to the Foreign Relations of Hungary
published by the Royal Hungarian Ministry for Foreign Affairs, Bd. 1:
1919–1920, Budapest 1939; Bd.3: 1921 september -december, Budapest o. J.
PAPERS RELATING TO THE FOREIGN RELATIONS OF THE UNITED
STATES.
1916. Supplement: The World War; 1917. Supplement 1: The World War; 1917.
Supplement 2: The World War, 1–2; 1918. Supplement 1: The World War,
1–2; 1918. Supplement 2: The World War, Washington 1928–1933; The Lansing Papers 1914–1920, 1–2, Washington 1939–1940.

SCHERER André/GRUNEWALD Jacques (ed.), L'Allemagne et les problèmes
de la paix pendant la Première Guerre Mondiale. Documents extraits des
archives de l'Office allemand des Affaires étrangères, 1–4, Paris 1962–1978
(= Publications de la Sorbonne, Série „Documents" 3, 14, 26, 27).
SEYMOUR C. A. (Hrsg.), Die vertraulichen Dokumente des Obersten House.
Gekürzte Übersetzung von Else und Karl von Werkmann, Stuttgart 1932.
DER STAATSVERTRAG VON ST-GERMAIN samt Begleitnote vom 2. Sep-
tember 1919 und einem alphabetischen Nachschlageverzeichnisse, Wien 1919.
STEGLICH Wolfgang, Die Friedenspolitik der Mittelmächte 1917/18. Erster
Teilband, Wiesbaden 1964 (= Quellen und Studien zu den Friedensversu-
chen des Ersten Weltkrieges 1, hrsg. von Wolfgang Steglich).
DERS., Der Friedensappell Papst Benedikts XV. vom 1. August 1917 und die
Mittelmächte. Diplomatische Aktenstücke des deutschen Auswärtigen Am-
tes, des bayerischen Staatsministeriums des Äußern, des österreichisch-
ungarischen Ministerium des Äußeren und des britischen Auswärtigen
Amtes aus den Jahren 1915–1922, Wiesbaden 1970 (= Quellen und Studien

zu den Friedensversuchen des Ersten Weltkrieges 2, hrsg. von Wolfgang Steglich).

DERS., Die Verhandlungen des 2. Unterausschusses des Parlamentarischen Untersuchungsausschusses über die päpstliche Friedensaktion von 1917. Aufzeichnungen und Vernehmungsprotokolle. Mit einer Studie im Anhang über die Haltung der britischen Regierung zur päpstlichen Friedensaktion von 1917, Wiesbaden 1974 (= Quellen und Studien zu den Friedensversuchen des Ersten Weltkrieges 3, hrsg. von Wolfgang Steglich).

DERS., Die Friedensversuche der kriegführenden Mächte im Sommer und Herbst 1917. Quellenkritische Untersuchungen, Akten und Vernehmungsprotokolle, Stuttgart 1984 (= Quellen und Studien zu den Friedensversuchen des Ersten Weltkrieges 4, hrsg. von Wolfgang Steglich).

STENOGRAPISCHE PROTOKOLLE ÜBER DIE SITZUNGEN DES HERRENHAUSES DES REICHSRATES 1917–1918, XXII. Session, Bd. 1–3, Wien 1918 (mit Beilagen).

STENOGRAPHISCHE PROTOKOLLE ÜBER DIE SITZUNGEN DES ABGEORDNETENHAUSES DES REICHSRATES 1917–1918, XXII. Session, Bd. 1–8, Wien 1918 (Mit Beilagen).

URKUNDEN DER OBERSTEN HEERESLEITUNG über ihre Tätigkeit 1916/18. Hrsg. von Erich Ludendorff, Berlin 1921 (2. Aufl.).

WERKMANN Karl (Hrsg.), Aus Kaiser Karls Nachlaß, München 1924.

[WILSON Woodrow] The Papers of Woodrow Wilson. Ed. by Arthur S. Link, siehe Link (ed.).

WINTERHAGER Wilhelm Ernst, Mission für den Frieden. Europäische Mächtepolitik und dänische Friedensvermittlung im Ersten Weltkrieg. Vom August 1914 bis zum italienischen Kriegseintritt Mai 1915, Stuttgart 1984 (= Quellen und Studien zu den Friedensversuchen des Ersten Weltkrieges 5, hrsg. von Wolfgang Steglich).

2. Memoirenliteratur

ALLIZÉ Henry, Ma mission à Vienne (Mars 1919 – Août 1920), Paris 1933.

ANDRASSY Julius Graf, Diplomatie und Weltkrieg, Wien 1920.

ALBERT Ier. Carnets et Correspondance de Guerre 1914–1918, présentés par Marie-Rose Thielemans, Paris 1991.

APPONYI Albert Graf, Erlebnisse und Ergebnisse, Berlin 1933.

ARZ VON STRAUSSENBURG Baron Artur, Zur Geschichte des Großen Krieges 1914–1918. Aufzeichnungen, Wien 1924.

AUFFENBERG-KOMAROW [Moritz], Aus Österreichs Höhe und Niedergang. Eine Lebensschilderung, München 1921.

BADEN Max Prinz von, Erinnerungen und Dokumente. Neu hrsg. von Golo
Mann und Andreas Burckhardt, Stuttgart 1968.

BAERNREITHER Joseph Maria, Der Verfall des Habsburgerreiches und die
Deutschen. Fragmente eines politischen Tagebuches 1897–1917. Hrsg.von
Oskar Mitis, Wien 1939.

BANFIELD Gottfried Baron von, Der Adler von Triest. Der letzte Maria-Theresien-Ritter erzählt sein Leben. Kommentiert von Gunther Martin, Graz 1984.

BARDOLFF Carl Freiherr von, Soldat im alten Österreich. Erinnerungen aus
meinem Leben, Jena 1938.

BAUER Otto, Acht Monate auswärtiger Politik, Wien 1919.

DERS., Die österreichische Revolution, Wien 1923.

BENEŠ Edvard, Der Aufstand der Nationen. Der Weltkrieg und die tschechoslowakische Revolution, Berlin 1928.

BETHMANN HOLLWEG Theobald von, Betrachtungen zum Weltkriege, 1–2,
Berlin 1919–1921.

BÖHM Wilhelm, Im Kreuzfeuer zweier Revolutionen, München 1924.

BOROVICZÉNY Aladár von, Der König und sein Reichsverweser, München
1924.

BOURBON Sixte Prince de, L'offre de paix séparée de l'Autriche (5.Décembre
1916 –12.Octobre 1917). Avec deux lettres autographes de l'empereur Charles et une note autographe du comte Czernin, Paris 1920.

BROUCEK Peter (Hrsg.), Ein General im Zwielicht. Die Erinnerungen Edmund Glaises von Horstenau, 1–3, Wien 1980–1988 (= Veröffentlichungen
der Kommission für Neuere Geschichte Österreichs, 67, 70, 76).

BURCKHARDT Carl J., Memorabilien. Erinnerungen und Begegnungen,
München 1977.

BURIÁN Stephan Graf, Drei Jahre. Aus der Zeit meiner Amtsführung im
Kriege, Berlin 1923.

CLARY-ALDRINGEN Alfons Fürst, Geschichten eines alten Österreichers.
Mit einem Vorwort von Golo Mann, Frankfurt/M. 1977.

CONRAD VON HÖTZENDORF Franz Graf, Aus meiner Dienstzeit 1906–
1918, Bd. 4–5, Wien 1923–1925.

DERS., Private Aufzeichnungen. Erste Veröffentlichungen aus den Papieren
des k. u. k. Generalstabs-Chefs. Bearb. u. hrsg. von Kurt Peball, Wien 1977.

CORMONS Ernest U. [= Emanuel Urbas],Schicksale und Schatten. Eine
österreichische Autobiographie, Salzburg 1951.

CRAMON August von, Unser österreichisch-ungarischer Bundesgenosse im
Weltkriege, Erinnerungen aus meiner vierjährigen Tätigkeit als bevoll-

mächtigter deutscher General beim k. und k. Armeeoberkommando, Berlin 1920.

CRAMON August von/FLECK Paul, Deutschlands Schicksalsbund mit Österreich-Ungarn. Von Conrad von Hötzendorf zu Kaiser Karl, Berlin 1932.

CSÁKY Eva-Marie (Hrsg.), Vom Geachteten zum Geächteten. Erinnerungen des k. und k. Diplomaten und k. ungarischen Außenministers Emerich Csáky (1882–1961), Wien 1992.

CZERNIN Ottokar, Im Weltkriege, Berlin 1919 (2. Aufl.).

DEMBLIN August, Czernin und die Sixtus-Affaire, München 1920.

DEUTSCH Julius, Aus Österreichs Revolution. Militärpolitische Erinnerungen, Wien 1920.

[ERDÖDY] SZEMERE Paul/CZECH Erich (Hrsg), Die Memoiren des Grafen Tamás von Erdödy. Habsburgs Weg von Wilhelm zu Briand. Vom Kurier der Sixtus-Briefe zum Königsputschisten, Wien 1931.

ERZBERGER Matthias, Erlebnisse im Weltkrieg, Stuttgart 1920.

FALKENHAYN Erich von, Die Oberste Heeresleitung 1914–1916 in ihren wichtigen Entschließungen, Berlin 1920.

FELLNER Fritz (Hrsg.), Schicksalsjahre Österreichs 1908–1919. Das politische Tagebuch Josef Redlichs, Bd. 1–2, Wien 1953–54.

[FLOTOW Ludwig von], November 1918 auf dem Ballhausplatz. Erinnerungen Ludwigs Freiherrn von Flotow 1895–1920, des letzten Chefs des Österreichisch-Ungarischen Auswärtigen Dienstes, bearb. von Erwin Matsch, Wien 1982.

FOERSTER Friedrich Wilhelm, Erlebte Weltgeschichte 1869–1953. Memoiren, Nürnberg 1953.

FUNDER Friedrich, Vom Gestern ins Heute, Wien, München 1971 (3. Aufl.).

GLAISE-HORSTENAU Edmund von, Die Katastrophe. Die Zertrümmerung Österreich-Ungarns und das Werden der Nachfolgestaaten, Zürich 1929.

HERTLING Graf Karl von, Ein Jahr in der Reichskanzlei. Erinnerungen an die Kanzlerschaft meines Vaters, Freiburg i. Br. 1919.

HORTHY Nikolaus von, Ein Leben für Ungarn, Bonn 1953.

HUTTEN-CZAPSKI Graf Bogdan von, Sechzig Jahre Politik und Gesellschaft, Bd. 2, Berlin 1936.

KAROLYI Michael Graf, Gegen eine ganze Welt. Mein Kampf um den Frieden, München 1924.

KRAUSS Alfred, Das „Wunder von Karfreit" im besonderen der Durchbruch bei Flitsch und die Bezwingung des Tagliamento, Berlin 1938.

KÜHLMANN Richard von, Erinnerungen, München 1948.

LANDWEHR General (LANDWEHR-PRAGENAU, Ottokar), Hunger. Die Erschöpfungsjahre der Mittelmächte 1917/18, Zürich 1931.

LANSING Robert, Die Versailler Friedensverhandlungen, Persönliche Erinnerungen, Berlin 1921.

DERS., War Memoirs, Indianapolis 1935.

LEHÁR Anton, Erinnerungen. Gegenrevolution und Restaurationsversuche in Ungarn 1918–1921. Hrsg. v. Peter Broucek, Wien 1973.

LICHNOVSKY Karl Max, Auf dem Weg zum Abgrund, Dresden 1927.

LLOYD GEORGE David, Mein Anteil am Weltkrieg. Kriegsmemoiren, 2. Bd., Berlin 1934.

LOBKOWICZ Erwein, Erinnerungen an die Monarchie, Wien 1989.

LOEWENFELD-RUSS Hans, Im Kampf gegen den Hunger. Aus den Erinnerungen des Staatssekretärs für Volksernährung 1918–1920, hrsg. von Isabella Ackerl, Wien 1986 (= Studien und Quellen zur österreichischen Zeitgeschichte, 6).

LUDENDORFF Erich, Meine Kriegserinnerungen 1914–1918, Berlin 1919 (3. Aufl.).

MACKENSEN [August von], Briefe und Aufzeichnungen des Generalfeldmarschalls aus Krieg und Frieden. Bearb. von Wolfgang Foerster, Leipzig 1938.

MANTEYER G. de (ed.), Austria's Peace Offer 1916–1917, London 1921.

MASARYK Thomas Garrigue, Die Weltrevolution. Erinnerungen und Betrachtungen 1914–1918, Berlin 1925.

MONTGOMERY-CUNINGHAME Thomas, Dusty Measure. A Record of Troubled Times, London 1939.

MUSULIN Freiherr [Alexander] von, Das Haus am Ballplatz. Erinnerungen eines österreichisch-ungarischen Diplomaten, München 1924.

NAUTZ Jürgen (Hrsg.), Unterhändler des Vertrauens. Aus den nachgelassenen Schriften von Sektionschef Dr. Richard Schüller, Wien 1990 (= Studien und Quellen zur österreichischen Zeitgeschichte, 9).

NOWAK Karl Friedrich (Hrsg.), Die Aufzeichnungen des Generalmajors Max Hoffmann, Bd. 1–2, Berlin 1929.

DERS., Der Sturz der Mittelmächte, München 1921.

PALÉOLOGUE Maurice, La Russie des tsars pendant la grande guerre, Bd. 1–3, Paris 1921–1922.

PASTOR Ludwig Freiherr von, Tagebücher – Briefe – Erinnerungen, hrsg. v. Wilhelm Wühr, Heidelberg 1950.

PLENER Ernst, Erinnerungen, Bd. 1–3, Stuttgart 1921.

POINCARÉ Raymond, Au service de la France, Bd. 9, Paris 1932.

POLZER-HODITZ Arthur, Kaiser Karl. Aus der Geheimmappe seines Kabinettschefs, Wien 1929 (2. Aufl. 1979).

POMIANKOWSKI Joseph, Der Zusammenbruch des ottomanischen Reiches, Wien 1928.

RENNER Karl, Österreich von der Ersten zur Zweiten Republik, Wien 1953 (= Nachgelassene Schriften 2).

RIBOT Alexandre (Hrsg.), Journal d'Alexandre Ribot et correspondances inédites 1917–1922, Paris 1930.

RIEZLER Kurt, Tagebücher, Aufsätze, Dokumente. Hrsg. von Karl Dietrich Erdmann, Göttingen 1972 (= Deutsche Geschichtsquellen des 19. und 20. Jahrhunderts, 48).

RUPPRECHT VON BAYERN, Kronprinz, Mein Kriegstagebuch. Hrsg. von Eugen von Frauenholz, 1–3, Berlin 1929.

SCHONTA Emmerich Zeno von, Aus den Erinnerungen eines Flügeladjutanten an Weiland Seine Majestät den Kaiser und König Karl, Wien 1927.

SIEGHART Rudolf, Die letzten Jahrzehnte einer Großmacht. Menschen, Völker, Probleme des Habsburgerreichs, Berlin 1932.

SPITZMÜLLER Alexander, „… und hat auch Ursach, es zu lieben", Wien 1955.

STÜRGKH Josef Graf, Im Deutschen Großen Hauptquartier, Leipzig 1921.

SUAREZ Georges, Briand. Sa vie – son œuvre avec son journal et de nombreux documents inédits, Bd. 4: 1916–1918, Paris 1940.

SZEPS-ZUCKERKANDL Berta, Ich erlebte 50 Jahre Weltgeschichte, Stockholm 1939.

TISZA Graf Stephan, Briefe (1914–1918). Nach der Originalausgabe hrsg. von Oskar von Wertheimer, Bd. 1, Berlin 1928.

WERKMANN Freiherr Karl von, Deutschland als Verbündeter. Kaiser Karls Kampf um den Frieden, Berlin 1931.

DERS., Der Tote auf Madeira, München 1923.

[WILHELM II.] Kaiser Wilhelm II. Ereignisse und Gestalten aus den Jahren 1878–1918, Leipzig 1922.

WILSON Hugh R., Diplomat between Wars, New York 1941.

WILSON Woodrow, Memoiren und Dokumente über den Vertrag von Versailles anno MCMXIX, Bd. 1–3, hrsg. von R. St. Baker, Leipzig o. J (1923).

WINDISCHGRÄTZ Ludwig, Vom roten zum schwarzen Prinzen. Mein Kampf gegen das k. u. k. System, Berlin 1920.

WINDISCHGRÄTZ Ludwig A., Ein Kaiser kämpft für die Freiheit. So begann Ungarns Leidensweg, Wien 1957.

DERS., Helden und Halunken. Selbsterlebte Weltgeschichte 1899–1964, Wien 1965.

C) LITERATUR

ÁDÁM Magda, Richtung Selbstvernichtung. Die kleine Entente 1920–1938, Wien, Budapest 1988.

DIES., Les deux coups d'Etat de l'ex-roi Charles et la Petite Entente, in: Acta Historica Scientiarum Hungaricae 31 (1985), 33–85.

DIES., Woodrow Wilson and the Successor States, in: Danubian Historical Studies 1 (1987), 19–32.

ADAMOVICH Ludwig K./FUNK Bernd Christian, Österreichisches Verfassungsrecht, Wien 1985 (3. Aufl.).

AFFLERBACH Holger, Falkenhayn. Politisches Denken und Handeln im Kaiserreich, München 1994 (= Beiträge zur Militärgeschichte, 42).

ALLMAYER-BECK Johann Christoph, Ministerpräsident Baron Beck. Ein Staatsmann des alten Österreich, Wien 1956.

AMIGUET Philippe, La vie du Prince Sixte de Bourbon, Paris 1934.

APPUHN Charles, Les négociations austro-allemandes du printemps de 1917 et la mission du prince Sixte, in: Revue d'Histoire de la Guerre Mondiale 13 (1935), 209–223.

BACHMANN Harald, Staatsreform und Kriegspolitik. Existenzprobleme Österreichs vor Beginn und während des Ersten Weltkrieges, in: Bohemia Jahrbuch 9 (1968), 179–195.

DERS., Joseph Maria Baernreither (1845–1925). Der Werdegang eines altösterreichischen Ministers und Sozialpolitikers, Neustadt an der Aisch 1977.

BARRÉ Jean-Luc, Le Seigneur-Chat. Philippe Berthelot 1866–1934, Paris 1988.

BASTGEN Hubert (Hrsg.), Die Römische Frage. Dokumente und Stimmen, 1–3, Freiburg 1917–1919.

BAUER Karl Johannes, Alois Musil. Wahrheitssucher in der Wüste, Wien 1989 (= Perspektiven der Wissenschaftsgeschichte, 5).

BIHL Wolfdieter, Österreich-Ungarn und die Friedenschlüsse von Brest-Litovsk, Wien 1970 (= Studien zur Geschichte der österreichisch-ungarischen Monarchie, 8).

DERS., Die österreichisch-ungarischen Dienststellen in der Ukraine 1918, in: MÖSTA 20 (1967), 379–388.

DERS., Österreich-Ungarn und die Krim 1918, in: Archiv für österreichische Geschichte 125 (1966).

DERS., Einige Aspekte der österreichisch-ungarischen Ruthenenpolitik 1914–1918, in: Jahrbücher für Geschichte Osteuropas 14 (1966).

DERS., Beiträge zur Ukraine-Politik Österreich-Ungarns, in: Jahrbücher für Geschichte Osteuropas 14 (1966) 51–57.

DERS., Zu den österreichisch-ungarischen Kriegszielen 1914, in: Jahrbücher für Geschichte Osteuropas, NF 16 (1968), 505–530.

DERS., Die Burgenlandfrage 1919 bis 1921 im Spiegel der hinterlassenen Aufzeichnungen Anton Lehárs, Wien 1974 (= Wiener Katholische Akademie. Arbeitskreis für kirchliche Zeit- und Wiener Diözesangeschichte, Miscellanea, Heft 2).

DERS., Die Außen- und Militärpolitik Österreich-Ungarns im Ersten Weltkrieg, in: Truppendienst 18 (1979), 117–123.

DERS., Militärgeschichte in Österreich von 1918 bis 1938/45, in: Militärgeschichte in Deutschland und Österreich vom 18. Jahrhundert bis in die Gegenwart, Bonn 1985 (= Vorträge zur Militärgeschichte, 6).

DERS., Die Kaukasus-Politik der Mittelmächte. Teil I. Ihre Basis in der Orient-Politik und ihre Aktionen 1914–1917, Wien 1975 (= Veröffentlichungen der Kommission für Neuere Geschichte Österreichs, 61).

DERS., Die Kaukasus-Politik der Mittelmächte. Teil II. Die Zeit der versuchten kaukasischen Staatlichkeit (1917–1918), Wien 1992 (= Veröffentlichungen der Kommission für Neuere Geschichte Österreichs, 81).

DERS., La mission de médiation des Princes Sixte et Xavier de Bourbon-Parme en faveur de la paix, in: Guerres mondiales et conflits contemporains 170 (1993), 31–75.

DERS., Der Zusammenbruch der österreichisch-ungarischen Monarchie 1917/18, in: Die Achter-Jahre in der österreichischen Geschichte des 20. Jahrhunderts, Wien 1994 (= Schriften des Instituts für Österreichkunde, 58), 28–53.

BORNEMAMM Elke, Der Frieden von Bukarest 1918, Frankfurt 1978 (= Europäische Hochschulschriften, Reihe 3, Geschichte und ihre Hilfswissenschaften, 64).

BOTZ Gerhard, Die kommunistischen Putschversuche 1918/19 in Wien, in: Österreich in Geschichte und Literatur 14 (1970), 13–23.

DERS., Gewalt in der Politik. Attentate, Zusammenstöße, Putschversuche, Unruhen in Österreich 1918 bis 1934, München 1976.

BRAUNEDER Wilhelm/LACHMAYER Friedrich, Österreichische Verfassungsgeschichte, Wien 1987 (4. Aufl.).

BRIX Emil/KOCH Klaus/VYSLONZIL Elisabeth (ed.), The Decline of Empires, Wien 2001 (= Schriftenreihe des österreichischen Ost- und Südosteuropa-Instituts, 26).

BROOK-SHEPHERD Gordon, Um Krone und Reich. Die Tragödie des letzten Habsburgerkaisers, Wien 1968 (engl. Erstausgabe: The Last Habsburg, London 1968).

DERS., The Last Empress. The Life and Times of Zita of Austria-Hungary 1892–1989, London 1991 (dt. Ausgabe 1993).

BREITER Marion, Hinter der Front. Zur Versorgungslage der Zivilbevölkerung im Wien des Ersten Weltkriegs, in: Jahrbuch des Vereins für Geschichte der Stadt Wien 1994, 229–267.

BROUCEK Peter, Chef des Generalstabes und Oberster Kriegsherr. Aus den Erinnerungen des Feldmarschalleutnants Alois Klepsch-Kloth von Roden, k.u.k. Delegierten im Deutschen Großen Hauptquartier 1915/18, in: MÖSTA 27 (1974), 385–401.

DERS., Die deutschen Bemühungen um eine Militärkonvention mit Österreich-Ungarn (1915–1918), in: MIÖG 87 (1979), 440–470.

DERS., Aus den Erinnerungen eines Kundschaftsoffiziers in Tirol 1914–1918, in: MÖSTA 33 (1980), 263–276.

DERS., Der Erste Weltkrieg. Ein politisch-militärischer Überblick, in: Weltkrieg 1914–1918. Heereskundlich-Kriegsgeschichtliche Betrachtungen siebzig Jahre danach. Materialien zum Vortragszyklus 1988 der Gesellschaft für österreichische Heereskunde, Wien 1988, 3–20.

DERS., Kaiser und König Karl I (IV.). Ein katholischer Monarch aus dem Hause Österreich – Eine historische Betrachtung, in: Die stille Schar. Jahrbuch der Gebetsliga 1995 (Wien 1995), I–CLXXII.

DERS., Reformpläne aus dem Beraterkreis Erzherzog Franz Ferdinands und Kaiser Karls, in: Mitteleuropa-Konzeptionen in der ersten Hälfte des 20. Jahrhunderts, hrsg. v. Richard G. Plaschka u. a., Wien 1995, 111–121 (= Zentraleuropa-Studien 1).

BRUNEL Régine, L'empereur Charles d'Autriche à travers la presse française. Memoire de maitrise d'histoire contemporaine, Montpellier, phil. Diss. 1972 (mschr.).

BUCKELEW John Daniel, Erich Ludendorff and the German War Effort 1916–1918. A Study in the Military Exercise of Power, San Diego, phil Diss. 1974.

CALCOTT W. R., The Last War Aim: British Opinion and the Decision for Czechoslovak Independence, 1914–1919, in: The Historical Journal 27 (1984), 979–989.

CASTEX Henri, Les comités secrets 1917. La paix refusée. Un million de morts inutiles, Paris 1972.

CHRISTOPH Paul, Dokumente zu den Restaurationsversuchen des Königs Karl IV. von Ungarn, in: MÖSTA 9 (1956), 528–564.

CORDFUNKE E. H. P., Zita, Kaiserin von Österreich und Königin von Ungarn, Wien 1986.

DARUVAR Yves de, Das dramatische Schicksal Ungarns. Trianon oder die

Teilung Ungarns, Nemzetör 1978 (frz. Ausgabe: Le destin dramatique de la Hongrie, Paris 1971).

DENZINGER Henricus/SCHÖNMETZER Adolfus SJ (ed.), Enchiridion Symbolorum Definitionum et Declarationum de rebus fidei et morum, Freiburg/Br. 1973 (35. Aufl.).

DEUTSCHER Isaac, Stalin. Eine politische Biographie. Erste vollständige Ausgabe in zwei Bänden, Band 1: 1879–1933, Berlin 1979.

DÉVÉNYI Ivanné, Csernoch János Tevekenysege az ellenforradalmi rendszer első évreiben (Die Aktivitäten von János Csernoch in den ersten Jahren des gegenrevolutionären Systems), in: Szazadok 11 (1977), 43–77.

DICTIONNAIRE DES MINISTRES de 1789 à 1989 sous la direction de Benoît Yvert, Paris 1990.

DIOSZEGI István, Hungarians in the Ballhausplatz. Studies on the Austro-Hungarian Common Foreign Policy, Budapest 1983.

DOLEZAL Günter, Baron (Graf) Burián als Außenminister. Die Verhandlungen mit Deutschland über Polen 1915 und 1916 sowie 1918, Wien, phil. Diss. 1965.

DUGAST ROUILLÉ Michel, Charles de Habsbourg. Le dernier empereur 1887–1922, Paris 1991.

ENGEL-JANOSI Friedrich, Österreich und der Vatikan 1846–1918, Bd. 1–2, Graz 1958–1960.

DERS., Die Friedensgespräche Graf Nikolaus Reverteras mit Comte Abel Armand 1917/18, in: Anzeiger der phil.-hist. Klasse der Österr. Akademie der Wissenschaften 1965, 369–381.

DERS., Die Friedensbemühungen Kaiser Karls mit besonderer Berücksichtigung der Besprechungen des Grafen Reverterra mit Comte Armand, in: Congrès International des Sciences Historiques, Vienne 1965, Rapports IV, 279–296.

DERS., Über den Friedenswillen Kaiser Karls, in: Virtute Fideque. Festschrift für Otto von Habsburg zum fünfzigsten Geburtstag, Wien 1965, 37–48.

DERS., Die Friedensaktion der Frau Hofrat Szeps-Zuckerkandl im Frühjahr 1917, in: Archiv für Österreichische Geschichte 125 (1966), 257–268.

EPSTEIN Klaus, Mathias Erzberger und das Dilemma der deutschen Demokratie, Berlin 1962.

ERDMANN Karl Dietrich, Der Erste Weltkrieg, in: Gebhardt. Handbuch der deutschen Geschichte 4/1, Stuttgart 1973 (9.Aufl.).

ERMACORA Felix, Österreich als Staatenbund und zum Volksstämme-Regionalismus am Ende des Ersten Weltkrieges, in: Burgen – Regionen – Völker. Festschrift für Franz Hieronymus Riedl zur Vollendung des 80. Lebensjahres, Wien 1986, 107–121 (= Ethnos, 27).

FEIGL Erich, Kaiserin Zita. Von Österreich nach Österreich, Wien 1982 (erw. Aufl.).

DERS. (Hrsg.), Kaiser Karl. Persönliche Aufzeichnungen, Zeugnisse und Dokumente. Wien 1984, (2. überarb. Auflage 1987).

DERS., Kaiser Karl I. Ein Leben für den Frieden seiner Völker, Wien 1990.

FEJTÖ François, Requiem für eine Monarchie. Die Zerschlagung Österreich-Ungarns, Wien 1991. (frz. Ausgabe: Requiem pour un empire défunt. Histoire de la destruction de l'Autriche-Hongrie, Paris 1988).

FELLNER Fritz, Vom Dreibund zum Völkerbund. Studien zur Geschichte der internationalen Beziehungen 1882–1919, hrsg. von Heidrun Maschl und Brigitte Mazohl-Wallnig, Wien 1994.

FEST Wilfried, Peace or Partition. The Habsburg Monarchy and British Policy 1914–1918, London 1978.

FIALA Peter, Die letzte Offensive Altösterreichs. Führungsprobleme und Führungsverantwortlichkeit bei der österreichisch-ungarischen Offensive in Venetien, Juni 1918, Boppard 1967 (= Militärgeschichtliche Studien, 3).

FISCHER Fritz, Griff nach der Weltmacht. Die Kriegszielpolitik des kaiserlichen Deutschland 1914–1918, Düsseldorf 1962 (2.Aufl.).

FISCHER Heinz (Hrsg.), Zu Wort gemeldet: Otto Bauer, Wien 1968.

DERS. (Hrsg.), Karl Renner. Porträt einer Evolution, Wien 1970.

FOERSTER Friedrich Wilhelm, Europa und die deutsche Frage. Eine Deutung und ein Ausblick, Luzern 1937.

DERS., Manifest für den Frieden. Eine Auswahl aus seinen Schriften 1899–1933. Hrsg. v. B. Hipler, Paderborn 1988.

FREISE Ursula, Die Tätigkeit der alliierten Kommissionen in Wien nach dem Ersten Weltkrieg, Wien, phil. Diss. 1963.

FÜHR Christoph, Das k. u.k. Armeeoberkommando und die Innenpolitik in Österreich 1914–1917, Graz 1968 (= Studien zur Geschichte der österreich – ungarischen Monarchie, 7).

GAJAN Koloman, Die Rolle der Westmächte bei der Entstehung der ČSR, in: Die Auflösung des Habsburgerreiches, Wien 1970.

DERS., La politique étrangère de la Tchécoslovaquie et les relations Franco-Tchécoslovaques (1918–1924), in: Études européennes. Mélanges offerts à Victor Lucien Tapié, Paris 1973 (= Publications de la Sorbonne, série études, 6), 476–488.

GALANDAUER Jan, Das Verhältnis der Tschechen zur Frage Deutschböhmen, in: Die Auflösung des Habsburgerreiches. Zusammenbruch und Neuorientierung im Donauraum, hrsg. v. Richard G. Plaschka u. Karlheinz Mack, Wien 1970, 432–475.

GALANTAI József, Stefan Tisza und der Erste Weltkrieg, in: Österreich in Geschichte und Literatur 10 (1964) 465–477.

DERS., Oskár Jaszi's conceptions on Federalism during the First World War, Budapest 1975 (= Studia Historica Academiae Scientiarum Hungaricae, 119).

DERS., Die österreichisch-ungarische Monarchie und der Weltkrieg, Budapest 1979.

GASS-NETROUFAL Stephan, Ungarn und die Enstehung des französischen Ostmitteleuropa-Systems am Ende des Ersten Weltkrieges. Contrepoids-Strategie, ungarischer Revisionismus und Habsburgerfrage im Spiegel der französischen Diplomatie, Basel 1984.

GEISS Imanuel, Der polnische Grenzstreifen 1914–1918. Ein Beitrag zur deutschen Kriegszielpolitik im Ersten Weltkrieg, Lübeck 1960 (= Historische Studien, Heft 3. 78).

GELMI Josef, Die Friedensbemühungen der Päpste im 20. Jahrhundert, in: Theologisch praktische Quartalschrift 34 (1986), 22–27.

GERGELY Jenö, A püspöki kar tanácskozásai. A magyar katolikus püspökök konferenciáinak jegyzökönyveiböl 1919–1944, Budapest 1984.

GISEL Alfred, Julius Tandlers Beitrag zur Schaffung eines österreichischen Gesundheitsministeriums, in: Die Zukunft 7/8. 4. 1972.

GOGOLAK Ludwig, Die Konsolidierung Ungarns, in: Die Nachkriegszeit 1918–1922, Wien 1973 (= Truppendienst-Taschenbücher, 22).

GONDA Imre, Verfall der Kaiserreiche in Mitteleuropa. Der Zweibund in den letzten Kriegsjahren (1916–1918), Budapest 1977.

GOLDINGER Walter, Die Entstehung der Republik Österreich, in: Heinrich Benedikt (Hrsg.), Geschichte der Republik Österreich, Wien 1977 (Nachdruck der Ausg. von 1954).

GOLDSTEIN Erik, Winning the Peace. British Diplomatic Strategy, Peace Planning, and the Paris Peace Conference, 1916–1920, Oxford 1991.

GRATZ Gustav/SCHÜLLER Richard, Der wirtschaftliche Zusammenbruch Österreich-Ungarns, Wien 1930.

GRIESSER-PEČAR Tamara, Zita. Die Wahrheit über Europas letzte Kaiserin, Bergisch-Gladbach 1985.

DIES., Die Mission Sixtus. Österreichs Friedensversuch im Ersten Weltkrieg, Wien 1988.

HAAG Henri, Le comte Charles de Broqueville, Ministre d'État et les luttes pour le pouvoir (1900–1940), Bd. 1–2, Louvain-la-Neuve 1990 (= Université de Louvain. Recueil de travaux d'histoire et de philologie, 6. série, 38–39).

DERS., Le cardinal Mercier devant la guerre et la paix, in: Revue d'Histoire Ecclésiastique LXXIX (1984), 709–783.

HAAS Hanns, Österreichisch-italienische Beziehungen von Villa Giusti bis Saint-Germain, in: Adam Wandruszka/Ludwig Jedlicka (Hrsg.), Innsbruck – Venedig. Österreichisch-italienische Historikertreffen 1971 und 1972,

Wien 1975 (= Veröffentlichungen der Kommission für die Geschichte Österreichs, 6), 101–118.

DERS., Die unvollendete Republik. Österreich 1918–1920, in: Die Achter-Jahre in der österreichischen Geschichte des 20. Jahrhunderts, Wien 1994 (= Schriften des Instituts für Österreichkunde, 58), 54–68.

HABSBURG Otto von, Le couronnement du roi Charles IV de Hongrie à Budapest en 1916, in: Le sacre des rois. Actes du colloque international d'histoire sur les sacres et couronnements royaux (Reims 1975), Paris 1985.

Die HABSBURGERMONARCHIE 1848–1918. Hrsg. von Adam Wandruszka und Peter Urbanitsch im Auftrag der Österreichischen Akademie der Wissenschaften, Bd. 1–6/2, Wien 1973–1993.

HANAK Harry, Great Britain and Austria Hungary during the First World War – A Study in the Formation of Public Opinions, London 1962.

HANAK Peter, Magyaroszág a Monarchiában (Ungarn in der Monarchie), Budapest 1975.

HANISCH Ernst, Der lange Schatten des Staates, Wien 1994.

HANTSCH Hugo, Österreichs Friedensbemühungen 1916/18, Brixlegg [1938] (= Österreichische Bücherei, 6).

DERS., Leopold Graf Berchtold. Grandseigneur und Staatsmann, Bd. 1–2, Graz 1963.

DERS., Die Geschichte Österreichs, Bd. 2, Graz 1953 (2. Aufl.).

HAUTMANN Hans, Die verlorene Räterepublik. Am Beispiel der Kommunistischen Partei Deutschösterreichs, Wien 1971.

HECHT Rudolf, Fragen zur Heeresergänzung der gesamten bewaffneten Macht Österreich-Ungarns während des Ersten Weltkrieges, Wien, phil. Diss. 1969

HERZFELD Hans, Der Erste Weltkrieg, München 1968.

HOCHENBICHLER Eduard, Republik im Schatten der Monarchie. Das Burgenland, ein europäisches Problem, Wien, Frankfurt, Zürich 1971.

HÖBELT Lothar, Kornblume und Kaiseradler. Die deutschfreiheitlichen Parteien Altösterreichs 1882–1918, Wien 1993.

HÖGLINGER Felix, Ministerpräsident Heinrich Graf Clam-Martinic, Graz, Köln 1964 (= Studien zur Geschichte der österreichisch-ungarischen Monarchie, 2).

HÖTTL Volker, Die Beziehungen Conrads von Hötzendorf zu den deutschen Generalstabschefs auf politischem Gebiet, Wien, phil. Diss. 1967 (mschr.).

HOFFMANN Robert, Die Mission Sir Thomas Cuninghames in Wien 1919. Britische Österreichpolitik zur Zeit der Pariser Friedenskonferenz, Salzburg, phil. Diss. 1971.

HOPWOOD Robert F., The Conflict between Count Czernin and Emperor Charles in 1918, in: Austrian History Yearbook 4/5 (1968/69), 28–43.

HOYER Helmut, Kaiser Karl I. und Conrad von Hötzendorf. Ein Beitrag zur

Militärpolitik Kaiser Karls, Wien 1972 (= Dissertationen der Universität Wien, 70).

HUBER Fritz, Heinrich Lammasch als Völkerrechtsgelehrter und Friedenspolitiker. Ein Beitrag zur Bestandsaufnahme seiner wissenschaftlichen und politischen Leistungen bis zum Jahre 1917 sowie deren Grundlagen, Graz, phil. Diss. 1968 (mschr.).

HUMMELBERGER Walter, Die tschechoslowakischen und polnischen Legionen und ihre Haltung zur österreichisch-ungarischen Monarchie, in: Weltkrieg 1914–1918. Heereskundliche Betrachtungen siebzig Jahre danach. Materialien zum Vortragszyklus 1988 der Gesellschaft für österreichische Heereskunde 1988, Wien 1988, 21–42.

INSENSER-BRUFAU Maria Teresa, Die Neutralitätspolitik Spaniens im Ersten Weltkrieg. Mit besonderer Rücksicht auf die öffentliche Meinung und auf die Friedensbestrebungen Alfons XIII., Wien, phil. Diss. 1987 (mschr.).

JEDIN Hubert (Hrsg.), Handbuch der Kirchengeschichte 6/1, Freiburg i. Br. 1973.

JEDLICKA Ludwig, Ende und Anfang. Österreich 1918/19. Wien und die Bundesländer, Salzburg 1969.

DERS., Das Ende der Monarchie in Österreich-Ungarn, in: Weltwende 1917. Monarchie. Weltrevolution. Demokratie, hrsg. v. Hellmuth Rößler (Göttingen 1965), 65–82.

DERS., Kaiser Karl in neuer Sicht. Zu seinem Todestag, 1. April 1972, in: Sacerdos et pastor semper ubique. Festschrift zum 40jährigen Priesterjubiläum Prälat Univ.-Prof. Dr. Franz Loidl, Wien 1972, 283–297.

DERS., Der Waffenstillstand von Padua (4. 11. 1918) und seine Folgen aus österreichischer Sicht, in: Auftrag und Verwirklichung. Festschrift zum 200-jährigen Bestand der kirchenhistorischen Lehrkanzel seit der Aufhebung des Jesuitenordens 1773, Wien 1974, 327–340.

DERS., Zur Vorgeschichte der Offensive von Flitsch-Tolmein. Die Verhandlungen der Verbündeten, in: Österreichische Militärische Zeitschrift. Sonderheft Oktober 1967.

JENICEK Eleonore, Albert Graf Mensdorff-Pouilly-Dietrichstein, Wien, phil. Diss. 1965.

JERABEK Rudolf, Militär und Politik in der ersten Jahreshälfte 1916, Wien 1983 (= Hausarbeit am Institut für österreichische Geschichtsforschung).

JUNG Peter, Der k. u. k. Wüstenkrieg. Österreich-Ungarn im Vorderen Orient 1915–1918, Wien 1992.

KANN Robert A., Joseph Maria Baernreithers und Graf Ottokar Czernins fragmentarische Darstellung der Sixtusaffäre, in: MÖSTA 16 (1963), 412–452.

DERS., Die Sixtusaffäre und die geheimen Friedensverhandlungen Österreich-Ungarns im Ersten Weltkrieg, Wien 1966 (= Österreich-Archiv).

KAROLY Irinyi, A Naumann féle Mitteleuropa tervezet és a magyar politikai Közvélmény (Das Mitteleuropa-Projekt Naumanns und die öffentliche Meinung in Ungarn), Budapest 1963.

IV. KÁROLY VISSZATÉRÉSI Kísérletei, Budapest o. J.

KELSEN Hans, Die Entstehung der Republik Österreich und ihrer Verfassung, in: Hans R. Klecatsky (Hrsg.), Die Republik Österreich. Gestalt und Funktion ihrer Verfassung, Wien 1968.

KEREKES Lajos, Zur Außenpolitik Otto Bauers 1918/19. Die „Alternative" zwischen Anschlußpolitik und Donaukonföderation, in: Vierteljahresschrift für Zeitgeschichte 22 (1974) 18–45.

DERS., Von St. Germain bis Genf. Österreich und seine Nachbarn 1918–1922, Wien 1979.

KIELNHOFER Gerhard, Kaiser Karls soziale Bemühungen und Reformversuche, Graz, phil. Diss 1965 (mschr.).

KIRALY Béla K./DREISZIGER Nándor F. (ed.), East Central European Society and World War I, New York 1985 (= War and Society in East Central Europe, 19).

KISZLING Rudolf, Österreich-Ungarns Anteil am Ersten Weltkrieg, Graz 1958.

DERS., General von Seeckts Wirken im österreichisch-ungarischen Heer, in: Österreich in Geschichte und Literatur 12 (1968), 271–276.

DERS., Die hohe Führung der Heere Habsburg(s), Wien o. J. [1976].

KLEMPERER Klemens von, Ignaz Seipel. Staatsmann einer Krisenzeit, Graz 1976 (engl. Ausgabe: Princeton 1972).

KÖHL J., Föderationsprobleme im Donauraum und in Ostmitteleuropa, München 1958.

KÖHN Erich, Österreichisch-ungarische Politik der Jahre 1916–1918, Quakenbrück 1936.

KÖNIGSHOFER Marianne, Die Sixtusaffäre, Wien, phil. Hausarbeit 1982 (mschr.)

KÖNIGSLÖW Joachim von, Ferdinand von Bulgarien, München 1970 (= Südosteuropa-Arbeiten, 69).

KOPP Bruno Wilhelm (Hrsg.), Arthur Arz von Straussenburg: Das Vermächtnis des Generalstabschefs. Die geistigen, politischen, religiös-sittlichen und militärischen Grundlagen eines Vielvölkerstaates, Nürnberg 1975.

KOSNETTER Christine, Ministerpräsident Dr. Ernst Ritter von Seidler, Wien, phil. Diss. 1963 (mschr.).

KOVÁCS Elisabeth, Krönung und Dethronisation Karls IV., des letzten Königs von Ungarn. Im Spiegel vatikanischer Dokumente, in: Servitium Pietatis. Festschrift für Hans Hermann Kardinal Groer zum 70. Geburtstag, hrsg. v. Anna Coreth u. Ildefons Fux OSB, Maria Roggendorf 1989, 402–431.

DIES., Papst Benedikt XV. und die Restaurationsbemühungen des Kaisers und Königs Karl von Österreich, in: Archivum Historiae Pontificiae 27 (1989), 357–399.

DIES., Österreich-Ungarn aus der Sicht des Vatikans. Die Instruktionen für den Apostolischen Nuntius in Wien, Teodoro Valfré di Bonzo, vom Sommer 1916, in: Archivum Historiae Pontificiae 33 (1995) 275–298.

DIES., Kaiser und König Karl I. (IV.) und die Bischöfe der Österreichisch-ungarischen Monarchie (1916–1922), in: MIÖG 109 (2001), 154–172.

KRAMER Hans, Fürstbischof Dr. Cölestin Endrici von Trient während des Ersten Weltkrieges. Nach neu gefundenen Akten, in: MÖSTA 9 (1956), 484–527.

KREXNER Martin, Hirte an der Zeitenwende. Kardinal Friedrich Gustav Piffl und seine Zeit, Wien 1988.

KROMER Claudia, Die Vereinigten Staaten von Amerika und die Frage Kärntens 1918–1920, Klagenfurt 1970 (= Aus Forschung und Kunst, 7).

LAMMASCH Heinrich, Woodrow Wilsons Friedensplan, Leipzig, Wien 1919.

LAMMASCH Heinrich. Seine Aufzeichnungen, sein Wirken und seine Politik. Hrsg. von Marga Lammasch und Hans Sperl, Wien 1922.

LAROCHE Louis-Pierre, Le courant austrophile français pendant la première guerre mondiale (1914–1918), Paris, phil. Dipl.-Arbeit 1993 (mschr.).

LEMKE Heinz, Deutschland und die polnischen Legionen im Herbst 1914, in: Jahrbuch für Geschichte der UdSSR und der volksdemokratischen Länder Europas 3 (1959) 223–246.

DERS., Die deutsche Polenpolitik 1914 bis 1916 in der Sicht eines österreichisch-ungarischen Diplomaten, in: Jahrbuch für Geschichte der UdSSR und der volksdemokratischen Länder 7 (1963).

DERS., Der Ballhausplatz und die Mission Achille Rattis im Königreich Polen im Jahre 1918, in: Ost und West in der Geschichte des Denkens und der kulturellen Beziehungen. Festschrift für Eduard Winter zum 70. Geburtstag. Hrsg. von W. Steinitz u. a., Berlin 1966, 738–750.

DERS., Allianz und Rivalität. Die Mittelmächte und Polen im ersten Weltkrieg (Bis zur Februarevolution), Wien 1977 (= Quellen und Studien zur Geschichte Osteuropas, 18).

LENNHOFF Eugen/POSNER Oskar, Internationales Freimaurer-Lexikon, Wien 1980 (= Nachdruck von 1932).

LE RIDER Jacques, Mitteleuropa. Auf den Spuren eines Begriffes, Wien 1994.

LESLIE John, Austria-Hungary's Eastern Policy in the First World War, August 1914 to August 1915, Cambridge, Doctor Thesis 1975.

DERS., The Antecedents of Austria-Hungary's War Aims. Policy and Policy-

Makers in Vienna and Budapest before and during 1914, in: Archiv und Forschung. Das Haus-, Hof- und Staatsarchiv in seiner Bedeutung für die Geschichte Österreichs und Europas. Hrsg. von Elisabeth Springer und Leopold Kammerhofer, Wien 1993 (= Wiener Beiträge zur Geschichte der Neuzeit 20), 307–394.

LICHEM Heinz von, Krieg in den Alpen 1915–1918, Bd. 1–3, Augsburg 1993.

LIEBMANN Maximilian, Der Papst – Fürst von Liechtenstein. Ein Vorschlag zur Lösung der Römischen Frage aus dem Jahre 1916, in: Römische Quartalschrift 79 (1984), 93–108.

LILLA Joachim, Innen- und außenpolitische Aspekte der austropolnischen Lösung 1914–1916, in: MÖSTA 30 (1977), 221–250.

LINK Arthur S., Wilson, Bd. 2–3, Princeton 1964–1965.

LOEW Markus, Friedensbestrebungen im Ersten Weltkrieg, Wien, phil. Dipl.-Arbeit 1986 (mschr.).

LORENZ Reinhold, Kaiser Karl und der Untergang der Donaumonarchie, Graz 1959.

DERS., Das Selbstbestimmungsrecht im österreichischen Kriegsparlament 1917/18, in: Festschrift für Karl Gottfried Hugelmann zum 80. Geburtstag, Bd. 1 (Aalen 1959), 345–382.

DERS., Aus dem Kriegstagebuch des Generaladjutanten Freiherrn von Marterer, in: Österreich und Europa. Festschrift für Hugo Hantsch, Wien 1965, 483–504.

DERS., Zwei große Gelehrte am Hofe Kaiser Karls: Alois Musil und Wilhelm Schmidt, in: Beiträge zur Geschichte Österreichs, Wien 1966, 270–290.

DERS., Kaiser Karls Friedensbestrebungen, in: Österreichische Militär-Zeitschrift. Sonderheft 1967.

DERS., Wilson, Österreich-Ungarn und das Selbstbestimmungsrecht, in: Österreichische Militär-Zeitschrift 1968, 446–457.

DERS., Kriegsziele und Friedenstendenzen während des Ersten Weltkrieges in Österreich, in: Festschrift Franz Loidl zum 65. Geburtstag, 2, hrsg. v. Viktor Flieder, Wien 1970, 183–227.

DERS., Graf Stefan Tisza und die politischen Symbole des Dualismus, in: Beiträge zur neueren Geschichte Österreichs, hrsg. v. Heinrich Fichtenau u. Erich Zöllner, Wien 1974, 426–444.

LUEDIN Maja, Die Leibgarden am Wiener Hof, Wien, phil. Diss. 1965.

LUTZ Heinrich, Zu Erzbergers zweiter römischer Reise (Ostern 1915), in: Römische Quartalschrift 57 (1962), 268–286.

DERS., Deutscher Krieg und Weltgewissen. Friedrich Wilhelm Foersters politische Publizistik und die Zensurstelle des bayerischen Kriegsministeriums (1915–1918), in: Zeitschrift für bayerische Landesgeschichte 25 (1962), 470–549.

DERS., Friedrich Wilhelm Foerster (1869–1966), in: Peter Glotz, Wolfgang Langenbucher (Hrsg.), Vorbilder für Deutsche. Korrektur einer Heldengalerie, München 1974, 47–62.

MADER Hubert, Karl von Österreich. Eine Quellenauswahl zum Friedensengagement des letzten österreichischen Kaisers, in: wiener blätter zur friedensforschung 52 (1987), 38–53.

MAIER Lothar, Die Lloyd George-Koalition und die Frage eines Kompromißfriedens 1917/18, in: Historische Zeitschrift N. F., Beiheft 8 (1983).

MAMATEY Victor S., The United States and East Central Europe 1914 to 1918. A Study in Wilsonian Diplomacy and Propaganda, Princeton 1957.

DERS./LUŽA Radomir (ed.), A History of the Czechoslovak Republic 1918–1948, Princeton 1973.

MARKWARDT W., Die Zerfallserscheinungen Österreich-Ungarns und ihre Auswirkungen auf das Bündnis des Deutschen Reiches mit der österreichisch-ungarischen Monarchie, Freiburg, phil. Diss. 1954 (mschr.).

MARTIN Donald W., Österreich-Ungarns Propagandatätigkeit in den Vereinigten Staaten von Nord-Amerika 1914–1917, Wien, phil. Diss. 1958.

MARTINI Angelo SJ, La preparazione dell'Appello di Benedetto XV ai Governi belligerenti (1 agosto 1917), in: La Civiltà Cattolica 4 (1962), 119–132.

MAY Arthur J., Woodrow Wilson and Austria-Hungary to the End of 1917, in: Festschrift für Heinrich Benedikt, hrsg. v. Hugo Hantsch u. Alexander Novotny, Wien 1957, 213–242.

DERS., The passing of the Habsburg monarchy, Bd. 1–2, Philadelphia 1966.

MECKLING Ingeborg, Die Außenpolitik des Grafen Czernin. Wien 1969 (= Österreich-Archiv).

MEIER-DÖRNBERG Wilhelm, Die große deutsche Frühlingsoffensive 1918 zwischen Strategie und Taktik, in: Operatives Denken und Handeln in deutschen Streitkräften im 19. und 20. Jahrhundert, Bonn 1988 (= Vorträge zur Militärgeschichte, 9), 73–95.

MEIER-WELCKER Hans, Seeckt, Frankfurt/M. 1967.

DERS., Die Beurteilung der politischen Lage in Österreich-Ungarn durch Generalmajor von Seeckt im Sommer 1917, in: Militärgeschichtliche Mitteilungen 13 (1968), 87–104.

MEISELS Simone, Die Beziehungen zwischen Österreich-Ungarn und den Vereinigten Staaten von Amerika, 1917 bis November 1918, mit speziellem Augenmerk auf die Bemühungen um einen Sonderfrieden, Wien, phil. Diss 1962 (mschr.).

MICHALKA Wolfgang, Der Erste Weltkrieg. Wirkung, Wahrnehmung, Analyse, München 1994 (= Serie Piper, 1927).

MICHEL Bernard, La chute de l'empire austro-hongrois 1916–1918, Paris 1991.

DERS., Milieux dirigeants et franc maçonnerie en Europe centrale. L'exemple de la Tchécoslovaquie, in: Bulletin de la Societé des professeurs d'histoire moderne 1977.

MONTICONE Alberto, Deutschland und die Neutralität Italiens 1914–1915, Wiesbaden 1982.

DERS., Die Friedensbemühungen Papst Benedikt XV. im Ersten Weltkrieg, in: Historische Blickpunkte. Festschrift für Johann Rainer. Hrsg. v. Sabine Weiß, Innsbruck 1988 (= Innsbrucker Beiträge zur Kulturwissenschaft, 25), 445–462.

MORGENBROD Birgitt, Wiener Großbürgertum im Ersten Weltkrieg. Die Geschichte der „Österreichischen Politischen Gesellschaft" (1916–1918), Wien 1994 (= Veröffentlichungen der Kommission für Neuere Geschichte Österreichs, 85).

MÜLLER Joseph, Das Friedenswerk der Kirche in den letzten drei Jahrhunderten. 1. Bd. Die Friedensvermittlungen und Schiedssprüche des Vatikans bis zum Weltkriege 1917, Berlin 1927.

MÜLLER Gustav, Der Hochverratsprozeß gegen Dr. Karel Kramář, Wien, phil. Diss. 1971 (mschr.).

NAUMANN Friedrich, Mitteleuropa, Berlin 1915.

NECK Rudolf, Das „Wiener Dokument" vom 17. März 1917, in: MÖSTA 7 (1954), 294–309.

DERS. (Hrsg.), Österreich im Jahre 1918. Berichte und Dokumente, Wien 1968.

OBERKOFLER Gerhard/RABOFSKY Eduard, Heinrich Lammasch (1853–1920). Notizen zur akademischen Laufbahn des großen österreichischen Völker- und Strafrechtsgelehrten, Innsbruck 1993.

ÖSTERREICH NOVEMBER 1918. Die Entstehung der Ersten Republik, Wien 1986 (= Veröffentlichungen der Kommission zur Erforschung der Geschichte der Republik Österreich, 9).

OGGOLDER Christian, Abonnenten und Patrioten. Wiener Zeitungen im Juli 1914, in: Jahrbuch des Vereins für Geschichte der Stadt Wien 50 (1994), 191–228.

OUDIN Bernard, Aristide Briand. La paix: une idée neuve en Europe, Paris 1987.

PANTENIUS Hans Jürgen, Der Angriffsgedanke gegen Italien bei Conrad von Hötzendorf. Ein Beitrag zur Koalitionskriegsführung im Ersten Weltkrieg, Bd. 1–2, Köln 1984 (= Dissertationen zur neueren Geschichte Bd. 15)

PATTERA Johanna E., Der gemeinsame Ernährungsausschuß 1917–1918, Wien, phil. Diss. 1971 (mschr.).

PECKER Marie-Luise, England und der Donauraum 1919–1929. Probleme einer europäischen Nachkriegsordnung, Stuttgart 1976 (= Veröffentlichungen des Deutschen Historischen Instituts in London, 3).

PEBALL Kurt, Führungsfragen der österreichisch-ungarischen Südtiroloffensive im Jahre 1916, in: MÖSTA 31 (1978), 428–433.

DERS., Theorie und Praxis der österreichisch-ungarischen Gebirgskriegsdoktrin. Lütgendorf-Conrad von Hötzendorf-Krauss, in: La Prima Guerra Mondiale e il Trentino (Rovereto 1980), 311–321.

PFUNGEN Christiane, Drei Friedensbemühungen in den Jahren 1917/18, Wien, phil. Hausarbeit 1982 (mschr.).

PLASCHKA Richard Georg, Cattaro – Prag. Revolte und Revolution. Kriegsmarine und Heer Österreich-Ungarns im Feuer der Aufstandsbewegungen vom 1. Februar und 28. Oktober 1918, Graz 1963 (= Veröffentlichungen der Arbeitsgemeinschaft Ost, 3).

DERS./MACK Karlheinz (Hrsg.), Die Auflösung des Habsburgerreiches. Zusammenbruch und Neuorientierung im Donauraum, Wien 1970.

DERS., The Army and internal conflict in the Austro-Hungarian Empire 1918, in: Király/Dreisziger, East Central European Society and World War I, 338–353.

DERS., Einige Perspektiven zum „Freiwilligen-Korps der Serben, Kroaten und Slowenen". Ein Modellfall der nationalen Bewegungen Ostmitteleuropas im Ersten Weltkrieg, in: Bildungsgeschichte, Bevölkerungsgeschichte, Gesellschaftsgeschichte in den böhmischen Ländern und in Europa. Festschrift für Jan Havránek zum 60. Geburtstag, Wien, München 1988, 370–385.

DERS./HASELSTEINER Horst/ SUPPAN Arnold, Innere Front. Militärassistenz, Widerstand und Umsturz in der Donaumonarchie 1918, Bd. 1–2, München 1974.

PLETERSKI Janko, Der Trialismus bei den Slowenen und die jugoslawische Einigung, in: Die Auflösung des Habsburgerreiches. Zusammenbruch und Neuorientierung im Donauraum, hrsg. v. Richard G. Plaschka u. Karlheinz Mack, Wien 1970, 195–202.

POLATSCHEK Maximilian, Österreichisch-ungarische Truppen an der Westfront 1914–1918, Wien, phil. Diss. 1974 (mschr.).

POLISENSKY Josef, Die Auflösung des Habsburgerreiches im Herbst 1918 nach den Briefen des Ackerbauministers Silva-Tarouca, in: Plaschka/Mack, Die Auflösung des Habsburgerreiches, Wien 1970, 131–138.

PÖLÖSKEI Ferenc, Hungary after two Revolutions (1919–1922), Budapest 1980 (= Studia Historica Academiae Scientiarum, 132).

PRZYBILOWSKY Inge, Die Rückführung der österreichisch-ungarischen Kriegsgefangenen aus dem Osten in den letzten Monaten der k. u. k. Monarchie, Wien, phil. Diss 1965 (mschr.).

RAUCH Georg von, Zur Frage eines russischen Sonderfriedens zwischen Februar- und Oktoberrevolution, in: Rußland – Deutschland – Amerika. Festschrift für Fritz T. Epstein zum 80. Geburtstag, hrsg. v. Alexander Fischer u. a., Wiesbaden 1978, 194 ff.

RAUCHENSTEINER Manfried, Der Tod des Doppeladlers. Österreich-Ungarn und der Erste Weltkrieg, Graz 1993.

RAUSCHER Walter, Karl Renner. Ein österreichischer Mythos, Wien 1995.

REGELE Oskar, Gericht über Habsburgs Wehrmacht. Letzte Siege und Untergang unter dem Armee-Oberkommando Kaiser Karls I. – Generaloberst Arz von Straussenburg, Wien 1968.

REISEL Renate, Karl Renner und die Führung der österreichischen Außenpolitik vom 26. Juli 1919 bis zum 21. Oktober 1920, Wien, phil. Diss. 1972 (mschr.).

REISNER Ferenc, Csernoch János hercegprimás és IV. Károly, Budapest 1991 (= Studia Teologica Budapatinensia, 4).

RENNHOFER Friedrich, Ignaz Seipel. Mensch und Staatsmann. Eine biographische Dokumentation, Wien 1978.

RENOUVIN Pierre, Die Kriegsziele der französischen Regierung 1914–1918, in: Wolfgang Schieder (Hrsg.), Erster Weltkrieg. Ursprung, Entstehung und Kriegsziele, Köln, Berlin 1969, 443–473.

DERS., Aux origines de la Petite Entente. Les Hésitations de la politique française dans l'été 1920, in: Etudes Européennes. Mélanges offerts à Victor Lucien Tapié, Paris 1973 (= Publication de la Sorbonne, série études, 6), 490–500.

REVESZ László, Nationalitätenfrage und Wahlrecht in Ungarn 1848–1918, in: Ungarn-Jahrbuch 3 (1971), 88–122.

RICCARDI Luca, Alleati non amici. Le relazioni politiche tra l'Italia e l'Intesa durante la prima guerra mondiale, Brescia 1992.

RIEDER Heinz, Kaiser Karl. Der letzte Monarch Österreich-Ungarns 1887–1922, München 1981.

DERS., Kaiser Karl und die Polen, in: Jahrbuch der Gebetsliga 1988, 39–52.

RIEGELMANN Hans, Die europäischen Dynastien in ihrem Verhältnis zur Freimaurerei, Struckum 1985 (= Reihe Hintergrundanalyse, 8), (Nachdruck der Ausgabe von 1943).

RITTER Gerhard, Staatskunst und Kriegshandwerk, Bd. 1–3, München 1964.

RÖGLSBERGER Helga, Die Politik Frankreichs gegenüber Österreich von 1918–1922, Wien, phil. Diss. 1973 (mschr.).

RÖHL John C. G. (Hrsg.), Der Ort Kaiser Wilhelms II. in der deutschen Geschichte, München 1991 (= Schriften des Historischen Kollegs, 17).

DERS., Kaiser, Hof und Staat. Wilhelm II. und die deutsche Politik, München 1987.

DERS., Wilhelm II. Eine Studie über Cäsarenwahnsinn, München 1989 (= Schriften des Historischen Kollegs, Vorträge, 19).

ROMSICS Ignác, István Bethlens Außenpolitik in den Jahren 1921–1931, in: Südost-Forschungen 49 (1990), 243–291.

RUMPLER Helmut, Max Hussarek. Nationalitäten und Nationalitätenpolitik in Österreich im Sommer des Jahres 1918, Graz 1965 (= Studien zur Geschichte der österreichisch-ungarischen Monarchie, 4).

DERS., Das Völkermanifest Kaiser Karls vom 16. Oktober 1918. Letzter Versuch zur Rettung des Habsburgerreiches, Wien 1966 (= Österreich-Archiv).

DERS., Die Kriegsziele Österreich-Ungarns auf dem Balkan 1915/16, in: Österreich und Europa. Festgabe für Hugo Hantsch zum 70. Geburtstag, Wien 1965, 465–482.

DERS., Der Zerfall der Habsburgermonarchie – ein Versäumnis?, in: Aktuelle Forschungsprobleme um die Erste Tschechoslowakische Republik, hrsg. v. Karl Bosl, München 1969, 67–78.

DERS., Die Sixtusaktion und das Völkermanifest Kaiser Karls, in: Versailles, St. Germain, Trianon. Umbruch in Europa vor fünfzig Jahren, hrsg. v. Karl Bosl, München, Wien 1971, 111–125.

DERS. (Hrsg.), Innere Staatsbildung und gesellschaftliche Modernisierung in Österreich und Deutschland 1867/71 bis 1914. Historikergespräch Österreich – Deutschland 1989, Wien 1991.

RUPPEL Edith, Zur Tätigkeit des Eugenio Pacelli als Nuntius in Deutschland, in: Zeitschrift für Geschichtswissenschaft 7 (1959), 297–317.

SAKMYSTER Thomas, From Habsburg Admiral to Hungarian Regent. The Political Metamorphosis of Miklós Horthy 1918–1922, in: East European Quarterly 17 (1983) 129–147.

SANDERS M. L./TAYLOR Philip M., Britische Propaganda im Ersten Weltkrieg 1914–1918, Berlin 1990 (= Abhandlungen und Materialien zur Publizistik, 12).

SCHAGER-ECKARTSAU Albin, Die Konfiskation des Privatvermögens der Familie Habsburg-Lothringen und des Kaisers und Königs Karl, Innsbruck 1922.

SCHAUSBERGER Norbert, Deutsche Anschlußaspirationen 1918/19, in: Österreich November 1918. Die Entstehung der Ersten Republik, Wien 1986, 66–100.

SCHMID Georg E., Amerikanische Österreichpolitik zur Zeit der Pariser Friedenskonferenz, Salzburg, phil. Diss. 1968 (mschr.).

DERS., Die Coolidge Mission in Österreich 1919. Zur Österreichpolitik der USA während der Pariser Friedenskonferenz, in: MÖSTA 24 (1971), 433–467.

SCHMIDT-WULFFEN Wulf, Das Burgenland und die deutsche Politik 1918–1921, in: Österreichische Osthefte 6 (1969), 270–287.

SCHMITZ Georg, Karl Renners Briefe aus Saint Germain und ihre rechtspolitischen Folgen, Wien 1991 (= Schriftenreihe des Hans-Kelsen-Instituts, 16).

SCHMÖLZER Hildegund, Die Propaganda des Kriegspressequartiers im Ersten Weltkrieg 1914–1918, Wien, phil. Diss. 1965.

SCHOBER Richard, Die Tiroler Frage auf der Friedenskonferenz von Saint-Germain, Innsbruck 1982 (= Schlern Schriften, 270).

SCHUBERT Peter, Die Tätigkeit des k. u. k. Militärattachés in Bern während des Ersten Weltkrieges, Osnabrück 1980 (= Studien zur Militärgeschichte, Militärwissenschaft und Konfliktforschung, 26).

SEIDL-HOHENVELDERN Ignaz, Die Überleitung von Herrschaftsverhältnissen am Beispiel Österreichs, Wien 1982 (= Österreichische Zeitschrift für öffentliches Recht und Völkerrecht. Supplementum, 5).

SEIPEL Ignaz, Nation und Staat, Wien 1916.

SETON-WATSON Hugh and Christopher, The Making of a New Europe. R. W. Seton-Watson and the last years of Austria-Hungary, London 1981.

SIKLOS András, Ungarn im Oktober 1918, in: Acta Historica Academiae Scientiarum Hungariae 23 (1977), 1–41.

SILAGI Denis, Ungarn seit 1918. Vom Ende des 1. Weltkrieges bis zur Ära Kadár, in: Theodor Schieder (Hrsg.), Handbuch der europäischen Geschichte 6 (Stuttgart 1979), 883–919.

SINGER Ladislaus, Ottokar Graf Czernin. Staatsmann einer Zeitenwende, Graz 1965.

SPITZER Rudolf, Karl Seitz. Waisenknabe – Staatspräsident – Bürgermeister von Wien, Wien 1994 (= Forschungen und Beiträge zur Wiener Stadtgeschichte, 25).

STAUDINGER Anton, Zur Entscheidung der christlich-sozialen Abgeordneten für die Republik, in: Österreich November 1918. Die Entstehung der Ersten Republik, Wien 1986 (= Veröffentlichungen der Wissenschaftlichen Kommission zur Erforschung der Geschichte Österreichs, 9), 168–172.

STEGLICH Wolfgang, Bündnissicherung oder Verständigungsfrieden. Untersuchungen zu dem Friedensangebot der Mittelmächte vom 12. Dezember 1916, Göttingen 1958 (= Göttinger Bausteine zur Geschichte, 28).

DERS./WINTERHAGER Wilhelm E., Die Polenproklamation vom 5. November 1916, in: Militärgeschichtliche Mitteilungen 1 (1978), 105–146.

STEVENSON David, The Failure of Peace by Negotiation in 1917, in: The Historical Journal 34 (1991), 65–86.

STOURZH Gerald, Vom Reich zur Republik. Studien zum Österreichbewußtsein im 20. Jahrhundert, Wien 1990.

SUPPAN Arnold, Was kommt nach Österreich-Ungarn? Ein österreichisches Memorandum und eine slowakische Antwort vom September 1918, in: Österreichische Osthefte 37 (1995), 55–83.

SZENDE Zoltán, Die Ungarn im Zusammenbruch 1918, Oldenburg 1931.

UNFRIED Berthold, Arbeiterprotest und Arbeiterbewegung in Österreich während des Ersten Weltkrieges, Wien, phil. Diss. 1990 (mschr.).

URBACH Peter, Der Umsturz in Budapest unter besonderer Berücksichtigung der militärischen Ereignisse, Wien, phil. Diss. 1968 (mschr.).

VALENTIN Hellwig, Die Idee einer „Kärntner Republik" in den Jahren 1918/ 19. Ein Beitrag zur Geschichte des österreichischen Länderpartikularismus, Klagenfurt 1992 (hrsg. vom Kärntner Landesarchiv).

VALIANI Leo, La dissoluzione dell' Austria-Ungheria, Milano 1966 (engl. Ausgabe: London 1973).

VEROSTA Stefan, Ignaz Seipel und das Problem der Revolution, in: Festschrift für Adolf J. Merkl, München 1970, 439–450.

DERS., Joseph Schumpeter gegen das Zollbündnis der Donaumonarchie mit Deutschland und gegen die Anschlußpolitik Otto Bauers (1916–1919), in: Festschrift für Christian Broda (Wien 1971), 373–404.

DERS., Ignaz Seipels Weg von der Monarchie zur Republik (1917–1919), in: Die österreichische Verfassung von 1918–1938, Wien 1980 (= Veröffentlichungen der Wissenschaftlichen Kommission zur Erforschung der Geschichte Österreichs 1918–1938, 6), 13–52.

DERS., Heinrich Lammasch' Verfassungsentwurf für das Kaisertum Österreich vom September 1918, in: Politik und Gesellschaft im alten und neuen Österreich. Festschrift für Rudolf Neck zum 60. Geburtstag, Bd. 1, Wien 1981, 365–378.

DERS., Für die Unabhängigkeit Österreichs, in: Österreich November 1918. Die Enstehung der Ersten Republik, Wien 1986 (= Veröffentlichungen der Wissenschaftlichen Kommission zur Erforschung der Geschichte Österreichs 1918–1938, 9), 41–48.

WAGNER Bruno, Der Waffenstillstand von Villa Giusti 3. November 1918, Wien, phil. Diss. 1970 (mschr.).

WAGNER Friedrich, Der österreichische Legitimismus 1918–1939, seine Politik und Publizistik, Wien, phil. Diss. 1956 (mschr.).

WANDRUSZKA Adam/PLASCHKA Richard G./DRABEK Anna M. (Hrsg.), Die Donaumonarchie und die südslawische Frage von 1848 bis 1918, Wien 1978.

WANDRUSZKA Adam, Das Haus Habsburg. Die Geschichte einer europäischen Dynastie, Wien 1984 (5. Aufl.).

WEHLER Hans Ulrich, Das deutsche Kaiserreich 1871–1918, Göttingen 1988 (8. Aufl.)

WEINZIERL Erika, Die letzten Ernennungen österreichisch-ungarischer Kardinäle, in: Ecclesia semper reformanda. Beiträge zur österreichischen Kirchengeschichte im 19. und 20. Jahrhundert, Wien/Salzburg 1985, 169–198.

DIES./SKALNIK Kurt (Hrsg.), Österreich 1918–1938. Geschichte der Ersten Republik, 1–2, Graz 1983.

WICHTL Friedrich/SCHNEIDER Robert, Weltfreimaurerei, Weltrevolution, Weltrepublik, München 1943.

WIERER R., Der Föderalismus im Donauraum, Graz 1960.

WOLF Franz, Die katholische Kirche in Großungarn und im Revolutionsjahr 1918/19, in: Der Donauraum 20 (1975), 154–175.

ZECHLIN Egmont, Österreich-Ungarn und die Bemühungen um einen russischen Sonderfrieden 1915, in: Rußland – Deutschland – Amerika. Festschrift für Fritz T. Epstein zum 80. Geburtstag. Hrsg. von Alexander Fischer u. a., Wiesbaden 1978 (= Frankfurter Historische Abhandlungen, 17), 163–183.

ZELLMAYR Erna, Das österreichische Parlament im Jahre 1918, Wien, phil. Diss. 1951 (mschr.).

ZEMAN Zbynek A., Der Zusammenbruch des Habsburgerreiches 1914–1918, München 1963.

ZIVKOVIC Georg, Die kaiserliche, ab 1806 österreichische, ab 1868 österreichisch-ungarische höhere Generalität und Admiralität 1600–1918, Wien 1985 (mschr.).

DERS., Alt-Österreichs Heerführer. Stellenbesetzungen in Heer, Landwehr und Kriegsmarine 1541–1918, o. O., o. D. (mschr.).

ZEITUNGEN

Arbeiter-Zeitung
Daily Telegraph
Die Furche
Die Reichspost
Fremdenblatt
L'Illustration
L'Opinion
Neue Freie Presse
Pester Lloyd
Wiener Diözesanblatt
Wiener Zeitung

ANDRÁSSY v. CSIK-SZENT-KIRÁLY u. KRASZNAHORKA
Eleonore (1867–1945), Gfn., geb. Gfn. Zichy-Zich et Vásonykeö, Nr. 251.
Julius (Gyula) d. Ä. (1823–1890), Gf., ung. Politiker, k. u. k. Außenmin., Nr. 213.
Julius (Gyula) d. J. („Duczi") (1860–1929), Gf., vorletzter k. u. k. Außenmin. 18. (24.) 10.–02. 11. 1918, Nrn. 87a, 118, 121, 131, 154, 201, 213, 220, 231, 237, 246, 251, 255, 269, 274, 283.
ANDRIAN zu WERBURG Leopold (1875–1951), Frh., k. u. k. Diplomat, Nr. 3.
ANSPACH-PUISSANT, belg. Freimaurer, Nr. 53.
ANTON Salvator vgl. HASBSBURG-LOTHRINGEN
APPONYI Albert (1846–1933), Gf., k. ung. Min. f. Kultus u. öff. Unterricht 15. 06. 1917–08. 05. 1918, Leiter d. ung. Friedensdelegation i. Trianon 1920, Nrn. 82, 87a, 220, 229, 231, 242, 246, 250, 274, 283.
ARISTOTELES (384–322 v. Chr), griech. Philosoph, Nr. 52.
ARMAND Abel (1863–?), Gf., frz. Offz., Nrn. 56, 87a, 87b, 161, 171.
ARPADEN
Andreas II. (1176–1236), Kg. v. Ungarn 1205–1236, Nrn. 28, 270.
Elisabeth vgl. THÜRINGEN
Ladislaus (um 1040–1095), Kg. v. Ungarn 1077–1095, Hl., Nr. 20.
ARTHUR WILLIAM vgl. WETTINER, SACHSEN-COBURG-GOTHA
(GROSSBRITANNIEN U. IRLAND, HAUS WINDSOR)
ARZ-STRAUSSENBURG Arthur (1857–1935), Frh., k. u. k. GdI, GO 1918, Chef d. Gstbs. 01. 03. 1917–03. 11. 1918, Nrn. 3, 20, 21, 63, 67, 93, 213.
AUBERT, schweiz. Freimaurer, Nr. 53.
AUERSPERG Karl (1859–1927), Frst., MöHH 1891–1918, Vizepräsdt. d. öHH 1897–1907, MöAH 1907–1911, Nr. 122.
AUFFENBERG-KOMAROW Moritz (1852–1928), Ritt. (später Frh.), k. u. k. Gen., K.-Min., Nrn. 3, 87a.
AUGUSTE (AUGUSTA)
vgl. HABSBURG-LOTHRINGEN
Viktoria vgl. WETTINER, SACHSEN-COBURG-GOTHA (PORTUGAL), HOHENZOLLERN-SIGMARINGEN (RUMÄNIEN)
AUSTERLITZ Friedrich (1862–1931), Journalist, (österr. Sozialdemokr.), Nr. 141.
AVILA Manuel Alonso de, span. Geschäftsträger i. Wien seit 1918, Nr. 206.
AVIZ (PORTUGAL)
Emanuel I (Manoel) (1469–1521), Kg. v. Portugal 1495–1521, Nr. 274.

BAAR, Pfarrer i. Prag, Nr. 129.
BACH Alexander (1813–1893), Frh., österr. Innenmin. 1849–1859, österr. Botsch. b. Hl. Stuhl 1859–1865, Nr. 154.

VII. (1848–1909), Hzg. v. Madrid = Carlistenkg. v. Spanien 1868–1909, Nr. 139.

VIII. (= Don Jaime III.) (1870–1931), Hzg. v. Madrid = Carlistenkg. v. Spanien 1909–1931, Nrn. 87a, 139.

Ludwig XVI. (1754–1793), Kg. v. Frankreich 1774–1792 (hingerichtet), Nr. 213

Margarita (1847–1893), Hzgn. v. Madrid, Gemahlin v. Carlos VII., geb. Przn. v. Bourbon von Parma, Nr. 139.

Maria Christine (Christa) (1858–1929), Kgn. v. Spanien, Gemahlin Alfons XII., geb. Ehn. v. Österreich, Nrn. 35, 184, 276.

Viktoria Eugenia (Ena) (1887–1969), Kgn. v. Spanien, Gemahlin Alfons XIII., geb. Przn. v. Battenberg, Nrn. 184, 276.

BOURBON VON PARMA

Adelgunde (1858–1946), Gfn., geb. Przn. v. Braganza, Infantin v. Portugal, Gemahlin v. Heinrich, Prz. v. Bourbon v. Parma, Gf. v. Bardi, Taufpatin v. Ksn. u. Kgn. Zita, Nr. 59

Adelheid (Putzi) (1885–1959), Przn. (= Mére Marie Bénédicte, OSB), Nr. 2c

Elias (1880–1959), Prz. (Hzg.), Nrn. 3, 20.

Felix (1893–1970), Prz., Gemahl v. Charlotte v. Nassau-Luxemburg (späterer Großhzgn. v. Luxemburg), Nrn. 3, 20, 68, 87a, 145, 213.

Franziska (Cicca) (1890–1978), Przn. (= Mère Scholastique, OSB), Nr. 2c.

Isabella (Isy) (1898–1984), Przn., Nrn. 2f, 87a, 213.

Margarete (1895–1992), Przn., Gemahlin v. Prz. René, geb. Przn. v. Dänemark (Oldenburg-Glücksburg), Nr. 274.

Margarita vgl. BOURBON

Maria Antonia (1862–1959), Hzgn., geb. Przn. v. Braganza, Infantin v. Portugal, Nrn. 2c, 2d, 5, 69, 74, 87a, 99, 108, 144, 199, 213, 237, 258.

Marie Luise vgl. WETTINER, SACHSEN-COBURG *(BULGARIEN)*

René (1894–1962), Prz., Nrn. 20, 87a, 132, 145, 213, 242, 274.

Robert (1848–1907), Hzg., Nr. 139.

Sixtus (1886–1934), Prz., Nrn. 3, 6, 7, 14, 20, 34, 34a, 35, 39–42, 49, 87a, 87b–90, 94, 99, 108, 132, 161, 190, 194, 207, 213, 237, 242, 249, 285.

Xavier (1889–1977), Prz., Nrn. 2a, 6, 14, 19, 20, 35, 39, 49, 87a, 87b–89, 132, 190, 207, 213, 236, 237, 239.

Zita vgl. HABSBURG-LOTHRINGEN

BOURCART Charles-Daniel (1860–1940), schweiz. Botsch. i. Wien 1915–1925, Nrn. 33, 87a, 99, 134, 138, 140, 142, 193, 213, 220, 237, 257.

BOURGEOIS Léon (1851–1925), frz. Außenmin. 03. 1914–13. 06. 1914, Freimaurer, Nrn. 51, 61.

BOURNE Francis (1861–1935), EB v. Westminster 1903–1935, Kard. 1911, Nrn. 129, 172, 181.

BRAGANZA

Adelgunde vgl. BOURBON VON PARMA

Amalia (Amélie) (1812–1873), Ksn. v. Brasilien 1826–1831, 2. Gemahlin v. Dom Pedro IV. v. Portugal (I. v. Brasilien), geb. Przn. v. Leuchtenberg, Nr. 274.

Maria Anna vgl. NASSAU-LUXEMBURG

Maria Antonia vgl. BOURBON VON PARMA

Maria Theresia vgl. HABSBURG-LOTHRINGEN

Michael (MIGUEL) II. (1853–1927), Hzg. v., port. Thronprätendent, Nrn. 273, 274.

BRENNER Max (1872–1937), Rektor d. Collegio Teutonico S. Maria dell' Anima i. Rom 05. 01. 1913–01. 1923, Nr. 160.

BRIAND Aristide (1862–1932), mehrf. frz. Außenmin. u. Min.-Präsdt., Nrn. 19, 35, 39, 51, 226, 229, 231, 234, 237, 242, 252, 257, 258, 262, 272, 274.

BRIDLER, schweiz. Obst., Nr. 213.

BROCKDORFF-RANTZAU Ulrich Karl Christian (1869–1928), Gf., dtsch. Gesandter i. Kopenhagen, Nr. 161.

BROELE Johann Baptist (1858–?), Gf. (genannt Plater), Herr a. Groß Glockendorf (Schlesien), Nr. 8.

BROUGIER Rudolf (1877–1944), Oblt. i. Gstb. d. XX. Krpskomdo. 1916, Flügeladj. v. Eh. Carl Franz Joseph seit 08. 07. 1916, Nrn. 20, 21.

BRUDERMANN Rudolf (1851–1941), Ritt., GdK, Nr. 3.

BRULEY DE VARANNES Georges Prudent (1864–1943), Apost. Protonotar, Nrn. 145, 170.

BRUSSELLE-SCHAUBECK Felix (1874–1943), Gf., k. u. k. Legationsrat i. München, Nr. 62.

BUDISAVLJEVIĆ-PREDOR Waldemar (Srgjan), Edl., Bezirkshptm. v. Cattaro, Nr. 213.

BUISSON Ferdinand, frz. Linkspolitiker, Nr. 19.

BÜLOW

Bernhard (1849–1929), Frst., dtsch. Reichskanzler u. preuß. Min.-Präsdt. 1900–1909, ao. dtsch. Botsch. b. Quirinal 1914/15, Nrn. 13, 61

Karl (1846–1921), v., preuß. GFM, Nr. 213.

BURCKHARDT Carl Jacob (1891–1974), Attaché b. d. schweiz. Botsch. i. Wien 1918–1922, Nrn. 140, 213, 253.

BURIÁN-RAJECZ Stephan (István) (1851–1922), Frh. (Gf.), k. u. k. Außenmin. 13. 01. 1915–22. 12. 1916, 16. 04.–24. 10. 1918, k. u. k. Finanzmin. 23. 12. 1916–16. 04. 1918, Nrn. 10, 13, 20, 27, 87a, 87b, 90, 93, 96, 100, 105, 106b, 109, 117, 171, 213, 272.

BURNHAM Harry Lawson (1862–?), Viscount, Präsdt. d. brit. Reichspresseverbandes, konservatives M. d. Unterhauses, Freimaurer, Nr. 190.

CABOGA Bernhard, Gf., k. u. k. Oltn., Nr. 274.

CABURI Franco (1879–1955), ital. Journalist, Nr. 12.

CADORNA Luigi (1850–1928), Gf., ital. Genlt., Chef d. ital. Gstbs. 1914–1917, Nr. 56.

CAILLAUX Joseph (1863–1944), frz. Min. u. Min.-Präsdt., Nrn. 56, 74.

CAMBON
Henri-Paul (1843–1924), frz. Botsch. i. London seit 1898, b. Quirinal seit 1922, Nr. 35.

Jules (1845–1935), Gen.-Sekr. d. frz. Min. d. Äußeren seit 1915, Nrn. 35, 40, 237.

CARL vgl. HABSBURG-LOTHRINGEN

CARNEGIE [L. D.], Sir, brit. Diplomat i. Lissabon, Nr. 274.

CARNOT Lazare Nicolas (1753–1823), Gf., frz. Staatsmann u. Schriftsteller, Nr. 51.

CARP Petru (1837–1919), mehrf. rumän. Min.-Präsdt., Nr. 275.

CASTRO Y CASALEIZ Antonio de, span. Botsch. i. Wien seit 12. 03. 1914, Nr. 87a.

CASTRO PAMPLONA Familie, Nr. 274.

CAVEL Miss, Nr. 274.

CECIL-CHELWOOD Edgar Algernon Robert (1864–1958), Lord, U.-Staatssekr. i. brit. Außenmin. 23. 02. 1916–19. 07. 1918, Freimaurer, Nr. 61.

CECILIE z. Mecklenburg vgl. HOHENZOLLERN

ČERVINKA Vinzenz, tschech. Journalist, wegen Hochverrats z. Tod verurteilt, amnestiert 02. 07. 1917, Nr. 54.

CEUNINCK v., Gen., Freimaurer, Nr. 51.

CHAMISSO Adalbert (1781–1838), dtsch. Dichter, Nr. 51.

CHANOIN Wladimir, Mitglied d. „Fratelli dell Istruzione Cristiana di S. Gabriele", Nr. 258.

CHARLOTTE
vgl. NASSAU-LUXEMBURG
vgl. MECKLENBURG, HABSBURG-LOTHRINGEN

CHIESA Eugenio (1863–1930), ital. Politiker u. Freimaurer, Nr. 12.

CHREPLOVIT(S)CH Péra, serb. Freimaurer, Nr. 82.

CHRISTALNIGG Alexander (1873–1914), Gf., k. u. k. Mjr. i. Gstb., Nr. 3.

CHRISTIAN (X.) vgl. OLDENBURG-GLÜCKSBURG

CLAIRMONT, schweiz. Chirurg, Nr. 274.

CLAM-MARTINIC Heinrich (1863–1932), Gf., k. u. k. Min.-Präsdt. 1916–1917, Gouverneur i. Montenegro 10. 07. 1917–03. 11. 1918, Nr. 213.

CLEMENCEAU Georges (1841–1929), frz. Min.-Präsdt. u. K.-Min. 17. 11. 1917–18. 01. 1920, Nrn. 34, 34a, 35, 61, 87a, 87b, 88, 89, 90, 92, 161, 189, 190, 193, 213.

CLINCHANT Louis-Georges (1873–?), frz. Botsch.-Rat i. Bern ab 22. 02. 1918, Nrn. 108, 140, 141, 147, 174, 177, 236.

CÖLESTIN P. OFMCap vgl. SCHWAIGHOFER-DEGGENDORF

COCHIN Denys (1851–1922), frz. Min, Nr. 41.

CODO William, Pseudonym f. Ks. u. Kg. Karl, Nr. 236.

COLLOREDO-MANSFELD Ferdinand (1878–1967), Gf., Kabinettschef d.
k. u. k. Außenmin. seit 21. 01. 1917, Nr. 177.

CONRAD-HÖTZENDORF

Franz (1852–1925), Frh. (Gf.), Chef d. k. u. k. Gstbs. 1912–27. 02. 1917,
Kmdt. d. Heeresgr. Conrad i. Tirol 03. 1917–07. 1918, Obst. sämtl. LGdn
15. 07. 1918–11. 11. 1918, Nrn. 3, 13, 20, 21, 47, 54, 161, 168, 213.

Virginia (Gina) (1879–1961), Freifrau (Gfn.), geb. Agujari-Karasz, gesch.
Edl. v. Reininghaus, Nrn. 21, 213.

CORNEAU Charles (1855–?), Präsdt. d. Großloge v. Frankreich, Nrn. 37, 53.

COUDURIER-CHASSAIGNE, de, frz. Journalist, Londoner Korrespondent
d. Figaro, Nr. 22.

COUTAUD, argentin. Freimaurer, Nr. 53.

CRAMON August (1861–1940), Ritt., bev. dtsch. Gen. b. AOK 27. 01.
1915–Kriegsende, Nrn. 87b, 99, 106b, 213.

CROUY-CHANEL Peter (1896–?), Gf., k. ung. Oblt. i. d. R, Nr. 237.

CSÁKY-KÖRÖSSZEGH et ADORJAN Emerich (Imre) (1882–1961), Gf., ung.
Diplomat u. Außenmin. 20. 09.–01. 12. 1920, Nrn. 202, 261.

CSEKONICS Iván (1876–?), Gf., ung. Botsch. i. Polen, Nr. 246.

CSERNOCH Johann (János) (1852–1927), EB v. Gran (Esztergom)
1913–1927, Primas Hungariae, Kard. 1914, Nrn. 214, 219, 222, 263, 264,
265, 267, 269, 283, 286.

CSICSERICS-BACSÁNY Maximilian (1865–1948), v., k. u. k. Gen., mil. Vertreter b. d. Friedensverhandlungen i. Brest Litowsk, Nrn. 21, 87a, 213.

CUN(N)INGHAME vgl. MONTGOMERY

CURZON-KEDLESTON George Nathaniel (1859–1925), Marq., brit. Außenmin. 24. 10. 1919–22. 01. 1924, Nrn. 163, 177, 220, 237, 242, 249, 252, 253,
261, 262, 266, 272, 274.

CUSTODIS Bernhard, Kölner Geistlicher, Nr. 74.

CZAPP-BIRKENSTETTEN Karl (1864–1952), Frh., k. LVMin 23. 06. 1917–27.
10. 1918, Nrn. 54, 87a, 213.

CZECHOWICZ Konstantin, griech-orth. B. v. Przemysl, Nr. 3.

CZERNIN-CHUDENITZ

Franz (1927–2002), Gf., Tontechniker b. Radio Wien, Nr. 280.

Otto (1875–1952), Gf., k. u. k. Gesandter i. Sophia 01. 1917–04. 11. 1918,
Nr. 87a.

Ottokar (1872–1932), Gf., k. u. k. Außenmin. 25. 12. 1916–14. 04. 1918, Nrn.
3, 34, 34a, 35, 38, 42, 43, 47, 49, 50, 55, 56, 62, 63, 64, 70, 77, 80, 87a,
87b, 88, 89, 90, 99, 122, 161, 171, 190, 193, 194, 213, 225, 245, 248.

Theobald (1898–1974), Gf., Sohn Ottokars, Nrn. 34a, 63, 213.

CZIRÁKY-CZIRÁK Joseph (Jozsef) (1883–1960), Gf., O.-Gespan d. Komitates Ödenburg (Sopron), Nrn. 237, 283.

DAEMPF Heinrich, FML, Nr. 3.

DANKL-KRASNIK Viktor (1854–1941), Frh. (Gf.), k. u. k. GdK, Obst. sämtl. Lgden 1917, Nrn. 3, 176.

DAVID Emmerich, Priester aus Köln, Nr. 74.

DELCASSÉ Théophile Pierre (1852–1923), frz. Diplomat, Außenmin. 28. 06. 1914–13. 10. 1915, Nr. 15.

DEMBLIN August (1883–1938), Gf., k. u. k. Diplomat, Nrn. 87a, 87b.

DESCHANEL Paul (1856–1922), Präsdt. d. frz. Abgeordnetenkammer, Nrn. 19, 35, 190, 193.

DESSEWFFY Emil (1873–?), Gf., M. ung. AH, Nr. 125.

DESWARTE, belg. Freimaurer, Nr. 53.

DEUTSCH Julius (1884–1968), Staatssekr. f. Heerwesen 1918–1920 (Sozialdemokr.), Nrn. 130, 131, 140, 147, 161, 167, 169.

DIAZ Armando Vittorio (1861–1928), ital. Gen., Chef d. ital. Gstbs. seit 08. 11. 1917, Nrn. 77, 213.

DIETRICH Joseph (1894–?), Lehrer d. ksl. Kinder Juni 1920–Jänner 1923, Nr. 274.

DILLER Erich (1859–1926), Frh., GM, k. u. k. Gen.-Gouverneur i. Lublin 01. 09. 1915–22. 04. 1916, Nr. 87a.

DIMITRIJEVIĆ Dragutin (1877–1917), serb. Offz. genannt „Apis", Gründer d. „Schwarzen Hand" 1911, Organisator d. Attentats v. Sarajevo 1914, Nr. 34.

DINER-DENES Josef (Jozsef), ung. Journalist (Sozialdemokr.), Nr. 108.

DINGHOFER Franz (1873–1956), MöAH (dtsch-freiheitl.), Bürgerm. v. Linz 1907–1918, Präsdt. d. Prov. Nationalversammlung, Nr. 124.

DINICHERT Paul, Chef d. außenpol. Departements d. Schweiz. Eidgenoss., Nrn. 236, 238, 240, 247.

DÖMÖTÖR Michael (Mihály) (1875–1962), ung. Innenmin. April bis Juni 1920, Nr. 237.

DOUBRAVA Josef (1852–1921), B. v. Königgrätz 1903–1921, MöHH 1917/18, Nr. 129.

DOULCET, frz. Geschäftsträger b. Hl. Stuhl 1921, frz. Geschäftsträger i. Budapest 1922, Nr. 274.

DRAGHETTI Michelangelo (1868–1921), OFM, Prediger i. Rom, Nr. 33.

DRUMMOND James Eric, Sir, Sekr. i. brit. Außenmin., Nrn. 35, 39.

DUCHATEAU, belg. Freimaurer, Nr. 53.

DUWE Bonifaz (?–1925), OSB, Abt v. Disentis 1916–1925, Nr. 239.

EBERT Friedrich (1871–1925), dtsch. Reichskanzler 1918–1919, dtsch. Reichspräsdt. 1919–1925 (Sozialdemokr.), Nr. 275.

EÇA

DE QUEIRÓS José, Sohn d. port. Schriftstellers, Nr. 274.

DE VASCONCELOS Alexandre, Gen.-Dir. d. polit. Abtlg. d. port. Außenamtes 1922, Nr. 274.

ECCHELI Ludovico (1863–1930), Gen.-Vikar i. d. Diözese Trient 1914–1930, Nr. 91.

EDWARD (EDWARD VIII.) vgl. WETTINER, SACHSEN-COBURG-GOTHA *(HAUS WINDSOR)*

EGGER Carl, schweiz. Legationsrat a. d. Botsch. i. Wien, i. Departement f. Äußeres i. Bern, Nrn. 213, 272, 274.

EICHHOFF Johann Andreas (1871–1963), Frh., Sektchef i. k. u. k. Innenmin., M. d. Friedensdelegation i. St-Germain 1919, Nr. 272.

EICHHORN Hermann (1848–1918), v., dtsch. GFM seit 18. 12. 1917, Nrn. 87a, 213.

EKENGREN Wilhelm August Ferdinand, schwed. Gesandter i. d. USA, Nrn. 111, 114, 119, 121.

ELIAS vgl. BOURBON VON PARMA

ELISABETH

Hl. vgl. THÜRINGEN, ARPADEN

vgl. WETTINER, SACHSEN-COBURG *(BELGIEN);* WITTELSBACHER

EMANUEL

(MANOEL) II. vgl. WETTINER, SACHSEN-COBURG-GOTHA *(PORTUGAL)*

PHILIBERT (EMANUELE FILIBERTO) vgl. SAVOYEN

ENDRICI Celestino (1866–1940), FB v. Trient 1904–1940, Nrn. 27, 79, 91.

ENVER Pascha (1881–1922), ottoman. K.-Min. 1914–1918, Führer d. Jungtürken, Nrn. 20, 213.

ERDÖDY-MONYOROKEREK et MONOSZLO Thomas (Tamás) (1886–1931), Gf., Rtm. i. d. R, Vertrauter v. Ks. u. Kg. Karl, Nrn. 41, 87a, 89, 237.

ERZBERGER Matthias (1875–1921, ermordet), Führer d. Zentrumspartei, M. d. dtsch. Reichstages 1903–1918, Reichsfinanzmin. 21. 04. 1919–12. 03. 1920, Nrn. 13, 74, 248.

ESTERHÁZY-GALANTHÁ et FRAKNO (FORCHTENSTEIN)

Alexander (Sándor) (1868–1925), Gf., Obsthofm. b. Ksn. u. Kgn. Zita, Nr. 251.

Franz (Ferenc) (1896–1939), Gf., Nrn. 194, 251.

Maria-Henriette (1896–1973), Gfn., geb. Gfn. Zichy-Zich et Vasonykeö, Nr. 251.

Moritz (Móric) (1881–1960), Gf., k. ung. Min.-Präsdt. 15. 06–20. 08. 1917, k. ung. Min. f. Volkswohlfahrt 25. 01.–08. 05. 1918, Nr. 87a.

Nikolaus (Miklós) (1869–1920), Frst., Nr. 125.

Paul (Pál) (1861–1932), Gf., Sektchef i. k. u. k. Außenmin. 1907–1912, M. d. ung. Magnatenhauses, Nrn. 2a, 61.

EUGEN vgl. HABSBURG-LOTHRINGEN

FABIAN, Diener v. Ks. u. Kg. Karl b. ersten Restaurationsversuch, Nr. 237.

FABINI Ludwig (1861–1937), v., FML, GdI 1918, Nr. 20.

FALKENHAYN Erich (1861–1922), v., Chef d. dtsch. Gstbs. 14. 09. 1914 bis 29. 08. 1916, Kmdt. d. 9. Armee ab 16. 09. 1916, Nrn. 3, 20.

FEER E., Vorstand d. Univ. Kinderklinik Zürich, Nr. 274.

FELIX vgl. BOURBON VON PARMA

FERDINAND

I. vgl. HABSBURG-LOTHRINGEN

I. vgl. HOHENZOLLERN-SIGMARINGEN *(RUMÄNIEN)*

I. vgl. WETTINER, SACHSEN-COBURG *(BULGARIEN)*

Karl vgl. HABSBURG-LOTHRINGEN

Maria vgl. WITTELSBACHER

FERGUSSON Charles (1865–?), Sir, brit. Obst., Nr. 2a.

FERRARI Ettore (1844–1929), röm. Bildhauer, Freimaurer (Großm. d. Groß Orients v. Rom), Nrn. 12, 18, 53.

FERSTL Heinrich (1828–1883), Frh., österr. Baumeister, Nr. 274.

FISCHER-ANKERN Friedrich (1883–?), v., k. u. k. Vize-Konsul i. St. Gallen, Vize-Konsul d. österr. Handelskammer i. Zürich 1921, Vertrauter d. ksl. Familie, Nr. 274.

FITZ-WILLIAMS, Arzt d. brit. Botsch. i. Wien, Nrn. 234, 237.

FLATAU Georg, Bezirksrichter a. Kreisgericht i. Tarnow, Nr. 3.

FLEISCHMANN-THEISSRUCK Moritz (1882–nach 1945), v., k. u. k. Mjr. i. Gstb. 1917, Verbindungsoffz. d. AOK b. dtsch. Kmdo. Ober Ost, Nr. 87a.

FLOTOW

Hans, v., dtsch. Diplomat, Nr. 7.

Ludwig (1867–1948), Frh., letzter k. u. k. Außenmin. 02.–11. 11. 1918, mit der Liquidierung d. k. u. k. Außenmin. betraut 12. 11. 1918–08. 11. 1920, Nr. 213.

FOCH Ferdinand (1851–1929), frz. Obefehlshaber ab 26. 03. 1918, Nrn. 56, 104, 111.

FOERSTER Friedrich Wilhelm (1869–1966), Pädagogikprof., Univ. München, ao. Prof. Wien, Nrn. 55, 108.

FOUCHET Maurice-Nicolas (1873–?), frz. Hochkomm. i. Budapest, Nrn. 207, 231, 237, 252, 262.

FRANCHET D'ESPERAY Louis-Felix (1856–1942), Marschall v. Frankreich, Kmdt. d. all. Expeditionskps. Saloniki seit Juli 1918, Nrn. 135, 213, 242.

FRANCHINI-STAPPO, Gf., mil. Vertreter Italiens i. Budapest 1919, Nr. 237.

FRANGEPANY Franz (Ferenc) (1643–1671), führendes M. d. ung. Magnatenverschwörung gg. Ks. Leopold I, hingerichtet i. Wiener Neustadt 30. 04. 1671, Nr. 204.

FRANK Ivo (?–1940), kroat. Advokat, Gründer d. Frankpartei, Nrn. 3, 213, 237.
FRANZ
    II. (I.) vgl. HABSBURG-LOTHRINGEN
    Ferdinand vgl. HABSBURG-LOTHRINGEN
    Joseph I. vgl. HABSBURG-LOTHRINGEN
    Salvator vgl. HABSBURG-LOTHRINGEN
FRANZISKA
    vgl. BOURBON VON PARMA
    vgl. HABSBURG-LOTHRINGEN, HOHENLOHE-WALDENBURG-
        SCHILLINGSFÜRST
FRIEDEL Johann (1856–?), Frh., k. u. k. GdI, FZM, Nr. 3.
FRIEDLÄNDER Ferry, österr. Kommunist, Nr. 169.
FRIEDRICH
    vgl. HABSBURG-LOTHRINGEN
    August III. vgl. WETTINER, SACHSEN
FRIEDRICH Stephan (István) (1883–1951), ung. Min.-Präsdt. 07. 08–17. 09.
    1919, H.-Min. 23. 11. 1919–01. 03. 1920, Nr. 283.
FRINT Jakob (1766–1834), Hof- u. Burgpfarrer 1810–1827, B. v. St. Pölten
    1827–1834, Nr. 272.
FRÖLICH-FRÖLICHSTHAL Maximilian (1870–1933), Frh., k. u. k. Mjr.
    1917, mil. Ausbildner v. Eh. Maximilian Eugen, Nr. 4.
FROREICH-SZABÓ Ernst (1855–1914), v., k. u. k. FML, Nr. 3.
FRÜHWIRTH Andreas (1845–1933), OP, Tit. EB v. Heraklion 1907, Kard.
    1915, Apostol. Nuntius u. ao. Gesandter i. München 1907–1916, Nr. 33.
FÜRSTENBERG
    Karl Emil (1867–1945), Prz., k. u. k. Botsch. i. Madrid, Nrn. 80, 138, 206.
    Maximilian Egon (1863–1941). Frst.,Vizepräsdt. d. öHH, kgl. preuß. Obst-
        marschall, GM d. k. u. k. u. d. preuß. Armee, Nr. 213.
FUSHIMI Teiko, japan. Przn., Nr. 2b.

GAAL Ludwig, k. ung. Militärkurat seit 1902, Nr. 3.
GAMA Vasco da (1469–1524), (nobilit. 1503: Gf. Vidigueira), port. Seefahrer,
    Nr. 274.
GARAMY Ernst (Ernö) (1876–1935), ung. Handelsmin. 1918/19 (Sozialde-
    mokr.), Nr. 131.
GASPARRI Pietro (1852–1934), Tit. EB v. Caesarea i. Palästina, KardStaats-
    sekr. 13. 10. 1914–07. 02. 1930, Nrn. 9, 27, 33, 41, 44, 74, 76, 77, 84, 96, 100,
    105, 106b, 109, 129, 137, 145, 150, 167, 177, 181, 222, 228, 229, 236, 239.
    248, 259, 262, 263, 266–269, 271, 274, 275, 282, 283, 285, 287.
GAYER Edmund (1860–1952), Ritt., Pol.-Präsdt. v. Wien 13. 07. 1917–11. 06.
    1918, k. u. k. Innenmin. 11. 06. 1918–11. 11. 1918, Nrn. 130, 213, 269, 271,
    274, 275, 285, 287.

Franz II. (I.) (1768–1835), Eh., Ks. d. Hl. Röm. Reiches, 1792–1806, Ks. v.
   Österreich etc. 1806–1835, Nr. 225.
Franz Ferdinand (Este) (1863–1914), Eh., Thronfolger 1889–1914, Nrn. 1, 3,
   34, 49, 87a, 193, 213.
Franz Joseph I. (1830–1916), Eh., Ks. v. Österreich etc. 1848–1916, Nrn. 1,
   2f, 4, 5, 7–10, 13–15, 20, 21, 23, 25, 32, 33, 36, 47–49, 67–69, 72, 136, 167,
   171, 176, 187, 189, 213, 225, 250, 263, 283.
Franz Salvator (1866–1939), Eh., Nrn. 156, 213.
Franziska (1897–1989), Ehn., geb. Przn. zu Hohenlohe-Waldenburg-Schil-
   lingsfürst, Gemahlin v. Eh. Max, Nr. 213.
Friedrich (1856–1936), Eh., Hzg. v. Teschen, FM 1914, AOkmdt. 1914–1916,
   stellvertretender AOkmdt. 02. 12. 1916–11. 02. 1917, Nrn. 3, 20, 21, 26,
   47, 87a, 87b, 161, 176, 178, 181, 213.
Heinrich Ferdinand (1878–1969), Eh., Nr. 213.
Henriette vgl. HOHENLOHE-WALDENBURG-SCHILLINGSFÜRST
Hubert Salvator (1894–1971), Eh., Nrn. 156, 213.
Isabella (1856–1931), Ehn., geb. Przn. v. Croy, Gemahlin v. Eh. Friedrich,
   Nrn. 3, 87a, 213, 283.
Isabella vgl. WITTELSBACHER
Johann Salvator (ORTH Johann) (1852–1890[?]), Eh., Austritt a. d. Haus
   1889, Nr. 274.
Joseph August (1872–1962), Eh., ung. Thronprätendent, Nrn. 87a, 145,
   154, 156, 181, 213, 219, 222, 225, 227, 230, 231, 237, 238, 283.
Joseph Franz (1895–1957), Eh., ung. Thronprätendent, Nrn. 227, 230, 231.
Josef Ferdinand (1872–1942), Eh., Nrn. 3, 213.
Karl (Carl) (1771–1847), Eh., Nr. 3.
Karl I. (IV.) (1887–1922), (Carl Franz Joseph), Eh., Ks. v. Österreich
   1916–1919, Kg. v. Ungarn 1916–1921 etc., Nrn. 1–5, 7, 13, 19, 22–28,
   30–36, 38–49, 54, 55, 58, 60–74, 76, 78–81, 83–94, 96–103, 105, 106b,
   108–110, 112, 113, 116–118, 121–126, 128, 130–136, 138, 139, 141–143, 146,
   148–190, 192–203, 205–207, 209–227, 229–258, 260–289.
Karl Ludwig (1918), Eh., Sohn v. Ks. u. Kg. Karl, Nrn. 110, 280.
Karl Salvator (1909–1953), Eh., Nr. 213.
Karl Stephan (1860–1933), Eh., poln. Thronprätendent, Nrn. 3, 213.
Leopold I. (1640–1705), Eh., Ks. d. Hl. Röm Reiches, dtsch. Kg. etc.
   1654–1705, Nrn. 202, 204.
Leo Karl (1893–1939), Eh., zweiter Sohn v. Eh. Karl Stephan, Nr. 87a.
Leopold Salvator (1863–1931), Eh., Nrn. 20, 87a, 138, 139, 213.
Luise vgl. WETTINER (*SACHSEN*)
Margarethe Sophie vgl. WÜRTTEMBERG
Maria Christine (Christa) vgl. BOURBON

HALLER Stephan (István) (1880–?), ung. Propagandamin. August bis November 1919, ung. Erziehungsmin. 11. 1919–12. 1920, Legitimist, Nr. 283.

HAMELIN, frz. Gen. d. interall. Komm i. Wien, Chef d. frz. Mil.-Miss i. Budapest, Nr. 222.

HANKEY Maurice Pascal (1877–?), Sir, brit. Kabinettssekr. 1912–1938, Nrn. 39, 56.

HANUSCH Ferdinand (1866–1923), MöAH 1907–1918, Staatssekr. f. soz. Verw. 1918–1919, Sozialmin. 1919–1920 (Sozialdemokr.), Nr 146.

HARDEN Maximilian (1861–1927), dtsch. Schriftsteller, Nr. 51.

HARDINGE-PENSHURST Charles (1858–1944), Brn., U.-Staatssekr. i. brit. Außenmin. 1916–1920, Botsch. i. Paris 1920–1923, Nrn. 272, 274, 277.

HARTMANN Felix (1851–1919), EB v. Köln 1912–1919, Kard. 1914, Nr. 50.

HAUS Anton (1851–1917), v., k. u. k. Großadml. 1916–1917, Nr. 213.

HAUSER Johann Nepomuk (1866–1927), Priester, Landeshptm. v. OÖ 1908–1927, päpstl. Hausprälat 1913, 2. Präsdt. d. Prov. Nationalversammlung 1918–1919, Obmann d. Christlsoz. Partei 1918–1920, Nrn. 34, 141, 142, 197, 213.

HAUTHALER Willibald (1843–1922), OSB, Abt v. St. Peter i. Salzburg 1901–1922, Nr. 223.

HAZAI Samuel (recte Kohn) (1851–1942), Frh., GO, Chef d. Ers.-Wesens f. d. ges. bewaffnete Macht 19. 02. 1917–1918, Nr. 87a.

HEBERLIN, Stabschef d. 6. schweiz. Div., Nr. 213.

HEGEDÜS Paul (Pál) (1861–?), Komdt. d. 3. HDistrikts April–Juli 1921 (Steinamanger/Szombathely), Stadtkomdt. v. Ödenburg (Sopron) Oktober 1921, Nrn. 237, 251, 252.

HEFTER Adam (1871–1970), (F)B v. Gurk 1915–1939, Nr. 223.

HEINRICH
vgl. WITTELSBACHER
Ferdinand vgl. HABSBURG-LOTHRINGEN

HÉJJAS Iván (1890–?), Oblt. i. d. Res. IR Nr. 19; i. Prónay-Det 1919, M. d. MOVE, Nr. 237.

HENRY WILLIAM vgl. WETTINER, SACHSEN-COBURG-GOTGHA *(HAUS WINDSOR)*

HERBERSTEIN Herbert (1863–1940), Gf., FML 1917, Obsthofm. u. Genadj. v. Eh. Friedrich, Nrn. 20, 21, 47, 213.

HERBST Géza, Vizegespan d. Komitates Steinamanger (Szombathely), Nr. 237.

HERRON George David (1862–1925), Theol.-Prof., M. d. First Congregational Church, Pazifist, Nr. 87a.

HERRSCHEL Richard (1878–?), Lord, Nr. 2a.

HERTLING Georg Friedrich (1843–1919), Gf., bayer. Min.-Präsdt. seit 1912, preuß. Min.-Präsdt. u. dtsch. Reichskanzler 02. 12. 1917–30. 09. 1918, M. d. Zentrumspartei, Nrn. 70, 74, 75, 93, 106b.

HERTZ Friedrich Otto (1878–?), Soziologe u. Nationalökonom, Min.-Beamter, Pazifist, Freimaurer, Nr. 108.

HEVESY-HEVES

Paul (Pál) (1883–1988), v., k. u. k. Diplomat, Nr. 61.

Wilhelm (Vilmos), v., Obstl. i. d. Res. i. HR Nr 13 seit 1914, k. u. k. K.-Min., Nr. 61.

HILVÉTY Artur, GM i. d. Res., Nr. 274.

HINAUX F., frz. Vertreter d. interall. Mil.-Komm. i. Österreich, Nrn. 237, 262.

HINDENBURG-BENECKENDORFF Paul (1847–1934), v., dtsch. Gstbschef, Chef d. DOHL 29. 08. 1916–03. 07. 1919, Nrn. 3, 20, 87a, 93, 213.

HINTZE Paul (1864–1941), v., Staatssekr. d. Dtsch. AA 09. 07.–03. 10. 1918, Nrn. 106, 213.

HOCK Johann (János), Präsdt. d. ung. Nationalrates seit 25. 10. 1918, Nr. 127.

HOFER Andreas (1767–1810), Tiroler Freiheitskämpfer, Nr. 161.

HOEFER Anton (1871–1949), k. u. k. Min., betraut m d. Amt f. Volksernährung 05. 01. 1917–26. 02. 1918, Nr. 213.

HOFFMANN Max (1869–1927), Gen., Gstbschef d. Oberbefehlshabers Ost (Ober Ost), Nrn. 87a, 213.

HOFMANN Peter (1865–1923), Frh., FML, Nr. 20.

HOHENBERG

Ernst (1904–1954), Frst., Nr. 193.

Max (1902–1962), Hzg., Nr. 193.

Sophie (1901–1990), Frstn., verehel. Gfn. Nostitz-Rieneck, Nr. 193.

HOHENLOHE-WALDENBURG-SCHILLINGSFÜRST

Franziska vgl. HABSBURG-LOTHRINGEN

Gottfried (1867–1932), Prz., Schwiegersohn v. Eh. Friedrich, k. u. k. Botsch. i. Berlin 04. 08. 1914–11. 11. 1918, Nrn. 3, 15, 213.

Henriette (1883–1956), Przn., geb. Ehn. v. Österreich, Tochter v. Eh. Friedrich, Gemahlin v. Gottfried, Nr. 3.

Konrad (1863–1918), Prz., Obsthofm. v. Ks. u. Kg. Karl 07. 02. 1917–11. 05. 1918, Nrn. 61, 99, 161.

HOHENZOLLERN

Cecilie (1886–1954), dtsch. Kronprzn., geb. Hzgn. zu Mecklenburg, Nrn. 2d, 2e.

Friedrich III. (1831–1888), dtsch. Ks. 1888, Nr. 2c.

Luise vgl. WETTINER, SACHSEN-COBURG-GOTHA *(HAUS WINDSOR)*

Sophie vgl. OLDENBURG-GLÜCKSBURG

Wilhelm I. (1797–1888), Kg. v. Preußen, dtsch. Ks. 1871–1888, Nr. 213.

Wilhelm II. (1859–1941), Kg. v. Preußen, dtsch. Ks. 1888–1918, Nrn. 3, 33, 38, 47, 49, 50, 74, 87a, 88, 90, 93, 94, 106, 118, 171,0 187, 213, 272.

Wilhelm (1882–1951), dtsch. Kronprz., Thronverzicht 1918, Nr. 2d.

HOHENZOLLERN-SIGMARINGEN *(RUMÄNIEN)*

Augusta Viktoria vgl. WETTINER, SACHSEN-COBURG-GOTHA *(POR-TUGAL)*

Ferdinand I. (1865–1927), Kg. v. Rumänien 1914–1927, Nrn. 3, 87a, 237.

Karl (Carol) I. (1839–1914) Prz., Frst. 1866–1881, Kg. v. Rumänien 1881–1914, Nr. 3.

Maria (1875–1938), Kgn. v. Rumänien, geb. Przn. v. Sachsen-Coburg-Gotha *(HAUS WINDSOR)*, Nrn. 3, 237.

HOHLER Thomas B. (1871–1946), Sir, brit. Hochkomm. i. Budapest, Nrn. 237, 242, 246, 249, 252, 253, 261, 262, 266.

HOMANN-HERIMBERG Emil (1862–1945), Ritt., k. u. k. Min. f. öffentl. Arbeiten 23. 06. 1917–30. 08. 1917 u. 25. 07.–11. 11. 1918, Nr. 225.

HOMEN GOUVEIA Antonio (1869 –?), de, Msgr. u. ksl. Hauskaplan i. Funchal, Nrn. 273, 274.

HORBACZEWSKI Johannes (1854–1942), k. u. k. Min. f. Volksgesundheit 17. 07. 1918–11. 11. 1918, Nr. 102.

HORTSTEIN Lothar (1855–?), Edl., GdI, Nr. 3.

HORTHY-NAGYBÁNYA Nikolaus (Miklós) (1868–1957), v., k. u. k. Adml., ung. Reichsverweser 1920–1944, Nrn. 198, 199, 200, 201, 204, 207, 211, 213, 216, 217, 220, 222, 230, 237, 238, 250, 252, 255, 261, 264, 265, 270, 283.

HOUSE Edward Mandell (1858–1938), amerik. Obst., Vertreter Wilsons b. Obersten Rat i. Versailles 1917–1919, Nr. 83.

HOYOS Alexander (1876–1937), Gf., Legationsrat i. Kabinett d. k. u. k. Außenmin., Nr. 13.

HRANILOVIĆ-CZVETASSIN Oskar (1867–1933), v., GM 1917, M. d. Waffenstillstandskomm. i. Fosçani 1918, Nrn. 3, 21.

HUBERT Salvator vgl. HABSBURG-LOTHRINGEN

HUBKA-CZERNCZITZ Gustav, Ritt., k. u. k. Mil.-Attaché i. Montenegro 1912–1914, Obst. i. Gstb. seit 02. 01. 1916, Nr. 67.

HUNYADY-KETHELY

Josef (József) (1873–1942), Gf., Flügeladj. 1915–1918, Erster Obsthofm. v. Ks. u. Kg. Karl 1918–1922, Nrn. 20, 61, 154, 201, 211, 213, 237, 246, 251, 272, 274, 278, 280, 283.

Gabriele (1890–1945), Gfn., geb. Gfn. Bellegarde, Hofdame v. Ksn. u. Kgn. Zita, Nr. 251.

HUSSAREK-HEINLEIN Max (1865–1935), Frh., k. u. k. Min. f. Cultus u. Unterricht 1911–1917, k. u. k. Min.-Präsdt. 26. 07–27. 10. 1918, Nrn. 112, 129, 130, 182, 197, 213, 272.

HUSZÁR Elemér, ung. Legitimist, Nr. 283.

HUYN

Karl (1857–1938), Gf., GdK 1914, GO 1917, Statthalter i. Galizien u. Lodomerien seit 01. 03 1917, Nr. 3.

Paul (1868–1946), Gf., FEB v. Prag 1916–1919, Nr. 129.

HYAZINTH v. Casale (1575–1627), OFMCap, Missionar i. Italien, Spanien, Frankreich u. Deutschland, Nr. 248.

HYE-GLUNEK Demetrius (1880–1932), Frh., Legationsrat d. k. u. k. Gesandtschaft i. Bern, i. Dienst v. Ks. u. Kg. Karl i. Prangins, Nr. 247.

IBERT, Vertreter d. Suprême Conseil de France b. Freimaurerkongreß 1917, Nr. 53.

ILITCH, Vertreter d. serb. Freimaurer b. Freimaurerkongreß 1917, Nr. 53.

IONESCO Dumitru Take (1858–1922), rumän. Außenmin. 21. 06. 1920 bis 17. 12. 1921, Minipräsdt. 18. 12. 1921–19. 01. 1922, Nr. 274.

ISABELLA
  vgl. BOURBON VON PARMA
  vgl. HABSBURG-LOTHRINGEN

ISENBURG Viktor (1872–1946), Prz., Nr 87a.

ISV(W)OLSKY Alexander Petrowitsch (Aleksandr Petrović) (1856–1919), russ. Außenmin. 1906–1910, Botsch. i. Paris 1910–1917, Nr. 35.

JACOT L., Schweizer Freimaurer (Alt-Großm. i. Neuchâtel), Nr. 191.

JAGOW Gottlieb (1863–1935), v., Staatssekr. i. Dtsch. AA 1913–22. 11. 1916, Nr. 13.

JAIME vgl. BOURBON

JANDA Friedrich (1878?–1964), GM 1915, Nr. 213.

JÁRMY-NAGYSZOLNOK Andreas (Andor) (1875–?), v., ung. Obstlt., Nr. 237.

JAURÈS Jean (1859–1914), frz. Philosoph u. Sozialdemokr., Nr. 51.

JEBB Englantyne, Sekr. d. „Save the Children Fund," Nr. 181.

JEGLIĆ Antonio Bonaventura (1850–1939), (F)B Laibach 1898–1939, Nr. 87a.

JELAČIĆ-BUZIM Joseph (Josip) (1801–1859), v., Banus v. Kroatien u. Slawonien, Nr. 3.

JOBB Rudolf, ung. Min.-Rat, Legitimist, Nrn. 201, 225.

JOFFRE Joseph-Jacques (1852–1931), Obefehlshaber d. frz. Armee 02. 12. 1915–26. 12. 1916, Nr. 51.

JOHNSON Athelstan W., stellv. brit. Hochkomm. i. Budapest, Nr. 220.

JOHNSON, brit. Marinelt., Nr. 262.

JOLANDA MARGERITA vgl. SAVOYEN

JOLLOIS, Vertreter d. Grande Loge v. Costa Rica b. Freimaurerkongreß 1917, Nr. 53.

JOODY, Polizeipräsdt. v. Steinamanger (Szombathely) 1921, Nr. 237.

JOSEPH, Hl., Nr. 202.

JOSEPH
  August vgl. HABSBURG-LOTHRINGEN
  Ferdinand vgl. HABSBURG-LOTHRINGEN

Franz vgl. HABSBURG-LOTHRINGEN

JOVANOVIĆ (YOVANOVITCH) Jovan M. (1869–1939), serb. Gesandter i.
Wien 1912–1914, Freimaurer, Nrn. 52, 53.

JUNCK Joseph, Großm. d. luxemburg. Freimaurer, Nr. 190.

JUSSERAND Jean-Jules (1855–1932), frz. Botsch. i. d. USA 29. 08. 1902–1920,
Nrn. 49, 95, 274.

JUTTA (MILITZA) vgl. PETROVIĆ NJEGOSCH *(MONTENEGRO)*

KAHR Gustav (1862–1934), Ritt., bayer. Min.-Präsdt. 1920/21, Nr. 248.

KANT Immanuel (1724–1804), dtsch. Philosoph, Nr. 52.

KÁNYA-KÁNYA Koloman (Kálman) (1869–1945), de, Sekt.-Chef i. ung.
Außenmin., Außenmin. 17. 03. 1925–1926, Nrn. 237, 238, 261, 262, 263.

KAPRALIK Adolf (1857–?), zugeordneter Großm. d. Großloge v. Wien, Nr.
130.

KARAGEORGIEWITCH (KARADJORDJEVIĆ)

Alexander I. (1888–1934), serb. Thronfolger, Kg. d. SHS-Staates
1921–1934, Nr. 2a, 275.

Peter I. (1895–1921), Kg. d. Serben 1903–1918, Kg. d. SHS-Staates 1918–1921,
Nr. 3.

KARL

I. (IV.) (Carl Franz Joseph) vgl. HABSBURG-LOTHRINGEN

I. (Carol) vgl. HOHENZOLLERN-SIGMARINGEN *(RUMÄNIEN)*

I. (Carlos) vgl. WETTINER, SACHSEN-COBURG-GOTHA *(PORTU-
GAL)*

Ferdinand vgl. HABSBURG-LOTHRINGEN

Ludwig vgl. HABSBURG-LOTHRINGEN

Salvator d. J. vgl. HABSBURG-LOTHRINGEN

Stephan vgl. HABSBURG-LOTHRINGEN

KÁROLYI-NAGYKÁROLY

Joseph (József) (1884–1934), Gf., Obergespan d. Komitats Fejér u. d. Stadt
Stuhlweißenburg (Szekesfehérvár), Nrn. 237, 280, 283.

Michael (Mihály) (1875–1955), Gf., ung. Min.-Präsdt. 30. 10. 1918–21. 01.
1919, Nrn. 108, 125, 127, 131, 154, 213.

KAY S., brit. Konsul i. Madeira, Nrn. 274, 277.

KEIL Franz (1862–1945), Ritt., k. u. k. Adml., Nr. 213.

KELSEN Hans (1881–1973), Prof. f. österr. Verfassungsrecht, Univ. Wien, Nr.
123.

KHEVENHÜLLER-METSCH Franz (1889–1977) Gf., Adj. d. k. u. k. Mil.-
Attachés i. Bern 1918, Nr. 108.

KHUEN-HÉDERVÁRY Alexander (Sandor) (1881–1947), Gf., polit. Abtei-
lungsleiter i. ung. Außenmin. 1920–1927, Nr. 237.

KINSKY Franz (Ferencz, Fery) (1875–1935), Gf., k. u. k. Diplomat, Nr. 3.

KRUPP-BOHLEN-HALBACH Gustav (1870–1950), v., dtsch. Großindustrieller, Nr. 83.

KÜHLMANN Richard (1873–1948), v., Staatssekr. d. Dtsch. AA 05. 08. 1917–16. 07. 1918, Nrn. 38, 63, 87a.

KUK Karl (1853–1935), FZM, k. u. k. Gen.-Gouverneur i. Lublin 01. 05. 1916–23. 04. 1917, Nr. 87a.

KUMMER-FALKENFELD Heinrich (1852–1929), Frh., k. u. k. GdK 1910, Nr. 3.

KUN Adalbert (Béla) (1886–um 1940), Führer d. ung. Räteregierung (Kommunist), Nrn. 161, 167, 169, 213, 231.

KUNFI Siegmund (Szigmond) (1879–1929), ung. Min. f. Arbeit u. Volkswohlfahrt 30. 10. 1918–19. 01. 1919 (Linkssozialdemokr.), Nr. 131.

KUSMANEK-BURGNEUSTÄDTEN Hermann, v., k. u. k. FML, GdI, Kmdt. d. Festung Premysl, Nr. 15.

KUSKA Joseph, Präses d. romtreuen kath. Klerus i. Böhmen, Nr. 129.

KYRIL(L) vgl. WETTINER, SACHSEN-COBURG *(BULGARIEN)*

LADISLAUS Hl. vgl. ARPADEN

LA FAYETTE Marie-Joseph (1757–1834), Marq. de, frz. Staatsmann, Gen. i. amerik. Unabhängigkeitskrieg, Nr. 51.

LAMARTINE Alphonse (1790–1869), frz. Dichter, frz. Außenmin. 1848, Nr. 51.

LAMMASCH Heinrich (1853–1920), Prof. f. Straf- u. Völkerrecht, Univ. Wien, letzter k. k. Min.-Präsdt. 27. /28. 10–11. 11. 1918, M. d. österr. Delegation i. St.-Germain 13. /14. 05–10. 06. 1919, Nrn. 55, 87a, 108, 123, 141, 145, 147, 155, 167, 213.

LANCKEN-WAKENITZ Oscar (1867–1939), Frh., Leiter d. polit. Abt. b. Gen.-Gouverneur i. Belgien 1914–1918, Nr. 35.

LANDWEHR-PRAGENAU Ottokar (1868–1944), v., k. u. k. GM 1916, Vorsitzender i. k. u. k. Gemeinsamen Ernährungsausschuß 27. 02. 1917–10. 11. 1918, Nrn. 161, 213.

LANSING Robert (1864–1928), Staatssekr. i. Dept. of State (USA) 1915–1920, Nrn. 49, 90, 92, 94, 97, 104, 107, 111, 114, 119, 121, 213, 274.

LAROCHE Jules (1872–?), stellv. Gen.-Sekr. i. frz. Außenmin. seit 1920, Nr. 216.

LAUN Rudolf (1882–1975), Edl., ao. Prof. f. Völkerrecht, Univ. Wien, Nr. 272.

LAURENTIUS v. BRINDISI (1559–1619), OFMCap, Hl., Missionar u. Kirchenpolitiker, Nr. 248.

LAVISSE Ernest (1842–1922), frz. Historiker, Nr. 51.

LEBEY André (1877–?), frz. Romancier (Freimaurer), Nrn. 51–53.

LEDÓCHOWSKA Maria Theresia (1863–1922), Gfn., Schwester d. SJ-Gen., Gründerin d. St. Petrus Claver Solidarität, Nr. 288.

LEDÓCHOWSKI
> (THUN) Franz (1897–1972), Gf., SVD, Ordensmann, Nrn. 67, 68, 213.
> Wladimir (1868–1942), Gf., SJ-Gen. 1915–1942, Nr. 87a.
> Wladimir (1867–1941?), Gf., Obst., Flügeladj. v. Ks. u. Kg. Karl ab 1917, Nrn. 213, 225, 227, 240.

LEFEVRE-PONTALIS Pierre-Antoine, frz. Gesandter i. Wien seit 1918, Nrn. 217, 257.

le FORT Gertrud (1876–1971), v., dtsch. Dichterin, Nr. 289.

LEHÁR Anton (1871–1962), Frh., k. u. k. Obst. 1918, Maria-Theresien-Ritter 1918, Nrn. 195, 237, 250, 251, 254, 256, 257.

LEIBNITZ Gottfried Wilhelm (1646–1716), Frh., dtsch. Philosoph, Nr. 52.

LEINWEBER, Geschäftsmann, Nr. 213.

LEITE MONTEIRO Carlo (1870–?), Arzt i. Funchal, Nr. 280.

LÉMONIER Charles, Freimaurer, Nr. 51.

LENIN (Wladimir Iljitsch Uljanov) (1870–1924), russ. Revol.-Führer, Nrn. 169, 182.

LEO Juliusz (1861–1918), MöAH (poln fortschrittl), Mitbegründer d. poln. Legion, Nr. 3.

LEO XIII. (Vincenzo Giocchino Pecci) (1810–1903), Papst 1878–1903, Nrn. 130, 197.

LEOPOLD
> I. vgl. HABSBURG-LOTHRINGEN
> (Leo) Karl vgl. HABSBURG-LOTHRINGEN
> Salvator vgl. HABSBURG-LOTHRINGEN

LÉPOLD Anton (Antál) (1880–1971), Prälat, Sekr. v. Kard. Csernoch 1913–1920, Kanzleidir. ab 1920, Nr. 261.

LESCURA José, span. Freimaurer (Großsekr.), Nr. 191.

LETHBRIDGE, brit. Journalist, Nrn. 274, 275.

LEUCHTENBERG Amalia (Amélie) vgl. BRAGANZA

LEVICAUT (?), Nr. 154.

LEYGUES Georges (1857–1933), frz. Außenmin. 24. 09. 1920–15. 01. 1921, Nrn. 216, 231.

LIEBKNECHT Wilhelm)1826–1900), Freund von Karl Marx, Führer d. dtsch. Sozialdemokratie, Nr. 51.

LIECHTENSTEIN
> Aloys (1846–1920), Prz., MöAH 1878–1889, 1891–1918, nach Luegers Tod Führer d. christl.-soz. Partei, Landmarschall v. NÖ, Nr. 213.
> Elisabeth Charlotte (1922–1993), Przn., geb. Ehn. v. Österreich, Tochter v. Ks. u. Kg. Karl.
> Johannes (1873–1959), Prz., k. u. k. Marineoffz., Führer d. monarch. Restaurationsbewegung i. Österr., Nrn. 221, 232.
> Theresia vgl. WITTELSBACHER

LINDER Adalbert (Béla) (1876–1962), ung. LV-Min. 30. 10.–09. 11. 1918, Nr. 213.

LINDLEY Francis (1872–1950), Sir, brit. Hochkomm. i. Wien 1920, Nr 234, 253.

LINGAUER Albin (1877–1962), ung. Legitimist, Nr. 237.

LINGBEEK M. S., niederländ. Freimaurer (Großm), Nr. 191.

LIPÓSCÁK Anton (1863–1924), GdI, k. u. k. Gen.-Gouverneur i. Lublin 21. 02. 1918–Ende Oktober 1918, Nr. 87a.

LJUBIČIĆ Stephan (1855–1935), Frh., FZM 1914, Nr. 3.

LLOYD GEORGE-DWYFOR David, (1863–1945), Earl of, brit. Premiermin. 07. 12. 1916–19. 10. 1922, Nrn. 39, 40, 41, 44, 56, 90, 171, 190, 229, 275.

LOBKOWICZ (LOBKOWITZ)

Friedrich (1881–1923), Frst., erbl. MöHH, Nr. 193.

Zdenko Vinzenz (1858–1933). Prz., Kammervorsteher v. Eh. Carl Franz Joseph ab 17. 08. 1907, Genadj. v. Ks. u. Kg. Karl ab 24. 11. 1916, k. u. k. FML 1917, Nrn. 2a, 23, 193, 213, 284.

LORX-RUSZKIN Viktor (Győző) (1873–1922), v., Obst. i. Gstb. seit 1916, Nrn. 3, 47, 237.

LOSERT Gustav, GM, Nr. 3.

LOVASZY Martin (Márton) (1864–1927), ung. Unterrichtsmin. 30. 10–26. 12. 1918, Außenmin. 15. 08.–04. 09. 1919, Nr. 131.

LUBOMIRSKI Ladislaus (Zdzisław) (1865–1941), Frst., M. d. poln. Regentschaftsrates, Nrn. 115, 137, 163, 189.

LUDENDORFF

Erich (1865–1937), v., preuß. Gen., 1. Gen.-Quartierm. d. DOHL 29. 08. 1916–26. 10. 1918, Nrn. 87a, 213.

Margarete, v., geb. Schmidt, 1. Gemahlin v. Ludendorff 1908–1925 (geschieden), Nr. 87a.

LUDWIG

III. vgl. WITTELSBACHER

XVI. vgl. BOURBON

LUISE

vgl. WETTINER, SACHSEN-COBURG-GOTHA *(GROSSBRITANNIEN U. IRLAND, HAUS WINDSOR);* HOHENZOLLERN

vgl. WETTINER, SACHSEN, HABSBURG-LOTHRINGEN

LUKACHICH-SOMORJA Gezá (1865–1943), v., k. u. k. FML, Stadtkmdt. v. Budapest 1918, Nr. 213, 237.

LUKSCH Josef (1862–?), MöAH 1900–1918, Nr. 272.

LUSTIG Hugo (1876–?), v., Rittm. i. d. Res., K.-Min., Nr. 213.

LUXARDO Eugen, Edl., FML, k. u. k. Marineoffz., Nr. 274.

LYAUTEY Louis Hubert (1854–1934), Marschall v. Frankr., K.-Min. 1917, Freund v. Prz. Sixtus, Nrn. 35, 237.

MACADO SANTOS Carlos, Arzt i. Funchal, Nr. 280.

MACDONOGH Georg Marc Watson, Sir, brit. GM, Leiter d. mil. Nachrichtendienstes 1916–1918, Nr. 39.

MARSOVSZKY Moritz (Móric), ung. Geschäftsträger i. Wien 18. 01.–21. 09.
1919, Nrn. 213, 237.

MARTERER Ferdinand (1862–1919), Frh., k. u. k. FML 1914, GdI 1917, Gen.-
Adj. v. Ks. u. Kg. Karl, Chef d. MKSM 11. 01. 1917–27. 01. 1919, Nrn. 3, 54.

MARTIN
Aurel, Dir. d. St.-Imre-Kollegs i. Buda, Nrn. 214, 219.
A., Freimaurer (Großsekr. d. frz. Großloge), Nr. 191.
Henri, frz. Historiker, Nr. 51.

MARTINEK August, Obst., Nr. 3.

MARY vgl. WETTINER, SACHSEN-COBURG-GOTHA (*GROSSBTITAN-
NIEN U. IRLAND, HAUS WINDSOR*), TECK

MASARYK
Thomas (Tomáš)Garrigue (1850–1937), Prof. f. Philosophie, tschech. Exil-
politiker, tschechoslowak. Staatspräsdt. 1918, 1920, Nrn. 99, 112, 129,
137, 167, 258.
Alice, Tochter v. Thomas G., Nr. 137.

MASIREVICH Konstantin (1879–?), v., ung. Gesandter i. Wien 1921–1925,
Nr. 237.

MATAJA Viktor (1857–1934), mehrf. k. u. k. Handelsmin. 1910–1917, k. u. k.
Min. f. soziale Fürsorge 1917–1918, Nr. 72.

MATTENCLOÎT Emmerich (1865–1945), Frh., M. d. Dtsch. Ordens, k. u. k.
Rittm. i. Dragonerrgt Nr. 13, Erzieher v. Eh. Carl Franz Joseph, Nr. 213.

MAURIG-SARNFELD Ernst, v., k. u. k. Gen.-Konsul i. Zürich, Nr. 51.

MAX (MAXIMILIAN)
v. BADEN vgl. ZÄHRINGER
EUGEN vgl. HABSBURG-LOTHRINGEN
v. MEXIKO (Ferdinand Maximilian) vgl. HABSBURG-LOTHRINGEN

MAYER Josef (1877–1938), dtschösterr. Staatssekr. f. Heerwesen 31. 10.
1918–15. 03. 1919, Nr. 213.

MAYR
Josef, Chauffeur b. Ehn. Maria Theresia, Nr. 237.
Michael (1864–1922), österr. Bundeskanzler 1920–1921, Nrn. 225, 237.
Viktor, k. u. k. FML, Nr. 3.

MAZZINI Giuseppe (1805–1872), Führer d. ital. Risorgimento, Nr. 52.

McCARTEY, Korrespondent d. Times, Nr. 234.

MECKLENBURG
Charlotte (1921–1989), Hzgn., geb. Ehn. v. Österreich, Tochter v. Ks. u. Kg.
Karl, Nrn. 218, 231.

MEDUNA-RIEDBURG-LANGENSTAUFFEN-PYLLWITZ Viktor
(1881–1942), v., k. u. k. Mjr. i. Gstb. 1915–1918, Nr. 117.

MEIXNER-ZWEIENSTAMM Hugo (1858–1951), v., k. u. k. GdI 1913, Nr. 3.

MENDE Erwin, schweiz. Arzt, Nr. 61.

MENGOTTI, schweiz. Diplomat, Nr. 274.

MENSDORFF-POUILLY-DIETRICHSTEIN

Albert (1861–1945), Gf., k. u. k. Botsch. i. London 1904–1914, MöHH seit 1917, Nr. 2a.

Viktoria (1897–1960), Gfn., Nrn. 274, 280.

MEONI Giuseppe, Dir. v. „Il Messagero", ital. Freimaurer, Nrn. 52, 53.

MÉREY-KAPOS-MÉRE Kajetan (1861–1931), Frh., k. u. k. Botsch. i. Quirinal 1910–1914, k. u. k. Min. d. Äußeren seit 1915, Nr. 9.

MERODE Pauline (1859–1928), Gfn., geb. Gfn. de La Rochefoucauld, Nr. 35.

MESKÓ Zoltan, M. d. ung. Nationalvers. u. Staatssekr. f. Inneres, Nr. 237.

MESUREUR Gustave (1847–1925), frz. Handelsmin., mehrf. Großm. d. Grande Loge de France, Nr. 53.

METIANU Johann (Ioan) (1828–1916), EB v. Hermannstadt (Sibiu) 1899–1916, Metropolit d. orth. Rumänen (Siebenbürgen = Transsylvanien), Nr. 3.

METTERNICH-WINNEBURG Clemens Lothar (1773–1859), Frst., österr. Außenmin. 1809, Staatskanzler 1822–1835, M. d. Regentschaft 1835–1848, Nr. 51.

METZGER Joseph (1870–1921), k. u. k. Obst., Chef d. Operat.-Abt. i. Gstb., Stellv. Conrads 1910–April 1917, Nrn. 3, 213.

MEZÖSSY Adalbert (Béla) (1870–1939), v., k. ung. Ackerbaumin. 15. 06. 1917–25. 01. 1918, Nr. 87a.

MICHAEL (MIGUEL) II. vgl. BRAGANZA

MICHAELIS Georg (1857–1936), dtsch. Reichskanzler u. preuß. Min.-Präsdt. 16. 07.–24. 10. 1917, Nr. 50.

MICHELET Jules (1798–1874), frz. Historiker, Nr. 51.

MIHALJEVIĆ Michael (1864–?), k. u. k. FML 1918, GdI seit 29. 09. 1918, Kmdt. d. VI. H.-Distrikts i. Zagreb, Nr. 213.

MIHALOVICH Antun (1868–1949), v., letzter Banus von Kroatien 1917/18, Nrn. 127, 213.

MIKES-ZABOLA Johann (János) (1876–1945), de, Gf., B. v. Steinamanger (Szombathely) 1911–1936, Nrn. 235, 237.

MIKLAS Wilhelm (1872–1956), Staatssekr. f. Kultus u. Unterricht 1919–1920, österr. Bundespräsdt. 10. 12. 1928–13. 03. 1938 (Christl.-Soz.), Nr. 288.

MILASSOVICS Karl (Károly) (1878–?), k. u. k. Mjr, Mitarbeiter Lehárs, Nr. 237.

MILIČEVIĆ (MILITCHEVITCH) Dusan (1869–?), Großm. d. Großloge v. Jugoslawien, Nrn. 52, 53.

MILLE A., frz. Freimaurer, M. d. Groß Orients v. Frankreich (1917), Nrn. 53, 191.

MILLERAND Alexandre-Étienne (1859–1943), frz. Min.-Präsdt. u. Außenmin. 19. 01–23. 09. 1920, Staatspräsdt. 23. 09. 1920–10. 06. 1924, Nrn. 193, 207, 229, 237, 243.

MIRABEAU-RIQUETI Gabriel (1749–1791), de, Gf., Präsdt. d. frz. National-versammlung 1792, Nr. 51.

MOHAMMED (MEHMED)

V. (1844–1918), osman. Sultan 1909–1918, Nr. 213.

VI. (1861–1926), Bruder Mohammeds (Mehmeds) V., osman. Sultan 03. 07. 1918–17. 11. 1922, Nrn. 2a, 2d, 213.

MOLTKE Helmuth Carl Bernhard (1800–1891), Gf., preuß. FM, Nr. 47.

MONTECUCCOLI DEGLI ERRI Rudolph (1843–1922), Gf., k. u. k. Adml., Nr. 213.

MONTENUOVO Alfred (1854–1927), Frst., Erster Obsthofm. v. Ks. Franz Jo-seph I., Nrn. 20, 21.

MONTESQUIEU Charles (1689–1755), de, frz. Rechtsphilosoph u. Staats-theoretiker, Nr. 51.

MONTGOMERY-CUN(N)INGHAME Thomas (1877–1945), Sir, brit. Mil.-Attaché, brit. Hochkomm. i. Wien u. Prag 1918–1919, Nrn. 135, 165, 213, 237.

MOR-MERKL-SUNNEGG-MORBERG Franz (1868–?), Frh., k. u. k. Obst., GM 1917, Flügeladj. v. Eh. Friedrich, Nr. 3.

MORAWEK-OSZTENBURG vgl. OSZTENBURG

MORSEY Andreas (1888–1951), k. u. k. Oblt., Vertreter d. Außenmin. b. k. u. k. Gengouvernement i. Lublin 1917, Nr. 87a.

MOTTA Josef (1871–1940), mehrf. Präsdt. d. Bundesrates d. Schweiz. Eidge-noss., M. d. Bundesrates seit 1912, Chef d. polit. Departements (Äußeres) seit 1920, Nrn. 216, 237, 239, 240, 247, 253, 255, 274.

MÜHLBERG Otto (1845–1934), v., preuß. Botsch. b. Hl. Stuhl seit 1908, Nr. 13.

MÜLLER Rudolf (1864–1955), MöAH 1908–1918, Vertrauensmann d. Eisen-bahnergewerkschaft (Sozialdemokr.), Nr. 237.

MUNA Alois (1886–1943), Gründer d. tschech. kommunist Partei, Nr. 138.

MUSIL Alois (1868–1944), Prälat, Prof. bibl. Hilfswiss. u. arab. Sprachen, Univ. Wien 1909–1919, Nrn. 7, 34, 213.

MUSULIN-GOMIRJE Alexander (1868–1947), Frh., k. u. k. Gesandter i. Bern 24. 01. 1917–11. 11. 1918, Nrn. 51, 56, 61.

MUTIUS Louis Hugo (1862–1937), v., preuß. Obstl., Kmdt. d. Schloßgarde-komp. Ks. Wilhelms II., Nr. 213.

NAGY-TÖBÖR-ETHE

Adalbert (Béla) Frh., k. u. k. Obst., Nr. 20.

Géza Frh., Hr. d. ah. Kabinettskanzlei, Nr. 213.

NAPOLEON vgl. BONAPARTE

NAPOTNIK Michael (1850–1922), (F)B v. Lavant 1889–1922, Nr. 223.

Christian (1870–1947), Kronprz. v. Dänemark, als Kg. Christian X.
1912–1947, Nr. 2a.

Konstantin (I.) (1868–1923), Kg. v. Griechenland 1913–1917, Thronverzicht
1917, Rückkehr 1920–1922, Nr. 2a.

Margarete vgl. BOURBON VON PARMA

Sophie (1870–1932) Gem. Konstantins I., Kgn. v. Griechenland, geb. Przn.
v. Preußen, Nr. 2c.

OREL Anton (1881–1959), christl. Sozialreformer, Nr. 274.

ORLÉANS

Hélène Przn. vgl. SAVOYEN

ORNSTEIN Karl, Freimaurer, Nr. 130.

ORTH Johann (= JOHANN Salvator Eh.) vgl. HABSBURG-LOTHRINGEN

OSUSKY Stefan (1889–1973), Vizepräsdt. d. slowak. Liga i. d. USA 1914, i.
verschiedenen Positionen d. tschech. Exilregierung i. Europa ab 1917,
tschechoslowak. Gesandter i. London 1918, tschechoslowak. Botsch. i.
Paris ab 1919, Nr. 257.

OSZTENBURG-MORAWEK Julius (Gyula) (1884–1944?), v., Führer d. ung.
Offz.-Detachements 1919–1921, hauptbeteiligt a. 2. Restaurationsversuch
1921, Nrn. 237, 251, 257.

OSWALD Emil (1897–1964), HHptm., Adj. Lehárs, Nr. 251.

OTTO vgl. HABSBURG-LOTHRINGEN

PAAR Eduard (1837–1919), Gf., k. u. k. Gen.-Adj. v. Ks. Franz Joseph I., Nr.
20.

PACELLI Eugenio (Papst Pius XII.) (1876–1958), Leiter d. Polit. Abt. d.
päpstl. Staatssekr. 1914–1917, Tit. EB v. Sardes 1917, Apost. Nuntius i.
München 1917–29. 03. 1924, Apost. Nuntius i. Berlin 23. 06. 1920–09. 02.
1930, Kard. 1929, Kard.-Staatssekr. 1930–1939, Papst 1939–1958, Nrn. 9,
31, 50, 62, 64, 66, 70, 74, 84, 85, 87a, 96, 105, 106b, 129, 150, 162, 172, 213.

PAGE Walter Hines, Botsch. d. USA i. London 1913–1918, Nr. 80.

PAINLEVÉ Paul (1863–1933), frz. K.-Min. 20. 03.–07. 09. 1917, Min.-Präsdt.,
K.-Min. 12. 09.–13. 11. 1917, Nr. 56.

PAIS Sidonio, kath. Parteiführer i. Portugal, Nr. 274.

PALÉOLOGUE Maurice (1859–1944), frz. Botsch. i. St. Petersburg
1914–1917, Nrn. 11, 15, 16, 229.

PALFFY-ERDÖD Moritz (Móric) (1869–1948), Gf., k. u. k. Geschäftsträger b.
Hl. Stuhl 1909–1915/1918, Nrn. 168, 177.

PALLAVICINI

Alexander (Sándor) (1853–1933), Markgf., Kämmerer, Geh. Rat, M. d.
ung. Magnatenhauses, Nrn. 237, 255, 283.

Georg (György) (1881–1949), Markgf., Staatssekr. Wekerles seit 20. 08.
1917, Nr. 220.

PALUGYAI Moritz (Móric), ung. Legitimist, Nr. 283.

PANTZ Ferdinand (1868–1933), Frh., MöAH seit 1907 (dtsch.-nat.), Präsdt. d. Ernährungsamtes 1918, Nrn. 87a, 213.

PARAVICINI Charles-Rodolphe (1872–1947), Leiter d. Abt. Auswärtiges i. Polit. Departement Bern 1917–1920, schweiz. Gesandter i. London 1920–1939, Nrn. 140, 253, 255.

PATEK Stanislaus (1866–1945), Gf., poln. Außenmin. 13. 12. 1919–09. 06. 1920, Nr. 189.

PAU, Gen., Nr. 56.

PAVELIĆ Ante (1869–1938), kroat. Abg. i. Sabor, führende Rolle b. d. Lösung d. Südslawen v. Österreich-Ungarn, Mitbegründer d. SHS-Staates, Nr. 127.

PAZMANN Josip (1863–1925), Theologe u. kroat. Politiker, MöAH, Nr. 213.

PEIGNÉ Paul (1841–1919), frz. Gen., Großm. d. Grande Loge de France 1913–1918, Nrn. 37, 53.

PELCZAR Josef Sebastian (1842–1924), B. v. Przemysl 1903–1924, Nrn. 3, 87a.

PENFIELD Frederic Courtland (1855–1922), Botsch. d. USA i. Wien 26. 03. 1913–28. 03. 1917, Nr. 274.

PEREIRA RIBEIRO Antonio Emanuele (1879–?), B. v. Funchal, Nrn. 268, 271, 274.

PERETTI DE LA ROCCA, polit. Dir. i. frz. Außenmin., Nrn. 211, 216.

PÉTAIN Henri-Philippe (1856–1951), frz. Gen., Oberbefehlshaber d. frz. Truppen seit 17. 05. 1917, frz. Marschall 1918, Nrn. 19, 56.

PETER
I. vgl. KARADJORDJEVIĆ
Ferdinand vgl. HABSBURG-LOTHRINGEN

PETRE George, belg. Freimaurer (Großsekr. d. Groß Orients), Nr. 191.

PETROVIĆ NJEGOSCH *(MONTENEGRO)*
Danilo (1871–1939), Kronprz. v. Montenegro, Nr. 2c.
Jutta (Militza) (1880–1946), Kronprzn. v. Montenegro, geb. Hzgn. v. Mecklenburg-Strelitz Nr. 2c.

PFLANZER-BALTIN Carl (1855–1925), Frh., k. u. k. Gen., Kmdt. d. 7. Armee, Kmdt. d. Streitkräfte i. Albanien 1918, Nrn. 3, 20, 274.

PFLÜGL Emmerich (1873–1956), v., k. u. k. Diplomat, österr. Vertreter b. d. Societé des Nationes 1921–1938, Nrn. 61, 226.

PFYFFER-ALTISHOFEN Hans, v., schweiz. Obstdivisionär, Nr. 236.

PHILIPP II. vgl. HABSBURG-LOTHRINGEN

PICHLER Anton, Bürgerm. v. Bruck/Mur, Nr. 237.

PICHON Stéphen (1857–1933), frz. Außenmin. 17. 11. 1917–17. 01. 1920, Nrn. 53, 61, 95, 108, 177.

PIFFL Friedrich Gustav (1864–1932), Can. reg., (F)EB v. Wien 1913–1932,

ROBERTSON William (1860–1933), Sir, Chef d. brit. Gstbs. 23. 12. 1915–26. 02. 1918, Nr. 56.

ROCHA MACHADO Luis, Villenbesitzer i. Madeira, Nr. 274.

ROCHAT Ernest, schweiz. Freimaurer (Großprior), Nr. 191.

ROCKEFELLER John Davidson (1839–1937), amerik. Großindustrieller, Nr. 82.

RODD James Renell (1858–1941), Sir, brit. Botsch. i. Quirinal 1908–1919, Nrn. 39, 117.

ROHAN, Przn., Nr. 8.

ROMANOW
    Boris Wladmirowitsch (1877–1943), Großfrst v. Rußland, Nr. 2a.
    Nikolaus II. Alexandrejwitsch (1868–1918), Zar v. Rußland 1896–1917 (ermordet), Nrn. 15, 48, 92, 97, 213.
    Nikolaus Nikolajewitsch (1856–1929), Großfrst v. Rußland, Oberbefehlshaber d. russ. Feldheeres 1914–1915, Onkel v. Zar Nikolaus II., Nr. 3.

RONCHAIL Albino, Leiter d. Mission „Don Bosco" i. Zürich, Nr. 96.

ROTH-LIMANOWA-LAPANOW Joseph (1859–1927), Frh., FML, GdI 1915, GO 1918, Oberste Leitung d. Heimkehrerwesens, Nrn. 3, 213.

ROOSEVELT Theodore (1858–1919), 25. Präsdt. d. USA 1901–1909, Nr. 51.

ROTT Ferdinand (Nandor) (1869–1939), B. v. Weßprim (Veszprém) 1917–1939, Nrn. 222, 231.

ROUSSEAU Jean-Jacques (1712–1778), frz. Schriftsteller, Philosoph, Aufklärer, Nr. 52.

RUBIDO-ZICHY-ZAGORJE Iván, Frh., ung. Botsch. i. Bukarest 1921–1924, Nr. 251.

RUDOLF I. vgl. HABSBURG-LOTHRINGEN

RUNDZIEHER (RONZIER?), schweiz. Freimaurer, Nr. 245.

RUPRECHT Ludwig, Schloßhptm. v. Schönbrunn 1917–1918, Nr. 213.

RUPPRECHT
    v., Besitzer d. Schlosses Saitos b. Ödenburg (Sopron), Nr. 251.
    vgl. WITTELSBACHER

RUSSELL Eardley, brit. Obstl., Ehrenkavalier v. Eh. Carl Franz Joseph b. d. Krönung Georgs V., Nr. 2a.

SACENA Gf., Nr. 274.

SACHSEN vgl. WETTINER

SACHSEN-COBURG *(BELGIEN, BULGARIEN)* vgl. WETTINER

SACHSEN-COBURG-GOTHA *(GROSSBRITANNIEN U. IRLAND, HAUS WINDSOR, PORTUGAL)* vgl. WETTINER

SALANDRA Antonio (1853–1931), ital. Min. d. Inneren u. Min.-Präsdt., Nr. 7, 9.

SALDANGA, Gf., Nr. 274.

SALMERON, Vertreter d. span. Groß Orients b. Freimaurerkongreß 1917, Nr. 53.

SANCHEZ Pseudonym f. Ks. u. Kg. Karl, Nr. 236.

SANZ-SAMPER Riccardo, de, Majordomus Benedikts XV., Nrn. 218, 248.

SAINT-PIERRE Bernardin (1737–1814), de, frz. Schriftsteller, Nr. 51.

SAPIEHA-KODENSKI

Adam Stephan (1867–1951), Prz., FB v. Krakau 1911–1925, EB 1925–1951, Kard. 1946, Nrn. 8, 87a.

Paul (1860–1934), Prz., MöHH, Nr. 8.

SARSINA Françoise vgl. ALDOBRANDINI

SAVOYEN

Bona vgl. WITTELSBACHER

Emanuel Philibert (Emanuele Filiberto) (1869–1931), Prz., Hzg. v. Aosta, ital. Genlt., Nr. 2a.

Hélène (1871–1951), Hzgn. v. Aosta, geb. Przn. v. Orléans, Nr. 2a.

Jolanda Margerita (1901–1986), Przn., Tochter v. Viktor Emanuel (Vittorio Emanuele) III., Nrn. 227, 230.

Thomas (1854–1931), Prz., Hzg. v. Genua, ung. Thronprätendent, Nr. 181.

Viktor Emanuel (Vittorio Emanuele) III. (1869–1947), Kg. v. Italien 1900–1946, Nrn. 9, 39, 227, 231.

SAUERWEIN Jules, frz. Journalist, außenpolit. Chef d. „Matin", Nrn. 250, 263.

SAWYERS Ernest E., brit. Legationssekr. i. Bern seit 1916, Nr. 61.

SAZONOV (SASONOW) Sergei Dimitrijewitsch (1860–1927), russ. Außenmin. 1910–1916, Nrn. 11, 15, 16.

SCAPINELLI-LÉGUIGNO Raffaele (1858–1933), di, Tit. EB v. Laodicea 1912, Apost. Nuntius v. Wien 27. 01. 1912–14. 09. 1916, Kard. 1915, Nrn. 9, 10, 13, 33, 103.

SCHAGER-ECKARTSAU Albin (1877–1941), Frh., Jurist u. Mjr.-Auditor i. d. MKSM 1917–1918, Verwalter d. ksl. Privat- u. Familienfonds 1918–1922, Nrn. 87a, 134, 141, 179, 183, 188, 190, 197, 213, 221, 225, 232, 234, 237, 246, 248, 253, 272, 278.

SCHARFENBERG Otto Dietrich (1882–?), v., dtsch. Diplomat (Gesandtsch. i. Wien 1921), Nr. 245.

SCHÄTTI, schweiz. Oblt., Adj. v. Obst. Bridler, Nr. 213.

SCHEINER Josef (1861–1932), Jungtscheche, Leiter d. Sokolbewegung, Nr. 99.

SCHEMUA Blasius (1856–1920), GdI 1913, Kmdt. d. Donaulinie 1915, pensioniert 1915, Nr. 3.

SCHENK Alfred (1863–1952), Edl., k. u. k. GdI, Milkmdt. i. Zagreb, Nr. 3.

SCHEUCHENSTUEL Viktor (1857–1938), Gf., k. u. k. GdI 1915, GO 1917, Nr. 3.

SCHEY Hermann, Kaufmann i. Petersdorf (St. Mihály), Nr. 237.

SCHIOPPA Lorenzo (1871–1935), Tit. EB v. Justinianopolis 1920, Apost. Nuntius i. Budapest 10. 08. 1920–03. 05. 1925, Nrn. 222, 229, 259, 262, 263, 266, 269, 270, 272, 275, 283.

SCHLEDERER Joseph, Chauffeur v. Ks. u. Kg. Karl, Nr. 237.

SCHLESINGER Richard (1861–?), 1. Großm. d. Großloge v. Wien, Nr. 130.

SCHLEYER-PONTEMALGHERA Leopold (1858–1920), Frh., k. u. k. FZM 1918, Dr. h. c. d. Techn. Hochschule i. Wien, Techn. Referent z. ah. Verfügung, Nr. 213.

SCHMIDT
Anna, Küchenmädchen d. ksl. Familie, Nr. 274.

Karl, Fabriksbesitzer i. Berlin, Nr. 87a.

Wilhelm (1868–1954), SVD, Ethnologe, Feldkurat, Gründer d. Soldatenheime 1917–1918, Nrn. 67, 68, 213.

SCHMITT Paul, Vertreter d. Großloge v. Costa Rica b. Freimaurerkongreß 1917, Nr. 53.

SCHMITZ, Gründer d. Naturhist. Kabinetts i. Priesterseminar i. Funchal, Nr. 274.

SCHMUTZER Karl, GdArt., Nr. 2a.

SCHNEHEN Maximilian (1864–1931), Frh., k. u. k. FML, Kämmerer, Nr. 274.

SCHOBER Johannes (1874–1932), Pol.-Präsdt. v. Wien 30. 11. 1918–19. 08. 1932, österr. Bundeskanzler 1921–1922, Nrn. 135, 140, 145, 161, 169, 193, 213, 225, 237, 243, 244, 257, 285.

SCHÖNBAUER Ernst (1885–1966), großdtsch. Abgeordneter, Nr. 141.

SCHÖNBORN Agnes, Gfn., vgl. BOROVICZÉNY

SCHÖNBURG-HARTENSTEIN
Aloys (1858–1944), Frst., k. u. k. GdK 1916, GO 1918, Vizepräsdt. d. öHH, Nrn. 2a, 3, 87a, 213.

Johannes (1864–1937), Prz., k. u. k. Botsch. b. Hl. Stuhl 25. 03. 1911–1918, Nrn. 10, 117.

SCHONTA-SEEDANK Emmerich Zeno (1878–1945), Frh., k. u. k. Fregattenkapt., Flügeladj. v. Ks. u. Kg. Karl 1918–1921, Nrn. 193, 213, 221, 223, 225, 246.

SCHRATT Katharina vgl. KISS-ITTEBE

SCHROEDER, luxemb. Großsekr., Freimaurer, Nr. 191.

SCHULTHESS Edmund (1868–1944), Präsdt. d. Bundesrates d. Schweiz. Eidgenossenschaft, Nr. 247.

SCHUMANN Heinrich, ksl. Hofphotograph, Nr. 68.

SCHUMPETER Joseph (1883–1950), Nationalökonom, Staatssekr. f. Finanzen, Nr. 146.

SCHUSTER Leopold (1842–1927), FB v. Seckau 1893–1927, Nr. 237.

SCHWAIGHOFER-DEGGENDORF Cölestin (1863–1934), OFMCap, Geh.-

Harriot, Gfn., geb. Holmes Daly, Nrn. 237, 251, 269.

SILVA Antonio Maria, da, span. Freimaurer, Nr. 191.

SILVA-ELLERO, röm. Großm, Freimaurer, Nr. 12.

SIMARRO Luis, Delegierter u. Großm. d. span. Groß Orients b. Freimaurerkongreß 1917, Nrn. 52, 53, 191.

SIMÉNFALVY Tihamér (1878–1929), ung. Gen., Nr. 262.

SINGER, Prof. i. d. USA, Nr. 87a.

SIXTUS vgl. BOURBON VON PARMA

SKERLECZ-LOMNICZA Johann (Iván) (1873–1917), Frh., Banus v. Kroatien,
Nr. 3.

SKIRMUNT Kasimir (Kazimierz) (1861–1931), Prälat, Apost. Protonotar 1922,
Nr. 150.

SKRBENSKÝ Z HŘIŠTE Leo (1863–1938), Frh., FEB v. Prag 1899, Olmütz
1916, Kard. 1901, resign. 1920, Nrn. 48, 87a, 129.

SKRZYNNO-SKRZYNSKI Ladislaus (1873–1937), Ritt., k. u. k. Legationsrat 04. 04. 1916–1918, Nrn. 56, 213.

SLAMECZKA Walter, k. u. k. Obst. i. d. Operat.-Abt. d. AOK 1914–1917, Nr. 213.

SMETS-MONDER G., Freimaurer, Nr. 51.

SMUTS Jan Christiaan (1870–1950), Burengen, Vertrauter v. Lloyd George,
M. d. brit. Kabinetts ab 1917, südafrik. Min.-Präsdt. 1919–1924, Nrn. 56, 87b.

SNAGGE Arthur, Kapt. d. „Glowworm", Nrn. 251, 269.

SNJARIĆ Lukas (1851–1930), k. u. k. FML 1914, GdI 1918, Milkmdt. v. Zagreb 1918, pensioniert 1919, Nr. 127.

SOMSSICH-SAARD Joseph (József) (1864–?), Gf., ung. Botsch. b. Hl. Stuhl
ab 1920, Nr. 274.

SONNINO Giorgio Sidney (1847–1922), Baron, ital. Außenmin. 21. 03.
1914–22. 06. 1919, Nrn. 39, 41, 44, 56, 85, 96, 135.

SOPHIE vgl. OLDENBURG-GLÜCKSBURG, HOHENZOLLERN

SOUDAN, belg. Delegierter b. Freimaurerkongreß 1917, Nrn. 52, 53.

SPINOZA Baruch (1632–1677), de, Philosoph, Nr. 52.

SPITZMÜLLER-HARMERSBACH Alexander (1862–1953), Frh., mehrf.
k. u. k. Finanzmin. 1916–1918, Gouverneur d. österr.-ung. Bank 20. 12.
1919–07. 1923, Nr. 213.

STALIN Josef (Jossif Wissarionowitch Dshugaschwili) (1879–1953), russ.
Volkskomm. d. Arbeiter- u. Bauerninspektion 1917–1923, Nrn. 161, 167.

STAMBOLOV Stephan (Steven) (1854–1895 ermordet), bulg. Kammer-
präsdt, Min.-Präsdt. seit 1887, Nr. 82.

STANĚK Franz (František) (1867–1936), Vorsitzender d. „Český Svaz" 11.
1916, tschech. Min. f. öffentl. Arbeiten 14. 11. 1918–04. 07. 1919, Nrn. 112, 213.

STANGEL Franz, ksl. Oberjäger, Nr. 273.

STEED Henry Wickham (1871–1956), Korrespondent d. „Times" i. Wien
1907–1913, Organisator d. Feindpropaganda gg. Österr. 1918, Nr. 83.

STEINER
Gabriel (Gábor), Dir. d. Varietés Ronacher i. Wien, Vater v. Bruno, Nr. 193.
DE VALMONT Bruno, Frh., Vermögensverwalter v. Ks. u. Kg. Karl, Nrn. 193, 225.
STEINHÄUSL Otto (1879–1940), Präsidialsekr. d. Pol.-Präsdt. v. Wien, Nr. 237.
STÖGER-STEINER-STEINSTÄTTEN Rudolf (1861–1921), Frh., k. u. k. K.-Min. 12. 04. 1917–11. 11. 1918, Nrn. 87a, 100 , 213.
STÖHR Albine, Köchin d. ksl. Familie, Nr. 274.
STOJAN Anton (1851–1923), Msgr., Kanonikus u. Propst i. Kremsier, MöAH 1896–1918, EB vo. Olmütz 1921–1923, Nr. 129.
STOMPFE Alois, Advokat i. Prag, Nr. 255.
STOVALL Pleasant Alexander, US-Botsch i. Bern seit 1913, Nr. 140.
STRAUTZ Felix, v., Konsulatskonzeptsbeamter i. k. u. k. Außenmin., Nr. 237.
STRUTT Edward Lisle (1874–1948), brit. Obst., Ehrenkavalier d. österr. Kaiserpaares 1919, Nrn. 142, 148, 213.
STÜRGKH Karl (1859–1916), Gf., k. u. k. Min.-Präsdt. 02. 11. 1911–21. 10. 1916 (ermordet), Nrn. 3, 13, 20.
SULKOWSKI Alfred (1855–1913) Prz., Herr auf Grodówice, Bereczów u. Tarnowka, Nr. 8.
SUMMERHAYES John, brit. Oberstabsarzt, Nrn. 135, 213.
ŠUSTERŠIČ Iván (1863–1922), Landeshptm. v. Krain 1917–1918, MöAH, Nnr. 108, 167.
SUTHERLAND Cromartie Leveson-Gower (1851–1913), Hzg., Nr. 2b.
SYLVESTER Julius (1854–1944), Präsdt. d. öAH 1911–1917, österr. Staatsnotar 30. 10. 1918–15. 03. 1919, Nrn. 120, 124.
SZÉCSEN-TEMERIN Nikolaus (Miklós) (1857–1926), Gf., k. ung. Hofmarschall, Nrn. 234, 237.
SZÉCHENYI-SARVAR et FELSÖ VIDEK
Emil (1865–1932), Gf., k. u. k. Kämmerer, Geh. Rat, M. d. ung. Magnatenhauses, Nr. 125.
Ladislaus (László) (1879–1938), Gf., k. u. k. Kämmerer, ung. Gesandter i. d. USA 1927, Nr. 274.
Nikolaus (Miklós) (1868–1923), Gf., B. v. Nagyvárad, Nr. 20.
SZEK, v., Freimaurer, Nr. 245.
SZEPTYCKJI
Andreas (Andrej) (1865–1944), Gf., griech.-kath. EB, Metropolit v. Lemberg 1900–1944 (1914–1917 n. Rußland verbannt), ruthen. Patriarch, Nr. 3.
Stanislaus (Stanisław) (1867–1940), Gf., k. u. k. GM, Gen.-Gouverneur i. Lublin 24. 04. 1917–20. 12. 1918, Nr. 87a.
SZMRECSANYI Georg (György) (1876–1932), Obergespan d. Komitats Preßburg 1917/18, Vizepräsdt. d. ung. Nationalversammlung 1920/21, Legitimist, Nr. 237.

SZTERENYI-BRASSO (recte STERN) Josef (József) (1861–1941), Frh., k. ung.
  Handelsmin. 25. 01.–31. 10. 1918, Nrn. 87a, 283.
SZURMAY Alexander (Sándor) (1860–1945), k. ung. H.-Min. 12. 06.
  1917–1918, Nr. 87a.

TAAFFE Eduard (1833–1895), Gf., mehrf. k. u. k. Min.-Präsdt., Nr. 213.
TALAAT MEHMET Passa, ottoman. Großvezir, Nr. 74.
TANCZOS Gabriel (Gábor) (1872–?), k. u. k. Obst., GM 1917, ung. Außenmin.
  07. 08.–13. 08. 1919, Nr. 87a.
TARNOWSKI-TARNOW Johann Zdzisław (1862–1937), Gf., k. u. k. Geh.-Rat,
  galiz. Landtagsabg., MöHH, Nr. 8.
TECK *(zur Sukzession nicht berechtigte Linie des HAUSES WÜRTTEM-*
  BERG, seit 1917 in Großbritannien und Irland als Marq. of Cambridge,
  bzw. Earl of Athlone)
  Adolph Charles, Hzg., 1. Marq. of Cambridge (1868–1927), Nr. 181.
  Alexander (1874–1957), Frst., Earl of Athlone, Nr. 181.
  Alice (1883–1981), Frstn., geb. Sachsen-Coburg-Gotha *(GROSSBRITAN-*
    NIEN U. IRLAND, HAUS WINDSOR), Nr. 2f.
  Mary vgl. SACHSEN-COBURG-GOTHA *(GROSSBRITANNIEN U.*
    IRLAND, HAUS WINDSOR)
TEIXEIRA SIMOES J, port. Freimaurer, Nr. 191.
TELEKI-SZÉK Paul (Pál) (1879–1941), de, Gf., ung. Außenmin. 14. 03.
  1920–24. 09. 1920, ung. Min.-Präsdt. 19. 07. 1920–07 04. 1921, Nrn. 234,
  237, 242.
TERSZTYÁNSZKY-NÁDAS Karl (Károly) (1854–1921), v., k. u. k. GdK,
  Kmdt. d. Balkanstreitkräfte ab 22. 05. 1915, Nr. 3.
TEUFEL Oskar (1880–1946), MöAH 1911–1918 (dtsch.radikal), Nr. 213.
THEODOR Salvator vgl. HABSBURG-LOTHRINGEN
THIERRY Joseph (1857–1918), frz. Finanzmin. 20. 03.–07. 09. 1917, Nr. 56.
THOMAS vgl. SAVOYEN
THOMAS Albert (1878–1932), frz. Munitionsmin. 12. 12. 1916–07. 09. 1917,
  Nr. 56.
THOMPSON SETON, amerik. Schriftstellerin, Nr. 274.
THÜRINGEN
  Elisabeth (1207–1231), Landgfn., geb. Przn. v. Ungarn (ARPADEN), Hl.,
    Nr. 288.
THURN-VALSÁSSINA-COMO-VERCELLI Johann Duglas (1864–1939),
  Gf., Vertreter d. Außenmin. b. AOK 1915–1917, k. u. k. Gesandter i. Mün-
  chen 1917–1918, Nrn. 50, 96, 105.
TINIERE, Vertreter d. Grand Collège des Rites b. Freimaurerkongreß 1917,
  Nr. 53.
TISZA-BOROSJENÖ et SZEGED Stephan (István) (1861–1918), Gf., k. ung.

Min.-Präsdt. 08. 06. 1913–15. 06. 1917 (ermordet 30. 10. 1918), Nrn. 3, 20, 87a, 213.

TITTONI Tommaso (1855–1931), ital. Außenmin. 23. 06.–11. 1919, Nr. 44.

TOGGENBURG Friedrich (1866–1956), Gf., k. u. k. Innenmin. 24. 06. 1917–11. 07. 1918, Nr. 87a.

TOMCSÁNYI Ludwig (Lajos) (1846–1926), SJ, ung. Kanonist, Nrn. 269, 270.

TOMEK Friedrich, Wachtm. d. k. u. k. LGd, Nr. 68.

TORMASSY, Geistlicher i. Ödenburg (Sopron), Nr. 251.

TORQUADO Corellio Rocha Joao, Gen.-Sekr. d. Zivilgouverneurs i. Madeira, Nr. 274.

TÓTH Johann (János) (1861–1929), v., k. ung. Rtagsabg u. Innenmin. 25. 01.–08. 05. 1918, Nr. 87a.

TRAVERS Antoine († 1934), Abbé, Hofm. v. Prz. Sixtus während dessen Studien i. Paris, Nr. 6.

TROTZKIJ Leo Davidowitch (recte Leib BRONSTEIN) (1879–1940), russ. Revolutionär, Delegationsführer i. Brest-Litowsk 1918, K.-Komm. 1918, Nrn. 87a, 182, 213.

TROUBRIDGE Ernest, Sir, Adml., M. d. brit. Mil.-Vertretung i. Budapest 1920, Präsdt. d. internat. Donaukomm., Nr. 177.

TUCHER-SIMMELSDORF Heinrich (1853–1925), Frh., bayer. Gesandter i. Wien 1889–1919, Nr. 213.

TUSAR Vlastimil (1860–1924), MöAH f. Mähren 1911–1918 (Sozialdemokr.), tschechoslow. Vertreter i. Wien ab 30. 10. 1918, Min.-Präsdt. d. Tschechoslow. 08. 06. 1919–15. 09. 1920, Gesandter i. Berlin ab 01. 03. 1921, Nrn. 129, 213.

UGRON-ÁBRÁNFALVA Gabriel (Gábor) (1880–1960), de, k. ung. Innenmin. 15. 06. 1917–25. 01. 1918, Nrn. 87a, 283.

UDE Johannes (1874–1965), Prof. f. Dogmatik, Univ. Graz seit 1910, Nrn. 213, 237.

UNKELHÄUSSER Karl (Károly) (1866–?), v., k. ung. Min. f. Kroatien u. Slavonien 19. 07. 1917–30. 10. 1918, Nr. 213.

URBAIN, Vertreter d. Suprême Conseil de Belgique b. Freimaurerkongreß 1917, Nr. 53.

URBAN Karl (1855–1940), MÖAH 1901–1918, k. u. k. Handelsmin. 20. 12. 1916–23. 06. 1917, österr. Staatssekr. f. Gewerbe, Industrie u. Handel 31. 10. 1918–15. 03. 1919, Nr. 213.

VADECARD, Vertreter d. Grande Loge v. Ohio b. Freimaurerkongreß 1917, Nr. 53.

VALFRÈ DI BONZO Teodoro (1853–1922), Tit. EB v. Trebisonda 1916, Apost. Nuntius i. Wien 14. 09. 1916–02. 12. 1920, Kard. 15. 12. 1919, Nrn. 27, 32,

33, 59, 64, 65, 76, 77, 86, 100, 110, 117, 129, 137, 141, 145, 162, 167, 168, 213, 227.

VAN NIEUWENBURG, niederländ. Freimaurer, Nr. 191.

VANNUTELLI Vincenzo (1836–1930), Tit. EB v. Sardes, Apost. Nuntius v. Portugal 1883–1890, Kard. 1890, Protektor d. Campo Santo teutonico i. Rom, Nr. 74.

VASS Josef (József) (1877–1930), Prälat, ung. Kultusmin. 1919–1921, Nrn. 237, 253, 269.

VAUX Leon (1870–?), de, k. u. k. Gesandter i. Bern 1918, Nr. 117.

VÁZSONYI Wilhelm (Vilmós) (1868–1926), k. ung. Justizmin. 15. 06.–19. 08. 1917, 26. 01.–08. 05. 1918, Min. o. Portefeuille f. Wahlrechtsangelegenheiten 16. 09. 1917–26. 01. 1918, Nrn. 195, 255, 283.

VEIGA-SIMOES Alberto (1888–1954), da, port. Außenmin. 19. 10.–16. 12. 1921, Nr. 274.

VERDROSS-DROSSBERG Ignaz (1851–1931), Edl., FML 1915, GdI 1918, Nrn. 20, 176, 205.

VIEIRA DE CASTRO Familie, Hotelbesitzer i. Madeira, Nrn. 273, 274.

VICO Giovanni Battista (1668–1744), ital. Philosoph u. Jurist, Nr. 52.

VIKTOR EMANUEL III. vgl. SAVOYEN

VIKTORIA EUGENIA (Ena) vgl. BOURBON

VINAIXA, Vertreter d. Grande Loge Regionale Catalano b. Freimaurerkongreß 1917, Nr. 53.

VIVIANI René-Raphaele (1863–1925), frz. Journalist u. Rechtsanwalt, Min.-Präsdt. 1913–1915, frz. Vertreter i. Völkerbund 1920 /21, Nrn. 92, 213.

VLCEK Johann, Mil.-Arzt, Nr. 4.

WAAL Anton (1837–1917), de, Rektor d. CampoSanto Teutonico i. Rom 1873–1917, Nr. 74.

WAITZ Sigismund (1864–1941), Religionslehrer v. Eh. Carl Franz Joseph 1904–1905, WB v. Brixen 1913, Gen.-Vikar v. Vorarlberg 1913–1925, Apost. Administrator v. Innsbruck-Feldkirch 1925–1934, EB v. Salzburg 1934–1941, Nrn. 162, 212, 224.

WACHSMANN, k. u. k. Oblt., Nr. 237.

WAGNER Otto (1841–1918), bed österr. Architekt d. Jugendstils, Nr. 272.

WALDHART, Gynäkologe i. Zürich, Nr. 274.

WALDNER Viktor (1852–1924), MöAH 1907–1918, Nr. 213.

WALDSTÄTTEN Alfred (1872–1952), Frh., k. u. k. Gstb.-Chef v. Eh. Carl Franz Joseph 1916, Chef d. Operats.-Abt i. AOK seit 02. 1917, Nrn. 20, 213.

WALEWYK, Vertreter d. argent Suprême Conseil u. d. Grand Orient d. schott. Ritus b. Freimaurerkongreß 1917, Nr. 53.

WALLIS-KARIGHMAIN Georg (1856–1928), Gf., Erzieher v. Eh. Carl Franz Joseph 1894–1907, Nrn. 1, 130, 134, 225, 284.

WALTHER Heinrich, Pol.-Chef v. Luzern, Nr. 247.

WASHINGTON George (1732–1799), 1. Präsdt. d. USA 1789–1797, Nr. 51.

WASSERTHAL-ZUCCARI Konstantin (1817–1914), Ritt., GM 1914, Nr. 3.

WEBER-WEBENAU Viktor (1861–1932), Edl., k. u. k. GdI, Führer d. k. u. k. Waffenstillstandskomm. i. Italien (Villa Giusti) 1918, Nr. 213.

WEDEL Botho Friedrich (1862–1943), Gf., dtsch. Botsch. i. Wien 27. 11. 1916–1919, Nr. 161.

WEEDE -BERENCAMP Willem Marcus (1848–1925), van, niederländ Gesandter i. Wien seit 1905, Nr. 213.

WEIFERT Georg (1850–?), serb. Großindustrieller, Freimaurer, Großm. d. jugoslaw. Großloge, Nr. 82.

WEIKERSHEIM Karl (1862–1925), Frst., k. u. k. FML, Kmdt. d. Küstenrayon Ragusa, Nr. 274.

WEILLER Lazare, frz. Abg., Nr. 61.

WEISKIRCHNER Richard (1861–1926), v. Wiener Bürgerm. 1912–1919, Nr. 213.

WEKERLE Alexander (Sándor) (1848–1921) k. ung. Min.-Präsdt. 20. 08. 1917–23. 10. 1918, Nrn. 87a, 154, 213, 234.

WELLESLEY Victor, Unterstaatssekr. i. brit. Außenmin., Nr. 172 .

WELLAUER Albert, schweiz. Freimaurer (Großkanzler), Nr. 191.

WELLHOFF Bernhard (1855–?), Großm. d. Großloge v. Frankreich 1919–1922, Nr. 191.

WENDRICKX, belg. (?) Freimaurer, Nr. 51,

WERKMANN-HOHENSALZBURG Karl (1878–1952), Frh., Pressechef v. Ks. u. Kg. Karl seit 15. 01. 1917, Sekr. v. Ks. u. Kg. Karl i. d. Schweiz, Nrn. 130, 134, 141, 171, 197, 213, 221, 225, 226, 237, 238, 246.

WERNHART Prof, Arzt i. Budapest, Nr. 237.

WETTINER

SACHSEN

    Friedrich August III. (1865–1932), Kg. v. Sachsen 1904–1918, Nr. 213.

    Luise (1870–1947), Kronprzn. v. Sachsen 1902, gesch. 1903, geb. Ehn. v. Österreich-Toskana, Nr. 213.

    Maria Josepha vgl. HABSBURG-LOTHRINGEN

SACHSEN-COBURG

BELGIEN

    Albert I. (1875–1934), Kg. d. Belgier 1909–1934, Nrn. 206, 213.

    Elisabeth (1876–1965), Kgn. d. Belgier, geb. Hzgn. i. Bayern, Nrn. 6, 161.

BULGARIEN

    Boris III. (1894–1943), Kronprz., Kg. (Zar) d. Bulgaren 1918–1943, Nrn. 2a, 20, 213.

Ferdinand I. (1861–1948), Frst. d. Bulgaren 1887, Kg. (Zar) 1908–1918, Nrn. 20, 70, 74, 82, 87a, 213.

Kyril(l) (1895–1945), Prz., Nr. 213.

Marie Luise (1870–1899), Frstn. d. Bulgaren 1893–1899, Gemahlin v. Ferdinand I., geb. Przn. Bourbon v. Parma, Nr. 213.

SACHSEN-COBURG-GOTHA

GROSSBRITANNIEN U. IRLAND (seit 1917 HAUS WINDSOR)

Albert (1895–1952), Hzg. v. York, Kg. Georg VI. v. Großbritannien u. Irland 1936–1952, Nr. 2e.

Alfred (1844–1900), Hzg. v. Edinburg u. Hzg. v. Sachsen-Coburg-Gotha, Nr. 3

Alice vgl. TECK

Arthur William (1850–1942), Hzg. v. Connaught u. Strathearn, Gf. v. Sussex, ung. Thronprätendent, Nrn. 2a, 2c, 181, 245.

Edward (1894–1972), Hzg. v. Windsor (= Edward VIII., Kg. v. Großbritannien u. Irland, resign 1936), Nr. 2e.

Georg V. (1865–1936), Kg. v. Großbritannien u. Irland 1910–1936, Nrn. 2a, 2d, 2e, 39, 117, 135, 138, 145, 148, 167, 169, 173, 203, 244, 274.

George Edward (1902–1942), Hzg. v. Kent, Nr. 2e.

Henry William (1900–1974), Hzg. v. Gloucester, Nr. 2e.

Luise (1860–1917), Hzgn. v. Connaught u. Strathearn, Gfn. v. Sussex, geb. Przn. v. Preußen, Nr. 2c.

Maria vgl. HOHENZOLLERN-SIGMARINGEN

Mary (1867–1953), Kgn. v. Großbritannien u. Irland, geb. Frstn. v. Teck, Nrn. 2b, 2d.

PORTUGAL

Augusta Viktoria (1890–1966), Kgn. v. Portugal, geb. Przn. v. Hohenzollern- Sigmaringen, Nr. 2f.

Emanuel (Manoel) II. (1889–1932), Kg. v. Portugal 1908–1910, Nrn. 2f, 18, 273.

Karl (Carlos) I. (1863–1908), Kg. v. Portugal 1889–1908, Nr. 274.

WIESER Friedrich (1851–1926), Frh., k. u. k. Handelsmin. 30. 08. 1917–11. 11. 1918, k. u. k. Min. f. öff. Arbeiten 30. 08. 1917–22. 07. 1918, Nrn. 34, 123, 213, 272.

WIESNER Friedrich (1871–1951), v., Beamter i. k. u. k. Außenmin., Pressechef d. Außenmin. 18. 02. 1917–11. 11. 1918, Kabinettschef d. letzten k. u. k. Außenmin.s Ludwig v. Flotow 1918–1920, Führer d. österr. Legitimisten seit 1920, Nrn. 3, 190, 213, 232.

WILHELM

vgl. HABSBURG-LOTHRINGEN

WÜRTTEMBERG
  Albrecht (1865–1939), Hzg., Nr. 87a.
  Albrecht Eugen (1895–1954), Hzg., Nr. 87a.
  Margarethe Sophie (1870–1902), Hzgn., geb. Ehn. v. Österreich, Nr. 87a.
  Philipp Albrecht (1893–1975), Hzg., poln. Thronprätendent, Nr. 87a.

XAVIER vgl. BOURBON VON PARMA

YAMANOUCHI TOYOKAGE, japan. Przn., Nr. 2b.

ZADRAVECZ Stephan (István) (1884–?), ung. MilB 1920–1926, Nrn. 219,
  222.
ZÄHRINGER (BADEN)
  Max (1867–1929), Prz., dtsch. Reichskanzler 03. 10.–09. 11. 1918, Nr. 111.
ZAMAZAL Josef, tschech. Journalist, wegen Hochverrats z. Tod verurteilt,
  amnestiert 02. 07. 1917, Nr. 54.
ZAHRADNIK Isidor, O. Praem (Strahov), tschechoslow. Eisenbahnmin., Nr.
  129.
ZAREMBA Edmund, Ritt., k. u. k. FML, Nr. 3.
ZAVORAL Method, O. Praem, Abt v. Strahov i. Prag, Nr. 129.
ZEDTWITZ Alfred (1858–1940), Gf., k. u. k. FML, Nr. 3.
ZEIDLER Alfred, v., k. u. k. Obstl., Nr. 3.
ZEIDLER-DAUBLEBSKY-STERNECK Egon (1870–1919), Frh., k. u. k. GM
  1918, Chef d. MKSM 18. 05.–11. 11. 1918, Nr. 213.
ZEYNEK Theodor (1873–1948), Ritt., k. u. k. Obst., Nr. 213.
ZICHY-ZICH et VASONYKEÖ
  Eleonore vgl. Andrássy v. Csik-Szent-Király u. Krasznahorka
  Johann (János) (1868–1944), Gf., Führer d. ung. Arbeitspartei, Übertritt z.
    Partei Wekerles Februar 1918, k. ung. Min. f. Kultus u. Unterricht
    08. 05.–27. 10. 1918, Nr. 283.
  Marie-Henriette vgl. Esterházy-Galanthá et Frakno (Forchtenstein)
  Wladimir (1864–1929), Gf., Nr. 283.
ZIMMERMANN F., Gen.-Sekr. d. schweiz. Großloge Alpina, Nr. 191.
ZITA vgl. HABSBURG-LOTHRINGEN
ZRINYI Peter (1621–1671), M. d. ung. Magnatenverschwörung, Nr. 204.
ZSAMBOKI Paul (Pál) (1893–?), Ung.-Lehrer v. Kronprz. Otto i. d. Schweiz,
  Hauskaplan d. ksl. Familie i. Funchal, Nrn. 274, 280, 281.
ZSENBERI (ZSEMBERI?), ung. Obergespan, Nr. 251a.

SACHREGISTER

Veröffentlichungen der Kommission für Neuere Geschichte Österreichs

Nicht aufgeführte Bände u. Bd. 79 sind vergriffen. Bde. 87 u. 88 in 1 Schuber. Bde. 1–38, 42–43, 49–50, 54–56 und 58 im Verlag Holzhausen, Wien, erschienen.

67: Peter Broucek:
Ein General im Zwielicht.
Die Erinnerungen Edmund Glaises von Horstenau
Bd.1: K. u. K. Generalstabsoffizier und Historiker
1980. 24 x 17 cm, 565 Seiten, 1 schw.-w. Abb., Br.
ISBN 3-205-08740-2

70: Peter Broucek:
Ein General im Zwielicht.
Bd. 2: Minister im Ständestaat und General im OKW
1983. 24 x 17 cm, 712 Seiten, Br.
ISBN 3-205-08743-7

73: Eva Somogyi:
Der gemeinsame Ministerrat der österreichisch-ungarischen Monarchie 1867–1906
Aus d. Ungar. v. Albrecht Friedrich
1996. 24 x 17 cm, 266 Seiten, Br.
ISBN 3-205-98572-9

78: Adolf Gaisbauer:
Davidstern und Doppeladler
Zionismus und jüdischer Nationalismus in Österreich 1882–1918
1988. 24 x 17 cm, 556 Seiten, 8 Abb. auf Taf., Br.
ISBN 3-205-08872-7

81: Wolfdieter Bihl:
Die Kaukasus-Politik der Mittelmächte
Teil 2: Die Zeit der versuchten Kaukasischen Staatlichkeit (1917–1918)
1992. 24 x 17 cm, 420 Seiten, 2 Ktn., Br.
ISBN 3-205-05517-9

82: Margarethe Grandner:
Kooperative Gewerkschaftspolitik in der Kriegswirtschaft
Die freien Gewerkschaften Österreichs im Ersten Weltkrieg
1992. 24 x 17 cm, 465 Seiten, Br.
ISBN 3-205-05411-3

böhlau Wien

Veröffentlichungen der Kommission für Neuere Geschichte Österreichs

Nicht aufgeführte Bände u. Bd. 79 sind vergriffen. Bde. 87 u. 88 in 1 Schuber. Bde. 1–38, 42–43, 49–50, 54–56 und 58 im Verlag Holzhausen, Wien, erschienen.

83: Eva M. Csaky, Franz Matscher, Gerald Stourzh (Hrsg.):
Josef Schöner
Wiener Tagebuch 1944/1945
1992. 24 x 17 cm, 491 Seiten, Gb.
ISBN 3-205-05531-4

84: Maria Breunlich, Marieluise Mader (Hrsg.):
Karl Graf von Zinzendorf
Aus den Jugendtagebüchern 1747, 1752 bis 1763. Nach Vorarb. v. Hans Wagner
1997. 24 x 17 cm, VIII,798 Seiten, 4 S. farb. Abb., Gb.
ISBN 3-205-98157-X

85: Birgitt Morgenbrod:
Wiener Großbürgertum im Ersten Weltkrieg
Die Geschichte der „österreichischen politischen Gesellschaft" (1916–1918)
1994. 24 x 17 cm, 260 Seiten, 12 schw.-w. Abb., Br.
ISBN 3-205-98256-8

86: Isabel F. Pantenburg:
Im Schatten des Zweibundes
Probleme österreichisch-ungarischer Bündnispolitik 1897–1908
1996. 24 x 17 cm, 507 Seiten, Br.
ISBN 3-205-98570-2

87: Heinrich Friedjung:
Geschichte in Gesprächen. Aufzeichnungen 1898–1919
Bd. 87 u. 88 i. Schuber. Hrsg. u. eingel. v. Franz Adlgasser u. Margret Friedrich
1997. 24 x 17 cm, Zus. 1032 Seiten, 2 schw.-w. Abb., Br.
ISBN 3-205-98620-2

89: Margret Friedrich:
„Ein Paradies ist uns verschlossen …"
Zur Geschichte der schulischen Mädchenerziehung in Österreich im „langen" 19. Jahrhundert
1999. 24 x 17 cm, 440 Seiten, Br.
ISBN 3-205-99049-8

böhlauWien

Veröffentlichungen der Kommission für Neuere Geschichte Österreichs

Nicht aufgeführte Bände u. Bd. 79 sind vergriffen. Bde. 87 u. 88 in 1 Schuber. Bde. 1–38, 42–43, 49–50, 54–56 und 58 im Verlag Holzhausen, Wien, erschienen.

90: Christina Lutter, Christopher Laferl (Bearb.): Die Korrespondenz Ferdinands I.
Familienkorrespondenz Bd. 4: 1533 und 1534
2000. 24 x 17 cm, 400 Seiten. Br.
ISBN 3-205-99172-9

91: Fellner, Fritz: „… ein wahrhaft patriotisches Werk"
Die Kommission für Neuere Geschichte Österreichs 1897-2000.
Unter Mitarb. v. Franz Adlgasser, Doris Corradini
2001. 24 x 17 cm, 292 S., 11 schw.-w. Abb., Geb.
ISBN 3-205-99376-4

92: Holger Afflerbach: Der Dreibund
Europäische Großmacht- und Allianzpolitik vor dem Ersten Weltkrieg
2002. 984 Seiten, 16 schw.-w. Abb. 24 x 17 cm
ISBN 3-205-99399-3

93: Franz Adlgasser (Hg.): Die Aehrenthals
Eine Familie in ihrer Korrespondenz
2002. Zus. 1015 Seiten, 2 Stammbäume; Band in 2 Teilen
ISBN 3-205-99483-3

94: Georg Christoph Berger Waldenegg Mit vereinten Kräften!
Zum Verhältnis von Herrschaftspraxis und Systemkonsolidierung im Neoabsolutismus am Beispiel der Nationalanleihe von 1854
2002. 656 Seiten, 17 x 24 cm, Br.
ISBN 3-205-77013-7

95: Oscar Dohle (Hg.): Constantin Schneider Die Kriegserinnerungen 1914–1919
2002. 672 Seiten, 4 schw.-w. Abb., 2 Ktn., 24 x 17 cm, Br.
ISBN 3-205-77060-9

böhlauWien

Veröffentlichungen der Kommission für Neuere Geschichte Österreichs

Nicht aufgeführte Bände u. Bd. 79 sind vergriffen. Bde. 87 u. 88 in 1 Schuber. Bde. 1–38, 42–43, 49–50, 54–56 und 58 im Verlag Holzhausen, Wien, erschienen.

96: Heimo Cerny (Hg.):
Die Jugend-Tagebücher Franz Josephs (1843–1848)
Ungekürzte kommentierte Textedition
2003. 187 S., 7 schw.-w. Abb., 24 x 17 cm, Br.
ISBN 3-205-77092-7

97: Ursula Prutsch, Klaus Zeyringer (Hg.):
Leopold von Andrian (1875-1951)
Korrespondenzen, Notizen, Essays, Berichte
2003. 888 + 16 S., 17 schw.-w. Abb., 5 Faks., 24 x 17 cm, Br.
ISBN 3-205-77110-9

böhlauWien